中華禮藏

禮制卷　總制之屬　第一冊

浙江大學出版社
ZHEJIANG UNIVERSITY PRESS

總　序

　　中華民族的禮義傳統積澱了人與人、人與社會、人與自然和諧相處的經驗與秩序，從而形成了一種"標誌着中國的特殊性"（錢穆語）的生存方式。《禮記·曲禮上》對此有概括的説明："道德仁義，非禮不成；教訓正俗，非禮不備；分争辨訟，非禮不決；君臣上下，父子兄弟，非禮不定；宦學事師，非禮不親；班朝治軍，涖官行法，非禮威嚴不行；禱祠祭祀，供給鬼神，非禮不誠不莊。"千百年來，正因爲中華民族各個階層對"禮"的認同與踐行，不僅構建了中華民族的精神家園，彰顯了民族文化的獨特面貌，也爲人類社會樹立了一個"禮義之邦"的文化典範。實際上，對"禮"的認同，體現了對文化的認同，對民族的認同，對國家的認同。

　　在不同文化交流日益頻繁的今天，弘揚傳統文化，提升文化實力，強化精神歸屬，增强民族自信，已是社會各界的共識，也是刻不容緩的要務。温故籍以融新知，繼傳統而闡新夢，大型專業古籍叢書的整理與編纂，分科別脈，各有專擅，蔚然已成大觀。然而對於當今社會有重要意義的禮學文獻的整理與編纂，至今仍付之闕如。即使偶有禮學文獻被整理出版，因未形成規模而不成系統，在傳統觀念的影響下往往還被視爲經學典籍，既不能反映中華禮學幾千年的總體面貌與發展軌迹，也直接影響了在弘揚優秀傳統文化的前提下重建體現民族精神的禮儀規範。醪澄莫饗，孰慰饑渴。浙江大學古籍研究所全體同仁爲順應時代要求，發揮學科特色與優勢，在學校的大力支持下，願精心整理、編纂傳統禮學文獻,謹修《中華禮藏》。

自從歷史上分科治學以來,作爲傳統體用之學之致用部分的禮學就失去了學科的獨立性。漢代獨尊儒術,視記載禮制、禮典、禮義的《周禮》、《儀禮》、《禮記》爲儒家的經學典籍。《漢書·藝文志》著録禮學文獻十三家,隸屬於六藝,與《易》、《書》、《詩》、《樂》、《春秋》、《論語》、《孝經》相提並論。迄至清修《四庫全書》,采用經、史、子、集四分法,將禮學原典及歷代研究禮學原典的文獻悉數歸於經學,設《周禮》之屬、《儀禮》之屬、《禮記》之屬、三禮總義之屬、通禮之屬、雜禮之屬六個門類著録纂輯禮學文獻,又於史部政書類下設典禮之屬著録纂輯本屬於禮學範疇的文獻,至於記載區域、家族、個人禮儀實踐的文獻則又散見於多處。自《漢書·藝文志》至於《四庫全書》,著録纂輯浩如煙海的禮學文獻,不僅使禮學失去了學科的獨立性,而且還使禮學本身變得支離破碎。因此,編纂《中華禮藏》,既以專門之學爲標幟,除了裒輯、點校等方面的艱苦工作外,還面臨着如何在現代學術語境中界定禮學文獻範圍的難題。

《説文》云:"禮,履也,所以事神致福也。"事神以禮,即履行種種威儀以表達敬畏之義而得百順之福。禮本是先民用來提撕終極關懷的生存方式,由此衍生出了在政治生活和社會生活中表達尊讓、孝悌、仁慈、敬畏等禮義的行爲規範。《禮記·禮器》云:"禮器,是故大備。"以禮爲器而求成人至道,與儒學亞聖孟子的"禮門義路"之論頗相一致。然而踐履之禮、大備之禮的具體結構又是怎樣的呢?《禮記·樂記》云:"簠簋俎豆、制度文章,禮之器也;升降上下、周還裼襲,禮之文也。故知禮樂之情者能作,識禮樂之文者能述。作者之謂聖,述者之謂明。明聖者,述作之謂也。"根據黄侃《禮學略説》及沈文倬《略論禮典的實行和〈儀禮〉書本的撰作》的論述,所謂"禮之文"、"禮之情"又被稱爲"禮儀"和"禮意"。禮器、禮儀用以呈現和表達禮意,此即所謂"器以藏禮,禮以行義"(《左傳·成公二年》)。三者之中,禮儀和禮意的内容相對明確,而禮器的内容則比較複雜,具目則可略依《樂記》所論分爲三種:物器(簠簋俎豆之類)、名器(制度之類)和文器(文章之類)。基於這樣的理解,參考歷代分門别類著録匯輯專業文獻的經驗,可以將歷史上遺留下來的全部傳統禮學文獻析分爲如下三個部分。

第一部分是作爲源頭的禮學原典和歷代研究禮學的論著。根據文獻的性質,又可細分爲兩類。

1.禮經類。《四庫提要》經部總序所謂"經稟聖裁,垂型萬世",乃"天下之公理"之所,爲後世明體達用、返本開新的源頭活水。又經部禮類序云:"三《禮》並立,一從古本,無可疑也。鄭康成注,賈公彦、孔穎達疏,於名物度數特詳。宋儒攻擊,僅摭其好引讖緯一失,至其訓詁則弗能逾越。……本漢唐之注疏,而佐以宋儒之義理,亦無可疑也。"《周禮》是制度之書,《儀禮》主要記載了士大夫曾經踐行過的各種典禮儀式,《禮記》主要是七十子後學闡發禮義的匯編。雖然三《禮》被列爲儒家研習的典籍之後變成了經學,然而從禮學的角度來看,於《周禮》可考名物典章制度,於《儀禮》可見儀式典禮的主要儀節及揖讓周旋、坐興起跪的威儀,於《禮記》可知儀式典禮及日常行爲的種種威儀皆有意義可尋。若再從更加廣泛的禮學角度審視先秦兩漢的文獻,七十子後學闡釋禮義的文獻匯編還有《大戴禮記》,漢代出現的禮緯也藴藏着不見於其他文獻記載的禮學内容。因此,禮經類除三

《禮》之外還應該包括《大戴禮記》與禮緯。至於後人綜合研究禮經原典而又不便歸入任何一部經典之下的文獻，宜做《四庫全書》設通論之屬、雜論之屬分別纂輯。

2.禮論類。此類文獻特指歷代綜合禮學原典與其他文獻，突破以禮學原典爲經學典籍的傳統觀念，自擬論題，自定體例，結合禮儀實踐、禮學原典與禮學理念等進行研究而撰作的文獻，如朱熹的《儀禮經傳通解》、任啓運的《天子肆獻祼饋食禮纂》、秦蕙田的《五禮通考》等都宜歸入禮論類。此類文獻與禮經類中綜論性質的文獻容易混淆，最大的區別就在於禮經類中綜論性質的文獻是對禮學原典的闡釋，而禮論類文獻則是對各類文獻所記禮儀實踐與理念的綜合探索，二者研究的問題、對象，特別是研究目的皆有所不同。

第二部分是基於對禮儀結構的觀察而針對某一方面進行獨立研究而撰作的文獻。根據文獻關注的焦點，又可分爲三類。

3.禮器類。根據前引《禮記·樂記》的説明，禮器包括物器、名器和文器。物器爲禮器之代表形態，自來皆無疑議。名器所涉及之制度、樂舞、數術，因逐漸發展而略具專業特點，有相對的獨立性，固當別爲門類。就制度、樂舞、數術本屬於禮儀實踐活動而言，可分別以禮法、禮樂、禮術概之。又文器亦皆因器而顯，故宜附於禮器類中。因此，凡專門涉及輿服、宮室、器物的禮學文獻，如聶崇義的《新定三禮圖》、張惠言的《冕弁冠服圖》和《冕弁冠服表》、程瑤田的《釋宮小記》、俞樾的《玉佩考》等都屬禮器類文獻。

4.禮樂類。據《禮記·樂記》所言"樂統同，禮辨異，禮樂之説，管乎人情矣"，可知禮與樂本是關乎人情的兩個方面。因此，禮之所至，樂必從之。考察歷代各個階層踐行過的許多儀式典禮，若不借助於禮樂則無以行禮。《通志·樂略第一》云："禮樂相須以爲用，禮非樂不行，樂非禮不舉。"禮與樂既相將爲用，則凡涉及禮樂的文獻，皆當歸入禮樂類。然而歷史上因囿於經學爲學科正宗、樂有雅俗之分的觀念，故有將涉及禮樂的文獻一分爲二分別纂輯的方法。《四庫提要》樂類云："大抵樂之綱目具於《禮》，其歌詞具於《詩》，其鏗鏘鼓舞則傳在伶官。漢初制氏所記，蓋其遺譜，非別有一經爲聖人手定也。特以宣豫導和，感神人而通天地，厥用至大，厥義至精，故尊其教得配於經。而後代鐘律之書亦遂得著録於經部，不與藝術同科。顧自漢代以來，兼陳雅俗，豔歌側調，並隸《雲》、《韶》。於是諸史所登，雖細至箏琶，亦附於經末。循是以往，將小説稗官未嘗不記言記事，亦附之《書》與《春秋》乎？悖理傷教，於斯爲甚。今區別諸書，惟以辨律呂、明雅樂者仍列於經，其謳歌末技，弦管繁聲，均退列雜藝、詞曲兩類中。用以見大樂元音，道侔天地，非鄭聲所得而奸也。"此乃傳統文獻學之舊旨，今則據行禮時禮樂相將的事實，凡涉及禮樂的文獻不分雅俗兼而存之，一並歸於禮樂類。

　　5. 禮術類。《禮記·表記》載孔子之語云："昔三代明王，皆事天地之神明，無非卜筮之用。"卜筮之用在於"決嫌疑，定猶與"（《禮記·曲禮上》）。歷代踐行的各種儀式典禮，正式行禮之前往往都有卜筮的儀節，用於判斷時空、賓客、牲牢等的吉凶，本是整個儀式典禮的組成部分。《儀禮》於《士冠禮》、《士喪禮》、《既夕禮》、《特牲饋食禮》、《少牢饋食禮》皆記卜筮的儀節，而於其他儀式典禮如《士婚禮》等皆略而不具。沈文倬先生已指出，《儀禮》一書，互文見義，其實每一個儀式典禮都有卜筮的儀節。因儀式典禮所用數術方法有相對的獨立性,故歷代禮書多有專論。秦蕙田《五禮通考》立"觀象授時"之目,黃以周《禮書通故》設"卜筮通故"之卷。自《漢書·藝文志》數術略分數術爲六類:天文、曆譜、五行、蓍龜、雜占、形法,又於諸子略中收有與數術相關的陰陽家及兵陰陽文獻之目,至清修《四庫全書》子部術數類分爲六目:數學(三易及擬易書)、占候、相宅相墓、占卜、命書相書、陰陽五行(栻占曆數),分類著録纂輯數術文獻,各有錯綜,亦因時爲變以求其通耳。因此,就歷代各個階層踐行的儀式典禮皆有卜筮的儀節而言,凡涉及卜筮的文獻宜收入禮術類。

第三部分是基於對歷代禮儀實踐的規模、等級、性質的考察而撰作的文獻,又可以分爲如下四類。

6. 禮制類。《左傳·桓公二年》載晉大夫師服之語云:"禮以體政,政以正民,是以政成而民聽,易則生亂。"《國語·晉語四》記寧莊子之語云:"夫禮,國之紀也,……國無紀不可以終。"凡此皆説明禮在政治生活和社會生活中有重要的主導作用,故自春秋戰國之際禮崩樂壞之後,歷代皆有制禮作樂的舉措。《隋書·經籍志》云:"儀注之興,其所由來久矣。自君臣父子,六親九族,各有上下親疏之别,養生送死、弔恤賀慶則有進止威儀之數,唐虞已上分之爲三,在周因而爲五,《周官》宗伯所掌吉、凶、賓、軍、嘉,以佐王安邦國,親萬民,而太史執書以協事之類是也。是時典章皆具,可履而行。周衰,諸侯削除其籍;至秦,又焚而去之;漢興,叔孫通定朝儀,武帝時始祀汾陰后土,成帝時初定南北之郊,節文漸具;後漢又使曹褒定漢儀,是後相承,世有制作。"歷代踐行的禮,不僅僅是進止威儀之數,而是對文明制度的實踐。因此,歷代官方頒行的儀注典禮皆可稱爲禮制,是朝野實現認同的文化紐帶,涉及禮制的文獻世有撰作。漢代以後,此類文獻也往往被稱爲儀注,傳統目録學多歸入史部。今則正本清源,一並歸入禮制類。

　　7. 禮俗類。從人類學的角度來看,禮俗的産生先於禮制並成爲歷代制禮作樂的基礎。所謂"禮失而求諸野",正説了俗先於禮、禮本於俗。實際上,歷代踐行的禮制,根基都在於風俗,長期流行於民間的風俗若得到官方認可並制度化就是禮制。因此,禮俗者,禮儀之於風俗也,特指在民間習慣上形成而具備禮儀特點的習俗,其特點是以民間生活爲基礎、以禮儀制度爲主導,在一定程度上兼具形式的自發性和内容的複雜性。早在先秦時代,荀子就曾説:"儒者在本朝則美政,在下位則美俗。"又説:"遇君則修臣下之義,遇鄉則修長幼之義,遇長則修子弟之義,遇友則修禮節辭讓之義,遇賤而少者則修告導寬容之義。無不愛也,無不敬也,無與人争也,恢然如天地之苞萬物。如是則賢者貴之,不肖者親之。"因此,自漢代應劭《風俗通義》以來,歷代有識之士往往述其所聞、條其所遇之禮俗,或筆記偶及,或著述專論,數量之多,可汗馬牛,以爲美俗、修義之資糧,故立禮俗類以集其精華,以見禮儀風俗具有强大的生命力且早已滲透到民族精神之中。此類文獻在傳統的文獻學中分佈較廣,史部的方志、譜牒,子部的儒家、農家、雜家乃至小説家,集部中的部分著作,皆有涉及禮俗的篇章,固當集腋成裘,匯編爲册,歸於禮俗類中。

　　8. 家禮類。《左傳·隱公十一年》云:"禮,經國家、定社稷、序民人、利後嗣者也。"禮之於國,則爲國家禮制;禮之於家,則爲家禮。家禮一詞,最早見於先秦禮書。《周禮·春官》云:"家宗人掌家祭祀之禮，凡祭祀致福。國有大故，則令禱祠，反命，祭亦如之。掌家禮，與其衣服、宮室、車旗之禁令。”自古以來，家禮就是卿大夫以下至於庶人修身、齊家的要器，上至孝悌謹信等倫理觀念，下至婚喪嫁娶之居家禮儀，無不涵蓋於其中。家禮包括家庭內部的禮儀規範和倫理觀念：禮儀規範主要涉及冠婚喪祭等吉凶禮儀以及居家雜儀；倫理觀念則包括父慈子孝、兄友弟恭、夫義婦順等綱常。涉及家禮的文獻源於《周禮》，經《孔子家語》、《顏氏家訓》的發展，定型於司馬光的《書儀》、《家範》和朱熹的《朱子家禮》，其中《朱子家禮》成了宋代以來傳統家禮的範本。因國家禮制的“宏闊”和民間禮俗的“偏狹”，故素負修身、齊家、治國、平天下之理想的有識之士，往往博稽文獻、出入民俗而備陳家禮儀節之曲目與要義，以爲齊家之據、易俗之本。家禮類文獻中以此種撰作爲代表形態，延伸則至於鄉約、學規之類的文獻。

9.方外類。中華民族是一個多種文化相互融合的共同體，整理、編纂《中華禮藏》不能不涉及佛、道兩家有關儀軌的文獻。佛教儀軌是規範僧尼、居士日常生活與行爲之戒律清規以及用於各種節日與法事活動之科儀，雖然源於印度，與中華本土文化長期互動交融，固已成爲中華禮樂文明不可分割的一部分。佛教儀軌與儒家禮儀相互影響，在一定程度上改變、重塑了中華傳統的禮樂文明。道教是中國的本土宗教，深深根植於中國的現實社會，具有鮮明的中國特色與社會調節功能。魯迅曾指出：“中國根柢全在道教。”道教儀軌有其特定的從教規範，體現了道教的思想信仰，規範着教徒的生活方式，體現了儀式典禮的特點。另外，佛教儀軌和道教儀軌保存相對完整，也是重建中華禮

樂文明制度的重要參考。因此，凡涉及佛教儀軌和道教儀軌的
文獻分別歸入方外佛教類和方外道教類。

　　綜上所述，《中華禮藏》的編纂是因類設卷，卷内酌分子目，
子目内的文獻依時代順序分册纂輯（其中同書異注者則以類相
從），目的是爲了充分展示中華禮儀實踐和禮學研究的全貌以及
發展變化的軌迹。

　　編纂《中華禮藏》不僅僅是爲了完成一項學術事業，更重要
的現實意義是爲了通過整理、編纂傳統禮學文獻，從中提煉出滲
透了民族精神的價值觀和價值體系，爲民族國家認同提供思想
資源，爲制度文明建設提供借鑒，爲構建和諧社會提供禮儀
典範。

《中華禮藏》編委會

二○一六年

凡　例

一、整理工作包括題解、録文和校勘等項。

二、題解除揭示書名、卷數、内容及著者生平事迹、版本流變等情況外，亦須交代已有的重要校勘研究成果，其具有創見性的校勘意見則別於校記中加以采納。

三、底本原文中明確的錯誤（訛奪衍乙）一般皆直接改正，並用校記加以説明。其不影響文意表達的兩可之異文，則酌情忽略不校。至於文意不通或懷疑有誤之處，則適當以校記形式提出疑問或給出可能的詮釋理路。

四、録文一依底本，個別生僻的異體字、俗體字等改作通行字，然不甚生僻而爲古籍通用者，保留底本文字原樣。鑒於俗寫"扌"旁與"木"旁、"巾"旁與"忄"旁、"衤"旁與"礻"旁以及"己"與"已""巳"、"瓜"與"爪"、"曰"與"日"之類相混無別，一般皆徑據文意録定，其不影響文意的則不別爲出校説明。

五、避諱字一律改爲通行繁體字，但須在題解或首見條下説明。

六、底本所用省代符等一律改爲相應的本字。

七、底本缺字用"□"號表示，缺幾字用幾個"□"號，不能確定者用長條形符號（長度爲三個空格字，其中原文一行的上部或前部殘缺用"▭"，中部殘缺用"▭"，下部或後部殘缺用"▭"）表示。模糊不清無法録出者用"▨"號表示，有幾個字不清楚就用幾個"▨"號。

八、文本的段落格式一依今日之文意理解重行設計，不必盡依原書之舊貌。

九、底本圖片如果可以重繪者，則自行改繪，以便觀覽。

總目録

大唐開元禮 …………………………………………………………………………（1）

大唐開元禮

［唐］蕭嵩等奉敕　撰

周　佳、祖　慧　點校

【題解】

《大唐開元禮》(以下簡稱《開元禮》)是唐玄宗時代官修的一部禮儀巨著,由徐堅、李鋭、施敬本、王仲邱等人修撰,成書於開元二十年(732)。該書折中唐《貞觀禮》《顯慶禮》,内容全面,體例嚴密,是秦漢以來中國古代禮儀制度完備化的總結,不僅對後世影響深遠,更遠播東亞、東南亞,對整個漢字文化圈的禮樂律令制度都產生過重大影響。

《開元禮》是目前所見最早的國家禮典。全書共一百五十卷,分吉、賓、嘉、軍、凶五禮。其中序例三卷,主要是對五禮普遍涉及的擇日、器物、鹵簿、服飾、齋戒等規定的總說;吉禮七十五卷,主要是祭祀天地、山川、宗廟等禮儀規定;賓禮二卷,主要是接待藩國使者的禮儀規定;軍禮十卷,主要是出征、演習等軍事儀式;嘉禮四十卷,主要是四時節令、朝賀、册命、婚冠、撫慰、鄉飲酒等儀式;凶禮二十卷,主要是喪葬、喪服、問疾等儀式。

五禮體系在魏晉之際形成國家的禮儀制度,至隋基本完善。唐代繼承隋代修纂國家禮典的做法。作為古代禮制的集大成者,《開元禮》一方面是對漢魏以來五禮的規範和總結,確立了中古禮制的框架;另一方面吸收唐代本朝新禮,體現出唐代國家禮儀不同於上古禮的時代特色。《開元禮》修成後,在唐代基本得到行用。(參見梁滿倉《論魏晉南北朝時期的五禮制度化》,《中國史研究》2001 年第 4 期;吴麗娛《營造盛世:〈大唐開元禮〉的撰作緣起》、劉安志《關於〈大唐開元禮〉的性質及行用問題》,《中國史研究》2005 年第 3 期)

《開元禮》爲我們研究唐代政治、社會、文化等提供了寶貴資料。此後的國家禮典,如中晚唐的《開元後禮》、《曲台新禮》,北宋的《太常因革禮》、《政和五禮新儀》,直至《大金集禮》、《清集禮》等,均承襲《大唐開元禮》而來,歐陽修曾評價:"由是,唐之五禮之文始備,而後世用之,雖時小有損益,不能過也。"(《新唐書》卷一一《禮樂志一》)並非溢美之辭。

《開元禮》一向流傳不廣,据台灣學者張文昌統計,今中國(包括大陸、台灣地區)、日本等地藏書機構所藏《開元禮》版本共計十八種(張文昌著《唐代禮典的編纂與傳承——以〈大唐開元禮〉爲中心》,臺北花木蘭文化出版社 2008 年版)。目前國内公開印行的版本僅有二種:一是日本東京大學東洋文化研究所大木文庫所藏清光緒十二年洪氏公善堂校刊本(簡稱"公善堂本"),由北京民族出版社 2000 年影印出版。二是文淵閣四庫全書本。其他多為鈔本,例如:日本静嘉堂文庫藏十萬卷樓舊鈔本、北京國家圖書館藏清抄本(含王念孫等撰《辯證》一卷)、江蘇南京圖書館藏清抄本(朱紹頤等人校本)、臺北"國家圖書館"藏清孔氏嶽雪樓鈔本等。

在衆多版本中,當屬公善堂本文字最爲完整、準確。其餘鈔本並没有哪一個版本比較突出,加之大陸以外地區館藏版本不易得見。故此次我們以公善堂本爲底本,校以文淵閣四庫全書本,並參考《通典》、《新唐書》、《舊唐書》、《唐六典》、《文獻通考》及其他諸書,對《開元禮》予以整理、標點、校刊,以饗學界。

目　録

卷第一　序例上

擇日 …………………………………………………………（49）

卜日 …………………………………………………………（49）

筮日 …………………………………………………………（50）

神位 …………………………………………………………（51）

俎豆 …………………………………………………………（58）

卷第二　序例中

大駕鹵簿 ……………………………………………………（62）

皇太后皇后鹵簿 ……………………………………………（66）

皇太子鹵簿 …………………………………………………（67）

皇太子妃鹵簿 ………………………………………………（70）

親王鹵簿 ……………………………………………………（70）

王公以下鹵簿 ………………………………………………（71）

　第一品 ……………………………………………………（71）

　第二品 ……………………………………………………（71）

　第三品 ……………………………………………………（72）

　第四品 ……………………………………………………（72）

內命婦鹵簿 …………………………………………………（72）

　四妃 ………………………………………………………（72）

　九嬪 ………………………………………………………（73）

　婕妤美人才人_{太子良娣以下準此} …………………（73）

外命婦鹵簿 …………………………………………………（73）

　一品 ………………………………………………………（73）

二品 …………………………………………………（73）

三品 …………………………………………………（73）

四品 …………………………………………………（74）

卷第三 序例下

衣服 …………………………………………………（75）

齋戒 …………………………………………………（80）

祈禱 …………………………………………………（81）

雜制 …………………………………………………（81）

卷第四 吉禮

皇帝冬至祀圜丘 ……………………………………（85）

齋戒 …………………………………………………（85）

陳設 …………………………………………………（86）

省牲器 ………………………………………………（88）

鑾駕出宮 ……………………………………………（88）

奠玉帛 ………………………………………………（90）

進熟 …………………………………………………（92）

鑾駕還宮 ……………………………………………（95）

卷第五 吉禮

冬至祀圜丘有司攝事 ………………………………（96）

齋戒 …………………………………………………（96）

陳設 …………………………………………………（96）

省牲器 ………………………………………………（98）

奠玉帛 ………………………………………………（99）

進熟 …………………………………………………（100）

卷第六 吉禮

皇帝正月上辛祈穀於圜丘 …………………………（103）

　齋戒 ……………………………………………………………… (103)

　陳設 ……………………………………………………………… (104)

　省牲器 …………………………………………………………… (105)

　鑾駕出宮 ………………………………………………………… (106)

　奠玉帛 …………………………………………………………… (107)

　進熟 ……………………………………………………………… (109)

　鑾駕還宮 ………………………………………………………… (112)

卷第七　吉禮

　正月祈穀於圜丘有司攝事 ……………………………………… (114)

　齋戒 ……………………………………………………………… (114)

　陳設 ……………………………………………………………… (114)

　省牲器 …………………………………………………………… (115)

　奠玉帛 …………………………………………………………… (116)

　進熟 ……………………………………………………………… (117)

卷第八　吉禮

　皇帝孟夏雩祀於圜丘 …………………………………………… (120)

　齋戒 ……………………………………………………………… (120)

　陳設 ……………………………………………………………… (120)

　省牲器 …………………………………………………………… (121)

　鑾駕出宮 ………………………………………………………… (122)

　奠玉帛 …………………………………………………………… (122)

　進熟 ……………………………………………………………… (124)

　鑾駕還宮 ………………………………………………………… (126)

卷第九　吉禮

　孟夏雩祀圜丘有司攝事 ………………………………………… (127)

　齋戒 ……………………………………………………………… (127)

　陳設 ……………………………………………………………… (127)

省牲器 ……………………………………………………………… （129）

奠玉帛 ……………………………………………………………… （129）

進熟 ………………………………………………………………… （130）

卷第十　吉禮

皇帝季秋大享於明堂 ……………………………………………… （133）

齋戒 ………………………………………………………………… （133）

陳設 ………………………………………………………………… （134）

省牲器 ……………………………………………………………… （136）

鑾駕出宮 …………………………………………………………… （136）

奠玉帛 ……………………………………………………………… （136）

進熟 ………………………………………………………………… （138）

鑾駕還宮 …………………………………………………………… （141）

卷第十一　吉禮

季秋大享於明堂有司攝事 ………………………………………… （142）

齋戒 ………………………………………………………………… （142）

陳設 ………………………………………………………………… （142）

省牲器 ……………………………………………………………… （144）

奠玉帛 ……………………………………………………………… （144）

進熟 ………………………………………………………………… （146）

卷第十二　吉禮

皇帝立春祀青帝於東郊 …………………………………………… （149）

齋戒 ………………………………………………………………… （149）

陳設 ………………………………………………………………… （149）

省牲器 ……………………………………………………………… （151）

鑾駕出宮 …………………………………………………………… （151）

奠玉帛 ……………………………………………………………… （151）

進熟 ………………………………………………………………… （153）

　　鑾駕還宮 ……………………………………………………………（155）

卷第十三　吉禮
　　立春祀青帝於東郊有司攝事 ………………………………………（156）
　　　　齋戒 ……………………………………………………………（156）
　　　　陳設 ……………………………………………………………（156）
　　　　省牲器 …………………………………………………………（157）
　　　　奠玉帛 …………………………………………………………（158）
　　　　進熟 ……………………………………………………………（159）

卷第十四　吉禮
　　皇帝立夏祀赤帝於南郊 ……………………………………………（162）
　　　　齋戒 ……………………………………………………………（162）
　　　　陳設 ……………………………………………………………（162）
　　　　省牲器 …………………………………………………………（164）
　　　　鑾駕出宮 ………………………………………………………（164）
　　　　奠玉帛 …………………………………………………………（164）
　　　　進熟 ……………………………………………………………（166）
　　　　鑾駕還宮 ………………………………………………………（168）

卷第十五　吉禮
　　立夏祀赤帝於南郊有司攝事 ………………………………………（169）
　　　　齋戒 ……………………………………………………………（169）
　　　　陳設 ……………………………………………………………（169）
　　　　省牲器 …………………………………………………………（170）
　　　　奠玉帛 …………………………………………………………（171）
　　　　進熟 ……………………………………………………………（172）

卷第十六　吉禮
　　皇帝季夏土王日祀黃帝於南郊 ……………………………………（175）

齋戒 ……………………………………………………………（175）

陳設 ……………………………………………………………（175）

省牲器 …………………………………………………………（177）

鑾駕出宮 ………………………………………………………（177）

奠玉帛 …………………………………………………………（177）

進熟 ……………………………………………………………（179）

鑾駕還宮 ………………………………………………………（181）

卷第十七　吉禮

季夏土王日祀黃帝於南郊有司攝事 …………………………（182）

齋戒 ……………………………………………………………（182）

陳設 ……………………………………………………………（182）

省牲器 …………………………………………………………（183）

奠玉帛 …………………………………………………………（184）

進熟 ……………………………………………………………（185）

卷第十八　吉禮

皇帝立秋祀白帝於西郊 ………………………………………（188）

齋戒 ……………………………………………………………（188）

陳設 ……………………………………………………………（188）

省牲器 …………………………………………………………（190）

鑾駕出宮 ………………………………………………………（190）

奠玉帛 …………………………………………………………（190）

進熟 ……………………………………………………………（192）

鑾駕還宮 ………………………………………………………（194）

卷第十九　吉禮

立秋祀白帝於西郊有司攝事 …………………………………（195）

齋戒 ……………………………………………………………（195）

陳設 ……………………………………………………………（195）

省牲器 ……………………………………………………………（196）

奠玉帛 ……………………………………………………………（197）

進熟 ………………………………………………………………（198）

卷第二十　吉禮

皇帝立冬祀黑帝於北郊 …………………………………………（201）

齋戒 ………………………………………………………………（201）

陳設 ………………………………………………………………（201）

省牲器 ……………………………………………………………（203）

鑾駕出宮 …………………………………………………………（203）

奠玉帛 ……………………………………………………………（203）

進熟 ………………………………………………………………（205）

鑾駕還宮 …………………………………………………………（207）

卷第二十一　吉禮

立冬祀黑帝於北郊有司攝事 ……………………………………（208）

齋戒 ………………………………………………………………（208）

陳設 ………………………………………………………………（208）

省牲器 ……………………………………………………………（209）

奠玉帛 ……………………………………………………………（210）

進熟 ………………………………………………………………（211）

卷第二十二　吉禮

皇帝臘日蜡百神於南郊 …………………………………………（214）

齋戒 ………………………………………………………………（214）

陳設 ………………………………………………………………（214）

鑾駕出宮 …………………………………………………………（215）

奠玉帛 ……………………………………………………………（216）

進熟 ………………………………………………………………（217）

鑾駕還宮 …………………………………………………………（222）

卷第二十三　吉禮

臘日蜡百神於南郊有司攝事 …………………………………（223）

齋戒 …………………………………………………………（223）

陳設 …………………………………………………………（223）

奠玉帛 ………………………………………………………（225）

進熟 …………………………………………………………（226）

卷第二十四　吉禮

皇帝春分朝日於東郊 …………………………………………（231）

齋戒 …………………………………………………………（231）

陳設 …………………………………………………………（231）

鑾駕出宮 ……………………………………………………（232）

奠玉帛 ………………………………………………………（232）

進熟 …………………………………………………………（234）

鑾駕還宮 ……………………………………………………（235）

卷第二十五　吉禮

春分朝日於東郊有司攝事 ……………………………………（236）

齋戒 …………………………………………………………（236）

陳設 …………………………………………………………（236）

奠玉帛 ………………………………………………………（237）

進熟 …………………………………………………………（238）

卷第二十六　吉禮

皇帝秋分夕月於西郊 …………………………………………（241）

齋戒 …………………………………………………………（241）

陳設 …………………………………………………………（241）

鑾駕出宮 ……………………………………………………（242）

奠玉帛 ………………………………………………………（242）

進熟 …………………………………………………………（244）

　　鑾駕還宮 ………………………………………………………（245）

卷第二十七　吉禮

　秋分夕月於西郊有司攝事 …………………………………………（246）

　　齋戒 ………………………………………………………………（246）

　　陳設 ………………………………………………………………（246）

　　奠玉帛 ……………………………………………………………（247）

　　進熟 ………………………………………………………………（248）

卷第二十八　吉禮

　立春後丑日祀風師 …………………………………………………（251）

　立夏後申日祀雨師 …………………………………………………（253）

　立秋後辰日祀靈星 …………………………………………………（253）

　立冬後亥日祀司中司命司人司禄於國城西北 ……………………（253）

卷第二十九　吉禮

　皇帝夏至祭方丘後土禮同 …………………………………………（254）

　　齋戒 ………………………………………………………………（254）

　　陳設 ………………………………………………………………（255）

　　省牲器 ……………………………………………………………（257）

　　鑾駕出宮 …………………………………………………………（257）

　　奠玉帛 ……………………………………………………………（258）

　　進熟 ………………………………………………………………（260）

　　鑾駕還宮 …………………………………………………………（263）

卷第三十　吉禮

　夏至祭方丘有司攝事 ………………………………………………（264）

　　齋戒 ………………………………………………………………（264）

　　陳設 ………………………………………………………………（264）

　　省牲器 ……………………………………………………………（266）

奠玉帛 ……………………………………………………… （266）

進熟 ………………………………………………………… （268）

卷第三十一　吉禮

皇帝孟冬祭神州於北郊 ……………………………………… （271）

齋戒 ………………………………………………………… （271）

陳設 ………………………………………………………… （271）

省牲器 ……………………………………………………… （272）

鑾駕出宮 …………………………………………………… （273）

奠玉帛 ……………………………………………………… （273）

進熟 ………………………………………………………… （274）

鑾駕還宮 …………………………………………………… （277）

卷第三十二　吉禮

孟冬祭神州於北郊有司攝事 ………………………………… （278）

齋戒 ………………………………………………………… （278）

陳設 ………………………………………………………… （278）

省牲器 ……………………………………………………… （279）

奠玉帛 ……………………………………………………… （280）

進熟 ………………………………………………………… （281）

卷第三十三　吉禮

皇帝仲春仲秋上戊祭太社 …………………………………… （284）

齋戒 ………………………………………………………… （284）

陳設 ………………………………………………………… （284）

鑾駕出宮 …………………………………………………… （286）

奠玉帛 ……………………………………………………… （286）

進熟 ………………………………………………………… （288）

鑾駕還宮 …………………………………………………… （291）

卷第三十四　吉禮

仲春仲秋上戊祭太社有司攝事蜡禮同 ……………………………（292）

　齊戒 …………………………………………………………………（292）

　陳設 …………………………………………………………………（292）

　奠玉帛 ………………………………………………………………（293）

　進熟 …………………………………………………………………（294）

季冬蜡太社 ……………………………………………………………（297）

卷第三十五　吉禮

祭五嶽四鎮 ……………………………………………………………（298）

卷第三十六　吉禮

祭四海四瀆 ……………………………………………………………（301）

卷第三十七　吉禮

皇帝時享於太廟 ………………………………………………………（304）

　齋戒 …………………………………………………………………（304）

　陳設 …………………………………………………………………（305）

　省牲器 ………………………………………………………………（306）

　鑾駕出宮 ……………………………………………………………（307）

　晨祼 …………………………………………………………………（308）

　饋食 …………………………………………………………………（310）

　祭七祀 ………………………………………………………………（315）

　鑾駕還宮 ……………………………………………………………（316）

卷第三十八　吉禮

時享於太廟有司攝事 …………………………………………………（318）

　齋戒 …………………………………………………………………（318）

　陳設 …………………………………………………………………（318）

　省牲器 ………………………………………………………………（319）

　　晨祼 ……………………………………………………… （320）

　　饋食 ……………………………………………………… （321）

　　祭七祀 …………………………………………………… （324）

卷第三十九　吉禮

　皇帝祫享於太廟 ………………………………………… （326）

　　齋戒 ……………………………………………………… （326）

　　陳設 ……………………………………………………… （327）

　　省牲器 …………………………………………………… （328）

　　鑾駕出宮 ………………………………………………… （329）

　　晨祼 ……………………………………………………… （330）

　　饋食 ……………………………………………………… （332）

　　祭七祀 …………………………………………………… （336）

　　功臣配享 ………………………………………………… （336）

　　鑾駕還宮 ………………………………………………… （337）

卷第四十　吉禮

　祫享於太廟有司攝事 …………………………………… （339）

　　齋戒 ……………………………………………………… （339）

　　陳設 ……………………………………………………… （339）

　　省牲器 …………………………………………………… （340）

　　晨祼 ……………………………………………………… （341）

　　饋食 ……………………………………………………… （342）

　　祭七祀 …………………………………………………… （346）

　　功臣配享 ………………………………………………… （346）

卷第四十一　吉禮

　皇帝禘享於太廟 ………………………………………… （347）

　　齋戒 ……………………………………………………… （347）

　　陳設 ……………………………………………………… （348）

省牲器 …………………………………………………（349）

鑾駕出宮 ………………………………………………（350）

晨祼 ……………………………………………………（351）

饋食 ……………………………………………………（353）

祭七祀 …………………………………………………（357）

功臣配享 ………………………………………………（357）

鑾駕還宮 ………………………………………………（357）

卷第四十二　吉禮

禘享於太廟有司攝事 …………………………………（359）

齋戒 ……………………………………………………（359）

陳設 ……………………………………………………（359）

省牲器 …………………………………………………（360）

晨祼 ……………………………………………………（361）

饋食 ……………………………………………………（362）

祭七祀 …………………………………………………（366）

功臣配享 ………………………………………………（366）

卷第四十三　吉禮

肅明皇后廟時享有司攝事 ……………………………（367）

齋戒 ……………………………………………………（367）

陳設 ……………………………………………………（367）

省牲器 …………………………………………………（368）

晨祼 ……………………………………………………（369）

饋食 ……………………………………………………（370）

卷第四十四　吉禮

孝敬皇帝廟時享有司攝事 ……………………………（372）

齋戒 ……………………………………………………（372）

陳設 ……………………………………………………（372）

　　　　省牲器 ……………………………………………………………（373）

　　　　晨祼 ……………………………………………………………（374）

　　　　饋食 ……………………………………………………………（375）

卷第四十五　吉禮

　　皇帝拜五陵 ……………………………………………………………（377）

　　皇后拜五陵 ……………………………………………………………（379）

　　太常卿行諸陵 …………………………………………………………（380）

卷第四十六　吉禮

　　皇帝孟春吉亥享先農耕籍 ……………………………………………（381）

　　　　齋戒 ……………………………………………………………（381）

　　　　陳設 ……………………………………………………………（382）

　　　　鑾駕出宮 ………………………………………………………（383）

　　　　饋享 ……………………………………………………………（385）

　　　　耕籍 ……………………………………………………………（388）

　　　　鑾駕還宮 ………………………………………………………（389）

　　　　勞酒 ……………………………………………………………（390）

卷第四十七　吉禮

　　孟春吉亥享先農於籍田有司攝事 ……………………………………（391）

　　　　齋戒 ……………………………………………………………（391）

　　　　陳設 ……………………………………………………………（391）

　　　　饋享 ……………………………………………………………（392）

卷第四十八　吉禮

　　皇后季春吉巳享先蠶親桑 ……………………………………………（396）

　　　　齋戒 ……………………………………………………………（396）

　　　　陳設 ……………………………………………………………（396）

　　　　車駕出宮 ………………………………………………………（398）

　　饋享 ………………………………………………………（399）

　　親桑 ………………………………………………………（401）

　　車駕還宮 …………………………………………………（402）

　　勞酒 ………………………………………………………（402）

卷第四十九　吉禮

　季春吉巳享先蠶於公桑有司攝事 ……………………（403）

　　齋戒 ………………………………………………………（403）

　　陳設 ………………………………………………………（403）

　　饋享 ………………………………………………………（404）

卷第五十　吉禮

　有司享先代帝王 …………………………………………（407）

卷第五十一　吉禮

　薦新於太廟 ………………………………………………（412）

　季夏祭中霤於太廟 ………………………………………（413）

　孟冬祭司寒納冰開冰附 …………………………………（414）

　興慶宮祭五龍壇 …………………………………………（415）

卷第五十二　吉禮

　皇帝皇太子視學 …………………………………………（417）

　　皇帝皇太子視學 …………………………………………（417）

　　出宮 ………………………………………………………（417）

　　視學 ………………………………………………………（418）

　　車駕還宮 …………………………………………………（418）

卷第五十三　吉禮

　皇太子釋奠於孔宣父 ……………………………………（419）

　　齋戒 ………………………………………………………（419）

陳設 ……………………………………………………… (420)

出宮 ……………………………………………………… (421)

饋享 ……………………………………………………… (422)

講學 ……………………………………………………… (426)

還宮 ……………………………………………………… (426)

卷第五十四　吉禮

國子釋奠於孔宣父 ……………………………………… (428)

齋戒 ……………………………………………………… (428)

陳設 ……………………………………………………… (428)

饋享 ……………………………………………………… (430)

皇子束脩 ………………………………………………… (433)

學生束脩 ………………………………………………… (433)

卷第五十五　吉禮

仲春仲秋釋奠於齊太公 ………………………………… (435)

齋戒 ……………………………………………………… (435)

陳設 ……………………………………………………… (435)

饋享 ……………………………………………………… (436)

卷第五十六　吉禮

皇帝巡狩告於圜丘 ……………………………………… (440)

齋戒 ……………………………………………………… (440)

陳設 ……………………………………………………… (440)

鑾駕出宮 ………………………………………………… (441)

親告 ……………………………………………………… (441)

鑾駕還宮 ………………………………………………… (443)

卷第五十七　吉禮

巡狩告圜丘有司攝事 …………………………………… (444)

卷第五十八　吉禮

皇帝巡狩告於太社 ……………………………………………… （446）

　齋戒 …………………………………………………………… （446）

　陳設 …………………………………………………………… （446）

　鑾駕出宫 ……………………………………………………… （446）

　薦玉帛 ………………………………………………………… （447）

　進熟 …………………………………………………………… （448）

　鑾駕還宫 ……………………………………………………… （450）

卷第五十九　吉禮

巡狩告於太社有司攝事 ………………………………………… （451）

卷第六十　吉禮

皇帝巡狩告於太廟 ……………………………………………… （453）

　齋戒 …………………………………………………………… （453）

　陳設 …………………………………………………………… （453）

　鑾駕出宫 ……………………………………………………… （454）

　晨祼 …………………………………………………………… （454）

　饋食 …………………………………………………………… （455）

　鑾駕還宫 ……………………………………………………… （456）

卷第六十一　吉禮

巡狩告於太廟有司攝事 ………………………………………… （457）

卷第六十二　吉禮

皇帝巡狩 ………………………………………………………… （459）

　鑾駕出宫 ……………………………………………………… （459）

　燔柴告至 ……………………………………………………… （459）

　鑾駕還行宫 …………………………………………………… （463）

　望秩於山川 …………………………………………………… （463）

肆觀東后 ……………………………………………（465）

考制度 ………………………………………………（468）

卷第六十三　吉禮

皇帝封祀於泰山 ……………………………………（469）

變駕進發 ……………………………………………（469）

齋戒 …………………………………………………（469）

制度 …………………………………………………（470）

陳設 …………………………………………………（471）

省牲器 ………………………………………………（473）

變駕上山 ……………………………………………（474）

奠玉帛 ………………………………………………（475）

山下封祀壇 …………………………………………（476）

進熟 …………………………………………………（477）

燔燎 …………………………………………………（480）

封玉册 ………………………………………………（480）

變駕還宮 ……………………………………………（481）

卷第六十四　吉禮

皇帝禪於社首山 ……………………………………（482）

齋戒 …………………………………………………（482）

制度 …………………………………………………（482）

陳設 …………………………………………………（482）

省牲器 ………………………………………………（484）

變駕出行宮 …………………………………………（485）

奠玉帛 ………………………………………………（485）

進熟 …………………………………………………（486）

封玉册 ………………………………………………（489）

變駕還行宮 …………………………………………（489）

皇帝朝覲群官 ………………………………………（490）

考制度 ……………………………………………………… （490）

卷第六十五　吉禮

時旱祈雨於太廟 …………………………………………… （491）

時旱祈雨於太社 …………………………………………… （492）

卷第六十六　吉禮

時旱祈嶽鎮於北郊報祠禮同 ……………………………… （494）

卷第六十七　吉禮

時旱就祈嶽鎮海瀆 ………………………………………… （497）

久雨禜國門 ………………………………………………… （498）

卷第六十八　吉禮

諸州祭社稷 ………………………………………………… （500）

卷第六十九　吉禮

諸州釋奠於孔宣父 ………………………………………… （504）

州學生束脩 ………………………………………………… （507）

卷第七十　吉禮

諸州祈社稷 ………………………………………………… （508）

諸州祈諸神 ………………………………………………… （510）

諸州禜城門報祠禮同 ……………………………………… （511）

卷第七十一　吉禮

諸縣祭社稷 ………………………………………………… （512）

諸里祭社稷 ………………………………………………… （516）

卷第七十二　吉禮

諸縣釋奠於孔宣父 …………………………………………………（518）

縣學生行束脩禮 ……………………………………………………（521）

卷第七十三　吉禮

諸縣祈社稷 …………………………………………………………（522）

諸縣祈諸神 …………………………………………………………（524）

諸縣禜城門 報祠禮同 ………………………………………………（525）

卷第七十四　吉禮

諸太子廟時享 ………………………………………………………（527）

　齋戒 ………………………………………………………………（527）

　陳設 ………………………………………………………………（527）

　晨祼 ………………………………………………………………（528）

　饋食 ………………………………………………………………（528）

卷第七十五　吉禮

三品以上時享其廟 …………………………………………………（530）

卷第七十六　吉禮

三品以上祫享其廟 …………………………………………………（533）

三品以上禘享其廟 …………………………………………………（535）

卷第七十七　吉禮

四品五品時享其廟 …………………………………………………（538）

卷第七十八　吉禮

六品以下時祠 ………………………………………………………（541）

王公以下拜埽 寒食拜埽附 …………………………………………（544）

卷第七十九　賓禮

蕃國主來朝以束帛迎勞 …………………………………… （545）

皇帝遣使戒蕃主見日 ……………………………………… （546）

蕃主奉見_{奉辭禮同} ……………………………………… （546）

皇帝受蕃國使表及幣 ……………………………………… （547）

卷第八十　賓禮

皇帝宴蕃國主 ……………………………………………… （549）

皇帝宴蕃國使 ……………………………………………… （551）

卷第八十一　軍禮

皇帝親征類于上帝 ………………………………………… （553）

纂嚴 ………………………………………………………… （553）

齋戒 ………………………………………………………… （553）

陳設 ………………………………………………………… （554）

鑾駕出宮 …………………………………………………… （554）

奠玉帛 ……………………………………………………… （555）

進熟 ………………………………………………………… （556）

鑾駕還宮 …………………………………………………… （557）

卷第八十二　軍禮

皇帝親征宜于大社 ………………………………………… （558）

齋戒 ………………………………………………………… （558）

陳設 ………………………………………………………… （558）

鑾駕出宮 …………………………………………………… （559）

奠玉帛 ……………………………………………………… （559）

進熟 ………………………………………………………… （560）

鑾駕還宮 …………………………………………………… （562）

卷第八十三　軍禮

皇帝親征告於太廟 …………………………………………………（563）

齋戒 ……………………………………………………………（563）

陳設 ……………………………………………………………（563）

鑾駕出宫 ………………………………………………………（564）

晨祼 ……………………………………………………………（564）

饋食 ……………………………………………………………（565）

鑾駕還宫 ………………………………………………………（567）

凱旋獻俘 ………………………………………………………（567）

解嚴 ……………………………………………………………（567）

卷第八十四　軍禮

皇帝親征禡于所征之地 …………………………………………（569）

親征及巡狩郊祭有司載于國門 …………………………………（572）

親征及巡狩告所過山川 …………………………………………（572）

平蕩寇賊宣露布 …………………………………………………（573）

遣使勞軍將 ………………………………………………………（574）

卷第八十五　軍禮

皇帝講武 …………………………………………………………（575）

皇帝田狩 …………………………………………………………（578）

卷第八十六　軍禮

皇帝射於射宫 ……………………………………………………（580）

皇帝觀射於射宫 …………………………………………………（582）

卷第八十七　軍禮

制遣大將出征有司宜于太社 ……………………………………（585）

卷第八十八　軍禮

　制遣大將出征有司告於太廟 ………………………………………（588）

　制遣大將出征有司告於齊太公廟 …………………………………（590）

卷第八十九　軍禮

　仲春祀馬祖 …………………………………………………………（592）

　仲夏享先牧 …………………………………………………………（594）

　仲秋祭馬社 …………………………………………………………（595）

　仲冬祭馬步 …………………………………………………………（595）

卷第九十　軍禮

　合朔伐鼓 ……………………………………………………………（597）

　合朔諸州伐鼓 ………………………………………………………（597）

　大儺 …………………………………………………………………（598）

　諸州縣儺 ……………………………………………………………（599）

卷第九十一　嘉禮

　皇帝加元服上 ………………………………………………………（600）

　　卜日 ………………………………………………………………（600）

　　告圜丘 ……………………………………………………………（600）

　　告方澤 ……………………………………………………………（601）

　　告宗廟 ……………………………………………………………（603）

　　臨軒行事 …………………………………………………………（604）

　　謁見太后 …………………………………………………………（607）

卷第九十二　嘉禮

　皇帝加元服下 ………………………………………………………（608）

　　謁太廟 ……………………………………………………………（608）

　　親謁 ………………………………………………………………（611）

　　會群臣 ……………………………………………………………（613）

　　群臣上禮 ……………………………………………（613）

卷第九十三　嘉禮

　納后上 ………………………………………………（614）

　　卜日 ……………………………………………………（614）

　　告圜丘 …………………………………………………（614）

　　告方澤 …………………………………………………（614）

　　臨軒命使 ………………………………………………（614）

　　納采 ……………………………………………………（615）

　　問名 ……………………………………………………（617）

　　納吉 ……………………………………………………（619）

　　納徵 ……………………………………………………（620）

　　告期 ……………………………………………………（621）

　　告廟 ……………………………………………………（622）

　　冊后 ……………………………………………………（622）

卷第九十四　嘉禮

　納后下 ………………………………………………（625）

　　命使奉迎 ………………………………………………（625）

　　同牢 ……………………………………………………（627）

　　皇后謝表 ………………………………………………（628）

　　朝皇太后 ………………………………………………（628）

　　皇后受群臣賀 …………………………………………（629）

　　皇帝會群臣 ……………………………………………（629）

　　外命婦朝會 ……………………………………………（630）

　　群臣上禮 ………………………………………………（630）

　　皇后廟見 ………………………………………………（630）

　　車駕出宮 ………………………………………………（633）

卷第九十五　嘉禮

　皇帝元正冬至受皇太子朝賀 ···（635）

　皇后元正冬至受皇太子朝賀 ···（636）

卷第九十六　嘉禮

　皇帝元正冬至受皇太子妃朝賀 ···（638）

　皇后元正冬至受皇太子妃朝賀 ···（638）

卷第九十七　嘉禮

　皇帝元正冬至受群臣朝賀并會 ···（640）

　皇帝千秋節御樓受群臣朝賀并會 ··（644）

卷第九十八　嘉禮

　皇后正至受群臣朝賀 ···（646）

　皇后正至受外命婦朝賀并會 ···（647）

卷第九十九　嘉禮

　皇帝於明堂讀孟春令 ···（650）

　　陳設 ··（650）

　　鑾駕出宮 ··（650）

　　讀令 ··（652）

　　鑾駕還宮 ··（654）

　皇帝於明堂讀仲春令 ···（655）

　　陳設 ··（655）

　　鑾駕出宮 ··（655）

　　讀令 ··（655）

　　鑾駕還宮 ··（656）

　皇帝於明堂讀季春令 ···（656）

　　陳設 ··（656）

　　鑾駕出宮 ··（656）

　　讀令 ……………………………………………………（656）

　　鑾駕還宮 ………………………………………………（657）

卷第一百　嘉禮

　皇帝於明堂讀孟夏令 …………………………………（658）

　　陳設 ……………………………………………………（658）

　　鑾駕出宮 ………………………………………………（658）

　　讀令 ……………………………………………………（660）

　　鑾駕還宮 ………………………………………………（662）

　皇帝於明堂讀仲夏令 …………………………………（663）

　　陳設 ……………………………………………………（663）

　　鑾駕出宮 ………………………………………………（663）

　　讀令 ……………………………………………………（663）

　　鑾駕還宮 ………………………………………………（664）

　皇帝於明堂讀季夏令 …………………………………（664）

　　陳設 ……………………………………………………（664）

　　鑾駕出宮 ………………………………………………（664）

　　讀令 ……………………………………………………（664）

　　鑾駕還宮 ………………………………………………（665）

　　季夏土王之日讀土令 …………………………………（665）

卷第一百一　嘉禮

　皇帝於明堂讀孟秋令 …………………………………（666）

　　陳設 ……………………………………………………（666）

　　鑾駕出宮 ………………………………………………（666）

　　讀令 ……………………………………………………（668）

　　鑾駕還宮 ………………………………………………（669）

　皇帝於明堂讀仲秋令 …………………………………（670）

　　陳設 ……………………………………………………（670）

　　鑾駕出宮 ………………………………………………（670）

　　讀令 ……………………………………………………（670）

　　鑾駕還宮 ………………………………………………（671）

　皇帝於明堂讀季秋令 …………………………………（671）

　　陳設 ……………………………………………………（671）

　　鑾駕出宮 ………………………………………………（672）

　　讀令 ……………………………………………………（672）

　　鑾駕還宮 ………………………………………………（672）

卷第一百二　嘉禮

　皇帝於明堂讀孟冬令 …………………………………（673）

　　陳設 ……………………………………………………（673）

　　鑾駕出宮 ………………………………………………（673）

　　讀令 ……………………………………………………（675）

　　鑾駕還宮 ………………………………………………（676）

　皇帝於明堂讀仲冬令 …………………………………（677）

　　陳設 ……………………………………………………（677）

　　鑾駕出宮 ………………………………………………（677）

　　讀令 ……………………………………………………（678）

　　鑾駕還宮 ………………………………………………（678）

　皇帝於明堂讀季冬令 …………………………………（679）

　　陳設 ……………………………………………………（679）

　　鑾駕出宮 ………………………………………………（679）

　　讀令 ……………………………………………………（679）

　　鑾駕還宮 ………………………………………………（680）

卷第一百三　嘉禮

　皇帝於明堂及太極殿讀五時令 ………………………（681）

　　陳設 ……………………………………………………（681）

　　鑾駕出宮 ………………………………………………（682）

　　讀令 ……………………………………………………（683）

　　鑾駕還宮 ……………………………………………………（690）

　　太極殿讀五時令 …………………………………………（691）

卷第一百四　嘉禮

　　皇帝養老於太學 …………………………………………（693）

　　　陳設 …………………………………………………………（693）

　　　鑾駕出宮 ……………………………………………………（694）

　　　養老 …………………………………………………………（695）

　　　鑾駕還宮 ……………………………………………………（696）

卷第一百五　嘉禮

　　臨軒册命皇后 ……………………………………………（698）

　　　卜日 …………………………………………………………（698）

　　　告圜丘　告方澤　告太廟 ………………………………（698）

　　　臨軒命使 ……………………………………………………（698）

　　　皇后受册 ……………………………………………………（699）

　　　皇后受群臣賀　皇后表謝　朝皇太后　皇帝會群臣

　　　　群臣上禮　皇后會外命婦　皇后廟見 ………………（702）

卷第一百六　嘉禮

　　臨軒册命皇太子 …………………………………………（703）

　　　卜日 …………………………………………………………（703）

　　　告圜丘　告方澤　告太廟 ………………………………（703）

　　　臨軒册命 ……………………………………………………（703）

　　　謁中宮 ………………………………………………………（705）

　　　謁太廟 ………………………………………………………（705）

　　　皇帝會群臣 …………………………………………………（706）

　　　群臣上禮 ……………………………………………………（706）

　　　皇后受群臣賀 ………………………………………………（707）

　　　皇后會命婦 …………………………………………………（707）

　　皇太子會群臣 ……………………………………………（707）

　　皇太子會宮臣 ……………………………………………（707）

　　宮臣上禮 …………………………………………………（707）

卷第一百七　嘉禮

　　內册皇太子 ………………………………………………（708）

　　　卜日 ……………………………………………………（708）

　　　告圜丘　告方澤　告太廟 ……………………………（708）

　　　臨軒命使 ………………………………………………（708）

　　　皇太子受册 ……………………………………………（710）

　　　皇太子朝見 ……………………………………………（711）

　　　謁太廟　皇帝會群臣　群臣上禮　皇后受群臣賀

　　　皇后會外命婦　皇太子會群臣　皇太子會宮臣

　　　宮臣上禮 ………………………………………………（711）

卷第一百八　嘉禮

　　臨軒册命諸王大臣 ………………………………………（712）

　　朝堂册命諸臣 ……………………………………………（713）

　　册內命婦二品以上 ………………………………………（714）

卷第一百九　嘉禮

　　遣使册受官爵 ……………………………………………（715）

　　朔日受朝 …………………………………………………（715）

　　朝集使朝見并辭 …………………………………………（716）

卷第一百十　嘉禮

　　皇太子加元服 ……………………………………………（718）

　　　告太廟 …………………………………………………（718）

　　　臨軒命賓贊 ……………………………………………（718）

　　　冠 ………………………………………………………（719）

會賓贊 …………………………………………………（724）

朝謁 ……………………………………………………（724）

皇太子謁太廟 …………………………………………（725）

會群臣 …………………………………………………（726）

群臣上禮 ………………………………………………（726）

皇太子會宮臣 …………………………………………（727）

宮臣上禮 ………………………………………………（727）

卷第一百十一　嘉禮

皇太子納妃 ……………………………………………（728）

臨軒命使 ………………………………………………（728）

納采 ……………………………………………………（729）

問名 ……………………………………………………（730）

納吉 ……………………………………………………（731）

納徵 ……………………………………………………（732）

告期 ……………………………………………………（733）

告廟 ……………………………………………………（733）

册妃 ……………………………………………………（733）

臨軒醮戒 ………………………………………………（734）

親迎 ……………………………………………………（736）

同牢 ……………………………………………………（737）

妃朝見 …………………………………………………（739）

會群臣 …………………………………………………（740）

卷第一百十二　嘉禮

皇太子元正冬至受群臣賀并會 ………………………（741）

卷第一百十三　嘉禮

皇太子元正冬至受宮臣朝賀并會 ……………………（744）

皇太子與師傅保相見 …………………………………（747）

皇太子受朝集使参辭 ………………………………………………（747）

卷第一百十四　嘉禮

親王冠 ………………………………………………………………（749）

卷第一百十五　嘉禮

親王納妃 ……………………………………………………………（754）

納采 ………………………………………………………………（754）

問名 ………………………………………………………………（755）

納吉 ………………………………………………………………（756）

納徵 ………………………………………………………………（757）

請期 ………………………………………………………………（757）

册妃 ………………………………………………………………（758）

親迎 ………………………………………………………………（759）

同牢 ………………………………………………………………（760）

妃朝見 ……………………………………………………………（761）

婚會 ………………………………………………………………（762）

婦人禮會 …………………………………………………………（763）

饗丈夫送者 ………………………………………………………（763）

饗婦人送者 ………………………………………………………（764）

卷第一百十六　嘉禮

公主降嫁 ……………………………………………………………（765）

册公主 ……………………………………………………………（765）

公主受册 …………………………………………………………（767）

納采 ………………………………………………………………（768）

問名 ………………………………………………………………（768）

納吉 ………………………………………………………………（770）

納徵 ………………………………………………………………（770）

請期 ………………………………………………………………（771）

　　親迎 ………………………………………………………（772）

　　同牢 ………………………………………………………（773）

　　見舅姑 ……………………………………………………（774）

　　盥饋舅姑 …………………………………………………（775）

　　婚會 ………………………………………………………（776）

　　婦人禮會 …………………………………………………（777）

　　饗丈夫送者 ………………………………………………（777）

　　饗婦人送者 ………………………………………………（777）

卷第一百十七　嘉禮
　　三品以上嫡子冠 …………………………………………（779）

卷第一百十八　嘉禮
　　三品以上庶子冠 …………………………………………（785）

卷第一百十九　嘉禮
　　四品五品嫡子冠 …………………………………………（790）

卷第一百二十　嘉禮
　　四品五品庶子冠 …………………………………………（795）

卷第一百二十一　嘉禮
　　六品以下嫡子冠 …………………………………………（799）

卷第一百二十二　嘉禮
　　六品以下庶子冠 …………………………………………（803）

卷第一百二十三　嘉禮
　　三品以上婚 ………………………………………………（807）

　　納采 ………………………………………………………（807）

問名 …………………………………………………………… （808）

納吉 …………………………………………………………… （809）

納徵 …………………………………………………………… （810）

請期 …………………………………………………………… （810）

親迎 …………………………………………………………… （811）

見舅姑 ………………………………………………………… （813）

盥饋 …………………………………………………………… （814）

婚會 …………………………………………………………… （815）

婦人禮會 ……………………………………………………… （816）

饗丈夫送者 …………………………………………………… （816）

饗婦人送者 …………………………………………………… （816）

卷第一百二十四　嘉禮

四品五品婚 …………………………………………………… （817）

納采 …………………………………………………………… （817）

問名 …………………………………………………………… （818）

納吉 …………………………………………………………… （819）

納徵 …………………………………………………………… （819）

請期 …………………………………………………………… （820）

親迎 …………………………………………………………… （821）

見舅姑 ………………………………………………………… （823）

盥饋 …………………………………………………………… （824）

婚會 …………………………………………………………… （824）

婦人禮會 ……………………………………………………… （825）

饗丈夫送者 …………………………………………………… （826）

饗婦人送者 …………………………………………………… （826）

卷第一百二十五　嘉禮

六品以下婚 …………………………………………………… （827）

納采 …………………………………………………………… （827）

問名 ……………………………………………………………（828）

納吉 ……………………………………………………………（829）

納徵 ……………………………………………………………（829）

請期 ……………………………………………………………（830）

親迎 ……………………………………………………………（831）

見舅姑 …………………………………………………………（833）

盥饋 ……………………………………………………………（834）

婚會 ……………………………………………………………（834）

婦人禮會 ………………………………………………………（835）

饗丈夫送者 ……………………………………………………（836）

饗婦人送者 ……………………………………………………（836）

卷第一百二十六　嘉禮

朝集使於尚書省禮見并辭 ……………………………………（837）

任官初上相見諸州上佐同 ……………………………………（837）

京兆河南牧初上諸州刺史都督同初上禮附 …………………（838）

萬年長安令初上河南洛陽縣令禮同 …………………………（839）

卷第一百二十七　嘉禮

鄉飲酒 …………………………………………………………（841）

卷第一百二十八　嘉禮

正齒位 …………………………………………………………（845）

卷第一百二十九　嘉禮

宣赦書 …………………………………………………………（849）

群臣詣闕上表 …………………………………………………（849）

群官奉參起居 …………………………………………………（850）

皇帝遣使詣蕃宣勞 ……………………………………………（850）

卷第一百三十　嘉禮

　　皇帝遣使宣撫諸州 ……………………………………………… (852)

　　皇帝遣使詣諸州宣詔書勞會 …………………………………… (854)

　　皇帝遣使詣諸州宣赦書鎮與州同 ……………………………… (855)

　　諸州上表 ………………………………………………………… (856)

卷第一百三十一　凶禮

　　賑撫諸州水旱蟲災 ……………………………………………… (857)

　　賑撫蕃國主水旱 ………………………………………………… (858)

　　勞問諸王疾苦 …………………………………………………… (858)

　　勞問外祖父疾苦　勞問皇后父母疾苦 ………………………… (859)

　　勞問諸妃主疾苦闕文 …………………………………………… (859)

　　勞問外祖母疾苦 ………………………………………………… (859)

　　勞問皇后母疾苦闕文 …………………………………………… (860)

　　勞問大臣疾苦 …………………………………………………… (860)

　　勞問都督刺史疾苦 ……………………………………………… (860)

　　勞問蕃國主疾苦 ………………………………………………… (860)

　　中宮勞問外祖父疾苦 …………………………………………… (860)

　　勞問諸王疾苦 …………………………………………………… (861)

　　勞問外祖母疾苦 ………………………………………………… (861)

　　勞問諸妃主疾苦　勞問宗戚婦女疾苦 ………………………… (862)

　　東宮勞問諸王疾苦 ……………………………………………… (862)

　　勞問外祖父疾苦闕文　勞問妃父疾苦闕文 …………………… (862)

　　勞問外祖母疾苦 ………………………………………………… (863)

　　勞問諸妃主疾苦　勞問妃母疾苦 ……………………………… (863)

　　勞問師傅保疾苦　勞問宗戚疾苦　勞問上臺貴臣 …………… (863)

卷第一百三十二　凶禮

　　五服制度 ………………………………………………………… (865)

　　　斬衰三年 ……………………………………………………… (865)

齊衰三年 …………………………………………（867）

齊衰杖周 …………………………………………（868）

齊衰不杖期 ………………………………………（869）

齊衰五月 …………………………………………（870）

齊衰三月 …………………………………………（870）

大功 ………………………………………………（871）

小功五月 …………………………………………（873）

緦麻三月 …………………………………………（875）

改葬緦 ……………………………………………（877）

衰裳制度 …………………………………………（877）

卷第一百三十三　凶禮

訃奏 ………………………………………………（878）

皇帝爲外祖父母舉哀 ……………………………（878）

爲皇后父母舉哀 …………………………………（879）

爲諸王妃主舉哀 …………………………………（879）

爲内命婦舉哀 ……………………………………（880）

爲宗戚舉哀闕文 …………………………………（880）

爲貴臣舉哀 ………………………………………（880）

爲蕃國主舉哀 ……………………………………（881）

臨喪 ………………………………………………（881）

皇帝臨諸王妃主喪 ………………………………（881）

臨外祖父母喪　臨皇后父母喪　臨宗戚喪　臨貴臣喪 ……（883）

除服 ………………………………………………（883）

除外祖父母喪服 …………………………………（883）

除皇后父母喪服 …………………………………（884）

卷第一百三十四　凶禮

勅使弔 ……………………………………………（885）

弔諸王妃主喪 ……………………………………（885）

勑使弔外祖父母喪　勑使弔后父母喪　勑使弔貴臣喪

勑使弔宗戚喪　勑使弔蕃國主喪 …………………………（886）

賵賻 ………………………………………………………………（886）

會喪 ………………………………………………………………（887）

遣百寮會王公以下喪 …………………………………………（887）

策贈 ………………………………………………………………（887）

勑使册贈諸王 …………………………………………………（887）

勑使册贈外祖父母　勑使册贈后父母　勑使册贈貴臣

勑使册贈蕃國主 ………………………………………………（888）

會葬 ………………………………………………………………（889）

遣百寮會王公以下葬 …………………………………………（889）

致奠 ………………………………………………………………（889）

勑使致奠諸王妃主喪 …………………………………………（889）

勑使致奠外祖父母喪　勑使致奠后父母喪　勑使致奠貴臣喪

勑使致奠蕃國主喪 ……………………………………………（889）

卷第一百三十五　凶禮

中宫太皇太后皇太后皇后服 ………………………………（890）

舉哀 ………………………………………………………………（890）

成服 ………………………………………………………………（892）

奔喪 ………………………………………………………………（893）

臨喪 ………………………………………………………………（895）

除服 ………………………………………………………………（896）

遣使弔 ……………………………………………………………（897）

卷第一百三十六　凶禮

東宫服 ……………………………………………………………（899）

舉哀 ………………………………………………………………（899）

臨喪 ………………………………………………………………（903）

遣使弔 ……………………………………………………………（906）

致奠 ·· （907）

卷第一百三十七　凶禮

東宮妃服 ·· （908）

聞喪 ·· （908）

奔喪 ·· （911）

臨喪 ·· （913）

除喪 ·· （913）

卷第一百三十八　凶禮

三品以上喪之一 ···································· （915）

初終 ·· （915）

復始死則復 ·· （916）

設牀 ·· （916）

奠 ·· （916）

沐浴 ·· （917）

襲 ·· （917）

含 ·· （918）

赴闕 ·· （918）

勅使弔 ·· （918）

銘 ·· （918）

重 ·· （918）

陳小斂衣 ·· （919）

奠 ·· （919）

小斂 ·· （919）

斂髮 ·· （919）

奠 ·· （920）

陳大斂衣 ·· （920）

奠 ·· （920）

大斂 ·· （920）

奠 ……………………………………………………………… （921）

廬次 …………………………………………………………… （921）

成服 …………………………………………………………… （921）

朝夕哭奠 ……………………………………………………… （922）

賓弔 …………………………………………………………… （922）

親故哭 ………………………………………………………… （922）

刺史哭 ………………………………………………………… （923）

刺史遣使弔 …………………………………………………… （923）

親故遣使致賻 ………………………………………………… （923）

殷奠 …………………………………………………………… （924）

卜宅兆 ………………………………………………………… （924）

卜葬日 ………………………………………………………… （925）

啟殯 …………………………………………………………… （926）

贈諡 …………………………………………………………… （926）

親賓致奠 ……………………………………………………… （926）

卷第一百三十九　凶禮

三品以上喪之二 ……………………………………………… （928）

將葬 …………………………………………………………… （928）

墓上進止 ……………………………………………………… （932）

卷第一百四十　凶禮

三品以上喪之三 ……………………………………………… （936）

卒哭祭 ………………………………………………………… （936）

小祥祭 ………………………………………………………… （937）

大祥祭 ………………………………………………………… （938）

禫祭 …………………………………………………………… （939）

祔廟 …………………………………………………………… （939）

卷第一百四十一　凶禮

　　三品以上喪之四 ……………………………………………（943）

　　　改葬 ……………………………………………………（943）

卷第一百四十二　凶禮

　　四品五品喪之一 ……………………………………………（948）

　　　初終 ……………………………………………………（948）

　　　復始死則復 ………………………………………………（949）

　　　設牀 ……………………………………………………（949）

　　　奠 ………………………………………………………（949）

　　　沐浴 ……………………………………………………（950）

　　　襲 ………………………………………………………（950）

　　　含 ………………………………………………………（951）

　　　赴闕 ……………………………………………………（951）

　　　勑使弔 …………………………………………………（951）

　　　銘 ………………………………………………………（951）

　　　重 ………………………………………………………（952）

　　　陳小斂衣 ………………………………………………（952）

　　　奠 ………………………………………………………（952）

　　　小斂 ……………………………………………………（952）

　　　斂髮 ……………………………………………………（952）

　　　奠 ………………………………………………………（953）

　　　陳大斂衣 ………………………………………………（953）

　　　奠 ………………………………………………………（953）

　　　大斂 ……………………………………………………（953）

　　　奠 ………………………………………………………（954）

　　　廬次 ……………………………………………………（954）

　　　成服 ……………………………………………………（954）

　　　朝夕哭奠 ………………………………………………（955）

　　　賓弔 ……………………………………………………（955）

　　　親故哭 …………………………………………………（956）

州縣官長弔 ……………………………………………… (956)

刺史遣使弔 ……………………………………………… (956)

親故遣使致賻 …………………………………………… (956)

殷奠 ……………………………………………………… (957)

卜宅兆 …………………………………………………… (957)

卜葬日 …………………………………………………… (958)

啟殯 ……………………………………………………… (959)

贈諡 ……………………………………………………… (959)

親賓致奠 ………………………………………………… (960)

卷第一百四十三　凶禮

四品五品喪之二 ………………………………………… (961)

將葬 ……………………………………………………… (961)

墓上進止 ………………………………………………… (965)

卷第一百四十四　凶禮

四品五品喪之三 ………………………………………… (969)

卒哭祭 …………………………………………………… (969)

小祥祭 …………………………………………………… (970)

大祥祭 …………………………………………………… (971)

禫祭 ……………………………………………………… (971)

祔廟 ……………………………………………………… (972)

卷第一百四十五　凶禮

四品五品喪之四 ………………………………………… (975)

改葬 ……………………………………………………… (975)

卷第一百四十六　凶禮

六品以下喪之一 ………………………………………… (980)

初終 ……………………………………………………… (980)

復始死則復 ··· （981）

設牀 ··· （981）

沐浴 ··· （981）

襲 ·· （982）

含 ·· （982）

奠 ·· （982）

銘 ·· （983）

重 ·· （983）

小斂 ··· （983）

奠 ·· （984）

大斂 ··· （984）

廬次 ··· （984）

成服 ··· （985）

朝夕哭奠 ··· （985）

賓弔親故同 ··· （986）

親故哭 ··· （986）

州縣弔 ··· （986）

州縣使弔 ··· （986）

筮宅兆 ··· （987）

筮葬日 ··· （988）

啟殯 ··· （988）

卷第一百四十七　凶禮

六品以下喪之二 ··· （990）

將葬 ··· （990）

墓上進止 ··· （994）

卷第一百四十八　凶禮

六品以下喪之三 ··· （998）

卒哭祭 ··· （998）

　　小祥祭 ………………………………………………………（999）

　　大祥祭 ………………………………………………………（1000）

　　禫祭 …………………………………………………………（1000）

　　祔祭 …………………………………………………………（1001）

卷第一百四十九　凶禮

　六品以下喪之四 ……………………………………………（1004）

　　改葬 …………………………………………………………（1004）

卷第一百五十　凶禮

　王公以下喪通儀 ……………………………………………（1009）

　　聞哀 …………………………………………………………（1009）

　　三殤 …………………………………………………………（1011）

　　諸居喪節制 …………………………………………………（1011）

附　録 ………………………………………………………（1016）

卷第一　序例上

擇日　卜日　筮日^①　神位　俎豆

擇日

凡國有大祀、中祀、小祀。昊天上帝、五方上帝、皇地祇、神州、宗廟皆爲大祀，日月、星辰、社稷、先代帝王、嶽鎮海瀆、帝社、先蠶、孔宣父、齊太公、諸太子廟並爲中祀，司中、司命、風師、雨師、靈星、山林、川澤、五龍祠等並爲小祀。州縣社稷、釋奠及諸神祠，並同小祀。

凡大祀、中祀應卜日者，及册命大事、加元服、納后、巡狩、親征、封禪、太子納妃、出師命將，並前七日卜日於太廟南門之外。小祀應筮日者及諸王冠婚、公主降嫁等，並筮日於太廟南門之外。若雩祀之典，有殊古法，《傳》曰：“龍見而雩。”自周以來，歲星差度，今之龍見，乃在仲夏之初，以祈甘雨，遂爲晚矣。今用四月上旬卜日。又先蠶之祀，合用季春吉巳，若其年節氣晚，即於節氣後卜日。

卜日

前一日，右校埽除太廟南門之外。守宮設太常卿以下次於門外之東，皆西向。

其日平明，太卜令、卜正、占者其占者，以太卜官之明卜者爲之。俱就次，各服公服。謁者、贊引各絳公服。守宮布卜席於闑西閾外，西向。謁者告事具。謁者引太常卿升，立於門東，西面。贊引引太卜令、卜正、占者立於門西，東面。卜正先抱龜奠於席上，西首，灼龜之具奠於龜北，執龜立於席

---

① “卜日筮日”四字公善堂本無，四庫本同。據本卷卷内標題補。

東，北面。太卜令進，受龜，詣太常卿前示高。太常卿受，視訖，太卜令受龜，少退，俟命①。太常卿曰："皇帝來日某祇祀於某神，尚饗。"若將有册命大事及國有冠婚之禮，則曰："來日某有某事，庶乎從之。"太卜令曰："諾。"遂述命，還，即席，西面坐。命龜曰："假爾泰龜，有常。"興，授卜正龜，負東扉。卜正坐，作龜，訖，興。太卜令進，受龜，示太常卿。太常卿受視，反之。太卜令退，復位，東面，與眾占之，訖，不釋龜，進告於太常卿："占曰某日從。"授卜正龜。

　　謁者進太常卿之左，白"禮畢"。謁者引太常卿以下還次。卜者徹龜，守宮徹席以退。若卜册命大事，太常卿以兆奏聞。若上旬不吉，即卜中旬；中旬不吉，即卜下旬，皆如初儀。若卜吉日及非大事，皆太卜令莅卜，卜正、占者示高、命龜、作龜。

筮日

　　前一日，右校埽除太廟南門之外。守宮設太卜令以下次於門外之東，皆西向。

　　其日平明，太卜令、卜正、占者其占者，以太卜官之明筮者爲之。俱就次，各服公服。贊引絳公服。守宮布筮席於閾西閾外，西向。贊引告事具。贊引引太卜令升，立於門東，西面；卜正、占者立於門西，東面。卜正開櫝出策，兼執之，東面受命於太卜令。太卜令曰："皇帝來日某祭某神於某所。尚饗。"若將有冠婚等事，則曰："來日某有某事，庶乎從之。"卜正曰："諾。"遂右還，西面，以櫝擊策，遂述命曰："假爾泰筮有常。皇帝來日某祭某神。尚饗。"乃釋櫝，坐筮，訖，興，執卦以示太卜令。太卜令受視，反之。卜正退，復位，東面，與眾占之，訖，進告於太卜令："占曰某日從。"贊引進太卜令之左，白"禮畢"。贊引引太卜令以下還次。卜正櫝策，守宮徹席以退。若上旬不吉，即筮中旬；中旬不吉，即筮下旬，皆如初儀。王公以下筮日，各附於本卷時享之首。

----

① "俟"字，四庫本作"受"。

神位

冬至，祀昊天上帝於圜丘壇上，以高祖神堯皇帝配，座在壇上。壇
之第一等祀：東方青帝靈威仰、南方赤帝赤熛怒、中央黃帝含樞紐、西方白帝白招拒、北方黑
帝叶光紀及大明、夜明等七座。壇第二等祀：天皇大帝、北辰、北斗、天一、太一、紫微五帝
座，並差在行位前。餘內官諸座及五星十二辰、河漢，都四十九座齊列，俱在第二等十二陛間。
壇第三等祀：中官①、市垣、帝座、七公、日星、帝席②、大角、攝提、太微、太子、明堂、軒轅、三
台、五車、諸王、月星、織女、建星、天紀等十七座及二十八宿，並差在前列。餘中官一百四十二座
齊列，皆在第三等十二陛間。又祀外官一百五座於內壇之內。又設衆星之座
三百六十座於內壝之外③。

   右按：此神位蓋是渾儀制圖，聖人觀象，羲和所職，推步有徵。
所謂昊天上帝者，蓋元氣廣大，則稱昊天；據遠視之蒼蒼然，則稱蒼
天。人之所尊莫過於帝，託之於天，故稱上帝。故《書》曰："欽若昊
天，曆象日月星辰，敬授人時。"《周官》曰："以禋祀祀昊天上帝，以
實柴祀日月星辰。"即知天以蒼昊爲名，不及星辰之列。鄭康成云：
"昊天上帝，即鈎陳中天皇大帝也。"謹按：天皇大帝亦名曜魄寶，自
是星中之尊者，豈是天乎？今於圜丘之上祀昊天上帝，又於壇第二
等祀天皇大帝，則尊卑等列確然殊矣。又五方上帝自是五行之神，
居天地五方者，故《周禮》以青圭禮東方、赤璋禮南方、白琥禮西方、
玄璜禮北方。又云兆五帝於四郊，又曰大裘而冕以祀昊天上帝，祀
五帝亦如之。此則惟有五帝之名，初無上帝之號。而鄭康成云：
"五帝即太微之五帝。"又以爲"上帝都號六天"。今按郊壇之位，五

---

  ① "官"字，公善堂本作"宫"，四庫本、《通典》卷一〇六《開元禮纂類一》、《新唐書》卷一二
《禮樂二》均作"官"。《唐六典》卷四《礼部·祠部郎中》條有"中官"、"內官"、"外官"之稱，據此
改。

  ② "帝席"，公善堂本作"帝座"。按：前此已有"帝座"，不應重複。今據《新唐書》卷一二
《禮樂二》改"帝席"。

  ③ 四庫本於此處加有按語："案《唐六典》曰：'祀五帝及大明、夜月于壇之第一等，祀內官
五十五坐于壇之第二等，祀中官一百五十九坐于壇之第三等，祀外官一百五坐、衆星三百六十坐
于內壝之內。'與此處星數祀制畧異。"

方帝座在壇之第一等①，紫微五帝座在壇之第二等，太微五帝座在壇之第三等，則尊卑之列上下不同矣。又五帝之座位②，此則有二，孰爲威仰、熛怒之位乎？或以爲太微五帝之座位耳。謹按《傳》曰：“萬物之精，上爲衆星。”故天有萬一千五百二十星，地有萬一千五百二十物，即星之與物各有所主。若五帝之神別有空位，則衆星之位豈有別神者哉？雖神道有殊，而至理可見。今並依《郊壇圖》爲定。

正月上辛，祈穀祀昊天上帝於圜丘，以高祖神堯皇帝配座。又祀五方帝於壇之第一等。

右按：大唐前禮，祀感生帝於南郊。大唐後禮，祀昊天上帝於圜丘，以祈穀實。準《左傳》曰：“郊祀后稷，以祈農事，故啟蟄而郊，郊而後耕。”《詩》曰：“噫嘻！春夏祈穀於上帝。”《禮記》亦曰：“上辛，祈穀於上帝。”則祈穀之文，傳之歷代。上帝之號，元屬昊天，而鄭康成云：“天之五帝，遞王四時。王者之興，必感其一。因其所感，別祭尊之。故夏正之月，祭其所生之帝於南郊，以其祖配之。故周祭靈威仰，以后稷配之，因以祈穀。”據所說，祀感生帝之意本非祈穀，先儒此說，事恐難憑。今祈穀之禮，請准禮脩之。且感生帝之祀，行之自久，《記》曰：“有其舉之，莫敢廢也。”請於祈穀之壇徧祭五方帝。夫五方帝者，五行之精；五行者，九穀之宗也。今請二禮並行，六神咸祀。

孟夏，雩祀昊天上帝於圜丘，以太宗文武聖皇帝配座。又祀五方帝於壇之第一等，又祀五帝太昊、炎帝、軒轅、少昊、顓頊。於壇之第二等，又祀五官句芒、祝融、后土、蓐收、玄冥。於內壝之外。

右按：大唐前禮，雩祀五方帝、五帝、五官於南郊。大唐後禮，雩祀昊天上帝於圜丘。且雩祀上帝，蓋爲百穀祈甘雨。故《月令》云：“命有司大雩帝，用盛樂，以祈穀實。”鄭康成云：“雩於上帝也。”

---

① “座”字，公善堂本無，據四庫本校補。
② “座位”，公善堂本作“坐位”，今改。下同。

夫上帝者，天之別號，元屬昊天，祀於圜丘，尊天位也。且雩祀五帝，行之自久，《記》曰：“有其舉之，莫敢廢也。”請二禮並行，以成《月令》大雩帝之義也。

　　季秋，大享明堂，祀昊天上帝，以睿宗大聖真皇帝配座。又以五方帝、五帝、五官從祀。

　　右按：大唐前禮，祀五方帝、五帝、五官於明堂。大唐後禮，祀昊天上帝於明堂。准《孝經》曰：“郊祀后稷以配天，宗祀文王於明堂以配上帝。”先儒以爲天是感精之帝，即太微之五帝，此即皆是星辰之例矣。謹按：上帝之號，皆屬昊天。鄭康成所引皆云“五帝”。《周禮》曰：“王將旅上帝，張氈案，設皇邸。祀五帝，張大次、小次。”由此言之，上帝之與五帝自有差等，豈可混而爲一乎？[①] 何獨《孝經》云上帝即爲五帝矣。又天與上帝原是一神[②]，據《孝經》云：“嚴父莫大於配天。”其下文即云：“宗祀文王於明堂以配上帝。”故明上帝即天矣。故鄭氏注云：“上帝者，天之別名。神無二主，故異其處，避后稷也。”孔安國云：“帝亦天也。”且祀五方帝於明堂，行之自久，《記》曰：“有其舉之，莫敢廢也。”請二禮並行，以成《月令》大享帝之義。

　　立春，祀青帝於東郊。以太昊配，以句芒氏、歲星、三辰、七宿從祀。

　　立夏，祀赤帝於南郊。以炎帝配，以祝融氏、熒惑、三辰、七宿從祀。

　　季夏，祀黃帝於南郊。以軒轅配，以后土氏、鎮星從祀。

---

①　四庫本於此處加有按語：“案：原本此下有‘何獨《孝經》云上帝即爲五帝矣。又天與上帝原是一神’等字。今據《舊唐書》起居舍人王仲丘議中無此語。又，本辨‘五帝非上帝’，而反云‘上帝即爲五帝’，此似于他處淆入，録此書者之過也。”據此按語可知，《大唐開元禮》之公善堂本應早於文淵閣《四庫全書》本。

②　“原”字，公善堂本作“元”，據四庫本校改。

立秋，祀白帝於西郊。以少昊配，以蓐收氏、太白、三辰、七宿從祀。

立冬，祀黑帝於北郊。以顓頊配，以玄冥氏、辰星、三辰、七宿從祀。

　　　　右，舊樂用本音，皆以黄鍾之均三成。准《周禮》云："圜鐘
　　　　之均六變，天神皆降，可得而禮。"既云"天神皆降"，明五帝、日
　　　　月星辰皆天神也。又准《周禮》樂三變，惟致丘陵之祇，安能感
　　　　及天帝？今改用六變之樂。

臘日，蜡百神於南郊。大明、夜明在壇上①。神農、伊祁、后稷、五
官、五田畯、五星、十二辰、二十八宿、五嶽、四鎮、四海、四瀆、五山、五
川、五林、五澤、五丘、五陵、五墳、五衍、五原、五隰、五井泉、青龍、朱雀、
麒麟、騶虞、玄武、五鱗、五羽、五嬴、五毛、五介、五水庸、五坊、五郵表
畷、五於菟、五貓、五昆蟲。
　　　　右，准舊禮爲定。

春分，朝日於東郊。

秋分，夕月於西郊。
　　　　右，舊用黄鍾之均三成。新改用天神之樂，圜鍾之均六成。

立春後丑日，祀風師於國城東北。

立夏後申日，祀雨師於國城西南。

立秋後辰日，祀靈星於國城東南。

立冬後亥日，祀司中、司命、司人、司禄於國城西北。
　　　　右，舊不用樂。

---

①　"在"字，公善堂本無，據《通典》卷一〇六《開元禮纂類一》校補。

夏至日，祭皇地祇於方丘壇上，以高祖神堯皇帝配座。祭神州地祇於壇之第一等，祭五嶽、四鎮、四海、四瀆、五山、五川、五林、五澤、五丘、五陵、五墳、五衍、五原、五隰於內壝之外，各依方面。

右，准舊禮爲定。

立冬後，祭神州地祇於北郊，以太宗文武聖皇帝配座。

右，舊樂用姑洗之均三成。准《周禮》云："函鍾之均八變，則地祇皆降，可得而禮。"鄭康成云："祭地有二：一是大地崑崙爲皇地祇，則宗伯黃琮所祭者；一是帝王封域之內謂之神州，則兩圭有邸所祭者。"大唐後禮，則不立神州之祀。今依大唐前禮爲定。既曰地祇，其樂合用函鍾之均八變。

仲春、仲秋上戊，祭太社，以后土氏配。祭太稷，以后稷氏配。

右，舊樂用姑洗之均三變。社稷之祀，於禮爲尊，豈同丘陵只用三變？合依地祇，用函鍾之均八變。

祭五嶽、四鎮、四海、四瀆。

右，各用四時迎氣日祭之，皆本州縣官祭。

太廟九室。

右，每歲五享，謂四時孟月及臘也。又三年一祫以孟冬，五年一禘以孟夏。其祫、禘之月，即不時享。

功臣配享。高祖室：殷開山、劉政會、淮安王神通、河間王孝恭。太宗室：房玄齡、魏徵、屈突通、高士廉。高宗室：馬周、李勣、張行成。中宗室：桓彥範、敬暉、張柬之、崔玄暐、袁恕己。睿宗室：蘇瓌、劉幽求。每禘、祫，即祀之。

時享祭七祀[①]。春祀司命及户，夏祀竈，季夏别祀中霤，秋祀門及厲，冬祀行。若臘享

①　"時享祭"三字，公善堂本無，據四庫本補。《通典》卷一○六《開元禮纂類一》曰："每時享，祭七祀。"

及禘、祫，則遍祭也。

　　肅明皇后廟。孝敬皇帝廟。
　　　右，二廟新脩，享儀皆准太廟例。

　　孟春吉亥，享先農。后稷配。

　　季春吉巳，享先蠶。
　　　右，准舊禮爲定。

　　仲春，享先代帝王。帝嚳氏享於頓丘，帝堯氏享於平陽，稷、契配。帝舜氏享於河東，皋陶配。夏禹享於安邑，伯益配。殷湯享於偃師，伊尹配。周文王享於酆，太公配。周武王享於鎬，周公、召公配。漢高祖享於長陵。蕭何配。
　　　右，新加帝嚳氏，餘准舊禮爲定。

　　孟冬，祭司寒。
　　　右，准舊禮爲定。

　　仲春，興慶宫祭五龍壇。
　　　右，准勑，新撰享禮，樂用姑洗之均三成。

　　仲春、仲秋上丁，釋奠於太學。
　　孔宣父爲先聖，顏子爲先師。冉伯牛、仲弓、宰我、子貢、冉有、子路、子游、子夏、閔子騫、曾參、高柴、宓不齊、公西赤、林放、樊須、有若、孔忠、琴牢、梁鱣、叔仲會、冉孺、曾蒇、陳亢、漆雕開、商瞿、司馬耕、子張、巫馬施、秦非、商澤、鄭國、公西蒇、公冶長、澹臺滅明、原憲、蘧伯玉、公伯繚、原亢、燕伋、秦祖、冉季、公肩定、左人郢、公西輿如、公孫龍、任不齊、顏祖、南宫括、𡨥單、秦商、廉絜、步叔乘、邦巽、施之常、顏之僕、狄黑、漆雕哆、縣成、顏路、顏噲、公良孺、公祖句玆、伯虔、榮旂、顏高、秦冉、申棖、顏幸、顏何、申黨、公晳哀、后處、句井疆、曹䘏、罕父黑、奚容蒇、公夏首、石作蜀、壤駟赤、漆雕徒父、樂欬等，及左丘明、公羊高、穀梁赤、伏勝、高堂生、戴聖、毛葰、孔安國、劉向、鄭衆、杜子春、馬融、盧植、鄭玄、服虔、賈逵、何休、王肅、王弼、杜預、范甯等從祀。①

右，新加七十二弟子之名，餘准舊禮爲定。

仲春、仲秋上戊，釋奠於齊太公以留侯張良配。

右，准勅，新撰享禮。

州縣祭社稷。

右，准舊禮爲定。

隱太子廟、章懷太子廟、懿德太子廟、節愍太子廟、惠莊太子廟、惠文太子廟。

右，並新撰享禮，每年四享。

仲春，祀馬祖。

仲夏，祀先牧。

仲秋，祭馬社。

仲冬，祭馬步。

右，並祭於大澤，用剛日。

凡有祭祀，皆准前禮例。若封禪之禮，則依圜丘、方澤神位爲定。若巡狩望祭、親征禡類、祈禱昭告，並各依本位爲定。

---

① 按：原文所列從祀孔子的先賢名録中差錯較多。今考《史記》卷六七《仲尼弟子列傳》、《大唐郊祀録》卷一○《文宣王廟》、《新唐書》卷一五《禮樂五》等厘定，不一一出校。

俎豆

冬至,祀圜丘,六百八十九座。

昊天上帝及配帝,每座籩十二、豆十二、簠一、簋一、㽅一、俎一。五方上帝、大明、夜明,每座籩八、豆八、簠一、簋一、㽅一、俎一。五星十二辰、河漢及内官凡五十五座,中官一百五十九座,每座各籩二、豆二、簠一、簋一、㽅一、俎一。外官、衆星四百六十五座,每座籩一、豆一、簠一、簋一、俎一。

正月上辛,祈穀圜丘,七座。
昊天、配帝、五方帝,各依冬至。

孟夏,雩祀圜丘,十七座。
昊天、配帝、五方帝,各依冬至。五人帝各籩四、豆四、簠一、簋一、俎一。五官各籩二、豆二、簠一、簋一、俎一。

季秋,大享明堂,准雩祀。

立春,祀青帝及太昊氏,每座各籩十二、豆十二、簠一、簋一、㽅一、俎一。句芒、歲星、三辰、七宿,座別籩二、豆二、簠一、簋一、俎一。其赤帝、白帝、黑帝皆准此。黄帝減三辰、七宿。

蜡祭百神,一百九十二座。
大明、夜明,每座籩十、豆十、簠一、簋一、㽅一、俎一。神農、伊祁、五官,每座籩、豆各四,簠、簋、㽅、俎各一。五星、十二辰、后稷、五方田畯、嶽鎮海瀆、二十八宿、五方山林川澤,每座籩、豆各二,簠、簋、俎各一。丘陵、墳衍、原隰、龍、麟、朱鳥、騶虞[①]、玄武、鱗、羽、毛、介、於菟等八十五座,座

---

① "騶虞",《通典》卷一〇六《開元禮纂類一》作"白獸",乃"騶虞"之別稱。

別籩、豆各一,簠、簋、俎各一。 又井泉五座,座別籩、豆各二,簠、簋、俎各一。 春分朝日、秋分夕月,各籩十、豆十、簠一、簋一、登一、俎一。

四時祭風師、雨師、靈星、司中、司命、司人、司禄,每座各籩八、豆八、簠一、簋一、俎一。

夏至,祭方丘,七十座。

皇地祇及配帝,每座各籩十二、豆十二、簠一、簋一、登一、俎一。 神州,籩四、豆四、簠一、簋一、登一、俎一。 其五嶽、四瀆、四鎮、四海及五方山林川澤,座別籩二、豆二、簠一、簋一、俎一。 五方丘陵、墳衍、原隰,每座籩一①、豆一、簠一、簋一、俎一。

孟冬,祭神州及配帝,二座,各籩十二、豆十二、簠一、簋一、登一、俎一。

春秋,祭太社、太稷及配座,總四座,座別籩十、豆十、簠二、簋二、鉶三、俎三。

四時祭五嶽、四鎮、四海、四瀆,各籩十、豆十、簠二、簋二、俎三。

時享太廟,每室籩十二、豆十二、簠二、簋二、登三、鉶三、俎三。

七祀七座,各籩二、豆二、簠一、簋一、俎一。 禘、祫、享功臣,准七祀。

孟春,祭先農及配座②,各籩十、豆十、簠二、簋二、登三、鉶三、俎三。

---

① "一"字,公善堂本無,據上下文補。 又,《通典》卷一〇六《開元禮纂類一》作"籩豆各二"。

② "先農",四庫本、《新唐書》卷一二《禮樂二》作"帝社"。

季春，祭先蠶，籩十、豆十、簠二、簋二、𨤥三、鉶三、俎三。

仲春，祭先代帝王及配座，各籩十、豆十、簠二、簋二、俎三。

孟冬，祭司寒，籩八、豆八、簠一、簋一、俎一。

仲春，祭五龍壇，五座，各籩八、豆八、簠一、簋一、俎一。

春秋釋奠於孔宣父，九十五座。先聖、先師各籩十、豆十、簠二、簋二、𨤥三、鉶三、俎三。若從祀諸座，各籩二、豆二、簠一、簋一、俎一。

春秋釋奠於齊太公、太公留侯，各籩十、豆十、簠二、簋二、𨤥三、鉶三、俎三。

州縣祭社稷，釋奠於先聖、先師，每座各籩八、豆八、簠二、簋二、俎三。

四時享諸太子廟，各籩十、豆十、簠二、簋二、俎三。

四時祭馬祖、先牧、馬社、馬步，各籩八、豆八、簠一、簋一、俎一。

凡祀昊天上帝，皆用蒼犢一，配帝亦蒼犢一。五方上帝、五人帝各方色犢一。大明青犢一。夜明白犢一。皇地祇黃犢一，配帝亦黃犢一。神州黝犢一，配帝亦黝犢一。

宗廟、社稷、帝社、先蠶、先代帝王、五嶽、四鎮、四海、四瀆、孔宣父、齊太公、諸太子廟，並用太牢。若冬至祀圜丘，加羊九、豕九；夏至祭方丘，加羊五、豕五。蜡祭神農、伊祁、星辰以下，方別各用少牢，其方不熟則闕之。若行幸祭大山川，皆用太牢，祭中山川及州縣社稷、釋奠，皆用少牢。其風師、雨師、靈星、司中、司命、司人、司禄及行幸祭小山川及馬祖、馬社、先牧、馬步，各用羊一。軷祭用羝羊一。

凡肉皆實俎，其牲皆升右胖體十一：前節三：肩、臂、臑，後節二：肫、胳，正脊一，脡脊一，橫脊一，長脅一，短脅一，代脅一，皆二骨以並。脊從前爲正，脅傍中爲正。

凡供別祭用太牢者，皆犢一、羊一、猪一、酒二斗、脯一段、醢四合。若供少牢，去犢，減酒一斗。若郊廟尊、罍、五齊、三酒，並備本儀中。

凡祭器用籩、豆各十二者，籩實以石鹽、乾魚、乾棗、栗黄、榛子仁、菱仁、芡仁、鹿脯、白餅、黑餅、糗餌、粉餈，其豆實以韭菹、醓醢、菁菹、鹿醢、芹菹、兔醢、筍菹、魚醢、脾析菹、豚胉、刌食^①、糝食。用籩、豆各十者，籩減糗餌、粉餈，豆減刌食、糝食。用籩、豆各八者，籩又減白餅、黑餅，其豆又減脾析菹、豚胉。用籩、豆各四者，籩實以石鹽、乾棗、栗黄、鹿脯，其豆實以芹菹、兔醢、菁菹、魚醢。用籩、豆各二者，籩實以栗黄、牛脯，豆實以葵菹、鹿醢。用籩、豆各一者，籩實以牛脯，豆實以鹿醢。其應用牛脯者，亦通用羊脯。用簠、簋各一者，簋實以稷飯，簠實以粱飯。用簠、簋各二者，簋實以稷黍飯，簠實以稻粱飯。景實以大羹。鉶實以肉羹。

凡祀神之物有當時所無者，則以時物代之。

---

① "刌食"，《通典》卷一○六《開元禮纂類一》作"酏食"。

卷第二　序例中

大駕鹵簿　皇太后皇后鹵簿　皇太子鹵簿
皇太子妃鹵簿　親王鹵簿　王公以下鹵簿
內命婦鹵簿　外命婦鹵簿

大駕鹵簿

導駕，先萬年縣令，次京兆牧，次太常卿，次司徒，次御史大夫，次兵部尚書。自縣令以下並正道威儀，各乘輅。其鹵簿各依本品給之。

次清遊隊，白澤旗二，分左右，各一人執、二人引、二人夾。金吾折衝二人，各領四十騎，戎服，分左右。次金吾大將軍二人，分左右，各二人執矟稍，騎從，自龍旗以前檢校。次金吾果毅二人，領虞候佽飛四十八騎，夾道單行，分左右，引到黃麾仗。次外鐵甲佽飛二十四騎，並行，分左右廂，各六重，引到步甲隊。

次朱雀旗，一騎執，二騎引，二騎夾。金吾折衝都尉一人，領四十人執橫刀、稍、弩、弓箭騎從。次龍旗十二，各一騎執，並戎服，被大袍，橫行正道。每一旗前二人騎，爲二重，引前；每旗後亦二人，護後。次副竿二，分左右，又金吾果毅二人騎領。次指南車，次記里鼓車，次白鷺車，次鸞旗車，十二旗。次辟惡車，次皮軒車，並駕四馬，駕士各十四人，匠一人。次引駕十二重，重二人，並行正道，騎帶橫刀，自皮軒車後均布至細仗前，一重稍、弩，一重弓箭，相間，金吾果毅一人檢校。

次鼓吹令二人。次搥鼓十二面，金鉦十二面。次大鼓一百二十面。次長鳴一百二十具。次鐃鼓十二面，歌、簫、笳各二十四。次大橫吹一百二十具，節鼓二面，笛、簫、篳篥、笳、桃、皮篳篥各二十四。次搥鼓十二面，金鉦十二面。次小鼓一百二十面。次中鳴一百二十具。次羽葆鼓十二面，歌、簫、笳各二十四。自前搥鼓以下，工人皆自副並騎，分左右，橫行。每鼓皆二人夾，每隊皆有主帥五人以下統領①。次殿中侍御史二人，分左右。次黄麾，一人執，二人騎夾。次太史令一人。次相風轝，轝士八人。次掆鼓、金鉦各一，司辰一人，典事一人，刻漏生四人，分左右。次行漏轝，正道匠一人，轝士四十人。

次鈒戟前隊，左右武衛果毅各一人，騎，分左右。次五色繡幡一。次金節十二。次罼、䍐各一，左罼右䍐。次朱雀幡一。次左青龍、右白虎幢各一。次導蓋一，叉一。次稱長一人。次鈒、戟各一百四十四人，分左右。次左右衛將軍各一人②。次御馬二十四匹，分左右。次尚乘奉御二人，分左右。次左青龍、右白虎旗各一。次左右衛果毅各一人，各領四十五人③，騎，分左右。

次通事舍人八人，騎，分左右。次侍御史二人，次御史中丞二人，次御史二人，次拾遺二人，次補闕二人，並騎，分左右。次起居郎一人，在左；次起居舍人一人，在右。次諫議大夫二人，分左右。次給事中二人，在左；次中書舍人二人，在右。次黄門侍郎二人，在左；次中書侍郎二人，在右。次左散騎常侍二人，在左；次右散騎常侍二人，在右。次侍中二人，在左；次中書令二人，在右。自通事舍人以下，皆一人步從。次香蹬一。

次左右衛將軍各一人，分左右。次班劍儀刀，左右廂各十二行。次左右衛郎將各一人，領散手翊衛三十人，帶横刀，騎，在副仗矟翊衛内。次左右驍衛郎將各一人，各領翊衛二十八人，甲騎具裝，執副仗矟，在散手外，均布曲折至後門。次左右衛供奉中郎、郎將四人，領親、勲、翊衛二十八人④，帶横刀，騎，分左右，在三衛仗内。

次玉輅，青質玉飾，駕青騮六，祭祀、納后則乘之。太僕卿馭，駕士三十二

① “下”字，《通典》卷一〇七《開元禮纂類二》、《文獻通考》卷一一七《王禮考・乘與车旗卤簿》作“上”。

② “次”字，公善堂本無，據四庫本校補。又，公善堂本“衛將軍”前有“武”字，今據四庫本、《通典》卷一〇七《開元禮纂類二》、《文獻通考》卷一一七《王禮考・乘與车旗卤簿》删。

③ “四十五”，四庫本、《新唐書》卷二三上《儀衛上》作“二十五”，《通典》卷一〇七《開元禮纂類二》作“三十五人”。

④ “二十八人”，四庫本、《通典》卷一〇七《開元禮纂類二》、《文獻通考》卷一一七《王禮考・乘與车旗卤簿》作“四十八人”。

人①，千牛將軍一人陪乘。次左右衛大將軍，各一人，夾玉輅。次千牛將軍一人，中郎將二人，分左右。次千牛備身，分左右，騎，在玉輅後。次御馬二匹。次左右監門校尉各一人，在後門內檢校。

次牙門，二人執，四人夾。次左右監門校尉各十二人，騎，監當後門，十二行，仗頭各一人。次左右驍衛、翊衛各三隊，隊三十五人，並帶稍、弩、弓箭、橫刀，相閒。前第一隊，各大將軍一人領，執鳳旗；第二隊，各將軍一人領，執飛黃旗；第三隊，各郎將一人領，執吉利旗。次左右衛夾轂，廂各六隊，隊三十人，每隊各折衝一人、果毅一人檢校。

次大繖二，在牙門後。次孔雀扇各四，分左右。次腰輿一，次小團扇四，次方扇十二，次花蓋二，次大輦一，尚輦奉御二人，殿中少監一人，騎從。次諸司供奉官二人，分左右。次御馬二十四匹，分左右。次尚乘直長二人，分左右。次大繖二，孔雀扇八，夾繖。次小扇十二。次朱畫團扇十二。次花蓋二。次俾倪十二。次玄武幢一。次絳麾二。次細稍十二。

次後黃麾一②。次殿中侍御史二人，騎，分左右。次大角一百二十具，金吾果毅一人領，橫行，十重。次後部鼓吹：羽葆鼓十二面，工人各十二，歌、簫、笳各工人二十四。次鐃鼓十二面，工人各十二，歌、簫、笳各工人二十四。次小橫吹一百二十具，工人一百二十③；節鼓二面，工人各二；笛、簫、篳篥、笳、桃、皮篳篥各工人二十四。次芳輦一，主輦二百人。次小輦一，主輦六十人。次小輿一，奉輿十二人。次尚輦直長二人，分左右。次左右武衛五牛旗輿五，黃牛旗處內，赤、青在左，白、黑在右，各八人執，左右威衛隊正各一人檢校。

次乘黃令一人，丞一人，騎，分左右，檢校玉輅等。次金輅，赤質金飾，駕赤騮六，饗射、還飲至則乘之。次象輅，黃質，以象飾，駕黃騮六，行道則乘之。次木輅，黑質漆之，駕黑騮六，田獵則乘之。次革輅，白質，輓之以革，駕白騮六，巡狩、臨兵事則乘之。

---

　　① "三十二人"，四庫本、《通典》卷一〇七《開元禮纂類二》、《文獻通考》卷一一七《王禮考·乘輿車旗鹵簿》作"四十一人"。《新唐書》卷二三上《儀衛上》與公善堂本同。

　　② "次"字，公善堂本無，據《通典》卷一〇七《開元禮纂類二》校補。

　　③ 公善堂本"工人"後衍"各"字，據《通典》卷一〇七《開元禮纂類二》、《文獻通考》卷一一七《王禮考·乘輿车旗鹵簿》删。

各駕士三十二人。次五副輅，各駕四馬，駕士各二十八人。次耕根車，青質，蓋三重，駕六馬，耕籍則乘之。駕士三十二人。次安車，金飾，駕四馬，臨幸則乘之。次四望車，金飾，駕四馬，拜陵、臨弔則乘之。駕士各二十四人。次羊車，駕果下馬二，小吏十四人。次屬車十二，駕牛，駕士各八人。次門下省、中書省、秘書省、殿中監等局官各一人，並騎，分左右。次黃鉞車，駕二馬，駕士十二人。次豹尾車，駕二馬，駕士十二人。

　　次左右威衛折衝都尉各一人，領掩後二百人，各執大戟、刀、楯、弓箭及弩，各五十人爲一行，並橫行。次左右領軍將軍各一人，各二人執㦸、稍，步從。次前後左右廂步甲隊四十八隊，前後各二十四隊，並鍪、鎧、弓、刀、楯，五色相間，隊別各三十人①。次左右廂黃麾仗，廂各十二部，部各十二行，并執弓、刀、戟、楯及孔雀氅、鵝毛氅、雞毛氅等，行列十人。左右領軍黃麾仗，首尾廂各領五色繡幡二十口，十口引前，十口掩後。廂各獨揭鼓十二重，重二人，在黃麾仗外。次左右衛將軍各一人，驍衛、武衛、威衛、領軍衛各大將軍一人，檢校黃麾仗。次殳仗，左右廂各十八人，廂別二百五十人執殳，二百五十人執叉，每殳一、叉一相間。

　　次諸衛馬隊，左右廂各二十四隊，從十二旗，隊別主帥以下四十人，並戎服，帶橫刀、箭、弩、稍②，每隊皆折衝果毅一人檢校。前第一隊辟邪旗，第二隊應龍旗，第三隊玉馬旗，第四隊三角獸旗，第五隊黃龍負圖旗，第六隊黃鹿旗，第七隊飛麟旗，第八隊駃騠旗，第九隊鸞旗，第十隊鳳旗，第十一隊飛黃旗，第十二隊麒麟旗，第十三隊角端旗，第十四隊赤熊旗，次後第十五隊兕旗，第十六隊太平旗，第十七隊犀牛旗，第十八隊鶂鶴旗，第十九隊騼蜀旗，第二十隊騊牙旗，第二十一隊蒼鳥旗，第二十二隊白狼旗，第二十三隊龍馬旗，第二十四隊金牛旗。

　　次玄武隊，玄武旗一人執，二人引，二人夾。金吾折衝一人，領五十騎，分執稍、弩。次玄武隊前、大戟隊後，當正道執殳仗行內置牙門一，二人執，四人夾，騎分左右。次牙門左右廂，各開五門，門二人執，四人夾，並騎分左右。第一門在左右威衛白質步甲隊後、左右領軍衛黃麾仗

---

①　"別"字，四庫本、《通典》卷一〇七《開元禮纂類二》作"引"。

②　"並戎服帶橫刀箭弩稍"九字，四庫本、《通典》卷一〇七《開元禮纂類二》、《文獻通考》卷一一七《王禮考·乘輿車旗鹵簿》均未載。

前。第二門在左右威衛黑質步甲隊後、左右領軍尉黃麾仗前。第三門在左右領軍衛黃麾仗後、左右驍尉黃麾仗前。第四門在左右驍衛黃麾仗後、左右武衛白質步甲隊前。第五門在左右武衛白質步甲隊後、黑質步甲隊前[①]。

右自清遊隊以下諸衛將軍，並平巾幘，紫褲褶，大口袴，錦螣蛇金隱起，帶弓箭、橫刀。中郎將、折衝果毅皆平巾幘，緋褲褶，大口袴，錦螣蛇銀梁金隱起，帶橫刀、弓箭。伙飛、執旗人、引駕三衛並武弁，緋褲褶，大口袴。供奉官並武弁，朱衣各一人，步從。餘文武官及導駕官並朱衣冠履，依本品服。其工人、駕士並絳衣，平巾幘。餘並戎服准式。

若法駕，減大駕太常卿、司徒、兵部尚書、白鷺車、辟惡車、大輦、五副輅、安車、四望車，屬車減四。其清遊隊、持鈒隊、玄武隊皆四分減一。諸隊仗及鼓吹三分減一，餘同大駕。縣令以後、御史大夫以前威儀，亦四分減一。

小駕，又減法駕御史大夫、指南車、記里鼓車、鸞旗車、皮軒車、象輅、革輅、木輅、耕根車、羊車、黃鉞車、豹尾車、屬車、小輦、小輿，諸隊仗及鼓吹各減大駕半。餘同法駕。縣令、州牧威儀減半。其新製苣文旗、雲旗、刀旗、肆神幢、長壽幢及左右千牛將軍衣瑞牛文、左右衛瑞馬文、左右驍衛大蟲文、左右武衛瑞鷹文、左右威衛豹文、左右領軍白澤文、左右金吾辟邪文、左右監門師子文，並繡爲袍文，將軍、中郎、郎將皆同。並冬正大會通服之。

皇太后皇后鹵簿

清遊隊，旗一，一人執，二人引，二人夾。領三十人，並帶橫刀，執稍、弩、弓箭。次虞候伙飛二十八人，騎，夾道單行。內僕令一人在左。

---

① 按：公善堂本所記"衛門左右廂五門"順序與他書差別較大。《新唐書》卷二三上《儀衛上》載："第一門居左右威衛黑質步甲隊之後，白質步甲隊之前。第二門居左右衛步甲隊之後，右領軍衛黃麾仗之前。第三門居左右武衛黃麾仗之後，左右驍衛黃麾仗之前。第四門居左右領軍衛黃麾仗之後，左右衛步甲隊之前。第五門居左右武衛白質步甲隊之後，黑質步甲隊之前。"《通典》卷一〇七《開元禮纂類二》、《文獻通考》卷一一七《王禮考十二》與《新唐書》同。當改。

次内僕丞一人在右。次黄麾，一人執，二人騎夾。次左右厢黄麾仗，厢各三行①，行列一百人。次左右領軍衛，各領五色繡幡六口。次内謁者監四人，給事二人，内常侍二人，内侍二人，並騎，分左右。次内給使一百二十人，分左右，單行，後盡宫人車。

次偏扇、團扇、方扇各二十四，分左右，宫人執。次香蹬一，内給使四人舁。次重翟車，青質金飾，駕四馬，受册、從祀、享廟則乘之。駕士二十四人。次行障六具，分左右，宫人執。次坐障三具，分左右，宫人執。次内寺伯二人，領寺人六人，騎，分左右，夾重翟車。次腰轝一，執者八人。次團扇二，次大繖四，次孔雀扇八，分左右。次錦花蓋二，次小扇、朱畫團扇各十二，並横行。次錦曲蓋十二②，次錦六柱扇八，分左右。自腰轝以下並内給使執。次宫人車，次絳麾二，分左右。次後黄麾一，供奉宫人在黄麾後。次厭翟車，朱質金飾，駕赤騮四，親蠶、采桑則乘之。次翟車，黄質金飾，駕赤騮四，歸寧於家則乘之。次安車，朱質金飾，駕赤騮四，臨幸及弔則乘之。駕士各二十四人。次四望車，朱質，駕牛，拜陵、臨弔則乘之。次金根車，朱質，駕牛，常行則乘之。駕士各十二人。

次左右厢各開牙門三③，門二人執，四人夾。次左右領軍衛，厢各一百五十人，執殳，盡鹵簿，曲折陪後門。左右各折衝一人，以領鹵簿後所開牙門，並在殳仗行内。

前後部鼓吹，金鉦、摑鼓、大鼓、小鼓、長鳴、中鳴、鐃吹、羽葆、鼓吹、横吹、節鼓、御馬，並減大駕之半。

皇太子鹵簿

家令先導，次率更令，次詹事，並乘軺車。次太保，次太傅，次太師。自家令以下，並正道威儀④，鹵簿各依本品，三師各乘輅。

---

① "厢"字，公善堂本作"内"，據四庫本、《通典》卷一〇七《開元禮纂類二》、《新唐書》卷二三下《儀衛下》校改。

② "十二"，四庫本、《新唐書》卷二三下《儀衛下》、《通典》卷一〇七《開元禮纂類二》作"二十"。

③ "三"字，《通典》卷一〇七《開元禮纂類二》、《新唐書》卷二三下《儀衛下》作"二"。

④ "並"字，公善堂本作"道"，據四庫本、《通典》卷一〇七《開元禮纂類二》校改。

　　次清遊隊旗，一人執，二人引，二人夾，領三十騎。次左右清道率府率各一人，次外清道直簿二十四人，騎，分左右，夾道單行。次龍旗六，各一人騎執，橫行正道，每一旗前，二人騎爲二重，引前；每旗後，亦二人重騎護後。次細引六重，重二人，並行正道。次率更丞一人，搁鼓、金鉦各二面，左鼓右鉦。次大鼓三十六面，騎，橫行正道。次長鳴三十六具，騎，橫行正道。次鐃吹一部，鐃鼓二面，各一騎執，二人騎夾；簫、笳各六，騎並橫行。次橫吹一部，橫吹十具，節鼓二面，各一騎執，二人騎夾，笛、簫、篳篥、笳各六，騎並橫行。次搁鼓、金鉦各二面，一騎執，二人騎夾，左鼓右鉦。次小鼓三十六面，次中鳴三十六具，騎，並橫行正道。次罳馬十匹，分左右，二人執。次廐牧令一人在左，丞一人在右。

　　次左右翊府郎將各一人，騎，領班劍。次左右衛翊衛二十四人，騎，執班劍。次通事舍人四人，騎，分左右。次司直二人，騎，分左右。次文學四人，騎，分左右。次洗馬二人，騎，分左右。次司儀郎二人[1]，騎，分左右。次太子舍人二人，騎，分左右。次中允二人，騎，分左右。次中舍人二人，騎，分左右。次左右諭德二人，騎，分左右。次左右庶子四人，騎，分左右。次左右率府副率各一人。次親、勳、翊衛，左右廂各中郎、郎將一人[2]，並領儀刀，六行：第一行親衛二十三人，第二行親衛二十五人，第三行勳衛二十七人，第四行勳衛二十九人，第五行翊衛三十一人，第六行翊衛三十三人，皆曲折陪後門。次三衛一十八人，騎，分左右。次郎將二人，騎，分左右，在六行儀刀仗內。

　　次金輅，赤質金飾，駕四馬，從祀享廟、正冬大朝、納妃則乘之。僕一人馭，左右率府率一人執儀刀陪乘[3]，駕士二十二人。次左右衛率府率各一人[4]，夾輅。次左右內率府率各一人[5]，副率各一人，騎，領細刀、弓箭。次千牛，騎，執細刀、弓箭。次左右監門率府直長各六人，監後門。次左右衛率府，廂各翊衛二隊，並騎，在執儀刀行外，前後過三衛仗。次厭角隊各三

---

　　①　“儀”字，《新唐書》卷二三下《儀衛下》、《通典》卷一〇七《開元禮纂類二》作“議”。
　　②　“中郎郎將”，《新唐書》卷二三下《儀衛下》作“中郎將郎將”，《通典》卷一〇七《開元禮纂類二》作“中郎將”。
　　③　“率府”二字，公善堂本無，據《新唐書》卷二三下《儀衛下》校補。
　　④　“率府”二字，公善堂本無，據《新唐書》卷二三下《儀衛下》校補。
　　⑤　“內率府”三字，公善堂本無，據《新唐書》卷二三下《儀衛下》校補。

十六人①，騎，分執旗、刀、弓、箭、稍、弩，各郎將一人領。

　　次繳二、扇四，次腰轝一，團扇二，小方扇八②。次內直郎二人，檢校腰轝。次厩馬十匹，分左右。次典乘二人，分左右。次朱漆團扇六，紫曲蓋六。次諸司供奉官二人。次大角三十六具，騎，橫行，六重。次鐃吹一部，鐃鼓二面，簫、笳各六，並騎，橫行。次橫吹一部，橫吹十具，節鼓二面，笛、簫、篳篥、笳各六，並騎，橫行。次令官師二人。次副輅，駕四馬，駕士二十二人。次軺車，金飾，駕一馬，五日常朝及朝享宮臣出入行道，則乘之。駕士十四人。次四望車，金飾，駕一馬，臨弔則乘之。駕士十人。次左右厢步隊十六隊，隊別三十人，果毅一人領，分執弓箭、刀、稍、弩，相間。次左右司禦率副各一人③，檢校步隊。

　　次儀仗，左右厢各六色，色九行，行六人④，皆執戟、弓箭、鋋、刀楯、儀鍠、五色幡、油戟，相間。厢各有獨揭鼓六重，重二人，皆儀仗外。次左右厢各一百五十人，執殳，並分前後，在步隊儀仗外、馬隊內，前接六旗，後盡鹵簿，厢各果毅一人、主帥七人騎領，分前後。次左右厢馬隊，厢各十人，隊引主帥以下三十一人，並戎服，帶橫刀、弓箭、弩、稍，隊引旗一，果毅一人領。

　　次後拒隊，旗一⑤，一人執，二人引，二人夾，領騎四十⑥，果毅一人領。次後拒隊前、當正道及仗行內開牙門一門，二人執，四人夾。次左右厢各開牙門三：前第一門，左右司禦率府步隊後、左右衞率府步隊前開；第二門，左右衞率府步隊後、左右司禦率府儀仗前開；第三門，左右司禦率府儀仗後、左右衞率府儀仗前。每門皆二人執，四人夾，左右監

---

　　①　“人”字，公善堂本無，據《新唐書》卷二三下《儀衞下》校補。“三十六”，《新唐書》卷二三下《儀衞下》作“三十”。

　　②　公善堂本無“小”字，且“八”作“六”，今據四庫本、《新唐書》卷二三下《儀衞下》、《通典》卷一〇七《開元禮纂類二》補正。

　　③　“司禦率副”，《新唐書》卷二三下《儀衞下》作“司禦率府副率”，《通典》卷一〇七《開元禮纂類二》作“司禦率”。

　　④　公善堂本“色”作“部”，“九”作“六”，據四庫本、《新唐書》卷二三下《儀衞下》、《通典》卷一〇七《開元禮纂類二》校改。

　　⑤　公善堂本無“一”字，據《通典》卷一〇七《開元禮纂類二》校補。

　　⑥　“四十”，《通典》卷一〇七《開元禮纂類二》作“三十”。

門副率各二人、直長二人，騎，來去檢校。次左右清道率府率、副率各二人①，仗內檢校並糾察非常。率及副率應得寢、稍從者，並不得將入儀仗內。次少師，次少傅，次少保。隊仗引盡，即次三少，正道乘輅，威儀各依本品。文武官以次陪從。

　　若常行及常朝，去諸馬隊、鼓吹、金輅、四望車、家令、率更、詹事、太保、太師、少保、少師，其隊仗三分減一，清道儀刀、崑馬各減半，乘輅車。餘同大仗。其二傅皆乘犢車，依式導從，所將從不得過十人。太傅加清道二人，導引其鹵簿。內導從官、三師、三少若有事故及無其人，即闕，總不須攝。餘官有事故及無其人，即別遣人攝行。若皇太子在學，太傅、少傅導從如式。

皇太子妃鹵簿

　　清道率府校尉六人，騎，分左右，爲三重引，帶橫刀，執稍、弩、弓箭。次青衣十二人，車輻十人，分左右。次導客舍人四人，分左右引道。次內給使六十人，朱衣，分左右，後盡內人車。次偏扇、團扇、方扇各十八，各分左右，宮人執，並間綵衣。次行障四具，分左右，夾車，宮人執。次坐障二具，夾車，宮人執。次典內二人，騎，分左右。次厭翟車，駕三馬，駕士十四人。次閣師二人，領內給使十八人，分左右。次六柱扇二，分左右，內給使執。次供奉內人，乘犢車。次繖一，正道行，大扇二、團扇四、曲蓋二，並分左右，各內給使執。次戟九十，分左右，在內給使單行前，與青衣齊，後盡內人車。

親王鹵簿

　　清道六人，爲三重。次幰弩一，騎。次青衣十二人，分左右。次車輻十二人，分左右。次戟九十人，分左右。次絳引幡六。次內給使，左右廂各三行，行四十人，各執刀、楯、弓箭及稍，並戎服。次撾鼓、金鉦各

---

　　①　“率府率副率”，公善堂本於“率府”後無“率”字。據下文文意補。唐制，太子宮內設“十率府”，長官爲率、副率。

一面，一騎執，二人騎夾。次大鼓十八面，騎，横行正道。次長鳴十八具，騎，横行正道。次小鼓十面、中鳴十具，分左右，單行，中鳴在小鼓外，節一，夾稍二。次告止幡四。次傳教幡四。次信幡八。次儀鋋二。次儀鍠六。次油戟十八。次儀稍十。次細稍十。次儀刀十八。次㩜馬八。次府佐六人，騎，分左右。次象輅一，駕四馬，駕士十八人。次繖一，扇一。次朱漆團扇四，曲蓋二。次麾、幡各一。次大角八具，騎，二重，横行正道。次鐃吹一部，鐃鼓一面，一騎執，二人騎夾；簫、笳各四，騎，横行正道。次横吹一部，横吹六具，節鼓一面，各一騎執，二人騎夾；笛、簫、篳篥、笳各四騎，横行正道。

王公以下鹵簿

第一品

清道四人，爲二重。幰弩一，騎。青衣十人。車輻十人。戟九十。絳引幡六。刀、楯八十。弓箭八十。稍八十。掆鼓、金鉦各一。大鼓十六。長鳴十六。節一。夾稍二。告止幡二。傳教幡二。信幡六。㨽馬六。儀刀十六。府佐四人，夾行。革輅一，駕四馬，駕士十六人。繖一。朱漆團扇四。曲蓋二。僚佐本服陪從。麾、幡各一。大角八。鐃吹一部。鐃鼓一，簫、笳各四。横吹一部，横吹六，節鼓一，笛、簫、篳篥、笳各四。

第二品

清道二人。幰弩一，騎。青衣八人。車輻八人。戟七十。刀、楯六十。弓箭六十。稍六十。掆鼓、金鉦各一。大鼓十四。節一。夾稍二。告止幡二。傳教幡二。信幡二。㨽馬四。儀刀十四。革輅一，駕四馬，駕士十四人。繖一。朱漆團扇二。曲蓋一。僚佐本服陪從。麾、幡各一。大角六。鐃吹一部，鐃鼓一，簫、笳各三。横吹一部，横吹四，笛、簫、篳篥、笳各一。

第三品

清道二人。幰弩一，騎。青衣六人。車輻六人。戟六十。刀、楯五十。弓箭五十。稍五十。捆鼓、金鉦各一。大鼓十。節一。夾稍二。告止幡二。傳教幡二。信幡二。崖馬四。儀刀十二。革輅一，駕四馬，駕士十二人。纛一。朱漆團扇二。曲蓋一。僚佐本服陪從。麾、幡各一。大角四。鐃吹一部，鐃鼓一，簫、笳各二。橫吹一部，橫吹四，笛、簫、篳篥、笳各一。

第四品

清道二人。幰弩一，騎。青衣四人。車輻四人。戟五十。刀、楯四十。弓箭四十。稍四十。捆鼓、金鉦各一。大鼓八。節一。夾稍二。告止幡二。傳教幡二。信幡二。崖馬二。儀刀十。木輅一，駕四馬，駕士十人。纛一。朱漆團扇二。曲蓋一。僚佐本服陪從。麾、幡各一。大角二。鐃吹一部。鐃鼓一，簫、笳各一。橫吹一部，橫吹二，笛、簫、篳篥、笳各一。

右應給鹵簿者，職事四品以上，散官二品以上，爵郡王以上及二王後，依品給。國公準三品給。官、爵兩應給者，從高給。若京官職事五品，身婚葬並尚公主、娶縣主及職事官三品以上有公爵者嫡子婚，並準四品給。凡自王公以下在京拜官初上、正冬朝會及婚葬，則給之。婚及拜官初上、正冬朝會，去稍、弓箭、刀、楯、大小鼓、橫吹、大角、長鳴、中鳴。凡應導駕及都督刺史奉辭至任上日，皆依本品給。奉辭去稍、弓箭、刀、楯、金鉦、捆鼓、大小鼓、橫吹、大角、長鳴、中鳴。

內命婦鹵簿

四妃

清道二人。青衣六人。偏扇、團扇、方扇各十六。行障三具，坐障二具,並婦人執。厭翟車駕二馬,馭人十。內給使十六人。從車六乘。繖、大扇各一,團扇二。內給使執戟六十。

九嬪

清道二人。青衣四人。偏扇、團扇、方扇各十四。行障二具。坐障一具。翟車駕二馬,馭人八。內給使十四人。從車四乘。繖一,團扇二,戟四十。

婕妤美人才人太子良娣以下準此

清道二人。青衣二人。偏扇、團扇、方扇各十。行障二具。坐障一具。安車駕二馬,馭人八。內給使十人。從車三乘。繖一。團扇二。戟二十。

外命婦鹵簿

一品

清道二人。青衣六人。偏扇、團扇、方扇各十六。行障三具。坐障二具。厭翟車駕二馬,馭人八。非公主、王妃,即乘白銅飾犢車,駕牛,馭人四。從人十六,夾車。從車六乘。繖一。大扇一。團扇二。戟六十。

二品

清道二人。青衣四人。偏扇、團扇、方扇各十四。行障二具。坐障一具。白銅飾犢車一,駕牛,馭人六。從人十四,夾車。從車四乘。繖一。團扇二。戟四十。

三品

清道二人。青衣二人。偏扇、團扇、方扇各十。行障二具。坐障一具。白銅飾犢車一,駕牛,馭人四。從人十二,夾車。從車四乘。繖一。團扇二。戟二十。

四品

清道二人。青衣二人。偏扇、團扇、方扇各八。行障一具。坐障一具。白銅飾犢車一，駕牛，馭人四。從人十，夾車。從車二乘。繖一。團扇二。

卷第三　序例下

衣服　斋戒　祈祷　雜制

衣服

凡大裘以黑羔皮爲之。冕，無旒，金飾玉簪導，以組爲纓，色如其綬。白紗中單，革帶，玉鉤䚢，大帶，鹿盧玉具劍，火珠鏢首。白玉雙佩，玄組雙大綬，六采玄黄①，朱韤，赤舄。祀天地神祇則服之。

衮冕，垂白珠，十有二旒，黈纊充耳，玉簪導。玄衣纁裳，十二章，白紗中單，革帶、大帶、劍、玉佩、綬、韤與上同，爲加金飾。享廟、謁廟及朝遣上將、征還、飲至、踐阼、加元服、納后、元日受朝②及臨軒册拜王公則服之。

鷩冕，服七章，餘同衮冕。有事遠主則服之。

毳冕，服五章，餘同鷩冕。祭海嶽則服之。

絺冕，服三章，餘同毳冕。祭社稷、先農則服之。

玄冕，服一章，餘同絺冕。蜡祭百神、朝日、夕月則服之。

通天冠，加金博山，附蟬十二首，施珠翠，黑介幘，髮纓翠綏，玉若犀簪導。絳紗袍，白紗中單，白裙襦，絳紗蔽膝，白假帶，方心曲領。其革帶、劍、佩、綬與上同。白韤，黑舄。諸祭還及冬至受朝、元會、冬會則服之。

武弁，金附蟬，平巾幘，餘同前服。講武、出征、四時蒐狩、大射、禡、類、宜社、賞祖、罰社、纂嚴則服之。

弁服，十有二璂，玉簪導。絳紗衣，素裳，革帶，白玉雙佩，鞶囊，小

---

①　“玄黄”二字，四庫本無。

②　公善堂本於“元日”前衍“若”字，據《新唐書》卷二四《車服》、《通典》卷一〇八《開元禮纂類三》删。

綬，白襪，烏皮履。朔日受朝則服之。

黑介幘，白紗單衣，白裙襦，革帶，素韈，烏皮履。拜陵則服之。

白紗帽，白裙襦，白襪，烏皮履。視朝、聽訟及宴見賓客則服之。

平巾幘，金寶飾，導簪、冠支皆以玉。紫褶，白袴，玉具裝，真珠寶鈿帶，靴。乘馬則服之。

翼善冠，其常服及白練裙襦通著之，若服袴褶，則與平巾幘通著之。

皇后服，首飾花十二樹，小花如大花之數，并兩博鬢。褘衣，素紗中單，蔽膝，大帶，青衣，革帶，青襪、舄，白玉雙佩，玄組雙大綬。受册、助祭、朝會諸大事則服之。

鞠衣，黃羅爲表，其蔽膝、大帶及衣、革帶、舄並隨衣色，餘與褘衣同，惟無翟。親蠶則服之。

鈿釵禮衣，十二鈿，服通用雜色，制與上同，加以雙佩、小綬。去舄加履。宴見賓客則服之。

皇太子袞冕，垂白珠九旒，青纊充耳，犀簪導，玄衣纁裳九章。白紗中單，革帶，金鉤𨏖，大帶，玉具劍，瑜玉雙佩，朱組雙大綬，朱韈，赤舄。侍從祭祀及謁廟、加元服、納妃則服之。

具服，遠遊三梁冠，加金附蟬九首，施珠翠，黑介幘，髮纓翠緌，犀簪導。絳紗袍，白紗中單，白裙襦，白假帶，方心曲領，絳紗蔽膝，其革帶、劍、佩、綬與上同。白襪，黑舄。未冠，則雙童髻，空頂黑介幘，雙玉導，加寶飾。謁廟、還宮、元日冬至朔日入朝、釋奠則服之。其朔望日入朝，通服袴褶。五日常朝亦準此。

公服，遠遊冠，簪導以上并同前。絳紗單衣，白裙襦，革帶，金鉤𨏖，假帶，瑜玉雙佩，方心，紛，鞶囊，白襪，烏皮履。五日常朝、元日冬至受朝則服之。

烏紗帽，白裙襦，白襪，烏皮履。視事及宴見賓客則服之。

弁服，犀簪導，組纓，玉璂九，絳紗衣，素裳，革帶，鞶囊，小綬，雙佩，白襪，烏皮履。朔日及視事則兼服之。

平巾幘，金飾，犀簪導，紫褶，白袴，玉梁珠寶鈿帶，靴。乘馬則服之。

進德冠,九璜,加金飾。其常服有白練裙襦通著之①。若服袴褶,則與平巾幘通著之。

皇太子妃服,首飾花九樹,小花如大花之數,并兩博鬢。褕翟,青織成,爲之文褕翟之形,青質,九色九等。素紗中單,蔽膝,隨裳色,用緅爲領緣,以褕翟爲章,二等。大帶,青衣②,革帶,青襪、舄,瑜玉雙佩,純朱雙大綬。章綬尺寸與太子同也。受册、助祭、朝會諸大事則服之。

鞠衣,黃羅爲之,其蔽膝、大帶、革帶並隨衣色,餘與褕衣同,惟無翟。從蠶則服之。

鈿釵禮衣,九鈿,服通用雜色,制與上同,加雙佩、小綬。去舄加履。宴見賓客則服之。

群官服衮冕,垂青珠九旒,以組爲纓,青纊充耳,犀簪導。青衣纁裳,服九章,白紗中單,革帶,鉤䩞,大帶,金玉飾劍,山玄玉佩,綠緰綬,親王朱綬。朱襪,赤舄。第一品服之。

鷩冕,八旒,服七章,水蒼玉佩,紫綬,金飾劍,餘同衮冕。第二品服之。

毳冕,七旒,服五章,水蒼玉佩,紫綬,金飾劍,餘同衮冕。第三品服之。

絺冕,六旒,服三章,水蒼玉佩,青綬,金飾劍,餘同衮冕。第四品服之。

玄冕,五旒,衣無章,裳刺黻一章,水蒼玉佩,黑綬,金飾劍,餘同衮冕。第五品服之。

爵弁,色同爵,無旒,無章,玄纓,角簪導,青衣纁裳,白紗中單,革帶,鉤䩞,大帶,爵韠,白襪,赤履。九品以上服之。

凡冕服及爵弁服,助祭及親迎則服之。若私家祭祀,三品以上及褒聖侯祭孔宣父服玄冕,五品以上服爵弁,六品以下服進賢冠。凡冕制,以羅

---

①　“有”字,四庫本、《通典》卷一〇八《開元禮纂類三》作“及”。

②　公善堂本“青衣”前衍“以”字,據四庫本、《通典》卷一〇八《開元禮纂類三》刪。

爲之，其服用紬爲之，其韍用繒也。

遠遊冠，三梁，黑幘，青緌，_{凡文官皆青緌。}諸王服之。親王即加金附蟬。

進賢冠，三品以上三梁，五品以上兩梁，九品以上一梁。三師、三公、太子三師三少、五等爵，尚書省、秘書省、諸寺監、太子詹事府、三寺及散官，親王傅友、文學，若諸州縣、關津、嶽瀆等流内九品以上服之。

武弁，平巾幘。武官及中書、門下省，殿中省，内侍省，諸衛及太子諸坊、諸率府及鎮戍流内九品以上服之。_{若侍中、中書令、左右散騎常侍，則加貂蟬，侍左者左珥，侍右者右珥①。}

法冠，一名獬豸冠，一角，爲獬豸之形。御史大夫以下監察御史以上服之。

高山冠，内侍省内謁者監、内謁者服之。

却非冠，亭長、門僕服之。

凡應冠而未冠者，並雙童髻，空頂幘。五品以上雙玉導，金飾。二品以上加寶飾，六品以下無飾。

朝服，一名具服。冠，幘，緌，簪導，絳紗單衣，白紗中單，白裙襦，赤裙衫，革帶，鉤䚢，假帶，曲領方心，絳紗蔽膝，襪，舄，劍，雙綬。一品以下五品以上，陪祭、朝享、拜表、大事則服之。六品以下，去劍、佩、綬，餘並同。

公服，亦名從省服。冠，幘，緌，簪導，絳紗單衣，白裙襦，赤裙衫，革帶，鉤䚢，假帶，方心，襪，履，紛，鞶囊，雙佩。一品以下五品以上，朔望朝謁、見東宫則服之。其六品以下，去紛、鞶囊、雙佩，餘並同。若致仕官、以理去官被召謁見，皆服前官從省服。

弁服，以鹿皮爲之，通用烏紗，牙簪導，_{五品以上通用犀。}緌，玉瑱，朱衣，素裳，革帶，鞶囊，小綬，雙佩，白襪，烏皮履。_{一品九瑱，二品八瑱，三品七瑱，四品六瑱，五品五瑱，六品以下去瑱及鞶囊、綬、佩。}文官職事九品以上尋常公事服之，泥雨則通著常服。

---

① “侍左者左珥侍右者右珥”，公善堂本倒作“侍左者右珥，侍右者左珥”，據四庫本、《新唐書》卷二四《車服》、《通典》卷一〇八《開元禮纂類三》校改。

平巾幘，簪導，五品以上通用犀，六品以下通用角。冠支皆金飾，五品以上通用玉①。紫褶，五品以上緋褶，七品以上綠褶，九品以上碧褶②。並白大口袴，起梁帶，三品以上玉梁寶鈿，五品以上金梁寶鈿，六品以上金飾隱起。烏皮靴。武官及衛官尋常公事服之，文官乘馬又通服之③。武官陪位大仗，加螣蛇、裲襠。

進德冠，五品以上附山雲，瑱數準弁，以金飾梁及花趺。三品以上加金絡。內外百官文武九品以上，十月已後二月已前，常服及白練裙襦通著之。五品以上行，六品以下冠去瑱珠。若服袴褶，非陪位大仗，則與平巾幘通著。袴褶，五品以上通用紬綾及羅，六品以下服小綾。

凡典謁，武弁，絳公服。學生，黑介幘，青巾服④。齋郎，介幘，絳褠服。自外州品子等皆平巾幘，緋褶⑤，大口袴，朝集從事則服之。若外官拜表、受制，皆朝服。

凡職事官三品以上有公爵者，嫡子婚，聽假以四品冕服。若五品以下子孫、九品以上子及五等爵，皆聽假以爵弁服。若庶人婚，聽假以絳公服。若刻漏生、漏童，服青袴褶總角之服。

內外命婦服，花釵，施兩博鬢寶鈿飾。一品九樹，二品八樹，三品七樹，四品六樹，五品五樹，寶鈿準花樹。翟衣青質，羅爲之，繡爲翟，編次於衣及裳。一品翟九等，二品八等，三品七等，四品六等，五品五等。並素紗中單，蔽膝，隨裳色，以緅爲領緣，加以文繡，重翟爲章二等。一品以下同。大帶，以青衣，革帶，青襪、舄，佩，綬。內命婦受冊、從蠶、朝會則服之。其外命婦嫁及受冊、從蠶、大朝會，亦准此。

鈿釵，一品九鈿，二品八鈿，三品七鈿，四品六鈿，五品五鈿。禮衣通用雜色，制與上同，加雙佩、小綬。內命婦尋常參見、外命婦朝參辭見及禮會則服之。

六尚、寶林、御女、采女及女官等服，禮衣通用雜色，制與上同，惟無

① “金飾”二字，公善堂本作“本品”，且其後無“五品以上通用玉”七字。按：《通典》卷一〇八《開元禮纂類三》載：“冠支，令云：‘皆金飾，五品以上通用玉。’”四庫本與《新唐書》卷二四《車服》亦同。據此改。

② “五品以上緋褶七品以上綠褶九品以上碧褶”十八字，公善堂本無，據四庫本、《新唐書》卷二四《車服》、《通典》卷一〇八《開元禮纂類三》校補。

③ “又”字，公善堂本作“人”，據四庫本、《通典》卷一〇八《開元禮纂類三》校改。

④ “巾”字，四庫本、《通典》卷一〇八《開元禮纂類三》作“襟”。

⑤ “緋褶”，四庫本、《通典》卷一〇八《開元禮纂類三》作“緋衫”。

首飾、佩、綬。七品以上有大事則服之，尋常供奉則公服。公服去中單、蔽膝、大帶。九品以上大事及尋常供奉並公服。東宮准此。女史則半袖裙襦。

凡公主、王妃佩、綬同，諸郡縣主内命婦，各准品服。外命婦各從夫及子，若不同夫及子而加邑號者，亦准此品。

花釵，覆笄而已，并兩博鬢裝，以金銀雜寶飾。大袖連裳，青質，素紗中單，朱褾、襈。蔽膝，隨裳色，朱爲緣帶。大帶，以青衣，革帶，韈，烏履。同裳色。六品以下九品以上妻及九品以上女嫁則服之。花釵，以金銀琉璃等塗飾。連裳，青質，以青衣，革帶，韈，履。同裳色。庶人女嫁則服之。

凡百官女嫁，聽服母服廟見，本生蔭高者，准兄弟。

凡王公以下及婦人服飾等級，上得兼下，下不得僭上。

齋戒

凡大祀，齋官皆祀前七日平明集尚書省，受誓戒。其致齋日，三公於都省安置，所司鋪設。其餘官，皇城内有本司者，致齋於本司；無本司者，於太常郊社太廟齋坊安置，皆日出前到齋所。至祀前一日，各從齋所晝漏上水三刻向祠所。仍令平明清所行之路，道次不得見諸凶穢縗絰，過訖任行。其哭泣之聲聞於祭所者，權斷訖事。

凡大祀，散齋四日，致齋三日；中祀，散齋三日，致齋二日；小祀，散齋二日，致齋一日。若散齋之日，晝理事如舊，夜宿止於家正寢，惟不得弔喪問疾，不判署刑殺文書，不決罰罪人，不作樂，不預穢惡之事。致齋惟祀事得行，其餘悉斷。非應散齋、致齋者，惟清齋一宿於本司及祠所。

凡散齋有大功以上喪，致齋有周以上喪，並聽赴。即居緦麻以上喪者，不得預宗廟之事。其在齋坊病者，聽還。若死於齋所，同房不得行事。

凡大祀、中祀，接神齋官前一日皆沐浴。九品以上皆官給明衣。齋郎升壇行事，亦權給潔服。

凡齋官皆須行禮，臨時闕者，通攝行事。致齋之日先不食公糧者及無本司者，大官准品給食。其於本司致齋，祀前一日赴祠所及祈告一日清齋者，設食亦如之。

祈禱

凡京都孟夏已後旱，則祈嶽鎮海瀆及諸山川能興雲雨者於北郊，望而告之。又祈社稷，又祈宗廟，每七日皆一祈。不雨，還從嶽瀆如初。旱甚則修雩，秋分已後不雩。初祈後一旬不雨，即徙市，禁屠殺，斷繖扇，造土龍。雨足，則報祀。祈用酒脯醢，報用常祀，皆有司行事。已齋未祈而雨及所經祈者，皆報祀。凡州縣旱則祈雨，先社稷，又祈界內山川能興雲雨者，餘准京都例。若嶽鎮海瀆，州則刺史、上佐行事；其餘山川，判司行事；縣則縣令、縣丞行事。祈用酒脯醢，報以少牢。

凡霖雨不已，禜京城諸門，門別三日，每日一禜。不止，乃祈山川嶽鎮海瀆。三日不止，祈社稷、宗廟。若州縣禜城門，不止，祈界內山川及社稷。三禜一祈，皆准京都例，並用酒脯醢。國城門報用少牢，州縣城門用特牲。

雜制

皇帝，天子、夷夏通稱之。陛下、對揚咫尺，上表通稱之。至尊，臣下內外通稱之。乘輿，服御所稱。車駕行幸所稱。赴車駕所曰“赴行在所”。皇太子以下率土之內，於皇帝皆稱“臣”。皇后以下率土之內，於皇帝、太皇太后、皇太后皆稱“妾”。六宮以下率土婦人，於皇后同稱“妾”。百官上疏，於太皇太后、皇太后、皇后稱“殿下”，自稱皆曰“臣”。百官及東宮官對皇太子皆曰“殿下”，百官自稱名，宮官自稱“臣”。

凡京文武官，一品以下九品以上朔望日朝，五品以上及供奉官、員外郎、監察御史每日參，昭文、崇文、國子生及諸縣令每季參。若雨霑服失容及泥潦，並停。

凡車駕巡幸，每月朔，兩京文武官職事五品以上，表參起居。州界去行在所三百里內者，刺史遣使參起居。若車駕從比州及州境過，刺史朝見。巡幸還，去京三百里內刺史遣使參起居。皇太子欲行，未發前一日，在京文武官職事五品以上詣宮奉辭。還日明朝，詣宮奉參。

凡京文武職事五品以上假使者，去皆奉辭，還皆奉見。六品以下奉勅差使，亦如之。

凡踐祚、加元服、册皇后皇太子及元日并巡狩、親征、封禪、郊祀及諸大禮，諸州刺史、都督及京官五品以上在外者，並拜表疏賀，禮部爲奏。每年二時，遣三公分行諸陵，太常卿爲副。

太陽虧，有司預奏其日，置五鼓、五兵於大社。皇帝不視事。凡百官各守本司，不理務。過時，乃罷。月蝕，奏擊鼓於所司救之。五嶽四瀆崩竭，皇帝本服。大功以上親及外祖父母、皇后父母、百官一品喪，皇帝皆不視事三日。國忌日，皇帝本服。小功、緦麻親、百官五品以上喪，皇帝皆不視事一日。

凡祥瑞，依圖書合大瑞者，隨时表奏，百官詣闕，上表奉賀，告廟，颁下。自外諸瑞，並申所司，元日以聞。

凡版位，皇帝位方一尺二寸、厚三寸，題云"皇帝位"。皇太子方九寸、厚二寸，題云"皇太子位"。百官一品以下，方七寸、厚一寸半，題云"某品位"。

凡籍田所收九穀，納於神倉，以擬粢盛及五齊三酒。有餘，穰藁秸，供飼犧牲。

凡大祀，養牲在滌九旬，中祀三旬，小祀一旬。其牲方色難備者，任以純色代之，大小依禮。告祈之牲不養。凡祭祀犧牲，不得捶扑損傷，死則埋之，有瘠病者與替。

凡祭器、祭服，有破敝不任修理者，與替。器則埋之，服則燒之。

凡祭天神，皆焚柴；祭地祇，皆瘞埋；祭山，皆庪懸[1]；祭川，皆沉浮。皆以祭祀訖，乃焚埋之。若埋訖，皆令所在官司差人守掌六十日止。若埋幣以火稍焚破者，則不守。

凡祭祀訖，均胙肉，則貴者不重，賤者不虛，謂貴者取貴骨，賤者取賤骨。前貴於後，上貴於下。

凡天地郊祀及太廟祝版，欲至享祭日，所司准程預進版取署，令人送往。若臨時卒急，並令附驛。其版仍令預支一年所用數。若署版以

---

①　"懸"字，公善堂本作"縣"，據四庫本、《通典》卷一〇八《開元禮纂類三》校改。

後，祭官有故，即削除，題所替行事人。

凡五陵，皆朔望上食。歲冬至、寒食日，各設一祭。如節祭共朔望日、忌日相逢，依節祭料。若橋陵，除此日外，每日進半口羊食。

凡圜丘五郊諸壇等，差側近人等守掌。

凡王公以下郊廟合祭[①]，若臨時遇雨，霑服失容，即以常服從事。若已行事遇雨，即不脫祭服。

凡立春前，兩京及諸州縣門外並造土牛耕人，各隨方色。

凡季冬晦，行儺，大內六隊，東宮二隊。

凡文武官三品以下拜正一品，東宮官拜三師，四品以下拜三少。其餘內外屬官，於本司四品拜二品，五品拜三品，六品拜四品，七品拜五品，八品拜六品，九品拜七品。衛、判、曹拜長史，局署丞拜令，助教拜博士，諸州別駕、長史、鎮將、縣令拜刺史，縣丞拜縣令。其准品應致敬而非相統屬，則不拜。凡致敬者，若非連屬應敬之官相見，或貴賤懸隔，或有長幼親戚者，任隨私禮見。

凡文武官，二品以上祠四廟，五品以上祠三廟，<small>三品以上不須兼爵，四廟外有始封祖者，通祠五廟。</small>牲皆用少牢。六品以下達於庶人，祭祖禰於正寢，用特牲。<small>縱祖父官有高下，皆用子孫牲。</small>

凡行路巷街，賤避貴，少避老，輕避重，去避來。

凡百官身亡者，三品以上稱"薨"，五品以上稱"卒"，六品以下達於庶人稱"死"。

凡百官葬墓田，一品方九十步，墳高一丈八尺；二品方八十步，墳高一丈六尺；三品方七十步，墳高一丈四尺；四品方六十步，墳高一丈二尺；五品方五十步，墳高一丈；六品以下方二十步，墳不得過八尺。其域及四隅，四品以上築闕，五品以上立土堠，餘皆封塋而已。

凡立碑，五品以上螭首龜趺，高不得過九尺；七品以上立碑，圭首方趺，趺上高四尺。其石獸等，三品以上六事，五品以上四事。凡四品以上用方相，七品以上用魌頭，五品以上纛竿九尺，六品以上長五尺。

凡明器，三品以上不得過九十事，五品以上六十事，九品以上四十

---

① "合"字，公善堂本作"預"，據四庫本、《通典》卷一〇八《開元禮纂類三》校改。

事。四神駝馬及人不得過一尺餘[①]，音樂鹵簿等不過七寸。三品以上，帳高六尺，方五尺；女子等不過三十人，長八寸；園宅方五尺；奴婢等不過二十人，長四寸。五品以上，帳高五尺五寸，方四尺五寸；音聲僕從二十五人，長七寸五分；園宅方四尺；奴婢等十六人，長三寸。六品以下，帳高五尺，方四尺；音聲僕從二十人，長七寸；園宅方三尺；奴婢十二人，長二寸。若三品以上優厚料，則有三梁帳、蚊幬帳、婦人洗梳帳，並准此。

凡斬衰三年、齊衰三年者，並解官。齊衰杖周及爲人後者爲其父母、若庶子爲後爲其母，亦解官，申其心喪。皆爲生己者。若嫡繼慈養改嫁或歸宗三年以上斷絕者及父爲長子、夫爲妻，並不解官，假同齊衰周。

凡齊衰周，給假三十日，葬五日，除服三日。齊衰三月、五月，大功九月，並給假二十日，葬三日，除服二日。小功五月，給假十五日，葬二日，除服一日。緦麻三月，給假七日，出降者三日，葬及除服各一日。無服之殤，本品周以上給假五日，大功三日，小功二日，緦麻一日。若聞喪舉哀，其假三分減一。師經受業者喪，給三日。冠給假三日，婚給九日，除程。周親婚，給假五日，大功三日，小功一日。周以下，百里內除程。凡私忌日，給假一日，忌前之夕聽還。

凡內外官，三年一給定省假三十日，五年一給拜墓假十五日，並除程。凡遭喪被起者，以服內忌日給假三日，大小祥各七日，禫五日，每月朔、望各一日，祥、禫給程。凡私家祔廟給五日，四時祭給四日。

---

① “駝”字，四庫本、《通典》卷一〇八《開元禮纂類三》作“駞”。

卷第四　吉禮

皇帝冬至祀圜丘

齋戒　　陳設　　省牲器　　鑾駕出宮　　奠玉帛　　進熟
鑾駕還宮

齋戒

前祀七日平明，太尉誓百官於尚書省，曰："某月某日，祀昊天上帝
於圜丘。各揚其職，不供其事，國有常刑。"皇帝散齋四日於別殿，致齋
三日，其二日於太極殿，一日於行宮。

前致齋一日，尚舍奉御設御幄於太極殿西序及室內，俱東向。尚舍
直長張帷於前楹下。

致齋之日，質明，諸衛勒所部屯門列仗。晝漏上水一刻，侍中版奏：
"請中嚴。"諸衛之屬各督其隊入，陳於殿庭，如常儀。通事舍人引文武
五品以上袴褶陪位如式。諸侍衛之官各服其器服，諸侍臣並結佩，凡齋
者，則結佩。俱詣閤奉迎。上水二刻，侍中版奏："外辦。"上水三刻，皇帝服
袞冕，結佩，乘輿出自西房，曲直華蓋，警蹕侍衛如常儀。皇帝即御座，
東向坐，侍臣夾侍如常。一刻頃，侍中前，跪，奏稱："侍中臣某言，請降，
就齋室。"俛伏，興，還侍位。皇帝降座，入室。文武侍臣各還本司，直衛
者如常。通事舍人分引陪位者以次出。

凡預祀之官，散齋四日，致齋三日。散齋皆於正寢。致齋二日於本司，一日於
祀所，其無本司者皆於祀所。近侍之官應從升者及從祀群官、諸方客使，各於
本司及公館清齋一宿。無本司者，各於正寢。散齋理事如舊，惟不弔喪問疾，
不作樂，不判署刑殺文書，不行刑罰，不預穢惡。致齋惟祀事得行，其餘
悉斷。其祀官已齋而闕者，通攝行事。諸祀官致齋之日，給酒食及明
衣，各習禮於齋所。光禄卿監取明水火。太官令取水於陰鑒，取火於陽燧。火以

供爨，水以實尊。

前祀二日，太尉告高祖神堯皇帝廟，如常告之儀。告以配神作主之意。

前祀一日，諸衛令其屬未後一刻各以其方器服守衛壇門，每門二人，每隅一人。與太樂工人俱清齋一宿。

陳設

前祀三日，尚舍直長施大次於外壇東門之内道北，南向。尚舍奉御鋪御座。衛尉設文武侍臣次於大次之前，文官在左，武官在右，俱相向。設諸祀官次於東壇之外道南，從祀文官九品以上於祀官之東，東方、南方朝集使於文官之東，東方、南方蕃客又於其東，俱重行，每等異位，北面西上。介公、酅公於西壇之外道南，武官九品以上於介公、酅公之西，西方、北方朝集使於武官之西，西方、北方蕃客又於其西，俱重行，每等異位，北面東上。其褒聖侯若在朝，位於文官三品之下。設陳饌幔於内壇東門、西門之外道北，南向；北門之外道東，西向。壇上及東方、南方午陛之東，饌陳於東門外；西方及南方午陛之西，饌陳於西門外；北方之饌陳於北門外。

前祀二日，太樂令設宮懸之樂於壇南内壇之外。東方、西方磬簴起北，鐘簴次之；南方、北方磬簴起西，鐘簴次之。設十二鎛鐘於編懸之間，各依辰位。樹雷鼓於北懸之内、道之左右，植建鼓於四隅，置柷敔於懸内。柷在左，敔在右。設歌鐘、歌磬於壇上近南，北向，磬簴在西，鐘簴在東。其匏竹者立於壇下，重行北向，相對爲首。凡懸，皆展而編之。諸工人各位於懸後，東方、西方以北爲上，南方、北方以西爲上。右校埽除壇之内外。郊社令積柴於燎壇，其壇於神壇之景地、内壇之外。[①] 方一丈，高一丈二尺，開上，南出户，方六尺。

前祀一日，奉禮設御位於壇之東南，西向。設望燎位，當柴壇之北，南向。設祀官公卿位於内壇東門之外道南，分獻之官於公卿之南，執事者位於其後，每等異位，俱重行，西面北上。設御史位於壇下：一位於東南，西向；一位於西南，東向。設奉禮位於樂懸東北，贊者二人在南差退，俱西向。又設奉禮、贊者位於燎壇東北，西向，皆北上。設協律郎位

---

① 四庫本於此後加按語："'景'，《通典》作'壬'。案：'景'即'丙'字。唐諱丙，丙南方，壬北方，未知誰屬也。"

於壇上南陛之西，東向。設太樂令位於北懸之間，當壇北向。設從祀文官九品以上位於執事之南，東方、南方朝集使於文官之南，東方、南方蕃客又於其南，俱每等異位，重行，西面北上。介公、酅公位於中壝西門之內道南，武官九品以上位於介公、酅公之南，西方、北方朝集使於武官之南，西方、北方蕃客又於其南，俱每等異位，重行，東面北上。其褒聖侯於文官三品之下，諸州使人分方各位於朝集使之後。又設祀官及從祀群官等門外位於東西壝門之外，如設次之式。

設牲牓於東壝之外，當門西向。蒼牲一居前，又蒼牲一、又青牲一在北少退，南上。次赤牲一，次黃牲一、白牲一、玄牲一，又赤牲一、白牲一，在南，皆少退，以北為上。又設廩犧令位於牲西南，史陪其後，俱北向。設諸太祝位於牲東，各當牲後，祝史陪其後，俱西向。設太常卿省牲位於牲前近北，又設御史位於太常卿之西，俱南向。

設酒尊之位：上帝太尊二、著尊二、犧尊二、山罍二，在壇上東南隅，北向；象尊二、壺尊二、山罍四，在壇下南陛之東，北向。俱西上。設配帝著尊二、犧尊二、象尊二、山罍二在壇上，於上帝酒尊之東，北向西上。五帝、日月各太尊二，在第一等。內官每陛間各象尊二，在第二等。中官每陛間各壺尊二，在第三等。外官每道間各概尊二，於壇下。眾星每道間各散尊二，於內壝之外。凡尊，各設於神座之左而右向，尊皆加勺、冪。五帝、日月以上之尊皆有坫，以置爵。

設御洗於午陛東南，亞獻、終獻同洗於卯陛之南，俱北向。罍水在洗東，篚在洗西，南肆。篚實以巾、爵。設分獻罍、洗、篚、冪各於其方陛道之左，俱內向。執尊、罍、篚、冪者各於尊、罍、篚、冪之後。設玉、幣之篚於壇上下尊坫之所。

祀前一日晡後，太史令、郊社令各常服，帥其屬升，設昊天上帝神座於壇上北方，南向，席以藁秸。設高祖神堯皇帝神座於東方，西向，席以莞。設五方帝、日月神座於壇第一等：青帝於東陛之北，赤帝於南陛之東，黃帝於南陛之西，白帝於西陛之南，黑帝於北陛之西，大明於東陛之南，夜明於西陛之北，席皆以藁秸。又設五星、十二辰、河漢及內官五十五座於第二等十有二陛之間，各依方面，凡座皆內向。其內官有北辰座於東陛之北，曜魄寶於北陛之西，北斗於南陛之東，天乙、太乙皆在北斗之東，五帝內座於曜魄寶之東，並差在行位前。又設二十八宿及中官一百五十九座於第三等，其二十八宿及帝座、七公、日星、帝席、太角、攝提、太微、太子、明堂、軒轅、三台、五車、諸王、月星、織女、建星、天紀等一十七座，並差在行位前。又設外官一百五座於內壝之內，又設衆星官三百六十座於內壝之外，各依方次十有二道之間，席皆以莞。設神位各於座首。所司陳異寶及嘉瑞等於樂懸之北東西厢。昊天上帝及配帝、五帝、日月之座設訖，却收，至祀日未明五刻，郊社令、太史令各服其服，升壇重設之。其內官、中官、外官、衆星等諸座一設定，不收也。

省牲器

省牲之日，午後十刻，去壇二百步所，諸衛之屬禁斷行人。

晡後二刻，郊社令、丞帥府史三人及齋郎，以尊、坫、罍、洗、篚、冪入，設於位。凡升壇者，各由其陛。

晡後三刻，謁者、贊引各引祀官公卿以下，俱就東壝門外位。諸太祝與廩犧令以牲就牓位。謁者引司空、贊引引御史入，詣壇東陛，升，行埽除於上，降，行樂懸於下，訖，出，還本位。初，司空將升，又謁者引太常卿、贊引引御史入，詣壇東陛，升，視滌濯，於視濯溉，執尊者皆舉冪告潔。訖，引降，就省牲位，南向立。廩犧令少前，曰："請省牲。"退，復位。太常卿省牲。廩犧令又前，北面，舉手曰："腯。"還本位。諸太祝各循牲一匝，西面，舉手曰："充。"俱還本位。諸太祝、廩犧令以次牽牲詣厨，授太官。謁者引光祿卿詣厨，省鼎鑊，申視濯溉。謁者、贊引各引祀官、御史詣厨，省饌具。訖，俱還齋所。

祀日，未明十五刻，太官令帥宰人以鸞刀割牲，祝史以豆取毛血，各置於饌所。遂烹牲。

鑾駕出宮

前出宮三日，本司宣攝內外各供其職。尚舍設行宮於壇東，南向，隨地之宜。守宮設從祀官五品以上次於承天門外東、西朝堂，如常儀。

前二日，太樂令設宮懸之樂於殿庭，如常儀。駕出，懸而不作。

其日，晝漏上水五刻，鑾駕發引。發前七刻[1]，搥一鼓爲一嚴，三嚴時節，前一日侍中奏裁。侍中奏開宮殿門及城門。

未明五刻，搥二鼓爲再嚴，侍中版奏：“請中嚴。”奉禮郎設從祀群官五品以上位[2]：文官於東朝堂之前，西向。武官於西朝堂之前，東向。俱重行北上。介公、酅公位於武官北，東向[3]。從祀群官五品以上依時刻俱集朝堂次，各服其服。其六品以下及介公、酅公、褒聖侯、朝集使、諸方客使等，並駕出之日便赴祀所。所司陳大駕鹵簿於朝堂。發前二刻，搥三鼓爲三嚴，諸衛之屬各督其隊與鈒戟以次入，陳於殿庭。通事舍人引從祀群官各就朝堂前位，諸侍衛之官各服其器服，侍中、中書令以下皆詣西階奉迎。侍中負寶如式。乘黃令進玉輅於太極殿西階之前，南向。千牛將軍一人執長刀立於輅前，北向。黃門侍郎一人在侍臣之前，贊者二人又在黃門之前。

侍中版奏：“外辦。”太僕卿攝衣而升，正立執轡。皇帝服衮冕，乘輿以出，降自西階，稱警蹕如常儀。千牛將軍前執轡，皇帝升輅，太僕卿立授綏，侍中、中書令以下夾侍如常。黃門侍郎進，當鑾駕前，跪，奏稱：“黃門侍郎臣某言，請鑾駕進發。”俛伏，興，退，復位。凡黃門侍郎奏請，皆進鑾駕前，跪，奏稱某官臣某言。訖，俛伏，興。鑾駕動，又稱警蹕，黃門侍郎與贊者夾引以出，千牛將軍夾輅而趨。駕出承天門，至侍臣上馬所，黃門侍郎奏稱：“請鑾駕權停，勅侍臣上馬。”侍中前，承制，退稱：“制曰可。”黃門侍郎退稱：“侍臣上馬。”贊者承傳，文武侍臣皆上馬。諸侍衛之官各督其屬左右翊駕在黃麾內。符寶郎奉六寶，與殿中監後部從，在黃鈒內。侍中、中書令以下夾侍於輅前，贊者在供奉官人內。侍臣上馬畢，黃門侍郎奏稱：“請勅車右升。”侍中前，承制，退稱：“制曰可。”黃門侍郎退，復位。千牛將軍升，訖，黃門侍郎奏稱：“請鑾駕進發。”退，復位。鑾駕動，稱警蹕、鼓傳音如常。不鳴鼓吹，不得諠譁。其從祀之官在玄武隊後，如常儀。

駕將至，諸祀官俱朝服結佩，謁者引立於次前，重行，北面西上。駕至行宮南門外，迴輅南向。將軍降，立於輅右。侍中進，當鑾駕前跪，奏

---

① “發”字，公善堂本無，據四庫本、《通典》卷一〇九《開元禮纂類四》校補。

② “郎”字，公善堂本無，據四庫本、《通典》卷一〇九《開元禮纂類四》校補。

③ “介公酅公位于武官北東向”十一字，四庫本、《通典》卷一〇九《開元禮纂類四》無。

稱:"侍中臣某言,請降輅。"俛伏,興,還侍位。皇帝降輅,乘輿入行宮,繳扇華蓋、侍衛警蹕如常儀,宿衛如式。謁者、贊引各引祀官,通事舍人分引文武群官,集行宮朝堂,文左武右。舍人承旨,勅群官等各還次。

奠玉帛

祀日,未明三刻,諸祀官及從祀之官各服其服。郊社令、良醞令各帥其屬入,實尊、罍、玉、幣。凡六尊之次,太尊爲上,實以汎齊;著尊次之,實以醴齊;犧尊次之,實以盎齊;象尊次之,實以醍齊;壺尊次之,實以沈齊;山罍爲下,實以三酒①。配帝著尊爲上,實以汎齊;犧尊次之,實以醴齊;象尊次之,實以盎齊;山罍爲下,實以清酒。五帝、日月俱以太尊,實以汎齊。其內官之象尊實以醍齊,中官之壺尊實以沈齊,外官之概尊實以清酒。衆星之散尊實以昔酒。齊皆加明水,酒皆加玄酒,各實於上尊。玉,上帝以蒼璧,青帝以青圭,赤帝以赤璋,白帝以騶虞,黃帝以黃琮,黑帝以玄璜,日月以圭璧。昊天上帝及配帝之幣以蒼,五方帝、日月、內官以下各從方色,各長一丈八尺。太祝以玉、幣置於篚,太官令帥進饌者實諸籩、豆、簋、簠等,各設於饌幔內。

未明二刻,奉禮帥贊者先入,就位。贊引引御史、博士、諸太祝及令史、祝史,與執尊、罍、篚、冪者入自東壝門,當壇南重行,北面西上。立定,奉禮曰:"再拜。"贊者承傳,凡奉禮有辭,贊者皆承傳。御史以下皆再拜。訖,執尊、罍、篚、冪者各就位。贊引引御史、諸太祝詣壇東陛,御史一人、太祝二人升,行埽除於上及第一等;御史一人、太祝七人升,行埽除於下。訖,各引就位。

未明一刻,謁者、贊引各引祀官及從祀群官、客使等俱就門外位。太樂令帥工人、二舞次入,就位,文舞入陳於懸內,武舞立於懸南道西。其升壇座者皆脫履於下,降納如常。謁者引司空入,就位,立定,奉禮曰:"再拜。"司空再拜。訖,謁者引司空詣壇東陛,升,行埽除於上,降,行樂懸於下。訖,引復位。謁者、贊者各引祀官及從祀群官、客使等次入,就位。

初,未明三刻,諸衛列大駕仗衛陳設如式。侍中版奏:"請中嚴。"乘黃令進玉輅於行宮南門外,迴輅南向。若行宮去壇稍遠,嚴警如式。未明一刻,侍中版奏:"外辦。"皇帝服袞冕,乘輿以出,繳扇華蓋侍衛如常儀。侍中負寶陪從如式。皇帝升輅如初。黃門侍郎奏:"請鑾駕進發。"還侍位。鑾駕

---

① "三"字,四庫本作"清"。

動，稱警蹕如常。千牛將軍夾輅而趨。若行宮去壇稍遠，奏稱升輅如式。駕至大次門外，迴輅南向。若將軍升輅，即降立於輅右。侍中進，當鑾駕前跪，奏稱："侍中臣某言，請降輅。"俛伏，興，還侍位。皇帝降輅，乘輿之大次，繳扇華蓋侍衛如常儀。郊社令以祝版進，御署訖，近臣奉出，郊社令受，各奠於坫。皇帝停大次半刻頃，通事舍人各引從祀文武群官、介公、酅公、諸方客使皆先入，就位。太常博士引太常卿立於大次門外，當門北向。侍中版奏："外辦。"

質明，皇帝改服大裘而冕出次，華蓋侍衛如常儀。侍中負寶陪從如式。博士引太常卿，太常卿引皇帝凡太常卿前導，皆博士先引。至中壝門外。殿中監進大圭，尚衣奉御又以鎮圭授殿中監，殿中監受，進。皇帝搢大圭，執鎮圭，華蓋仗衛停於門外，禮部尚書與近侍者陪從如常儀。大圭如搢不便，請預定近侍承捧。

皇帝至版位，西向立。每立定，太常卿與博士退，立於左。太常卿前，奏稱："請再拜。"退，復位。皇帝再拜。奉禮曰："眾官再拜。"眾官在位者皆再拜。其先拜者不拜。太常卿前，奏："有司謹具，請行事。"退，復位。協律郎跪，俛伏，舉麾，凡取物者皆跪，俛伏而取以興。奠物則跪、奠訖，俛伏而後興。鼓柷，奏《豫和之樂》，乃以圜鍾爲宮，黃鍾爲角，太蔟爲徵，姑洗爲羽，作文舞之舞。樂舞六成，圜鍾三奏，黃鍾、太蔟、姑洗各一奏。偃麾，戛敔，樂止。凡樂，皆協律郎舉麾，工鼓柷而後作，偃麾、戛敔而後止。太常卿前，奏稱："請再拜。"退，復位。皇帝再拜。奉禮曰："眾官再拜。"眾官在位者皆再拜。正座、配座太祝跪，取玉、幣於篚，各立於尊所。諸太祝俱取玉及幣，亦各立於尊所。

太常卿引皇帝，《太和之樂》作。皇帝每行，皆作《太和之樂》。皇帝詣壇，升自南陛，侍中、中書令以下及左右侍衛量人從升。以下皆如之。皇帝升壇，北向立，樂止。正座太祝加玉於幣，以授侍中，侍中奉玉幣東向，進。皇帝搢鎮圭，受玉幣。凡受物皆搢鎮圭，跪，奠，訖，執圭，俛伏，興。登歌作《肅和之樂》，以大呂之均。太常卿引皇帝進，北面跪，奠於昊天上帝神座，俛伏，興。太常卿引皇帝少退，北向再拜。訖，太常卿引皇帝立於西方，東向。配座太祝以幣授侍中，侍中受幣，北向，進。皇帝受幣。太常卿引皇帝進，東面跪，奠於高祖神堯皇帝神座，俛伏，興。太常卿引皇帝少退，東向，再拜，訖，登歌止。太常卿引皇帝，樂作，皇帝降自南陛，還版位，西向立,樂止。

於皇帝將奠配帝之幣,謁者七人各分引獻官奉玉幣俱進,跪,奠於第一等神座。餘星座之幣,謁者、贊引各分引獻官進,奠於首座。餘皆祝史、齋郎助奠。訖,引還復位。

初,衆官拜訖,夜明以上祝史各奉毛血之豆立於門外[①]。於登歌止,祝史奉毛血入,各由其陛升,諸太祝迎取於壇上,俱進,奠於神座前。太祝與祝史退,立於尊所。

進熟

皇帝既升奠玉幣,太官令出,帥進饌者奉饌,各陳於内壝門外。謁者引司徒出,詣饌所,司徒奉昊天上帝之俎。初,皇帝既至位,樂止,太官令引饌入。俎初入門,奏《雍和之樂》,以黄鍾之均,_{自後,接神之樂皆奏黄鍾}。饌各至其陛,樂止。祝史俱進,跪,徹毛血之豆,降自東陛以出。_{上帝之饌升自午陛,配帝之饌升自卯陛,青帝之饌升自寅陛,赤帝之饌升自巳陛,黄帝之饌升自未陛,白帝之饌升自酉陛,黑帝之饌升自子陛,大明之饌升自辰陛,夜明之饌升自戌陛。其内官、中官諸饌,各隨便而升。}諸太祝迎引饌於壇上,各設於神座前。_{籩、豆蓋幂先徹,乃升。}_{簋、簠既奠,却其蓋於下也。}設訖,謁者引司徒、太官令帥進饌者俱降自東陛以出。司徒復位,諸太祝各還尊所。又進設外官、衆星之饌,相次而畢。

初,壇上設饌訖,太常卿引皇帝詣罍洗,樂作,皇帝至罍洗,樂止。侍中跪,取匜,興,沃水;又侍中跪,取盤,興,承水。皇帝盥手。黄門侍郎跪,取巾於篚,興,進。皇帝帨手。訖,黄門侍郎受巾,跪,奠於篚。黄門侍郎又取匏爵於篚,興,進。皇帝受爵。侍中酌罍水,又侍中奉盤,皇帝洗爵,黄門侍郎又授巾,皆如初。皇帝拭爵訖,侍中奠盤、匜,黄門侍郎受巾,跪,奠於篚,皆如常。

太常卿引皇帝,樂作,皇帝詣壇,升自南陛,訖,樂止。謁者引司徒升自東陛,立於尊所。齋郎奉俎從升,立於司徒之後。太常卿引皇帝詣上帝尊所,執尊者舉幂。侍中贊酌汎齊訖,《壽和之樂》作。_{皇帝每酌獻及飲福,皆作《壽和之樂》。}太常卿引皇帝詣昊天上帝神座前,北面跪,奠爵,俛伏,

---

①　"夜明以上"四字,四庫本、《通典》卷一〇九《開元禮纂類四》、《新唐書》卷一一《禮樂一》均無。

興。太常卿引皇帝少退，北向立，樂止。太祝持版進於神座之右，東面跪，讀祝文曰："維某年歲次月朔日，子嗣天子臣某，敢昭告於昊天上帝：大明南至，長晷初升，萬物權輿，六氣資始，謹遵彝典，慎修禮物。敬以玉帛、犧齊、粢盛、庶品，備茲禋燎，祗薦潔誠，高祖神堯皇帝配神作主。尚饗。"訖，興。皇帝再拜。初讀祝文訖，樂作，太祝進，跪，奠版於神座，興，還尊所。皇帝拜訖，樂止。

太常卿引皇帝詣配帝酒尊所，執尊者舉冪。侍中取爵於坫，進。皇帝受爵。侍中贊酌汎齊訖，樂作。太常卿引皇帝進高祖神堯皇帝神座前，東面跪，奠爵，俛伏，興。太常卿引皇帝少退，東向立，樂止。太祝持版進於神座之左，北面跪，讀祝文曰："維某年歲次月朔日，子孝曾孫開元神武皇帝臣某，敢昭告於高祖神堯皇帝：履長伊始，肅事郊禋，用致燔祀於昊天上帝。伏惟慶流長發，德冠思文，對越昭升，永言配命。謹以制幣、犧齊、粢盛、庶品，式陳明薦，侑神作主。尚饗。"訖，興。皇帝再拜。初讀祝文訖，樂作，太祝進，跪，奠版於神座，興，還尊所。皇帝拜訖，樂止。

太常卿引皇帝進昊天上帝神座前，北向立，樂作。太祝各以爵酌上尊福酒，合置一爵。一太祝持爵授侍中，侍中受爵，西向進。皇帝再拜，受爵，跪，祭酒，啐酒，奠爵，俛伏，興。太祝各帥齋郎進俎。太祝減神前胙肉皆取前脚第二骨。加於俎，以胙肉共置一俎上。太祝持俎以授司徒，司徒奉俎西向進。皇帝受以授左右。謁者引司徒降，復位。皇帝跪，取爵，遂飲，卒爵。侍中進，受虛爵以授太祝，太祝受爵，復於坫。皇帝俛伏，興，再拜，樂止。太常卿引皇帝，樂作，皇帝降自南陛[①]，還版位，西向立，樂止。

文舞退，鼓柷，作《舒和之樂》，退訖，戞敔，樂止。武舞入，鼓柷，作《舒和之樂》，立定，戞敔，樂止。

初，皇帝將復位，謁者引太尉詣罍洗，盥手，洗匏爵。訖，謁者引太尉自東陛升壇，詣昊天上帝著尊所，執尊者舉冪。太尉酌醴齊訖，武舞作。謁者引太尉進昊天上帝神座前，北面跪，奠爵，興。謁者引太尉少

---

① "陛"字，四庫本、《通典》卷一〇九《開元禮纂類四》作"階"。

退，復北向，再拜。訖，謁者引太尉詣配帝犧尊所，取爵於坫，執尊者舉冪，太尉酌醴齊。訖，謁者引太尉進高祖神堯皇帝神座前，東面跪，奠爵，興。謁者引太尉少退，東向，再拜。訖，謁者引太尉進昊天上帝神座前，北向立。諸太祝各以爵酌罍福酒，合置一爵。一太祝持爵進太尉之右，西向立。太尉再拜，受爵，跪，祭酒，遂飲，卒爵。太祝進，受虛爵，復於坫。太尉興，再拜。訖，謁者引太尉降，復位。

初，太尉獻將畢，謁者引光禄卿詣罍洗，盥手，洗拭匏爵，升，酌盎齊，獻正座、配座，終獻如亞獻之儀。訖，謁者引光禄卿降，復位。初，太尉將升獻，謁者七人分引五方帝及大明、夜明等獻官詣罍洗，盥手，洗拭匏爵。訖，各由其陛升，詣第一等，俱酌汎齊。訖，各進，跪，奠於神座前，興，各引降，還本位。初，第一等獻官將升，謁者五人次引獻官各詣罍洗，盥訖，引各由其陛升壇，詣第二等內官酒尊所，俱酌醍齊，各進，跪，奠爵於內官座首，興。餘座皆祝史、齋郎助奠，相次而畢。謁者各引獻官還本位。初，第二等獻官將升，謁者四人次引獻官俱詣罍洗，盥手，各由其陛升壇，詣第三等中官酒尊所，俱酌清酒、沈齊以獻。贊引四人次引獻官詣罍洗，盥洗訖，詣外官酒尊所，俱酌清酒以獻。贊引四人次引獻官詣罍洗，盥洗訖，詣眾星酒尊所，酌昔酒以獻。其祝史、齋郎酌酒助奠，皆如內官之儀。訖，謁者、贊引各引獻官還本位。

諸獻俱畢，武舞止。上下諸祝各進，跪，徹豆，興，還尊所。徹者，籩、豆各一，少移於故處。奉禮曰："賜胙。"贊者唱："眾官再拜。"眾官在位者皆再拜。已飲福者不拜。《豫和之樂》作，太常卿前，奏稱："請再拜。"退，復位。皇帝再拜。奉禮曰："眾官再拜。"眾官在位者皆再拜。樂一成，止。

太常卿前，奏："請就望燎位。"太常卿引皇帝，樂作，皇帝就望燎位，南向立，樂止。於群官將拜，上下諸祝各執篚進神座前，取玉幣、祝版，日月以上齋郎以俎載牲體、稷黍飯及爵酒，各由其陛降壇南行，經柴壇西，過壇東行，自南陛登柴壇，以玉幣、祝版、饌物置於柴上戶內。諸祝又以內官以下之禮幣皆從燎。奉禮曰："可燎。"東、西面各六人以炬燎火。半柴，太常卿前，奏："禮畢。"

太常卿引皇帝還大次，樂作，皇帝出中壝門。殿中監前，受鎮圭以授尚衣奉御，殿中監又前，受大圭，華蓋侍衛如常儀。皇帝入次，樂止。

謁者、贊引各引祀官，通事舍人分引從祀群官、諸方客使，以次出。贊引引御史、太祝以下俱復執事位，立定，奉禮曰："再拜。"御史以下皆再拜。贊引引出。工人、二舞以次出。

鑾駕還宮

皇帝既還大次，侍中版奏："請解嚴。"將士不得輒離部伍。皇帝停大次一刻頃，搥一鼓爲一嚴，轉仗衛於還途，如來儀。三刻頃，搥二鼓爲再嚴，將士布隊仗。侍中版奏："請中嚴。"皇帝服通天冠、絳紗袍，諸祀官朝服。乘馬者服袴褶。五刻頃，搥三鼓爲三嚴，通事舍人分引群官、客使等序立於大次之前，近南。文武侍臣詣大次奉迎。乘黃令進金輅於大次門外，南向。千牛將軍立於輅右。侍中版奏："外辦。"太僕卿升，執轡。皇帝乘輿出次，繖扇侍衛警蹕如常儀。皇帝升輅，太僕卿立授綏，黃門侍郎奏稱："請鑾駕進發。"退，復位。鑾駕動，稱警蹕如常儀。黃門侍郎、贊者夾引，千牛將軍夾輅而趨。

至侍臣上馬所，黃門侍郎奏稱："請鑾駕權停，勅侍臣上馬。"侍中前，承制，退稱："制曰可。"黃門侍郎退稱："侍臣上馬。"贊者承傳。文武侍臣皆上馬畢，黃門侍郎奏稱："請勅車右升。"侍中前，承制，退稱："制曰可。"黃門侍郎退，復位。千牛將軍升訖，黃門侍郎奏稱："請鑾駕進發。"退，復位。鼓傳音，鑾駕動，鼓吹振作而還。文武群官導從如來儀。諸方客使便還館。駕至承天門外侍臣下馬所，鑾駕權停，文武侍臣皆下馬，千牛將軍降立於輅右。訖，鑾駕動，千牛將軍夾輅而趨。

駕入嘉德門，太樂令令撞蕤賓之鐘，左右鐘皆應，鼓柷，奏《采茨之樂》。至太極門，戛敔，樂止。入太極門，鼓柷，奏《太和之樂》。駕至橫街北，當東上閤，迴輅南向。侍中進，當鑾駕前跪，奏稱："侍中臣某言，請降輅。"俛伏，興，還侍位。皇帝降輅，乘輿以入，繖扇侍衛警蹕如常儀。侍臣從至閤，戛敔，樂止。

初，文武群官至承天門外，通事舍人承旨，勅群官並還。皇帝既入，侍中版奏："請解嚴。"叩鉦，將士各還其所。

卷第五　吉禮

冬至祀圜丘有司攝事

齋戒　陳設　省牲器　奠玉帛　進熟

齋戒

前祀七日平明,太尉誓百官於尚書省,曰:"某月某日,祀昊天上帝於圜丘。各揚其職,不供其事,國有常刑。"凡預祀之官散齋四日,致齋三日。散齋皆於正寢。致齋二日於本司,一日於祀所,其無本司者,則二日於郊社署。散齋理事如舊,惟不弔喪問疾,不作樂,不判署刑殺文書,不行刑罰,不預穢惡。致齋惟祀事得行,其餘悉斷。其祀官已齋而闕者,通攝行事。諸祀官致齋之日給酒食及明衣,各習禮於齋所。光禄卿監取明水火。太官令取水於陰鑒,取火於陽燧。火以供爨,水以實尊。

前祀二日,太尉告高祖神堯皇帝廟,如常告之儀。告以配神作主之意。

前祀一日,諸衛令其屬未後一刻各以其方器服守衛壇門,每門二人,每隅一人。與太樂工人俱清齋一宿。

陳設

前祀三日,守宮設祀官公卿以下次於東壝之外道南,北向西上。設陳饌幔於內壝東門、西門之外道北,南向;北門之外道東,西向。壇上及東方、南方午陛之東饌陳於東門外,西方及南方午陛之西饌陳於西門外,北方之饌陳於北門之外。

前祀二日,太樂令設宮懸之樂於壇南中壝之內,東方、西方磬簨起北,鐘簨次之;南方、北方磬簨起西,鐘簨次之。設十二鎛鐘於編懸之間,各依辰位。樹雷鼓於北懸之內、道之左右。植建鼓於四隅。置柷敔於懸內。柷在左,敔在右。設歌鐘、歌磬於壇上近南,北向。磬簨在西,鐘簨在東。其匏竹者立於壇下,重行北向,相對爲首。凡懸,皆展而編之。諸工人各位於懸後，東方、西方以北爲上，南方、北方以西爲上。右校埒除壇之內外。郊社令積柴於燎壇，方一丈、高一丈二尺，開上，南出戶，方六尺。

前祀一日，奉禮設祀官公卿位於內壝東門之內道南，分獻之官於公卿之南，執事者位於其後，每等異位，俱重行，西面北上。設望燎位，當柴壇之北，南向。設御史位於壇下：一位於東南，西向；一位於西南，東向。設奉禮位於樂懸東北，贊者二人在南差退，俱西向。又設奉禮、贊者位於燎壇東北，西向。皆北上。設協律郎位於壇上南陛之西，東向。設太樂令位於北懸之間，當壇北向。又設祀官公卿以下門外位，皆於東壝之外道南，每等異位，重行，北面西上。

設牲牓於東壝之外，當門西向。蒼牲一居前，又蒼牲一、青牲一在北，皆少退，南上。次赤牲一、黃牲一、白牲一、玄牲二在南①，皆少退，北上。設廩犧令位於牲西南，祝史陪其後②，俱北向。設諸太祝位於牲東，各當牲後，祝史陪其後，俱西向。設太常卿省牲位於牲前近北，又設御史位於太常卿之西，俱南向。

設酒尊之位：上帝太尊二、著尊二、犧尊二、山罍二在壇上東南隅，北向，象尊二、壺尊二、山罍四在壇下南陛之東，北向，俱西上。設配帝著尊二、犧尊二、象尊二、山罍二在壇上，於上帝酒尊之東，北向西上。五方帝、日月各太尊二，在第一等。內官每陛間各象尊二③，在第二等。中官每陛間各壺尊二④，在第三等。外官每道間各概尊二⑤，於壇下。眾星每道間各散尊二⑥，於內壝之外。凡尊，各設於神座之左而右向。尊皆加勺、冪。五帝、日月以上之尊皆有坫以置爵。內官以下尊皆藉以席。設爵於尊下。設洗於午陛東南，北向。罍水在洗東，篚在洗西，南肆。設分獻罍、洗、篚、冪各

① “赤牲一”三字，四庫本無，并於“玄牲二”後加按語：“上卷作白牲一、玄牲一。”

② “祝”字，公善堂本無，據四庫本及《新唐書》卷一一《禮樂一》校補。

③ “象”字，公善堂本作“著”，據四庫本、《新唐書》卷一一《禮樂一》、《通典》卷一〇九《開元禮纂類四》校改。

④ “壺”字，公善堂本作“犧”，據四庫本、《新唐書》卷一一《禮樂一》、《通典》卷一〇九《開元禮纂類四》校改。

⑤ “概”字，公善堂本作“象”，據四庫本、《新唐書》卷一一《禮樂一》、《通典》卷一〇九《開元禮纂類四》校改。

⑥ “散”字，公善堂本作“壺”，據四庫本、《新唐書》卷一一《禮樂一》、《通典》卷一〇九《開元禮纂類四》校改。

於其方陛道之左，俱内向。_{篚實以巾、爵。}執尊、罍、篚、幂者各於尊、罍、篚、幂之後，各設玉幣之篚於壇上下尊坫之所。

祀前一日，晡後一刻，太史令、郊社令各常服，帥其屬升，設昊天上帝神座於壇上北方，南向，席以藁秸。設高祖神堯皇帝神座於東方，西向，席以莞。設五方帝、日月神座於壇第一等：青帝於東陛之北，赤帝於南陛之東，黄帝於南陛之西，白帝於西陛之南，黑帝於北陛之西，大明於東陛之南，夜明於西陛之北，席皆以藁秸。又設五星、十二辰、河漢及内官五十五座於第二等十有二陛之間，各依方面，凡席皆内向。其内官有北辰座於東陛之北，曜魄寶於北陛之西，北斗於南陛之東，天乙、太乙皆在北斗之東，五帝内座於曜魄寶之東，並差在行位前。又設二十八宿及中官一百五十九座於第三等，其二十八宿及帝座、七公、日星、帝席、大角、攝提、太微、太子、明堂、軒轅、三台、五車、諸王、月星、織女、建星、天紀等一十七座，並差在行位前。又設外官一百五座於内壝之内，又設衆星三百六十座於内壝之外，各依方次十有二道之間，席皆以莞。設神位各於座首。_{昊天上帝及配帝、五帝、日月之座設訖，却收，至祀日未明五刻，郊社令、太史令各服其服，升壇重設之。其内官、中官、外官、衆星等，設定不收也。}

省牲器

省牲之日，午後十刻，去壇二百步所，諸衛之屬禁斷行人。

晡後二刻，郊社令、丞帥府史三人及齋郎以尊、坫、罍、洗、篚、幂入，設於位。_{凡升壇者，各由其陛。}

晡後三刻，謁者、贊引各引祀官公卿以下俱就東壝門外位。諸太祝與廩犧令以牲就牓位。謁者引司空、贊引引御史入，詣壇東陛，升，行埽除於上，降，行樂懸於下。訖，出，還本位。

初，司空將升，又謁者引太常卿、贊引引御史入，詣壇東陛，升，視滌濯，_{凡導引者，每曲一逡巡。}於視滌，執尊者皆舉幂告潔。訖，引降，就省牲位，南向立。廩犧令少前，曰："請省牲。"退，復位。太常卿省牲。廩犧令又前，北面，舉手曰："腯。"還本位。諸太祝各循牲一匝，西面，舉手曰："充。"俱還本位。諸太祝與廩犧令以次牽牲詣厨，授太官。謁者引光禄卿詣厨，省鼎鑊，申視滌溉。謁者、贊引各引祀官、御史詣厨省饌具。訖，俱還齋所。

祀日，未明十五刻，太官令帥宰人以鸞刀割牲，祝史以豆取毛血，各置於饌所。遂烹牲。

奠玉帛

祀日，未明三刻，諸祀官各服其服。郊社令、良醞令各帥其屬入，實尊、罍、玉、幣。凡六尊之次，太尊爲上，實以汎齊；著尊次之，實以醴齊；犧尊次之，實以盎齊；象尊次之，實以醍齊；壺尊次之，實以沈齊；山罍爲下，實以三酒。配帝著尊爲上，實以汎齊；犧尊次之，實以醴齊；象尊次之，實以盎齊；山罍爲下，實以清酒。五帝、日月俱以太尊實以汎齊，其內官之著尊實以醴齊①，中官之犧尊實以盎齊，外官之象尊實以醍齊，衆星之壺尊實以沈齊②。齊皆加明水，酒皆加玄酒，各實於上尊。禮神之玉，昊天上帝以蒼璧，青帝以青圭，赤帝以赤璋，黃帝亦以赤璋③，白帝以騶虞，黑帝以玄璜，日月以圭璧。昊天上帝及配帝之幣以蒼，五方帝、日月與內官以下之幣，各從方色，各長一丈八尺。太祝以玉、幣置於篚，太官令帥進饌者實諸籩、豆、簋、簠等，皆設於饌幔內。

未明二刻，奉禮帥贊者先入，就位。贊引引御史、博士、諸太祝及令史、祝史，與執尊、罍、篚、冪者入自東壝門，當壇南，重行，北面西上。立定，奉禮曰：「再拜。」贊者承傳，凡奉禮有辭，贊者皆承傳。御史以下皆再拜。訖，執尊、罍、篚、冪者各就位。贊引引御史、諸太祝詣壇東陛，升，行埽除於上。令史、祝史升，行埽除於下。訖，引就位。

未明一刻，謁者、贊引各引祀官、公卿以下俱就門外位。太樂令帥工人、二舞次入，就位，文舞入陳於懸內，武舞立於懸南道西。其升壇座者皆脫屨於下，降納如常。謁者引司空入，就位，立定，奉禮曰：「再拜。」司空再拜。訖，謁者引司空詣壇東陛，升，行埽除於上，降，行樂懸於下。訖，引復位。謁者、贊引各引祀官公卿以下入，就位，立定，奉禮曰：「再拜。」衆官在位者皆再拜。其先拜者不拜。謁者進太尉之左，白：「有司謹具，請行事。」退，復位。協律郎跪，俛伏，舉麾，凡取物者皆跪，俛伏而取以興。奠物則跪、奠訖，俛伏而後興。鼓柷，奏《豫和之樂》，乃以圜鍾爲宮，黃鍾爲角，太蔟爲徵，姑洗爲羽，作文舞之舞。樂舞六成，圜鍾三奏，黃鍾、太蔟、姑洗各一奏。偃麾，戛敔，樂止。凡樂，皆協律郎舉麾，工鼓柷而後作，偃麾、戛敔而後止。奉禮曰：「衆官再拜。」

①　"著"字，四庫本作"象"。

②　"衆星之壺尊實以沈齊"九字，四庫本無。

③　"黃帝亦以赤璋"，四庫本作"黃帝以黃琮"。

衆官在位者皆再拜。正座、配座太祝跪，取玉及幣於篚，各立於尊所。諸太祝俱取玉及幣，亦各立於尊所。

　　謁者引太尉詣壇，升自南陛，北向立。正座太祝加玉於幣，東向授太尉。太尉受玉幣，凡受物者搢笏，跪，奠訖，執笏，俛伏，興。登歌作《肅和之樂》，以大吕之均。謁者引太尉進，北面跪，奠於昊天上帝神座，俛伏，興。謁者引太尉少退，北向，再拜。訖，謁者引太尉立於西方，東向。配座太祝以幣北向授太尉，太尉受幣。謁者引太尉進，東面跪，奠於高祖神堯皇帝神座，俛伏，興。謁者引太尉少退，東向，再拜，訖，登歌止。謁者引太尉自南陛還本位。

　　初，太尉將奠配帝之幣，諸太祝及諸星座獻官各奉玉幣進，跪，奠於神座，訖，興，還尊所。

　　初，衆官拜訖，夜明以上祝史各奉毛血之豆立於門外。於登歌止，祝史奉毛血入，各由其陛升，諸太祝迎取於壇上，俱進，奠於神座前。諸太祝與祝史退，立於尊所。

進熟

　　太尉既升奠玉幣，太官令出，帥進饌者奉饌各陳於内壝門外。謁者引司徒出，詣饌所，司徒奉昊天上帝之俎。諸太祝既奠毛血，太官令引饌入。俎初入門，奏《雍和之樂》，自後，酌獻皆奏《雍和之樂》。以黄鍾之均，自後，壇下之樂皆奏黄鍾。饌各至其陛，樂止。祝史俱進，跪，徹毛血之豆，降自東陛以出。上帝之饌升自午陛，配帝之饌升自卯陛，青帝之饌升自寅陛，赤帝之饌升自巳陛，黄帝之饌升自未陛，白帝之饌升自酉陛，黑帝之饌升自子陛，大明之饌升自辰陛，夜明之饌升自戌陛。其内官、中官諸饌，各隨便而升。諸太祝迎引饌於壇上，各設於神座前。籩、豆蓋幂先徹，乃升。簋、簠既奠，却其蓋於下。設訖，謁者引司徒、太官令帥進饌者俱降自東陛以出，司徒復位，諸太祝各還尊所。又進設外官、衆星之饌，相次而畢。

　　初，壇上設饌訖[1]，謁者引太尉詣罍洗，盥手，洗拭匏爵。訖，謁者引太尉升自南陛，詣昊天上帝太尊所，執尊者舉幂。太尉酌汎齊訖，樂作。謁者引太尉進昊天上帝神座前，北面跪，奠爵，俛伏，興。謁者引太尉少

---

① “初壇上設饌訖”六字，公善堂本無，據四庫本、《通典》卷一〇九《開元禮纂類四》校補。

退，北向立，樂止。太祝持版進於神座之右，東面跪，讀祝文曰："維某年歲次月朔日，子嗣天子臣某謹遣太尉封臣名，敢昭告於昊天上帝：大明南至，長景初升，萬物權輿，六氣資始，謹遵彝典，慎修禮物。敬以玉帛、犧齊、粢盛、庶品，備茲禋燎，祇薦潔誠，高祖神堯皇帝配神作主。尚饗。"訖，興。太尉再拜。初讀祝文訖，樂作，太祝進，跪，奠版於神座，興，還尊所。太尉再拜，訖，樂止。

謁者引太尉詣配帝著尊所，取爵於坫，執尊者舉冪。太尉酌汎齊訖，樂作。謁者引太尉進高祖神堯皇帝神座前，東面跪，奠爵，俛伏，興。謁者引太尉少退，東向立，樂止。太祝持版進於神座之左，北面跪，讀祝文曰："維某年歲次月朔日，子孝曾孫開元神武皇帝臣某謹遣太尉臣名，敢昭告於高祖神堯皇帝：履長伊始，肅事郊禋，用致燔祀於昊天上帝。伏惟①慶流長發，德冠思文，對越昭升，永言配命。謹以制幣、犧齊、粢盛、庶品，式陳明薦，侑神作主。尚饗。"訖，興。太尉再拜。初讀祝文訖，樂作，太祝進，跪，奠版於神座，興，還尊所。太尉拜訖，樂止。

謁者引太尉進昊天上帝神座前，北向立。太祝各以爵酌罍福酒，合置一爵。一太祝持爵進太尉之右，西向立。太尉再拜，受爵，跪，祭酒，啐酒，奠爵，俛伏，興。太祝各帥齋郎進俎。太祝減神座前胙肉皆取前脚第二骨。加於俎，以胙肉共置一俎上。太祝持俎西向授太尉，太尉受以授齋郎。太尉跪，取爵，遂飲，卒爵。太祝進，受虛爵，復於坫。太尉俛伏，興，再拜。謁者引太尉降，復位。

文舞退，鼓柷，作《舒和之樂》，退訖，戛敔，樂止。武舞入，鼓柷，作《舒和之樂》，立定，戛敔，樂止。

初，太尉將復位，謁者引太常卿詣罍洗，盥手，拭匏爵。訖，謁者引太常卿自東陛升壇，詣昊天上帝著尊所，執尊者舉冪。太常卿酌醴齊。訖，武舞作。謁者引太常卿進昊天上帝神座前，北面跪，奠爵，興。謁者引太常卿少退，北向，再拜。訖，謁者引太常卿詣配帝犧尊所，取爵於坫，執尊者舉冪。太常卿酌醴齊。訖，謁者引太常卿進高祖神堯皇帝神座前，東面跪，奠爵，興。謁者引太常卿少退，東向，再拜。訖，謁者引太常卿進昊天

---

① "伏惟"二字，公善堂本作"皇高祖"，據四庫本、《通典》卷一〇九《開元禮纂類四》改。

上帝神座前,北向立。諸太祝各以爵酌罍福酒,合置一爵。一太祝持爵進太常卿之右,西向立。太常卿再拜,受爵,跪,祭酒,遂飲,卒爵。太祝進,受虛爵,復於坫。太常卿興,再拜。訖,謁者引太常卿降,復位。

初,太常卿獻將畢,謁者引光禄卿詣罍洗,盥手,洗拭匏爵,升,酌盎齊,終獻如亞獻之儀。訖,謁者引光禄卿降,復位。

初,太常卿將升獻,謁者七人分引五方帝及大明、夜明等獻官詣罍洗,盥手,洗拭匏爵。訖,各由其陛升壇,詣第一等,俱酌汎齊。訖,各進,跪,奠於神座前,興,各引降,還本位。

初,第一等獻官將升,謁者五人次引獻官各詣罍洗,盥手,洗訖,引各由其陛升壇,詣第二等内官酒尊所,俱酌醴齊,各進,跪,奠爵於内官首座,興。餘座皆祝史、齋郎助奠,相次而畢。謁者各引獻官還本位。

初,第二等獻官將升,謁者四人次引獻官俱詣罍洗,盥洗,各由其陛升壇,詣第三等中官酒尊所,俱酌盎齊以獻。贊引四人次引獻官詣罍洗,盥洗訖,詣外官酒尊所,俱酌醍齊以獻。贊引四人次引獻官詣罍洗,盥洗,訖,詣眾星酒尊所,俱酌沈齊以獻。其祝史、齋郎酌酒助奠,皆如内官之儀。訖,謁者、贊引各引獻官還本位。

諸獻俱畢,武舞止。上下諸祝各進,跪,徹豆,興,還尊所。徹者,籩、豆各一,少移於故處。奉禮曰:"賜胙。"贊者唱:"眾官再拜。"眾官在位者皆再拜。已飲福者不拜。樂作一成,止。

謁者進太尉之左,白:"請就望燎位。"謁者引太尉就望燎位,南向立。於眾官將拜,上下諸祝各執篚進神座前,取玉幣、祝版,日月以上齋郎以俎載牲體、稷黍飯及爵酒,各由其陛降壇南行,折而東,又南行,經柴壇西,過壇東行,自南陛登柴壇,以玉帛、祝版、饌物置於柴上户內,諸太祝又以内官以下之幣皆從燎。奉禮曰:"可燎。"東、西面各六人以炬燎火。半柴,謁者進前,白:"禮畢。"

謁者引太尉出。又謁者、贊引各引祀官以次出。贊引引御使、太祝以下俱復執事位,立定,奉禮曰:"再拜。"御史以下皆再拜。訖,贊引引出。工人、二舞以次出。凡有司攝事,祝版應御署者進,御署訖,皇帝北面再拜。侍臣奉版授,郊社令受,遂奉以出。

卷第六　吉禮

皇帝正月上辛祈穀於圜丘

齋戒　　陳設　　省牲器　　鑾駕出宮　　奠玉帛　　進熟
鑾駕還宮

齋戒

前祀七日平明，太尉誓衆官於尚書省，曰：“正月某日，祈穀祀昊天上帝於圜丘。各揚其職，不供其事，國有常刑。”皇帝散齋四日於別殿，致齋三日，其二日於太極殿，一日於行宮。

前致齋一日，尚舍奉御設御幄於太極殿西序及室内，俱東向。尚舍直長張帷於前楹下。

致齋之日質明，諸衛勒所部屯門列仗。晝漏上水一刻，侍中版奏：“請中嚴。”諸衛之屬各督其隊入，陳於殿庭，如常儀。通事舍人引文武五品以上，袴褶陪位如式。諸侍衛之官各服其器服。諸侍臣並結佩，俱詣閤奉迎。上水二刻①，侍中版奏：“外辦。”上水三刻，皇帝服通天冠，絳紗袍，結佩，乘輿出自西房，曲直華蓋警蹕侍衛如常儀。皇帝即御座，東向坐，侍臣夾侍如常。一刻頃，侍中前，跪，奏稱：“侍中臣某言，請降就齋室。”俛伏，興，還侍位。皇帝降座，入室。文武侍臣各還省，直衛者如常。通事舍人引陪位者以次出。

凡預祀之官散齋四日，致齋三日。散齋皆於正寢。致齋二日於本司，一日於祀所，其無本司者，則二日於郊社署。近侍之官應從升者及從祀群官、諸方客使，各於祀所清齋一宿。無本司者，各於正寢。散齋理事如舊，惟不弔喪問疾，不作樂，不判署刑殺文書，不行刑罰，不預穢惡。致齋惟祀事得行，其餘悉

---

①　“上水二刻”四字，公善堂本無，據四庫本校補。

斷。其祀官已齋而闕者，通攝行事。諸祀官致齋之日給酒食及明衣，各習禮於齋所。光禄卿監取明水火。太官令取水於陰鑒，取火於陽燧。火以供爨，水以實尊。

前祀二日，太尉告高祖神堯皇帝廟，如常告之儀。告以配神作主之意。

前祀一日，諸衛令其屬未後一刻各以其方器服守衛壇門，每門二人，每隅一人。與太樂工人俱清齋一宿。

陳設

前祀三日，尚舍直長施大次於外壇東門之內道北，南向。尚舍奉御鋪御座。守宮設文武侍臣次於大次之後①，文官在左，武官在右，俱南向。設諸祀官次於東壇之外道南，從祀文官九品以上於祀官之東，東方、南方朝集使於文官之東，東方、南方蕃客又於其東，俱重行，每等異位，北面西上。介公、鄘公於西壇之外道南，武官九品以上於介公、鄘公之西，西方、北方朝集使於武官之西，西方、北方蕃客又於其西，俱重行，每等異位，北面東上。其褒聖侯若在朝，位於文官三品之下。諸州使人分方各位於朝集使之後。設陳饌幔於內壇東門之外道北，南向。

前祀二日，太樂令設宮懸之樂於壇南內壇之內。東方、西方磬簴起北，鐘簴次之；南方、北方磬簴起西，鐘簴次之。設十二鎛鐘於編懸之間，各依辰位。樹雷鼓於北懸之內、道之左右。植建鼓於四隅。置枴敔於懸內。枴在左，敔在右。設歌鐘、歌磬於壇上近南，北向，磬簴在西，鐘簴在東。其匏竹者立於壇下，重行北向，相對爲首。凡懸，皆展而編之。諸工人各位於懸後，東方、西方以北爲上，南方、北方以西爲上。右校埽除壇之內外。郊社令積柴於燎壇，其壇於樂懸之南、外壇之內。方一丈，高一丈二尺，開上，南出户，方六尺。

前祀一日，奉禮設御位於壇之東南，西向。設望燎位於柴壇之北，南向。設祀官公卿位於內壇東門之外道南，執事者位於其後，每等異位，俱重行，西面北上。設御史位於壇下：一位於東南，西向；一位於西南，東向。設奉禮位於樂懸東北，贊者二人在南差退，俱西向。設協律郎位於壇上南陛之西，東向。設太樂令位於北懸之間，北向。設從祀之

---

① “后”字，四庫本、《通典》卷一〇九《開元禮纂類四》作“前”。

官位：文官九品以上於執事之南，東方、南方朝集使於文官之南，東方、南方蕃客又於其南，俱每等異位，重行，西面北上。介公、酅公位於内壝西門之内道南，武官九品以上於介公、酅公之後[1]，西方、北方朝集使於武官之南，西方、北方蕃客又於其南，俱每等異位，重行，東面北上。其褒聖侯於文官三品之下。諸州使人分方，各位於朝集使之後。又設祀官及從祀群官等門外位於東、西壝門之外道南，皆如設次之式。

設牲牓於東壝之外，當門西向。蒼牲一居前，南上，又青牲一、赤牲一、黄牲一、白牲一、玄牲一居後，又蒼牲一在北，皆少退。設廩犧令位於牲西南，史陪其後，俱北向。設諸太祝位於牲東，各當牲後，祝史陪其後，俱西向。設太常卿省牲位於牲前近北，又設御史位於太常卿之西，俱南向。

設酒尊之位：天帝太尊二、著尊二、犧尊二、山罍二，在壇上東南隅，北向；象尊二、壺尊二、山罍四，在壇下南陛之東，北向。俱西上。設配帝著尊二、犧尊二、象尊二、山罍二在壇上[2]。五方帝各太尊二、著尊二、犧尊二、山罍一，在第一等神座之左而右向。尊皆加勺、幂，有坫以置爵。

設御洗於午陛東南，亞獻之洗於卯陛之南，俱北向。罍水在洗東，篚在洗西，南肆。篚實以巾、爵。執尊、罍、篚、幂者各位於尊、罍、篚、幂之後。設玉、幣篚於壇上尊坫之所。

祀日未明五刻[3]，太史令、郊社令各服其服，升，設昊天上帝神座於壇上北方，南向，席以藁秸。設高祖神堯皇帝神座於東方，西向，席以莞。設青帝於東陛之北，赤帝於南陛之東，黄帝於南陛之西，白帝於西陛之南，黑帝於北陛之西，席皆以藁秸。設神位各於座首。

省牲器

省牲之日午後十刻，去壇二百步所，諸衛之屬禁斷行人。

晡後二刻，郊社令帥府史二人及齋郎以尊、坫、罍、洗、篚、幂入，設

---

①　“後”字，四庫本、《通典》卷一〇九《開元禮纂類四》作“南”。

②　四庫本於“在壇上”後，有“在上帝酒尊之東北向西上”十一字。

③　“五”字，公善堂本作“十”，四庫本作“午”。《文獻通考》卷七〇《郊社考三》、《通典》卷一〇九《開元禮纂類四》注云：“上辛、雩祀，皆祀日未明五刻也。”據此校改。

於位。升壇者自東陛。

晡後三刻，謁者、贊引各引祀官公卿以下俱就東壝門外位[1]，諸太祝與廩犧令以牲就牓位。謁者引太常卿、贊引引御史入，詣壇東陛，升，視滌濯。凡引導者，每曲一逡巡。於視滌，執尊者皆舉冪告潔。訖，引降，就省牲位，南向立。廩犧令少前，曰："請省牲。"退，復位。太常卿省牲。廩犧令又前，北面，舉手曰："腯。"還本位。諸太祝各循牲一匝，西面，舉手曰："充。"俱還本位。諸太祝與廩犧令以次牽牲詣厨，授太官。謁者引光禄卿詣厨，省鼎鑊，申視濯溉。贊引引御史詣厨省饌具。太常卿以下每事訖，各還齋所。

祀日未明十五刻，太官令帥宰人以鸞刀割牲，祝史以豆取毛血，各置於饌所。遂烹牲。

鑾駕出宮

前出宮三日，本司宣攝内外，各供其職。尚舍設行宮於壇東，南向，隨地之宜。守宮設從祀官五品以上次於承天門外東西朝堂，如常儀[2]。

前二日，太樂令設宮懸之樂於殿庭，如常儀。駕出，懸而不作。

其日，晝漏上水五刻，鑾駕發引。發引前七刻，搥一鼓爲一嚴。三嚴時節，前一日侍中奏裁。侍中奏開宮殿門及城門。未明五刻，搥二鼓爲再嚴。侍中版奏："請中嚴。"奉禮郎設從祀群官五品以上位[3]：文官於東朝堂之前，西向，武官於西朝堂之前，東向，俱重行北上。從祀群官五品以上，依時刻俱集朝堂次，各服其服。其六品以下及介公、酅公、褒聖侯、朝集使、諸方客使等，並駕出之日便赴祀所。所司陳大駕鹵簿於朝堂。發前二刻，搥三鼓爲三嚴。諸衛之屬各督其隊與鈒戟以次入，陳於殿庭。謁者引從祀群官各就朝堂前位。諸侍衛之官各服其器服。侍中、中書令以下俱詣西階奉迎。侍中負寶如式。乘黄令進玉輅於太極殿西階之前，南向。千牛將軍一人執長刀立於輅前，北向。黄門侍郎一人在侍臣之前，贊者二人又在黄

---

① "謁者贊引各引祀官公卿以下俱就東壝門外位"，此句公善堂本脱，據四庫本、《通典》卷一〇九《開元禮纂類四》校補。

② "儀"字，公善堂本無，據四庫本、《通典》卷一〇九《開元禮纂類四》校補。

③ "郎"字，公善堂本無，據四庫本校補。

門侍郎之前。

侍中版奏:"外辦。"太僕卿奮衣而升,正立執轡。皇帝服衮冕[①],乘輿以出,降自西陛,稱警蹕如常儀。千牛將軍前執轡,皇帝升輅,太僕卿立授綏,侍中、中書令以下夾侍如常。黃門侍郎進,當鑾駕前,跪,奏稱:"黃門侍郎臣某言,請鑾駕進發。"俛伏,興,退,復位。凡黃門侍郎奏請,皆進鑾駕前,跪,奏稱某官臣某言。訖,俛伏,興。鑾駕動,又稱警蹕。黃門侍郎與贊者夾引以出,千牛將軍夾輅而趨。駕出承天門,至侍臣上馬所,黃門侍郎奏稱:"請鑾駕權停,勅侍臣上馬。"侍中前,承制,退稱:"制曰可。"黃門侍郎退稱:"侍臣上馬。"贊者承傳,文武侍臣皆上馬。諸侍衛之官各督其屬左右翊駕在黃麾內。符寶郎奉六寶,與殿中監後部從,在黃鉞內。侍中、中書令以下夾侍於輅前,贊者在供奉官人內。侍臣上馬畢,黃門侍郎奏稱:"請勅車右升。"侍中前,承制,退稱:"制曰可。"黃門侍郎退,復位。千牛將軍升訖,黃門侍郎奏稱:"請鑾駕進發。"退,復位。鑾駕動,稱警蹕、鼓傳音如常。不鳴鼓吹,不得諠譁。其從祀之官在玄武隊後,如常儀。

駕將至,諸祀官俱朝服結佩,謁者引立於次前,重行,北面西上。駕過,引還齋所。駕至行宮南門外,迴輅南向,將軍降,立於輅右。侍中進,當鑾駕前跪,奏稱:"侍中臣某言,請降輅。"俛伏,興,還侍位。皇帝降輅,乘輿入行宮,繳扇華蓋侍衛警蹕如常儀。宿衛如式。謁者、贊引各引祀官,通事舍人各引從祀文武群官五品以上,集行宮朝堂前,文左武右。通事舍人承旨,勅群官等各還次。

奠玉帛

祀日未明三刻,諸祀官及從祀之官各服其服。郊社令、良醞令各帥其屬入,實尊、罍、玉、幣。凡六尊之次,太尊爲上,實以汎齊;著尊次之,實以醴齊;犧尊次之,實以盎齊;象尊次之,實以醍齊;壺尊次之,實以沈齊;山罍爲下,實以三酒[②]。配帝著尊爲上,實以汎齊;犧尊次之,實以醴齊;象尊次之,實以盎齊;山罍爲下,實以清酒。五方帝太尊爲

---

① "皇帝服衮冕",四庫本作"皇帝齋服",《通典》卷一○九《開元禮纂類四》注云:"上辛,服通天冠、絳紗袍也。"

② "三酒",四庫本作"清酒"。

上，實以汎齊；著尊次之，實以醴齊；犧尊次之，實以盎齊。五齊之上尊皆實以清酒。禮神之玉，昊天上帝以四圭有邸，青帝以青圭，赤帝以赤璋，黃帝以黃琮，白帝以騶虞，黑帝以玄璜。天帝、配帝之幣各以蒼，五方帝之幣並從方色，各長一丈八尺。太祝以玉、幣置於篚，太官令帥進饌者實諸籩、豆、簠、簋等，各設於饌幔內。

未明二刻，奉禮帥贊者先入，就位。贊引引御史、博士、郊社令、諸太祝及令史、祝史，與執尊、罍、篚、冪者入自東壝門，當壇南，重行，北面西上。立定，奉禮曰："再拜。"贊者承傳，凡奉禮有辭，贊者皆承傳。御史以下皆再拜。訖，執尊、罍、篚、冪者各就位。贊引引御史、諸太祝詣壇東陛，升，行埽除於上。令史、祝史升，行埽除於下。訖，各引復位。

未明一刻，謁者、贊引各引祀官及從祀群官、客使等俱就門外位。太樂令帥工人、二舞次入，就位，文舞入陳於懸內，武舞立於懸南道西。其升壇座者皆脫屨於下，降納如常。謁者引司空入，就位，立定，奉禮曰："再拜。"司空再拜。訖，謁者引司空詣壇東陛，升，行埽除於上，降，行樂懸於下。訖，引復位。謁者、贊引各引祀官，通事舍人分引從祀群官、客使等次入，就位。

初，未明三刻，諸衛列大駕仗衛陳設如式。侍中版奏："請中嚴。"乘黃令進玉輅於行宮南門外，迴輅南向。若行宮去壇稍遠，嚴警如式。未明一刻，侍中版奏："外辦。"質明，皇帝服袞冕，乘輿以出，繖扇華蓋侍衛如常儀。侍中負寶陪從如式。皇帝升輅如初。黃門侍郎奏稱："請鑾駕進發。"還侍位。鑾駕動，稱警蹕如常。千牛將軍夾輅而趨。若行宮去壇稍遠，奏升輅如式。駕至大次門外，迴輅南向，侍中進，當鑾駕前跪，奏稱："侍中臣某言，請降輅。"俛伏，興，還侍位。皇帝降輅，乘輿之大次，繖扇華蓋侍衛如常儀。郊社令以祝版進，御署訖，近臣奉出，郊社令受，各奠於坫。皇帝停大次半刻頃，通事舍人各引從祀群官、介公、酅公、諸方客使皆先入，就位。太常博士引太常卿立於大次門外，當門北向。侍中版奏："外辦。"皇帝出次，華蓋侍衛如常儀。博士引太常卿，太常卿引皇帝凡太常卿前導，皆博士先引。至內壝門外。殿中監進大圭。尚衣奉御又以鎮圭授殿中監，殿中監受，進。皇帝搢大圭，執鎮圭，華蓋仗衛停於門外。近侍者從入如常。

皇帝至版位，西向立。每立定，太常卿與博士退，立於左。太常卿前，奏稱："請再拜。"退，復位。皇帝再拜。奉禮曰："眾官再拜。"眾官在位者皆再拜。其先拜者不拜。太常卿前，奏："有司謹具，請行事。"退，復位。協律郎

跪，俛伏，舉麾，_{凡取物者皆跪，俛伏而取以興。奠物則跪、奠訖，俛伏而後興。}鼓柷，奏
《豫和之樂》，乃以圜鍾爲宮，黃鍾爲角，太蔟爲徵，姑洗爲羽，作文舞之
舞。樂舞六成，_{圜鍾三奏，黃鍾、太蔟、姑洗各一奏。}偃麾，戛敔，樂止。_{凡樂，皆協律}
_{郎舉麾，工鼓柷而後作，偃麾、戛敔而後止。}太常卿前，奏稱："請再拜。"退，復位。
皇帝再拜。奉禮曰："衆官再拜。"衆官在位者皆再拜。諸太祝取玉、幣
於篚，各立於尊所。

太常卿引皇帝，《太和之樂》作。_{皇帝每行，皆作《太和之樂》。}皇帝詣壇，升
自南陛，侍中、中書令以下及左右侍衞量人從升。_{以下皆如之。}皇帝升壇，
北向立，樂止，詣正座[1]，太祝以玉幣授侍中，侍中奉玉幣東向進。皇帝
搢鎮圭，受玉幣。_{凡受物皆搢鎮圭，跪，奠訖，執鎮圭，俛伏，興。}登歌作《肅和之
樂》，以大呂之均。太常卿引皇帝進，北面跪，奠於昊天上帝神座，俛伏，
興。太常卿引皇帝少退，北向，再拜。訖，太常卿引皇帝立於西方，東
向。配座太祝以幣授侍中，侍中奉幣北向進。皇帝受幣。太常卿引皇
帝進，東面跪，奠於髙祖神堯皇帝神座，奠訖，俛伏，興。太常卿引皇帝
少退，東向，再拜。訖，登歌止。太常卿引皇帝，樂作，皇帝降自南陛，還
版位，西向立，樂止。

初，皇帝將奠配帝之幣，謁者五人各分引獻官奉玉幣，跪，奠於五方
上帝之座，訖，還復位。

初，衆官拜訖，祝史各奉毛血之豆立於門外。於登歌止，祝史奉毛
血入，各由其陛升，諸太祝迎取於壇上，俱進，奠於神座前。諸太祝與祝
史退，立於尊所。

進熟

皇帝既升奠玉幣，太官令出，帥進饌者奉饌陳於内壝門外。謁者引
司徒出，詣饌所，司徒奉昊天上帝之爼。初，皇帝既至位，樂止，太官令
各引饌入。爼初入門，奏《雍和之樂》，以黃鍾之均。_{自後，接神之樂皆奏黃鍾。}
饌至陛，樂止。祝史俱進，徹毛血之豆，降自東陛以出。_{上帝之饌升自午}
_{陛[2]，配帝之饌升自卯陛，青帝之饌升自寅陛，赤帝之饌升自巳陛，黃帝之饌升自未陛，白帝之饌}

---

① "詣正座"三字，四庫本無。

② "上帝"二字，公善堂本作"正座"，據四庫本、《通典》卷一〇九《開元禮纂類四》校改。

升自酉陛,黑帝之饌升自子陛。諸太祝迎引饌於壇上,各設於神座前。籩、豆蓋冪
先徹,乃升。簠、簋既奠,却其蓋於下。設訖,謁者引司徒,太官令帥進饌者,俱降
自東陛以出。司徒復位,諸太祝各還尊所。

　　初,壇上設饌訖①,太常卿引皇帝詣罍洗,樂作,皇帝至罍洗,樂止。
侍中跪,取匜,興,沃水;又侍中跪,取盤,興,承水。皇帝盥手。黃門侍
郎跪,取巾於篚,興,進。皇帝帨手。訖,黃門侍郎受巾,跪,奠於篚。黃
門侍郎又取匏爵於篚,興,進。皇帝受爵。侍中酌罍水,又侍中奉盤,皇
帝洗爵,黃門侍郎又授巾,皆如初。皇帝拭爵訖,侍中奠盤、匜,黃門侍
郎受巾,跪,奠於篚,皆如常。

　　太常卿引皇帝,樂作,皇帝詣壇,升自南陛,訖,樂止。謁者引司徒
升自東陛,立於尊所。齋郎奉俎從升,立於司徒之後。太常卿引皇帝詣
天帝酒尊所②,執尊者舉冪。侍中贊酌汎齊訖,《壽和之樂》作。皇帝每酌獻
及飲福,皆作《壽和之樂》。太常卿引皇帝進天帝神座前,北面跪,奠爵,俛伏,
興。太常卿引皇帝少退,北向立,樂止。太祝持版進於神座之右,東面
跪,讀祝文曰:"維某年歲次月朔日,子嗣天子臣某,敢昭告於昊天上帝:
惟神化育群生,財成庶品,雲雨作施,普博無私,爰因啟蟄,式祈農事。
敬以玉帛、犧齊、粢盛、庶品,恭致燔祀,表其寅肅。高祖神堯皇帝配神
作主。尚饗。"訖,興。皇帝再拜。初讀祝文訖,樂作,太祝進,跪,奠版
於神座,興,還尊所。皇帝拜訖,樂止。

　　太常卿引皇帝詣配帝酒尊所,執尊者舉冪。侍中取爵於坫,進。皇
帝受爵。侍中贊酌汎齊訖,樂作。太常卿引皇帝進高祖神堯皇帝神座
前,東面跪,奠爵,俛伏,興。太常卿引皇帝少退,東向立,樂止。謁者五
人各引五方上帝太祝,皆取匏爵於坫,酌汎齊,各進,奠於其神座前,訖,
還尊所。配帝太祝持版進於神座之左,北面跪,讀祝文曰:"維某年歲次
月朔日,子孝曾孫開元神武皇帝臣某,敢昭告於高祖神堯皇帝:時惟孟
春,敬祈嘉穀,用致禋祀於昊天上帝。伏惟高祖③,叡哲徇齊,欽命昭

---

①　"初壇上設饌訖"六字,公善堂本無,據四庫本、《通典》卷一○九《開元禮纂類四》校補。

②　"天帝",四庫本、《通典》卷一○九《開元禮纂類四》均作"上帝"。

③　公善堂本脫"伏"字,據《通典》卷一○九《開元禮纂類四》校補。

格^①，登配之禮，肅奉舊章。謹以制幣、犧齊、粢盛、庶品，吉蠲明薦，侑神作主。尚饗。"訖，興。皇帝再拜。初讀祝文訖，樂作，太祝進，跪，奠版於神座，興，還尊所。皇帝再拜。訖，樂止。

太常卿引皇帝進天帝神座前，北向立，樂作。太祝各以爵酌上尊福酒，合置一爵。一太祝持爵授侍中，侍中受爵，西向進。皇帝再拜，受爵，跪，祭酒，啐酒，奠爵，俛伏，興。太祝各帥齋郎進俎。太祝減神前胙肉皆取前脚第二骨。加於俎，以胙肉共置一俎上。太祝持俎以授司徒，司徒奉俎西向進，皇帝受以授左右。謁者引司徒降，復位。皇帝跪，取爵，遂飲，卒爵。侍中進，受虛爵以授太祝，太祝受爵，復於坫。皇帝俛伏，興，再拜，樂止。太常卿引皇帝，樂作，皇帝降自南陛，還版位，西向立，樂止。

文舞出，鼓柷，作《舒和之樂》。出訖，戛敔，樂止。武舞入，鼓柷，作《舒和之樂》，立定，戛敔，樂止。

初，皇帝將復位，謁者引太尉詣罍洗，盥手，洗匏爵。訖，謁者引太尉自東陛升壇，詣天帝著尊所，執尊者舉冪。太尉酌醴齊，武舞作。謁者引太尉進天帝神座前，北面跪，奠爵，興。謁者引太尉少退，北向，再拜。訖，謁者引太尉詣配帝犧尊所，取爵於坫，執尊者舉冪。太尉酌醴齊。謁者引太尉進高祖神堯皇帝神座前，東面跪，奠爵，興。謁者引太尉少退，東向，再拜。五方上帝之太祝，亦各取爵於坫，酌醴齊訖，俱進，奠於其神座前，訖，還尊所。謁者引太尉進天帝神座前，北向立。太祝各以爵酌罍福酒，合置一爵。一太祝持爵進太尉之右，西向立。太尉再拜，受爵，跪，祭酒，遂飲，卒爵。太祝進，受虛爵，復於坫。太尉興，再拜。訖，謁者引太尉降，復位。

初，太尉獻將畢，謁者引光祿卿詣罍洗，盥手，洗匏爵，升，酌盎齊，獻正座、配座。五帝太祝亦各酌獻，終獻如亞獻之儀。訖，謁者引光祿卿降，復位。武舞六成，樂止。

諸太祝各進，跪，徹豆，興，還尊所。徹者，籩、豆各一，少移於故處。奉禮曰："賜胙。"贊者唱："眾官再拜。"眾官在位者皆再拜。已飲福者不拜。《豫

---

① "命"字，四庫本、《通典》卷一〇九《開元禮纂類四》作"明"。

和之樂》作，太常卿前，奏稱："請再拜。"退，復位。皇帝再拜。奉禮曰："衆官再拜。"衆官在位者皆再拜。樂一成，止。

太常卿前，奏："請就望燎位。"太常卿引皇帝，樂作，皇帝就望燎位，南向立，樂止。於群官將拜，上下諸祝各執篚進神座前，取玉幣、祝版，齋郎以俎載牲體、稷黍飯及爵酒，各由其陛降壇南行，經柴壇西，過壇東行，自南陛登柴壇，以玉幣、祝版、饌物置於柴上户内。奉禮曰："可燎。"東、西面各六人以炬燎火。半柴，太常卿前，奏："禮畢。"

太常卿引皇帝還大次，樂作，皇帝出内壝門。殿中監前，受鎮圭以授尚衣奉御。殿中監又前，受大圭，華蓋侍衛如常儀。皇帝入次，樂止。謁者、贊引各引祀官，通事舍人分引從祀群官、諸方客使，以次出。贊引引御史、太祝以下俱復執事位，立定，奉禮曰："再拜。"御史以下皆再拜。贊引引出。工人、二舞以次出。

鑾駕還宫

皇帝既還大次，侍中版奏："請解嚴。"_{將士不得輒離部伍。}皇帝停大次一刻頃，搥一鼓爲一嚴，轉仗衛於還塗，如來儀。三刻頃，搥二鼓爲再嚴，將士布隊仗，侍中版奏："請中嚴。"皇帝服通天冠、絳紗袍，諸祀官服朝服。五刻頃，搥三鼓爲三嚴，謁者、贊引各引群官、客使序立於大次之前，近南。文武侍臣詣大次奉迎。乘黄令進金輅於大次門外，南向。千牛將軍立於輅右。侍中版奏："外辦。"太僕卿升，執轡。皇帝乘輿出次，繖扇侍衛警蹕如常儀。皇帝升輅，太僕卿立授綏，黄門侍郎奏稱："請鑾駕進發。"退，復位。鑾駕動，稱警蹕如常儀。黄門侍郎、贊者夾引，千牛將軍夾輅而趨。

至侍臣上馬所，黄門侍郎奏稱："請鑾駕權停，勅侍臣上馬。"侍中前，承制，退稱："制曰可。"黄門侍郎退稱："侍臣上馬。"贊者承傳。文武侍臣皆上馬畢，黄門侍郎奏稱："請勅車右升。"侍中稱："制曰可。"黄門侍郎退，復位。千牛將軍升訖，黄門侍郎奏稱："請鑾駕進發。"退，復位。鼓傳音，鑾駕動，鼓吹振作而還。文武群官導從如來儀。諸方客使便還館。駕至承天門外侍臣下馬所，鑾駕權停，文武侍臣皆下馬，千牛將軍降，立於輅右。訖，鑾駕動，千牛將軍夾輅而趨。

　　駕入嘉德門，太樂令令撞蕤賓之鐘，左右五鐘皆應，鼓柷，奏《采茨之樂》。至太極門，戛敔，樂止。入太極門，鼓柷，奏《太和之樂》。駕至橫街北，當東上閤，迴輅南向。侍中進，當鑾駕前跪，奏稱："侍中臣某言，請降輅。"俛伏，興，還侍位。皇帝降輅，乘輿以入，繖扇侍衛警蹕如常儀。侍臣從至閤，戛敔，樂止。

　　初，文武群官至東朝堂，通事舍人承旨，勑群官並還。皇帝既入，侍中版奏："請解嚴。"叩鉦，將士各還其所。

卷第七　吉禮

正月祈穀於圜丘有司攝事

齋戒　陳設　省牲器　奠玉帛　進熟

齋戒

前祀七日平明，太尉誓百官於尚書省，曰：“正月某日，祈穀祀昊天上帝於圜丘。各揚其職，不供其事，國有常刑。”凡預祀之官散齋四日，致齋三日。散齋皆於正寢。致齋二日於本司，一日於祀所，其無本司者，則二日於郊社署。散齋理事如舊，惟不弔喪問疾，不作樂，不判署刑殺文書，不行刑罰，不預穢惡。致齋惟祀事得行，其餘悉斷。其祀官已齋而闕者，通攝行事。諸祀官致齋之日給酒食及明衣，各習禮於齋所。光禄卿監取明水火。太官令取水於陰鑒，取火於陽燧。火以供爨，水以實尊。

前祀二日，太尉告高祖神堯皇帝廟，如常告之儀。告以配神作主之意。

前祀一日，諸衛令其屬未後一刻各以其方器服守衛壇門，每門二人，每隅一人。與太樂工人俱清齋一宿。

陳設

前祀三日，守宮設祀官公卿以下次於東壝之外道南，北向，以西爲上。設陳饌幔於内壝東門之外道南，北向。

前祀二日，太樂令設宮懸之樂於壇南内壝之内。東方、西方磬簴起北，鐘簴次之；南方、北方磬簴起西，鐘簴次之。設十二鎛鐘於編懸之間，各依辰位。樹雷鼓於北懸之内、道之左右。植建鼓於四隅。置柷敔於懸内。柷在左，敔在右。設歌鐘、歌磬於壇上近南，北向。磬簴在西，鐘簴在東。其匏竹者立於壇下，重行北向，相對爲首。凡懸，皆展而編之。諸工人各位於懸後，東方、西方以北爲上，南方、北方以西爲上。右校埽除壇之內外。郊社令積柴於燎壇，其壇於樂懸之南、外壝之内。方一丈，高一丈二尺，開上，南出戶，方六尺。

前祀一日，奉禮設祀官公卿位於外壝東門之内道北，執事位於道南，每等異位，俱重行，西面北上。設望燎位於柴壇之北，南向。設御史位於壇下：一位於東南，西向；一位於西南，東向。設奉禮位於樂懸東北，贊者二人在南差退，俱西向。設協律郎位於壇上南陛之西，東向。設太樂令位於北懸之間，北向。設祀官公卿以下門外位，皆於東壝之外道南，每等異位，重行，北面西上。

設牲牓於東壝之外，當門西向。蒼牲一居前，南上。青牲一、赤牲一、黃牲一、白牲一、玄牲一居後，又蒼牲一在北，少退。設廩犧令位於牲西南，祝史陪其後①，俱北向。設諸太祝位於牲東，各當牲後，祝史陪其後，俱西向。設太常卿省牲位於牲前近北，又設御史位於太常卿之西，俱南向。

設酒尊之位：天帝太尊二、著尊二、犧尊二、山罍二在壇上東南隅，北向；象尊二、壺尊二、山罍二在壇下南陛之東，北向，俱西上。設配帝著尊二、犧尊二、象尊二、山罍二在壇上，於天帝酒尊之東，北向。五方上帝各太尊二、著尊二、犧尊二、山罍二，在第一等神座之左而右向。尊皆加勺、冪。有坫以置爵。設洗於壇東南，北向。罍水在洗東，篚在洗西，南肆。篚實以巾、爵。執尊、罍、篚、冪者各於尊、罍、篚、冪之後。設玉、幣篚於壇上尊坫之所。

祀日未明五刻，太史令、郊社令各服其服，升，設昊天上帝神座於壇上北方，南向，席以藁秸。設高祖神堯皇帝神座於東方，西向，席以莞。設青帝神座於東陛之北，赤帝於南陛之東，黃帝於南陛之西，白帝於西陛之南，黑帝於北陛之西，席皆以藁秸。設神位各於座首。

省牲器

省牲之日午後十刻，去壇二百步所，諸衛之屬禁斷行人。

晡後二刻，郊社令帥府史二人及齋郎以尊、坫、罍、洗、篚、冪入，設

① "祝"字，公善堂本無，據四庫本、《新唐書》卷一一《禮樂一》校補。

於位。升壇者自東陛。

　　晡後三刻，諸太祝與廩犧令以牲就牓位。謁者引太常卿、贊引引御史入，詣壇東陛，升，視滌濯。凡導引者，每曲一逡巡。於視濯，執尊者皆舉冪告潔。訖，引降，就省牲位，南向立。廩犧令少前，曰：“請省牲。”退，復位。太常卿省牲。廩犧令又前，北面，舉手曰：“腯。”還本位。諸太祝各循牲一匝，西面，舉手曰：“充。”俱還本位。諸太祝與廩犧令以次牽牲詣厨，授太官。謁者引光禄卿詣厨，省鼎鑊，申視濯溉。贊引引御史詣厨省饌具。太常卿以下每事訖，各還齋所。

　　祀日未明十五刻，太官令帥宰人以鸞刀割牲，祝史以豆取毛血，各置於饌所。遂烹牲。

奠玉帛

　　祀日未明三刻，諸祀官各服其服。郊社令、良醞令各帥其屬入，實尊、罍、玉、幣。凡六尊之次，太尊爲上，實以汎齊；著尊次之，實以醴齊；犧尊次之，實以盎齊；象尊次之，實以醍齊；壺尊次之，實以沈齊；山罍爲下，實以三酒①。配帝著尊爲上，實以汎齊；犧尊次之，實以醴齊；象尊次之，實以盎齊；山罍爲下，實以清酒。五方上帝，太尊爲上，實以汎齊；著尊次之，實以醴齊；犧尊次之，實以盎齊；山罍爲下，實以清酒。齊皆加明水，酒皆加玄酒，各實於上尊。禮神之玉，昊天上帝以四圭有邸，青帝以青圭，赤帝以赤璋，黄帝以黄琮，白帝以騶虞，黑帝以玄璜。天帝、配帝之幣各以蒼，五方上帝之幣並從方色，各長一丈八尺。太祝以玉、幣置於篚，太官令帥進饌者實諸籩、豆、簋、簠等，各設於饌幔内。

　　未明二刻，奉禮帥贊者先入，就位。贊引引御史、博士、諸太祝及令史、祝史，與執尊、罍、篚、冪者入自東門，當壇南，重行，北面西上。立定，奉禮曰：“再拜。”贊者承傳，凡奉禮有辭，贊者皆承傳。御史以下皆再拜。訖，執尊、罍、篚、冪者各就位。贊引引御史、諸太祝詣壇東陛，升，行埽除於上。令史、祝史升，行埽除於下。訖，引降，就位。

　　未明一刻，謁者、贊引各引祀官俱就門外位。太樂令帥工人、二舞次入，就位，文舞入陳於懸内，武舞立於懸南道西。其升壇座者皆脱屨於下，降納如常。謁者引司空入，就位，立定，奉禮曰：“再拜。”司空再拜。訖，謁者引司空詣壇東陛，升，行埽除於上，降，行樂懸於下。訖，引復位。

---

　　①　“三酒”，四庫本作“清酒”。

初，司空行樂懸，謁者、贊引各引祀官次入，就位。立定，奉禮曰："眾官再拜。"眾官在位者皆再拜。其先拜者不拜。謁者進太尉之左，白："有司謹具，請行事。"退，復位。協律郎跪，俛伏，舉麾，凡取物者皆跪，俛伏而取以興。奠物則跪、奠訖，俛伏而後興。鼓柷，奏《豫和之樂》，乃以圜鍾爲宮，黃鍾爲角，太蔟爲徵，姑洗爲羽，作文舞之舞。樂舞六成，圜鍾三奏，黃鍾、太蔟、姑洗各一奏。偃麾，戛敔，樂止。凡樂，皆協律郎舉麾，工鼓柷而後作，偃麾、戛敔而後止。奉禮曰："眾官再拜。"眾官在位者皆再拜。諸太祝取玉幣於篚，各立於尊所。

謁者引太尉詣南陛，升壇，北向立。太祝以玉幣東向授太尉。太尉受玉幣，登歌作《肅和之樂》，以大呂之均。謁者引太尉進，北面跪，奠於天帝神座，俛伏，興。謁者引太尉少退，北向，再拜。謁者引太尉西向立，太祝以幣授太尉，太尉奉幣，東面跪，奠於配帝神座前，俛伏，興，再拜，訖，登歌止。

初，太尉將奠幣，謁者五人分引五方上帝之太祝各奉玉幣，奠於其神座前，訖，還復位。謁者引太尉降自南陛，還本位。

初，眾官拜訖，祝史奉毛血之豆立於門外。於登歌止，祝史奉毛血入，各由其陛升，諸太祝迎取於壇上，俱進，奠於神座前。諸太祝與祝史退，立於尊所。

進熟

太尉既升奠玉幣，太官令出，帥進饌者奉饌陳於内壝門外。謁者引司徒出，詣饌所，司徒奉天帝之俎。諸太祝既奠毛血，太官令引饌入。俎初入門，奏《雍和之樂》，自後，酌獻皆奏《雍和之樂》。以黃鍾之均，自後，壇下之樂皆奏黃鍾。饌各至陛，樂止。祝史俱進，跪，徹毛血之豆，降自東陛以出。天帝之饌升自午陛，配帝之饌升自卯陛，五方上帝之饌各由其陛升。諸太祝迎引饌於壇上，各設於神座前。籩、豆蓋冪先徹，乃升。簋、簠既奠，却其蓋於下。設訖，謁者引司徒、太官令帥進饌者俱降自東陛以出。司徒復位，諸太祝各還尊所。

謁者引太尉詣罍洗，盥手，洗匏爵。訖，謁者引太尉升自南陛，詣天帝酒尊所，執尊者舉冪。太尉酌汎齊訖，樂作。謁者引太尉進天帝神座前，北面跪，奠爵，興。謁者引太尉少退，北向立，樂止。太祝持版進於神座之右，東面跪，讀祝文曰："維某年歲次月朔日，子嗣天子臣某謹遣太尉臣名，敢昭告於昊天上帝：惟神化育群生，財成庶品，雲雨作施，普博無私，爰因啟蟄，式祈農事。敬以玉帛、犧齊、粢盛、庶品，恭致燔祀，表其寅肅。高祖神堯皇帝配神作主。尚饗。"訖，興。太尉再拜。初讀祝文訖，樂作，太祝進，跪，奠版於神座，興，還尊所。太尉再拜訖，樂止。

　　謁者引太尉詣配帝酒尊所，取爵於坫，執尊者舉冪。太尉酌汎齊訖，樂作。謁者引太尉進高祖神堯皇帝神座前，東面跪，奠爵，俛伏，興。謁者引太尉少退，東向立，樂止。謁者五人各引五方上帝太祝就罍洗，盥手，取匏爵於坫，酌汎齊，各進，奠於其神座前，訖，還尊所。配帝太祝持版進於神座之左，北面跪，讀祝文曰："維某年歲次月朔日，子孝曾孫開元神武皇帝臣某謹遣太尉封臣名，敢昭告於高祖神堯皇帝：時惟孟春，敬祈嘉穀，用致禋祀於昊天上帝。惟高祖叡哲徇齊，欽明昭格，登配之禮，肅奉舊章。謹以制幣、犧齊、粢盛、庶品，吉蠲明薦，侑神作主。尚饗。"訖，興。太尉再拜。初讀祝文訖，樂作，太祝進，跪，奠版於神座，興，還尊所。太尉拜訖，樂止。

　　謁者引太尉進天帝神座前，北向立。太祝各以爵酌罍福酒，合置一爵。一太祝持爵進太尉之右，西向立。太尉再拜，受爵，跪，祭酒，啐酒，奠爵，俛伏，興。太祝各帥齋郎進俎。太祝減神前胙肉皆取前脚第二骨。加於俎，以胙肉共置一俎上。太祝持俎西向授太尉，太尉受以授齋郎。太尉跪，取爵，遂飲，卒爵。太祝進，受虛爵，復於坫。太尉俛伏，興，再拜。謁者引太尉降，復位。

　　文舞出，鼓柷，作《舒和之樂》，出訖，戛敔，樂止。武舞入，鼓柷，作《舒和之樂》，立定，戛敔，樂止。

　　初，太尉將復位，謁者引太常卿詣罍洗，盥手，洗匏爵。訖，謁者引太常卿自東陛升壇，詣天帝著尊所，執尊者舉冪。太常卿酌醴齊，武舞作。謁者引太常卿進天帝神座前，北面跪，奠爵，興。謁者引太常卿少退，北向，再拜。訖，謁者引太常卿詣配帝犧尊所，取爵於坫，執尊者舉冪。太常卿酌醴齊。謁者引太常卿進高祖神堯皇帝神座前，東面跪，奠爵，興。謁者引太常卿少退，東向，再拜。訖，謁者五人引五方上帝之太祝各詣酒尊所，酌醴齊訖，俱進，奠於神座，訖，還尊所。謁者引太常卿進天帝神座前，北向立。太祝各以爵酌罍福酒，合置一爵。一太祝持爵進太常卿之右，西向立。太常卿再拜，受爵，跪，祭酒，遂飲，卒爵。太祝進，受虛爵，復於坫。太常卿興，再拜。謁者引太常卿降，復位。

太常卿獻將畢，謁者引光禄卿詣罍洗，盥手，洗匏爵，升，酌盎齊，獻正座、配座，及五方上帝之太祝亦各酌獻①，終獻如亞獻之儀。訖，謁者引光禄卿降，復位。武舞六成，樂止。

諸太祝各進，跪，徹豆，興，還尊所。徹者，籩、豆各一，少移於故處。奉禮曰："賜胙。"贊者唱："衆官再拜。"衆官在位者皆再拜。已飲福、受胙者不拜。《豫和之樂》作，奉禮曰："衆官再拜。"衆官在位者皆再拜。樂一成，止。

謁者進太尉之左，白："請就望燎位。"謁者引太尉就望燎位，南向立。於衆官將拜，諸祝史各執篚進神座前，取玉幣、祝版，齋郎以俎載牲體、稷黍飯、爵酒，各由其陛降壇南行，經懸内，當柴壇南東行，自南陛登柴壇，以玉幣、祝版、饌物置於柴上户内。奉禮曰："可燎。"東、西面各六人以炬燎火。半柴，謁者進太尉之左，白："禮畢。"

謁者引太尉出。又謁者、贊引各引祀官以次出。贊引引御史、太祝以下俱復執事位，立定，奉禮曰："再拜。"御史以下俱再拜。贊引引出。工人、二舞以次出。

----

① "之太祝亦各酌獻"七字，四庫本無。

卷第八　吉禮

皇帝孟夏雩祀於圜丘

齋戒　　陳設　　省牲器　　鑾駕出宮　　奠玉帛　　進熟
鑾駕還宮

齋戒

將祀，有司卜日如前儀。

前祀七日平明，太尉誓百官於尚書省，曰："某月某日，雩祀昊天上帝於圜丘。各揚其職，不供其事，國有常刑。"皇帝散齋四日，致齋三日，如冬至之儀。凡預祀之官，散齋四日，致齋三日。散齋皆於正寢。致齋二日於本司，一日於祀所，其無本司者皆於祀所。近侍之官應從升者及從祀群官、諸方客使，各於本司及公館清齋一宿。無本司者，各於正寢。散齋理事如舊，惟不弔喪問疾，不作樂，不判署刑殺文書，不行刑罰，不預穢惡。致齋惟祀事得行，其餘悉斷。其祀官已齋而闕者，通攝行事。諸祀官致齋之日給酒食及明衣，各習禮於齋所。光祿卿監取明水火。太官令取水於陰鑒，取火於陽燧。火以供爨，水以注玄酒之尊。

前祀二日，太尉告太宗文武聖皇帝廟，如常告之儀。告以配神作主之意。

前祀一日，諸衛令其屬未後一刻各以其方器服守衛壇門，與太樂工人俱清齋一宿。

陳設

前祀三日，尚舍直長施大次於外壝東門之內道北，南向。尚舍奉御鋪御座。衛尉設陳饌幔於內壝東門之外道南，北向。設文武侍臣次於大次之後。又設祀官及從祀群官、諸州使人、蕃客等次如式。

前祀二日，太樂令設宮懸之樂於壇南內壝之內。設歌鐘、歌磬。右校埽除壇之內外。郊社令積柴於燎壇，_{其壇於神壇之左、內壝之外。}方一丈，高一丈二尺，開上，南出戶，方六尺。

前祀一日，奉禮設御位及望燎位、祀官及從祀群官、諸州使人、諸蕃客等位並於壇內，皆如圜丘之儀。設牲牓於東壝之外，當門西向。蒼牲一居前，青牲一少退，又青牲二、赤牲二、黃牲二、白牲二、玄牲二，皆南上。設廩犧令位於牲西南，史陪其後，俱北向。設諸太祝位於牲東，各當牲後，祝史陪其後，俱西向。設太常卿省牲位於牲前近北，又設御史位於太常卿之西，俱南向。

設酒尊之位於壇之上下：天帝太尊二、著尊二、犧尊二、山罍一在壇上東南隅，北向；象尊二、壺尊二、山罍二在壇下南陛之東北隅，俱西上。設配帝著尊二、犧尊二、象尊二、山罍二在壇上，於天帝酒尊之東，北向西上①。五方帝各太尊二、犧尊二、山罍一在第一等，五帝各犧尊二在第二等，五官各象尊二在壇下，皆於神座之左而右向。_{尊皆加勺、幂。五帝以上之尊皆有坫以置爵。五官之尊俱藉以席。置爵於尊下。}

設御洗於壇南陛東南，亞獻之洗又於東南，俱北向。罍水在洗東，篚在洗西，南肆。_{篚實以巾、爵。}設五官罍、洗、篚、幂於酒尊之西，俱北向。執尊、罍、篚、幂者各於尊、罍、篚、幂之後。各設玉、幣之篚於壇之上下尊坫之所。

祀日未明五刻，太史令、郊社令升，設昊天上帝神座於壇上之中央，南向，席以藁秸。設太宗文武聖皇帝神座於東方，西向，席以莞。設五方帝之座於第一等：青帝於東陛之北，赤帝於南陛之東，黃帝於南陛之西，白帝於西陛之南，黑帝於北陛之西，皆席以藁秸。又設五帝之座於第二等，如五方帝之陛位。又設五官之座於壇下之東南，西面北上，皆席以莞。設神位各於座首。

省牲器

省牲之日午後十刻，去壇二百步所，諸衛之屬禁斷行人。

晡後二刻，郊社令、丞帥府史二人及齋郎以尊、坫、罍、洗、篚、幂入，

---

①　"向西上"三字，公善堂本無，據《通典》卷一〇九《開元禮纂類四》校補。四庫本作"西向上"。

設於位。

晡後三刻,諸太祝與廩犧令以牲就牓位。謁者引太常卿、贊引引御史入,詣壇東陛,升,視滌濯。<small>凡導引者,每曲一逡巡。於視滌,執尊者皆舉羃告潔。</small>訖,引降,就省牲位,南向立。廩犧令少前,曰:"請省牲。"退,復位。太常卿省牲。廩犧令又前,北面,舉手曰:"腯。"還本位。諸太祝各巡牲一匝,西面,舉手曰:"充。"俱還本位。諸太祝與廩犧令以次牽牲詣厨,授太官。謁者引光禄卿詣厨,省鼎鑊,申視濯溉。贊引引御史詣厨省饌具。

祀日未明十五刻,太官令帥宰人以鸞刀割牲,祝史以豆取毛血,各置於饌所。遂烹牲。

鑾駕出宮

如圜丘之儀。

奠玉帛

祀日未明三刻,諸祀官各服其服。郊社令、良醖令各帥其屬入,實尊、罍、玉、幣。<small>凡六尊之次,太尊爲上,實以汎齊;著尊次之,實以醴齊;犧尊次之,實以盎齊;象尊次之,實以醍齊;壺尊次之,實以沈齊;山罍爲下,實以三酒①。配帝著尊爲上,實以汎齊;犧尊次之,實以醴齊;象尊次之,實以盎齊;山罍爲下,實以清酒。五方帝之太尊實以汎齊,犧尊實以醴齊,山罍實以盎齊。五帝之犧尊實以醴齊,五官之象尊實以醍齊。玄酒皆實於五齊之上尊。禮神之玉,昊天上帝以四圭有邸,青帝以青圭,赤帝以赤璋,黄帝以黄琮,白帝以騶虞,黑帝以玄璜。天帝、配帝之幣皆以蒼,五方帝、五帝各從方色,各長一丈八尺。</small>太祝以玉帛置於篚。太官令帥進饌者實諸籩、豆、簋、簠,入,設於内壝東門之外饌幔内。

未明二刻,奉禮帥贊者先入,就位。贊引引御史、博士、諸太祝及令史、祝史,與執尊、罍、篚、羃者入自東壝門,當壇南,重行,北面西上。立定,奉禮曰:"再拜。"<small>贊者承傳,凡奉禮有辭,贊者皆承傳。</small>御史以下皆再拜。訖,執尊、罍、篚、羃者各就位。贊引引御史、諸太祝詣壇東陛,升,行埽除於上。令史、祝史升,行埽除於下。訖,引降,就位。

---

①　"三酒",四庫本作"清酒"。

　　駕將至，謁者、贊引各引祀官，通事舍人分引從祀群官、諸方客使先置者，俱就門外位。駕至大次門外，迴輅南向，將軍降，立於輅右。侍中進，當鑾駕前跪，奏稱："侍中臣某言，請降輅。"俛伏，興，還侍位。皇帝降輅之大次，通事舍人引文武五品以上從祀之官皆就壇外位。奉禮帥贊者先入，就位。贊引引御史以下入，就位。太樂令帥工人、二舞次入，就位，文舞入陳於懸內，武舞立於懸南道西。其升壇座者皆脫履於下，降納如常。謁者引司空入，行埽除，訖，出，復位。

　　皇帝停大次半刻頃，通事舍人各引從祀文武群官、介公、酇公、諸方客使皆先入，就位。太常博士引太常卿立於大次門外，當門北向。侍中版奏："外辦。"皇帝服袞冕出次，華蓋侍衛如常儀。侍中負寶陪從如式。博士引太常卿，太常卿引皇帝凡太常卿前導，皆博士先引。至內壇門外。殿中監進大圭。尚衣奉御又以鎮圭授殿中監，殿中監受，進。皇帝搢大圭，執鎮圭，華蓋仗衛停於門外。近侍者從入如常。謁者引禮部尚書、太常少卿陪從如常。

　　皇帝至版位，西向立。每立定，太常卿與博士退，立於左。謁者、贊引各引祀官次入，就位。立定，太常卿前，奏稱："請再拜。"退，復位。皇帝再拜。奉禮曰："眾官再拜。"眾官在位者皆再拜。其先拜者不拜。太常卿前，奏："有司謹具，請行事。"退，復位。協律郎跪，俛伏，舉麾，凡取物者皆跪，俛伏而取以興。奠物則跪，奠訖，俛伏而後興。鼓柷，奏《豫和之樂》，乃以圜鍾為宮，黃鍾為角，太蔟為徵，姑洗為羽，作文舞之舞。樂舞六成，圜鍾三奏，黃鍾、太蔟、姑洗各一奏。偃麾，戛敔，樂止。凡樂，皆協律郎舉麾，工鼓柷而後作，偃麾、戛敔而後止。太常卿前，奏稱："請再拜。"退，復位。皇帝再拜。奉禮曰："眾官再拜。"眾官在位者皆再拜。太祝取玉、幣於篚，立於尊所。

　　太常卿引皇帝，《太和之樂》作。皇帝每行，皆作《太和之樂》。皇帝詣壇，升自南陛，侍中、中書令以下及左右侍衛量人從升。以下皆如之。皇帝升壇，北向立，樂止。太祝加玉於幣以授侍中，侍中奉玉幣西向進。皇帝搢鎮圭，受玉帛。凡受物皆搢鎮圭，奠訖，執圭，俛伏，興。登歌作《肅和之樂》，乃以大呂之均。太常卿引皇帝進，北面跪，奠於昊天上帝神座，俛伏，興。太常卿引皇帝立於南方，北面。皇帝再拜。訖，太祝又以配帝之幣授侍中，侍中奉幣西向進。皇帝受幣。太常卿引皇帝進，東面跪，奠於太宗神座前，俛伏，興。太常卿引皇帝立於西方，東面再拜。訖，登歌止。

初，皇帝將奠配帝之幣，五方帝之太祝皆取玉、幣於篚，各進，奠於其神座前。五帝之獻官次取幣，先奠於太昊氏神座前。餘座齋郎助奠。訖，五官之獻官亦取幣，先奠於句芒氏神座前，餘座祝史助奠。訖，獻官各復本位。於登歌止，太常卿引皇帝降自南陛，還版位，西向立。

初，群官拜訖，祝史皆奉毛血之豆立於門外。於登歌止，祝史奉毛血各由其陛升，諸太祝迎取於壇上，俱進，奠於神座前。諸太祝與祝史退，立於尊所。

進熟

皇帝既升奠玉幣，太官令出，帥進饌者奉饌陳於內壝門外。謁者引司徒出，詣饌所，司徒奉天帝之俎。皇帝既至位，樂止，太官令引饌入。俎初入門，《雍和之樂》作，以黃鍾之均，饌至陛，樂止。祝史俱進，徹毛血之豆，降自東陛以出。天帝之饌升自南陛，配帝之饌升自東陛，五方帝、五帝之饌各由其陛升。諸太祝迎引於壇上，各進，奠於神座前。籩、豆蓋冪先徹，乃升。簋、簠既奠，却其蓋於下。設訖，謁者引司徒、太官令帥進饌者俱降自東陛以出。司徒復位，諸太祝各還尊所。又進設五官之饌，相次而畢。

初，壇上設饌訖，太常卿引皇帝詣罍洗，樂作，皇帝至罍洗，樂止。侍中跪，取匜，興，沃水；又侍中跪，取盤，興，承水。皇帝盥手。黃門侍郎跪，取巾於篚，興，進。皇帝帨手。訖，黃門侍郎受巾，跪，奠於篚。黃門侍郎又取匏爵於篚，興，進。皇帝受爵。侍中酌罍水，又侍中奉盤，皇帝洗爵，黃門侍郎又授巾，皆如初。皇帝拭爵訖，侍中奠盤、匜，黃門侍郎受巾，奠於篚，皆如常。

太常卿引皇帝，樂作，皇帝詣壇，升自南陛，訖，樂止。謁者引司徒升自東陛，立於尊所。齋郎奉俎從升，立於司徒之後。太常卿引皇帝詣天帝酒尊所，執尊者舉冪。侍中贊酌汎齊訖，《壽和之樂》作。皇帝每酌獻及飲福，皆作《壽和之樂》。太常卿引皇帝進昊天上帝神座前，北面跪，奠爵，俛伏，興。太常卿引皇帝立於南方，北面，樂止。太祝持版進於神座之右，西面跪，讀祝文曰："維某年歲次月朔日，子嗣天子臣某，敢昭告於昊天上帝：爰茲孟夏，龍見紀辰，方資長育，式遵常禮。敬以玉帛、犧齊、粢盛、庶品，恭致燔祀，表其寅肅。皇曾祖考太宗文武聖皇帝配神作主。尚饗。"訖，興。皇帝再拜。初讀祝文訖，樂作，太祝進，跪，奠版於神座，興，還尊所。皇帝拜訖，樂止。

太常卿引皇帝詣配帝酒尊所，執尊者舉冪。侍中取爵於坫，進。皇帝受爵。侍中贊酌汎齊訖，樂作。太常卿引皇帝進詣太宗神座前，東面跪，奠爵，俛伏，興。太常卿引皇帝立於西方，東面。五方之太祝各詣尊所酌汎齊，俱進，奠於其神座前。訖，樂止。太祝持版進於神座之左，北面跪，讀祝文曰："維某年歲次月朔日，子孝曾孫開元神武皇帝臣某，敢昭告於曾祖考太宗文武聖皇帝：時維正陽，式遵恒典，用致禋祀於昊天上帝。伏維道叶乾元，德施品物，永言配命，對越昭升。謹以制幣、犧齊、粢盛、庶品，致其明薦，作主配神。尚饗。"訖，興。皇帝再拜。初讀祝文訖，樂作，太祝進，跪，奠版於神座，興，還尊所。皇帝拜訖，樂止。

太常卿引皇帝進昊天上帝神座前，北向立，樂作。諸太祝各以爵酌上尊福酒，合置一爵。一太祝持爵授侍中，侍中受爵，西向進。皇帝再拜，受爵，跪，祭酒，啐酒，奠爵，俛伏，興。太祝各帥齋郎進俎。太祝減神前胙肉加於俎，以胙肉共置一俎上。太祝持俎以授司徒，司徒奉俎西向進，皇帝受以授左右。謁者引司徒降，復位。皇帝跪，取爵，遂飲，卒爵。侍中進，受爵以授太祝。太祝受爵，復於坫。皇帝俛伏，興，再拜，樂止。太常卿引皇帝，樂作，皇帝降自南陛，還版位，西向立，樂止。

文舞出，鼓柷，作《舒和之樂》，出訖，戛敔，樂止。武舞入，鼓柷，作《舒和之樂》，立定，戛敔，樂止。

初，皇帝獻將畢，謁者引太尉詣罍洗，盥手，洗匏爵。訖，謁者引太尉自東陛升壇，詣天帝著尊所，執尊者舉冪。太尉酌醴齊訖，武舞作。謁者引太尉進昊天上帝神座前，北面跪，奠爵，興。謁者引太尉立於南方，北面再拜。訖，謁者引太尉詣配帝酒尊所，取爵於坫，執尊者舉冪。太尉酌醴齊。謁者引太尉進太宗神座前，西面跪，奠爵，興。謁者引太尉立於西方，東面再拜。訖，五方帝之太祝亦各酌醴齊，俱奠於其神座前，訖，還尊所。諸太祝各以爵酌罍福酒，合置一爵。一太祝持爵進太尉之右，西向立。太尉再拜，受爵，跪，祭酒，遂飲，卒爵。太祝進，受爵，復於坫。太尉興，再拜。謁者引太尉降，復位。

初，太尉獻將畢，謁者引光禄卿詣罍洗，盥手，洗匏爵，升，酌益齊，獻正座、配座及五方帝之座，終獻如亞獻之儀。訖，謁者引光禄卿降，復位。

初，太尉將升獻，贊引引五帝之獻官各詣罍洗，盥手，洗爵，酌醴齊，進，奠於太昊氏神座前，餘座皆齋郎助奠。訖，還本位。五帝獻將畢，五官獻官詣罍洗，洗爵，酌醍齊，進，奠於句芒氏神座前，餘座皆祝史助奠。訖，獻官還本位。武舞六成，樂止。

舞獻俱畢，上下諸祝各進，跪，徹豆，興，還尊所。徹者，籩、豆各一，少移於故處。奉禮曰："賜胙。"贊者唱："眾官再拜。"眾官在位者皆再拜。已飲福、受胙者不拜。《豫和之樂》作，太常卿前，奏稱："請再拜。"退，復位。皇帝再拜。奉禮曰："眾官再拜。"眾官在位者皆再拜。樂一成，止。

太常卿前，奏："請就望燎位。"太常卿引皇帝，樂作，皇帝就望燎位，南向立，樂止。於群官將拜，諸祝各執篚進神座前，取玉帛、祝版，齋郎以俎載牲體、稷黍飯、爵酒，各由其陛降壇南行，經懸內，當柴壇南東行，自南陛登柴壇，以玉幣、祝版、饌物置於柴上戶內。諸祝史以五官之禮幣皆從燎。奉禮曰："可燎。"東、西面各六人以炬燎火。半柴，太常卿前，奏："禮畢。"

太常卿引皇帝還大次，樂作，皇帝出內壝門。殿中監前，受鎮圭以授尚衣奉御。殿中監又前，受大圭，華蓋侍衛如常儀。皇帝入次，樂止。謁者、贊引各引祀官，通事舍人分引從祀群官、諸方客使，以次出。贊引引御史、太祝以下俱復執事位，立定，奉禮曰："再拜。"御史以下皆再拜。贊引引出。工人、二舞以次出。

鑾駕還宮

如圜丘之儀。

卷第九　吉禮

孟夏雩祀圜丘有司攝事

齋戒　陳設　省牲器　奠玉帛　進熟

齋戒

將祀，有司卜日如前儀。

前祀七日平明，太尉誓百官於尚書省，曰："某月某日，雩祀昊天上帝於圜丘。各揚其職，不供其事，國有常刑。"凡預祀之官散齋四日，致齋三日。散齋皆於正寢。致齋二日於本司，一日於祀所，其無本司者則於郊社署。散齋理事如舊，惟不弔喪問疾，不作樂，不判署刑殺文書，不行刑罰，不預穢惡。致齋惟祀事得行，其餘悉斷。其祀官已齋而闕者，通攝行事。諸祀官致齋之日給酒食及明衣，各習禮於齋所。光禄卿監取明水火。太官令取水於陰鑒，取火於陽燧。火以供爨，水以實尊。

前祀二日，太尉告太宗文武聖皇帝廟，如常告之儀。告以配神作主之意。

前祀一日，諸衛令其屬未後一刻各以其方器服守衛壇門，每門二人，每隅一人。與太樂工人俱清齋一宿。

陳設

前祀三日，守宮設祀官公卿以下次於東壝之外道南，北向西上。設陳饌幔於內壝東門之外道南，北向。

前祀二日，太樂令設宮懸之樂於壇南內壝之內。東方、西方磬簴起北，鐘簴次之；南方、北方磬簴起西，鐘簴次之。設十二鎛鐘於編懸之間，各依辰位。樹雷鼓於北懸之內、道之左右。植建鼓於四隅。置枊敔於懸內。枊在左，敔在右。設歌鐘、歌磬於壇上近南，北向。磬簴在西，鐘簴在東。其匏竹者立於壇下，重行北向，相對爲首。凡懸，皆展而編之。諸工人各位於懸後，東方、西方以北爲上，南方、北方以西爲上。右校埽除壇之内外。郊社令積柴於燎壇，_{其壇於樂懸之南、外壝之内。}方一丈，高一丈二尺，開上，南出户，方六尺。

　　前祀一日，奉禮設祀官公卿位於内壝東門之内道北，執事者於道南，每等異位，俱重行，西面北上。設望燎位於柴壇之北，南向。設御史位於壇下：一位於東南，西向，一位於西南，東向，令史各陪其後。設奉禮位於樂懸東北，贊者二人在南差退，俱西向。設協律郎位於壇上南陛之西，東向。設太樂令位於北懸之間，北向。設祀官公卿以下門外位，皆於東壝之外道南，每等異位，重行，北面西上。

　　設牲牓於東壝之外，當門西向。蒼牲一居前，青牲一少退，又青牲二、赤牲二、黄牲二、白牲二、黝牲二，皆南上。又設廩犧令位於牲西南，史陪其後，俱北向。設諸太祝位於牲東，各當牲後，祝史陪其後，俱西向。設太常卿省牲位於牲前近北，又設御史位於太常卿之西，俱南向。

　　設酒尊之位於壇之上下：天帝太尊二、著尊二、犧尊二、山罍一在壇上東南隅[①]，北向，象尊二、壺尊二、山罍二在壇下南陛之東北隅，俱西上。設配帝著尊二、犧尊二、象尊二、山罍二在壇上，於天帝酒尊之東，北向西上[②]。五方帝各太尊二、犧尊二、山罍一在第一等，五帝各犧尊二在第二等，五官各象尊二在壇下，皆設於神座之左而右向。_{尊皆加勺、冪。}_{五帝以上之尊皆有坫，以置爵。五官之尊俱藉以席。}設爵於尊下。設洗於壇午陛東南，北向。罍水在洗東，篚在洗西，南肆。_{篚實以巾、爵。}設五官罍、洗、篚、冪於酒尊之西，俱北向。執尊、罍、篚、冪者各於尊、罍、篚、冪之後。各設玉、幣之篚於壇之上下尊坫之所。

　　祀日未明五刻，太史令、郊社令升，設昊天上帝神座於壇之中央，南向，席以藁秸。設太宗文武聖皇帝神座於東方，西向，席以莞。設五方帝之座於第一等：青帝於東陛之北，赤帝於南陛之東，黄帝於南陛之西，白帝於西陛之南，黑帝於北陛之西，皆席以藁秸。又設五帝之座於第二等，如五方帝之陛位。又設五官之座於壇下之東南，西面北上，皆席以莞。設神位各於座首。

---

　　①　“山罍一”字，四庫本作“山罍二”。
　　②　“向西上”三字，公善堂本無，據四庫本、《通典》卷一〇九《開元禮纂類四》校補。

省牲器

省牲之日午後十刻，去壇二百步所，諸衛之屬禁斷行人。

晡後二刻，郊社令帥府史二人及齋郎以尊、坫、罍、洗、篚、冪入，設於位。升壇者自東陛。

晡後三刻，諸太祝與廩犧令以牲就牓位。謁者引太常卿、贊引引御史入，詣壇東陛，升，視滌濯。凡導引者，每曲一逡巡。於視濯，執尊者皆舉冪告潔。訖，引降，就省牲位，南向立。廩犧令少前，曰：“請省牲。”退，復位。太常卿省牲。廩犧令又前，北面，舉手曰：“腯。”還本位。諸太祝各循牲一匝，西面，舉手曰：“充。”還本位。諸太祝與廩犧令以次牽牲詣厨，授太官。謁者引光祿卿詣厨，省鼎鑊，申視濯溉。贊引引御史詣厨省饌具。太常卿以下每事訖，各還齋所。

祀日未明十五刻，太官令帥宰人以鸞刀割牲，祝史以豆取毛血，各置於饌所。遂烹牲。

奠玉帛

祀日未明三刻，諸祀官各服其服。郊社令、良醞令各帥其屬入，實尊、罍、玉、幣。凡六尊之次，太尊爲上，實以汎齊；著尊次之，實以醴齊；犧尊次之，實以盎齊；象尊次之，實以醍齊；壺尊次之，實以沈齊；山罍爲下，實以三酒①。配帝著尊爲上，實以汎齊；犧尊次之，實以醴齊；象尊次之，實以盎齊；山罍爲下，實以清酒。五方帝之太尊，實以汎齊；犧尊次之，實以醴齊；山罍次之，實以盎齊。五帝之犧尊，實以醴齊。五官之象尊，實以醍齊。玄酒各實於五齊之上尊。禮神之玉，昊天上帝以蒼璧，青帝以青圭，赤帝以赤璋，黄帝以黄琮，白帝以騶虞，黑帝以玄璜。天帝、配帝之幣皆以蒼，五方帝、五帝各從方色，各長一丈八尺。太祝以玉帛置於篚，太官令帥進饌者實諸籩、豆、簋、簠等，皆設於饌幔内。

未明二刻②，奉禮帥贊者先入，就位。贊引引御史、博士、諸太祝及令史、祝史，與執尊、罍、篚、冪者入自東門，當壇南，重行，北面西上。立定，奉禮曰：“再拜。”贊者承傳，凡奉禮有辭，贊者皆承傳。御史以下皆再拜。執尊、罍、篚、冪者各就位。贊引引御史、諸太祝詣壇東陛，升，行埽除於

---

① “三酒”，四庫本作“清酒”。
② “二刻”，公善堂本作“五刻”，據四庫本、《通典》卷一〇九《開元禮纂類四》及上下文意改。

上。令史、祝史升,行埽除於下。訖,引降,就位。

　　未明一刻,謁者、贊引各引祀官俱就門外位。太樂令帥工人、二舞次入,就位,文舞入陳於懸内,武舞立於懸南道西。其升壇座者皆脱履於下,降納如常。謁者引司空入,就位,立定,奉禮曰:"再拜。"司空再拜。謁者引司空詣壇東陛,升,行埽除於上,降,行樂懸於下。訖,引復位。奉禮曰:"衆官再拜。"衆官在位者皆再拜。其先拜者不拜。謁者進太尉之左,白:"有司謹具,請行事。"退,復位。協律郎跪,俛伏,舉麾,凡取物者皆跪,俛伏而取以興。奠物則跪、奠訖,俛伏而後興。鼓柷,奏《豫和之樂》,乃以圜鍾爲宮,黃鍾爲角,太蔟爲徵,姑洗爲羽,作文舞之舞。樂舞六成,圜鍾三奏,黃鍾、太蔟、姑洗各一奏。偃麾,戛敔,樂止。凡樂,皆協律郎舉麾,工鼓柷而後作,偃麾、戛敔而後止。奉禮曰:"衆官再拜。"衆官在位者皆再拜。太祝取玉、幣於篚,立於尊所。

　　謁者引太尉詣南陛,升壇,北向立。太祝加玉於幣,東向授太尉。太尉受玉幣,登歌作《肅和之樂》,以大吕之均。謁者引太尉進,北面跪,奠於天帝神座前,俛伏,興。謁者引太尉立於南方,北面,再拜。訖,太祝以幣北向授太尉,太尉受幣。謁者引太尉東面跪,奠於太宗神座前,興。謁者引太尉立於西方,東面,再拜。

　　初,太尉將奠配帝之幣,五方帝之太祝各奠玉幣於神座前,相次而畢。五官之獻官亦奠幣於神座,訖,各還本位。及太尉再拜訖,登歌止。謁者引太尉降自南陛,還本位。

　　初,衆官拜訖,祝史各奉毛血之豆立於門外。於登歌止,祝史奉毛血入,各由其陛升,諸太祝迎取於壇上,俱進,奠於神座前。太祝與祝史退,立於尊所。

進熟

　　太尉既升奠玉幣,太官令出,帥進饌者奉饌陳於内壝門外。謁者引司徒出,詣饌所,司徒奉天帝之俎。諸太祝既奠毛血,太官令引饌入。俎初入門,奏《雍和之樂》,自後,酌獻皆奏《雍和之樂》。以黃鍾之均,自後,壇下之樂皆奏黃鍾。饌各至其陛,樂止。祝史俱進,徹毛血之豆,降自東陛以出。天帝之饌升自午陛,配帝之饌升自卯陛,五方帝、五帝之饌各由其陛升。諸太祝迎引於壇上,各設於神座前。籩、豆蓋冪先徹,乃升。簋、簠既奠,却其蓋於下。設訖,謁者引司徒、太官令帥進饌者俱降自東陛以出，司徒復位，諸太祝各還尊所。又進設五官之饌，相次而畢。

初，壇上設饌訖，謁者引太尉詣罍洗，盥手，洗匏爵。訖，謁者引太尉升自南陛，詣天帝酒尊所，執尊者舉冪。太尉酌汎齊訖，樂作。謁者引太尉進天帝神座前，北面跪，奠爵，興。謁者引太尉立於西方，東面。太祝持版進於神座之右，東面跪，讀祝文曰：“維某年歲次月朔日，子嗣天子臣某謹遣太尉封臣名，敢昭告於昊天上帝：爰茲孟夏，龍見紀辰，方資長育，式遵常禮。敬以玉帛、犧齊、粢盛、庶品，恭致燔祀，表其寅肅。以太宗文武聖皇帝侑神作主。尚饗。”訖，興。太尉再拜。初讀祝文訖，樂作，太祝進，跪，奠版於天帝神座，興[1]，還尊所。太尉拜訖，樂止。

謁者引太尉詣配帝酒尊所，取爵於坫，執尊者舉冪。太尉酌汎齊訖，樂作。謁者引太尉進詣太宗神座前，東面跪，奠爵，興。謁者引太尉立於南方，北面[2]。五方帝之太祝亦各酌汎齊，俱進，奠於神座前，訖，還尊所。配帝之太祝持版進於神座之右[3]，北面跪，讀祝文曰：“維某年歲次月朔日，子孝曾孫開元神武皇帝臣某謹遣太尉封臣名，敢昭告於皇曾祖考太宗文武聖皇帝：時維正陽，式遵恒典，用致禋祀於昊天上帝。伏維道叶乾元，德施品物，永言配命，對越昭升。謹以制幣、犧齊、粢盛、庶品，式陳明薦，侑神作主。尚饗。”訖，興。太尉再拜。初讀祝文訖，樂作，太祝進，跪，奠版於神座，興，還尊所。太尉拜訖，樂止。

謁者引太尉進昊天上帝神座前，北向立。太祝各以爵酌罍福酒，合置一爵。一太祝持爵，進太尉之右，西向立。太尉再拜，受爵，跪，祭酒，啐酒，奠爵，興。太祝各帥齋郎進俎。太祝減神前胙肉皆取前脚第二骨。加於俎，以胙肉共置一俎上。太祝持俎西向授太尉，太尉受以授齋郎。太尉跪，取爵，遂飲，卒爵。太祝進，受爵，復於坫。太尉興，再拜。謁者引太尉降，復位。

文舞出，鼓柷，作《舒和之樂》，出訖，戛敔，樂止。武舞入，鼓柷，作《舒和之樂》，立定，戛敔，樂止。

---

① “跪”、“興”二字，公善堂本無，據四庫本校補。

② “謁者引太尉立於南方北面”，四庫本作“謁者引太尉少退東向立”。

③ “右”字，四庫本作“左”。

　　初，太尉獻將畢，謁者引太常卿詣罍洗，盥手，洗匏爵。訖，謁者引太常卿自東陛升壇，詣天帝酒尊所，執尊者舉冪。太常卿酌醴齊訖，武舞作。謁者引太常卿進天帝神座前，北面跪，奠爵，興，再拜。訖，謁者引太常卿詣配帝酒尊所，取爵於坫，執尊者舉冪。太常卿酌醴齊。訖，謁者引太常卿進太宗神座前，東面跪，奠爵，興，再拜。謁者引太常卿退，立於南方，北面。五方帝之太祝亦各酌醴齊，俱進，奠於神座前，訖，還尊所。諸太祝各以爵酌罍福酒，合置一爵。一太祝持爵進太常卿之右，西向立。太常卿再拜，受爵，跪，祭酒，遂飲，卒爵。太祝進，受爵，復於坫。太常卿興，再拜。謁者引太常卿降，復位。初，太常卿獻將畢，謁者引光禄卿詣罍洗，盥手，洗匏爵，升，酌盎齊，獻正座、配座及五方帝之座，終獻如亞獻之儀。訖，謁者引光禄卿降，復位。

　　初，太常卿將升獻，贊引引五帝之獻官各詣罍洗，盥手，洗爵，酌醴齊，進，奠於太昊氏神座前，餘座各齋郎助奠。訖，還本位。五帝獻將畢，五官之獻官詣罍洗，洗爵，酌醍齊，進，奠於句芒氏神座前，餘座皆祝史助奠。訖，獻官還本位。武舞六成，樂止。

　　舞獻俱畢，上下諸祝各進，跪，徹豆，興，還尊所。徹者，籩、豆各一，少移於故處。奉禮曰：“賜胙。”贊者唱：“眾官再拜。”眾官在位者皆再拜。樂一成，止。

　　謁者進太尉之左，白：“請就望燎位。”謁者引太尉就望燎位，南向立。於眾官將拜，諸祝各執篚進神座前，取玉帛、祝版，齋郎以俎載牲體、稷黍飯、爵酒，各由其陛降壇南行，經懸內，當柴壇南東行，自南陛登柴壇，以玉幣、祝版、饌物置於柴上戶內，諸祝又以五官之禮幣俱從燎。奉禮曰：“可燎。”東、西面各六人以炬燎火。半柴，謁者進太尉之左，白：“禮畢。”

　　謁者引太尉出。謁者、贊引各引祀官以次出。贊引引御使以下俱復執事位，立定，奉禮曰：“再拜。”御史以下皆再拜。贊引引出。工人、二舞以次出。

卷第十　吉禮

皇帝季秋大享於明堂

齋戒　陳設　省牲器　鑾駕出宮　奠玉帛　進熟
鑾駕還宮

齋戒

將祀，有司卜日如前儀。

前祀七日平明，太尉誓百官於尚書省，曰：“某月某日，祀昊天上帝於明堂。各揚其職，不供其事，國有常刑。”皇帝散齋四日於別殿。致齋三日，二日於太極殿，一日於行宮。

前致齋一日，尚舍奉御設御幄於太極殿西序及室內，俱東向。尚舍直長張帷於前楹下。

致齋之日質明，諸衛勒所部屯門列仗。晝漏上水一刻，侍中版奏：“請中嚴。”諸衛之屬各帥其隊入，陳於殿前，如常儀。通事舍人引文武五品以上，袴褶陪位如式。諸侍衛之官各服其器服，諸侍臣並結佩，俱詣閤奉迎。侍中版奏：“外辦。”上水三刻，皇帝服通天冠、絳紗袍，結佩，乘輿出自西房，曲直華蓋警蹕侍衛如常儀。皇帝即御座，東向坐，侍臣夾侍如常。一刻頃，侍中前，跪，奏稱：“侍中臣某言，請降就齋室。”俛伏，興，還侍位。皇帝降座，入室。文武侍臣各還省，直衛者如常儀。通事舍人引陪位者以次出。

凡預祀之官散齋四日，致齋三日。散齋皆於正寢。致齋二日於本司，一日於祀所，其無本司者，則二日於郊社署。近侍之官應從升者及從祀群官、諸方客使，各於祀所清齋一宿。散齋理事如舊，惟不弔喪問疾，不作樂，不判署刑殺文書，不行刑罰，不預穢惡。致齋惟祀事得行，其餘悉斷。其祀官已齋而闕者，通攝行事。諸祀官致齋之日給酒食及明衣，各習禮於齋所。光禄卿監取明水火。太官令取水於陰鑒，取火於陽燧。火以供爨，水以實尊。

前祀二日，太尉告睿宗大聖真皇帝廟，如常告之儀。告以配神作主之意。

前祀一日，諸衛令其屬未後一刻各以其方器服守衛明堂四門，每門二人，每隅一人。與太樂工人俱清齋一宿。

陳設

前祀三日，尚舍直長施大次於明堂東門之外道北。尚舍奉御鋪御座。守宮設文武侍臣次於大次之後，文官在左，武官在右，俱南向。設諸祀官次於璧水東門之外道南，從祀官文官九品以上於祀官之東，東方、南方蕃客又於其東，俱重行，每等異位，北面西上。介公、酇公於璧水西門之外道南，武官九品以上於介公、酇公之西，西方、北方蕃客又於其西，俱重行，每等異位，北面東上。其褒聖侯於文官三品之下。若有諸州使人，分方各位於文武官之後。設陳饌幔於璧水東門之內道北，南向。

前祀二日，太樂令設宮懸之樂於明堂前庭。東方、西方磬簴起北，鐘簴次之；南方、北方磬簴起西，鐘簴次之。設十二鎛鐘於編懸之間，各依辰位。樹雷鼓於北懸之間、道之左右。植建鼓於四隅。置柷敔於懸南。柷在左，敔在右。設歌鐘、歌磬於堂上近南，北向。磬簴在西，鐘簴在東。其匏竹者立於階間，重行北向，相對為首。凡懸，皆展而編之。諸工人各位於懸後，東方、西方以北為上，南方、北方以西為上。右校清埽明堂內外。郊社令積柴於燎壇，其壇於樂懸之南。方一丈，高一丈二尺，開上，南出戶，方六尺。

前祀一日，奉禮設御座於堂之東南，西向。設祀官公卿位於東門之內道南，執事者位於公卿之後，近南，每等異位，俱重行，西面北上。設御史位於堂下：一位在東南，西向，一位在西南，東向，令史各陪其後。設奉禮位於樂懸東北，贊者二人在南差退，俱西向。設協律郎位於堂上午陛之西，東向。設太樂令位於北懸之間，設太祝奉玉帛位於柴壇之南，皆北向。設從祀官位：文官九品以上於執事之南，東方、南方蕃客又於其南，俱每等異位，重行，西面北上。介公、酇公位於西門之內道南，武官九品以上於介公、酇公之後，西方、北方蕃客於武官之南，俱每等異位，重行，東面北上。其褒聖侯於文官三品之下。若有諸州使人，分方各位於文武官之後。又設祀官及從祀群官等門外位於東、西門外道南，皆如設次之式。

　　設牲牓於東門之外，當門西向，南上。蒼牲一居前，又蒼牲一少退，又青牲二、赤牲二、黃牲二、白牲二、玄牲二，牲牓少退。又設廩犧令位於牲西南，史陪其後，俱北向。設諸太祝位於牲東，各當牲後，祝史陪其後，俱西向。設太常卿省牲位於牲前近北，又設御史位於太常卿之西，俱南向。

　　設酒尊之位於明堂之上下：昊天上帝太尊二、著尊二、犧尊二、山罍二在室內神座之左，象尊二、壺尊二、山罍二在堂下東南，西向。配帝著尊二、犧尊二、象尊二、罍一①在堂下神座之左。五方帝各太尊二、著尊二、犧尊二、罍一②，各於室內神座之左，內向。五帝各著尊二在堂上，各於神座之左，俱內向。五官各象尊二在階下，皆於神座之左，俱右向。堂上之尊皆置於坫，階下之尊皆藉以席，俱加勺、冪。設爵於尊下。

　　設御洗於東階東南，亞獻之洗又於東南，俱北向。罍水在洗東，篚在洗西，南肆。篚實以巾、爵。設五官罍、洗、篚、冪各於酒尊之左，俱右向。其執尊、罍、篚、冪者各位於其後。各設玉、幣之篚於堂之上下尊坫之間。

　　祀日未明五刻，太史令、郊社令升，設昊天上帝神座於明堂太室之內中央，南向，席以藁秸。設睿宗大聖真皇帝神座於上帝之東南，西向，席以莞。設青帝於木室，西向；赤帝於火室，北向；黃帝於太室南戶之西，北向；白帝於金室，東向；黑帝於水室，南向。席皆以藁秸。設太昊、炎帝、軒轅、少昊、顓頊之座各於五方帝之左，俱內向，差退。若非明堂五室，皆如雩壇設座之禮③。設五官之座於明堂之庭，各於其方，俱內向，席皆以莞。設神位各於座首。

---

　　①　"罍一"，四庫本作"山罍二"。《新唐書》卷一二《禮樂二》云："以著尊實汎齊，犧尊實醴齊，象尊實盎齊，山罍實酒，皆二，以祀配帝。"

　　②　"罍一"，四庫本作"山罍二"。《新唐書》卷一二《禮樂二》云："五方帝大享於明堂，太尊、著尊、犧尊、山罍各二。"

　　③　"雩壇"，《通典》卷一一〇《開元禮纂類五》、《文獻通考》卷七四《郊社考七·唐開元禮》均作"雩祀圜丘"。

省牲器

省牲之日午後十刻，去明堂二百步所，諸衛之屬禁斷行人。

晡後二刻，郊社令帥府史二人及齋郎以尊、坫、罍、洗、篚、冪入，設於位。升堂者自卯陛。

晡後三刻，諸太祝與廩犧令以牲就牓位。謁者引太常卿、贊引引御史入，詣卯陛，升堂，視滌濯。凡導引者，每曲一逡巡。於視濯，執尊者皆舉冪告潔。訖，引降，就省牲位，南向立。廩犧令少前，曰："請省牲。"退，復位。太常卿省牲。廩犧令又前，北面，舉手曰："腯。"還本位。諸太祝各循牲一匝，西面，舉手曰："充。"俱還本位。諸太祝與廩犧令以次牽牲詣厨，授太官令。謁者引光祿卿詣厨，省鼎鑊，申視濯溉。贊引引御史詣厨，省饌具。太常卿以下每事訖，各還齋所。

祀日未明十五刻，太官令帥宰人以鸞刀割牲，祝史以豆取毛血，各置於饌所。遂烹牲。

鑾駕出宮

如圜丘之儀。

奠玉帛

祀日，未明三刻，諸祀官各服其服。郊社令、良醞令各帥其屬入，實尊、罍、玉、幣。凡六尊之次，太尊爲上，實以汎齊；著尊次之，實以醴齊；犧尊次之，實以盎齊；象尊次之，實以醍齊；壺尊次之，實以沈齊；山罍爲下，實以三酒①。五方帝，太尊爲上，實以汎齊；著尊次之，實以醴齊；犧尊次之，實以盎齊。配帝，著尊爲上，實以汎齊；犧尊次之，實以醴齊；象尊次之，實以盎齊。五帝之著尊實以醴齊，五官之象尊實以醍齊。玄酒各實於五齊之上尊。禮神之玉，昊天上帝以四圭有邸，青帝以青圭，赤帝以赤璋，黃帝以黃琮，白帝以騶虞，黑帝以玄璜。天帝、配帝之幣皆以蒼，五方帝、五帝、五官各從方色。凡幣，各長一丈有八尺。諸太祝以玉帛置於篚。太官令帥進饌者實諸籩、豆、簠、簋等，入，設於内壝東門之外饌幔内。

---

① "三酒"，四庫本作"清酒"。

　　未明五刻①，奉禮帥贊者先入，就位。贊引引御史、博士、諸太祝及令史、祝史，與執尊、罍、篚、冪者入自東門，當壇南，重行，北面西上。立定，奉禮曰："再拜。"贊者承傳，凡奉禮有辭，贊者皆承傳。御史以下皆再拜。訖，執尊、罍、篚、冪者各就位。贊引引御史、諸太祝詣壇卯陛，升，行埽除於上。令史、祝史升，行埽除於下。訖，引降，就位。

　　駕將至，謁者、贊引各引祀官，通事舍人分引從祀群官、諸方客使先置者，俱就門外位。駕至大次門外，迴輅南向，將軍降，立於輅右。侍中進，當鑾駕前跪，奏稱："侍中臣某言，請降輅。"俛伏，興，還侍位。皇帝降輅之大次。通事舍人引文武五品以上從祀之官皆就壇外位。太樂令帥工人、二舞次入，就位，文舞入陳於懸內，武舞立於懸南道西。謁者引司空入，行埽除，訖，引降，復位，如常儀。皇帝停大次半刻頃，通事舍人、贊引分引從祀文武群官、介公、酅公、諸方客使及四方蕃客皆先入，就位。太常博士引太常卿立於大次門外，當門北向。侍中版奏："外辦。"皇帝服大裘袞冕出次，華蓋侍衛如常儀。侍中負寶陪從如式。博士引太常卿，太常卿引皇帝凡太常卿前導，皆博士先引。至內門外。殿中監進大圭。尚衣奉御又以鎮圭授殿中監，殿中監受，進。皇帝搢大圭，執鎮圭，華蓋仗衛停於大次門外。近侍者從入如常。謁者引禮部尚書、太常少卿陪從如常。

　　皇帝至版位，西向立。每立定，太常卿與博士退，立於左。謁者、贊引各引祀官次入，就位。立定，太常卿前，奏稱："請再拜。"退，復位。皇帝再拜。奉禮曰："衆官再拜。"衆官在位者皆再拜。其先拜者不拜。太常卿前，奏："有司謹具，請行事。"退，復位。協律郎跪，俛伏，舉麾，凡取物者皆跪，俛伏而取以興。奠物則跪、奠訖，俛伏而後興。鼓柷，奏《豫和之樂》，乃以圜鍾之均，林鍾爲徵，太蔟爲商，南呂爲羽，姑洗爲角，作文舞之舞。樂舞六成，偃麾，戛敔，樂止。太常卿前，奏稱："請再拜。"退，復位。皇帝再拜。奉禮曰："衆官再拜。"衆官在位者皆再拜。謁者引諸獻官俱詣東陛，升堂，立於尊所。太祝與諸獻官皆跪，取玉、幣於篚，立於東南隅，西面北上。配帝太祝立於西南隅，東面北上。五方帝、五帝、五官諸太祝及獻官又取幣

---

　　①　"五刻"，四庫本同。然依先後時序，疑爲"二刻"之誤。

於篚,立於尊所。

　　太常卿引皇帝,《太和之樂》作。皇帝每行,皆作《太和之樂》。皇帝升自南陛,侍中、中書令以下及左右侍衛量人從升。以下皆如之。皇帝升堂,北向立,樂止。太祝加玉於幣以授侍中,侍中奉玉幣西向進。皇帝搢鎮圭,受玉帛。凡受物皆搢鎮圭,奠訖,執圭,俛伏,興。登歌作《肅和之樂》,以大吕之均。太常卿引皇帝進,北面跪,奠於昊天上帝神座前,俛伏,興。太常卿引皇帝立於南方,北面。五方帝之太祝奉玉帛,各奠於其神座,還尊所。皇帝再拜。訖,太祝又以配帝之幣授侍中,侍中奉幣,西向進。皇帝受幣。太常卿引皇帝進,東面跪,奠於睿宗大聖真皇帝神座前,俛伏,興。太常卿引皇帝立於東方,西面。五帝之獻官各奠幣於神座,五官之祝次奠幣於神座。訖,各還尊所。皇帝再拜。訖,登歌止。太常卿引皇帝,樂作,皇帝降自南陛,還版位,西向立,樂止。

　　初,群官拜訖,祝史皆奉毛血之豆立於堂下。於登歌止,祝史奉毛血各由其陛升,諸太祝迎取於堂上,俱進,奠於神座前。太祝與祝史退,立於尊所。

進熟

　　皇帝既升奠玉幣,太官令出,帥進饌者奉饌陳於內壝門外。謁者引司徒出,詣饌所,司徒奉天帝之俎。皇帝既至位,樂止,太官令引饌入。俎初入門,《雍和之樂》作,以黃鍾之均,饌至陛,樂止。祝史俱進,徹毛血之豆,降自東陛以出。天帝之饌升自午陛,配帝之饌升自卯陛,五方帝、五帝之饌各由其陛升。諸太祝迎引於堂上,各設於神座前。籩、豆蓋幂先徹,乃升。簠、簋既奠,却其蓋於下。設訖,謁者引司徒、太官令帥進饌者俱降自東陛以出,司徒復位,諸太祝各還尊所。又進設五官之饌,相次而畢。

　　初,壇上設饌訖,太常卿引皇帝詣罍洗,樂作,皇帝至罍洗,樂止。侍中跪,取匜,興,沃水;又侍中跪,取盤,興,承水。皇帝盥手。黃門侍郎跪,取巾於篚,興,進。皇帝帨手。訖,黃門侍郎受巾,跪,奠於篚。黃門侍郎又取匏爵於篚,興,進,皇帝受爵,侍中酌罍水,又侍中奉盤承水,皇帝洗爵,黃門侍郎又授巾,皆如初。皇帝拭爵訖,侍中奠盤、匜,黃門侍郎受巾,奠於篚,皆如初。

太常卿引皇帝，樂作，皇帝自南陛升堂，樂止。太常卿引皇帝詣天帝酒尊所，執尊者舉冪。侍中贊酌汎齊訖，《壽和之樂》作。皇帝每酌獻、飲福，皆作《壽和之樂》。太常卿引皇帝進昊天上帝神座前，北面跪，奠爵，俛伏，興。太常卿引皇帝立於南方，北面。太祝一人持版進於皇帝之右，西面跪，讀祝文曰："維某年歲次某月朔日，子嗣天子臣某敢昭告於昊天上帝：惟神覆燾群生，陶甄庶類，不言而信，普博無私。謹擇元辰，祗率恒禮。敬以玉帛、犧齊、粢盛、庶品，肅恭禋祀，式展誠敬。皇考睿宗大聖真皇帝配神作主。尚饗。"訖，興。皇帝再拜。初讀祝文訖，樂作，太祝進，奠版於天帝神座前，還尊所。皇帝拜訖，樂止。

太常卿引皇帝詣配帝酒尊所，執尊者舉冪。侍中取爵於坫，進。皇帝受爵。侍中贊酌汎齊訖，樂作。太常卿引皇帝進睿宗大聖真皇帝神座前，東面跪，奠爵，俛伏，興。太常卿引皇帝立於東方，西面。謁者五人引五方帝之太祝詣罍洗，盥手，俱取匏爵於坫，酌汎齊，各進，奠於其神座前，還尊所，樂止。配帝太祝一人持版進於皇帝之右，北面跪，讀祝文曰："維某年歲次月朔日，子孝子開元神武皇帝臣某，敢昭告於皇考睿宗大聖真皇帝：祗率舊章，肅若恒禮，敬致禋祀於昊天上帝。惟皇考德光宇宙，道叶乾元，申錫無疆，實膺嚴配。謹以制幣、犧齊、粢盛、庶品，肅恭明薦，侑神作主。尚饗。"訖，興。皇帝再拜。初讀祝文訖，樂作，太祝進，奠版於神座，還尊所。皇帝拜訖，樂止。

太常卿引皇帝南方，北面立，樂作。諸太祝各以爵酌上尊福酒，合置一爵。一太祝持爵授侍中，侍中受爵，西向進。皇帝再拜，受爵，跪，祭酒，啐酒，奠爵，俛伏，興。太祝各帥齋郎進俎。太祝減神前胙肉加於俎，以胙肉共置一俎上。太祝持俎以授司徒，司徒奉俎西向進，皇帝每受以授左右。謁者引司徒降，復位。皇帝跪，取爵，遂飲，卒爵。侍中進，受爵以授太祝，太祝受爵，復於坫。皇帝俛伏，興，再拜，樂止。太常卿引皇帝，樂作，皇帝降自南陛，還版位，西向立，樂止。

文舞出，鼓柷，作《舒和之樂》，出訖，戛敔，樂止。武舞入，鼓柷，作《舒和之樂》，立定，戛敔，樂止。

初，皇帝獻將畢，謁者引太尉詣罍洗，盥手，洗匏爵。訖，太尉自卯陛升堂，詣天帝著尊所，執尊者舉冪。太尉酌醴齊，武舞作。謁者引太尉進天帝神座前，北面跪，奠爵，興，再拜。訖，謁者引太尉詣配帝犧尊所，取爵於坫，執尊者舉冪。太尉酌醴齊。謁者引太尉進睿宗大聖真皇帝神座前，東面跪，奠爵，興，再拜。訖，謁者引五方帝之太祝各取爵於坫，酌醴齊，俱進，奠於其神座。訖，謁者引太尉立於南方，向北再拜。訖，諸太祝各以爵酌罍福酒，合置一爵。一太祝持爵進太尉之右，西向立。太尉再拜，受爵，跪，祭酒，遂飲，卒爵。太祝進，受爵，復於坫。太尉興，再拜。謁者引太尉降，復位。

　　初，太尉獻將畢，謁者引光禄卿詣罍洗，盥手，洗匏爵，升，酌盎齊，獻正座、配座。五方帝之祝亦各酌盎齊奠神座，終獻如亞獻之儀[①]。謁者引光禄卿及諸獻官降，復位。

　　初，太尉將升獻，謁者引五帝之獻官詣罍洗，盥手，洗匏爵，各由其陛升，俱酌醴齊，跪，奠於帝太昊氏神座前。餘座齋郎助奠，相次畢，各還本位。五帝獻將畢，謁者引五官之獻官各詣罍洗，盥手，洗匏爵訖，各進，酌醍齊，跪，奠於句芒氏神座前。餘座齋郎助奠，相次畢，各還本位。及終獻畢，武舞六成，樂止。

　　舞獻俱畢，上下諸祝各進，跪，徹豆，興，還尊所。徹者，籩、豆各一，少移於故處。奉禮曰：“賜胙。”贊者唱：“衆官再拜。”衆官在位者皆再拜。已飲福者不拜。《豫和之樂》作，太常卿前，奏稱：“請再拜。”退，復位。皇帝再拜。奉禮曰：“衆官再拜。”衆官在位者皆再拜。樂一成，止。

　　太常卿前，奏：“請就望燎位。”太常卿引皇帝，樂作，皇帝就望燎位，南向立，樂止。於群官將拜，諸祝各執篚進神座前，取玉帛、祝版，齋郎以俎載牲體、稷黍飯、爵酒，各由其陛降壇南行，經懸内，當柴壇南東行，自南陛登柴壇，以玉帛、祝版、饌物置於柴上户内。奉禮曰：“可燎。”東、西面各六人以炬燎火。半柴，太常卿前，奏：“禮畢。”

　　太常卿引皇帝還大次，樂作，皇帝出内壝門。殿中監前，受鎮圭以授尚衣奉御。殿中監又前，受大圭，華蓋侍衛如常儀。皇帝入次，樂止。謁者、贊引各引祀官，通事舍人分引從祀群官、諸方客使及蕃客，以次出。御史、太祝、協律郎以下俱復執事位，立定，奉禮曰：“再拜。”御史以

───────────────

　　①　公善堂本“終獻”前衍“訖”字，據四庫本刪。

下皆再拜。贊引引出。工人、二舞以次出。

鑾駕還宮

如圜丘之儀。

卷第十一　吉禮

季秋大享於明堂有司攝事

齋戒　　陳設　　省牲器　　奠^①玉帛　　進熟

齋戒

將祀，有司卜日如前儀。

前祀七日平明，太尉誓百官於尚書省，曰："某月某日，祀昊天上帝於明堂。各揚其職，不供其事，國有常刑。"凡預祀之官散齋四日，致齋三日。散齋皆於正寢。致齋二日於本司，一日於祀所，其無本司者皆於祀所。散齋理事如舊，惟不弔喪問疾，不作樂，不判署刑殺文書，不行刑罰，不預穢惡。致齋惟祀事得行，其餘悉斷。其祀官已齋而闕者，通攝行事。諸祀官致齋之日給酒食及明衣，各習禮於齋所。光禄卿監取明水火。太官令取水於陰鑒，取火於陽燧。火以供爨，水以實尊。

前祀二日，太尉告睿宗大聖真皇帝廟，如常告之儀。告以配神作主之意。

前祀一日，諸衛令其屬未後一刻各以其方器服守衛明堂四門，每門二人，每隅一人。與太樂工人俱清齋一宿。

陳設

前祀三日，守宫設祀官公卿以下次於璧水東門之外道南，北向，以西爲上。設陳饌幔於璧水東門之內道北，南向。

前祀二日，太樂令設宫懸之樂於明堂前庭。東方、西方磬簨起北，鐘簨次之；南方、北方磬簨起西，鐘簨次之。設十二鎛鐘於編懸之間，各依辰位。樹雷鼓於北懸之內、道之左右。植建鼓於四隅。置柷敔於懸

---

① "奠"字，原作"薦"，據本卷卷内標題改。

內。祝在左，敔在右。設歌鐘、歌磬於堂上前楹下，北向。磬簴在西，鐘簴在東。其匏竹者立於堂下，重行北向，相對爲首。凡懸，皆展而編之。諸工人各位於懸後，東方、西方以北爲上，南方、北方以西爲上。右校清埽明堂內外。郊社令積柴於燎壇，其壇於樂懸之南。方一丈、高一丈二尺，開上，南出戶，方六尺。

前祀一日，奉禮設祀官公卿位於堂之東南，執事者位又於公卿東南，每等異位，俱重行，西面北上。設御史位於堂下：一位於東南，西向，一位於西南，東向，令史各陪其後。設奉禮位於樂懸東北，贊者二人在南差退，俱西向。又設協律郎位於堂上午陛之西，東向。設太樂令位於北懸之間。設望燎位於柴壇之北，南向。設祀官公卿以下門外位，皆於東門之外道南，每等異位，重行，北面西上。

設牲牓於東門之外，當門西向，南上。蒼牲一居前，又蒼牲一少退，又青牲二、赤牲二、黃牲二、白牲二、玄牲二皆在北少退。設廩犧令位於牲西南，史陪其後，俱北向。設諸太祝位於牲東，各當牲後，祝史陪其後，俱西向。設太常卿省牲位於牲前近北，又設御史位於太常卿之西，俱南向。

設酒尊之位於堂之上下：昊天上帝太尊二、著尊二、犧尊二、山罍二在室內神座之左，象尊二、壺尊二、山罍二在堂下東南，西向。配帝著尊二、犧尊二、象尊二、罍一①在堂上，於神座之左。五方帝各太尊二、著尊二、犧尊二、罍一②，各於室內神座之左，內向。五帝各著尊二，亦於神座之左，俱內向。五官各象尊二在階下，並於神座之左，俱右向。堂上之尊皆置於坫，階下之尊皆藉以席，俱加勺、冪。設爵於尊下。

設洗於東階東南，亞獻之洗又於東南，俱北向。罍水在洗東，篚在洗西，南肆。篚實以巾、爵。設五官罍、洗、篚、冪各於酒尊之左，俱右向。其執尊、罍、篚、冪者各位於其後。各設玉、幣之篚於堂之上下尊坫之閒。

祀日未明五刻，太史令、郊社令升，設昊天上帝神座於明堂太室之內中央，南向，席以藁秸。設睿宗大聖真皇帝神座於上帝之左，西向，席

---

① "罍一"，四庫本、《通典》卷一一〇《開元禮纂類五》均作"山罍二"。《新唐書》卷一二《禮樂二》云："以著尊實汎齊，犧尊實醴齊，象尊實盎齊，山罍實酒，皆二，以祀配帝。"

② "罍一"，《通典》卷一一〇《開元禮纂類五》同。四庫本作"山罍二"。

以莞。設青帝於木室,西向;赤帝於火室,北向;黃帝於太室南户之西,北向;白帝於金室,東向;黑帝於水室,南向。席皆以藁秸。設太昊、炎帝、軒轅、少昊、顓頊之座各於五方上帝之左,俱内向,差退。若非明堂五室,皆如雩壇設座之禮焉。① 設五官神座於明堂之庭,各依其方,俱内向,席皆以莞。設神位各於座首。

省牲器

省牲之日午後十刻,去明堂二百步所,諸衞之屬禁斷行人。

晡後二刻,郊社令帥府史二人及齋郎以尊、坫、罍、洗、篚、冪入,設於位。升堂者自卯陛。

晡後三刻,諸太祝與廩犧令以牲就牓位。謁者引太常卿、贊引引御史入,詣卯陛,升堂,視滌濯。凡導引者,每曲一逡巡。於視濯,執尊者皆舉冪告潔。訖,引降,就省牲位,南向立。廩犧令少前,曰:“請省牲。”退,復位。太常卿省牲。廩犧令又前,北面,舉手曰:“腯。”還本位。諸太祝各循牲一匝,西面,舉手曰:“充。”俱還本位。諸太祝與廩犧令以次牽牲詣厨,授太官令。謁者引光禄卿詣厨,省鼎鑊,申視濯溉。贊引引御史詣厨,省饌具。太常卿以下每事訖,各還齋所。

祀日未明十五刻,太官令帥宰人以鸞刀割牲,祝史以豆取毛血,各置於饌所。遂烹牲。

奠玉帛

祀日未明三刻,諸祀官各服其服。郊社令、良醞令各帥其屬入,實尊、罍、玉、幣。凡六尊之次,太尊爲上,實以汎齊;著尊次之,實以醴齊;犧尊次之,實以盎齊;象尊次之,實以醍齊;壺尊次之,實以沈齊;山罍爲下,實以三酒②。五方帝,太尊爲上,實以汎齊;著尊次之,實以醴齊;犧尊次之,實以盎齊。配帝,著尊爲上,實以汎齊;犧尊次之,實以醴齊;象尊次之,實以盎齊。五帝著尊,實以醴齊。五官之象尊,實以醍齊。玄酒各實於五齊之上尊。禮神之玉,昊天上帝以四圭有邸,青帝以青圭,赤帝以赤璋,黃帝以黃琮,白帝以騶虞,黑帝以玄璜。天帝、配帝之幣皆以蒼,五方帝、五帝、五官各從方色。凡幣,皆長一丈有八尺。諸太

---

① “皆如雩壇設座之禮”,四庫本作“亦如雩祀圜丘設座之禮”。
② “三酒”,四庫本作“清酒”。

祝以玉帛置於篚。太官令帥進饌者實諸籩、豆、簠、簋等，皆入，設於饌幔內。

未明二刻，奉禮帥贊者先入，就位。贊引引御史、博士、諸太祝及令史、祝史，與執尊、罍、篚、冪者入自東門，當午陛之南，重行，北面西上。立定，奉禮曰：“再拜。”贊者承傳，凡奉禮有辭，贊者皆承傳。御史以下皆再拜。訖，執尊、罍、篚、冪者各就位。贊引引御史、諸太祝詣堂卯陛，升，行埽除於上。令史、祝史升，行埽除於下。訖，引降，就位。

未明一刻，謁者、贊引各引祀官俱就門外位。太樂令帥工人、二舞次入，就位，文舞入陳於懸內，武舞立於懸南道西。其升堂座者皆脫履於下，降納如常。謁者引司空入，就位，立定，奉禮曰：“再拜。”司空再拜。謁者引司空詣堂卯陛，升，行埽除於上，降，行樂懸於下。訖，引復位。謁者、贊引各引祀官次入，就位，立定，奉禮曰：“衆官再拜。”衆官在位者皆再拜。其先拜者不拜。謁者進太尉之左，白：“有司謹具，請行事。”退，復位。協律郎跪，俛伏，舉麾，凡取物者皆跪，俛伏而取以興。奠物則跪、奠訖，俛伏而後興。鼓柷，奏《豫和之樂》，乃以圜鍾之均，作文舞之舞。樂舞六成，圜鍾三奏，黃鍾、太蔟、姑洗各一奏。偃麾，戛敔，樂止。凡樂，皆協律郎舉麾，工鼓柷而後作，偃麾、戛敔而後止。奉禮曰：“衆官再拜。”衆官在位者皆再拜。謁者引諸助奠者俱詣東陛，升堂，立於尊所。太祝與諸助奠者皆跪，取玉幣於篚，立於東南隅，西面北上。配帝太祝立於西南隅，東面北上。五方上帝、五帝太祝又取幣於篚，立於尊所。

訖，謁者引太尉詣南陛，升，北向立。太祝加玉於幣，東向授太尉。太尉受玉幣。凡受物皆搢笏，跪，奠訖，執笏，俛伏，興。登歌作《肅和之樂》，以大呂之均。謁者引太尉進，北面跪，奠於昊天上帝神座前，俛伏，興。謁者引太尉少退，北向立。謁者五人引五方帝之太祝各奉玉幣奠於其神座，訖，還尊所。太尉再拜。訖，配帝之太祝又以幣授太尉，太尉受幣。謁者引太尉進，東面跪，奠於睿宗大聖真皇帝神座前，俛伏，興。謁者引太尉少退，西向立。又謁者引五帝之獻官亦各以幣奠於其神座前，五官之祝亦各以幣奠神座，訖，各還尊所。太尉再拜。訖，謁者引太尉降，就位，登歌止。

初，衆官再拜訖，諸祝史各奉毛血之豆立於堂下。於登歌止，祝史奉毛血入，各由其陛升，諸太祝迎取於壇上，俱進，奠於神座前。諸太祝與祝史退，立於尊所。

進熟

太尉既升奠玉幣，太官令出，帥進饌者各陳於門外。謁者引司徒出，詣饌所，司徒奉天帝之俎。諸太祝既奠毛血，太官令引饌入。俎初入門，奏《雍和之樂》，自後，酌獻皆奏《雍和之樂》。皆以黃鍾之均。自後，堂下之樂皆奏黃鍾。饌各至陛，樂止。祝史俱進，徹毛血之豆，降自東陛以出。天帝之饌升自午陛，配帝之饌升自卯陛，五方上帝、五帝之饌各由其陛。諸太祝迎引於堂上，各設於神座前。籩、豆蓋冪先徹，乃升。簋、簠既奠，却其蓋於下。設訖，謁者引司徒、太官令帥進饌者降自東陛以出，司徒復位，諸太祝各還尊所。又進設五官之饌，相次而畢。

初，壇上設饌訖，謁者引太尉升自午陛，詣天帝酒尊所，執尊者舉冪。太尉酌汎齊訖，樂作。謁者引太尉入，詣天帝神座前，北面跪，奠爵，興。謁者引太尉少退，北向立。五方帝諸太祝取匏爵於坫，酌汎齊，各進，奠於神座前，訖，還尊所，樂止。太祝一人持版進於神座之右，東面跪，讀祝文曰："維某年歲次月朔日，子嗣天子臣某謹遣太尉封臣名，敢昭告於昊天上帝：惟神覆燾群生，陶甄庶類，不言而信，普博無私，謹擇元辰，祇率恒禮。敬以玉帛、犧齊、粢盛、庶品，肅恭禋祀，式展誠敬。皇考睿宗大聖真皇帝配神作主。尚饗。"訖，興。太尉再拜。初讀祝文訖，樂作，太祝進，跪，奠版於天帝神座前，興，還尊所。太尉再拜訖，樂止。

謁者引太尉詣配帝酒尊所，取爵於坫，執尊者舉冪。太尉酌汎齊訖，樂作。謁者引太尉進睿宗大聖真皇帝神座前，東面跪，奠爵，俛伏，興。太尉少退，東向立。謁者五人引五方帝之太祝俱取爵於坫，酌汎齊，各進，奠於其神座前，訖，還尊所，樂止。太祝一人持版進於神座之左，北面跪，讀祝文曰："維某年歲次月朔日，子孝子開元神武皇帝臣某謹遣太尉封臣名，敢昭告於皇考睿宗大聖真皇帝：祇率舊章，肅恭恒禮，敬致禋祀於昊天上帝。惟皇考德光宇宙，道叶乾元，申錫無疆，實膺嚴配。謹以制幣、犧齊、粢盛、庶品，肅恭明薦，侑神作主。尚饗。"訖，興。

太尉再拜。初讀祝文訖，樂作，太祝進，奠版於神座，訖，還尊所。太尉再拜訖，樂止。

謁者引太尉少退，北向立，樂作。諸太祝各以爵酌罍福酒，合置一爵。一太祝持爵進太尉之右，西向立。太尉再拜，受爵，跪，祭酒，啐酒，奠爵，俛伏，興。諸太祝各帥齋郎進俎。太祝減神前胙肉皆取前脚第二骨。加於俎，以胙肉共置一俎上。太祝持俎西向授太尉，太尉受以授齋郎。太尉跪，取爵，遂飲，卒爵。太祝進，受爵，復於坫。太尉興，再拜，訖，太尉降，復位。

文舞出，鼓柷，作《舒和之樂》，出訖，戛敔，樂止。武舞入，鼓柷，作《舒和之樂》，立定，戛敔，樂止。

初，太尉將復位，謁者引太常卿詣罍洗，盥手，洗匏爵。訖，謁者引太常卿自卯陛升堂，詣天帝著尊所，執尊者舉冪。太常卿酌醴齊，武舞作。謁者引太常卿進昊天上帝神座前，北面跪，奠爵，興。謁者引太常卿立於南方，北面，再拜。訖，謁者引太常卿詣配帝酒尊所，取爵於坫，執尊者舉冪。太常卿酌醴齊。謁者引太常卿進睿宗大聖真皇帝神座前，東面跪，奠爵，興。五方帝之太祝亦各取爵於坫，酌醴齊，俱進，奠於其神座。訖，謁者引太常卿立於南方，北面，再拜。訖，諸太祝各以爵酌罍福酒，合置一爵。一太祝持爵進太常卿之右，西向立。太常卿再拜，受爵，跪，祭酒，遂飲，卒爵。太祝進，受虛爵，復於坫。太常卿興，再拜。謁者引太常卿降，復位。

初，太常卿獻將畢，謁者引光祿卿詣罍洗，盥手，洗匏爵，升，酌盎齊，獻正座、配座。五方帝之祝亦各酌盎齊奠神座。訖，終獻如亞獻之儀。謁者引光祿卿降，復位。

初，太常卿將升獻，謁者五人分引五帝之獻官詣罍洗，盥手，洗匏爵，各由其陛升，俱酌醴齊，各跪，奠於帝太昊氏神座，餘座齋郎助奠。訖，各還本位。五帝獻將畢，謁者引五官之獻官詣罍洗，盥手，洗爵訖，各進，酌醍齊，跪，奠於句芒氏神座前，餘座齋郎助奠。訖，各還本位。及終獻畢，武舞六成，樂止。

諸祝各進，跪，徹豆，興，還尊所。徹者，籩、豆各一，少移於故處。奉禮曰："賜胙。"贊者唱："衆官再拜。"衆官在位者皆再拜。已飲福、受胙者不拜。《豫和之樂》作，奉禮曰："衆官再拜。"衆官在位者皆再拜。樂一成，止。

　　謁者進太尉之左，白："請就望燎位。"謁者引太尉就望燎位，南向立，樂止。太祝各執篚進神座前，取玉帛、祝版，齋郎以俎載牲體、稷黍飯、爵酒，各由其陛降壇南行，經懸内，當柴壇南東行，自南陛登柴壇，以玉帛、祝版、饌物置於柴上户内。奉禮曰："可燎。"東、西面各六人以炬燎火。半柴，謁者白："禮畢。"遂引太尉出。

　　謁者、贊引各引祀官以次出。贊引引御史、太祝以下俱復執事位，立定，奉禮曰："再拜。"御史以下皆再拜。贊引引出。工人、二舞以次出。

卷第十二 吉禮

皇帝立春祀青帝於東郊

齋戒　陳設　省牲器　鑾駕出宮　奠玉帛　進熟
鑾駕還宮

齋戒

前祀七日平明，太尉誓百官於尚書省，曰：“某月某日，祀青帝於東郊。各揚其職，不供其事，國有常刑。”皇帝散齋四日，致齋三日，如圜丘之儀。凡預祀之官散齋四日，致齋三日。散齋皆於正寢。致齋二日於本司，一日於祀所，其無本司者皆於祀所。近侍之官應從升者及從祀群官、諸方客使，各於本司及公館清齋一宿。無本司者，各於家正寢。凡散齋理事如舊，惟不弔喪問疾，不作樂，不判署刑殺文書，不行刑罰，不預穢惡。致齋惟祀事得行，其餘悉斷。其祀官已齋而闕者，通攝行事。諸祀官致齋之日給酒食及明衣，各習禮於齋所。光祿卿監取明水火。太官令取水於陰鑒，取火於陽燧。火以供爨，水以實尊。

前祀一日，諸衛令其屬未後一刻各以其方器服守衛壇門，與太樂工人俱清齋一宿。

陳設

前祀三日，尚舍直長施大次於外壇東門之內道北，南向。尚舍奉御鋪御座。衛尉設陳饌幔於內壇東門之外道南，北向。設文武侍臣次，又設祀官及從祀群官、諸州使人、蕃客等次如式。

前祀二日，太樂令設宮懸之樂於壇南內壇之內。設歌鐘、歌磬於壇上，各如圜丘之儀。右校埽除壇之內外。郊社令積柴於燎壇，其壇於樂懸之南、外壇之內。方一丈，高一丈二尺，開上，南出戶，方六尺。

　　前祀一日，奉禮設御位於壇之東南，西向。設望燎位於柴壇之北，南向。設祀官公卿位於内壝東門之外道南，分獻之官於公卿之南，執事者位於其後，每等異位，俱重行，西面北上。設御史位於壇下：一位在東南，西向，一位在西南，東向，令史各陪其後。設奉禮位於樂懸東北，贊者二人在南差退，俱西向。設協律郎位於壇上南陛之西，東向。設太樂令位於北懸之間，北向。設從祀官，文官九品以上位於執事之南，東方、南方朝集使於文官之南，東方、南方蕃客又於其南，俱每等異位，重行，西面北上。介公、酅公位於中壝西門之内道南，武官九品以上位於介公、酅公之南，西方、北方朝集使於武官之南，西方、北方蕃客又於其南，俱每等異位，重行，東面北上。其褒聖侯於文官三品之下。諸州使人分方，各位於朝集使之後。又設祀官及從祀群官等門外位於東、西壝門之外道南，皆如設次之式。

　　設牲牓於東壝之外，當門西向。配帝牲牓少退，南上。設廩犧令位於牲西南，史陪其後，俱北向。設諸太祝位於牲東，各當牲後，祝史陪其後，俱西向。設太常卿省牲位於牲前近北，南向。

　　設青帝酒尊於壇之上下：太尊二、著尊二、犧尊二、山罍二在壇上，於東南隅北向；象尊二、壺尊二、山罍二在壇下，皆於南陛之東，北向西上。設配帝著尊二、犧尊二、象尊二、山罍一在壇上①，於青帝酒尊之東，北向西上。歲星、三辰、句芒氏俱象尊二，各設於神座之左，皆右向。七宿壺尊二，設於神座之右而左向。青帝、配帝之尊置於坫，星辰以下尊藉以席，皆加勺、羃。設爵於尊下。

　　設御洗於壇南陛東南，亞獻之洗又於東南，俱北向。罍水在洗東，篚在洗西，南肆。篚實以巾、爵。設星辰以下罍、洗、篚、羃各於其方陛道之左，俱内向，執尊、罍、篚、羃者各於其後。又設玉、幣之篚於壇之上下尊坫之所。

　　祀日未明五刻，太史令、郊社令升，設青帝靈威仰神座於壇上北方，南向，席以藁秸。設帝太昊氏神座於東方，西向，席以莞。設歲星、三辰之座於壇之東北，七宿之座於壇之西北，各於壇下南向，相對爲首。設

---

　　①　“山罍一”，四庫本作“山罍二”。《新唐書》卷一二《禮樂二》云：“以著尊實汎齊，犧尊實醴齊，象尊實盎齊，山罍實酒，皆二，以祀配帝。”

句芒氏之座於壇之東南，西向，席皆以莞。設神位各於座首。

省牲器

省牲之日，午後十刻，去壇二百步所，諸衛之屬禁斷行人。

晡後二刻，郊社令帥府史二人及齋郎以尊、坫、罍、洗、篚、冪入，設於位。

晡後三刻，諸太祝與廩犧令以牲就牓位。謁者引太常卿、贊引引御史詣壇東陛，升，視滌濯於上。於視滌，執尊者皆舉冪告潔。訖，引太常卿降，復位。謁者進太尉之左，白："請就門外位。"謁者、贊引各引祀官以下就門外位。謁者引太常卿就省牲位，南向立。廩犧令少前，曰："請省牲。"退，復位。太常卿省牲。廩犧令又前，北面，舉手曰："腯。"還本位。諸太祝各循牲一匝，西面，舉手曰："充。"俱還本位。諸太祝與廩犧令以次牽牲詣厨，授太官令。謁者引光禄卿詣厨，省鼎鑊，申視濯溉。謁者、贊引各引祀官就厨省饌具①，訖，俱還齋所。

祀日未明十五刻②，太官令帥宰人以鸞刀割牲，祝史以豆取毛血，各置於饌所，遂烹牲。

鑾駕出宮

如圜丘之儀。

奠玉帛

祀日，未明三刻，諸祀官各服其服。郊社令、良醞令各帥其屬入，實尊、罍、玉、幣。凡六尊之次，太尊爲上，實以汎齊；著尊次之，實以醴齊；犧尊次之，實以盎齊；象尊次之，實以醍齊；壺尊次之，實以沈齊；山罍爲下，實以三酒③。配帝，著尊爲上，實以汎齊；犧尊次之，實以醴齊；象尊次之，實以盎齊。其歲星、三辰、句芒氏之象尊，俱實以醍齊。七宿之壺尊，俱實以沈齊。玄酒各實於五齊之上尊。禮神之玉以青圭。其幣各以青。太官令帥

---

①　四庫本於"祀官"後有"御史"二字，《新唐書》卷一一《禮樂一》亦有"祀官御史省饌具"之語。

②　"五"字，公善堂本脱，據四庫本、《新唐書》卷一一《禮樂一》、《通典》卷一〇九《開元禮纂類四》校補。

③　"三酒"，四庫本作"清酒"。

進饌者實諸籩、豆、簋、簠，入，設於內壝東門之外饌幔內。

未明二刻，奉禮帥贊者先入，就位。贊引引御史、博士、諸太祝及令史、祝史，與執尊、罍、篚、冪者入自東壝門，當壇南，重行，北面西上。立定，奉禮曰："再拜。"贊者承傳，凡奉禮有辭，贊者皆承傳。御史以下皆再拜。訖，執尊、罍、篚、冪者各就位。贊引引御史、諸太祝詣卯陛，升，行埽除於上。令史、祝史升，行埽除於下。訖，各引降，就位。

駕將至，謁者、贊引各引祀官，通事舍人分引從祀群官、諸方客使先置者，就門外位。駕至大次門外，迴輅南向，千牛將軍降，立於輅右。侍中進，當鑾駕前跪，奏稱："侍中臣某言，請降輅。"俛伏，興，還侍位。皇帝降輅之大次。通事舍人各引文武五品以上從祀之官[1]，皆就壝外位。太樂令帥工人、二舞次入，就位，文舞入陳於懸內，武舞立於懸南道西。謁者引司空入，行埽除，訖，出，復位如常儀。皇帝停大次半刻頃，通事舍人、贊引各引從祀群官、介公、酅公、諸方客使先入，就位。太常博士引太常卿立於大次門外，當門北向。侍中版奏："外辦。"皇帝服大裘袞冕出次，華蓋侍衛如常儀。博士引太常卿，太常卿引皇帝凡太常卿前導，皆博士先引。至內壝門外。殿中監進大圭。尚衣奉御又以鎮圭授殿中監，殿中監受，進。皇帝搢大圭，執鎮圭，華蓋仗衛停於門外，近侍者從入如常。謁者引禮部尚書、太常少卿陪從，如常儀。

皇帝至版位，西向立。每立定，太常卿、博士即退，立於左。謁者、贊引各引祀官次入，就位。立定，太常卿前，奏稱："請再拜。"退，復位。皇帝再拜。奉禮曰："眾官再拜。"眾官在位者皆再拜。其先拜者不拜。太常卿前，奏："有司謹具，請行事。"退，復位。協律郎跪，俛伏，舉麾，凡取物者皆跪，俛伏而取以興。奠物則跪、奠訖，俛伏而後興。戛敔，奏角音，乃以黃鍾之均，作文舞之舞。樂舞六成，偃麾，戛敔，樂止。太常卿前，奏稱："請再拜。"退，復位。皇帝再拜。奉禮曰："眾官再拜。"眾官在位者皆再拜。上下諸太祝俱取玉、幣於篚，各立於尊所。

太常卿引皇帝，《太和之樂》作。皇帝詣壇，升自南陛，侍中、中書令以下左右侍衛量人從升。皇帝升壇，北向立，樂止。太祝加玉於幣以授

---

① "五品"，四庫本、《通典》卷一一〇《開元禮纂類五》作"九品"。

侍中,侍中奉玉幣東向進。皇帝搢鎮圭,受玉幣。登歌作《肅和之樂》,
以大呂之均。太常卿引皇帝進,北面跪,奠於青帝靈威仰神座,俛伏,
興。太常卿引皇帝少退,北向,再拜。訖,太常卿引皇帝立於西方,東
面。又太祝以幣授侍中,侍中奉幣北向進。皇帝受幣。太常卿引皇帝
進,東面跪,奠於帝太昊氏神座,俛伏,興。太常卿引皇帝少退,東向,再
拜,訖,登歌止。太常卿引皇帝,樂作,皇帝降自南陛,還版位,西向立,
樂止。皇帝初奠配帝之幣,星辰以下諸祝各以幣進,奠於神座,還尊所。

　　初,群官拜訖,祝史各奉毛血之豆立於門外。於登歌止,祝史奉毛
血入,各由其陛升,諸太祝迎取於壇上,俱進,奠於神座前。諸太祝與祝
史退,立於尊所。

進熟

　　皇帝既升奠玉幣,太官令出,帥進饌者奉饌陳於内壝門外。謁者引
司徒出,詣饌所,司徒奉青帝之俎。初,皇帝既至位,樂止,太官令引饌
入。俎初入門,《雍和之樂》作,以黃鍾之均,饌至陛,樂止。祝史俱進,
跪,徹毛血之豆,降自東陛以出。青帝之饌升自南陛,配帝之饌升自東陛。諸太祝
迎引於壇上,各設於神座前。籩、豆蓋羃先徹,乃升。簋、簠既奠,却其蓋於下。設
訖,謁者引司徒、太官令帥進饌者俱降自東陛以出,司徒復位,諸太祝各
還尊所。又進設星辰以下之饌,相次而畢。

　　太常卿引皇帝詣罍洗,樂作,皇帝至罍洗,樂止。侍中跪,取匜,興,
沃水;又侍中跪,取盤,興,承水。皇帝盥手。黃門侍郎跪,取巾於篚,
興,進。皇帝帨手。訖,黃門侍郎受巾,跪,奠於篚,遂取匏爵於篚,興,
進。皇帝受爵。侍中酌罍水,又侍中奉盤,皇帝洗爵,黃門侍郎又授巾,
皆如初。皇帝拭爵訖,侍中奠盤、匜,黃門侍郎受巾,奠於篚,皆如常。

　　太常卿引皇帝,樂作,皇帝詣壇,升自南陛,樂止。謁者引司徒升自
東陛,立於尊所。齋郎奉俎從升,立於司徒之後。太常卿引皇帝詣青帝
酒尊所,執尊者舉羃。侍中贊酌汎齊訖,《壽和之樂》作。太常卿引皇帝
進青帝靈威仰神座前,北面跪,奠爵,俛伏,興。太常卿引皇帝少退,北
向立,樂止。太祝持版進於神座之右,東面跪,讀祝文曰:"維某年歲次
月朔日,子嗣天子臣某敢昭告於青帝靈威仰:獻春伊始,時維發生,品物

昭蘇,式遵恒禮。敬以玉帛、犧齊、粢盛、庶品,肅恭燔祀,暢兹和德。帝太昊氏配神作主。尚饗。"訖,興。皇帝再拜。初讀祝文訖,樂作,太祝進,跪,奠版於神座前,興,還尊所。皇帝拜訖,樂止。

　　太常卿引皇帝詣配帝酒尊所,執尊者舉冪。侍中取爵於坫,進。皇帝受爵。侍中贊酌汎齊訖,樂作。太常卿引皇帝進帝太昊氏神座前,東面跪,奠爵,俛伏,興。太常卿引皇帝少退,東向立,樂止。太祝持版進於神座之左,北面跪,讀祝文曰:"維某年歲次月朔日,子開元神武皇帝臣某敢昭告於帝太昊氏:爰始立春,盛德在木,用致燔燎於青帝靈威仰。惟帝布兹仁政,功叶上玄,謹以制幣、犧齊、粢盛、庶品,備兹明薦,作主配神①。尚饗。"訖,興。皇帝再拜。初讀祝文訖,樂作,太祝進,跪,奠版於神座,興,還尊所。皇帝拜訖,樂止。

　　太常卿引皇帝進青帝神座前,北向立,樂作。太祝各以爵酌上尊福酒,合置一爵。一太祝持爵授侍中,侍中受爵,西向進。皇帝再拜,受爵,跪,祭酒,啐酒,奠爵,俛伏,興。太祝各帥齋郎進俎,太祝跪,減神前胙肉加於俎,興,以胙肉共置一俎上。太祝持俎以授司徒,司徒奉俎西向進。皇帝受以授左右。謁者引司徒降,復位。皇帝跪,取爵,遂飲,卒爵。侍中受爵以授太祝,太祝受爵,復於坫。皇帝俛伏,興,再拜,樂止。太常卿引皇帝,樂作,皇帝降自南陛,還版位,西向立,樂止。

　　文舞出,鼓柷,作《舒和之樂》,出訖,戛敔,樂止。武舞入,鼓柷,作《舒和之樂》,立定,戛敔,樂止。

　　皇帝獻將畢,謁者引太尉詣罍洗,盥手,洗匏爵。訖,謁者引太尉自東陛升壇,詣青帝著尊所,執尊者舉冪。太尉酌醴齊訖,武舞作。謁者引太尉進青帝神座前,北面跪,奠爵,興。謁者引太尉少退,北向,再拜。謁者引太尉詣配帝犧尊所,取爵於坫,執尊者舉冪。太尉酌醴齊。訖,謁者引太尉進帝太昊氏神座前,東面跪,奠爵,興。謁者引太尉少退,東向,再拜。謁者引太尉進青帝神座前,北向立。太祝各以爵酌罍福酒,合置一爵。一太祝持爵進太尉之右,西向立。太尉再拜,受爵,跪,祭酒,遂飲,卒爵。太祝進,受爵,復於坫。太尉興,再拜。謁者引太尉降,

---

　　①　"作主配神",四庫本作"配神作主"。

復位。

　　初，太尉獻將畢，謁者引光禄卿詣罍洗，盥手，洗匏爵，升，酌盎齊，終獻如亞獻之儀。訖，謁者引光禄卿復位。

　　初，太尉將升獻，贊引三人各引獻官以次詣罍洗，盥手，洗爵，一獻歲星、三辰，一獻句芒氏，一獻七宿，各詣酒尊所，俱酌酒進，跪，奠於座首，興。餘座皆祝史助奠，相次而畢。贊引各引獻官還本位。武舞六成，樂止。

　　舞獻俱畢，上下諸祝各進，跪，徹豆，興，還尊所。徹者，籩、豆各一，少移於故處。奉禮曰：“賜胙。”贊者唱：“衆官再拜。”衆官在位者皆再拜。已飲福、受胙者不拜。《豫和之樂》作。太常卿前，奏稱：“請再拜。”退，復位。皇帝再拜。奉禮曰：“衆官再拜。”衆官在位者皆再拜。樂一成，止。

　　太常卿前，奏：“請就望燎位。”太常卿引皇帝，樂作。皇帝就望燎位，南向立，樂止。於群官將拜，上下諸祝各執篚進神座前，跪，取玉帛、祝版，齋郎以俎載牲體、稷黍飯及爵酒，興，各自其陛降壇南行，經懸内，當柴壇南東行，自南陛登柴壇，以玉帛、祝版、饌物置於柴上户内。諸祝又以星辰以下之禮幣皆從燎。訖，奉禮曰：“可燎。”東、西面各六人以炬燎火。半柴，太常卿前，奏：“禮畢。”

　　太常卿引皇帝還大次，樂作。皇帝出内壝門。殿中監前，受鎮圭以授尚衣奉御。殿中監又前，受大圭，華蓋侍衛如常儀。皇帝入次，樂止。謁者、贊引引祀官，通事舍人引從祀群官、諸方客使以次出。贊引引御史以下俱復執事位，立定，奉禮曰：“再拜。”御史以下皆再拜。贊引引出。工人、二舞以次出。

鑾駕還宮

　　如圜丘之儀。

卷第十三　吉禮

立春祀青帝於東郊有司攝事

齋戒　陳設　省牲器　奠玉帛　進熟

齋戒

前祀七日平明，太尉誓百官於尚書省，曰："某月某日，祀青帝於東郊。各揚其職，不供其事，國有常刑。"凡預祀之官散齋四日，致齋三日。散齋各於正寢。致齋二日於本司，一日於祀所，其無本司者皆於祀所。散齋理事如舊，惟不弔喪問疾，不作樂，不判署刑殺文書，不行刑罰，不預穢惡。致齋惟祀事得行，其餘悉斷。其祀官已齋而闕者，通攝行事。光禄卿監取明水火。太官令取水於陰鑒，取火於陽燧。火以供爨，水以實尊。

前祀一日，諸衛令其屬未後一刻各以其方器服守衛壇門，與太樂工人俱清齋一宿。

陳設

前祀三日，衛尉設祀官公卿以下次於東壇之外道南，北向西上。設陳饌幔於內壇東門之外道南，北向。

前祀二日，太樂令設宮懸之樂於壇南內壇之內。東方、西方磬簴起北，鐘簴次之；南方、北方磬簴起西，鐘簴次之。設十二鎛鐘於編懸之間，各依辰位。樹雷鼓於北懸之內、道之左右。植建鼓於四隅。置柷敔於懸內。柷在左，敔在右。設歌鐘、歌磬於壇上近南，北向。磬簴在西，鐘簴在東。其匏竹者立於壇下，重行北向，相對爲首。凡懸，皆展而編之。諸工人各位於懸後，東方、西方以北爲上，南方、北方以西爲上。右校埽除壇之內外。郊社令積柴於燎壇，其壇於神壇之左、內壇之外。方一丈，高一丈二尺，開上，南出戶，方六尺。

前祀一日,奉禮設祀官公卿位於內壝東門之內道北,執事位於道南,每等異位,俱重行,西面北上。設望燎位,當柴壇之北,南向。設御史位於壇上:正一作一。位於東南隅,西向;副一作一。位於西南隅,東向,令史各陪其後。於壇下,設奉禮位於樂懸東北,贊者二人在南差退,俱西向。又設奉禮、贊者位於燎壇東北,西面,皆北上。設協律郎位於壇上南陛之西,東向。設太樂令位於北懸之間,當壇北向。設祀官公卿以下門外位,皆於東壝之外道南,每等異位,重行,北面西上。

設牲牓於東壝之外,當門西向。配帝牲牓少退,南上。設廩犧令位於牲西南,史陪其後,俱北向。設諸太祝位於牲東,各當牲後,祝史陪其後,俱西向。設太常卿省牲位於牲前近北,南向。

設青帝酒尊於壇之上下:太尊二、著尊二、犧尊二、山罍二在壇上,於東南隅北向;象尊二、壺尊二、山罍二在壇下,皆於南陛之東北向。俱西上。設配帝著尊二、犧尊二、象尊二、山罍二在壇上,於青帝酒尊之東,北向西上。歲星、三辰、句芒氏俱象尊二,各設於神座之左,皆右向。七宿壺尊二,設於神座之右而左向。青帝、配帝之尊置於坫,星辰以下之尊俱藉以席,皆加勺、冪。設爵於尊下。

設洗於壇南陛東南,北向。罍水在洗東,篚在洗西,南肆。篚實以巾、爵。設星辰以下罍、洗、篚、冪各於其方陛道之左,俱內向。執尊、罍、篚、冪者各於尊、罍、篚、冪之後。又設玉、幣之篚於壇之上下尊坫之所。

祀日未明五刻,太史令、郊社令升,設青帝靈威仰神座於壇上北方,南向,席以藁秸。設帝太昊氏神座於東方,西向,席以莞。設歲星、三辰之座於壇之東北,七宿之座於壇之西北,各於壇下南向,相對為首。設句芒氏之座於壇之東南,西向。席皆以莞。設神位各於座首。

省牲器

省牲之日午後十刻,去壇二百步所,諸衛之屬禁斷行人。

晡後一刻,諸行事之官各服常服。郊社令帥府史二人及齋郎以尊、坫、罍、洗、篚、冪入,設於位。

晡後二刻,諸太祝與廩犧令出,以牲就牓位。謁者引太常卿、贊引引御史詣壇東陛,升,視滌濯於上。於視濯,執尊者皆舉冪告潔。訖,引太常卿降，復位。謁者進太尉之左，白：“請就門外位。”謁者、贊引各引祀官以下就門外位。謁者引太常卿就省牲位，南向立。廩犧令少前，曰：“請省牲。”退，復位。太常卿省牲。廩犧令又前，北面，舉手曰：“腯。”還本位。諸太祝各循牲一匝，西面，舉手曰：“充。”俱還本位。諸太祝與廩犧令以次牽牲詣厨，授太官令。謁者引光禄卿詣厨，省鼎鑊，申視濯漑。謁者、贊引各引祀官就厨①，省饌具。訖，俱還齋所。

祀日未明十五刻②，太官令帥宰人以鸞刀割牲，祝史以豆取毛血，各置於饌所。遂烹牲。

奠玉帛

祀日未明三刻，諸祀官各服其服。郊社令、良醞令各帥其屬入，實尊、罍、玉、幣。凡六尊之次，太尊爲上，實以汎齊；著尊次之，實以醴齊；犧尊次之，實以盎齊；象尊次之，實以醍齊；壺尊次之，實以沈齊；山罍爲下，實以三酒③。配帝著尊爲上，實以汎齊；犧尊次之，實以醴齊；象尊次之，實以盎齊④。其歲星、三辰、句芒氏之象尊，俱實以醍齊。七宿之壺尊，實以沈齊。玄酒各實於五齊之上尊。禮神之玉以青圭。幣皆用青。太官令帥進饌者實諸籩、豆、簋、簠，入，設於内壝東門之外饌幔内。

未明二刻，奉禮帥贊者先入，就位。贊引引御史、博士、諸太祝及令史、祝史，與執尊、罍、篚、冪者入自東門，當壝南，重行，北面西上。立定，奉禮曰：“再拜。”贊者承傳，凡奉禮有辭，贊者皆承傳。御史以下皆再拜。訖，執尊、罍、篚、冪者各就位。贊引引御史、諸太祝詣壝東陛，升，行埽除於上。令史、祝史升，行埽除於下。訖，各引就位。

未明一刻，太樂令帥工人、二舞以次入，就位，文舞入陳於懸内，武舞立於懸南道西。謁者引司空入，行埽除，訖，復位。初，司空入，謁者引祀官、贊引引執事者俱就壝外位。司空埽除訖，謁者、贊引各引祀官次入，就位。立定，奉禮曰：“衆官再拜。”衆官在位者皆再拜。其先拜者不

---

① 四庫本於“祀官”後有“御史”二字。《新唐書》卷一一《禮樂一》亦有“祀官御史省饌具”之語。

② “五”字，公善堂本無，據四庫本、《新唐書》卷一一《禮樂一》、《通典》卷一〇九《開元禮纂類四》校補。

③ “三酒”，四庫本作“玄酒”。

④ 四庫本於“盎齊”後有“山罍爲下實以清酒”八字。

拜。謁者進太尉之左，白："有司謹具，請行事。"退，復位。協律郎跪，俛伏，舉麾，凡取物者皆跪，俛伏而取以興。奠物則跪、奠訖，俛伏而後興。鼓柷，奏角音，乃以黃鍾之均，作文舞之舞。樂舞六成，偃麾，戛敔，樂止。凡樂，皆協律郎舉麾，工鼓柷而後作，偃麾、戛敔而後止。奉禮曰："衆官再拜。"衆官在位者皆再拜。上下諸祝俱取玉、幣於篚，各立於尊所。

謁者引太尉詣南陛，升壇，北面立。太祝加玉於幣，東向授太尉。太尉受玉幣。登歌作《肅和之樂》，乃以大呂之均。謁者引太尉進，北面跪，奠於青帝靈威仰神座前，興。謁者引太尉少退，北向，再拜。訖，謁者引太尉立於西方，東向。又太祝奉幣北向授太尉，太尉受幣。謁者引太尉進，東面跪，奠於帝太昊氏神座前，興。謁者引太尉少退，東向，再拜，訖，登歌止。謁者引太尉降自南陛，還本位。初，太尉奠配帝之幣，星辰以下諸祝各以幣進，奠於神座前，還尊所。

初，衆官拜訖，祝史各奉毛血之豆立於門外。於登歌止，祝史奉毛血入，各由其陛升，諸太祝迎取於壇上，俱進，奠於神座前。諸太祝與祝史退，立於尊所。

進熟

太尉既升奠玉幣，太官令出，帥進饌者奉饌陳於內壝門外。謁者引司徒出，詣饌所，司徒奉青帝之俎。諸太祝既奠毛血，太官令引饌入。俎初入門，《雍和之樂》作，以黃鍾之均，饌至陛，樂止。祝史俱進，徹毛血之豆，降自東陛以出。青帝之饌升自南陛，配帝之饌升自東陛。諸太祝迎引於壇上，各設於神座前。籩、豆蓋幂先徹，乃升。簋、簠既奠，却其蓋於下。設訖，謁者引司徒、太官令帥進饌者俱降自東陛以出，司徒復位，諸太祝各還尊所。又進設星辰以下之饌，相次而畢。

謁者引太尉詣罍洗，盥手，洗匏爵。訖，謁者引太尉升自南陛，詣青帝酒尊所，執尊者舉幂。太尉酌汎齊訖，樂作。謁者引太尉進青帝靈威仰神座前，北面跪，奠爵，興。謁者引太尉少退，北向立，樂止。太祝持版進於神座之右，東面跪，讀祝文曰："維某年歲次月朔日，子嗣天子臣某謹遣太尉封臣名，敢昭告於青帝靈威仰：獻春伊始，時維發生，品物昭蘇，式遵恒禮。敬以玉帛、犧齊、粢盛、庶品，肅恭禋祀，暢兹和德。帝太昊氏配神作主。尚饗。"訖，興。太尉再拜。初讀祝文訖，樂作，太祝進，奠版於神座，還尊所。太尉拜訖，樂止。

謁者引太尉詣配帝酒尊所，取爵於坫，執尊者舉冪。太尉酌汎齊訖，樂作。謁者引太尉進帝太昊氏神座前，東面跪，奠爵，興。謁者引太尉少退，東向立，樂止。太祝持版進於神座之左，北面跪，讀祝文曰："維某年歲次月朔日，子開元神武皇帝臣某謹遣太尉封臣名，敢昭告於帝太昊氏：爰始立春，盛德在木，用致禋燎於青帝靈威仰。惟帝布茲仁政，功叶上玄，謹以制幣、犧齊、粢盛、庶品，備茲明薦，作主配神①。尚饗。"訖，興。太尉再拜。初讀祝文訖，樂作，太祝進，奠版於神座，還尊所。太尉再拜訖，樂止。

謁者引太尉進青帝神座前，北向立。太祝各以爵酌罍福酒，合置一爵。一太祝持爵進太尉之右，西向立。太尉再拜，受爵，跪，祭酒，啐酒，奠爵，興。太祝各帥齋郎進俎。太祝減神前胙肉加於俎，以胙肉共置一俎上。太祝持俎西向授太尉，太尉受以授齋郎。太尉跪，取爵，遂飲，卒爵。太祝進，受爵，復於坫。太尉興，再拜。謁者引太尉降，復位。

文舞出，鼓柷，作《舒和之樂》，出訖，戞敔，樂止。武舞入，鼓柷，作《舒和之樂》，立定，戞敔，樂止。

初，太尉獻將畢，謁者引太常卿詣罍洗，盥手，洗匏爵。訖，謁者引太常卿自東陛升壇，詣青帝著尊所，執尊者舉冪。太常卿酌醴齊。訖，武舞作。謁者引太常卿進青帝靈威仰神座前，北面跪，奠爵，興。謁者引太常卿少退，北向，再拜。訖，謁者引太常卿詣配帝犧尊所，取爵於坫，執尊者舉冪。太常卿酌醴齊。訖，謁者引太常卿進帝太昊氏神座前，東面跪，奠爵，興。謁者引太常卿少退，東向，再拜。訖，謁者引太常卿進青帝靈威仰神座前，北向立。太祝各以爵酌罍福酒，合置一爵。一太祝持爵進太常卿之右，西向立。太常卿再拜，受爵，跪，祭酒，遂飲，卒爵。太祝進，受爵，復於坫。太常卿興，再拜。謁者引太常卿降，復位。

初，太常卿獻將畢，謁者引光祿卿詣罍洗，盥手，洗匏爵，升，酌盎齊，終獻如亞獻之儀。訖，謁者引光祿卿降，復位。

---

① "作主配神"，四庫本作"配帝作主"。

　　初，太常卿將升獻，贊引三人各引獻官以次詣罍洗，盥手，洗爵，一獻歲星、三辰，一獻句芒氏，一獻七宿，各詣酒尊所，俱酌酒進，跪，奠於座首，興。餘座皆祝史助奠，相次而畢。贊引各引獻官還本位。武舞六成，樂止。

　　舞獻俱畢，上下諸祝各進，跪，徹豆，興，還尊所。徹者，籩、豆各一，少移於故處。奉禮曰：“賜胙。”贊者唱：“眾官再拜。”眾官在位者皆再拜。已飲福、受胙者不拜。樂作，奉禮曰：“眾官再拜。”眾官在位者皆再拜。樂一成，止。

　　謁者進太尉之左，白：“請就望燎位。”謁者引太尉就望燎位，南向立。於眾官將拜，上下諸祝各執篚進神座前，取玉帛、祝版，齋郎以俎載牲體、稷黍飯及爵酒，各由其陛降壇南行，經懸內，當柴壇南東行，自南陛登柴壇，以玉幣、祝版、饌物置於柴上戶內。諸祝又以星辰以下之禮幣皆從燎。訖，奉禮曰：“可燎。”東、西面各六人以炬燎火。半柴，謁者進太尉之左，白：“禮畢。”

　　謁者引太尉出。又謁者、贊引各引祀官以次出。贊引引御史以下俱復執事位，立定，奉禮曰：“再拜。”御史以下皆再拜。贊引引出。工人、二舞以次出。

卷第十四　吉禮

皇帝立夏祀赤帝於南郊

齋戒　陳設　省牲器　鑾駕出宮　奠玉帛　進熟
鑾駕還宮

齋戒

前祀七日平明，太尉誓百官於尚書省，曰："某月某日，祀赤帝於南郊。各揚其職，不供其事，國有常刑。"皇帝散齋四日，致齋三日，如圜丘之儀。凡預祀之官散齋四日，致齋三日。散齋皆於正寢。致齋二日於本司，一日於祀所，其無本司者皆於祀所。近侍之官應從升者及從祀群官、諸方客使，各於本司及公館清齋一宿。無本司者，各於家正寢。凡散齋理事如舊，惟不弔喪問疾，不作樂，不判署刑殺文書，不行刑罰，不預穢惡。致齋惟祀事得行，其餘悉斷。其祀官已齋而闕者，通攝行事。諸祀官致齋之日給酒食及明衣，各習禮於齋所。光禄卿監取明水火。太官令取水於陰鑒，取火於陽燧。火以供爨，水以實尊。

前祀一日，諸衛令其屬未後一刻各以其方器服守衛壇門，與太樂工人俱清齋一宿。

陳設

前祀三日，尚舍直長施大次於外壇東門之内道北，南向。尚舍奉御鋪御座。衛尉設陳饌幔於内壇東門之外道南，北向。設文武侍臣次，又設祀官及從祀群官、諸州使人、蕃客等次如式。

前祀二日，太樂令設宮懸之樂於壇南内壝之内，設歌鐘、歌磬於壇上，各如圜丘之儀。右校埽除壇之内外。郊社令積柴於燎壇，其壇於樂懸之南、外壝之内。方一丈，高一丈二尺，開上，南出户，方六尺。

前祀一日,奉禮設御位於壇之東南,西向。設望燎位於柴壇之北,南向。設祀官公卿位於内壝東門之外道南,分獻之官於公卿之南,執事者位於其後,每等異位,俱重行,西面北上。設御史位於壇下:一位在東南,西向,一位在西南,東向,令史各陪其後。設奉禮位於樂懸東北,贊者二人在南差退,俱西向。設協律郎位於壇上南陛之西,東向。設太樂令位於北懸之間,北向。設從祀官文官九品以上位於執事之南,東方、南方蕃客又於其南,俱每等異位,重行,西面北上。介公、酅公位於中壝西門之内道南,武官九品以上位於介公、酅公之南,西方、北方蕃客又於其南,俱每等異位,重行,東面北上。其褒聖侯於文官三品之下。諸州使人分方次京官之後。又設祀官及從祀群官等門外位於東、西壝門之外道南,皆如設次之式。

設牲牓於東壝之外,當門西向。配帝牲牓少退,南上。設廩犧令位於牲西南,史陪其後,俱北向。設諸太祝位於牲東,各當牲後,祝史陪其後,俱西向。設太常卿省牲位於牲前近北,南向。

設赤帝酒尊於壇之上下:太尊二、著尊二、犧尊二、山罍二在壇上,於東南隅北向;象尊二、壺尊二、山罍二在壇下,皆於南陛之東,北向西上。設配帝著尊二、犧尊二、象尊二、山罍一①在壇上,於赤帝酒尊之東,北向西上。熒惑、三辰、祝融氏俱象尊二,各設於神座之左,皆右向。七宿壺尊二,設於神座之右而左向。赤帝、配帝之尊置於坫,星辰以下尊藉以席,皆加勺、冪。設爵於尊下。

設御洗於壇南陛東南,亞獻之洗又於東南,俱北向。罍水在洗東,篚在洗西,南肆。篚實以巾、爵。設星辰以下罍、洗、篚、冪各於其方陛道之左,俱内向,執尊、罍、篚、冪者各於其後。又設玉、幣之篚於壇之上下尊坫之所。

祀日未明五刻,太史令、郊社令升,設赤帝赤熛怒神座於壇上北方,南向,席以藁秸。設帝神農氏神座於東方,西向,席以莞。設熒惑、三辰之座於壇之東北,七宿之座於壇之西北,各於壇下南向,相對爲首。設祝融氏之座於壇之東南,西向。席皆以莞。設神位各於座首。

---

①　“山罍一”,四庫本作“山罍二”。《新唐書》卷一二《禮樂二》云:“以著尊實汎齊,犧尊實醴齊,象尊實盎齊,山罍實酒,皆二,以祀配帝。”

省牲器

省牲之日午後十刻，去壇二百步所，諸衛之屬禁斷行人。

晡後二刻，郊社令帥府史二人及齋郎以尊、坫、罍、洗、篚、幂入，設於位。

晡後三刻，諸太祝與廩犧令以牲就牓位。謁者引太常卿、贊引引御史詣壇東陛，升，視滌濯於上。於視濯，執尊者皆舉幂告潔。訖，引太常卿降，復位。謁者進太尉之左，白："請就門外位。"謁者、贊引各引祀官以下就門外位。謁者引太常卿就省牲位，南向立。廩犧令少前，曰："請省牲。"退，復位。太常卿省牲。廩犧令又前，北面，舉手曰："腯。"還本位。諸太祝各循牲一匝，西面，舉手曰："充。"俱還本位。諸太祝與廩犧令以次牽牲詣厨，授太官令。謁者引光禄卿詣厨省鼎鑊，申視濯溉。謁者、贊引各引祀官就厨省饌具①。訖，俱還齋所。

祀日未明十五刻②，太官令帥宰人以鸞刀割牲，祝史以豆取毛血，各置於饌所，遂烹牲。

鑾駕出宮

如圜丘之儀。

奠玉帛

祀日未明三刻，諸祀官各服其服。郊社令、良醖令各帥其屬入，實尊、罍、玉、幣。凡六尊之次，太尊爲上，實以汎齊；著尊次之，實以醴齊；犧尊次之，實以盎齊；象尊次之，實以醍齊；壺尊次之，實以沈齊；山罍爲下，實以三酒③。配帝著尊爲上，實以汎齊；犧尊次之，實以醴齊；象尊次之，實以盎齊④。其熒惑、三辰、祝融氏之象尊，俱實以醍齊。七宿之壺尊，俱實以沈齊。玄酒各實於五齊之上尊。禮神之玉以赤璋，其幣各以赤。太官令帥進饌者實諸籩、豆、簋、簠，入，設於内壝東門之外饌幔内。

---

①　四庫本於"祀官"後有"御史"二字。

②　"五"字，公善堂本脱，據四庫本、《新唐書》卷一一《禮樂一》校補。

③　"三酒"，四庫本作"清酒"。

④　四庫本於"盎齊"後有"山罍爲下實以清酒"八字。

　　未明二刻，奉禮帥贊者先入，就位。贊引引御史、博士、諸太祝及令史、祝史，與執尊、罍、篚、冪者入自東壝門，當壇南，重行，北面西上。立定，奉禮曰："再拜。"贊者承傳，凡奉禮有辭，贊者皆承傳。御史以下皆再拜。訖，執尊、罍、篚、冪者各就位。贊引引御史、諸太祝詣卯陛，升，行埽除於上。令史、祝史升，行埽除於下。訖，各引降，就位。

　　駕將至，謁者、贊引各引祀官，通事舍人分引從祀群官、諸方客使先置者，就門外位。駕至大次門外，迴輅南向，千牛將軍降，立於輅右。侍中進，當鑾駕前跪，奏稱："侍中臣某言，請降輅。"俛伏，興，還侍位。皇帝降輅之大次。通事舍人各引文武五品以上從祀之官皆就壝外位。太樂令帥工人、二舞次入，就位，文舞入陳於懸內，武舞立於懸南道西。謁者引司空入，行埽除，訖，出，復位如常儀。皇帝停大次半刻頃，通事舍人、贊引各引從祀群官、介公、鄷公、諸方客使先入，就位。太常博士引太常卿立於大次門外，當門北向。侍中版奏："外辦。"皇帝服袞冕出次，華蓋侍衛如常儀。博士引太常卿，太常卿引皇帝凡太常卿前導，皆博士先引。至內壝門外。殿中監進大圭。尚衣奉御又以鎮圭授殿中監，殿中監受，進。皇帝搢大圭，執鎮圭，華蓋仗衛停於門外，近侍者從入如常。謁者引禮部尚書、太常少卿陪從如常儀。

　　皇帝至版位，西向立。每立定，太常卿、博士即退，立於左。謁者、贊引各引祀官次入，就位。立定，太常卿前，奏稱："請再拜。"退，復位。皇帝再拜。奉禮曰："眾官再拜。"眾官在位者皆再拜。其先拜者不拜。太常卿前，奏："有司謹具，請行事。"退，復位。協律郎跪，俛伏，舉麾，凡取物者皆跪，俛伏而取以興。奠物則跪，奠訖，俛伏而後興。鼓柷，奏徵音，乃以黃鍾之均，作文舞之舞。樂舞六成，偃麾，戛敔，樂止。太常卿前，奏稱："請再拜。"退，復位。皇帝再拜。奉禮曰："眾官再拜。"眾官在位者皆再拜。上下諸太祝俱取玉、幣於篚，各立於尊所。

　　太常卿引皇帝，《太和之樂》作。皇帝詣壇，升自南陛，侍中、中書令以下左右侍衛量人從升。皇帝升壇，北向立，樂止。太祝加玉於幣以授侍中，侍中奉玉幣東向進。皇帝搢鎮圭，受玉幣，登歌作《肅和之樂》，以大呂之均。太常卿引皇帝進，北面跪，奠於赤帝赤熛怒神座，俛伏，興。太常卿引皇帝少退，北面再拜。訖，太常卿引皇帝立於西方，東面。又太祝以幣授侍中，侍中奉幣北向進。皇帝受幣。太常卿引皇帝進，東面跪，奠於帝神農氏神座，俛伏，興。太常卿引皇帝少退，東向，再拜，訖，登歌止。太常卿引皇帝，樂作，皇帝降自南陛，還版位，西向立，樂止。皇帝初奠配帝之幣，星辰以下諸祝各以幣進，奠於神座，還尊所。

初，群官拜訖，祝史各奉毛血之豆立於門外。於登歌止，祝史奉毛血入，各由其陛升。諸太祝迎取於壇上，俱進，奠於神座前。諸太祝與祝史退，立於尊所。

進熟

皇帝既升奠玉幣，太官令出，帥進饌者奉饌，陳於內壝門外。謁者引司徒出，詣饌所，司徒奉赤帝之俎。初，皇帝既至位，樂止，太官令引饌入。俎初入門，《雍和之樂》作，以黃鍾之均，饌至陛，樂止。祝史俱進，跪，徹毛血之豆，降自東陛以出。<small>赤帝之饌升自南陛，配帝之饌升自東陛。</small>諸太祝迎引於壇上，各設於神座前。<small>籩、豆蓋冪先徹，乃升。簠、簋既奠，却其蓋於下。</small>設訖，謁者引司徒、太官令帥進饌者俱降自東陛以出，司徒復位，諸太祝各還尊所。又進設星辰以下之饌，相次而畢。

太常卿引皇帝詣罍洗，樂作，皇帝至罍洗，樂止。侍中跪，取匜，興，沃水；又侍中跪，取盤，興，承水。皇帝盥手。黃門侍郎跪，取巾於篚，興，進。皇帝帨手。訖，黃門侍郎受巾，跪，奠於篚，遂取匏爵於篚，興，進。皇帝受爵。侍中酌罍水，又侍中奉盤，皇帝洗爵，黃門侍郎又授巾，皆如初。皇帝拭爵訖，侍中奠盤、匜，黃門侍郎受巾，奠於篚，皆如常。

太常卿引皇帝，樂作，皇帝詣壇，升自南陛，樂止。謁者引司徒升自東陛，立於尊所。齋郎奉俎從升，立於司徒之後。太常卿引皇帝詣赤帝酒尊所，執尊者舉冪。侍中贊酌汎齊訖，《壽和之樂》作。太常卿引皇帝進赤帝赤熛怒神座前，北面跪，奠爵，俛伏，興。太常卿引皇帝少退，北向立，樂止。太祝持版進於神座之右，東面跪，讀祝文曰：“維某年歲次月朔日，子嗣天子臣某，敢昭告於赤帝赤熛怒：朱明戒序，長嬴馭節，庶品蕃碩，用遵恒典。敬以玉帛、犧齊、粢盛、庶品，恭備禋祀，肅昭養德，帝神農氏配神作主。尚饗。”訖，興。皇帝再拜。初讀祝文訖，樂作，太祝進，跪，奠版於神座前，興，還尊所。皇帝拜訖，樂止。

太常卿引皇帝詣配帝酒尊所，執尊者舉冪。侍中取爵於坫，進。皇帝受爵。侍中贊酌汎齊訖，樂作。太常卿引皇帝進帝神農氏神座前，東面跪，奠爵，俛伏，興。太常卿引皇帝少退，東向立，樂止。太祝持版進於神座之左，北面跪，讀祝文曰："維某年歲次月朔日，子開元神武皇帝臣某，敢昭告於帝神農氏：時惟孟夏，火德方融，用致明禋於赤帝赤熛怒。惟帝表功協德，允斯作對，謹以制幣、犧齊、粢盛、庶品，式陳明薦，作主配神。尚饗。"訖，興，皇帝再拜。初讀祝文訖，樂作，太祝進，跪，奠版於神座，興，還尊所。皇帝拜訖，樂止。

太常卿引皇帝進赤帝神座前，北向立，樂作。太祝各以爵酌上尊福酒，合置一爵。一太祝持爵授侍中，侍中受爵，西向進。皇帝再拜，受爵，跪，祭酒，啐酒，奠爵，俛伏，興。太祝各帥齋郎進俎。太祝跪，減神前胙肉加於俎，興，以胙肉共置一俎上。太祝持俎以授司徒，司徒奉俎西向進，皇帝受以授左右。謁者引司徒降，復位。皇帝跪，取爵，遂飲，卒爵。侍中受爵以授太祝，太祝受爵，復於坫。皇帝俛伏，興，再拜，樂止。太常卿引皇帝，樂作。皇帝降自南陛，還版位，西向立，樂止。

文舞出，鼓柷，作《舒和之樂》，出訖，戛敔，樂止。武舞入，鼓柷，作《舒和之樂》，立定，戛敔，樂止。

皇帝獻將畢，謁者引太尉詣罍洗，盥手，洗匏爵。訖，謁者引太尉自東陛升壇，詣赤帝著尊所，執尊者舉冪。太尉酌醴齊訖，武舞作。謁者引太尉進赤帝神座前，北面跪，奠爵，興。謁者引太尉少退，北向，再拜。謁者引太尉詣配帝犧尊所，取爵於坫，執尊者舉冪。太尉酌醴齊。訖，謁者引太尉進帝神農氏神座前，東面跪，奠爵，興。謁者引太尉少退，東向，再拜。謁者引太尉進赤帝神座前，北向立。太祝各以爵酌罍福酒，合置一爵。一太祝持爵進太尉之右，西向立。太尉再拜，受爵，跪，祭酒，遂飲，卒爵。太祝進，受爵，復於坫。太尉興，再拜。謁者引太尉降，復位。

初，太尉獻將畢，謁者引光祿卿詣罍洗，盥手，洗匏爵，升，酌盎齊，終獻如亞獻之儀。訖，謁者引光祿卿復位。

初，太尉將升獻，贊引三人各引獻官以次詣罍洗，盥手，洗爵，一獻熒惑、三辰，一獻祝融氏，一獻七宿，各詣酒尊所，俱酌酒，進，跪，奠於座首，興。餘座皆祝史助奠，相次而畢。贊引各引獻官還本位。武舞六成，樂止。

舞獻俱畢，上下諸祝各進，跪，徹豆，興，還尊所。徹者，籩、豆各一，少移於故處。奉禮曰："賜胙。"贊者唱："衆官再拜。"衆官在位者皆再拜。已飲福、受胙者不拜。《豫和之樂》作，太常卿前，奏稱："請再拜。"退，復位。皇帝再拜。奉禮曰："衆官再拜。"衆官在位者皆再拜。樂一成，止。

太常卿前，奏："請就望燎位。"太常卿引皇帝，樂作，皇帝就望燎位，南向立，樂止。於群官將拜，上下諸祝各執篚進神座前，跪取玉帛、祝版，齋郎以俎載牲體、稷黍飯及爵酒，興，各自其陛降壇南行，經懸内，當柴壇南東行，自南陛登柴壇，以玉幣、祝版、饌物置於柴上戶内。諸祝又以星辰以下之禮幣皆從燎。訖，奉禮曰："可燎。"東、西面各六人以炬燎火。半柴，太常卿前，奏："禮畢。"

太常卿引皇帝還大次，樂作。皇帝出内壝門。殿中監前，受鎮圭以授尚衣奉御。殿中監又前，受大圭，華蓋侍衛如常儀。皇帝入次，樂止。謁者、贊引引祀官，通事舍人引從祀群官、諸方客使以次出。贊引引御史以下俱復執事位，立定，奉禮曰："再拜。"御史以下皆再拜。贊引引出。工人、二舞以次出。

鑾駕還宮

如圜丘之儀。

卷第十五　吉禮

立夏祀赤帝於南郊有司攝事

齋戒　陳設　省牲器　奠玉帛　進熟

齋戒

前祀七日平明，太尉誓百官於尚書省，曰："某月某日，祀赤帝於南郊。各揚其職，不供其事，國有常刑。"凡預祀之官，散齋四日，致齋三日。散齋各於正寢。致齋二日於本司，一日於祀所，其無本司者皆於祀所。散齋理事如舊，惟不弔喪問疾，不作樂，不判署刑殺文書，不行刑罰，不預穢惡。致齋惟祀事得行，其餘悉斷。其祀官已齋而闕者，通攝行事。光禄卿監取明水火。太官令取水於陰鑒，取火於陽燧。火以供爨，水以實尊。

前祀一日，諸衛令其屬未後一刻各以其方器服守衛壇門，與太樂工人俱清齋一宿。

陳設

前祀三日，衛尉設祀官公卿以下次於東壝之外道南，北向西上。設陳饌幔於内壝東門之外道南，北向。

前祀二日，太樂令設宫懸之樂於壇南内壝之内。東方、西方磬簨起北，鐘簨次之；南方、北方磬簨起西，鐘簨次之。設十二鎛鐘於編懸之間，各依辰位。樹雷鼓於北懸之内、道之左右。植建鼓於四隅。置柷敔於懸内。柷在左，敔在右。設歌鐘、歌磬於壇上近南，北向。磬簨在西，鐘簨在東。其匏竹者立於壇下，重行北向，相對爲首。凡懸，皆展而編之。諸工人各位於懸後，東方、西方以北爲上，南方、北方以西爲上。右校埽除壇之内外。郊社令積柴於燎壇，其壇於神壇之左、内壝之外。方一丈，高一丈二尺，開上，南出户，方六尺。

前祀一日，奉禮設祀官公卿位於內壝東門之內道北，執事位於道南，每等異位，俱重行，西面北上。設望燎位，當柴壇之北，南向。設御史位於壇上：正一作一。位於東南隅，西向，副一作一。位於西南隅，東向，令史各陪其後。於壇下，設奉禮位於樂懸東北，贊者二人在南差退，俱西向。又設奉禮、贊者位於燎壇東北，西面，皆北上。設協律郎位於壇上南陛之西，東向。設太樂令位於北懸之間，當壇北向。設祀官公卿以下門外位，皆於東壝之外道南，每等異位，重行，北面西上。

設牲牓於東壝之外，當門西向。配帝牲牓少退，南上。設廩犧令位於牲西南，史陪其後，俱北向。設諸太祝位於牲東，各當牲後，祝史陪其後，俱西向。設太常卿省牲位於牲前近北，南向。

設赤帝酒尊於壇之上下：太尊二、著尊二、犧尊二、山罍二在壇上，於東南隅北向；象尊二、壺尊二、山罍二在壇下，皆於南陛之東北向。俱西上。設配帝著尊二、犧尊二、象尊二、山罍二在壇上，於赤帝酒尊之東，北向西上。熒惑、三辰、祝融氏俱象尊二，各設於神座之左，皆右向。七宿壺尊二，設於神座之右而左向。赤帝、配帝之尊置於坫，星辰以下之尊俱藉以席，皆加勺、冪。設爵於尊下。

設洗於壇南陛東南，北向。罍水在洗東，篚在洗西，南肆。篚實以巾、爵。設星辰以下罍、洗、篚、冪各於其方陛道之左，俱內向。執尊、罍、篚、冪者各於尊、罍、篚、冪之後。又設玉、幣之篚於壇之上下尊坫之所。

祀日未明五刻，太史令、郊社令升，設赤帝赤熛怒神座於壇上北方，南向，席以藁秸。設帝神農氏神座於東方，西向，席以莞。設熒惑、三辰之座於壇之東北，七宿之座於壇之西北，各於壇下南向，相對爲首。設祝融氏之座於壇之東南，西向。席皆以莞。設神位各於座首。

省牲器

省牲之日午後十刻，去壇二百步所，諸衛之屬禁斷行人。

晡後一刻，諸行事之官各服常服。郊社令帥府史二人及齋郎以尊、坫、罍、洗、篚、冪入，設於位。

晡後二刻，諸太祝與廩犧令出，以牲就牓位。謁者引太常卿、贊引引御史詣壇東陛，升，視滌濯於上。於視濯，執尊者皆舉冪告潔。訖，引太常卿降,復位。謁者進太尉之左,白:"請就門外位。"謁者、贊引各引祀官以下就門外位。謁者引太常卿就省牲位,南向立。廩犧令少前,曰:"請省牲。"退,復位。太常卿省牲。廩犧令又前,北面,舉手曰:"腯。"還本位。諸太祝各循牲一匝,西面,舉手曰:"充。"俱還本位。諸太祝與廩犧令以次牽牲詣厨,授太官令。謁者引光禄卿詣厨,省鼎鑊,申視濯溉。謁者、贊引各引祀官就厨①,省饌具。訖,俱還齋所。

祀日未明十五刻②,太官令帥宰人以鸞刀割牲,祝史以豆取毛血,各置於饌所。遂烹牲。

奠玉帛

祀日未明三刻,諸祀官各服其服。郊社令、良醞令各帥其屬入,實尊、罍、玉、幣。凡六尊之次,太尊爲上,實以汎齊;著尊次之,實以醴齊;犧尊次之,實以盎齊;象尊次之,實以醍齊;壺尊次之,實以沈齊;山罍爲下,實以三酒③。配帝著尊爲上,實以汎齊;犧尊次之,實以醴齊;象尊次之,實以盎齊④。其熒惑、三辰、祝融氏之象尊,俱實以醍齊。七宿之壺尊實以沈齊。玄酒各實於五齊之上尊。禮神之玉以赤璋,幣皆用赤。太官令帥進饌者實諸籩、豆、簠、簋,入,設於内壝東門之外饌幔内。

未明二刻,奉禮帥贊者先入,就位。贊引引御史、博士、諸太祝及令史、祝史,與執尊、罍、篚、冪者入自東門,當壇南,重行,北面西上。立定,奉禮曰:"再拜。"贊者承傳,凡奉禮有辭,贊者皆承傳。御史以下皆再拜。訖,執尊、罍、篚、冪者各就位。贊引引御史、諸太祝詣壇東陛,升,行埽除於上。令史、祝史升,行埽除於下。訖,各引就位。

未明一刻,太樂令帥工人、二舞以次入,就位,文舞入陳於懸内,武舞立於懸南道西。謁者引司空入,行埽除,訖,復位。初,司空入,謁者引祀官、贊引引執事者俱就壝外位。司空行埽除訖,謁者、贊引各引祀官次入,就位。立定,奉禮曰:"衆官再拜。"衆官在位者皆再拜。其先拜者不拜。謁者進太尉之左,白:"有司謹具,請行事。"退,復位。協律郎跪,俛

---

① 四庫本於"祀官"後有"御史"二字。

② "五"字,公善堂本脱,據四庫本、《新唐書》卷一一《禮樂一》校補。

③ "三酒",四庫本作"清酒"。

④ 四庫本於"盎齊"後有"山罍爲下實以清酒"八字。

伏，舉麾。凡取物者皆跪，俛伏而取以興。奠物則跪、奠訖，俛伏而後興。鼓柷，奏徵音，乃以黃鍾之均，作文舞之舞。樂舞六成，偃麾，戛敔，樂止。凡樂，皆協律郎舉麾，工鼓柷而後作，偃麾、戛敔而後止。奉禮曰："衆官再拜。"衆官在位者皆再拜。上下諸祝俱取玉、幣於篚，各立於尊所。

　　謁者引太尉詣南陛，升壇，北面立。太祝加玉於幣，東向授太尉。太尉受玉幣。登歌作《肅和之樂》，乃以大呂之均。謁者引太尉進，北面跪，奠於赤帝赤熛怒神座前，興。謁者引太尉少退，北向，再拜。訖，謁者引太尉立於西方，東向。又太祝奉幣北向授太尉，太尉受幣。謁者引太尉進，東面跪，奠於帝神農氏神座前，興。謁者引太尉少退，東向，再拜。訖，登歌止。謁者引太尉降自南陛，還本位。初，太尉奠配帝之幣，星辰以下諸祝各以幣進，奠於神座前，還尊所。

　　初，衆官拜訖，祝史各奉毛血之豆立於門外。於登歌止，祝史奉毛血入，各由其陛升，諸太祝迎取於壇上，俱進，奠於神座前。諸太祝與祝史退，立於尊所。

進熟

　　太尉既升奠玉幣，太官令出，帥進饌者奉饌陳於內壝門外。謁者引司徒出，詣饌所，司徒奉赤帝之俎。諸太祝既奠毛血，太官令引饌入。俎初入門，《雍和之樂》作，以黃鍾之均，饌至陛，樂止。祝史俱進，徹毛血之豆，降自東陛以出。赤帝之饌升自南陛，配帝之饌升自東陛。諸太祝迎引於壇上，各設於神座前。籩、豆蓋羃先徹，乃升。簋、簠既奠，却其蓋於下。設訖，謁者引司徒、太官令帥進饌者俱降自東陛以出。司徒復位，諸太祝各還尊所。又進設星辰以下之饌，相次而畢。

　　謁者引太尉詣罍洗，盥手，洗匏爵。訖，謁者引太尉升自南陛，詣赤帝酒尊所，執尊者舉羃。太尉酌汎齊。訖，樂作，謁者引太尉進赤帝赤熛怒神座前，北面跪，奠爵，興。謁者引太尉少退，北向立，樂止。太祝持版進於神座之右，東面跪，讀祝文曰："維某年歲次月朔日，子嗣天子臣某謹遣太尉封臣名，敢昭告於赤帝赤熛怒：朱明戒序，長嬴馭節，庶品蕃碩，用遵恒典。敬以玉帛、犧齊、粢盛、庶品，恭備禋祀，肅昭養德。帝神農氏配神作主。尚饗。"訖，興。太尉再拜。初讀祝文訖，樂作，太祝進，奠版於神座，還尊所。太尉拜訖，樂止。

謁者引太尉詣配帝酒尊所，取爵於坫，執尊者舉冪。太尉酌汎齊訖，樂作。謁者引太尉進帝神農氏神座前，東面跪，奠爵，興。謁者引太尉少退，東向立，樂止。太祝持版進於神座之左，北面跪，讀祝文曰：“維某年歲次月朔日，子開元神武皇帝臣某謹遣太尉封臣名，敢昭告於帝神農氏：時惟孟夏，火德方融，用致明禋於赤帝赤熛怒。惟帝表功協德，允斯作對，謹以制幣、犧齊、粢盛、庶品，式陳明薦，作主配神。尚饗。”訖，興。太尉再拜。初讀祝文訖，樂作，太祝進，跪①，奠版於神座，興②，還尊所。太尉再拜，訖，樂止。

謁者引太尉進赤帝神座前，北向立。太祝各以爵酌罍福酒，合置一爵。一太祝持爵進太尉之右，西向立。太尉再拜，受爵，跪，祭酒，啐酒，奠爵，興。太祝各帥齋郎進俎。太祝減神前胙肉加於俎，以胙肉共置一俎上。太祝持俎西向授太尉，太尉受以授齋郎。太尉跪，取爵，遂飲，卒爵。太祝進，受爵，復於坫。太尉興，再拜。謁者引太尉降，復位。

文舞出，鼓柷，作《舒和之樂》，出訖，戞敔，樂止。武舞入，鼓柷，作《舒和之樂》，立定，戞敔，樂止。

初，太尉獻將畢，謁者引太常卿詣罍洗，盥手，洗匏爵。訖，謁者引太常卿自東陛升壇，詣赤帝著尊所，執尊者舉冪。太常卿酌醴齊。訖，武舞作。謁者引太常卿進赤帝赤熛怒神座前，北面跪，奠爵，興。謁者引太常卿少退，北向，再拜。訖，謁者引太常卿詣配帝犧尊所，取爵於坫，執尊者舉冪。太常卿酌醴齊。訖，謁者引太常卿進帝神農氏神座前，東面跪，奠爵，興。謁者引太常卿少退，東向，再拜。訖，謁者引太常卿進赤帝赤熛怒神座前，北向立。太祝各以爵酌罍福酒，合置一爵。一太祝持爵進太常卿之右，西向立。太常卿再拜，受爵，跪，祭酒，遂飲，卒爵。太祝進，受爵，復於坫。太常卿興，再拜。謁者引太常卿降，復位。

初，太常卿獻將畢，謁者引光祿卿詣罍洗，盥手，洗匏爵，升，酌盎齊，終獻如亞獻之儀。訖，謁者引光祿卿降，復位。

初，太常卿將升獻，贊引三人各引獻官以次詣罍洗，盥手，洗爵，一

---

①　“跪”字，公善堂本脱，據四庫本校補。
②　“興”字，公善堂本脱，據四庫本校補。

獻熒惑、三辰，一獻祝融氏，一獻七宿，各詣酒尊所，俱酌酒，進，跪，奠於座首，興。餘座皆祝史助奠，相次而畢。贊引各引獻官還本位。武舞六成，樂止。

　　舞獻俱畢，上下諸祝各進，跪，徹豆，興，還尊所。徹者，籩、豆各一，少移於故處。奉禮曰："賜胙。"贊者唱："衆官再拜。"衆官在位者皆再拜。已飲福、受胙者不拜。樂作，奉禮曰："衆官再拜。"衆官在位者皆再拜。樂一成，止。

　　謁者進太尉之左，白："請就望燎位。"謁者引太尉就望燎位，南向立。於衆官將拜，上下諸祝各執篚進神座前，取玉帛、祝版，齋郎以俎載牲體、稷黍飯及爵酒，各由其陛降壇南行，經懸內，當柴壇南東行，自南陛登柴壇，以玉幣、祝版、饌物置於柴上戶內。諸祝又以星辰以下之禮幣皆從燎。訖，奉禮曰："可燎。"東、西面各六人以炬燎火。半柴，謁者進太尉之左，白："禮畢。"

　　謁者引太尉出，又謁者、贊引各引祀官以次出。贊引引御史以下俱復執事位，立定，奉禮曰："再拜。"御史以下皆再拜。贊引引出。工人、二舞以次出。

卷第十六　吉禮

皇帝季夏土王日祀黃帝於南郊

齋戒　　陳設　　省牲器　　鑾駕出宮　　奠玉帛　　進熟
鑾駕還宮

齋戒

前祀七日平明，太尉誓百官於尚書省，曰："某月某日，祀黃帝於南郊。各揚其職，不供其事，國有常刑。"皇帝散齋四日，致齋三日，如圜丘之儀。凡預祀之官散齋四日，致齋三日。散齋皆於正寢。致齋二日於本司，一日於祀所，其無本司者皆於祀所。近侍之官應從升者及從祀群官、諸方客使，各於本司及公館清齋一宿。無本司者，各於家正寢。凡散齋理事如舊，惟不弔喪問疾，不作樂，不判署刑殺文書，不行刑罰，不預穢惡。致齋惟祀事得行，其餘悉斷。其祀官已齋而闕者，通攝行事。諸祀官致齋之日給酒食及明衣，各習禮於齋所。光禄卿監取明水火。太官令取水於陰鑒，取火於陽燧。火以供爨，水以實尊。

前祀一日，諸衛令其屬未後一刻各以其方器服守衛壇門，與太樂工人俱清齋一宿。

陳設

前祀三日，尚舍直長施大次於外壝東門之內道北，南向。尚舍奉御鋪御座。衛尉設陳饌幔於內壝東門之外道南，北向。設文武侍臣次，又設祀官及從祀群官、諸州使人、蕃客等次如式。

前祀二日，太樂令設宮懸之樂於壇南內壝之內。設歌鐘、歌磬於壇上，各如圜丘之儀。右校埽除壇之內外。郊社令積柴於燎壇，其壇於樂懸之南、外壝之內。方一丈，高一丈二尺，開上，南出戶，方六尺。

　　前祀一日，奉禮設御位於壇之東南，西向。設望燎位於柴壇之北，南向。設祀官公卿位於内壝東門之外道南，分獻之官於公卿之南，執事者位於其後，每等異位，俱重行，西面北上。設御史位於壇下：一位在東南，西向，一位在西南，東向，令史各陪其後。設奉禮位於樂懸東北，贊者二人在南差退，俱西向。設協律郎位於壇上南陛之西，東向。設太樂令位於北懸之間，北向。設從祀官文官九品以上位於執事之南，東方、南方蕃客又於其南，俱每等異位，重行，西面北上。介公、酅公位於中壝西門之内道南，武官九品以上位於介公、酅公之南，西方、北方蕃客又於其南，俱每等異位，重行，東面北上。其褒聖侯於文官三品之下。諸州使人分方各位於其後。又設祀官及從祀群官等門外位於東、西壝門之外道南，皆如設次之式。

　　設牲牓於東壝之外，當門西向。配帝牲牓少退，南上。設廩犧令位於牲西南，史陪其後，俱北向。設諸太祝位於牲東，各當牲後，祝史陪其後，俱西向。設太常卿省牲位於牲前近北，南向。

　　設黄帝酒尊於壇之上下：太尊二、著尊二、犧尊二、山罍二在壇上，於東南隅北向；象尊二、壺尊二、山罍二在壇下，皆於南陛之東，北向西上。設配帝著尊二、犧尊二、象尊二、山罍一在壇上[①]，於黄帝酒尊之東，北向西上。鎮星、三辰、后土氏俱象尊二，各設於神座之左，皆右向。黄帝、配帝之尊置於坫，星辰以下尊藉以席，皆加勺、冪。設爵於尊下。

　　設御洗於壇南陛東南，亞獻之洗又於東南，俱北向。罍水在洗東，篚在洗西，南肆。篚實以巾、爵。設星辰以下罍、洗、篚、冪各於其方陛道之左，俱内向。執尊、罍、篚、冪者各位於其後。又設玉、幣之篚於壇之上下尊坫之所。

　　祀日未明五刻，太史令、郊社令升，設黄帝含樞紐神座於壇上北方，南向，席以藁秸。設帝軒轅氏神座於東方，西向，席以莞。設鎮星、三辰之座於壇之東北，南向。設后土氏之座於壇之東南，西向。席皆以莞。設神位各於座首。

---

　　① “山罍一”，四庫本作“山罍二”。關於配帝酒尊之數，《新唐書》卷一二《禮樂二》載：“以著尊實汎齊，犧尊實醴齊，象尊實盎齊，山罍實酒，皆二，以祀配帝。”

省牲器

省牲之日午後十刻，去壇二百步所，諸衛之屬禁斷行人。

晡後二刻，郊社令帥府史二人及齋郎以尊、坫、罍、洗、篚、冪入，設於位。

晡後三刻，諸太祝與廩犧令以牲就牓位。謁者引太常卿、贊引引御史詣壇東陛，升，視滌濯於上。於視濯，執尊者皆舉冪告潔。訖，引太常卿降，復位。謁者進太尉之左，白：“請就門外位。”謁者、贊引各引祀官以下就門外位。謁者引太常卿就省牲位，南向立。廩犧令少前，曰：“請省牲。”退，復位。太常卿省牲。廩犧令又前，北面，舉手曰：“腯。”還本位。諸太祝各循牲一匝，西面，舉手曰：“充。”俱還本位。諸太祝與廩犧令以次牽牲詣厨，授太官令。謁者引光祿卿詣厨，省鼎鑊，申視濯溉。謁者、贊引各引祀官就厨①，省饌具。訖，俱還齋所。

祀日未明十五刻②，太官令帥宰人以鸞刀割牲，祝史以豆取毛血，各置於饌所。遂烹牲。

鑾駕出宮

如圜丘之儀。

奠玉帛

祀日未明三刻，諸祀官各服其服。郊社令、良醞令各帥其屬入，實尊、罍、玉、幣。凡六尊之次，太尊爲上，實以汎齊；著尊次之，實以醴齊；犧尊次之，實以盎齊；象尊次之，實以醍齊；壺尊次之，實以沈齊；山罍爲下，實以三酒③。配帝著尊爲上，實以汎齊；犧尊次之，實以醴齊；象尊次之，實以盎齊④。其鎮星、后土氏之象尊，俱實以醍齊。玄酒各實於五齊之上尊。禮神之玉以黃琮，其幣各以黃。太官令帥進饌者實諸籩、豆、簋、簠，入，設於内壝東門之外饌幔内。

---

① 四庫本於“祀官”後有“御史”二字。

② “五”字，公善堂本脱，據四庫本、《新唐書》卷一一《禮樂一》、《通典》卷一〇九《開元禮纂類四》校補。

③ “三酒”，四庫本作“清酒”。

④ 四庫本於“盎齊”後有“山罍爲下實以清酒”八字。

　　未明二刻，奉禮帥贊者先入，就位。贊引引御史、博士、諸太祝及令史、祝史，與執尊、罍、篚、冪者入自東壝門，當壇南，重行，北面西上。立定，奉禮曰："再拜。"贊者承傳，凡奉禮有辭，贊者皆承傳。御史以下皆再拜。訖，執尊、罍、篚、冪者各就位。贊引引御史、諸太祝詣壇東陛，升，行埽除於上。令史、祝史升，行埽除於下。訖，各引降，就位。

　　駕將至，謁者、贊引各引祀官，通事舍人分引從祀群官、諸方客使先置者，就門外位。駕至大次門外，迴輅南向，千牛將軍降，立於輅右。侍中進，當鑾駕前跪，奏稱："侍中臣某言，請降輅。"俛伏，興，還侍位。皇帝降輅之大次。通事舍人各引文武五品以上從祀之官皆就壝外位。太樂令帥工人、二舞次入，就位，文舞入陳於懸內，武舞立於懸南道西。謁者引司空入，行埽除，訖，出，復位，如常儀。皇帝停大次半刻頃，通事舍人、贊引各引從祀群官、介公、鄫公、諸方客使先入，就位。太常博士引太常卿立於大次門外，當門北向。侍中版奏："外辦。"皇帝服袞冕出次[1]，華蓋侍衛如常儀。博士引太常卿，太常卿引皇帝凡太常卿前導，皆博士先引。至內壝門外。殿中監進大圭。尚衣奉御又以鎮圭授殿中監，殿中監受，進。皇帝搢大圭，執鎮圭，華蓋仗衛停於門外，近侍者從入如常。謁者引禮部尚書、太常少卿陪從，如常儀。

　　皇帝至版位，西向立。每立定，太常卿與博士即退，立於左。謁者、贊引各引祀官次入，就位。立定，太常卿前，奏稱："請再拜。"退，復位。皇帝再拜。奉禮曰："眾官再拜。"眾官在位者皆再拜。其先拜者不拜。太常卿前，奏："有司謹具，請行事。"退，復位。協律郎跪，俛伏，舉麾，凡取物者皆跪，俛伏而取以興。奠物則跪、奠訖，俛伏而後興。鼓柷，奏宮音，乃以黃鍾之均，作文舞之舞。樂舞六成，偃麾，戛敔，樂止。太常卿前，奏稱："請再拜。"退，復位。皇帝再拜。奉禮曰："眾官再拜。"眾官在位者皆再拜。上下諸太祝俱取玉、幣於篚，各立於尊所。

　　太常卿引皇帝，《太和之樂》作。皇帝詣壇，升自南陛，侍中、中書令以下左右侍衛量人從升。皇帝升壇，北向立，樂止。太祝加玉於幣以授侍中，侍中奉玉幣東向進。皇帝搢鎮圭，受玉幣，登歌作《肅和之樂》，以

---

　　① "袞冕"，四庫本作"大裘而冕"。《新唐書》卷二四《車服》曰："大裘冕者，祀天地之服也。"《通典》卷一一〇《開元禮纂類五》於"皇帝服大裘而冕"下注曰："夏服袞冕。"今從公善堂本。

大呂之均。太常卿引皇帝進，北面跪，奠於黃帝含樞紐神座，俛伏，興。太常卿引皇帝少退，北向，再拜。訖，太常卿引皇帝立於西方，東面。又太祝以幣授侍中，侍中奉幣北向進。皇帝受幣。太常卿引皇帝進，東面跪，奠於帝軒轅氏神座，俛伏，興。太常卿引皇帝少退，東向，再拜。訖，登歌止。太常卿引皇帝，樂作，皇帝降自南陛，還版位，西向立，樂止。皇帝初奠配帝之幣，星辰以下諸祝各以幣進，奠於神座，還尊所。

初，群官拜訖，祝史各奉毛血之豆立於門外。於登歌止，祝史奉毛血入，各由其陛升，諸太祝迎取於壇上，俱進，奠於神座前。諸太祝與祝史退，立於尊所。

進熟

皇帝既升奠玉幣，太官令出，帥進饌者奉饌陳於內壝門外。謁者引司徒出，詣饌所，司徒奉黃帝之俎。初，皇帝既至位，樂止，太官令引饌入。俎初入門，《雍和之樂》作，以黃鍾之均，饌至陛，樂止。祝史俱進，跪，徹毛血之豆，降自東陛以出。黃帝之饌升自南陛，配帝之饌升自東陛。諸太祝迎引於壇上，各設於神座前。籩、豆蓋冪先徹，乃升。簋、簠既奠，却其蓋於下。設訖，謁者引司徒、太官令帥進饌者俱降自東陛以出。司徒復位，諸太祝各還尊所。又進設星辰以下之饌，相次而畢。

太常卿引皇帝詣罍洗，樂作，皇帝至罍洗，樂止。侍中跪，取匜，興，沃水。又侍中跪，取盤，興，承水。皇帝盥手。黃門侍郎跪，取巾於篚，興，進。皇帝帨手。訖，黃門侍郎受巾，跪，奠於篚，遂取匏爵於篚，興，進。皇帝受爵。侍中酌罍水，又侍中奉盤，皇帝洗爵，黃門侍郎又授巾，皆如初。皇帝拭爵訖，侍中奠盤、匜，黃門侍郎受巾，奠於篚，皆如常。

太常卿引皇帝，樂作，皇帝詣壇，升自南陛，樂止。謁者引司徒升自東陛，立於尊所。齋郎奉俎從升，立於司徒之後。太常卿引皇帝詣黃帝酒尊所，執尊者舉冪。侍中贊酌汎齊。訖，《壽和之樂》作。太常卿引皇帝進黃帝含樞紐神座前，北面跪，奠爵，俛伏，興。太常卿引皇帝少退，北向立，樂止。太祝持版進於神座之右，東面跪，讀祝文曰："維某年歲次月朔日，子嗣天子臣某，敢昭告於黃帝含樞紐：爰兹溽暑，實惟土潤，戊己統位，黃鍾在宮。敬以玉帛、犧齊、粢盛、庶品，恭備禋祀，式虔厚德。帝軒轅氏配神作主。尚饗。"訖，興。皇帝再拜。初讀祝文訖，樂作，太祝進，跪，奠版於神座前，興，還尊所。皇帝拜訖，樂止。

　　太常卿引皇帝詣配帝酒尊所，執尊者舉冪。侍中取爵於坫，進。皇帝受爵。侍中贊酌汎齊訖，樂作。太常卿引皇帝進帝軒轅氏神座前，東面跪，奠爵，俛伏，興。太常卿引皇帝少退，東向立，樂止。太祝持版進於神座之左，北面跪，讀祝文曰："維某年歲次月朔日，子開元神武皇帝臣某，敢昭告於帝軒轅氏：時維季夏，位膺土德，式奉明禋於黃帝含樞紐。惟帝功施厚地，道合上玄，謹以制幣、犧齊、粢盛、庶品，肅陳明薦，作主配神。尚饗。"訖，興。皇帝再拜。初讀祝文訖，樂作，太祝進，跪，奠版於神座，興，還尊所。皇帝拜訖，樂止。

　　太常卿引皇帝進黃帝神座前，北向立，樂作。太祝各以爵酌上尊福酒，合置一爵。一太祝持爵授侍中，侍中受爵，西向進。皇帝再拜，受爵，跪，祭酒，啐酒，奠爵，俛伏，興。太祝各帥齋郎進俎。太祝跪，減神前胙肉加於俎，興，以胙肉共置一俎上。太祝持俎以授司徒，司徒奉俎，西向進。皇帝受以授左右。謁者引司徒降，復位。皇帝跪，取爵，遂飲，卒爵。侍中受爵以授太祝，太祝受爵，復於坫。皇帝俛伏，興，再拜，樂止。太常卿引皇帝，樂作，皇帝降自南陛，還版位，西向立，樂止。

　　文舞出，鼓柷，作《舒和之樂》，出訖，戛敔，樂止。武舞入，鼓柷，作《舒和之樂》，立定，戛敔，樂止。

　　皇帝獻將畢，謁者引太尉詣罍洗，盥手，洗匏爵。訖，謁者引太尉自東陛升壇，詣黃帝著尊所，執尊者舉冪。太尉酌醴齊。訖，武舞作。謁者引太尉進黃帝神座前，北面跪，奠爵，興。謁者引太尉少退，北向，再拜。謁者引太尉詣配帝犧尊所，取爵於坫，執尊者舉冪。太尉酌醴齊。訖，謁者引太尉進帝軒轅氏神座前，東面跪，奠爵，興。謁者引太尉少退，東向，再拜。謁者引太尉進黃帝神座前，北向立。太祝各以爵酌罍福酒，合置一爵。一太祝持爵進太尉之右，西向立。太尉再拜，受爵，跪，祭酒，遂飲，卒爵。太祝進，受爵，復於坫。太尉興，再拜。謁者引太尉降，復位。

　　初，太尉獻將畢，謁者引光祿卿詣罍洗，盥手，洗匏爵，升，酌盎齊，終獻如亞獻之儀。訖，謁者引光祿卿復位。

初，太尉將升獻，贊引二人各引獻官以次詣罍洗，盥手，洗爵，一獻鎮星，一獻后土氏，各詣酒尊所，俱酌酒，進，跪，奠於座首，興。餘座皆祝史助奠，相次而畢。贊引各引獻官還本位。武舞六成，樂止。

舞獻俱畢，上下諸祝各進，跪，徹豆，興，還尊所。徹者，籩、豆各一，少移於故處。奉禮曰：“賜胙。”贊者唱：“眾官再拜。”眾官在位者皆再拜。已飲福、受胙者不拜。《豫和之樂》作，太常卿前，奏稱：“請再拜。”退，復位。皇帝再拜。奉禮曰：“眾官再拜。”眾官在位者皆再拜。樂一成，止。

太常卿前，奏：“請就望燎位。”太常卿引皇帝，樂作，皇帝就望燎位，南向立，樂止。於群官將拜，上下諸祝各執篚進神座前，跪取玉帛、祝版，齋郎以俎載牲體、稷黍飯及爵酒，興，各自其陛降壇南行，經懸內，當柴壇南東行，自南陛登柴壇，以玉帛、祝版、饌物置於柴上戶內。諸祝又以星辰以下之禮幣皆從燎。訖，奉禮曰：“可燎。”東、西面各六人以炬燎火。半柴，太常卿前，奏：“禮畢。”

太常卿引皇帝還大次，樂作，皇帝出內壝門。殿中監前，受鎮圭以授尚衣奉御。殿中監又前，受大圭，華蓋侍衛如常儀。皇帝入次，樂止。謁者、贊引引祀官，通事舍人引從祀群官、諸方客使以次出。贊引引御史以下俱復執事位，立定，奉禮曰：“再拜。”御史以下皆再拜。贊引引出。工人、二舞以次出。

鑾駕還宮

如圜丘之儀。

卷第十七　吉禮

季夏土王日祀黄帝於南郊有司攝事

齋戒　陳設　省牲器　奠玉帛　進熟

齋戒

前祀七日平明，太尉誓百官於尚書省，曰："某月某日，祀黄帝於南郊。各揚其職，不供其事，國有常刑。"凡預祀之官散齋四日，致齋三日。散齋各於正寝。致齋二日於本司，一日於祀所，其無本司者皆於祀所。散齋理事如舊，惟不弔喪問疾，不作樂，不判署刑殺文書，不行刑罰，不預穢惡。致齋惟祀事得行，其餘悉斷。其祀官已齋而闕者，通攝行事。光禄卿監取明水火。太官令取水於陰鑒，取火於陽燧。火以供爨，水以實尊。

前祀一日，諸衛令其屬未後一刻各以其方器服守衛壇門，與太樂工人俱清齋一宿。

陳設

前祀三日，衛尉設祀官公卿以下次於東壝之外道南，北向西上。設陳饌幔於内壝東門之外道南，北向。

前祀二日，太樂令設宫懸之樂於壇南内壝之内。東方、西方磬簴起北，鐘簴次之；南方、北方磬簴起西，鐘簴次之。設十二鎛鐘於編懸之間，各依辰位。樹雷鼓於北懸之内、道之左右。植建鼓於四隅。置柷敔於懸内。柷在左，敔在右。設歌鐘、歌磬於壇上近南，北向。磬簴在西，鐘簴在東。其匏竹者立於壇下，重行北向，相對爲首。凡懸，皆展而編之。諸工人各位於懸後，東方、西方以北爲上，南方、北方以西爲上。右校埽除壇之内外。郊社令積柴於燎壇，其壇於神壇之左、内壝之外。方一丈，高一丈二尺，開上，南出户，方六尺。

前祀一日，奉禮設祀官公卿位於内壇東門之内道北，執事位於道南，每等異位，俱重行，西面北上。設望燎位，當柴壇之北，南向。設御史位於壇上：一位於東南隅，西向，一位於西南隅，東向，令史各陪其後。於壇下，設奉禮位於樂懸東北，贊者二人在南差退，俱西向。又設奉禮、贊者位於燎壇東北，西向，皆北上。設協律郎位於壇上南陛之西，東向。設太樂令位於北懸之間，當壇北向。設祀官公卿以下門外位，皆於東壝之外道南，每等異位，重行，北向西上。

設牲牓於東壝之外，當門西向。配帝牲牓少退，南上。設廩犧令位於牲西南，史陪其後，俱北向。設諸太祝位於牲東，各當牲後，祝史陪其後，俱西向。設太常卿省牲位於牲前近北，南向。

設黄帝酒尊於壇之上下：太尊二、著尊二、犧尊二、山罍二在壇上，於東南隅北向；象尊二、壺尊二、山罍二在壇下，皆於南陛之東北向。俱西上。設配帝著尊二、犧尊二、象尊二、山罍二在壇上，於黄帝酒尊之東，北向西上。鎮星、三辰、后土氏俱象尊二，各設於神座之左而右向。黄帝、配帝之尊置於坫，星辰以下之尊俱藉以席，皆加勺、冪。設爵於尊下。

設洗於壇南陛東南，北向。罍水在洗東，篚在洗西，南肆。篚實以巾、爵。設星辰以下罍、洗、篚、冪各於其方陛道之左，俱内向。執尊、罍、篚、冪者各於尊、罍、篚、冪之後。又設玉、幣之篚於壇之上下尊坫之所。

祀日未明五刻，太史令、郊社令升，設黄帝含樞紐神座於壇上北方，南向，席以藁秸。設帝軒轅氏神座於東方，西向，席以莞。設鎮星、三辰之座於壇之東北，南向，設后土氏之座於壇之東南，西向，席皆以莞。設神位各於座首。

省牲器

省牲之日午後十刻，去壇二百步所，諸衛之屬禁斷行人。

晡後二刻，諸行事之官各服常服。郊社令帥府史二人及齋郎以尊、坫、罍、洗、篚、冪入，設於位。

晡後三刻，諸太祝與廩犧令出，以牲就牓位。謁者引太常卿、贊引引御史詣壇東陛，升，視濯溉於上。於視濯，執尊者皆舉冪告潔。訖，引太常卿降，復位。謁者進太尉之左，白："請就門外位。"謁者、贊引各引祀官以下就門外位。謁者引太常卿就省牲位，南向立，廪犧令少前，曰："請省牲。"退，復位。太常卿省牲。廪犧令又前，北面，舉手曰："腯。"還本位。諸太祝各循牲一匝，西面，舉手曰："充。"俱還本位。諸太祝與廪犧令以次牽牲詣厨，授太官令。謁者引光禄卿詣厨，省鼎鑊，申視濯溉。謁者、贊引各引祀官就厨，省饌具①。訖，俱還齋所。

祀日未明十五刻②，太官令帥宰人以鸞刀割牲，祝史以豆取毛血，各置於饌所，遂烹牲。

奠玉帛

祀日未明三刻，諸祀官各服其服。郊社令、良醞令各帥其屬入，實尊、罍、玉、幣。凡六尊之次，太尊爲上，實以汎齊；著尊次之，實以醴齊；犧尊次之，實以盎齊；象尊次之，實以醍齊；壺尊次之，實以沈齊；山罍爲下，實以三酒③。配帝著尊爲上，實以汎齊；犧尊次之，實以醴齊；象尊次之，實以盎齊。④ 其鎮星、后土氏之象尊，俱實以醍齊。玄酒各實於五齊之上尊。禮神之玉以黄琮，幣皆用黄。太官令帥進饌者實諸籩、豆、簋、簠，入，設於内壇東門之外饌幔内。

未明二刻，奉禮帥贊者先入，就位。贊引引御史、博士、諸太祝及令史、祝史，與執尊、罍、篚、冪者入自東門，當壇南，重行，北面西上。立定，奉禮曰："再拜。"贊者承傳，凡奉禮有辭，贊者皆承傳。御史以下皆再拜。訖，執尊、罍、篚、冪者各就位。贊引引御史、諸太祝詣壇東陛，升，行埽除於上。令史、祝史升，行埽除於下。訖，各引就位。

未明一刻，太樂令帥工人、二舞以次入，就位，文舞入陳於懸内，武舞立於懸南道西。謁者引司空入，行埽除，訖，復位。初，司空入，謁者引祀官、贊引引執事者俱就壇外位。司空行埽除。訖，謁者、贊引各引祀官次入，就位。立定，奉禮曰："衆官再拜。"衆官在位者皆再拜。其先拜者不拜。謁者進太尉之左，白："有司謹具，請行事。"退，復位。協律郎跪，俛伏，舉麾，凡取物者皆跪，俛伏而取以興。奠物則跪、奠訖，俛伏而後興。鼓柷，奏宫

---

① 四庫本、《通典》卷一〇九《開元禮纂類四》於"祀官"後有"御史"二字。

② "五"字，公善堂本脱，據四庫本、《新唐書》卷一一《禮樂一》、《通典》卷一〇九《開元禮纂類四》校補。

③ "三酒"，四庫本作"玄酒"。

④ 四庫本於"盎齊"後有"山罍爲下實以清酒"八字。

音,乃以黃鍾之均,作文舞之舞。樂舞六成,偃麾,戛敔,樂止。凡樂,皆協律郎舉麾,工鼓柷而後作,偃麾、戛敔而後止。奉禮曰:"眾官再拜。"眾官在位者皆再拜。上下諸祝俱取玉、幣於篚,各立於尊所。

謁者引太尉詣南陛,升壇,北面立。太祝加玉於幣,東向授太尉。太尉受玉幣。登歌作《肅和之樂》,乃以大呂之均。謁者引太尉進,北面跪,奠於黃帝含樞紐神座前,興。謁者引太尉少退,北向,再拜。訖,謁者引太尉立於西方,東向。又太祝奉幣北向授太尉,太尉受幣。謁者引太尉進,東面跪,奠於帝軒轅氏神座前,興。謁者引太尉少退,東向,再拜。訖,登歌止。謁者引太尉降自南陛,還本位。初,太尉奠配帝之幣,星辰以下諸祝各以幣進,奠於神座前,還尊所。

初,眾官拜訖,祝史奉毛血之豆立於門外。於登歌止,祝史奉毛血入,各由其陛升,諸太祝迎取於壇上,俱進,奠於神座前。諸太祝與祝史退,立於尊所。

進熟

太尉既升奠玉幣,太官令出,帥進饌者奉饌陳於內壝門外。謁者引司徒出,詣饌所,司徒奉黃帝之俎。諸太祝既奠毛血,太官令引饌入。俎初入門,《雍和之樂》作,以黃鍾之均,饌至陛,樂止。祝史俱進,徹毛血之豆,降自東陛以出。黃帝之饌升自南陛,配帝之饌升自東陛。諸太祝迎引於壇上,各設於神座前。籩、豆蓋冪先徹,乃升。簠、簋既奠,却其蓋於下。設訖,謁者引司徒、太官令帥進饌者俱降自東陛以出。司徒復位,諸太祝各還尊所。又進設星辰以下之饌,相次而畢。

謁者引太尉詣罍洗,盥手,洗匏爵。訖,謁者引太尉升自南陛,詣黃帝酒尊所,執尊者舉冪。太尉酌汎齊。訖,樂作。謁者引太尉進黃帝含樞紐神座前,北面跪,奠爵,興。謁者引太尉少退,北向立,樂止。太祝持版進於神座之右,東面跪,讀祝文曰:"維某年歲次月朔日,子嗣天子臣某謹遣太尉封臣名,敢昭告於黃帝含樞紐:爰茲溽暑,實維土潤,戊己統位,黃鍾在宮。敬以玉帛、犧齊、粢盛、庶品,恭備禋祀,式虔厚德。帝軒轅氏配神作主。尚饗。"訖,興。太尉再拜。初讀祝文訖,樂作,太祝進,奠版於神座,還尊所。太尉拜訖,樂止。

　　謁者引太尉詣配帝酒尊所，取爵於坫，執尊者舉羃。太尉酌汎齊。訖，樂作。謁者引太尉進帝軒轅氏神座前，東面跪，奠爵，興。謁者引太尉少退，東向立，樂止。太祝持版進於神座之左，北面跪，讀祝文曰："維某年歲次月朔日，子開元神武皇帝臣某謹遣太尉封臣名，敢昭告於帝軒轅氏：時惟季夏，位膺土德，式奉明禋於黃帝含樞紐。惟帝功施厚地，道合上玄，謹以制幣、犧齊、粢盛、庶品，肅陳明薦，作主配神。尚饗。"訖，興。太尉再拜。初讀祝文訖，樂作，太祝進，奠版於神座，還尊所。太尉再拜訖，樂止。

　　謁者引太尉進黃帝神座前，北向立。太祝各以爵酌罍福酒，合置一爵。一太祝持爵進太尉之右，西向立。太尉再拜，受爵，跪，祭酒，啐酒，奠爵，興。太祝各帥齋郎進俎。太祝減神前胙肉加於俎，以胙肉共置一俎上。太祝持俎西向授太尉[①]，太尉受以授齋郎。太尉跪，取爵，遂飲，卒爵。太祝進，受爵，復於坫。太尉興，再拜。謁者引太尉降，復位。

　　文舞出，鼓柷，作《舒和之樂》，出訖，戛敔，樂止。武舞入，鼓柷，作《舒和之樂》，立定，戛敔，樂止。

　　初，太尉獻將畢，謁者引太常卿詣罍洗，盥手，洗匏爵。訖，謁者引太常卿自東陛升壇，詣黃帝著尊所，執尊者舉羃。太常卿酌醴齊。訖，武舞作。謁者引太常卿進黃帝含樞紐神座前，北面跪，奠爵，興。謁者引太常卿少退，北向，再拜。訖，謁者引太常卿詣配帝犧尊所，取爵於坫，執尊者舉羃。太常卿酌醴齊。訖，謁者引太常卿進帝軒轅氏神座前，東面跪，奠爵，興。謁者引太常卿少退，東向，再拜。訖，謁者引太常卿進黃帝含樞紐神座前，北向立。太祝各以爵酌罍福酒，合置一爵。一太祝持爵進太常卿之右，西向立。太常卿再拜，受爵，跪，祭酒，遂飲，卒爵。太祝進，受爵，復於坫。太常卿興，再拜。謁者引太常卿降，復位。

　　初，太常卿獻將畢，謁者引光祿卿詣罍洗，盥手，洗匏爵，升，酌盎齊，終獻如亞獻之儀。訖，謁者引光祿卿降，復位。

　　初，太常卿將升獻，贊引二人各引獻官以次詣罍洗，盥手，洗爵，一獻鎮星，一獻后土氏，各詣酒尊所，俱酌酒進，跪，奠於座首，興。餘座皆

----

　　① "西向"，四庫本作"東向"。

祝史助奠，相次而畢。贊引各引獻官還本位。武舞六成，樂止。

舞獻俱畢，上下諸祝各進，跪，徹豆，興，還尊所。徹者，籩、豆各一，少移於故處。奉禮曰："賜胙。"贊者唱："衆官再拜。"衆官在位者皆再拜。已飲福、受胙者不拜。樂作，奉禮曰："衆官再拜。"衆官在位者皆再拜。樂一成，止。

謁者進太尉之左，白："請就望燎位。"謁者引太尉就望燎位，南向立。於衆官將拜，上下諸祝各執篚進神座前，取玉帛、祝版，齋郎以俎載牲體、稷黍飯及爵酒，各由其陛降壇南行，經懸内，當柴壇南東行，自南陛登柴壇，以玉幣、祝版、饌物置於柴上戶内。諸祝又以星辰以下之禮幣皆從燎。訖，奉禮曰："可燎。"東、西面各六人以炬燎火。半柴，謁者進太尉之左，白："禮畢。"

謁者引太尉出。又謁者、贊引各引祀官以次出。贊引引御史以下俱復執事位，立定，奉禮曰："再拜。"御史以下皆再拜。贊引引出。工人、二舞以次出。

卷第十八　吉禮

皇帝立秋祀白帝於西郊

齋戒　陳設　省牲器　鑾駕出宮　奠玉帛　進熟
鑾駕還宮

齋戒

前祀七日平明，太尉誓百官於尚書省，曰："某月某日，祀白帝於西郊。各揚其職，不供其事，國有常刑。"皇帝散齋四日，致齋三日，如圜丘之儀。凡預祀之官散齋四日，致齋三日。散齋皆於正寢。致齋二日於本司，一日於祀所，其無本司者皆於祀所。近侍之官應從升者及從祀群官、諸方客使，各於本司及公館清齋一宿。無本司者各於家正寢。凡散齋理事如舊，惟不弔喪問疾，不作樂，不判署刑殺文書，不行刑罰，不預穢惡。致齋惟祀事得行，其餘悉斷。其祀官已齋而闕者，通攝行事。諸祀官致齋之日給酒食及明衣，各習禮於齋所。光禄卿監取明水火。太官令取水於陰鑒，取火於陽燧。火以供爨，水以實尊。

前祀一日，諸衛令其屬未後一刻各以其方器服守衛壇門，與太樂工人俱清齋一宿。

陳設

前祀三日，尚舍直長施大次於外壝東門之內道北，南向。尚舍奉御鋪御座。衛尉設陳饌幔於內壝東門之外道南，北向。設文武侍臣次，又設祀官及從祀群官、諸州使人、蕃客等次如式。

前祀二日，太樂令設宮懸之樂於壇南內壝之內，設歌鐘、歌磬於壇上，各如圜丘之儀。右校掃除壇之內外。郊社令積柴於燎壇，其壇於樂懸之南、外壝之內。方一丈，高一丈二尺，開上，南出戶，方六尺。

　　前祀一日，奉禮設御位於壇之東南，西向。設望燎位於柴壇之北，南向。設祀官公卿位於內壇東門之外道南，分獻之官於公卿之南，執事者位於其後，每等異位，俱重行，西面北上。設御史位於壇下：一位在東南，西向，一位在西南，東向，令史各陪其後。設奉禮位於樂懸東北，贊者二人在南差退，俱西向。設協律郎位於壇上南陛之西，東向。設太樂令位於北懸之間，北向。設從祀官文官九品以上位於執事之南，東方、南方蕃客又於其南，俱每等異位，重行，西面北上。介公、酅公位於中壇西門之內道南①，武官九品以上位於介公、酅公之南，西方、北方蕃客又於其南，俱每等異位，重行，東面北上。其褒聖侯於文官三品之下。諸州使人分方各位於其後。又設祀官及從祀群官等門外位於東、西壇門之外道南，皆如設次之式。

　　設牲牓於東壇之外，當門西向。配帝牲牓少退，南上。設廩犧令位於牲西南，史陪其後，俱北向。設諸太祝位於牲東，各當牲後，祝史陪其後，俱西向。設太常卿省牲位於牲前近北，南向。

　　設白帝酒尊於壇之上下：太尊二、著尊二、犧尊二、山罍二在壇上，於東南隅北向；象尊二、壺尊二、山罍二在壇下，皆於南陛之東，北向西上。設配帝著尊二、犧尊二、象尊二、山罍二在壇上，於白帝酒尊之東，北向西上。太白、三辰、蓐收氏俱象尊二，各設於神座之左，皆右向。七宿壺尊二，設於神座之右而左向。白帝、配帝之尊置於坫，星辰以下尊藉以席，皆加勺、冪。設爵於尊下。

　　設御洗於壇南陛東南，亞獻之洗又於東南，俱北向。罍水在洗東，篚在洗西，南肆。篚實以巾、爵。設星辰以下罍、洗、篚、冪各於其方陛道之左，俱內向。執尊、罍、篚、冪者各位於其後。又設玉、幣之篚於壇之上下尊坫之所。

　　祀日未明五刻，太史令、郊社令升，設白帝白招拒神座於壇上北方，南向，席以藁秸。設帝少昊氏神座於東方，西向，席以莞。設太白、三辰之座於壇之東北，七宿之座於壇之西北，各於壇下南向，相對為首。設蓐收氏之座於壇之東南，西向。席皆以莞。設神位各於座首。

———————————

①　"中壇"，四庫本作"內壇"，"內道"，四庫本作"外道"。

省牲器

省牲之日午後十刻，去壇二百步所，諸衛之屬禁斷行人。

晡後二刻，諸行事之官各服其服。郊社令帥府史二人及齋郎，以尊、坫、罍、洗、篚、冪入，設於位。

晡後三刻，諸太祝與廩犧令以牲就牓位。謁者引太常卿、贊引引御史詣壇東陛，升，視滌溉於上。於視滌，執尊者皆舉冪告潔。訖，引太常卿降，復位。謁者進太尉之左，白：“請就門外位。”謁者、贊引各引祀官以下就門外位。謁者引太常卿就省牲位，南向立。廩犧令少前，曰：“請省牲。”退，復位。太常卿省牲。廩犧令又前，北面，舉手曰：“腯。”還本位。諸太祝各循牲一匝，西面，舉手曰：“充。”俱還本位。諸太祝與廩犧令以次牽牲詣廚，授太官令。謁者引光祿卿詣廚，省鼎鑊，申視滌溉。謁者、贊引各引祀官就廚①，省饌具。訖，俱還齋所。

祀日未明十五刻②，太官令帥宰人以鸞刀割牲，祝史以豆取毛血，各置於饌所，遂烹牲。

鑾駕出宮

如圜丘之儀。

奠玉帛

祀日未明三刻，諸祀官各服其服。郊社令、良醞令各帥其屬入，實尊、罍、玉、幣。凡六尊之次，太尊爲上，實以汎齊；著尊次之，實以醴齊；犧尊次之，實以盎齊；象尊次之，實以醍齊；壺尊次之，實以沈齊；山罍爲下，實以三酒③。配帝著尊爲上，實以汎齊；犧尊次之，實以醴齊；象尊次之，實以盎齊④。其太白、蕟收氏之象尊，俱實以醍齊⑤。玄酒各實於五齊之上尊。禮神之玉以騂虞，其幣各以白。太官令帥進饌者實諸籩、豆、

---

①　四庫本、《通典》卷一〇九《開元禮纂類四》於“祀官”後有“御史”二字。

②　“五”字，公善堂本脫，據四庫本、《通典》卷一〇九《開元禮纂類四》、《新唐書》卷一一《禮樂一》校補。

③　“三酒”，四庫本作“清酒”。

④　四庫本於“盎齊”後有“山罍爲下實以清酒”八字。

⑤　四庫本、《通典》卷一一〇《開元禮纂類五》於“醍齊”後有“七宿之壺尊實以沈齊”九字。

簠、簋，入，設於内壝東門之外饌幔内。

　　未明二刻，奉禮帥贊者先入，就位。贊引引御史、博士、諸太祝及令史、祝史，與執尊、罍、篚、冪者入自東壝門，當壇南，重行，北面西上。立定，奉禮曰："再拜。"贊者承傳，凡奉禮有辭，贊者皆承傳。御史以下皆再拜。訖，執尊、罍、篚、冪者各就位。贊引引御史、諸太祝詣壇東陛，升，行埽除於上。令史、祝史升，行埽除於下。訖，各引降，就位。

　　駕將至，謁者、贊引各引祀官，通事舍人分引從祀群官、諸方客使先置者，就門外位。駕至大次門外，迴輅南向。千牛將軍降，立於輅右。侍中進，當鑾駕前跪，奏稱："侍中臣某言，請降輅。"俛伏，興，還侍位。皇帝降輅之大次。通事舍人各引文武五品以上從祀之官皆就壝外位。太樂令帥工人、二舞次入，就位，文舞入陳於懸内，武舞立於懸南道西。謁者引司空入，行埽除，訖，出，復位，如常儀。皇帝停大次半刻頃，通事舍人、贊引各引從祀群官、介公、酅公、諸方客使先入，就位。太常博士引太常卿立於大次門外，當門北向。侍中版奏："外辦。"皇帝服大裘而冕出次，華蓋侍衛如常儀。博士引太常卿，太常卿引皇帝凡太常卿前導，皆博士先引。至内壝門外。殿中監進大圭。尚衣奉御又以鎮圭授殿中監，殿中監受，進。皇帝搢大圭，執鎮圭。華蓋仗衛停於門外。近侍者從入如常。謁者引禮部尚書、太常少卿陪從，如常儀。

　　皇帝至版位，西向立。每立定，太常卿與博士即退，立於左。謁者、贊引各引祀官次入，就位。立定，太常卿前，奏稱："請再拜。"退，復位。皇帝再拜。奉禮曰："衆官再拜。"衆官在位者皆再拜。其先拜者不拜。太常卿前，奏："有司謹具，請行事。"退，復位。協律郎跪，俛伏，舉麾，凡取物者皆跪，俛伏而取以興。奠物則跪、奠訖，俛伏而後興。鼓柷，奏商音，乃以黄鍾之均，作文舞之舞。樂舞六成，偃麾，戛敔，樂止。太常卿前，奏稱："請再拜。"退，復位。皇帝再拜。奉禮曰："衆官再拜。"衆官在位者皆再拜。上下諸太祝俱取玉、幣於篚，各立於尊所。

　　太常卿引皇帝，《太和之樂》作。皇帝詣壇，升自南陛，侍中、中書令以下左右侍衛量人從升。皇帝升壇，北向立，樂止。太祝加玉於幣，以授侍中，侍中奉玉幣東向進。皇帝搢鎮圭，受玉幣。登歌作《肅和之樂》，以大呂之均。太常卿引皇帝進，北面跪，奠於白帝白招拒神座，俛伏，興。太常卿引皇帝少退，北向，再拜。訖，太常卿引皇帝立於西方，東面。又太祝以幣授侍中，侍中奉幣北向進。皇帝受幣。太常卿引皇帝進，東面跪，奠於帝少昊氏神座，俛伏，興。太常卿引皇帝少退，東向，再拜。訖，登歌止。太常卿引皇帝，樂作。皇帝降自南陛，還版位，西向立，樂止。皇帝初奠配帝之幣，星辰以下諸祝各以幣進，奠於神座，還尊所。

初，群官拜訖，祝史各奉毛血之豆立於門外。於登歌止，祝史奉毛血入，各由其陛升，諸太祝迎取於壇上，俱進，奠於神座前。諸太祝與祝史退，立於尊所。

進熟

皇帝既升奠玉幣，太官令出，帥進饌者奉饌陳於內壝門外。謁者引司徒出，詣饌所，司徒奉白帝之俎。初，皇帝既至位，樂止，太官令引饌入。俎初入門，《雍和之樂》作，以黃鍾之均，饌至陛，樂止。祝史俱進，跪，徹毛血之豆，降自東陛以出。白帝之饌升自南陛，配帝之饌升自東陛。諸太祝迎引於壇上，各設於神座前。籩、豆蓋冪先徹，乃升。簋、簠既奠，却其蓋於下。設訖，謁者引司徒、太官令帥進饌者俱降自東陛以出。司徒復位，諸太祝各還尊所。又進設星辰以下之饌，相次而畢。

太常卿引皇帝詣罍洗，樂作。皇帝至罍洗，樂止。侍中跪，取匜，興，沃水；又侍中跪，取盤，興，承水。皇帝盥手。黃門侍郎跪，取巾於篚，興，進。皇帝帨手。訖，黃門侍郎受巾，跪，奠於篚，遂取匏爵於篚，興，進。皇帝受爵。侍中酌罍水，又侍中奉盤，皇帝洗爵，黃門侍郎又授巾，皆如初。皇帝拭爵。訖，侍中奠盤、匜，黃門侍郎受巾，奠於篚，皆如常。

太常卿引皇帝，樂作。皇帝詣壇，升自南陛，樂止。謁者引司徒升自東陛，立於尊所。齋郎奉俎從升，立於司徒之後。太常卿引皇帝詣白帝酒尊所，執尊者舉冪。侍中贊酌汎齊。訖，《壽和之樂》作。太常卿引皇帝進白帝白招拒神座前，北面跪，奠爵，俛伏，興。太常卿引皇帝少退，北向立，樂止。太祝持版進於神座之右，東面跪，讀祝文曰："維某年歲次月朔日，子嗣天子臣某，敢昭告於白帝白招拒：素秋伊始，品物收成，祇率舊章，展其恒禮。敬以玉帛、犧齊、粢盛、庶品，備茲燔祀，欽承恭德。帝少昊氏配神作主。尚饗。"訖，興。皇帝再拜。初讀祝文訖，樂作，太祝進，跪，奠版於神座前，興，還尊所。皇帝拜訖，樂止。

太常卿引皇帝詣配帝酒尊所，執尊者舉冪。侍中取爵於坫，進。皇帝受爵。侍中贊酌汎齊。訖，樂作。太常卿引皇帝進帝少昊氏神座前，東面跪，奠爵，俯伏，興。太常卿引皇帝少退，東向立，樂止。太祝持版進於神座之左，北面跪，讀祝文曰："維某年歲次月朔日，子開元神武皇帝臣某，敢昭告於帝少昊氏：時維立秋，金德在馭，用致燔祀於白帝白招拒。惟帝立茲義政，叶此神功，謹以制幣、犧齊、粢盛、庶品，備斯明薦，作主配神。尚饗。"訖，興。皇帝再拜。初讀祝文訖，樂作，太祝進，跪，奠版於神座，興，還尊所。皇帝拜訖，樂止。

太常卿引皇帝進白帝神座前，北向立，樂作。太祝各以爵酌上尊福酒，合置一爵。一太祝持爵授侍中，侍中受爵，西向進。皇帝再拜，受爵，跪，祭酒，啐酒，奠爵，俛伏，興。太祝各帥齋郎進俎。太祝跪，減神前胙肉加於俎，興，以胙肉共置一俎上。太祝持俎以授司徒，司徒奉俎西向進。皇帝受以授左右。謁者引司徒降，復位。皇帝跪，取爵，遂飲，卒爵。侍中受爵以授太祝，太祝受爵，復於坫。皇帝俛伏，興，再拜，樂止。太常卿引皇帝，樂作。皇帝降自南陛，還版位，西向立，樂止。

文舞出，鼓柷，作《舒和之樂》，出訖，戞敔，樂止。武舞入，鼓柷，作《舒和之樂》，立定，戞敔，樂止。

皇帝獻將畢，謁者引太尉詣罍洗，盥手，洗匏爵。訖，謁者引太尉自東陛升壇，詣白帝著尊所，執尊者舉冪。太尉酌醴齊。訖，武舞作。謁者引太尉進白帝神座前，北面跪，奠爵，興。謁者引太尉少退，北向，再拜。謁者引太尉詣配帝犧尊所，取爵於坫，執尊者舉冪。太尉酌醴齊。訖，謁者引太尉進帝少昊氏神座前，東面跪，奠爵，興。謁者引太尉少退，東向，再拜。謁者引太尉進白帝神座前，北向立。太祝各以爵酌罍福酒，合置一爵。一太祝持爵進太尉之右，西向立。太尉再拜，受爵，跪，祭酒，遂飲，卒爵。太祝進，受爵，復於坫。太尉興，再拜。謁者引太尉降，復位。

初，太尉獻將畢，謁者引光祿卿詣罍洗，盥手，洗匏爵，升，酌盎齊，終獻如亞獻之儀。訖，謁者引光禄卿復位。

初，太尉將升獻，贊引三人各引獻官以次詣罍洗，盥手，洗爵，一獻太白、三辰，一獻蓐收氏，一獻七宿，各詣酒尊所，俱酌酒，進，跪，奠於座首，興。餘座皆祝史助奠，相次而畢。贊引各引獻官還本位。武舞六成，樂止。

舞獻俱畢，上下諸祝各進，跪，徹豆，興，還尊所。徹者，籩、豆各一，少移於故處。奉禮曰："賜胙。"贊者唱："衆官再拜。"衆官在位者皆再拜。已飲福、受胙者不拜。《豫和之樂》作，太常卿前，奏稱："請再拜。"退，復位。皇帝再拜。奉禮曰："衆官再拜。"衆官在位者皆再拜。樂一成，止。

太常卿前，奏："請就望燎位。"太常卿引皇帝，樂作。皇帝就望燎位，南向立，樂止。於群官將拜，上下諸祝各執篚進神座前，跪取玉帛、祝版，齋郎以俎載牲體、稷黍飯及爵酒，興，各自其陛降壇南行，經懸內，當柴壇南東行，自南陛登柴壇，以玉帛、祝版、饌物置於柴上户內。諸祝又以星辰以下之禮幣皆從燎。訖，奉禮曰："可燎。"東、西面各六人以炬燎火。半柴，太常卿前，奏："禮畢。"

太常卿引皇帝還大次，樂作。皇帝出內壝門。殿中監前，受鎮圭以授尚衣奉御。殿中監又前，受大圭。華蓋侍衛如常儀。皇帝入次，樂止。

謁者、贊引引祀官，通事舍人引從祀群官、諸方客使以次出。贊引引御史以下俱復執事位，立定，奉禮曰："再拜。"御史以下皆再拜。贊引引出。工人、二舞以次出。

鑾駕還宮

如圜丘之儀。

卷第十九　吉禮

立秋祀白帝於西郊有司攝事

齋戒　陳設　省牲器　奠玉帛　進熟

齋戒

前祀七日平明，太尉誓百官於尚書省，曰："某月某日，祀白帝於西郊。各揚其職，不供其事，國有常刑。"凡預祀之官，散齋四日，致齋三日。散齋各於正寢。致齋二日於本司，一日於祀所，其無本司者皆於祀所。散齋理事如舊，惟不弔喪問疾，不作樂，不判署刑殺文書，不行刑罰，不預穢惡。致齋惟祀事得行，其餘悉斷。其祀官已齋而闕者，通攝行事。光禄卿監取明水火。太官令取水於陰鑒，取火於陽燧。火以供爨，水以實尊。

前祀一日，諸衛令其屬未後一刻各以其方器服守衛壇門，與太樂工人俱清齋一宿。

陳設

前祀三日，衛尉設祀官公卿以下次於東壝之外道南，北向西上。設陳饌幔於内壝東門之外道南，北向。

前祀二日，太樂令設宮懸之樂於壇南内壝之内。東方、西方磬簴起北，鐘簴次之；南方、北方磬簴起西，鐘簴次之。設十二鎛鐘於編懸之間，各依辰位。樹雷鼓於北懸之内、道之左右。植建鼓於四隅。置柷敔於懸内。柷在左，敔在右。設歌鐘、歌磬於壇上近南，北向。磬簴在西，鐘簴在東。其匏竹者立於壇下，重行北向，相對爲首。凡懸，皆展而編之。諸工人各位於懸後，東方、西方以北爲上，南方、北方以西爲上。右校埽除壇之内外。郊社令積柴於燎壇，其壇於神壇之左、内壝之外。方一丈，高一丈二尺，開上，南出户，方六尺。

　　前祀一日，奉禮設祀官公卿位於內壝東門之內道北，執事位於道南，每等異位，俱重行，西面北上。設望燎位，當柴壇之北，南向。設御史位於壇上：正位於東南隅，西向；副位於西南隅，東向，令史各陪其後。於壇下，設奉禮位於樂懸東北，贊者二人在南差退，俱西向。又設奉禮、贊者位於燎壇東北，西面。皆北上。設協律郎位於壇上南陛之西，東向。設太樂令位於北懸之間，當壇北向。設祀官公卿以下門外位，皆於東壝之外道南，每等異位，重行，北面西上。

　　設牲牓於東壝之外，當門西向。配帝牲牓少退，南上。設廩犧令位於牲西南，史陪其後，俱北向。設諸太祝位於牲東，各當牲後，祝史陪其後，俱西向。設太常卿省牲位於牲前近北，南向。

　　設白帝酒尊於壇之上下：太尊二、著尊二、犧尊二、山罍二在壇上，於東南隅，北向；象尊二、壺尊二、山罍二在壇下，皆於南陛之東，北向。俱西上。設配帝著尊二、犧尊二、象尊二、山罍二在壇上，於白帝酒尊之東，北向西上。太白、三辰、蓐收氏俱象尊二，各設於神座之左，皆右向。七宿壺尊二，設於神座之右而左向。白帝、配帝之尊置於坫，星辰以下之尊俱藉以席，皆加勺、冪。設爵於尊下。

　　設洗於壇南陛東南，北向。罍水在洗東，篚在洗西，南肆。篚實以巾、爵。設星辰以下罍、洗、篚、冪各於其方陛道之左，俱內向。執尊、罍、篚、冪者各於尊、罍、篚、冪之後。又設玉、幣之篚於壇之上下尊坫之所。

　　祀日未明五刻，太祝令、郊社令升，設白帝白招拒神座於壇上北方，南向，席以藁秸。設帝少昊氏神座於東方，西向，席以莞。設太白、三辰之座於壇之東北，七宿之座於壇之西北，各於壇下，南向，相對爲首。設蓐收氏之座於壇之東南，西向。席皆以莞。設神位各於座首。

省牲器

　　省牲之日午後十刻，去壇二百步所，諸衛之屬禁斷行人。

　　晡後二刻，諸行事之官各服常服。郊社令帥府史二人及齋郎，以尊、坫、罍、洗、篚、冪入，設於位。

　　晡後三刻，諸太祝與廩犧令出，以牲就牓位。謁者引太常卿、贊引引御史詣壇東陛，升，視濯溉於上。於視濯，執尊者皆舉冪告潔。訖，引太常卿降，復位。謁者進太尉之左，白：“請就門外位。”謁者、贊引各引祀官以下就門外位。謁者引太常卿就省牲位，南向立。廩犧令少前，曰：“請省牲。”退，復位。太常卿省牲。廩犧令又前，北面，舉手曰：“腯。”還本位。諸太祝各循牲一匝，西面，舉手曰：“充。”俱還本位。諸太祝與廩犧令以次牽牲詣厨，授太官令。謁者引光禄卿詣厨省鼎鑊，申視濯溉。謁者、贊引各引祀官就厨①，省饌具。訖，俱還齋所。

祀日未明十五刻②，太官令帥宰人以鸞刀割牲，祝史以豆取毛血，各置於饌所，遂烹牲。

奠玉帛

祀日未明三刻，諸祀官各服其服。郊社令、良醞令各帥其屬入，實尊、罍、玉、幣。凡六尊之次，太尊爲上，實以汎齊；著尊次之，實以醴齊；犧尊次之，實以盎齊；象尊次之，實以醍齊；壺尊次之，實以沈齊；山罍爲下，實以三酒③。配帝著尊爲上，實以汎齊；犧尊次之，實以醴齊；象尊次之，實以盎齊④。其太白、蕭收氏之象尊，俱實以醍齊；七宿之壺尊，實以沈齊。玄酒各實於五齊之上尊。禮神之玉以騂虞，幣皆用白。太官令帥進饌者實諸籩、豆、簠、簋，入，設於内壇東門之外饌幔内。

未明二刻，奉禮帥贊者先入，就位。贊引引御史、博士、諸太祝及令史、祝史，與執尊、罍、篚、冪者入自東門，當壇南，重行，北面西上。立定，奉禮曰：“再拜。”贊者承傳，凡奉禮有辭，贊者皆承傳。御史以下皆再拜。訖，執尊、罍、篚、冪者各就位。贊引引御史、諸太祝詣壇東陛，升，行埽除於上。令史、祝史升，行埽除於下。訖，各引就位。

未明一刻，太樂令帥工人、二舞以次入，就位，文舞入陳於懸内，武舞立於懸南道西。謁者引司空入，行埽除，訖，復位。初，司空入，謁者引祀官、贊引引執事者俱就壇外位。司空行埽除訖，謁者、贊引各引祀官次入，就位。立定，奉禮曰：“衆官再拜。”衆官在位者皆再拜。其先拜者不拜。謁者進太尉之左，白：“有司謹具，請行事。”退，復位。協律郎跪，俛

---

① 四庫本、《通典》卷一〇九《開元禮纂類四》於“祀官”後有“御史”二字。

② “五”字，公善堂本脱，據四庫本、《新唐書》卷一一《禮樂一》、《通典》卷一〇九《開元禮纂類四》校補。

③ “三酒”，四庫本作“清酒”。

④ 四庫本於“盎齊”後有“山罍爲下實以清酒”八字。

伏，舉麾。凡取物者皆跪，俯伏而取以興。奠物則跪、奠訖，俛伏而後興。鼓柷，奏商音，乃以黄鍾之均，作文舞之舞。樂舞六成，偃麾，戛敔，樂止。凡樂，皆協律郎舉麾①，工鼓柷而後作，偃麾、戛敔而後止。奉禮曰："衆官再拜。"衆官在位者皆再拜。上下諸祝俱取玉、幣於篚，各立於尊所。

謁者引太尉詣南陛，升壇，北向立。太祝加玉於幣，東向授太尉。太尉受玉幣。登歌作《肅和之樂》，乃以大吕之均。謁者引太尉進，北面跪，奠於白帝白招拒神座前，興。謁者引太尉少退，北向，再拜。訖，謁者引太尉立於西方，東向。又太祝奉幣北向授太尉，太尉受幣。謁者引太尉進，東面跪，奠於帝少昊氏神座前，興。謁者引太尉少退，東向，再拜。訖，登歌止。謁者引太尉降自南陛，還本位。初，太尉奠配帝之幣，星辰以下諸祝各以幣進，奠於神座前，還尊所。

初，衆官拜訖，祝史各奉毛血之豆立於門外。於登歌止，祝史奉毛血入，各由其陛升，諸太祝迎取於壇上，俱進，奠於神座前。諸太祝與祝史退，立於尊所。

進熟

太尉既升奠玉幣，太官令出，帥進饌者奉饌陳於内壝門外。謁者引司徒出，詣饌所，司徒奉白帝之俎。諸太祝既奠毛血，太官令引饌入。俎初入門，《雍和之樂》作，以黄鍾之均。饌至陛，樂止。祝史俱進，徹毛血之豆，降自東陛以出。白帝之饌升自南陛，配帝之饌升自東陛。諸太祝迎引於壇上，各設於神座前。籩、豆蓋幂先徹，乃升。簋、簠既奠，却其蓋於下。設訖，謁者引司徒、太官令帥進饌者俱降自東陛以出，司徒復位，諸太祝各還尊所。又進設星辰以下之饌，相次而畢。

謁者引太尉詣罍洗，盥手，洗匏爵。訖，謁者引太尉升自南陛，詣白帝酒尊所，執尊者舉幂。太尉酌汎齊。訖，樂作。謁者引太尉進白帝白招拒神座前，北面跪，奠爵，興。謁者引太尉少退，北向立，樂止。太祝持版進於神座之右，東面跪，讀祝文曰："維某年歲次月朔日，子嗣天子臣某謹遣太尉封臣名，敢昭告於白帝白招拒：素秋伊始，品物收成，祗率

---

① "舉麾"，公善堂本作"偃麾"，據四庫本校改。

舊章，展其恒禮。敬以玉帛、犧齊、粢盛、庶品，備茲燔祀，欽承恭德。帝少昊氏配神作主。尚饗。"訖，興。太尉再拜。初讀祝文訖，樂作，太祝進，奠版於神座，還尊所。太尉拜訖，樂止。

　　謁者引太尉詣配帝酒尊所，取爵於坫，執尊者舉幂。太尉酌汎齊。訖，樂作。謁者引太尉進帝少昊氏神座前，東面跪，奠爵，興。謁者引太尉少退，東向立，樂止。太祝持版進於神座之左，北面跪，讀祝文曰："維某年歲次月朔日，子開元神武皇帝臣某謹遣太尉封臣名，敢昭告於帝少昊氏：時維立秋，金德在馭，用致燔柴於白帝白招拒。惟帝立茲義政，叶此神功，謹以制幣、犧齊、粢盛、庶品，備斯明薦，作主配神。尚饗。"訖，興。太尉再拜。初讀祝文訖，樂作，太祝進，奠版於神座，還尊所。太尉再拜訖，樂止。

　　謁者引太尉進白帝神座前，北向立。太祝各以爵酌罍福酒，合置一爵。一太祝持爵進太尉之右，西向立。太尉再拜，受爵，跪，祭酒，啐酒，奠爵，興。太祝各帥齋郎進俎。太祝減神前胙肉加於俎，以胙肉共置一俎上。太祝持俎西向授太尉①，太尉受以授齋郎。太尉跪，取爵，遂飲，卒爵。太祝進，受爵，復於坫。太尉興，再拜。謁者引太尉降，復位。

　　文舞出，鼓柷，作《舒和之樂》。出訖，戛敔，樂止。武舞入，鼓柷，作《舒和之樂》。立定，戛敔，樂止。

　　初，太尉獻將畢，謁者引太常卿詣罍洗，盥手，洗匏爵。訖，謁者引太常卿自東陛升壇，詣白帝著尊所，執尊者舉幂。太常卿酌醴齊。訖，武舞作。謁者引太常卿進白帝白招拒神座前，北面跪，奠爵，興。謁者引太常卿少退，北向，再拜。訖，謁者引太常卿詣配帝犧尊所，取爵於坫，執尊者舉幂。太常卿酌醴齊。訖，謁者引太常卿進帝少昊氏神座前，東面跪，奠爵，興。謁者引太常卿少退，東向，再拜。訖，謁者引太常卿進白帝白招拒神座前，北向立。太祝各以爵酌罍福酒，合置一爵。一太祝持爵進太常卿之右，西向立。太常卿再拜，受爵，跪，祭酒，遂飲，卒爵。太祝進，受爵，復於坫。太常卿興，再拜。謁者引太常卿降，復位。

　　初，太常卿獻將畢，謁者引光祿卿詣罍洗，盥手，洗匏爵，升，酌盎

---

① "西向"，四庫本作"東向"。

齊，終獻如亞獻之儀。訖，謁者引光禄卿降，復位。

初，太常卿將升獻，贊引三人各引獻官以次詣罍洗，盥手，洗爵，一獻太白、三辰，一獻蓐收氏，一獻七宿，各詣酒尊所，俱酌酒，進，跪，奠於座首，興。餘座皆祝史助奠，相次而畢。贊引各引獻官還本位。武舞六成，樂止。

舞獻俱畢，上下諸祝各進，跪，徹豆，興，還尊所。徹者籩、豆各一，少移於故處。奉禮曰："賜胙。"贊者唱："衆官再拜。"衆官在位者皆再拜。已飲福、受胙者不拜。樂作，奉禮曰："衆官再拜。"衆官在位者皆再拜。樂一成，止。

謁者進太尉之左，白："請就望燎位。"謁者引太尉就望燎位，南向立。於衆官將拜，上下諸祝各執篚進神座前，取玉帛、祝版，齋郎以俎載牲體、稷黍飯及爵酒，各由其陛降壇南行，經懸内，當柴壇南東行，自南陛登柴壇，以玉幣、祝版、饌物置於柴上戶内。諸祝又以星辰以下之禮幣皆從燎。訖，奉禮曰："可燎。"東、西面各六人以炬燎火。半柴，謁者進太尉之左，白："禮畢。"

謁者引太尉出。又謁者、贊引各引祀官以次出。贊引引御史以下俱復執事位，立定，奉禮曰："再拜。"御史以下皆再拜。贊引引出。工人、二舞以次出。

卷第二十　吉禮

皇帝立冬祀黑帝於北郊

齋戒　陳設　省牲器　鑾駕出宮　奠玉帛　進熟
鑾駕還宮

齋戒

前祀七日平明，太尉誓百官於尚書省，曰："某月某日，祀黑帝於北郊。各揚其職，不供其事，國有常刑。"皇帝散齋四日，致齋三日，如圜丘之儀。凡預祀之官，散齋四日，致齋三日。散齋皆於正寢。致齋二日於本司，一日於祀所，其無本司者皆於祀所。近侍之官應從升者及從祀群官、諸方客使，各於本司及公館清齋一宿。無本司者各於家正寢。凡散齋理事如舊，惟不弔喪問疾，不作樂，不判署刑殺文書，不行刑罰，不預穢惡。致齋惟祀事得行，其餘悉斷。其祀官已齋而闕者，通攝行事。諸祀官致齋之日給酒食及明衣，各習禮於齋所。光祿卿監取明水火。太官令取水於陰鑒，取火於陽燧。火以供爨，水以實尊。

前祀一日，諸衛令其屬未後一刻各以其方器服守衛壇門，與太樂工人俱清齋一宿。

陳設

前祀三日，尚舍直長施大次於外壝東門之内道北，南向。尚舍奉御鋪御座。衛尉設陳饌幔於内壝東門之外道南，北向。設文武侍臣次，又設祀官及從祀群官、諸州使人、蕃客等次如式。

前祀二日，太樂令設宮懸之樂於壇南内壝之内，設歌鐘、歌磬於壇上，各如圜丘之儀。右校埽除壇之内外。郊社令積柴於燎壇，其壇於樂懸之南、外壝之内。方一丈，高一丈二尺，開上，南出户，方六尺。

前祀一日，奉禮設御位於壇之東南，西向。設望燎位於柴壇之北，南向。設祀官公卿位於內壝東門之外道南，分獻之官於公卿之南，執事者位於其後，每等異位，俱重行，西面北上。設御史位於壇下：一位在東南，西向，一位在西南，東向，令史各陪其後。設奉禮位於樂懸東北，贊者二人在南差退，俱西向。設協律郎位於壇上南陛之西，東向。設太樂令位於北懸之間，北向。設從祀官文官九品以上位於執事之南，東方、南方蕃客又於其南，俱每等異位，重行，西面北上。介公、酅公位於中壝西門之內道南①，武官九品以上位於介公、酅公之南②，西方、北方蕃客又於其南，俱每等異位，重行，東面北上。其褒聖侯於文官三品之下。諸州使人分方各位於其後。又設祀官及從祀群官等門外位於東、西壝門之外道南，皆如設次之式。

設牲牓於東壝之外，當門西向。配帝牲牓少退，南上。設廩犧令位於牲西南，史陪其後，俱北向。設諸太祝位於牲東，各當牲後，祝史陪其後，俱西向。設太常卿省牲位於牲前近北，南向。

設黑帝酒尊於壇之上下：太尊二、著尊二、犧尊二、山罍二在壇上，於東南隅，北向；象尊二、壺尊二、山罍二在壇下，皆於南陛之東，北向西上。設配帝著尊二、犧尊二、象尊二、山罍一③在壇上，於黑帝酒尊之東，北向西上。辰星、三辰、玄冥氏俱象尊二，各設於神座之左，皆右向。七宿壺尊二，各設於神座之右而左向。黑帝、配帝之尊置於坫，星辰以下尊藉以席，皆加勺、冪。設爵於尊下。

設御洗於壇南陛東南，亞獻之洗又於東南，俱北向。罍水在洗東，篚在洗西，南肆。篚實以巾、爵。設星辰以下罍、洗、篚、冪各於其方陛道之左，俱內向。執尊、罍、篚、冪者各位於其後。又設玉、幣之篚於壇之上下尊坫之所。

祀日未明五刻，太史令、郊社令升，設黑帝叶光紀神座於壇上北方，

---

① “中壝”，四庫本作“內壝”；“內道”，四庫本作“外道”。《通典》卷一一〇《開元禮纂類五》無“中壝”二字。

② “南”字，四庫本作“後”。《新唐書》卷一一《禮樂一》云：“介公、酅公位於西門之內道南，武官九品於其南，少西。”今以公善堂本爲是。

③ “一”字，四庫本作“二”。《新唐書》卷一二《禮樂二》曰：“以著尊實汎齊，犧尊實醴齊，象尊實盎齊，山罍實酒，皆二，以祀配帝。”疑公善堂本誤。

南向，席以藳秸。設帝顓頊氏神座於東方，西向，席以莞。設辰星、三辰之座於壇之東北，七宿之座於壇之西北，各於壇下，南向，相對爲首。設玄冥氏之座於壇之東南，西向。席皆以莞。設神位各於座首。

省牲器

省牲之日午後十刻，去壇二百步所，諸衛之屬禁斷行人。

晡後二刻，諸行事之官各服常服。郊社令帥府史二人及齋郎，以尊、坫、罍、洗、篚、羃入，設於位。

晡後三刻，諸太祝與廩犧令以牲就牓位。謁者引太常卿、贊引引御史詣壇東陛，升，視濯溉於上。於視濯，執尊者皆舉羃告潔。訖，引太常卿降，復位。謁者進太尉之左，白：“請就門外位。”謁者、贊引各引祀官以下就門外位。謁者引太常卿就省牲位，南向立。廩犧令少前，曰：“請省牲。”退，復位。太常卿省牲。廩犧令又前，北面，舉手曰：“腯。”還本位。諸太祝各循牲一匝，西面，舉手曰：“充。”俱還本位。諸太祝與廩犧令以次牽牲詣厨，授太官令。謁者引光禄卿詣厨，省鼎鑊，申視濯溉。謁者、贊引各引祀官就厨①，省饌具。訖，俱還齋所。

祀日未明十五刻②，太官令帥宰人以鸞刀割牲，祝史以豆取毛血，各置於饌所，遂烹牲。

鑾駕出宮

如圜丘之儀。

奠玉帛

祀日未明三刻，諸祀官各服其服。郊社令、良醞令各帥其屬入，實尊、罍、玉、幣。凡六尊之次，太尊爲上，實以汎齊；著尊次之，實以醴齊；犧尊次之，實以盎齊；象尊次之，實以醍齊；壺尊次之，實以沈齊；山罍爲下，實以三酒③。配帝著尊爲上，實以汎

---

① 四庫本、《通典》卷一○九《開元禮纂類四》於“祀官”後有“御史”二字。

② “五”字，公善堂本脱，據四庫本、《新唐書》卷一一《禮樂一》、《通典》卷一○九《開元禮纂類四》校補。

③ “三酒”，四庫本作“清酒”。

齊;犧尊次之,實以醴齊;象尊次之,實以盎齊①。其辰星、玄冥氏之象尊,俱實以醍齊②。玄酒各實於五齊之上尊。禮神之玉以玄璜,其幣各以玄。太官令帥進饌者實諸籩、豆、簋、簠,入,設於內壝東門之外饌幔內。

　　未明二刻,奉禮帥贊者先入,就位。贊引引御史、博士、諸太祝及令史、祝史,與執尊、罍、篚、冪者入自東壝門,當壇南,重行,北面西上。立定,奉禮曰:“再拜。”贊者承傳,凡奉禮有辭,贊者皆承傳。御史以下皆再拜。訖,執尊、罍、篚、冪者各就位。贊引引御史、諸太祝詣壇東陛,升,行埽除於上。令史、祝史升,行埽除於下。訖,各引降,就位。

　　駕將至,謁者、贊引各引祀官,通事舍人分引從祀群官、諸方客使先置者,就門外位。駕至大次門外,迴輅南向。千牛將軍降,立於輅右。侍中進,當鑾駕前跪,奏稱:“侍中臣某言,請降輅。”俛伏,興,還侍位。皇帝降輅之大次。通事舍人各引文武五品以上從祀之官皆就壝外位。太樂令帥工人、二舞次入,就位,文舞入陳於懸內,武舞立於懸南道西。謁者引司空入,行埽除,訖,出,復位,如常儀。皇帝停大次半刻頃,通事舍人、贊引各引從祀群官、介公、酅公、諸方客使先入,就位。太常博士引太常卿立於大次門外,當門北向。侍中版奏:“外辦。”皇帝服大裘而冕出次,華蓋侍衛如常儀。博士引太常卿,太常卿引皇帝凡太常卿前導,皆博士先引。至內壝門外。殿中監進大圭。尚衣奉御又以鎮圭授殿中監,殿中監受,進。皇帝搢大圭,執鎮圭,華蓋仗衛停於門外,近侍者從入如常。謁者引禮部尚書、太常少卿陪從,如常儀。

　　皇帝至版位,西向立。每立定,太常卿與博士即退,立於左。謁者、贊引各引祀官次入,就位。立定,太常卿前,奏稱:“請再拜。”退,復位。皇帝再拜。奉禮曰:“眾官再拜。”眾官在位者皆再拜。其先拜者不拜。太常卿前,奏:“有司謹具,請行事。”退,復位。協律郎跪,俛伏,舉麾。凡取物者皆跪,俛伏而取以興。奠物則跪、奠訖,俛伏而後興。鼓柷,奏羽音,乃以黃鍾之均,作文舞之舞。樂舞六成,偃麾,戛敔,樂止。太常卿前,奏稱:“請再拜。”退,復位。皇帝再拜。奉禮曰:“眾官再拜。”眾官在位者皆再拜。上下諸太祝俱取玉、幣於篚,各立於尊所。

———————————

①　四庫本於“盎齊”後有“山罍爲下實以清酒”八字。
②　四庫本於“醍齊”後有“七宿之壺尊實以沈齊”九字。

太常卿引皇帝，《太和之樂》作。皇帝詣壇，升自南陛，侍中、中書令以下左右侍衛量人從升。皇帝升壇，北向立，樂止。太祝加玉於幣以授侍中，侍中奉玉幣東向，進。皇帝搢鎮圭，受玉幣。登歌作《肅和之樂》，以大呂之均。太常卿引皇帝進，北面跪，奠於黑帝叶光紀神座，俛伏，興。太常卿引皇帝少退，北向，再拜。訖，太常卿引皇帝立於西方，東面。又太祝以幣授侍中，侍中奉幣北向，進。皇帝受幣。太常卿引皇帝進，東面跪，奠於帝顓頊氏神座，俛伏，興。太常卿引皇帝少退，東向，再拜。訖，登歌止。太常卿引皇帝，樂作。皇帝降自南陛，還版位，西向立，樂止。皇帝初奠配帝之幣，星辰以下諸祝各以幣進，奠於神座，還尊所。

初，群官拜訖，祝史各奉毛血之豆，立於門外。於登歌止，祝史奉毛血入，各由其陛升，諸太祝迎取於壇上，俱進，奠於神座前。諸太祝與祝史退，立於尊所。

進熟

皇帝既升奠玉幣，太官令出，帥進饌者奉饌陳於內壝門外。謁者引司徒出，詣饌所，司徒奉黑帝之俎。初，皇帝既至位，樂止，太官令引饌入。俎初入門，《雍和之樂》作，以黃鍾之均。饌至陛，樂止。祝史俱進，跪，徹毛血之豆，降自東陛以出。黑帝之饌升自南陛，配帝之饌升自東陛。諸太祝迎引於壇上，各設於神座前。籩、豆蓋冪先徹，乃升。簋、簠既奠，却其蓋於下。設訖，謁者引司徒、太官令帥進饌者俱降自東陛以出。司徒復位，諸太祝各還尊所。又進設星辰以下之饌，相次而畢。

太常卿引皇帝詣罍洗，樂作。皇帝至罍洗，樂止。侍中跪，取匜，興，沃水。又侍中跪取盤，興，承水。皇帝盥手。黃門侍郎跪，取巾於篚，興，進。皇帝帨手。訖，黃門侍郎受巾，跪，奠於篚，遂取匏爵於篚，興，進。皇帝受爵。侍中酌罍水，又侍中奉盤，皇帝洗爵，黃門侍郎又授巾，皆如初。皇帝拭爵訖，侍中奠盤、匜，黃門侍郎受巾，奠於篚，皆如常。

太常卿引皇帝，樂作。皇帝詣壇，升自南陛，樂止。謁者引司徒升自東陛，立於尊所，齋郎奉俎從升，立於司徒之後。太常卿引皇帝詣黑帝酒尊所,執尊者舉冪。侍中贊酌汎齊。訖,《壽和之樂》作。太常卿引皇帝進黑帝叶光紀神座前,北面跪,奠爵,俛伏,興。太常卿引皇帝少退,北向立,樂止。太祝持版進於神座之右,東面跪,讀祝文曰:"維某年歲次月朔日,子嗣天子臣某,敢昭告於黑帝叶光紀:玄冥戒序,庶類安寧,資此積藏,祇率恒典。敬以玉帛、犧齊、粢盛、庶品,肅恭燔祀,順成盛德①。帝顓頊氏配神作主。尚饗。"訖,興。皇帝再拜。初讀祝文訖,樂作,太祝進,跪,奠版於神座前,興,還尊所。皇帝拜訖,樂止。

　　太常卿引皇帝詣配帝酒尊所,執尊者舉冪。侍中取爵於坫,進。皇帝受爵。侍中贊酌汎齊。訖,樂作。太常卿引皇帝進帝顓頊氏神座前,東面跪,奠爵,俛伏,興。太常卿引皇帝少退,東向立,樂止。太祝持版進神座之左,北面跪,讀祝文曰:"維某年歲次月朔日,子開元神武皇帝臣某,敢昭告於帝顓頊氏:時維立冬,水德在馭,用致禋燎於黑帝叶光紀。惟帝道合乾元,允茲升配,謹以制幣、犧齊、粢盛、庶品,式陳明薦,作主侑神。尚饗。"訖,興。皇帝再拜。初讀祝文訖,樂作,太祝進,跪,奠版於神座,興,還尊所。皇帝拜訖,樂止。

　　太常卿引皇帝進黑帝神座前,北向立,樂作。太祝各以爵酌上尊福酒,合置一爵。一太祝持爵授侍中,侍中受爵,西向進。皇帝再拜,受爵,跪,祭酒,啐酒,奠爵,俛伏,興。太祝各帥齋郎進俎。太祝跪,減神前胙肉加於俎,興,以胙肉共置一俎上。太祝持俎以授司徒,司徒奉俎西向,進。皇帝受以授左右。謁者引司徒降,復位。皇帝跪,取爵,遂飲,卒爵。侍中受爵以授太祝,太祝受爵,復於坫。皇帝俛伏,興,再拜,樂止。太常卿引皇帝,樂作,皇帝降自南陛,還版位,西向立,樂止。

　　文舞出,鼓柷,作《舒和之樂》,出訖,戛敔,樂止。武舞入,鼓柷,作《舒和之樂》,立定,戛敔,樂止。

　　皇帝獻將畢,謁者引太尉詣罍洗,盥手,洗匏爵。訖,謁者引太尉自東陛升壇,詣黑帝著尊所,執尊者舉冪。太尉酌醴齊。訖,武舞作。謁者引太尉進黑帝神座前,北面跪,奠爵,興。謁者引太尉少退,北向,再拜。謁者引太尉詣配帝犧尊所,取爵於坫,執尊者舉冪。太尉酌醴齊。

------

① "順成盛德",四庫本作"順茲誠德"。

訖,謁者引太尉進帝顓頊氏神座前,東面跪,奠爵,興。謁者引太尉少退,東向,再拜。謁者引太尉進黑帝神座前,北向立。太祝各以爵酌罍福酒,合置一爵。一太祝持爵進太尉之右,西向立。太尉再拜,受爵,跪,祭酒,遂飲,卒爵。太祝進,受爵,復於坫。太尉興,再拜。謁者引太尉降,復位。

初,太尉獻將畢,謁者引光禄卿詣罍洗,盥手,洗匏爵,升,酌盎齊,終獻如亞獻之儀。訖,謁者引光禄卿復位。

初,太尉將升獻,贊引三人各引獻官以次詣罍洗,盥手,洗爵。一獻辰星、三辰,一獻玄冥氏,一獻七宿。各詣酒尊所,俱酌酒,進,跪,奠於座首,俛伏,興。餘座皆祝史助奠,相次而畢。贊引各引獻官還本位。武舞六成,樂止。

舞獻俱畢,上下諸祝各進,跪,徹豆,興,還尊所。徹者,籩、豆各一,少移於故處。奉禮曰:"賜胙。"贊者唱:"衆官再拜。"衆官在位者皆再拜。已飲福、受胙者不拜。《豫和之樂》作。太常卿前,奏稱:"請再拜。"退,復位。皇帝再拜。奉禮曰:"衆官再拜。"衆官在位者皆再拜。樂一成,止。

太常卿前,奏:"請就望燎位。"太常卿引皇帝,樂作。皇帝就望燎位,南向立,樂止。於群官將拜,上下諸祝各執篚進神座前,跪,取玉帛、祝版,齋郎以俎載牲體、稷黍飯及爵酒,興,各自其陛降壇南行,經懸内,當柴壇南東行,自南陛登柴壇,以玉帛[①]、祝版、饌物置於柴上户内。諸祝又以星辰以下之禮幣皆從燎。訖,奉禮曰:"可燎。"東、西面各六人以炬燎火。半柴,太常卿前,奏:"禮畢。"

太常卿引皇帝還大次,樂作。皇帝出内壝門。殿中監前,受鎮圭以授尚衣奉御。殿中監又前,受大圭。華蓋侍衛如常儀。皇帝入次,樂止。謁者、贊引引祀官,通事舍人引從祀群官、諸方客使以次出。贊引引御史以下俱復執事位,立定,奉禮曰:"再拜。"御史以下皆再拜。贊引引出。工人、二舞以次出。

鑾駕還宮

如圜丘之儀。

---

① "玉帛",四庫本作"玉幣"。

卷第二十一　吉禮

立冬祀黑帝於北郊有司攝事

齋戒　陳設　省牲器　奠玉帛　進熟

齋戒

前祀七日平明，太尉誓百官於尚書省，曰："某月某日，祀黑帝於北郊。各揚其職，不供其事，國有常刑。"凡預祀之官，散齋四日，致齋三日。散齋各於正寢。致齋二日於本司，一日於祀所，其無本司者皆於祀所。致齋理事如舊，惟不弔喪問疾，不作樂，不判署刑殺文書，不行刑罰，不預穢惡。致齋惟祀事得行，其餘悉斷。其祀官已齋而闕者，通攝行事。光禄卿監取明水火。太官令取水於陰鑒，取火於陽燧。火以供爨，水以實尊。

前祀一日，諸衛令其屬未後一刻各以其方器服守衛壇門，與太樂工人俱清齋一宿。

陳設

前祀三日，衛尉設祀官公卿以下次於東壝之外道南，北向西上。設陳饌幔於內壝東門之外道南，北向。

前祀二日，太樂令設宮懸之樂於壇南內壝之內。東方、西方磬簨起北，鐘簨次之；南方、北方磬簨起西，鐘簨次之。設十二鎛鐘於編懸之間，各依辰位。樹雷鼓於北懸之內、道之左右。植建鼓於四隅。置柷敔於懸內。柷在左，敔在右。設歌鐘、歌磬於壇上近南，北向。磬簨在西，鐘簨在東。其匏竹者立於壇下，重行，北向，相對爲首。凡懸，皆展而編之。諸工人各位於懸後，東方、西方以北爲上，南方、北方以西爲上。右校埽除壇之內外。郊社令積柴於燎壇，其壇於神壇之左、內壝之外。方一丈，高一丈二尺，開上，南出戶，方六尺。

前祀一日，奉禮設祀官公卿位於內壝東門之內道北，執事位於道南，每等異位，俱重行，西面北上。設望燎位，當柴壇之北，南向。設御史位於壇上：正位於東南隅，西向；副位於西南隅，東向。令史各陪其後。於壇下，設奉禮位於樂懸東北，贊者二人在南差退，俱西向。又設奉禮、贊者位於燎壇東北，西面。皆北上。設協律郎位於壇上南陛之西，東向。設太樂令位於北懸之間，當壇北向。設祀官公卿以下門外位，皆於東壝之外道南，每等異位，重行，北面西上。

設牲牓於東壝之外，當門西向。配帝牲牓少退，南上。設廩犧令位於牲西南，史陪其後，俱北向。設諸太祝位於牲東，各當牲後，祝史陪其後，俱西向。設太常卿省牲位於牲前近北，南向。

設黑帝酒尊於壇之上下：太尊二、著尊二、犧尊二、山罍二在壇上，於東南隅北向；象尊二、壺尊二、山罍二在壇下，皆於南陛之東，北向。俱西上。設配帝著尊二、犧尊二、象尊二、山罍二在壇上，於黑帝酒尊之東，北向西上。辰星、三辰、玄冥氏俱象尊二，各設於神座之左，皆右向。七宿壺尊二，設於神座之右而左向。黑帝、配帝之尊置於坫，星辰以下之尊俱藉以席，皆加勺、冪。設爵於尊下。

設洗於壇南陛東南，北向。罍水在洗東，篚在洗西，南肆。篚實以巾、爵。設星辰以下罍、洗、篚、冪各於其方陛道之左，俱內向。執尊、罍、篚、冪者各於尊、罍、篚、冪之後。又設玉、幣之篚於壇之上下尊坫之所。

祀日未明五刻，太史令、郊社令升，設黑帝叶光紀神座於壇上北方，南向，席以藁秸。設帝顓頊氏神座於東方，西向，席以莞。設辰星、三辰之座於壇之東北，七宿之座於壇之西北，各於壇下南向，相對爲首。設玄冥氏之座於壇之東南，西向，席皆以莞。設神位各於座首。

省牲器

省牲之日午後十刻，去壇二百步所，諸衛之屬禁斷行人。

晡後二刻，諸行事之官各服常服。郊社令帥府史二人及齋郎，以尊、坫、罍、洗、篚、冪入，設於位。

晡後三刻，諸太祝與廩犧令以牲就牓位。謁者引太常卿、贊引引御史詣壇東陛，升，視濯漑於上。於視濯，執尊者皆舉冪告潔。訖，引太常卿降，復位。謁者進太尉之左，白："請就門外位。"謁者、贊引各引祀官以下就門外位。謁者引太常卿就省牲位，南向立。廩犧令少前，曰："請省牲。"退，復位。太常卿省牲。廩犧令又前，北面，舉手曰："腯。"還本位。諸太祝各循牲一匝，西面，舉手曰："充。"俱還本位。諸太祝與廩犧令以次牽牲詣厨，授太官令。謁者引光禄卿詣厨，省鼎鑊，申視濯溉。謁者、贊引各引祀官就厨①，省饌具。訖，俱還齋所。

祀日未明十五刻，②太官令帥宰人以鸞刀割牲，祝史以豆取毛血，各置於饌所，遂烹牲。

奠玉帛

祀日未明三刻，諸祀官各服其服。郊社令、良醞令各帥其屬入，實尊、罍、玉、幣。凡六尊之次，太尊爲上，實以汎齊；著尊次之，實以醴齊；犧尊次之，實以盎齊；象尊次之，實以醍齊；壺尊次之，實以沈齊；山罍爲下，實以三酒③。配帝著尊爲上，實以汎齊；犧尊次之，實以醴齊；象尊次之，實以盎齊④。其辰星、玄冥氏之尊，俱實以醍齊；七宿之壺尊，實以沈齊。玄酒各實於五齊之上尊。禮神之玉以玄璜，幣皆用玄。太官令帥進饌者實諸籩、豆、簋、簠，入，設於内壇東門之外饌幔内。

未明二刻，奉禮帥贊者先入，就位。贊引引御史、博士、諸太祝及令史、祝史，與執尊、罍、篚、冪者入自東門，當壇南，重行，北面西上。立定，奉禮曰："再拜。"贊者承傳。凡奉禮有辭，贊者皆承傳。御史以下皆再拜。訖，執尊、罍、篚、冪者各就位。贊引引御史、諸太祝詣壇東陛，升，行埽除於上。令史、祝史升，行埽除於下。訖，各引就位。

未明一刻，太樂令帥工人、二舞以次入，就位。文舞入陳於懸内，武舞立於懸南道西。謁者引司空入，行埽除，訖，復位。初，司空入，謁者引祀官、贊引引執事者俱就壇外位。司空行埽除訖，謁者、贊引各引祀官次入，就位。立定，奉禮曰："衆官再拜。"衆官在位者皆再拜。其先拜者不拜。謁者進太尉之左，白："有司謹具，請行事。"退，復位。協律郎跪，俛

---

①　四庫本、《通典》卷一〇九《開元禮纂類四》於"祀官"後有"御史"二字。

②　"五"字，公善堂本脱，據四庫本、《新唐書》卷一一《禮樂一》、《通典》卷一〇九《開元禮纂類四》校補。

③　"三酒"，四庫本作"清酒"。

④　四庫本於"盎齊"後有"山罍爲下實以清酒"八字。

伏，舉麾。<small>凡取物者皆跪，俛伏而取以興。奠物則跪、奠訖，俛伏而後興。</small>鼓柷，奏羽音，乃以黃鍾之均，作文舞之舞。樂舞六成，偃麾，戛敔，樂止。<small>凡樂，皆協律郎舉麾、工鼓柷而後作，偃麾、戛敔而後止。</small>奉禮曰："衆官再拜。"衆官在位者皆再拜。上下諸祝俱取玉、幣於篚，各立於尊所。

謁者引太尉詣南陛，升壇，北向立。太祝加玉於幣，東向授太尉。太尉受玉幣。登歌作《肅和之樂》，乃以大呂之均。謁者引太尉進，北面跪，奠於黑帝叶光紀神座前，興。謁者引太尉少退，北向，再拜。訖，謁者引太尉立於西方，東向。又太祝奉幣北向授太尉，太尉受幣。謁者引太尉進，東面跪，奠於帝顓頊氏神座，興。謁者引太尉少退，東向，再拜。訖，登歌止。謁者引太尉降自南陛，還本位。初，太尉奠配帝之幣，星辰以下諸祝各以幣進，奠於神座前，還尊所。

初，衆官拜訖，祝史各奉毛血之豆立於門外。於登歌止，祝史奉毛血入，各由其陛升，諸太祝迎取於壇上，俱進，奠於神座前。諸太祝與祝史退，立於尊所。

進熟

太尉既升奠玉幣，太官令出，帥進饌者奉饌陳於內壝門外。謁者引司徒出，詣饌所，司徒奉黑帝之俎。諸太祝既奠毛血，太官令引饌入。俎初入門，《雍和之樂》作，以黃鍾之均。饌至陛，樂止。祝史俱進，徹毛血之豆，降自東陛以出。<small>黑帝之饌升自南陛，配帝之饌升自東陛。</small>諸太祝迎引於壇上，各設於神座前。<small>籩、豆蓋冪先徹，乃升。簠、簋既奠，却其蓋於下。</small>設訖，謁者引司徒、太官令帥進饌者俱降自東陛以出。司徒復位，諸太祝各還尊所。又進設星辰以下之饌，相次而畢。

謁者引太尉詣罍洗，盥手，洗匏爵。訖，謁者引太尉升自南陛，詣黑帝酒尊所，執尊者舉冪。太尉酌汎齊。訖，樂作。謁者引太尉進黑帝叶光紀神座前，北面跪，奠爵，興。謁者引太尉少退，北向立，樂止。太祝持版進於神座之右，東面跪，讀祝文曰："維某年歲次月朔日，子嗣天子臣某謹遣太尉封臣名，敢昭告於黑帝叶光紀：玄冥戒序，庶類安寧，資此積藏，祗率恒禮。敬以玉帛、犧齊、粢盛、庶品，肅恭燔祀，順茲誠德。帝顓頊氏配神作主。尚饗。"訖，興。太尉再拜。初讀祝文訖，樂作，太祝進,奠版於神座,還尊所。太尉拜訖,樂止。

謁者引太尉詣配帝酒尊所,取爵於坫,執尊者舉冪。太尉酌汎齊。訖,樂作。謁者引太尉進帝顓頊氏神座前,東面跪,奠爵,興。謁者引太尉少退,東向立,樂止。太祝持版進於神座之左,北面跪,讀祝文曰:"維某年歲次月朔日,子開元神武皇帝臣某謹遣太尉封臣名,敢昭告於帝顓頊氏:時維立冬,水德在馭,用致禋燎於黑帝叶光紀。惟帝道合乾元,允茲升配,謹以制幣、犧齊、粢盛、庶品,式陳明薦,作主侑神。尚饗。"訖,興。太尉再拜。初讀祝文訖,樂作,太祝進,奠版於神座,還尊所。太尉拜訖,樂止。

謁者引太尉進黑帝神座前,北向立。太祝各以爵酌罍福酒,合置一爵。一太祝持爵進太尉之右,西向立。太尉再拜,受爵,跪,祭酒,啐酒,奠爵,興。太祝各帥齋郎進俎。太祝減神前胙肉加於俎,以胙肉共置一俎上。太祝持俎西向授太尉,太尉受以授齋郎。太尉跪,取爵,遂飲,卒爵。太祝進,受爵,復於坫。太尉興,再拜。謁者引太尉降,復位。

文舞出,鼓柷,作《舒和之樂》。出訖,戛敔,樂止。武舞入,鼓柷,作《舒和之樂》。立定,戛敔,樂止。

初,太尉獻將畢,謁者引太常卿詣罍洗,盥手,洗匏爵。訖,謁者引太常卿自東陛升壇,詣黑帝著尊所,執尊者舉冪。太常卿酌醴齊。訖,武舞作。謁者引太常卿進黑帝叶光紀神座前,北面跪,奠爵,興。謁者引太常卿少退,北向,再拜。訖,謁者引太常卿詣配帝犧尊所,取爵於坫,執尊者舉冪。太常卿酌醴齊。訖,謁者引太常卿進帝顓頊氏神座前,東面跪,奠爵,興。謁者引太常卿少退,東向,再拜。訖,謁者引太常卿進黑帝叶光紀神座前,北向立。太祝各以爵酌罍福酒,合置一爵。一太祝持爵進太常卿之右,西向立。太常卿再拜,受爵,跪,祭酒,遂飲,卒爵。太祝進,受爵,復於坫。太常卿興,再拜。謁者引太常卿降,復位。

初,太常卿獻將畢,謁者引光祿卿詣罍洗,盥手,洗匏爵,升,酌盎齊,終獻如亞獻之儀。訖,謁者引光祿卿降,復位。

初,太常卿將升獻,贊引三人各引獻官以次詣罍洗,盥手,洗爵,一獻辰星、三辰,一獻玄冥氏,一獻七宿。各詣酒尊所,俱酌酒,進,跪,奠於座首,興。餘座皆祝史助奠,相次而畢。贊引各引獻官還本位。武舞六成，樂止。

　　舞獻俱畢，上下諸祝各進，跪，徹豆，興，還尊所。徹者，籩、豆各一，少移於故處。奉禮曰：“賜胙。”贊者唱：“衆官再拜。”衆官在位者皆再拜。已飲福、受胙者不拜。樂作，奉禮曰：“衆官再拜。”衆官在位者皆再拜。樂一成，止。

　　謁者進太尉之左，白：“請就望燎位。”謁者引太尉就望燎位，南向立。於衆官將拜，上下諸祝各執篚進神座前，取玉帛、祝版，齋郎以俎載牲體、稷黍飯及爵酒，各由其陛降壇南行，經懸內，當柴壇南東行，自南陛登柴壇，以玉幣、祝版、饌物置於柴上戶內。諸祝又以星辰以下之禮幣皆從燎。訖，奉禮曰：“可燎。”東、西面各六人以炬燎火。半柴，謁者進太尉之左，白：“禮畢。”

　　謁者引太尉出。又謁者、贊引各引祀官以次出。贊引引御史以下俱復執事位，立定，奉禮曰：“再拜。”御史以下皆再拜。贊引引出。工人、二舞以次出。

卷第二十二　吉禮

皇帝臘日蜡百神於南郊

齋戒　陳設　鑾駕出宮　奠玉帛　進熟　鑾駕還宮

齋戒

先期五日，皇帝散齋三日，致齋二日，如圜丘之儀。凡預祀之官，散齋三日，致齋二日。散齋皆於正寢。致齋一日於本司，一日於祀所，其無本司者皆於祀所。近侍之官應從升者及從祀群官、諸方客使，各於本司及公館俱清齋一宿。無本司者，各於家正寢。散齋理事如舊，惟不弔喪問疾，不作樂，不判署刑殺文書，不行刑罰，不預穢惡。致齋惟祀事得行，其餘悉斷。其祀官已齋而闕者，通攝行事。光禄卿監取明水火。太官令取水於陰鑒，取火於陽燧。火以供爨，水以實尊。

前蜡一日，諸衛令其屬未後一刻各以其方器服守衛壇門，與太樂工人俱清齋一宿。

陳設

前蜡三日，尚舍直長施大次於外壝東門之内道北，南向。尚舍奉御鋪御座。衛尉設陳饌幔於内壝東門、西門之外道東，西向。東方、南方之饌陳於東門外，西南方及西方之饌陳於西門外①，北方之饌陳於北門外。設文武侍臣次，又設祀官及從祀群官、諸州使人、蕃客等次。

前蜡二日，太樂令設宫懸、歌鐘、歌磬，皆如圜丘之儀。右校埽除壇之内外。郊社令積柴於燎壇，其壇於神壇之左、内壝之外。方八尺，高一丈，開上，南出户，方三尺。右校又爲瘞埳於壇之壬地、内壝之外，方深取足容

---

① 　“西南方及西方”，《通典》卷一一〇《開元禮纂類五》作“西方”。四庫本與公善堂本同。

物，南出陛。

　　前蜡一日，奉禮設御位及望燎位，祀官、從祀群官、諸州使人、蕃客等位於壝門外，皆如圜丘之儀。

　　設日月酒尊之位：大明太尊二、著尊二、山罍一在壇上[1]，於東南隅，北向。夜明太尊二、著尊二、罍一在壇上西南隅，北向。神農氏、伊耆氏各著尊二，各於其壇上。五星、五官、后稷各象尊二，七宿、田畯、龍、麟、朱鳥、騶虞、玄武各壺尊二，鱗、羽、臝、毛、介等散尊二，俱設於神座之左而右向。五方嶽鎮海瀆俱山尊二，山林川澤俱蜃尊二，丘陵、墳衍、原隰、井泉、墉、坊、郵表畷、於菟、貓等俱散尊二，各設於神座之右而左向。伊耆氏以上之尊置於坫，星辰以下之尊俱藉以席，皆加勺、冪。設爵於尊下。

　　設御洗於壇南陛東南，亞獻之洗又於東南，俱北向。罍水在洗東，篚在洗西，南肆。篚實以巾、爵。設分獻罍、洗、篚、冪各於其方陛道之左右，俱內向。執尊、罍、篚、冪者各於尊、罍、篚、冪之後。各設玉、幣之篚於壇之上下尊坫之所。

　　晡後，謁者先引光祿卿詣廚，視濯溉。又謁者引諸祀官詣廚，省饌具。訖，還齋所。

　　蜡日未明十五刻[2]，太官令帥宰人以鸞刀割牲，祝史以豆取毛血，置於饌所，遂烹牲。日青牲一，月白牲一，其餘方各少牢一。

　　未明五刻，太史令、郊社令升，設日月神座於壇上。大明於北方、少東，夜明於大明之西，俱南向，席皆以藁秸。神農氏、伊耆氏神座各於其壇上，俱內向。設后稷神座於壇東，西向。設五官、田畯之座各於其方。設五星、十二次、二十八宿、五嶽、四鎮、四海、四瀆、山川林澤、丘陵、墳衍、原隰、井泉神座各於其方之壇。其五方神獸、鱗、羽、臝、毛、介、水墉、坊、郵表畷、於菟、貓等之座各於其方壇之後。俱內向，相對為首。自神農氏、伊耆氏以下一百九十座，席皆以莞。設神位各於座首。

鑾駕出宮

　　如圜丘之儀。

---

① “山”字，公善堂本無，據四庫本校補。

② “五”字，公善堂本無，據四庫本、《新唐書》卷一一《禮樂一》校補。

奠玉帛

蜡日未明三刻，諸祀官各服其服。郊社令、良醞令各帥其屬入，實尊、罍、玉、幣。凡尊之次，太尊爲上，實以醴齊；著尊次之，實以盎齊；神農、伊耆氏之著尊，實以盎齊；五星、三辰、五官、后稷、田畯之象尊，俱實以醍齊；七宿之壺尊，實以沈齊；五方嶽鎮海瀆之山尊，實以醍齊；山川林澤之蜃尊，實以沈齊；丘陵以下之散尊，實以清酒。玄酒各實於諸座之上尊。禮神之玉，大明、夜明俱以圭璧，大明之幣以青，夜明之幣以白。神農氏幣以赤，伊耆氏幣以玄，五星以下之幣各從方色。太官令帥進饌者實諸籩、豆、簠、簋，各設於內壝之外饌幔內。

未明二刻，奉禮帥贊者先入，就位。贊引引御史、博士、諸太祝及令史、祝史，與執尊、罍、篚、冪者入自東門，當壇南，重行，北面，以西爲上。凡引導者，每曲一逡巡。立定，奉禮曰：“再拜。”贊者承傳，凡奉禮有辭，贊者皆承傳。御史以下皆再拜。訖，執尊者升自東陛，立於尊所。壇下執尊、罍、篚、冪者各就位。贊引引御史、博士、諸太祝詣壇東陛，升，行埽除於上。令史、祝史升，行埽除於下。訖，引降，就位。

駕將至，謁者、贊引各引祀官，通事舍人分引從祀群官、諸方客使先置者，俱就門外位。駕至大次門外，迴輅南向。千牛將軍降，立於輅右。侍中進，當鑾駕前跪，奏稱：“侍中臣某言，請降輅。”俛伏，興，還侍位。皇帝降輅之大次，繖扇華蓋侍衛如常儀。太樂令帥工人、二舞次入，就位，文舞入陳於懸內，武舞立於懸南道西。謁者引司空入，就位。立定，奉禮曰：“再拜。”司空再拜。訖，謁者引司空詣壇東陛，升，行埽除於上，降，行樂懸於下。訖，引復位。皇帝停大次半刻頃，謁者、贊引各引祀官，通事舍人分引從祀群官、介公、酅公、諸方客使先入，就本位。太常博士引太常卿立於大次門外，當門北面。侍中版奏：“外辦。”皇帝服玄冕出次，華蓋侍衛如常儀。侍中負寶陪從如式。博士引太常卿，太常卿引皇帝，凡太常卿前導，皆博士先引。至內壝門外。殿中監進大圭。尚衣奉御又以鎮圭授殿中監，殿中監受，進。皇帝搢大圭，執鎮圭，華蓋仗衛停於門外，近侍者從入如常。謁者引禮部尚書、太常少卿陪從如常儀。

皇帝至版位，西向立。每立定，太常卿與博士退，立於左。謁者、贊引各引祀官以次入，就位。立定，太常卿奏稱：“請再拜。”退，復位。皇帝再拜。奉禮曰：“衆官再拜。”衆官在位者皆再拜。其先拜者不拜。太常卿前，奏：

"有司謹具，請行事。"退，復位。協律郎跪，俛伏，舉麾。<small>凡取物者皆跪，俛伏而取以興。奠物則跪、奠訖，俛伏而後興。</small>鼓柷，樂作，無射、夷則奏《永和》，蕤賓、姑洗、太蔟奏《順和》，黃鍾奏《豫和》，凡六均，均一成，俱以文舞之舞。訖，偃麾，戛敔，樂止。<small>凡樂，皆協律郎舉麾，工鼓柷而後作，偃麾、戛敔而後止。</small>太常卿前，奏稱："請再拜。"退，復位。皇帝再拜。奉禮曰："衆官再拜。"衆官在位者皆再拜。上下諸太祝俱取玉幣於篚，各立於尊所。

　　太常卿引皇帝，《太和之樂》作。<small>皇帝每行，皆作《太和之樂》。</small>皇帝詣壇，升自南陛，侍中、中書令以下及左右侍衛量人從升。<small>以下皆如之。</small>皇帝升壇，北向立，樂止。太祝以玉幣授侍中，侍中奉玉幣西向進①。皇帝搢鎮圭，受玉幣。<small>凡受物，皆搢鎮圭。奠訖，執圭，俛伏、興。</small>登歌作《肅和之樂》，乃以大呂之均。太常卿引皇帝進，北面跪，奠於大明神座，俛伏，興。太常卿引皇帝少退，北向，再拜。訖，太常卿引皇帝少退，西北向立。又太祝以玉幣授侍中，侍中奉幣東向，進。皇帝受幣。太常卿引皇帝進，北面跪，奠於夜明神座，俛伏，興。太常卿引皇帝少退，北向，再拜。訖，登歌止。太常卿引皇帝，樂作。皇帝降自南陛，還版位，西向立，樂止。

　　皇帝初奠夜明幣，諸祝各奉其幣進，跪，奠於各神座，還尊所。

　　初，群官拜訖，祝史各奉毛血之豆立於門外。於登歌止，祝史奉毛血入，俱由南陛升，諸太祝迎取於壇上，俱進，奠於神座前。諸太祝與祝史退，立於尊所。

進熟

　　皇帝既升奠玉幣，太官令出，帥進饌者奉饌各陳於內壇門外。謁者引司徒出，詣饌所，司徒奉大明之俎。初，皇帝既至版位，樂止，太官令引饌入。俎初入門，《雍和之樂》作，以黃鍾之均，<small>自後，酌獻皆奏《雍和之樂》。</small>饌至陛，樂止。祝史皆進，跪，徹毛血之豆，降自東陛以出。饌升，諸太祝迎引於壇上，各設於神座前。<small>籩、豆蓋冪先徹，乃升。簋、簠既奠，却其蓋於下。</small>設訖，謁者引司徒以下降自東陛，復位，太祝各還尊所。又進設神農氏以下之饌，相次而畢。

---

① "西向"，四庫本作"東向"。

　　初，壇上設饌訖，太常卿引皇帝詣罍洗，樂作。皇帝至罍洗，樂止。侍中跪，取匜，興，沃水。又侍中跪，取盤，興，承水。皇帝盥手。黃門侍郎跪，取巾於篚，興，進。皇帝帨手。黃門侍郎受巾，跪，奠於篚。黃門侍郎又取匏爵於篚，興，進。皇帝受爵。侍中酌罍水，又侍中奉盤，興，承水。皇帝洗爵。黃門侍郎又授巾，皆如常儀。皇帝拭爵訖，侍中奠盤、匜，黃門侍郎受巾，奠於篚，皆如常儀。

　　太常卿引皇帝，樂作。皇帝詣壇，升自南陛，訖，樂止。謁者引司徒升自東陛，立於尊所。齋郎奉俎從升，立於司徒之後。太常卿引皇帝詣大明酒尊所，執尊者舉冪。侍中贊酌醴齊。訖，《壽和之樂》作。皇帝每酌獻及飲福，皆作《壽和之樂》。太常卿引皇帝進大明神座前，北面跪，奠爵，俛伏，興。太常卿引皇帝少退，北向立，樂止。太祝持版進於神座之左，西面跪，讀祝文曰："維某年歲次月朔日，子嗣天子臣某敢昭告於大明：惟神晷耀千里，精烜萬物，覺寤黎烝，化成品彙。今璇璣齊運，玉燭和平，六府孔脩[1]，百禮斯洽。謹以玉帛、犧齊、粢盛、庶品，致其燔燎。尚饗。"訖，興。皇帝再拜。初讀祝文訖，樂作，太祝進，跪，奠版於神座，興，還尊所。皇帝拜訖，樂止。

　　太常卿引皇帝詣夜明酒尊所，執尊者舉冪。侍中取匏爵於坫，進。皇帝受爵。侍中贊酌醴齊。訖，樂作。太常卿引皇帝進夜明神座前，北面跪，奠爵，俛伏，興。太常卿引皇帝少退，北向立，樂止。太祝持版進於神座之右，東面跪，讀祝文曰："維某年歲次月朔日，子嗣天子臣某敢昭告於夜明：惟神貞此光華，恒茲盈減，表斯寒暑，節以運行，對時育物，登成是賴，豐年之報，式備恒禮。謹以制幣、犧齊、粢盛、庶品，致其燔燎。尚饗。"訖，興。皇帝再拜。初讀祝文訖，樂作，太祝進，跪，奠版於神座，興，還尊所。皇帝拜訖，樂止。

　　太常卿引皇帝少退東[2]，當兩座間，北向立，樂作。太祝各以爵酌上尊福酒，合置一爵。一太祝持爵授侍中，侍中受爵，西向進。皇帝再拜，受爵，跪，祭酒，啐酒，奠爵，俛伏，興。太祝帥齋郎進俎。太祝跪，減神前胙肉加於俎，興，以胙肉共置一俎上。太祝持俎以授司徒，司徒奉俎

---

　　①　"脩"字，四庫本作"循"。
　　②　"皇帝"，公善堂本作"皇皇"，據四庫本校改。"少退東"，四庫本作"少東"。

西向,進。皇帝受以授左右。謁者引司徒降,復位。皇帝跪,取爵,遂飲,卒爵。侍中進,受爵以授太祝。太祝受爵,復於坫。皇帝俛伏,興,再拜,樂止。太常卿引皇帝,《太和之樂》作。皇帝降自南陛,還版位,西向立,樂止。

文舞出,鼓柷,作《舒和之樂》,出訖,戞敔,樂止。武舞入,鼓柷,作《舒和之樂》,立定,戞敔,樂止。

初,皇帝獻將畢,謁者引太尉詣罍洗,盥手,洗匏爵。訖,謁者引太尉自東陛升壇,詣大明著尊所,執尊者舉冪。太尉酌盎齊,武舞作。謁者引太尉進大明神座前,北面跪,奠爵,興。謁者引太尉少退,再拜。謁者引太尉詣夜明酒尊所,取匏爵於坫,執尊者舉冪。太尉酌盎齊。謁者引太尉進夜明神座前,北面跪,奠爵,興。謁者引太尉少退,再拜。謁者引太尉少東,當兩座間,北向立。太祝各以爵酌罍福酒,合置一爵。一太祝持爵進太尉之右,西向立。太尉再拜,受爵,跪,祭酒,遂飲,卒爵。太祝進,受爵,復於坫。太尉興,再拜。謁者引太尉降,復位。

初,太尉獻將畢,謁者引光禄卿詣罍洗,盥手,洗匏爵,升,酌盎齊,終獻如亞獻之儀[①]。

初,亞獻升壇,謁者二人引獻官詣罍洗,盥手,洗爵,酌酒,一獻帝伊耆氏,一獻帝神農氏,跪,奠爵神座前,俛伏,興,向神座立。太祝持版進於神座之右,跪,讀祝文訖,興。獻官再拜。訖,謁者引降,還本位。

初,伊耆氏獻官將升訖,謁者五人各引獻官以次詣罍洗[②],盥手,洗爵,詣酒尊所酌酒,一獻歲星,一獻熒惑,一獻鎮星,一獻太白,一獻辰星,各奠於神座,少退,向神座立。於獻官奠訖,三辰、七宿皆祝史助奠,相次俱畢。太祝各持版進於神座之右,跪,讀祝文訖,興。凡讀蜡祝文,每一番獻酒從東方祝文爲始,祝讀訖,次南方,次西方,次北方。餘神亦同。獻官再拜。訖,諸太祝各進,奠版於神座,還尊所。謁者遂引五星等獻官各詣罍洗,盥手,洗爵,詣酒尊所酌酒,一獻東嶽,一獻南嶽,一獻中嶽,一獻西嶽,一獻北嶽,俱奠於神座,少退,向神座立。嶽鎮海瀆、山林川澤、丘陵、墳衍、原

① 公善堂本於"亞獻之儀"後衍"訖"字,四庫本同。據《通典》卷一一〇《開元禮纂類五》刪。

② 《通典》卷一一〇《開元禮纂類五》於"罍洗"前有"分獻"二字,四庫本作"方獻"。

隮、井泉皆祝史助奠，相次俱畢。太祝持版進神座之右，跪，讀祝文訖，興。獻官再拜。訖，太祝奠版於神座，還尊所。謁者各引獻官還本位。

初，嶽鎮奠酒[①]，贊引五人各引獻官詣罍洗盥洗，各詣酒尊所酌酒，一獻句芒氏，一獻祝融氏，一獻后土氏，一獻蓐收氏，一獻玄冥氏。后稷、田畯等，各祝史助奠。訖，祝史持版進神座之右，跪，讀祝文，訖，興。餘與東方同，惟無后稷。獻官拜訖，祝史奠版於神座。贊引遂引五官獻官等詣罍洗盥洗，詣酒尊所酌酒，分獻五靈。其鱗、羽、贏、毛、介、貓、於菟、坊、水墉、昆蟲等，皆齋郎助奠，相次俱畢。祝史持版跪，讀祝文，訖，興。獻官拜訖，奠版，各還本位。武舞六成，樂止。

舞獻俱畢，上下諸祝各進，跪，徹豆，興，還尊所。徹者，籩、豆各一，少移於故處。奉禮曰：“賜胙。”贊者唱：“眾官再拜。”眾官在位者皆再拜。已飲福、受胙者不拜。《豫和之樂》作，太常卿前，奏稱：“請再拜。”退，復位。皇帝再拜。奉禮曰：“眾官再拜。”眾官在位者皆再拜。樂一成，止。

太常卿前，奏：“請就望燎位。”太常卿引皇帝，樂作。皇帝就望燎位，南向立，樂止。於群官將拜，上下諸祝各執篚進神座前，跪，取玉幣、祝版，齋郎以俎載牲體、稷黍飯及爵酒，興，各由其陛降壇南行，經懸內，當柴壇南東行，自南陛登柴壇，以玉幣、饌物、祝版置於柴上戶內。諸祝以星辰、七宿以上之禮幣皆從燎。神農氏、伊耆氏、嶽鎮以下諸祝，俱詣瘞埳，以玉幣、饌物置於埳。訖，奉禮曰：“可燎。”東、西面各六人以炬燎。初唱可燎，瘞埳東、西廂各四人實土[②]。火半柴，太常卿前，奏：“禮畢。”

太常卿引皇帝還大次，樂作，皇帝出中壝門。殿中監前，受鎮圭，以授尚衣奉御。殿中監又前，受大圭。華蓋侍衛如常儀。皇帝入次，樂止。

謁者、贊引各引祀官，通事舍人分引從祀群官、諸國客使，以次出。贊引引御史以下俱復執事位，立定，奉禮曰：“再拜。”御史以下皆再拜。贊引引出。工人、二舞以次出。其神農以下祝版，燔於齋所。

---

① “初嶽鎮奠酒”，《通典》卷一一〇《開元禮纂類五》作“初酌嶽鎮酒”。四庫本與公善堂本同。

② “各”字，公善堂本無，據四庫本、《通典》卷一一〇《開元禮纂類五》校補。

帝伊耆氏祝文曰："維某年歲次月朔日,子開元神武皇帝某謹遣具位臣姓名,敢昭告於帝伊耆氏:惟帝體仁尚義,崇本念功,爰創嘉祀,息農饗物。今九土攸宜,百穀豐稔,備茲八蜡,大旅四方。謹以制幣、犧齊、粢盛、庶品,明薦於帝。尚饗。"

帝神農氏祝文曰："維某年歲次月朔日,子開元神武皇帝某謹遣具位臣姓名,敢昭告於帝神農氏:惟帝肇興播植,粒此黎元。今時和歲稔,神功是賴。謹以制幣、犧齊、粢盛、庶品,明薦於帝。尚饗。"

東方歲星祝文曰："維某年歲次月朔日,子嗣天子某謹遣具位臣姓名,敢昭告於東方歲星七宿:惟神列位垂象,叶贊穹蒼,昭晰群生,蕃阜庶類。今時和歲稔,恒禮是率,式陳嘉薦[1],庶神饗之。"南方、中央、西方、北方,並準此。

東方嶽鎮海瀆祝文曰："維某年歲次月朔日,子嗣天子某謹遣具位臣姓名,敢昭告於東方嶽鎮海瀆:惟神宣導坤儀,興降雲雨,亭育庶品,實賴滋液,年穀順成,用通大蜡。謹薦嘉祀,溥被一方。山林川澤、丘陵、墳衍、原隰、井泉庶神咸饗。"南方、西方、北方準此。

句芒氏祝文曰："維某年歲次月朔日,子開元神武皇帝某謹遣具位臣姓名,敢昭告於句芒氏:惟神贊陽出滯,發生品物,萌者畢達,仁德以宣,用陳明薦,神其臨饗。"

后稷氏祝文曰："維某年歲次月朔日,子開元神武皇帝某謹遣具位臣姓名,敢昭告於后稷氏:惟神誕降嘉種,播茲百穀,烝庶以粒[2],乂此萬邦,爰及田畯,實勸農穡,謹薦明祀,庶神饗之。"

祝融氏祝文曰："維某年歲次月朔日,子開元神武皇帝某謹遣具位臣姓名,敢昭告於祝融氏:惟神典司火正,淳曜昭明,式贊南訛,厥功以致,豐年之薦,庶神臨饗。"

后土氏祝文曰："維某年歲次月朔日,子開元神武皇帝某謹遣具位臣姓名,敢昭告於后土氏:惟神式贊黃道,典司土正,居中執信,是興稼穡,年穀既登,庶饗嘉薦。"

---

①　"式陳嘉薦",《通典》卷一一〇《開元禮纂類五》作"謹陳嘉薦"。
②　"粒"字,公善堂本作"立",據四庫本、《通典》卷一一〇《開元禮纂類五》校改。

蓐收氏祝文曰：“維某年歲次月朔日，子開元神武皇帝某謹遣具位臣姓名，敢昭告於蓐收氏：惟神典司金正，式贊西成，執矩懷莊，尚義趨力，豐年之報，饗兹嘉祀。”

玄冥氏祝文曰：“維某年歲次月朔日，子開元神武皇帝某謹遣具位臣姓名，敢昭告於玄冥氏：惟神典司水正，贊序幽都，厥務安寧，積藏斯至，豐年之祀，庶饗明薦。”

蒼龍祝文曰：“維某年歲次月朔日，子嗣天子某謹遣具位臣姓名，敢昭告於蒼龍之神：惟神體備幽明，質兼小大，實爲鱗長，贊時造物，歲稔年登，實資弭患，式陳嘉薦，百靈是屬。爰集東方鱗、羽、蠃、毛、介衆族，貓、於菟、坊、水墉、昆蟲諸神，咸饗。”其朱鳥、騶虞、玄武祝文，首尾並與此同。麟祝文發首同此。

朱鳥之神：“惟神肇自火精，冠兹羽族，輔時宣化，効祥蹈禮，年和歲稔，有賴厥功。”

麟之神：“惟神體信爲質，惟和是歸，作長毛宗，表靈玉牒，年穀豐稔，實資宣助，式陳嘉薦，庶神臨饗。”

騶虞之神：“惟神性履至仁，禀靈金宿，贊育生類，實參利物，爰兹報功，用率恒祀。”

玄武之神：“惟神誕禀辰精，長兹介族，先知稱貴，誠行攸底，伊此豐年，有憑宜慶。”

鑾駕還宮

如圜丘之儀①。

---

① “鑾駕還宮如圜丘之儀”，公善堂本列於“帝伊耆氏祝文”前。今據四庫本，置於本卷末尾。

卷第二十三　吉禮

臘日蜡百神於南郊有司攝事

齋戒　陳設　奠玉帛　進熟

齋戒

凡預祀之官，散齋三日，致齋二日。散齋皆於正寢。致齋一日於本司，一日於祀所，其無本司者皆於祀所。散齋理事如舊，惟不弔喪問疾，不作樂，不判署刑殺文書，不行刑罰，不預穢惡。致齋惟祀事得行，其餘悉斷。其祀官已齋而闕者，通攝行事。光禄卿監取明水火。太官令取水於陰鑒，取火於陽燧。火以供爨，水以注之酒尊。

前蜡一日，諸衛令其屬未後一刻各以其方器服守衛壝門，與太樂工人俱清齋一宿。

陳設

前蜡三日，衛尉設祀官公卿以下次於東壝之外道南，北向，以西爲上。陳設饌幔於內壝東門、西門之外道東，西向。東方、南方之饌陳於東門外，西南方及西方之饌陳於西門外①，北方之饌陳於北門外。

前蜡二日，太樂令設宮懸之樂於壇南內壝之外。東方、西方磬簨起北，鐘簨次之；南方、北方磬簨起西，鐘簨次之。設十二鎛鐘於編懸之間，各依辰位。樹雷鼓於北懸之內、道之左右。植建鼓於四隅。置柷敔於懸內。柷在左，敔在右。設歌鐘、歌磬於壇上近南，北向，磬簨在西，鐘簨在東。其匏竹者立於壇下，重行，北向，相對爲首。凡懸，皆展而編之。諸工人各位於懸後，東方、西方以北爲上，南方、北方以西爲上。右校埽除壇之內外。郊社令積柴於燎壇，其壇於神壇之左、內壝之外。方八尺，高一丈，開

---

① “西南方及西方”，《通典》卷一一〇《開元禮纂類五》作“西方”。四庫本與公善堂本同。

上，南出户，方三尺。右校又爲瘞埳於壇之壬地、内壝之外，方深取足容物，南出陛。

前蜡一日，奉禮設祀官公卿位於内壝東門之外道南，西向，分獻之官於公卿之南，執事者陪其後，每等異位，俱重行，西面，以北爲上。設望燎位，當柴壇之北，南向。設御史位於壇上：一位於東南隅、西向，一位於西南隅、東向，令史各陪其後。於壇下，設奉禮位於樂懸東北，贊者二人在南差退，俱西向。又設奉禮、贊者位於燎壇東北，西面北上。設協律郎位於壇上南陛之西^①，東向。設太樂令位於北懸之閒，當壇北向。設祀官公卿以下門外位，皆於東壝之外道南，每等異位，重行，北面，以西爲上。

設日月酒尊之位：大明太尊二、著尊二、犧一在壇上，於東南隅。夜明太尊二、著尊二、犧一在壇上，於西南隅。皆北向。神農氏、伊耆氏各著尊二於其壇上。五星、五官、后稷各象尊二，七宿、田畯、龍、麟、朱鳥、騶虞、玄武等各壺尊二，鱗、羽、臝、毛、介等散尊二，俱設於神座之左而右向。五方嶽鎮海瀆俱山尊二，山林川澤俱蜃尊二，丘陵、墳衍、原隰、井泉、水墉、坊、郵表畷、於菟、貓等俱散尊二，各設於神座之右而左向。<small>伊耆氏以上之尊置於坫，星辰以下尊俱藉以席，皆加勺、羃。設爵於尊下。</small>

設洗於壇南陛東南，北向。犧水在洗東，篚在洗西，南肆。<small>篚實以巾、爵。</small>設分獻犧、洗、篚、羃各於其方陛道之左右，俱内向。執尊、犧、篚、羃者各於尊、犧、篚、羃之後。各設玉、幣之篚於壇之上下尊坫之所。

晡後，謁者引光禄卿詣厨視濯漑，又謁者引諸祀官詣厨省饌具，訖，俱還齋所。

蜡日未明十五刻^②，太官令帥宰人以鸞刀割牲，祝史以豆取毛血，置於饌所，遂烹牲。<small>日青牲一，月白牲一，其餘方各少牢一。</small>

未明五刻，太史令、郊社令升，設日月神座於壇上：大明於北方少東，夜明於大明之西，俱南向，席皆以藁秸。設神農氏、伊耆氏神座各於其壇上，俱内向。設后稷氏神座於壇東，西向。設五官、田畯之座各於其方。設五星、十二次、二十八宿、五嶽、四鎮、四海、四瀆、五方、山林、

---

①　“南陛”，四庫本作“北陛”。

②　“五”字，公善堂本脱，據四庫本、《新唐書》卷一一《禮樂一》校補。

川澤、丘陵、墳衍、原隰、井泉神座各於其方之壇；其五方神獸、鱗、羽、贏、毛、介、水墉、坊、郵表畷、於菟、貓等之座各於其方壇之後。俱內向，相對爲首。自神農、伊耆以下凡一百九十座，其席皆以莞。設神位各於座首。

奠玉帛

蜡日未明三刻，諸祀官各服其服。郊社令、良醞令各率其屬入，實尊、罍、玉、幣。凡尊之次，太尊爲上，實以醴齊；著尊次之，實以盎齊。神農、伊耆氏之著尊，實以盎齊；五星、三辰、五官、后稷、田畯之象尊，俱實以醍齊；七宿壺尊，實以沈齊；五方嶽鎮海瀆之山尊①，實以醍齊；山川林澤之蜃尊，實以沈齊；丘陵以下之散尊，實以清酒。玄酒各實於諸座之上尊。禮神之玉，大明、夜明俱以圭璧。大明之幣以青，夜明之幣以白。神農氏幣以赤，伊耆氏幣以玄，五星以下之幣，各從其方色。太官令帥進饌者實諸籩、豆、簠、簋，各設於內壝之外饌幔內。

未明二刻，奉禮帥贊者先入，就位。贊引引御史、博士、諸太祝及令史、祝史，與執尊、罍、篚、冪者入自東門，當壇南重行，北面，以西爲上。凡引導者，每曲一逡巡。立定，奉禮曰：“再拜。”贊者承傳，凡奉禮有辭，贊者皆承傳。御史以下皆再拜。訖，執尊者升自東陛，立於尊所。壇下執尊、罍、篚、冪者各就位。贊引引御史、博士、諸太祝詣壇東陛，升，行埽除於上。令史、祝史升，行埽除於下。訖，引降，就位。

未明一刻，太樂令帥工人、二舞次入，就位，文舞入陳於懸內，武舞立於懸南道西。謁者引司空入，就位。立定，奉禮曰：“再拜。”司空再拜。訖，謁者引司空詣壇東陛，升，行埽除於上，降，行樂懸於下。訖，引還本位。初，司空入，謁者引祀官、贊引引執事者俱就壝外位。司空行埽除訖，謁者、贊引各引祀官次入，就位。立定，奉禮曰：“衆官再拜。”衆官在位者皆再拜。其先拜者不拜。謁者進太尉之左，白：“有司謹具，請行事。”退，復位。協律郎跪，俛伏，舉麾，凡取物者皆跪，俛伏而取以興。奠物則跪、奠訖，俛伏而後興。鼓柷，樂作，無射、夷則奏《永和》，蕤賓、姑洗、太蔟奏《順和》，黃鍾奏《豫和》。凡六均，均一成，俱以文舞之舞。訖，偃麾，戛敔，樂止。凡樂，皆協律郎舉麾，工鼓柷而後作，偃麾、戛敔而後止。奉禮曰：“衆官再拜。”

---

① “五”字，公善堂本脱，據四庫本校補。

衆官在位者皆再拜。上下諸太祝俱取玉、幣於篚，各立於尊所。

謁者引太尉詣南陛，升壇，北向立。太祝加玉於幣，西向授太尉[①]。太尉受玉幣。登歌作《肅和之樂》，乃以大吕之均。謁者引太尉進，北面跪，奠於大明神座，興。謁者引大尉少退，北向，再拜。謁者引太尉詣夜明神座前，北向立。太祝奉玉幣東向授太尉，太尉受玉幣。謁者引太尉跪，奠玉幣於夜明神座，興。謁者引太尉少退，北向，再拜。訖，登歌止。謁者引太尉降自南陛，還本位。

初，壇上奠玉帛訖，伊耆氏以下諸太祝各奉其幣進，奠於神座，還尊所。

初，衆官拜訖，祝史各奉毛、血之豆立於門外。於登歌止，祝史奉毛血入，各由南陛升，諸太祝迎取於壇上，俱進，奠於神座前。諸太祝與祝史退，立於尊所。

進熟

太尉既升奠玉幣，太官令出，帥進饌者奉饌各陳於内壝門外。謁者引司徒出，詣饌所，司徒奉大明之俎。諸太祝既奠毛血，太官令引饌入。俎初入門，《雍和之樂》作，以黄鍾之均。自後，酌獻皆奏《雍和之樂》。饌至陛，樂止。祝史俱升，徹毛血之豆，降自東陛以出。饌升，諸太祝迎引於壇上，各設於神座前。籩、豆蓋冪先徹，乃升。簠、簋既奠，却其蓋於下。設訖，謁者引司徒、太官令帥進饌者降自東陛以出。諸太祝各還尊所。又進設神農氏以下之饌，相次而畢。

初，壇上設饌訖，謁者引太尉詣罍洗，盥手，洗匏爵。訖，謁者引太尉升自南陛，詣大明酒尊所，執尊者舉冪。太尉酌醴齊。訖，樂作。謁者引太尉進大明神座前，北面跪，奠爵，興。謁者引太尉少退，北向立，樂止。太祝持版進神座之左，西面跪，讀祝文曰："維某年歲次月朔日，子嗣天子臣某謹遣具位臣姓名，敢昭告於大明：惟神晷耀千里，精炬萬物，覺寤黎烝，化成品彙。今璇璣齊運，玉燭和平，六府孔修，百禮斯洽。謹以玉帛、犧齊、粢盛、庶品，致其燔燎。尚饗。"訖，興，太尉再拜。初讀

---

① "西向"，四庫本作"東向"。

祝文訖，樂作，太祝進，奠版於神座，還尊所。太尉拜訖，樂止。

　　謁者引太尉詣夜明酒尊所，取匏爵於坫，執尊者舉冪。太尉酌醴齊。訖，樂作。謁者引太尉進詣夜明神座前，北面跪，奠爵，興。謁者引太尉少退，北向立，樂止。太祝持版進神座之右，東面跪，讀祝文曰："維某年歲次月朔日，子嗣天子臣某謹遣具位臣姓名，敢昭告於夜明：惟神貞此光華，恒茲盈減，表斯寒暑，節以運行，對時育物，登成是賴，豐年之報，式備恒禮。謹以制幣、犧齊、粢盛、庶品，致其燔燎。尚饗。"訖，興，太尉再拜。初讀祝文訖，樂作，太祝進，奠版於神座前，還尊所。太尉再拜訖，樂止。

　　謁者引太尉少退東[①]，當兩座間，北向立。太祝各以爵酌罍福酒，合置一爵。一太祝持爵進太尉之右，西向立。太尉再拜，受爵，跪，祭酒，啐酒，奠爵，興。太祝各帥齋郎進俎。太祝跪，減神前胙肉加於俎，興，以胙肉共置一俎上。太祝持俎西向授太尉，太尉受以授齋郎。太尉跪，取爵，遂飲，卒爵。太祝進，受爵，復於坫。太尉興，再拜。謁者引太尉降，復位。

　　文舞出，鼓柷，作《舒和之樂》，出訖，戛敔，樂止。武舞入，鼓柷，作《舒和之樂》，立定，戛敔，樂止。

　　初，太尉獻將畢，謁者引太常卿詣罍洗，盥手，洗匏爵。訖，謁者引太常卿自東陛升壇，詣大明酒尊所，執尊者舉冪。太常卿酌盎齊，武舞作。謁者引太常卿進大明神座前，北面跪，奠爵，興。謁者引太常卿少退，再拜。謁者引太常卿詣夜明酒尊所，取匏爵於坫，執尊者舉冪。太常卿酌盎齊。謁者引太常卿進，詣夜明神座前，北面跪，奠爵，興。謁者引太常卿少退，再拜。謁者引太常卿少東，當兩座間，北向立。太祝各以爵酌罍福酒，合置一爵。一太祝持爵進太常卿之右，西向立。太常卿再拜，受爵，跪，祭酒，遂飲，卒爵。太祝進，受爵，復於坫。太常卿興，再拜。謁者引太常卿降，復位。

　　初，太常卿獻將畢，謁者引光祿卿詣罍洗，盥手，洗匏爵，升，酌盎齊，終獻如亞獻之儀。訖。

---

①　"少退東"，四庫本作"少東"。

　　初,亞獻升壇,謁者二人引獻官詣罍洗,盥手,洗爵,酌酒,一獻帝伊耆氏,一獻神農氏,跪,奠爵神座前,俯伏,興,向神座立。太祝持版進神座之右,跪,讀祝文,訖,興。獻官再拜。訖,謁者引降,還本位。

　　初,伊耆氏獻官將升,謁者五人各引獻官以次詣罍洗,盥手,洗爵,詣酒尊所酌酒,一獻歲星,一獻熒惑,一獻鎮星,一獻太白,一獻辰星,各奠於神座,少退,向神座立。於獻官奠訖,三辰、七宿皆祝史助奠,相次俱畢。太祝各持版進於神座之右,跪,讀祝文,訖,興。凡讀祝文,每一番獻酒從東方祝文爲始,讀訖,次南方,次西方,次北方。餘神亦同。獻官再拜。訖,諸太祝各進,奠版於神座,還尊所。謁者遂引五星等獻官各詣罍洗,盥手,洗爵,各詣酒尊所酌酒,一獻東嶽,一獻南嶽,一獻中嶽,一獻西嶽,一獻北嶽,俱奠於神座,少退,向神座立。嶽鎮海瀆、山川林澤、丘陵、墳衍、原隰、井泉皆祝史助奠,相次俱畢。太祝持版進神座之右,跪,讀祝文,訖,興。獻官再拜。訖,太祝奠版於神座,還尊所。謁者各引獻官還本位。

　　初,嶽鎮奠酒,贊引五人各引獻官詣罍洗盥洗,各詣酒尊所酌酒,一獻句芒氏,一獻祝融氏,一獻后土氏,一獻蓐收氏,一獻玄冥氏。后稷、田畯等各祝史助奠。訖,祝史持版進神座之右,跪,讀祝文,訖,興。餘與東方同,惟無后稷。獻官再拜。訖,祝史奠版於神座。贊引遂引五官獻官等詣罍洗盥洗[1],詣酒尊所酌酒,分獻五靈。其鱗、羽、蠃、毛、介、貓、於菟、坊、水墉、昆蟲等,皆齋郎助奠,相次俱畢。祝史持版跪,讀祝文,訖,興。獻官拜訖,奠版,各引還本位。武舞六成,樂止。

　　舞獻俱畢,上下諸祝各進,跪,徹豆,興,還尊所。徹者,籩、豆各一,少移於故處。奉禮曰:"賜胙。"贊者唱:"衆官再拜。"衆官在位者皆再拜。樂一成,止。

　　謁者進太尉之左,白:"請就望燎位。"謁者引太尉就望燎位,南向立。於衆官將拜,上下諸祝各執篚進神座前,取玉幣、祝版,齋郎以俎載牲體、稷黍飯、爵酒,各由其陛降壇南行,經懸內,當柴壇南東行,自南陛登壇,以玉幣、祝版、饌物置於柴上戶內。諸祝以星辰、七宿以上之禮幣,皆從燎。神農氏、伊耆氏、嶽鎮以下之祝,俱詣瘞埳,以玉帛、饌物置

---

　　① "盥洗"二字,公善堂本無,據四庫本校補。

於堲。訖，奉禮曰：“可燎。”東、西面各六人以炬燎。初唱可燎，瘞堲東、西厢各四人實土。火半柴，謁者進太尉之左，白：“禮畢。”遂引太尉出。又贊引各引祀官以次出。

贊引引御史以下各復執事位，立定，奉禮曰：“再拜。”御史以下皆再拜。贊引引出。工人、二舞以次出。其神農氏以下祝版燔於齋所。大明、夜明祝版御署，伊耆以下獻官署。

帝伊耆氏祝文曰：“維某年歲次月朔日，子開元神武皇帝某謹遣具位臣姓名，敢昭告於帝伊耆氏：惟帝體仁尚義，崇本念功，爰創嘉祀，息農享物。今九土攸宜，百穀豐稔，備茲八蜡，大旅四方。謹以制幣、犧齊、粢盛、庶品，明薦於帝。尚饗。”

帝神農氏祝文曰：“維某年歲次月朔日，子開元神武皇帝某謹遣具位臣姓名，敢昭告於帝神農氏：惟帝肇興播植，粒此黎元，今時和歲稔，神功是賴。謹以制幣、犧齊、粢盛、庶品，明薦於帝。尚饗。”

東方歲星祝文曰：“維某年歲次月朔日，子嗣天子某謹遣具位臣姓名，敢昭告於東方歲星七宿：惟神列位垂象，叶贊穹蒼，昭晰群生，蕃阜庶類。今時和歲稔，恒禮是率，謹陳嘉薦，庶神尚饗。”南方、中央、西方、北方並準此。

東方嶽鎮海瀆祝文曰：“維某年歲次月朔日，子嗣天子某謹遣具位臣姓名，敢昭告於東方嶽鎮海瀆：惟神宣導坤儀，興降雲雨，亭育庶品，實賴滋液，年穀順成，用舉大蜡[1]。謹薦嘉祀，溥被一方，山林川澤、丘陵、墳衍、原隰、井泉庶神咸饗。”南方、西方、北方並準此。

句芒氏祝文曰：“維某年歲次月朔日，子開元神武皇帝某謹遣具位臣姓名，敢昭告於句芒氏：惟神贊陽出滯，發生品物，萌者畢達，仁德以宣，用陳明薦，神其臨饗。”

后稷氏祝文曰：“維某年歲次月朔日，子開元神武皇帝某謹遣具位臣姓名，敢昭告於后稷氏：惟神誕降嘉種，播茲百穀，烝庶以粒，乂此萬邦，爰及田畯，實勸農穡。謹薦明祀，庶神饗之。”

祝融氏祝文曰：“維某年歲次月朔日，子開元神武皇帝某謹遣具位

---

[1]　“舉”字，四庫本作“通”。

臣姓名,敢昭告於祝融氏:惟神典司火正,淳曜昭明,式贊南訛,厥功以致,豐年之薦,庶神臨饗。"

后土氏祝文曰:"維某年歲次月朔日,子開元神武皇帝某謹遣具位臣姓名,敢昭告於后土氏:惟神式贊黄道,典司土正,居中執信,是興稼穡,年穀既登,庶饗嘉薦。"

蓐收氏祝文曰:"維某年歲次月朔日,子開元神武皇帝某謹遣具位臣姓名,敢昭告於蓐收氏:惟神典司金正,式贊西成,執矩懷莊,尚義趨力,豐年之報,饗兹嘉祀。"

玄冥氏祝文曰:"維某年歲次月朔日,子開元神武皇帝某謹遣具位臣姓名,敢昭告於玄冥氏:惟神典司水正,贊序幽都,厥務安寧,積藏斯至,豐年之祀,庶饗明薦。"

蒼龍祝文曰:"維某年歲次月朔日,子嗣天子某謹遣具位臣姓名,敢昭告於蒼龍之神:惟神體備幽明,質兼小大,實為鱗長,贊時造物,歲稔年豐,實資弭患,式陳嘉薦,百靈是屬,爰集東方鱗、羽、嬴、毛、介衆族,貓、於菟、坊、水墉、昆蟲諸神,庶幾咸饗。"其朱鳥、騶虞、玄武祝文,首尾並與此同。麟祝文發首亦皆同此。

朱鳥之神:"惟神肇自火精,冠兹羽族,輔時宣化,效祥蹈禮,年和歲稔,有賴厥功。"

麟之神:"惟神體信爲質,惟和是歸,作長毛宗,表靈玉牒,年穀豐稔,實資宣助,式陳嘉薦,庶神臨饗。"

騶虞之神:"惟神體信至仁,稟靈金宿,贊育生類,實參利物,爰兹報功,用率恒祀。"

玄武之神:"惟神誕稟辰精,長兹介族,先知稱貴,誠行攸底,伊此豐年,有憑宜慶。"

卷第二十四　吉禮

皇帝春分朝日於東郊

齋戒　陳設　鑾駕出宮　奠玉帛　進熟　鑾駕還宮

齋戒

前祀五日，皇帝散齋三日，致齋二日。凡預祀之官，散齋三日，致齋二日。散齋皆於正寢。致齋一日於本司，一日於祀所，其無本司者皆於祀所。近侍之官應從升者及從祀群官、諸方客使，各於本司及公館清齋一宿。無本司者各於正寢。散齋理事如舊，惟不弔喪問疾，不作樂，不判署刑殺文書，不行刑罰，不預穢惡。致齋惟祀事得行，其餘悉斷。其祀官已齋而闕者，通攝行事。光祿卿監取明水火。太官令取水於陰鑒，取火於陽燧。火以供爨，水以注玄酒之尊。

前祀一日，諸衛令其屬未後一刻各以其方器服守衛壇門，與太樂工人俱清齋一宿。

陳設

前祀二日，尚舍直長施大次於外壇東門之內道北，南向。尚舍奉御鋪御座。衛尉設陳饌幔於內壇東門之外道南，北向。設文武侍臣次，又設祀官及從祀群官、諸州使人、蕃客等次。太樂令設宮懸之樂於壇南內壇之內，設歌鐘、歌磬於壇上，如圜丘之儀。右校埽除壇之內外。郊社令積柴於燎壇，其壇於神壇之右、內壇之外①。方八尺，高一丈，開上，南出戶，方三尺。

前祀一日，奉禮設御位及燎壇位，祀官、從祀群官、諸州使人、蕃客

---

① “右”字，四庫本作“左”。

等位於内壝之内，皆如圜丘之儀。設酒尊之位，太尊二、著尊二、罍一在壇上，於東南隅，北向。尊皆置於坫，加勺、冪。設爵於尊下。設御洗於壇南陛東南，亞獻之洗又設於東南，俱北向。罍水在洗東，篚在洗西，南肆。篚實以巾、爵。執尊、罍、篚、冪者各於尊、罍、篚、冪之後。設玉、幣之篚於壇上尊坫之所。

晡後，謁者引光禄卿詣厨視濯溉，又謁者引諸祀官詣厨省饌具，訖，俱還齋所。

祀日未明十五刻①，太官令帥宰人以鸞刀割牲，祝史以豆取毛血，置於饌所，遂烹牲。青牲一。

未明五刻，太史令、郊社令升，設大明神座於壇上北方，南向，席以藁秸。設神位於座首。

鑾駕出宫

如圜丘之儀。

奠玉帛

祀日未明三刻，諸祀官各服其服。郊社令、良醖令各帥其屬入，實尊、罍、玉、幣。凡尊之次，太尊爲上，實以醴齊；著尊次之，實以盎齊；罍尊實以清酒。其玄酒各實於上尊，罍尊無玄酒。禮神之玉以圭有邸，其幣以青。太官令帥進饌者實諸籩、豆、簠、簋，入，設於内壝東門之外饌幔内。

未明二刻，奉禮帥贊者先入，就位。贊引引御史、太祝及令史，與執尊、罍、篚、冪者入自東門，當壇南，重行，北面，以西爲上。凡引導者，每曲一逡巡。立定，奉禮曰：“再拜。”贊者承傳，凡奉禮有辭，贊者皆承傳。御史以下皆再拜。訖，執尊者升自東陛，立於尊所。壇下執尊、罍、篚、冪者各就位。贊引引御史、太祝詣壇東陛，升，行埽除於上。令史、祝史升，行埽除於下。訖，就位。

駕將至，謁者、贊引各引祀官及從祀群官、諸國客使先置者，俱就門外位。駕至大次門外，迴輅南向。將軍降，立於輅右。侍中進，當鑾駕

---

① “五”字，公善堂本脱，據四庫本、《新唐書》卷一一《禮樂一》校補。

前跪，奏稱："侍中臣某言，請降輅。"俛伏，興，還侍位。皇帝降輅之大次。通事舍人引文武五品以上從祀之官，皆就門外位。太樂令帥工人、二舞次入，就位，文舞入陳於懸內，武舞立於懸南道西。謁者引司空入，就位。立定，奉禮曰："再拜。"司空再拜。訖，謁者引司空詣壇東陛，升，行埽除於上，降，行樂懸於下，訖，引出就位。皇帝停大次半刻頃，通事舍人分引從祀文武群官、介公、酅公、諸國客使先入，就位。太常博士引太常卿立於大次門外，當門北向。

　　侍中版奏："外辦。"皇帝服玄冕出次，華蓋侍衛如常儀。侍中負寶陪從如式。博士引太常卿，太常卿引皇帝凡太常卿前導，皆博士先引。至內壝門外。殿中監進大圭。尚衣奉御又以鎮圭授殿中監，殿中監受，進。皇帝搢大圭，執鎮圭。華蓋仗衛停於門外，近侍者從入如常。謁者引禮部尚書、太常少卿陪從如常。

　　皇帝至版位，西向立。每立定，太常卿與博士退，立於左。謁者、贊引各引祀官次入，就位。立定，太常卿前，奏稱："請再拜。"退，復位。皇帝再拜。奉禮曰："眾官再拜。"眾官在位者皆再拜。其先拜者不拜。太常卿前，奏："有司謹具，請行事。"退，復位。協律郎跪，俛伏，舉麾，凡取物者皆跪，俛伏而取以興。奠物則跪、奠訖，俛伏而後興。鼓柷，奏《豫和之樂》，乃以圜鍾之均，作文舞之舞。樂舞六成，偃麾，戛敔，樂止。凡樂，皆協律郎舉麾、工鼓柷而後作，偃麾、戛敔而後止。太常卿前，奏稱："請再拜。"退，復位。皇帝再拜。奉禮曰："眾官再拜。"眾官在位者皆再拜。太祝取玉、幣於篚，立於尊所。

　　太常卿引皇帝，《太和之樂》作。皇帝每行，皆作《太和之樂》。皇帝詣壇，升自南陛，侍中、中書令以下及左右侍衛量人從升。以下皆如之。皇帝升壇，北向立，樂止。太祝加玉於幣以授侍中，侍中奉玉幣東向進。皇帝搢鎮圭，受玉幣。每受物，搢鎮圭。奠訖，執圭，俛伏，興。登歌作《肅和之樂》，乃以大呂之均。太常卿引皇帝進，北面跪，奠於大明神座，俛伏，興。太常卿引皇帝少退，北向，再拜。訖，登歌止。太常卿引皇帝，樂作，皇帝降自南陛，還版位，西向立，樂止。

　　初，群官拜訖，祝史奉毛血之豆立於門外。於登歌止，祝史奉毛血入，升自南陛，太祝迎取於壇上，進，奠於神座前。太祝與祝史退，立於尊所。

進熟

皇帝既升奠玉幣，太官令出，帥進饌者奉饌陳於内壝門外。謁者引司徒出，詣饌所，司徒奉俎。初，皇帝既至位，樂止，太官令引饌入。俎初入門，《雍和之樂》作，以黄鍾之均，饌至陛，樂止。祝史進，徹毛血之豆，降自東陛以出。饌升南陛，太祝迎引於壇上，設於神座前。籩、豆蓋冪先徹，乃升。簠、簋既奠，却其蓋於下。設訖，謁者引司徒以下降自東陛，復位。太祝還尊所。

太常卿引皇帝詣罍洗，樂作，皇帝至罍洗，樂止。侍中跪，取匜，興，沃水。又侍中跪，取盤，興，承水。皇帝盥手。黄門侍郎跪，取巾於篚，興，進。皇帝帨手。訖，黄門侍郎受巾，奠於篚。黄門侍郎又取匏爵於篚，興，進。皇帝受爵。侍中酌罍水，又侍中奉盤，皇帝洗爵，黄門侍郎又授巾，皆如初。皇帝拭爵訖，侍中奠盤、匜，黄門侍郎受巾，奠於篚，皆如常。太常卿引皇帝，樂作，皇帝詣壇，升自南陛，樂止。謁者引司徒升自東陛，立於尊所。齋郎奉俎從升，立於司徒之後。

太常卿引皇帝詣酒尊所，執尊者舉冪。侍中贊酌醴齊。訖，《壽和之樂》作。皇帝每酌獻及飲福，皆作《壽和之樂》。太常卿引皇帝進大明神座前，北面跪，奠爵，俛伏，興。太常卿引皇帝少退，北向立，樂止。太祝持版進於神座之右，東面跪，讀祝文曰："維某年歲次月朔日，子嗣天子臣某敢昭告於大明：惟神宣布太陽，照臨下土，動植咸賴，幽隱無遺，時維仲春，敬遵常禮。謹以玉幣、犧齊、粢盛、庶品，祇祀於神。尚饗。"訖，興。皇帝再拜。初讀祝文訖，樂作，太祝進，跪，奠版於神座，興，還尊所。皇帝拜訖，樂止。

太祝以爵酌上尊福酒，授侍中。侍中受爵，西向進。皇帝再拜，受爵，跪，祭酒，啐酒，奠爵，俛伏，興。太祝帥齋郎進俎。太祝減神前胙肉加於俎，太祝持俎以授司徒，司徒奉俎西向進。皇帝受以授左右。謁者引司徒降，復位。皇帝跪，取爵，遂飲，卒爵。侍中進，受爵以授太祝。太祝受爵，復於坫。皇帝俛伏，興，再拜[①]。太常卿引皇帝，樂作。皇帝

---

① 四庫本於"再拜"後有"樂止"二字，《通典》卷一一一《開元禮纂類六》同。

降自南陛，還版位，西向立，樂止。

文舞出，鼓柷，作《舒和之樂》，出訖，戛敔，樂止。武舞入，鼓柷，作《舒和之樂》，立定，戛敔，樂止。

皇帝獻將畢，謁者引太尉詣罍洗，盥手，洗匏爵。訖，謁者引太尉自東陛升壇，詣著尊所，執尊者舉冪。太尉酌盎齊，武舞作。謁者引太尉進大明神座前，北面跪，奠爵，興。謁者引太尉少退，北向，再拜。訖，太祝以爵酌罍福酒，進太尉之右，西向立。太尉再拜，受爵，跪，祭酒，遂飲，卒爵。太祝進，受爵，復於坫。太尉興，再拜。謁者引太尉降，復位。

初，太尉獻將畢，謁者引光禄卿詣罍洗，盥手，洗匏爵，升，酌盎齊，終獻如亞獻之儀。訖，謁者引光禄卿降，復位。武舞六成，樂止。

舞獻俱畢，太祝進，跪，徹豆，興，還尊所。徹者，籩、豆各一，少移於故處。奉禮曰：“賜胙。”贊者唱：“衆官再拜。”衆官在位者皆再拜。已飲福、受胙者不拜。《豫和之樂》作，太常卿前，奏稱：“請再拜。”退，復位。皇帝再拜。奉禮曰：“衆官再拜。”衆官在位者皆再拜。樂一成，止。

太常卿前，奏：“請就望燎位。”太常卿引皇帝，樂作，皇帝就望燎位，南向立，樂止。於群官將拜，太祝執篚進神座前，跪取玉幣、祝版，齋郎以俎載牲體、稷黍飯、爵酒，興，降自南陛，南行，經懸內，當柴壇南東行，自南陛登柴壇，以玉幣、祝版、饌物置於柴上戶內。訖，奉禮曰：“可燎。”東、西面各四人以炬燎火。半柴，太常卿前，奏：“禮畢。”

太常卿引皇帝還大次，樂作。皇帝出內壝門。殿中監前，受鎮圭以授尚衣奉御。殿中監又前，受大圭，華蓋侍衛如常儀。皇帝入次，樂止。謁者、贊引各引祀官及從祀群官、諸國客使以次出。贊引引御史以下俱復執事位，立定，奉禮曰：“再拜。”御史以下皆再拜。贊引引出。工人、二舞以次出。

鑾駕還宮

如圜丘之儀。

卷第二十五　吉禮

春分朝日於東郊有司攝事

齋戒　　陳設　　奠玉帛　　進熟

齋戒

前祀五日，諸預祀之官散齋三日，致齋二日。<small>散齋皆於正寢。致齋一日於</small>本司，一日於祀所，其無本司者皆於祀所。散齋理事如舊，惟不弔喪問疾，不作樂，不判署刑殺文書，不行刑罰，不預穢惡。致齋惟祀事得行，其餘悉斷。其祀官已齋而闕者，通攝行事。諸祀官致齋之日給酒食及明衣，各習禮於齋所。光禄卿監取明水火。<small>太官令取水於陰鑒，取火於陽燧。火以供爨，水以實尊。</small>

前祀一日，諸衛令其屬未後一刻各以其方器服守衛壇門，與太樂工人俱清齋一宿。

陳設

前祀二日，衛尉設祀官公卿以下次於東壇之外道南，北向，以西爲上。設陳饌幔於内壇東門之外道南，北向。太樂令設宫懸之樂於壇南内壇之内。東方、西方，磬簴起北，鐘簴次之；南方、北方，磬簴起西，鐘簴次之。設十二鎛鐘於編懸之間，各依辰位。樹雷鼓於北懸之内、道之左右。植建鼓於四隅。置柷敔於懸内。<small>柷在左，敔在右。</small>設歌鐘、歌磬於壇上近南，北向。磬簴在西，鐘簴在東。其匏竹者立於壇下，重行，北向，相對爲首。<small>凡懸，皆展而編之。</small>諸工人各位於懸後，東方、西方以北爲上，南方、北方以西爲上。右校埽除壇之内外。郊社令積柴於燎壇，<small>其壇於神壇</small>

之右、内壇之外①。方八尺，高一丈，開上，南出户，方三尺。

　　前祀一日，奉禮設祀官公卿位於内壇東門之内道北，執事位於道南，每等異位，俱重行，西面北上。設望燎位，當柴壇之北，南向。設御史位於壇上，正位於東南隅、西向，副位於西南隅、東向，令史各陪其後。於壇下，設奉禮位於樂懸東北，贊者二人在南差退，俱西向。又設奉禮、贊者位於燎壇東北，西面北上。設協律郎位於壇上南陛之西，東向。設太樂令位於北懸之間，當壇北向。設祀官公卿以下門外位於東壇之外道南，每等異位，重行，北面西上。設酒尊之位，太尊二、著尊二、山罍一在壇上東南隅，北向。尊皆置於坫，加勺、幂。設爵於尊下。設洗於壇南陛東南，北向。罍水在洗東，篚在洗西，南肆。篚實以巾、爵。執尊、罍、篚、幂者各於尊、罍、篚、幂之後。設玉、幣之篚於壇上尊坫之所。

　　晡後，謁者引光禄卿詣厨視濯溉，又謁者引諸祀官詣厨省饌具，訖，俱還齋所。

　　祀日未明十五刻②，太官令帥宰人以鸞刀割牲，祝史以豆取毛血，置於饌所，遂烹牲。青牲一。

　　未明五刻，太史令、郊社令各服其服，升，設大明神座於壇上北方，南向，席以藁秸。設神位於座首。

奠玉帛

　　祀日未明三刻，諸祀官各服其服。郊社令、良醖令各帥其屬入，實尊、罍、玉、幣。凡尊之次，太尊爲上，實以醴齊；著尊次之，實以盎齊；罍尊實以清酒。其玄酒各實於上尊，罍尊無玄酒。禮神之玉以圭有邸，其幣以青。太官令帥進饌者實諸籩、豆、簠、簋，入，設於内壇東門之外饌幔内。

　　未明二刻，奉禮帥贊者先入，就位。贊引引御史、太祝及令史、祝史，與執尊、罍、篚、幂者入自東門，當壇南，重行北面，以西爲上。凡導引者，每曲一逡巡。立定，奉禮曰：“再拜。”贊者承傳，凡奉禮有辭，贊者皆承傳。御史以下皆再拜。訖，執尊者升自東陛，立於尊所，壇下執罍、洗、篚、幂者各就位。贊引引御史、太祝詣壇東陛，升，行埽除於上。令史、祝史升，

---

① “右”字，四庫本作“左”。

② “五”字，公善堂本與四庫本均脱，據《新唐書》卷一一《禮樂一》校補。

行埽除於下。訖，引降，就位。

未明一刻，太樂令帥工人、二舞次入，就位，文舞入陳於懸内，武舞立於懸南道西。其升壇座者，皆脱履於下，降納如常。謁者引司空入，就位，立定，奉禮曰："再拜。"司空再拜。訖，謁者引司空詣壇東陛，升，行埽除於上，降，行樂懸於下，訖，還本位。初，司空入，謁者引祀官、贊引各引執事者俱就壝外位①。司空行埽除訖，謁者、贊引各引祀官次入，就位。立定，奉禮曰："衆官再拜。"衆官在位者皆再拜。其先拜者不拜。謁者進太尉之左，白："有司謹具，請行事。"退，復位。協律郎跪，俛伏，舉麾。凡取物者跪，俛伏而取以興。奠物則跪、奠訖，俛伏而後興。鼓柷，奏《豫和之樂》，乃以圜鍾之均，作文舞之舞。樂舞六成，偃麾，戞敔，樂止。凡樂，皆協律郎舉麾、工鼓柷而後作，偃麾、戞敔而後止。奉禮曰："衆官再拜。"衆官在位者皆再拜。太祝取玉、幣於篚，立於尊所。

謁者引太尉詣壇，升自南陛，北向立。太祝加玉於幣，東向授太尉。太尉受玉幣。登歌作《肅和之樂》，乃以大吕之均。謁者引太尉進，北面跪，奠於大明神座，俛伏，興。謁者引太尉少退，北向，再拜，訖，登歌止。謁者引太尉降自南陛，還本位。

初，衆官拜訖，祝史奉毛血之豆立於門外。於登歌止，祝史奉毛血入，升自南陛，太祝迎取於壇上，進，奠於神座前。太祝與祝史退，立於尊所。

進熟

太尉既升奠玉幣，太官令出，帥進饌者奉饌陳於内壝門外。謁者引司徒出，詣饌所，司徒奉俎。太祝既奠毛血，太官令引饌入。俎初入門，《雍和之樂》作，自後，酌獻皆奏《雍和之樂》。以黄鍾之均，饌至陛，樂止。祝史進，徹毛血之豆，降自東陛以出。饌升南陛，太祝迎引於壇上，設於神座前。籩、豆蓋幂先徹，乃升。簠、簋既奠，却其蓋於下。設訖，謁者引司徒以下降自東陛復位，太祝還尊所。

謁者引太尉詣罍洗，盥手，洗匏爵。訖，謁者引太尉升自南陛，詣酒

---

① 公善堂本於"執事"後脱"者"字，據四庫本校補。

尊所，執尊者舉冪。太尉酌醴齊。訖，樂作。謁者引太尉進大明神座前，北面跪，奠爵，興。謁者引太尉少退，北向立，樂止。太祝持版進於神座之右，東面跪，讀祝文曰："維某年歲次月朔日，子嗣天子臣某謹遣太尉封臣名，敢昭告於大明：惟神宣布太陽，照臨下土，動植咸賴，幽隱無遺，時維仲春，敬遵常禮。謹以玉帛、犧齊、粢盛、庶品，祗祀於神。尚饗。"訖，興，太尉再拜。初讀祝文訖，樂作，太祝進，跪，奠版於神座，興，還尊所。太尉拜訖，樂止。

太祝以爵酌罍福酒，進太尉之右，西向立。太尉再拜，受爵，跪，祭酒，啐酒，奠爵，興。太祝帥齋郎進俎。太祝減神前胙肉取前脚第二骨。加於俎。太祝持俎西向授太尉，太尉受以授齋郎。太尉跪，取爵，遂飲，卒爵。太祝進，受爵，復於坫。太尉興，再拜。謁者引太尉降，復位。

文舞出，鼓柷，作《舒和之樂》，出訖，戛敔，樂止。武舞入，鼓柷，作《舒和之樂》，立定，戛敔，樂止。

初，太尉獻將畢，謁者引太常卿詣罍洗，盥手，洗匏爵。訖，謁者引太常卿自東陛升壇，詣著尊所，執尊者舉冪。太常卿酌盎齊，武舞作。謁者引太常卿進大明神座前，北面跪，奠爵，興。謁者引太常卿少退，北向，再拜。訖，太祝以爵酌罍福酒，進太常卿之右，西向立。太常卿再拜，受爵，跪，祭酒，遂飲，卒爵。太祝進，受爵，復於坫。太常卿興，再拜。謁者引太常卿降，復位。

初，太常卿獻將畢，謁者引光祿卿詣罍洗，盥手，洗匏爵，升，酌盎齊，終獻如亞獻之儀。訖，謁者引光祿卿降，復位。武舞六成，樂止。

舞獻俱畢，太祝進，跪，徹豆，興，還尊所。徹者，籩、豆各一，少移於故處。奉禮曰："賜胙。"贊者唱："眾官再拜。"眾官在位者皆再拜。已飲福、受胙者不拜。《豫和之樂》作，奉禮曰："眾官再拜。"眾官在位者皆再拜。樂一成，止。

謁者進太尉之左，白："請就望燎位。"謁者引太尉就望燎位，南向立。於眾官將拜，太祝執篚進神座前，跪①，取玉幣、祝版，齋郎以俎載牲體、稷黍飯、爵酒，降自南陛，南行，經懸內，當柴壇南東行，自南陛登柴

---

① "跪"字，公善堂本脱，據四庫本校補。

壇，以玉幣、祝版、饌物置於柴上户内。訖，奉禮曰："可燎。"東、西面各四人以炬燎火。半柴，謁者進太尉之左，白："禮畢。"

　　謁者引太尉出，又謁者、贊引各引祀官以次出。贊引引御史以下俱復執事位，立定，奉禮曰："再拜。"御史以下皆再拜。贊引引出。工人、二舞以次出。

卷第二十六　吉禮

皇帝秋分夕月於西郊

齋戒　陳設　鑾駕出宮　奠玉帛　進熟　鑾駕還宮

齋戒

前祀五日①，皇帝散齋三日，致齋二日。凡預祀之官，散齋三日，致齋二日。散齋皆於正寢。致齋一日於本司，一日於祀所，其無本司者皆於祀所。近侍之官應從升者及從祀群官、諸方客使，各於本司及公館清齋一宿。無本司者各於正寢。散齋理事如舊，惟不弔喪問疾，不作樂，不判署刑殺文書，不行刑罰，不預穢惡。致齋惟祀事得行，其餘悉斷。其祀官已齋而闕者，通攝行事。光禄卿監取明水火。太官令取水於陰鑒，取火於陽燧。火以供爨，水以實尊。

前祀一日，諸衛令其屬未後一刻各以其方器服守衛壇門，與太樂工人俱清齋一宿。

陳設

前祀二日，尚舍直長施大次於外壇東門之内道北，南向。尚舍奉御鋪御座。衛尉設陳饌幔於内壇東門之外道南，北向。設文武侍臣次，又設祀官及從祀群官、諸州使人、蕃客等次。太樂令設宮懸之樂於壇南内壇之内，設歌鐘、歌磬於壇上，如圜丘之儀。右校埽除壇之内外。郊社令積柴於燎壇，其壇於神壇之左、内壇之外。方八尺，高一丈，開上，南出户，方三尺。

前祀一日，奉禮設御位及望燎位，祀官、從祀群官、諸州使人、蕃客

---

① “前祀五日”四字，公善堂本無，據四庫本校補。

等位於内壝之内,皆如圜丘之儀。設酒尊之位,太尊二、著尊二、罍一在壇上,於東南隅北向。尊皆置於坫,加勺、冪。設爵於尊下。設御洗於壇南陛東南,亞獻之洗又設於東南,俱北向。罍水在洗東,篚在洗西,南肆。篚實以巾、爵。執尊、罍、篚、冪者各於尊、罍、篚、冪之後。設玉、幣之篚於壇上尊坫之所。

　　晡後,謁者引光禄卿詣厨視濯漑,又謁者引諸祀官詣厨省饌具,訖,俱還齋所。

　　祀日未明十五刻[①],太官令帥宰人以鸞刀割牲,祝史以豆取毛血,置於饌所,遂烹牲。白牲一。未明五刻,太史令、郊社令升,設夜明神座於壇上北方,南向,席以藁秸。設神位於座首。

鑾駕出宫

　　如圜丘之儀。

奠玉帛

　　祀日未明三刻[②],諸祀官各服其服。郊社令、良醞令各帥其屬入,實尊、罍、玉、幣。凡尊之次,太尊爲上,實以醴齊;著尊次之,實以盎齊;罍尊實以清酒。其玄酒各實於上尊,罍尊無玄酒。禮神之玉以圭璧,其幣以白。太官令帥進饌者實諸籩、豆、簋、簠,入,設於内壝東門之外饌幔内。

　　未明二刻[③],奉禮帥贊者先入,就位。贊引引御史、太祝及令史、祝史與執尊、罍、篚、冪者入自東門,當壇南,重行,北面,以西爲上。凡引導者,每曲一逡巡。立定,奉禮曰:"再拜。"贊者承傳,凡奉禮有辭,贊者皆承傳。御史以下皆再拜。訖,執尊者升自東陛,立於尊所,壇下執罍、洗、篚、冪者各就位。贊引引御史、太祝詣壇東陛,升,行埽除於上。令史、祝史升,行埽除於下。訖,就位。

---

①　"五"字,公善堂本脱,據四庫本、《新唐書》卷一一《禮樂一》校補。

②　"未明三刻",公善堂本作"未後三刻",四庫本同。據《新唐書》卷一一《禮樂一》、《通典》卷一一一《開元禮纂類六》改。

③　"未明二刻",公善堂本作"未後二刻",四庫本同。據《新唐書》卷一一《禮樂一》、《通典》卷一一一《開元禮纂類六》改。

　　駕將至，謁者、贊引各引祀官及從祀群官、諸國客使先置者，俱就門外位。駕至大次門外，迴輅南向。將軍降，立於輅右。侍中進，當鑾駕前跪，奏稱："侍中臣某言，請降輅。"俛伏，興，還侍位。皇帝降輅，之大次。通事舍人引文、武五品以上從祀之官皆就門外位。太樂令帥工人、二舞次入，就位，文舞入陳於懸內，武舞立於懸南道西。謁者引司空入，就位，立定，奉禮曰："再拜。"司空再拜。訖，謁者引司空詣壇東陛，升，行埽除於上，降，行樂懸於下。訖，引出，就位。皇帝停大次半刻頃，通事舍人分引從祀文武群官、介公、酅公、諸國客使先入，就位。太常博士引太常卿立於大次門外，當門北向。侍中版奏："外辦。"皇帝服玄冕出次，華蓋侍衛如常儀。侍中負寶，陪從如式。博士引太常卿，太常卿引皇帝，凡太常卿前導，皆博士先引。至內壝門外。殿中監進大圭。尚衣奉御又以鎮圭授殿中監，殿中監受，進。皇帝搢大圭，執鎮圭。華蓋仗衛停於門外，近侍者從入如常。謁者引禮部尚書、太常少卿陪從如常。

　　皇帝至版位，西向立。每立定，太常卿與博士退，立於左。謁者、贊引各引祀官次入，就位。立定，太常卿前，奏稱："請再拜。"退，復位。皇帝再拜。奉禮曰："眾官再拜。"眾官在位者皆再拜。其先拜者不拜。太常卿前，奏："有司謹具，請行事。"退，復位。協律郎跪，俛伏，舉麾。凡取物者皆跪，俛伏而取以興。奠物則跪、奠訖，俛伏而後興。鼓柷，奏《豫和之樂》，乃以圜鍾之均，作文舞之舞。樂舞六成，偃麾，戛敔，樂止。凡樂，皆協律郎舉麾、工鼓柷而後作，偃麾、戛敔而後止。太常卿前，奏稱："請再拜。"退，復位。皇帝再拜。奉禮曰："眾官再拜。"眾官在位者皆再拜。太祝取玉幣於篚，立於尊所。

　　太常卿引皇帝，《太和之樂》作，皇帝每行，皆作《太和之樂》。皇帝詣壇，升自南陛，侍中、中書令以下及左右侍衛量人從升。以下皆如之。皇帝升壇，北向立，樂止。太祝加玉於幣以授侍中，侍中奉玉幣東向進。皇帝搢鎮圭，受玉幣，每受物，搢鎮圭。奠訖，執圭，俛伏，興。登歌作《肅和之樂》，乃以大呂之均。太常卿引皇帝進，北面跪，奠於夜明神座，俛伏，興。太常卿引皇帝少退，北向，再拜。訖，登歌止。太常卿引皇帝，樂作，皇帝降自南陛，還版位，西向立，樂止。

　　初，群官拜訖，祝史奉毛血之豆立於門外。於登歌止，祝史奉毛血入，升自南陛，太祝迎取於壇上，進，奠於神座前。太祝與祝史退，立於尊所。

進熟

皇帝既升奠玉幣，太官令出，帥進饌者奉饌陳於內壝門外。謁者引司徒出，詣饌所，司徒奉俎。初，皇帝既至位，樂止，太官令引饌入。俎初入門，《雍和之樂》作，以黃鍾之均，饌至陛，樂止。祝史進，徹毛血之豆，降自東陛以出。饌升南陛，太祝迎引於壇上，設於神座前。籩、豆蓋冪先徹，乃升。簠、簋既奠，却其蓋於下。設訖，謁者引司徒以下降自東陛，復位，太祝還尊所。

太常卿引皇帝詣罍洗，樂作。皇帝至罍洗，樂止。侍中跪，取匜，興，沃水。又侍中跪，取盤，興，承水。皇帝盥手。黃門侍郎跪，取巾於篚，興，進。皇帝帨手。訖，黃門侍郎受巾，跪，奠於篚。黃門侍郎又取匏爵於篚，興，進。皇帝受爵。侍中酌罍水，又侍中奉盤，皇帝洗爵，黃門侍郎又授巾，皆如初。皇帝拭爵訖，侍中奠盤、匜，黃門侍郎受巾，奠於篚，皆如常。太常卿引皇帝，樂作，皇帝詣壇，升自南陛，樂止。謁者引司徒升自東陛，立於尊所。齋郎奉俎從升，立於司徒之後。

太常卿引皇帝詣酒尊所，執尊者舉冪。侍中贊酌醴齊。訖，《壽和之樂》作。皇帝每酌獻及飲福，皆作《壽和之樂》。太常卿引皇帝進夜明神座前，北面跪，奠爵，俛伏，興。太常卿引皇帝少退，北向立，樂止。太祝持版進於神座之右，東面跪，讀祝文曰：“維某年歲次月朔日，子嗣天子臣某敢昭告於夜明：惟神昭著玄象，輝燿陰精，頒曆授時，仰觀取則，爰茲秋仲，用率恒禮。謹以玉帛、犧齊、粢盛、庶品，恭祀於神。尚饗。”訖，興。皇帝再拜。初讀祝文訖，樂作，太祝進，跪，奠版於神座，興，還尊所。皇帝拜訖，樂止。

太祝以爵酌上尊福酒，授侍中。侍中受爵，西向進。皇帝再拜，受爵，跪，祭酒，啐酒，奠爵，俛伏，興。太祝帥齋郎進俎。太祝減神前胙肉加於俎。太祝持俎以授司徒，司徒奉俎西向進。皇帝受以授左右。謁者引司徒降，復位。皇帝跪，取爵，遂飲，卒爵。侍中進，受爵，以授太祝。太祝受爵，復於坫。皇帝俛伏，興，再拜。太常卿引皇帝，樂作，皇帝降自南陛，還版位，西向立，樂止。

文舞出，鼓柷，作《舒和之樂》，出訖，戛敔，樂止。武舞入，鼓柷，作

《舒和之樂》，立定，戛敔，樂止。

　　皇帝獻將畢，謁者引太尉詣罍洗，盥手，洗匏爵。訖，謁者引太尉自東陛升壇，詣著尊所，執尊者舉冪。太尉酌盎齊，武舞作。謁者引太尉進夜明神座前，北面跪，奠爵，興。謁者引太尉少退，北向，再拜。訖，太祝以爵酌罍福酒，進太尉之右，西向立。太尉再拜，受爵，跪，祭酒，遂飲，卒爵。太祝進，受爵，復於坫。太尉興，再拜。謁者引太尉降，復位。

　　初，太尉獻將畢，謁者引光祿卿詣罍洗，盥手，洗匏爵，升，酌盎齊，終獻如亞獻之儀。訖，謁者引光祿卿降，復位。武舞六成，樂止。

　　舞獻俱畢，太祝進，跪，徹豆，興，還尊所。徹者，籩、豆各一，少移於故處。奉禮曰：“賜胙。”贊者唱：“衆官再拜。”衆官在位者皆再拜。已飲福、受胙者不拜。《豫和之樂》作，太常卿前，奏稱：“請再拜。”退，復位。皇帝再拜。奉禮曰：“衆官再拜。”衆官在位者皆再拜。樂一成，止。

　　太常卿前，奏：“請就望燎位。”太常卿引皇帝，樂作，皇帝就望燎位，南向立，樂止。於群官將拜，太祝執篚進神座前，跪，取玉幣、祝版，齋郎以俎載牲體、稷黍飯、爵酒，興，降自南陛，南行，經懸內，當柴壇南東行，自南陛登柴壇，以玉幣、祝版、饌物置於柴上戶內。訖，奉禮曰：“可燎。”東、西面各四人以炬燎火。半柴，太常卿前，奏：“禮畢。”

　　太常卿引皇帝還大次，樂作。皇帝出內壝門。殿中監前，受鎮圭以授尚衣奉御。殿中監又前，受大圭，華蓋侍衛如常儀。皇帝入次，樂止。謁者、贊引各引祀官及從祀群官、諸國客使以次出。贊引引御史以下俱復執事位，立定，奉禮曰：“再拜。”御史以下皆再拜。贊引引出。工人、二舞以次出。

鑾駕還宮

如圜丘之儀。

卷第二十七　吉禮

秋分夕月於西郊有司攝事

齋戒　陳設　奠玉帛　進熟

齋戒

前祀五日，諸預祀之官散齋三日，致齋二日。散齋皆於正寢。致齋一日於本司，一日於祀所，其無本司者皆於祀所。散齋理事如舊，惟不弔喪問疾，不作樂，不判署刑殺文書，不行刑罰，不預穢惡。致齋惟祀事得行，其餘悉斷。其祀官已齋而闕者，通攝行事。諸祀官致齋之日給酒食及明衣，各習禮於齋所。光禄卿監取明水火。太官令取水於陰鑒，取火於陽燧。火以供爨，水以實尊。

前祀一日，諸衛令其屬未後一刻各以其方器服守衛壇門，每門二人，每隅一人。與太樂工人俱清齋一宿。

陳設

前祀二日，尉衛設祀官公卿以下次於東壝之外道南，北向，以西爲上。設陳饌幔於内壝東門之外道南，北向。太樂令設宮懸之樂於壇南内壝之内。東方、西方磬簴起北，鐘簴次之；南方、北方磬簴起西，鐘簴次之。設十二鎛鐘於編懸之間，各依辰位。樹雷鼓於北懸之内、道之左右。植建鼓於四隅。置柷、敔於懸内。柷在左，敔在右。設歌鐘、歌磬於壇上近南，北向。磬簴在西，鐘簴在東。其匏竹者立於壇下，重行，北向，相對爲首。凡懸，皆展而編之。諸工人各位於懸後，東方、西方以北爲上，南方、北方以西爲上。右校埽除壇之内外。郊社令積柴於燎壇，其壇於神壇之右、內壇之外①。方八尺，高一丈，開上，南出戶，方三尺。

　　前祀一日，奉禮設祀官公卿位於內壇東門之內道北，執事位於道南，每等異位，俱重行，西面北上。設望燎位，當柴壇之北，南向。設御史位於壇上，一位於東南、西向，一位於西南、東向，令史各陪其後。於壇下，設奉禮位於樂懸東北，贊者二人在南差退，俱西向。又設奉禮、贊者位於燎壇東北，西面北上。設協律郎位於壇上南陛之西，東向。設太樂令位於北懸之間，當壇北向。設祀官公卿以下門外位於東壇之外道南，每等異位，重行，北面西上。設酒尊之位，太尊二、著尊二、山罍一在壇上東南隅，北向。尊皆加勺、冪，有坫，以置爵。設洗於壇南陛東南，北向。罍水在洗東，篚在洗西，南肆，篚實以巾、爵。執尊、罍、篚、冪者各於尊、罍、篚、冪之後。設玉、幣之篚於壇上尊坫之所。

　　晡後，謁者引光祿卿詣廚視濯溉，又謁者引諸祀官詣廚省饌具。光祿卿以下每事訖，各還齋所。

　　祀日未明十刻，太官令帥宰人以鸞刀割牲，祝史以豆取毛血，置於饌所，遂烹牲。白牲一。

　　未明五刻，太史令、郊社令各服其服，升，設夜明神座於壇上北方，南向，席以藁秸。設神位於座首。

奠玉帛

　　祀日未明三刻②，諸祀官各服其服。郊社令、良醞令各帥其屬入，實尊、罍、玉、幣。凡尊之次，太尊為上，實以醴齊；著尊次之，實以盎齊；山罍為下，實以清酒。齊皆加明水，酒皆加玄酒，各實於上尊。禮神之玉以圭璧，其幣以白，長一丈八尺也。太官令帥進饌者實諸籩、豆、簠、簋，入，設於內壇東門之外饌幔內。

　　未明二刻③，奉禮帥贊者先入，就位。贊引引御史、太祝及令史、祝史與執尊、罍、篚、冪者入自東門，當壇南，重行，北面，西上。凡導引者，每曲一逡巡。立定，奉禮曰："再拜。"贊者承傳，凡奉禮有辭，贊者皆承傳。御史以下

---

　　① "右"字，四庫本作"左"。

　　② "明"字，公善堂本作"後"，四庫本同。據《新唐書》卷一一《禮樂一》、《通典》卷一一一《開元禮纂類六》改。

　　③ "未明二刻"，公善堂本作"未後四刻"，四庫本同。據《新唐書》卷一一《禮樂一》、《通典》卷一一一《開元禮纂類六》改。

皆再拜。訖，執尊者升自東陛，立於尊所，壇下執罍、洗、篚、冪者各就位。贊引引御史、太祝詣壇東陛，升，行掃除於上。令史、祝史升，行掃除於下。訖，引降，就位。

未明一刻[①]，太樂令帥工人、二舞次入，就位，文舞入陳於懸內，武舞立於懸南道西。其升壇座者皆脫屨於下，降納如常。謁者引司空入，就位，立定，奉禮曰："再拜。"司空再拜。訖，謁者引司空詣壇東陛，升，行掃除於上，降，行樂懸於下。訖，還本位。

初，司空入，謁者引祀官、贊引各引執事者俱就壝外位[②]。司空行掃除訖，謁者、贊引各引祀官次入，就位。立定，奉禮曰："眾官再拜。"眾官在位者皆再拜。其先拜者不拜。謁者進太尉之左，白："有司謹具，請行事。"退，復位。協律郎跪，俛伏，舉麾。凡取物者皆跪，俛伏而取以興。奠物則跪、奠訖，俛伏而後興。鼓柷，奏《豫和之樂》，乃以圜鍾之均，自後，壇下之樂皆奏圜鍾。作文舞之樂。樂舞六成，偃麾，戛敔，樂止。凡樂，皆協律郎舉麾、工鼓柷而後作，偃麾、戛敔而後止。奉禮曰："眾官再拜。"眾官在位者皆再拜。太祝取玉幣於篚，立於尊所。

謁者引太尉詣壇，升自南陛，北向立。太祝以玉幣東向授太尉。太尉受玉幣。登歌作《肅和之樂》，乃以大呂之均。謁者引太尉進，北面跪，奠於夜明神座，俛伏，興。謁者引太尉少退，北向，再拜。訖，登歌止。謁者引太尉降自南陛，還本位。

初，眾官拜訖，祝史奉毛血之豆立於門外。於登歌止，祝史奉毛血入，升自南陛，太祝迎取於壇上，進，奠於神座前。太祝與祝史退，立於尊所。

進熟

太尉既升奠玉幣，太官令出，帥進饌者奉饌陳於內壝門外。謁者引司徒出，詣饌所，司徒奉俎。太祝既奠毛血，太官令引饌入。俎初入門，《雍和之樂》作，自後，酌獻皆奏《雍和之樂》。以黃鍾之均。饌至陛，樂止。祝史進，徹毛血之豆，降自東陛以出。饌升南陛，太祝迎引於壇上，設於神

---

① "未明一刻"，公善堂本作"未後五刻"，四庫本同。據《新唐書》卷一一《禮樂一》、《通典》卷一一一《開元禮纂類六》改。

② 公善堂本於"執事"後無"者"字，據四庫本校補。

座前。籩、豆蓋冪先徹，乃升。簋、簠既奠，却其蓋於下。設訖，謁者引司徒以下降自東陛，復位，太祝還尊所。

謁者引太尉詣罍洗，盥手，洗匏爵。訖，謁者引太尉升自南陛，詣酒尊所，執尊者舉冪。太尉酌醴齊。訖，樂作。謁者引太尉進夜明神座前，北面跪，奠爵，興。謁者引太尉少退，北向立，樂止。太祝持版進於神座之右，東面跪，讀祝文曰：“維某年歲次月朔日，子嗣天子臣某謹遣太尉封臣名，敢昭告於夜明：惟神昭著玄象，輝燿陰精，頒曆授時，仰觀取則，爰茲秋仲，用率恒禮。謹以玉帛、犧齊、粢盛、庶品，祗祀於神。尚饗。”訖，興。太尉再拜。初讀祝文訖，樂作，太祝進，跪，奠版於神座，興，還尊所。太尉拜訖，樂止。

太祝以爵酌罍福酒，進太尉之右，西向立。太尉再拜，受爵，跪，祭酒，啐酒，奠爵，興。太祝帥齋郎進俎。太祝減神前胙肉取前脚第二骨。加於俎，太祝持俎西向授太尉，太尉受以授齋郎。太尉跪，取爵，遂飲，卒爵。太祝進，受爵，復於坫。太尉興，再拜。謁者引太尉降，復位。

文舞出，鼓柷，作《舒和之樂》，出訖，戛敔，樂止。武舞入，鼓柷，作《舒和之樂》，立定，戛敔，樂止。

初，太尉獻將畢，謁者引太常卿詣罍洗，盥手，洗匏爵。訖，謁者引太常卿自東陛升壇，詣著尊所，執尊者舉冪。太常卿酌盎齊，武舞作。謁者引太常卿進夜明神座前，北面跪，奠爵，興。謁者引太常卿少退，北向，再拜。訖，太祝以爵酌罍福酒，進太常卿之右，西向立。太常卿再拜，受爵，跪，祭酒，遂飲，卒爵。太祝進，受爵，復於坫。太常卿興，再拜。謁者引太常卿降，復位。

初，太常卿獻將畢，謁者引光禄卿詣罍洗，盥手，洗匏爵，升，酌盎齊，終獻如亞獻之儀。訖，謁者引光禄卿降，復位。武舞六成，樂止。

舞獻俱畢，太祝進，跪，徹豆，興，還尊所。徹者，籩、豆各一，少移於故處。奉禮曰：“賜胙。”贊者唱：“衆官再拜。”衆官在位者皆再拜。已飲福、受胙者不拜。《豫和之樂》作，奉禮曰：“衆官再拜。”衆官在位者皆再拜。樂一成，止。

謁者進太尉之左，白：“請就望燎位。”謁者引太尉就望燎位，南向立。於衆官將拜，太祝執篚進神座前，取玉幣、祝版，齋郎以俎載牲體、稷黍飯、爵酒,降自南陛,南行,經懸内,當柴壇南東行,自南陛登柴壇,以玉幣、祝版、饌物置於柴上户内。訖,奉禮曰:"可燎。"東、西面各四人以炬燎火。半柴,謁者進太尉之左,白:"禮畢。"

謁者引太尉出,又謁者、贊引各引祀官以次出。贊引引御史以下俱復執事位,立定,奉禮曰:"再拜。"御史以下皆再拜。贊引引出。工人、二舞以次出。

卷第二十八　吉禮

祀風師　祀雨師　祀靈星　祀司中司命司人司祿於國城西北

立春後丑日祀風師

前祀三日，諸預祀之官散齋二日，致齋一日。散齋皆於正寢，致齋一日於祀所。光祿卿監取明水火。太官令取水於陰鑒，取火於陽燧。火以供爨，水以注玄酒之尊。散齋理事如舊，惟不弔喪問疾，不作樂，不判署刑殺文書，不行刑罰，不預穢惡。致齋惟祀事得行，其餘悉斷。其祀官已齋而闕者，通攝行事。

前祀一日，晡後一刻，諸衛令其屬各以其方器服守衛壇門，俱清齋一宿。衛尉設祀官次於東壝之外道南，北向，以西爲上。設陳饌幔於內壝東門之外道南，北向。郊社令積柴於燎壇，其壇在神壇之左、內壝之外。方五尺，高五尺，開上，南出戶。

祀日未明三刻，奉禮設祀官位於內壝東門之內道北，執事位於道南，每等異位，俱重行，西面，皆以北爲上。設望燎位，當柴壇之北，南向。設御史位於壇上西南隅，東向，令史陪其後。於壇下，設奉禮位於祀官西南，贊者二人在南差退，俱西向。又設奉禮、贊者位於燎壇東北，西面，北上。設祀官門外位於東壝之外道南，每等異位，俱重行，北向，以西爲上。郊社令帥齋郎設酒尊於壇上東南隅，象尊二置於坫，北面西上。設幣、篚於尊坫之所。設洗於壇南陛東南，北向。罍水在洗東，篚在洗西，南肆，篚實以巾、爵。執尊、罍、篚、冪者各於尊、罍、篚、冪之後。太官令帥宰人以鸞刀割牲，烹於廚。

祀日未明二刻，太史令、郊社令升，設風師神座於壇上近北，南向，席以莞。設神位於座首。

未明一刻，諸祀官各服其服。郊社令、良醞令各帥其屬入，實尊、罍及幣。實以醍齊，其玄酒實於上尊。太官令帥進饌者實諸籩、豆、簠、簋，入，設於內壝東門之外饌幔內。

奉禮帥贊者先入，就位。贊引引御史、太祝及令史與執尊、罍、篚、冪者入，當壇南，重行北向，以西爲上。立定，奉禮曰：“再拜。”贊者承傳，凡奉禮有辭，贊者皆承傳。御史以下皆再拜。執尊者升自東陛，立於尊所。執罍、洗、篚、冪者各就位。贊引引御史、太祝詣壇東陛，升，行埽除於上。令史升，行埽除於下。訖，各引就位。

質明，謁者引祀官、贊引引執事者俱就門外位。謁者、贊引各引祀官以次入，就位。立定，奉禮曰：“眾官再拜。”眾官在位者皆再拜。謁者進獻官左，白：“有司謹具，請行事。”退，復位。太官令出，帥進饌者陳於門外。初，太官令出，太祝跪，取幣於篚，興，立於尊所。

謁者引獻官升自南陛，進，當神座前，北向立。太祝以幣東向進。獻官受幣，進，北面跪，奠於神座，俛伏，興，少退，北面再拜。訖，謁者引獻官降，復位。太官令引饌入，詣南陛，升壇。太祝迎引於壇上，設於神座前。籩、豆蓋冪先徹，乃升。簠、簋既奠，却其蓋於下。設訖，太官令以下降，復位。太祝還尊所。

謁者引獻官詣罍洗，盥手，洗爵。訖，謁者引獻官自南陛升壇，詣酒尊所，執尊者舉冪。獻官酌醍齊。訖，謁者引獻官進神座前，北面跪，奠爵，俯伏，興，少退，北向立。太祝持版進於神座之右，東面跪，讀祝文曰：“維某年歲次月朔日。子嗣天子謹遣具位臣姓名，敢昭告於風師：含生開動，畢佇振發，功施造物，實彰祀典。謹以制幣、犧齊、粢盛、庶品，明薦於神。尚饗。”訖，興。獻官再拜。太祝進，跪，奠版於神座，興，還尊所。

獻官拜訖，謁者引獻官立於南方，北面。太祝以爵酌福酒，進獻官之右，西向立。獻官再拜，受爵，跪，祭酒，遂飲，卒爵。太祝進，受爵，復於坫。獻官俯伏，興。太祝帥齋郎進俎。太祝跪，減神座前胙肉加於俎，興，以俎西向進。獻官受以授齋郎。謁者引獻官降，復位。太祝進，跪，徹籩豆①，興，還尊所。徹者，籩、豆各一，少移於故處。奉禮曰：“賜胙。”贊者

---

① “籩”字，公善堂本脱，據四庫本補。

唱："衆官再拜。"衆官在位者皆再拜。已飲福、受胙者不拜。奉禮曰："衆官再拜。"衆官在位者皆再拜。

　　謁者進獻官之左，白："請就望燎位。"遂引獻官就望燎位，南向立。太祝執篚，跪，取幣、祝版，齋郎以俎載牲體、稷黍飯、爵酒，興，自南陛降壇南行，當柴壇南東行，自南陛登柴壇，以幣、祝版、饌物置柴上戶內。訖，奉禮曰："可燎。"東、西面各二人以炬燎火。半柴，謁者進獻官之左，白："禮畢。"遂引獻官出。

　　贊引引執事者以次出。贊引引御史以下俱復執事位，立定，奉禮曰："再拜。"御史以下皆再拜。贊引引出。

立夏後申日祀雨師

　　有司行事，祝文曰："百昌萬寶，式仰膏潤，謹遵典故，用備常祀。"其首尾與風伯文同。

立秋後辰日祀靈星

　　有司行事，祝文曰："九穀方成，三時不害，憑茲多祐，介其農穡。"

立冬後亥日祀司中司命司人司禄於國城西北

　　有司行事。每座象尊二，於壇上東南隅，北向，皆有站，以西爲上。設司中、司命、司人、司禄神座於壇上近北，南面，以西爲上。

　　初獻司中，祝文曰："時屬安寧，億兆康祐，用率常禮，報茲祉福。"

　　次獻司命，祝文曰："賴茲正直，黎庶康寧，資此良辰，用申恒禮。"

　　次獻司人，祝文曰："星紀已周，兆庶康阜，備茲蠲吉，式薦馨香。"

　　次獻司禄，祝文曰："玄冥紀時①，歲事云畢，聿遵典故，用修恒祀。"

　　其行事，俱如風師之儀。

---

①　"冥"字，四庫本、《通典》卷一一一《開元禮纂類六》作"英"。

卷第二十九　吉禮

皇帝夏至祭方丘后土禮同

齋戒　陳設　省牲器　鑾駕出宮　奠玉帛　進熟
鑾駕還宮

齋戒

前祭七日平明，太尉誓百官於尚書省，曰："某月某日，祭皇地祇於方丘。各揚其職，不供其事，國有常刑。"皇帝散齋四日於別殿；致齋三日，二日於太極殿，一日於行宮。

前致齋一日，尚舍奉御設御幄於太極殿西序及室內，俱東向。尚舍直長張帷於前楹下。

致齋之日，質明，諸衛勒所部屯門列仗。晝漏上水一刻，侍中版奏："請中嚴。"諸衛之屬各督其隊入，陳於殿庭，如常儀。通事舍人引文武官五品以上陪位如式。諸侍衛之官各服其服，諸侍臣並結佩，俱詣閤奉迎。凡齋者則結佩。上水二刻，侍中版奏："外辦。"上水三刻，皇帝服袞冕，結佩，出自西房，曲直華蓋警蹕侍衛如常儀。皇帝即御座，東向坐，侍臣夾侍如常。一刻頃，侍中前，跪，奏稱："侍中臣某言，請降就齋室。"俛伏，興，還侍位。皇帝降座，入室。文武侍臣各還本司，直衛者如常。

凡預祭之官，散齋四日，致齋三日。散齋皆於正寢。致齋二日於本司，一日於祭所。其無本司者，皆於郊社及祭所。近侍之官應從升者及從祭群官、諸方客使，各於本司及公館清齋一宿。散齋理事如舊，惟不弔喪問疾，不作樂，不判署刑殺文書，不行刑罰，不預穢惡。致齋惟祭事得行，其餘悉斷。其祭官已齋而闕者，通攝行事。凡祭官致齋之日，給酒食及明衣，各習禮於齋所。光祿卿監取明水火。太官令取水於陰鑒，取火於陽燧。火以供爨，水以實尊。

前祭二日，太尉告高祖神堯皇帝廟，如常告之儀。告以配神作主之意。

前祭一日，諸衛令其屬未後一刻各以其方器服守衛壇門，每壇門二人，每隅一人。與太樂工人俱清齋一宿。

陳設

前祭三日，尚舍直長施大次於外壇東門之內道北，南向。尚舍奉御鋪御座。衛尉設文武侍臣次於大次之後，文官在左，武官在右，俱南向。設諸祭官次於東壇之外道南，北面西上。三師於南壇之外道東，諸王於三師之南，俱西面北上。文官九品以上於祭官之東，北面西上。介公、酅公於南壇之外道西，東向；諸州使人，東方、南方於諸王東南，西向；西方、北方於介公、酅公西南，東向。皆北上。諸國之客，東方、南方於諸州使人之南，西向；西方、北方於諸州使人之南，東向。皆北上。武官三品以下、七品以上於西壇之外道南，北向東上。其褒聖侯若在朝，於文官三品之下。設陳饌幔於內壇東門、西門之外道北，南向。壇上及神州、東方、南方之饌陳於東門外，西向；西方、北方之饌陳於西門外，東向。神州無西門之饌①。

前祭二日，太樂令設宮懸之樂於壇南內壇之外，東方、西方磬簴起北，鐘簴次之；南方、北方磬簴起西，鐘簴次之。設十二鎛鐘於編懸之間，各依辰位。樹靈鼓於北懸之內、道之左右②。植建鼓於四隅。置柷敔於懸內。柷在左，敔在右。設歌鐘、歌磬於壇上近南，北向。磬簴在西，鐘簴在東。其匏竹者立於壇下，重行北向，相對為首。凡懸，皆展而編之。諸工人各位於懸後，東方、西方以北為上，南方、北方以西為上。右校埽除壇之內外。又為瘞埳於壇之壬地內壇之外，方深取足容物，南出陛。

前祭一日，奉禮設御位於壇之東南，西向。設望瘞位於壇之西南，當瘞埳北向。設祭官公卿位於內壇東門之外道南，分獻之官於公卿之南，執事者位於其後，每等異位，俱重行，西面北上。設御史位於壇上，正位於東南隅，西向；副位於西南隅，東向③。設奉禮位於樂懸東北，贊者二人在南差退，俱西面北上。設奉禮、贊者位於瘞埳西南，東面南上。

---

① “神州無西門之饌”七字，公善堂本無，據四庫本、《通典》卷一一二《開元禮纂類七》補。

② “靈鼓”，四庫本作“雷鼓”。

③ 四庫本於“東向”後，有“令史各陪其後於壇下”九字。

設協律郎位於壇上南陛之西，東向。設太樂令位於北懸之間，當壇北向。

設從祭之官三師位於懸南道東，諸王位於三師之東，俱北面西上。介公、酅公位於道西，北面東上。文官從一品以下九品以上位於執事之南，每等異位，重行，西向；武官三品以下九品以上位於西方，當文官，每等異位，重行，東向，皆北上。諸州使人位：東方、南方於諸王東南，重行，北面西上；西方、北方於介公、酅公西南，重行，北面東上。設諸國客使位於內壝南門之外①，東方、南方於諸州使人之東，每國異位，重行，北面西上；西方、北方於諸州使人之西，每國異位，重行，北面東上。

設門外位：祭官公卿以下於東壝之外道南，每等異位，重行，北面西上。三師位於南壝之外道東，諸王位於三師之南。俱西向。介公、酅公位於道西，東向。皆北上。文官從一品以下九品以上位於東壝之外、祭官之南，每等異位，重行，北面西上。武官三品以下九品以上位於西壝之外道南，每等異位，重行，北面東上。諸州使人位：東方、南方於諸王東南，重行，西面；西方、北方於介公、酅公西南，重行，東面。俱北上。設諸國客使位：東方、南方於諸州使人之南，每國異位，重行，西面；西方、北方於諸州使人之南，每國異位，重行，東面。皆北上。

設牲牓於東壝之外，當門西向。黃牲一，居前；又黃牲一，在北少退；玄牲一，在南少退。設廩犧令位於牲西南，史陪其後。俱北向。設諸太祝位於牲東，各當牲後，祝史陪其後，俱西向。設太常卿省牲位於牲前近北，南向。

設皇地祇酒尊於壇之上下：太尊二、著尊二、犧尊二、罍二②在壇上東南隅，北向；象尊二、壺尊二、山罍二在壇下，皆於南陛之東，北向。俱西上。設配帝著尊二、犧尊二、象尊二、罍一在壇上③，皆於皇地祇酒尊之東，北向西上。神州太尊二，在第一等。每方嶽鎮海瀆俱山尊二，山川林澤俱蜃尊二，丘陵、墳衍、原隰、井泉俱概尊二。凡尊，各設於神座之左而右向。神州以上之尊置於坫，以下之尊俱藉以席，皆加勺、冪。設爵於尊下。

---

① "使"字，公善堂本無，據《通典》卷一一二《開元禮纂類七》校補。

② "罍二"，四庫本、《通典》卷一一二《開元禮纂類七》作"山罍一"。

③ "罍一"，四庫本作"山罍二"。

設御洗於壇南陛東南，亞獻之洗又於東南，俱北向。罍水在洗東，篚在洗西，南肆。設罍、洗、篚、冪各於其方陛道之左，俱內向，執尊、罍、篚、冪者各於尊、罍、篚、冪之後。各設玉、幣之篚於壇之上下尊坫之所。

祭日未明五刻，太史令、郊社令各服其服，帥其屬升，設皇地祇神座於壇上北方，南向，席以藁稭。設高祖神堯皇帝神座於東方，西向，席以莞。設神州地祇神座於第一等東南方，席以藁稭。又設嶽鎮海瀆以下之座於內壝之內，各依其方，皆有原隰、丘陵、墳衍之座。又設中嶽以下之座於壇之西南。俱內向。自神州以下六十八位，席皆以莞。設神位各於座首。

省牲器

省牲之日午後十刻，去壇二百步所，諸衛之屬禁斷行人。

晡後一刻，諸行事之官，郊社令、令史及府史、齋郎以尊、坫、罍、洗、篚、冪入，設於位。

晡後二刻，謁者、贊引各引祭官御史以下就位，立定。太祝與廩犧令以牲就牓位。謁者引御史、太常卿詣壇東陛，升，視滌濯，行掃除於上；降，行樂懸於下。御史、太常卿降，復位。謁者進太尉之左，白：“請就門外位。”謁者、贊引各引祭官以下就門外位。謁者引太常卿就省牲位，南向立，廩犧令少前，曰：“請省牲。”退，復位。太常卿省牲。廩犧令又前，北面，舉手曰：“腯。”還本位。諸太祝各循牲一匝，西面，舉手曰：“充。”俱還本位。諸太祝與廩犧令以次牽牲詣廚，授太官。謁者引光祿卿詣廚省鼎鑊，申視濯溉。謁者、贊引各引祭官詣廚省饌具。訖，俱還齋所。

祭日未明十五刻[1]，太官令帥宰人以鸞刀割牲，祝史以豆取毛血，各置於饌所，遂烹牲。

鑾駕出宮

前三日，本司宣攝內外，各供其職。尚舍設行宮於壇東，南向，隨地

---

[1]　“五”字，公善堂本脱，據四庫本、《新唐書》卷一一《禮樂一》校補。

之宜。衛尉設從祭官次於朝堂。

前二日，太樂令設宮懸之樂於殿庭，如常儀。駕出，懸而不作。

祭日，從祭群官六品以下、諸州使人、諸方客使俱先至，並就次，各服其服。祭日未明七刻，搥一鼓爲一嚴，三嚴時節，前一日侍中奏裁。侍中奏開宮殿門及城門。未明五刻，搥二鼓爲再嚴。侍中版奏："請中嚴。"奉禮設從祭群官五品以上，文官位於東朝堂之前，西向；武官位於西朝堂之前，東向。俱重行，北上。從祭群官俱集朝堂就次，各服其服。所司陳大駕鹵簿。未明二刻，搥三鼓爲三嚴。諸衛之屬各督其隊與鈒戟以次入，陳於殿庭。通事舍人引從祭群官各就朝堂前位。諸侍衛之官各服其器服。侍中、中書令以下俱詣西階奉迎。侍中負寶如式。乘黃令進玉輅於太極殿西階之前，南向。千牛將軍一人，執長刀立於輅前，北向。黃門侍郎一人，在侍臣之前，贊者二人又在黃門之前。

侍中版奏："外辦。"太僕卿奮衣而升，正立執轡。皇帝服袞冕，乘輿以出，降自西階，稱警蹕如常儀。千牛將軍前執轡，皇帝升輅。太僕卿立，授綏，侍中、中書令以下夾侍如常。黃門侍郎當鑾駕前，跪，奏稱："黃門侍郎臣某言，請鑾駕進發。"俛伏，興，退，復位。凡黃門侍郎奏請，皆進鑾駕前，跪，奏稱"某官臣某言"，訖，俛伏，興也。鑾駕動，又稱警蹕。黃門侍郎與贊者夾引出，千牛將軍夾輅而趨。

駕出承天門，至侍臣上馬所，黃門侍郎奏稱："請鑾駕權停，勅侍臣上馬。"侍中稱："制曰可。"黃門侍郎退，稱："侍臣上馬。"贊者承傳，文武侍臣皆上馬。諸侍衛之官各督其屬左右翼駕在黃麾內。符寶郎奉六寶，與殿中監後部從在黃鈒內。侍中、中書令以下夾侍於輅前。贊者在供奉官人內。侍臣上馬畢，黃門侍郎奏稱："請勅車右升。"侍中稱："制曰可。"黃門侍郎退，復位。千牛將軍升訖，黃門侍郎奏稱："請鑾駕進發。"退，復位。鑾駕動，稱警蹕如常，不鳴鼓吹，不得諠譁。其從祀之官在玄武隊後，如常儀。若須先署，則聽臨時節度。

奠玉帛

祭日未明三刻，諸祭官各服其服。郊社令、良醞令各帥其屬入，實尊、罍、玉、幣。凡六尊之次，太尊爲上，實以汎齊；著尊次之，實以醴齊；犧尊次之，實以盎齊;象尊次之,實以醍齊;壺尊次之,實以沈齊;山罍爲下,實以清酒。配帝著尊爲上,實以汎齊;犧尊次之,實以醴齊;象尊次之,實以盎齊①。神州太尊,實以汎齊。五方嶽鎮海瀆之山尊,實以醍齊。山川林澤之蜃尊,實以沈齊。丘陵以下之散尊,實以清酒。玄酒各實於五齊之上尊②。禮神之玉,皇地祇以黃琮,其幣以黃,配帝之幣亦如之;神州之玉以兩圭有邸,其幣以玄;五方嶽鎮以下之幣,各從方色。太官令帥進饌者實諸籩、簋,各設於内壝之外饌幔内。

未明二刻,奉禮帥贊者先入,就位。贊引引御史、博士、諸太祝及令史,與執尊、罍、篚、冪者入自東門,當壇南,重行,北面西上。立定,奉禮曰:“再拜。”贊者承傳。凡奉禮有辭,贊者皆承傳。御史以下皆再拜。訖,執尊、罍、篚、冪者各就位。贊引引御史、諸太祝詣壇東陛,升,行埽除於上。令史、祝史升,行埽除於下。訖,引降,就位。

駕將至,謁者、贊引各引祭官、從祭官、客使等俱就門外位。駕至大次門外,迴輅南向。將軍降,立於輅右。侍中進,當鑾駕前,跪,奏稱:“侍中臣某言,請降輅。”俛伏,興,還侍位。皇帝降輅之大次。謁者引五品以上從祭之官皆就壝外位。太樂令帥工人、二舞次入,就位,文舞入陳於懸内,武舞立於懸南道西。謁者引司空入,行埽除,訖,出,復位。皇帝停大次半刻頃,謁者、贊引各引祀官,通事舍人分引從祀群官、介公、酅公、諸方客使,皆先入,就位。太常博士引太常卿立於大次門外,當門北向。侍中版奏:“外辦。”皇帝服衮冕出次,華蓋侍衛如常儀。侍中負寶陪從如式。博士引太常卿,太常卿引皇帝凡太常卿前導,皆博士先引。至中壝門外。殿中監進大圭。尚衣奉御又以鎮圭授殿中監,殿中監受,進。皇帝搢大圭,執鎮圭。華蓋仗衛停於門外,近侍者從入。謁者引禮部尚書、太常少卿陪從,如常儀。

皇帝至版位,西向立。每立定,太常卿與博士退,立於左。太常卿前,奏稱:“請再拜。”退,復位。皇帝再拜。奉禮曰:“衆官再拜。”衆官在位者皆再拜。其先拜者不拜。太常卿前,奏:“有司謹具,請行事。”退,復位。協律郎跪,俛伏,舉麾。凡取物皆跪,俛伏而取以興。奠物則跪、奠訖,俛伏而後興。鼓柷,奏《順和之樂》,乃以林鍾爲宫,太蔟爲角,姑洗爲徵,南吕爲羽,作文舞之

---

①　四庫本於“盎齊”後有“山罍爲下實以清酒”八字。

②　“五齊”,《通典》卷一一二《開元禮纂類七》作“諸齊”。

樂。樂舞八成，林鍾、太蔟、姑洗、南呂皆再成。偃麾，戞敔，樂止。凡樂，皆協律郎舉麾，工鼓柷而後作，偃麾、戞敔而後止。太常卿前，奏稱："請再拜。"退，復位。皇帝再拜。奉禮曰："衆官再拜。"衆官在位者皆再拜。上下諸祝俱取玉、幣於篚，各立於尊所。

太常卿引皇帝，《太和之樂》作。皇帝每行，皆奏《太和之樂》。皇帝詣壇，升自南陛，侍中、中書令以下及左右侍衛量人從升。以下皆如之。皇帝升壇，北向立，樂止。太祝加玉於幣以授侍中，侍中奉玉幣，東向，進。皇帝搢鎮圭，受玉幣。凡受物，皆搢鎮圭，跪，奠訖，俛伏，興。登歌作《肅和之樂》，以應鍾爲均。太常卿引皇帝進，北面跪，奠於皇地祇神座，俛伏，興。太常卿引皇帝少退，北向，再拜。訖，太常卿引皇帝立於西方，東向。又太祝以幣授侍中，侍中北向進。皇帝受幣。太常卿引皇帝進，東面跪，奠於高祖神堯皇帝神座，俛伏，興。太常卿引皇帝少退，東向，再拜。訖，登歌止。太常卿引皇帝，樂作。皇帝降自南陛，還版位，西向立，樂止。

初，皇帝將奠配帝之幣，神州以下諸太祝奉玉幣各進，奠於神座。諸太祝還尊所。

初，群官拜訖，祝史各奉毛血之豆立於門外。於登歌止，祝史奉毛血入，正座升自南陛，配座升自東陛，其神州之座升自巳陛。諸太祝迎取於壇上，各進，奠於神座前。諸太祝與祝史退，立於尊所。

進熟

皇帝既升奠玉幣，太官令出，帥進饌者奉饌，各陳於内壝門外。謁者引司徒出，詣饌所。司徒奉皇地祇之俎。初，皇帝既至位，樂止，太官令引饌入。俎初入門，《雍和之樂》作，以太蔟之均。自後，接神之樂皆用太蔟。饌至陛，樂止。祝史俱進，跪，徹毛血之豆，降自東陛以出。皇地祇之饌升自南陛，配帝之饌升自東陛，神州之饌升自巳陛。諸太祝迎取於壇上，各設於神座前。籩、豆蓋冪先徹，乃升。簠、簋既奠，却其蓋於下。設訖，謁者引司徒、太官令帥進饌者降自東陛以出。司徒復位，諸太祝還尊所。又進設嶽鎮以下之饌，相次而畢。

太常卿引皇帝詣罍洗，樂作。皇帝至罍洗，樂止。侍中跪，取匜，興，沃水。又侍中跪，取盤，興，承水。皇帝盥手。黃門侍郎跪，取巾於篚，興，進。皇帝帨手。訖，黃門侍郎受巾，跪，奠於篚。黃門侍郎又取匏爵於篚，興，進。皇帝受爵。侍中酌罍水，又侍中奉盤，皇帝洗爵，黃門侍郎又授巾，皆如初。皇帝拭爵訖，侍中奠盤、匜，黃門侍郎受巾，奠於篚，皆如常。太常卿引皇帝，樂作。皇帝詣壇，升自南陛，樂止。謁者引司徒升自東陛，立於尊所。齋郎奉俎從升，立於司徒之後。

太常卿引皇帝詣皇地祇酒尊所，執尊者舉冪。侍中贊酌汎齊。訖，《壽和之樂》作。<small>皇帝每酌獻及飲福，皆作《壽和之樂》。</small>太常卿引皇帝進皇地祇神座前，北面跪，奠爵，俛伏，興。太常卿引皇帝少退，北向立，樂止。太祝持版進於神座之右，東面跪，讀祝文曰："維某年歲次月朔日，子嗣天子臣某，敢昭告於皇地祇：乾道運行，日躔北至，景風應序，離氣効時，嘉承至和，肅若舊典。敬以玉幣、犧齊、粢盛、庶品，備茲祗瘞，式表誠愨。高祖神堯皇帝配神作主。尚饗。"太祝俛伏，興。皇帝再拜。初讀祝文訖，樂作，太祝進，跪，奠版於神座，興，還尊所。皇帝拜訖，樂止。

太常卿引皇帝詣配帝酒尊所，執尊者舉冪。侍中取爵於坫，進。皇帝受爵。侍中贊酌汎齊，訖，樂作。太常卿引皇帝進高祖神堯皇帝神座前，東面跪，奠爵，俛伏，興。太常卿引皇帝少退，東向立，樂止。太祝持版進於神座之左，北面跪，讀祝文曰："維某年歲次月朔日，子孝曾孫開元神武皇帝臣某，敢昭告於高祖神堯皇帝：時維夏至，肅恭訓典，用致祗祭於皇地祇。惟高祖德協二儀，道兼三統，禮膺光配，敢率舊章。謹以制幣、犧齊、粢盛、庶品，肅雍明薦，作主侑神。尚饗。"太祝俛伏，興。皇帝再拜。初讀祝文訖，樂作，太祝進，跪，奠版於神座，興，還尊所。皇帝拜訖，樂止。

太常卿引皇帝進皇地祇神座前，北向立，樂作。太祝各以爵酌上尊福酒，合置一爵。一太祝持爵授侍中，侍中受爵，西向進。皇帝再拜，受爵，跪，祭酒，啐酒，奠爵，俛伏，興。太祝各率齋郎進俎。太祝減神前胙肉加於俎，以胙肉共置一俎上。太祝持俎以授司徒，司徒奉俎，西向進。皇帝受以授左右。謁者引司徒降，復位。皇帝跪，取爵，遂飲，卒爵。侍中進，受爵以授太祝。太祝受爵，復於坫。皇帝再拜，俛伏，興，樂止。太常卿引皇帝，樂作。皇帝降自南陛，還版位，西向立，樂止。

文舞出，鼓柷，作《舒和之樂》。出訖，戞敔，樂止。武舞入，鼓柷，作

《舒和之樂》。立定，戛敔，樂止。

皇帝獻將畢，謁者引太尉詣罍洗，盥手，洗匏爵。訖，謁者引太尉自東陛升壇，詣皇地祇著尊所，執尊者舉幂。太尉酌醴齊。訖，武舞作，大合六律六同。謁者引太尉進皇地祇神座前，北面跪，奠爵，興。謁者引太尉少退，北向，再拜。訖，謁者引太尉詣配帝犧尊所，取爵於坫，執尊者舉幂。太尉酌醴齊。訖，謁者引太尉進高祖神堯皇帝神座前，東面跪，奠爵，興。謁者引太尉少退，東向，再拜。訖，謁者引太尉進皇地祇神座前，北向立。太祝各以爵酌罍福酒，合置一爵。一太祝持爵進太尉之右，西向立。太尉再拜，受爵，跪，祭酒，遂飲，卒爵。太祝進，受爵，復於坫。太尉興，再拜。訖，謁者引太尉降，復位。

初，太尉獻將畢，謁者引光禄卿詣罍洗，盥手，洗匏爵，升，酌盎齊，終獻如亞獻之儀。訖，謁者引光禄卿降，復位。

初，太尉將升獻，謁者一人引獻官詣罍洗，盥手，洗匏爵，訖，升自巳陛，詣酒尊所，執尊者舉幂，酌汎齊，進，奠於神州座前，引降，還本位。謁者五人次引獻官各詣罍洗，盥洗，訖，詣酒尊所，俱酌醍齊訖，引獻官各進，奠爵於諸方嶽鎮海瀆首座。餘座皆祝史助奠。相次而畢，引還本位。又贊引五人各引獻官詣罍洗盥洗，詣酒尊所，酌沈齊，獻山川林澤，如嶽鎮之儀。訖，又引獻官詣罍洗，盥洗訖，詣酒尊所，俱酌清酒，獻丘陵以下及齋郎助奠，如上儀。訖，各引還本位。武舞六成，樂止。

舞獻俱畢，上下諸祝各進，跪，徹豆，還尊所。徹者，籩、豆各一，少移於故處。奉禮曰：“賜胙。”贊者唱：“衆官再拜。”衆官在位者皆再拜，已飲福、受胙者不拜。《順和之樂》作。太常卿前，奏稱：“請再拜。”退，復位。皇帝再拜。奉禮曰：“衆官再拜。”衆官在位者皆再拜。樂一成，止。

太常卿前，奏：“請就望瘞位。”太常卿引皇帝，樂作。皇帝就望瘞位，北向立，樂止。於群官將拜，上下諸祝各執篚進神座前，取玉帛，齋郎以俎載神州以上牲體、稷黍飯、爵酒，各由其陛降壇北行，當瘞埳西行。諸太祝以玉帛、饌物置於埳，諸祝又以嶽鎮以下之禮幣及牲體皆從瘞。奉禮曰：“可瘞埳。”東、西廂各六人實土。半埳，太常卿前，奏：“禮畢。”

太常卿引皇帝還大次，樂作。皇帝出中壝門。殿中監前，受鎮圭以授尚衣奉御。殿中監又前，受大圭，華蓋侍衛如常儀。皇帝入次，樂止。謁者、贊引引祭官，通事舍人分引從祭群官、諸方客使，以次出。贊引引御史以下俱復執事位。立定，奉禮曰：“再拜。”御史以下皆再拜。贊引引出。工人、二舞以次出。其祝版燔於齋所。

鑾駕還宮

皇帝既還大次，侍中版奏：“請解嚴。”<small>將士不得輒離部伍。</small>皇帝停大次一刻頃，搥一鼓爲一嚴，轉仗衛於還途，如來儀。三刻頃，搥二鼓爲再嚴，將士布隊仗，侍中版奏：“請中嚴。”皇帝服通天冠、絳紗袍，諸祭官服朝服。五刻頃，搥三鼓爲三嚴，通事舍人、贊引各引群官、客使序立於次前，文武侍臣詣大次奉迎。乘黃令進金輅於大次門外，南向。千牛將軍立於輅右。

侍中版奏：“外辦。”太僕卿升，執轡。皇帝出次，警蹕侍衛如常儀。皇帝升輅，太僕卿立授綏。黃門侍郎奏稱：“請鑾駕發引。”退，復位。鑾駕動，稱警蹕如常儀。黃門侍郎、贊者夾引以出，千牛將軍夾輅而趨。至侍臣上馬所，黃門侍郎奏稱：“請鑾駕權停，勅侍臣上馬。”侍中稱：“制曰可。”黃門侍郎退稱：“侍臣上馬。”贊者承傳，唱：“侍臣上馬。”文武侍臣皆上馬畢，黃門侍郎奏稱：“請勅車右升。”侍中稱：“制曰可。”黃門侍郎退，復位。千牛將軍升，黃門侍郎奏稱：“請鑾駕發引。”退，復位。駕動，鼓吹振作而還。文武群官皆從，如來儀。諸方客使便還館。駕至承天門外侍臣下馬所，鑾駕權停，文武侍臣皆下馬。千牛將軍降，立於輅右。侍臣下馬訖，鑾駕動，千牛將軍夾輅而趨。

駕入嘉德門，太樂令令撞蕤賓之鐘，左右鐘皆應。鼓柷，奏《采茨之樂》，至太極門，戛敔，樂止。入太極門，鼓柷，奏《太和之樂》。駕至橫街北，當東上閣，迴輅南向。侍中進，當鑾駕前跪，奏稱：“侍中臣某言，請降輅。”俛伏，興，還侍位。皇帝降輅，乘輿以入，繖扇侍衛警蹕如常儀。侍臣從至閣，戛敔，樂止。

初，文武群官至承天門外，通事舍人承旨，勅群臣並還。皇帝既入，侍中版奏：“請解嚴。”叩鉦，將士各還其所。

卷第三十　吉禮

夏至祭方丘有司攝事

齋戒　陳設　省牲器　奠玉帛　進熟

齋戒

前祭七日平明，太尉誓百官於尚書省，曰："某月某日，祭皇地祇於方丘。各揚其職，不供其事，國有常刑。"凡預祭之官，散齋四日，致齋三日。散齋皆於正寢。致齋二日於本司，一日於祭所，其無本司者皆於祭所。散齋理事如舊，惟不弔喪問疾，不作樂，不判署刑殺文書，不行刑罰，不預穢惡。致齋惟祭事得行，其餘悉斷。其祭官已齋而闕者，通攝行事。諸祀官致齋之日給酒食及明衣，各習禮於齋所。光祿卿監取明水火。太官令取火於陽燧，取水於陰鑒。火以供爨，水以實尊。

前祭二日，太尉告高祖神堯皇帝廟，如常告之儀。告以配神作主之意。

前祭一日，諸衛各帥①其屬未後一刻各以其方器服守衛壝門，每門二人，每隅一人。與太樂工人俱清齋一宿。

陳設

前祭三日，衛尉設祭官公卿以下之次於東壝之外道南，北面西上。設陳饌幔於內壝東門、西門之外道北，南向。壇上及神州、東方、南方之饌陳於東門外，西向②；西方、北方之饌陳於西門外，東向。神州無西門之饌。③

---

①　"各帥"，四庫本作"令"。

②　"西向"二字，公善堂本無，據四庫本、《通典》卷一一二《開元禮纂類七》、本書卷二九"陳設"條校補。

③　"東向神州無西門之饌"九字，公善堂本無，據四庫本、《通典》卷一一二《開元禮纂類七》、本書卷二九"陳設"條校補。

　　前祭二日，太樂令設宮懸之樂於壇南内壝之外。東方、西方磬簴起北，鐘簴次之；南方、北方磬簴起西，鐘簴次之。設十二鎛鐘於編懸之間，各依辰位。樹靈鼓於北懸之内、道之左右。植建鼓於四隅。置柷敔於縣内。柷在左，敔在右。設歌鐘、歌磬於壇上近南，北向。磬簴在西，鐘簴在東。其匏竹者立於壇下，重行北向，相對爲首。凡懸，皆展而編之。諸工人各位於懸後，東方、西方以北爲上，南方、北方以西爲上。右校埽除壇之内外。又爲瘞埳於壇之壬地内壝之外，方深取足容物，南出陛。

　　前祭一日，奉禮設祭官公卿位於内壝東門之外道南，分獻之官於公卿之南，執事者位於其後，每等異位，俱重行，西面北上。設望瘞位，當瘞埳之南，北向。設御史位於壇上：正位於東南隅，西向；副位於西南隅，東向，令史各陪其後。於壇下，設奉禮位於樂懸東北，贊者二人在南差退，俱西面北上。又設奉禮、贊者位於瘞埳西南，東面南上。設協律郎位於壇上南陛之西，東向。設太樂令位於北懸之間，當壇北向。又設祭官公卿以下門外位於東壝之外道南，每等異位，重行，北面西上。

　　設牲牓於東壝之外，當門西向。黄牲一，居前；又黄牲一，在北少退；玄牲一，在南少退。設廩犧令位於牲西南，史陪其後[1]，俱北向。設諸太祝位於牲東，各當牲後，祝史陪其後，俱西向。設太常卿省牲位於牲前近北，南向。

　　設皇地祇酒尊於壇之上下：太尊二、著尊二、犧尊二、罍一在壇上東南隅，北向；象尊二、壺尊二、山罍二在壇下，皆於南陛之東，北向。俱西上。設配帝著尊二、犧尊二、象尊二、罍一在壇上[2]，於皇地祇酒尊之東，北向西上。神州太尊二，在第一等。每方嶽瀆海鎮俱山尊二，山川林澤各蜃尊二，丘陵、墳衍、原隰各散尊二。凡尊，各設於神座之左而右向。神州以上之尊置於坫，嶽鎮以下之尊俱藉以席，皆加勺、冪。設爵於尊下。

　　設洗於壇南陛東南，北向。罍水在洗東，篚在洗西，南肆。篚實以巾、爵。設罍、洗、篚、冪各於其方陛道之左，俱内向，執尊、罍、篚、冪者各於尊、罍、篚、冪之後。置玉幣之篚於壇之上下尊坫之所。

　　祭日未明五刻，太史令、郊社令各服其服，升，設皇地祇神座於壇上

---

①　四庫本於“史”前有“祝”字。
②　“罍一”，四庫本作“山罍二”。

北方,南向,席以藁秸。設高祖神堯皇帝神座於東方,西向,席以莞。設神州地祇神座於第一等東南方,席以藁秸。又設嶽鎮海瀆以下之座於内壝之内,各於其方,皆有原隰、丘陵、墳衍之座。又設嵩嶽以下之座於壇之西南,俱内向。自神州以下六十八位,席皆以莞。設神位各於座首。

省牲器

省牲之日午後十刻,去壇二百步所,諸衛之屬禁斷行人。

晡後一刻,郊社令帥府史二人①及齋郎以尊、坫、罍、洗、篚、冪入,設於位。

晡後二刻,諸太祝與廩犧令以牲就牓位。謁者引太常卿、贊引引御史詣壇東陛,升,視滌濯於上。於視滌濯,執尊者皆舉冪告潔。訖,引太常卿降,復位。謁者進太尉之左,白:“請就門外位。”謁者、贊引各引祭官就門外位。謁者引太常卿就省牲位,南向立。廩犧令少前,曰:“請省牲。”退,復位。太常卿省牲。廩犧令又前,北面,舉手曰:“腯。”還本位。諸太祝各循牲一匝,西面,舉手曰:“充。”俱還本位。諸太祝與廩犧令以次牽牲詣厨,授太官。謁者引光禄卿詣厨,省鼎鑊,申視滌溉。謁者、贊引各引祭官就厨省饌具,訖,俱還齋所。

祭日未明十五刻②,太官令帥宰人以鸞刀割牲,祝史以豆取毛血,各置於饌所,遂烹牲。

奠玉帛

祭日未明三刻,諸祭官各服其服。郊社令、良醞令各帥其屬入,實尊、罍、玉、幣。凡六尊之次,太尊爲上,實以汎齊;著尊次之,實以醴齊;犧尊次之,實以盎齊;象尊次之,實以醍齊;壺尊次之,實以沈齊;山罍爲下,實以三酒③。配帝著尊爲上,實以汎齊;犧尊次之,實以醴齊;象尊次之,實以盎齊④。神州太尊,實以汎齊;五方嶽鎮海瀆之山尊,實

---

① “二人”,四庫本作“三人”。
② “五”字,公善堂本脱,據四庫本、《新唐書》卷一一《禮樂一》校補。
③ “三酒”,四庫本作“清酒”。
④ 四庫本於“盎齊”後有“山罍爲下實以清酒”八字。

以醴齊；山林川澤之蜃尊，實以沈齊；丘陵以下之散尊，實以清酒。玄酒各實於五齊之上尊①。禮神之玉，皇地祇以黃琮，其幣以黃。配帝之幣亦如之。神州之玉以兩圭有邸，其幣以玄。五方嶽鎮以下之幣，各從方色。太官令帥進饌者實諸籩、豆、簋、簠，各設於內壝之外饌幔內。

　　未明二刻，奉禮帥贊者先入，就位。贊引引御史、博士、諸太祝、令史與執尊、罍、篚、幂者入自東門，當壇南，重行，北面西上。立定，奉禮曰：“再拜。”贊者承傳，凡奉禮有辭，贊者皆承傳。御史以下皆再拜。訖，執尊、罍、篚、幂者各就位。贊引引御史、諸太祝詣壇東陛，御史一人、太祝二人升，行掃除於上；御史一人②、太祝七人升，行掃除於下。訖，引降，就位。

　　未明一刻，太樂令帥工人、二舞次入，就位，文舞入陳於懸內，武舞立於懸南道西。謁者引司空入，行掃除如常儀。初，司空入，謁者引祭官、贊引引執事者就壝外位。司空行掃除，訖，謁者、贊引各引祭官次入，就位。立定，奉禮曰：“眾官再拜。”眾官在位者皆再拜。其先拜者不拜。

　　謁者進太尉之左，白：“有司謹具，請行事。”退，復位。協律郎跪，俯伏，舉麾，凡取物者皆跪，俯伏而取以興。奠物，則跪、奠訖，俛伏而後興。鼓柷，奏《順和之樂》，乃以林鍾爲宮，太蔟爲角，姑洗爲徵，南呂爲羽，林鍾、太蔟、姑洗、南呂各再奏。作文舞之舞③。樂舞八成，偃麾，戞敔，樂止。凡樂，皆協律郎舉麾，工鼓柷而後作，偃麾、戞敔而後止。奉禮曰：“眾官再拜。”眾官在位者皆再拜。上下諸祝俱取玉幣於篚，各立於尊所。

　　謁者引太尉詣南陛，升壇，北向立。太祝加玉於幣，東向授太尉。太尉受玉幣。登歌作《肅和之樂》，以應鍾之均。謁者引太尉進，北面跪，奠於皇地祇神座，興。謁者引太尉少退，北向，再拜。訖，謁者引太尉立於西方，東向④。又太祝奉幣，北向授太尉，太尉受幣。謁者引太尉進，東面跪，奠於高祖神堯皇帝神座，興。謁者引太尉少退，東向，再拜。

---

①　“五齊”，四庫本作“諸坐”，《通典》卷一一二《開元禮纂類七》作“諸齊”。

②　“一”字，公善堂本作“二”，據四庫本、《新唐書》卷一一《禮樂一》、《通典》卷一〇九《開元禮纂類四》校改。

③　“之舞”二字，公善堂本作“之樂”，據四庫本改。王應麟《玉海》卷一〇七《唐治康凱安舞》云：“凡初獻，作文舞之舞，亞、終獻作武舞之舞。”

④　“西方東向”，四庫本作“東方西向”。

訖,登歌止。謁者引太尉降自南陛,還本位。

初,太尉奠配帝之幣,神州以下諸太祝各奉玉幣進,奠於神座,還尊所。

初,衆官拜訖,祝史各奉毛血之豆立於門外。於登歌止,祝史奉毛血入。正座升自南陛,配座升自東陛,神州升自巳陛。諸太祝迎取於壇上,各進,奠於神座前。諸太祝與祝史退,立於尊所。

進熟

太尉既升奠玉幣,太官令出,帥進饌者奉饌,各陳於內壝門外。謁者引司徒出,詣饌所,司徒奉皇地祇之俎。諸太祝既奠毛血,太官令各引饌入。俎初入門,《雍和之樂》作,以太蔟之均。自後,接神之樂皆以太蔟之均。饌至陛,樂止。祝史俱進,徹毛血之豆,降自東陛以出。皇地祇之饌升自南陛,配帝之饌升自東陛,神州之饌升自巳陛。諸太祝迎引於壇上,各設於其神座前。籩、豆蓋冪先徹,乃升。簋、簠既奠,却其蓋於下。設訖,謁者引司徒、太官令帥進饌者降自東陛以出。司徒復位,諸太祝還尊所。又進設嶽鎮以下之饌,相次而畢。

初,壇上設饌訖①,謁者引太尉詣罍洗,盥手,洗匏爵。訖,謁者引太尉升自南陛,詣皇地祇酒尊所,執尊者舉冪。太尉酌汎齊。訖,樂作。謁者引太尉進皇地祇神座前,北面跪,奠爵,興。謁者引太尉少退,北向立,樂止。太祝持版進於神座之右,東面跪,讀祝文曰:"維某年歲次月朔日,子嗣天子臣某謹遣太尉封臣名,敢昭告於皇地祇:乾道運行,日躔北至,景風應序,離氣効時,嘉承至和,肅若舊典。敬以玉帛、犧齊、粢盛、庶品,備兹祇瘞,式表誠愨,高祖神堯皇帝配神作主。尚饗。"訖,興。太尉再拜。初讀祝文訖,樂作,太祝進,奠版於神座,還尊所。太尉拜訖,樂止。

謁者引太尉詣配帝酒尊所,取爵於坫,執尊者舉冪。太尉酌汎齊。訖,樂作。謁者引太尉進高祖神堯皇帝神座前,東面跪,奠爵,興。謁者引太尉少退,東向立,樂止。太祝持版進於神座之左,北面跪,讀祝文

---

①　"饌"字,公善堂本無,據四庫本校補。

曰:"維某年歲次月朔日,子孝曾孫開元神武皇帝臣某謹遣攝太尉某官臣某,敢昭告於高祖神堯皇帝:時維夏至,肅恭訓典,用致祇祭於皇地祇。伏惟高祖德協二儀,道兼三統,禮膺光配,敢率舊章,謹以制幣、犧齊、粢盛、庶品,肅雍明薦,作主侑神。尚饗。"訖,興。太尉再拜。初讀祝文訖,樂作,太祝進,奠版於神座,還尊所。太尉拜訖,樂止。

謁者引太尉進皇地祇神座前,北向立。太祝各以爵酌罍福酒,合置一爵。一太祝持爵進太尉之右,西向立。太尉再拜,受爵,跪,祭酒,啐酒,奠爵,興。太祝各率齋郎進俎,太祝減神前胙肉加於俎,以胙肉共置一俎上。太祝持俎西向授太尉,太尉受以授齋郎。太尉跪,取爵,遂飲,卒爵。太祝進,受爵,復於坫。太尉興,再拜。謁者引太尉降,復位。

文舞出,鼓柷,作《舒和之樂》,出訖,戛敔,樂止。武舞入,鼓柷,作《舒和之樂》,立定,戛敔,樂止。

初,太尉獻將畢,謁者引太常卿詣罍洗,盥手,洗匏爵。訖,謁者引太常卿自東陛升壇,詣皇地祇著尊所,執尊者舉冪。太常卿酌醴齊,武舞作。謁者引太常卿進皇地祇神座前,北面跪,奠爵,興。謁者引太常卿少退,北向,再拜。訖,謁者引太常卿詣配帝犧尊所,取爵於坫,執尊者舉冪。太常卿酌醴齊。謁者引太常卿進高祖神堯皇帝神座前,東面跪,奠爵,興。謁者引太常卿少退,東向,再拜。訖,謁者引太常卿進皇地祇神座前,北向立。太祝各以爵酌罍福酒,合置一爵,一太祝持爵進太常卿之右,西向立。太常卿再拜,受爵,跪,祭酒,遂飲,卒爵。太祝進,受爵,復於坫。太常卿興,再拜。謁者引太常卿降,復位。

初,太常卿獻將畢,謁者引光祿卿詣罍洗,盥手,洗匏爵,升,酌盎齊,終獻如亞獻之儀。訖,謁者引光祿卿降,復位。

初,太常卿將升獻,謁者引獻官詣罍洗,盥手,洗匏爵,訖,升自巳陛,詣酒尊所,執尊者舉冪,酌汎齊,進,奠於神州座前,引降,還本位。謁者五人次引獻官各詣罍洗,盥洗,訖,各詣酒尊所,俱酌醍齊,訖,引獻官各進,奠爵於諸方嶽鎮海瀆首座,餘座皆祝史助奠,相次而畢,引還本位。又贊引五人各引獻官詣罍洗,盥洗,詣酒尊所,酌沈齊,獻山川林澤如嶽鎮之儀。訖,又引獻官詣罍洗,盥洗,詣酒尊所,俱酌清酒,獻丘陵以下及齋郎助奠如上儀。訖,各引還本位。武舞六成,樂止。

　　舞獻俱畢，上下諸祝各進，跪，徹豆，興，還尊所。徹者，籩、豆各一，少移於故處。奉禮曰："賜胙。"贊者唱："衆官再拜。"衆官在位者皆再拜。已飲福、受胙者不拜。《順和之樂》作，奉禮曰："衆官再拜。"衆官在位者皆再拜。樂一成，止。

　　謁者進太尉之左，白："請就望瘞位。"謁者引太尉就望瘞位，北向立。於群官將拜，上下諸祝各執篚進神座前，取玉幣，齋郎以俎載神州以上牲體、稷黍飯、爵酒，各由其陛降壇北行，當瘞埳西行。諸太祝以玉幣、饌物置於埳，諸祝史以嶽鎮以下之禮幣及牲體皆從瘞。奉禮曰："可瘞埳。"東西面各六人實土。半埳，謁者進太尉之左，白："禮畢。"

　　謁者引太尉出，又謁者、贊引各引祭官以次出。贊引引御史以下俱復執事位，立定，奉禮曰："再拜。"御史以下皆再拜。贊引引出。工人、二舞以次出。其祝版燔於齋所。

卷第三十一　吉禮

皇帝孟冬祭神州於北郊

齋戒　　陳設　　省牲器　　鑾駕出宮　　奠玉帛　　進熟
鑾駕還宮

齋戒

將祭，有司卜日如別儀。

前祭七日平明，太尉誓百官於尚書省，曰：“某月某日，祭神州地祇於北郊。各揚其職，不供其事，國有常刑。”皇帝散齋四日，致齋三日，如方丘之儀。凡預祭之官散齋四日，致齋三日。散齋俱於正寢，致齋二日於本司，一日於祭所，其無本司者皆於祭所。近侍之官應從升者及從祭群官、諸方客使，各於本司及公館清齋一日。無本司者，各於正寢。散齋理事如舊，惟不弔喪問疾，不作樂，不判署刑殺文書，不行刑罰，不預穢惡。致齋惟祭事得行，其餘悉斷。其祭官已齋而闕者，通攝行事。諸祀官致齋之日給酒食及明衣，各習禮於齋所。光祿卿監取明水火。太官令取水於陰鑒，取火於陽燧。火以供爨，水以實尊。

前祭二日，太尉告太宗文武聖皇帝廟，如常告之儀。告以配神作主之意。

前祭一日，諸衛令其屬未後一刻各以其方器服守衛壇門，與太樂工人俱清齋一宿。

陳設

前祭三日，尚舍直長施大次於外壇東門之內道北，南向。尚舍奉御於道南，北向設御座。衛尉設陳饌幔於內壇東門之外道北，南向。設文武侍臣次，又設祭官及從祭群官、諸州使人、蕃客等次，如方丘之儀。

前祭二日，太樂令設宮懸之樂於壇南內壝之內，設歌鐘、歌磬。右校埽除壇之内外。又爲瘞埳於壇之壬地内壝之外，方深取足容物，南出陛。

前祭一日，奉禮設御位及望瘞位及祭官位、從祭群官、諸州府使人、蕃客等位於内壝之内，皆如方丘之儀。設牲牓於東壝之外，當門西向。玄牲一，居前；配帝玄牲一，少退，南上。設廩犧令位於牲西南，史陪其後，俱北向。設諸太祝位於牲東，各當牲後，祝史陪其後，俱西向。設太常卿省牲位於牲前近北，南向。設神州地祇酒尊於壇之上下：太尊二、著尊二、犧尊二、罍一在壇上①，於東南隅，北向；象尊二、壺尊二、山罍一在壇下②，皆於南陛之東，北向西上。設配帝著尊二、犧尊二、象尊二、罍一在壇上③，於神州酒尊之東，北向西上。設御洗於壇南陛東南，亞獻之洗又於東南，俱北向。罍水在洗東，篚在洗西，南肆。篚實以巾、爵。執尊、罍、篚、冪者各於尊罍、篚、冪之後。各設玉、幣之篚於壇之上下尊、坫之所。

祭日未明五刻，太史令、郊社令升，設神州地祇神座於壇上北方，南向，席以藁秸。設太宗文武聖皇帝神座於東方，西向，席以莞。設神位各於座首。

省牲器

省牲之日午後十刻，去壇二百步所，諸衛之屬禁斷行人。

晡後二刻，諸行事之官各服其服。郊社令帥府史二人及齋郎，以尊、坫、罍、洗、篚、冪入，設於位。太祝、廩犧令以牲就牓位。贊引引御史、謁者引太常卿詣壇東陛，升，視滌濯於上。於視濯，執尊者皆舉冪告潔。訖，引太常卿降，復位。謁者進太尉之左，白：“請就門外位。”謁者、贊引各引祭官以下就門外位。謁者引太常卿就省牲位，南向立。廩犧令少前，曰：“請省牲。”退，復位。太常卿省牲。廩犧令又前，北面，舉手曰：“腯。”還本位。諸太祝各循牲一匝，西面，舉手曰：“充。”俱還本位。諸太祝與廩犧令以次牽牲詣廚，授太官。謁者引光禄卿詣廚省鼎鑊，申視

---

① “罍一”，四庫本作“山罍二”。
② “山罍一”，四庫本作“山罍四”，《通典》卷一一二《開元禮纂類七》作“山罍二”。
③ “罍一”，四庫本作“罍二”。

濯溉。謁者、贊引各引祭官就廚省饌具。訖，俱還齋所。

祭日未明十五刻[1]，太官令帥宰夫以鸞刀割牲，祝史以豆取毛血，各置於饌所。遂烹牲。

鑾駕出宮

如方丘之儀。

奠玉帛

祭日未明三刻，諸祭官各服其服。郊社令、良醞令各帥其屬入，實尊、罍、玉、幣。凡六尊之次，太尊爲上，實以汎齊；著尊次之，實以醴齊；犧尊次之，實以盎齊；象尊次之，實以醍齊；壺尊次之，實以沈齊；山罍爲下，實以三酒[2]。配帝著尊爲上，實以汎齊；犧尊次之，實以醴齊；象尊次之，實以盎齊。玄酒各實於五齊之上尊。禮神之玉，以兩圭有邸。幣以玄。太官令帥進饌者實諸籩、豆、簠、簋，入，各設內壝之外饌幔內。

未明二刻，奉禮帥贊者先入，就位。贊引引御史、博士、諸太祝及令史、祝史，與執尊、罍、篚、冪者入自東門，當壇南，重行，北面西上。立定，奉禮曰：“再拜。”贊者承傳，凡奉禮有辭，贊者皆承傳。御史以下皆再拜。訖，執尊、罍、篚、冪者各就位。贊引引御史、諸太祝詣壇東陛，升，行埽除於上。令史、祝史升，行埽除於下。訖，各引就位。

駕將至，謁者、贊引各引祭官及從祭群官、諸方客使先置者，俱就門外位。駕至大次門外，迴輅南向，將軍降，立於輅右。侍中進，當鑾駕前跪，奏稱：“侍中臣某言，請降輅。”俛伏，興，還侍位。皇帝降輅之大次。謁者引文武五品以上從祭之官皆就壝外位。太樂令帥工人、二舞以次入，就位，文舞入陳於懸內，武舞立於懸南道西。謁者引司空入，行埽除，訖，出，復位，如常儀。訖，引就壝外位。皇帝停大次半刻頃，謁者、贊引各引祭官，通事舍人分引從祭群官、介公、酅公、諸方客使皆先入，就位。太常博士引太常卿立於大次門外，當門北向。侍中版奏：“外辦。”皇帝服大裘而冕出次，華蓋侍衛如常儀。侍中負寶陪從如式。博士引太

---

① “五”字，公善堂本脱，四庫本同。據《新唐書》卷一一《禮樂一》校補。

② “三酒”，四庫本作“清酒”。

常卿，太常卿引皇帝凡太常卿前導，皆博士先引。至内壇門外。殿中監進大圭。尚衣奉御又以鎮圭授殿中監，殿中監受，進。皇帝搢大圭，執鎮圭，華蓋侍衛停於門外，近侍者從入如常。謁者引禮部尚書、太常少卿陪從如常。

皇帝至版位，西向立。每立定，太常卿與博士退，立於左。謁者、贊引各引祭官次入，就位。立定，太常卿前，奏稱：“請再拜。”退，復位。皇帝再拜。奉禮曰：“衆官再拜。”衆官在位者皆再拜。其先拜者不拜。太常卿前，奏：“有司謹具，請行事。”退，復位。協律郎跪，俛伏，舉麾，凡取物者皆跪，俛伏而取以興。奠物則跪、奠訖，俛伏而後興。鼓柷，奏《順和之樂》，乃以林鍾之均，作文舞之舞。樂舞八成，偃麾，戛敔，樂止。凡樂，皆協律郎舉麾，工鼓柷而後作，偃麾、戛敔而後止。太常卿前，奏稱：“請再拜。”退，復位。皇帝再拜。奉禮曰：“衆官再拜。”衆官在位者皆再拜。諸太祝俱取玉、幣於篚，各立於尊所。

太常卿引皇帝，《太和之樂》作。皇帝每行，皆作《太和之樂》。皇帝詣壇，升自南陛，侍中、中書令以下及左右侍衛量人從升。以下皆如之。皇帝升壇，北面立，樂止。太祝加玉於幣以授侍中，侍中奉玉帛東向進。皇帝搢鎮圭，受玉帛。凡受物，皆搢鎮圭。奠訖，執圭，俛伏，興。登歌作《肅和之樂》，乃以應鍾之均。太常卿引皇帝進，北面跪，奠於神州地祇神座，俛伏，興。太常卿引皇帝少退，北面，再拜。訖，太常卿引皇帝立於西方，東向。又太祝以幣授侍中，侍中奉幣北向進。皇帝受幣。太常卿引皇帝進，東面跪，奠於太宗文武聖皇帝神座，俛伏，興。太常卿引皇帝少退，東向，再拜。訖，登歌止。太常卿引皇帝，樂作，皇帝降自南陛，還版位，西向立，樂止。

初，群官再拜訖，祝史各奉毛血之豆立於門外。於登歌止，祝史奉毛血入升，正座升自南陛，配座升自東陛。諸太祝迎取於壇上，俱進，奠於神座前。諸太祝與祝史退，立於尊所。

進熟

皇帝既升奠玉幣，太官令出，帥進饌者奉饌陳於内壇門外。謁者引司徒出，詣饌所，司徒奉神州之俎。初，皇帝既至位，樂止，太官令引饌入。俎初入門，《雍和之樂》作，以太蔟之均，饌至陛，樂止。祝史俱進，徹毛血之豆，降自東陛以出。神州之饌升自南陛，配帝之饌升自東陛。諸太祝迎引於壇上，各設於神座前。籩、豆蓋冪先徹，乃升。簋、簠既奠，却其蓋於下。設訖，謁者引司徒、太官令帥進饌者降自東陛以出，司徒復位，諸太祝還尊所。

太常卿引皇帝詣罍洗，樂作，皇帝至罍洗，樂止。侍中跪，取匜，興，沃水；又侍中跪，取盤，興，承水。皇帝盥手。黃門侍郎跪，取巾於篚，興，進。皇帝帨手。訖，黃門侍郎受巾，跪，奠於篚，黃門侍郎又取匏爵於篚，興，進。皇帝受爵。侍中酌罍水，又侍中奉盤，皇帝洗爵，黃門侍郎又授巾，皆如初。皇帝拭爵訖，侍中奠盤、匜，黃門侍郎受巾，奠於篚，皆如常。

太常卿引皇帝，樂作，皇帝詣壇，升自南陛，樂止。謁者引司徒升自東陛，立於尊所。齋郎奉俎從升，立於司徒之後。太常卿引皇帝詣神州酒尊所，執尊者舉冪。侍中贊酌汎齊。訖，《壽和之樂》作。皇帝每獻酌及飲福，皆作《壽和之樂》。皇帝進神州地祇神座前，北向跪，奠爵，俛伏，興。太常卿引皇帝少退，北向立，樂止。太祝持版進於神座之右，東面跪，讀祝文曰：“維某年歲次月朔日，子嗣天子臣某敢昭告於神州地祇：惟祇包函區夏，載植群生，溥被域中，賴茲厚德，式遵彝典，練此元辰[1]。敬以玉帛、犧齊、粢盛、庶品，明獻厥誠，備茲禋瘞，皇曾祖考太宗文武聖皇帝配神作主。尚饗。”訖，興。皇帝再拜。初讀祝文訖，樂作，太祝進，奠版於神座，還尊所。皇帝拜訖，樂止。

太常卿引皇帝詣配帝酒尊所，執尊者舉冪。侍中取爵於坫，皇帝受爵。侍中贊酌汎齊訖，樂作，太常卿引皇帝進太宗文武聖皇帝神座前，東面跪，奠爵，俛伏，興。太常卿引皇帝少退，東向立，樂止。太祝持版進於神座之左，北面跪，讀祝文曰：“維某年歲次月朔日，子孝曾孫開元神武皇帝臣某，敢昭告於皇曾祖太宗文武聖皇帝：令月嘉時，祇依恒禮，用致瘞祭於神州地祇。惟皇曾祖德被乾坤，格於上下，昭配之儀，欽率典常。謹以制幣、犧齊、粢盛、庶品，虔恭明薦，作主侑神。尚饗。”訖，興。皇帝再拜。初讀祝文訖，樂作，太祝進，奠版於神座，還尊所。皇帝拜訖，樂止。

---

① “練”字，四庫本作“揀”。

太常卿引皇帝進神州地祇神座前，北向立，樂作。太祝各以爵酌上尊福酒，合置一爵。一太祝持爵授侍中，侍中受爵，西向進。皇帝再拜，受爵，跪，祭酒，啐酒，奠爵，俛伏，興。太祝各帥齋郎進俎，太祝減神前胙肉加於俎，共致一俎上。太祝持俎以授司徒，司徒奉俎西向進。皇帝受以授左右。謁者引司徒降，復位。皇帝跪，取爵，遂飲，卒爵。侍中進，受爵以授太祝，太祝受爵，復於坫。皇帝俛伏，興，再拜，樂止。太常卿引皇帝，樂作，皇帝降自南陛，還版位，西向立，樂止。

文舞出，鼓柷，作《舒和之樂》，出訖，戛敔，樂止。武舞入，鼓柷，作《舒和之樂》，立定，戛敔，樂止。

皇帝獻將畢，謁者引太尉詣罍洗，盥手，洗匏爵。訖，謁者引太尉自東陛升壇，詣神州著尊所，執尊者舉冪。太尉酌醴齊，武舞作。謁者引太尉進神州地祇神座前，北面跪，奠爵，興。謁者引太尉少退，北向，再拜。訖，謁者引太尉詣配帝犧尊所，取爵於坫，執尊者舉冪。太尉酌醴齊。謁者引太尉進太宗文武聖皇帝神座前，東面跪，奠爵，興。謁者引太尉少退，東向，再拜。謁者引太尉進神州地祇神座前，北向立。太祝各以爵酌罍福酒，合置一爵。一太祝持爵進太尉之右，西向立。太尉再拜，受爵，跪，祭酒，遂飲，卒爵。太祝進，受爵，復於坫。太尉興，再拜。謁者引太尉降，復位。

初，太尉獻將畢，謁者引光祿卿詣罍洗，盥手，洗匏爵，升，酌盎齊，終獻如亞獻之儀。訖，謁者引光祿卿降，復位。武舞六成，樂止[1]。

舞獻俱畢，諸太祝各進，跪，徹豆，興，還尊所。徹者，籩、豆各一，少移於故處。奉禮曰：“賜胙。”贊者唱：“眾官再拜。”眾官在位者皆再拜。已飲福、受胙者不拜。《順和之樂》作，太常卿前，奏稱：“請再拜。”退，復位。皇帝再拜。奉禮曰：“眾官再拜。”眾官在位者皆再拜。樂一成，止。

太常卿前，奏：“請就望瘞位。”太常卿引皇帝，樂作，皇帝就望瘞位，西向立，樂止。於群官將拜，諸太祝各執篚進神座前，取玉帛，齋郎以俎載牲體、稷黍飯、爵酒，各自其陛降壇北行，當瘞埳西行。諸太祝以玉帛、饌物置於埳。訖，奉禮曰：“可瘞。”埳東、西廂各六人寘土。半埳，太

---

① “樂止”二字，公善堂本無，據四庫本、《通典》卷一一二《開元禮纂類七》校補。

常卿前,奏:"禮畢。"

　　太常卿引皇帝還大次,樂作。皇帝出內壝門。殿中監前,受鎮圭以授尚衣奉御。殿中監又前,受大圭,華蓋侍衛如常儀。皇帝入次,樂止。謁者、贊引各引祭官及從祭群官、諸方客使以次出。贊引引御史以下俱復執事位,立定,奉禮曰:"再拜。"御史以下皆再拜。贊引引出。工人、二舞以次出。其祝版燔於齋所。

鑾駕還宮

　　如方丘之儀。

卷第三十二　吉禮

孟冬祭神州於北郊有司攝事

齋戒　陳設　省牲器　奠玉帛　進熟

齋戒

將祭，有司卜日如別儀。

前祭七日平明，太尉誓百官於尚書省，曰："某月某日，祭神州地祇於北郊。各揚其職，不供其事，國有常刑。"凡預祭之官散齋四日，致齋三日。散齋皆於正寢。致齋，二日於本司，一日於祭所，其無本司者皆於祭所。散齋理事如舊，惟不弔喪問疾，不作樂，不判署刑殺文書，不行刑罰，不預穢惡。致齋唯祭事得行，其餘悉斷。其祭官已齋而闕者，通攝行事。諸祀官致齋之日給酒食及明衣，各習禮於齋所。光禄卿監取明水火。太官令取水於陰鑒，取火於陽燧。火以供爨，水以實尊。

前祭二日，太尉告太宗文武聖皇帝廟，如常告之儀。告以配神作主之意。

前祭一日，諸衛令其屬未後一刻各以其方器服守衛壇門，每門二人，每隅一人。與太樂工人俱清齋一宿。

陳設

前祭三日，衛尉設祭官公卿以下次於東壝之外道南，北向西上。設陳饌幔於内壝東門之外道北，南向。

前祭二日，太樂令設宫懸之樂於壇南内壝之内。設歌鐘、歌磬。右校埽除壇之内外。又爲瘞埳於壇之壬地内壝之外，方深取足容物，南出陛。

前祭一日，奉禮設望瘞位及祭官公卿位於内壝之外，如方丘之儀。設牲牓於東壝之外，當門西向。玄牲一，居前；配帝玄牲一，少退，南上。

設廩犧令位於牲西南，史陪其後①，俱北向。設諸太祝位於牲東，各當牲後，祝史陪其後，俱西向。設太常卿省牲位於牲前近北，南向。

設神州地祇酒尊於壇之上下：太尊二、著尊二、犧尊二、罍一在壇上，於東南隅，北向；象尊二、壺尊二、山罍一在壇下②，皆於南陛之東，北向西上。設配帝著尊二、犧尊二、象尊二、罍一在壇上③，於神州酒尊之東，北向西上。

設洗於壇南陛東南，亞獻之洗又於東南，俱北向。罍水在洗東，篚在洗西，南肆。篚實以巾、爵。執尊、罍、篚、冪者各於尊、罍、篚、冪之後。各設玉、幣之篚於壇之上下尊坫之所。

祭日未明五刻，太史令、郊社令升，設神州地祇神座於壇上北方，南向，席以藁秸。設太宗文武聖皇帝神座於東方，西向，席以莞。設神位各於座首。

省牲器

省牲之日午後十刻④，去壇二百步所，諸衛之屬禁斷行人。

晡後一刻，諸行事之官各服其服。郊社令帥府史二人及齋郎以尊、坫、罍、洗、篚、冪入，設於位。

晡後二刻，太祝、廩犧令以牲就牓位。贊引引御史、謁者引太常卿詣壇東陛，升，視滌濯於上。於視滌，執尊者皆舉冪告潔。訖，引太常卿降，復位。謁者進太尉之左，白：“請就門外位。”謁者、贊引各引祭官以下就門外位。謁者引太常卿就省牲位，南向立。廩犧令少前，曰：“請省牲。”退，復位。太常卿省牲。廩犧令又前，北面，舉手曰：“腯。”還本位。諸太祝各循牲一匝，西面，舉手曰：“充。”俱還本位。諸太祝與廩犧令以次牽牲詣厨，授太官。謁者引光祿卿詣厨省鼎鑊，申視濯溉。謁者、贊引各引祭官就厨省饌具。訖，俱還齋所。

---

① “史”，四庫本作“祝史”。

② “山罍一”，四庫本作“山罍二”。

③ “罍一”，四庫本作“罍二”。《新唐書》卷一二《禮樂二》載尊爵之數，曰：“以著尊實汎齊，犧尊實醴齊，象尊實盎齊，山罍實酒，皆二，以祀配帝。”

④ “省牲之日午後十刻”，公善堂本作“祭前一日午後一刻”，據四庫本、本書卷三一《皇帝孟冬祭神州於北郊》改。

祭日未明十五刻①，太官令帥宰人以鸞刀割牲，祝史以豆取毛血，各置於饌所。遂烹牲。

奠玉帛

祭日未明三刻，諸祭官各服其服。郊社令、良醞令各帥其屬入，實尊、罍、玉、幣。凡六尊之次，太尊爲上，實以汎齊；著尊次之，實以醴齊；犧尊次之，實以盎齊；象尊次之，實以醍齊；壺尊次之，實以沈齊；山罍爲下，實以三酒②。配帝著尊爲上，實以汎齊；犧尊次之，實以醴齊；象尊次之，實以盎齊③。玄酒各實於五齊之上尊。禮神之玉，以兩圭有邸。幣以玄。太官令帥進饌者實諸籩、豆、簠、簋，入，各設於內壝之外饌幔內。

未明二刻，奉禮帥贊者先入，就位。贊引引御史、博士、諸太祝及令史、祝史，與執尊、罍、篚、羃者入自東壝門，當壇南，重行，北面西上。立定，奉禮曰：“再拜。”贊者承傳，凡奉禮有辭，贊者皆承傳。御史以下皆再拜。訖，執尊、罍、篚、羃者各就位。贊引引御史及諸太祝詣壇東陛，升，行埽除於上。令史、祝史升，行埽除於下。訖，各就位。

未明一刻，太樂令帥工人、二舞次入，就位，文舞入陳於懸內，武舞立於懸南道西。謁者引司空入，就位。立定，奉禮曰：“再拜。”司空再拜。謁者引司空詣卯陛，升，行埽除於上，降，行樂懸於下，訖，引復位。謁者、贊引各引祀官次入，就位。立定，奉禮曰：“衆官再拜。”衆官在位者皆再拜。其先拜者不拜。謁者進太尉之左，白：“有司謹具，請行事。”退，復位。協律郎跪，俛伏，舉麾，凡取物者皆跪，俛伏而取以興。奠物則跪、奠訖，俛伏而後興。鼓柷，奏《順和之樂》，乃以函鍾之均，作文舞之舞。樂舞八成，偃麾，戛敔，樂止。凡樂，皆協律郎舉麾，工鼓柷而後作，偃麾、戛敔而後止。奉禮曰：“衆官再拜。”衆官在位者皆再拜。上下諸祝俱取玉、幣於篚，各立於尊所。

謁者引太尉詣南陛升壇，北向立。太祝加玉於幣，東向，授太尉。太尉受玉幣。登歌作《肅和之樂》，以應鍾之均。謁者引太尉進，北面跪，奠於神州地祇神座，俛伏，興。謁者引太尉少退，北向，再拜。訖，謁者引太尉立於西方，東向。又太祝奉幣北向授太尉，太尉受幣。謁者引

---

① “五”字，公善堂本無，據四庫本、《新唐書》卷一一《禮樂一》補。
② “三酒”，四庫本作“清酒”。
③ 四庫本於“盎齊”後有“山罍爲下實以清酒”八字。

太尉進，東向跪，奠於太宗文武聖皇帝神座，俛伏，興。謁者引太尉少退，東向，再拜。訖，登歌止。謁者引太尉降自南陛，還本位。

初，眾官拜訖，祝史各奉毛血之豆立於門外。於登歌止，祝史奉毛血入，_{正座升自南陛，配座升自東陛。}諸太祝迎取於壇上，各進，奠於神座前。太祝與祝史退，立於尊所。

進熟

太尉既升奠玉幣，太官令出，帥進饌者奉饌各陳於內壝門外。謁者引司徒出，詣饌所，司徒奉神州地祇之俎。諸太祝既奠毛血，太官令各引饌入。俎初入門，《雍和之樂》作，以太蔟之均，_{自後，接神之樂皆以太蔟之均。}饌至陛，樂止。祝史俱進，徹毛血之豆，降自東陛以出。_{神州之饌升自南陛，配帝之饌升自東陛。}諸太祝迎引於壇上，各設於神座前。_{籩、豆蓋冪先徹，乃升。簋、簠既奠，却其蓋於下。}設訖，謁者引司徒、太官令帥進饌者降自東陛以出。司徒復位，諸太祝各還尊所。

謁者引太尉詣罍洗，盥手，洗匏爵。訖，謁者引太尉升自南陛，詣神州酒尊所，執尊者舉冪。太尉酌汎齊。訖，樂作。謁者引太尉進神州地祇神座前，北面跪，奠爵，興。謁者引太尉少退，北向立，樂止。太祝持版進於神座之右，東面跪，讀祝文曰："維某年歲次月朔日，子嗣天子臣某謹遣太尉封臣名，敢昭告於神州地祇：惟祇包涵區夏，載植群生，溥被域中，賴茲厚德，式遵彝典，練此元辰[①]。敬以玉帛、犧齊、粢盛、庶品，明獻厥誠，備茲禋瘞，皇曾祖考太宗文武聖皇帝配神作主。尚饗。"訖，興，太尉再拜。初讀祝文訖，樂作，太祝進，跪，奠版於神座，興，還尊所。太尉再拜，訖，樂止。

謁者引太尉詣配帝酒尊所，取爵於坫，執尊者舉冪。太尉酌汎齊。訖，樂作。謁者引太尉進太宗文武聖皇帝神座前，東面跪，奠爵，興。謁者引太尉少退，東向立，樂止。太祝持版進於神座之左，北面跪，讀祝文曰："維某年歲次月朔日，子孝曾孫開元神武皇帝臣某謹遣太尉臣名，敢昭告於皇曾祖考太宗文武聖皇帝：令月嘉時，祇依恒禮，用致禋祭於神

_① "練"字，四庫本作"揀"。

州地祇。惟皇曾祖德被乾坤，格於上下，昭配之義，欽率典常。謹以制幣、犧齊、粢盛、庶品，虔恭明薦，作主侑神。尚饗。"訖，興。太尉再拜。初讀祝文訖，樂作，太祝進，奠版於神座，還尊所。太尉再拜，訖，樂止。

謁者引太尉進神州地祇神座前，北向立。太祝各以爵酌罍福酒，合置一爵。一太祝持爵進太尉之右，西向立。太尉再拜，受爵，跪，祭酒，啐酒，奠爵，興。太祝各帥齋郎進俎，太祝減神前胙肉加於俎，以胙肉共置一俎上。太祝持俎西向授太尉，太尉受以授齋郎。太尉跪，取爵，遂飲，卒爵。太祝進，受爵，復於坫。太尉興，再拜。謁者引太尉降，復位。

文舞出，鼓柷，作《舒和之樂》，出訖，戛敔，樂止。武舞入，鼓柷，作《舒和之樂》，立定，戛敔，樂止。

太尉將復位，謁者引太常卿詣罍洗，盥手，洗匏爵。訖，謁者引太常卿自東陛升壇，詣神州著尊所，執尊者舉冪。太常卿酌醴齊，武舞作。謁者引太常卿進神州地祇神座前，北面跪，奠爵，興。謁者引太常卿少退，北向，再拜。訖，謁者引太常卿詣配帝犧尊所，取爵於坫，執尊者舉冪。太常卿酌醴齊。謁者引太常卿進太宗文武聖皇帝神座前，東面跪，奠爵，興。謁者引太常卿少退，東向，再拜。訖，謁者引太常卿進神州地祇神座前，北向立。太祝各以爵酌罍福酒，合置一爵。一太祝持爵進太常卿之右，西向立。太常卿再拜，受爵，跪，祭酒，遂飲，卒爵。太祝進，受爵，復於坫。太常卿興，再拜。謁者引太常卿降，復位。

初，太常卿獻將畢，謁者引光祿卿詣罍洗，盥手，洗匏爵，升，酌盎齊，終獻如亞獻之儀。訖，謁者引光祿卿降，復位。武舞六成，樂止[1]。

舞獻俱畢，諸太祝各進，跪，徹豆，興，還尊所。徹者，籩、豆各一，少移於故處。奉禮曰："賜胙。"贊者唱："衆官再拜。"衆官在位者皆再拜。已飲福、受胙者不拜。《順和之樂》作，奉禮曰："衆官再拜。"衆官在位者皆再拜。樂一成，止。

謁者進太尉之左[2]，白："請就望瘞位。"謁者引太尉就望瘞位，西向立[3]。於群官將拜，上下諸祝各執篚進神座前，取玉幣，齋郎以俎載牲體、稷黍飯、爵酒，各自其陛降壇北行，當瘞埳西行。諸太祝以玉幣、饌

---

① "樂止"二字，公善堂本無，據四庫本、《通典》卷一一二《開元禮纂類七》補。

② "左"字，四庫本作"右"。

③ "西向立"，四庫本作"北向立"。

物置於埳。訖，奉禮曰："可瘞。"埳東、西厢各六人寘土。半埳，謁者進太尉之左，白："禮畢。"

謁者引太尉出，又贊引各引祭官以次出。贊引引御史以下俱復執事位，立定，奉禮曰："再拜。"御史以下皆再拜。贊引引出。工人、二舞以次出。其祝版燔於齋所。

卷第三十三　吉禮

皇帝仲春仲秋上戊祭太社①

齋戒　陳設　鑾駕出宮　奠玉帛　進熟　鑾駕還宮

齋戒

皇帝散齋三日，致齋二日，如方丘之儀。凡預祭之官散齋三日，致齋二日。散齋皆於正寢。致齋一日於本司，一日於祭所，其無本司者皆於祭所。近侍之官應從升者及從祭群官、諸方客使，各於本司及公館俱清齋一宿。無本司者，當家正寢。散齋理事如舊，惟不弔喪問疾，不作樂，不判署刑殺文書，不行刑罰，不預穢惡。致齋惟祭事得行，其餘悉斷。其祭官已齋而闕者，通攝行事。光禄卿監取明水火。太官令取水於陰鑒，取火於陽燧。火以供爨，水以實尊。

前祭一日，諸衛令其屬未後一刻各以其方器服守衛社宮門，與太樂工人俱清齋一宿

陳設

前祭三日②，尚舍直長施大次於社宮西門之外道北，南向。尚舍奉御設御座。衛尉設文武侍臣次於大次之後，文官在左，武官在右，俱南向。設諸祭官次於齋坊之内：三師於北門之外道西，諸王於三師之北，俱東面南上。文官從一品以下九品以上於齋坊南門之外，重行，東面北上。介公、酅公於北門之外道東，西向，以南爲上。諸州使人，東方、南方於諸王西北，東面；西方、北方於介公、酅公東北，西面，俱重行南上。

---

① "太"字，公善堂本作"大"，四庫本同。據本書《總目》、《通典》卷一一三《開元禮纂類八》校改。《新唐書》卷一一《禮樂一》亦有"仲春、仲秋上戊，祭于太社"之語。

② "三"字，公善堂本作"二"，據四庫本、《通典》卷一一三《開元禮纂類八》改。

武官三品以下九品以上於東門之外道北，南向，以西爲上。諸國之客於東門之外，東方、南方於武官東北，南向；西方、北方於道南，北向，俱以西爲上。

前祭二日，太樂令設宮懸之樂於壇北。東方、西方磬簴起南，鐘簴次之；南方、北方磬簴起東，鐘簴次之。設十二鎛鐘於編懸之間，各依辰位。樹靈鼓於南懸之内道之左右。植建鼓於四隅。置柷敔於懸内。柷在左，敔在右。設歌鐘、歌磬各於壇上近北，南向，皆磬簴在東，鐘簴在西。其匏竹者各於壇下，重行南向，相對爲首。凡懸，皆展而編之。諸工人各位於懸後，東方、西方以南爲上，南方、北方以東爲上。右校清埽内外。又爲瘞埳二於南門之内、於稷壇西南，方深取足容物，北出陛。

前祭一日，奉禮設御位於北門之内，當社壇之北南向。將祭，奉禮一人守之，在版位東北立五步所，南向。又設望瘞位於西門之内，當瘞埳南向。設祭官公卿位於西門之内道北，執事位於其後少退①，每等異位，俱重行東面，以南爲上。設御史位於壇上：正位於太社壇東北隅，西向；副位於太稷壇西北隅，東向。設奉禮位於樂懸西北，贊者二人在北差退，俱東面南上。又設奉禮、贊者位於瘞埳西北，東面北上。設協律郎位各於壇之上東北隅，俱西向。設太樂令位於南懸之間，南向。

設從祭之官位：三師位於北門之内道西，諸王位於三師之西，俱南面東上。設介公、酅公位於道東，俱南面西上。文官從一品以下九品以上位於執事之北，每等異位，重行東向；武官三品以下九品以上位於東方，值文官，每等異位，重行西向。皆以南爲上。諸州使人位，東方、南方於北門之内道西，於諸王西北，重行南向，以東爲上；西方、北方於道東，於介公、酅公東北，重行南向，以西爲上。設諸蕃客位於北門之内，東方、南方於諸州使人之西，每國異位，俱重行南向，以東爲上；西方、北方於諸州使人之東，每國異位，俱重行南向，以西爲上。

設門外位：祭官公卿以下皆於西門之外道南，每等異位，重行北向，以東爲上。三師位於北門之外道西，諸王於三師之北，俱東向。介公、酅公位於道東，西向，皆以南爲上。文官從一品以下九品以上位於西門

---

① “少退”，四庫本作“少北”。

之外、祭官之南，每等異位，重行北面，以東爲上。武官三品以下九品以上位於東門之外道北，每等異位，重行南向，以西爲上。諸州使人位，東方、南方於諸王西北，重行東向；西方、北方於介公、酇公東北，西面。俱南上。設諸國客位，東方、南方於武官東北，每國異位，俱重行南向；西方、北方於道南，每國異位，重行北向。皆以西爲上。

設酒尊之位：太社太尊二、著尊二、罍二在壇上西北隅，南向。設后土氏象尊二、著尊二、罍二於太社酒尊之西，俱南面東上，各置於坫，皆加勺、冪。爵皆置於尊下。設太稷、后稷酒尊於其壇上，如太社、后土之儀。

設御洗各於太社、太稷壇之西北，南向；亞獻之洗又各於西北，俱南向①。罍水在洗西，篚在洗東，北肆。篚實以巾、爵。執尊、罍、篚、冪者位於尊、罍、篚、冪之後。各設玉、幣之篚於壇上尊坫之所。

晡後，郊社令帥齋郎以尊、坫、罍、洗、篚、冪入，設於位。升壇者各自西陛。謁者引光祿卿詣厨省饌具，訖，還齋所。

祭日未明十五刻②，太官令帥宰人以鸞刀割牲，祝史以豆取毛血，置於饌所。遂烹牲。牲皆用黝。

未明五刻，太史令、郊社令各服其服，升，設太社、太稷神座各於壇上近南，北向。設后土氏神座於太社神座之右，后稷氏神座於太稷神座之左，俱東向。席皆以莞。設神位各於座首。

鑾駕出宮

如方丘之儀。

奠玉帛

祭日未明三刻，諸祭官各服其服。郊社令、良醖令各帥其屬入，實尊、罍、玉、幣。太尊爲上，實以醴齊；著尊次之，實以盎齊；山罍爲下，實以清酒。配座之尊亦如之。齊加明水，酒加玄酒，各實於五齊之上尊。禮神之玉，太社、太稷俱以兩圭有邸。幣皆以玄。太官令帥進饌者實諸籩、豆、簋、簠，皆設於神厨。

未明二刻，奉禮帥贊者先入，就位。贊引引御史、諸太祝及令史、祝

---

① "俱南向"，公善堂本倒作"南向俱"，據四庫本校改。
② "五"字，公善堂本無，據四庫本、《新唐書》卷一一《禮樂一》補。

史，與執尊、罍、篚、幂者入自西門，當太社壇北，重行南向，以東爲上。凡引導者，每曲一逡巡。立定，奉禮曰："再拜。"贊者承傳，凡奉禮有辭，贊者皆承傳。御史以下皆再拜。訖，執尊者各升自西陛，立於尊所，執罍、洗、篚、幂者各就位。贊引引御史、諸太祝詣太社壇西陛，升，行埽除於上。令史、祝史升，行埽除於下，降。又詣太稷壇行埽除，如太社之儀。訖，各引就位。

　　駕將至，謁者、贊引各引祭官，通事舍人分引從祭群官、客使先置者，俱就門外位。駕至大次門外，迴輅南向，將軍降，立於輅右。侍中進，當鑾駕前跪，奏稱："侍中臣某言，請降輅。"俛伏，興，還侍位。皇帝降輅之大次。謁者引文武五品以上從祭之官皆就門外位。太樂令帥工人、二舞次入，就位，文舞入陳於懸内，武舞立於懸北道東。謁者引司空入，就位，立定，奉禮曰："再拜。"司空再拜。訖，謁者引司空詣壇西陛，升，行埽除於上，升太稷壇亦如之。訖，降，行樂懸於下，訖，引就門外位。皇帝停大次半刻頃，謁者、贊引各引祭官，通事舍人分引從祭文武群官、介公、鄌公、諸國客使先入，就位。太常博士引太常卿立於大次門外，當門北向。侍中版奏："外辦。"皇帝服絺冕出次[1]，華蓋侍衛如常儀。侍中負璽陪從如式。博士引太常卿，太常卿引皇帝，凡太常卿前導，皆博士先引。至社宮西門外。殿中監進大圭。尚衣奉御又以鎮圭授殿中監，殿中監受，進。皇帝搢大圭，執鎮圭。華蓋仗衛停於門外，近侍者從入如常。謁者引禮部尚書、太常少卿陪從如常。

　　皇帝至版位，南向立。每立定，太常卿與博士退，立於左。謁者、贊引各引祭官次入，就位。立定，太常卿前，奏稱："請再拜。"退，復位。皇帝再拜。奉禮曰："衆官再拜。"衆官在位者皆再拜。其先拜者不拜。太常卿前，奏："有司謹具，請行事。"退，復位。協律郎跪，俛伏，舉麾，凡取物者皆跪，俛伏而取以興。奠物則跪、奠訖，俛伏而後興。鼓柷，奏《順和之樂》，乃以函鍾之均，作文舞之舞。樂舞八成，偃麾，戛敔，樂止。凡樂，皆協律郎舉麾，工鼓柷而後作，偃麾、戛敔而後止。太常卿前，奏稱："請再拜。"退，復位。皇帝再拜。奉禮曰：

---

　　[1]　"絺冕"，四庫本作"黼冕"，《通典》卷一一三《開元禮纂類八》作"繡冕"。按：公善堂本卷第三《序例下・衣服》載："絺冕，服三章，餘同毳冕，祭社稷、先農則服之。"《新唐書》卷二四《車服》亦云："絺冕者，祭社稷饗先農之服也。"今從公善堂本。

"衆官再拜。"衆官在位者皆再拜。諸太祝俱取玉、幣於篚，各立於尊所。

太常卿引皇帝，《太和之樂》作。皇帝每行，皆作《太和之樂》。皇帝詣太社壇，升自北陛，侍中、中書令以下及左右侍衛量人從升。以下皆如之。皇帝升壇，南向立，樂止。太祝加玉於幣以授侍中，侍中奉玉幣西向進。皇帝搢鎮圭，受玉帛。凡受物皆搢鎮圭，奠訖，執圭，俛伏，興。登歌作《肅和之樂》，乃以應鍾之均。太常卿引皇帝進，南面跪，奠於太社神座，俛伏，興。太常卿引皇帝少退，南向，再拜。訖，太常卿引皇帝立於東方，西向。

又太祝以幣授侍中，侍中奉幣南向進。皇帝受幣。太常卿引皇帝西向進，跪，奠於后土氏神座，俛伏，興。太常卿引皇帝少退，西向，再拜。訖，登歌止。太常卿引皇帝降自北陛，樂作，太常卿引皇帝詣太稷壇，升自北陛，南向立，樂止。太祝加玉於幣以授侍中，侍中受玉帛西向進。皇帝受玉帛。登歌作，太常卿引皇帝進，南面跪，奠於太稷神座，俛伏，興。太常卿引皇帝少退，南向，再拜。訖，太常卿引皇帝立於東方，西向。

又太祝以幣授侍中，侍中奉幣南向，進。皇帝受幣。太常卿引皇帝進，西面跪，奠於后稷氏神座，俛伏，興。太常卿引皇帝少退，西向，再拜，訖，登歌止。太常卿引皇帝降自北陛，樂作，皇帝還版位，南向立，樂止。

初，群官拜訖，祝史各奉毛血之豆立於門外。於登歌止，祝史奉毛血入，各由其陛升，諸太祝迎取於壇上，俱進，奠於神座前。諸太祝與祝史退，立於尊所。

進熟

皇帝既升奠玉幣，太官令出，帥進饌者奉饌陳於西門外。謁者引司徒出，詣饌所，司徒奉太社之俎。初，皇帝既至位，樂止，太官令引饌入太社。太稷之饌入自正門，配座之饌入自左闈。俎初入門，《雍和之樂》作，以太蔟之均，饌至陛，樂止。祝史各進，徹毛血之豆，降自西陛以出。太社、太稷之饌升自北陛，配座之饌升自西陛。諸太祝迎引於壇上，各設於神座前。籩、豆蓋冪先徹，乃升。簋、簠既奠，却其蓋於下。設訖，謁者引司徒以下降自西陛，復位。諸太祝還尊所。

太常卿引皇帝詣罍洗，樂作，皇帝至罍洗，樂止。侍中跪，取匜，興，沃水；又侍中跪，取盤，興，承水。皇帝盥手。黃門侍郎跪，取巾於篚，興，進。皇帝帨手。訖，黃門侍郎受巾，跪，奠於篚。黃門侍郎又取爵於篚，興，進。皇帝受爵。侍中酌罍水，又侍中奉盤，皇帝洗爵，黃門侍郎又授巾，皆如初。皇帝拭爵訖，侍中奠盤、匜，黃門侍郎受巾，奠於篚，皆如常。

太常卿引皇帝，樂作，皇帝詣太社壇，升自北陛，樂止。謁者引司徒升自西陛，立於尊所。齋郎奉俎從升，立於司徒之後。太常卿引皇帝詣太社酒尊所，執尊者舉冪，侍中贊酌醴齊，《壽和之樂》作。皇帝每酌獻及飲福，皆作《壽和之樂》。太常卿引皇帝進太社神座前，南面跪，奠爵，俛伏，興。太常卿引皇帝少退，南向立，樂止。太祝持版進於神座之右，西面跪，讀祝文曰：“維某年歲次月朔日，子嗣天子某敢昭告於太社：惟神德兼博厚，道著方直，載生品物，含弘庶類。謹因仲春，仲秋。祇率常禮，敬以玉帛、一元大武、柔毛、剛鬣、明粢、薌合、薌萁、嘉蔬、嘉薦、醴齊，備茲禋瘞，用申報本，以后土句龍氏配神作主。尚饗。”訖，興。皇帝再拜。初讀祝文訖，樂作，太祝進，奠版於神座，還尊所。皇帝拜訖，樂止。

太常卿引皇帝詣后土氏酒尊所，執尊者舉冪。侍中取爵於坫，進。皇帝受爵。侍中贊酌醴齊，樂作。太常卿引皇帝進后土氏神座前，西面跪，奠爵，俛伏，興。太常卿引皇帝少退，西向立，樂止。太祝持版進於神座之左，南面跪，讀祝文曰：“維某年歲次月朔日，子開元神武皇帝某敢昭告於后土氏：爰茲仲春，仲秋。揆日維吉，敬修恒事，薦於太社。惟神功著水土，平易九州，昭配之義，實惟通典。謹以制幣、一元大武、柔毛、剛鬣、明粢、薌合、薌萁、嘉蔬、嘉薦、醴齊，陳於表位①，作主侑神。尚饗。”訖，興。皇帝再拜。初讀祝文訖，樂作，太祝進，奠版於神座，還尊所。皇帝拜訖，樂止。

太常卿引皇帝進太社神座前，南向立，樂作。太祝各以爵酌上尊福酒，合置一爵。一太祝持爵授侍中，侍中受爵，東向進。皇帝再拜，受爵，跪，祭酒，啐酒，奠爵，俛伏，興。太祝帥齋郎進俎，太祝減太社神座

---

① “陳”字，四庫本作“旅”。

前三牲胙肉，置一俎上。太祝以俎授司徒，司徒持俎東向以次進。皇帝每受以授左右。皇帝跪，取爵，遂飲，卒爵。侍中進，受爵以授太祝。太祝受爵，復於坫。皇帝俛伏，興，再拜，樂止。太常卿引皇帝，樂作，皇帝降自北陛，詣罍洗，樂止。謁者引司徒降壇西陛以從。

皇帝至罍洗，盥手，洗爵，侍中、黃門侍郎贊洗如常。訖，太常卿引皇帝，樂作，皇帝詣太稷壇，升自北陛，樂止。謁者引三公，三公與齋郎奉俎升自西陛，立於尊所。皇帝詣太稷酒尊所，執尊者舉冪。侍中贊酌醴齊，樂作。太常卿引皇帝進太稷神座前，南面跪，奠爵，俛伏，興。太常卿引皇帝少退，南向立，樂止。太祝持版進於神座之右，西面跪，讀祝文曰："維某年歲次月朔日，子嗣天子某敢昭告於太稷：惟神播生百穀，首茲八政，用而不匱，功濟萌黎。茲惟仲春，仲秋①。敬以玉帛、一元大武、柔毛、剛鬣、明粢、薌合、薌萁、嘉蔬、嘉薦、醴齊，式陳痙祭，備修常秩，以后稷棄配神作主。尚饗。"訖，興。皇帝再拜。初讀祝文訖，樂作，太祝進，奠版於神座，還尊所。皇帝拜訖，樂止。

太常卿引皇帝詣后稷氏酒尊所，執尊者舉冪。侍中取爵於坫，進。皇帝受爵。侍中贊酌醴齊。樂作，太常卿引皇帝進后稷氏神座前，西面跪，奠爵，俛伏，興。太常卿引皇帝少退，西向立，樂止。太祝持版進於神座之左，南面跪，讀祝文曰："維某年歲次月朔日，子開元神武皇帝某敢昭告於后稷氏：爰以仲春，仲秋②。式揀吉辰②，敬修恒禮，薦於太稷。惟神功叶稼穡，闡修農政，允茲從祀，用率舊章。謹以制幣、一元大武、柔毛、剛鬣、明粢、薌合、薌萁、嘉蔬、嘉薦、醴齊，陳於表位，作主配神。尚饗。"訖，興。皇帝再拜。初讀祝文訖，樂作，太祝進，奠版於神座前，還尊所。皇帝拜訖，樂止。

太常卿引皇帝進太稷神座前，南向立，樂作。皇帝飲福、受胙，如太社之儀。訖，樂止。太常卿引皇帝，樂作，皇帝降自北陛，還版位，南向立，樂止。謁者引司徒降自西陛，復位。

文舞出，鼓柷，作《舒和之樂》，出訖，戛敔，樂止。武舞入，鼓柷，作《舒和之樂》，立定，戛敔，樂止。

①　"茲惟仲春仲秋"六字，公善堂本無，據四庫本、《通典》卷一一三《開元禮纂類八》補。
②　"揀"字，公善堂本作"練"，據四庫本、《通典》卷一一三《開元禮纂類八》改。

皇帝獻后土氏將畢，謁者引太尉詣罍洗，盥手，洗爵。訖，謁者引太尉自西陛升壇，詣太社酒尊所，執尊者舉冪。太尉酌盎齊，武舞作。謁者引太尉進太社神座前，南面跪，奠爵，興。謁者引太尉少退，南向，再拜。謁者引太尉詣后土氏酒尊所，取爵於坫，執尊者舉冪。太尉酌盎齊。謁者引太尉進後土氏神座前，南面跪①，奠爵，興。謁者引太尉少退，西向，再拜。謁者引太尉進太社神座前，南向立。太祝各以爵酌罍福酒，合置一爵。一太祝持爵進太尉之右，東向立。太尉再拜，受爵，跪，祭酒，遂飲，卒爵。太祝進，受爵，復於坫。太尉興，再拜。謁者引太尉降自西陛，詣罍洗，盥手，洗爵，詣太稷壇，升獻，如太社之儀。訖，引降，復位。

初，太尉獻后土將畢，謁者引光禄卿詣罍洗，盥手，洗爵，升，酌盎齊，終獻如亞獻之儀。訖，謁者引光禄卿降，復位。武舞六成，樂止。

舞獻俱畢，諸太祝各進，跪，徹豆，興，還尊所。徹者，籩、豆各一，少移於故處。奉禮曰：“賜胙。”贊者唱：“衆官再拜。”衆官在位者皆再拜。已飲福、受胙者不拜。《順和之樂》作，太常卿前，奏稱：“請再拜。”退，復位。皇帝再拜。奉禮曰：“衆官再拜。”衆官在位者皆再拜。樂一成，止。

太常卿前，奏：“請就望瘞位。”太常卿引皇帝，樂作，皇帝就望瘞位，南向立，樂止。於群官將拜，諸太祝各執篚進神座前，取玉幣，齋郎以俎載牲體、稷黍飯、爵酒，各由其陛降壇南行，當瘞埳西行。諸太祝以玉幣、饌物置於埳。訖，奉禮曰：“可瘞。”埳東、西面各四人實土。半埳，太常卿前，奏：“禮畢。”

太常卿引皇帝還大次，樂作，皇帝出門。殿中監前，受鎮圭以授尚衣奉御。殿中監又前，受大圭，華蓋侍衛如常儀。皇帝入次，樂止。謁者、贊引各引祭官，通事舍人分引從祭群官、諸方客使以次出。贊引引御史以下俱復執事位，立定，奉禮曰：“再拜。”御史以下皆再拜。訖，贊引引出。工人、二舞以次出。其祝版燔於齋坊。

鑾駕還宮

如方丘之儀。

---

① “南面跪”，四庫本、《通典》卷一一三《開元禮纂類八》作“西向跪”。

卷第三十四　吉禮

仲春仲秋上戊祭太社有司攝事_{蜡禮同}

齋戒　陳設　奠玉帛　進熟

齋戒

前祭五日，諸預祭之官散齋三日，致齋二日。_{散齋皆於正寝。致齋一日於本司，一日於祭所，其無本司者皆於祭所。}散齋理事如舊，惟不弔喪問疾，不作樂，不判署刑殺文書，不行刑罰，不預穢惡。致齋惟祭事得行，其餘悉斷。其祭官已齋而闕者，通攝行事。諸祭官致齋之日給酒食及明衣，各習禮於齋所。光禄卿監取明水火。_{太官令取水於陰鑒，取火於陽燧。火以供爨，水以實尊。}

前祭一日，諸衛令其屬未後一刻各以其方器服守衛社宫門，_{每門二人，每隅一人。}與太樂工人俱清齋一宿。

陳設

前祭三日，守宫設祭官公卿以下次於齋坊之内。

前祭二日①，太樂令設宫懸之樂於壇北，東方、西方磬簴起南，鐘簴次之；南方、北方磬簴起東，鐘簴次之。設十二鎛鐘於編懸之間，各依辰位。樹靈鼓於南懸之内道之左右。植建鼓於四隅。置柷敔於懸内。_{柷在左，敔在右。}設歌鐘、歌磬各於壇上近北，南向，皆磬簴在東，鐘簴在西。其匏竹者各立於壇下，重行南向，相對爲首。_{凡懸，皆展而編之。}諸工人各位於懸後，東方、西方以南爲上，南方、北方以西爲上。右校清埽内外。又爲瘞埳二於樂懸之北，方深取足容物，南出陛②。

---

① “二日”，公善堂本作“一日”，據四庫本改。
② “南出陛”，四庫本、《通典》卷一一三《開元禮纂類八》、本書卷三三，均作“北出陛”。

　　前祭一日，奉禮設祭官公卿位於西門之内道南①，執事位於道北②，每等異位，俱重行，東面南上。設御史位於太社壇東北，西向，一位於太稷壇西北，東向，令史各陪其後。設奉禮位於樂懸西北③，贊者二人在北差退，俱東向。設協律郎位各於壇上之東北隅，俱西向。設太樂令位於南懸之間。設祭官公卿以下門外位於道南，每等異位，重行北向，以東爲上。設酒尊之位：太社太尊二、著尊二、罍二在壇上西北隅，南向；后土氏象尊二、著尊二、罍二在太社酒尊之西，俱南面東上。尊皆加勺、幂，有坫以置尊。設太稷、后稷酒尊於其壇上，如太社、后土之儀。設洗於太社壇北陛西北，南向。罍水在洗西，篚在洗東，北肆。篚實以巾、爵。又設洗於稷壇西北，亦如之。執尊、罍、篚、幂者各位於尊、罍、篚、幂之後。各設玉、幣之篚於尊坫之所。

　　晡後，郊社令帥齋郎以尊、坫、罍、洗、篚、幂入，設於位。升壇者各自西陛。謁者引光禄卿詣厨視濯溉。凡導引者，每曲一逡巡。贊引引御史詣厨省饌具。司宰以下每事訖，各還齋所。

　　祭日未明十五刻，太官令帥宰人以鸞刀割牲，齋郎以豆取毛血，又祝史以豆取毛血，各置於饌所。遂烹牲。三牲皆用黝。

　　未明五刻，太史令、郊社令各服其服，升，設太社、太稷神座各於壇上近南，北向。設后土氏神座於太社神座之右，后稷氏神座於太稷神座之左，俱東向，席皆以莞。設神位各於座首。

奠玉帛

　　祭日未明三刻，諸祭官各服其服。郊社令、良醖令各帥其屬入，實尊、罍、玉、幣。太尊爲上，實以醴齊；著尊次之，實以盎齊；山罍爲下，實以清酒。配座之尊亦如之。齊皆加明水，酒皆加玄酒，各實於上尊。祭神之玉，太社、太稷俱以兩圭有邸。帛以玄。太官令帥進饌者實諸籩、豆、簋、簠，皆設於神厨。

　　未明二刻④，奉禮帥贊者先入，就位。贊引引御史、諸太祝及令史、

____

① "南"字，四庫本作"北"。
② "道北"，四庫本、《通典》卷一一三《開元禮纂類八》作"其後少北"。
③ "西北"，公善堂本脱"北"字，據四庫本、《通典》卷一一三《開元禮纂類八》補。
④ "二刻"，公善堂本作"三刻"，據四庫本改。

祝史，與執尊、罍、篚、冪者入自西門，當太社壇北，重行，南面東上。立定，奉禮曰："再拜。"贊者承傳，凡奉禮有辭，贊者皆承傳。御史以下皆再拜。訖，執尊者各升自西陛，立於尊所。執罍、洗、篚、冪者各就位。贊引引御史、諸太祝詣太社壇西陛，升，行埽除於上。令史、祝史升，行埽除於下，降。又詣太稷壇行埽除，如太社之儀。訖，引就位。

　　未明一刻，謁者、贊引各引祭官俱就門外位。太樂令帥工人、二舞次入，就位。文舞入陳於懸内，武舞立於懸北道東。其升壇座者皆脱屨於下，降納如常。謁者引司空入，就位，立定，奉禮曰："再拜。"司空再拜。訖，謁者引司空詣壇西陛，升，行埽除於上，升稷壇亦如之。降，行樂懸於下。訖，引復位。謁者、贊引各引祭官次入，就位，立定，奉禮曰："衆官再拜。"衆官在位者皆再拜。其先拜者不拜。謁者進太尉之左，白："有司謹具，請行事。"退，復位。協律郎跪，俛伏，舉麾，凡取物者皆跪，俛伏而取以興。奠物則跪、奠訖，俛伏而後興。鼓柷，奏《順和之樂》，以函鍾之均，自後，壇下之樂皆奏太蔟。作文舞之舞。樂舞八成，偃麾，戞敔，樂止。凡樂，皆協律郎舉麾，工鼓柷而後作，偃麾、戞敔而後止。奉禮曰："衆官再拜。"衆官在位者皆再拜。諸太祝取玉、幣於篚，各立於尊所。

　　謁者引太尉詣太社壇，升自北陛，南向立。太祝以玉幣西向授太尉。太尉受玉幣，登歌作《肅和之樂》，以應鍾之均。謁者引太尉進，南面跪，奠於太社神座，俛伏，興。謁者引太尉少退，南向，再拜。訖，謁者引太尉立於西方，東向。太祝以幣授太尉，太尉受幣。謁者引太尉東面跪，奠於后土氏神座前。謁者引太尉少退，東向，再拜。訖，登歌止。謁者引太尉降自北陛，詣太稷壇，升奠玉幣，如太社、后土之儀。謁者引太尉降，還本位。

　　初，衆官拜訖，祝史各奉毛血之豆立於門外。於登歌止，祝史奉毛血入，各由其陛升，諸太祝迎取於壇上，俱進，奠於神座前。諸太祝與祝史退，立於尊所。

進熟

　　太尉既升奠玉幣，太官令出，帥進饌者奉饌陳於西門外。謁者引司徒出，詣饌所，司徒奉太社之俎。諸太祝既奠毛血，太官令引饌入太社。

太稷之饌入自正門，配座之饌入自左闥。俎初入門，《雍和之樂》作，以太蔟之均，饌至陛，樂止。祝史俱進，徹毛血之豆，降自西陛以出。太社、太稷之饌升自北陛，配座之饌升自西陛。諸太祝迎引於壇上，各設於神座前。籩、豆蓋冪先徹，乃升。簠、簋既奠，却其蓋於下。設訖，謁者引司徒以下降自西陛，復位。諸太祝還尊所。

謁者引太尉詣罍洗，盥手，洗爵。訖，謁者引太尉詣太社壇，升自北陛，詣太社酒尊所，執尊者舉冪。太尉酌醴齊訖，樂作。謁者引太尉進太社神座前，南面跪，奠爵，興。謁者引太尉少退，南向立，樂止。太祝持版進於神座之右，西面跪，讀祝文曰：“維某年歲次月朔日，子嗣天子某謹遣太尉封臣名，敢昭告於太社：惟神德兼博厚，道著方直，載生品物，含弘庶類。謹因仲春，仲秋。式練吉辰，祗率常禮，敬以玉帛、犧齊、粢盛、庶品，修兹明薦，用申報本，以后土句龍氏配神作主。尚饗。”訖，興。太尉再拜。初讀祝文訖，樂作，太祝進，奠版於神座，還尊所。太尉拜訖，樂止。

謁者引太尉詣后土氏酒尊所，取爵於坫，執尊者舉冪。太尉酌醴齊，樂作。謁者引太尉進后土氏神座前，西面跪，奠爵，興。謁者引太尉少退，西向立，樂止。太祝持版進於神座之左，南面跪，讀祝文曰：“維某年歲次月朔日，子開元神武皇帝某謹遣太尉封臣名，敢昭告於后土氏：爰兹仲春，仲秋。厥日維戊，敬修恒事，薦於太社。惟神功著水土，平易九州，昭配之義，實惟通典。謹以制幣、犧齊、粢盛、庶品，式陳明薦，作主侑神。尚饗。”訖，興。太尉再拜。初讀祝文訖，樂作，太祝進，奠版於神座，還尊所。太尉拜訖，樂止。

謁者引太尉進太社神座前，南向立。太祝各以爵酌罍福酒，合置一爵。一太祝持爵進太尉之右，東向立。太尉再拜，受爵，跪，祭酒，啐酒，奠爵，興。太祝帥齋郎進俎，太祝減太社神座前三牲胙肉，皆取前脚第二骨。各置一俎上。太祝持俎以次授太尉，太尉每受以授齋郎。太尉跪，取爵，遂飲，卒爵。太祝進，受爵，復於坫。太尉興，再拜。

謁者引太尉降自北陛，詣罍洗，盥手，洗爵。謁者引太尉詣太稷壇，升自北陛，詣太稷酒尊所，執尊者舉冪。太尉酌醴齊。訖，樂作。謁者引太尉進太稷神座前，南面跪，奠爵，興。謁者引太尉少退，南向立，樂止。太祝持版進於神座之右，西面跪，讀祝文曰：“維某年歲次月朔日，子嗣天子某謹遣太尉封臣名，敢昭告於太稷：惟神播生百穀，首茲八政，用而不匱，功濟萌黎。敬以玉帛、犧齊、粢盛、庶品，祗奉舊章，備修瘞禮，以后稷棄配神作主。尚饗。"訖，興。太尉再拜。初讀祝文訖，樂作，太祝進，奠版於神座，還尊所。太尉拜訖，樂止。

　　謁者引太尉詣后稷氏酒尊所，取爵於坫，執尊者舉冪。太尉酌醴齊訖，樂作。謁者引太尉進后稷氏神座前，西面跪，奠爵，興。謁者引太尉少退，西向立，樂止。太祝持版進於神座之左，南面跪，讀祝文曰："維某年歲次月朔日，子開元神武皇帝某謹遣太尉封臣名，敢昭告於后稷氏：爰以仲春，仲秋。式揀吉辰①，敬修恒禮，薦於太稷。惟神功叶稼穡，闡修農政，允茲從祀，用率舊章，謹以制幣、犧齊、粢盛、庶品，式陳明薦，作主配神。尚饗。"訖，興。太尉再拜。初讀祝文訖，樂作，太祝進，奠版於神座，還尊所。太尉拜訖，樂止。

　　謁者引太尉進太稷神座前，南向立，飲福、受胙，如太社之儀。訖，謁者引太尉降，還本位。

　　文舞出，鼓柷，作《舒和之樂》，出訖，戛敔，樂止。武舞入，鼓柷，作《舒和之樂》，立定，戛敔，樂止。

　　太尉將復位，謁者引太常卿詣罍洗，盥手，洗爵。訖，謁者引太常卿自西陛升壇，詣太社酒尊所，執尊者舉冪。太常卿酌盎齊，武舞作。謁者引太常卿進太社神座前，南面跪，奠爵，興。謁者引太常卿少退，南向，再拜。訖，謁者引太常卿詣后土氏酒尊所，取爵於坫，執尊者舉冪。太常卿酌盎齊。訖，謁者引太常卿進后土氏神座前，西面跪，奠爵，興。謁者引太常卿少退，西向立，再拜。訖，謁者引太常卿進太社神座前近北，南向立。太祝各以爵酌罍福酒，合置一爵。一太祝持爵進太常卿之右，東向立。太常卿再拜，受爵，跪，祭酒，遂飲，卒爵。太祝進，受爵，復於坫。太常卿興，再拜。謁者引太常卿降自西陛，詣罍洗，盥手，洗爵，詣太稷壇升獻，如太社之儀。訖，謁者引太常卿降，復位。

　　初，太常卿獻后土將畢，謁者引光禄卿盥洗，升，酌盎齊，終獻如亞獻之儀。訖，謁者引光禄卿降，復位。武舞六成，樂止。

---

　　①　"式揀吉辰"四字，公善堂本無，據四庫本補。

諸太祝各進，跪，徹豆，興，還尊所。徹者，籩、豆各一，少移於故處。奉禮曰："賜胙。"贊者唱："衆官再拜。"衆官在位者皆再拜。已飲福、受胙者不拜。《順和之樂》作，奉禮曰："衆官再拜。"衆官在位者皆再拜。樂一成，止。

謁者進太尉之右，白："請就望瘞位。"謁者引太尉就望瘞位，南向立。於衆官將拜，太祝執篚進神座前，取玉幣，齋郎以俎載牲體、稷黍飯、爵酒，各由其陛降壇南行，當瘞埳西行，諸太祝以玉幣、饌物置於埳。訖，奉禮曰："可瘞。"埳東、西面各四人實土。半埳，謁者進太尉之左，白："禮畢。"遂引太尉出。

又謁者、贊引各引祭官以次出。贊引引御史、太祝以下俱復執事位，立定，奉禮曰："再拜。"御史以下皆再拜。贊引引出。工人、二舞以次出。其祝版燔於齋坊。

季冬蜡太社

皆如春秋時祭之儀。

太社祝文曰："維某年歲次月朔日，子嗣天子某謹遣太尉封名，敢昭告於太社：惟神降祐，百穀時登，謹以玉幣、犧齊、粢盛、庶品，敬薦於太社，以后土句龍氏配神作主。尚饗。"

后土氏祝文曰："維某年歲次月朔日，子開元神武皇帝某謹遣太尉封臣名，敢昭告於后土氏：今時和年登，敬薦蜡祀於太社。惟神功協水土，作主配神，謹以犧齊、粢盛、庶品，薦於后土氏。尚饗。"

太稷祝文曰："維某年歲次月朔日，子嗣天子某謹遣太尉封臣名，敢昭告於太稷：惟神主茲百穀，粒此黎元，謹率恒禮，敬以玉幣、犧齊、粢盛、庶品，明薦於太稷，以后稷棄配神作主。尚饗。"

后稷氏祝文曰："維某年歲次月朔日，子開元神武皇帝某謹遣太尉封臣名，敢昭告於后稷氏：今時和年登，敬薦蜡祀於太稷。惟神功協稼穡，作主配神，謹以犧齊、粢盛、庶品，敬薦於后稷氏。尚饗。"

卷第三十五　吉禮

祭五嶽四鎮

諸嶽鎮每年一祭，各以五郊迎氣日祭之。東嶽岱山，祭於兗州界。東鎮沂山，祭於沂州界。南嶽衡山，祭於衡州界。南鎮會稽山，祭於越州界。中嶽嵩山，祭於河南府。西嶽華山，祭於華州界。西鎮吳山，祭於隴州界。北嶽恒山，祭於定州界。北鎮醫無閭山，祭於營州界。

前祭五日，諸祭官各散齋三日，致齋二日。散齋皆於正寢，致齋於祭所。散齋理事如舊，惟不弔喪問疾，不作樂，不判署刑殺文書，不行刑罰，不預穢惡。致齋惟祭事得行，其餘悉斷。其祭官已齋而闕者，通攝行事。諸祭官致齋之日給酒食及明衣，各習禮於齋所。

前祭一日，嶽令清埽內外。又爲瘞埳於壇之壬地，方深取足容物。贊禮者設初獻位於壇東南①，亞獻、終獻位於初獻之南，少退，俱西面北上。設掌事者位於終獻東南，重行西向，以北爲上。設贊唱者位於終獻西南，西面北上。設獻官等望瘞位於瘞埳之東北，西向。設祭官已下門外位於南門之外道東，重行西向，以北爲上。

祭器之數，尊六，籩十，豆十，簠二，簋二，俎三。嶽令帥其屬詣壇東陛，升，設尊於壇上東南隅，北面西上。尊皆加勺、冪，有坫以置爵。設玉篚於尊坫之所。設洗於南陛東南，北向。罍水在洗東，篚在洗西，南肆。篚實巾、爵。執尊、罍、洗、篚者各位於尊、罍、洗、篚之後。

祭日未明，烹牲於厨。其牲各隨方色。齋郎以豆取血毛，置於饌所。

夙興，掌饌者實祭器。牲體，牛羊豕皆載右胖。前脚三節，節一段，肩、臂、臑皆載之。後脚三節，節一段，去下節，載上肫、胳二節。又取正脊、脡脊、橫脊、短脅、正脅、代脅各二骨以並，餘皆不設。簠實稷黍。簋實稻粱。籩十，實石鹽、乾魚、棗、栗、榛、菱、芡、鹿脯、白餅、黑餅。豆十，實韭菹、醯醢、菁菹、鹿醢、芹菹、兔醢、筍菹、魚醢、脾析菹、豚胉。若土無者，各以其類

---

①　"壇"字，公善堂本脱，據四庫本、《通典》卷一一二《開元禮纂類七》補。

充之。凡祭官各服其服。三品毳冕,四品絺冕,五品玄冕,六品以下爵弁。若有二品以上,各依令。嶽令率其屬入,詣壇東陛,升,設嶽神座於壇上近北,南向,席以莞。又實尊、罍及玉。凡尊,一實醴齊,一實盎齊,一實清酒。其玄酒實於上尊。祭神之玉兩圭有邸。祝版置於坫。嶽令又以幣置於篚,齋郎以豆血,皆設於饌所。其幣長一丈八尺,各隨方色。

贊唱者先入,就位。祝與執尊、罍、篚者入,當壇南,重行北向,以西爲上。立定,贊唱者曰:"再拜。"祝以下俱再拜。執尊者升自東陛,立於尊所。執罍、篚者各就位。祝詣壇東陛,升,行埽除於上,降,行埽除於下。訖,各就位。

質明,贊禮者引祭官以下俱就門外位。一刻頃,贊禮者引祭官以下入,就位。立定,贊唱者曰:"再拜。"在位者皆再拜。贊禮者進初獻之左,白:"有司謹具,請行事。"退,復位。贊唱者曰:"再拜。"在位者皆再拜。祝跪,取玉幣於篚,興,立於尊所。凡取物者皆跪,俛伏而取以興。奠物則跪,奠訖,俛伏而後興。掌饌者帥齋郎奉饌陳於東門之外。

贊禮者引初獻詣壇,升自南陛,進嶽神座前,北向立。祝以玉幣東向進,初獻受玉幣,祝還尊所。贊禮者引初獻進,北面跪,奠於嶽神座前,興,少退,北向,再拜。贊禮者引初獻降還本位。掌饌者引饌入,升自南陛,祝迎引於壇上,設於神座前。掌饌者帥齋郎降自東陛,復位,祝還尊所。

贊禮者引初獻詣罍洗,盥手,洗爵,升自南陛,詣酒尊所,執尊者舉冪。初獻酌醴齊。贊禮者引初獻進詣嶽神座前,北面跪,奠爵,興,少退,北向立。祝持版進於神座之右,東面跪,讀祝文曰:"維某年歲次月朔日,子嗣天子開元神武皇帝某謹遣具官某,敢昭告於東嶽岱宗:惟神贊養萬品,作鎮一方,式因春始,南嶽云"夏始",中嶽云"季夏",西嶽云"秋始",北嶽云"冬始"。謹以玉幣、犧齊、粢盛、庶品,明薦於東嶽岱宗。尚饗。"訖,興。初獻再拜。祝進,奠版於神座,還尊所。祝以爵酌清酒,進初獻之右,西向立。初獻再拜,受爵,跪,祭酒,啐酒,奠爵,興。祝帥齋郎以俎進,減神座前三牲胙肉,各取前脚第二節,共置一俎上,以授初獻。初獻受以授齋郎。初獻跪,取爵,遂飲,卒爵。祝進,受爵,復於坫。初獻興,再拜。贊禮者引初獻降,復位。

　　於初獻飲福酒，贊禮者引亞獻詣罍洗，盥手，洗爵，升自東陛，詣酒尊所，執尊者舉羃。亞獻酌盎齊。贊禮者引亞獻詣神座前，北面跪，奠爵，興，少退，北向，再拜。祝以爵酌清酒，進於亞獻之右，西向立。亞獻再拜，受爵，跪，祭酒，遂飲，卒爵。祝受爵，復於坫。亞獻興，再拜。贊禮者引亞獻降，復位。

　　初，亞獻將畢，贊禮者引終獻盥洗，升獻，飲福，如亞獻之儀。訖，贊禮者引終獻降，復位。祝進神座前，跪，徹豆，興，還尊所。徹者，籩、豆各一，少移於故處。贊唱者曰："再拜。"非飲福、受胙者皆再拜①。獻官以下皆再拜。

　　贊禮者進初獻之左，白："請就望瘞位。"贊唱者引初獻就望瘞位，西向立。於獻官將拜，嶽令進神座前，跪取幣，齋郎以俎載牲體、稷黍飯，詣瘞埳，以饌物置於埳。東、西廂各二人寘土。半埳，贊禮者進初獻之左，白："禮畢。"贊者引初獻以下出。祝與執尊、罍、篚者俱復執事位。立定，贊唱者曰："再拜。"祝以下皆再拜，訖，遂出。祝版燔於齋所。

卷第三十六　吉禮

祭四海四瀆

凡四海、四瀆，每年一祭，各以五郊迎氣日祭之。東海於萊州界。東瀆大淮於唐州界。南海於廣州界。南瀆大江於益州界。西海及西瀆大河於同州界。北海及北瀆大濟於河南府界。

祭前五日，諸祭官各散齋三日，致齋二日。散齋皆於正寢，致齋皆於祭所。散齋理事如舊，惟不弔喪問疾，不作樂，不判署刑殺文書，不行刑罰，不預穢惡。致齋惟祭事得行，其餘悉斷。其祭官已齋而闕者，通攝行事。諸祭官致齋之日給酒食及明衣，各習禮於齋所。

前一日，瀆令清埽內外。又爲瘞埳於壇壬地，方深取足容物①。埳內爲壇，高一丈四尺，皆爲陛。贊禮者設初獻位於埳壇東南，亞獻、終獻位於初獻之南，少退，俱西面北上。設掌事者位於終獻東南，重行西向，以北爲上。設贊唱者位於終獻西南，西面北上。設祭官以下門外位於南門之外道東，重行西向，以北爲上。

祭器之數，尊六，籩十，豆十，簠二，簋二，俎三。瀆令帥其屬詣壇東陛，升，設尊於埳壇上東南隅，北面西上。尊皆加勺、冪，有坫以置爵。設玉篚於尊坫之所。設洗於南陛東南，北向。罍水在洗東，篚在洗西，南肆。篚實巾、爵。執尊、罍、洗、篚者各位於尊、罍、洗、篚之後。

祭日未明，烹牲於厨。其牲各隨方色。齋郎以豆預取毛血，置於饌所。

夙興，掌饌者實祭器。牲體，牛羊豕皆載右胖。前脚三節，節一段，肩、臂、臑皆載之。後脚三節，節一段，去下節，載上肫、胳二節。又取正脊、脡脊、橫脊、短脅、正脅、代脅各二骨以並，餘皆不設。簋實稷黍。簠實稻粱。籩十，實石鹽、乾魚、棗、栗、榛、菱、芡、鹿脯、白餅、黑餅。豆十，實韭菹、醓醢、菁菹、鹿醢、芹菹、兔醢、筍菹、魚醢、脾析菹、豚胉。若土無者，各以其類

---

① “又爲瘞埳於壇壬地方深取足容物”十四字，公善堂本脱，據四庫本、《通典》卷一一二《開元禮纂類七》補。

充之。凡祭官各服其服。瀆令帥其屬入,詣壇東陛升,設瀆神座於壇上近北,南向,席以莞。又實尊、罍及玉。凡尊,一實醴齊,一實盎齊,一實清酒。玄酒各實於上尊。祭神之玉,兩圭有邸。祝版置於坫。瀆令又以幣置於篚,齋郎以豆血設於饌所。其幣長一丈八尺,各隨方色。

　　贊唱者先入,就位。祝與執尊、罍、篚者入,當壇南,重行北向,以西爲上。立定,贊唱者曰:“再拜。”祝以下俱再拜。執尊者升自東陛,立於尊所。執罍、篚者各就位。祝詣壇東陛,升,行埽除於上,降,行埽除於壝外。訖,各就位。

　　質明,贊禮者引祭官以下俱就門外位。一刻頃,贊禮者引祭官以下入,就位。立定,贊唱者曰:“再拜。”在位者皆再拜。贊禮者進初獻之左,白:“有司謹具,請行事。”退,復位。贊唱者曰:“再拜。”在位者皆再拜。祝跪,取玉幣於篚,興,立尊所。凡取物者皆跪,俛伏而取以興。奠物則跪,奠訖,俛伏而後興。掌饌者帥齋郎奉饌陳於東門之外。

　　贊禮者引初獻詣壇,升自南陛,進神座前,北向立。祝以玉幣東向進,初獻受玉幣,祝還尊所。贊禮者引初獻進,北面跪,奠於神座,興,少退,北向,再拜。贊禮者引初獻還本位。掌饌者引饌入,升自南陛,祝迎引於壇上,設於神座前。掌饌者帥齋郎降自東陛,復位,祝還尊所。

　　贊禮者引初獻詣罍洗,盥手,洗爵,升自南陛,詣酒尊所,執尊者舉冪。初獻酌醴齊。贊禮者引初獻進,詣神座前,北面跪,奠爵,興,少退,北向立。祝持版進於神座之右,東面跪,讀祝文曰:“維某年歲次月朔日,子嗣天子開元神武皇帝某謹遣某官某名,敢昭告於東瀆大淮:惟神源流深毖,潛潤博洽,阜成百穀,疏瀹三川①,青春伊始,用遵典秩。南瀆大江云:“惟神總括大川,朝宗巨海,功昭潤化,德表靈長,敬因夏首,修其恒秩。”西瀆大河云:“惟神上通雲漢,光啟圖書,分導九枝,旁潤千里,素秋屆序,用率典常。”北瀆大濟云:“惟神泉源清潔,浸被遐遠,播通四氣,作紀一方,玄冬肇節,聿修典制。”謹以玉帛、犧齊、粢盛、庶品,明薦於神。尚饗。”訖,興。初獻再拜。祝進,奠版於神座,還尊所。祝以爵酌清酒,進初獻之右,西向立。初獻再拜,受爵,跪,祭酒,啐酒,奠爵,興。祝帥齋郎以俎進,祝減神座前三牲胙肉,各取前脚第三節,共置一俎上,以授初獻。初獻受以授齋郎。初獻跪,取爵,遂飲,卒爵。祝進,

_____

　　① “瀹”字,四庫本、《通典》卷一一二《開元禮纂類七》作“滌”。

受爵，復於坫。初獻興，再拜。贊禮者引初獻降，復位。

於初獻飲福酒，贊禮者引亞獻詣罍洗，盥手，洗爵，升自東陛，詣酒尊所，執尊者舉冪。亞獻酌盎齊。贊禮者引亞獻詣神座前，北面跪，奠爵，興，少退，北向，再拜。祝以爵酌清酒，進於亞獻之右，西向立。亞獻再拜，受爵，跪，祭酒，遂飲，卒爵。祝受爵，復於坫。亞獻興，再拜。贊禮者引亞獻降，復位。

初，亞獻將畢，贊禮者引終獻盥洗，升獻，飲福，如亞獻之儀。訖，贊禮者引終獻降，復位。

祝進神座前，跪，徹豆，興，還尊所。徹者，籩、豆各一，少移於故處。贊唱者曰："再拜。"獻官以下皆再拜。瀆令及齋郎以幣血沈於瀆。瀆令退，就掌事位，齋郎還饌所。贊禮者進初獻之左，白："禮畢。"遂引初獻以下出。祝與執尊、罍、篚、冪者俱復執事位[1]，立定，贊唱者曰："再拜。"祝以下皆再拜以出。其祝版燔於齋所。

---

[1]　"冪"字，公善堂本無，據四庫本、《通典》卷一一二《開元禮纂類七》補。

卷第三十七　吉禮

皇帝時享於太廟

齋戒　陳設　省牲器　鑾駕出宮　晨祼　饋食
祭七祀　鑾駕還宮

齋戒

凡一歲五享於太廟，謂四孟月及臘。

將享，有司卜日如常儀。

前享七日平明，太尉誓百官於尚書省，曰："某月某日，享於太廟。各揚其職，不供其事，國有常刑。"皇帝散齋四日於別殿，致齋三日於太極殿。

前致齋一日，尚舍奉御設御幄於太極殿西序及室內，俱東向。尚舍直長張帷於前楹下。

致齋之日質明，諸衛勒所部屯門列仗。畫漏上水一刻，侍中版奏："請中嚴。"諸衛之屬各督其隊入，陳於殿庭，如常儀。通事舍人引文武五品以上袴褶陪位如式。諸侍衛之官各服其服，諸侍臣並結佩，俱詣閤奉迎。侍中版奏："外辦。"上水三刻，皇帝服通天冠、絳紗袍，結佩，乘輿出自西房，曲直華蓋警蹕侍衛如常儀。皇帝即御座，東向坐，侍臣夾侍如常。一刻頃，侍中前，跪，奏稱："侍中臣某言，請降，就齋室①。"俛伏，興，還侍位。皇帝降座，入室。文武侍臣各還省，直衛者如常。通事舍人引陪位者以次出。

凡預享之官散齋四日，致齋三日。散齋皆於正寢。致齋二日於本司，一日於享所，其無本司者皆於享所。近侍之官應從升者及從享群官、諸方客使各於本司

---

① "請"字，公善堂本誤作"諸"，據四庫本改。

及公館，九廟子孫各於其第，清齋一宿。<small>無本司者，各於正寢。</small>散齋理事如舊，惟不弔喪問疾，不作樂，不判署刑殺文書，不行刑罰，不預穢惡。致齋惟祭事得行①，其餘悉斷。其享官已齋而闕者，通攝行事。諸享官致齋之日給酒食及明衣，各習禮於齋所。光禄卿監取明水火。<small>太官令取水於陰鑒，取火於陽燧。火以供爨，水以實尊。</small>

前享一日，諸衛令其屬未後一刻各以其方器服守衛廟門，<small>每門二人，每隅一人。</small>及太樂工人各清齋一宿。

陳設

前享三日，尚舍直長施大次於廟東門之外道北，南向。尚舍奉御鋪御座。守宮設文武侍臣次於大次之後，文官在左，武官在右，俱南向。設諸享官次於齋坊之內，九廟子孫於齋坊内近南，西面北上。文官九品以上於齋坊之南，東方、南方朝集使又於其南，東方、南方蕃客又於其南，俱每等異位，重行，西面北上。介公、酅公於廟西門之外近南，武官九品以上於介公、酅公之南，西方、北方朝集使於武官之南，西方、北方蕃客又於其南，俱每等異位，重行，東面北上。<small>其褒聖侯位於文官三品之下，諸州使人分方各位於朝集使之後。</small>

前享二日，太樂令設宮懸之樂於廟庭。東方、西方磬簴起北，鐘簴次之；南方、北方磬簴起西，鐘簴次之。設十二鎛鐘於編懸之間，各依辰位。樹路鼓於北懸之內、道之左右。植建鼓於四隅。置柷敔於懸內。<small>柷在左，敔在右。</small>設歌鐘、歌磬於廟堂之上前楹間，北向。磬簴在西，鐘簴在東。其匏竹者立於陛間，重行北向，相對為首。<small>凡懸，皆展而編之。</small>諸工人各位於懸後，東方、西方以北為上，南方、北方以西為上。右校清埽内外。

前享一日，奉禮設御位於廟堂東陛東南，西向。設享官公卿位於東門之內道南，執事者位於其後，每等異位，俱重行西向，以北為上。設御史位於廟堂之下：一位於東南，西向，一位於西南，東向，令史各陪其後。設奉禮位於樂懸東北，贊者二人在南差退，俱西向。設協律郎位於廟堂之上、前楹之間，近西，東向。設太樂令位於北懸之間，北向。

設從享之官位：九廟子孫於享官公卿之南，昭、穆異位，<small>雖有貴者，以齒。</small>

---

① "祭"字，四庫本作"享"。

文官九品以上位於子孫之南，東方、南方朝集使於文官之南，東方、南方蕃客又於其南，俱每等異位，重行，西面北上。介公、酅公位於西門之內道南，武官九品以上於介公、酅公之南少西，當文官，西方、北方朝集使於武官之南，西方、北方蕃客又於其南，俱每等異位，重行，東面北上。其褒聖侯位於文官三品之下，諸州使人分方各位於朝集使之後。

　　設門外位：享官公卿以下皆於東門之外道南，每等異位，重行，北面西上。子孫之位於享官公卿之東少南，文官九品以上於子孫之東，東方、南方朝集使於文官之東，東方、南方蕃客又於其東，俱每等異位，重行，北面西上。設介公、酅公位於西門之外道南，武官九品以上於介公、酅公之西少南，西方、北方朝集使於武官之西，西方、北方蕃客又於其西，俱每等異位，重行，北面東上。其褒聖侯位於文官三品之下，諸州使人分方各位於朝集使之後。

　　設牲牓於東門之外，當門西向，以南爲上。設廩犧令位於牲西南，祝史陪其後，俱北向。設諸太祝位於牲東，各當牲後，祝史各陪其後，俱西向。設太常卿省牲位於牲前近北，又設御史位於太常卿之西，俱南向。

　　設尊彝之位於廟堂上前楹間，各於室戶之左，北向。春夏每室鷄彝一、鳥彝一、犧尊二、象尊二、山罍二，秋冬每室斝彝一、黃彝一、著尊二、壺尊二、山罍二，皆加勺、冪，凡宗廟，冪皆以繡。皆西上，各有坫焉。以置瓚、爵。

　　設簠、簋、景①、鉶、籩、豆之位於廟堂之上，俱東側階之北。每座四簋居前，四簠次之，次以六景，次以六鉶，籩、豆爲後。每座異之，皆以南爲上，屈陳而下。

　　設御洗於東階東南，亞獻之洗又於東南，俱北向。罍水在洗東，篚在洗西，南肆。篚實以圭、瓚、巾、爵。執尊、罍、篚、冪者各位於尊、罍、篚、冪之後。

省牲器

　　省牲之日午後十刻，廟所諸衛之屬禁斷行人。太廟令整拂神幄。

---

　　①　"景"字，公善堂本作"登"，據本書卷一《序例上・俎豆》、《新唐書》卷一二《禮樂二》、《通典》卷一一四《開元禮纂類九》校改。下同。

晡後二刻，太廟令帥府史二人及齋郎，以尊、坫、罍、洗、篚、羃及籩、豆、簋、鉶入，設於位，加以巾蓋。諸器物皆滌而陳之。其升堂者自東階。

晡後三刻，諸太祝與廩犧令以牲就牓位。謁者引太常卿、贊引引御史入，詣東階，升，遍視滌濯於上。凡導引者，每曲一逡巡。於視滌濯，執尊者皆舉羃告潔。訖，引降，就省牲位，南向立。廩犧令少前，曰："請省牲。"退，復位。太常卿省牲。廩犧令又前，北面，舉手曰："腯。"還本位。諸太祝各循牲一匝[1]，西面，舉手曰："充。"俱還本位。諸太祝與廩犧令以次牽牲詣厨，授太官。謁者引光禄卿詣厨省鼎鑊，申視濯溉。贊引引御史就厨省饌具。太常卿以下每事訖，各還齋所。進饌者入，徹籩、豆、簋、鉶以出。

享日未明十五刻，太官令帥宰人以鸞刀割牲，祝史各取毛血，每座共實一豆，遂烹牲。祝史洗肝於鬱鬯，又取膟膋，每座共實一豆，俱置於饌所。膟膋，腸間脂。

鑾駕出宮

前出宮三日，本司宣攝内外各供其職。守宫設從享群官五品以上次於承天門東、西朝堂，如常儀。

前二日，太樂令設宫懸之樂於殿庭，如常儀。駕出，懸而不作。

享日未明七刻，搥一鼓爲一嚴。三嚴時節，前一日侍中奏裁。侍中奏開宫殿門及城門。

未明五刻，搥二鼓爲再嚴。侍中版奏："請中嚴。"奉禮設從享群官五品以上位：文官於東朝堂之前，西向，武官於西朝堂之前，東向，俱重行北上。從享群官五品以上俱集朝堂次，各服其服。其六品以下及介公、酅公、褒聖侯、朝集使、九廟之子孫及諸方客使等，並於駕發之前預赴享所，俱就次，各服其服。所司陳大駕鹵簿，如别儀。

未明二刻，搥三鼓爲三嚴。諸衛之屬各督其隊與鈒戟以次入，陳於殿庭。通事舍人引從享群官各就朝堂前位。諸侍衛之官各服其器服。侍中、中書令以下俱詣西階奉迎。侍中負寶陪從如式。乘黄令進玉輅於太極殿西階之前，南向。千牛將軍一人執長刀立於輅前，北向。黄門侍郎一

---

① "牲"字，公善堂本誤作"性"，據四庫本改。

人在侍臣之前，贊者二人又在黃門之前。

侍中版奏："外辦。"太僕卿奮衣而升，正立執轡。皇帝袞冕，乘輿以出，降自西階，稱警蹕如常儀。千牛將軍前，執轡。皇帝升輅。太僕卿立授綏，侍中、中書令以下夾侍如常。黃門侍郎進，當鑾駕前跪，奏稱："黃門侍郎臣某言，請鑾駕進發。"俛伏，興，退，復位。凡黃門侍郎奏請，皆進，當鑾駕前跪，奏稱"具官臣某言"。訖，俛伏，興。鑾駕動，又稱警蹕，黃門侍郎與贊者夾引以出，千牛將軍夾輅而趨。

駕出承天門至侍臣上馬所，黃門侍郎奏稱："請鑾駕權停，勅侍臣上馬。"侍中前，承制，退稱："制曰可。"黃門侍郎退稱："侍臣上馬。"贊者承傳，文武侍臣皆上馬。諸侍衛之官各督其屬左右翊駕在黃麾內。符寶郎奉六寶，與殿中監後部從在黃鉞內。侍中、中書令以下夾侍於輅前。贊者在供奉官人內。侍臣上馬畢，黃門侍郎奏稱："請勅車右升。"侍中前，承制，退稱："制曰可。"黃門侍郎退，復位。千牛將軍升訖，黃門侍郎奏稱："請鑾進發。"退，復位。鑾駕動，稱警蹕、鼓傳音如常，不鳴鼓吹，不得誼譁。其從享之官在玄武隊後，如常儀。

晨祼

享日未明四刻，諸享官各服其服。太廟令、良醞令各帥其屬入，實尊、罍。雞彝、鳥彝及犧尊、象尊、著尊、壺尊之上尊，皆實以明水。山罍之上尊，實以玄酒。鳥彝、黃彝實以鬱鬯，犧尊、著尊實以醴齊，象尊、壺尊實以盎齊，山罍實以清酒。太官令帥進饌者實諸籩、豆、簠、簋。

未明三刻，奉禮帥贊者先入，就位。贊引引御史、博士、太廟令、太祝、宮闈令及令史、祝史，與執尊、罍、篚、羃者入自東門，當階間，重行，北面西上。立定，奉禮曰："再拜。"贊者承傳，凡奉禮有辭，贊者皆承傳。御史以下皆再拜。訖，執尊、罍、篚、羃者各就位。贊引引御史、諸太祝詣東階，升堂，行埽除於上。令史、祝史升，行埽除於下。訖，引就位。

未明二刻，贊引引太廟令、太祝、宮闈令自東階升堂，詣獻祖室，入，開埳室。太祝、宮闈令奉出神主，置於座。訖，引太廟令以下次奉出懿祖、次奉出太祖、次奉出代祖、次奉出高祖、次奉出太宗、次奉出高宗、次奉出中宗、次奉出睿宗神主，置於座，如獻祖之儀。皇祖妣以下神主皆宮闈令奉出，俱同座並列而處右①。訖，引太廟令以下降，還本位。

駕將至，謁者、贊引引享官，通事舍人分引九廟子孫、從享群官、諸方客使先置者，俱就門外位。駕至大次門外，迴輅南向，將軍降，立於輅右。侍中進，當鑾駕前跪，奏稱：“侍中臣某言，請降輅。”俛伏，興，還侍位。皇帝降輅，乘輿之大次，繳扇華蓋侍衛如常儀。太廟令以祝版奏御署，訖，近臣奉出，太廟令受，各奠於坫。通事舍人引文武五品以上從享之官皆就門外位。太樂令帥工人、二舞入，就位，文舞入陳於懸内，武舞立於懸南道西。其升堂座者皆脫屨於下，降納如常。謁者引司空入，就位。立定，奉禮曰：“再拜。”司空再拜。訖，謁者引司空詣東階，升堂，行掃除於上，降，行樂懸於下，訖，引復位。初，司空行樂懸，通事舍人、謁者、贊引各引享官及九廟子孫、從享群官、諸方客使次入，就位。皇帝停大次半刻頃，太常博士引太常卿立於大次門外，當門北向。侍中版奏：“外辦。”皇帝出次，華蓋侍衛如常儀。侍中負寶陪從如式。博士引太常卿，太常卿引皇帝，凡太常卿前導，皆博士先引。至廟門外。殿中監進鎮圭，皇帝執鎮圭，華蓋仗衛停於門外，近侍者從入如常。

皇帝至版位，西向立。每立定，太常卿與博士退，立於左。太常卿前，奏稱：“請再拜。”退，復位。皇帝再拜。奉禮曰：“衆官再拜。”衆官在位者皆再拜。其先拜者不拜。太常卿前，奏：“有司謹具，請行事。”退，復位。協律郎跪，俛伏，舉麾，凡取物者皆跪，俛伏而取以興。奠物則跪、奠訖，俛伏而後興。鼓祝，奏《永和之樂》，乃以黃鍾爲宮，大呂爲角，太蔟爲徵，應鍾爲羽，作文舞之舞。樂舞九成，黃鍾三奏，大呂、太蔟、應鍾各再奏。偃麾，戛敔，樂止。凡樂，皆協律郎舉麾，工鼓祝而後作，偃麾、戛敔而後止。太常卿前，奏稱：“請再拜。”退，復位。皇帝再拜。奉禮曰：“衆官再拜。”衆官在位者皆再拜。

太常卿引皇帝詣罍洗，《太和之樂》作，皇帝每行，皆作《太和之樂》。皇帝至罍洗，樂止。侍中跪，取匜，興，沃水。又侍中跪，取盤，興，承水。皇帝搢鎮圭，凡受物則搢鎮圭，奠訖則執圭，俛伏，興。皇帝盥手。黃門侍郎跪，取巾於篚，興，進。皇帝帨手。訖，黃門侍郎受巾，跪，奠於篚。黃門侍郎又取瓚於篚，興，進。皇帝受瓚。侍中酌罍水，又侍中奉盤。皇帝拭瓚。

---

① “俱同座並列而處右”，四庫本、《通典》卷一一四《開元禮纂類九》作“俱並而處右”。

訖，侍中奠盤、匜，黃門侍郎受巾，奠於篚，皆如常。

　　太常卿引皇帝，樂作，皇帝升自阼階，樂止。侍中、中書令以下及左右侍衛量人從升。以下皆如之。太常卿引皇帝詣獻祖尊彝所，執尊者舉幂。侍中贊酌鬱鬯。訖，登歌作《肅和之樂》，以圜鍾之均。自後，登歌皆用圜鍾。太常卿引皇帝入，詣獻祖神座前，北面跪，以鬯祼地，奠之，俛伏，興。太常卿引皇帝出戶，北向，再拜。訖，太常卿引皇帝次祼懿祖，次祼太祖，次祼代祖，次祼高祖，次祼太宗，次祼高宗，次祼中宗，次祼睿宗，並如上儀。訖，登歌止。太常卿引皇帝，樂作，皇帝降自阼階，還版位，西向立，樂止。

　　初，群官拜訖，祝史各奉毛血及肝膋之豆立於東門外，齋郎奉爐炭、蕭、稷黍各立於肝膋之後。於登歌止，祝史奉毛血、肝膋與奉爐炭、蕭、稷黍者以次入自正門，升自泰階。諸太祝各迎取毛血、肝膋於階上，俱入，奠於神座前。祝史退，立於尊所。齋郎奉爐炭，皆置於室戶外之左，其蕭、稷黍各置於爐炭下，降自阼階以出。諸太祝俱取肝膋出戶[1]，燔於爐炭，還尊所。

饋食

　　皇帝既升祼，太官令出，帥進饌者奉饌陳於東門之外，重行西向，以南爲上。謁者引司徒出，詣饌所，司徒奉獻祖之俎。初，皇帝既至位，樂止，太官令引饌入自正門。俎初入門，《雍和之樂》作，以無射之均。自後接神之樂，堂下皆奏無射。饌至泰階，樂止。祝史俱進，徹毛血之豆，降自阼階以出。饌升，諸太祝迎引於階上，各設於神座前。籩、豆蓋幂先徹，乃升。簠、簋既奠，却其蓋於下。設訖，謁者引司徒以下降自阼階，復位。諸太祝各取蕭、稷黍，擩於脂，燔於爐炭，還尊所。

　　太常卿引皇帝詣罍洗，樂作，皇帝至罍洗，樂止。皇帝盥手，洗爵，侍中、黃門侍郎贊洗，如晨祼之儀。訖，太常卿引皇帝，樂作，皇帝升自阼階，訖，樂止。太常卿引皇帝詣獻祖尊彝所，執尊者舉幂。侍中贊酌醴齊。訖，《光大之舞》作。太常卿引皇帝入，詣獻祖神座前，北面跪，奠

---

　　① "膋"字，公善堂本脱，據四庫本補。

爵,少東,俛伏,興。太常卿又引皇帝出,取爵於坫,酌醴齊。訖,太常卿引入,詣神座前,北面跪,奠爵,少西,興。太常卿引皇帝出戶,北向立,樂止。太祝持版進於室戶外之右,東面跪,讀祝文曰:"維某年歲次月朔日,子孝曾孫開元神武皇帝某,敢昭告於獻祖宣皇帝、祖妣宣莊皇后張氏:氣序流邁,時維孟春,孟夏,孟秋,孟冬。永懷罔極,伏增遠感。謹以一元大武、柔毛、剛鬣、明粢、薌合、薌萁、嘉蔬、嘉薦、醴齊,敬修時享,以申追慕。尚饗。"讀訖,興。皇帝再拜,訖,又再拜。初讀祝文訖,樂作,太祝進,奠版於神座,出,還尊所。皇帝拜訖,樂止。

太常卿引皇帝詣懿祖尊彝所,執尊者舉冪。侍中取爵於坫,進。皇帝受爵。侍中贊酌醴齊。訖,《長發之舞》作。太常卿引皇帝入,詣懿祖神座前,北面跪,奠爵,少東,俛伏,興。太常卿引皇帝出,取爵於坫,酌醴齊。訖,太常卿引皇帝入,詣神座前,北面跪,奠爵,少西,興。太常卿引皇帝出戶,北向立,樂止。太祝持版進於戶室外之右,東面跪,讀祝文曰:"維某年歲次月朔日,子孝曾孫開元神武皇帝某,敢昭告於懿祖光皇帝、祖妣懿皇后賈氏:氣序流邁,時維孟春,孟夏,孟秋,孟冬。永懷罔極,伏增遠感。謹以一元大武、柔毛、剛鬣、明粢、薌合、薌萁、嘉蔬、嘉薦、醴齊,敬修時享,以申追慕。尚饗。"讀訖,興。皇帝再拜,訖,又再拜。初讀祝文訖,樂作,太祝入,奠版於神座,出,還尊所。皇帝拜訖,樂止。

太常卿引皇帝詣太祖尊彝所,執尊者舉冪。侍中取爵於坫,進。皇帝受爵。侍中贊酌醴齊。訖,《大政之舞》作。太常卿引皇帝入,詣太祖神座前,北面跪,奠爵,少東,俛伏,興。太常卿引皇帝出,取爵於坫,酌醴齊。訖,太常卿引皇帝入,詣神座前,北面跪,奠爵,少西,訖,興。太常卿引皇帝出戶,北向立,樂止。太祝持版進於室戶外之右,東面跪,讀祝文曰:"維某年歲次月朔日,子孝曾孫開元神武皇帝臣某,敢昭告於太祖景皇帝、祖妣景烈皇后梁氏:氣序流邁,時維孟春,孟夏,孟秋,孟冬。永懷罔極,伏增遠感。謹以一元大武、柔毛、剛鬣、明粢、薌合、薌萁、嘉蔬、嘉薦、醴齊,敬修時享,以申追慕。尚饗。"讀訖,興。皇帝再拜,訖,又再拜。初讀祝文訖,樂作,太祝入,奠版於神座,出,還尊所。皇帝拜訖,樂止。

太常卿引皇帝詣代祖尊彝所,執尊者舉冪。侍中取爵於坫,進。皇帝受爵。侍中贊酌醴齊。訖，《大成之舞》作。太常卿引皇帝入，詣代祖神座前，北面跪，奠爵，少東，俛伏，興。太常卿又引皇帝出，取爵於坫，酌醴齊。訖，太常卿引皇帝入，詣神座前，北面跪，奠爵，少西，興。太常卿引皇帝出户，北向立，樂止。太祝持版進於室户外之右，東面跪，讀祝文曰："維某年歲次月朔日，子孝曾孫開元神武皇帝臣某，敢昭告於代祖元皇帝、祖妣元貞皇后獨孤氏：氣序流邁，時維孟春，孟夏，孟秋，孟冬。永懷罔極，伏增遠感。謹以一元大武、柔毛、剛鬣、明粢、薌合、薌萁、嘉蔬、嘉薦、醴齊，敬修時享，以申追慕。尚饗。"讀訖，興。皇帝再拜，訖，又再拜。初讀祝文訖，樂作，太祝入，奠版於神座，出，還尊所。皇帝拜訖，樂止。

太常卿引皇帝詣高祖尊彝所，執尊者舉冪。侍中取爵於坫，進。皇帝受爵。侍中贊酌醴齊。訖，《大明之舞》作。太常卿引皇帝入，詣高祖神座前，北面跪，奠爵，少東，俛伏，興。太常卿又引皇帝出，取爵於坫，酌醴齊。訖，太常卿引皇帝入，詣神座前，北面跪，奠爵，少西，興。太常卿引皇帝出户，北向立，樂止。太祝持版進於室户外之右，東面跪，讀祝文曰："維某年歲次月朔日，子孝曾孫開元神武皇帝臣某，敢昭告於皇高祖考神堯皇帝、皇高祖妣太穆神皇后竇氏：氣序流邁，時維孟春，孟夏，孟秋，孟冬。永懷罔極，伏增遠感。謹以一元大武、柔毛、剛鬣、明粢、薌合、薌萁、嘉蔬、嘉薦、醴齊，敬修時享，以申追慕。尚饗。"讀訖，興。皇帝再拜，訖，又再拜。初讀祝文訖，樂作，太祝入，奠版於神座，出，還尊所。皇帝拜訖，樂止。

太常卿引皇帝詣太宗尊彝所，執尊者舉冪。侍中取爵於坫，進。皇帝受爵。訖，侍中贊酌醴齊。訖，《崇德之舞》作。太常卿引皇帝入，詣太宗神座前，北面跪，奠爵，少東，俛伏，興。太常卿又引皇帝出，取爵於坫，酌醴齊。訖，太常卿引入，詣神座前，北面跪，奠爵，少西，興。太常卿引皇帝出户，北向立，樂止。太祝持版進於室户外之右，東面跪，讀祝文曰："維某年歲次月朔日，子孝曾孫開元神武皇帝臣某，敢昭告於皇曾祖考太宗文武聖皇帝、皇曾祖妣文德聖皇后長孫氏：氣序流邁，時維孟春，孟夏，孟秋，孟冬。永懷罔極，伏增遠感。謹以一元大武、柔毛、剛鬣、明粢、鄉合、鄉萁、嘉蔬、嘉薦、醴齊，敬修時享，以申追慕。尚饗。"讀訖，興。皇帝再拜，訖，又再拜。初讀祝文訖，樂作，太祝入，奠版於神座，出，還尊所。皇帝拜訖，樂止。

太常卿引皇帝詣高宗尊彝所，執尊者舉冪。侍中取爵於坫，進。皇帝受爵。侍中贊酌醴齊。訖，《鈞天之舞》作。太常卿引皇帝入，詣高宗神座前，北面跪，奠爵，少東，俛伏，興。太常卿又引皇帝出，取爵於坫，酌醴齊。訖，太常卿引入，詣神座前，北面跪，奠爵，少西，興。太常卿引皇帝出戶，北向立，樂止。太祝持版進於室戶外之右，東面跪，讀祝文曰：“維某年歲次月朔日，子孝孫開元神武皇帝臣某，敢昭告於皇祖考高宗天皇大帝、皇祖妣大聖天后武氏：氣序流邁，時惟孟春，孟夏，孟秋，孟冬。永懷罔極，伏增遠感。謹以一元大武、柔毛、剛鬣、明粢、薌合、薌萁、嘉蔬、嘉薦、醴齊，敬修時享，以申追慕。尚饗。”讀訖，興。皇帝再拜，訖，又再拜。初讀祝文訖，樂作，太祝入，奠版於神座，出，還尊所。皇帝拜訖，樂止。

太常卿引皇帝詣中宗尊彝所，執尊者舉冪。侍中取爵於坫，進。皇帝受爵。侍中贊酌醴齊。訖，《文和之舞》作。太常卿引皇帝入，詣中宗神座前，北面跪，奠爵，少東，俛伏，興。太常卿引皇帝出，取爵於坫，酌醴齊。訖，太常卿引入，詣神座前，北面跪，奠爵，少西，興。太常卿引皇帝出戶，北向立，樂止。太祝持版進於室戶外之右，東面跪，讀祝文曰：“維某年歲次月朔日，子孝姪開元神武皇帝臣某，敢昭告於皇伯考中宗孝和皇帝、皇伯妣和思皇后趙氏：氣序流邁，時維孟春，孟夏，孟秋，孟冬。永懷罔極，伏增遠感。謹以一元大武、柔毛、剛鬣、明粢、薌合、薌萁、嘉蔬、嘉薦、醴齊，敬修時享，以申追慕。尚饗。”讀訖，興。皇帝再拜，訖，又再拜。初讀祝文訖，樂作，太祝入，奠版於神座，出，還尊所。皇帝拜訖，樂止。

太常卿引皇帝詣睿宗尊彝所，執尊者舉冪。侍中取爵於坫，進。皇帝受爵。侍中贊酌醴齊。訖，《景雲之舞》作。太常卿引皇帝入，詣睿宗神座前，北面跪，奠爵，少東，俛伏，興。太常卿又引皇帝出，取爵於坫，酌醴齊。訖，太常卿引入，詣神座前，北面跪，奠爵，少西，興。太常卿引皇帝出戶，北向立，樂止。太祝持版進於室戶外之右，東面跪，讀祝文曰：“維某年歲次月朔日，子孝子開元神武皇帝臣某，敢昭告於皇考睿宗大聖真皇帝、皇妣昭成皇后竇氏：氣序流邁，時維孟春，孟夏，孟秋，孟冬。永懷罔極，伏增遠感。謹以一元大武、柔毛、剛鬣、明粢、薌合、薌萁、嘉蔬、嘉薦、醴齊，敬修時享，以申追慕。尚饗。”讀訖，興。皇帝再拜，訖，又再拜。初讀祝文訖，樂作，太祝入，奠版於神座，出，還尊所。皇帝拜訖，曲終樂止。

　　太常卿引皇帝詣東序，西向立，《壽和之樂》作。皇帝獻將訖，謁者引司徒詣東陛，升，立於前楹間，北面東上。皇帝獻訖，諸太祝各以爵酌上尊福酒，合置一爵。一太祝持爵授侍中，侍中受爵，北向進。皇帝再拜，受爵，跪，祭酒，啐酒，奠爵，俛伏，興。諸太祝各帥齋郎持俎進。太祝減神前三牲胙肉各取前脚第二骨。加於俎，又以籩、豆取稷黍飯，還尊所，以胙肉共置一俎上，以飯共置一籩，以飯授司徒。司徒奉，進。皇帝受以授左右。太祝又以胙肉授司徒，司徒受俎，以次進。皇帝每受以授左右。謁者引司徒，司徒降，復位。皇帝跪，取爵，遂飲，卒爵。侍中進，受虛爵以授太祝。太祝受爵，復於坫。皇帝俛伏，興，再拜。樂止。太常卿引皇帝，樂作，皇帝降自阼階，還版位，西向立，樂止。

　　文舞出，鼓柷，作《舒和之樂》，出訖，戛敔，樂止。武舞入，鼓柷，作《舒和之樂》，立定，戛敔，樂止。

　　初，皇帝將復位，謁者引太尉詣罍洗，盥手，洗爵。訖，謁者引太尉升自阼階，詣獻祖尊彝所，執尊者舉冪。太尉酌盎齊，武舞作。謁者引太尉入，詣獻祖神座前，北面跪，奠爵，少東，興。謁者引太尉出戶，北向，再拜。謁者又引太尉取爵於坫，酌盎齊。訖，謁者引入，詣神座前，北面跪，奠爵，少西，訖，興。謁者引太尉出戶，北向，再拜。訖，謁者引太尉次詣懿祖尊彝所，取爵於坫，執尊者舉冪。太尉酌盎齊。謁者引太尉入，詣懿祖神座前，北面跪，奠爵，少東，興。謁者引太尉出戶，北向，再拜。謁者又引太尉取爵於坫，酌盎齊。訖，謁者引入，詣神座前，北面跪，奠爵，少西，訖，興。謁者引太尉出戶，北向又再拜。謁者引太尉次獻太祖，次獻代祖，次獻高祖，次獻太宗，次獻高宗，次獻中宗，次獻睿宗，並如上儀。訖，謁者引太尉詣東序，西向立。諸太祝各以爵酌罍福酒，合置一爵。一太祝持爵進太尉之左，北面立。太尉再拜，受爵，跪，祭酒，遂飲，卒爵。太祝進，受虛爵，復於坫。太尉興，再拜。謁者引太尉降，復位。

初，太尉獻將畢，謁者引光禄卿詣罍洗，盥手，洗爵，升，酌盎齊，終獻如亞獻之儀。訖，謁者引光禄卿降，復位。武舞止。

登歌作《雍和之樂》。諸太祝各入室，徹豆，還尊所。徹者，籩、豆各一，少移於故取處。登歌止。奉禮曰：“賜胙。”贊者唱：“衆官再拜。”衆官在位者皆再拜。已飲福者不拜。《永和之樂》作，太常卿前，奏稱：“請再拜。”退，復位。皇帝再拜。奉禮曰：“衆官再拜。”衆官在位者皆再拜。樂一成，止。太常卿前，奏：“禮畢。”

太常卿引皇帝還大次，樂作，皇帝出門，樂止。殿中監進，受鎮圭，華蓋侍衛如常儀。通事舍人、謁者、贊引各引享官及九廟子孫、從享群官、諸方客使以次出。贊引引御史、太祝以下俱復執事位，立定，奉禮曰：“再拜。”御史以下皆再拜。贊引引出。工人、二舞以次出。太廟令與太祝、宮闈令奉納神主，如常儀。其祝版燔於齋坊。

祭七祀[1]各因時享祭之，惟中霤季夏別祭。

司命、户以春，竈以夏，中霤以季夏土王日[2]，門、厲以秋，行以冬。

祭日未明一刻，太廟令帥其屬入，布神席於廟庭西門之内道南，東向，以北爲上，席皆以莞。設神位各於座首，設酒尊於神座東南，設洗於酒尊東南，俱北向。罍水在洗東，篚在洗西，南肆。篚實以巾、爵。太廟令與良醖令之屬入，實尊、罍如常。其執尊、罍、篚者各位於尊、罍、篚之後。初，太祝以下入，祝史與執尊、罍、篚者次入，就位，遂於堂上設饌。訖，太官丞引饌入，祝史迎引於座首，各設於神座前。

於光禄卿將升獻，贊引引獻官詣罍洗，盥洗，詣酒尊所，執尊者舉冪，獻官酌酒。贊引引獻官進，西面跪，奠於司命神座，少退，西向立。祝史持版進神座之右，北面跪，讀祝文曰：“維某年歲次月朔日，子開元神武皇帝遣某官位姓名，敢昭告於司命：三陽照物[3]，四序維始，式遵常禮，謹以犧齊、粢盛、庶品明薦於司命。尚饗。”户云：“時維歲首，升陽贊

---

① 公善堂本於“祀”後有“禮”字，據本卷卷首標題删。
② “以季夏土王日”六字，公善堂本爲注文，據文意改爲正文。
③ “照”字，四庫本作“煦”。

滯。"竈云:"時維夏始,盛陽作統。"門云:"時維孟秋,升陰紀物。"厲云:"時屬實沈,氣序方肅。"行云:"時維冬首,盛陰作紀。"讀祝文訖,興。獻官再拜。祝史進,奠版於神座,還尊所。_{其七祀祝版,祝史一人讀之。}獻官再拜。訖,贊引引獻官詣酒尊所,酌獻,並如上儀。訖,贊引引還本位。於堂上徹豆,祝史進,徹豆,還尊所。

臘享祝文:"維某年歲次月朔日,子孝曾孫開元神武皇帝某,敢昭告於獻祖宣皇帝、祖妣宣莊皇后張氏:肅承靈祐,錫茲介福,時和年登,率遵彝典。謹以一元大武、柔毛、剛鬣、明粢、薌合、薌萁、嘉蔬、嘉薦、醴齊,虔恭齋栗,備茲清祀。尚饗。"_{餘室祝文準此。太祖以下稱臣。}

臘享祭七祀祝文:"維某年歲次月朔日,子開元神武皇帝某謹遣具位姓名,敢昭告於司命、戶、竈、中霤、門、厲、行:今時和年豐,式遵常禮,謹以犧齊、粢盛、庶品,明薦於司命、戶、竈、中霤、門、厲、行。尚饗。"獻官惟獻司命,餘座齋郎助奠,行事如上儀。

鑾駕還宮

皇帝既還大次,侍中版奏:"請解嚴。"_{將士不得輒離部伍。}皇帝停大次一刻頃,搥一鼓爲一嚴,轉仗衛於還途,如來儀。三刻頃,搥二鼓爲再嚴,將士布隊仗。侍中版奏:"請中嚴。"皇帝服通天冠、絳紗袍,諸享官服朝服。五刻頃,搥三鼓爲三嚴。通事舍人、贊引各引群官、客使序立於大次前近南。文武侍臣詣大次奉迎。乘黃令進金輅於大次門外,南向。千牛將軍立於輅右。

侍中版奏:"外辦。"太僕卿升,執轡。皇帝乘輿出次,繖扇侍衛警蹕如常儀。皇帝升輅,太僕卿立授綏。黃門侍郎奏稱:"請鑾駕發引。"退,復位。鑾駕動,稱警蹕如常儀。黃門侍郎、贊者夾引,千牛將軍夾輅而趨。至侍臣上馬所,黃門侍郎奏稱:"請鑾駕權停,勅侍臣上馬。"侍中前,承制,退稱:"制曰可。"黃門侍郎退稱:"侍臣上馬。"贊者承傳。文武侍臣皆上馬畢,黃門侍郎奏稱:"請勅車右升。"侍中稱:"制曰可。"黃門侍郎退,復位。千牛將軍升訖,黃門侍郎奏稱:"請鑾駕發引。"退,復位。鼓傳音,鑾駕動,鼓吹振作而還。文武等群官皆從如來儀。諸方客使還館。駕至承天門外侍臣下馬所，鑾駕權停，文武侍臣皆下馬。千牛將軍降，立於輅右。訖，鑾駕動，千牛將軍夾輅而趨。

駕入嘉德門，太樂令令撞蕤賓之鐘，左右鐘皆應，鼓柷，奏《采茨之樂》。至太極門，戛敔，樂止。入太極門，鼓柷，奏《太和之樂》。駕至橫街北，當上閤門，迴輅南向。侍中進，當鑾駕前跪，奏稱："侍中臣某言，請降輅。"俛伏，興，還侍位。皇帝降輅，乘輿以入，繳扇侍衛警蹕如常儀。侍臣從至閤，戛敔，樂止。

初，文武群官至東朝堂，通事舍人承旨，勑群官並還。皇帝既入，侍中版奏："請解嚴。"叩鉦，將士各還其所。

卷第三十八　吉禮

時享於太廟有司攝事

齋戒　陳設　省牲器　晨祼　饋食　祭七祀

齋戒

凡一歲五享於太廟，謂四時孟月及臘。

將享，有司卜日如別儀。

前享七日平明，太尉誓百官於尚書省，曰：“某月某日，時享於太廟。各揚其職，不供其事，國有常刑。”凡預享之官散齋四日，致齋三日。散齋皆於正寢。致齋二日於本司，一日於享所，其無本司者皆於齋坊①。散齋理事如舊，惟不弔喪問疾，不作樂，不判署刑殺文書，不行刑罰，不預穢惡。致齋惟享事得行，其餘悉斷。其享官已齋而闕者，通攝行事。諸享官致齋之日，官給酒食及明衣，各習禮於齋所。光祿卿監取明水火。太官令取水於陰鑒，取火於陽燧。火以供爨，水以實尊。

前享一日，諸衛令其屬未後一刻各以其方器服守衛廟門，每門二人，每隅一人。與太樂工人俱清齋一宿。

陳設

前享三日，右校清埽內外。守宮設享官公卿以下次於齋坊之內。

前享二日，太樂令設宮懸之樂於廟庭，東方、西方磬簴起北，鐘簴次之，南方、北方磬簴起西，鐘簴次之。設十二鎛鐘於編懸之間，各依辰位。樹路鼓於北懸之內、道之左右。植建鼓於四隅。置柷敔於懸內。柷在左，敔在右。設歌鐘、歌磬於廟堂之上前楹間，北向。磬簴在西，鐘簴在

---

① “齋坊”，四庫本作“享所”。

東。其匏竹者立於陛間，重行北向，相對爲首。凡懸，皆展而編之。諸工人各位於懸後，東方、西方以北爲上，南方、北方以西爲上。

前享一日，奉禮設享官公卿位於東門之内道北，執事位於道南，每等異位，俱重行西向，以北爲上。設御史位於廟堂之下，一位於東南，西向，一位於西南，東向，令史各陪其後。設奉禮位於樂懸東北，贊者二人在南差退，俱西向。設協律郎位於廟堂之上前楹間，近西，東向。設太樂令位於北懸之間，北向。設門外位：享官公卿以下皆於東門之外道南，每等異位，重行，北面西上。

設牲牓於東門之外，當門西向，以南爲上。設廩犧令位於牲西南，史陪其後，俱北向。設諸太祝位於牲東，各當牲後，祝史各陪其後，俱西向。設太常卿省牲位於牲前近北，又設御史位於太常卿之西，俱南向。

設尊彝之位於廟堂上前楹間，各於室户之左，北向。春夏每室雞彝一、鳥彝一、犧尊二、象尊二、山罍二，秋冬每室斝彝一、黄彝一、著尊二、壺尊二、山罍二，皆加勺、幂，凡宗廟，幂皆以黼。皆西上，各有坫焉。以置瓚、爵。設簠、簋、㽅、鉶、籩、豆之位於廟堂之上，俱東側階之北，每座四簋居前，四簠次之，次以六㽅，次以六鉶，籩、豆爲後，每座異之，皆以南爲上，屈陳而下。設洗於東階東南，北向。罍水在洗東，篚在洗西，南肆。篚實以圭、瓚、巾、爵。執尊、罍、篚、幂者位於尊、罍、篚、幂之後[1]。

省牲器

省牲之日午後十刻，廟所諸衛之屬禁斷行人。太廟令整拂神幄。

晡後二刻，太廟令帥府史二人及齋郎以尊、坫、罍、洗、篚、幂及籩、豆、鉶、㽅入，設於位，加以巾蓋。諸器物皆濯而陳之。

晡後三刻，諸太祝與廩犧令以牲就牓位。謁者引太常卿、贊引引御史入，詣東階，升，徧視滌濯於上。凡導引者，每曲一逡巡。於視滌濯，執尊者皆舉幂告潔。訖，引降，就省牲位，南向立。廩犧令少前，曰："請省牲。"退，復位。太常卿省牲。廩犧令又前，北面，舉手曰："腯。"還本位。諸太祝各循牲一匝，西面，舉手曰："充。"俱還本位。諸太祝與廩犧令以次牽牲詣厨，

---

[1]　公善堂本脱"篚幂"，據本書卷三七、四庫本、《通典》卷一一四《開元禮纂類九》校補。

授太官。謁者引光禄卿詣厨省鼎鑊，申視濯溉。贊引引御史就厨省饌具。太常卿以下每事訖，各還齋所。進饌者入，徹籩、豆、簋、簠、鉶、罍以出。

享日未明十五刻，太官令帥宰人以鸞刀割牲。祝史各取毛血，每座共實一豆。祝史又洗肝於鬱鬯，又取膟膋，每座共實一豆。俱置於饌所。膟膋，腸間脂。

晨祼

享日未明四刻，諸享官各服其服。太廟令、良醖令各帥其屬入，實尊、罍。雞彝、斝彝及犧尊、象尊、著尊、壺尊之上尊，皆實以明水。山罍之上尊，實以玄酒。鳥彝、黄彝實以鬱鬯，犧尊、著尊實以醴齊，象尊、壺尊實以盎齊，山罍實以清酒。太官令帥進饌者實諸籩、豆。

享日未明三刻，奉禮帥贊者先入，就位。贊引引御史、博士、太廟令、宫闈令、諸太祝及令史、祝史，與執尊、罍、篚、冪者入自東門，當階間，重行，北面西上。立定，奉禮曰：“再拜。”贊者承傳，凡奉禮有辭，贊者皆承傳。御史以下皆再拜。訖，執尊、罍、篚、冪者各就位。贊引引御史、諸太祝詣東階，升堂，行埽除於上。令史、祝史升，行埽除於下。訖，引就位。

未明二刻，贊引引太廟令、太祝、宫闈令自東階升堂，詣獻祖室，入，開埳室。太祝、宫闈令奉出神主，置於座。訖，引太廟令、太祝以下次奉出懿祖、次奉出太祖、次奉出代祖、次奉出高祖、次奉出太宗、次奉出高宗、次奉出中宗、次奉出睿宗神主，置於座，如獻祖之儀。皇祖妣以下神主皆宫闈令奉出，俱同座並列而處右。訖，引太廟令以下降，復位。

未明一刻，謁者、贊引各引享官俱就東門外位。太樂令帥工人、二舞次入，就位，文舞入陳於懸内，武舞立於懸南道西。其升堂座者皆脱履於下，降納如常。謁者引司空入，就位，立定，奉禮曰：“再拜。”司空再拜。訖，謁者引司空詣東階，升堂，行埽除於上，降，行樂懸於下，訖，引復位。初，司空行樂懸，謁者、贊引各引享官以下次入，就位，立定，奉禮曰：“衆官再拜。”衆官在位者皆再拜。其先拜者不拜。謁者進太尉之左，白稱：“有司謹具，請行事。”退，復位。協律郎跪，俛伏，舉麾，凡取物者皆跪，俛伏而取以興。奠物則跪、奠訖，俛伏而後興。鼓柷，奏《永和之樂》，乃以黄鍾之均，作文舞之舞。樂舞九成，黄鍾三奏，大吕、太蔟、應鍾各再奏。偃麾，戛敔，樂止。凡樂，皆協律郎舉麾，工鼓柷而後作，偃麾、戛敔而後止。奉禮曰："衆官再拜。"衆官皆再拜。

　　謁者引太尉詣罍洗，盥手，洗瓚。訖，謁者引太尉升自東陛，詣獻祖尊彝所，執尊者舉冪。太尉酌鬱酒訖，登歌作《肅和之樂》，以圜鍾之均。自後，登歌皆歌圜鍾。謁者引太尉入，詣獻祖神座前，北面跪，以鬯祼地，訖，興。謁者引太尉出戶，北向，再拜。訖，謁者引太尉次祼懿祖，次祼太祖，次祼代祖，次祼高祖，次祼太宗，次祼高宗，次祼中宗，次祼睿宗，並依上儀。訖，登歌止。謁者引太尉降，復位。

　　初，衆官拜訖，祝史各奉毛血及肝膋之豆立於東門外，齋郎奉爐炭、蕭、稷黍各立於肝膋之後。於登歌止，祝史奉毛血、肝膋，與奉爐炭、蕭、稷黍者以次入自正門，升自泰階。諸太祝各迎取毛血、肝膋於階上，俱入，奠於神座前。祝史退，立於尊所。齋郎奉爐炭，皆置於室戶外之左，其蕭、稷黍各置於爐炭下，降自阼階以出。諸太祝俱取肝膋出戶，燔於爐炭，還尊所。

饋食

　　太尉既升祼，太官令出，帥進饌者奉饌陳於東門之外，重行西向，以南爲上。謁者引司徒出，詣饌所，司徒奉獻祖之俎。初，太尉既至位，太官令引饌入自正門。俎初入門，《雍和之樂》作，以無射之均。自後，接神之樂，堂下皆奏無射。饌至泰階，樂止。祝史俱進，徹毛血之豆，降自阼階以出。饌升，諸太祝迎引於階上，各設於神座前。籩、豆蓋冪先徹，乃升。簠、簋既奠，却其蓋於下。設訖，謁者引司徒降自阼階，復位。諸太祝各取蕭、稷黍，擩於脂，燔於爐炭，還尊所。

　　謁者引太尉詣罍洗，盥手，洗爵。訖，謁者引太尉升自阼階，詣獻祖尊彝所，執尊者舉冪。太尉酌醴齊。訖，《光大之舞》作。謁者引太尉入，詣獻祖神座前，北面跪，奠爵，少東，興。謁者又引太尉取爵於坫，酌醴齊。訖，謁者引入，詣神座前，北面跪，奠爵，少西，興。謁者引太尉出戶，北向立，樂止。太祝持版進於室戶外之右，東面跪，讀祝文曰："維某年歲次月朔日，子孝曾孫開元神武皇帝某謹遣太尉封臣名，敢昭告於獻祖宣皇帝、祖妣宣莊皇后張氏：氣序流邁，時屬孟春，孟夏，孟秋，孟冬。永懷罔極，伏增遠感。謹以一元大武、柔毛、剛鬣、明粢、薌合、薌萁、嘉蔬、嘉薦、醴齊，敬修時享，以申追慕。尚饗。"餘室祝文準此。太祖以下稱臣。訖，興。太尉再拜，訖，又再拜。初讀祝文訖，樂作，太祝入，奠版於神座，出，還尊所。太尉拜訖，樂止。

　　謁者引太尉詣懿祖尊彝所，取爵於坫，執尊者舉冪。太尉酌醴齊。訖，《長發之舞》作。謁者引太尉入，詣懿祖神座前，北面跪，奠爵，少東，興。謁者又引太尉出，取爵於坫，酌醴齊。訖，謁者引入，詣神座前，北面跪，奠爵，少西，興。謁者引太尉出戶外，北向立，樂止。太祝持版進於室戶外之右，東面跪，讀祝文訖，興。太尉再拜，訖，又再拜。初讀祝文訖，樂作，太祝入，奠版於神座，出，還尊所。太尉拜訖，樂止。

　　謁者引太尉詣太祖尊彝所，取爵於坫，執尊者舉冪。太尉酌醴齊。訖，《大政之舞》作。謁者引太尉入，詣太祖神座前，北面跪，奠爵，少東，興。謁者又引太尉出，取爵於坫，酌醴齊。訖，謁者引入，詣神座前，北面跪，奠爵，少西，興。謁者引太尉出戶，北向立，樂止。太祝持版進於室戶外之右，東面跪，讀祝文訖，興。太尉再拜，訖，又再拜。初讀祝文訖，樂作，太祝入，奠版於神座，出，還尊所。太尉拜訖，樂止。

　　謁者引太尉詣代祖尊彝所，取爵於坫，執尊者舉冪。太尉酌醴齊。訖，《大成之舞》作。謁者引太尉入，詣代祖神座前，北面跪，奠爵，少東，興。謁者又引太尉出，取爵於坫，酌醴齊。訖，謁者引入，詣神座前，北面跪，奠爵，少西，興。謁者引太尉出戶，北向立，樂止。太祝持版進於室戶外之右，東面跪，讀祝文訖，興。太尉再拜，訖，又再拜。初讀祝文訖，樂作，太祝入，奠版於神座，出，還尊所。太尉拜訖，樂止。

　　謁者引太尉詣高祖尊彝所，取爵於坫，執尊者舉冪。太尉酌醴齊。訖，《大明之舞》作。謁者引太尉入，詣高祖神座前，北面跪，奠爵，少東，興。謁者又引太尉出，取爵於坫，酌醴齊。訖，謁者引入，詣神座前，北面跪，奠爵，少西，興。謁者引太尉出戶，北向立，樂終八節止。太祝持版進於室戶外之右，東面跪，讀祝文訖，興。太尉再拜，訖，又再拜。初讀祝文訖，樂作，太祝入，奠版於神座，出，還尊所。太尉拜訖，曲終樂止。

　　謁者引太尉詣太宗尊彝所，取爵於坫，執尊者舉冪。太尉酌醴齊。訖，《崇德之舞》作。謁者引太尉入，詣太宗神座前，北面跪，奠爵，少東，興。謁者又引太尉出，取爵於坫，酌醴齊。訖，謁者引入，詣神座前，北面跪，奠爵，少西，興。謁者引太尉出戶，北面立，樂終八節止。太祝持版進於室戶外之右，東面跪，讀祝文訖，興。太尉再拜，訖，又再拜。初讀祝文訖，樂作，太祝入，奠版於神座，出，還尊所。太尉拜訖，曲終樂止。

　　謁者引太尉詣高宗尊彝所，取爵於坫，執尊者舉冪。太尉酌醴齊。訖，《鈞天之舞》作。謁者引太尉入，詣高宗神座前，北面跪，奠爵，少東，興。謁者又引太尉出，取爵於坫，酌醴齊。訖，謁者引入，詣神座前，北面跪，奠爵，少西，興。謁者引太尉出戶[1]，北向立，樂終八節止。太祝持版進於室戶外之右，東面跪，讀祝文訖，興。太尉再拜，訖，又再拜。初讀祝文訖，樂作，太祝入，奠版於神座，出，還尊所。太尉拜訖，曲終樂止。

　　謁者引太尉詣中宗尊彝所，取爵於坫，執尊者舉冪。太尉酌醴齊。訖，《文和之舞》作。謁者引太尉入，詣中宗神座前，北面跪，奠爵，少東，興。謁者又引太尉出，取爵於坫，酌醴齊。訖，謁者引入，詣神座前，北面跪，奠爵，少西，興。謁者引太尉出戶，北向立，樂終八節止。太祝持版進於室戶外之右，東面跪，讀祝文訖，興。太尉再拜，訖，又再拜。初讀祝文訖，樂作，太祝入，奠版於神座，出，還尊所。太尉拜訖，曲終樂止。

　　謁者引太尉詣睿宗尊彝所，取爵於坫，執尊者舉冪。太尉酌醴齊。訖，《景雲之舞》作。謁者引太尉入，詣睿宗神座前，北面跪，奠爵，少東，興。謁者又引太尉出，取爵於坫，酌醴齊。訖，謁者引入，詣神座前，北面跪，奠爵，少西，興。謁者引太尉出戶，北向立，樂終八節止。太祝持版進於室戶外之右，東面跪，讀祝文訖，興。太尉再拜，訖，又再拜。初讀祝文訖，樂作，太祝入，奠版於神座，出，還尊所。太尉拜訖，曲終樂止。

　　謁者引太尉詣東序，西向立。諸太祝各以爵酌罍福酒，合置一爵。一太祝持爵進太尉之左，北向立。太尉再拜，受爵，跪，祭酒，啐酒，奠爵，興。諸祝史各帥齋郎進俎，太祝減神前三牲胙肉皆取前腳第二骨。加於俎，又以籩取稷黍飯，興，還尊所。以胙肉共置一俎上，以飯共置一籩。以飯授太尉，太尉受以授齋郎。又以三牲胙肉以次授太尉，太尉每受以授齋郎。太尉跪，取爵，遂飲，卒爵。太祝進，受爵，復於坫。太尉興，再拜。謁者引太尉降，復位。

――――――――――

①　“出戶”二字，公善堂本脱，四庫本同。據上下文意補。

文舞出，鼓柷，作《舒和之樂》，出訖，戛敔，樂止。武舞入，鼓柷，作《舒和之樂》，立定，戛敔，樂止。

太尉將復位，謁者引太常卿詣罍洗，盥手，洗爵。訖，謁者引太常卿升自阼階，詣獻祖尊彝所，執尊者舉幂。太常卿酌盎齊，武舞作。謁者引太常卿入，詣獻祖座前，北面跪，奠爵，少東，興。謁者引太常卿出戶，北向，再拜。訖，謁者又引太常卿取爵於坫，酌盎齊。訖，謁者引入，詣神座前，北面跪，奠爵，少西，興。謁者引太常卿出戶，北向又再拜。訖，謁者又引太常卿次詣懿祖尊彝所，取爵於坫，執尊者舉幂。太常卿酌盎齊。訖，謁者引太常卿入，詣懿祖神座前，北面跪，奠爵，少東，興。謁者引太常卿出戶，北向，再拜。訖，謁者又引太常卿取爵於坫，酌盎齊。訖，謁者引入，詣神座前，北面跪，奠爵，少西，訖，興。謁者引太常卿出戶，北向又再拜。謁者引太常卿次獻太祖，次獻代祖，次獻高祖，次獻太宗，次獻高宗，次獻中宗，次獻睿宗，並如上儀。訖，謁者引太常卿詣東序，西向立。諸太祝各以爵酌罍福酒，合置一爵。一太祝持爵進太常卿之左，北向立。太常卿再拜，受爵，跪，祭酒，遂飲，卒爵。太祝進，受爵，復於坫。太常卿興，再拜。訖，謁者引太常卿降，復位。

太常卿獻將畢，謁者引光禄卿詣罍洗，盥洗，升，酌盎齊，終獻如亞獻之儀。訖，光禄卿降，復位。武舞止。

登歌作《雍和之樂》。諸太祝各入室，徹豆，還尊所。徹者，籩、豆各一，少移於故處。登歌止，奉禮曰：“賜胙。”贊者唱：“衆官再拜。”衆官在位者皆再拜。已飲福、受胙者不拜。《永和之樂》作，奉禮曰：“衆官再拜。”衆官在位者皆再拜。樂一成，止。謁者進太尉之左，白：“禮畢。”謁者、贊引各引享官以次出。贊引引御史、太祝以下俱復執事位，立定，奉禮曰：“再拜。”御史以下皆再拜。贊引引出。工人、二舞以次出。太廟令與太祝、宮闈令納神主，如常儀。其祝版燔於齋坊。

　　祭七祀[①]各因時享祭之，惟中霤季夏別祭。

司命、戶以春，竈以夏，中霤以季夏土王日[②]，門、厲以秋，行以冬。

---

① 公善堂本於“祀”後有“禮”字，據本卷卷首標題删。
② “以季夏土王日”六字，公善堂本作注文，據文意改爲正文。

　　祭日未明一刻，太廟丞帥其屬入，布神席於廟庭西門之内道南，東向，以北爲上，席皆以莞。設神位各於座首。設酒尊於神座東南，設洗於酒尊東南，俱北向。罍水在洗東，篚在洗西，南肆。篚實以巾、爵。太廟令與良醞令之屬入，實尊、罍如常。其執尊、罍、篚者各位於尊、罍、篚之後。初，太祝以下入，祝史與執尊、罍、篚者次入，就位。於堂上設饌訖，太官丞引饌入，祝史迎引於座首，各設於神座前。

　　於光禄卿將升獻，贊引引獻官詣罍洗，盥洗，詣酒尊所，執尊者舉幂。獻官酌酒，贊引引獻官進，西面跪，奠於司命神座，少退，西向立。祝史持版進神座之右，北面跪，讀祝文曰：“維某年歲次月朔日，子開元神武皇帝遣具位姓名，敢昭告於司命：三陽照物[1]，四序維始，式遵常禮，謹以犧齊、粢盛、庶品，明薦於司命。尚饗。”户云：“時維歲首，升陽贊滯。”竈云：“時維夏始，盛陽作統。”門云：“時維孟秋，升陰紀物。”厲云：“時屬實沈，氣序方肅。”行云：“時維冬首，盛陰作紀。”讀祝文訖，興。獻官再拜。祝史進，奠版於神座，還尊所。其七祀祝版，祝史一人讀之。獻官再拜。訖，贊引引獻官詣酒尊所，酌獻，並如上儀。訖，贊引引還本位。於堂上徹豆，祝史進，徹豆，還尊所。

　　臘享祝文：“維某年歲次月朔日，子孝曾孫開元神武皇帝某謹遣太尉封臣名，敢昭告於皇祖某謚、祖妣某氏：肅承靈祐，錫兹介福，時和年豐[2]，率遵彝典。謹以一元大武、柔毛、剛鬣、明粢、薌合、薌萁、嘉蔬、嘉薦、醴齊，虔恭齋栗，備兹清祀。尚饗。”餘室祝文準此。太祖以下稱臣。

　　臘享祭七祀祝文：“維某年歲次月朔日，子開元神武皇帝遣具位姓名，敢昭告於司命、户、竈、中霤、門、厲、行：今時和年豐，式遵常禮，謹以犧齊、粢盛、庶品，明薦於司命、户、竈、中霤、門、厲、行。尚饗。”獻官惟獻司命，餘座齋郎助奠，行事如上儀。

---

① “照”字，四庫本作“煦”。
② “豐”字，四庫本作“登”。

卷第三十九　吉禮

皇帝祫享於太廟

齋戒　陳設　省牲器　鑾駕出宮　晨祼　饋食
祭七祀　功臣配享　鑾駕還宮

齋戒

宗廟三年一祫，以孟冬。

將享，有司卜日如別儀。

前享七日平明，太尉誓百官於尚書省，曰："某月某日，祫享於太廟。各揚其職，不供其事，國有常刑。"皇帝散齋四日於別殿，致齋三日於太極殿。

前致齋一日，尚舍奉御設御幄於太極殿西序及室內，俱東向。尚舍直長張帷於前楹下。

致齋之日質明，諸衛勒所部屯門列仗。晝漏上水一刻，侍中版奏："請中嚴。"諸衛之屬各督其隊入，陳於殿庭，如常儀。通事舍人引文武五品以上袴褶，陪位如式。諸侍衛之官各服其器服，諸侍臣並結佩，俱詣閤奉迎。侍中版奏："外辦。"上水三刻，皇帝服通天冠、絳紗袍，結佩，乘輿出自西房，曲直華蓋警蹕侍衛如常儀。皇帝即御座，東向坐，侍臣夾侍如常。一刻頃，侍中前，跪，奏稱："侍中臣某言，請降，就齋室。"俛伏，興，還侍位。皇帝降座，入室，文武侍臣各還省，直衛者如常。通事舍人引陪位者以次出。

凡預享之官散齋四日，致齋三日。散齋皆於正寢。致齋二日於本司，一日於祀所，其無本司者皆於祀所。近侍之官應從升者及從享群官、諸方客使各於本司及公館清齋一宿。九廟子孫各於其第清齋一宿。無本司者，皆於正寢。散齋理事如舊，惟不弔喪問疾，不作樂，不判署刑殺文書，不行刑罰，不預穢惡。致齋惟享事得行，其餘悉斷。其享官已齋而闕者，通攝行事。諸享官致齋之日給酒食及明衣，各習禮於齋所。光禄卿監取明水火。太官令取水於陰鑒，取火於陽燧。火以供爨，水以實尊。

前享一日，諸衛令其屬未後一刻各以其方器服守衛廟門，每門二人，每隅一人。與太樂工人俱清齋一宿。

陳設

前享三日，尚舍直長施大次於廟東門之外道北，南向。尚舍奉御鋪御座。守宫設文武侍臣次於大次之後，文官在左，武官在右，俱南向。設諸享官次於齋坊之內：九廟子孫於齋坊内近南，西面北上。文官九品以上於齋坊之南，東方、南方蕃客又於其南，俱每等異位，重行，西面北上。介公、酇公於廟西門之外近南，武官九品以上於介公、酇公之南，西方、北方藩客又於其南，俱每等異位，重行，東面北上。其褒聖侯於文官三品之下。若有諸州使人，分方位於文武官之後。

前享二日，太樂令設宫懸之樂於廟庭，東方、西方磬簴起北，鐘簴次之；南方、北方磬簴起西，鐘簴次之。設十二鎛鐘於編懸之間，各依辰位。樹路鼓於北懸之内、道之左右。植建鼓於四隅。置柷敔於懸内。柷在左，敔在右。設歌鐘、歌磬於廟堂之上前楹間，北向，磬簴在西，鐘簴在東。其匏竹者立於階間，重行北向，相對爲首。凡懸，皆展而編之。諸工人各位於懸後，東方、西方以北爲上，南方、北方以西爲上。右校清埽内外。

前享一日，奉禮設御位於廟堂東陛東南，西向。設享官公卿位於東門之内道南，執事者位於其後，每等異位，俱重行西向，以北爲上。設御史位於廟堂之下，一位於東南，西向，一位於西南，東向，令史各陪其後。設奉禮位於樂懸東北，贊者二人在南差退，俱西向。設協律郎位於廟堂上前楹之間，近西，東向。設太樂令位於北懸之間，北向。

設從享之官位：九廟子孫於享官公卿之南，昭、穆異位。雖有貴者，以齒。文官九品以上位於子孫之南，東方、南方蕃客又於其南。俱每等異位，重行，西面北上。介公、酇公位於西門之内道南。武官九品以上於介公、酇公之南①，少西，當文官。西方、北方蕃客又於其南。俱每等異

---

① “於”字，公善堂本脱，據四庫本補。

位，重行，東面北上。其褒聖侯位於文官三品之下。若有諸州使人，分方位於文武官之後。

設門外位：享官公卿以下皆於東門之外道南，每等異位，重行，北面西上。子孫之位於享官公卿之東，少南。文官九品以上於子孫之東。東方、南方蕃客又於其東。俱每等異位，重行，北面西上。設介公、酅公位於西門之外道南。武官九品以上於介公、酅公之西，少南。西方、北方蕃客又於其西。俱每等異位，重行，北面東上。其褒聖侯位於文官三品之下。若有諸州使人，分方位於文武官之後。

設牲牓於東門之外，當門西向，以南爲上。設廩犧令位於牲西南，史陪其後，俱北向。設諸太祝位於牲東，各當牲後，祝史各陪其後，俱西向。設太常卿省牲位於牲前近北，又設御史位於太常卿之西，俱南向。

設尊彝之位於廟堂之上下，每座斝彝一、黃彝一、犧尊二、象尊二、著尊二、山罍二，在堂上，皆於神座之左。獻祖、太祖、高祖、高宗尊彝在前楹間，北向。懿祖、代祖、太宗、中宗、睿宗尊彝在戶外，南向。各有坫焉。以置瓚、爵。其壺尊二、太尊二、山罍四皆在堂下階間，北向西上。設簠、簋、景、鉶、籩、豆之位於廟堂之上，俱東側階之北。每座四簠居前，四簋次之，次以六景，次以六鉶，籩、豆爲後。每座異之，皆以南爲上，屈陳而下。

設御洗於東階東南，亞獻之洗又於東南，俱北向。罍水在洗東，篚在洗西，南肆。篚實以圭、瓚、巾、爵。執尊、罍、篚、冪者各位於尊、罍、篚、冪之後。

享日未明五刻，太廟令服其服，布昭、穆之座於戶外。自西序以東，皇八代祖獻祖宣皇帝、皇六代祖太祖景皇帝、皇高祖高祖神堯皇帝、皇祖高宗天皇大帝座於北厢，南面；皇七代祖懿祖光皇帝、皇五代祖代祖元皇帝、皇曾祖太宗文武聖皇帝、皇伯考中宗孝和皇帝、皇考睿宗大聖真皇帝座於南厢，北面。每座皆設黼扆、莞席紛純、藻席畫純、次席黼純、左右几。

省牲器

省牲之日午後十刻，廟所諸衛之屬禁斷行人。

晡後二刻，太廟令丞帥府史三人及齋郎，以尊、坫、罍、洗、篚、冪及籩、豆、簠、簋、鉶入，設於位，加以巾蓋。諸器物皆濯而陳之。其升堂者自東階。

晡後三刻，諸太祝與廩犧令以牲就榜位。謁者引太常卿、贊引引御史入，詣東階，升，徧視滌濯於上。凡導引者，每曲一逡巡。於視濯，執尊者皆舉冪告潔。訖，引降，就省牲位，南向立。廩犧令少前，曰："請省牲。"退，復位。太常卿省牲。廩犧令又前，北面，舉手曰："腯。"還本位。諸太祝各循牲一匝，西面，舉手曰："充。"俱還本位。

諸太祝與廩犧令以次牽牲詣厨，授太官。謁者引光祿卿詣厨省鼎鑊，申視濯溉。贊引引御史就厨省饌具。太常卿以下每事訖，各還齋所。進饌者入，徹籩、豆、簠、鉶以出。

享日未明十五刻，太官令帥宰人以鸞刀割牲，祝史各取毛血，每座共實一豆，遂烹牲。祝史洗肝於鬱鬯，又取膟膋，每座共實一豆，俱置於饌所。

鑾駕出宮

前出宮三日，本司宣攝內外，各供其職。守宮設從享群官五品以上次於承天門外東、西朝堂，如常。

前二日，太樂令設宮懸之樂於殿庭，如常儀。駕出，懸而不作。

享日未明七刻，搥一鼓爲一嚴，三嚴時節，前一日侍中奏裁。侍中奏開宮殿門及城門。

未明五刻，搥二鼓爲再嚴，侍中版奏："請中嚴。"奉禮設從享群官五品以上位：文官於東朝堂之前，西向。武官於西朝堂之前，東向。俱重行北上。從享群官五品以上俱集朝堂次，各服其服。其六品以下及介公、酅公、褒聖侯、九廟子孫、諸方客使等，並駕發之前預赴享所，俱就次，各服其服。所司陳大駕鹵簿如別儀。

未明二刻，搥三鼓爲三嚴，諸衛之屬各督其隊與鈒戟以次入，陳於殿庭。通事舍人引從享群官各就朝堂前位。諸侍衛之官各服其器服。侍中、中書令以下俱詣西階奉迎。侍中負寶如式。乘黃令進玉輅於太極殿西階之前，南向。千牛將軍一人執長刀立於輅前，北向。黃門侍郎一人在侍臣之前，贊者二人在黃門之前。

侍中版奏："外辦。"太僕卿奮衣而升，正立執轡。皇帝袞冕，乘輿以出，降自西階，稱警蹕如常儀。千牛將軍前，執轡。皇帝升輅，太僕卿立授綏，侍中、中書令以下夾侍如常。黃門侍郎進，當鑾駕前跪，奏稱："黃門侍郎臣某言，請鑾駕進發。"俛伏，興，退，復位。凡黃門侍郎奏請，皆當鑾駕前跪，奏稱具官臣某言，訖，俛伏，興。鑾駕動，又稱警蹕。黃門侍郎與贊者夾引以出，千牛將軍夾輅而趨。

駕出承天門至侍臣上馬所，黃門侍郎奏稱："請鑾駕權停，勅侍臣上馬。"侍中前，承制，退稱："制曰可。"黃門侍郎退稱："侍臣上馬。"贊者承傳，文武侍臣皆上馬。諸侍衛之官各督其屬左右翊駕在黃麾內。符寶郎奉六寶，與殿中監後部從在黃鉞內。侍中、中書令以下夾侍於輅前，贊者在供奉官人內。侍臣上馬畢，黃門侍郎奏稱："請勅車右升。"侍中前，承制，退稱："制曰可。"黃門侍郎退，復位。千牛將軍升訖，黃門侍郎奏稱："請鑾駕進發。"退，復位。鑾駕動，稱警蹕、鼓傳音如常，不鳴鼓吹，不得諠譁。其從享之官在玄武隊後，如常儀。

晨祼

享日未明四刻，諸享官各服其服。太廟令、良醞令各帥其屬入，實尊、罍。牛彝及五齊之上尊，皆實以明水。山罍之上尊，皆實以玄酒。黃彝實以鬱鬯，犧尊實以汎齊，象尊實以醴齊，著尊實以盎齊，壺尊實以醍齊，太尊實以沈齊，山罍實以三酒①。太官令帥進饌者實諸籩、豆、簠、簋。

未明三刻，奉禮帥贊者先入，就位。贊引引御史、博士、太廟令、宮闈令、太祝及令史、祝史，與執尊、罍、篚、冪者入自東門，當階間重行，北面西上。立定，奉禮曰："再拜。"贊者承傳，凡奉禮有辭，贊者皆承傳。御史以下皆再拜。訖，執尊、罍、篚、冪者各就位。贊引引御史、諸太祝詣東階升堂，行埽除於上，令史、祝史行埽除於下。訖，引就位。立定，太廟令帥其屬陳瑞物於廟庭泰階之西，上瑞爲前列，次瑞次之，下瑞爲後列。又陳伐國所得寶器，上次先後亦如之。皆北面西上，俱藉以席。所司各守之。

未明二刻，陳腰輿於東階之東，每室各二，皆西面北上。立定，贊引引太廟令、太祝、宮闈令，帥內外執事者，以腰輿詣東陛，升堂，詣獻祖室，入，開埳室。太祝、宮闈令奉出神主，各置於輿，出，詣座前，奉神主

---

① "三酒"，四庫本、《通典》卷一一四《開元禮纂類九》作"清酒"。

置於座。訖，引太廟令以下次奉出懿祖、次奉出太祖、次奉出代祖、次奉出高祖、次奉出太宗、次奉出高宗、次奉出中宗、次奉出睿宗神主於座，如獻祖之儀。皇祖妣以下神主，俱宮闈令奉出，並座處右位。訖，引太廟令以下各復位。

　　駕將至，謁者、贊引各引享官，通事舍人分引從享群官、九廟子孫、諸方客使先置者，皆就門外位。駕至大次門外，迴輅南向，千牛將軍降，立於輅右。侍中進，當鑾駕前跪，奏稱：“侍中臣某言，請降輅。”俛伏，興，還侍位。皇帝降輅，乘輿之大次，繖扇華蓋侍衛如常儀。太廟令以祝版奉御署，訖，近臣奉出，太廟令受，各奠於坫。通事舍人引文武五品以上從享之官皆就門外位。太樂令帥工人、二舞次入，就位，文舞入陳於懸內，武舞立於懸南道西。其升堂座者皆脫屨於下，降納如常儀。謁者引司空入，就位，立定，奉禮曰：“再拜。”司空再拜。訖，謁者引詣東階，升堂，行埽除於上，降，行樂懸於下。訖，引復位。初，司空行樂懸，謁者、贊引各引享官，通事舍人分引九廟子孫、從享群官、諸方客使入，就位。皇帝停大次半刻頃，太常博士引太常卿立於大次門外，當門北向。侍中版奏：“外辦。”皇帝出次，華蓋侍衛如常儀。侍中負寶陪從如式。博士引太常卿，太常卿引皇帝凡太常卿前導，皆博士先引。至廟門外。殿中監進鎮圭，皇帝執鎮圭，華蓋仗衛停於門外，近侍者從入如常。

　　皇帝至版位，西向立。每立定，太常卿與博士退，立於左。太常卿前，奏稱：“請再拜。”退，復位。皇帝再拜。奉禮曰：“眾官再拜。”眾官在位者皆再拜。其先拜者不拜。太常卿前，奏：“有司謹具，請行事。”退，復位。協律郎跪，俛伏，舉麾，凡取物者皆跪，俛伏而取以興。奠物則跪，奠訖，俛伏而後興。鼓柷，奏《永和之樂》，乃以黃鍾爲宮，大呂爲角，太蔟爲徵，應鍾爲羽。作文舞之舞。樂舞九成，黃鍾三奏，大呂、太蔟、應鍾各再奏。偃麾，戛敔，樂止。凡樂，皆協律郎舉麾，工鼓柷而後作，偃麾、戛敔而後止。太常卿前，奏稱：“請再拜。”退，復位。皇帝再拜。奉禮曰：“眾官再拜。”眾官在位者皆再拜。

　　太常卿引皇帝詣罍洗，《太和之樂》作，皇帝每行，皆作《太和之樂》。皇帝至罍洗，樂止。侍中跪，取匜，興，沃水，又侍中跪，取盤，興，承水。皇帝搢鎮圭，凡受物則搢鎮圭，奠訖，執圭，俛伏，興。皇帝盥手。黃門侍郎跪，取巾於篚，興，進。皇帝帨手。訖，黃門侍郎受巾，跪，奠於篚，黃門侍郎又取瓚於篚,興,進。皇帝受瓚。侍中酌罍水,又侍中奉盤。皇帝洗瓚,黃門侍郎又授巾,皆如初。皇帝拭瓚訖,侍中奠盤、匜,黃門侍郎受巾,奠於篚,皆如常。

太常卿引皇帝,樂作,皇帝升自阼階,樂止。侍中、中書令以下及左右侍衛量人從升。以下皆如之。太常卿引皇帝詣獻祖尊彝所,執尊者舉冪。侍中贊酌鬱酒①。訖,登歌作《肅和之樂》,以圜鍾之均。自後,登歌皆歌圜鍾。太常卿引皇帝進獻祖神座前,北面跪,以鬯祼地奠之,俛伏,興。太常卿引皇帝少退,北向,再拜。訖,太常卿引皇帝詣懿祖尊彝所,執尊者舉冪。侍中取瓚於坫,進。皇帝受瓚。侍中贊酌鬱酒訖,太常卿引皇帝進懿祖神座前,南面跪,以鬯祼地奠之,俛伏,興。太常卿引皇帝少退,南向,再拜。訖,太常卿引皇帝次祼太祖,次祼代祖,次祼高祖,次祼太宗,次祼高宗,次祼中宗,次祼睿宗,並如上儀。訖,登歌止。太常卿引皇帝,樂作,皇帝降自阼階,還版位,西向立,樂止。

初,群官拜訖,祝史各奉毛血及肝膋之豆立於東門外,齋郎奉爐炭、蕭、稷黍各立於肝膋之後。於登歌止,祝史奉毛血、肝膋,與奉爐炭、蕭、稷黍者以次入自正門,升自泰階。諸太祝各迎取毛血、肝膋於階上,俱進,奠於神座前。祝史退,立於尊所。齋郎奉爐炭,皆置於神座之左,直神座間,其蕭、稷黍各置於爐炭下,降自阼階以出。諸太祝俱取肝膋出戶,燔於爐炭,還尊所。

饋食

皇帝既升祼,太官令出,帥進饌者奉饌陳於東門之外,重行西向,以南爲上。謁者引司徒出,詣饌所,司徒奉獻祖之俎。初,皇帝既至位,樂止,太官令引饌入自正門。俎初入門,《雍和之樂》作,以無射之均,自後,接神之樂,堂上皆奏無射。饌至泰階,樂止。祝史俱進,跪,徹毛血之豆,興,降自阼階以出。饌升,諸太祝迎引於階上,各設於神座前。籩、豆蓋冪先徹,乃升。簠、簋既奠,却其蓋於下。設訖,謁者引司徒降自阼階,復位。諸太祝各取蕭、稷黍,擩於脂,燔於爐炭,還尊所。

---

① "鬱酒",四庫本作"鬱鬯"。

太常卿引皇帝詣罍洗，樂作，皇帝至罍洗，樂止。皇帝盥手，洗爵，侍中、黃門侍郎贊洗，如晨祼之儀。訖，太常卿引皇帝，樂作，皇帝升自阼階，訖，樂止。太常卿引皇帝詣獻祖尊彝所，執尊者舉冪①。侍中贊酌汎齊。訖，《光大之舞》作。太常卿引皇帝進獻祖神座前，北面跪，奠爵，少東，俛伏，興。太常卿引皇帝取爵於坫，酌汎齊。訖，太常卿引皇帝進神座前，北面跪，奠爵，少西，訖，興。太常卿引皇帝少退，北向立，樂止。太祝持版進於神座之右，東面跪，讀祝文曰："維某年歲次月朔日，子孝曾孫開元神武皇帝某，敢昭告於獻祖宣皇帝、祖妣宣莊皇后張氏：暑度環周，歲序云及，永懷追慕，伏增遠感。謹以一元大武、柔毛、剛鬣、明粢、薌合、薌其、嘉蔬、嘉薦、汎齊，肅雍明獻，恭備祫享。尚饗。"餘室祝文準此。太祖以下稱臣。訖，興。皇帝再拜，訖，又再拜。初讀祝文訖，樂作，太祝進，奠版於神座，出，還尊所。皇帝拜訖，樂止。

太常卿引皇帝詣懿祖尊彝所，執尊者舉冪。侍中取爵於坫，進。皇帝受爵。侍中贊酌汎齊。訖，《長發之舞》作。太常卿引皇帝進懿祖神座前，南面跪，奠爵，少西，俛伏，興。太常卿又引皇帝取爵於坫，酌汎齊。訖，太常卿引皇帝進神座前，南面跪，奠爵，少東，訖，興。太常卿引皇帝少退，南向立，樂止。太祝持版進於神座之右，西面跪，讀祝文訖，興。皇帝再拜，訖，又再拜。初讀祝文訖，樂作，太祝進，奠版於神座，出，還尊所。皇帝拜訖，樂止。

太常卿引皇帝詣太祖尊彝所，執尊者舉冪。侍中取爵於坫，進。皇帝受爵。侍中贊酌汎齊。訖，《大政之舞》作。太常卿引皇帝詣太祖神座前，北面跪，奠爵，少東，俛伏，興。太常卿又引皇帝取爵於坫，酌汎齊。訖，太常卿引皇帝進神座前，北面跪，奠爵，少西，訖，興。太常卿引皇帝少退，北向立，樂止。太祝持版進於神座之右，東面跪，讀祝文訖，興。皇帝再拜，訖，又再拜。初讀祝文訖，樂作，太祝進，奠版於神座，出，還尊所。皇帝拜訖，樂止。

太常卿引皇帝詣代祖尊彝所，執尊者舉冪。侍中取爵於坫，進。皇帝受爵。侍中贊酌汎齊。訖，《大成之舞》作。太常卿引皇帝進代祖神

---

①　四庫本於"舉冪"後有"侍中取爵於坫進皇帝受爵"十一字。

座前，南面跪，奠爵，少西，俛伏，興。太常卿又引皇帝取爵於坫，酌汎齊。訖，太常卿引皇帝進神座前，南面跪，奠爵，少東，俛伏，興。太常卿引皇帝少退，南向立，樂終八節止。太祝持版進於神座之右，西面跪，讀祝文訖，興。皇帝再拜，訖，又再拜。初讀祝文訖，樂作，太祝進，奠版於神座，出，還尊所。皇帝拜訖，曲終樂止。

　　太常卿引皇帝詣高祖尊彝所，執尊者舉冪。侍中取爵於坫，進。皇帝受爵。侍中贊酌汎齊。訖，《大明之舞》作。太常卿引皇帝進高祖神座前，北面跪，奠爵，少東，俛伏，興。太常引皇帝取爵於坫，酌汎齊。訖，太常卿引皇帝進神座前，北面跪，奠爵，少西，俛伏，興。太常卿引皇帝少退，北向立，樂終八節止。太祝持版進於神座之右，東面跪，讀祝文訖，興。皇帝再拜，訖，又再拜。初讀祝文訖，樂作，太祝進，奠版於神座，出，還尊所。皇帝拜訖，樂止。

　　太常卿引皇帝詣太宗尊彝所，執尊者舉冪。侍中取爵於坫，進。皇帝受爵。侍中贊酌汎齊。訖，《崇德之舞》作。太常卿引皇帝進太宗神座前，南面跪，奠爵，少西，俛伏，興。太常卿又引皇帝取爵於坫，酌汎齊。訖，太常卿引皇帝進神座前，南面跪，奠爵，俛伏，興。太常卿引皇帝少退，南向立，樂終八節止。太祝持版進於神座之右，西面跪，讀祝文訖，興。皇帝再拜，訖，又再拜。初讀祝文訖，樂作，大祝進，奠版於神座，出，還尊所。皇帝拜訖，樂止。[①]

　　太常卿引皇帝詣高宗尊彝所，執尊者舉冪。侍中取爵於坫，進。皇帝受爵。侍中贊酌汎齊。訖，《鈞天之舞》作。太常卿引皇帝進高宗神座前，北面跪，奠爵，少東，俛伏，興。太常卿又引皇帝取爵於坫，酌汎齊。訖，太常卿又引皇帝進神座前，北面跪，奠爵，少西，俛伏，興。太常卿引皇帝少退，北向立，樂終八節止。太祝持版進於神座之右，東面跪，讀祝文訖，興。皇帝再拜，訖，又再拜。初讀祝文訖，樂作，太祝進，奠版於神座，出，還尊所。皇帝拜訖，曲終樂止。

　　太常卿引皇帝詣中宗尊彝所，執尊者舉冪。侍中取爵於坫，進。皇帝受爵。侍中贊酌汎齊。訖，《文和之舞》作。太常卿引皇帝進中宗神

---

　　①　按：公善堂本脫漏皇帝“詣高祖尊彝所”、“詣太宗尊彝所”祫享内容。今據四庫本，並參酌上下文意校補以上兩段文字。

座前，南面跪，奠爵，少西，俛伏，興。太常卿又引皇帝取爵於坫，酌汎齊。訖，太常卿引皇帝進神座前，南面跪，奠爵，少東，俛伏，興。太常卿引皇帝少退，南向立，樂終八節止。太祝持版進於神座之右，西面跪，讀祝文訖，興。皇帝再拜，訖，又再拜。初讀祝文訖，樂作，太祝進，奠版於神座，出，還尊所。皇帝拜訖，曲終樂止。

太常卿引皇帝詣睿宗尊彝所，執尊者舉冪。侍中取爵於坫，進。皇帝受爵。侍中贊酌汎齊。訖，《景雲之舞》作。太常卿引皇帝進睿宗神座前，南面跪，奠爵，少西，俛伏，興。太常卿又引皇帝取爵於坫，酌汎齊。訖，太常卿引皇帝進神座前，南面跪，奠爵，少東，俛伏，興。太常卿引皇帝少退，南向立，樂終八節止。太祝持版進於神座之右，西面跪，讀祝文訖，興。皇帝再拜，訖，又再拜。初讀祝文訖，樂作，太祝進，奠版於神座，出，還尊所。皇帝拜訖，曲終樂止。

太常卿引皇帝詣東序，西向立，《壽和之樂》作。皇帝將獻訖，奉禮引司徒詣阼階，升，立於前楹間，北面東上。皇帝獻訖，諸太祝各以爵酌上尊福酒，合置一爵。一太祝持爵授侍中，侍中受爵，北向進。皇帝再拜，受爵，跪，祭酒，啐酒，奠爵，俛伏，興。諸太祝各帥齋郎進俎。太祝跪減神前三牲胙肉各取前脚第二骨。加於俎，又以籩取稷黍飯，興，還尊所，以胙肉各置一俎上，以飯共置一籩，以飯授司徒。司徒奉，進。皇帝受以授左右。太祝又以胙肉授司徒，司徒受俎以次進。皇帝每受以授左右。謁者引司徒降，復位。皇帝跪，取爵，遂飲，卒爵。侍中進，受爵以授太祝，太祝受爵，復於坫。皇帝俛伏，興，再拜，樂止。太常卿引皇帝，樂作，皇帝降自阼階，還版位，西向立，樂止。

文舞出，鼓柷，作《舒和之樂》，出訖，戞敔，樂止。武舞入，鼓柷，作《舒和之樂》，立定，戞敔，樂止。

初，皇帝將復位。謁者引太尉詣罍洗，盥手，洗爵。訖，謁者引太尉升自阼階，詣獻祖尊彝所，執尊者舉冪。太尉酌醴齊訖，武舞作。謁者引太尉進獻祖神座前，北面跪，奠爵，少東，興。謁者引太尉少退，北向，再拜。謁者又引太尉取爵於坫，酌醴齊。訖，謁者引太尉進神座前，北面跪，奠爵，少西，訖，興。謁者引太尉少退，北向，再拜。訖，謁者引太尉次詣懿祖尊彝所，取爵於坫，執尊者舉冪，太尉酌醴齊。訖，謁者引太尉進懿祖神座前，南面跪，奠爵，少西，興。謁者引太尉少退，南向，再拜。謁者又引太尉取爵於坫，酌醴齊。訖，謁者引太尉進神座前，南面跪，奠爵，少東，訖，興。謁者引太尉少退，南向，再拜。謁者引太尉次獻太祖，次獻代祖，次獻高祖，次獻太宗，次獻高宗，次獻中宗，次獻睿宗，並如上儀。訖，謁者引太尉詣東序，西向立。諸太祝各以爵酌罍福酒，合置一爵。一太祝持爵進太尉之左，北向立。太尉再拜，受爵，跪，祭酒，遂飲，卒爵。太祝進，受爵，復於坫。太尉興，再拜。謁者引太尉降，復位。

初，太尉獻將畢，謁者引光禄卿詣罍洗，盥手，洗爵，升，酌盎齊，終獻如亞獻之儀。訖，引光禄卿降，復位。武舞止。

登歌作《雍和之樂》。諸太祝各進，徹豆，還尊所。徹者，籩、豆各一，少移於故處。登歌止。奉禮曰：“賜胙。”贊者唱：“衆官再拜。”衆官在位者皆再拜。已飲福者不拜。《永和之樂》作，太常卿前，奏稱：“再拜。”退，復位。皇帝再拜。奉禮曰：“衆官再拜。”衆官在位者皆再拜。樂一成，止。太常卿前，奏：“禮畢。”

太常卿引皇帝還大次，樂作，皇帝出門，樂止。殿中監前，受鎮圭，華蓋侍衛如常儀。通事舍人、謁者、贊引各引享官、九廟子孫及從享群官、諸方客使以次出。贊引引御史、太祝以下俱復執事位，立定，奉禮曰：“再拜。”御史以下皆再拜。贊引引出。工人、二舞以次出。太廟令與太祝、宮闈令帥腰輿升殿，納神主，如常儀。其祝版燔於齋坊。

祭七祀其日總祭如臘享。

功臣配享

享日未明一刻，太廟令布功臣神座於太廟之庭：

吏部尚書、贈司空、鄖國公殷開山，光禄卿、渝國公劉政會，開府儀同三司、淮安靖王神通，禮部尚書、贈司空、河間元王孝恭。

右配享高祖廟庭泰階之東，少南，西向，以北爲上。

司空、贈太尉、梁國文昭公房玄齡，特進、贈司空、鄭國文貞公魏徵，洛州都督、贈尚書左僕射、蔣國忠公屈突通，開府儀同三司、贈司徒、申國文獻公高士廉。

右配享太宗廟庭，少南，西向，以北爲上。

司空、太子太師、贈太尉、英國貞武公李勣，中書令、贈尚書右僕射、高唐縣公馬周，尚書左僕射兼太子少傅、北平縣公張行成。

右配享高宗廟庭，少南，西向，以北爲上。

侍中、譙國公桓彦範，侍中、平陽郡公敬暉，中書令兼吏部尚書、漢陽郡公張柬之①，特進、博陵郡公崔玄暐，中書令、南陽郡公袁恕己。

右配享中宗廟庭，少南，西向，以北爲上。

尚書左僕射、太子少傅、贈司空、許國文貞公蘇瓌，尚書左丞相、太子少保、徐國公劉幽求。

右配享睿宗廟庭，少南，西向，以北爲上。

諸座各設版於座首。其版文各具題官爵、姓名。每座各設壺尊二於左，北上，玄酒在西，加勺、羃，置爵於尊下。設洗於終獻罍洗東南，北向。太廟令與良醞令以齊實尊，如常。堂上設饌訖，太官令帥進饌者出，奉饌入，祝迎引於座左，各設於座前。太官令以下出，祝還尊所。亞獻將畢，贊引引獻官詣罍洗，盥手，洗爵，詣酒尊所，執尊者舉羃。獻官酌酒，諸助奠者皆酌酒。訖，贊引引獻官進，詣首座前，東面奠爵，贊引引還本位。於獻官進奠，諸助奠者各進，奠於座，還尊所。於堂上徹豆，祝進首座前，徹豆，還尊所。

鑾駕還宮

皇帝既還大次，侍中版奏："請解嚴。"將士不得輒離部伍。皇帝停大次一刻頃，搥一鼓爲一嚴，轉仗衛於還塗，如來儀。三刻頃，搥二鼓爲再嚴，將士布隊仗。侍中版奏："請中嚴。"皇帝服通天冠、絳紗袍，諸享官服朝服。五刻頃，搥三鼓爲三嚴。謁者、贊引各引侍臣詣大次奉迎。乘黃令進金輅於大次門外，南向。千牛將軍立於輅右。

侍中版奏："外辦。"太僕卿升，執轡。皇帝乘輿出次，繖扇侍衛警蹕

---

① "漢陽郡公"，公善堂本誤作"濮陽郡公"，據四庫本、《通典》卷一一四《開元禮纂類九》改。

如常儀。皇帝升輅，太僕卿立授綏。黃門侍郎奏稱："請鑾駕進發。"退，復位。鑾駕動，稱警蹕如常儀。黃門侍郎、贊者夾引，千牛將軍夾輅而趨。至侍臣上馬所，黃門侍郎奏稱："請鑾駕權停，勅侍臣上馬。"侍中前，承制，退稱："制曰可。"黃門侍郎退稱："侍臣上馬。"贊者承傳。文武侍臣皆上馬畢，黃門侍郎奏："請勅車右升。"侍中稱："制曰可。"黃門侍郎退，復位。千牛將軍升訖，黃門侍郎奏稱："請鑾駕進發。"退，復位。鼓傳音，鑾駕動，鼓吹振作而還。文武群官皆從如來儀。諸方客使便還館。駕至承天門外侍臣下馬所，鑾駕權停，文武侍臣皆下馬。千牛將軍降，立於輅右。訖，鑾駕動，千牛將軍夾輅而趨。

駕入嘉德門，太樂令令撞蕤賓之鐘，左五鐘皆應。鼓柷，奏《采茨之樂》，至太極門，戛敔，樂止。入太極門，鼓柷，奏《太和之樂》。駕至橫街北，當東上閣，迴輅南向。侍中進，當鑾駕前跪，奏稱："侍中臣某言，請降輅。"俛伏，興，還侍立。皇帝降輅，乘輿以入，繖扇侍衛警蹕如常儀。侍臣從至閣，戛敔，樂止。

初，文武群官至東朝堂，通事舍人承旨勅群官並還。皇帝既入，侍中版奏："請解嚴。"叩鉦，將士各還其所。

卷第四十　吉禮

祫享於太廟有司攝事

齋戒　陳設　省牲器　晨祼　饋食　祭七祀
功臣配享

齋戒

宗廟三年一祫，以孟冬。

將享，有司卜日如別儀。

前享七日平明，太尉誓百官於尚書省，曰："某月某日，祫享於太廟。各揚其職，不供其事，國有常刑。"凡預享之官散齋四日，致齋三日。散齋皆於正寢。致齋二日於本司，一日於齋所，其無本司者皆於齋所。散齋理事如舊，惟不弔喪問疾，不作樂，不判署刑殺文書，不行刑罰，不預穢惡。致齋惟享事得行，其餘悉斷。其享官已齋而闕者，通攝行事。諸享官致齋之日給酒食及明衣，各習禮於齋所。光祿卿監取明水火。太官令取水於陰鑒，取火於陽燧。火以供爨，水以實尊。

前祭一日，諸衛令其屬未後一刻各以其方器服守衛廟門，每門二人，每隅一人。與太樂工人俱清齋一宿。

陳設

前享三日，守宮設享官公卿以下次於齋坊之內。

前享二日，太樂令設宮懸之樂於廟庭，東方、西方磬簨起北，鐘簨次之；南方、北方磬簨起西，鐘簨次之。設十二鎛鐘於編懸之間，各依辰位。樹路鼓於北懸之內、道之左右。植建鼓於四隅。置柷敔於懸內。柷在左，敔在右。設歌鐘、歌磬於堂上前楹間，北向。磬簨在西，鐘簨在東。其匏竹者立於階間，重行北向，相對爲首。凡懸，皆展而編之。諸工人各位於懸後，東方、西方以北爲上，南方、北方以西爲上。右校清埽內外。

　　前享一日，奉禮設享官公卿位於東門之內道北，執事位於道南，每等異位，俱重行西向，以北爲上。設御史位於堂下：一位於東南，西向，一位於西南，東向，令史各陪其後。設奉禮位於樂懸東北，贊者二人在南差退，俱西向。設協律郎位於堂上前楹間，近西，東向。設太樂令位於北懸之間，北向。

　　設門外位：享官公卿以下皆於東門之外道南，每等異位，重行，北面西上。

　　設牲牓於東門之外，當門西向，以南爲上。設廩犧令位於牲西南，史陪其後，俱北向。設諸太祝位於牲東，各當牲後，祝史陪其後，俱西向。設太常卿省牲位於牲前近北，又設御史位於太常卿之西，俱南向。

　　設尊彝之位於廟堂上下，每座斝彝一、黃彝一、犧尊二、象尊二、著尊二、山罍二在堂上，皆於神座之左。獻祖、太祖、高祖、高宗尊彝在前楹間，北向。懿祖、代祖、太宗、中宗、睿宗尊彝在戶外，南向。各有坫焉。<small>以置瓚、爵。</small>其壺尊二、太尊二、山罍四皆於堂下階間，北面西上。設簋、簠、㽅、鉶、籩、豆之位於堂上，俱東側階之北。每座二簋居前，二簠次之，次以三㽅，次以三鉶，籩、豆爲後，每座異之，皆以南爲上，屈陳而下。

　　設洗於東階東南，北向。罍水在洗東，篚在洗西，南肆。<small>篚實以圭、瓚、巾、爵。</small>執尊、罍、篚、冪者各位於尊、罍、篚、冪之後。

　　享日未明五刻，太廟令服其服，布昭、穆之座於戶外。自西序以東，獻祖、太祖、高祖、高宗之座皆北廂，南向；懿祖、代祖、太宗、中宗、睿宗之座皆南廂，北向。<small>每座皆設黼扆、莞席紛純、藻席繢純、次席黼純、左右几。</small>

省牲器

　　省牲之日午後十刻，廟所諸衛之屬禁斷行人。

　　晡後二刻，太廟令帥府史三人及齋郎，以尊、坫、罍、洗、篚、冪及籩、豆、簋、鉶入，設於位，加以巾蓋。<small>諸器物皆濯而陳之。升堂者自東階。</small>

　　晡後三刻，諸太祝與廩犧令以牲就牓位。謁者引太常卿、贊引引御史入，詣東階，升，徧視滌濯於上。<small>凡導引者，每曲一逡巡。於視濯，執尊者皆舉冪告</small>

潔。訖，引降，就省牲位，南向立。廩犧令少前，曰：“請省牲。”退，復位。太常卿省牲。廩犧令又前，北面，舉手曰：“腯。”還本位。諸太祝各循牲一匝，西面，舉手曰：“充。”俱還本位。諸太祝與廩犧令以次牽牲詣厨，授太官。謁者引光禄卿詣厨省鼎鑊，申視濯漑。贊引引御史就厨省饌具。太常卿以下每事訖，各還齋坊。進饌者入，徹籩、豆、簠、鉶以出。

享日未明十五刻，太官令帥宰人以鸞刀割牲。祝史各取毛血，每座共實一豆。遂烹牲。祝史洗肝於鬱鬯，又取膟膋，每座共實一豆，遂置於饌所。

晨祼

享日未明四刻，諸享官各服其服。太廟令、良醖令各率其屬入，實尊、罍。牷彝及五齊之上尊皆實以明水。山罍之上尊皆實以玄酒。黄彝實以鬱鬯，犧尊實以汎齊，象尊實以醴齊，著尊實以盎齊，壺尊實以醍齊，太尊實以沈齊，山罍實以三酒①。太官令帥進饌者實諸籩、豆、簠、簋。

未明三刻，奉禮帥贊者先入，就位。贊引引御史、博士、太廟令、太祝、宫闈令及令史、祝史，與執尊、罍、篚、冪者入自東門，當階間重行，北面西上。立定，奉禮曰：“再拜。”贊者承傳，凡奉禮有辭，贊者皆承傳。御史以下皆再拜。訖，執尊、罍、篚、冪者各就位。贊引引御史、諸太祝詣東階，升堂，行埽除於上。令史、祝史升，行埽除於下。訖，引就位。太廟令帥其屬陳瑞物於廟庭泰階之西，上瑞爲前列，次瑞次之，下瑞爲後列。又陳伐國所得寶器，上次先後亦如之。皆北面西上，俱藉以席。所司各守之。

未明二刻，陳腰輿於東階之東，每室各二，俱西面北上。立定，贊引引太廟令、太祝、宫闈令帥内外執事者，以腰輿自東陛升堂，詣獻祖室，入，開埳室。太祝、宫闈令奉出神主，各置於輿，出，詣座前，奉神主置於座。訖，引太廟令以下次奉出懿祖光皇帝、次奉出太祖景皇帝、次奉出代祖元皇帝、次奉出高祖神堯皇帝、次奉出太宗文武聖皇帝、次奉出高宗天皇大帝、次奉出中宗孝和皇帝、次奉出睿宗大聖真皇帝神主，皆如獻祖之儀。皇祖妣以下神主，皆宫闈令奉出，俱並座而處右。訖，引太廟令以下各復位。

---

①　“三酒”，四庫本、《通典》卷一一四《開元禮纂類九》作“清酒”。

未明一刻，謁者、贊引各引享官俱就東門外位。太樂令帥工人、二舞次入，就位，文舞入陳於懸內，武舞立於懸南道西。其升堂座者皆脫屨於下，降納如常儀。謁者引司空入，就位，立定，奉禮曰："再拜。"司空再拜。訖，謁者引司空詣東階，升堂，行埽除於上，降，行樂懸於下。訖，引復位。初，司空行樂懸，謁者、贊引各引享官以下次入，就位。立定，奉禮曰："衆官再拜。"衆官在位者皆再拜。其先拜者不拜。謁者進太尉之左，白："有司謹具，請行事。"退，復位。協律郎跪，俛伏，舉麾，凡取物者皆跪，俛伏而取以興。奠物則跪，奠訖，俛伏而後興。鼓柷，奏《永和之樂》，乃以黃鍾爲宮，大呂爲角，太蔟爲徵，應鍾爲羽。作文舞之舞。樂舞九成，黃鍾三奏，大呂、太蔟、應鍾各再奏。偃麾，戛敔，樂止。凡樂，皆協律郎舉麾，工鼓柷而後作，偃麾、戛敔而後止。奉禮曰："衆官再拜。"衆官在位者皆再拜。

謁者引太尉詣罍洗，盥手，洗瓚。訖，謁者引太尉升自東階，詣獻祖尊彝所，執尊者舉冪。太尉酌鬱酒。訖，登歌作《肅和之樂》，以圜鍾之均。自後，登歌皆用圜鍾。謁者引太尉進獻祖神座前，北面跪，以鬯祼地，奠訖，興。謁者引太尉少退，北向，再拜。訖，謁者引太尉詣懿祖尊彝所，取瓚於坫，執尊者舉冪。太尉酌鬱酒。訖，謁者引太尉詣懿祖神座前，南面跪，以鬯祼地，奠訖，興。謁者引太尉少退，南向，再拜。訖，謁者引太尉次祼太祖、次祼代祖、次祼高祖、次祼太宗、次祼高宗、次祼中宗、次祼睿宗，並如上儀。訖，登歌止，謁者引太尉降，復位。

初，衆官拜訖，祝史各奉毛血及肝膋之豆立於東門外，齋郎奉鑪炭、蕭、稷黍各立於肝膋之後。於登歌止，祝史奉毛血、肝膋，與奉鑪炭、蕭、稷黍者以次入自正門，升自泰階。諸太祝各迎取毛血、肝膋於階上，俱進，奠於神座前。祝史退，立於尊所。齋郎奉爐炭，皆置於神座之左，直神座間，其蕭、稷黍各置於鑪炭下，降自阼階以出。諸太祝俱取肝膋出戶，燔於鑪炭，還尊所。

饋食

太尉既升祼，太官令出，帥進饌者奉饌陳於東門之外，重行西向，以南爲上。謁者引司徒出，詣饌所，司徒奉獻祖之俎。初，太尉既至位，太官令引饌入自正門。俎初入門，《雍和之樂》作，以無射之均，自後，接神之樂，堂下皆奏無射。饌至泰階，樂止。祝史各進，跪，徹毛血之豆，興，降自阼階以出。饌升，諸太祝迎引於階上，各設於神座前。籩、豆蓋冪先徹，乃升。簋、簠既奠，却其蓋於下。設訖，謁者引司徒以下降自阼階，復位。諸太祝各取蕭、稷黍，擩於脂，燔於爐炭，還尊所。

謁者引太尉詣罍洗，盥手，洗爵。訖，謁者引太尉升自阼階，詣獻祖尊彝所，執尊者舉冪。太尉酌汎齊。訖，《光大之舞》作。謁者引太尉進獻祖神座前，北面跪，奠爵，少東，興。謁者又引太尉取爵於坫，酌汎齊。訖，謁者引入神座前，北面跪，奠爵，少西，興。謁者引太尉少退，北向立，樂止。太祝持版進於神座之右，東面跪，讀祝文曰："維某年歲次月朔日，子孝曾孫開元神武皇帝某，謹遣攝太尉某官臣某，敢昭告於獻祖宣皇帝、祖妣宣莊皇后張氏：昬運環周，歲序云及，永懷追慕，伏增遠感。謹以一元大武、柔毛、剛鬣、明粢、薌合、薌萁、嘉蔬、嘉薦、汎齊，肅雍明獻，恭備祫享。尚饗。"餘室祝文準此。太祖以下稱臣。訖，興。太尉再拜，訖，又再拜。初讀祝文訖，樂作，太祝進，奠版於神座，出，還尊所。太尉拜訖，樂止。

謁者引太尉詣懿祖尊彝所，取爵於坫，執尊者舉冪。太尉酌汎齊。訖，《長發之舞》作。謁者引太尉詣懿祖神座前，南面跪，奠爵，少西，興。謁者又引太尉取爵於坫，酌汎齊。訖，謁者引進神座前，南面跪，奠爵，少東，訖，興。謁者引太尉少退，南向立，樂止。太祝持版進於神座之右，西面跪，讀祝文，訖，興。太尉再拜，訖，又再拜。初讀祝文訖，樂作，太祝進，奠版於神座，出，還尊所。太尉拜訖，樂止。

謁者引太尉詣太祖尊彝所，取爵於坫，執尊者舉冪。太尉酌汎齊。訖，《大政之舞》作。謁者引太尉進太祖神座前，北面跪，奠爵，少東，訖，興。謁者又引太尉取爵於坫，酌汎齊。訖，謁者引進神座前，北面跪，奠爵，少西，訖，興。謁者引太尉少退，北向立，樂止。太祝持版進於神座之右，東面跪，讀祝文，訖，興。太尉再拜，訖，又再拜。初讀祝文訖，樂作，太祝進，奠版於神座，出，還尊所。太尉拜訖，樂止。

謁者引太尉詣代祖尊彝所，取爵於坫，執尊者舉冪。太尉酌汎齊。訖，《大成之舞》作。謁者引太尉進代祖神座前，南面跪，奠爵，少西，興。謁者又引太尉取爵於坫，酌汎齊。訖，謁者引進神座前，南面跪，奠爵，少東，訖，興。謁者引太尉少退，南向立，樂止。太祝持版進於神座之右，西面跪，讀祝文，訖，興。太尉再拜，訖，又再拜。初讀祝文訖，樂作，太祝進，奠版於神座，出，還尊所。太尉拜訖，樂止。

謁者引太尉詣高祖尊彝所，取爵於坫，執尊者舉冪。太尉酌汎齊。訖，《大明之舞》作。謁者引太尉詣高祖神座前，北面跪，奠爵，少東，興。謁者又引太尉取爵於坫，酌汎齊。訖，謁者引入神座前，北面跪，奠爵，少西，興。謁者引太尉少退，北向立，樂止。太祝持版進於神座之右，東面跪，讀祝文，訖，興。太尉再拜，訖，又再拜。初讀祝文訖，樂作，太祝進，奠版於神座，出，還尊所。太尉拜訖，樂止。

謁者引太尉詣太宗尊彝所，取爵於坫，執尊者舉冪。太尉酌汎齊。訖，《崇德之舞》作。謁者引太尉詣太宗神座前，南面跪，奠爵，少西，興。謁者又引太尉取爵於坫，酌汎齊。訖，謁者引入神座前，南面跪，奠爵，少東，興。謁者引太尉少退，南向立，樂止。太祝持版進於神座之右，西面跪，讀祝文，訖，興。太尉再拜，訖，又再拜。初讀祝文訖，樂作，太祝入，奠版於神座，出，還尊所。太尉拜訖，樂止。

謁者引太尉詣高宗尊彝所，取爵於坫，執尊者舉冪。太尉酌汎齊。訖，《鈞天之舞》作。謁者引太尉進高宗神座前，北面跪，奠爵，少東，興。謁者又引太尉取爵於坫，酌汎齊。訖，謁者引入神座前，北面跪，奠爵，少西，興。謁者引太尉少退，北向立，樂止。太祝持版進於神座之右，東面跪，讀祝文，訖，興。太尉再拜，訖，又再拜。初讀祝文訖，樂作，太祝進，奠版於神座，出，還尊所。太尉拜訖，樂止。

謁者引太尉詣中宗尊彝所，取爵於坫，執尊者舉冪。太尉酌汎齊。訖，《文和之舞》作。謁者引太尉進中宗神座前，南面跪，奠爵，少西，興。謁者又引太尉取爵於坫，酌汎齊。訖，謁者引入神座前，南面跪，奠爵，少東，訖，興。謁者引太尉少退，南向立，樂止。太祝持版進於神座之右，西面跪，讀祝文，訖，興。太尉再拜，訖，又再拜。初讀祝文訖，樂作①，太祝進，奠版於神座，出，還尊所。太尉拜訖，樂止。

謁者引太尉詣睿宗尊彝所，取爵於坫，執尊者舉冪。太尉酌汎齊。

---

① “作”字，公善堂本作“止”，據四庫本改。

訖，《景雲之舞》作。謁者引太尉進睿宗神座前，南面跪，奠爵，少西，興。謁者又引太尉取爵於坫，酌汎齊。訖，謁者引入神座前，南面跪，奠爵，少東，訖，興。謁者引太尉少退，南向立，樂終八節止。太祝持版進於神座之右，西面跪，讀祝文，訖，興。太尉再拜，訖，又再拜。初讀祝文訖，樂作，太祝進，奠版於神座，出，還尊所。太尉拜訖，曲終樂止。

　　謁者引太尉進詣東序，西向立。諸太祝各以爵酌罍福酒，合置一爵。一太祝持爵進太尉之左，北向立。太尉再拜，受爵，跪，祭酒，啐酒，奠爵，興。諸太祝各帥齋郎進俎。太祝跪，減神座前三牲胙肉皆取前脚第二骨。加於俎，又以籩取稷黍飯，興，還尊所。以胙肉各置一俎上，以飯共置一籩。以飯授太尉，太尉受以授齋郎。又以三牲胙肉以次授太尉，太尉每受以授齋郎。太尉跪，取爵，遂飲，卒爵。太祝進，受爵，復於坫。太尉興，再拜。謁者引太尉降，復位。

　　文舞出，鼓柷，作《舒和之樂》，出訖，戞敔，樂止。武舞入，鼓柷，作《舒和之樂》，立定，戞敔，樂止。

　　初，太尉將復位，謁者引太常卿詣罍洗，盥手，洗爵。訖，謁者引太常卿升自阼階，詣獻祖尊彝所，執尊者舉冪。太常卿酌醴齊，武舞作。謁者引太常卿進獻祖神座前，北面跪，奠爵，少東，訖，興。謁者引太常卿少退，北向，再拜。訖，謁者又引太常卿取爵於坫，酌醴齊訖，進神座前，北面跪，奠爵，少西，訖，興。謁者引太常卿少退，北向，再拜。訖，謁者引太常卿次詣懿祖尊彝所，執尊者舉冪。太常卿酌醴齊。訖，謁者引太常卿詣懿祖神座前，南面跪，奠爵，少西，興。謁者引太常卿少退，南向，再拜。訖，謁者又引太常卿取爵於坫，酌醴齊訖，進神座前，南面跪，奠爵，少東，訖，興。謁者引太常卿少退，南向，再拜。訖，謁者引太常卿次獻太祖，次獻代祖，次獻高祖，次獻太宗，次獻高宗，次獻中宗，次獻睿宗，如上儀。訖，謁者引太常卿詣東序，西向立。諸太祝各以爵酌罍福酒，合置一爵。一太祝持爵進太常卿之左，北向立。太常卿再拜，受爵，跪，祭酒，遂飲，卒爵。太祝進，受爵，復於坫。太常卿興，再拜，訖，謁者引太常卿，降，復位。

　　初，太常卿獻將畢，謁者引光祿卿詣罍洗，盥手，洗爵，酌盎齊，終獻如亞獻之儀。訖，引光祿卿降，復位。武舞止。

登歌作《雍和之樂》。諸太祝各進，徹豆，還尊所，登歌止。奉禮曰：“賜胙。”贊者唱：“衆官再拜。”衆官在位者皆再拜。已飲福、受胙者不拜。《永和之樂》作，奉禮曰：“衆官再拜。”衆官在位者皆再拜。樂一成，止。

謁者進太尉之左，白：“禮畢。”謁者、贊引各引享官以次出。贊引引御史、太祝以下俱復執事位，立定，奉禮曰：“再拜。”御史以下皆再拜。贊引引出。工人、二舞以次出。太廟令與太祝、官闈令帥腰輿升殿，納神主，如常儀。其祝版燔於齋坊。

祭七祀其日總祭如臘享儀

功臣配享如親享儀

卷第四十一　吉禮

皇帝禘享於太廟

齋戒　陳設　省牲器　鑾駕出宮　晨祼　饋食
祭七祀　功臣配享　鑾駕還宮

齋戒

宗廟五年一禘，以孟夏。

將享，有司卜日如別儀。

前享七日平明，太尉誓百官於尚書省，曰："某月某日，禘享於太廟。各揚其職，不供其事，國有常刑。"皇帝散齋四日於別殿，致齋三日於太極殿。

前致齋一日，尚舍奉御設御幄於太極殿西序及室內，東向。尚舍直長張帷於前楹下。

致齋之日質明，諸衛勒所部屯門列仗。畫漏上水一刻，侍中版奏："請中嚴。"諸衛之屬各督其隊入，陳於殿庭，如常儀。通事舍人引文武五品以上袴褶陪位如式。諸侍衛之官各服其器服，諸侍臣並結佩，俱詣閤奉迎。侍中版奏："外辦。"上水三刻，皇帝服通天冠、絳紗袍，結佩，乘輿出自西房，曲直華蓋警蹕侍衛如常儀。皇帝即御座，東向坐，侍臣夾侍如常。一刻頃，侍中前，跪，奏稱："侍中臣某言，請降，就齋室。"俛伏，興，復侍位。皇帝降座，入室。文武侍臣各還省，直衛者如常。通事舍人引陪位者以次出。

凡預享之官散齋四日，致齋三日。散齋皆於正寢。致齋二日於本司，一日於享所，其無本司者皆於享所。近侍之官應從升者及從享群官、諸方客使，各於本司及公館，九廟子孫各於其第，俱清齋一宿。無本司者各於正寢。散齋理事如舊，惟不弔喪問疾，不作樂，不判署刑殺文書，不行刑罰，不預穢惡。

致齋惟享事得行，其餘悉斷。其享官已齋而闕者，通攝行事。諸享官致齋之日給酒食及明衣，各習禮於齋所。光禄卿監取明水火。太官令取水於陰鑒，取火於陽燧。火以供爨，水以實尊。

前享一日，諸衛令其屬未後一刻各以其方器服守衛廟門，每門二人，每隅一人。與太樂工人俱清齋一宿。

陳設

前享三日，尚舍直長施大次於廟東門之外道北，南向。尚舍奉御鋪御座。守宮設文武侍臣次於大次之後，文官在左，武官在右，俱南向。設諸享官次於齋坊之內，九廟子孫於齋坊内近南，西向北上。文官九品以上於齋坊之南，東方、南方蕃客又於其南，俱每等異位，重行，西向北上。介公、酅公於廟西門之外近南，武官九品以上於介公、酅公之南，西方、北方蕃客又於其南，俱每等異位，重行，東面北上。其褒聖侯於文官三品之下。若有諸州使人，分方位於文武官之後。

前享二日，太樂令設宮懸之樂於廟庭。東方、西方磬簨起北，鐘簨次之；南方、北方磬簨起西，鐘簨次之。設十二鎛鐘於編懸之間，各依辰位。樹路鼓於北懸之內、道之左右。植建鼓於四隅。置柷敔於懸內。柷在左，敔在右。設歌鐘、歌磬於廟堂之上前楹間，北向。磬簨在西，鐘簨在東。其匏竹者立於階間，重行北向，相對爲首。凡懸，皆展而編之。諸工人各位於懸後，東方、西方以北爲上，南方、北方以西爲上。右校清埽內外。

前享一日，奉禮設御位於廟堂東階東南，西向。設享官公卿位於東門之內道南，執事者位於其後，每等異位，俱重行西向，以北爲上。設御史位於廟堂之下：一位於東南，西向，一位於西南，東向，令史各陪其後。設奉禮位於樂懸東北，贊者二人在南差退，俱西向。設協律郎位於廟堂之上、前楹之間，近西，東向。設太樂令位於北懸之間，北向。

設從享之官位：九廟之子孫於享官公卿之南，昭、穆異位。雖有貴者，以齒。文官九品以上位於子孫之南，東方、南方蕃客又於其南，俱每等異位，重行，西面北上。介公、酅公位於西門之內道南，武官九品以上於介公、酅公之南，少西，當文官，西方、北方藩客又於其南，俱每等異位，重行，東面北上。其褒聖侯位於文官三品之下。若有諸州使人，分方位於文武官之後。

設門外位：享官公卿以下皆於東門之外道南，每等異位，重行，北面西上。子孫之位於享官公卿之東，少南，文官九品以上於子孫之東，東方、南方蕃客又於其東，俱每等異位，重行，北面西上。設介公、酅公位於西門之外道南，武官九品以上於介公、酅公之西，少南，西方、北方蕃客又於其西，俱每等異位，重行，北面東上。其褒聖侯位於文官三品之下。若有諸州使人，分方位於文武官之後。

設牲牓於東門之外，當門西向，以南爲上。設廩犧令位於牲牓西南，史陪其後，俱北向。設諸太祝位於牲東，各當牲後，祝史各陪其後，俱西向。設太常卿省牲位於牲前近北，又設御史位於太常卿之西，俱南向。

設尊彝之位於廟堂之上下：每座雞彝一、鳥彝一、犧尊二、象尊二、著尊二①、山罍二在堂上，皆於神座之左。獻祖、太祖、高祖、高宗尊彝在前楹間，北向，懿祖、代祖、太宗、中宗、睿宗尊彝在户外，南向，各有坫焉。以置瓚、爵。其壺尊二、太尊二、山罍四皆在堂下階間，北面西上。設簠、簋、鉶、豋、籩、豆之位於堂上，俱東側階之北。每座四簋居前，四簠次之，次以六豋，次以六鉶，籩、豆爲後。每座異之，皆以南爲上，屈陳而下。

設御洗於東陛東南，亞獻之洗又於東南，俱北向。罍水在洗東，篚在洗西，南肆。篚實以圭、瓚、巾、爵。執尊、罍、篚、冪者各位於尊、罍、篚、冪之後。

享日未明五刻，太廟令服其服，布昭、穆之座於户外。自西序以東，獻祖、太祖、高祖、高宗座於北厢，南面；懿祖、代祖、太宗、中宗、睿宗座於南厢，北面。每座皆設黼扆、莞席紛純、藻席畫純、次席黼純、左右几。

省牲器

省牲之日午後十刻，廟所諸衛之屬禁斷行人。太廟令整拂神幄。

晡後二刻，太廟令帥府史三人及齋郎，以尊、坫、罍、洗、篚、冪及籩、豆、簠、簋、豋、鉶入，設於位，加以巾蓋。諸器物皆濯而陳之。其升堂者自東階。

晡後三刻，諸太祝與廩犧令以牲就牓位。謁者引太常卿、贊引引御史入，詣東階，升，徧視滌濯於上。凡導引者，每曲一逡巡。於視濯，執尊者皆舉冪告

---

① 四庫本於"著尊二"後有"壺尊二"三字。

潔。訖，引降，就省牲位，南向立。廩犧令少前，曰："請省牲。"退，復位。
太常卿省牲。廩犧令又前，北面，舉手曰："腯。"還本位。諸太祝各循牲
一匝，西面，舉手曰："充。"俱還本位。諸太祝與廩犧令以次牽牲就厨，
授太官。謁者引光祿卿詣厨，省鼎鑊，申視濯漑。贊引引御史就厨，省
饌具。太常卿以下每事畢，各還齋所。進饌者入，徹籩、豆、簋、鉶以出。

享日未明十五刻，太官令帥宰人以鸞刀割牲，祝史各取毛血，每座
共實一豆，遂烹牲。祝史洗肝於鬱鬯，又取膟膋，每座共實一豆，俱置於
饌所。膟膋，腸間脂。

鑾駕出宮

前出宮三日，本司宣攝內外，各供其職。守宮設從享群官五品以上
次於承天門外東、西朝堂，如常。

前二日，太樂令設宮懸之樂於殿庭，如常儀。駕出，懸而不作。

享日未明七刻，搥一鼓爲一嚴，三嚴時節，前一日侍中奏裁。侍中奏開宮
殿門及城門。

未明五刻，搥二鼓爲再嚴，侍中版奏："請中嚴。"奉禮設從享群官五
品以上位：文官於東朝堂之前，西向，武官於西朝堂之前，東向，俱重行
北上。從享群官五品以上俱集朝堂次，各服其服。其六品以下及介公、酅公、九
廟子孫、褒聖侯、諸方客使等，並駕發之前預赴享所，俱就次，各服其服。所司陳大駕鹵
簿，如別儀。

未明二刻，搥三鼓爲三嚴，諸衛之屬各督其隊與鈒戟以次入，陳於
殿庭。謁者引從享群官各就朝堂前位。諸侍衛之官各服其器服。侍
中、中書令以下俱詣西階奉迎。侍中負璽如式。乘黃令進玉輅於太極殿西
階之前，南向。千牛將軍一人執長刀，立於輅前，北向。黃門侍郎一人
在侍臣之前，贊者二人又在黃門侍郎之前。侍中版奏："外辦。"太僕卿
奮衣而升，正立執轡。皇帝袞冕，乘輿以出，降自西階，稱警蹕如常儀。
千牛將軍前，執轡，皇帝升輅，太僕卿立授綏，侍中、中書令以下夾侍如
常。黃門侍郎進，當鑾駕前跪，奏稱："黃門侍郎臣某言，請鑾駕發引。"
俛伏，興，退，復位。凡黃門侍郎奏請，皆進，當鑾駕前跪，奏稱某官臣某言。訖，俛伏，興。
鑾駕動，又稱警蹕。黃門侍郎與贊者夾引以出，千牛將軍夾輅而趨。

駕出承天門，至侍臣上馬所，黃門侍郎奏稱：“請鑾駕權停，勅侍臣上馬。”侍中前，承制，退稱：“制曰可。”黃門侍郎退稱：“侍臣上馬。”贊者承傳，文武侍臣皆上馬。諸侍衛之官各督其屬左右翊駕在黃麾内。符寶郎奉六寶，與殿中監後部從在黃鉞内。侍中、中書令以下夾侍於輅前。贊者在供奉官人内。侍臣上馬畢，黃門侍郎奏稱：“請勅車右升。”侍中前，承制，退稱：“制曰可。”黃門侍郎退，復位。千牛將軍升訖，黃門侍郎奏稱：“請鑾駕發引。”退，復位。鑾駕動，稱警蹕，鼓傳音如常，不鳴鼓吹，不得誼譁。其從享之官在玄武隊後，如常儀。

晨祼

享日未明四刻，諸享官各服其服。太廟令、良醞令各帥其屬入，實尊、罍。雞彝及五齊之上尊，皆實以明水。山罍之上尊實以玄酒。鳥彝實以鬱鬯，犧尊實以汎齊，象尊實以醴齊，著尊實以盎齊，壺尊實以醍齊，太尊實以沈齊，山罍實以三酒①。太官令帥進饌者實諸籩、豆、簠、簋。

未明三刻，奉禮帥贊者先入，就位。贊引引御史、博士、太廟令、太祝、宮闈令及令史、祝史，與執尊、罍、篚、冪者入自東門，當階間，重行，北面西上。立定，奉禮曰：“再拜。”贊者承傳，凡奉禮有辭，贊者皆承傳。御史以下皆再拜。訖，執尊、罍、篚、冪者各就位。贊引引御史、諸太祝詣東階，各升堂，行埽除於上。令史、祝史升，行埽除於下。訖，引降，就位。太廟令帥其屬陳瑞物於廟庭泰階之西，上瑞爲前列，次瑞次之，下瑞爲後列。又陳伐國所得寶器，上次先後亦如之。皆北面西上，俱藉以席。所司各守之。

未明二刻，陳腰輿於東階之東，每室各二，皆西面北上。立定，贊引引太廟令、太祝、宮闈令帥内外執事者，以腰輿自東階升，詣獻祖室，入，開埳室。太祝、宮闈令奉出神主，各置於輿，出，詣座前，奉神主置於位。訖，引太廟令以下次奉出懿祖、次奉出太祖、次奉出代祖、次奉出高祖、次奉出太宗、次奉出高宗、次奉出中宗、次奉出睿宗神主，置於座，如獻祖之儀。皇祖妣以下神主皆宮闈令奉出，俱並座而處右。訖，引太廟令以下降，復位。

---

① “三酒”，四庫本、《通典》卷 一一四《開元禮纂類九》作“清酒”。

　　駕將至，謁者、贊引各引享官，通事舍人分引九廟子孫及從祀群官、諸方客使先置者，俱就門外位。駕至大次門外，迴輅南向，將軍降，立於輅右。侍中進，當鑾駕前跪，奏稱："侍中臣某言，請降輅。"俛伏，興，還侍位。皇帝降輅，乘輿之大次，繖扇華蓋侍衛如常儀。太廟令以祝版進御署，訖，近臣奉出，太廟令受，各奠於坫。謁者引文武五品以上從享之官皆就門外位。太樂令帥工人、二舞次入，就位①，文舞入陳於懸內，武舞立於懸南道西。其升堂座者皆脱屨於下，降納如常。謁者引司空入，就位，立定，奉禮曰："再拜。"司空再拜。訖，謁者引詣東階，升堂，行埽除於上，降，行樂懸於下。訖，引復位。

　　初，司空行樂懸，謁者、贊引各引享官及九廟子孫、從享群官、諸方客使次入，就位。皇帝停大次半刻頃，太常博士引太常卿立於大次門外，當門北向。侍中版奏："外辦。"皇帝出次，華蓋侍衛如常儀。侍中負璽陪從如式。博士引太常卿，太常卿引皇帝凡太常卿前導，皆博士先引。至廟門外。殿中監進鎮圭，皇帝執鎮圭，華蓋仗衛停於門外，近侍者從入如常。

　　皇帝至版位，西向立。每立定，太常卿與博士退，立於左。太常卿前，奏稱："請再拜。"退，復位。皇帝再拜。奉禮曰："衆官再拜。"衆官在位者皆再拜。其先拜者不拜。太常卿前，奏："有司謹具，請行事。"退，復位。協律郎跪，俛伏，舉麾，凡取物者皆跪，俛伏而取以興。奠物則跪，奠訖，俛伏而後興。鼓柷，奏《永和之樂》，乃以黃鍾爲宮，大呂爲角，太蔟爲徵，應鍾爲羽，作文舞之舞。樂舞九成，黃鍾三奏，大呂、太蔟、應鍾各再奏。偃麾，戛敔，樂止。凡樂，皆協律郎舉麾，工鼓柷而後作，偃麾、戛敔而後止。太常卿前，奏稱："請再拜。"退，復位。皇帝再拜。奉禮曰："衆官再拜。"衆官在位者皆再拜。

　　太常卿引皇帝詣罍洗，《太和之樂》作，皇帝每行，皆作《太和之樂》。皇帝至罍洗，樂止。侍中跪，取匜，興，沃水；又侍中跪，取盤，興，承水。皇帝搢鎮圭，凡受物則搢鎮圭，奠訖，執圭，俛伏，興。皇帝盥手。黃門侍郎跪，取巾於篚，興，進。皇帝帨手。訖，黃門侍郎受巾，跪，奠於篚。黃門侍郎又取瓚於篚，興，進。皇帝受瓚。侍中酌罍水，又侍中奉盤。皇帝洗拭瓚。訖，侍中奠盤、匜，黃門侍郎受巾，奠於篚，皆如常。

---

　　①　"次入就位"四字，公善堂本無，據四庫本、《通典》卷一一四《開元禮纂類九》補。

　　太常卿引皇帝，樂作，皇帝升自阼階，樂止。侍中、中書令以下及左右侍衛量人從升。以下皆如之。太常卿引皇帝詣獻祖尊彝所，執尊者舉冪。侍中贊酌鬱鬯酒。訖，登歌作《肅和之樂》，以圜鍾之均。自後，登歌皆用圜鍾。太常卿引皇帝詣獻祖神座前，北面跪，以鬯祼地奠之，俛伏，興。太常卿引皇帝少退，北向，再拜。訖，太常卿引皇帝詣懿祖尊彝所，執尊者舉冪。侍中取瓚於坫，進。皇帝受瓚。侍中贊酌鬱鬯酒。訖，太常卿引皇帝詣懿祖神座前，南面跪，以鬯祼地奠之，俛伏，興。太常卿引皇帝少退，南向，再拜。訖，太常卿引皇帝次祼太祖，次祼代祖，次祼高祖，次祼太宗，次祼高宗，次祼中宗，次祼睿宗，皆如上儀。登歌止。太常卿引皇帝，樂作，皇帝降自阼階，還版位，西向立，樂止。

　　初，群官再拜訖，祝史各奉毛血及肝膋之豆立於東門外，齋郎奉鑪炭、蕭、稷黍各立於肝膋之後。於登歌止，祝史奉毛血、肝膋，與奉鑪炭、蕭、稷黍者以次入自正門，升自泰階。諸太祝各迎取毛血、肝膋於階上，俱進，奠於神座前。祝史退，立於尊所。齋郎奉鑪炭，皆置於室戶外之左，其蕭、稷黍各置於鑪炭下，降自阼階以出。諸太祝俱取肝膋出戶，燔於鑪炭，還尊所。

饋食

　　皇帝既升祼，太官令出，帥進饌者奉饌陳於東門之外，重行西向，以南爲上。謁者引司徒出，詣饌所，司徒奉獻祖之俎。初，皇帝既至位，樂止，太官令引饌入自正門。俎初入門，《雍和之樂》作，以無射之均，自後，接神之樂，堂下皆奏無射。饌至泰階，樂止。祝史俱進，徹毛血之豆，降自阼階以出。饌升，諸太祝迎引於階上，各設於神座前。籩、豆蓋冪先徹，乃升。簋、簠既奠，却其蓋於下。設訖，謁者引司徒以下降自阼階，復位。諸太祝各取蕭、稷黍，擩於脂，燔於鑪炭，還尊所。

　　太常卿引皇帝詣罍洗，樂作，皇帝至罍洗，樂止。皇帝盥手，洗爵，侍中、黃門侍郎贊洗，如晨祼之儀。訖，太常卿引皇帝，樂作，皇帝升自阼階，訖，樂止。太常卿引皇帝詣獻祖尊彝所，執尊者舉冪。侍中贊酌汎齊。訖，《光大之舞》作。太常卿引皇帝詣獻祖神座前，北面跪，奠爵，少東，俛伏，興。太常卿又引皇帝取爵於坫，酌汎齊。訖，太常卿引皇帝詣神座前，北面跪，奠爵，少西，訖，興。太常卿引皇帝少退，北向立，樂止。太祝持版進於神座之右，東面跪，讀祝文曰："維某年歲次月朔日，子孝曾孫開元神武皇帝某，敢昭告於獻祖宣皇帝、祖妣宣莊皇后張氏：暑度環周，歲序云及，永懷追慕，伏增遠感。謹以一元大武、柔毛、剛鬣、明粢、薌合、薌萁、嘉蔬、嘉薦、汎齊，肅雍明獻，祇薦禘事。尚饗。"餘室祝文準此。太祖以下稱臣。訖，興。皇帝再拜，訖，又再拜。初讀祝文訖，樂作，太祝進，奠版於神座，出，還尊所。皇帝拜訖，樂止。

太常卿引皇帝詣懿祖尊彝所，執尊者舉冪。侍中取爵於坫，進。皇帝受爵。侍中贊酌汎齊。訖，《長發之舞》作。太常卿引皇帝詣懿祖神座前，南面跪，奠爵，少西，俛伏，興。太常卿又引皇帝出，取爵於坫，酌汎齊。訖，太常卿引皇帝詣神座前，南面跪，奠爵，少東，興。太常卿引皇帝少退，北向立①，樂止。太祝持版進於座右，西面跪，讀祝文，訖，興。皇帝再拜，訖，又再拜。初讀祝文訖，樂作，太祝進，奠版於神座，出，還尊所。皇帝拜訖，樂止。

太常卿引皇帝詣太祖尊彝所，執尊者舉冪。侍中取爵於坫，進。皇帝受爵。侍中贊酌汎齊。訖，《大政之舞》作。太常卿引皇帝詣太祖神座前，北面跪，奠爵，少東，俛伏，興。太常卿又引皇帝出，取爵於坫，酌汎齊。訖，太常卿引皇帝詣神座前，北面跪，奠爵，少西，訖，興。太常卿引皇帝少退，北向立，樂止。太祝持版進於座右，東面跪，讀祝文，訖，興。皇帝再拜，訖，又再拜。初讀祝文訖，樂作，太祝進，奠版於神座，出，還尊所。皇帝拜訖，樂止。

太常卿引皇帝詣代祖尊彝所，執尊者舉冪。侍中取爵於坫，進。皇帝受爵。侍中贊酌汎齊。訖，《大成之舞》作。太常卿引皇帝詣代祖神座前，南面跪，奠爵，少西，俛伏，興。太常卿又引皇帝出，取爵於坫，酌汎齊。訖，太常卿引皇帝詣神座前，南面跪，奠爵，少東，訖，興。太常卿引皇帝少退，南向立，樂止。太祝持版進於座右，西面跪，讀祝文，訖，興。皇帝再拜，訖，又再拜。初讀祝文訖，樂作，太祝進，奠版於神座，出，還尊所。皇帝拜訖，樂止。

---

①　"北向立"，四庫本作"南向立"。

　　太常卿引皇帝詣高祖尊彝所，執尊者舉冪。侍中取爵於坫，進。皇帝受爵。侍中贊酌汎齊。訖，《大明之舞》作。太常卿引皇帝詣高祖神座前，北面跪，奠爵，少東，俛伏，興。太常卿引皇帝出，取爵於坫，酌汎齊。訖，太常卿引皇帝進詣神座前，北面跪，奠爵，少西，訖，興。太常卿引皇帝少退，北向立，樂終八節止。太祝持版進於座右，東面跪，讀祝文，訖，興。皇帝再拜，訖，又再拜。初讀祝文訖，樂作，太祝進，奠版於神座，出，還尊所。皇帝拜訖，曲終樂止。

　　太常卿引皇帝詣太宗尊彝所，執尊者舉冪。侍中取爵於坫，進。皇帝受爵。侍中贊酌汎齊。訖，《崇德之舞》作。太常卿引皇帝詣太宗神座前，南面跪，奠爵，少西，俛伏，興。太常卿引皇帝出，取爵於坫，酌汎齊。訖，太常卿引皇帝詣神座前，南面跪，奠爵，少東，訖，興。太常卿引皇帝少退，南向立，樂終八節止。太祝持版進於座右，西面跪，讀祝文，訖，興。皇帝再拜，訖，又再拜。初讀祝文訖，樂作，太祝進，奠版於神座，出，還尊所。皇帝拜訖，曲終樂止。

　　太常卿引皇帝詣高宗尊彝所，執尊者舉冪。侍中取爵於坫，進。皇帝受爵。侍中贊酌汎齊。訖，《鈞天之舞》作。太常卿引皇帝詣高宗神座前，北面跪，奠爵，少東，俛伏，興。太常卿又引皇帝出，取爵於坫，酌汎齊。訖，太常卿又引皇帝進神座前，北面跪，奠爵，少西，俛伏，興。太常卿引皇帝少退，北向立，樂終八節止。太祝持版進於座右，東面跪，讀祝文，訖，興。皇帝再拜，訖，又再拜。初讀祝文訖，樂作，太祝進，奠版於神座，出，還尊所。皇帝拜訖，曲終樂止。

　　太常卿引皇帝詣中宗尊彝所，執尊者舉冪。侍中取爵於坫，進。皇帝受爵。侍中贊酌汎齊。訖，《文和之舞》作。太常卿引皇帝進中宗神座前，南面跪，奠爵，少西，俛伏，興。太常卿引皇帝出，取爵於坫，酌汎齊。訖，太常卿引皇帝進神座前，南面跪，奠爵，少東，俛伏，興。太常卿引皇帝少退，南向立，樂終八節止。太祝持版進於座右，西面跪，讀祝文，訖，興。皇帝再拜，訖，又再拜。初讀祝文訖，樂作，太祝進，奠版於神座，出，還尊所。皇帝拜訖，曲終樂止。

　　太常卿引皇帝詣睿宗尊彝所，執尊者舉冪。侍中取爵於坫，進。皇帝受爵。侍中贊酌汎齊。訖，《景雲之舞》作。太常卿引皇帝進睿宗神座前，南面跪，奠爵，少西，俛伏，興。太常卿又引皇帝出，取爵於坫，酌汎齊。訖，太常卿引皇帝進神座前，南面跪，奠爵，少東，俛伏，興。太常卿引皇帝少退，南向立，樂終八節止。太祝持版進於神座之右，西面跪，讀祝文，訖，興。皇帝再拜，訖，又再拜。初讀祝文訖，樂作，太祝進，奠版於神座，出，還尊所。皇帝拜訖，曲終樂止。

太常卿引皇帝詣東序，西向立，《壽和之樂》作。皇帝獻將畢，謁者引司徒詣東階，升，立於前楹間，北面東上。皇帝獻訖，諸太祝各以爵酌上尊福酒，合置一爵。一太祝持爵授侍中，侍中受爵，北向進。皇帝再拜，受爵，跪，祭酒，啐酒，奠爵，俛伏，興。諸太祝各帥齋郎持俎進。太祝減神前三牲胙肉各取前脚第二骨。加於俎，又以籩取稷黍飯，還尊所。以胙肉各置一俎上，以飯共置一籩，以飯授司徒，司徒奉，進。皇帝受以授左右。太祝又以胙肉授司徒，司徒受俎，以次進。皇帝每受以授左右。贊引、謁者引司徒降，復位。皇帝跪，取爵，遂飲，卒爵。侍中進，受虛爵以授太祝，復於坫。皇帝俛伏，興，再拜，樂止。太常卿引皇帝，樂作，皇帝降自阼階，還版位，西向立，樂止。

文舞出，鼓柷，作《舒和之樂》，出訖，戛敔，樂止。武舞入，鼓柷，作《舒和之樂》，立定，戛敔，樂止。

初，皇帝將復位，謁者引太尉詣罍洗，盥手，洗爵。訖，謁者引太尉升自阼階，詣獻祖尊彝所，執尊者舉冪。太尉酌醴齊，武舞作。謁者引太尉詣獻祖神座前，北面跪，奠爵，少東，興。謁者引太尉北向，再拜。謁者又引太尉取爵於坫，酌醴齊。訖，謁者引太尉詣神座前，北面跪，奠爵，少西，訖，興。謁者引太尉少退，北向，再拜。訖，謁者引太尉次詣懿祖尊彝所，取爵於坫，執尊者舉冪。太尉酌醴齊。訖，謁者引太尉詣懿祖神座前，南面跪，奠爵，少西，興。謁者引太尉少退，南向，再拜。謁者又引太尉取爵於坫，酌醴齊。訖，謁者引太尉詣神座前，南面跪，奠爵，少東，訖，興。謁者引太尉少退，南向又再拜。訖，謁者又引太尉次獻太祖，次獻代祖，次獻高祖，次獻太宗，次獻高宗，次獻中宗，次獻睿宗，並如上儀。訖，謁者引太尉詣東序，西向立。諸太祝各以爵酌罍福酒，合置一爵。一太祝持爵進太尉之左，北向立。太尉再拜，受爵，跪，祭酒，遂飲，卒爵。太祝受虛爵①，復於坫。太尉興，再拜。謁者引太尉降，復位。

　　初，太尉獻將畢，謁者引光祿卿詣罍洗，盥洗，升，酌盎齊，終獻如亞獻之儀。訖，引光祿卿降，復位。武舞止。

　　登歌作《雍和之樂》，諸太祝各徹豆②，還尊所。徹者，籩、豆各一，少移於故處。登歌止。奉禮曰："賜胙。"贊者唱："衆官再拜。"衆官在位者皆再拜。已飲福者不拜。《永和之樂》作，太常卿前，奏稱："請再拜。"退，復位。皇帝再拜。奉禮曰："衆官再拜。"衆官在位者皆再拜。樂一成，止。太常卿前，奏："禮畢。"

　　太常卿引皇帝還大次，樂作，皇帝出門，樂止。殿中監前，受鎮圭，華蓋侍衛如常儀。謁者、贊引各引享官、九廟子孫及從祀群官③、諸方客使以次出。贊引引御史、太祝以下俱復執事位，立定，奉禮曰："再拜。"御史以下皆再拜。贊引引出。工人、二舞以次出。太廟令與太祝、宮闈令帥腰輿升，納神主，如常儀。其祝版燔於齋坊。

祭七祀其日總祭如臘享儀

功臣配享如祫享儀

鑾駕還宮

　　皇帝既還大次，侍中版奏："請解嚴。"將士不得輒離部伍。皇帝停大次一刻頃，搥一鼓爲一嚴，轉仗衛於還塗，如來儀。三刻頃，搥二鼓爲再嚴，將士布隊仗，侍中版奏："請中嚴。"皇帝服通天冠、絳紗袍，諸享官服朝服。五刻頃，搥三鼓爲三嚴，謁者、贊引各引群官④、客使序立於大次前，近南。文武近臣詣大次奉迎。乘黃令進金輅於大次門外，南向。千牛將軍立於輅右。侍中版奏："外辦。"太僕卿升，執轡。皇帝乘輿出次，繳

---

①　四庫本於"太祝"後有"進"字。
②　四庫本於"徹豆"前有"入室"二字。
③　"從祀"，四庫本作"從享"。
④　"群官"，四庫本作"享官"。

扇侍衛警蹕如常儀。皇帝升輅，太僕卿立授綏，黃門侍郎奏稱："請鑾駕發引。"退，復位。鑾駕動，稱警蹕如常儀。黃門侍郎與贊者夾引，千牛將軍夾輅而趨。

至侍臣上馬所，黃門侍郎奏稱："請鑾駕權停，勅侍臣上馬。"侍中前，承制，退稱："制曰可。"黃門侍郎退稱："侍臣上馬。"贊者承傳。文武侍臣皆上馬畢，黃門侍郎奏稱："請勅車右升。"侍中稱："制曰可。"黃門侍郎退，復位。千牛將軍升訖，黃門侍郎奏稱："請鑾駕發引。"退，復位。鼓傳音，鑾駕動，鼓吹振作而還。文武群官皆從，如來儀。諸方客使便還館。駕至承天門外侍臣下馬所，鑾駕權停，文武侍臣皆下馬。千牛將軍降，立於輅右。訖，鑾駕動，千牛將軍夾輅而趨。

駕入嘉德門，太樂令令撞蕤賓之鐘，左五鐘皆應。鼓柷，奏《采茨之樂》，至太極門，戞敔，樂止。入太極門，鼓柷，奏《太和之樂》。駕至橫街北，當東上閤，迴輅南向。侍中進，當鑾駕前跪，奏稱："侍中臣某言，請降輅。"俛伏，興，還侍位。皇帝降輅，乘輿以入，繳扇侍衛警蹕如常儀。侍臣從至閤，戞敔，樂止。

初，文武群官至東朝堂，通事舍人承旨，勅群官並還。皇帝既入，侍中版奏："請解嚴。"叩鉦，將士各還其所。

卷第四十二　吉禮

禘享於太廟有司攝事

齋戒　陳設　省牲器　晨祼　饋食　祭七祀
功臣配享

齋戒

宗廟五年一禘，以孟夏。

將享，有司卜日如別儀。

前享七日平明，太尉誓百官於尚書省，曰："某月某日，禘享於太廟。各揚其職，不供其事，國有常刑。"凡預享之官散齋四日，致齋三日。散齋皆於正寢。致齋二日於本司，一日於享所，其無本司者皆於享所。散齋理事如舊，惟不弔喪問疾，不作樂，不判署刑殺文書，不行刑罰，不預穢惡。致齋惟享事得行，其餘悉斷。其享官已齋而闕者，通攝行事。致齋之日，百官給酒食及明衣，各習禮於齋所。光祿卿監取明水火。太官令取水於陰鑒，取火於陽燧。火以供爨，水以實尊。

前享一日，諸衛令其屬未後一刻各以其方器服守衛廟門，每門二人，每隅一人。與太樂工人俱清齋一宿。

陳設

前享三日，守宮設享官公卿以下次於齋坊之內。

前享二日，太樂令設宮懸之樂於廟庭。東方、西方磬簴起北，鐘簴次之；南方、北方磬簴起西，鐘簴次之。設十二鎛鐘於編懸之間，各依辰位。樹路鼓於北懸之內、道之左右。植建鼓於四隅。置柷敔於懸內。柷在左，敔在右。設歌鐘、歌磬於廟堂之上前楹間，北向。磬簴在西，鐘簴在東。其匏竹者立於階間，重行北向，相對爲首。凡懸，皆展而編之。諸工人各位於懸後，東方、西方以北爲上，南方、北方以西爲上。右校清埽内外。

前享一日，奉禮設享官公卿位於東門之内道北，執事位於道南，每等異位，俱重行西向，以北爲上。設御史位於廟堂之下：一位於東南，西向，一位於西南，東向，令史各陪其後。設奉禮位於樂懸東北，贊者二人在南差退，俱西向。設協律郎位於廟堂之上前楹間近西，東向。設太樂令位於北懸之間，北向。設門外位：享官公卿以下皆於東門之外道南，每等異位，重行，北面西上。

設牲牓於東門之外，當門西向，以南爲上。設廩犧令位於牲西南，史陪其後，俱北向。設諸太祝位於牲東，各當牲後，祝史陪其後，俱西向。設太常卿省牲位於牲前近北，又設御史位於太常卿之西，俱南向。

設尊彝之位於廟堂上下：每座雞彝一、鳥彝一、犧尊二、象尊二、著尊二、山罍二在堂上，皆於神座之左。獻祖、太祖、高祖、高宗尊彝在前楹間，北向。懿祖、代祖、太宗、中宗、睿宗尊彝在户外，南向。各有坫焉。以置瓚、爵。其壺尊二、太尊二、山罍四，皆在堂下階間，北面西上。設簠、簋、鉶、景、籩、豆之位於廟堂之上，俱東側階之北。每座四簠居前，四簋次之，次以六景，次以六鉶，籩、豆爲後。每座異之，皆以南爲上，屈陳而下。

設洗於東階東南，北向。罍水在洗東，篚在洗西，南肆。篚實以圭、瓚、巾、爵。執尊、罍、篚、冪者各位於尊、罍、篚、冪之後。

享日未明五刻，太廟令服其服，布昭、穆之座於户外。自西序以東，獻祖、太祖、高祖、高宗之座皆北厢，南向；懿祖、代祖、太宗、中宗、睿宗之座皆南厢，北向。每座皆設黼扆、莞席紛純、藻席畫純、次席黼純、左右几。

省牲器

省牲之日午後十刻，廟所諸衛之屬禁斷行人。

晡後二刻，太廟令帥府史三人及齋郎，以尊、坫、罍、洗、篚、冪及籩、豆、簠、簋、鉶、景入，設於位，加以巾蓋。諸器物皆滌而陳之。升堂者自東階。

晡後三刻，諸太祝與廩犧令以牲就牓位。謁者引太常卿、贊引引御史入，詣東階，升，徧視滌濯於上。凡導引者，每曲一逡巡。於視濯，執尊者皆舉冪告潔。訖，引降，就省牲位，南向立。廩犧令少前，曰："請省牲。"退，復位。

太常卿省牲。廩犧令又前，北面，舉手曰："腯。"還本位。諸太祝各循牲一匝，西面，舉手曰："充。"俱還本位。諸太祝與廩犧令以次牽牲詣厨，授太官。謁者引光禄卿詣厨，省鼎鑊，申視濯溉。贊引引御史就厨，省饌具。太常卿以下每事訖，各還齋所。進饌者入，徹籩、豆、簠、簋、鉶、㡿以出。

享日未明十五刻，太官令帥宰人以鸞刀割牲。祝史各取毛血，每座共實一豆，遂烹牲。祝史洗肝於鬱鬯，又取膟膋，每座共實一豆，俱置於饌所。膟膋，腸間脂。

晨祼

享日未明四刻，諸享官各服其服。太廟令、良醖令各帥其屬入，實尊、罍。雞彝及諸齊之上尊，皆實以明水。山罍之上尊，實以玄酒。鳥彝實以鬱鬯，犧尊實以汎齊，象尊實以醴齊，著尊實以盎齊，壺尊實以醍齊，太尊實以沈齊，山罍實以三酒[①]。太官令帥進饌者實諸籩、豆、簠、簋。

未明三刻，奉禮帥贊者先入，就位。贊引引御史、太祝、博士、宮闈令及令史、祝史，與執尊、罍、篚、冪者入自東門，當階間，重行，北面西上。立定，奉禮曰："再拜。"贊者承傳，凡奉禮有辭，贊者皆承傳。御史以下皆再拜。訖，執尊、罍、篚、冪者各就位。贊引引御史、諸太祝詣東階，升堂，行埽除於上。令史、祝史升，行埽除於下。訖，引降，復位。太廟令帥其屬陳瑞物於廟庭泰階之西，上瑞爲前列，次瑞次之，下瑞爲後列。又陳伐國所得寶器，上次先後亦如之。皆北面西上，俱藉以席。所司各守之。

未明二刻，陳腰輿於東階之東，每室各二，皆西面北上。立定，贊引引太廟令、太祝、宮闈令帥内外執事，以腰輿自東階升堂，詣獻祖室，入，開埳室。太祝、宮闈令奉出神主，各置於輿，出，詣座前，奉神主置於座。訖，引太廟令以下次奉出懿祖、次奉出太祖、次奉出代祖、次奉出高祖、次奉出太宗、次奉出高宗、次奉出中宗、次奉出睿宗神主，置於座，皆如獻祖之儀。皇祖妣以下神主，皆宮闈令奉出，俱並座而處右。訖，引太廟令以下降，復位。

未明一刻，謁者、贊引各引享官俱就東門外位。太樂令帥工人、二

---

① "三酒"，四庫本、《通典》卷一一四《開元禮纂類九》作"清酒"。

舞次入，就位，文舞入陳於懸內，武舞立於懸南道西。其升堂座者皆脱屨於下，降納如常儀。謁者引司空入，就位，立定，奉禮曰："再拜。"司空再拜，訖，謁者引司空詣東階，升堂，行埽除於上，降，行樂懸於下。訖，引復位。初，司空行樂懸，謁者、贊引各引享官以下次入，就位。立定，奉禮曰："衆官再拜。"衆官在位者皆再拜。其先拜者不拜。謁者進太尉之左，白："有司謹具，請行事。"退，復位。協律郎跪，俛伏，舉麾，凡取物者皆跪，俛伏而取以興。奠物則跪、奠訖，俛伏而後興。鼓柷，奏《永和之樂》，乃以黄鍾爲宫，大吕爲角，太蔟爲徵，應鍾爲羽，作文舞之舞。樂舞九成，黄鍾三奏，大吕、太蔟、應鍾各再奏。偃麾，戛敔，樂止。凡樂，皆協律郎舉麾，工鼓柷而後作，偃麾、戛敔而後止。奉禮曰："衆官再拜。"衆官在位者皆再拜。

謁者引太尉詣罍洗，盥手，洗瓚。訖，謁者引太尉升自東階，詣獻祖尊彝所，執尊者舉冪。太尉酌鬱酒。訖，登歌作《肅和之樂》，以圜鍾之均。自後，登歌皆用圜鍾。謁者引太尉詣獻祖神座前，北面跪，以匕祼地奠之，興。謁者引太尉北向，再拜。訖，謁者引太尉詣懿祖尊彝所，取瓚於坫，執尊者舉冪。太尉酌鬱酒。訖，謁者引太尉詣懿祖神座前，南面跪，以匕祼地奠之，興。謁者引太尉南向，再拜。訖，謁者引太尉次祼太祖，次祼代祖，次祼高祖，次祼太宗，次祼高宗，次祼中宗，次祼睿宗，並如上儀。訖，登歌止，謁者引太尉降，復位。

初，衆官拜訖，祝史各奉毛血及肝膋之豆立於東門外，齋郎奉鑪炭、蕭、稷黍各立於肝膋之後。於登歌止，祝史奉毛血、肝膋，與奉鑪炭、蕭、稷黍者以次入自正門，升自泰階。諸太祝各迎取毛血、肝膋於階上，俱入，奠於神座前。祝史退，立於尊所。齋郎奉鑪炭皆置於室户外之左，其蕭、稷黍各置於鑪炭下，降自阼階以出。諸太祝俱取肝膋出户，燔於鑪炭，還尊所。

饋食

太尉既升祼，太官令出，帥進饌者奉饌陳於東門之外，重行西向，以南爲上。謁者引司徒出，詣饌所，司徒奉獻祖之俎。初，太尉既至位，太官令引饌入自正門。俎初入門，《雍和之樂》作，以無射之均。自後，接神之樂，堂下皆奏無射。饌至泰階，樂止。祝史俱進，徹毛血之豆，降自阼階以出。饌升，諸太祝迎引於階上，各設於神座前。<small>籩、豆蓋冪先徹，乃升。簋、簠既奠，却其蓋於下。</small>設訖，謁者引司徒以下降自阼階，復位。諸太祝各取蕭、稷黍，擩於脂，燔於鑪炭，還尊所。

　　謁者引太尉詣罍洗，盥手，洗爵。訖，謁者引太尉升自阼階，詣獻祖尊彝所，執尊者舉冪。太尉酌汎齊。訖，《光大之舞》作。謁者引太尉詣獻祖神座前，北面跪，奠爵，少東，興。謁者又引太尉取爵於坫，酌汎齊。訖，謁者引入神座前，北面跪，奠爵，少西，興。謁者引太尉少退，北向立，樂止。太祝持版進於座右，東面跪，讀祝文曰："維某年歲次月朔日，子孝曾孫開元神武皇帝某謹遣攝太尉某官封臣某，敢昭告於獻祖宣皇帝、祖妣宣莊皇后張氏：晷運環周，歲序云及，永懷追慕，伏增遠感。謹以一元大武、柔毛、剛鬣、明粢、薌合、薌萁、嘉蔬、嘉薦、醴齊，肅雍明獻，祇薦禘事。尚饗。"<small>餘祝文式準此。太祖以下稱臣。</small>訖，興。太尉再拜，訖，又再拜。初讀祝文訖，樂作，太祝入，奠版於神座，出，還尊所。太尉拜訖，樂止。

　　謁者引太尉詣懿祖尊彝所，取爵於坫，執尊者舉冪。太尉酌汎齊。訖，《長發之舞》作。謁者引太尉詣懿祖神座前，南面跪，奠爵，少西，興。謁者又引太尉取爵於坫，酌汎齊。訖，謁者引入神座前，南面跪，奠爵，少東，興。謁者又引太尉少退，南向立，樂止。太祝持版進於座右，西面跪，讀祝文，訖，興。太尉再拜，訖，又再拜。初讀祝文訖，樂作，太祝進，奠版於神座，出，還尊所。太尉拜訖，樂止。

　　謁者引太尉詣太祖尊彝所，取爵於坫，執尊者舉冪。太尉酌汎齊。訖，《大政之舞》作。謁者引太尉詣太祖神座前，北面跪，奠爵，少東，興。謁者又引太尉取爵於坫，酌汎齊。訖，謁者引入神座前，北面跪，奠爵，少西，興。謁者又引太尉少退，北向立，樂止。太祝持版進於座右，東面跪，讀祝文，訖，興。太尉再拜，訖，又再拜。初讀祝文訖，樂作，太祝進，奠版於神座，出，還尊所。太尉拜訖，樂止。

　　謁者引太尉詣代祖尊彝所，取爵於坫，執尊者舉冪。太尉酌汎齊。訖，《大成之舞》作。謁者引太尉詣代祖神座前，南面跪，奠爵，少西，興。謁者又引太尉取爵於坫，酌汎齊。訖，謁者引入神座前，南面跪，奠爵，少東，興。謁者引太尉少退，南向立，樂止。太祝持版進於座右，西面跪，讀祝文，訖，興。太尉再拜，訖，又再拜。初讀祝文訖，樂作，太祝進，奠版於神座，出，還尊所。太尉拜訖，樂止。

謁者引太尉詣高祖尊彝所，取爵於坫，執尊者舉冪。太尉酌汎齊。訖，《大明之舞》作。謁者引太尉詣高祖神座前，北面跪，奠爵，少東，興。謁者又引太尉取爵於坫，酌汎齊。訖，謁者引入神座前，北面跪，奠爵，少西，興。謁者引太尉少退，北向立，樂止。太祝持版進於座右，東面跪，讀祝文，訖，興。太尉再拜，訖，又再拜。初讀祝文訖，樂作，太祝進，奠版於神座，出，還尊所。太尉拜訖，樂止。

謁者引太尉詣太宗尊彝所，取爵於坫，執尊者舉冪。太尉酌汎齊。訖，《崇德之舞》作。謁者引太尉詣太宗神座前，南面跪，奠爵，少西，興。謁者又引太尉取爵於坫，酌汎齊。訖，謁者引入神座前，南面跪，奠爵，少東，興。謁者引太尉少退，南向立，樂止。太祝持版進於座右，西面跪，讀祝文，訖，興。太尉再拜，訖，又再拜。初讀祝文訖，樂作，太祝入，奠版於神座，出，還尊所。太尉拜訖，樂止。

謁者引太尉詣高宗尊彝所，取爵於坫，執尊者舉冪。太尉酌汎齊。訖，《鈞天之舞》作。謁者引太尉進高宗神座前，北面跪，奠爵，少東，興。謁者又引太尉取爵於坫，酌汎齊。訖，謁者引入神座前，北面跪，奠爵，少西，興。謁者引太尉少退，北向立，樂止。太祝持版進於座右，東面跪，讀祝文，訖，興。太尉再拜，訖，又再拜。初讀祝文訖，樂作，太祝進，奠版於神座，出，還尊所。太尉拜訖，樂止。

謁者引太尉詣中宗尊彝所，取爵於坫，執尊者舉冪。太尉酌汎齊。訖，《文和之舞》作。謁者引太尉進中宗神座前，南面跪，奠爵，少西，興。謁者又引太尉取爵於坫，酌汎齊。訖，謁者引入神座前，南面跪，奠爵，少東，興。謁者引太尉少退，南向立，樂止。太祝持版進於座右，西面跪，讀祝文，訖，興。太尉再拜，訖，又再拜。初讀祝文訖，樂作，太祝進，奠版於神座，出，還尊所。太尉拜訖，樂止。

謁者引太尉詣睿宗尊彝所，取爵於坫，執尊者舉冪。太尉酌汎齊。訖，《景雲之舞》作。謁者引太尉進睿宗神座前，南面跪，奠爵，少西，興。謁者又引太尉取爵於坫，酌汎齊。訖，謁者引入神座前，南面跪，奠爵，少東，興。謁者引太尉少退，南向立，樂終八節止。太祝持版進於座右，西面跪,讀祝文,訖,興。太尉再拜,訖,又再拜。初讀祝文訖,樂作,太祝進,奠版於神座,出,還尊所。太尉拜訖,曲終樂止。

謁者引太尉進,詣東序,西向立。諸太祝各以爵酌罍福酒,合置一爵。一太祝持爵進太尉之左,北向立。太尉再拜,受爵,跪,祭酒,啐酒,奠爵,興。諸太祝各帥齋郎進俎,太祝減神座前三牲胙肉皆取前脚第二骨。加於俎,又以籩取稷黍飯,興,還尊所。以胙肉各置一俎上,以飯共置一籩。以飯授太尉,太尉受以授齋郎。又以三牲胙肉以次授太尉,太尉每受以授齋郎。太尉跪,取爵,遂飲,卒爵。太祝進,受爵,復於坫。太尉興,再拜。謁者引太尉降,復位。

文舞出,鼓柷,作《舒和之樂》,出訖,戛敔,樂止。武舞入,鼓柷,作《舒和之樂》,立定,戛敔,樂止。

初,太尉將復位,謁者引太常卿詣罍洗,盥手,洗爵。訖,謁者引太常卿升自阼階,詣獻祖尊彝所,執尊者舉冪。太常卿酌醴齊。訖,謁者引太常卿詣獻祖神座前,北面跪,奠爵,少東,興,太常卿再拜。訖,謁者引太常卿取爵於坫,酌醴齊,訖,詣神座前,北面跪,奠爵,少西,興,又再拜。謁者引太常卿詣懿祖尊彝所,執尊者舉冪。太常卿酌醴齊。訖,謁者引大常卿詣懿祖神座前,南面跪,奠爵,少西,興,太常卿再拜。訖,謁者又引太常卿取爵於坫,酌醴齊。訖,謁者引太常卿詣神座前,南面跪,奠爵,少東,興,又再拜。謁者引太常卿次獻太祖,次獻代祖,次獻高祖,次獻太宗,次獻高宗,次獻中宗,次獻睿宗,並如上儀。訖,謁者引太常卿詣東序,西向立。諸太祝各以爵酌罍福酒,合置一爵。一太祝持酒進太常卿之左,北向立。太常卿再拜,受爵,跪,祭酒,遂飲,卒爵。太祝進,受爵,復於坫。太常卿興,再拜。訖,謁者引太常卿降,復位。

初,太常卿獻將畢,謁者引光禄卿詣罍洗,盥手,洗爵,酌盎齊,終獻如亞獻之儀。訖,引光禄卿降,復位。武舞止。

登歌作,諸太祝各進,徹豆,還尊所。徹者,籩、豆各一,少移於故處。登歌止。奉禮曰:"賜胙。"贊者唱:"眾官再拜。"眾官在位者皆再拜。已飲福、受胙者不拜。《永和之樂》作。奉禮曰:"眾官再拜。"眾官在位者皆再拜。樂一成,止。謁者進太尉之左,白:"禮畢。"

謁者、贊引各引享官以次出。贊引引御史、太祝以下俱復執事位,立定，奉禮曰：“再拜。”御史以下皆再拜。贊引引出。工人、二舞以次出。太廟令與太祝、宮闈令帥腰輿升，納神主，如常儀。其祝版燔於齋坊。

祭七祀　其日總祭如臘享儀

功臣配享如親享儀[1]

---

[1] “如親享儀”，四庫本作“依袷享儀”。

卷第四十三　吉禮

肅明皇后廟時享有司攝事

齋戒　陳設　省牲器　晨裸　饋食

齋戒

將享，有司卜日如別儀。

前享七日平明，太尉誓百官於尚書省，曰："某月某日，時享於肅明皇后廟。各揚其職，不供其事，國有常刑。"凡預享之官散齋四日，致齋三日。散齋皆於正寢。致齋二日於本司，一日於齋坊，其無本司者皆於齋坊。散齋理事如舊，惟不弔喪問疾，不作樂，不判署刑殺文書，不行刑罰，不預穢惡。致齋惟享事得行，其餘悉斷。其享官已齋而闕者，通攝行事。諸享官致齋之日給酒食及明衣，各習禮於齋所。光禄卿監取明水火。太官令取水於陰鑒，取火於陽燧。火以供爨，水以實尊。

前享一日，諸衛令其屬未後一刻各以其方器服守衛廟門，每門二人，每隅一人。與太樂工人俱清齋一宿。

陳設

前享三日，右校清埽内外。守宫設享官公卿以下次於齋坊之内。

前享二日，太樂令設宫懸之樂於廟庭。東方、西方磬簴起北，鐘簴次之；南方、北方磬簴起西，鐘簴次之。設十二鎛鐘於編懸之間，各依辰位。樹路鼓於北懸之内、道之左右。植建鼓於四隅。置柷敔於懸内。柷在左，敔在右。設歌鐘、歌磬於廟堂之上前楹間，北向。磬簴在西，鐘簴在東。其匏竹者立於階間，重行北向，相對爲首。凡懸，皆展而編之。諸工人各位於懸後，東方、西方以北爲上，南方、北方以西爲上。

前享一日，奉禮設享官公卿位於東門之内道北，執事位於道南，每等異位，俱重行西向，以北爲上。設御史位於廟堂之上：一位於東南，西向，一位於西南，東向，令史各於其後。設奉禮位於樂懸東北，贊者二人在南差退，俱西向。設協律郎位於廟堂之上前楹間，近西，東向。設太樂令位於北懸之間，北向。設門外位，享官公卿以下皆於東門之外道南，每等異位，重行，北面西上。

　　設牲牓於東門之外，當門西向，以南爲上。設廪犧令位於牲西南，史陪其後，俱北向。設太祝位於牲東，當牲後，祝史陪其後，俱西向。設太常卿省牲位於牲前近北，又設御史位於太常卿之西，俱南向。

　　設尊彝之位於廟堂之上前楹間，於室户外之左①，北向。春夏鷄彝一、鳥彝一、犧尊二、象尊二、山罍二，秋冬斝彝一、黄彝一、著尊二、壺尊二、山罍二，皆加勺、幂，幂以繢。皆西上，各有坫焉。以置瓚、爵。設簠、簋、俎、鉶、籩、豆之位於堂上，俱東側階之北。四簠居前，四簋次之，次以六俎，次以六鉶，籩、豆爲後，皆以南爲上，屈陳而下。

　　設洗於東階東南，北向。罍水在洗東，篚在洗西，南肆。篚實以圭、瓚、巾、爵。執尊、罍者位於尊、罍之後。

省牲器

　　省牲之日午後十刻，廟所諸衛之屬禁斷行人。太廟令整拂神幄。

　　晡後二刻，太廟令帥府史二人及齋郎，以尊、坫、罍、洗、篚、幂及籩、豆、鉶、俎入，設於位，加以巾蓋。凡器物皆濯而陳之。

　　晡後三刻，太祝與廪犧令以牲就牓位。謁者引太常卿、贊引引御史入，詣東階，升，徧視滌濯於上。凡導引者，每曲一逡巡。於視滌，執尊者皆舉幂告潔。訖，引降，就省牲位，南向立。廪犧令少前，曰：“請省牲。”退，復位。太常卿省牲。廪犧令又前，北面，舉手曰：“腯。”還本位。太祝循牲一匝，西面，舉手曰：“充。”還本位。太祝與廪犧令以次牽牲詣厨，授太官。謁者引光禄卿詣厨，省鼎鑊，申視濯溉。贊引引御史就厨，省饌具。太常卿以下每事訖，各還齋所。進饌者入，徹籩、豆、簠、簋、鉶、俎以出。

　　享日未明十五刻，太官令帥宰人以鸞刀割牲。祝史取毛血，共實一

---

① “外”字，四庫本無。

豆,遂烹牲。祝史洗肝於鬱鬯,又取膟脊,共實一豆,置於饌所。

晨祼

享日未明四刻,諸享官各服其服。太廟令、良醞令各帥其屬入,實尊、罍。雞彝、斝彝及犧尊、象尊、著尊之上尊①,皆實以明水。山罍之上尊,實以玄酒。鳥彝、黃彝實以鬱鬯,犧尊實以醴齊,壺尊實以盎齊,山罍實以清酒。太官令帥進饌者實諸籩、豆、簋、簠。

未明三刻,奉禮帥贊者先入,就位。贊引引御史、博士、太廟令②、太祝、宮闈令及令史、祝史,與執尊、罍、篚、羃者入自東門,當階間,重行,北面西上。立定,奉禮曰:“再拜。”贊者承傳,御史以下皆再拜。訖,執尊、罍、篚、羃者各就位。贊引引御史、太祝詣東階,升堂,行埽除於上。令史、祝史升,行埽除於下。訖,引降,復位。

未明二刻,贊引引太廟令、太祝、宮闈令詣東階,升堂。太祝、宮闈令入室,開埳,奉出神主,置於座。引太廟令以下降,復位。

未明一刻,謁者、贊引各引享官俱就東門外位。太樂令帥工人、二舞次入,就位,文舞入陳於懸內,武舞立於懸南道西。其升堂座者皆脫屨於下,降納如常。謁者引司空入,就位,立定,奉禮曰:“再拜。”司空再拜。訖,謁者引司空詣東階,升堂,行埽除於上,降,行樂懸於下,訖,引復位。初,司空行樂懸訖,贊引引享官以下次入,就位,立定,奉禮曰:“眾官再拜。”眾官在位者皆再拜。訖,謁者進太尉之左,白:“有司謹具,請行事。”退,復位。協律郎跪,俛伏,舉麾,凡取物者皆跪,俛伏而取以興。奠物則跪、奠訖,俯伏而後興。鼓柷,奏《永和之樂》,乃以黃鍾之均,作文舞之舞。樂舞九成,黃鍾三奏,大呂、太蔟、應鍾各再奏。偃麾,戛敔,樂止。凡樂,舉麾而作,戛敔而止。奉禮曰:“眾官再拜。”眾官在位者皆再拜。

謁者引太尉詣罍洗,盥手,洗瓚。訖,謁者引太尉升自東階,詣尊彝所,執尊者舉羃。太尉酌鬱酒。訖,登歌作《肅和之樂》,以圜鍾之均。謁者引太尉入,詣神座前,北面跪,以鬯祼地奠之,興。謁者引太尉出戶,北向,再拜,訖,登歌止。謁者引太尉降,復位。

---

① 四庫本於“著尊”後有“壺尊”二字。
② “太廟令”三字,四庫本無。

初，衆官拜訖，祝史奉毛血及肝膋之豆立於東門外，齋郎奉鑪炭、蕭、稷黍立於肝膋之後。於登歌止，祝史奉毛血、肝膋，與奉鑪炭、蕭、稷黍者以次入自正門，升自泰階。太祝迎取毛血、肝膋於階上，入，奠於神座前。祝史退，立於尊所。齋郎以蕭、稷黍各置於鑪炭下，降自阼階以出。太祝取肝膋出户，燔於鑪炭，還尊所。

饋食

太尉既升祼，太官令出，帥進饌者奉饌陳於東門之外，重行西向，以南爲上。謁者引司徒出，詣饌所，司徒奉饌。初，太尉既至位，太官令引饌入自正門。俎初入門，《雍和之樂》作，以無射之均。饌至泰階，樂止。祝史進，徹毛血之豆，降自阼階以出。饌升，太祝迎引於階上，設於神座前。設訖，謁者引司徒以下降自阼階，復位。太祝取蕭、稷黍，擩於脂，燔於鑪炭，還尊所。

謁者引太尉詣罍洗，盥手，洗爵。訖，謁者引太尉升自阼階，詣尊彝所，執尊者舉冪。太尉酌醴齊。訖，《坤貞之舞》作。謁者引太尉入，詣神座前，北面跪，奠爵，出户，北向立，樂止。太祝持版進於室户外之右，東面跪，讀祝文曰："維某年歲次月朔日，子孝子開元神武皇帝某謹遣攝太尉某官臣某，敢昭告於皇妣肅明皇后劉氏：氣序流邁，時維孟春，永懷罔極，伏增遠感。謹以一元大武、柔毛、剛鬣、明粢、薌合、薌萁、嘉蔬、嘉薦、醴齊，敬修時享，以申追慕。尚饗。"訖，興。太尉再拜[1]。初讀祝文訖，樂作，太祝入，奠版於神座，出，還尊所。太尉拜訖，樂止。

太祝以爵酌罍福酒一爵[2]，持，進太尉之左，東向立。太尉再拜，受爵，跪，祭酒，啐酒，奠爵，興。太祝減神前三牲胙肉皆取前脚第二骨。加於俎，又以籩取稷黍飯，興，還尊所。以胙肉置一俎上，以飯置一籩。以飯授太尉，太尉受以授齋郎。又以俎肉次授太尉，太尉每受以授齋郎。訖，太尉跪，取爵，遂飲，卒爵。太祝進，受爵，復於坫。太尉興，再拜。謁者引太尉降，復位。

文舞出，鼓柷，作《舒和之樂》，出訖，戛敔，樂止。武舞入，鼓柷，作

---

①　四庫本於"再拜"後有"訖又再拜"四字。

②　"一爵"，四庫本作"合置一爵"。

《舒和之樂》,立定,戛敔,樂止。

　　初,太尉將復位,謁者引太常卿詣罍洗,盥手,洗爵。訖,謁者引太常卿升自阼階,詣尊彝所,執尊者舉冪。太常卿酌盎齊,武舞作。謁者引太常卿入,詣神座前,北面跪,奠爵,興。謁者引太常卿出户,北向,再拜。訖,太祝以爵酌罍福酒一爵,持,進太常卿之左,東向立。太常卿再拜,受爵,跪,祭酒,遂飲,卒爵。太祝進,受爵,復於坫。太常卿再拜,訖,降,復位。

　　太常卿獻將畢,謁者引光禄卿詣罍洗,盥手,洗爵,酌盎齊,終獻之禮一如亞獻之儀。訖,光禄卿降,復位。武舞止。

　　登歌作《雍和之樂》。太祝入室,徹豆,還尊所,_{徹者,籩、豆各一,少移於故}處。登歌止。奉禮曰:“賜胙。”贊者唱:“衆官再拜。”衆官在位者皆再拜。_{已飲福、受胙者不拜。}《永和之樂》作,奉禮曰:“衆官再拜。”衆官在位者皆再拜。樂一成,止。謁者進太尉之左,白:“禮畢。”

　　謁者、贊引各引享官以次出。贊引引御史、太祝以下俱復執事位,立定,奉禮曰:“再拜。”御史以下皆再拜。贊引引出。工人、二舞以次出。宮闈令納神主,如常儀。其祝版燔於齋坊。

卷第四十四　吉禮

孝敬皇帝廟時享有司攝事

齋戒　陳設　省牲器　晨祼　饋食

齋戒

將享，有司卜日如別儀。

前享七日平明，太尉誓百官於尚書省，曰：“某月某日，時享於孝敬皇帝廟。各揚其職，不供其事，國有常刑。”凡預享之官散齋四日，致齋三日。散齋皆於正寢。致齋二日於本司，一日於齋坊，其無本司者皆於齋坊。散齋理事如舊，惟不弔喪問疾，不作樂，不判署刑殺文書，不行刑罰，不預穢惡。致齋惟享事得行，其餘悉斷。其享官已齋而闕者，通攝行事。諸享官致齋之日給酒食及明衣，各習禮於齋所。光禄卿監取明水火。太官令取水於陰鑒，取火於陽燧。火以供爨，水以實尊。

前享一日，諸衛令其屬未後一刻各以其方器服守衛廟門，每門二人，每隅一人。與太樂工人俱清齋一宿。

陳設

前享三日，右校清埽內外。守宮設享官公卿以下次於齋坊之內。

前享二日，太樂令設宮懸之樂於廟庭。東方、西方磬簴起北，鐘簴次之。南方、北方磬簴起西，鐘簴次之。設十二鎛鐘於編懸之間，各依辰位。樹路鼓於北懸之內、道之左右。植建鼓於四隅。置柷敔於懸內。柷在左，敔在右。設歌鐘、歌磬於廟堂之上前楹間，北向。磬簴在西，鐘簴在東。其鞄竹者立於階間，重行北向，相對爲首。凡懸，皆展而編之。諸工人各位於懸後，東方、西方以北爲上，南方、北方以西爲上。

前享一日，奉禮設享官公卿位於東門之內道北，執事位於道南，每等異位，俱重行西向，以北爲上。設御史位於廟堂之上：一位於東南，西向，一位於西南，東向，令史各陪其後。設奉禮位於樂懸東北，贊者二人在南差退，俱西向。設協律郎位於廟堂之上前楹間，近西，東向。設太樂令位於北懸之間，北向。設門外位，享官公卿以下皆於東門之外道南，每等異位，重行，北面西上。

設牲牓於東門之外，當門西向，以南爲上。設廩犧令位於牲西南，史陪其後，俱北向。設太祝位於牲東，當牲後，祝史陪其後，俱西向。設太常卿省牲位於牲前近北，又設御史位於太常卿之西，俱南向。

設尊彝之位於堂上前楹間，於室戶外之左，北向。春夏雞彝一、鳥彝一、犧尊二、象尊二、山罍二，秋冬斝彝一、黃彝一、著尊二、壺尊二、山罍二，皆加勺、冪，<small>冪以緇。</small>皆西上，各有坫焉。<small>以置瓚、爵。</small>設籩、簠、簋、鉶、簠、豆之位於堂上，俱東側階之北。四簠居前，四簋次之，次以六簋，次以六鉶，簠、豆爲後，皆以南爲上，屈陳而下。

設洗於東階東南，北向。罍水在洗東，篚在洗西，南肆。<small>篚實以圭、瓚、巾、爵。</small>執尊、罍者位於尊、罍之後。

省牲器

省牲之日午後十刻，廟所諸衛之屬禁斷行人。廟令整拂神幄。

晡後二刻，太廟令帥府史二人及齋郎，以尊、坫、罍、洗、篚、冪及簠、豆、鉶、簋入，設於位，加以巾蓋。<small>凡器物皆濯而陳之。</small>

晡後三刻，太祝與廩犧令以牲就牓位。謁者引太常卿、贊引引御史入，詣東階，升，徧視滌溉於上。<small>凡導引者，每曲一逡巡。於視濯，執尊者皆舉冪告潔。</small>訖，引降，就省牲位，南向立。廩犧令少前，曰：“請省牲。”退，復位。太常卿省牲。廩犧令又前，北面，舉手曰：“腯。”還本位。太祝循牲一匝，西面，舉手曰：“充。”還本位。太祝與廩犧令以次牽牲詣厨，授太官。謁者引光祿卿詣厨，省鼎鑊，申視滌溉。贊引引御史就厨，省饌具。<small>太常卿以下每事訖，各還齋所。</small>進饌者入，徹籩、豆、簠、簋、鉶、簋以出。

享日未明十五刻，太官令帥宰人以鸞刀割牲。祝史取毛血，共實一豆，遂烹牲。祝史洗肝於鬱鬯，又取膟膋，共實一豆，置於饌所。<small>膟膋，腸間脂。</small>

晨祼

享日未明四刻，諸享官各服其服。太廟令、良醞令各帥其屬入，實尊、罍。鷄彝、斝彝及犧尊、象尊①、壺尊之上尊，實以明水。山罍之上尊，實以玄酒。鳥彝、黃彝實以鬱鬯，犧尊實以醴齊②，象尊、壺尊實以盎齊，山罍實以清酒。太官令帥進饌者實諸籩、豆、簋、簠。

未明三刻，奉禮帥贊者先入，就位。贊引引御史、博士、太廟令、宮闈令、太祝及令史、祝史，與執尊、罍、篚、冪者入自東門，當階間重行，北面西上。立定，奉禮曰：“再拜。”贊者承傳，御史以下皆再拜。訖，執尊、罍、篚、冪者各就位。贊引引御史、太祝詣東階，升堂，行埽除於上。令史、祝史升，行埽除於下。訖，引降，復位。

未明二刻，贊引引太廟令、太祝、宮闈令詣東階，升堂，入室，開埳，太祝、宮闈令奉出神主，置於座。訖，皇后神主，宮闈令奉出，並座而處右。引太廟令以下降，復位。

未明一刻，謁者、贊引各引享官俱就東門外位。太樂令帥工人、二舞次入，就位，文舞入陳於懸内，武舞立於懸南道西。其升堂座者皆脱屨於下，降納如常。謁者引司空入，就位，立定，奉禮曰：“再拜。”司空再拜。訖，謁者引司空詣東階，升堂，行埽除於上，降，行樂懸於下，訖，引復位。初，司空行樂懸訖，謁者、贊引引享官次入，就位，立定，奉禮曰：“衆官再拜。”衆官在位者皆再拜。訖，謁者進太尉之左，白：“有司謹具，請行事。”退，復位。協律郎跪，俛伏，舉麾，凡取物者皆跪，俛伏而取以興。奠物則跪、奠訖，俯伏而後興。鼓柷，奏《永和之樂》，乃以黃鍾之均，作文舞之舞。樂舞九成，黃鍾三奏，大吕、太蔟、應鍾各再奏。偃麾，戛敔，樂止。凡樂，皆協律郎舉麾，工鼓柷而後作，偃麾、戛敔而後止。奉禮曰：“衆官再拜。”衆官在位者皆再拜。

謁者引太尉詣罍洗，盥手，洗瓚。訖，謁者引太尉升自東階，詣尊彝所，執尊者舉冪。太尉酌鬱酒。訖，登歌作《肅和之樂》，以圜鍾之均。謁者引太尉入，詣神座前，北面跪，以鬯祼地奠之，興。謁者引太尉出户，北向，再拜，訖，登歌止。謁者引太尉降，復位。

① 四庫本於“象尊”後有“著尊”二字。
② 四庫本於“犧尊”後有“著尊”二字。

初，衆官再拜訖，祝史取毛血及肝膋之豆立於東門外，齋郎奉鑪炭、蕭、稷黍立於肝膋之後。於登歌止，祝史奉毛血、肝膋，齋郎奉鑪炭、蕭、稷黍，以次入自正門，升自泰階。太祝迎取毛血、肝膋於階上，入，奠於神座前。祝史退，立於尊所。齋郎奉鑪加炭，皆置於室户外之左，其蕭、稷黍各置於鑪炭下，降自阼階以出。太祝取肝膋出户，燔於鑪炭，還尊所[①]。

饋食

太尉既升裸，太官令出，帥進饌者奉饌陳於東門之外，重行西向，以南爲上。謁者引司徒出，詣饌所，司徒奉饌。初，太尉既至位，太官令引饌入自正門。俎初入門，《雍和之樂》作，以無射之均，饌至泰階，樂止。祝史進，徹毛血之豆，降自阼階以出。饌升，太祝迎引於階上，設於神座。籩、豆蓋冪先徹，乃升。簋、簠既奠，却其蓋於下。設訖，謁者引司徒以下降自阼階，復位。太祝取蕭、稷黍，擩於脂，燔於鑪炭，還尊所。

謁者引太尉詣罍洗，盥手，洗爵。訖，謁者引太尉升自阼階，詣尊彝所，執尊者舉冪。太尉酌醴齊。訖，《承光之舞》作。謁者引太尉入，詣神座前，北面跪，奠爵，少東，興。謁者又引太尉取爵於坫，酌醴齊。訖，謁者引入神座前，北面跪，奠爵，少西，興。謁者引太尉出户，北向立，樂止。太祝持版進於室户外之右，東面跪，讀祝文曰："維某年歲次月朔日，子孝姪開元神武皇帝某謹遣某官攝太尉臣某，敢昭告於皇伯考孝敬皇帝、哀皇后裴氏：氣序流邁，時維孟春，永懷罔極，伏增遠感。謹以一元大武、柔毛、剛鬣、明粢、薌合、薌萁、嘉蔬、嘉薦、醴齊，敬修時享，以申追慕。尚饗。"訖，興。太尉再拜，訖，又再拜。初讀祝文訖，樂作，太祝入，奠版於神座，出，還尊所。太尉拜訖，樂止。

太祝以爵酌罍福酒一爵，持，進太尉之左，東向立。太尉再拜，受爵，跪，祭酒，啐酒，奠爵，興。祝史帥齋郎進俎，太祝減神前三牲胙肉皆取前脚第二骨。加於俎，又以籩取稷黍飯，興，還尊所。以胙肉置一俎，以飯置一籩。以飯授太尉，太尉受以授齋郎[②]。又以俎肉次授太尉，太尉每受以授齋郎。訖，太尉跪，取爵，遂飲，卒爵。太祝進，受爵，復於坫。太

尉興，再拜。謁者引太尉降，復位。

文舞出，鼓柷，作《舒和之樂》，出訖，戛敔，樂止。武舞入，鼓柷，作《舒和之樂》，立定，戛敔，樂止。

初，太尉將復位，謁者引太常卿詣罍洗，盥手，洗爵。訖，謁者引太常卿升自阼階，詣尊彝所，執尊者舉幂。太常卿酌盎齊，武舞作。謁者引太常卿入，詣神座前，北面跪，奠爵，少東，訖，興。謁者引太常卿出戶，北向，再拜。訖，謁者又引太常卿取爵於坫，酌盎齊。訖，謁者引入神座前，北面跪，奠爵，少西，訖，興。謁者引太常卿出戶，北向又再拜。訖，太祝以爵酌罍福酒一爵，持，進太常卿之左，東向立。太常卿再拜，受爵，跪，祭酒，遂飲，卒爵。太祝進，受爵，復於坫。太常卿再拜，訖，降，復位。

太常卿獻將畢，謁者引光禄卿詣罍洗，盥手，洗爵，酌盎齊，終獻之禮一如亞獻之儀。訖，光禄卿降，復位。武舞止。

登歌作《雍和之樂》。太祝入室，徹豆，還尊所，徹者，籩、豆各一，少移於故處。登歌止。奉禮曰：“賜胙。”贊者唱：“眾官再拜。”眾官在位者皆再拜。已飲福、受胙者不拜。《永和之樂》作，奉禮曰：“眾官再拜。”眾官在位者皆再拜。樂一成，止。謁者進太尉之左，白：“禮畢。”

謁者、贊引各引享官以次出。贊引引御史、太祝以下俱復執事位，立定，奉禮曰：“再拜。”御史以下皆再拜。贊引引出。工人、二舞以次出。太廟令與太祝、宮闈令納神主，如常儀。其祝版燔於齋坊。

卷第四十五　吉禮

皇帝拜五陵　皇后拜五陵　太常卿行諸陵

皇帝拜五陵

將拜陵，所司承制，内外宣攝，隨職供辦。

前發二日，太尉告太廟，如常儀。將作預修理拜謁之所及寢宮，務極潔敬，不得喧雜。尚舍直長去陵十里所設行宮。奉御鋪御座、齋室，如常儀。守宮設從駕百官及皇親、諸親、客使位及次，如常儀。尚舍又於謁拜陵所之道西量設小次，又於寢宮前之西南設大次，東向御座[1]如常儀。守宮量設侍臣次於御次西南，又設群官應陪位者次於侍臣之西南，隨地之宜，皆東向，以北爲上。文官在北，武官在南，朝集使於武官之南。尚食預備太牢之饌，珍羞庶品，務極豐潔。太常滌瑑牲牢及粢盛，光禄、司農及長祠人供辦如式。

拜謁前一日，皇帝至行宮，詣齋室，仗衛如式。陵令以玉册進，御署訖，近臣奉出，陵令受訖。奉禮設御位於陵東南隅，西向。其有山谷隱暎，則隨地設位，望陵而拜。又設位於寢宮之内、寢殿東階之東南，西向。又設百官位於陵所，行從官及皇親、諸親、客使等分方位於神道之左右，相對爲首，於寢宮所大次之前[2]，分方序立如常，並隨地之宜。

拜謁日未明五刻，諸衛量設黄麾大仗於陵寢陳布。諸陵寢舊宿衛人各依本職掌，不得移動。

未明三刻，行從百官及皇親五等以上[3]、諸親三等以上并客使等應陪位者，俱就位。侍中版奏："請中嚴。"其布位及進嚴典儀，相贊設之。近仗就

---

① "御座"二字，《通典》卷一一六《開元禮纂類十一》無。
② 四庫本在"於寢宮"前有"又設百官位"五字。
③ "行從"，四庫本作"從行"。

陳如常儀。

　　未明一刻，侍中版奏：“外辦。”皇帝素服，乘馬以出。勅侍臣上馬，曲直華蓋繖扇侍衛如常儀。詣陵西南小次所，由控馬以入。少頃，侍中版奏：“外辦。”皇帝步出次，博士引太常卿，太常卿前導。皇帝至位，立。太常卿前，奏稱：“請再拜。”博士與太常卿退，立於後。皇帝再拜。太常卿又前，奏：“請更再拜。”皇帝又再拜。有泣無哭。奉禮曰：“再拜。”贊者承傳，陪位者皆再拜，又再拜，訖。凡贊引進退，皆通事舍人贊相。以後準此。少頃，太常卿前，奏：“請辭。”皇帝再拜，又再拜。奉禮曰：“奉辭。”贊者承傳，陪位者再拜，又再拜。太常卿引皇帝還小次，乘馬出次，勅侍臣上馬，儀仗侍衛詣寢宮。皇帝從陵迴，詣大次，乘馬以入。其仗衛等各立於後，其行從百官及皇親、諸親並客使等，並依位序立於大次之前。所司嚴潔具酒饌。

　　侍中版奏：“外辦。”皇帝步出大次，博士引太常卿，太常卿前導。皇帝至寢宮南門，仗衛停於門外。其應從入之官，臨時奏聽進止。博士引太常卿，太常卿前導，皇帝入內門，取東廊，進至寢殿東階之東南，西向立定。太常卿前，奏：“再拜。”訖，引皇帝升東階，當神座前，北面再拜。訖，又當皇后神座前再拜，訖，入，進省服翫，拂拭牀帳。勅所司進太牢之饌，加備珍羞陳設。若有太子、諸王公主陪葬柏城內者，並於寢殿東廊下，所司致祭。功臣陪葬者，於東廊下各奠饌布位，量定獻官行事。太常卿引皇帝出，詣酒尊所，酌酒，進。其尊、坫陳於堂戶外之東南，如常儀。皇帝入，奠酒三爵，訖，當神座前北向立。太祝二人對持玉册於室戶外之右，東面，跪[①]，讀祝文。訖，皇帝再拜，又再拜。若更薦奠服翫，即躬自執陳。訖，太常卿引皇帝出戶，當神座前北向立。太常卿奏：“請辭。”皇帝再拜，又再拜。訖，太常卿引皇帝出中門，太常卿前，奏：“請權停。”其從官及行事官，並出大次門外奉候。其守宮使、內侍官引內官帥寢宮內人謁見。皇帝出，侍衛如常儀，還大次。少頃，若猶宿，即乘馬還行宮，若更向前陵，即於大次便進發。皆近侍預奏取進止，與仗衛計會。

---

　　①　四庫本、《通典》卷一一六《開元禮纂類十一》，於“跪”前有“一太祝東向”五字。《新唐書》卷一四《禮樂四》與公善堂本同。

皇后拜五陵

所司預設大次於寢宮之東，隨地之宜，東向。鋪御座如常。又設先朝妃嬪次於大次之南。守宮設大長公主[①]及諸親婦人、命婦等次於妃嬪之南，皆東向。及拜謁之處，皆障以行帷。

前一日，內謁者設中宮御位於寢宮東大次前，近東，東向。又設先朝妃嬪以下位於御位西南，各於其次之東，皆重行東向，以北爲上。又設司贊位於妃嬪東北，東向，掌贊二人在南差退。

皇帝發行宮後，皇后乘四望車，如常行之式。發行宮之大次，改服假髻，白練單衣服。內典引各引妃嬪以下就位。立訖，內侍版奏：“外辦。”司言引尚宮，尚宮引皇后，每尚宮前導，皆司言先引。出，就位。尚服負琮寶以從，如式。立定，尚儀前，奏：“請再拜。”退，復位。皇后再拜。司贊曰：“再拜。”掌贊承傳，諸陪位者皆再拜。少頃，尚儀又前，奏：“請再拜辭。”皇后再拜。司贊曰：“再拜。”掌贊承傳，諸陪位者皆再拜。尚宮引皇后還大次，謁寢宮，如後儀。

皇后初還大次，內典引各引陪位者退。皇后拜陵訖，於寢宮東大次改服鈿釵、禮衣，若服常服，臨時聽進止。乘輿詣寢宮，尚服負琮寶以從。侍衛如常，先朝妃嬪、大長公主、長公主陪從如常式。至寢宮北門，降輿，入大次。

皇帝既入寢宮，尚宮引皇后侍從如常，詣寢殿前西階之西，東向立，其妃嬪、公主等陪從立於皇后之南，皆東面北上。又設司贊位於妃嬪東北，東向，掌贊二人在南差退。在位者立定，尚儀前，奏：“再拜。”皇后再拜。司贊曰：“再拜。”掌贊承傳，妃嬪以下皆再拜。訖，尚宮引皇后升自西階，入室，妃嬪、公主等仍立於階下。詣先帝神座前，北面再拜。訖，尚宮又引皇后詣先帝皇后神座前，北面再拜。訖，尚宮引皇后進省先后服翫，訖，引退西廂，東向立，進食。訖，皇帝出，尚宮引皇后從出，降自西階，復階下位。尚儀奏：“再拜辭。”皇后再拜。訖，司贊曰：“再拜。”掌贊承

① 四庫本於“大長公主”後有“長公主”三字。

傳，諸陪位妃嬪等皆再拜。

尚宮引皇后之大次更衣，妃嬪以下皆更衣。皇帝過，皇后出寢宮北門，乘四望車還行宮，侍從如常儀[①]。

太常卿行諸陵

所司預擇吉日。

行日之朝，車府令具輅車，駕一馬清道，青衣、團扇、曲蓋、繖扇俱詣太常寺門，布列以俟。守宮預於陵南百步道東設次，西面北上。右校令具翦除利器以備灑埽。太常卿公服乘車，奉禮以下公服陪從，到次，降車，停便座。奉禮設卿位於北門外之左[②]，西向，陵官在卿位東南，執事官又於其南，俱西面北上。設奉禮位於陵官之西，西向，贊者二人在南少退。

謁者引太常卿出，就位。贊引引諸官以次就位。立定，奉禮曰："再拜。"贊者承傳，在位者俱再拜。謁者引太常卿、贊引引諸官以次入，奉行畢，謁者引復位。奉禮曰："再拜。"贊者承傳，在位者皆再拜。謁者引太常卿、贊引引諸官各就便座。少頃，乘車發引，次詣諸陵，奉行如上儀。若應須灑埽及芟薙修理，皆即隨事處分。

---

① "常"字，四庫本、《通典》卷一一六《開元禮纂類十一》作"來"。

② "北門"，四庫本、《新唐書》卷一一四《禮樂四》、《通典》卷一一六《開元禮纂類十一》均作"兆門"。

卷第四十六　吉禮

皇帝孟春吉亥享先農耕籍

齋戒　陳設　鑾駕出宮　饋享　耕籍　鑾駕還宮　勞酒

齋戒

前祀五日，皇帝散齋三日於別殿。致齋二日，一日於太極殿，一日於行宮。

前致齋一日，尚舍奉御設御幄於太極殿西序及室内，俱東向。尚舍直長張帷於前楹下。

致齋之日質明，諸衛勒所部屯門列仗。晝漏上水一刻，侍中版奏：“請中嚴。”諸衛之屬各督其隊入，陳於殿庭，如常儀。尚舍引文武五品以上袴褶陪位，如常式。諸近侍之官各服其器服，諸侍臣並結佩，俱詣閤奉迎。侍中版奏：“外辦。”上水三刻，皇帝服通天冠、絳紗袍，結佩，乘輿出自西房，曲直華蓋警蹕侍衛如常儀。皇帝即御座，東向坐，侍臣夾侍如常。一刻頃，侍中前，跪，奏稱：“侍中臣某言，請降，就齋室。”俛伏，興，還侍位。皇帝降座，入室。文武侍臣各還省，直衛者如常儀。舍人引陪位者以次出。

凡預享之官散齋三日，致齋二日。散齋皆於正寢。致齋一日於本司，一日於享所，其無本司者，則一日於郊社署。近侍之官應從升者及從享群官、諸方客使，各於享所俱清齋一宿。散齋理事如舊，惟不弔喪問疾，不作樂，不判署刑殺文書，不行刑罰，不預穢惡。致齋惟享事得行，其餘悉斷。其享官已齋而闕者，通攝行事。諸享官致齋之日給酒食及明衣，各習禮於齋所。光祿卿監取明水火。太官令取水於陰鑒，取火於陽燧。火以供爨，水以實尊。

前享一日，諸衛令其屬未後一刻各以其方器服守衛壇門，每門二人，每隅一人。與太樂工人俱清齋一宿。

陳設

　　前享三日，尚舍直長施大次於外壝東門之內道北，南向。尚舍奉御鋪御座。守宮設文武侍臣次於大次之後，文官在左，武官在右，俱南向。設諸享官次於東壝之外道南，從享文官九品以上於享官之東，東方、南方朝集使於文官之東，東方、南方蕃客又於其東，俱每等異位，北面西上。介公、酇公於西壝之外道南，武官九品以上於介公、酇公之西①，西方、北方蕃客又於其西，俱每等異位，北面東上。其褒聖侯於文官三品之下。諸州使人分方，位於朝集使之後。設饌幔於內壝東門之外道南，北向。

　　前享二日，太樂令設宮懸之樂於壇南內壝之內。東方、西方磬簴起北，鐘簴次之；南方、北方磬簴起西，鐘簴次之。設十二鎛鐘於編懸之閒，各依辰位。樹路鼓於北懸之內、道之左右。植建鼓於四隅。置柷敔於懸內。柷在左，敔在右。設歌鐘、歌磬於壇上近南，北向。磬簴在西，鐘簴在東。其匏竹者立於壇下，重行北向，相對爲首。凡懸，皆展而編之。諸工人各位於懸後，東方、西方以北爲上，南方、北方以西爲上。右校埽除壇之內外。又爲瘞埳於壇之壬地、內壝之外，方深取足容物，南出陛。

　　前享一日，奉禮設御座於壇之東南，西向。設望瘞位於壇西南，當瘞埳北向。設享官公卿位於內壝東門之內道南，執事者位於其後，每等異位，俱重行，西面北上。設御史位於壇下，一位於東南，西向，一位於西南，東向，令史各陪其後。設奉禮位於樂懸東北，贊者二人在南差退，俱西向。又設奉禮、贊者位於瘞埳西南，東面。設協律郎位於壇上南陛之西，東向。設太樂令位於北懸之閒，當壇北向。設從享之官位於文官九品以上執事之南②，東方、南方朝集使於文官之南，東方、南方蕃客又於其南，俱每等異位，重行，西面北上。介公、酇公位於內壝西門之內道南，武官九品以上於介公、酇公之後，西方、北方朝集使於武官之南，西方、北方蕃客又於其南，俱每等異位，重行，東面北上。其褒聖侯於文官三品之下。諸州使人分方，位於朝集使之後。又設享官及從享群官等門外位於東西壝門之外道南，皆如設次之式。

---

①　四庫本於“酇公之西”後有“西方北方朝集史於武官之西”十二字。
②　“於”字，四庫本後移至“執事”前。

又設御耕藉位於外壝南門之外十步所，南向。設從耕位：三公、諸王、尚書、諸卿位於御座東南，重行，西向，各依推數爲列。其公、王、尚書、卿等非耕者位於耕者之東，重行，西向，俱北上。介公、酅公位於御座西南，東向，以北爲上。尚舍設御耒席於三公之北少西，南向。奉禮又設司農卿位於御耒席東少南，西向。廩犧令於司農卿之南，少退。諸執耒耜者位於公卿耕者之後、非耕者之前，西向。御耒耜二具[1]，三公耒耜三具，諸王、尚書、卿各正位三人合耒耜九具。以下耒耜，太常各令藉田農人執之。

設酒尊之位於壇上：神農氏犧尊二、象尊二、山罍二在東南隅，北向。后稷氏犧尊二、象尊二、山罍二在神農氏酒尊之東，俱北面西上。尊皆加勺、冪，有坫以置爵。設御洗於壇南陛東南，亞獻之洗於東陛之南，俱北向。執尊、罍、篚、冪者各位於尊、罍、篚、冪之後。設幣、篚於壇上，各於尊坫之所。

晡後，郊社令帥齋郎以尊、坫、罍、洗、篚、冪入，設於位。升壇者自東陛。謁者引光祿卿詣厨，視濯溉。凡導引者，每曲一逡巡。贊引引御史詣厨，省饌具。光祿卿以下每事訖，各還齋所。

享日未明十五刻，太官令帥宰人以鸞刀割牲，祝史以豆取毛血，各置於饌所，遂烹牲。

未明五刻，太史令、郊社令各服其服，升，設神農氏神座於壇上北方，南向。設后稷氏神座於東方，西向。席皆以莞。設神位各於座首。

鑾駕出宫

前出宫三日，本司宣攝内外，各供其職。尚舍設行宫於壇東，南向[2]，隨地之宜。守宫設從享官五品以上次於承天門外東、西朝堂，如常。

前二日，太樂令設宫懸之樂於殿庭，如常儀。駕出，懸而不作。其日，晝漏上水五刻，鑾駕發引。發引前七刻，搥一鼓爲一嚴。三嚴時節，前一日侍中奏裁。前五刻，搥二鼓爲再嚴。侍中版奏：“請中嚴。”奉禮設從享群官五品以上位：文官於東朝堂之前，西向；武官於西朝堂之前，東向。俱重行

---

[1] “二具”，四庫本、《新唐書》卷一四《禮樂四》作“一具”。

[2] “壇東南向”，四庫本作“壇南東向”。

北上。從享群官五品以上依時刻俱集朝堂次，各服其服。_{其六品以下及介}公、邾公、褒聖侯、朝集使、諸方客使等，並依駕出之日便赴享所。所司陳大駕鹵簿。前二刻，搥三鼓爲三嚴。諸衛之屬各督其隊與鈒戟以次入，陳於殿庭。謁者引從享群官各就朝堂前位。諸侍衛之官各服其器服。侍中、中書令以下俱就西階奉迎。_{侍中負寶如式。}乘黃令進耕根車於太極殿西階之前，南向。千牛將軍一人執長刀立於車前，北面。黃門侍郎一人在侍臣之前，贊者二人又在黃門侍郎之前。

侍中版奏："外辦。"太僕卿奮衣而升，正立執轡。皇帝齋服，乘輿以出，降自西階，稱警蹕如常儀。千牛將軍前，執轡，皇帝升車，太僕卿立授綏，侍中、中書令以下夾衛如常。乘黃令進耒耜，太僕卿受之，載於御者之間。黃門侍郎進，當鑾駕前跪，奏稱："黃門侍郎臣某言，請鑾駕發引。"俛伏，興，退，復位。_{凡黃門侍郎奏請，皆進，當鑾駕前跪，奏稱具官臣某言，訖，俛伏，興也。}鑾駕動，又稱警蹕。黃門侍郎與贊者夾引以出，千牛將軍夾車而趨。

駕出承天門，至侍臣上馬所，黃門侍郎奏稱："請鑾駕權停，勅侍臣上馬。"侍中前，承制，退稱："制曰可。"黃門侍郎退稱："侍臣上馬。"贊者承傳，文武侍臣皆上馬。諸侍衛之官各督其屬左右翊駕在黃麾內。符寶郎奉六寶，與殿中監後部從在黃鈒內。侍中、中書令以下夾侍於車前。贊者在供奉官人內。侍臣上馬畢，黃門侍郎奏稱："請勅車右升。"侍中前，承制，退稱："制曰可。"黃門侍郎退，復位。千牛將軍升訖，黃門侍郎奏稱："請鑾駕發引。"退，復位。鑾駕動，稱警蹕，鼓傳音如常。不鳴鼓吹，不得諠譁。其從享之官在玄武隊後，如常儀。

駕將至，諸享官俱朝服，結佩，謁者引立於次前，重行，北面西上。駕過，引下，還齋所。駕至行宮南門外，迴車南向，將軍降，立於車右。侍中進，當鑾駕前跪，奏稱："侍中臣某言，請降車。"俛伏，興，還侍位。皇帝降車，乘輿入行宮，繳扇華蓋侍衛警蹕如常儀。宿衛如式。乘黃令受耒耜，掌之。謁者、贊引引從享官①，通事舍人分引文武群官五品以上，集行宮朝堂前，文左武右。舍人承旨，勅群官等各還次。

---

①　公善堂本於"贊引"後脫"引"字，四庫本同。據文意及《通典》卷一〇九《開元禮纂類四》補。

饋享

享日未明三刻，諸享官及從享之官各服其服。郊社令、良醞令帥其屬入，實尊、罍及幣。犧尊實以醴齊，象尊實以盎齊，山罍實以清酒。齊皆加明水，酒皆加玄酒，各實於上尊。禮神之幣皆以青。太官令帥進饌者實諸籩、豆、簋、簠等，入，陳於東門之外道南饌幔內。

未明二刻，奉禮帥贊者先入，就位。贊引引御史、諸太祝及令史、祝史，與執尊、罍、篚、冪者入自東門，當壇南重行，北面西上。立定，奉禮曰：“再拜。”贊者承傳，凡奉禮有辭，贊者皆承傳。御史以下皆再拜。訖，執尊者升自東陛，立於尊所，壇下執尊、罍、篚、冪者各就位。贊引引御史、諸太祝詣壇東陛，升，行埽除於上。令史、祝史升，行埽除於下。訖，引降，就位。

未明一刻，謁者、贊引各引享官及分享群官、客使等俱就門外位。太樂令帥工人、二舞次入，就位，文舞入陳於懸內，武舞立於懸南道西。其升壇座者皆脫屨於下，降納如常。謁者引司空入，就位，立定，奉禮曰：“再拜。”司空再拜。訖，謁者引司空詣壇東陛，升，行埽除於上，降，行樂懸於下。訖，引復位。初，司空行樂懸訖，謁者、贊引各引享官及從享官、客使等次入，就位。初，未明三刻，諸衛列大駕仗衛，陳設如式。侍中版奏：“請中嚴。”乘黃令進耕根車於行宮南門外，迴車南向。若行宮去壇稍遠，嚴警如式。未明一刻，侍中版奏：“外辦。”

質明，皇帝服袞冕，乘輿以出，繖扇華蓋侍衛如常儀。侍中負璽陪從如式。皇帝升車訖，乘黃令進耒耜，太僕受、載如初。黃門侍郎奏：“請鑾駕發引。”還侍位。鑾駕動，稱警蹕如常，千牛將軍夾車而趨。若行宮去壇稍遠，奏升輅如式。

駕至大次門外，迴車南向。侍中進，當鑾駕前跪，奏稱：“侍中臣某言，請降車。”俛伏，興，還侍位。皇帝降車，乘輿之大次，繖扇華蓋侍衛如常儀。郊社令以祝版進，御署訖，近臣奉出，郊社令受，各奠於坫。初，皇帝降車訖，乘黃令受耒耜，授廩犧令而橫執之，左其耜，之耕所，置於席，遂守之。凡執耒耜皆橫之，授則先其耒，後其耜。皇帝停大次半刻頃，太常博士引太常卿立於大次門外，當門北向。侍中版奏：“外辦。”皇帝出次，華蓋侍衛如常儀。博士引太常卿，太常卿引皇帝凡太常卿前導，皆博士先引。至內壝門外。殿中監進大圭。尚衣奉御又以鎮圭授殿中監，殿中監受，進。皇帝搢大圭，執鎮圭，華蓋仗衛停於門外，近侍者從入如常儀。

皇帝至版位，西向立。每立定，太常卿與博士退，立於左。太常卿前，奏稱："請再拜。"退，復位。皇帝再拜。奉禮曰："眾官再拜。"眾官在位者皆再拜。其先拜者不拜。太常卿前，奏："有司謹具，請行事。"退，復位。協律郎跪，俛伏，舉麾，凡取物者皆跪，俛伏而取以興。奠物則跪，奠訖，俛伏而後興。鼓柷，奏角音，乃以《永和之樂》，姑洗之均，自後，壇下接神之樂皆奏姑洗。作文舞之舞。樂舞三成，偃麾，戛敔，樂止。凡樂，皆協律郎舉麾，工鼓柷而後作，偃麾、戛敔而後止。太常卿前，奏稱："請再拜。"退，復位。皇帝再拜。奉禮曰："眾官再拜。"眾官在位者皆再拜。太祝俱取幣於篚，各立於尊所。

太常卿引皇帝，《太和之樂》作。皇帝每行，皆作《太和之樂》。皇帝詣壇，升自南陛，侍中、中書令以下及左右侍衛量人從升。以下皆如之。皇帝升壇，北向立，樂止。太祝以幣授侍中，侍中受幣，東向進。皇帝搢鎮圭，受幣，凡受物皆搢鎮圭，奠訖，執鎮圭，俛伏，興。登歌作《肅和之樂》，以南呂之均。太常卿引皇帝進，北面跪，奠於神農氏神座，俛伏，興。太常卿引皇帝少退，北向，再拜。訖，太常卿引皇帝又立於西方，東向。又太祝以幣授侍中，侍中受幣，北向進。皇帝受幣。太常卿引皇帝進，東面跪，奠於后稷氏神座，俛伏，興。太常卿引皇帝少退，東向，再拜，訖，登歌止。太常卿引皇帝，樂作，皇帝降自南陛，還版位，西向立，樂止。

初，群官拜訖，祝史奉毛血之豆立於門外。登歌止，祝史奉毛血入，升自南陛，配座升自東陛。太祝迎取於壇上，進，奠於神座前。太祝與祝史退，立於尊所。

皇帝既升奠幣，太官令出，帥進饌者奉饌陳於內壝東門之外。謁者引司徒出，詣饌所，司徒奉神農之俎。皇帝既至版位，樂止，太官令引饌入。俎初入門，《雍和之樂》作，饌至陛，樂止。祝史進，跪，徹毛血之豆，降自東陛以出。神農氏之饌升自南陛，配座之饌升自東陛。太祝迎引於壇上，各設於神座前。籩、豆蓋冪先徹，乃升。簠、簋既奠，卻其蓋於下。設訖，謁者引司徒以下降自東陛，復位。太祝各還尊所。

太常卿引皇帝詣罍洗，樂作，皇帝至罍洗，樂止。侍中跪，取匜，興，沃水；又侍中跪，取盤，興，承水。皇帝盥手。黃門侍郎跪，取巾於篚，興，進。皇帝帨手。訖，黃門侍郎受巾，跪，奠於篚，興。黃門侍郎又取爵於篚，興，進。皇帝受爵。侍中酌罍水，又侍中奉盤，皇帝洗爵，黃門侍郎又授巾，皆如初。皇帝拭爵訖，侍中奠盤、匜，黃門侍郎受巾，奠於篚，皆如初。

太常卿引皇帝，樂作，皇帝詣壇，升自南陛，樂止。謁者引司徒升自東陛，立於尊所。齋郎奉俎從升，立於司徒之後。太常卿引皇帝詣神農氏酒尊所，執尊者舉冪。侍中贊酌醴齊。訖，《壽和之樂》作。皇帝每酌獻及飲福，皆作《壽和之樂》。太常卿引皇帝進神農氏神座前，北面跪，奠爵，俛伏，興。太常卿引皇帝少退，北向立，樂止。太祝持版進於神座之右，東面跪，讀祝文曰："維某年歲次月朔日，子開元神武皇帝某，敢昭告於帝神農氏：獻春伊始，東作方興，率由典則，恭事千畝。謹以制幣、犧齊、粢盛、庶品，肅備恒祀，陳其明薦，以后稷氏配神作主。尚饗。"訖，興。皇帝再拜。初讀祝文訖，樂作，太祝進，跪，奠版於神座，興，還尊所。皇帝拜訖，樂止。

太常卿引皇帝詣后稷氏酒尊所，執尊者舉冪。侍中取爵於坫，進。皇帝受爵。侍中贊酌醴齊訖，樂作。太常卿引皇帝進后稷氏神座前，東面跪，奠爵，俛伏，興。太常卿引皇帝少退，東向立，樂止。太祝持版進於神座之左，北面跪，讀祝文曰："維某年歲次月朔日，子開元神武皇帝某，敢昭告於后稷氏：土膏脉起，爰循耕籍，用薦恒祀於帝神農氏。惟神功叶稼穡，實允昭配，謹以制幣、犧齊、粢盛、庶品，式陳明薦，作主侑神。尚饗。"訖，興。皇帝再拜。初讀祝文訖，樂作，太祝進，跪，奠版於神座前，俛伏，興，還尊所。皇帝拜訖，樂止。

太常卿引皇帝進神農氏神座前，北面立，樂作。太祝各以爵酌上尊福酒，合置一爵。一太祝持爵授侍中，侍中受爵，西向進。皇帝再拜，受爵，跪，祭酒，啐酒，奠爵，俛伏，興。太祝帥齋郎進俎。太祝減神座前三牲胙肉，皆取前脚第二骨。各置一俎上；又以籩、豆取稷黍飯，共置一籩。太祝先以飯籩授司徒，司徒受，西向進。皇帝受以授左右。又以胙肉授司徒，司徒受俎，以次進。皇帝每受以授左右。謁者引司徒降，復位。皇帝跪，取爵，遂飲，卒爵。侍中進，受爵以授太祝。太祝受爵，復於坫。

皇帝俛伏，興，再拜，樂止。太常卿引皇帝，樂作，皇帝降自南陛，還版位，西向立，樂止。

文舞出，鼓柷，作《舒和之樂》，出訖，戛敔，樂止。武舞入，鼓柷，奏《舒和之樂》，立定，戛敔，樂止。

皇帝將復位，謁者引太尉詣罍洗，盥手，洗爵。謁者引太尉自東陛升壇，詣神農氏象尊所，執尊者舉羃。太尉酌盎齊，武舞作。謁者引太尉進神農氏神座前，北面跪，奠爵，興。謁者引太尉少退，北向，再拜。謁者引太尉詣后稷氏象尊所，取爵於坫，執尊者舉羃。太尉酌盎齊。謁者引太尉進后稷氏神座前，東面跪，奠爵，興。謁者引太尉少退，東向，再拜。謁者引太尉進神農氏神座前，北向立。太祝各以爵酌罍福酒，合置一爵。一太祝持爵進太尉之右，西向立。太尉再拜，受爵，跪，祭酒，遂飲，卒爵。太祝進，受爵，復於坫。太尉興，再拜。謁者引太尉降，復位。

初，太尉獻將畢，謁者引光禄卿詣罍洗，盥手，洗爵，升，酌盎齊，終獻如亞獻之儀。訖，謁者引光禄卿降，復位。武舞六成[1]。

舞獻俱畢，諸太祝各進，跪，徹豆，興，還尊所。徹者，籩、豆各一，少移於故處。奉禮曰：“賜胙。”贊者唱：“衆官再拜。”衆官在位者皆再拜。已飲福者不拜。《永和之樂》作，太常卿前，奏稱：“請再拜。”退，復位。皇帝再拜。奉禮曰：“衆官再拜。”衆官在位者皆再拜。樂一成，止。

太常卿前，奏：“請就望瘞位。”奉禮帥贊者就瘞埳西南位。太常卿引皇帝，《太和之樂》作，皇帝就望瘞位，北向立，樂止。於群官將拜，太祝各執篚進神座前，取幣，各由其陛降壇，詣瘞埳，以幣置於埳。訖，奉禮曰：“可瘞。”埳東、西厢各四人實土。半埳，太常卿前，奏：“禮畢。請就耕籍位。”太常卿引皇帝，樂作，皇帝詣耕籍位，南向立，樂止。初白“禮畢”，奉禮帥贊者還本位。

耕籍

皇帝將詣望瘞位，謁者引三公及應從耕、侍耕者各就耕位。司農先

---

① “武舞六成”，四庫本、《通典》卷一一五《開元禮纂類十》作“武舞止”。

就位，諸執末者皆就位。

　　皇帝初詣耕位，廩犧令進，詣御末席南，北面跪，俛伏，搢笏，解韜，出末，執末起，少退，北面立。司農卿進，受末以授侍中。侍中奉末進。皇帝受，以三推。侍中前，受末耜，反於司農，司農反於廩犧令，訖，還本位。廩犧令復末於韜，執末起，復位立。皇帝初耕，執末者以末耜各授侍耕者。皇帝耕訖，三公、諸王五推，尚書、卿九推。訖，執末者前，受末耜，退，復位。侍中前，奏："禮畢。"退，復位。

　　太常卿引皇帝入自南門還大次，樂作，皇帝出內壝東門。殿中監前，受鎮圭以授尚衣奉御。殿中監又前，受大圭，華蓋侍衛如常儀。皇帝入次，樂止。

　　謁者、贊引各引享官及從享群官、諸方客使以次出。贊引各引御史、太祝以下俱復執事位，立定，奉禮曰："再拜。"御史以下皆再拜。贊引引出。工人、二舞以次出。太常卿帥其屬以次耕於千畝。其祝版燔於齋坊。

鑾駕還宮

　　皇帝既還大次，侍中版奏："請解嚴。"_{將士不得輒離部伍。}皇帝停大次一刻頃，搥一鼓爲一嚴，轉仗衛於還塗，如來儀。三刻頃，搥二鼓爲再嚴，將士布隊仗，侍中版奏："請中嚴。"皇帝服通天冠、絳紗袍，諸享官服朝服。五刻頃，搥三鼓爲三嚴，通事舍人各引群官、客使序立於大次之前，近南。文武侍臣詣大次奉迎。乘黃令進金輅於大次門外，南向。千牛將軍立於車右。

　　侍中版奏："外辦。"太僕卿升，執轡，皇帝乘輿出次，繖扇侍衛警蹕如常儀。皇帝升車，太僕卿立授綏，黃門侍郎奏稱："請鑾駕發引。"退，復位。鑾駕動，稱警蹕如常儀。黃門侍郎、贊者夾引，千牛將軍夾車而趨。至侍臣上馬所，黃門侍郎奏稱："請鑾駕權停，勑侍臣上馬。"侍中前，承制，退稱："制曰可。"黃門侍郎退稱："侍臣上馬。"贊者承傳。文武侍臣皆上馬畢，黃門侍郎奏稱："請勑車右升。"侍中稱："制曰可。"黃門侍郎退，復位。千牛將軍升訖，黃門侍郎奏稱："請鑾駕發引。"退，復位。鼓傳音，鑾駕動，鼓吹振作而還。文武群官皆從，如來儀。諸方客使便還館。駕至承天門外侍臣下馬所，鑾駕權停，文武侍臣皆下馬。千牛將軍降，立於車右。訖，鑾駕動，千牛將軍夾車而趨。

駕入嘉德門，太樂令撞蕤賓之鐘，左五鐘皆應。鼓柷，奏《采茨之樂》，至太極門，戛敔，樂止。入太極殿，鼓柷，奏《太和之樂》。駕至橫街北，當東上閣，迴車南向。侍中進，當鑾駕前跪，奏稱："侍中臣某言，請降車。"俛伏，興，還侍位。皇帝降車①，乘輿以入，繳扇侍衛警蹕如常儀。侍臣從至閣，戛敔，樂止。

初，文武群臣至東朝堂，通事舍人承旨，勑群官並還。皇帝既入，侍中版奏："請解嚴。"叩鉦，將士各還其所。

勞酒

車駕還宮之明日，設會於太極殿，如元會之儀。惟不賀，不上壽爲異。

---

① "車"字，公善堂本作"興"，據四庫本改。

卷第四十七　吉禮

孟春吉亥享先農於籍田有司攝事

齋戒　陳設　饋享

齋戒

凡預享之官散齋三日,致齋二日。散齋皆於正寢。致齋一日於本司,一日於享所,其無本司者皆於享所。散齋理事如舊,惟不弔喪問疾,不作樂,不判署刑殺文書,不行刑罰,不預穢惡。致齋惟享事得行,其餘悉斷。其享官已齋而闕者,通攝行事。光禄卿監取明水火。太官令取水於陰鑒,取火於陽燧。火以供爨,水以實尊。

前享一日,諸衛令其屬未後一刻各以其方器服守衛壝門,每門二人,每隅一人。與太樂工人俱清齋一宿。

陳設

前享三日,右校埽除壇之内外。又爲瘞埳於壇之壬地外壝之内,方深取足容物,南出陛。

前享二日,衛尉設享官公卿以下次於外壝東門之外道南,北向,以西爲上。設陳饌幔於内壝東門之外道南,北向。太樂令設宮懸之樂於壇南内壝之内。東方、西方磬簴起北,鐘簴次之;南方、北方磬簴起西,鐘簴次之。設十二鎛鐘於編懸之間,各依辰位。樹路鼓於北懸之内、道之左右。植建鼓於四隅。置柷敔於懸内。柷在左,敔在右。設歌鐘、歌磬於壇上近南,北向。磬簴在西,鐘簴在東。其匏竹者立於壇下,重行北向,相對爲首。凡懸,皆展而編之。諸工人各位於懸後,東方、西方以北爲上,南方、北方以西爲上。

前享一日,奉禮設享官公卿位於内壝東門之内道北,執事位於道南,每等異位,重行西面,以北爲上。設望瘞位於壇之西南,當瘞埳北向。設御史位於壇下:一位於東南,西向,一位於西南,東向,令史各陪其後。設奉禮位於樂懸東北,贊者二人在南差退,俱西面北上。又設奉禮、贊者位於瘞埳西南,東面南上。設協律郎位於壇上南陛之西,東向。設太樂令位於北懸之間,當壇北向。設享官公卿以下門外位,皆於東壝之外道南,每等異位,重行北面,以西爲上。

設酒尊之位於壇上:神農氏犧尊二、象尊二、山罍二在東南隅,北向。后稷氏犧尊二、象尊二、山罍二,在神農氏酒尊之東,俱北面西上。<small>尊俱置於坫,皆加勺、冪。設爵於尊下。</small>

設洗於壇南陛東南,北向。罍水在洗東,篚在洗西,南肆。<small>篚實以巾、爵。</small>執尊、罍、篚、冪者各位於尊、罍、篚、冪之後。各設幣、篚於壇上尊坫之所。

晡後,謁者引光禄卿詣厨,視濯溉。又謁者引諸享官詣厨,省饌具。訖,還齋所。

享日未明十五刻,太官令帥宰人以鸞刀割牲,祝史以豆取毛血,置於饌所,遂烹牲。

未明五刻,太史令、郊社令升,設神農氏神座於壇上北方,南向。設后稷氏神座於東方,西向。席俱以莞。設神位各於座首。

饋享

享日未明三刻,諸享官各服其服。郊社令、良醞令各帥其屬入,實尊、罍及幣。<small>犧尊實以醴齊,象尊實以盎齊。其玄酒各實於兩齊之上尊。山罍實以清酒。禮神之幣皆以青。</small>太官令帥進饌者實諸籩、豆、簋、簠,入,陳於東門之外道南饌幔内。

未明二刻,奉禮帥贊者先入,就位。贊引引御史、諸太祝及令史、祝史,與執尊、罍、篚、冪者入自東門,當壇南,重行,北面西上。<small>凡導引者,每曲一逡巡。</small>立定,奉禮曰:"再拜。"贊者承傳,<small>凡奉禮有辭,贊者皆承傳。</small>御史以下皆再拜。訖,執尊者升自東陛,立於尊所。壇下執尊、罍、篚、冪者各就位。贊引引御史、諸太祝詣壇東陛,升,行埽除於上。令史、祝史升[1],行

---

① "升"字,四庫本無。

埽除於下。訖,引降,就位。

　　未明一刻,太樂令帥工人、二舞次入,就位,文舞入陳於懸內,武舞立於懸南道西。謁者引司空入,就位,立定,奉禮曰:“再拜。”司空再拜。訖,謁者引司空詣壇東陛,升,行埽除於上,降,行樂懸於下,訖,引還本位。初,司空入,謁者引享官、贊引引執事者俱就壇外位。司空行埽除訖,謁者、贊引各引享官以次入,就位,立定,奉禮曰:“眾官再拜。”眾官在位者皆再拜。其先拜者不拜。謁者進太尉之左,白:“有司謹具,請行事。”還本位。協律郎跪,俛伏,舉麾,凡取物者皆跪,俛伏而取以興。奠物則跪,奠訖,俛伏而後興。鼓柷,奏角音,乃以《永和之樂》,姑洗之均,作文舞之舞。樂舞三成,偃麾,戛敔,樂止。凡樂,皆協律郎舉麾,工鼓柷而後作,偃麾、戛敔而後止。奉禮曰:“眾官再拜。”眾官在位者皆再拜。諸太祝俱取幣於篚,各立於尊所。

　　謁者引太尉詣壇,升自南陛,北向立。太祝以幣東向授太尉,太尉受幣。登歌作《肅和之樂》,乃以南呂之均。謁者引太尉進,北面跪,奠於神農氏神座,興。謁者引太尉少退,北向,再拜。謁者引太尉立於西方,東向。又太祝奉幣北向授太尉,太尉受幣。謁者引太尉進,東面跪,奠於后稷氏神座,興。謁者引太尉少退,東向,再拜,訖,登歌止。謁者引太尉降自南陛,還本位。

　　初,群官拜訖,祝史奉毛血之豆立於門外。登歌止,祝史奉毛血入,升自南陛,配座升自東陛。太祝迎取於壇上,進,奠於神座前。太祝與祝史退,立於尊所。

　　太尉既升奠幣,太官令出,帥進饌者奉饌陳於內壝東門之外。謁者引司徒出,詣饌所,司徒奉神農之俎。太祝既奠毛血,太官令引饌入。俎初入門,《雍和之樂》作,自後,酌獻皆作《雍和》。饌至陛,樂止。祝史跪,徹毛血之豆,降自東陛以出。神農氏之饌升自南陛,配座之饌升自東陛。諸太祝迎引於壇上,各設於神座前。籩、豆蓋冪先徹,乃升。簠、簋既奠,却其蓋於下。設訖,謁者引司徒以下降,復位。諸太祝各還尊所。

　　謁者引太尉詣罍洗,盥手,洗爵。訖,謁者引太尉升自南陛,詣神農氏酒尊所,執尊者舉冪。太尉酌醴齊。訖,樂作。謁者引太尉進神農氏神座前,北面跪,奠爵,興。謁者引太尉少退,北向立,樂止。太祝持版進於神坐之右,東面跪,讀祝文曰:“維某年歲次月朔日,子開元神武皇帝某謹遣太尉封臣名，敢昭告於神農氏：獻春伊始，東作方興，率由典則，恭事千畝。謹以制幣、犧齊、粢盛、庶品，肅備恒祀，陳其明薦，以后稷氏配神作主。尚饗。"訖，興。太尉再拜。初讀祝文訖，樂作，太祝進，跪，奠版於神座，興，還尊所。太尉拜訖，樂止。

　　謁者引太尉詣后稷氏酒尊所，取爵於坫，執尊者舉冪。太尉酌醴齊。訖，樂作。謁者引太尉進后稷氏神座前，東面跪，奠爵，興。謁者引太尉少退，東向立，樂止。太祝持版進於神座之左，北面跪，讀祝文曰："維某年歲次月朔日，子開元神武皇帝某謹遣太尉封臣名，敢昭告於后稷氏：土膏脉起，爰循耕籍，用修常事於帝神農氏①。惟神功叶稼穡，實允昭配，謹以制幣、犧齊、粢盛、庶品，式陳明薦，作主侑神，尚饗。"訖，興。太尉再拜。初讀祝文訖，樂作，太祝進，跪，奠版於神座，興，還尊所。太尉拜訖，樂止。

　　謁者引太尉進神農氏神座前，北向立。太祝各以爵酌罍福酒，合置一爵。一太祝持爵進太尉之右，西向立。太尉再拜，受爵，跪，祭酒，啐酒，奠爵，興。太祝帥齋郎進俎，太祝減神前三牲胙肉加於俎，又以籩取稷黍飯，興，以胙肉共置一俎上，又以飯共置一籩。太祝先以飯籩授太尉，太尉受以授齋郎。又以俎授太尉，太尉每受以授齋郎。太尉跪，取爵，遂飲，卒爵。太祝進，受爵，復於坫。太尉興，再拜。謁者引太尉降，復位。

　　文舞出，鼓柷，作《舒和之樂》，出訖，戛敔，樂止。武舞入，鼓柷，作《舒和之樂》，立定，戛敔，樂止。

　　初，太尉獻將畢，謁者引太常卿詣罍洗，盥手，洗爵。訖，謁者引太常卿自東陛升壇，詣神農氏象尊所，執尊者舉冪。太常卿酌盎齊。訖，武舞作。謁者引太常卿進神農氏神座前，北面跪，奠爵，興。謁者引太常卿少退，北向，再拜。謁者引太常卿詣后稷氏象尊所，取爵於坫，執尊者舉冪。太常卿酌盎齊。訖，謁者引太常卿進后稷氏神座前，東面跪，奠爵，興。謁者引太常卿少退，東向，再拜。謁者引太常卿進神農氏神座前，北向立。太祝各以爵酌罍福酒，合置一爵。一太祝持爵進太常卿

---

　　① "用修常事"，四庫本作"式陳明薦"。

之右,西向立。太常卿再拜,受爵,跪,祭酒,遂飲,卒爵。太祝進,受爵,復於坫。太常卿興,再拜。謁者引太常卿降,復位。

初,太常卿獻將畢,謁者引光禄卿詣罍洗,盥洗訖,升,酌盎齊,終獻如亞獻之儀。訖,謁者引光禄卿降,復位。武舞六成。

舞獻俱畢,諸太祝各進,跪,徹豆,興,還尊所。<small>徹者,籩、豆各一,少移於故</small><small>處。</small>奉禮曰:"賜胙。"贊者唱:"衆官再拜。"衆官在位者皆再拜。<small>已飲福、受</small><small>胙者不拜。</small>奉禮曰:"衆官再拜。"衆官在位者皆再拜。樂一成,止。

謁者進太尉之左,白:"請就望瘞位。"謁者引太尉就望瘞位,北向立。於衆官將拜訖,諸太祝各持篚進神座前,跪,取幣,齋郎以俎載牲體、稷黍飯、爵酒,興,各由其陛降壇,詣瘞坎,以幣、饌物置於坎。訖,奉禮曰:"可瘞。"坎東、西廂各四人實土。半坎,謁者進太尉之左,白:"禮畢。"

謁者引太尉出。又謁者、贊引各引享官以次出。贊引引御史以下俱復執事位,立定,奉禮曰:"再拜。"御史以下皆再拜。贊引引出。工人、二舞以次出。其祝版燔於齋坊。

卷第四十八　吉禮

皇后季春吉巳享先蠶親桑

齋戒　陳設　車駕出宮　饋享　親桑　車駕還宮　勞酒

齋戒

先祀五日,散齋三日於後殿,致齋二日於正殿。

前致齋一日,尚寢設御幄於正殿西序及室中,俱東向。

致齋之日,晝漏上水一刻,尚儀版奏:"請中嚴。"尚服帥司仗布侍衛,司賓引內命婦陪位,並如式。六尚以下各服其服,詣後殿奉迎。尚儀版奏:"外辦。"上水三刻,皇后服鈿釵禮衣,結佩,乘輿出自西房,華蓋警蹕侍衛如常儀。皇后即御座,東向坐,六尚以下侍衛如常。一刻頃,尚儀前,跪,奏稱:"尚儀妾姓言,請降,就齋室。"興,退,復位。皇后降座,乘輿入室。六尚以下各還寢。直衛者如常。司賓引陪位者退。

散齋之日,內侍帥內命婦之吉者使蠶於蠶室。凡預享之官,散齋三日於其寢;致齋二日,一日於其寢,一日於享所。亞獻、終獻則致齋二日,皆於其所。六尚以下應從升者及從享內外命婦,各於其寢清齋一宿。散齋理事如舊,惟不弔喪問疾,不作樂,不判署刑殺文書,不行刑罰,不預穢惡。致齋惟享事得行,其餘悉斷。其享官已齋而闕者,通攝行事。諸預享之官致齋之日給酒食及明衣,各習禮於齋所。光祿卿監取明水火。太官令取水於陰鑒,取火於陽燧。火以供爨,水以實尊。

前享一日,諸衛令其屬未後一刻各以其方器服守衛壇門,每門二人,每隅一人。享日未明,給使代執與女工人等俱清齋一宿。

陳設

前享三日,尚舍直長施大次於外壝東門之內道北,南向。尚舍奉御鋪御座。尚舍直長設內命婦及六尚以下次於大次之後，俱南向。守宮設外命婦次：大長公主、長公主、公主以下於南壝之外道西，三公夫人以下在其南，俱重行，每等異位，東面北上。設陳饌幔於內壝東門之外道南，北向。

前享二日，太樂令設宮懸之樂於壇南內壝之內。東方、西方磬簴起北，鐘簴次之；南方、北方磬簴起西，鐘簴次之。設十二鎛磬於編懸之間①，各依辰位。置柷敔於懸內。柷在左，敔在右。設歌鐘、歌磬於壇上近南，北向。磬簴在西，鐘簴在東。其匏竹者立於壇下，重行北向，相對爲首。凡懸，皆展而編之。諸女工人各位於懸後，東方、西方以北爲上，南方、北方以西爲上。右校埽除壇之內外。又爲瘞埳於壇之壬地內壝之外，方深取足容物，南出陛。又爲采桑壇於壇南二十步所，方三丈，高五尺，四出陛。尚舍量施帷障於外壝之外，四面開門，其東門使容厭翟車。

前享一日，內謁者設御座於壇之東南，西向。設望瘞位於壇之西南，當瘞埳西向。設亞獻、終獻位於內壝東門之內道南，執事者位於其後，每等異位，俱重行，西面北上。設典正位於壇下：一位於東南，西向，一位於西南，東向，女史各陪其後。設司贊位於樂懸東北，掌贊二人在南差退，俱西向。又設司贊、掌贊位於瘞埳西南，東面南上。設典樂舉麾位於壇上南陛之西，東向。設司樂位於北懸之間，當壇北向。設內命婦位於終獻之南絕位，每等異位，重行，西面北上。設外命婦位於中壝南門之外，大長公主以下於道東，西向，當內命婦位差退。太夫人以下於道西②，去道遠近準公主位。俱每等異位，重行相向，北上。

又設御采桑位於采桑壇上，東向。設內命婦采桑位於壇下，當御位東北，每等異位，北面西上③。設外命婦采桑位於壇下，當御位東南，每等異位，北面西上。設執御鉤、筐者位於內命婦之西，少南，西上。尚功執鉤，司製執筐。設內命婦執鉤、筐者位各於其采桑位之後。尚功下四典執鉤，司製下女史執筐。設門外位：享官於東壝之外道南，從享內命婦於享官之東，俱每等異位，重行，北面西上。從享外命婦於南壝之外道西，如設次

---

① “鎛磬”，四庫本、本書卷四九“陳設”條作“大磬”。
② “太夫人”，四庫本作“公夫人”。
③ “北面西上”，四庫本、《通典》卷一一五《開元禮纂類十》作“南向西上”。

之式。

設酒尊之位於壇上東南隅，北面西上，犧尊二、象尊二、山罍二。尊皆加勺、羃，有坫以置爵。

設御洗於壇南陛東南，亞獻之洗又於東南，俱北向。罍水在洗東，篚在洗西，南肆。篚實以巾、爵。執尊、罍、篚、羃者各位於尊、罍、篚、羃之後。設幣、篚於壇上尊坫之所。

晡後，内謁者帥其屬以尊、坫、罍、洗、篚、羃入，設於壇上。升壇者自東陛。

享日未明十五刻，太官令帥宰人以鸞刀割牲，祝史以豆取毛血，置於饌所，遂烹牲。其神厨及諸司供事便次，守宫與金吾相之量於壇東張設。

享日未明五刻，司設服其服，升，設先蠶氏神座於壇上北方，南向，席以莞。設神位於座首。

車駕出宫

前享一日，金吾奏：“請外命婦等應集壇所者並聽夜行。其應采桑者四人，各具女侍者進筐、鉤，載之而行。”監門預奏請。

享日未明四刻，開所由苑門，諸親及命婦以下以次入，詣壇南次所，各服其服。應采桑者筐、鉤各具，女侍者執，授内謁者監，内謁者監受之以授執鉤、筐者。

享日未明四刻①，搥一鼓爲一嚴。三嚴時節，前一日内侍奏裁。

未明二刻，搥二鼓爲再嚴，尚儀版奏：“請中嚴。”内命婦各服其服。所司陳車駕鹵簿。

未明一刻，搥三鼓爲三嚴，司賓引内命婦入，立於庭，重行西面，以北爲上。六尚以下各服其服，俱詣室奉迎。尚服負寶如式。内僕進厭翟車於閤門。尚儀版奏：“外辦。”馭者執轡，皇后服鞠衣，乘輿以出，華蓋侍衛警蹕如常。内命婦從出門。皇后升車，尚功、司製進筐、鉤，載之，仗衛如常儀。内命婦及六尚等乘車陪從如式。其内命婦應采桑者四人各服其服②，典製等進筐、鉤，載之。諸翊駕之官皆乘馬。駕動，警蹕如常，

---

①　“四刻”，四庫本、《通典》卷一一五《開元禮纂類十》作“三刻”。

②　“其服”二字，公善堂本無，據四庫本、《通典》卷一一五《開元禮纂類十》補。

不鳴鼓角。諸衛前後督攝如常。内命婦、宮人以次從。

饋享

享日未明三刻，諸享官各服其服。尚儀及司醖帥其屬入，實尊、罍及幣。犧尊實以醴齊，象尊實以盎齊，山罍實以清酒。齊加明水，酒加玄酒，各實於上尊。其幣以黑。太官令實諸籩、豆、簋、簠、俎等。内謁者帥其屬詣厨，奉饌入，設於饌幔内。内侍之屬與司膳等守掌之。其三牲之肉不上升神俎者，亦太官付内謁者同時進入，以供班胙。自餘供享之物，並請祠前一日預進。

駕將至，女相者引先置享官、内典引引外命婦，俱就門外位。女相者以尚儀下女史充。駕至大次門外，迴車南向，尚儀進車前，跪，奏稱：“尚儀妾姓言，請降車。”興，還侍位。皇后降車，乘輿之大次，華蓋繳扇侍衛如常儀。尚儀以祝版進，御署訖，奉出，奠於坫。皇后降車訖，尚功、司製進，受鈎、筐以退。其内命婦鈎、筐，則内命婦降車訖，典製等進受之。典贊引亞獻及從享内命婦俱就門外位。司贊帥掌贊先入，就位。女相者引尚儀、典正及女史、祝史，女史、祝史以尚儀下女史充。與女執尊、罍、筐、幂者入自東門，當壇南，北面西上。立定，司贊曰：“再拜。”掌贊承傳，凡司贊有辭，掌贊皆承傳。尚儀以下皆再拜。訖，尚儀以下各就位。司樂帥女工人入，就位。典贊引亞獻、終獻，女相者引執事者，司賓引内命婦，内典引引外命婦，俱入，就位。

皇后停大次半刻頃，司言引尚宮立於大次門外，當門北向。尚儀版奏：“外辦。”皇后出次，華蓋侍衛如常。尚服負寶陪從如式。司言引尚宮，尚宮引皇后凡尚宮前導，皆司言先引。入自東門，華蓋仗衛停於門外，近侍者從入如常。

皇后至版位，西向立。每立定，尚宮與司言退，立於左。立定，尚宮前，奏稱：“請再拜。”退，復位。皇后再拜。司贊曰：“眾官再拜。”享官及内、外命婦在位者皆再拜。其先拜者不拜。尚宮前，奏：“有司謹具，請行事。”退，復位。典樂跪，舉麾，凡取物者皆跪而取以興，奠物亦跪、奠而後興。鼓柷，奏《永和之樂》，以姑洗之均。自後，壇下接神之樂，皆奏姑洗。三成，偃麾，戞敔，樂止。凡樂，皆典樂舉麾，工鼓柷而後作，偃麾、戞敔而後止。尚宮前，奏稱：“請再拜。”退，復位。皇后再拜。司贊曰：“眾官再拜。”享官及内、外命婦在位者皆再拜。

壇上尚儀跪，取幣於篚，興，立於尊所。

尚宮引皇后，《正和之樂》作，皇后每行，皆作《正和之樂》。皇后詣壇，升自南陛，六尚以下量人從升。以下升皆如之。皇后升壇，北向立，樂止。尚儀奉幣東向進，皇后受幣，登歌作《肅和之樂》，以南呂之均。尚宮引皇后進，北面跪，奠於神座，興。尚宮引皇后少退，北向，再拜，訖，登歌止。尚宮引皇后，樂作，降自南陛，還版位，西向立，樂止。

初，內、外命婦拜訖，女史祝史奉毛血之豆立於內壝東門之外。於登歌止，女祝史奉毛血入，升自南陛，尚儀迎引於壇上，進，跪，奠於神座前，興。女祝史退，立於尊所。

皇后既升奠幣，司膳出，帥女進饌者奉饌陳於內壝東門之外。皇后既降，復位，司膳引饌入。俎初入門，《雍和之樂》作，饌至陛，樂止。女祝史跪，徹毛血之豆，降自東陛以出。饌升自南陛，尚儀迎引於壇上，設於神座前。籩、豆蓋冪先徹，乃升。簋、簠既奠，却其蓋於下。設訖，司膳帥女進饌者降自東陛，復位。尚儀還尊所。

尚宮引皇后詣罍洗，樂作，皇后至罍洗，樂止。尚儀跪，取匜，興，沃水；司言跪，取盤，興，承水。皇后盥手。司言跪，取巾於篚，興，進。皇后帨手。訖，司言受巾，跪，奠於篚。司言跪，取爵於篚，興，進。皇后受爵。尚儀酌罍水，司言奉盤，皇后洗爵，司言授巾，皆如初。皇后拭爵訖，尚儀奠匜，司言奠盤、巾，皆如常。

尚宮引皇后，樂作，詣壇，升自南陛，樂止。尚宮引皇后詣酒尊所，執尊者舉冪。尚儀贊酌醴齊。訖，《壽和之樂》作，皇后每酌獻及飲福，皆作《壽和之樂》。尚宮引皇后進神座前，北面跪，奠爵，興。尚宮引皇后少退，北向立，樂止。尚儀持版進於神座之右，東面跪，讀祝文曰："維某年歲次月朔日，子皇后某氏敢昭告於先蠶氏：惟神肇興蠶織，功濟黔黎，爰擇嘉時，式遵令典。謹以制幣、犧齊、粢盛、庶品，明薦於神。尚饗。"訖，興。皇后再拜。初讀祝文訖，樂作，尚儀跪，進，奠版於神座，興，還尊所。皇后拜訖，樂止。

尚儀以爵酌上尊福酒，西向進。皇后再拜，受爵，跪，祭酒，啐酒，奠爵，興。尚儀帥女進饌者持籩、豆、俎進[1]，尚儀減神前三牲胙肉，皆取前脚第二骨。各置一俎上，又以籩取稷黍飯，共置一籩。尚儀先以飯籩西向進，皇后受以授左右。尚儀又以胙俎以次進，皇后每受以授左右。皇后跪，取爵，遂飲，卒爵。尚儀進，受爵，復於坫。皇后興，再拜，訖，樂止。尚宮引皇后，樂作，降自南陛，還版位，西向立，樂止。

皇后獻將畢，典贊引貴妃詣罍洗，盥手，洗爵。訖，典贊引貴妃自東陛升壇，詣象尊所，執尊者舉冪。貴妃酌盎齊，典贊引進神座前，北面跪，奠爵，興。典贊引貴妃少退，北向，再拜。尚儀以爵酌罍福酒，持爵進[2]，貴妃再拜，受爵，跪，祭酒，遂飲，卒爵。尚儀進，受爵，復於坫。貴妃興，再拜。典贊引貴妃降自東陛，復位。

初，貴妃獻將畢，又典贊引昭儀詣罍洗，盥手，洗爵，升，酌盎齊，終獻如亞獻之儀。訖，典贊引昭儀降，復位。

尚儀進神座前，跪，徹豆，興，還尊所。徹者，籩、豆各一，少移於故處。司贊曰：“賜胙。”掌贊唱：“衆官再拜。”衆官在位者皆再拜。已飲福者不拜。《永和之樂》作，尚宮前，奏稱：“請再拜。”退，復位。皇后再拜。司贊曰：“衆官再拜。”衆官在位者皆再拜。樂一成，止。

尚宮前，奏：“請就望瘞位。”司贊帥掌贊就瘞埳西南位。尚宮引皇后，樂作，至望瘞位，西向立[3]，樂止。於衆官將拜，尚儀執篚進神座前，取幣，自北陛降壇西行，詣瘞埳，以幣置於埳。訖，司贊曰：“可瘞。”埳東、西面各四人寶土。半埳，尚宮前，奏：“禮畢。請就采桑位。”尚宮引皇后，樂作，詣采桑壇，升自西陛，東向立，樂止。初白“禮畢”，司贊帥掌贊還本位。

親桑

皇后將詣望瘞位，司賓引内、外命婦采桑者俱就采桑位。内、外命婦一品各二人，二品、三品各一人。諸執鉤、筐者各就位。皇后既至采桑位，尚功奉

---

[1]　“豆”字，四庫本、《新唐書》卷一五《禮樂五》、《通典》卷一一五《開元禮纂類十》無。

[2]　四庫本、《通典》卷一一五《開元禮纂類十》於“持爵進”後，有“貴妃之右西向立”七字。

[3]　“向”字，公善堂本作“南”，據四庫本、《新唐書》卷一五《禮樂五》、《通典》卷一一五《開元禮纂類十》校改。

金鉤，自北陛升壇，進，典製奉筐從升。皇后受鉤，采桑，典製奉筐受桑。皇后采三條，止。尚功前，受鉤，典製以筐，俱退，復位。

皇后初采桑，典製等各以鉤授内、外命婦。皇后采桑訖，内、外命婦以次采桑，女史執筐者受之。内、外命婦一品各采五條，二品、三品各采九條，止。典製等受鉤，與執筐者退，復位。司賓各引内、外命婦采桑者退，復位。

司賓引婕妤一人詣蠶室，尚功帥執鉤、筐者以次從。至蠶室，尚功以桑授蠶母，蠶母受桑，切之以授婕妤，婕妤食蠶，灑一簿。訖，司賓引婕妤還本位。尚儀前，奏："禮畢。"退，復位。

尚宫引皇后還大次，樂作，入大次訖，樂止。司賓引内命婦、内典引引外命婦各還其次。尚儀、典正以下俱復執事位，立定，司贊曰："再拜。"尚儀以下皆再拜，訖，出。女工人以次出。其祝版燔於齋所。

車駕還宫

皇后既還大次，内侍版奏："請解嚴。"<small>將士不得輒離部伍</small>。皇后停大次一刻頃，搥一鼓爲一嚴，轉仗衛於還塗，如來儀。三刻頃，搥二鼓爲再嚴，尚儀版奏："請中嚴。"皇后服鈿釵禮衣。五刻頃，搥三鼓爲三嚴，内典引引外命婦出次，就門外位。司賓引内命婦出次，序立於大次之前。六尚以下依式奉迎。内僕進厭翟車於大次門外，南向。尚儀版奏："外辦。"馭者執轡，皇后乘輿出次，華蓋侍衛警蹕如常。皇后升車，鼓吹振作而行。内命婦以下乘車陪從，如來儀。車駕過，内典引引外命婦退還第。

駕至正殿門外，迴車南向。尚儀進，當車前跪，奏稱："尚儀妾姓言，請降車。"興，還侍位。皇后降車，乘輿入，侍衛如常。内侍版奏："請解嚴。"將士各還其所。

勞酒

車駕還宫之明日，内、外命婦設會於正殿，如元會之儀。<small>惟不賀、不上壽爲異。</small>

卷第四十九　吉禮

季春吉巳享先蠶於公桑有司攝事

齋戒　陳設　饋享

齋戒

前享五日，諸預享官散齋三日各於其寢；致齋二日，一日於其寢，一日於享所。散齋理事如舊，惟不弔喪問疾，不作樂，不判署刑殺文書，不行刑罰，不預穢惡。致齋惟享事得行，其餘悉斷。其享官已齋而闕者，通攝行事。凡預享之官，致齋之日給酒食及明衣，各習禮於齋所。光禄卿監取明水火。太官令取水於陰鑒，取火於陽燧。火以供爨，水以實尊。

前享一日，諸衛令其屬未後一刻各以其方器服守衛壇門。每門二人，每隅一人。

享日未明，給使代執與女工人俱清齋一宿。

陳設

前享三日，守宮設享官次於東壇之外道南，北向，以西爲上。設陳饌幔於内壇東門之外道南，北向。

前享二日，太樂令設宮懸之樂於壇南内壝之内。東方、西方磬簴起北，鐘簴次之；南方、北方磬簴起西，鐘簴次之。設十二大磬於編懸之間，各依辰位。置柷敔於懸内。柷在左，敔在右。設歌鐘、歌磬於壇上近南，北向。磬簴在西，鐘簴在東。其匏竹者立於壇下，重行北向，相對爲首。凡懸，皆展而編之。諸女工人各位於懸後，東方、西方以北爲上，南方、北方以西爲上。右校埽除壇之内外。又爲瘞埳於壇之壬地内壝之外，方深取足容物，南出陛。

前享一日，内謁者設三獻位於内壝東門之内道北，執事位於道南，每等異位，皆重行西向，以北爲上。又設望瘞位於壇之東北，當瘞埳，西向。又設典正位於壇下：一位於東南，西向，一位於西南，東向，女史各陪其後。糾察違失。設掌贊位於樂懸東北，女史二人在南差退，俱西向。又設掌贊女史位於瘞埳西南，東面南上。設典樂舉麾位於壇上南陛之西，東向。設司樂位於北懸之間，當壇北向。設三獻以下門外位於東壝之外道南，北向，每等異位，重行，北面西上。

設酒尊之位於壇上東南隅，北面西上，犧尊二、象尊二、山罍二。尊皆加勺、冪，有坫以置爵。

設洗於壇南陛東南，北向。罍水在洗東，篚在洗西，南肆。執尊、罍、篚、冪者各位於尊、罍、篚、冪之後。設幣、篚於壇上尊坫之所。

晡後，内謁者帥其屬以尊、坫、罍、洗、篚、冪入，設於位。升壇者自東陛。

享日未明十五刻，太官令帥宰人以鸞刀割牲，祝史以豆取毛血，置於饌所，遂烹牲。其神廚及諸司供事便次，守宫與金吾相之量於壇東張設。

享日未明五刻，司設服其服，升，設先蠶氏神座於壇上北方，南向，席以莞。設神位於座首。

饋享

享日未明三刻，諸享官各服其服。女史及司醞令各帥其屬入，實尊、罍及幣。犧尊實以醴齊，象尊實以盎齊，山罍實以清酒。齊加明水，酒加玄酒，各實於上尊。其幣以黑。太官令實諸籩、豆、簠、簋、俎等。内謁者帥其屬詣廚，奉饌入，設於饌幔内。内侍之屬與司膳等守掌之。其三牲之肉不上神俎者，亦太官付内謁者同時進入，以供班胙。自餘供享之物，並諸司前一日預進。

質明，女相者引享官以下就壝外位。女相者皆以尚儀下女史充。掌贊帥女史先入，就位。女相者引典正、女祝及女史、女祝史，女祝以典贊充，女祝史以典贊下女史充之。與女執尊、罍、篚、冪者入自東門，當壇南，北面西上。立定，掌贊曰："再拜。"女史承傳，凡掌贊有辭，女史皆承傳。典正以下皆再拜[1]，典正以下各就位。司樂帥女工人入，就位。女相者各引享官入，就位。立定，掌贊曰："再拜。"在位者皆再拜[2]。女相者進尚宫之左，白："有司

---

① "典正以下皆再拜"七字，公善堂本無，據四庫本補。
② "在位者皆再拜"六字，公善堂本無，據四庫本補。

謹具，請行事。"退，復位。典樂跪，舉麾，凡取物者皆跪而取以興，奠物亦跪、奠訖而後興。鼓柷，奏《永和之樂》，以姑洗之均。自後，壇下之樂皆奏姑洗。三成，偃麾，戛敔，樂止。凡樂，皆典樂舉麾，工鼓柷而後作，偃麾、戛敔而後止。掌贊曰："再拜。"在位者皆再拜。女祝史跪，取幣於篚，興，立於尊所。

女相者引尚宮詣壇，升自南陛，北面立。女祝奉幣東向進，尚宮受幣，登歌作《肅和之樂》，以南呂之均。女相者引尚宮進，北面跪，奠於神座，興。女相者引尚宮少退，北向，再拜，訖，登歌止。女相者引尚宮降自南陛，還本位。

初，享官以下拜訖，女祝史奉毛血之豆立於內壝東門外。於登歌止，女祝史奉毛血入，升自南陛，女祝迎引於壇上，進，跪，奠於神座前，興。女祝史退，立於尊所。

尚宮既升奠幣，司膳出，帥女進饌者奉饌陳於內壝東門之外。尚宮既降，復位，司膳引饌入。俎初入門，《雍和之樂》作，自後，酌獻皆奏《雍和》。饌至陛，樂止。女祝史進，跪，徹毛血之豆，降自東陛以出。饌升自南陛，女祝史迎引於壇上，設於神座前。籩、豆蓋冪先徹，乃升。簋、簠既奠，却其蓋於下。設訖，司膳帥女進饌者降自東陛，復位。女祝還尊所。

女相者引尚宮詣罍洗，盥手，洗爵。訖，女相者引尚宮升自南陛，詣犧尊所，執尊者舉冪。尚宮酌醴齊。訖，《雍和之樂》作。女相者引尚宮進先蠶氏神座前，北面跪，奠爵，興。女相者引尚宮少退，北向立，樂止。女祝持版進於神座之右，東面跪，讀祝文曰："維某年歲次月朔日，子皇后某氏謹遣某官妾姓，敢昭告於先蠶氏：惟神肇興蠶織，功濟黔黎，爰擇嘉時，式遵令典。謹以制幣、犧齊、粢盛、庶品，明薦於神。尚饗。"訖，興。尚宮再拜。初讀祝文訖，樂作，女祝進，跪，奠版於神座，興，還尊所。尚宮再拜，訖，樂止。

女祝以爵酌罍福酒，進於尚宮之右，西向立。尚宮再拜，受爵，跪，祭酒，啐酒，奠爵，興。女史帥女進饌者持籩、俎進。女祝減神座前三牲胙肉，皆取前脚第二骨。各置一俎，又以籩取稷黍飯，共置一籩。女祝先以飯籩西向進，尚宮受以授女進饌者。女祝又以胙俎以次進，尚宮每受以授女進饌者。尚宮跪，取爵，遂飲，卒爵。女祝進，受爵，復於坫。尚宮興，再拜。女相者引尚宮降，復位。

　　初，尚宮獻將畢，女相者引尚儀詣罍洗，盥手，洗爵。訖，升自東陛，詣象尊所，執尊者舉羃。尚儀酌盎齊，女相者引進神座前，北面跪，奠爵，興。女相者引尚儀少退，北向，再拜。女祝以爵酌罍福酒，持，進尚儀之右，西向立。尚儀再拜，受爵，跪，祭酒，遂飲，卒爵。女祝進，受爵，復於坫。尚儀興，再拜。女祝等引尚儀降自東陛，復位。

　　初，尚儀獻將畢，又女相者引尚食詣罍洗，盥手，洗爵，升，酌盎齊，終獻皆如亞獻之儀。訖，女相者引降，復位。

　　女祝進，跪，徹豆，興，還尊所。徹者，籩、豆各一，少移於故處。掌贊曰："賜胙。"女史唱："衆官再拜。"衆官在位者皆再拜。已飲福、受胙者不拜。[1]《永和之樂》作，掌贊曰："再拜。"在位者皆再拜，訖，樂一成，止。

　　女相者進尚宮之左，白："請就望瘞位。"女相者引尚宮就望瘞位，掌贊、女史轉就瘞埳西南位，東向立。於衆官將拜，女史執篚進神座前，跪，取幣，興，降自南陛西行，詣瘞埳，以幣置於埳。訖，掌贊曰："可瘞。"埳東、西面各四人寘土。半埳，女相者進尚宮之左，白："禮畢。"

　　女相者引尚宮出。又女相者各引享官以次出。初白"禮畢"，掌贊帥女史還本位，典正、女祝以下俱復執事位。立定，掌贊曰："再拜。"典正以下皆再拜。訖，引出。女工人以次出。其祝版燔於齋所。

　　其祝版，郊社令預送付內侍。享前一日，內侍進，御署訖，皇后北面再拜。近侍奉版出，授內侍，送享所。享前之平明，女祝以版奠於坫。

---

　　① "掌贊曰賜胙女史唱衆官再拜衆官在位者皆再拜已飲福受胙者不拜"，此段文字公善堂本無，據四庫本校補。《通典》卷一一五《開元禮纂類十》亦云："攝事，賜胙則掌贊唱'賜胙'，女史唱'再拜'也。"

卷第五十　吉禮

有司享先代帝王

前享五日，諸享官各散齋三日於正寢，致齋二日於其廟所。無廟者祭於壇。其壇制準州社壇。散齋理事如舊，惟不弔喪問疾，不作樂，不判署刑殺文書，不行刑罰，不預穢惡。致齋惟享事得行，其餘悉斷。其祭官已齋而闕者，通攝行事。其祭官以當州長官充。無，以次通取。諸享官致齋之日給酒食及明衣，各習禮於齋所。

前一日，所在縣官清埽內外，整拂神座。無廟者，享日未明，縣官帥其屬入，詣壇東階，升，設神座於壇上近北，南向，席以莞。已後陳設行事，皆依準在廟之位。設配座於神座東南，西向，席以莞。又爲瘞埳於廟後壬地，方深取足容物。贊禮者設初獻位於東階東南，亞獻、終獻位於初獻之南，少退，俱西面北上。設掌事者位於終獻東南，重行西向，以北爲上。設贊唱者位於終獻西南，西面北上。設望瘞位於廟堂東北，西向。又設贊唱者位於瘞埳東北，南向東上。設享官以下位於南門之外道東，重行西向，以北爲上。無廟者，即設享官以下位於壇東壝門之外道南，重行，北面西上。

祭器之數，每座尊六、籩十、豆十、簠二、簋二、鉶三、俎三。縣官帥其屬升，設尊於廟堂上前楹間室戶之外，北向。正座之尊在西，配座之尊在東。尊皆加勺、冪，有坫以置爵。正座爵一，配座爵四。設幣、篚於尊所。

設洗於東階東南，北向，東西當東霤，南北以堂深。罍水在洗東，篚在洗西，南肆。實爵三、巾二在篚，加勺、冪。執尊、罍、洗、篚者各位於尊、罍、洗、篚之後。

享日未明，烹牲於厨。夙興，掌饌者實祭器。牲體牛羊豕，皆載右胖。前脚三節，節一段，皆載之。後脚三節，節一段，去上節，載下二節。又取正脊、脡脊、橫脊、正脅、代脅、短脅各二骨以並，餘皆不設。簠實稷黍，簋實稻梁。籩十，實石鹽、乾魚、棗、栗、榛、菱、芡、鹿脯、白餅、黑餅。豆十，實韭、菹、醓醢①、菁菹、鹿醢、芹菹、兔醢、筍菹、魚醢、脾菜菹、豚胉。若土無者，各以其類充之。諸享官以下各服祭服。三品毳冕，四品絺冕，五品玄冕，六品以下爵弁。縣官帥其屬入，實尊、罍及幣。每座之尊，一實醴齊，一實盎齊，一實清酒。其玄酒各實於上尊。幣用帛，長一丈八尺，色用白。祝版各置於坫。贊唱者先入，就位。祝與執尊、罍、篚者入，立於庭，重行北向，以西爲上。立定，贊唱者曰："再拜。"祝以下俱再拜。執尊者升自東階，壇則升自東陛。以後準此。立於尊所。執罍、篚者各就位。升自東階，行埽除於上，降，行埽除於下，訖，各引就位。

質明，贊禮者引享官以下俱就門外位。少頃，贊禮者引享官以下以次入，就位，立定，贊唱者曰："再拜。"在位者皆再拜。贊禮者進初獻之左，白："有司謹具，請行事。"退，復位。祝跪，取幣於篚，各立於尊所。凡取物者皆跪，俛伏而取以興。奠物則跪，奠訖，俛伏而後興。掌饌者帥執饌者奉饌陳於南門之外。壇則奉饌陳於東壝門外。

贊禮者引初獻升自東階，其壇則升自南陛。已後初獻升、降，皆準此。進，當神座前，北面立。祝以幣東向進，初獻受幣，祝還尊所。贊禮者引初獻入，跪，奠於神座，興，出戶，北向，再拜。贊禮者引初獻入，當配座西壁下，東向立。祝以幣北向進，初獻受幣，祝還尊所。贊禮者引初獻進，東面跪，奠於配座，興，退，復位，東向，再拜。贊禮者引初獻降，復位。掌饌者引執饌者入，升自東階。壇則升自東陛②。祝迎引於階上，各設於神座前。掌饌者帥執饌者各復本位，祝還尊所。

贊禮者引初獻詣罍洗，盥手，洗爵，升自東階，詣酒尊所，執尊者舉冪。初獻酌醴齊。贊禮者引初獻入，詣神座前，北面跪，奠爵，興，出戶，北向立。祝持版進於神座之右，東面跪，讀祝文，訖，興。初獻再拜。祝進，跪，奠版於神座，興，還尊所。

贊禮者引初獻官詣配座酒尊所，取爵於坫，執尊者舉冪。初獻酌醴齊。贊禮者引初獻入，東面跪，奠於配座前，興，進③，立於西壁下，東向

---

①　"菹"字，公善堂本無，據《新唐書》卷一二《禮樂二》、《通典》卷一一六《開元禮纂類十一》校補。

②　"東陛"，四庫本、《通典》卷一一六《開元禮纂類十一》作"南陛"。

③　"進"字，四庫本作"退"。

立。祝持版入，立於配座之左，北面跪，讀祝文，訖，興。初獻再拜。祝進，跪，奠版於配座，興，還尊所。

　　贊禮者引初獻出戶，北向立，祝各以爵酌清酒，合置一爵。一太祝持爵進初獻之右，西向立。初獻再拜，受爵，跪，祭酒，啐酒，奠爵，興。祝各帥執饌者以俎跪，減神座前三牲胙肉，各取前脚第二節。共置一俎上，以授初獻。初獻受以授掌饌者。初獻跪，取爵，遂飲，卒爵。祝進，受爵，復於坫。初獻興，再拜。贊禮者引初獻降，復位。

　　於初獻飲福，贊禮者引亞獻詣罍洗，盥手，洗爵，升自東階，詣酒尊所，執尊者舉冪。亞獻酌盎齊。贊禮者引亞獻入，詣神座前，北面跪，奠爵，興，出戶，北向，再拜。贊禮者引亞獻詣配座酒尊所，取爵於坫，執尊者舉冪。亞獻酌盎齊。贊禮者引亞獻入，詣配座前，東面跪，奠爵，興，退於西壁下，東向，再拜，出戶，北向立。祝各以爵酌清酒，合置一爵。一太祝持爵進於亞獻之右，西向立。亞獻再拜，受爵，跪，祭酒，遂飲，卒爵。祝受爵，復於坫。亞獻興，再拜。贊禮者引亞獻降，復位。

　　初，亞獻獻將畢，贊禮者引終獻盥洗，升獻，飲福，如亞獻之儀。訖，贊禮者引終獻降，復位。

　　祝各進神座前，跪，徹豆，興，還尊所。徹者，籩、豆各一，少移於故處。贊唱者曰："再拜。"非飲福、受胙者皆再拜。再拜訖，贊唱者又曰："再拜。"獻官以下皆再拜。

　　贊禮進初獻之左，白："請就望瘞位。"贊禮者引初獻就望瘞位，西向立。贊唱者轉立於望瘞東北位。初獻官拜訖，祝各進神座前，跪，取幣，興，降自西階，壇則降自南陛。詣瘞埳北，南面，以幣置於埳。贊唱者曰："可瘞。"埳東、西面各二人寘土。半埳，贊禮者進初獻之左，白："禮畢。"遂引初獻以下出。

　　贊唱者還本位。祝與執尊、罍者俱復執事位，立定，贊唱者曰："再拜。"祝以下皆再拜以出。祝版焚於齋所。

　　帝嚳祝文："維某年歲次月朔日，子開元神武皇帝某謹遣具官姓名，敢昭告於帝高辛氏：惟帝能序三辰，功施萬物，式遵祠典，敬以制幣、犧齊、粢盛、庶品，祗薦於帝高辛氏。尚饗。"

帝堯祝文："維某年歲次月朔日，子開元神武皇帝某謹遣具官姓名，敢昭告於帝陶唐氏：惟帝則天行化，光被四表，式遵祠典，敬以制幣、犧齊、粢盛、庶品，祇薦於帝陶唐氏。尚饗。"

配座祝文："維某年歲次月朔日，子開元神武皇帝某謹遣具官姓名，敢昭告於唐司徒：惟公敬敷五教，弘贊彝倫，率由舊章，配享於帝陶唐氏。敬以制幣、犧齊、粢盛、庶品，明薦於唐司徒公。尚饗。"

帝舜祝文："維某年歲次月朔日。子開元神武皇帝某謹遣具官姓名，敢昭告於帝有虞氏：惟帝道光七政，績宣五典，式遵故實，敬以制幣、犧齊、粢盛、庶品，祇薦於帝有虞氏。尚饗。"

配座祝文："維某年歲次月朔日，子開元神武皇帝謹遣具官姓名，敢昭告於始祖皋陶氏：伏惟爰定五刑，載敷九德，率由舊典，配享於帝有虞氏。敬以制幣、犧齊、粢盛、庶品，明薦於皋陶氏。尚饗。"

夏王禹祝文："維某年歲次月朔日，子開元神武皇帝某謹遣具官姓名，敢昭告於夏王禹：惟王克平九土，功施萬代，式遵故實，敬以制幣、犧齊、粢盛、庶品，祇薦於夏王禹。尚饗。"

配座祝文："維某年歲次月朔日，子開元神武皇帝謹遣具官姓名，敢昭告於伯益氏：惟公贊敷下土，克蕃庶物，率由舊章，配享於夏王禹。敬以制幣、犧齊、粢盛、庶品，明薦於伯益氏。尚饗。"

殷王湯祝文："維某年歲次月朔日，子開元神武皇帝某謹遣具官姓名，敢昭告於殷王湯：惟王革命黜暴，功濟天下，式遵祠典，敬以制幣、犧齊、粢盛、庶品，祇薦於殷王湯。尚饗。"

配座祝文："維某年歲次月朔日，子開元神武皇帝謹遣具官姓名，敢昭告於伊尹氏：惟公弼諧政道，功格天地，率由故實，配享於殷王湯。敬以制幣、犧齊、粢盛、庶品，明薦於伊尹氏。尚饗。"

周文王祝文："維某年歲次月朔日，子開元神武皇帝某謹遣具官姓名，敢昭告於周文王：惟王受命作周，經緯天地，式遵祠典，敬以制幣、犧齊、粢盛、庶品，祇薦於周文王。尚饗。"

配座祝文："維某年歲次月朔日，子開元神武皇帝謹遣具官姓名，敢昭告於太公：惟公純德孔明，翼成周室，率由舊典，配享於周文王。敬以制幣、犧齊、粢盛、庶品，明薦於齊太公。尚饗。"

周武王祝文："維某年歲次月朔日，子開元神武皇帝某謹遣具官姓名，敢昭告於周武王：惟王應天順人，克定禍亂，式遵祠典，敬以制幣、犧齊、粢盛、庶品，明薦於周武王。尚饗。"

配座祝文："維某年歲次月朔日，子開元神武皇帝謹遣具官姓名，敢昭告於周文公、召康公：惟公道光十亂①，功著分陝，率由舊典，配享於周武王。敬以制幣、犧齊、粢盛、庶品，明薦於周文公、召康公。尚饗。"

漢高帝祝文："維某年歲次月朔日，子開元神武皇帝某謹遣具官姓名，敢昭告於漢高帝：惟帝神武應期，載安區夏，式遵祠典，敬以制幣、犧齊、粢盛、庶品，祇薦於漢高帝。尚饗。"

配座祝文："維某年歲次月朔日，子開元神武皇帝謹遣具官姓名，敢昭告於蕭相國：惟公翼成漢業，厥功惟茂，率由舊章，配享於漢高祖。敬以制幣、犧齊、粢盛、庶品，明薦於蕭相國。尚饗。"

---

① "光"字，四庫本作"克"。

卷第五十一　吉禮

薦新於太廟　季夏祭中霤於太廟
孟冬祭司寒_{納冰開冰附}　興慶宮祭五龍壇

薦新於太廟

薦新之日，太廟令帥齋郎灑埽於廟之内外。太官預饌所薦之物於神厨。若有酒者，廟司設尊、坫、罍、洗如常式。

謁者引太常卿入，立於東門之内道北，西向。謁者、贊引稱："再拜。"太常卿再拜。進饌者奉饌入自正門，升自泰階，各設於神座前。籩、豆蓋幂，徹之如式。訖，降自東階以出。謁者引太常卿升自東階，詣獻祖室户前，盥洗，酌獻，訖，再拜，又再拜。若無酒，即俱再拜也①。訖，謁者引太常卿復位。謁者贊拜，太常卿再拜，訖，謁者引出。

薦新物：

冬魚、蕨、筍、蒲、白韭、菫、腎豆、小豆、蘘荷、菱人、子薑、菱索、春酒、桑落酒、竹根、粱米、黄米、粳米、糯米、稷米、茄子、甘蔗、芋子、鷄頭人、苜蓿、蔓菁、胡瓜、冬瓜、瓠子、春魚、水蘇、枸杞、芙茨、子藕、大麥麵、瓜、油麻、麥子、椿頭、蓮子、栗、冰、甘子、櫻桃、李、杏、林檎、橘、椹、菴羅果、棗、兔脾、麇、鹿、野鷄。

薦新物皆以品物時新堪供進者。所司先送太常令尚食，相知簡擇，仍以滋味與新物相宜者配之以薦，皆如上儀。

---

① "俱"字，公善堂本作"但"，據四庫本校改。

季夏祭中霤於太廟[①]

季夏土王日，祭中霤於太廟之庭。

前祭三日，諸享官散齋二日於正寢，致齋一日於廟所。散齋理事如舊，惟不弔喪問疾，不作樂，不判署刑殺文書，不行刑罰，不預穢惡。致齋惟祭事得行，其餘悉斷。其祭官已齋而闕者，通攝行事。

前祭一日，衛尉陳設如常。

祭日未明十刻，太官丞具特牲之饌。

未明一刻，太廟令帥其屬入，布神座於廟庭西門之內道南，東向，席以莞。設神位於座首。設酒尊於神座東南，設洗又於酒尊東南，俱北向。罍水在洗東，篚在洗西，南肆。篚實以巾、爵。奉禮設太廟令位於神座東南，執事者位於其後，俱北面西上。設門外位皆於東門之外道南，重行北向，以西爲上。

質明，諸行事之官各服其服。良醞之屬入，實尊、罍。太官丞監實籩、豆、簋、簠。贊引引太廟令，又贊引引執事者，俱就門外位。太祝與執尊、罍、篚、冪者先入，詣神座前，西向，再拜，訖，各就位。立定，贊引引太廟令，又贊引引執事者入，就位。贊引贊拜，太廟令以下皆再拜。太官丞出，詣饌所。贊引進太廟令之左，白：“有司謹具，請行事。”退，復位。太官丞引饌入，太祝迎引於座首，設於神座前。訖，太官丞以下還本位，太祝還尊所。

贊引引太廟令詣罍洗，盥手，洗爵，詣酒尊所，執尊者舉冪。太廟令酌酒，贊引引太廟令進神座前，西面跪，奠爵，俛伏，興，少退，西向立。太祝持版進於神座之右，北面跪，讀祝文曰：“維某年歲次月朔日，子開元神武皇帝謹遣具位姓名，敢昭告於中霤：賴茲保養，畋庶以安，式荷神功，祗率恒禮，爰以特牲、醴合、醴其、嘉蔬、嘉薦、醴酒，明祀於神。尚饗。”訖，興。太廟令再拜。太祝進，跪，奠版於神座，俛伏，興，還尊所。太祝以爵酌福酒，進太廟令之左，北面立。太廟令再拜，受爵，跪，祭酒，

---

① 原標題爲“祭中霤”，據本卷卷首標題補。

遂飲，卒爵。太祝進，受爵，復還尊所。太廟令俛伏，興，再拜，贊引引還本位。

太祝進，跪，徹豆，俛伏，興，還尊所。徹者，少移於故處。太祝與執尊、罍、篚者俱復位①。立定，贊引贊拜，太廟令以下皆再拜。贊引進太廟令之左，白：“禮畢。”遂引太廟令以下出。其祝版燔於齋坊。

孟冬祭司寒納冰開冰附

前三日，諸祭官散齋二日於家正寢，致齋一日於祭所。右校埽除祭所。衛尉陳設如常。

祭日未明十刻，太官丞具特牲之饌。

未明一刻，郊社丞入，布神座於廟北，南向，設神位於座首。又帥其屬設酒尊於神座東南，設洗於酒尊東南，俱北向。罍水在洗東，篚在洗西，南肆。篚實以巾、爵。執尊、罍、篚者各位於尊、罍、篚之後。上林令設桃弧棘矢於冰室戶內之右。祭訖，遂留之。奉禮設上林令位於神座東南，執事者陪其後，俱重行西向，以北爲上。

質明，上林令以下各服其服。郊社丞、良醞之屬入，實尊、罍。太官丞監實籩、豆、簠、簋。贊引引上林令，又贊引引執事者，俱就門外位。立定，太祝與執尊、罍、篚者先入，立於神座前，北向，俱再拜，訖，各就位。贊引引上林令，又贊引引執事者俱入，就位。立定，贊引贊拜，上林令以下皆再拜。太官丞出，詣饌所。贊引進上林令之左，白：“有司謹具，請行事。”退，復位。太官丞引饌入，太祝迎於座首，設於神座前。訖，太官丞以下還本位，太祝還尊所。

贊引引上林令盥手，洗爵，詣酒尊所，執尊者舉冪。上林令酌酒，贊引引上林令進神座前，北面跪，奠爵，俛伏，興，少退，北向立。太祝持版進於神座之右，東面跪，讀祝文曰：“維某年歲次某十月朔日②，開元神武皇帝謹遣某官姓名，敢昭告於玄冥之神：順茲時令，增冰堅厚，式遵常典，將納凌陰，謹以玄牡、秬黍、嘉薦、清酌明祀於神。尚饗。”訖，興。上

---

① 四庫本於“篚”後有“冪”字。

② “某十月”，四庫本無“某”字，《通典》卷一一六《開元禮纂類十一》無“某十”二字。

林令再拜。太祝進，跪，奠版於神座，俛伏，興，還尊所。太祝以爵酌福酒，進上林令之右，西向立。上林令再拜，受爵，跪，祭酒，遂飲，卒爵。太祝進，受爵，復於尊所。上林令跪，俛伏，興，再拜。贊引引還本位。

太祝進，跪，徹豆，俛伏，興，還尊所。徹者，少移於故處。太祝與執尊、罍、篚者俱復位。立定，贊引贊拜，上林令以下皆再拜。贊引進上林令之左，白："禮畢。"贊引引上林令以下出。其祝版燔於齋坊。

興慶宮祭五龍壇

將祭，有司筮日如前儀[①]。

前祀三日，諸預祭之官散齋二日，致齋一日。散齋於寢，致齋於祀所。散齋理事如舊，惟不弔喪問疾，不作樂，不行刑罰，不判署刑殺文書，不預穢惡。致齋惟祭事得行，其餘悉斷。其祭官已齋而闕者，通攝行事。

前祭二日，守宮設祭官次於東壝之外道南，北向，以西爲上。設陳饌幔於內壝東門之外道南，北向。太樂令設判懸之樂於壇南。右校埽除壇之內外。

前祀一日，晡後一刻，諸衛令其屬各以其方器服守衛壝門，清齋一宿。奉禮設獻官位於壇東南，西向，執事位於獻官東南，俱西面北上。設奉禮位於獻官西南，贊者二人在南差退。設祭官以下門外位於東壝之外道南，每等異位，重行北向，以西爲上。郊社令帥齋郎設散尊五龍各二於壇上東南隅，北向西上。尊皆加勺、冪，有坫以置尊。設洗於壇東南，北向。罍水在洗東，篚在洗西，南肆。篚實以巾、爵。執尊、罍、篚、冪者各位於尊、罍、篚、冪之後。

祀日未明十刻[②]，太官令帥宰人以鸞刀烹牲於廚。牲以少牢。

未明二刻，郊社令帥齋郎各服其服，升，設五龍座於壇上近北，南向東上，席以莞。設神位各於座首。

未明一刻，祭官以上各服其服。郊社令與良醞之屬入，實尊、罍，太祝以幣置於篚，太官令帥進饌者實諸籩、豆、簠、簋等，設於饌幔內。

---

① "前"字，四庫本、《通典》一一六《開元禮纂類十一》作"別"。

② "十刻"，四庫本作"十五刻"。

質明，謁者引獻官以下就門外位。奉禮帥贊者先入，就位。執尊、罍、篚、冪者入，當壇南，重行北向，以西爲上。立定，奉禮曰："再拜。"贊者承傳，執尊、罍、篚、冪者皆再拜。訖，執尊、罍、篚、冪者自東陛升，立於尊所，各就位。太樂令帥工人入，就位。謁者進獻官之左，白："有司謹具，請行事。"退，復位。協律郎跪，俛伏，舉麾，工鼓柷，乃奏闕文之樂，以姑洗之均。樂舞三成，偃麾，戛敔，樂止。奉禮曰："衆官再拜。"衆官在位者皆再拜。訖，復位。太祝取幣於篚，立於尊所。太官令帥進饌者奉饌陳於東門外。

謁者引獻官詣南陛，升，北向立。太祝以幣授獻官，獻官受幣，登歌作，以南呂之均。謁者引獻官進，北面跪，奠於青龍之座前。諸座皆太祝助奠。俱畢，獻官再拜，訖，登歌止。謁者引獻官降自南陛，還本位。太官令引饌入，升自南陛，太祝迎引於壇上，設饌於神座前。訖，降，復位。

謁者引獻官詣罍洗，盥手，洗爵，訖，引升南陛，詣酒尊所，執尊者舉冪。獻官酌清酒，謁者引進神座前，北面跪，奠爵於青龍之座。太祝等助奠諸座。俱畢，少退，北向立。太祝持版進於青龍座之右，東面跪，讀祝文，祝文臨時製撰①。訖，獻官再拜。太祝進，跪，奠版於神座，俛伏，興，還尊所。太祝以爵酌罍福酒，進獻官之右，西向立。獻官再拜，受爵，跪，祭酒，啐酒，奠爵，興。太祝帥齋郎進俎。太祝跪，減神前胙肉，興，以授獻官，獻官受以授齋郎。獻官跪，取爵，遂飲，卒爵。太祝進，受爵，復於坫。獻官再拜。謁者引降，復位。

太祝跪，徹豆，俛伏，興，還尊所。奉禮曰："賜胙。"贊者唱："衆官再拜。"衆官在位者皆再拜。獻官不拜。奉禮又曰："再拜。"在位者俱再拜。謁者進獻官之左，白："禮畢。"遂引獻官以下出。

太祝以下復執事位。立定，奉禮曰："再拜。"太祝再拜，訖，出。其祝版燔於齋所。如沈玉於川，臨時別取進止。

---

① "祝文"二字，公善堂本無，據四庫本、《通典》一一六《開元禮纂類十一》補。

卷第五十二　吉禮

皇帝皇太子視學

出宮　視學　車駕還宮

皇帝皇太子視學

視學前一日，所司灑埽學堂之内外。尚舍設大次於學堂之後，守宮設皇太子次於大次之東，皆隨地之宜，並如常儀。

尚舍設御座於學堂上北壁下，當中南向。監司設講榻於御座之西，南向。設執讀座於前楹間，當講榻北向。尚舍又設皇太子座於御座東南，西向。設文官三品以上座於皇太子之南，少退，重行，西面北上。設武官三品以上座於講榻西南，當文官，重行，東面北上。設侍講座於執讀西北、武官之前，東面北上。<small>其執如意者一人，立於侍講之南，東面。</small>設論義座於講榻之前①，北面。三館學官座於武官之後。設脱履席於西階下。

典儀設版位：皇太子於東階東南，西面。執經於西階西南，東面。文官三品以上於皇太子東南，重行，西面北上。武官三品以上於執經西南。侍講、執讀、執如意等於執經之後，皆重行，東面北上。學生分於文、武官之後，皆重行，北上。設典儀位於東階之西，贊者二人在南差退，俱西面。

出宮

前出宮三日，本司宣攝内外，各供其職。

其日，應從駕文武官，依時刻俱集朝堂，諸衛陳設仗衛。侍中版奏：

---

① “論義座”，四庫本、《通典》卷一一七《開元禮纂類十二》作“論議座”。《新唐書》卷一四《禮樂四》與公善堂本同。下同。

“外辦。”皇帝乘馬，文武侍從，並如常行幸之儀。駕將至，祭酒帥監官、學官、學生等奉迎於路左。學生青衿服。駕至大次門外，降、入如常。

視學

皇帝既入大次，執經、侍講、執讀、執如意等及學官各服公服。典儀帥贊者先入，就位。謁者、贊引引文武三品以上及執經以下學官等入，就堂下位。皇太子立於學堂門外之東，西向。侍衛如常。

侍中版奏：“外辦。”皇帝出大次，升自北階，即御座，南向坐。侍臣及近侍量人從升。典儀一人升，就東階上，西面立。舍人引皇太子就位，立。諸衛率庶子等量人從入，立於皇太子東南，西面北上。奉禮曰：“再拜。”贊者承傳，皇太子以下在位者皆再拜。侍中跪，奏稱：“請勑皇太子及王公等升坐。”又侍中承制，曰：“可。”侍中詣東階上，西面稱：“勑皇太子及王公等升。”殿上典儀承傳階下，贊者又承傳，皇太子以下應坐者皆再拜。訖，通事舍人引皇太子及群官應坐者各升座。訖，其公服者，脱履於階下及降納，皆如常儀。執讀讀所講經，執經釋義。訖，遂行如意。侍講者執如意就論義座，以次論難。訖，侍中跪，奏：“禮畢。”群官皆起。通事舍人各降堂下位。

若有勑賜會，則侍中前承制，降詣堂下宣勑及太官下食案等，並如常儀。皇帝降座，還大次，侍衛如常儀。群官以下會訖，皆出。執經以下改服常服。學生仍青衿服。

車駕還宮

皇帝既還大次，侍中量時刻版奏：“外辦。”皇帝出次，文武官陪從還宮，如來儀。初，駕出，國子祭酒帥監官、學官、學生等奉辭於路左，如常式。

卷第五十三　吉禮

皇太子釋奠於孔宣父

齋戒　陳設　出宮　饋享　講學　還宮

齋戒

皇太子散齋三日於別殿，致齋二日於正殿。

前致齋一日，典設設皇太子幄座於正殿東序及室內，俱西向。又張帷於前楹下。殿若無室，張帷爲之。

致齋之日，質明，諸衞率各勒所部屯門列仗如常。晝漏上水一刻，左庶子版奏：“請中嚴。”近仗就陳於閤外，通事舍人引宮臣文武七品以上袴褶陪位如式。諸侍衞之官各服其器服，諸侍臣並結佩，俱詣閤奉迎。左庶子版奏：“外辦。”上水三刻，皇太子服通天冠、絳紗袍，結佩以出，侍衞如常。皇太子即座，西向坐，侍臣夾侍如常。一刻頃，左庶子前，跪，奏稱：“左庶子臣某言，請降就齋室。”俛伏，興，還侍位。皇太子降座，入室。文武侍臣各還本司，直衞者如常。典謁引陪位以次出。

凡預享之官，散齋三日，致齋二日。散齋皆於正寢。致齋，一日於本司，一日於享所，其無本司者皆於享所。近侍之官應從升者及從享群官、監官、學官、學生等，各於本司及學館俱清齋一宿。散齋理事如舊，惟不弔喪問疾，不作樂，不判署刑殺文書，不行刑罰，不預穢惡。致齋惟享事得行，其餘悉斷。其享官已齋而闕者，通攝行事。諸享官致齋之日給酒食及明衣，各習禮於齋所。太官令監取明水火。取水於陰鑒，取火於陽燧。火以供爨，水以實尊。

前享一日，諸衞令其屬未後一刻各以其方器服守衞廟門，及太樂工人俱清齋一宿。

陳設

前享三日，典設設皇太子便次於廟東，西向。又設便次於學堂之後，隨地之宜。守宮設文武侍臣次各於便次之後，文左武右。設諸享官次於齋坊之內，從享之官於廟東門之外，隨地之宜。

前享二日，太樂令設軒懸之樂於廟庭。東方、西方磬簴起北，鐘簴次之；北方磬簴起西，鐘簴次之。設三鎛鐘於編懸之間，各依辰位。樹路鼓於北懸之間、道之左右。植建鼓於三隅。置柷、敔於懸內。柷在左，敔在右。設歌鐘、歌磬於廟堂之上前楹間，北向。磬簴在西，鐘簴在東。其匏竹者立於堂下階間，重行東向①，相對爲首。凡懸，皆展而編之。諸工人各位於懸後。右校埽除內外。爲瘞埳於院內堂之壬地，方深取足容物，南出陛。

前享一日，奉禮設皇太子位於東陛東南，西向。又設望瘞位於廟堂東北，當瘞埳西向。設亞獻、終獻位於皇太子東南，執事者各位於其後，俱重行，西面北上。設御史位於廟堂之下西南，東向，令史陪其後。設奉禮位於樂懸東北，贊者二人在南差退，俱西向。又設奉禮、贊者位於瘞埳東北，東上②。設協律郎位於廟堂上前楹間，近西，東向。設太樂令位於北懸之間，北向。設從享群官七品以上位於樂懸之東，當執事西，南向。監官、學官位於樂懸之西，當宮官東向。設學生位於宮官、監官、學官之後，俱重行，北上。設門外位，爲亞獻、終獻位於東門之外道南，執事位於其後，每等異位，俱北面西上。監官、學官位於獻官東南，從享宮官位於學官之東，俱重行北向，以西爲上。

設酒尊位於廟堂之上：先聖犧尊二、象尊二、山罍二在前楹間，北向；先師犧尊二、象尊二、山罍二在先聖酒尊之東，俱西向。尊皆加勺、幂，有坫以置爵。其先師之爵同置於一坫。

設洗於東階東南，亞獻之洗又於東南，俱北向。罍水在洗東，篚在洗西，南肆。篚實以巾、爵。執尊、罍、篚、幂者各位於尊、罍、篚、幂之後。設幣、篚二，各於尊坫之所。

---

① “東向”，四庫本、《通典》卷一一七《開元禮纂類十二》作“北向”。
② 四庫本、《通典》卷一一七《開元禮纂類十二》於“東上”前有“南面”二字。

典設設皇太子座於學堂之上東壁下，西向。監司設講榻於北壁下，南向。又設執讀者座於前楹間，當講榻北向。守宮設太傅、少傅座於皇太子西北面，皆東上。若有令令詹事以下坐，則設座於皇太子西南，北向東上。侍講者座於執讀西北。執如意者一人，立於侍講之西。三館學官非侍講者座於侍講之西，北面東上。若有上臺三品以上觀講者，設座於侍講之北，南面東上。設論義座於講榻之前近南，北向。設脫履席於西階之南，東向。掌儀設版位：宮官七品以上於東階東南，西面北上。執經、侍講等於西階西南，監官及學官非侍講者於侍講者之後。若有上臺三品以上觀講者，位於執經之北，少退，重行，皆東面北上。學生分位於宮官、學官之後，皆重行北上。設掌儀位於宮官西北，贊者二人在南，皆西向。

晡後，郊社令帥齋郎以尊、坫、罍、洗、篚、冪入，設於位。升堂者自東階。謁者引祭酒、司業詣厨，視濯溉。凡導引者，每曲一逡巡。贊引引御史詣厨，省饌具。司業以下每事訖，各還齋所。

享日未明十五刻，太官令帥宰人以鸞刀割牲，祝史以豆二取毛血，置於饌所，遂烹牲。其牲用太牢。二正座及先師首座，俎皆升右胖十一體。左丘明以下折分餘體升之。

未明五刻，郊社令帥其屬及廟司各服其服，升，設先聖神座於堂上西楹間，東向。設先師神座於先聖神座東北，南面西上。若前堂不容，則又於堂外之東屈陳而北，東面南上。席皆以莞。設神位各於座首。

出宮

前出宮二日，本司宣攝內外，各供其職。守宮設從享宮官次於東宮朝堂如常。

其日未明，所司依鹵簿陳設於重明門外。奉禮設從享宮官位於東宮朝堂如常。文武宮官七品以上，依時刻俱集於次，各服公服。諸衛率各勒所部，陳設如式。左庶子版奏：“請中嚴。”典謁引宮官各就位。諸侍衛之官各服其器服，左庶子負璽如式。俱詣閤奉迎。僕進軺車於西閤外，南向。若須乘輦，則聽臨時進止。內率一人執刀立於車前，北向。中允一人在侍臣之前，贊者二人在中允前。

左庶子版奏：“外辦。”僕奮衣而升，正立執轡。皇太子著具服、遠遊冠,乘輿以出,左右侍衛如常儀。內率前執轡,皇太子升車,僕立授綏,左庶子以下夾侍如常儀。中允進,當車前跪,奏稱:"請發引。"俛伏,興,退,復位。凡中允奏請,皆當車前跪,奏稱"具官臣某言"。訖,俛伏,興。車動,中允與贊者夾引以出,內率夾車而趨。

出重明門,至侍臣上馬所,中允奏稱:"請車權停,令侍臣上馬。"左庶子前,承令,退稱:"令曰諾。"中允退稱:"侍臣上馬。"贊者承傳,文武侍臣皆上馬。庶子以下夾侍於車前,贊者在供奉官人內。侍臣上馬畢,中允奏稱:"請令車右升。"左庶子前,承令,退稱:"令曰諾。"中允退,復位。內率升訖,中允奏稱:"請發引。"退,復位。皇太子車動,太傅乘車訓導,少傅乘車訓從,出延喜門,不鳴鼓吹。從享官乘馬陪從如常儀。

饋享

享日未明三刻,諸享官各服其祭服,諸陪祭之官皆公服,學生青衿服。郊社令、良醞令各帥其屬入,實尊、罍及幣。犧尊實以醴齊,象尊實以盎齊,山罍實以清酒。齊加明水,酒加玄酒,各實於上尊。其幣以白,各長一丈八尺。太官令帥其屬實諸籩、豆、簠、簋、俎等。

未明二刻,奉禮帥贊者先入,就位。贊引引御史、太祝及令史、祝史與執尊、罍、篚、冪者入自東門,當階間,重行,北面西上。立定,奉禮曰:"再拜。"贊者承傳,凡奉禮有辭,贊者皆承傳。御史以下皆再拜。訖,執尊、罍、篚、冪者各就位。贊引引御史、太祝詣東階,升堂,行埽除於上。令史、祝史升,行埽除於下。訖,降,還齋所。奉禮以下次還齋所。皇太子將至,謁者、贊引各引享官及從享學官等俱就門外位。學生皆入,就門內位。皇太子至孔子廟門外,迴車南向,內率降,立於車右。左庶子進,當車前跪,奏稱:"左庶子臣某言,請降車。"俛伏,興,還侍位。皇太子降車,乘輿之便次,侍衛如常儀。郊社令以祝版進,皇太子署訖,近臣奉出,郊社令受,各奠於坫。

未明一刻,謁者、贊引引從享宮官就門外位。奉禮帥贊者先入,就位。贊引引御史以下入,就位。太樂令帥工人、二舞次入,就位,文舞入陳於懸內,武舞立於懸南道西。其升堂坐者皆脫履於下,降納如常。謁者引祭酒入,就位,立定,奉禮曰:"再拜。"祭酒再拜。訖,謁者引祭酒詣東階,升堂，行埽除於上，降，行樂懸於下。訖，引還本位。初，祭酒行樂懸，謁者、贊引各引祭官及陪祭之官次入，就位。皇太子停便次半刻頃，率更令立於便次門外，東向。左庶子版奏："外辦。"皇太子出便次，侍衛如常儀。率更令引皇太子至廟東門，中允進笏，皇太子執笏，近侍者從入如常儀。

　　皇太子至版位，西向立。每立定，率更令退，立於左。率更令前啟："再拜。"退，復位。皇太子再拜。奉禮曰："衆官再拜。"衆官在位者及學生皆再拜。其先拜者不拜。率更令前啟："有司謹具，請行事。"退，復位。協律郎跪，俛伏，舉麾，鼓柷[1]，奏《永和之樂》，以姑洗之均。自後，堂下接神之樂皆奏姑洗。作文舞之舞。樂舞三成，偃麾，戛敔，樂止。凡樂，皆協律郎舉麾，工鼓柷而後作，偃麾、戛敔而後止。率更令前啟："再拜。"退，復位。皇太子再拜。奉禮曰："衆官再拜。"衆官在位者及學生皆再拜。太祝各跪，取幣於篚，興，立於尊所。

　　率更令引皇太子，《永和之樂》作。皇太子每行，皆作《永和之樂》。皇太子自東階升，左庶子以下及左右侍衛量人從升。以下皆如之。皇太子升堂，進先聖神座前，西向立，樂止。太祝以幣授左庶子，左庶子奉幣，北向進。皇太子搢笏，受幣。每受物，搢笏，奠訖，執笏，俛伏，興。登歌作《肅和之樂》，以南呂之均。率更令引皇太子進，西面跪，奠於先聖神座前，俛伏，興。率更令引皇太子少退，西向，再拜。訖，率更令引皇太子進先師首座前，北向立。又太祝以幣授左庶子，左庶子奉幣西向進。皇太子受幣。率更令引皇太子進，北面跪，奠於先師首座，俛伏，興。率更令引皇太子少退，北向，再拜，登歌止。率更令引皇太子，樂作，皇太子降自東階，還版位，西向立，樂止。

　　初，群官拜訖，祝史各奉毛血之豆立於東門外。於登歌止，祝史奉毛血升自東階，太祝迎取於階上，進，奠於先聖及先師首座前。太祝與祝史退，立於尊所。

　　初，皇太子既升奠幣，太官令出，帥進饌者奉饌陳於東門之外。初，皇太子既至位，樂止，太官令引饌入[2]。俎初入門，奏《雍和之樂》，自後，酌

---

① "鼓柷"二字，公善堂本脱，據四庫本、《通典》卷一一七《開元禮纂類十二》補。

② "太官令"，公善堂本脱"令"字，據四庫本、《通典》卷一一七《開元禮纂類十二》補。

獻皆奏《雍和》。饌至階，樂止。祝史各進，跪，徹毛血之豆，降自東階以出。饌升，太祝迎引於階上，各設於神座前。籩、豆蓋幂先徹，乃升。簠、簋既奠，却其蓋於下。設訖，太官令以下降，復位，太祝還尊所。

率更令引皇太子詣罍洗，樂作，皇太子至罍洗，樂止。左庶子跪，取匜，興，沃水；又左庶子跪，取盤，興，承水。皇太子盥手。中允跪，取巾於篚，興，進。皇太子帨手。訖，中允受巾，跪，奠於篚，遂取爵於篚，興，進。皇太子受爵。左庶子酌罍水，又左庶子奉盤，皇太子洗爵，中允又授巾，皆如初。皇太子拭爵訖，左庶子奠盤、匜，中允受巾，奠於篚，皆如常。

率更令引皇太子，樂作，皇太子升自東階，樂止，詣先聖酒尊所，執尊者舉幂。左庶子贊酌醴齊。訖，樂作。率更令引皇太子進先聖神座前，西面跪，奠爵，俛伏，興。率更令引皇太子少退，西向立，樂止。太祝持版進於神座之右，北面跪，讀祝文曰：“維某年歲次月朔日，子皇太子某敢昭告於先聖孔宣父：惟夫子固天攸縱，誕降生知，經緯禮樂，闡揚文教，餘烈遺風，千載是仰，俾兹末學，依仁游藝。謹以制幣、犧齊、粢盛、庶品，祇奉舊章，式陳明薦，以先師顏子等配。尚饗。”訖，興。皇太子再拜。初讀祝文訖，樂作，太祝進，跪，奠版於神座，興，還尊所。皇太子拜訖，樂止。

率更令引皇太子至先師酒尊所，執尊者舉幂。左庶子取爵於坫，進。皇太子受爵。左庶子贊酌醴齊，樂作。率更令引皇太子進先師首座前，北面跪，奠爵，俛伏，興。率更令引皇太子少退，北向立，樂止。皇太子既奠首座爵，餘座皆齋郎助奠，相次而畢。其亞獻、終獻，齋郎助奠亦如之。太祝持版進於先師神座之左，西面跪，讀祝文曰：“維某年歲次月朔日，子皇太子某敢昭告於先師顏子等七十二賢：爰以仲春，仲秋。率遵故典，敬修釋奠於先聖孔宣父。惟子等或服膺聖教，德冠四科；或光闡儒風，貽範千載。謹以制幣、犧齊、粢盛、庶品，式陳明獻，從祀配神。尚饗。”訖，興。皇太子再拜。初讀祝文訖，樂作，太祝進，跪，奠版於神座，興，還尊所。皇太子拜訖，樂止。

率更令引皇太子詣東序，西向立，樂作。太祝各以爵酌上尊福酒，合置一爵。一太祝持爵授左庶子，左庶子奉爵，北向進。皇太子再拜，受爵,跪,祭酒,啐酒,奠爵,興。太祝各帥齋郎進俎。太祝跪,減先聖及先師首座前三牲胙肉皆取前腳第二骨。加於俎,又以籩取稷黍飯,興,以胙肉各置一俎上,又以飯共置一籩。太祝以飯籩授左庶子,左庶子奉飯,北向進。皇太子受以授左右。太祝又以俎授左庶子,左庶子以次奉進。皇太子每受以授左右。訖,皇太子跪,取爵,遂飲,卒爵。左庶子進,受爵以授太祝。太祝受爵,復於坫。皇太子俛伏,興,再拜,樂止。率更令引皇太子,樂作,皇太子降自東階,還版位,西向立,樂止。

文舞出,鼓柷,作《舒和之樂》,出訖,戛敔,樂止。武舞入,鼓柷,作《舒和之樂》,立定,戛敔,樂止。

初,皇太子將復位,謁者引國子祭酒詣罍洗,盥手,洗爵。訖,謁者引祭酒升自東階,詣先聖酒尊所,執尊者舉冪。祭酒酌盎齊。訖,武舞作。謁者引祭酒進先聖神座前,西面跪,奠爵,興。謁者引祭酒少退,西向,再拜。謁者引祭酒詣先師酒尊所,取爵於坫,執尊者舉冪。祭酒酌盎齊。謁者引祭酒進先師首座前,北面跪,奠爵,興。謁者引祭酒少退,北向,再拜。訖,謁者引祭酒詣東序,西向立。太祝各以爵酌罍福酒,合置一爵。一太祝持爵進祭酒之左,北向立。祭酒再拜,受爵,跪,祭酒,遂飲,卒爵。太祝進,受爵,復於坫。祭酒興,再拜。謁者引祭酒降,復位。

初,祭酒獻將畢,謁者引司業詣罍洗,盥洗訖,升,酌盎齊,終獻如亞獻之儀。訖,謁者引司業降,復位。武舞止。

太祝等各進,跪,徹豆,興,還尊所。徹者,籩、豆各一,少移於故處。奉禮曰:“賜胙。”贊者唱:“眾官再拜。”眾官在位者及學生皆再拜。已飲福者不拜。《永和之樂》作,率更令前啟:“再拜。”退,復位。皇太子再拜。奉禮曰:“眾官再拜。”眾官在位者及學生皆再拜。樂一成,止。

率更令前啟:“請就望瘞位。”率更令引皇太子就望瘞位,西向立。奉禮帥贊者轉就瘞埳東北位。初,在位者將拜,太祝各執篚進神座前,跪,以篚取幣,降自西階,詣瘞埳,以幣置於埳。訖,奉禮曰:“可瘞。”埳東、西廂各四人實土。半埳,率更令前啟:“禮畢。”率更令引皇太子還便次,樂作,皇太子出門,樂止。中允進,受笏,侍衛如常儀。謁者、贊引各引亞獻以下以次出。

初白"禮畢"，奉禮帥贊者還本位，贊引引御史、太祝以下俱復執事位。立定，奉禮曰："再拜。"御史、太祝以下皆再拜[①]。訖，贊引引出。學生以次出。其祝版燔於齋坊。

講學

皇太子既入便次，改服常服。執經、侍講、執讀、執如意等及三館學官並服公服，學生仍青衿服，餘皆常服。掌儀帥贊者先入，就位。謁者各引群官及學生等次入，就位。

左庶子版奏："外辦。"皇太子乘輿出便次，若須乘馬，臨時聽進止。侍衛如常儀。至學堂後，降輿，升自北階，即座，坐。左右侍衛量人從升。太傅、少傅亦就座，坐。掌儀曰："再拜。"贊者承傳，群官及學生等在位者皆再拜。執經不拜。左庶子跪，奏："請令執經等升。"俛伏，興。又左庶子稱："令曰諾。"左庶子退，降，詣西階下，立於執經等之前，北面宣令云："執經以下並升坐。"應坐者並再拜。執經不拜。通事舍人引執經以下升，各就座，坐。其升坐者脫履如式。訖，執讀讀所講經，執經釋義[②]。訖，執如意者以如意授侍講，侍講興，受，進，詣論義座，北面問所疑，執經者爲通之。訖，興，退，以如意授執者，退，還本座。執如意者以如意次授諸侍講者，如上儀。

總訖[③]，左庶子跪，奏："禮畢。"群官皆起，通事舍人各引就堂下位。皇太子降座，降自北階，入學堂後便次。群官以次出。執經以下改服常服。學生仍青衿服。

還宮

皇太子既入便次，左庶子版奏："請解嚴。"將士不得輒離本位。皇太子改服公服，停便次一刻頃，搥一鼓爲一嚴，有司轉仗衛於還塗，如來儀。二刻頃，又搥二鼓爲再嚴，左庶子版奏："請中嚴。"國子祭酒以下、學生以上並出，就學外道左奉辭。三刻頃，又搥三鼓爲三嚴，僕進輅車於學門外如常。

---

①　"太祝"二字，四庫本、《通典》卷一一七《開元禮纂類十二》無。

②　"執經"二字，公善堂本無，據四庫本、《通典》卷一一七《開元禮纂類十二》校補。

③　"總"字，公善堂本無，據四庫本、《通典》卷一一七《開元禮纂類十二》校補。

　　左庶子版奏："外辦。"皇太子乘輿出便次，至學門外，降輿，乘車，侍衛如常。左庶子奏請及車右升降、侍臣上馬、文武陪從，皆如來儀。車動，鼓吹振作如式。至國子祭酒以下奉辭處，車權停，國子祭酒以下皆再拜。通事舍人承令宣勞及拜，皆如常。車至城隅，鼓吹止。過廟，鼓吹作，至延禧門，鼓吹止。入延禧門，鐃吹作。至重明門，宮官文武俱下馬，皇太子乘車入，太傅、少傅還。

　　皇太子至殿門，迴車南向。左庶子跪，奏："請降車。"俛伏，興。皇太子降車，乘輿入，侍臣從至閤門。左庶子版奏："請解嚴。"將士還本所。

卷第五十四　吉禮

國子釋奠於孔宣父　皇子束脩　學生束脩

國子釋奠於孔宣父

齋戒　陳設　饋享

齋戒

將享，司館預申享日，本司散下其禮[1]，所司隨職供辦。

凡預享之官散齋三日，致齋二日。散齋皆於正寢。致齋一日於本司，一日於享所，其無本司者皆於享所。散齋理事如舊，惟不弔喪問疾，不作樂，不判署刑殺文書，不行刑罰，不預穢惡。致齋惟享事得行，其餘悉斷。其享官已齋而闕者，通攝行事。館官及諸學生皆清齋於學館一宿。諸享官致齋之日給酒食及明衣，各習禮於齋所。太官令監取明水火。取水於陰鑒，取火於陽燧。火以供爨，水以實尊。

前享一日，諸衛令其屬未後一刻各以其方器服守衛廟門，及太樂工人俱清齋一宿。

陳設

前享三日，守宮設獻官以下次於齋坊。

前享二日，太樂令設軒懸之樂於廟庭。東方、西方磬簴起北，鐘簴次之；北方磬簴起西，鐘簴次之。設三鎛鐘於編懸之間，各依辰位。樹路鼓於北懸之間、道之左右。植建鼓於三隅。置柷、敔於懸內。柷在左，敔在右。設歌鐘、歌磬於廟堂之上前楹間，北向。磬簴在西，鐘簴在東。其匏竹者立於堂下階間，重行北向，相對爲首。凡懸，皆展而編之。諸工人各位

---

[1]　“散”字，四庫本作“請”。

於懸後。右校埽除內外。又爲瘞埳於院內堂之壬地，方深取足容物，南出陛。

前享一日，奉禮設三獻位於東門之內道北，執事位於道南，每等異位，俱西面北上。設望瘞位於堂之東北，當瘞埳之東，西向。設御史位於廟堂之下西南，東向，令史陪其後。設奉禮位於樂懸東北，贊者二人在南差退，俱西向。又設奉禮、贊者位於瘞埳東北，南面東上。設協律郎位於廟堂上前楹之間近西，東向。設太樂令位於北懸之間，北向。設館官位於懸東，當執事西，南向。設學官位於懸西，當館官東向。設學生位於學官、館官之後，俱重行北上。若有觀者，設位於南門之內道左右，重行北向，相對爲首。金吾將檢，不得諠譁雜亂。設三獻門外位於東門之外道南，執事位於其後，每等異位，俱北向西上。館官、學官位於三獻東南，俱重行北向，以西爲上。

設酒尊之位於廟堂之上：先聖犧尊二、象尊二、山罍二在前楹間，北向；先師犧尊二、象尊二、山罍二在先聖酒尊之東，俱西向。尊皆加勺、冪，有坫以置爵。其先師之爵同置於一坫。設洗於東階東南，北向。罍水在洗東，篚在洗西，南肆。篚實以巾、爵。執尊、罍、篚、冪者各位於尊、罍、篚、冪之後。設幣、篚二，各於尊坫之所。

晡後二刻，郊社令帥齋郎以尊、坫、罍、洗、篚、冪入，設於位。升堂者自東階。謁者引祭酒、司業詣厨，視濯溉。凡導引者，每曲一逡巡。贊引引御史詣厨，省饌具。祭酒、司業以下每事訖，各還齋所。

享日未明十五刻，太官令帥宰人以鸞刀割牲，祝史以豆二取毛血，置於饌所。遂烹牲。其牲用太牢。二正座及先師首座，俎皆升右胖十一體。左丘明以下折分餘體升之①。

未明五刻，郊社令帥其屬及廟司各服其服，升，設先聖神座於廟室內西楹間，東向。設先師神座於先聖東北，南向。其餘諸弟子：冉伯牛、仲弓、宰我、子貢、冉有、子路、子游、子夏、閔子騫、曾參、高柴、宓子賤、公西赤、林放、樊須、有若、孔忠、琴牢、梁鱣、叔仲會、冉孺、曾蒧、陳亢、漆雕開、商瞿、司馬耕、子張、巫馬施、秦非、商澤、鄭國、公西蒧、公冶長、澹臺滅明、原憲、蘧伯玉、公伯繚、原亢、燕伋、秦祖、冉季、公肩定、左人

---

① “折分”，四庫本作“析分”。

郳、公西輿如、公孫龍、任不齊、顏祖、南宮括、鄡單、秦商、廉絜、步叔乘、邦巽、施之常、顏之僕、狄黑、漆雕哆、縣成、顏路、顏噲、公良孺、公祖句兹、伯虔、榮旂、顏高、秦冉、申棖、顏幸、顏何、申黨、公皙哀、后處、句井疆、曹卹、罕父黑、奚容蒧、公夏首、石作蜀、壤駟赤、漆雕徒父、樂欬等座^①，及二十一賢：左丘明、公羊高、穀梁赤、伏勝、高堂生、戴聖、毛萇、孔安國、劉向、鄭衆、杜子春、馬融、盧植、鄭玄、服虔、賈逵、何休、王肅、王弼、杜預、范甯等座，以次東陳，皆南面西上。<small>若東陳不容，則又於東壁屈陳而南，西向。</small>席皆以莞。設神位各於座首。

饋享

享日未明三刻，諸享官各服其祭服，諸陪祭之官皆公服，學生青衿服。郊社令、良醞令各帥其屬入，實尊、罍及幣。<small>犧尊實以醴齊，象尊實以盎齊，山罍實以清酒。齊加明水，酒加玄酒，各實於上尊。其幣以白，長一丈八尺。</small>太官令帥其屬實諸籩、豆、簠、簋、俎等。

未明二刻，奉禮帥贊者先入，就位。贊引引御史、太祝及令史、祝史與執尊、罍、篚、冪者入自東門，當階間重行，北面西上。立定，奉禮曰：“再拜。”贊者承傳，<small>凡奉禮有辭，贊者皆承傳。</small>御史以下皆再拜。訖，執尊、罍、篚、冪者各就位。贊引引御史、太祝詣東階，升堂，行埽除於上。令史、祝史行埽除於下。訖，引就位。謁者引享官以下俱就門外位。其學生並入，就門內位。

未明一刻^②，太樂令帥工人、二舞次入，就位，文舞入陳於懸內，武舞立於懸南道西。<small>其升堂座者皆脫履於下，降納如常儀。</small>謁者引司業入，就位。立定，奉禮曰：“再拜。”司業再拜。訖，謁者引司業詣東階，升堂，行埽除於上，降，行樂懸於下。訖，引還本位。初，司業行埽除訖，謁者、贊引各引享官以下、學官以上次入，就位。立定，奉禮曰：“衆官再拜。”衆官、學官皆再拜。<small>其先拜者不拜。</small>謁者進祭酒之左，白：“有司謹具，請行事。”退，復位。協律郎跪，俛伏，舉麾，<small>凡取物者皆跪，俛伏而取以興。奠物則跪、奠訖，俛伏而後</small>

---

① 按：原文所列孔門弟子名錄多有差錯。今考《史記》卷六七《仲尼弟子列傳》、《大唐郊祀錄》卷一〇《文宣王廟》、《新唐書》卷一五《禮樂五》等厘定，不一一出校。

② “一刻”，公善堂本作“二刻”，據四庫本、《通典》卷一一七《開元禮纂類十二》改。

興。鼓柷，奏《永和之樂》，以姑洗之均，自後，堂下之樂皆奏姑洗。作文舞之舞。樂舞三成，偃麾，戛敔，樂止。凡樂，皆協律郎舉麾，工鼓柷而後作，偃麾、戛敔而後止。奉禮曰：“眾官再拜。”眾官在位者皆再拜。太祝俱跪，取幣於篚，興，各立於尊所。

謁者引祭酒升自東階，進先聖神座前，西向立。太祝以幣北向授祭酒，祭酒受幣。登歌作《肅和之樂》，以南呂之均。謁者引祭酒進，西面跪，奠於先聖神座，興，少退，西向，再拜。謁者引祭酒，當先師首座前，北向立。又太祝以幣西向授祭酒，祭酒受幣。謁者引祭酒進，北面跪，奠於先師首座前，興，少退，北向，再拜。登歌止。謁者引祭酒降，復位。

初，群官拜訖，祝史各奉毛血之豆立於東門外。登歌止，祝史奉毛血升自東階，太祝迎取於階上，進，奠於先聖及先師首座前。太祝與祝史退，立於尊所。

初，祭酒既升奠幣，太官令出，帥進饌者奉饌陳於東門之外。祭酒降，復位，太官令引饌入。俎初入門，《雍和之樂》作，自後，酌獻皆作《雍和》。饌至階，樂止。祝史各進，跪，徹毛血之豆，降自東階以出。饌升，太祝迎引於階上，各設於神座前。籩、豆蓋冪先徹，乃升。簋、簠既奠，却其蓋於下。設訖，太官令以下降，復位，太祝還尊所。

謁者引祭酒詣罍洗，盥手，洗爵，訖，引升，詣先聖酒尊所，執尊者舉冪。祭酒酌醴齊，樂作。謁者引祭酒詣先聖神座前，西面跪，奠爵，俛伏，興，少退，西向立，樂止。太祝持版進於神座之右，北面跪，讀祝文曰：“維某年歲次月朔日，子開元神武皇帝謹遣祭酒某封姓名，敢昭告於先聖孔宣父：惟夫子固天攸縱，誕降生知，經緯禮樂，闡揚文教，餘烈遺風，千載是仰，俾茲末學，依仁游藝。謹以制幣、犧齊、粢盛、庶品，祇奉舊章，式陳明薦，以先師顏子等配。尚饗。”太祝興，祭酒再拜。初讀祝文訖，樂作，太祝進，跪，奠版於神座，興，還尊所。祭酒拜訖，樂止。

謁者引祭酒詣先師酒尊所，取爵於坫，執尊者舉冪。祭酒酌醴齊，樂作。謁者引祭酒進先師首座前，北面跪，奠爵，興，少退，北向立，樂止。祭酒既奠首座爵，餘座皆齋郎助奠，相次而畢。其亞獻、終獻，齋郎助奠亦如之。太祝持版進於先師神座之左，西面跪，讀祝文曰：“維某年歲次月朔日，子開元神武皇帝謹遣祭官某姓名，敢昭告於先師顏子等七十二賢：爰以仲春，仲秋。率遵故實，敬修釋奠於先聖孔宣父。惟子等或服膺聖教，德冠四科；或光闡儒風，貽範千載。謹以制幣、犧齊、粢盛、庶品，式陳明薦，從祀配神。尚饗。"太祝興，祭酒再拜。初讀祝文訖，樂作，太祝進，跪，奠版於神座，興，還尊所。祭酒拜訖，樂止。

謁者引祭酒詣東序，西向立。太祝各以爵酌罍福酒，合置一爵。一太祝持爵進祭酒之左，北向立。祭酒再拜，受爵，跪，祭酒，啐酒，奠爵，俛伏，興。太祝帥齋郎進俎，跪，減先聖及先師首座前三牲胙肉皆取前脚第二骨。加於俎，又以籩取稷黍飯，興，以胙肉各置一俎上，又以飯共置一籩。太祝先以飯籩授祭酒，祭酒受以授齋郎。又以俎授祭酒，祭酒每受以授齋郎。祭酒跪，取爵，遂飲，卒爵。太祝受爵，復於坫。祭酒俛伏，興，再拜。謁者引祭酒降，復位。

文舞出，鼓柷，作《舒和之樂》，出訖，戛敔，樂止。武舞入，鼓柷，作《舒和之樂》，立定，戛敔，樂止。

初，祭酒獻將畢，謁者引司業詣罍洗，盥手，洗爵。訖，謁者引司業升自東階，詣先師酒尊所，執尊者舉冪。司業酌盎齊。訖，武舞作。謁者引司業進先聖神座前，西面跪，奠爵，興。謁者引司業少退，西向，再拜。訖，謁者引司業詣先師酒尊所，取爵於坫，執尊者舉冪，司業酌盎齊。謁者引司業進先師首座前，北面跪，奠爵，興，少退，司業北向，再拜。謁者引司業詣東序，西向立。太祝各以爵酌罍福酒，合置一爵。一太祝持爵進司業之左，司業再拜，受爵，跪，祭酒，遂飲，卒爵。太祝進，受爵，復於坫。司業興，再拜。謁者引降，復位。

初，司業獻將畢，謁者引博士詣罍洗，盥手，洗爵，訖，升酌盎齊，終獻如亞獻之儀。訖，引降，復位。武舞止。

太祝等各進，跪，徹豆，興，還尊所。奉禮曰："賜胙。"贊者唱："眾官再拜。"眾官在位者及學生皆再拜。已飲福、受胙者不拜。奏《永和之樂》。奉禮曰："眾官再拜。"眾官在位者及學生皆再拜。樂一成，止。

謁者進祭酒之左，白："請就望瘞位。"謁者引祭酒就望瘞位，西向立。奉禮帥贊者轉就瘞埳東北位。初，在位者將拜，諸太祝各執篚進神座前，跪，取幣，興，降自西階，詣瘞埳，以幣置於埳。訖，奉禮曰："可瘞。"埳東、西廂各四人實土。半埳，謁者進祭酒之左，白："禮畢。"遂引祭酒出。謁者、贊引各引享官以下以次出。

初白“禮畢”，奉禮帥贊者還本位，贊引引御史、太祝以下俱復執事位。立定，奉禮曰：“再拜。”御史、太祝以下皆再拜。贊引引出。諸學生以次出。其祝版燔於齋所。

皇子束脩

束帛一篚，五匹。酒一壺，五戴。脩一案。五脡。

其日平明，皇子服學生之服其服青衿。至學門外，博士公服。執事者引立於學堂東階上①，西面。相者引皇子立於門外，之東。西向。不自同於賓客。陳束帛篚、壺酒、脯案於皇子西南，當門北向，重行西上。

將命者出，立於門西，東面曰：“敢請事。”皇子少進，曰：“某方受業於先生，敢請見。”將命者入告。博士曰：“某也不德，請皇子無辱。”若已封王，則云“請王無辱”。將命者出告。皇子曰：“某不敢爲儀，敢固請。”將命者入告。博士曰：“請皇子就位，某敢見。”將命者出告。皇子曰：“某不敢以視賓客，請終賜見。”將命者入告。博士曰：“某辭不得命，敢不從。”將命者出告。

執篚者以篚東面授皇子，皇子執篚。博士降，俟於東階下，西面。相者引皇子，執事者奉壺酒、脯脩案以從。皇子入門而左，詣西階之南，東面。奉酒脯者立於皇子西南，東面北上。皇子跪，奠篚，再拜。博士答再拜，皇子還避，遂進，跪，取篚。相者引皇子進博士前，東面授幣，奉壺酒、脩案者從，奠於博士前。博士受幣，執事者取酒、脩、幣以東。相者引皇子立於階間近南，北面。奉酒、脩者出。皇子拜訖，相者引皇子出。

學生束脩

束帛一篚，準令。酒一壺，二戴。脩一案。五脡。

---

① “上”字，四庫本、《通典》卷一一七《開元禮纂類十二》作“下”。

其日平明，學生青衿服至學門外。博士公服立於學堂東階上，西面。贊禮者引學生立於門外之東，西面。不自同於賓客。陳束帛筐、壺酒、脯案於學生西南，當門北向，重行，西上。

將命者出，立於門西，東面曰：“敢請事。”學生少進，曰：“某方受業於先生，敢請見。”將命者入告。博士曰：“某也不德，請子無辱。”將命者出告。學生曰：“某不敢爲儀，敢固請。”將命者入告。博士曰：“請子就位，某敢見。”將命者出告①。學生曰：“某不敢以視賓客，請終賜見。”將命者入告。博士曰：“某辭不得命，敢不從。”將命者出告。

執筐者以筐東面授學生，學生執筐。博士降，俟於東階下，西面。贊禮者引學生，執酒脯者從之。學生入門而左，立於西階之南，東面。執酒脯者立於學生西南，東面北上。學生跪，奠筐，再拜。博士答拜，學生還避，遂進，跪，取筐。贊禮者引學生進博士前，東面授幣，執酒、脯者從，奠於博士前。博士受幣。贊者取酒、脯、幣以東。執酒、脯者出。贊禮者引學生立，當階間近南，北面，再拜。贊禮者引出。

_____

① “告”字，公善堂本無，四庫本同。據《新唐書》卷一五《禮樂五》、《通典》卷一二一《開元禮纂類十六》補。

卷第五十五　吉禮

仲春仲秋釋奠於齊太公

齋戒　　陳設　　饋享

齋戒

將享,所司隨職供辦。

凡預享之官散齋三日,致齋二日。散齋皆於正寢。致齋一日於本司,一日於祭所。其無本司者皆於祭所。散齋理事如舊,惟不弔喪問疾,不作樂,不判署刑殺文書,不行刑罰,不預穢惡。致齋惟享事得行,其餘悉斷。其享官已齋而闕者,通攝行事。諸享官致齋之日給酒食及明衣,各習禮於齋所。太官令監取明水火。取水於陰鑒,取火於陽燧。火以供爨,水以實尊。

前享一日,諸衛令其屬未後一刻各以其方器服守衛廟門,及太樂工人俱清齋一宿。

陳設

前享三日,守宮設獻官以下次於齋坊。

前享二日,太樂令設軒懸之樂於廟庭。東方、西方磬簨起北,鐘簨次之;北方磬簨起西,鐘簨次之。設三鎛鐘於編懸之間,各依辰位。樹路鼓於北懸之間、道之左右。植建鼓於三隅。置柷、敔於懸內。柷在左,敔在右。設歌鐘、歌磬於廟堂之上前楹間,北向。磬簨在西,鐘簨在東。執匏竹者立於堂下階間,重行北向,相對爲首。凡懸,皆展而編之。諸工人各位於懸後。右校埽除內外。又爲瘞埳於院內堂之壬地,方深取足容物,南出陛。

前享一日,奉禮設三獻位於東門之內道北,執事位於道南,每等異位,俱西面北上。設望瘞位於堂之東北,當瘞埳之東,西向。設御史位於堂下西南，東向，令史陪其後。設奉禮位於樂懸東北，贊者二人在南差退，俱西向。又設奉禮、贊者位於瘞埳東北，南面東上。設協律郎位於堂上前楹間近西，東向。設太樂令位於北懸之間，北向。設觀者位於南門内道之左右，重行北向，相對爲首。金吾監檢，不得喧雜。設三獻門外位於東門之外道南，執事位於其後，每等異位，俱北面西上。設廟官位於三獻東南，俱重行，北面西上。

設酒尊之位於堂上：齊太公犧尊二、象尊二、山罍二在前楹間，北向。留侯犧尊二、象尊二、山罍二在太公酒尊之東，俱西向。尊皆加勺、冪，有坫以置爵。其留侯之爵同置於一坫。設洗於東階東南，北向。罍水在洗東，篚在洗西，南肆。執尊、罍、篚、冪者各位於尊、罍、篚、冪之後。設幣、篚二，各於尊坫之所。

晡後，郊社令帥齋郎以尊、坫、罍、洗、篚、冪入，設於位。升堂者自東階。謁者引三獻官等詣厨，視濯溉。凡導引者，每曲一逡巡。贊引引御史詣厨，省饌具。

享日未明十五刻，太官令帥宰人以鸞刀割牲，祝史以豆二取毛血，置於饌所。遂烹牲。其牲用太牢。二正座及配座俎皆升右胖十一體。以下拆分餘體升之也。

未明五刻，郊社令帥其屬及廟司各服其服，整拂神幄。

饋享

享日未明三刻，諸享官各服其祭服，諸陪祭之官皆公服。郊社令、良醞令各帥其屬入，實尊、罍及幣。犧尊實以醴齊，象尊實以盎齊，山罍實以清酒。齊加明水，酒加玄酒，各實於上尊。其幣以白，各長一丈八尺。太官令帥其屬實諸籩、豆、簠、簋等。

未明二刻，奉禮帥贊者先入，就位。贊引引御史、太祝及令史與執尊、罍、篚、冪者入自東門，當階間，重行，北面西上。立定，奉禮曰：“再拜。”贊者承傳，御史以下皆再拜。訖，執尊、罍、篚、冪者各就位。贊引引御史、太祝詣東階，升堂，行埽除於上。令史、祝史升，行埽除於下。訖，引降，就位。謁者引享官以下俱就門外位。

未明一刻，太樂令帥工人、二舞次入，就位，文舞入陳於懸内，武舞

立於懸南道西。其升堂座者皆脫履於下，降納如常。謁者引亞獻官入，就位，立
定，奉禮曰："再拜。"亞獻官再拜。訖，謁者引亞獻官詣東階，升堂，行埽
除於上，降，行樂懸於下，訖，引還本位。初，亞獻行埽除訖，謁者、贊引
各引享官以下次入，就位。立定，奉禮曰："衆官再拜。"衆官在位者皆再
拜。其先拜者不拜。謁者進初獻官之左，白："有司謹具，請行事。"退，復位。
協律郎跪，俯伏，舉麾，凡取物者皆跪，俛伏而取以興。奠物則奠訖，俛伏而後興。鼓
柷，奏《永和之樂》，以姑洗之均，自後，堂下之樂皆奏姑洗。作文舞之舞。樂舞
三成，偃麾，戛敔，樂止。凡樂，皆協律郎舉麾，工鼓柷而後作，偃麾、戛敔而後止。奉
禮曰："衆官再拜。"衆官在位者皆再拜。太祝俱跪，取幣於篚，興，各立
於尊所。

　　謁者引初獻官升自東階，進太公神座前，北向立。太祝以幣東向授
初獻官，初獻官受幣。登歌作《肅和之樂》，以南呂之均。謁者引初獻官
進，北面跪，奠於太公神座，興，少退，北向，再拜。謁者引初獻官當留侯
首座前，東向立。又太祝以幣北向授初獻官，初獻官受幣。謁者引初獻
官進，東面跪，奠於留侯首座，興，少退，東向，再拜，登歌止[①]。謁者引初
獻官降，復位。

　　初，衆官拜訖，祝史各奉毛血之豆立於東門外。登歌止，祝史奉毛
血升自東階，太祝迎取於階上，進，奠於太公及留侯首座前。太祝與祝
史退，立於尊所。

　　初，獻官既升奠幣，太官令出，帥進饌者奉饌陳於東門之外。初獻
官降，復位，太官令引饌入。俎初入門，《雍和之樂》作，自後，酌獻皆作《雍
和》。饌至階，樂止。祝史各進，跪，徹毛血之豆，降自東階以出。饌升，
太祝迎引於階上，各設於神座前。籩、豆蓋冪先徹，乃升。簋、簠既奠，却其蓋於下。
設訖，太官令以下降，復位，太祝還尊所。

　　謁者引初獻官詣罍洗，盥手，洗爵，訖，引升，詣太公酒尊所，執尊者
舉冪。初獻官酌醴齊，樂作。謁者引初獻官詣太公神座前，北面跪，奠
爵，俛伏，興，少退，北向立，樂止。太祝持版進於神座之右，東面跪，讀
祝文曰："維某年歲次月朔日，子皇帝謹遣某官姓名，敢昭告於齊太公：

------

① "止"字，公善堂本作"作"，據四庫本、《通典》卷一一七《開元禮纂類十二》及改。

惟公爰定六韜，載成七德，功業昭著，生靈攸仰，俾兹末學，克奉舊章。謹以制幣、犧齊、粢盛、庶品，式陳明薦，以張留侯等配。尚饗。”太祝興，初獻官再拜。初讀祝文訖，樂作，太祝進，跪，奠版於神座，興，還尊所。初獻官拜訖，樂止。

　　謁者引初獻官詣留侯酒尊所，取爵於坫，執尊者舉冪。初獻官酌醴齊，樂作。謁者引初獻官進留侯首座前，東面跪，奠爵，興，少退，東面立，樂止。初獻官既奠首座爵，餘座皆齋郎助奠，相次而畢。其亞獻、終獻，齋郎助奠亦如之。太祝持版進於留侯神座之左，北面跪，讀祝文曰：“維某年歲次月朔日，子皇帝遣某官姓名，敢昭告於留侯等：惟子宣揚武教，光贊道鈐，大濟生靈，貽範千載。謹以制幣、犧齊、粢盛、庶品，式陳明薦，從祀配神。尚饗。”太祝興，初獻官再拜。初讀祝文訖，樂作，太祝跪，奠版於神座，興，還尊所。初獻官拜訖，樂止。

　　謁者引初獻官詣東序，西向立。太祝各以爵酌罍福酒，合置一爵。一太祝持爵進初獻官之左，北向立，初獻官再拜，受爵。初獻官跪，祭酒，啐酒，奠爵，俛伏，興。太祝帥齋郎進俎，跪，減太公及留侯首座前三牲胙肉皆取前脚第二骨。加於俎，又以籩取稷黍飯，興，以胙肉各置一俎上，以飯共置一籩。太祝先以飯籩授初獻官，初獻官受以授齋郎。又以俎授初獻官，初獻官每受以授齋郎。初獻官跪，取爵，遂飲，卒爵，復於坫，太祝受爵[1]。初獻官俛伏，興，再拜。謁者引初獻官降，復位。

　　文舞出，鼓柷，作《舒和之樂》，出訖，戛敔，樂止。武舞入，鼓柷，作《舒和之樂》，立定，戛敔，樂止。

　　初獻官獻將畢，謁者引亞獻官詣罍洗，盥手，洗爵。訖，謁者引升自東階，詣太公酒尊所，執尊者舉冪。亞獻官酌盎齊。訖，武舞作。謁者引亞獻官進太公神座前，北面跪，奠爵，俛伏，興，少退，北向，再拜。謁者引亞獻官詣留侯酒尊所，取爵於坫，執尊者舉冪。亞獻官酌盎齊。訖，謁者引亞獻官進留侯首座前，東面跪，奠爵，興，少退，東向，再拜。謁者引亞獻官詣東序，西向立。太祝各以爵酌罍福酒，合置一爵。一太祝持爵進亞獻官之左，亞獻官再拜，受爵，跪，祭酒，遂飲，卒爵。太祝

----

①　“復於坫太祝受爵”，據文意，應爲“太祝受爵復於坫”。四庫本無“太祝受爵”四字。

進，受爵，復於坫。亞獻官興，再拜。謁者引降，復位。

亞獻官獻將畢，謁者引終獻官詣罍洗，盥手，洗爵，訖，升，酌盎齊，終獻如亞獻之儀。訖，引降，復位。武舞止。

太祝等各進，跪，徹豆，興，還尊所。奉禮曰：“賜胙。”贊者唱：“眾官再拜。”眾官在位者皆再拜。已飲福、受胙者不拜。奏《永和之樂》。奉禮曰：“眾官再拜。”眾官在位者皆再拜。樂一成，止。

謁者進初獻官之左，白：“請就望瘞位。”謁者引初獻官就望瘞位，西向立，奉禮帥贊者轉就瘞埳東北位。初，在位者將拜，諸太祝各執篚進神座前，跪，取幣，興，降自西階，詣瘞埳，以幣置於埳。訖，奉禮曰：“可瘞。”埳東、西廂各四人寘土。半埳，謁者進初獻官之左，白：“禮畢。”遂引初獻官出。謁者、贊引各引享官以下以次出。

初白“禮畢”，奉禮帥贊者還本位，贊引引御史、太祝以下俱復執事位。立定，奉禮曰：“再拜。”御史以下皆再拜。贊引引出。樂工以下皆出。其祝版燔於齋坊。

卷第五十六　吉禮

皇帝巡狩告於圜丘

齋戒　陳設　鑾駕出宮　親告　鑾駕還宮

齋戒

將告，有司卜日如別儀。

前一日，皇帝齋於太極殿，如郊社之儀[①]。凡預告之官清齋於告所。近侍之官應從升者及群官、客使等，各於本司及公館清齋一宿。諸衛令其屬晡後一刻各以其方器服守衛壇門，與太樂工人俱清齋一宿。

陳設

前告三日，尚舍直長設大次於外壝東門之内道北，南向。尚舍奉御鋪御座。衛尉設文武侍臣次於大次之後，文官在左，武官在右，俱南向。又設告官及從駕群官次，各於常所。設陳饌幔於内壝東門之内道南，北向。

前二日[②]，太樂令設宮懸之樂於壇南。設登歌及舉麾位於壇上，並如常儀。

前一日，右校埽除壇之内外。郊社令積柴於燎壇，方一丈，高一丈二尺，開上，南出户，方四尺。奉禮設御位於壇之東南，西向。將告，奉禮一人守之，在版位西南五步所，西向。設望燎位，當柴壇之北，南向。設告官及從駕群官版位於内外，如常儀。郊社令帥府史一人及齋郎，以尊、坫、罍、洗、篚、幂及玉帛之篚入，設於位，並如常儀。執尊、罍、篚、幂者各位於尊、

---

① “社”字，四庫本、《通典》卷一一八《開元禮纂類十三》作“祀”。
② “前二日”三字，公善堂本無，據四庫本、《通典》卷一一八《開元禮纂類十三》補。

罍、篚、冪之後。

告日未明十五刻，太史令、郊社令各服其服，升，設昊天上帝座於壇上北方，南向，席以藁秸。設神位於座首。

告日未明十刻，太官令帥宰人以鸞刀烹牲於厨。

鑾駕出宮

皇帝服袞冕之服，乘玉輅，備大駕及嚴鼓時刻、奏請進發、內外器服，皆如常儀。

親告

其日，未明三刻，諸告官各服其服。郊社令、良醞令各帥其屬入，實尊、罍、玉、幣。太尊實以汎齊。凡尊皆二，其玄酒各實於上尊。禮神之玉以蒼璧，其幣亦蒼也。太官令帥進饌者實諸籩、豆、簋、簠，入，設於內壝東門之外饌幔內。

未明二刻，奉禮帥贊者先入，就位。贊引引御史、太祝以下入，行埽除如常儀。訖，各引就位。

駕將至，謁者、贊引各引告官以下及從告群臣、客使先置者，俱就門外位。駕至大次門外，迴輅南向，領千牛將軍降[1]，立於輅右。侍中進，當鑾駕前跪，奏稱：「侍中臣某言，請降輅。」俛伏，興，還侍位。皇帝降輅之大次。協律郎、太樂令帥工人各以次入，就位。凡升壇座者皆脫履於下，降納如常。皇帝停大次半刻頃，謁者、贊引各引從駕群官入，就位。太常博士引太常卿立於大次門外，當門北向。侍中版奏：「外辦。」皇帝服大裘而冕出次，華蓋侍衛如常儀。侍中負寶陪從如常式。博士引太常卿，太常卿引皇帝，凡太常卿前導，皆博士先引。至內壝門外。殿中監進鎮圭，華蓋仗衛停於大次門外，近侍者從入如常。謁者引禮部尚書、太常少卿陪從如常。

皇帝至版位，西向立。每立定，太常卿、博士退，立於左。通事舍人各引從告官及諸王、介公、酅公、諸方客使以次入，就位。立定，太常卿前，奏稱：「請再拜。」退，復位。皇帝再拜。奉禮曰：「眾官再拜。」贊者承傳，凡奉禮有辭，贊者皆承傳。眾官在位者皆再拜。其先拜者不拜。太常卿前，奏：「有司謹

---

① 「領」字，四庫本無。

具，請行事。"退，復位。協律郎跪，俛伏，興，舉麾，凡取物者皆跪，俛伏而取以興。奠物則奠訖，俛伏而後興。鼓柷，奏《元和之樂》，乃以圜鍾之均，作文舞之舞。六成，偃麾，戛敔，樂止。凡樂，皆協律郎舉麾，工鼓柷而後作，偃麾、戛敔而後止。太常卿前，奏稱："請再拜。"退，復位。皇帝再拜。奉禮曰："衆官再拜。"衆官在位者皆再拜。諸太祝俱取玉、幣於篚，各立於尊所。

　　太常卿引皇帝，《太和之樂》作。皇帝詣壇，升自南陛，近侍者從升如常儀。皇帝升壇，北向立，樂止。太祝加玉於幣，以授侍中，侍中奉玉幣東向進。皇帝受玉幣，登歌作《肅和之樂》。太常卿引皇帝進，北面跪，奠於天帝神座，俛伏，興。太常卿引皇帝少退，北向，再拜。訖，登歌止。樂作，皇帝降自南陛，還版位，西向立，樂止。

　　初，群官拜訖，謁者引司徒，太官令出，帥進饌者奉饌陳於內壝東門之外，司徒奉天帝之俎。初，皇帝既至位，樂止，太官令引饌入。俎初入門，《雍和之樂》作，饌至階，樂止。饌升於南陛，太祝迎引於壇上，各設於神座前。籩、豆蓋冪，徹之如式。設訖，謁者引司徒以下降自東陛，復位。諸太祝各還尊所。

　　太常卿引皇帝詣罍洗，樂作，皇帝至罍洗，樂止。侍中跪，取匜，興，沃水。又侍中跪，取盤，興，承水。皇帝盥手。黃門侍郎跪，取巾於篚，興，進。皇帝悅手。訖，受巾，跪，奠於篚，遂取匏爵於篚，興，進。皇帝受爵。侍中酌罍水，又侍中奉盤承水，皇帝洗爵，黃門侍郎又授巾，皆如初。皇帝拭爵。訖，侍中奠盤、匜，黃門侍郎受巾，奠於篚，皆如常。

　　太常卿引皇帝，樂作，皇帝詣壇，升自南陛，樂止，近侍者從升如常。謁者引司徒升自東陛，立於尊所。齋郎奉俎從升，立於司徒之後。太常卿引皇帝詣天帝酒尊所，執尊者舉冪。侍中贊酌汎齊。訖，《壽和之樂》作。皇帝每酌獻及飲福酒，皆作《壽和之樂》。太常卿引皇帝進天帝神座前，北面跪，奠爵，俛伏，興。太常卿引皇帝少退，北向立，樂止。太祝持版進於神座之右，東面跪，讀祝文，祝文臨時撰。訖，興。皇帝再拜。初讀祝文訖，樂作，太祝進，奠版於神座，還尊所。皇帝拜訖，樂止。

　　太常卿引皇帝進天帝神座前，北向立，樂作。太祝以爵酌福酒，合置一爵。一太祝持爵以授侍中，侍中受爵，西向進。皇帝再拜，受爵，跪，祭酒，啐酒，奠爵，俛伏，興。諸太祝各帥齋郎進俎，太祝跪，減神前胙肉加於俎，興，以胙肉共置一俎上。太祝以俎授司徒，司徒奉俎西向進。皇帝受以授左右。皇帝跪[①]，取爵，遂飲，卒爵。侍中進，受爵以授太祝。太祝受爵，復於坫。皇帝俛伏，興，再拜，樂止。太常卿引皇帝，樂作，皇帝降自南陛，還版位，西向立，樂止。謁者引司徒降，復位。

太祝各進，徹豆，還尊所。奉禮曰："賜胙。"贊者唱："衆官再拜。"衆官在位者皆再拜。樂作。太常卿前，奏稱："請再拜。"退，復位。皇帝再拜。奉禮曰："衆官再拜。"衆官在位者皆再拜。樂一成，止。

太常卿前，奏："請就望燎位。"太常卿引皇帝，樂作，皇帝至望燎位，南向立，樂止。於群官將拜，諸太祝各以筐進神座前，取玉帛、祝版，齋郎以俎載牲體、稷黍飯、爵酒，興，各自其陛降壇南行，經懸內，當柴壇東南行[②]，自南陛登柴壇，以玉幣、饌物置於柴上戶內。訖，奉禮曰："可燎。"東、西面各四人以炬燎火。半柴，太常卿前，奏："禮畢。"

太常卿引皇帝還大次，樂作，皇帝出內壝門。殿中監前，受鎮圭，華蓋侍衛如常儀。皇帝入次，樂止。謁者、贊引各引告官及從駕群官、諸方客使以次出。贊引引御史以下俱復執事位，立定，奉禮曰："再拜。"御史以下皆再拜。贊引引出。工人以次出。

鑾駕還宮

皇帝既還大次，侍中版奏："請解嚴。"將士不得輒離部伍。皇帝改服通天冠、絳紗袍，乘金輅，鼓吹振作，奏請還宮，如常儀。

---

① "皇帝"二字，公善堂本無，據四庫本、《通典》卷一一八《開元禮纂類十三》補。
② "當柴壇東南行"，四庫本、《通典》卷一一八《開元禮纂類十三》作"當柴壇南東行"。

卷第五十七　吉禮

巡狩告圜丘有司攝事

將告，有司卜日如別儀。

前二日，守宮設告官以下次各於常所。設陳饌幔於內壝東門之外道北，南向。右校埽除壇之內外。郊社令積柴於燎壇。

前一日，諸告官清齋於告所，諸衛令其屬晡後一刻各以其方器服守衛壝門，奉禮設版位於內外，並如常儀。郊社令帥其屬以尊、坫、罍、洗、篚、冪入，設，皆如常儀。執尊、罍、篚、冪者各位於尊、罍、篚、冪之後。太官令預饌酒脯醢。

告日未明四刻，太史令、郊社令各服其服，升，設神座位如常。

未明三刻，諸告官各服其服。郊社令、良醞令之屬入，實尊、罍及玉、幣。天帝太尊二，著尊二，一實以明水為上，一實以醴齊次之。山罍各二，一實以玄酒為上，一實以清酒次之。玉以蒼璧，幣以蒼。太祝以玉帛置於篚，設於饌所。

未明二刻，奉禮帥贊者先入，就位。贊引引御史、太祝以下入，行埽除如常儀，訖，各就位。

未明一刻，謁者引告官以下俱就門外位，立定。又謁者引告官、贊引引執事者次入，就位。立定，奉禮曰：“再拜。”贊者承傳，凡奉禮有辭，贊者皆承傳。告官以下皆再拜。謁者進告官之左，白：“有司謹具，請行事。”退，復位。奉禮曰：“再拜。”在位者皆再拜。初，謁者白“請行事”，太官令出，帥進饌者奉饌陳於東門之外。初，太官令出，太祝跪，取玉於篚，興，立於尊所。謁者引告官升自午陛，北向立。太祝以玉東向授告官，告官受玉，進，北面跪，奠於天帝神座，俛伏，興，少退，北向，再拜。謁者引降，還本位，太祝還尊所。太官令引饌入，升自午陛，太祝迎引於壇上，設於神座前。籩、豆蓋冪，徹之如式。設訖，太官令以下降自東陛，復位，諸太祝各還尊所。

謁者引告官詣罍洗，盥手，洗爵，訖，升自南陛，詣天帝酒尊所，執尊者舉冪。告官酌醴齊。謁者引告官詣天帝神座前，北面跪，奠爵，俛伏，興，少退，北向立。太祝持版進於神座之右，東面跪，讀祝文，祝文臨時撰。訖，興。告官再拜。太祝進，跪，奠版於神座，興，還尊所。告官拜訖，謁者引告官進天帝神座前，北向立。太祝以爵酌罍福酒，合置一爵。一太祝持爵進告官之右，西向立。告官再拜，受爵，跪，祭酒，遂飲，卒爵。太祝進，受爵，復於坫。告官俛伏，興，再拜，訖，謁者引告官降，復位。

太祝各進，跪，徹豆，俛伏，興，還尊所。奉禮曰：“再拜。”在位者及告官皆再拜。謁者進告官之左，白：“請就望燎位。”謁者引告官就望燎位，南向立。初，衆官將拜，太祝以篚取玉幣及祝版，置於柴上戶內。柴東、西各四人以炬燎火。半柴，謁者進告官之左，白：“禮畢。”謁者引告官、贊引引執事者以次出。

御史以下俱復執事位，立定，奉禮曰：“再拜。”御史以下皆再拜。贊引引出。

卷第五十八　吉禮

皇帝巡狩告於太社

齋戒　陳設　鑾駕出宮　薦玉帛　進熟　鑾駕還宮

齋戒

將告，有司卜日如別儀。

前一日，皇帝清齋於太極殿。諸預告之官清齋於太社署。近侍之官應從升者及群官、客使等，各於本司及公館清齋一宿。諸衛令其屬晡後一刻各以其方器服守衛社宮門，與太樂工人俱清齋一宿。

陳設

前告三日，尚舍直長設大次於社宮西門之外道北，南向。尚舍奉御鋪御座。守宮設文武侍臣次於大次之後，文官在左，武官在右，俱南向。又設告官及從駕群官次，各於常所。

前二日，太樂令設宮懸之樂於壇北。設登歌及舉麾位各於壇上，並如常儀。右校清埽內外。又爲瘞埳二於樂懸之北，如常。

前一日，奉禮設御位於北門之內，當社壇南向。設告官及從駕群官版位於內外，如常儀。郊社令帥府史二人及齋郎，以尊、坫、罍、洗、篚、冪及玉、幣之篚入，設於位，皆如常儀。執尊、罍、篚、冪者各位於尊、罍、篚、冪之後。

告日未明十五刻，太官令帥宰人烹牲於厨。牲用黑牛二。齋郎以豆取牲血如常。未明四刻，太史令、郊社令各服其服，升，設神席位如常。

鑾駕出宮

皇帝服衮冕，乘玉輅，陳大駕鹵簿，其嚴鼓時刻、奏請進發、內外器服，皆如常儀。

薦玉帛[①]

其日，未明二刻[②]，諸告官各服其服。郊社令、良醞令各帥其屬入，實尊、罍及玉[③]。太尊實以醴齊。配座之象尊，其實亦如之。其明水各實於上尊。玉俱以兩圭有邸。太祝各以幣置於篚。幣隨牲色，各長一丈八尺。太官令帥進饌者實諸籩、豆、簋、簠等，皆設於神廚。

未明一刻[④]，奉禮帥贊者先入，就位。贊引引御史、太祝以下入，行埽除如常儀。訖，各引就位。

車駕將至，謁者、贊引各引告官以下及從升群官、客使先置者，俱就門外位。駕至大次門外，迴輅南向。千牛將軍降，立於輅右。侍中進，當鑾駕前跪，奏稱：“侍中臣某言，請降輅。”俛伏，興，還侍位。皇帝降輅之大次。郊社令以祝版進署如常。謁者、贊引各引從駕群官俱就門外位。奉禮帥贊者先入，就位。贊引引御史及諸太祝與執尊、罍、篚、冪者亦入，就位。太樂令帥工人次入，就位。升壇座者皆脱履於下，降納如式。通事舍人各引告官及從告群官、客使次入，就位。皇帝停大次半刻頃，太常博士引太常卿立於大次門外，當門北向。侍中版奏：“外辦。”皇帝出次，華蓋侍衛如常儀。博士引太常卿，太常卿引皇帝，凡太常卿前導，皆博士先引。至社宮北門外。殿中監進鎮圭，華蓋仗衛停於門外，近侍者從入如常。

皇帝至版位，南向立。每立定，太常卿與博士退，立於左。太常卿前，奏稱：“請再拜。”退，復位。皇帝再拜。奉禮曰：“衆官再拜。”贊者承傳，凡奉禮有辭，贊者皆承傳。衆官在位者皆再拜。太常卿前，奏：“有司謹具，請行事。”退，復位。協律郎跪，俛伏，興[⑤]，舉麾，鼓柷，奏《順和之樂》，以函鍾之均。樂舞八成，偃麾，戛敔，樂止。凡樂，皆協律郎舉麾，工鼓柷而後作，偃麾、戛敔而後止。太常卿前，奏稱：“請再拜。”退，復位。皇帝再拜。奉禮曰：“衆官

---

①　“薦”字，公善堂本作“奠”，據卷首標題改。

②　“未明二刻”，四庫本、《通典》卷一一八《開元禮纂類十三》作“未明三刻”。

③　“尊罍及玉”，四庫本、《通典》卷一一八《開元禮纂類十三》作“尊罍玉幣”。

④　“未明一刻”，四庫本、《通典》卷一一八《開元禮纂類十三》作“未明二刻”。

⑤　“興”字，公善堂本無，今據四庫本、《通典》卷一一八《開元禮纂類十三》補。

再拜。"眾官在位者皆再拜。諸祝俱取玉、幣於篚，各立於尊所。

　　太常卿引皇帝，《太和之樂》作。皇帝每行皆作《太和之樂》。皇帝詣太社壇，升自北陛，近侍者從升如常儀。皇帝升壇，南向立，樂止。太祝加玉於幣以授侍中，侍中奉玉幣西向進。皇帝受玉幣。登歌作《肅和之樂》，以應鍾之均。太常卿引皇帝進，南面跪，奠於太社神座前，俛伏，興。太常卿引皇帝少退，南向，再拜。太常卿引皇帝立於東方，西向。又太祝以幣授侍中，侍中奉幣南向進。皇帝受幣。太常卿引皇帝進，西面跪，奠於后土氏神座，俛伏，興。太常卿引皇帝少退，西向，再拜。訖，登歌止。太常卿引皇帝降自北陛，樂作。太常卿引皇帝詣太稷壇，升，奠玉幣於太稷、后稷氏，升、降皆如太社壇。訖，太常卿引皇帝降自北陛，樂作，皇帝還版位，南向立，樂止。

進熟

　　皇帝既升奠玉幣，太官令出，帥進饌者奉饌陳於西門之外，司徒奉太社之俎。初，皇帝既至位，樂止，太官令引饌，太社、太稷之饌入自正門，后土、后稷之饌入自左闥。俎初入門，《雍和之樂》作，饌至陛，樂止。太社、太稷之饌升自北陛，后土、后稷之饌升自西陛。諸祝迎引於壇上，各設於神座前。訖，謁者引司徒以下降，復位。諸祝各還尊所。

　　太常卿引皇帝詣罍洗，樂作，皇帝至罍洗，樂止。侍中跪，取匜，興，沃水。又侍中跪，取盤，興，承水。皇帝盥手。黃門侍郎跪，取巾於篚，興，進。皇帝帨手。訖，黃門侍郎受巾，跪，奠於篚，遂取爵於篚，興，進。皇帝受爵。侍中酌罍水，又侍中奉盤以承水，皇帝洗爵，黃門侍郎又授巾如初。皇帝拭爵訖，侍中奠盤、匜，黃門侍郎受巾，奠於篚，皆如常。

　　太常卿引皇帝，樂作，皇帝詣太社壇，升自北陛，樂止。近侍者從升如常。謁者引司徒升自西陛，立於尊所。齋郎奉俎從升，立於司徒之後。太常卿引皇帝詣太社酒尊所，執尊者舉冪。侍中贊酌醴齊。訖，《壽和之樂》作。皇帝每酌獻及飲福，皆作《壽和之樂》。太常卿引皇帝進太社神座前，南面跪，奠爵，俛伏，興。太常卿引皇帝少退，南向立，樂止。太祝持版進於神座之右，西面跪，讀祝文，祝文臨時撰。訖，興。皇帝再拜。初讀祝文訖，樂作，太祝進，跪，奠版於神座，興，還尊所。皇帝拜訖，樂止。

　　太常卿引皇帝詣后土酒尊所，執尊者舉冪。侍中取爵於坫，進。皇帝受爵。侍中贊酌醴齊。訖，樂作。太常卿引皇帝進后土神座前，西面跪，奠爵，俛伏，興。太常卿引皇帝少退，西向立，樂止。太祝持版進於神座之左，南面跪，讀祝文，訖，興。皇帝再拜。初讀祝文訖，樂作，太祝進，跪，奠版於神座，興，還尊所。皇帝拜訖，樂止。

　　太常卿引皇帝進太社神座前，南向立，樂作。太祝以爵酌福酒，合置一爵。一太祝持爵以授侍中，侍中受爵，東向進。皇帝再拜，受爵，跪，祭酒，啐酒，奠爵，俛伏，興。諸太祝帥齋郎進俎，太祝跪，減太社神前胙肉加於俎，興，以胙肉共置一俎上。太祝以俎授司徒，司徒奉俎東向進。皇帝受以授左右。皇帝跪，取爵，遂飲，卒爵。侍中進，受爵，以授太祝。太祝受爵，復於坫。皇帝俛伏，興，再拜，樂止。

　　太常卿引皇帝，樂作，皇帝降自北陛，詣罍洗，樂止。謁者引司徒從降。皇帝至罍洗，盥手，洗爵，侍中、黃門侍郎贊洗如常。訖，太常卿引皇帝，樂作，皇帝詣太稷壇，升自北陛，樂止。皇帝酌獻太稷、后稷，皆如太社、后土之儀。訖，太常卿引皇帝降自北陛，樂作，皇帝還版位，南向立，樂止。謁者引司徒降，復位。

　　諸祝各進，徹豆，還尊所。徹者，籩、豆各一，少移於故處。奉禮曰：“賜胙。”贊者唱：“眾官再拜。”眾官在位者皆再拜。已飲福、受胙者不拜。樂作，太常卿前，奏稱：“請再拜。”退，復位。皇帝再拜。奉禮曰：“眾官再拜。”眾官在位者皆再拜。樂一成，止。

　　太常卿前，奏：“請就望瘞位。”太常卿引皇帝，樂作，皇帝至望瘞位，南向立，樂止。於群官將拜，諸祝各執篚進神座前，取玉帛，齋郎以俎載牲體、稷黍飯、爵酒，各由其陛降壇南行[①]，當瘞埳西行，諸祝以玉帛、饌物置於埳。訖，奉禮曰：“可瘞。”埳東、西面各四人實土。半埳，太常卿前，奏：“禮畢。”

　　太常卿引皇帝還大次，樂作，皇帝出門。殿中監前，受鎮圭，華蓋侍衛如常儀。皇帝入次，樂止。謁者、贊引各引告官及從駕群官以次出。贊引引御史以下俱復執事位，立定，奉禮曰：“再拜。”御史以下皆再拜。

---

　　①　“行”字，公善堂本無，據四庫本、《通典》卷一一八《開元禮纂類十三》補。

贊引引出。工人以次出。其祝版燔於齋坊。

鑾駕還宮

如常儀。

卷第五十九　吉禮

巡狩告於太社有司攝事

將告，有司卜日如別儀。

前二日，守宮設告官以下次各於常所，右校清埽內外，又爲瘞埳二於壇北，如常。

前一日，諸告官清齋於社所，諸衛令其屬晡後一刻各以其方器服守衛社宮門，奉禮設版位於內外，並如常儀。郊社令帥其屬以尊、坫、罍、洗、篚、冪入，設，皆如常儀。執尊、罍、篚、冪者各位於尊、罍、篚、冪之後。太官令預饌酒脯醢。

告日，未明四刻，太史令、郊社令各服其服，升，設神座位如常。

未明二刻①，諸告官各服其服。郊社令、良醞令之屬入，實尊、罍及玉。正座太尊二，一實明水爲上，一實醴齊次之。配座象尊二，其實亦如之。皆山罍二，一實玄酒爲上，一實清酒次之。玉，兩圭有邸。太祝各以幣置於篚，設於饌所。幣以黑，長一丈八尺。

未明一刻②，奉禮帥贊者先入，就位。贊引引御史、太祝以下入，行埽除如常儀。訖，各就位。

質明，謁者引告官以下俱就門外位。又謁者引告官、贊引引執事者次入，就位。立定，奉禮曰："再拜。"贊者承傳，凡奉禮有辭，贊者皆承傳。告官以下皆再拜。謁者進告官之左，白："有司謹具，請行事。"退，復位。奉禮曰："再拜。"在位者皆再拜。初白"請行事"，太官令出，帥進饌者奉饌陳於西門之外。初，太官令出，太祝跪，取玉於篚，興，各立於尊所。

謁者引告官詣大社壇，升自北陛，南向立。太祝以玉幣西向授告官，告官受玉幣，進，南面跪，奠於太社神座，俛伏，興，少退，南向，再拜。

---

① "未明二刻"，四庫本、《通典》卷一一八《開元禮纂類十三》作"未明三刻"。
② "未明一刻"，四庫本、《通典》卷一一八《開元禮纂類十三》作"未明二刻"。

謁者引告官立於東方,西面。太祝以幣南向授告官,告官受幣,進,西面跪,奠於后土氏神座,俛伏,興,少退,西向,再拜。訖,謁者引告官降自北陛,詣太稷壇,升、奠玉幣如太社之儀。訖,謁者引降,還本位,太祝各還尊所。太官令引饌入,太社、太稷之饌入自正門,配座之饌入自左闈,各由其陛升。諸太祝迎引於壇上,各設於神座前。籩、豆蓋幂,徹之如式。設訖,太官令以下降自西陛,復位。諸太祝各還尊所。

　　謁者引告官詣罍洗,盥手,洗爵。訖,詣太社壇,升自北陛,詣太社酒尊所,執尊者舉幂。告官酌醴齊。謁者引告官進太社神座前,南面跪,奠爵,俛伏,興,少退,南向立。太祝持版進於神座之右,西面跪,讀祝文,祝文臨時撰。訖,興。告官再拜。太祝進,跪,奠版於神座,俛伏,興,還尊所。

　　告官拜訖,謁者引告官詣后土氏酒尊所,取爵於坫,執尊者舉幂。告官酌醴齊。訖,謁者引告官進后土氏神座前,西面跪,奠爵,俛伏,興,少退,西向立。太祝持版進於神座之左,南面跪,讀祝文,訖,興。告官再拜。太祝進,跪,奠版於神座,俛伏,興,還尊所。

　　告官拜訖,謁者引告官詣太社神座前,南向立。太祝各以爵酌福酒,合置一爵。一太祝持爵進告官之右,東向立。告官再拜,受爵,跪,祭酒,遂飲,卒爵。太祝進,受爵,復於坫。告官俛伏,興,再拜。訖,謁者引告官降自北陛,詣罍洗,盥手,洗爵。謁者引告官詣太稷壇北陛,升,獻太稷、后稷,如太社之儀。訖,引告官降,復位。

　　諸祝各進,跪,徹豆,俛伏,興,還尊所。奉禮曰:"再拜。"在位者皆再拜。已飲福者不拜。謁者進告官之左[①],白:"請就望瘞位。"謁者引告官就望瘞位,南向立。於眾官將拜,諸祝各以篚進神座前,取幣,實諸坎。奉禮曰:"可瘞。"左右各四人實土。半坎,謁者進告官之左,白:"禮畢。"

　　謁者引告官、贊引引執事者以次出。御史、太祝以下俱復執事位,立定,奉禮曰:"再拜。"御史以下皆再拜。贊引引出。其祝版燔於齋坊。

---

①　四庫本於"謁者"前有"奉禮曰再拜告官以下皆再拜"十二字。

卷第六十　吉禮

皇帝巡狩告於太廟

齋戒　陳設　鑾駕出宮　晨祼　饋食　鑾駕還宮

齋戒

將告，有司卜日如別儀。

前一日，皇帝清齋於太極殿。凡預告之官清齋於廟署。近侍之官應從升者及群官、客使等，各於本司及公館清齋一宿。諸衛令其屬晡後一刻各以其方器服守衛廟門，與太樂工人俱清齋一宿。

陳設

前告三日，尚舍直長施大次於廟東門之外道北，南向。尚舍奉御鋪御座。守宮設文武侍臣次於大次之後，文官在左，武官在右，俱南向。又設告官及從駕群官次，各於常所。

前二日，太樂令設宮懸之樂於廟庭，設登歌及舉麾位於殿上，並如常儀。右校清埽內外。

前一日，奉禮設御位於廟東階東南，西向。設告官及從駕群官版位於內外，如常儀。設酒尊之位於堂上前楹間，各於室戶外之左，北向。每室，春夏雞彝一、鳥彝一、犧尊二，秋冬斝彝一、黃彝一、著尊二，皆加勺、冪，俱西上，各有所實。圭、瓚、斝、杓。設罍、洗、篚、冪於常所。篚實以圭、瓚、巾、爵。執尊、罍、篚、冪者各位於尊、罍、篚、冪之後。太廟令整拂神幄。又帥府史、齋郎以尊、坫、罍、洗、篚、冪入，設於位。

告日，未明十五刻，太官令帥宰夫以鸞刀烹牲於厨。每室各犢一。

鑾駕出宮

如常儀。

晨祼

其日，未明三刻，諸預告之官各服其服。太官令、良醖令各帥其屬入，實尊、罍。雞彝、斝彝、犧尊、著尊之上尊，實以明水。鳥彝、黃彝，實以鬱鬯。犧尊、著尊，實以醴齊。太官令帥進饌者實諸籩、豆、簠、簋等。

未明二刻，奉禮帥贊者先入，就位。贊引引御史、太祝以下入，行埽除如常儀。訖，各引就位。

未明一刻，贊引引太廟令、太祝、宮闈令入，當階間，北面西上。立定，奉禮曰："再拜。"贊者承傳，太廟令以下皆再拜，升自東階，入，開埳室，奉出獻祖以下九室神主，各置於位，如常儀。訖，各就位。

駕將至，謁者、贊引各引告官以下，通事舍人分引從告群官、客使先置者，俱就門外位。駕至大次門外，迴輅南向。千牛將軍降，立於輅右。侍中進，當鑾駕前跪，奏稱："侍中臣某言，請降輅。"俛伏，興，還侍位。皇帝降輅，乘輿之大次。太廟令以祝版進署如常。通事舍人各引從駕群官俱就門外位。太樂令帥工人次入，就位。其升堂座者皆脫履於下，降納如常式。謁者、贊引各引告官及從告群官、客使次入，就位。皇帝停大次半刻頃，太常博士引太常卿立於大次門外，當門北向。侍中版奏："外辦。"皇帝出次，華蓋侍衛如常儀。博士引太常卿，太常卿引皇帝，凡太常卿前導，皆博士先引。至廟門外。殿中監進鎮圭，華蓋仗衛停於門外，近侍者從入如常。

皇帝至版位，西向立。太常卿前，奏稱："請再拜。"退，復位。皇帝再拜。奉禮曰："眾官再拜。"眾官在位者皆再拜。其先拜者不拜。太常卿前，奏："有司謹具，請行事。"退，復位。協律郎跪，俛伏，興[1]，舉麾，凡取物者皆跪，俛伏而取以興。奠物則跪、奠訖，俛伏而後興。鼓柷，奏《永和之樂》，乃以黃鍾之均。九成，黃鍾三奏，大呂、太蔟、應鍾各再奏。偃麾，戛敔，樂止。凡樂，皆

---

① "興"字，公善堂本脫，據四庫本、《通典》卷一一八《開元禮纂類十三》補。

協律郎舉麾，工鼓柷而後作，偃麾、戛敔而後止。太常卿前，奏稱："請再拜。"退，復位。皇帝再拜。奉禮曰："衆官再拜。"衆官在位者皆再拜。

太常卿引皇帝詣罍洗，《太和之樂》作，皇帝每行，皆作《太和之樂》。皇帝至罍洗，樂止。侍中跪，取匜，興，沃水。又侍中跪，取盤，興，承水。皇帝搢鎮圭。凡受物則搢鎮圭，奠訖，執圭，俛伏，興。皇帝盥手。黃門侍郎跪，取巾於篚，興，進。皇帝帨手。訖，黃門侍郎受巾，跪，奠於篚。黃門侍郎又跪，取瓚於篚，興，進。皇帝受瓚。侍中酌罍水，又侍中奉盤，皇帝洗瓚，黃門侍郎又授巾，皆如初。皇帝拭瓚訖，侍中奠盤、匜，黃門侍郎受巾，奠於篚，皆如常。

太常卿引皇帝，樂作，皇帝升自阼階，樂止。侍中、中書令以下及左右侍衛量人從升。太常卿引皇帝詣獻祖尊彝所，執尊者舉冪。侍中贊酌鬱酒。訖，登歌作《肅和之樂》，以圜鍾之均。自後，登歌皆用圜鍾。太常卿引皇帝入，詣獻祖神座前，北面跪，以鬯祼地，奠之，俛伏，興。太常卿引皇帝出戶，北向，再拜。訖，太常卿引皇帝詣懿祖尊彝所，執尊者舉冪。侍中取瓚於坫，進。皇帝受瓚。侍中贊酌鬱酒。訖，太常卿引皇帝入，詣懿祖神座前，北面跪，以鬯祼地，奠之，俛伏，興。太常卿引皇帝出戶，北向，再拜。訖，太常卿引皇帝次祼太祖，次祼代祖，次祼高祖，次祼太宗，次祼高宗，次祼中宗，次祼睿宗，並如上儀。訖，登歌止。太常卿引皇帝，樂作，皇帝降自阼階，至版位，西向立，樂止。

饋食

皇帝既升祼，太官令出，帥進饌者奉饌陳於東門之外。謁者引司徒出，詣饌所，司徒奉獻祖之俎。初，皇帝既至位，樂止，太官令引饌入自正門。俎初入門，《雍和之樂》作，以無射之均。自後，接神皆奏無射。饌至泰階，諸太祝迎引於階上，樂止，各設於神座前。籩、豆蓋冪，徹之如式。設訖，謁者引司徒以下降，復位，諸祝各還尊所。

太常卿引皇帝詣罍洗，樂作，皇帝至罍洗，樂止。皇帝盥手，洗爵，侍中、黃門侍郎贊洗，皆如晨祼之儀。訖，太常卿引皇帝，樂作，皇帝升自阼階，訖，樂止。太常卿引皇帝詣獻祖尊彝所，執尊者舉冪。侍中贊酌醴齊。訖，《壽和之樂》作。皇帝酌獻、飲福，皆作《壽和之樂》。太常卿引皇帝詣獻祖神座前,北面跪,奠爵,俛伏,興。太常卿引皇帝出户,北向立,樂止。太祝持版進於室户外之右,東面跪,讀祝文,祝文臨時撰。訖,興。皇帝再拜。初讀祝文訖,樂作,太祝入,跪,奠版於神座前,興,出,還尊所。皇帝拜訖,樂止。

太常卿引皇帝詣懿祖尊彝所,執尊者舉冪。侍中取爵於坫,進。皇帝受爵。侍中贊酌醴齊。訖,太常卿引皇帝以次獻,皆如獻祖之儀[1]。惟不盥洗。訖,太常卿引皇帝詣東序,西向立,樂作。

皇帝獻將畢,謁者引司徒升自東階,立於前楹之間,北向。諸祝各以爵酌福酒,合置一爵。一太祝持爵以授侍中,侍中受爵,北向進。皇帝再拜,受爵,跪,祭酒,啐酒,奠爵,俛伏,興。諸祝各帥齋郎持俎進,太祝減神前胙肉,又以籩取稷黍飯,皆如常。以稷黍飯共置一籩[2],以胙肉共置一俎上。先以飯授司徒,司徒奉進,皇帝受以授左右。又以俎授司徒,司徒奉進,皇帝受以授左右。皇帝跪,取爵,遂飲,卒爵。侍中進,受爵以授太祝。太祝受爵,復於坫。皇帝俛伏,興,再拜,樂止。太常卿引皇帝,樂作,皇帝降自阼階,還版位,西向立,樂止。謁者引司徒降,復位。

登歌作,諸祝各入室,徹豆,出,還尊所。徹者,籩、豆各一,少移於故處。登歌止。奉禮曰:“賜胙。”贊者唱:“衆官再拜。”衆官在位者皆再拜。樂作,太常卿前,奏稱:“請再拜。”退,復位。皇帝再拜。奉禮曰:“衆官再拜。”衆官在位者皆再拜。樂一成,止。太常卿前,奏:“禮畢。”

太常卿引皇帝還大次,樂作,皇帝出門,樂止。殿中監前,受鎮圭,華蓋侍衛如常儀。皇帝入次,謁者、贊引各引在位者以次出。贊引引御史、太祝以下俱復執事位,立定,奉禮曰:“再拜。”御史以下皆再拜。贊引引出。工人以次出。太廟令、太祝、宮闈令納神主,如常儀。其祝版燔於齋坊。

鑾駕還宮

如常儀。

---

[1]　“獻祖”,四庫本作“懿祖”。

[2]　“以”字,公善堂本脱,據四庫本補。

卷第六十一　吉禮

巡狩告於太廟有司攝事

將告，有司卜日如別儀。

前二日，守宮設告官以下次各於常所。右校清埽内外。又爲瘞埳於北門之内道西，方深取足容物。

前一日，諸告官清齋於廟所，諸衛令其屬晡後一刻各以其方器服守衛廟門，奉禮設版位於内外，並如常儀。設望瘞位於堂之東北，當瘞埳西向。又設奉禮位於瘞埳東北，南向。贊者二人在西，少退。太廟令拂拭神幄，又帥其屬以尊、坫、罍、洗、篚、冪、制幣之篚入，設，皆如常儀。執尊、罍、篚、冪者各位於尊、罍、篚、冪之後。太官令預饌酒脯醢。

告日，未明三刻，諸告官以下各服其服。太廟令、良醞令之屬入，實尊、罍及幣[1]。每室，春夏用兩犧尊，秋冬用兩著尊。一實明水爲上，一實醴齊次之。山罍二，一實玄酒爲上，一實清酒次之。幣以白，各長一丈八尺。

未明二刻，奉禮帥贊者先入，就位。贊引引御史、太祝以下入，再拜，行埽除如常儀。訖，各就位。

未明一刻，贊引引太廟令、太祝、宮闈令入，當階間北面西上。立定，奉禮曰：“再拜。”贊者承傳。凡奉禮有辭，贊者皆承傳。太廟令以下皆再拜，升自東階，入，開埳室，奉出獻祖以下九室神主，各置於座，如常儀。訖，各就位。謁者引告官以下俱就門外位。

質明，謁者引告官以下、贊引引執事者次入，就位。立定，奉禮曰：“再拜。”告官以下皆再拜。其先拜者不拜。謁者進告官之左，白：“有司謹具，請行事。”退，復位。奉禮曰：“再拜。”在位者皆再拜。初，謁者白“請行事”，退，復位，太官令出，帥進饌者奉饌陳於東門之外。初，太官令出，諸太祝俱取幣於篚，各立於尊所。謁者引告官升自東階，詣獻祖廟

---

[1] “幣”，四庫本、《通典》卷一一八《開元禮纂類十三》作“玉幣”。

室户前,北向立。太祝以幣東向授。告官受幣,進,北面跪,奠於獻祖神座,俛伏,興,出户,北向,再拜。訖,謁者引告官次進幣於懿祖以下,皆如上儀。訖,謁者引還本位。諸太祝各還尊所。

太官令引饌入自正門,各由其陛升,諸太祝迎引於階上,各設於神座前。訖,太官令以下降,復位,諸太祝各還尊所。

謁者引告官詣罍洗,盥手,洗爵,訖,升自東階,詣獻祖酒尊所,執尊者舉冪。告官酌醴齊。謁者引告官入,詣獻祖神座前,北面跪,奠爵,俛伏,興,出户,北向立。太祝持版進於室户外之右,東面跪,讀祝文,<small>祝文臨時撰</small>。訖,興。告官再拜。太祝進,跪,奠版於神座,俛伏,興,還尊所。告官拜訖,謁者引告官以次獻,皆如獻祖之儀。<small>惟不盥洗</small>。訖,謁者引告官詣東序,西向立。諸太祝各以爵酌罍福酒,合置一爵。一太祝持爵進告官之左,北向立。告官再拜,受爵,跪,祭酒,遂飲,卒爵。太祝進,受爵,復於坫。告官俛伏,興,再拜。訖,謁者引告官降,復位。

諸太祝各入室,跪,徹豆,興,還尊所。<small>徹者,籩、豆各一,少移於故處</small>。奉禮曰:“再拜。”在位者皆再拜。<small>已飲福者不拜</small>。奉禮曰:“再拜。”告官以下皆再拜,訖。謁者進告官之左,白:“請就望瘞位。”奉禮、贊者轉就瘞埳東北位。謁者引告官就望瘞位,西向立。於告官將拜,諸太祝各執篚進神座前,跪,取幣,興,降自泰階,詣瘞埳,以制幣置於埳。訖,奉禮曰:“可瘞。”埳東、西面各四人寘土。半埳,謁者進告官之左,白:“禮畢。”謁者引告官、贊引引執事者以次出。

初白禮畢,奉禮、贊者還本位,御史、太祝以下俱復執事位。立定,奉禮曰:“再拜。”御史以下皆再拜,贊引引出。太廟令、太祝、宮闈令納神主如常儀。其祝版燔於齋坊。

歸告與此禮同。

卷第六十二　吉禮

皇帝巡狩

鑾駕出宮　燔柴告至　鑾駕還行宮①　望秩於山川
肆覲東后　考制度

鑾駕出宮

將巡狩,所司承制,先頒告於東方諸州,曰:"皇帝二月東巡狩,各修平乃守,考乃職事,敢不敬戒,國有大刑。"

駕將發,告圜丘、宗廟、社稷,皆如別儀。

皇帝出宮,備大駕鹵簿,皆如常儀。軷於國門,祭所過山川,如親征之禮。所經州縣,刺史、縣令先待於境。通事舍人承制問百年。古先帝王、名臣烈士,皆州縣致祭。

燔柴告至

將告,將作預於太山下修圜壇,四出陛。若先有封禪祀天壇,即不須別築。

前告三日,尚舍直長施大次於外壝東門之內道北,南向。尚舍奉御鋪御座。守宮設文武侍臣次於大次之後,文官在左,武官在右,俱南向。又設告官次於東壝之外道南,從告文官九品以上於告官之東,東方諸州刺史、縣令應朝者於文官之東,東方、南方蕃客又於其東,俱重行,每等異位,北向西上。介公、酅公位於西壝之外道南,武官九品以上於介公、酅公之西,西方、北方蕃客又於其西,俱重行,每等異位,北向東上。其褒聖侯於文官三品之下。若有諸州使人,分方位於武官之後。設陳饌幔於內壝東門之外道南,北向。

---

① "鑾駕還行宮"五字,公善堂本無,據卷內標題補。

前二日，太樂令設宮懸之樂於壇南，設登歌之樂於壇上，蓋如常儀。右校埽除壇之內外。郊社令積柴於燎壇，其壇於樂懸之南、外壝之內。方一丈，高一丈二尺，開上，南出戶，方六尺。

前一日，皇帝清齋於行宮。預告之官皆於告所清齋一日。近侍之官應從升者及從告群官、諸方客使，皆於其所俱清齋一宿。諸衛令其屬晡後一刻各以其方器服守衛壇門，與太樂工人俱清齋一宿。奉禮設御位於壇之東南，西向。設告官司徒位於內壝東門之內道南，執事者位於其後，俱西面北上。設御史位於壇下，一位於東南，西向，一位於西南，東向，令史各陪其後。設奉禮位於樂懸東北，贊者二人在南差退，俱西向。設協律郎位於壇上南陛之西，東向。設太樂令位於北懸之間，當燎壇之北。

設從祀之官位：文官九品以上於執事之南，東方諸州刺史、縣令又於其南，東方蕃客又於其南，俱每等異位，重行，西面北上。介公、鄘公位於內壝西門之內道南，武官九品以上於介公、鄘公之後，當文官西方，北方蕃客於武官之南，俱每等異位，重行，東面北上。其褒聖侯位於文官三品之下。若有諸州使人，分方位於文武官之後。設告官以下門外位於東、西壝門之外道南，皆如設次之式。

郊社令率府史一人及齋郎以尊、坫、罍、洗、篚、冪入，設於位，并如常儀。執尊、罍、篚、冪者各位於尊、罍、篚、冪之後。

告日，未明十五刻，太官令帥宰人烹牲於廚。蒼牲一，騂牲一。

未明四刻，太史令、郊社令各服其服，升，設昊天上帝神座於壇上北方，南向，席以藁秸。設高祖神堯皇帝神座於東方，西向，席以莞。設神座各於座首。

未明三刻，諸告官各服其服。郊社令、良醞令各帥其屬入，實尊、罍及玉、幣，天帝太尊二，配帝著尊二，俱以汎齊。其明水各實於上尊。玉以蒼璧。幣長一丈八尺。太祝以玉、幣置於篚。太官令帥進饌者實諸籩、豆、簋、簠等，皆設於饌幔內。

未明二刻，奉禮帥贊者先入，就位。贊引引御史、太祝以下行埽除如常儀，訖，各就位。皇帝服衮冕，乘輅發行宮，奏請進發、內外器服，皆如常儀。

　　駕將至，謁者、贊引各引告官，通事舍人引從告群官、東方刺史縣令、諸方客使，俱就門外位。駕至大次門外，迴輅南向，千牛將軍降，立於輅右。侍中進，當鑾駕前跪，奏稱：“侍中臣某言，請降輅。”俛伏，興，還侍位。皇帝降輅之大次。郊社令以祝版進署如常。協律郎與太樂令帥工人次入，就位。其升堂座者皆脫屨於下，降納如常。謁者、贊引各引告官，通事舍人引從告群官、刺史縣令及諸方客使次入，就位。皇帝停大次半刻頃，太常博士引太常卿立於大次門外，當門北向。侍中版奏：“外辦。”皇帝出次，華蓋侍衛如常儀。侍中負璽陪從如式。博士引太常卿，太常卿引皇帝，凡太常卿前導，皆博士前引。至內壝門外。殿中監進鎮圭，華蓋仗衛停於門外，近侍者從入如常。

　　皇帝至版位，西向立。每立定，太常卿與博士退，立於左。太常卿前，奏稱：“請再拜。”退，復位。皇帝再拜。奉禮曰：“衆官再拜。”贊者承傳，凡奉禮有辭，贊者皆承傳。衆官在位者皆再拜。太常卿前，奏：“有司謹具，請行事。”退，復位。協律郎跪，俛伏，舉麾，凡取物者皆跪，俛伏而取以興。奠物則跪、奠訖，俛伏而後興。鼓柷，奏《豫和之樂》，乃以圜鍾爲宮，黃鍾爲角，太蔟爲徵，姑洗爲羽。作文舞之舞。樂舞六成，偃麾，戛敔，樂止。凡樂皆協律郎舉麾，工鼓柷而後作，偃麾、戛敔而後止。太常卿前，奏稱：“請再拜。”退，復位。皇帝再拜。奉禮曰：“衆官再拜。”衆官在位者皆再拜。太祝取玉於篚，立於尊所。

　　太常卿引皇帝，《太和之樂》作。皇帝每行，皆作《太和之樂》。皇帝詣壇，升自南陛，近侍者從升如常儀。皇帝升壇，北向立，樂止。太祝以玉授侍中，侍中奉玉東向進。皇帝搢鎮圭，凡受物則搢鎮圭，奠訖，執圭，俛伏，興。受玉，登歌作《肅和之樂》，以大呂之均。太常卿引皇帝北面跪，奠於昊天上帝神座，俛伏，興。太常卿引皇帝少退，北向，再拜。訖，太常卿又引皇帝立於東方，西向。配座太祝以幣授侍中，侍中奉幣北向進。皇帝受幣。太常卿引皇帝進，東面跪，奠於高祖神堯皇帝神座，俛伏，興。太常卿引皇帝少退，東向，再拜，訖，登歌止。太常卿引皇帝，樂作，皇帝降自南陛，還版位，西向立，樂止。

　　初，皇帝既升奠玉幣，太官令出，帥進饌者奉饌陳於內壝東門之外。謁者引司徒出，詣饌所，司徒奉天帝之俎。初，皇帝既至位，樂止，太官令引饌入。俎初入門，奏《雍和之樂》，以黃鍾之均。自後，接神之樂皆奏黃鍾。饌至陛，樂止。天帝之饌升自南陛，配帝之饌升自東陛。諸太祝迎引於壇上，各設於神座前。籩、豆蓋冪，徹之如式。設訖，謁者引司徒以下降自東陛，復位。諸太祝各還尊所。

太常卿引皇帝詣罍洗，樂作，皇帝至罍洗，樂止。侍中跪，取匜，興，沃水。又侍中跪，取盤，興，承水。皇帝盥手。黃門侍郎跪，取巾於篚，興，進。皇帝帨手。訖，黃門侍郎受巾，跪，奠於篚，遂取匏爵於篚，興，進。皇帝受爵。侍中酌罍水，又侍中奉盤，皇帝洗爵，黃門侍郎授巾，皆如初。皇帝拭爵，訖，侍中奠盤、匜，黃門侍郎受巾，奠於篚，皆如常。

太常卿引皇帝，樂作，皇帝詣壇，升自南陛，樂止。謁者引司徒升自東陛，立於尊所。齋郎奉俎從升，立於司徒之後。太常卿引皇帝詣天帝酒尊所，執尊者舉冪。侍中贊酌汎齊。訖，《壽和之樂》作。皇帝每酌獻、飲福，皆作《壽和之樂》。太常卿引皇帝進天帝神座前，北面跪，奠爵，俛伏，興。太常卿引皇帝少退，北向立，樂止。太祝持版進於神座之右，東面跪，讀祝文，祝文臨時撰。訖，興。皇帝再拜。初讀祝文訖，樂作，太祝進，奠版於神座，還尊所。皇帝拜訖，樂止。

太常卿引皇帝詣配帝酒尊所，執尊者舉冪。侍中取爵於坫，進。皇帝受爵。侍中贊酌汎齊。訖，樂作。太常卿引皇帝進高祖神堯皇帝神座前，東面跪，奠爵，俛伏，興。太常卿引皇帝少退，東向立，樂止。太祝持版進於神座之右，北面跪，讀祝文，訖，興。皇帝再拜。初讀祝文訖，樂作，太祝進，奠版於神座，還尊所。皇帝拜訖，樂止。

太常卿引皇帝進天帝神座前，北向立，樂作。太祝各以爵酌福酒，合置一爵。一太祝持爵授侍中，侍中受爵，西向進。皇帝再拜，受爵，跪，祭酒，啐酒，奠爵，俛伏，興。諸太祝各帥齋郎進俎，太祝跪，減神前胙肉，皆取前脚第二骨。興，以胙肉共置一俎上，授司徒。司徒奉俎西向進。皇帝受以授左右。皇帝跪，取爵，遂飲，卒爵。侍中進，受爵以授太祝。太祝受爵，復於坫。皇帝俛伏，興，再拜，樂止。太常卿引皇帝，樂作，皇帝降自南陛，西向立，樂止。謁者引司徒降，復位。

太祝各進，徹豆，還尊所。徹者，籩、豆各一，少移於故處。奉禮曰："賜胙。"贊者唱："衆官再拜。"衆官在位者皆再拜。《豫和之樂》作，太常卿前，奏稱："請再拜。"退，復位。皇帝再拜。奉禮曰："衆官再拜。"衆官在位者皆再拜。樂一成，止。

太常卿前，奏："請就望燎位。"太常卿引皇帝就望燎位，南向立，樂止。於群官將拜，諸太祝各執篚進神座前，取玉幣、祝版，齋郎以俎載牲體、稷黍飯，各由其陛降壇南行，經柴壇西，過壇東行，自南陛登柴壇，以玉幣、祝版、饌物等置於柴上户内。奉禮曰："可燎。"東、西面各六人以炬燎火。半柴，太常卿前，奏："禮畢。"

太常卿引皇帝還大次，樂作，皇帝出内壝門。殿中監前，受鎮圭，華蓋侍衛如常儀。皇帝入次，樂止。謁者、贊引各引告官，通事舍人引從告群官、諸方客使，以次出。贊引引御史、太祝以下俱復執事位，立定，奉禮曰："再拜。"御史以下皆再拜。贊引引出。工人以次出。

鑾駕還行宫

皇帝既還大次，侍中版奏："請解嚴。"將士不得輒離部伍。皇帝改服通天冠、絳紗袍、乘輅、奏請、還宫如常儀。

望秩於山川

柴之明日，望秩祀於嶽鎮海瀆、山林川澤、丘陵、墳衍、原隰。將祭，所司預爲壇於祭所。其神皆以尊卑爲序，重行南向。

前三日，守宫設祭官以下次於東壝之外道南，北向，以西爲上。設陳饌幔於内壝東門之外道北，南向。

前二日，太樂令設宫懸之樂於壇南，設登歌於壇上，皆如常儀。右校埽除壇之内外。又爲瘞埳於壇北之壬地外壝之内，方深取足容物。

前一日，諸祭官清齋於祭所。諸衛令其屬晡後一刻各以其方器服守衛壝門，與太樂工人俱清齋一宿。奉禮設祭官位於内壝東門之内道北，執事位於道南，俱西面北上。設御史位於壇下，一位於東南，西向，一位於西南，東向，令史各陪其後。設奉禮位於樂懸東北，贊者二人在南差退，俱西向。設協律郎位於壇上南陛之西，東向。設太樂令位於北懸之閒。設望瘞位於瘞埳之東，西向。設祭官以下門外位於外壝東門之外道南，每等異位，北面西上。

　　設酒尊之位：嶽鎮海瀆各山尊二，山林川澤俱蜃尊二，丘陵、墳衍、原隰俱散尊二，各於壇上南陛之東，北面西上。其嶽壇上加山罍二，置於山尊東，北向。皆加勺、冪。設玉、篚於尊坫之所。設洗於壇南陛東南①，如常儀。執尊、罍、篚、冪者各位於尊、罍、篚、冪之後。郊社令帥齋郎以尊、坫、罍、洗、篚、冪入，設於位。

　　祭日，未明十五刻，太官令帥宰人以鸞刀割牲。齋郎以豆取毛血，置於饌所。遂烹牲。

　　未明二刻，太史令、郊社令各服其服，入，設神座各於壇上北方，南向，席皆以莞。設神位各於座首。

　　未明一刻，祭官以下各服其服。郊社令、良醞令入，實尊、罍及玉。山尊實以醍齊，蜃尊實以沈齊，散尊及山罍皆實以清酒。齊加明水，酒加玄酒，各實於上尊。祭神之玉以兩圭有邸。太祝以幣置於篚。太官令帥進饌者實諸籩、豆、簋、簠等。奉禮帥贊者先入，就位。贊引引御史、太祝與執尊、罍、篚、冪者入自東門，當壇南，重行，北面西上。立定，奉禮曰：“再拜。”贊者承傳，凡奉禮有辭，贊者皆承傳。御史以下皆再拜。訖，執尊、罍、篚、冪者各就位。贊引引御史詣壇東陛，升，行埽除於上。令史、祝史升，行埽除於下。訖，引就位。

　　質明，謁者引獻官、贊引引執事者俱就東門外位。太樂令帥工人次入，就位。謁者、贊引各引獻官以下以次就位。立定，奉禮曰：“再拜。”在位者皆再拜。謁者進獻官之左，白：“有司謹具，請行事。”退，復位。協律郎跪，俛伏，舉麾，凡取物者皆跪，俛伏而取以興。奠物則跪、奠訖，俛伏而後興。鼓柷，奏《順和之樂》。自後，壇下之樂皆奏姑洗。樂舞三成，偃麾，戛敔，樂止。凡樂，皆協律郎舉麾，工鼓柷而後作，偃麾、戛敔而後止。奉禮曰：“再拜。”獻官以下皆再拜。太祝取玉於篚，立於尊所。

　　謁者引獻官詣嶽壇，升自南陛，北向。太祝以玉幣東面授，獻官受，登歌作《肅和之樂》，以函鍾之均。謁者引獻官進，北面跪，奠於嶽神座，俛伏，興。謁者引退，北向，再拜，訖，登歌止。謁者引獻官降自南陛，還本位。

　　初，獻官升奠玉幣，太官令出，帥進饌者奉饌陳於東門外。於登歌

---

　　①　“東南”，公善堂本作“東向”，據四庫本、《通典》卷一一八《開元禮纂類十三》改。

止，太官令引饌入。俎初入門，《雍和之樂》作，饌至陛，樂止。饌升南陛，太祝迎引於壇上，設於嶽神座前。籩、豆蓋冪，徹之如式。設訖，太官令以下降自東陛以出，太祝還尊所。其鎮、海以下之饌，皆祝史迎於壇上，設於神座前，相次而畢。

訖，謁者引獻官詣罍洗，盥手，洗爵，謁者引升自南陛，詣酒尊所，執尊者舉冪。獻官酌醴齊。訖，樂作。謁者引詣嶽神座前，北面跪，奠爵，興。謁者引獻官少退，北向立，樂止。初，獻官進奠爵，太祝各以爵酌酒，助奠鎮、海以下，還尊所。太祝持版進於神座之右，東面跪，讀祝文，祝文臨時撰。訖，興。獻官再拜。初讀祝文訖，樂作，太祝進，奠版於神座，還尊所。獻官拜訖，樂止。

太祝酌罍福酒，進獻官之右，西向立。獻官再拜，受爵，跪，祭酒，啐酒，奠爵，興。太祝帥齋郎進俎，太祝減神前三牲胙肉皆取前脚第二骨。加於俎，西向授。獻官受以授齋郎。獻官跪，取爵，遂飲，卒爵。太祝受爵，復於坫。獻官興，再拜。謁者引獻官降，復位。

諸祝各進，徹豆如常。訖，還尊所。奉禮曰：“賜胙。”贊者唱：“再拜。”在位者皆再拜。獻官不拜。《順和之樂》作。奉禮又曰：“再拜。”獻官以下皆再拜。樂一成，止。

謁者進獻官之左，白：“請就望瘞位。”贊者引獻官就望瘞位，西向立。於衆官將拜，諸太祝各執篚進神座前[1]，跪，取玉幣，齋郎以俎載毛血等，各由其陛降壇，詣瘞埳，以物置於埳。訖，奉禮曰：“可瘞。”埳東、西面各四人實土。半埳，謁者進獻官之左，白：“禮畢。”遂引出。贊引引執事者以次出。又贊引引御史、太祝以下俱復執事位，立定，奉禮曰：“再拜。”御史以下皆再拜，訖，出。贊引引工人以次出。其祝版燔於齋所。

肆覲東后

望秩之明日，肆覲東后。於告至之前，刺史、縣令皆先奉見如常。將作預於行宮之南爲壇宮，方三百步，面一門，爲壇於壝內，三分壝二在

---

① “前”字，公善堂本無，四庫本同。據《通典》卷一一八《開元禮纂類十三》補。

南，壇方九丈六尺，高四尺，四出陛。<small>南面兩陛，餘三面各一陛。</small>

前二日，太樂令設宮懸之樂於壇南，如殿庭之儀。

前一日，尚舍鋪御座於壇上近北，南向。又設解劍席於南陛之西。守宮於門外量設百官次，文東武西，以北爲上。東方刺史、縣令次於文官之南，蕃客次於武官之南。所司陳輦輅於壇南如常^①。

典儀設群官版位：文官一品以下九品以上位於壇東南，每等異位，重行西向，以北爲上。武官一品以下九品以上位於壇西南，當文官，每等異位，重行東向，以北爲上。東方刺史、縣令於壇南，三分庭一在南，每等異位，重行北向，以西爲上。若有蕃客，則位於刺史之西，每國異位，重行北向，以東爲上。設典儀位於南陛之東，贊者二人在南差退，俱西面北上。

奉禮設門外位：文官一品以下九品以上位於門東，每等異位，重行，西面。武官一品以下九品以上位於門西，每等異位，重行，東向。俱以北爲上。設東方刺史、縣令位於文官之南，每等異位，重行西向，以北爲上。蕃客位於武官之南，每等異位，重行東向，以北爲上。

其日，未明三刻，諸衛各以其方器服量設牙旗於壇外四面。

未明一刻，諸衛各勒所部列黃麾大仗屯門及鈒戟陳於壇内，如殿庭之儀。群官及刺史以下各集，就次，服其朝服。蕃客集次，各服其國服。侍中版奏：“請中嚴。”近仗陳於行宮門外，侍衛之官各服其器服，符寶郎奉寶，俱詣行宮門外奉迎。典儀帥贊者先入，就位。吏部、兵部、主客、戶部贊群官、客使俱出次，通事舍人各引就門外位。刺史、縣令俱執贄，通事舍人引就門外位。<small>贄各以其土所有。錦、綺、繒、布、葛、越之屬，俱五兩爲一束而執之，仍飾以黃杷。</small>其餘當土常貢之物并盛以筐，其屬執之，列於縣令位後。通事舍人引文官、武官一品以下九品以上先入，就位。

侍中版奏：“外辦。”皇帝將出，仗動，太樂令令撞黃鍾之鍾，右五鍾皆應。協律郎舉麾，工鼓柷，奏《太和之樂》。<small>凡樂，皆協律郎舉麾，工鼓柷而後作，偃麾、戛敔而後止。</small>皇帝服袞冕，乘輿以出，曲直華蓋警蹕侍衛如常儀。皇帝入自北壝門，由北陛升壇，即御座，南向坐。符寶郎奉寶置於御座。

---

① “輦輅”，公善堂本作“輦路”，據四庫本、《通典》卷一一八《開元禮纂類十三》改。

樂止，腰輿退，羽儀華蓋仍侍於御側。通事舍人引東方刺史以下入，就位。鴻臚引蕃客次入，就位。

初，刺史入壇門，懸下舉麾，《舒和之樂》作，至位，立定，樂止。典儀曰："再拜。"贊者承傳，執贄者俱跪，奠贄，興，在位者皆再拜，訖①，跪，取贄，興。凡拜奠贄皆如之②。侍中前，承制，降，詣刺史東北，西面立，稱："有制。"蕃客則舍人承旨，詣前宣勅。刺史以下皆再拜。宣制訖，又再拜。戶部引諸州貢物兩行各入，於刺史位前，東西陳之。龜爲前列，金次之，丹、漆、絲、纊四海九州之美物，重行量陳於後。訖，陳物者各退，立於東西厢文武前，側立。

通事舍人引刺史爲首者一人執贄詣解劍席，跪，解劍，脫舄，執贄，興。舍人接引升壇，詣御座前，北面跪，奏稱："具官臣姓名等，敢獻壤奠。"遂奠贄，俛伏，興。又舍人跪，舉以東授所司。舍人引刺史降，詣解劍席，跪，佩劍，納舄，興。通事舍人引復北面位。初，爲首者奠贄，通事舍人引在庭者以次奠贄於位前。訖，各俛伏，興，引退，復位。訖，刺史以下俱再拜。戶部尚書進，詣陛閒，北面跪，奏稱："戶部尚書臣某言，諸州貢物請付所司。"俛伏，興。侍中前，承詔，退稱："制曰可。"尚書退，復位。所司受贄，其執貢物人各進執物，所司引退，俱出東門。

初，刺史將朝，中書侍郎以諸州鎮表方別爲一案，俟於西門外，給事中以祥瑞案俟於東門外，俱令史絳公服對舉案，侍郎、給事中俱就侍臣班。

初，刺史將入門，中書侍郎降，引表案入，詣西階下，東面立；給事中降，引祥瑞案入，詣東階下，西面立。刺史將升奠，中書令、黃門侍郎俱降，立於階下。初③，刺史執贄升階，中書令、黃門侍郎各取所奏之文以次升。

初，度支尚書奏退，復位訖，中書令前，跪，奏諸方表，訖，黃門侍郎又前，跪，奏祥瑞，各還侍位。侍郎與給事中引案退。典儀曰："再拜。"贊者承傳，文武群官、刺史以下、諸州客使俱再拜。訖，通事舍人以次引

---

① "訖"字，公善堂本無，據四庫本、《通典》卷一一八《開元禮纂類十三》補。

② "皆"字，公善堂本無，據《通典》卷一一八《開元禮纂類十三》補。

③ "初"字，四庫本、《通典》卷一一八《開元禮纂類十三》無。

北面位者出,就門外位。

侍中前,跪,奏稱:"侍中臣某言,禮畢。"俛伏,興,還侍位。皇帝興,太樂令令撞蕤賓之鐘,左五鐘皆應,《太和之樂》作。皇帝乘輿,降自北陛,警蹕侍衛如来儀。入行宫,樂止。通事舍人引東、西面位者以次出。設會如正會之儀。

考制度

朝覲之明日,左、右丞相以考制度事奏聞。命太常卿采詩陳之,以觀百姓之風俗。命市納賈,以觀百姓之所好惡。命典禮者考時月、定日、同律,觀禮樂、制度、衣服①,正之。山川神祇有不舉者爲不敬,宗廟有不順者爲不孝,不孝不敬者則長官黜以爵。革制度、衣服者爲叛,叛者長官有討。有功德於百姓者,加爵賞。

五月,南巡狩至於南嶽,如東巡狩之禮。八月,西巡狩至於西嶽,如南巡狩之禮。十有一月,北巡狩至於北嶽,如西巡狩之禮。歸格於祖禰,用特,如別禮。若登封告禪,如別儀。

---

①　"觀"字,公善堂本無,據《通典》卷一一八《開元禮纂類十三》補。

卷第六十三　吉禮

皇帝封祀於泰山

鑾駕進發　齋戒　制度　陳設　省牲器　鑾駕上山
奠玉帛　山下封祀壇　進熟　燔燎　封玉册　鑾駕還宮

鑾駕進發

皇帝將有事於泰山，有司卜日如別儀。告昊天上帝、太廟、太社，皆如巡狩之禮。告太廟，若高祖祝文，加封祀配神作主之意。告睿宗祝文，加禪祭配神作主之意。皇帝出宮，備大駕鹵簿，軷於國門，祭所過山川、古先帝王、名臣烈士，皆如巡狩之禮。通事舍人承制問百年。所經州縣，刺史、縣令先待於境。至泰山下，柴告昊天上帝於圜丘壇，如巡狩告至之禮。有司攝事。前祀，所司以太牢祭於泰山神廟，如常式。

齋戒

前祀七日平明，太尉誓百官於行從尚書省，曰：“某月某日，皇帝有事於泰山，各揚其職，不供其事，國有常刑。”皇帝散齋於行宮後殿四日，致齋於前殿三日。

前致齋一日，尚舍奉御設御幄於前殿西序及室内，俱東向。尚舍直長張帷於前楹下。

致齋之日，質明，諸衛勒所部屯門列仗。

晝漏上水一刻，侍中版奏：“請中嚴。”諸衛之屬各督其隊入，陳於殿庭，如常儀。通事舍人分引五品以上陪位如式。文官朝服，武官袴褶。諸侍衛之官各服其器服，諸侍臣並結佩，俱詣閤奉迎。

上水二刻，侍中版奏：“外辦。”皇帝服衮冕，結佩，乘輿出自西房，曲直華蓋警蹕侍衛如常儀。皇帝即御座，東向坐，侍臣夾侍如式。一刻頃，侍中前，跪，奏稱："侍中臣某言，請降，就齋室。"俛伏，興，還侍位。
侍臣等各退，出。皇帝降座，入室。文武侍臣各還省，直衛者如常。

凡預祭之官，散齋四日，致齋三日。散齋皆於正寢。致齋二日於本司，一日於
祀所，其無本司者皆於祀所。近侍之官應從升者及從祀群官、諸方客使，各於
本司及公館清齋一宿。散齋理事如舊，惟不弔喪問疾，不作樂，不判署
刑殺文書，不行刑罰，不預穢惡。致齋惟祀事得行，其餘悉斷。其祀官
已齋而闕者，通攝行事。凡祀官致齋之日給酒食及明衣，各習禮於齋
所。光禄卿監取明水火。太官令取水於陰鑒，取火於陽燧。火以供爨，水以實尊。

前祀一日，諸衛令其屬未後一刻各以其方器服守衛壇門，每門二人，每
隅一人。與太樂工人俱清齋一宿。

制度

將作大匠預領徒於泰山上立圜臺，廣五丈，高九尺，土色各依其方。
又於圜臺上起方壇，廣一丈二尺，高九尺。其臺、壇四面各爲一陛。玉
牒長一尺三寸①，廣五寸，厚五分，刻牒爲字，以金填之，用金匱盛。其玉牒
文，中書門下奏取進止，所由承旨請内鎪。其石檢等，並如後制。

郊社令積柴爲燎壇於山上圜臺之東南，量地之宜。柴高一丈二尺，
方一丈，開上，南出户，方六尺。又爲圜壇於山下，三成、十二陛，如圜丘
之制，隨地之宜。壇上飾以玄，四面依方色。壇外爲三壝。郊社令又積
柴於壇南，燎如山上之儀。

又爲玉册，皆以金繩連編玉牒爲之。每牒長一尺二寸，廣一寸二
分，厚三分，刻玉填金爲字。少府監量文多少爲之。又爲玉匱一，長一尺三
寸，並檢方五寸，當纏繩處刻爲五道，當封寶處刻深二分②，方取容受命
寶印，以藏正座玉册。又爲金匱二，以藏配座玉策③，制度如玉匱。又爲

---

① "牒"字，公善堂本作"板"，四庫本、《新唐書》卷一四《禮樂四》作"牒"。考下文有"刻牒
爲字，以金填之"語，當以"牒"爲是，故改之。

② "處"字，公善堂本作"篆"，四庫本同。據《舊唐書》卷二三《禮儀三》、《通典》卷一一九
《開元禮纂類十四》校改。下同。

③ "又爲金匱二以藏配座玉策"十一字，公善堂本無，四庫本同，致上下文意不通。按：《舊唐
書》卷二三《禮儀三》載："又爲金匱二，以藏配座玉策，制度如玉匱。"《新唐書》卷一四《禮樂四》
亦有"玉匱一，長一尺三寸，以藏上帝之册；金匱二，以藏配帝之册"之語。據此補入。

黄金繩，以纏玉匱、金匱，各五周。爲金泥，以封玉匱、金匱。又爲石腀以藏玉匱，用方石再累，各方五尺，厚一尺，縱鑿石中，廣深令容玉匱。腀旁施檢處，皆刻深三寸三分，闊一尺，南北各二，東西各三，去隅皆七寸。纏繩處皆刻深三分，闊一寸五分。爲石檢十枚，以檢石腀，皆長三尺，闊一尺①，厚七寸。皆刻爲三道，廣一寸五分，深四寸。當封處大小取容寶印，深二寸七分，皆有小石蓋，制與封刻處相應，以檢撅封印。其檢立於腀旁，當刻處又爲金繩三以纏石腀，各五周，徑三分。爲石泥以封石腀。以石末和方色土爲之。其封玉匱、金匱、石腀，同用受命寶，並所司量時預奏請出。爲距石一十二枚，皆闊二尺，厚一尺，長一丈，斜刻其首②，令與腀隅相應。分距腀四隅，皆再累。爲五色土圜封，以封石腀，上徑一丈二尺，下徑三丈九尺。

陳設

前祀三日，衛尉設文武侍臣次於山下封祀壇外壝東門之内道北，皆文官在左，武官在右，俱南向。設諸祀官次於東壝之外道南，北面西上。三師，南壝之外道東，諸王於三師之南，俱西面北上。文官從一品以下九品以上於祀官之東，皇親五等以上、諸親三等以上於文官之東，東方諸州刺史、縣令又於文官之東，俱北面西上。介公、酅公於南壝之外道西，東向；諸州使人於介公、酅公之西，東向；諸方之客，東方、南方於諸王東南，西向，西方、北方於介公、酅公西南，東向。皆以北爲上。武官三品以下九品以上於西壝之外道南，北面東上。設陳饌幔於内壝東門、西門之外道北，南向；北門之外道東，西向。壇上及東方之饌陳於東門外③，南方及西方之饌陳於西門外，北方之饌陳於北門外。

前祀二日，太樂令設宮懸之樂於山下封祀壇之南、内壝之外。東方、西方磬簴起北，鐘簴次之；南方、北方磬簴起西，鐘簴次之。設十二鎛鐘於編懸之間，各依辰位。樹雷鼓於北懸之内、道之左右。植建鼓於

---

① “尺”字，公善堂本作“分”，據四庫本、《新唐書》卷一四《禮樂四》校改。

② “斜”字，公善堂本原作“邪”，據四庫本、《舊唐書》卷二三《禮儀三》、《新唐書》卷一四《禮樂四》改。

③ 公善堂本於“東門外”後衍“西”字，據四庫本、《通典》卷一一九《開元禮纂類十四》删。

四隅。置枕敱於懸內。枕在左，敱在右。設歌鐘、歌磬於壇上近南，北向。磬簴在西，鐘簴在東。其鞄竹者立於壇下，重行北向，相對爲首。凡懸，皆展而編之。諸工人各位於懸後，東方、西方以北爲上，南方、北方以西爲上。右校埽除壇之內外。

　　前祀一日，奉禮設祀官公卿位於山下封祀壇內壝東門之外道南。分獻之官於公卿之南，執事者位於其後，每等異位，重行，西面北上。設御史位於壇上，一位於東陛之南，西向，一位於西陛之南，東向。設奉禮位於樂懸東北，贊者二人在南差退，俱西向。設協律郎位於壇上南陛之西，東向。設太樂令位於北懸之閒，當壇北向。

　　設從祀之官位：三師位於懸南道東，諸王位於三師之東，俱北面西上。介公、酅公位於道西，北面東上。文官從一品以下九品以上位於執事之南，東方諸州刺史、縣令又於文官之南，每等異位，重行西向，俱以北爲上。武官三品以下九品以上位於西方，值文官，皇親五等以上、諸親三等以下於武官之南，每等異位，重行東向。諸州使人位於內壝東門之外道西[1]，重行東向，皆以北爲上。設諸國客使位於內壝南門之外[2]，東方、南方於諸王東南，每國異位，重行北向，以西爲上；西方、北方於介公、酅公西南，每國異位，重行北向，以東爲上。其褒聖侯位於文官三品之下，諸州使人各於文武官後。

　　設牲牓於山下封祀壇之外，當門西向。蒼牲一居前，正座。又蒼牲一、配座。青牲一在北少退，南上。次赤牲一，次黃牲一，次白牲一，次玄牲一。以上五方帝座。又青牲一，大明。又白牲一。夜明。設廩犧令位於牲西南，史陪其後，俱北向。設太祝位於牲東，各當牲後，祝史陪其後，俱西向。設太常卿省牲位於牲前近北，又設御史位於太常卿之西，俱南向。

　　設昊天上帝酒尊位於圜臺之上下：太尊二、著尊二、犧尊二、山罍二在壇上，於東南隅北向；象尊二、壺尊二、山罍四在壇下，皆於南陛之東，北向西上。設配帝著尊二、犧尊二、象尊二、山罍二在壇上，皆於昊天上帝酒尊之東，北向西上。其山下封祀壇，設五帝、日月，俱太尊二，在神座之左。其內官每陛閒各象尊二，在第二等；中官每陛閒各壺尊二，在

---

①　“東門”，四庫本、《通典》卷一一九《開元禮纂類十四》作“南門”。

②　“使”字，公善堂本無，據四庫本、《通典》卷一一九《開元禮纂類十四》補。

第三等；外官每陛閒各概尊二，於内壝之内。衆星每道閒各散尊二，於内壝之外。凡尊，各設於神座之左而右向。五帝、日月以上之尊置於坫，内官以下之尊俱藉以席，皆加勺、冪。設爵於尊下。

　　設罍洗各於壇南陛東南，亞獻之洗又於東南，俱北向。罍水在洗東，篚在洗西，南肆。篚實以巾、爵。設分獻罍、洗、篚、冪各於其方陛道之左，俱西向。執尊、罍、篚、冪者各位於尊、罍、篚、冪之後。各設玉、幣之篚於壇之上下尊坫之所。

　　祀日，未明五刻，太史令、郊社令各服其服，升，設昊天上帝神座於山上圜臺之上北方，南向，以三脊茅爲神藉。設高祖神堯皇帝神座於東方，西向，席以莞。設神座皆於座首。又太史令、郊社令設五天帝、日月神座於山下封祀壇之上：青帝於東陛之北，赤帝於南陛之東，黃帝於南陛之西，白帝於西陛之南，黑帝於北陛之西，大明於東陛之南，夜明於西陛之北，席皆以藁秸。設五星、十二辰、河漢及内官之座於第二等十有二陛之閒，各依方向。凡席皆内向，其内官中有北斗、北辰位於南陛之内，差在行位前。設二十八宿及中官之座於第三等亦如之。布外官席位於内壝之内，衆星席位於内壝之外，各依方次，席皆以莞。設神位各於座首。所司陳異寶及嘉瑞等於樂懸之北東、西厢。[①]

省牲器

　　省牲之日，午後十刻，去壇二百步所，諸衛之屬禁斷行人。

　　晡後二刻，郊社令、丞帥府史三人及齋郎以尊、坫、罍、洗、篚、冪入，設於位。凡升壇者各由其陛。贊引引御史、諸太祝詣壇東陛，御史二人升，行埽除於上，太祝七人與祝史行埽除於下。訖，引降，還齋所。奉禮以下還齋所。

　　晡後三刻，諸太祝與廪犧令以牲就牓位。贊者引太常卿、贊引引御史入，詣壇東陛，升，視滌濯及玉，凡導引者，每曲一逡巡。於視滌濯[②]，執尊者皆舉

----

　　①　公善堂本於"所司陳異寶及嘉瑞等於樂懸之北東西厢"後，尚有一段文字："未明一刻謁者贊引各引祀官皆就位……諸太祝與祝史退立於尊所。"按：此段文字，四庫本、《通典》卷一一九《開元禮纂類十四》均置於本卷"山下封祀壇"之内。今據文意後移。

　　②　"滌"字，公善堂本無，據四庫本補。

^{冪告潔}。訖，引降，就省牲位，南向立。廩犧令少前，曰："請省牲。"退，復位。太常卿省牲。廩犧令又前，北面，舉手曰："腯。"還本位。諸太祝各循牲一匝，西面，舉手曰："充。"俱還本位。諸太祝與廩犧令以次牽牲詣厨授太官，其五星以下羊豕，所司各依令預備，如常儀。謁者引光禄卿詣厨，省鼎鑊，申視濯漑。謁者、贊引各引御史、祀官就厨，省饌及五齊三酒。訖，俱還齋所。

祀日，未明十五刻[①]，太官令帥宰人以鸞刀割牲，祝史以豆取毛血，各置於饌所。遂烹牲。

鑾駕上山

前祀三日，本司宣攝内外，各供其職。衛尉設祀官、從祀群官五品以上便次於行宫朝堂，如常儀。

前祀二日，尚舍直長施大次於圜臺東門外道北，又於山中道設止息大次，俱南向。尚舍奉御鋪御座。衛尉設從駕文武群官及諸方使應從升者次於圜臺南門之外，文東武西，並如常儀。郊社令設御洗於圜臺南陛之東，北向。罍水在洗東，篚在洗西，南肆。^{設巾、冪。}

其日，奉禮設御位於圜臺南，當壇北向。設群官五品以上版位於御位之南，文東武西，重行北向，相對爲首。設東方諸州刺史、縣令位於文官之東，諸州使人位於武官之西。設國客位：東方、南方於文官東南，每國異位，北面西上；西方、北方於武官西南，每國異位，北面東上。設御史位於圜臺東西，如祀禮。設奉禮、贊者位於群官東北，西面；設執事位於東門之内道南，西面。皆北上。

前祀一日，未明七刻，搥一鼓爲一嚴。^{三嚴時節，祀前二日侍中奏裁。}

未明五刻，搥二鼓爲再嚴。侍中版奏："請中嚴。"從祀官五品以上俱就次，各服其服。所司陳大駕鹵簿。

未明二刻，搥三鼓爲三嚴。諸衛之屬各督其隊與鈒戟以次陳於行宫門外。謁者、贊引各引祀官，通事舍人分引從祀群官，諸侍臣結佩，俱詣行宫門外奉迎。^{侍中負寶如式。}乘黄令進輦於行宫門外，南向。侍中版

---

① "五"字，公善堂本無，據四庫本、《新唐書》卷一一《禮樂一》補。

奏：“請登山。”皇帝服袞冕，乘輦以出，警蹕如常儀。黃門侍郎進，當輦前跪，奏稱：“黃門侍郎臣某言，請鑾駕進發。”俛伏，興，退，復位。鑾駕動，又稱警蹕，黃門侍郎、侍中、中書令以下夾引以出，千牛將軍夾輅而趨。

駕至侍臣上馬所，黃門侍郎奏：“請鑾駕權停，勅侍臣上馬。”侍中前，承制，退稱：“制曰可。”黃門侍郎退稱：“侍臣上馬。”贊者承傳，文武侍臣皆上馬。諸侍衛之官各督其屬左右翊駕，在黃麾內。符寶郎奉六寶，與殿中監後部從，在黃鉞內。侍臣上馬畢，黃門侍郎奏稱：“鑾駕進發。”退，復位。鑾駕動，稱警蹕如常，鼓吹不鳴，不得誼譁。從祀官在玄武隊後如常。若須先置，則聽臨時節度。車輅、鼓吹待於山下。御史大夫、刺史、縣令前導如式。

至中道，止息大次前，迴輦南向。侍中奏請降輦如常。皇帝降輦之大次，群官皆隨便而舍。停大次三刻頃，侍中奏請皇帝出次，升輦、進發如初。

駕至臺東門外大次前，迴輦南向。侍中進，當駕前跪，奏稱：“侍中臣某言，請降輅。”俛伏，興，還侍位。皇帝降輦之大次如常儀。通事舍人承旨勅從祀群官退，就門外位。

奠玉帛[①]

祀日，未明三刻，諸祀官各服其服。郊社令帥其屬以玉、幣及玉冊置於山上圜臺壇上坫所，禮神之玉以蒼璧。幣以蒼，配座之幣亦如之。又以玉匱、金匱、金繩、金泥盛於笥，置於石䃳之側。良醞令帥其屬各入，實尊、罍、玉、幣。凡六尊之次，太尊爲上，實以汎齊；著尊次之，實以醴齊；犧尊次之，實以盎齊；象尊次之，實以醍齊；壺尊次之，實以沈齊；山罍爲下，實以三酒[②]。配帝著尊爲上，實以汎齊；犧尊次之，實以醴齊；象尊次之，實以盎齊；山罍爲下，實以清酒。其玄酒各實於五齊之上尊。禮神之玉，昊天上帝以蒼璧。上帝及配帝之幣以蒼。太官令帥進饌者實諸籩、豆、簠、簋，各設於饌幔內。

---

①　“奠玉帛”，公善堂本作“奠玉幣”，四庫本同。今據本卷卷首標題改。《通典》卷一一九《開元禮纂類十四》作“薦玉幣”。

②　“三酒”，四庫本作“清酒”。

　　未明二刻，奉禮帥贊者先入，就位。贊引引御史以下入，行埽除如常儀。

　　未明一刻，謁者、贊引各引文武五品以上從祀之官皆就圜臺，南立①。謁者引司空入，行埽除，訖，出，復位。侍中版奏："外辦。"皇帝服大裘而冕出次，華蓋侍衛如常儀。侍中負寶陪從如式。博士引太常卿，太常卿引皇帝凡太常卿前導，皆博士先引。入自東門。殿中監進大圭。尚衣奉御又以鎮圭授殿中監，殿中監受，進。皇帝搢大圭，執鎮圭，繰藉，華蓋侍衛停於門外，近侍者從入如常。謁者引禮部尚書、太常少卿陪從如常。大圭如搢不便，請預定近侍承捧。

　　皇帝至版位，北向立。每立定，太常卿與博士退，立於左。謁者、贊引各引祀官次入，就位。立定，太常卿前，奏稱："請再拜。"退，復位。皇帝再拜。奉禮曰："衆官再拜。"衆官在位者皆再拜。太常卿前，奏："有司謹具，請行事。"退，復位。正座、配座太祝取玉、幣於篚，各立於尊所。

　　太常卿引皇帝詣壇，升自南陛，侍中、中書令以下及左右侍衛量人從升。以下皆如之。皇帝升壇，北向立。太祝加玉於幣以授侍中，侍中奉玉幣東向進。皇帝搢鎮圭，受玉幣，凡受物皆搢鎮圭，奠訖，執鎮圭，俛伏，興。登歌，作《肅和之樂》，以大呂之均。太常卿引皇帝進，北面跪，奠於昊天上帝神座，俛伏，興。太常卿引皇帝少退，北向，再拜。訖，太常卿引皇帝立於西方，東向。又太祝以幣授侍中，侍中奉幣北向進。皇帝受幣。太常卿引皇帝進，東面跪，奠於高祖神堯皇帝神座，俛伏，興。太常卿引皇帝少退，東向，再拜，訖，登歌止。太常卿引皇帝，樂作，皇帝降自南陛，還版位，西向立，樂止。諸太祝還尊所。

山下封祀壇 其日，自山下五步立一人，直至下壇，遞呼萬歲以爲節候。

　　祀日，未明三刻，諸祀官各服其服。郊社令帥其屬，以五帝及日月、中外官以下之玉、幣各置於坫所。五帝之玉以四圭有邸。日月以圭璧。幣各以方色。良醞令帥其屬各入，實尊、罍、玉、幣。五帝俱以太尊，皆實以汎齊，日月之尊實以醴齊。其內官之象尊實以醍齊，中官之壺尊實以沈齊，外官之概尊實以清酒。衆星之散尊實以昔酒。其玄酒各實於五齊之上尊。禮神之玉，青帝以青圭，赤帝以赤璋，黃帝以黃琮，白帝以

――――――――――――――――

　　①　"南立"，四庫本作"南位"。

騂犢，黑帝以玄犢，日月以圭邸①。天帝、日月以下幣，皆從方色。太官令帥進饌者實諸
籩、豆、簠、簋，各設於饌幔内。

　　未明二刻，奉禮帥贊者先入，就位。贊引引御史以下入，行埽除如
常儀。

　　未明一刻，謁者、贊引各引祀官皆就位。太樂令帥工人、二舞次入，
就位，文舞入陳於懸内，武舞立於懸南道西。謁者引司空入，行埽除，
訖，出，復位。

　　於皇帝奠玉幣於封祀壇，謁者、贊引各引祀官入，就位。立定，奉禮
曰：“衆官再拜。”衆官在位者皆再拜。其先拜者不拜。協律郎跪，俛伏，舉
麾，凡取物者皆跪，俛伏而取以興。奠物則跪、奠訖，俛伏而後興。鼓柷，奏《豫和之
樂》，乃以圜鍾爲宮，黃鍾爲角，太蔟爲徵，姑洗爲羽，圜鍾三奏，黃鍾、太蔟、姑
洗各一奏。舞文舞之舞。樂舞六成，偃麾，戛敔，樂止。凡樂，皆協律郎舉麾，工
鼓柷而後作，偃麾、戛敔而後止。奉禮曰：“衆官再拜。”衆官在位者皆再拜。謁
者七人各引獻官及諸太祝奉玉幣，各進，奠於神座，如常儀。將進奠，登
歌，作《肅和之樂》，以大呂之均。餘星座幣亦如之。進奠訖，各還本位。

　　初，群官拜訖，夜明以上祝史各奉毛血之豆立於門外。登歌止，祝
史奉毛血入，各由其陛升壇，以毛血各詣其座。諸太祝俱迎受，各奠於
神座前。諸太祝與祝史退，立於尊所。②

進熟

　　皇帝既升奠玉幣，太官令出，帥進饌者奉饌，各陳於内壝門外。謁
者引司徒出，詣饌所，司徒奉昊天上帝之俎。初，皇帝既至位，樂止，太
官令引饌入。俎初入門，《雍和之樂》作，以黃鍾之均，自後，接神之樂皆用《雍
和》。饌至陛，樂止。祝史俱進，跪，徹毛血之豆，降自東陛以出。昊天上帝
之饌升自午陛，配帝之饌升自卯陛。諸太祝迎引，各設於神座前。籩豆簠簋，徹之如
式③。設訖，謁者引司徒，太官令帥進饌者，俱降自東陛以出。司徒復位，

---

①　“邸”字，公善堂本無，據四庫本、《通典》卷一一九《開元禮纂類十四》補。

②　按：“未明一刻”至“諸太祝與祝史退立於尊所”這段文字，公善堂本置於本卷“陳設”條
内。今據四庫本、《通典》卷一一九《開元禮纂類十四》，並參考文意，後移於此。

③　“簠簋”，四庫本作“蓋冪”。

諸太祝各還尊所。

　　太常卿引皇帝詣罍洗，樂作，皇帝至罍洗，樂止。侍中跪，取匜，興，沃水。又侍中跪，取盤，興，承水。皇帝盥手。黃門侍郎跪，取巾於篚，興，進。皇帝帨手。訖，黃門侍郎受巾，跪，奠於篚，黃門侍郎又取匏爵於篚，興，進。皇帝受爵。侍中酌罍水，又侍中奉盤，皇帝洗爵，黃門侍郎又授巾，皆如初。皇帝拭爵。訖，侍中奠盤、匜，黃門侍郎受巾，奠於篚，皆如初。

　　太常卿引皇帝，樂作，皇帝詣壇，升自南陛，訖，樂止。謁者引司徒升自東陛，立於尊所。齋郎奉俎從升，立於司徒之後。太常卿引皇帝詣昊天上帝酒尊所，執尊者舉冪。侍中贊酌汎齊。訖，《壽和之樂》作。皇帝每酌獻及飲福，皆作《壽和之樂》。太常卿引皇帝進昊天上帝神座前，北面跪，奠爵，俛伏，興。太常卿引皇帝少退，北向立，樂止。太祝二人持玉册進於神座之右，東面跪。又太祝一人跪，讀玉册文，訖，俛伏，興。册文，中書門下撰進，少府監刻文。皇帝再拜。初讀册文訖，樂作，太祝進，奠册於神座，還尊所。皇帝拜訖，樂止。

　　太常卿引皇帝詣配帝酒尊所，執尊者舉冪。侍中取爵於坫，進。皇帝受爵。侍中贊酌汎齊。訖，樂作。太常卿引皇帝進高祖神堯皇帝神座前，東面跪，奠爵，俛伏，興。太常卿引皇帝少退，東向立，樂止。太祝二人持玉册進於神座之左，北面跪。又太祝一人跪，讀册文，訖，俛伏，興。皇帝再拜。初讀册文訖，樂作，太祝進，奠册於神座，還尊所。皇帝拜訖，樂止。

　　太常卿引皇帝進昊天上帝神座前，北向立，樂作。太祝各以爵酌上尊福酒，合置一爵。一太祝持爵授侍中，侍中受爵，西向進。皇帝再拜，受爵，跪，祭酒，啐酒，奠爵，俛伏，興。太祝各帥齋郎進俎，太祝減神前胙肉皆取前脚第二骨。加於俎，以胙肉共置一俎上。太祝持俎以授司徒，司徒奉俎西向進。皇帝受以授左右。謁者引司徒降，復位。皇帝跪，取爵，遂飲，卒爵。侍中進，受爵以授太祝。太祝受爵，復於坫。皇帝俛伏，興，再拜，樂止。太常卿引皇帝，樂作，皇帝降自南陛，還版位，西向立，樂止。

　　皇帝獻將畢，謁者引太尉詣罍洗，盥手，洗匏爵。訖，謁者引太尉自東陛升壇，詣昊天上帝著尊所，執尊者舉冪。太尉酌醴齊。謁者引太尉進昊天上帝神座前，北面跪，奠爵，興。謁者引太尉少退，北向，再拜。訖，謁者引太尉詣高祖神堯皇帝犧尊所，取爵於坫，執尊者舉冪。太尉酌醴齊。謁者引太尉進高祖神堯皇帝神座前，東面跪，奠爵，興。謁者引太尉少退，東向，再拜。訖，謁者引太尉進昊天上帝神座前，北向立。太祝以爵酌罍福酒，合置一爵。一太祝持爵進太尉之右，西向立。太尉再拜，訖，受爵，跪，祭酒，遂飲，卒爵。太祝進，受爵，復於坫。太尉興，再拜。謁者引太尉降，復位。

初，太尉獻將畢，謁者引光祿卿詣罍洗，盥手，洗匏爵，升，酌盎齊，終獻如亞獻之儀。訖，謁者引光祿卿降，復位。

初，皇帝將升獻，太官令引饌入，其山下封祀壇，五帝、日月以下之饌亦相次而入。俎初入門，《雍和之樂》作，以黃鍾之均，饌至陛，樂止。祝史俱進，跪，徹毛血之豆，降自東陛以出。木帝之饌升自寅陛，火帝之饌升自巳陛，土帝之饌升自未陛，金帝之饌升自西陛，水帝之饌升自子陛，大明之饌升自辰陛，夜明之饌升自戌陛。其內官、中官、眾星之諸饌，所由師長皆先陳布。諸太祝迎饌於壇上，各設於神座前。籩、豆蓋冪先徹，乃升。簠、簋既奠，却其蓋於下。設訖，謁者引司徒、太官令帥進饌者俱降自東陛以出，司徒復位，諸太祝各還尊所。

於山上太尉之亞獻也，封祀壇謁者七人分引五方帝及大明、夜明等獻官詣罍洗，盥手，洗匏爵，訖，各由其陛升，俱酌汎齊訖，各進，跪，奠於神座前，興，引降，還本位。初，第一等獻官將升，謁者五人次引獻官各詣罍洗，盥洗訖，各由其陛升，詣第二等內官酒尊所，俱酌醴齊，各進，跪，奠爵於內官首座，興。餘座皆祝史、齋郎助奠，相次而畢。謁者各引獻官還本位。初，第二等獻官將升，謁者四人次引獻官俱詣罍洗，盥洗，各由其陛升壇，詣第三等中官酒尊所，俱酌盎齊以獻。贊引四人次引獻官詣罍洗，盥洗訖，詣外官酒尊所，俱酌醍齊以獻。贊引四人次引獻官詣罍洗，盥洗訖，詣眾星酒尊所，俱酌沈齊以獻。其祝史、齋郎酌酒助奠，皆如內官之儀。訖，謁者、贊引各引獻官還本位。武舞六成，樂止。

舞獻俱畢，上下諸祝各進，跪，徹豆，興，還尊所。徹者，籩、豆各一，少移於故處。奉禮曰：“賜胙。”贊者唱：“眾官再拜。”眾官在位者皆再拜。《元和之樂》作，奉禮曰：“眾官再拜。”在位者皆再拜。樂作一成，止。

燔燎

終獻將畢，侍中前，跪，奏曰："請就望燎位。"太常卿引皇帝就望燎位。太祝奉玉幣等就柴壇，置於柴上戶內。訖，奉禮曰："可燎。"東、西面各六人以炬燎火。半柴，侍中跪，奏："禮畢。"太常卿引皇帝出。贊引引祠官以下皆出。

其山下封祀壇獻官獻畢，奉禮曰："請就望燎位。"諸獻官俱就望燎位。諸太祝各取玉幣等就柴壇，自南陛升，置於柴上戶內。訖，奉禮曰："可燎。"東、西面各六人以炬燎火。半柴訖，奉禮曰："禮畢。"獻官以下皆出。

封玉册

燔燎畢，侍中前，跪，奏稱："具官臣某言，請封玉册。"太常卿引皇帝自南陛升壇，北向立。近侍者從升如式。少府監具金繩、金泥等並所用物立於御側。符寶郎奉受命寶立於侍中之側。謁者引太尉進昊天上帝神座前，跪，取玉册置於案，進。皇帝受玉册寶①，跪，疊之，納於玉匱中，纏以金繩，封以金泥。侍中取受命寶，跪以進。皇帝取寶以印玉匱，訖，興。侍中受寶以授符寶郎。通事舍人引太尉進，皇帝跪，捧玉匱授太尉，太尉跪受。皇帝興，太尉退，復位，側身奉玉匱。太常卿前，奏："請再拜。"皇帝再拜。訖，入次如常儀。

太尉奉玉匱之案於石腊南，北向立。執事者發石蓋，太尉奉玉匱，跪，藏於石腊內。執事者覆石蓋，檢以石檢，纏以金繩，封以石泥。訖，太尉以玉寶徧印，訖，引降，復位。將作帥執事者以石距封固，又以五色土圍封，後續令畢功。其配座玉牒封於金匱，皆如封玉匱之儀。訖，太尉奉金匱從降，俱復位。封禪還，以金匱內太廟，藏於高祖神堯皇帝之石室，如別儀。

太常卿前，奏："禮畢。"若有祥瑞，則太史監跪，奏訖，侍臣奉賀再拜，三稱萬歲。內外皆稱萬歲訖，又再拜。太常卿引皇帝還大次，樂作，皇帝出東門。殿中監前，受鎮圭以授尚衣奉御，殿中監又前，受大圭，華蓋侍衛如常儀。皇帝

①　"玉册寶"，四庫本、《新唐書》卷一四《禮樂四》、《通典》卷一一九《開元禮纂類十四》均無"寶"字。

入次，樂止。

　　謁者、贊引各引祀官，通事舍人分引從祀群官，以次出，復位，立定，奉禮曰：“再拜。”衆官在位者皆再拜。訖，贊引引出。工人、二舞以次出。

鑾駕還宮

　　皇帝既還大次，侍中版奏：“請解嚴。”將士不得輒離部伍。轉仗衛於還途，如来儀。二刻頃，侍中版奏：“請中嚴。”皇帝服通天冠、絳紗袍，諸祀官服朝服。三刻頃，謁者、贊引各引祀官，通事舍人分引從祀群官、侍臣，詣大次奉迎。乘黃令進輦於大次門外，南向，領左右千牛將軍立於輦左①。侍中版奏：“外辦。”皇帝出次，升輦，降山，千牛將軍夾輦而趨，警蹕導從如常。

　　皇帝下至圜壇所，權停。乘黃令進玉輅，太僕升，執轡。侍中進，當駕前跪，奏稱：“侍中臣某言，請降輦升輅。”俛伏，興，還侍位。皇帝降輦，升輅。太僕立授綏，文武侍臣皆上馬。皇帝勅車右升，領左右將軍升輅。陪乘侍臣上馬畢，黃門侍郎跪，奏：“請鑾駕進發。”退，復位。鑾駕動，侍衛警蹕如常。

　　駕至行宮門外，迴輅南向，領左右將軍降，立於輅右。侍臣下馬訖，侍中進，當鑾駕前跪，奏稱：“侍中臣某言，請降輅。”俛伏，興，還侍位。皇帝降輅入，侍臣從至閤。通事舍人承旨，勅群官並還。

　　皇帝既入，侍中版奏：“請解嚴。”叩鉦，將士各還其所。

---

　　①　“左”字，四庫本作“右”。

卷第六十四　吉禮

皇帝禪於社首山

齋戒　制度　陳設　省牲器　鑾駕出行宫　奠玉帛[①]
進熟　封玉册　鑾駕還宫　朝覲群臣　考制度

齋戒

前祭七日，太尉誓百官於行從尚書省，曰："某月某日，皇帝禪於社首山，各揚其職，不供其事，邦有常刑。"皇帝散齋四日，致齋三日。諸應齋者皆如封泰山之儀。光禄卿監取明水火。太官令取水於陰鑒，取火於陽燧。火以供爨，水以實尊。

制度

將祭，將作預於社首山禪所爲禪祭壇，如方丘之制。八角三成，每等高四尺，上闊十六步。設八陛，上等陛廣八尺，中等陛廣一丈，下等陛廣一丈二尺。爲三重壝，量地之宜。四面開門。玉册、石䃼、玉匱、金匱、金泥、檢距、圍封、立碑等，並如封祀之儀。

陳設

前祭三日，尚舍直長施大次於外壝東門之内道北。尚舍奉御鋪御座。守宫設文武侍臣次於大次前，分左右，相向。設諸祭官次於東壝之外道南，從祭文官九品以上於祭官之東，皇親、諸親又於其東，東方、南方蕃客又於其東，重行，每等異位，北面西上。介公、酅公於西壝之外道

---

① "奠玉帛"，四庫本、《通典》卷一一九《開元禮纂類十四》作"薦玉帛"。

南①，武官九品以上於介公、酇公之西，西方、北方蕃客又於其西，俱重行，每等異位，北面東上。其褒聖侯於文官三品之下。若有諸州使人，分方各位於文武官之後。設陳饌幔於内壇東、西門之外道北，南向。壇上及東方之饌陳於東門外，南方、西方、北方之饌陳於西門外。

　　前祭二日，太樂令設宫懸之樂於壇南内壇之外。東方、西方磬簴起北，鐘簴次之；南方、北方磬簴起西，鐘簴次之。設十二鎛鐘於編懸之間，各依辰位。樹靈鼓於北懸之内、道之左右。植建鼓於四隅。置柷敔於懸内。柷在左，敔在右。設歌鐘、歌磬於壇上近南，北向，磬簴在西，鐘簴在東。其匏竹者立於壇下，重行北向，相對爲首。凡懸，皆展而編之。諸工人各位於懸後，東方、西方以北爲上，南方、北方以西爲上。右校埽除壇之内外。又爲瘞埳於壇之壬地外壇之内，方深取足容物，南出陛。

　　前祭一日，奉禮設御座於壇之東南，西向。設祭官公卿位於内壇東門之外道南，分獻之官於公卿之南，執事者位於其後，每等異位，俱重行，西面北上。設御史位於壇下：一位於東南，西向，一位於西南，東向，令史各陪其後。設奉禮位於樂懸東北，贊者二人在南差退，俱西向。設協律郎位於壇上南陛之西，東向。設太樂令位於北懸之間，北向。又設望瘞位於壇之東北，西向。設從祀之官位：文官九品以上於執事之南，皇親、諸親又於其南，東方諸州刺史、縣令又於其南，東方、南方蕃客又於其南，俱每等異位，重行，西面北上。介公、酇公位於内壇西門之外道南，武官九品以上於介公、酇公之後，當文官，西方、北方蕃客於武官之南，每等異位，重行，東面北上。其褒聖侯於文官三品之下。若有諸州使人，分方各位於文武官之後。設祭官、從祭群官門外位於東、西壇門之外道南，皆如設次之式。

　　設牲牓於東壇之外，當門西向，南上。黄牲一居前，正座。又黄牲一在北少退，配座。黝牲一在南少退。神州。設廩犧令位於牲之西南，史陪其後，俱北向。設諸太祝位於牲東，各當牲後，祝史陪其後，俱西向。設太常卿省牲位於牲前近北，又設御史位於太常卿之西，俱南向。

　　設酒尊之位：皇地祇太尊二、著尊二、犧尊二、山罍二在壇上東南隅，北向；象尊二、壺尊二、山罍四在壇下南陛之東北隅，俱西向。設配

---

① “外道南”，四庫本作“西道南”。

帝著尊二、犧尊二、象尊二、山罍二，在壇上皇地祇酒尊之東，北向西上。神州太尊二，在第一等。每方嶽鎮海瀆俱山尊二，山林川澤各蜃尊二，丘、陵以下各散尊二，皆於壇下。凡尊，各設於神座之左而右向。尊皆加勺、冪。配帝以上有坫，置爵。

設御洗於壇南陛東南，亞獻之洗於東陛之南，俱北向。罍水在洗東，篚在洗西，南肆。篚實以巾、爵。設分獻罍、洗、篚、冪各於其方陛道之左，俱西向，執尊、罍、篚、冪者各位於尊、罍、篚、冪之後。設玉、幣之篚於壇上尊坫之所。

祭日，未明五刻，太史令、郊社令各服其服，升，設皇地祇神座於壇上北方，南向，席以藁秸。設睿宗大聖真皇帝座於東方，西向，席以莞。設神州地祇座於第一等東南方，席以藁秸。又設嶽鎮以下之座於內壝之內，各於其方。嵩嶽以下之座於壇之西南，俱內向，席皆以莞。設神位各於座首。

省牲器

省牲之日，午後十刻，去壇二百步所，諸衛之屬禁斷行人。

晡後二刻，郊社令帥府史三人、齋郎，以尊、坫、罍、洗、篚、冪入，設於位。升壇者於東陛。

晡後三刻，諸太祝與廩犧令以牲就榜位。謁者引太常卿、贊引引御史入，詣壇東陛，升，視滌濯，凡導引者，每曲一逡巡。於視滌濯①，執尊者皆舉冪告潔。引降，就省牲位，南向立。廩犧令少前，曰："請省牲。"退，復位。太常卿省牲。廩犧令又前，北面，舉手曰："腯。"還本位。諸太祝各循牲一匝，西面，舉手曰："充。"俱還本位。諸太祝與廩犧令以次牽牲詣廚，授太官。嶽鎮以下羊豕依令預備，如常儀。謁者引光祿卿詣廚，省鼎鑊，申視濯溉。贊引引御史詣廚省饌具。太常卿以下每事訖，各還齋所。

祭日，未明十五刻，太官令帥宰人以鸞刀割牲，齋郎以豆取黃牲之毛血，祝史以豆取毛血，各置於饌所。遂烹牲。

---

①　"滌"字，公善堂本無，據四庫本補。

鑾駕出行宮

如封泰山之儀。

奠玉帛

祭日，未明三刻，諸祭官及從祭之官各服其服。郊社令、良醖令各帥其屬入，實尊、罍、玉、幣。凡六尊之次，太尊爲上，實以汎齊；著尊次之，實以醴齊；犧尊次之，實以盎齊；象尊次之，實以醍齊，壺尊次之，實以沈齊；山罍爲下，實以三酒①。配帝著尊爲上，實以汎齊；犧尊次之，實以醴齊；象尊次之，實以盎齊；山罍爲下，實以清酒。神州太尊實以汎齊，嶽鎮海瀆之山尊實以醍齊，山川林澤之蜃尊實以沈齊，丘陵以下之上尊實以清酒②，皆加明水。玄酒各實於五齊之上尊。禮神之玉，皇地祇以黃琮，幣以黃，配帝之幣如之。神州之玉以兩圭有邸，幣以玄。五嶽、四瀆、海鎮之幣各從方色。並各長一丈八尺，與册等各設奠於尊坫之所。太官令帥進饌者實諸籩、豆、簋、簠等，皆設於饌幔内。

未明二刻，奉禮帥贊者先入，就位。贊引引御史、諸太祝及令史、祝史，與執尊、罍、篚、冪者入自東門，當壇南，重行，北面西上。立定，奉禮曰："再拜。"贊者承傳，凡奉禮有辭，贊者皆承傳。御史以下皆再拜。訖，執尊、罍、篚、冪者各就位。贊引引御史、諸太祝詣壇東陛，升，行埽除於上，令史、祝史升，行埽除於下。訖，各引就位。

駕將至，謁者、贊引各引祭官，通事舍人分引從祭群官、諸方客使，俱就門外位。駕至大次門外，迴輅南向。千牛將軍降，立於輅右。侍中進，當鑾駕前跪，奏稱："侍中臣某言，請降輅。"俛伏，興，還侍位。皇帝降輅，乘輿之大次，纖扇華蓋侍衛如常儀。郊社令以祝版進，御署訖，近臣奉出，郊社令受，各奠於坫。謁者引文武五品以上從祭之官皆就門外位。太樂令帥工人、二舞次入，就位，文舞入陳於懸内，武舞立於懸南道西。其升壇座者皆脫屨於下，降納如常。謁者引司空入，就位，立定，奉禮曰："再拜。"司空再拜，訖，謁者引司空詣壇東陛，升，行埽除於上，降，行樂懸於下。訖，謁者、贊引各引祭官及從祭群官、客使等次入，就位。皇帝停大次半刻頃，太常博士引太常卿立於大次門外，當門北向。侍中版奏："外

---

① "三酒"，四庫本作"清酒"。
② "上尊"，四庫本作"散尊"。

辦。"皇帝出次，華蓋侍衛如常儀。侍中負寶陪從如式。博士引太常卿，太常卿引皇帝，凡太常卿前導，皆博士先引。至中壝門外。殿中監進大圭。尚衣奉御又以鎮圭授殿中監，殿中監受，進。皇帝搢大圭，執鎮圭，華蓋仗衛停於門外，近侍者從入如常。

　　皇帝至版位，西向立。每立定，太常卿與博士退，立於左。太常卿前，奏稱："請再拜。"退，復位。皇帝再拜。奉禮曰："衆官再拜。"衆官在位者皆再拜。其先拜者不拜。太常卿前，奏："有司謹具，請行事。"退，復位。協律郎跪，俛伏，舉麾，凡取物者皆跪，俛伏而取以興。奠物則跪、奠訖，俛伏而後興。鼓柷，奏《順和之樂》，乃以林鍾之均，作文舞之舞。樂舞八成，林鍾、太蔟、姑洗、南呂各再奏。偃麾，戛敔，樂止。凡樂，皆協律郎舉麾，工鼓柷而後作，偃麾、戛敔而後止。太常卿前，奏稱："請再拜。"退，復位。皇帝再拜。奉禮曰："衆官再拜。"衆官在位者皆再拜。太祝取玉、幣於篚，立於尊所。

　　太常卿引皇帝，《太和之樂》作。皇帝每行，皆作《太和之樂》。皇帝詣壇，升自南陛，侍中、中書令以下及左右侍衛量人從升。以下皆如之。皇帝升壇，北向立，樂止。太祝以玉幣授侍中，侍中奉玉幣東向進。皇帝搢鎮圭，受玉幣，凡受物皆搢鎮圭，奠訖，執鎮圭，俛伏而後興。登歌，作《肅和之樂》，以應鍾之均。太常卿引皇帝進，北面跪，奠於皇地祇神座，俛伏，興。太常卿引皇帝少退，北向，再拜，訖，太常卿引皇帝立於西方，東向[①]。又太祝以幣授侍中，侍中受幣北向進。皇帝受幣。太常卿引皇帝東面跪，奠於睿宗大聖真皇帝神座，俛伏，興。太常卿引皇帝少退，東向，再拜，訖，登歌止。太常卿引皇帝，樂作，皇帝自南陛降還版位，西向立，樂止。

　　皇帝將奠配帝之幣，諸太祝奉玉幣等各進，奠於神座，訖，還尊所。

　　初，群官拜訖，祝史各奉毛血之豆立於門外。於登歌止，祝史奉毛血入，正座升自南陛，配座升自東陛，神州之座升自巳陛。諸太祝迎取於壇上，各進，奠於神座前。諸太祝與祝史退，立於尊所。

進熟

　　皇帝既升奠玉幣，太官令出，帥進饌者奉饌陳於內壝門外。謁者引

---

①　"西方東向"，四庫本作"東方西向"。

司徒出，詣饌所，司徒奉皇地祇之俎。初，皇帝復位，樂止，太官令各引饌入。俎初入門，奏《雍和之樂》，以太蔟之均，自後，接神之樂皆奏太蔟。饌至陛，樂止。祝史各進，徹毛血之豆，降自東陛以出。正座之饌升自南陛，配帝之饌升自東陛，神州之饌升自巳陛。其嶽鎮海瀆之座，所由師長祠各神布於座也①。諸太祝迎饌於壇上，各設於神座前。籩、豆蓋冪徹之如式。設訖，謁者引司徒、太官令帥進饌者降自東陛以出，司徒復位，諸太祝還尊所。又進，設嶽鎮以下之饌，相次而畢。

太常卿引皇帝詣罍洗，樂作，皇帝至罍洗，樂止。侍中跪，取匜，興，沃水；又侍中跪，取盤，興，承水。皇帝盥手。黃門侍郎跪，取巾於篚，興，進。皇帝帨手。訖，黃門侍郎受巾，跪，奠於篚。黃門侍郎又取匏爵於篚，興，進。皇帝受爵。侍中酌罍水，又侍中奉盤，皇帝洗爵，黃門侍郎又授巾，皆如初。皇帝拭爵訖，侍中奠盤、匜，黃門侍郎受巾，奠於篚，皆如初。

太常卿引皇帝，樂作，皇帝詣壇，升自南陛，樂止。謁者引司徒升自東陛，立於尊所。齋郎奉俎從升，立於司徒之後。太常卿引皇帝詣皇地祇酒尊所，執尊者舉冪。侍中贊酌汎齊。訖，《壽和之樂》作。皇帝每酌獻及飲福，皆作《壽和之樂》。太常卿引皇帝進皇地祇神座前，北面跪，奠爵，俛伏，興。太常卿引皇帝少退，北向立，樂止。太祝二人持玉冊進於神座之右，東面跪，又太祝一人跪讀冊文，訖，俛伏，興。冊文並中書門下撰進，少府監刻。皇帝再拜。初讀冊文訖，太祝進，奠冊於神座，還尊所。皇帝拜訖，樂止。

太常卿引皇帝詣配帝酒尊所，執尊者舉冪。侍中取爵於坫，進。皇帝受爵。侍中贊酌汎齊，訖，樂作。太常卿引皇帝進睿宗大聖真皇帝神座前，東面跪，奠爵，俛伏，興。太常卿引皇帝少退，東向立，樂止。太祝二人持玉冊進於神座之左，北面跪，又太祝一人跪讀祝文，訖，俛伏。興。皇帝再拜。初讀祝文訖，樂作，太祝進，奠冊於神座，還尊所。皇帝拜訖，樂止。

太常卿引皇帝進皇地祇神座前，北向立，樂作。太祝各以爵酌上尊

---

① “所由師長祠各神布於座也”，四庫本無“祠”字，且“神”作“陳”。

福酒，合置一爵。一太祝持爵授侍中，侍中受爵，西向進。皇帝再拜，受爵，跪，祭酒，啐酒，奠爵，俛伏，興。太祝各帥齋郎進俎，太祝減神前胙肉皆取前脚第二骨。加於俎。以胙肉共置一俎上。太祝持俎以授司徒，司徒奉俎西向進。皇帝受以授左右。謁者引司徒降，復位。皇帝跪，取爵，遂飲，卒爵。侍中受爵授太祝，太祝受爵，復於坫。皇帝俛伏，興，再拜，樂止。太常卿引皇帝，樂作，皇帝降自南陛，還版位，西向立，樂止。

文舞出，鼓柷，作《舒和之樂》，出訖，戛敔，樂止。武舞入，鼓柷，作《舒和之樂》，立定，戛敔，樂止。

初，皇帝將復位，謁者引太尉詣罍洗，盥手，洗爵。訖，謁者引太尉自東陛升壇，詣皇地祇著尊所，執尊者舉冪。太尉酌醴齊，武舞作。謁者引太尉進皇地祇神座前，北面跪，奠爵，興。謁者引太尉少退，北向，再拜。訖，謁者引太尉詣配帝犧尊所，取爵於坫，執尊者舉冪。太尉酌醴齊。謁者引太尉進睿宗大聖真皇帝神座前，東面跪，奠爵，興。謁者引太尉少退，東向，再拜。訖，謁者引太尉進皇地祇神座前，北向立。太祝各以爵酌罍福酒，合置一爵。一太祝持爵進太尉之右，西向立。太尉再拜，受爵，跪，祭酒，遂飲，卒爵。太祝進，受爵，復於坫。太尉興，再拜。謁者引太尉降，復位。

初，太尉獻將畢，謁者引光祿卿詣罍洗，盥手，洗匏爵，升，酌盎齊，終獻如亞獻之儀。訖，謁者引光祿卿降，復位，武舞止。

初，太尉既升獻，謁者一人引神州獻官詣罍洗，盥手，洗爵，訖，升自巳陛，詣酒尊所，執尊者舉冪。酌汎齊，進，奠於神州座前，引降，還本位。謁者五人次引獻官各詣罍洗，盥洗訖，各詣尊所，俱酌醍齊，訖，進，奠爵於諸方嶽鎮海瀆首座。餘座皆祝史助奠，相次而畢，引還本位。又贊引五人各引獻官詣罍洗，盥洗，詣酒尊所，酌沈齊，獻山川林澤，如嶽鎮之儀。訖，各引獻官還本位。又贊引五人各引獻官詣罍洗，盥洗，詣酒尊所，酌清酒，獻丘陵以下及齋郎助奠如上儀。訖，各還本位。

上下諸祝各進，徹豆，還尊所。徹者，籩、豆各一，少移於故處。奉禮曰：“賜胙。”贊者唱：“衆官再拜。”衆官在位者皆再拜。已飲福者不拜。《順和之樂》作，太常卿前，奏稱：“請再拜。”退，復位。皇帝再拜。奉禮曰：“衆官再拜。”衆官在位者皆再拜。樂一成，止。

太常卿前,奏:"請就望瘞位。"太常卿引皇帝,樂作,皇帝就望瘞位,西向立,樂止。於群官將拜,上下諸祝各執篚進神座前,取玉帛,齋郎以俎載神州以上牲體、稷黍飯、爵酒,各由其陛降壇北行,當瘞埳西行。諸太祝以玉幣、饌物,祝史以毛血置於埳,諸祝又以嶽鎮以下之牲體皆從瘞。奉禮曰:"可瘞。"埳東、西厢各六人實土。半埳,太常卿引皇帝還版位。

封玉册

皇帝既就望瘞位,侍中前,跪,奏稱:"具官臣某言,請封玉册。"太常卿引皇帝自南陛升壇,北面立。近侍者陪從如式。謁者引太尉進於皇地祇神座前,跪,取玉册,置於案,進。皇帝受玉册,跪,疊之,納於玉匱中,纏以金繩,封以金泥。侍中取受命寶,跪以進。皇帝取寶以印玉匱,訖,興。侍中受寶以授符寶郎。通事舍人引太尉進,皇帝跪,奉玉匱授太尉,太尉跪,受。皇帝興,太尉退,復位,側身奉玉匱。太常卿前,奏:"請再拜。"皇帝再拜,訖,入次如常儀。

太尉奉玉匱之案於石腊南,北向立。執事者發石蓋,太尉奉玉匱,跪,藏於石腊內。執事者覆石蓋,檢以石檢,纏以金繩,封以石泥。訖,太尉以玉寶徧印,訖,引降,復位。將作帥執事者以石距封固,以五色土圜封,如泰山之儀。太尉又進睿宗大聖真皇帝神座前,跪,取玉册,納金匱,皆如封玉匱之儀。訖,太尉奉金匱從降,俱復位。封禪還,太尉以金匱藏於睿宗大聖真皇帝廟,如封祀之儀。

太常卿前,奏:"禮畢。"若有祥瑞,太史監跪奏,侍臣奉賀,皆如封祀壇之儀。太常卿引皇帝還大次,樂作,皇帝出中壝門。殿中監前,跪,受鎮圭以授尚衣奉御,殿中監又前,受大圭,華蓋侍衛如常儀。皇帝入次,樂止。謁者、贊引各引祭官,通事舍人分引從祭群官、諸方客使以次出。

贊引引御史、太祝以下俱復執事位,立定,奉禮曰:"再拜。"御史以下皆再拜。贊引引出。工人、二舞以次出。祭訖,以奇禽異獸合瑞典者,皆縱之於神祀所。其祝版燔於齋所。

鑾駕還行宮

如封泰山之儀。

皇帝朝覲群官

禪之明日，朝群官及岳牧以下於朝覲壇，皆如巡狩朝覲之儀。皇帝服袞冕，乘輿以出，曲直華蓋警蹕侍衛，入自北壝門，由北陛升壇，即御座。符寶郎奉寶置於御座，扇開，樂止。通事舍人引三品以上及岳牧以下入，就位，如常儀。

通事舍人引上公一人，《舒和之樂》作。上公至西陛，就解劍席，樂止，脱舄，跪，解劍，置於席，興。相禮者與通事舍人引進，當御座前，北面跪，賀稱：“具官臣名等言，天封肇建，景福惟新。伏惟開元神武皇帝陛下萬壽無疆。”俛伏，興。通事舍人引上公降壇，詣解劍席，跪，帶劍，納舄，樂作。通事舍人引復位，立定，樂止。典儀曰：“再拜。”贊者承傳，上公以下皆再拜。侍中前，承制，降，詣上公之東北，西向稱：“有制。”上公及群官皆再拜。宣云：“封禪之慶，與公等同之。”上公及群官又再拜，舞蹈，三稱萬歲，又再拜，引退。

考制度

並如巡狩之儀。

卷第六十五　吉禮

時旱祈雨於太廟　時旱祈雨於太社①

時旱祈雨於太廟

將祈，有司卜日如別儀。

前二日，守宮設祈官以下次各於常所。右校埽除內外。爲瘞埳於北門之內道西，方深取足容物。

前一日，諸祈官清齋於廟所。諸衛令其屬晡後一刻各以其方器服守衛廟門。奉禮設版位於內外，並如常儀。設望瘞位於堂之東北，當瘞埳西向。設奉禮位於瘞埳東北，南向，贊者二人在西，少退。太廟令拂拭神幄，又帥其屬以尊、坫、罍、洗、篚、冪、制幣之篚入，設，皆如常儀。執尊、罍、篚、冪者各位於尊、罍、篚、冪之後。太官令預饌酒脯醢。

告日，未明三刻，諸告官以下各服其服。太廟令、良醞令之屬入，實尊、罍及幣。每室，春夏用兩犧尊，秋冬用兩著尊，一實以明水爲上，一實以醴齊次之。山罍二，一實以玄酒爲上，一實以清酒次之。幣以白，各長一丈八尺。

未明二刻，奉禮帥贊者先入，就位。贊引引御史、博士、太廟令、宮闈令、太祝以下入，當階，北面西上。立定，奉禮曰：“再拜。”贊者承傳，凡奉禮有辭，贊者皆承傳。御史以下皆再拜，訖，升，行埽除於上。太廟令以下升自東階，入，開埳室，奉出獻祖以下九室神主，各置於座，如常儀。訖，各引就位。

質明，謁者引祈官以下俱就門外位。謁者引祈官、贊引引執事者次入，就位。立定，奉禮曰：“再拜。”祈官以下皆再拜。謁者進祈官之左，白：“有司謹具，請行事。”退，復位。太官令出，帥進饌者奉饌陳於東門之外。初，太官令出，諸太祝俱取幣於篚，各立於尊所。謁者引祈官升

---

① “雨於”二字原無，據本卷卷內標題校補。

自東階，詣獻祖廟室戶前，北向立。太祝以幣東向授祈官，祈官受幣，進，北面跪，奠於獻祖神座，俛伏，興，出戶，北向，再拜。訖，謁者引祈官次進幣於懿祖以下九室，皆如上儀。訖，謁者引還本位。諸太祝各還尊所。太官令引饌入自正門，升自泰階，諸太祝各迎引於階上，各設於神座前。訖，太官令以下降，復位，諸太祝各還尊所。

謁者引祈官詣罍洗，盥手，洗爵，訖，升自東階，詣獻祖酒尊所，執尊者舉冪。祈官酌醴齊。訖，謁者引祈官入，詣獻祖神座前，北面跪，奠爵，俛伏，興，出戶，北向立。太祝持版進於室戶外之右，東面跪，讀祝文，<small>其文爲水旱、癘疫、蝗蟲及征伐四夷，各臨時撰。</small>訖，興。祈官再拜。太祝進，跪，奠版於神座，俛伏，興，還尊所。謁者引祈官次詣懿祖、太祖、代祖、高祖、太宗、高宗、中宗、睿宗神座，酌獻，讀祝，皆如獻祖之儀。<small>惟不盥洗。</small>訖，謁者引祈官詣東序，西向立。諸太祝各以爵酌罍福酒，合置一爵。一太祝持爵進祈官之左，北向立。祈官再拜，受爵，跪，祭酒，遂飲，卒爵。太祝進，受爵，復於坫。祈官俛伏，興，再拜。訖，謁者引祈官降，復位。

諸太祝各入室，跪，徹豆，興，還尊所。<small>徹者，籩、豆各一，少移於故處。</small>奉禮曰：“再拜。”在位者皆再拜。<small>已飲福者不拜。</small>奉禮曰：“再拜。”祈官以下皆再拜。訖，謁者進祈官之左，白：“請就望瘞位。”奉禮、贊者轉就望瘞位東北。謁者引祈官就望瘞位，西向立。於祈官將拜，諸太祝各持篚進神座前，跪，取幣，興，降自泰階，詣瘞埳，以制幣置於埳。訖，奉禮曰：“可瘞。”埳東、西面各四人實土。半埳，謁者進祈官之左，白：“禮畢。”謁者引祈官、贊引引執事者以次出。

初白禮畢，奉禮、贊者還本位，御史、太祝以下俱復執事位。立定，奉禮曰：“再拜。”御史以下俱再拜。贊引引出。太廟令、太祝、宮闈令納神主，如常儀。其祝版燔於齋坊。

若得所祈，報祠用太牢，受胙與時享同，餘與告禮同。祭文臨時制撰。

時旱祈雨於太社

將祈，有司卜日如別儀。其行事進止，與巡狩告社稷禮並同。

　　太社祝文曰："維某年歲次月朔日，子嗣天子某謹遣具位姓名，敢昭告於太社：爰以農功[1]，久闕時雨，惟神哀此蒼生，敷降靈液。謹以玉帛、清酌、脯醢，明薦於太社，以后土句龍氏配神作主。尚饗。"_{太稷文同。}

　　后土氏祝文曰："維某年歲次月朔日，子嗣皇帝某謹遣具位姓名，敢昭告於后土氏：爰以農功，久闕時雨，惟神哀此蒼生，敷降靈液。謹以清酌、脯醢，明薦於后土氏。尚饗。"_{后稷文同。}

　　得雨，報祠用太牢，瘞幣血、飲福、受胙與正祭同，餘與告禮同。

　　太社祝文曰："維某年歲次月朔日，子嗣天子某謹遣具位姓名，敢昭告於太社：往以久闕時雨，敢陳誠情。惟神昭祐，降茲嘉液，率土霑洽，蒼生咸賴。謹以玉帛、犧齊、粢盛、庶品，明薦於太社，以后土句龍氏配神作主。尚饗。"_{太稷祝文同。}

　　后土氏祝文曰："維某年歲次月朔日，子嗣皇帝某謹遣具位姓名，敢昭告於后土氏：往以久闕時雨，敢陳誠情。惟神昭祐，降茲嘉液，率土霑洽，蒼生咸賴。謹以犧齊、粢盛、庶品，明薦於后土氏。尚饗。"_{后稷祝文同。}

---

① "功"字，四庫本作"要"。

卷第六十六　吉禮

時旱祈嶽鎮於北郊_{報祠禮同}

將祈，有司筮日如別儀。

前二日，守宮設祈官以下次於東壝之外道南，北向，以西爲上。設陳饌幔於內壝東門之外道北，南向。右校埽除壇之內外。又爲瘞埳於壇之壬地，方深取足容物，南出陛。

前一日，諸祈官清齋於祈所。諸衛令其屬晡後一刻各以其方器服守衛壝門，俱清齋一宿。奉禮設祈官位於內壝東門之內道北，執事位於道南，每等異位，俱重行西向，以北爲上。設御史位於壇下西南，東向，令史陪其後。設奉禮位於祈官西南，贊者二人次之，少退，俱西面北上①。設望瘞位於壇之東北，西向。又設祈官門外位於東壝之外道南，每等異位，重行北向，以西爲上。郊社令以酒尊入，設於位。嶽鎮海瀆各山尊二，山川各蜃尊二，每方皆設坫於神座之右。_{俱有坫以置爵。}設罍、洗、篚、冪各於其方陛道之左，俱內向。執尊、罍、篚、冪者各位於尊、罍、篚、冪之後。

祭日，未明二刻，太史令、郊社令各服其服。設嶽鎮海瀆及諸山川神座，各依其方，俱內向，席皆以莞。設神位各於座首。

未明一刻，諸祈官以下各服其服。郊社令與良醞令之屬入，實尊、罍。_{山罍實以醴齊，蜃尊實以沈齊，明水各實於上尊。}太祝以幣置於篚，設於饌所。_{嶽鎮海瀆皆有幣，各依其方色，長各一丈八尺。}太史令帥進饌者實諸籩、豆，入，設於內壝東門之外饌幔內。奉禮帥贊者先入，就位。贊引引御史、太祝以下，與執尊、罍、篚、冪者入，詣南方山川之西南，當門重行，北向，以西爲上。立定，奉禮曰："再拜。"贊者承傳，_{凡奉禮有辭，贊者皆承傳。}御史以下皆

---

① "北上"二字，四庫本無。

再拜。執尊、罍、篚、冪者各就位。贊引引御史以下行埽除，如常儀，訖，出，還齋所。奉禮以下次還齋所。

質明，謁者引獻官以下俱就門外位。奉禮帥贊者先入，就位。贊引引御史以下入，就位。謁者引獻官，贊引引執事者次入，就位。立定，奉禮曰：“再拜。”獻官以下皆再拜。謁者進獻官之左，白：“有司謹具，請行事。”退，復位。奉禮曰：“再拜。”在位者皆再拜。太祝各取幣於篚，以授獻官。獻官受幣，詣東嶽座。諸太祝各奠幣於諸嶽鎮海瀆之座。謁者引獻官再拜，訖，降，還本位。

於獻官初受幣，太官令帥進饌者奉饌陳於東門之外。獻官奠幣，再拜，訖，太官令引饌入，諸太祝迎引於座首，各奠於神座前。施設訖，太官令以下還本位，諸太祝各還尊所。

謁者引獻官詣罍洗，盥手，洗爵，詣東嶽酒尊所，執尊者舉冪。獻官酌醴齊。謁者引獻官進於東嶽神座前，東面跪，奠爵，興，少退，東向立。初，獻官進奠，祝史以爵酌酒助奠東鎮以下，還尊所。太祝持版進於神座之右，西面跪，讀祝文曰：“維某年歲次月朔日，子嗣天子某謹遣具官姓名，敢昭告於東方嶽鎮海瀆：久闕時雨，黎元恇懼。惟神哀救蒼生，敷降嘉液。謹以制幣、清酌、脯醢，明薦於東方嶽鎮海瀆。尚饗。”太祝興，獻官再拜。太祝進，跪，奠版於神座，興，還尊所。獻官拜訖，謁者引獻官以次獻諸方嶽鎮海瀆，如東方之儀。諸方祝文並同。訖，謁者引獻官還本位。

初獻東嶽，贊引次引獻官詣罍洗，盥手，洗爵，訖，詣東方山川酒尊所，執尊者舉冪。獻官酌酒。訖，贊引引獻官進，詣東方山川首座前，跪，奠爵，興，少退，東向立。初，獻官奠酒，齋郎酌酒助奠，訖，還尊所。太祝持版進於神座之右，西面跪，讀祝文曰：“維某年歲次月朔日，子嗣天子某謹遣具官姓名，敢昭告於東方山川：久闕時雨，黎元恇懼。惟神哀救蒼生，敷降嘉液。謹以清酌、脯醢，明薦於東方山川。尚饗。”訖，興。獻官再拜。祝進，跪，奠版於神座，興，還尊所。獻官拜訖，贊引引獻官以次獻諸方山川，如東方之儀。諸方祝文皆同。訖，贊引引獻官還本位。諸祝各進，跪，徹豆，興，還尊所。徹者，少移於故處。奉禮曰：“再拜。”獻官以下皆再拜。

　　謁者進獻官之左,白:"請就望瘞位。"謁者引獻官就望瘞位,西向立。於在位者將拜,諸太祝各進神座前,跪,取幣,置於垱。奉禮曰:"可瘞。"垱東、西厢各二人實土。半垱,謁者進初獻官之左,白:"禮畢。"遂引獻官出。贊引引執事者以次出。御史、太祝以下俱復執事位,立定,奉禮曰:"再拜。"御史以下皆再拜。贊引引出。祝版燔於齋所。

　　報祠,用牲幣,飲福、受胙於東方嶽鎮山川首座之前。其山川惟飲福,不受胙。埋幣血與正祭同,餘與祈禮同。

　　其祝文曰:"維某年歲次月朔日,子嗣天子某謹遣具位姓名,敢昭告於東方嶽鎮海瀆:往以久闕時雨,敢陳誠禱。惟神昭祐,降兹嘉液,九土霑洽,蒼生咸賴。謹以制幣、犧齊、粢盛、庶品,明薦於東方嶽鎮海瀆。尚饗。"諸方祝文同。

　　山川祝文曰:"維某年歲次月朔日,子嗣天子某謹遣具位姓名,敢昭告於東方山川:往以久闕時雨,式陳誠禱。惟神昭祐,降兹嘉液,九土霑洽,蒼生咸賴。謹以犧齊、粢盛、庶品,明薦於東方山川。尚饗。"諸方祝文皆同。

卷第六十七　吉禮

時旱就祈嶽鎮海瀆　久雨禜國門

時旱就祈嶽鎮海瀆

將祈，有司筮日如別儀。

前一日，諸祈官皆於祈所清齋一宿。所司清埽内外。又爲瘞埳於壇南，如常禮。設祈官位於壇東南，執事者位於祈官東南，奉禮位於執事西南，贊者二人在南差退，俱西面北上。又設太祝奉幣位於瘞埳之南，北向。<small>海瀆即設奉幣位，向沈所①。</small>又設祈官以下門外位於南門之外道東，重行，西面北上。設尊、坫、罍、篚各於常所，執尊、罍、篚者各位於尊、罍、篚之後。

其日，未明，祈官以下各服其服。所司帥其屬入，設神座及實尊、罍，如常儀。太祝以幣置於篚，<small>幣各依方色，長一丈八尺。</small>掌饌者實籩、豆。<small>籩一，實脯；豆一，實醢。</small>奉禮帥贊者先入，就位。贊引引太祝及執尊、罍、篚者入②，當壇南，重行北向，以西爲上。立定，奉禮曰：“再拜。”贊者承傳，<small>凡奉禮有辭，贊者皆承傳。</small>太祝以下皆再拜。執尊、罍者各就位。贊引引太祝升自東陛，行埽除於上，訖，降，行埽除於下，皆就位。

質明，謁者引祈官、贊引引執事者俱就門外位。謁者引祈官、贊引引執事者俱入，就位，立定，奉禮曰：“再拜。”祈官以下皆再拜。<small>其先拜者不拜。</small>謁者進祈官之左，白：“有司謹具，請行事。”退，復位。奉禮曰：“再拜。”在位者皆再拜。初白“請行事”，掌饌者帥進饌者奉饌陳於東門外。祈官拜訖，太祝跪，取幣於篚，以授祈官，祈官奉幣置於神座。祈官拜訖，降，復位。掌饌者引饌入，升自南陛，太祝迎引於壇上，進，設於座

---

① “向沈所”，四庫本作“南北向”。

② “執”字，公善堂本無，據四庫本補。

前。設訖，掌饌者以下降，復執事位。

謁者引祈官詣罍洗，盥手，洗爵，升自南陛，詣酒尊所，執尊者舉冪。祈官酌酒。謁者引祈官進，北面跪，奠於神座前，俛伏，興，少退，北向立。太祝持版進於神座之右，東面跪，讀祝文曰："維某年歲次月朔日，子嗣天子某謹遣具官姓名，敢昭告於某：嶽鎮海瀆。久闕時雨，黎元惟懼。惟神哀救蒼生，敷降嘉液，謹以制幣、清酌、脯醢，明薦於神。尚饗。"訖，興。祈官再拜。太祝進，跪，奠版於神座，興，還尊所。祈官再拜。謁者引祈官降，復位。

太祝進，跪，徹豆，興，還尊所。徹者，籩、豆各一，少移於故處。奉禮曰："再拜。"在位者皆再拜。謁者進祈官之左，白："請就望瘞位。"謁者引祈官就望瘞位，西向立。於在位者將拜，太祝進神座前，跪，取幣，置於坎。東、西面各二人實土，半坎，海瀆則以幣沈之。奉禮曰："再拜。"祈官以下皆再拜。謁者進祈官之左，白："禮畢。"遂引祈官出。贊引引執事者以次出。太祝以下俱復執事位，立定，奉禮曰："再拜。"太祝以下皆再拜以出。奉禮、贊者以次出。其祝版燔於齋所。

得雨，報祠用特牲，其沈瘞幣血及飲福、受胙皆與正祭同，餘與祈禮同。祝文曰："維某年歲次月朔日，子嗣天子某謹遣具官姓名，敢昭告於某：嶽鎮海瀆各隨稱。往以久闕時雨，敢陳誠禱。惟神昭祐，降兹嘉液，九土霑洽，蒼生咸賴。謹以制幣、犧齊、粢盛、庶品，明薦於神。尚饗。"

久雨禜國門

將祭，有司筮日如别儀。

前一日，諸祭官清齋於祭所。右校埽除祭所。太官丞預饌酒醢脯。尊以瓢尊。

其日，質明，郊社令帥其屬設神座，皆内向。設酒尊各於神座之左，設罍、洗及篚於酒尊之左，俱内向。篚實以巾、爵。執尊、罍、洗、篚者各位於尊、罍、洗、篚之後。奉禮設獻官之位於罍洗之左而右向，執事者位於其後，皆以近神爲上。郊社丞與良醞之屬實尊、罍。獻官以下俱就位。立定，謁者贊拜，獻官以下皆再拜。祝與執尊、罍、洗、篚者各就位。立定，太官丞出，詣饌所。謁者進獻官之左，白："有司謹具，請行事。"退，復位。太官丞引饌入，太祝迎引，設於神座前。設訖，太官丞以下還本位，祝還尊所。

謁者引獻官詣罍洗，盥手，洗爵，詣尊所，執尊者舉冪。獻官酌酒，進神座前，跪，奠爵，俛伏，興，少退，向座立。太祝持版進於神座之右，東面跪，讀祝文曰："維某年歲次月朔日，子嗣天子遣具官姓名，敢昭告於國門：霖雨淹久，害於百穀，惟靈降福，應時開霽。謹以清酌、嘉薦，明告於神。尚饗。"訖，興。獻官再拜。太祝進，跪，奠版於神座，俛伏，興，還尊所。獻官拜訖，謁者引還本位。

祝進，跪，徹豆，俛伏，興，還尊所。徹者，少移於故處。祝與執尊、罍、篚者俱復執事位。謁者贊拜，獻官以下皆再拜。謁者進獻官之左，白："禮畢。"遂引獻官以下出。每祭皆如之。其祝版燔於齋所。

若雨止，報祠以少牢，飲福與祈禮同。祝文曰："維某年歲次月朔日，子嗣天子謹遣具官姓名，敢昭告於國門：前以霖雨，式陳誠禱，惟神降祐①，應時開霽。謹以清酌、少牢、粢盛、庶品，明薦於神。尚饗。"

---

① "祐"字，四庫本、《通典》卷一二〇《開元禮纂類十五》作"祉"。

卷第六十八　吉禮

諸州祭社稷

　　前三日，刺史散齋於別寢二日，致齋於廳事一日。亞獻以下與祭之官，散齋二日各於正寢，致齋一日於壇所。上佐爲亞獻，録事參軍及判司通爲終獻。若刺史及上佐有事故，並以次差攝。散齋理事如舊，惟不弔喪問疾，不作樂，不判署刑殺文書，不行刑罰，不預穢惡。致齋惟祭事得行，其餘悉斷。諸從祭之官各清齋於公館一宿。從祭官，刺史未出之前，預赴祠所。

　　前二日，本司預修除壇之内外，其壇方二丈五尺，高三尺，四出陛，三等。爲瘞埳二於壇西門之外道北，南向，南出陛①。設刺史次於社壇西門之外道北，南向。設祭官以下次於刺史次西北，俱南向，以東爲上。

　　前一日，晡後，本司帥其屬守社壇四門，去壇九十步所禁止行人。本司設刺史位於北門之内道西②，南向。若刺史有故，攝祭，初獻位於亞獻之前，東向。設亞獻、終獻位於社稷壇西北。設掌事者位於西門之内道北。俱每等異位，東面南上。設贊唱者位於終獻東北，東面南上。設州官位於祭官掌事者之北，東面；府官位於東方，當州官，西面。俱重行南上。設望瘞位於埳北，南面東上。設門外位：祭官以下於西門之外道南，州官於祭官之南，俱重行北向，以東爲上；府官於東門之外道南，重行北向，以西爲上。

　　祭器之數，每座尊二、籩八、豆八、簠二、簋二、俎三。羊豕及腊各一俎。掌事者以尊、坫升自西陛，各設於壇上西北隅。配座之尊在西，俱南面東上，皆加勺、冪。社稷皆爵一，配座皆爵四，各置於坫。

　　設洗於社壇北陛之西，去壇三步所，南向。罍水在洗西，加勺、冪，篚在洗東，北肆，實爵六、巾二於篚，加冪。執尊、罍、洗、篚者各於尊、罍、洗、篚之後。

---

① “南出陛”三字，四庫本、《通典》卷一二一《開元禮纂類十六》均無。

② “北”字，公善堂本脱，據四庫本、《通典》卷一二一《開元禮纂類十六》補。

祭日，未明，烹牲於厨。祝以豆二取牲血。夙興，掌饌者實祭器。牲體羊豕皆載右胖。前脚三節，肩、膊、臑，節一段，皆載之。後脚三節，節一段，去下一節，載上腢、骼二節。又取正脊、脡脊、横脊、短脅、正脅、代脅各二骨以並。餘皆不設。簋實稷黍①，簠實稻粱，籩實石鹽、乾魚、棗、栗、榛、菱、芡、鹿脯，豆實韭菹、醓醢、菁菹、鹿醢、芹菹、兔醢、筍菹、魚醢。其土無者，各以類充。本司帥掌事者以席入自西門，詣壇西陛，升，設社稷神座各於壇上近南，北向。又設后土氏神座於社神之左，后稷氏神座於稷神之左，俱東向，席皆以莞。

質明，諸祭官及從祭之官各服其服。祭官服祭服。從祭之官應公服者公服，非公服者常服。本司帥掌事者入，實尊、罍。每座二尊，一實玄酒爲上，一實醴齊次之。祝版各置於坫。祝以幣各置於篚，與血豆俱設於饌所。社稷之幣皆用黑，各長一丈八尺。贊唱者先入，就位。諸祝與執尊、罍、篚者入自西門，當社壇北，重行南向，以東爲上。立定，贊唱者曰：“再拜。”祝以下皆再拜。執尊者各升自西陛，立於尊所。執罍、篚者各就位。諸祝詣社壇，升自西陛，行掃除，訖，降，詣稷壇，升，行掃除，如社壇之儀，降，行掃除於下。訖，皆就位。

刺史將至，贊禮者引祭官及從祭之官，與掌事者俱就門外位。刺史至，參軍事引之次。贊唱者先入，就位。刺史停於次少頃，服祭服出次。參軍事引刺史入自西門，就位，南向立。參軍事立於刺史之東，少退，南向。贊禮者引祭官以下及從祭之官以次入，就位。凡導引者，每曲一逡巡。立定，贊唱者曰：“再拜。”刺史以下皆再拜。參軍事少進刺史之左，西面，白：“請行事。”退，復位。贊唱者曰：“再拜。”刺史以下皆再拜。

初，贊禮白“請行事”，本司帥執饌者奉饌陳於西門之外。祝以幣授刺史，參軍事引刺史自北陛升社壇，南面跪，奠幣於社神座前，訖，興，少退，再拜。祝又以幣授刺史，參軍事引刺史升稷壇，南面跪，奠幣於稷神座，如社壇之儀。訖，參軍事引刺史降，復位。本司引饌入，社稷之饌升自北陛，配座之饌升自西陛。諸祝迎引於壇上，各設於神座前。籩、豆蓋冪先徹，乃升。簠、簋既奠，卻其蓋於下。籩居右，豆居左，簠、簋居其間。羊豕二俎橫陳重於右，腊俎特於左。本司與執饌者降自西陛，復位，諸祝史各還尊所。

參軍事引刺史詣罍洗，執罍者酌水，執洗者跪，取盤，興，承水。刺

---

① “稷黍”，四庫本、《通典》卷一二一《開元禮纂類十六》作“黍稷”。

史盥手。執篚者跪，取巾於篚，興，進。刺史帨手。訖，執篚者受巾，跪，奠於篚，遂取爵，興，進。刺史受爵。執罍者酌水，刺史洗爵。執篚者又跪，取巾於篚，興，進。刺史拭爵。訖，執篚者受巾，奠於篚，奉盤者跪，奠盤，興。

　　參軍事引刺史自社壇北陛升，詣社神座酒尊所，執尊者舉冪。刺史酌醴齊。參軍事引刺史詣社神座前，南面跪，奠爵，興，少退，南向立。祝持版進於神座之右，西面跪，讀祝文曰："維某年歲次月朔日，子具位姓名敢昭告於社神：惟神德兼博厚，道著方直，載生品物，含養庶類。謹因仲春，仲秋。祇率常禮，敬以制幣、犧齊、粢盛、庶品，備兹明薦，用申報本。以后土句龍氏配神作主。尚饗。"祝興，刺史再拜。祝進，跪，奠版於神座，興，還尊所。

　　刺史拜訖，參軍事引刺史詣配座酒尊所。刺史取爵於坫，執尊者舉冪。刺史酌醴齊。訖，參軍事引刺史詣后土氏神座前，西面跪，奠爵，興，少退，西向立。祝持版進於神座之左，南面跪，讀祝文曰："維某年歲次月朔日，子具位姓名敢昭告於后土氏：爰以仲春，仲秋。厥日惟戊，敬修恒事，薦於社神。惟神功著水土，平易九州，昭配之義，實通祀典。謹以犧齊、粢盛、庶品，式陳明薦，作主侑神。尚饗。"祝興。刺史再拜。祝進，跪，奠版於神座，興，還尊所。

　　刺史拜訖，參軍事引刺史進，當社神座前，南向立。祝史各以爵酌罍福酒，合置一爵。一祝持爵進於刺史之右，東向立。刺史再拜，受爵，跪，祭酒，啐酒，奠爵，興。祝帥執饌者以俎進，跪，減社神前胙肉，各取前脚第二骨。共置一俎上，興。祝持俎東向進，刺史受以授左右。刺史跪，取爵，遂飲，卒爵。祝進，受爵，復於坫。刺史興，再拜。

　　參軍事引刺史降自北陛，詣罍洗，盥手，洗爵，自稷壇北陛升，詣稷神酒尊所，執尊者舉冪。刺史酌醴齊。參軍事引刺史詣稷神座前，南面跪，奠爵，興，少退，南向立。祝持版進於神座之右，西面跪，讀祝文曰："維某年歲次月朔日，子具位姓名敢昭告於稷神：惟神播生百穀，首兹八政，用而不匱，功濟旽黎。敬以制幣、犧齊、粢盛、庶品，祇奉舊章，備兹瘞禮。以后稷棄配神作主。尚饗。"祝興，刺史再拜。祝進，跪，奠版於神座前，興，還尊所。

刺史拜訖,參軍事引刺史詣配座酒尊所。刺史取爵於坫,執尊者舉冪。刺史酌醴齊。參軍事引刺史詣后稷氏神座前,西面跪,奠爵,興,少退,西向立。祝持版進於神座之左,南面跪,讀祝文曰:"維某年歲次月朔日,子具位姓名敢昭告於后稷氏:爰以仲春,仲秋。敬修恒禮,薦於稷神。惟神功叶稼穡,闡修農政,允茲從祀,用率舊章。謹以犧齊、粢盛、庶品,式陳明薦,作主配神。尚饗。"祝興,刺史再拜。祝進,跪,奠版於神座,興,還尊所。刺史拜訖,參軍事引刺史詣稷神座前,南向立,飲福、受胙如社壇之儀。訖,參軍事引刺史降自北陛,還本位。

初,刺史獻將畢,贊禮者引亞獻詣罍洗,盥手,洗爵。訖,贊禮者引亞獻自社壇西陛升,詣社神酒尊所,執尊者舉冪。亞獻酌醴齊。贊禮者引亞獻詣社神座前,南面跪,奠爵,興,少退,南向,再拜。贊禮者引亞獻詣后土氏酒尊所,亞獻取爵於坫,執尊者舉冪。亞獻酌醴齊。贊禮者引亞獻詣后土氏神座前,西面跪,奠爵,興,少退,西向,再拜。贊禮者引亞獻進,當社神座前,南向立。祝各以爵酌福酒,合置一爵。一祝持爵進於亞獻之右,東向立。亞獻再拜,受爵,跪,祭酒,遂飲,卒爵。祝進,受爵,復於坫。亞獻興,再拜。贊禮者引亞獻降自西陛,詣罍洗,盥手,洗爵,詣稷壇,升獻、飲福如社壇之儀。訖,降,復位。

初,亞獻將畢,贊禮者引終獻詣罍洗,盥洗,升,酌,終獻如亞獻之儀。訖,降,復位。

諸祝各進神座前,跪,徹豆,興,還尊所。徹者,籩、豆各一,少移於故處。贊唱者曰:"賜胙,再拜。"非飲福、受胙者皆再拜。贊唱者又曰:"再拜。"刺史以下皆再拜。參軍事少進刺史之左,西面,白:"請就望瘞位。"參軍事引刺史就望瘞位,南向立。祝於神前取幣及血,實於坎。贊禮者曰[①]:"可瘞。"坎東、西面各二人實土。半坎,參軍事少進刺史之左,西面,白:"禮畢。"遂引刺史出,還次。贊禮者引祭官以下以次出。

諸祝及執尊、罍、篚者降,復掌事位,贊唱者曰:"再拜。"祝以下皆再拜,以次出。其祝版燔於齋所。

---

① "贊禮",四庫本、《通典》卷一二一《開元禮纂類十六》作"贊唱"。

卷第六十九　吉禮

諸州釋奠於孔宣父　州學生束脩

諸州釋奠於孔宣父

前享三日，刺史散齋於別寢二日，致齋於廳事一日。亞獻以下與享之官，散齋二日各於正寢，致齋一日於享所。上佐爲亞獻，博士爲終獻。刺史、上佐有故，並以次差攝。博士有故，次取參軍事以上攝。散齋理事如舊，惟不弔喪問疾，不作樂，不判署刑殺文書，不行刑罰，不預穢惡。致齋惟享事得行，其餘悉斷。其享官已齋而闕者，通攝行事。助教及諸學生皆清齋於學館一宿。

前享二日，本司埽除内外。又爲瘞埳於院内堂之壬地，方深取足容物，南出階。本司設刺史以下次於門外，隨地之宜。

前享一日，晡後，本司帥其屬守門。本司設三獻位於東階東南，每等異位，俱西向。設掌事位於三獻東南，西面北上。設望瘞位於堂之東北，當瘞埳西向。設助教位於西階西南，當掌事位，學生位於助教之後，俱東面北上。設贊禮者位於三獻西南，西面北上。又設贊唱者位於瘞埳東北，南面東上。設三獻門外位於道東，每等異位，俱西向。掌事位於終獻之後，北上。

祭器之數，每座尊二，籩、豆各八，簋二，簠二，俎三。羊豕及腊各一俎。掌事者以尊、坫升，設於堂上前楹間，北向。先聖之尊在西，先師之尊在東，俱西上，皆加勺、冪。先聖爵一，配座爵四，各置於坫。設幣、篚於尊所。設洗，直東榮，南北以堂深。罍水在洗東，加勺、冪，篚在洗西，南肆。實爵三、巾二於篚，加冪。執尊、罍、洗、篚者各位於尊、罍、洗、篚之後。

享日，未明，烹牲於厨。夙興，掌饌者實祭器。牲體羊豕皆載右胖。前脚三節、肩、臂、臑，節一段，皆載之。後脚三節，節一段，去下一節，載上肫、胳二節。又取正脊、脡脊、橫脊、短脅、正脅、代脅各二骨以並。餘皆不設。簋實稷黍①，簠實稻粱，籩實石鹽、乾魚、棗、栗、榛、菱、芡、鹿脯，豆實韭菹、醓醢、菁菹、鹿醢、芹菹、兔醢、筍菹、魚醢。若其土無者，各以類充。本司帥掌事者設先聖神席於堂上西楹閒，東向；設先師神席於先聖神席東北，南向，席皆以莞。

　　質明，諸享官各服祭服，助教儒服，學生青衿服。本司帥掌事者入，實尊、罍及幣。各座尊二，一實玄酒爲上，一實醴齊次之。禮神之幣用白，各長一丈八尺。祝版各置於坫。贊唱者先入，就位。祝二人與執尊、罍、籩者入，立於庭，重行，北面西上。立定，贊唱者曰：“再拜。”祝以下皆再拜。執尊、罍、籩者各就位。祝升自東階，行埽除，訖，降自東階，各就位。

　　刺史將至，贊禮者引享官以下俱就門外位。助教、學生並入，就門內位。刺史至，參軍事引之次。贊唱者先入，就位。祝升自東階，各立於尊後。刺史停於次少頃，服祭服出次。參軍事引刺史入，就位，西向立，參軍事退，立於左。贊禮者引享官以下次入，就位。凡導引者，每曲一逡巡。立定，贊唱者曰：“再拜。”刺史以下皆再拜。參軍事少進刺史之左，北面，白：“請行事。”退，復位。祝俱跪，取幣於籩，興，各立於尊所。凡取物者皆跪，俛伏而取以興。奠物則跪、奠訖，俛伏而後興。本司帥執饌者奉饌陳於門外。

　　參軍事引刺史升自東階，進先聖神座前，西向立。祝以幣北面授，刺史受幣。參軍事引刺史進，西面跪，奠於先聖神座，興，少退，西向，再拜。訖，參軍事引刺史當先師神座前，北向立。祝又以幣西向授，刺史受幣。參軍事引刺史進，北向跪，奠於先師神座，興，少退，北向，再拜。參軍事引刺史降，復位。

　　本司引饌入，升自東階，祝迎引於階上，各設於神座前。籩、豆蓋冪先徹，乃升。簠、簋既奠，卻其蓋於下。籩居右，豆居左，簠、簋居其閒。羊豕二俎橫陳重於右。腊俎特於左。設訖，本司引執饌者降，出，祝還尊所。

　　參軍事引刺史詣罍洗，執罍者酌水，執洗者跪，取盤，興，承水。刺史盥手。執籩者跪，取巾於篚，興，進。刺史帨手。訖，執籩者受巾，跪，奠於篚，遂取爵，興以進。刺史受爵。執罍者酌水，刺史洗爵。執籩者

---

①　“稷黍”，四庫本、《通典》卷一二一《開元禮纂類十六》作“黍稷”。

又跪，取巾於篚，興，進。刺史拭爵。訖，執篚者受巾，跪，奠於篚，奉盤者跪，奠盤，興。

參軍事引刺史升自東階，詣先聖酒尊所，執尊者舉冪。刺史酌醴齊。參軍事引刺史詣先聖神座前，西面跪，奠爵，興，少退，西向立。祝持版進於神座之右，北面跪，讀祝文曰："維某年歲次月朔日，子刺史具位姓名敢昭告於先聖孔宣父：惟夫子固天攸縱，誕降生知，經緯禮樂，闡揚文教，餘烈遺風，千載是仰，俾茲末學，依仁游藝。謹以制幣、犧齊、粢盛、庶品，祗奉舊章，式陳明薦。以先師顏子配神。尚饗。"祝興，刺史再拜。祝進，跪，奠版於神座，興，還尊所。

刺史拜訖，參軍事引刺史詣先師酒尊所，取爵於坫，執尊者舉冪。刺史酌醴齊。參軍事引刺史詣先師神座前，北面跪，奠爵，興，少退，北向立。祝持版進於神座之左，西面跪，讀祝文曰："維某年歲次月朔日，子刺史具官姓名敢昭告於先師顏子：爰以仲春，仲秋。率遵故實，敬修釋奠於先聖孔宣父。惟子庶幾具體，德冠四科，服道聖門，實臻閫奧。謹以制幣、犧齊、粢盛、庶品，式陳明獻，從祀配神。尚饗。"祝興，刺史再拜。祝進，跪，奠版於神座，興，還尊所。

刺史拜訖，參軍事引刺史詣東序，西向立。祝各以爵酌罍福酒，合置一爵，一祝持爵進刺史之左，北向立。刺史再拜，受爵，跪，祭酒，啐酒，奠爵，俛伏，興。祝各帥執饌者進俎，跪，減先聖神前胙肉，各取前脚第二骨。共置一俎上。又以籩取稷黍飯，共置一籩，興。祝先以飯進，刺史受以授執饌者；又以俎進，刺史受以授執饌者。刺史跪，取爵，遂飲，卒爵。祝進，受爵，復於坫。刺史興，再拜。參軍事引刺史降，復位。

初，刺史獻將畢，贊禮者引亞獻詣罍洗，盥手，洗爵，升獻，飲福，皆如刺史之儀。惟不讀祝版，不受胙。訖，降，復位。

初，亞獻將畢，贊禮者引終獻詣罍洗，盥洗，升獻，飲福，如亞獻之儀。訖，降，復位。

祝各進神座前，跪，徹豆，興，還尊所。徹者，籩、豆各一，少移於故處。贊唱者曰："賜胙，再拜。"非飲福、受胙者皆再拜。贊唱者又曰："再拜。"刺史以下皆再拜。

參軍事少進，北面，白："請就望瘞位。"參軍事引刺史就望瘞位，西向立,贊唱者轉就瘞埳東北位。初,在位者將拜,祝各以筐進神座前,跪,取幣,降自西階,詣瘞埳,以幣置於埳。訖,贊唱者曰:"可瘞。"埳東、西廂各二人實土。半埳,_{瘞訖,實土者以筐出。}參軍事少進刺史之左,北面,白:"禮畢。"遂引刺史出。贊禮者各引享官以下以次出。

初白"禮畢",贊唱者還本位,祝與執尊、罍、筐者俱復掌事位。立定,贊唱者曰:"再拜。"祝以下俱再拜,以次出。其祝版燔於齋所。

州學生束脩[①]

束帛一筐,_{三匹。}酒一壺,_{五斗。}脯一案,_{十五脡。}

其日,平明,學生青衿服至學門。博士公服若儒服,立於學堂東階上,西面。贊禮者引學生立於門東,西面。_{不自同於賓客。}陳束帛筐、酒壺、脯案於學生西南,當門北向,重行西上。

將命者出,立於門西,東面曰:"敢請事。"學生少進,曰:"某方受業於先生,敢請見。"將命者入告。博士曰:"某也不德,請子無辱。"將命者出告。學生曰:"某不敢爲儀,敢固以請。"將命者入告。博士曰:"請子就位,某敢見。"將命者出告。學生曰:"某不敢以視賓客,請終賜見。"將命者入告。博士曰:"某辭不得命,敢不敬從[②]。"將命者出告。

執筐者以筐東面授學生。博士降,俟於東階下,西面。贊禮者引學生,執酒、脯者從之[③]。學生入門而左,立於西階之南,東面。執酒、脯者立於學生西南,東面北上。學生跪,奠筐,再拜。博士答拜,學生還避,遂進,跪,取筐。贊禮者引學生進博士前,東面授幣[④],執酒、脯者從奠於博士前。博士受幣,贊禮者取酒、脯、幣以東。執酒、脯者出。贊禮者引學生立於階閒近南,北面再拜。訖,引出。

---

① 公善堂本於"脩"後有"禮"字,據本卷卷首標題刪。
② "敬從",四庫本作"從命",《通典》卷一二一《開元禮纂類十六》無"敬"字。
③ 公善堂本"從之"二字原爲注文,據四庫本、《通典》卷一二一《開元禮纂類十六》改。
④ "幣"字,公善堂本脱,四庫本同。據《通典》卷一二一《開元禮纂類十六》及文意補。

卷第七十　吉禮

諸州祈社稷　諸州祈诸神　諸州禜城門

諸州祈社稷

前二日,本司埽除壇之內外,又爲瘞埳於壇北,如常儀。設上佐以下次於社壇西門之外道北,隨地之宜。

前一日,諸祈官皆於祭所清齋一日。掌事者饌酒脯醢。設上佐位於稷壇西北,掌事以下位於西門之內道北,俱重行東向,以南爲上。設贊唱者位於上佐東北,東面南上。設望瘞位於瘞埳北,南向,如常。設上佐以下門外位於西門之外道南,俱重行北向,以東爲上。

其日,夙興,本司帥其屬守社壇四門,去壇九十步所禁斷行人。掌事者入,設神座尊、坫、罍、洗、篚、幂,如常祭之儀。每座各籩一、豆一。篚實巾二、爵二。配座皆爵一。並置於坫。

質明,上佐以下各服其服。本司帥掌事者入,實尊、罍。祝以祝版各置於坫,又以幣各置於篚,設於饌所。其幣各長一丈八尺。贊禮者引上佐以下俱就門外位。贊唱者先入,就位。祝與執尊、罍、篚者入,當社壇北,重行南向,以東爲上。立定,贊唱者曰:“再拜。”祝以下皆再拜。執尊者各升自西陛,立於尊所。執罍、篚者各就位。諸祝詣社壇,升自西陛,行埽除,降,又詣稷壇,升,行埽除。訖,諸祝出,奉幣、篚入,就瘞埳北位。贊禮者引上佐以下入,就位。立定,贊唱者曰:“再拜。”上佐以下皆再拜。贊禮者進上佐之左,白:“請行事。”還本位。祝升,詣酒尊所[①]。贊唱者曰:“再拜。”上佐以下皆再拜。

初白“請行事”,掌饌者帥執饌者奉饌陳於西門之外。祝以幣北向授上佐,贊禮者引上佐升社壇北陛,南面跪,奠於社神前,訖,興,少退,

---

① “祝升詣酒尊所”六字,四庫本、《通典》卷一二〇《開元禮纂類十五》無。

再拜，訖，復位。又祝以幣授上佐，上佐奉幣升稷壇，跪，奠，如社壇之儀。訖，掌饌者引饌入，社稷之饌升自北陛，配座之饌升自西陛。諸祝迎引於壇上，各設於神座前。訖，掌饌者降自西陛，復位。諸祝各還尊所。

　　贊禮者引上佐詣罍洗，盥手，洗爵，自社壇北陛升，詣社神酒尊所。執尊者舉冪。上佐酌酒，進詣社神座前，南面跪，奠爵，興，少退，南向立。祝持版進於神座之右，西面跪，讀祝文曰：“維某年歲次月朔日，子刺史姓名謹遣具位姓名，敢昭告於社神：久闕時雨，黎元恇懼，惟神哀此蒼生，敷降嘉液。謹以制幣、清酌、脯醢，明薦於神，以后土句龍氏配神作主。尚饗。”興。上佐再拜。祝進，跪，奠版於神座，興，還尊所。

　　上佐拜訖，贊禮者引上佐詣配座酒尊所，取爵於坫，執尊者舉冪。上佐酌酒，進詣后土氏神座前，西面跪，奠爵，興，少退，西向立。祝持版進於神座之左，南面跪，讀祝文曰：“維某年歲次月朔日，子刺史姓名謹遣具位姓名，敢昭告於后土氏：久闕時雨，黎元恇懼，惟神哀此蒼生，敷降嘉液。謹以制幣、清酌、脯醢，明薦於后土氏。尚饗。”祝興。上佐再拜。祝進，跪，奠版於神座，興，還尊所。

　　上佐拜訖，贊禮者引上佐降自北陛，詣罍洗，盥手，洗爵，詣稷壇北陛，升獻，如社壇之儀。稷神及后稷氏祝文並同。獻訖，贊禮者引上佐降，復位。

　　諸祝各進神座前，跪，徹豆，興，還尊所。贊唱者曰：“再拜。”上佐以下皆再拜。贊禮者進上佐之左，白：“請就望瘞位。”贊禮者引上佐就望瘞位，南向立。祝以筐於神前取幣及血、稷黍飯，皆實於坎。贊唱者曰：“可瘞。”坎東、西面各二人寘土。半坎，贊禮者進上佐之左，白：“禮畢。”遂引出。諸執事者以次出。諸祝與執尊、罍、筐者降，復執事位。贊唱者曰：“再拜。”祝以下皆再拜，以次出。其祝版燔於齋所。

　　得雨，報祠以豕羊，其祭器之數及飲福、受胙、瘞幣血，皆與正祭同。餘與祈禮同。

　　祝文曰：

　　“維某年歲次月朔日，子刺史姓名謹遣具位某官姓名，敢昭告於社神：往以久闕時雨，式陳誠禱，惟神監祐，降茲嘉液，品物霑洽，蒼生咸賴。謹以制幣、犧齊、粢盛、庶品，明薦於社神，以后土句龍氏配神作主。

尚饗。”

“維某年歲次月朔日，子刺史姓名謹遣具位姓名，敢昭告於后土氏：往以久闕時雨，式陳誠禱，惟神監祐，降茲嘉液，品物霑洽，蒼生咸賴。謹以制幣、犧齊、粢盛、庶品，明薦於后土氏。尚饗。”稷神及后稷氏祝文並同。

諸州祈諸神

前一日，本司設上佐以下次於祈所，隨地之宜。又爲瘞埳於神座之南，方深取足容物。諸祈官皆於祈所清齋一日。掌事者饌酒脯醢。每座籩、豆各一。

祈日，質明，去祭所七十步禁止行人。上佐以下各服其服。祝帥掌事者奉席入，設神座於北廂，南向。若更有諸座，則以西爲上。贊禮者帥執尊者設尊於神座之左，北向。設洗於酒尊東南，北向。罍水在洗西，南肆，篚在尊左。篚實以巾、爵。執尊、罍、篚者各位於尊、罍、篚之後。設上佐以下位於神座東南，重行西向，以北爲上。設贊唱者位於上佐西南，西向。設望瘞位於瘞埳之南，北向。設上佐以下門外位於東門之外道南，北面西上。掌事者入，實尊、罍。祝以版置於坫，又以幣置於篚，設於饌所。其幣長一丈八尺。贊禮者引上佐以下俱就門外位。贊唱者先入，就位。祝與執尊、罍、篚者入，當神座前，重行，北向西上。立定，贊唱者曰：“再拜。”祝以下皆再拜。執尊、罍、篚者各就位。祝進神座前，行埽除，訖，贊禮者引上佐以下入，就位。立定，贊唱者曰：“再拜。”上佐以下皆再拜。贊禮者進上佐之左，白：“請行事。”退，復位。祝升，詣酒尊所，立定，贊唱者曰：“再拜。”上佐以下皆再拜。

初白“請行事”，掌饌者帥執饌者奉饌陳於西門之外。祝以幣授上佐，上佐奉幣，跪，奠於神座前，訖，興，少退，再拜，訖，復位。掌饌者引饌入，祝迎引於座首，各設於神座前。訖，執饌者退，復位，祝還尊所。

贊禮者引上佐詣罍洗，盥手，洗爵，訖，詣酒尊所，執尊者舉冪。上佐酌酒。贊禮者引上佐詣神座前，北面跪，奠爵，興，少退，北向立。祝持版進於神座之右，東面跪，讀祝文曰：“維某年歲次月朔日，子刺史姓名謹遣具位姓名,敢昭告於某神:爰以農功①,久闕時雨,黎元恇懼②,惟神哀此蒼生,敷降靈液。謹以制幣、清酌、脯醢,明薦於某神。尚饗。"祝興,上佐再拜。祝進,跪,奠版於神座,興,還尊所。若更有諸座,祈官酌獻皆如上儀,惟不盥洗。其祝文與上同。贊禮者引上佐還本位。祝進神座前,跪,徹豆,興,還尊所。贊唱者曰:"再拜。"上佐以下皆再拜。

　　贊禮者進上佐之左,白:"請就望瘞位。"上佐就望瘞位,北向立。祝以幣、血實於埳,東、西面各二人實土。半埳,贊禮者進上佐之左,白:"禮畢。"遂引上佐以下出。訖,祝與執尊、罍、篚者俱復執事位,贊唱者曰:"再拜。"祝以下皆再拜以出。其祝版燔於齋所。若祈海瀆等,其幣沈之。設奉幣位,各向所祈之水,沈之儀節一與瘞同。若祈先代帝王,其瘞幣如正祭之禮。

　　得雨報祠,牢饌、飲福、受胙、若非嶽鎮海瀆及先代帝王,惟飲福,不受胙。瘞幣血,皆同祭社之禮。其瘞埳之位,仍依祈禮。若海瀆等,沈幣,又並沈血,其奉幣、血位及沈之儀節,皆準祈沈之禮。若報祠先代帝王,埋幣仍與祈同。餘皆與祈禮同。

　　祝文曰:"維某年歲次月朔日,子刺史姓名謹遣具位姓名,敢昭告於某神:往以久闕時雨,式陳誠禱,惟神鑒祐,降茲嘉液,品物霑洽,蒼生咸賴。謹以制幣、犧齊、粢盛、庶品,明薦於神。尚饗。"

諸州禜城門 報祠禮同

　　若霖雨不止,禜祭城門。設神座,皆內向。設瓢齊之尊,各於神座之左。設罍、洗及篚於其後,皆於酒尊之左,俱內向。設司功位於罍、洗之左而右向,執事者位於其後,皆以近神為上。贊禮者贊拜。無幣,不為瘞埳,餘與祈諸神同。祝文曰:"維某年歲次月朔日,子刺史姓名謹遣具位姓名,敢昭告於城門:霖雨久淹,害於百穀,惟靈降福,應時開霽。謹以清酌、嘉薦,明告於城門。尚饗。"

　　雨止報祠,用特牲,飲福,餘與禜禮同。祝文曰:"維某年歲次月朔日,子刺史姓名謹遣具位姓名,敢昭告於城門:前以霖雨,式陳誠禱,惟靈降祉,應時開霽。謹以清酌、特牲、粢盛、庶品,明薦於城門。尚饗。"

---

① "功"字,四庫本作"要"。
② "黎元恇懼"四字,四庫本無。

卷第七十一　吉禮

諸縣祭社稷　諸里祭社稷

諸縣祭社稷

前三日,縣令散齋於別寢二日,致齋於廳事一日。亞獻以下與祭之官散齋二日,各於正寢;致齋一日,皆於壇所。<small>丞爲亞獻,主簿及尉通爲終獻。若縣令以下有故,以次差攝。縣官不足,以州佐及比縣官充。</small>散齋理事如舊,惟不弔喪問疾,不作樂,不判署刑殺文書,不行刑罰,不預穢惡。致齋惟祭事得行,其餘悉斷。諸從祭之官各清齋於公館一宿。<small>從祭官,縣令未出之前預赴於祭所。</small>

前二日,本司預修除壇之內外,<small>其壇方二丈五尺,高三尺,四出陛,三等。</small>爲瘞埳二於壇北,方深取足容物,南出陛。設縣令次於社壇西門之外道北,南向。設祭官以下次於縣令次西北,俱南向,以東爲上。

前一日,晡後,本司帥其屬守社壇四門,去壇七十步所禁止行人。本司設縣令位於北門之內道西,南向。<small>若縣令有故,攝祭。初獻位於亞獻之前,東向。</small>設亞獻、終獻位於社稷壇西北,設掌事者位於西門之內道北,俱每等異位,東面南上。設贊唱者位於終獻東北,東面南上。設從祭之官位於掌事者之北,俱重行東向,以南爲上。設望瘞位於埳北,南面東上。設門外位:祭官以下於西門之外道南,從祭之官於祭官之南,俱重行北向,以東爲上。

祭器之數,每座尊二、籩八、豆八、簠二、簋二、俎三。<small>羊豕及腊各一俎。</small>掌事者以尊坫升自西陛,各設於壇上西北隅,配座之尊在西,俱南面東上,皆加勺、冪。社稷皆爵一,配座皆爵四,各置於坫。

設洗於社壇北陛之西,去壇三步所,南向。罍水在洗西,加勺、冪,篚在洗東,北肆,實爵六、巾二於篚,加冪。執尊、罍、洗、篚者各於尊、罍、洗、篚之後。

祭日，未明，烹牲於厨。祝以豆二取牲血。夙興，掌饌者實祭器。牲體羊豕皆載右胖：前脚三節，肩、臂、臑，節一段，皆載之。後脚三節，節一段，去下一節，載上胉、胳二節。又取正脊、脡脊、橫脊、短脅、正脅、代脅各二骨以並，餘皆不設。簠實稷黍，簋實稻粱，籩實石鹽、乾魚、棗、栗、榛、菱、芡、鹿脯，豆實韭菹、醓醢、菁菹、鹿醢、芹菹、兔醢、筍菹、魚醢。其土無者，各以類充。本司帥掌事者以席入自西門，詣壇西陛，升，設社稷神座各於壇上近南，北向。又設后土氏神座於社神之左，后稷氏神座於稷神之左，俱東向，席皆以莞。

質明，諸祭官及從祭之官各服其服。祭官服祭服。從祭之官應公服者公服，非公服者常服。本司帥掌事者入，實尊、罍。每座二尊，一實玄酒爲上，一實醴齊次之。祝版各置於坫。祝以幣各置於篚，與血、豆俱設於尊所。社稷之幣皆用黑，各長一丈八尺。贊唱者先入，就位。諸祝與執尊、罍、篚者入自西門，當社壇北，重行南向，以東爲上。立定，贊唱者曰："再拜。"祝以下皆再拜。執尊者各升自西陛，立於尊所，執罍、篚者各就位。諸祝詣社壇，升自西陛，行埽除，訖，降，詣稷壇，升，行埽除如社壇之儀，降，行埽除於下。訖，出，還齋所。贊唱者次還齋所。

縣令將至，贊禮者引祭官及從祭之官與掌事者俱就門外位。縣令至，贊禮者引之次。贊唱者先入，就位。縣令停於次少頃，服祭服出次。贊禮者引縣令入自西門，就位，南向立。贊禮者立於縣令之東，少退，南向。贊禮者引祭官以下及從祭之官以次入，就位。凡導引者，每曲一逡巡。立定，贊唱者曰："再拜。"縣令以下皆再拜。贊禮者少進縣令之左，西面，白："請行事。"退，復位。贊唱者曰："再拜。"縣令以下皆再拜。

初，贊禮者白"請行事"，本司帥執饌者奉饌陳於西門之外。祝以幣授縣令，贊禮者引縣令自北陛升社壇，南面跪，奠幣於社神座前，訖，興，少退，再拜。祝又以幣授縣令，縣令升稷壇，南面跪，奠幣於稷神座，如社壇之儀，訖，贊禮者引縣令降，復位。本司引饌入，社稷之饌升自北陛，配座之饌升自西陛。諸祝迎引於壇上，各設於神座前。籩、豆蓋冪先徹，乃升。簠、簋既奠，卻其蓋於下。籩在右，豆在左①，簠、簋居其中。羊豕二俎橫陳重於右，腊俎特於左。本司與執饌者降自西陛，復位。諸祝各還尊所。

---

① "籩在右豆在左"，四庫本作"籩在左豆在右"。

　　贊禮者引縣令詣罍洗，執罍者酌水，執洗者跪，取盤，興，承水。縣令盥手。執篚者跪，取巾於篚，興，進。縣令帨手。訖，執篚者受巾，跪，奠於篚，遂取爵，興，進。縣令受爵。執罍者酌水，縣令洗爵。執篚者又跪，取巾於篚，興，進。縣令拭爵。訖，執篚者受巾，奠於篚。奉盤者跪，奠盤，興。

　　贊禮者引縣令自社壇北陛升，詣社神酒尊所，執尊者舉冪。縣令酌醴齊。贊禮者引縣令詣社神座前，南面跪，奠爵，興，少退，南向立。祝持版進於神座之右，西面跪，讀祝文曰：“維某年歲次月朔日，子具位姓名敢昭告於社神：惟神德兼博厚，道著方直，載生品物，含養庶類。謹因仲春，仲秋。祗率常禮，敬以制幣、犧齊、粢盛、庶品，備茲明薦，用申報本。以后土句龍氏配神作主。尚饗。”祝興，縣令再拜。祝進，跪，奠版於神座，興，還尊所。

　　縣令再拜訖，贊禮者引縣令詣配座酒尊所。縣令取爵於坫，執尊者舉冪。縣令酌醴齊訖，贊禮者引縣令詣后土氏神座前，西面跪，奠爵，興，少退，西向立。祝持版進於神座之左，南面跪，讀祝文曰：“維某年歲次月朔日，子具位姓名敢昭告於后土氏：爰茲仲春，仲秋。厥日惟戊，敬修恒禮[1]，薦於社神。惟神功著水土，平易九州，昭配之義[2]，實通祀典。謹以犧齊、粢盛、庶品，式陳明薦，作主侑神。尚饗。”祝興，縣令再拜。祝進，跪，奠版於神座，興，還尊所。

　　縣令拜訖，贊禮者引縣令進，當社神座前，南向立。祝各以爵酌罍福酒，合置一爵。一祝持爵進於縣令之右，東向立。縣令再拜，受爵，跪，祭酒，啐酒，奠爵，興。祝帥執饌者以俎進，跪，減社神前胙肉，各取前脚第二骨。共置一俎上，興。祝持俎東向進，縣令受以授左右。縣令跪，取爵，遂飲，卒爵。祝進，受爵，復於坫。縣令興，再拜。

　　贊禮者引縣令降自北陛，詣罍洗，盥手，洗爵，自稷壇北陛升，詣稷神酒尊所，執尊者舉冪。縣令酌醴齊。贊禮者引縣令詣稷神座前，南面跪，奠爵，興，少退，南向立。祝持版進於神座之右，西面跪，讀祝文曰：“維某年歲次月朔日，子具位姓名敢昭告於稷神：惟神播生百穀，首茲八

---

①　“敬修恒禮”，《通典》卷一二一《開元禮纂類十六》作“敬修常事”。

②　“義”字，四庫本、《通典》卷一二一《開元禮纂類十六》作“儀”。

政，用而不匱，功濟氓黎。敬以制幣、犧齊、粢盛、庶品，祗奉舊章，備茲瘞禮，以后稷氏配神作主。尚饗。"祝興，縣令再拜。祝進，跪，奠版於神座，興，還尊所。

　　縣令拜訖，贊禮者引縣令詣配座酒尊所。縣令取爵於坫，執尊者舉冪。縣令酌醴齊。贊禮者引縣令詣后稷氏神座前，西面跪，奠爵，興，少退，西向立。祝持版進於神座之左，南面跪，讀祝文曰："維某年歲次月朔日，子具位姓名敢昭告於后稷氏：爰以仲春，仲秋。敬修恒禮①，薦於稷神。惟神功叶稼穡，闡修農政，允茲從祀，敬率舊章。謹以犧齊、粢盛、庶品，式陳明薦，作主配神。尚饗。"祝興，縣令再拜。祝進，跪，奠版於神座，興，還尊所。

　　縣令拜訖，贊禮者引縣令詣稷神座前，南向立，飲福、受胙如社壇之儀。訖，贊禮者引縣令降自北陛，還本位。

　　初，縣令獻將畢，贊禮者引亞獻詣罍洗，盥手，洗爵，訖，贊禮者引亞獻自社壇西陛升，詣社神酒尊所，執尊者舉冪。亞獻酌醴齊。贊禮者引亞獻詣社神座前，南面跪，奠爵，興，少退，南向，再拜。贊禮者引亞獻詣后土氏酒尊所，取爵於坫，執尊者舉冪。亞獻酌醴齊。贊禮者引亞獻詣后土氏神座前，西面跪，奠爵，興，少退，西向，再拜。贊禮者引亞獻進，當社神座前，南向立。祝各以爵酌福酒，合置一爵。祝持爵進於亞獻之西②，東向立。亞獻再拜，受爵，跪，祭酒，遂飲，卒爵。祝進，受爵，復於坫。亞獻興，再拜。贊禮者引亞獻降自西階，詣罍洗，盥手，洗爵，詣稷壇，升獻、飲福，如社壇之儀。訖，降，復位。

　　初，亞獻將畢，贊禮者引終獻詣罍洗，盥洗，升酌，終獻如亞獻之儀。訖，降，復位。

　　諸祝各進神座前，跪，徹豆，興，還尊所。徹者，籩、豆各一，少移於故處。贊唱者曰："賜胙。再拜。"非飲福、受胙者皆再拜。贊唱者又曰："再拜。"縣令以下皆再拜。

　　贊禮者少進縣令之左，西面，白："請就望瘞位。"贊禮者引縣令就望瘞位，南向立。祝於神前取幣及血實於坎。贊禮者曰："可瘞。"坎東、西面各二人實土。半坎，贊禮者少進縣令之左，西面，白："禮畢。"遂引縣令出，還次。贊禮者引祭官以下以次出。諸祝及執尊、罍、篚者降，復位，贊唱者曰："再拜。"祝以下皆再拜，以次出。其祝版燔於齋所。

諸里祭社稷

前一日，社正及諸社人與祭者，各清齋一宿於家之正寢。正寢者，謂家之前堂待賓之所。應設饌之家，預修理神樹之下。又爲瘞坎於神樹之北，方深取足容物。掌事者設社正位於稷座西北十步所，東面；諸社人位於其後，東面南上。設祝奉血、豆位於瘞坎之北，南向。祭器之數，每座酒尊二並勺一，以巾覆之，俎一、籩二、豆二、爵二、簋二、簠二。無禮器，量以餘器充之。其祭器隨用之①。

祭日，未明，烹牲於廚。惟以特豕。祝以豆取牲血，置於饌所。夙興，掌饌者實祭器。牲體載右胖：前脚三節，節一段，肩、臂、臑皆載之。後脚三節，節一段，去下節，載上肫、胳二節。又取正脊、脡脊、橫脊、短脅、正脅、代脅，各二骨以並，分載之二俎。餘皆不設。其尊，一實玄酒爲上，一實清酒次之。籩實棗栗，豆實菹醢，簋實稷黍，簠實稻粱。掌事者以席入，社神之席設於神樹下，稷神之席設於神樹西，俱北向。

質明，社正以下各服常服。掌事者以盥水器入，設於神樹北十步所，加勺，巾二、爵一於其下，盛以箱。又以酒尊入，設於神樹北近西。社神之尊在東，稷神之尊在西，俱東上南向，置爵二及祝版於尊下。執尊者立於尊後。掌事者入，實尊酒訖，祝及執尊者其祝以社人有學識者充之。入，當社神北，南向，以東爲上，皆再拜。訖，執酒尊者各就尊後立，其執盥者就盥器後立。贊禮者引社正以下俱就位，立定，贊禮者贊："再拜。"社正以下皆再拜。祝詣尊所，贊禮者贊："再拜。"社正以下皆再拜。掌事者以饌入，各設於神座前。菹醢居前左右厢，黍稷在其間，俎居其外。訖，掌事者出。

贊禮者引社正詣盥器所，執盥器者酌水。社正洗手，取巾拭手訖，洗爵，拭爵。訖，贊禮者引社正詣社神酒尊所，酌酒。訖，贊禮者引社正詣社神座前，跪，奠爵於饌右，興，少退，南向立。祝持版進社神座東，西面跪，讀祝文曰："維某年歲次月朔日，子某坊村即云某村，以下準此。社正姓

---

① "其祭器隨用之"六字，四庫本、《通典》卷一二一《開元禮纂類十六》無。

名合社若干人，敢昭告於社神：惟神載育黎元，長兹庶物，爰以仲春①，仲秋。日惟吉戊。謹率恒禮，敬以特牲、清酌、粢盛、庶品，祗薦於社神。尚饗。"祝興，社正以下及社人等俱再拜。

　　贊禮者引社正詣稷神酒尊所，取爵，酌酒。訖，贊禮者引社正詣稷神饌前，南面跪，奠爵②於饌右，興，少退，南向立。祝持版進於稷神座西，東面跪，讀祝文曰："維某年歲次月朔日，子某坊社正姓名合社若干人等，敢昭告於稷神：惟神主兹百穀，粒此群黎，今當仲春吉戊，秋云仲秋。謹率恒禮，敬以特牲、清酌、粢盛、庶品，祗薦於稷神。尚饗。"祝興，社正以下及社人俱再拜。

　　贊禮者引社正立於社神座前，南向。祝以爵酌社神及稷神福酒，合置一爵，進社正之右。社正再拜，受酒，訖，跪，祭酒，遂飲，卒爵。祝受爵，還尊所。社正興，再拜。

　　贊禮者引社正還本位，立定，贊禮者贊："再拜。"社正及社人俱再拜。訖，祝以血實於坎，東、西面各一人實土。半坎，贊禮者少前，白："禮畢。"遂引社人等出。祝與執尊者復當社神位，再拜，訖，出。其餘饌，社人等俱於此餕，如常會之儀。其祝版燔於齋所③。

---

①　"爰以仲春"，《通典》卷一二一《開元禮纂類十六》作"時屬仲春"。
②　"奠爵"，四庫本、《通典》卷一二一《開元禮纂類十六》作"奠酒"。
③　"齋所"，四庫本、《通典》卷一二一《開元禮纂類十六》作"祭所"。

卷第七十二　吉禮

諸縣釋奠於孔宣父　縣學生束脩

諸縣釋奠於孔宣父

　　前享三日，縣令散齋於別寢二日，致齋於廳事一日。亞獻以下與祭之官[1]，散齋二日各於正寢，致齋一日於享所。丞爲亞獻，主簿及尉通爲終獻。若縣令以下有故，並以次差攝。縣官不足，以州官判佐以下及比縣官充。散齋理事如舊，惟不弔喪問疾，不作樂，不判署刑殺文書，不行刑罰，不預穢惡。致齋惟享事得行，其餘悉斷。其享官已齋而闕者，通攝行事。學官及諸學生皆清齋於學館一宿。

　　前享二日，本司埽除内外。又爲瘞埳於院内堂之壬地，方深取足容物，南出陛。本司設縣令以下位於門外，隨地之宜。

　　前享一日，晡後，本司帥其屬守門。本司設三獻位於東階東南，每等異位，俱西向。設掌事位於三獻東南，西面北上。設望瘞位於堂之東北，當瘞埳，西向。設學官位於西階西南，當掌事位，學生位於學官之後，俱東面北上。設贊禮者位於三獻西南，西面北上。又設贊唱者位於瘞埳東北。南面東上。設三獻門外位於道東，每等異位，俱西向。掌事位於終獻之後，北上。

　　祭器之數，每座尊二、籩八、豆八、簋二、簠二、俎三。羊豕及腊各一俎。掌事者以尊坫升，設於堂上前楹間，北向。先聖之尊在西，先師之尊在東，俱西上，皆加勺、幂。先聖爵一，配座爵四，各置於坫。設幣、篚於尊所。設洗，直東榮，南北以堂深。罍水在洗東，加勺、幂，篚在洗西，南肆，實爵三、巾二於篚，加幂。執尊、罍、洗、篚者各位於尊、罍、洗、篚

之後。

享日，未明，烹牲於厨。祝以豆二取毛血。夙興，掌饌者實祭器。牲體羊豕皆載右胖：前脚三節，肩、臂、臑，節一段，皆載之。後脚三節，節一段，去下一節，載上肫、胳二節。又取正脊、脡脊、横脊、短脅、正脅、代脅，各二骨以并，餘皆不設。簠實稷黍①，簋實稻粱，籩實石鹽、乾魚、棗、栗、榛、菱、芡、鹿脯，豆實韭菹、醓醢、菁菹、鹿醢、芹菹、兔醢、筍菹、魚醢。其土無者，各以類充。本司帥掌事者設先聖神席於堂上西楹間，東向。設先師神席於先聖神席東北，南向。席皆以莞。

質明，諸享官各服祭服，學官儒服，學生青衿服。本司帥掌事者入，實尊、罍及幣，每座尊二，一實玄酒爲上，一實醴齊次之。禮神之幣用白，各長一丈八尺。祝版各置於坫。贊唱者先入，就位。祝二人與執尊、罍、篚者入，立於庭，重行，北面西上。立定，贊唱者曰：“再拜。”祝以下皆再拜。執尊、罍、篚者各就位。祝升自東階，行埽除，訖，降自東陛以出，還齋所。

縣令將至，贊禮者引享官以下俱就門外位，學官、學生並入，就門内位。縣令至，贊禮者引之次。贊唱者先入，就位。祝升自東階，各立於尊後。縣令停於次少頃，服祭服出次。贊禮者引縣令入，就位，西向立，贊禮者退，立於左。贊禮者引享官以下次入，就位。凡導引者，每曲一逡巡。立定，贊唱者曰：“再拜。”縣令以下皆再拜。

贊禮者少進縣令之左，北面白：“請行事。”退，復位。祝俱跪，取幣於篚，興，各立於尊所。凡取物者皆跪，俛伏而取以興。奠物則跪、奠訖，俛伏而後興。本司帥執饌者奉饌陳於門外。贊禮者引縣令升自東階，進先聖神座前，西向立。祝以幣北向授，縣令受幣。贊禮者引縣令進，西面跪，奠於先聖神座，興，少退，西向，再拜。訖，贊禮者引縣令當先師神座前北向立。祝又以幣西向授，縣令受幣。贊禮者引縣令北面跪，奠於先師神座，興，少退，北向，再拜。贊禮者引縣令降，復位。

本司引饌入，升自東階。祝迎引於階上，各設於神座前。籩、豆蓋冪先徹，乃升。簠、簋既奠，卻其蓋於下。籩右，豆左，簠、簋居其間。羊豕二俎橫陳重於右②，腥俎特於左。設訖，本司引執饌者降出③，祝還尊所。

贊禮者引縣令詣罍洗，執罍者酌水，執洗者跪，取盤，興，承水，縣令

---

① “稷黍”，四庫本、《通典》卷一二一《開元禮纂類十六》作“黍稷”。
② “陳”字，四庫本、《通典》卷一二一《開元禮纂類十六》作“而”。
③ “引”字，四庫本、《通典》卷一二一《開元禮纂類十六》作“與”。

盥手。執篚者跪,取巾於篚,興,進。縣令帨手。訖,執篚者受巾,跪,奠於篚,遂取爵,興以進。縣令受爵。執罍者酌水,縣令洗爵。執篚者又跪,取巾於篚,興,進。縣令拭爵。訖,執篚者受巾,跪,奠於篚。奉盤者跪,奠盤,興。贊禮者引縣令升自東階,詣先聖酒尊所,執尊者舉冪。縣令酌醴齊。贊禮者引縣令詣先聖神座前,西面跪,奠爵,興,少退,西向立。祝持版進於神座之右,北面跪,讀祝文曰:"維某年歲次月朔日,子縣令具官姓名敢昭告於先聖孔宣父:惟夫子固天攸縱,誕降生知,經緯禮樂,闡揚文教,餘烈遺風,千載是仰,俾茲末學,依仁游藝。謹以制幣、犧齊、粢盛、庶品,祇奉舊章,式陳明薦,以先師顏子配神。尚饗。"祝興,縣令再拜。祝進,跪,奠版於神座,興,還尊所。

縣令拜訖,贊禮者引縣令詣先師酒尊所,取爵於坫,執尊者舉冪。縣令酌醴齊。贊禮者引縣令詣先師神座前,北面跪,奠爵,興,少退,北向立。祝持版進於神座之左,西面跪,讀祝文曰:"維某年歲次月朔日,子縣令具官姓名敢昭告於先師顏子:爰以仲春,仲秋。率遵故實,敬修釋奠於先聖孔宣父。惟子庶幾具體,德冠四科,服道聖門,實臻壺奧。謹以制幣、犧齊、粢盛、庶品,式陳明獻,從祀配神。尚饗。"祝興,縣令再拜。祝進,跪,奠版於神座,興,還尊所。

縣令拜訖,贊禮者引縣令詣東序,西向立。祝各以爵酌福酒,合置一爵。一祝持爵進縣令之左,北向立。縣令再拜,受爵,跪,祭酒,啐酒,奠爵,俛伏,興。祝各帥執饌者進俎,跪,減先聖神前胙肉,各取前脚第二骨。共置一俎上。又以籩取稷黍飯,共置一籩。祝先以飯進,縣令受以授執饌者,又以俎進,縣令受以授執饌者。縣令跪,取爵,遂飲,卒爵。祝進,受爵,復於坫。縣令興,再拜。贊禮者引縣令降,復位。

初,縣令獻將畢,贊禮者引亞獻詣罍洗,盥手,洗爵,升獻、飲福皆如縣令之儀。惟不讀祝版,不受胙。訖,降,復位。初,亞獻將畢,贊禮者引終獻詣罍洗,盥手,洗爵,升獻、飲福如亞獻之儀。訖,降,復位。祝各進神座前,跪,徹豆,興,還尊所。徹者,籩、豆各一,少移於故處。贊唱者曰:"賜胙。再拜。"非飲福、受胙者皆再拜。贊唱者又曰:"再拜。"縣令以下皆再拜。

贊禮者少進,北面,白:"請就望瘞位。"贊禮者引縣令就望瘞位,西向立。贊唱者轉就瘞埳東北位。初,在位者將拜,祝各以篚進神座前,跪，取幣，降自西階，詣瘞埳，以幣實於埳。訖，贊唱者曰："可瘞。"埳東、西厢各二人實土。半埳，瘞訖，實土者以筐出。贊禮者少進，北面，白："禮畢。"遂引縣令出。贊禮者各引享官以次出。

初白"禮畢"，贊唱者還本位，祝與執尊、罍、洗、筐者俱復掌事位。立定，贊唱者曰："再拜。"祝以下俱再拜，以次出。其祝版燔於齋所。

縣學生行束脩禮

束帛一筐，_{一匹。}酒一壺，_{二斗。}脯一案，_{五脡。}

其日，平明，學生青衿服至學門。博士公服若儒服，立於學堂東階上，西面。贊禮者引學生立於門東，西面。_{不自同於賓客。}陳束帛筐、酒壺、脯案於學生西南，當門北向，重行，西上。將命者出，立於門西，東面曰："敢請事。"學生少進，曰："某方受業於先生，敢請見。"將命者入告。博士曰："某也不德，請子無辱。"將命者出告。學生曰："某不敢爲儀，敢固以請。"將命者入告。博士曰："請子就位，某敢見。"將命者出告。學生曰："某不敢以視賓客，請終賜見。"將命者入告，博士曰："某辭不得命，敢不從。"將命者出告。

執筐者以筐東面授學生。博士降，俟於東階下，西面。贊禮者引學生，執酒、脯者從之[1]。學生入門而左，立於西階之南，東面。執酒、脯者立於學生西南[2]，東面北上。學生跪，奠筐，再拜。博士答拜。學生還避，遂進，跪，取筐。贊禮者引學生進博士前，東面授幣[3]，執酒、脯者從奠於博士前。博士受幣。贊禮者取酒、脯、幣以東。執酒、脯者出。贊禮者引學生立於階間近南，北面，再拜。訖，引出。

---

① "從之"二字，公善堂本原爲注文，據四庫本、《通典》卷一二一《開元禮纂類十六》改。
② "酒"字，公善堂本無，四庫本同。據《通典》卷一二一《開元禮纂類十六》補。
③ "幣"字，公善堂本無，據四庫本、《通典》卷一二一《開元禮纂類十六》補。

卷第七十三　吉禮

諸縣祈社稷　諸縣祈諸神　諸縣禜城門

諸縣祈社稷

前二日，本司埽除壇之內外，又爲瘞埳於壇北，如常儀。設縣丞以下次於社壇西門之外道北，隨地之宜。

前一日，諸祈官皆於祭所清齋一日。掌事者饌酒脯醢。設縣丞位於稷壇西北，掌事以下位於西門之內道北，俱重行東向，以南爲上。設贊唱者位於縣丞東北，東面南上。設望瘞位於埳北，南向。設縣丞以下門外位於西門之外道南，俱重行北向，以東爲上。

其日，夙興，本司帥其屬守社壇四門，去壇七十步所禁斷行人。掌事者入，設神座、尊、坫、罍、洗、篚、冪，如常祭之儀。每座各籩一、豆一，篚實巾二、爵二。配座皆爵一。並置於坫。

質明，縣丞以下各服其服。本司帥掌事者入，實尊、罍。祝以祝版各置於坫，又以幣各置於篚，設於饌所。其幣各長一丈八尺。贊禮者引縣丞以下俱就門外位。贊唱者先入，就位。祝與執尊、罍、篚者入，當社壇北，重行南向，以東爲上。立定，贊唱者曰：“再拜。”祝以下皆再拜。執尊者各升自西陛，立於尊所。執罍、篚者各就位。諸祝詣社壇，升自西陛，行埽除，降；又詣稷壇，升，行埽除。訖，諸祝奉幣、篚入，就瘞埳北位。贊禮者引縣丞以下入，就位。立定，贊唱者曰：“再拜。”縣丞以下皆再拜。

贊禮者進縣丞之左，白：“請行事。”還本位。祝升，詣酒尊所，立。贊唱者曰：“再拜。”縣丞以下皆再拜。初，白請行事，掌饌者帥執饌者奉饌陳於西門之外。祝以幣北向授祈官，祈官奉幣，自北陛登社壇，南面跪，奠於社神前，訖，興，少退，再拜，訖，復位。又祝以幣授祈官，祈官受幣，升稷壇，跪，奠，如社壇之儀。訖，掌饌者引饌入，社稷之饌升自北陛，配座之饌升自西陛。諸祝迎引於壇上，各設於神座前。訖，掌饌者降自西陛，復位。諸祝各還尊所。

　　贊禮者引縣丞詣罍洗，盥手，洗爵，自社壇北陛升，詣社神酒尊所，執尊者舉冪。縣丞酌酒，進詣社神座前，南面跪，奠爵，興，少退，南向立。祝持版進於神座之左[1]，西面跪，讀祝文曰：“維某年歲次月朔日，子縣令姓名謹遣具位姓名，敢昭告於社神：久闕時雨，黎元惟懼。惟神哀此蒼生，敷降嘉液[2]。謹以制幣、清酌、脯醢，明薦於神，以后土句龍氏配神作主。尚饗。”訖，興，縣丞再拜。祝進，跪，奠版於神座，興，還尊所。

　　縣丞拜訖，贊禮者引縣丞詣配座酒尊所，取爵於坫，執尊者舉冪。縣丞酌酒，進詣后土氏神座前，西面跪，奠爵，興，少退，西向立。祝持版進於神座之左，南面跪，讀祝文曰：“維某年歲次月朔日，子縣令姓名謹遣具位姓名，敢昭告於后土氏：久闕時雨，黎元悒懼[3]。惟神哀此蒼生，敷降嘉液[4]。謹以制幣、清酌、脯醢，明薦於后土氏。尚饗。”訖，興，縣丞再拜。祝進，跪，奠版於神座，興，還尊所。

　　縣丞拜訖，贊禮者引縣丞降自北陛，詣罍洗，盥手，洗爵，詣稷壇北陛，升獻，如社壇之儀。稷神及后稷氏祝文與上同。獻訖，贊禮者引縣丞降，復位。諸祝各進神座前，跪，徹豆，興，還尊所。贊唱者曰：“再拜。”縣丞以下皆再拜。

　　贊禮者進縣丞之左，白：“請就望瘞位。”贊禮者引縣丞就望瘞位，南向立。祝以筐於神前取幣及血、稷黍飯，皆實於坎。贊唱者曰：“可瘞。”坎東、西面各二人實土。半坎，贊禮者進縣丞之左，白：“禮畢。”遂引出。諸執事者以次出。諸祝與執尊、罍、筐者降，復執事位。贊唱者曰：“再拜。”祝以下俱再拜，以次出。其祝版燔於齋所。

　　得雨，報祠以羊豕，其祭器之數及飲福、受胙、瘞幣血皆與正祭同，餘與祈禮同。祝文曰：“維某年歲次月朔日，子縣令姓名謹遣具位姓名，

---

① “神座之左”，《通典》卷一二〇《開元禮纂類十五》作“神座之右”。
② “敷降嘉液”，四庫本作“邀降靈液”。
③ “悒”字，四庫本作“惟”。
④ “敷降嘉液”，四庫本作“邀降靈液”。

敢昭告於社神：往以久闕時雨，式陳誠禱，惟神鑒佑，降兹嘉液，品物霑洽，蒼生咸賴。謹以制幣、犧齊、粢盛、庶品，明薦於社神，以后土句龍氏配神作主。尚饗。”

“維某年歲次月朔日，子縣令姓名謹遣具位姓名，敢昭告於后土氏：往以久闕時雨，式陳誠禱，惟神鑒佑，降兹嘉液，品物霑洽，蒼生咸賴。謹以制幣、犧齊、粢盛、庶品，明薦於后土氏。尚饗。”稷神及後稷氏祝文並同。

諸縣祈諸神

前一日，本司設縣丞以下次於祈所，隨地之宜。又爲瘞埳於神座之南，方深取足容物。諸祈官皆於祈所清齋一日。掌事者饌酒脯醢。每座籩、豆各一。

祈日，質明，去祈所五十步禁止行人。縣丞以下各服其服。祝帥掌事者奉席入，設神座於北廂，南向。若更有諸座，則以西爲上。贊禮者帥執事者設尊於神座之左①，北向。設洗於酒尊東南，北向。罍水在洗東，篚在洗西，南肆。篚實以巾、爵。執尊、罍、篚者各位於尊、罍、篚之後。設縣丞以下位於神座東南，重行西向，以北爲上。設贊唱者位於縣丞西南，西向。設望瘞位於瘞埳之南，北向。設縣丞以下門外位於東門之外道南，北面西上。掌事者入，實尊、罍。祝以版置於坫，又以幣置於篚，設於饌所。其幣各長一丈八尺。

贊禮者引縣丞以下俱就門外位。贊唱者先入，就位。祝與執尊、罍、篚者入，當神座前，重行，北面西上。立定，贊唱者曰：“再拜。”祝以下皆再拜。執尊、罍、篚者各就位。祝進神座前，行埽除。訖，贊禮者引縣丞以下入，就位。立定，贊唱者曰：“再拜。”縣丞以下皆再拜。贊禮者進縣丞之左，白：“請行事。”還本位。祝升，詣酒尊所，立定。贊唱者曰：“再拜。”縣丞以下皆再拜。初白“請行事”，掌饌者帥執饌者奉饌陳於西門之外。祝以幣授縣丞，縣丞奉幣，跪，奠於神座前。訖，興，少退，再拜，訖，復位。掌饌者引饌入，祝迎引於座首，各設於神座前。訖，執饌者退，復位，祝還尊所。

---

①　“執事者”，四庫本、《通典》卷一二〇《開元禮纂類十五》作“執尊者”。

贊禮者引縣丞詣罍洗，盥手，洗爵，訖，詣酒尊所，執尊者舉冪。縣丞酌酒。贊禮者引縣丞詣神座前，北面跪，奠爵，興，少退，北向立。祝持版進於神座之右，東面跪，讀祝文曰：“維某年歲次月朔日，子縣令姓名謹遣具位姓名，敢昭告於某神：爰以久闕時雨，黎元惟懼，惟神哀此蒼生，敷降靈液。謹以制幣、清酌、脯醢，明薦於某神。尚饗。”訖，興，縣丞再拜。祝進，跪，奠版於神座，興，還尊所。若更有諸座，祈官酌獻皆如上儀，惟不盥洗。其祝文並同。贊禮者引縣丞還本位。祝進神座前，跪，徹豆，興，還尊所。贊唱者曰：“再拜。”縣丞以下皆再拜。

贊禮者進縣丞之左，白：“請就望瘞位。”縣丞就望瘞位，北向立[1]。祝以幣血實諸埳，東、西面各二人實土。半埳，贊禮者進縣丞之左，白：“禮畢。”遂引縣丞以下出。訖，祝與執尊、罍、篚者俱復執事位。贊唱者曰：“再拜。”祝以下皆再拜以出。其祝版燔於齋所。若祈海瀆等，其幣沈之。設奉幣位，各向所祈之水。沈之儀節一與瘞同。若祈先代帝王，其瘞幣如正祭之儀。

得雨報祠，牢饌、飲福、受胙、若非嶽鎮海瀆及先代帝王，惟飲福，不受胙。瘞幣血，皆同祭社之禮，其瘞埳之位，仍依祈禮。若海瀆等沈幣，又並沈血。其奉幣血位及沈之儀節，皆準祈沈之禮。若報祠先代帝王，埋幣與祈同。餘皆與祈禮同。祝文曰：“維某年歲次月朔日，子縣令姓名謹遣具位姓名，敢昭告於某神：往以久闕時雨，式陳誠禱，惟神鑒佑，降茲嘉液，庶品霑洽，蒼生咸賴。謹以制幣、犧齊、粢盛、庶品，明薦於某神。尚饗。”

諸縣禜城門 報祠禮同

若霖雨不止，禜祭城門。設神座皆內向，設瓢齊之尊各於神座之左，設罍、洗及篚於其後，皆於酒尊之左，俱內向。設縣尉位[2]於罍、洗之左而右向，執事者位於其後，皆以近神爲上。

贊禮者贊拜，無幣，不爲瘞埳，餘與祈諸神同。祝文曰：“維某年歲次月朔日，子縣令姓名謹遣具位姓名，敢昭告於城門：霖雨久淹，害於百

---

①　“北向立”三字，公善堂本載於“縣丞”之前，四庫本無。據《通典》卷一二〇《開元禮纂類十五》移改。

②　“尉”字，公善堂本誤作“厨”，據四庫本、《通典》卷一二〇《開元禮纂類十五》校改。

穀,惟靈降福,應時開霽。謹以清酌、嘉薦,明告於城門。尚饗。"

　　若雨止報祠,用特牲、飲福,餘與禜禮同。祝文曰:"維某年歲次月朔日,子縣令姓名謹遣具位姓名,敢昭告於城門:前以霖雨,式陳誠禱,惟靈降祉,應時開霽。謹以清酌、特牲、粢盛、庶品,明薦於城門。尚饗。"

卷第七十四　吉禮

諸太子廟時享

齋戒　陳設　晨祼　饋食

齋戒

將享，有司卜日如别儀。凡與享之官散齋二日，致齋一日。散齋皆於正寢，致齋於享所。散齋理事如舊，惟不弔喪問疾，不作樂，不判署刑殺文書，不行刑罰，不預穢惡。致齋惟享事得行，其餘悉斷。其享官以下已齋而闕者，通攝行事。諸享官致齋之日給酒食及明衣，各習禮於齋所。

前享一日，諸衛令其屬未後一刻各以其方器服守衛廟門，每門一人。與太樂工人俱清齋一宿。

陳設

前享三日，右校清埽内外，守宫設享官以下次於齋坊之内。

前享二日，太樂令設軒懸之樂於廟庭，東方、西方磬簴起北，鐘簴次之；北方磬簴起西[①]，鐘簴次之。設三鎛鐘於編懸之間，各依辰位。樹路鼓於北懸之間。植建鼓於三隅。置柷敔於懸内。柷在左，敔在右。設歌鐘、歌磬於廟堂之上前楹間，北向。磬簴在西，鐘簴在東。其匏竹者立於堂下階間，重行北向，相對爲首。凡懸，皆展而編之。諸工人各位於懸後。

前享一日，奉禮設享官以下位於東門之内道北，執事位於道南，每等異位，俱重行西向，以北爲上。設奉禮位於樂懸東北，贊者一人在南差退，俱西向。設協律郎位於廟堂之上前楹間近西，東向。設太樂令位於樂懸之間，北向。設門外位，享官以下於東門外道南，每等異位，北面

---

① 四庫本於“北方”前有“南方”二字。

西上。

前享一日，晡後三刻①，廟令帥府史、齋郎以下以尊、坫、罍、洗、篚、冪入，設於位。其籩、豆、鉶、痕陳於廟堂之東，加以巾蓋。籩、豆各十，痕四，俎二，玉瓚一，篹、簠各二，蕭、蒿、坫、盤各一，罍、洗各一。設器物者皆濯而陳之也。

晡後三刻，贊引引博士詣厨省，視濯溉，還齋所。

享日，未明十五刻，太官令帥宰人以鸞刀割牲，取膟脊共置一豆②，置於饌所。膟脊，腸閒脂。

晨祼

享日，未明四刻，諸享官各服其服。廟令、良醞令各率其屬入，實尊、罍。犧尊實以醴齊，象尊實以盎齊，罍尊實以清酒。其三尊之上尊實以玄酒。爵七，勺二，篚一，并設洗於堂下。其器並以烏漆。太官令帥進饌者實諸籩、豆、篹、簠。

未明三刻，奉禮帥贊者先入，就位。贊引引博士、宮闈令及執尊、罍、篚、冪者入自東門，當階閒重行，北面西上。立定，奉禮曰：“再拜。”闕文。訖，贊引引博士升堂上，各就位。宮闈令開埳室，出神主，置於座，訖，還執事位。

未明二刻，謁者引享官俱就東門外位。太樂令引工人入。訖，贊引引亞獻先入，就位，再拜，訖，行埽除，復位。謁者引享官入，就位。立定，奉禮曰：“再拜。”享官等再拜。訖，謁者進初獻之左，白：“有司謹具，請行事。”退，復位。協律郎跪，俛伏，舉麾。凡取物者皆跪，俛伏而取以興。奠物則跪、奠訖，俛伏而後興。鼓柷，奏《肅和之樂》，三成，偃麾，戛敔，樂止。凡樂，皆協律郎舉麾，工鼓柷而後作，偃麾、戛敔而後止。奉禮曰：“衆官再拜。”衆官在位者皆再拜。

謁者引初獻詣罍洗，盥手，洗爵。訖，謁者引初獻升自東階，詣闕文。

饋食

闕文。取爵，酌以授齋郎，奠爵，俛伏，興，再拜。訖，贊引引復位。贊引引亞獻詣罍洗，盥手，洗爵，升堂，詣尊所，酌酒，入，奠於神座前，興，

---

① “晡後”，四庫本、《通典》卷一二一《開元禮纂類十六》作“晡前”。

② “置”字，四庫本、《通典》卷一二一《開元禮纂類十六》作“實”。

退户外，再拜，訖，少退，立。齋郎酌福酒，兩爵合置一爵。亞獻再拜，跪，受爵，啐酒，遂飲，卒爵，以爵授齋郎，俛伏，興，再拜，訖，引復位。次引終獻，如亞獻之儀。引復位。訖，奉禮曰：“賜胙。”贊者曰：“再拜。”_{飲福酒者不拜。}奏《肅和之樂》，一成止。贊者曰：“再拜。”在位者皆再拜。訖，贊引進初獻之左，白：“禮畢。”贊引各引享官以次出。

贊引引博士以下俱就執事位，奉禮曰：“再拜。”博士以下皆再拜，引出。宫闈令納神主如常儀。其祝版燔於齋坊。

卷第七十五　吉禮

三品以上時享其廟

前享五日，筮於廟門之外。主人公服立於門東，西面。掌事者各服其服立於門西，東面北上。設筮席於闑西閾外，西面。筮者開櫝出策兼執之，東面受命於主人。主人曰："孝曾孫某，來日丁亥祇享於廟。尚饗。"丁未必亥也，直舉一日以言之也。己亥、辛亥，苟有亥焉，可也。筮者曰："諾。"進，就筮席，西面，以櫝擊策，遂述曰："假爾泰筮有常，曾孫某，來日丁亥祇享於廟。尚饗。"乃釋櫝，坐筮，訖，興，降席，東面，稱："占曰從。"筮者退。若不吉，即筮遠日，如初儀。贊禮者進主人之左，告："禮畢。"掌事者徹筮席。

先享三日，主人及亞獻、終獻并執事者，各散齋二日於正寢，致齋一日於廟所。同官寮佐之長爲亞獻，其次爲終獻，無則以親賓爲之。子孫及凡入廟者，各於其家清齋一宿。凡散齋，不弔喪問疾，不作樂，不行刑罰，不預穢惡。致齋，惟享事得行，其餘悉斷。其享官已齋而闕者，通攝行事。

前一日之夕，清埽內外，掌廟者整拂神幄。贊禮者設主人之位於東階東南，西向；亞獻、終獻位於主人東南；掌事者位於終獻東南。俱重行，西向北上。設子孫之位於庭，重行，北向西上。設贊唱者位於終獻西南，西向。又設亞獻以下門外位於門外之東[①]，執事者在南差退，俱西向。設牲牓於南門之外，當門北向，以西爲上。掌牲者位於牲西北，東向，諸祝位於牲後。俱北向。設亞獻省牲位於牲前近東，西向。

設祭器之數，每室尊二、簋二、簠二、痕二、鉶二、俎三；籩、豆，一品、二品各十，三品八。掌事者以尊入，設於前楹下，各於室戶之東，北面西上，皆加勺、冪。首座爵一，餘座皆爵四，置於坫。設祭器於序東，西向。每座簋

---

① "門外之東"，四庫本作"東門之東"。

在前,簠次之,痕次之,鉶次之,籩次之,豆次之,俎在後。每座異之,皆以南爲上,屈陳而下。

設洗於東階東南,東西當東霤,南北以堂深。罍在洗東,加勺、冪;篚在洗西,南肆。實爵三、巾二於篚,加冪。凡器物,皆濯而陳之。執尊、罍、洗、篚者各位於尊、罍、洗、篚之後。

掌牲者以牲就牓位。贊禮者引亞獻入,詣東階,升堂,徧視滌濯。於視濯,執尊者皆舉冪告潔。訖,引降,就省牲位。亞獻省牲。掌牲者前,東面,舉手曰:“腯。”還本位。諸祝各循牲一匝,北面,舉手曰:“充。”俱還本位。祝引掌牲者以次牽牲付厨。贊禮者引終獻詣厨,省鼎鑊,視濯溉。亞獻以下每事訖,各還齋所。執饌者入,徹簠、簋、籩、豆、俎、鉶以出。

享日未明,烹牲於厨。夙興,掌饌者實祭器。牲體皆載右胖。前脚三節,節一段,肩、臂、臑皆載之。後脚三節,節一段,去下一節,載上肫、胳二節。又取正脊、脡脊、橫脊、短脅、正脅、代脅,各二骨以並,餘皆不設。簠實稷黍,簋實稻粱,籩實石鹽、乾脯、棗栗之屬,豆實醯醬、韲菹之類。主人以下各服其服,掌事者入,實尊、罍。每室二尊,一實玄酒爲上,一實醴齊次之。祝版各置於坫。諸祝與闇人入,立於庭,北面西上,立定,皆再拜。訖,升自東階,以次出神主,各置於座。夫人之主,闇人奉出,俱並而處右。

質明,贊禮者引亞獻以下及子孫俱就門外位。贊唱者先入,就位。諸祝與執尊、罍者入,立於庭,北面西上。立定,贊唱者曰:“再拜。”祝以下皆再拜,各就位。掌饌者奉饌陳於門外。贊禮者引主人入,就位,又贊禮者引亞獻以下及子孫以次入,就位。立定,贊唱者曰:“再拜。”祝以下皆再拜[①]。贊禮者進主人之左,白:“請行事。”退,復位。掌饌者引饌入,升自東階,諸祝迎引於階上,各設於神座前。籩居右,豆居左,簠、簋、痕、鉶居其閒。羊豕二俎橫陳,重在右,腊俎特在左。執鑪炭、蕭稷、膟脊者,各從其俎升,置於室户外之左。其蕭稷各置於鑪炭下。施設訖,掌饌以下降,出。諸祝各取蕭稷擩於脂,燔於鑪炭,還尊所。

贊禮者引主人詣罍洗,執罍者酌水,執洗者跪,取盤,興,承水。主人盥手。執篚者跪,取巾於篚,興,進。主人拭手。執篚者受巾,跪,奠於篚,遂取爵,興以進。主人受爵。執罍者酌水,主人洗爵。執篚者又

跪,取巾於篚,興,進。主人拭爵。訖,受巾,跪,奠於篚。奉盤者跪,奠盤,興。<small>凡取物者跪,俛伏而取以興。奠物則跪、奠訖,俛伏而後興。</small>

　　贊禮者引主人自東階升堂,詣某祖酒尊所,執尊者舉羃。主人酌酒。贊禮者引主人進,詣某祖神座前,北面跪,奠爵,興,出戶,北向立。祝持版進於室戶外之右,東面跪,讀祝文曰:"維某年歲次月朔日,子孝曾孫某官封某,<small>無封者但稱官。</small>敢昭告於某祖考某諡封、祖妣某邑夫人某氏:時維仲春,<small>夏云仲夏,秋云仲秋,冬云仲冬。</small>伏增遠感,謹以柔毛、剛鬣、明粢、薌合、薌萁、嘉蔬、嘉薦、醴齊,敬薦祠享於某祖考某諡封,某祖妣夫人某氏配。尚饗。"<small>祖考及孫,各依尊卑稱號,祝文同。春言祠,夏言礿,秋言嘗,冬言烝。</small>訖,興。主人再拜。祝進,跪,奠版於神座,興,還尊所。贊禮者引主人以次酌獻,如上儀。<small>惟不盥洗。</small>訖,贊禮者引主人詣東序,西向立。諸祝各以爵酌福酒,合置一爵。一祝持爵進主人之左,北向立。主人再拜,受爵,跪,祭酒,啐酒,奠爵,興。諸祝各帥執饌者以俎入,減神前胙肉,各置一俎上。又以籩遍取稷黍飯,共置一籩。祝先以飯籩進,主人受以授左右。祝又以俎授,主人每受以授左右。訖,主人跪,取爵,遂飲,卒爵。祝進,受爵,復於坫。主人興,再拜。贊禮者引主人降自東階,還本位,西向立。

　　主人獻將畢,贊禮者引亞獻詣罍洗,盥手,洗爵,升自東階,詣某祖酒尊所,執尊者舉羃。亞獻酌酒。贊禮者引亞獻進詣某祖神座前,北面跪,奠爵,興,出戶,北向,再拜。贊禮者引亞獻以次酌獻,如上儀。訖,贊禮者引亞獻詣東序,西向立。諸祝各以爵酌福酒,合置一爵。一祝持爵進亞獻之左,北向立。亞獻再拜,受爵,跪,祭酒,遂飲,卒爵。祝進,受爵,復於坫。亞獻興,再拜。贊禮者引亞獻降,復位。又贊禮者引終獻詣罍洗,盥洗,升獻,如亞獻之儀。訖,降,復位。

　　諸祝皆進神座前,跪,徹豆,興,還尊所。<small>徹者,籩、豆各一,少移於故處。</small>贊唱者曰:"再拜。"<small>非飲福、受胙者皆再拜。</small>贊唱者又曰:"再拜。"主人以下皆再拜。贊禮者進主人之左,白:"禮畢。"遂引主人出。贊禮者引亞獻以下及子孫以次出。諸祝與執尊、罍、篚者俱復執事位,立定,贊唱者曰:"再拜。"諸祝以下皆再拜。執尊、罍、篚者出。諸祝與闇人檜神主,納於垆室,如常儀。祝版燔於齋所。

　　褒聖侯祀孔宣父廟及王公以下,皆用此禮,惟祝文別。

卷第七十六　吉禮

三品以上祫享其廟　三品以上禘享其廟

三品以上祫享其廟

　　前享五日，筮於廟門之外。齋及設位、牲牓、祭器、省牲，皆如時享之儀。掌事者以尊、坫入，設於廟堂之上，皆於神座之左。昭座之尊在前楹，北向；始祖及穆座之尊在户外，南向。俱以近神爲上，皆加勺、冪。若始祖在曾祖以下，則設尊依親廟之式。其首座爵一，餘皆爵四，各置於坫。設祭器於序東，西向。每座簠在前，簋次之，痕次之，鉶次之，籩次之，豆次之，俎在後。每座異之，皆以南爲上，屈陳而下。

　　設洗於東階東南，東西當東霤，南北以堂深。罍水在洗東，加勺、冪。篚在洗西，南肆。實爵三、巾二於篚，加冪。凡器，皆濯而陳之。執尊、罍、篚、冪者各位於尊、罍、篚、冪之後。

　　享日，未明，烹牲於厨。夙興，掌饌者實祭器。牲體皆載右胖：前三節，節一段，肩、臂、臑皆載之。後三節，節一段，去下一節，載上肫、胳二節。又取正脊、脡脊、橫脊、短脅、正脅、代脅，各二骨以並。餘皆不設。簠實稷黍，簋實稻粱，籩實石鹽、乾脯、棗栗之屬，豆實醢醬、蠯菹之類。掌廟者設神座於廟堂之上，自西序以東。始祖座於西序，東向。昭座於始祖東北，南向。穆座於東南，北向。俱西上。若始封者仍在，曾祖以下則空。東面之座依昭、穆，南北設之。每座皆有屏、几、禮席，設跌樻如式。主人以下各服其服。掌事者入，實尊、罍。每室四尊，一實醴齊爲上，一實盎齊次之，玄酒各實於上尊。設玄酒者，重古，陳而不酌。祝版各置於坫。諸祝與闈者入，立於庭，北面西上。掌事者持腰輿從入，立於東階下，西面北上。立定，祝與闈者皆再拜，訖，帥腰輿升自東階，詣始祖廟，入，開埳室，出神主，置於輿，出，詣座前，以主置於座。以次出神主，如上儀。訖，還齋所。夫人之主，闈人奉出，俱並而處右。

　　質明，贊禮者引亞獻以下及子孫俱就門外位。贊唱者先入，就位。

諸祝與執尊、罍者入,立於庭,北面西上。立定,贊唱者曰:"再拜。"祝以下皆再拜,各就位。掌饌者帥執饌者奉饌陳於門外。贊禮者引主人入,就位。又贊禮者引亞獻以下及子孫以次入,就位。立定:贊唱者曰:"再拜。"主人以下皆再拜。贊禮者進主人之左,白:"請行事。"退,復位。掌饌者引饌入,升自東階。祝迎引於階上,各設於神座前。籩居右,豆居左,鉶痕、簠、簋居其閒。羊豕二俎橫陳,重於右,臘俎特於左。執鑪炭、蕭稷黍、膟膋者,從其俎升,設於神座之左少後。其蕭稷各置於鑪炭下。施設訖,掌饌以下降,出。諸祝各取蕭稷擩於脂,燔於鑪炭,還尊所。

贊禮者引主人詣罍洗,執罍者酌水,執洗者跪,取盤,興,承水。主人盥手。執篚者跪,取巾於篚,興,進。主人拭手。執篚者受巾,跪,奠於篚,遂取爵,興以進。主人受爵。執罍者酌水,主人洗爵。執篚者又跪,取巾於篚,興,進,主人拭爵訖,受巾,跪,奠於篚。奉盤者跪,奠盤,興。凡取物者皆跪,俛伏而取以興。奠物則跪、奠訖,俛伏而後興。

贊禮者引主人自東階升堂,詣始祖酒尊所,執尊者舉冪,主人酌醴齊。贊禮者引主人進,詣始祖神座前,西面跪,奠爵,興,少退,西向立。祝持版進於神座之右,北面跪,讀祝文曰:"維某年歲次月朔日,子孝曾孫某官封某,敢昭告於始祖考某諡封、祖妣夫人某氏:歲序推移,伏增遠念,謹以柔毛、剛鬣、明粢、薌合、薌萁、嘉蔬、嘉薦、醴齊,敬薦祫事於始祖考某諡封,始祖妣夫人某氏配。尚饗。"祖考及子孫依尊卑稱號,其祝文同。訖,興,主人再拜。祝進,跪,奠版於神座,興,還尊所。

贊禮者引主人依昭、穆酌獻,如上儀。惟不盥洗。訖,贊禮者引主人詣東序,西向立。諸祝各以爵酌福酒,合置一爵。一祝持爵進主人之左,北向立。主人再拜,受爵,跪,祭酒,啐酒,奠爵,興。諸祝各帥執饌者以俎進,減神前胙肉,各置一俎上。又以籩徧取稷黍飯,共置一籩。祝先以飯籩進,主人受以授左右。祝又以俎以次進,主人每受以授左右。訖,主人跪,取爵,遂飲,卒爵。祝進,受爵,復於坫。主人興,再拜。贊禮者引主人降自東階,還本位,西向立。

初,主人獻將畢,贊禮者引亞獻詣罍洗,盥手,洗爵,升自東階,詣始祖酒尊所,執尊者舉冪。亞獻酌盎齊。贊禮者引亞獻進,詣始祖神座前,西面跪,奠爵,興,少退,西向,再拜。贊禮者引亞獻以次酌獻,如上儀。訖，贊禮者引亞獻詣東序，西向立。諸祝各以爵酌福酒，合置一爵。一祝持爵進亞獻之左，北向立。亞獻再拜，受爵，跪，祭酒，遂飲，卒爵。祝進，受爵，復於坫。亞獻興，再拜。贊禮者引亞獻降，復位。又贊禮者引終獻詣罍洗，盥洗，升獻，如亞獻之儀。訖，降，復位。

諸祝皆進神座前，跪，徹豆，興，還尊所。徹者，籩、豆各一，少移於故處。贊唱者曰："再拜。"非飲福、受胙者皆再拜。贊唱者又曰："再拜。"主人以下皆再拜。贊禮者進主人之左，白："禮畢。"遂引主人出。贊禮者引亞獻以下及子孫以次出。諸祝與執尊、罍、篚者俱復執事位，立定，贊唱者曰："再拜。"諸祝以下皆再拜。執尊、罍、篚者出。諸祝與闇者櫝神主，置於輿，納於埳室，如常儀。

三品以上禘享其廟

前享五日，筮於廟門之外。齋及設位、牲牓、祭器、省牲，皆如時享之儀。掌事者以尊、坫入，設於廟堂之上，皆於神座之左。昭座之尊在前楹閒，北向；始祖及穆座之尊在戶外，南向。俱以近神爲上。未毀廟之尊、坫於前楹下，各於室戶之東，北面西上，皆加勺、冪。其首座爵一，餘座皆爵四，各置於坫。

設祭器於序東，西向。每座簠在前，簋次之，痕次之，鉶次之，籩次之，豆次之，俎在後。每座異之，皆以南爲上，屈陳而下。設洗於東階東南，東西當東霤，南北以堂深。罍水在洗東，加勺、冪。篚在洗西，南肆。實爵三、巾二於篚，加冪。凡器，皆濯而陳之。執尊、罍、篚、冪者各位於尊、罍、篚、冪之後。

享日，未明，烹牲於廚。夙興，掌饌者實祭器。牲體皆載右胖：前脚三節，節一段，肩、臂、臑皆載之。後脚三節節一段，去下一節，載上肫、胳二節。又取正脊、脡脊、橫脊、短脊、正脅、代脅，各二骨以並。餘皆不設。簠實稷黍，簋實稻粱，籩實石鹽、乾脯、棗栗之屬，豆實醓醬、韲菹之類。掌廟者設神座於廟堂之上，自西序以東。始祖座於西序，東向。昭座於始祖東北，南向。穆座於始祖東南，北向。俱西上。其未毀廟之主各於其室，如時享。若始封者仍在，即各於其室，如時享。主人以下各服其服。掌事者入，實尊、罍。每室四尊，一實醴齊爲上，一實盎齊次之，玄酒各實於上尊。玄酒者，重古，設而不酌。祝版各置於坫。諸祝與闇者入，立於庭，北面西上。掌事者持腰輿從入，立於東階下，西面北上。立定，祝與闔者皆再拜，訖，帥腰輿升自東階，詣始祖廟，入，開垍室，出神主，置於輿，出，詣座前，以主置於座。以次出毀廟神主如常儀。未毀廟主出，置於室內之座，如時享。夫人之主，闇人奉出，俱並而處右。訖，出，還齋所。

質明，贊禮者引亞獻以下及子孫俱就門外位。贊唱者先入，就位。諸祝與執尊、罍者入，立於庭，北面西上。立定，贊唱者曰：“再拜。”祝以下皆再拜，各就位。掌饌者帥執饌者奉饌，陳於門外。贊禮者引主人入，就位，又贊禮者引亞獻以下及子孫以次入，就位。立定，贊唱者曰：“再拜。”主人以下皆再拜。贊禮者進主人之左，白：“請行事。”退，復位。掌饌者引饌入，升自東階。諸祝迎引於階上，各設於神座前。籩居右，豆居左，簠、簋、痕、鉶居其間。羊豕二俎橫陳，重於右，腊俎特於左。執鑪炭、蕭稷黍、脺臀者，從其俎升，設於神座之左少後，其蕭稷各置於鑪炭下。施設訖，掌饌以下降，出。諸祝各取蕭稷擩於脂，燔於鑪炭，還尊所。

贊禮者引主人詣罍洗，執罍者酌水，執洗者跪，取盤，興，承水。主人盥手。執篚者跪，取巾於篚，興，進。主人拭手。執篚者受巾，跪，奠於篚，遂取爵，興以進。主人受爵。執罍者酌水，主人洗爵。執篚者又跪，取巾於篚，興，進，主人拭爵訖，受巾，跪，奠於篚，奉盤者跪，奠盤，興。凡取物者皆跪，俛伏而取以興。奠物則跪、奠訖，俛伏而後興。

贊禮者引主人自東階升堂，詣始祖酒尊所，執尊者舉冪。主人酌醴齊。贊禮者引主人詣始祖神座前，西面跪，奠爵，興，少退，西向立。祝持版進於神座之右，北面跪，讀祝文曰：“維某年歲次月朔日，子孝曾孫某官封某，敢昭告於始祖考某謚封、祖妣夫人某氏：歲序推移，伏增遠感。謹以柔毛、剛鬣、明粢、薌合、薌萁、嘉蔬、嘉薦、醴齊，祇薦禘享於始祖考某謚封，始祖妣夫人某氏配。尚饗。”祖考及子孫各依尊卑稱號，祝文同。訖，興，主人再拜。祝進，跪，奠版於神座，興，還尊所。贊禮者引主人依昭、穆入室酌獻，如上儀。惟不盥洗。

贊禮者引主人詣東序，西向立。諸祝各以爵酌福酒，合置一爵。一祝持爵進主人之左，北向立。主人再拜，受爵，跪，祭酒，啐酒，奠爵，興。諸祝各帥執饌者以俎進，減神前胙肉，各置一俎上；又以籩徧取稷黍飯，共置一籩。祝先以飯籩進，主人受以授左右。祝又以俎以次進，主人每受以授左右。訖，主人跪，取爵，遂飲，卒爵。祝進，受爵，復於坫。主人興，再拜。贊禮者引主人降自東階，還本位，西向立。

初，主人獻將畢，贊禮者引亞獻詣罍洗，盥手，洗爵，升自東階，詣始祖酒尊所，執尊者舉冪。亞獻酌盎齊。贊禮者引亞獻進，詣始祖神座前，西面跪，奠爵，興，少退，西向，再拜。贊禮者引亞獻以次酌獻，如上儀。訖，贊禮者引亞獻詣東序，西向立。諸祝各以爵酌福酒，合置一爵。一祝持爵進亞獻之左，北向立。亞獻再拜，受爵，跪，祭酒，遂飲，卒爵。祝進，受爵，復於坫。亞獻興，再拜。贊禮者引亞獻降，復位。又贊禮者引終獻詣罍洗，盥洗、升獻如亞獻之儀。訖，降，復位。

諸祝皆進神座前，跪，徹豆，興，還尊所。徹者，籩、豆各一，少移於故處。贊唱者曰：“再拜。”非飲福受胙者皆再拜。贊唱者又曰：“再拜。”主人以下皆再拜。贊禮者進主人之左，白：“禮畢。”遂引主人出。贊禮者引亞獻以下及子孫以次出。諸祝與執尊、罍、篚者俱復執事位，立定，贊唱者曰：“再拜。”諸祝以下皆再拜。執尊、罍、篚者出。諸祝與闇者檻神主，置於輿，納於埳室，如常儀。

卷第七十七　吉禮

四品五品時享其廟

前享五日，筮於廟門之外。主人公服立於門東，西面。掌事者各服其服立於門西，東面北上。設筮席於闑西閾外，西面。筮者開韇、出策兼執之，東面，受命於主人。主人曰："孝曾孫某，來日丁亥祗享於廟。尚饗。"丁未必亥也，直舉一日以言之，己亥、辛亥，苟有亥焉可也。筮者曰："諾。"進，就筮席，西面，以韇擊策，遂述曰："假爾泰筮有常，孝曾孫某來日丁亥祗享於廟。尚饗。"乃釋韇，坐筮，訖，興，降席，東面稱："占曰從。"筮者退。若不吉，即筮遠日，如初儀。贊禮者進主人之左，告"禮畢"。掌事者徹筮席。

先享三日，主人及亞獻、終獻並執事者，各散齋二日於正寢，致齋一日於廟所。同官僚佐之長爲亞獻，其次爲終獻，無則親賓爲之。子孫及凡入廟者，各於其家清齋一宿。散齋不弔喪問疾，不作樂，不行刑罰，不預穢惡。致齋惟祭事得行，其餘悉斷。其享官已齋而闕者，通攝行事。

前一日之夕，清埽内外。掌廟者整拂神幄。贊禮者設主人之位於東階東南，西向；亞獻、終獻位於主人東南；掌事者位於終獻東南。俱重行，西面北上。設子孫之位於庭，重行，北面西上。設贊唱者位於終獻西南，西向。設亞獻以下門外位於門外之東，執事者在南差退，俱西向。

設牲牓於南門之外，當門北向，以西爲上；掌牲位於牲西北，東向；諸祝位於牲後。俱北向。設亞獻省牲位於牲前近東，西向。

祭器之數，每室尊二、簠二、簋二、瓾二、鉶二、俎三、籩六、豆六。掌事者以尊入，設於前楹下，各於室户之東，北面西上，皆加勺、幂。首座爵一，餘座爵四，置於尊下。設祭器於序東，西向，每座簠在前，簋次之，瓾次之，鉶次之，籩次之，豆次之，俎在後。每座異之，皆以南爲上，屈陳而下。設洗於東階東南，東西當東霤，南北以堂深。罍水在洗東，篚在洗西，南肆，實爵三、巾二於篚，加幂。凡器，皆濯而陳之。執尊、罍、洗、篚者各位於尊、罍、洗、篚之後。掌牲者以牲就牓位。

　　贊禮者引亞獻入，詣東階，升堂，遍視滌濯。於視濯，執尊者皆舉幂告潔。訖，引降，就省牲位。亞獻省牲。掌牲者前，東面，舉手曰："腯。"還本位。諸祝各循牲一匝，北面，舉手曰："充。"還本位。諸祝與掌牲者以次牽牲付廚。贊禮者引終獻詣廚，省鼎鑊，視濯溉。亞獻以下，每事訖，各還齋所。執饌者入，徹籩、簠、簋、豆、俎、鉶以出。

　　享日，未明，烹牲於廚。夙興，掌饌者實祭器。牲體皆載右胖：前脚三節，節一段，肩、臂、臑皆載之。後脚三節節一段，去下一節，載上肫、胳二節。又取正脊、脡脊、橫脊、短脅、正脅、代脅，各二骨以並，餘皆不設。簠實稷黍，簋實稻粱①，籩實鹽脯、棗栗之屬，豆實醓醬、韲菹之類。主人以下各服其服。掌事者入，實尊、罍。每室二，一實玄酒爲上，一實醴齊次之。祝版各置於尊所。諸祝入，立於庭，北面西上。立定，皆再拜。訖，升自東階，整拂几筵，訖，出，還齋所。

　　質明，贊禮者引亞獻以下及子孫俱就門外位。贊唱者先入，就位。諸祝與執尊、罍者入，立於庭，北面西上。立定，贊唱者曰："再拜。"祝以下皆再拜，各就位。掌饌者奉饌陳於門外。贊禮者引主人入，就位。又贊禮者引亞獻以下及子孫以次入，就位。立定，贊唱者曰："再拜。"主人以下皆再拜。贊禮者進主人之左，白："請行事。"退，復位。掌饌者引饌入，升自東階。諸祝迎引於階上，各設於神座前。籩居右，豆居左，簠、簋、痕、鉶居其間。羊豕二俎橫陳，重於右，腊俎特於左。執鑪炭、蕭稷、脟脊者各從其俎升，置於室戶外之左。其蕭稷各置於鑪炭下。施設訖，掌饌以下降，出。諸祝各取蕭稷擩於脂，燔於鑪炭，還尊所。

　　贊禮者引主人詣罍洗，執罍者酌水，執洗者跪，取盤，興，承水。主人盥手。執篚者跪，取巾於篚，興，進。主人拭手。執篚者受巾，跪，奠於篚，遂取爵，興以進。主人受爵。執罍者酌水，主人洗爵。執篚者又跪，取巾於篚，興，進。主人拭爵訖，受巾，跪，奠於篚。奉盤者跪，奠盤，興。凡取物者皆跪，俛伏而取以興。奠物則跪、奠訖，俛伏而後興。

　　贊禮者引主人自東階升堂，詣某祖酒尊所，執尊者舉幂。主人酌酒。贊禮者引主人進詣某祖神座前，北面跪，奠爵，興，出戶，北向立。

----

①　"粱"字，公善堂本誤作"梁"，據四庫本校改。

祝持版進於室户外之右，東面跪，讀祝文曰："維某年歲次月朔日，子孝曾孫某官封某，無封者但稱官。敢昭告於某祖考某謚封、祖妣某邑夫人某氏：時惟仲春，夏云仲夏，秋云仲秋，冬云仲冬。伏增遠感，謹以柔毛、剛鬣、嘉薦、普淖、醴齊，敬薦祠享其礿、嘗、烝，各隨時言。於某祖考某謚封，某祖妣夫人某氏配。尚饗。"祖考及子孫各依尊卑稱號，祝文同。訖，興，主人再拜。祝進，跪，奠版於神座，興，還尊所。

　　贊禮者引主人以次酌獻，如上儀。惟不盥洗。訖，贊禮者引主人詣東序，西向立。諸祝各以爵酌福酒，合置一爵。一祝持爵進主人之左，北向立。主人再拜，受爵，跪，祭酒，啐酒，奠爵，興。諸祝各帥執饌者以俎入，減神前胙肉，各置一俎上；又以籩徧取稷黍飯，共置一籩。祝先以飯籩進，主人受以授左右；又以俎授，主人每受以授左右。訖，主人跪，取爵，遂飲，卒爵。祝進，受爵，復於尊所。主人興，再拜。贊禮者引主人降自東階，還本位，西向立。

　　初，主人獻將畢，贊禮者引亞獻詣罍洗，盥手，洗爵，升自東階，詣某祖酒尊所，執尊者舉幂。亞獻酌酒。贊禮者引亞獻進某祖神座前，北面跪，奠爵，興，出户，北向，再拜。贊禮者引亞獻以次酌獻，如上儀。訖，贊禮者引亞獻詣東序，西向立。諸祝各以爵酌福酒，合置一爵。一祝持爵進亞獻之左，北向立。亞獻再拜，受爵，跪，祭酒，遂飲，卒爵。祝進，受爵，復於尊所。亞獻興，再拜。贊禮者引亞獻降，復位。又贊禮者引終獻詣罍洗，盥洗，升獻，如亞獻之儀。訖，降，復位。

　　諸祝皆進神座前，跪，徹豆，興，還尊所。徹者，籩、豆各一，少移於故處。贊唱者曰："再拜。"非飲福、受胙者皆再拜。贊唱者又曰："再拜。"主人以下皆再拜。贊禮者進主人之左，白"禮畢"，遂引主人出。贊禮者引亞獻以下及子孫以次出。諸祝與執尊、罍、篚者俱復執事位，立定，贊唱者曰："再拜。"諸祝以下皆再拜，與執尊、罍、篚者出。

卷第七十八　吉禮

六品以下時祠　王公以下拜埽寒食拜埽附

六品以下時祠

　　前享五日，筮於正寢之堂。若有廟者，筮於廟門外，如五品以上之儀。主人公服立於堂上楹閒近東，西面。掌事者立於楹間近西，東面北上。設筮席於主人之西，西面。筮者開韇、出策兼執之，東面，受命於主人。主人曰："孝孫某來日丁亥春祠。有廟者云祇享於廟。下同。尚饗。"筮者曰："諾。"進，就筮席，西面，以韇擊策，遂述曰："假爾泰筮有常，孝孫某來日丁亥春祠。尚饗。"乃釋韇，坐筮，訖，興，降席，東面稱："占曰從。"筮者退。若不吉，即筮遠日，如初儀。贊禮者進主人之左，告"禮畢"。掌事者徹筮席。

　　先享三日，主人及亞獻、終獻并執事者各散齋二日，致齋一日。亞獻、終獻，親賓爲之。子孫及凡與享者，各清齋一宿。散齋不弔喪問疾，不作樂，不行刑罰，不預穢惡。致齋惟享事得行，其餘悉斷。其享官已齋而闕者，通攝行事。

　　前一日之夕，清埽內外，掌廟者整拂神幄。贊禮者設主人之位於東階東南，西向；亞獻、終獻位於主人東南；掌事者位於終獻東南。俱重行，西向北上。設子孫之位於庭，重行，北面西上。設贊唱者位於終獻西南，西面。設亞獻以下門外位於門外之東，執事者在南差退，俱西向。

　　設牲牓於南門之外，當門北向，以西爲上；掌牲位於西北，東面；諸祝位於牲後。俱北向。設亞獻省牲位於牲前近東，西向。

　　祭器之數，每室尊二、簠一、簋一、痕一、鉶一、俎一、籩二、豆二。掌事者以尊入，設於前楹下近東，北面西上，皆加勺、冪。首座爵一，餘皆爵四，置於尊下。設祭器於序東，西向，每座簠在前，簋次之，痕次之，鉶次之，籩次之，豆次之，俎在後。每座異之，皆以南爲上，屈陳而下。

設洗於東階東南，東西當東榮①，南北以堂深。罍水在洗東，加勺、冪。篚在洗西，南肆，實爵三、巾二於篚，加冪。凡祭器，皆濯而陳之。執尊、罍、洗、篚者各位於尊、罍、洗、篚之後。

掌牲者以牲就牓位。贊禮者引亞獻入，詣東階，升堂，徧視滌濯。於視濯，執尊者皆舉冪告潔。訖，引降，就省牲位。亞獻省牲。掌牲者前，東面，舉手曰："腯。"還本位。諸祝各循牲一匝，北面，舉手曰："充。"俱還本位。諸祝與掌牲者以次牽牲付廚。贊禮者引終獻詣廚，省鼎鑊，視濯溉。亞獻以下每事訖，各還齋所。執饌者入，徹簠、簋、籩、豆、痕、鉶以出。

享日，未明，烹牲於廚。夙興，掌饌者實祭器。牲體皆載右胖：前脚三節，節一段，肩、臂、臑皆載之。後脚三節節一段，去下一節，載上肫、胳二節。又取正脊、脡脊、橫脊、短脅、正脅、代脅，各二骨以並，餘皆不設。簠實稷黍，簋實稻粱，籩實脯棗，豆實菹醢。主人以下各服其服。掌事者入，實尊、罍。每室二尊，一實玄酒爲上，一實醴齊次之。祝版各置於尊所。諸祝設神座於正寢室內：祖座在西，東向；禰座在祖座東北，南向。皆有几筵。訖，各就位。

質明，贊禮者引亞獻以下及子孫俱就門外位。贊禮者先入，就位。諸祝與執尊、罍者入，立於庭，北面西上。立定，贊唱者曰："再拜。"祝以下皆再拜，各就位。掌饌者奉饌陳於門外。贊禮者引主人入，就位。又贊禮者引亞獻以下及子孫以次入，就位。立定，贊唱者曰："再拜。"主人以下皆再拜。贊禮者進主人之左，白："請行事。"退，復位。掌饌者引饌入，升自東階。諸祝迎引於階上，各設於神座前。籩居右，豆居左，簠、簋、痕、鉶居其間。特牲俎橫於前。執鑪炭、蕭稷、膟膋者，從其俎升，置於堂户外之左。其蕭稷各置於鑪炭下。施設訖，掌饌以下降，出。祝取蕭稷擩於脂，燔於鑪炭，還尊所。

贊禮者引主人詣罍洗，執罍者酌水，執洗者跪，取盤，興，承水。主人盥手。執篚者跪，取巾於篚，興，進。主人拭手。執篚者受巾，跪，奠於篚，遂取爵，興以進。主人受爵。執罍者酌水，主人洗爵。執篚者又跪，取巾於篚，興，進，主人拭爵訖，受巾，跪，奠於篚。奉盤者跪，奠盤，興。凡取物者皆跪，俛伏而取以興。奠物則跪、奠訖，俛伏而後興。

---

① "東榮"，四庫本作"東雷"。

　　贊禮者引主人自東階升堂，詣某祖酒尊所，執尊者舉冪。主人酌酒。贊禮者引主人進詣某祖神座前，西面跪，奠爵，興，少退，西向立。祝持版進於神座之右，北面跪，讀祝文曰：“維某年歲次月朔日，子孝孫某官封某無封者單稱官，無官者稱名而已。敢昭告於祖考某謚封、祖妣夫人某氏：時惟仲春，仲夏，仲秋，仲冬。伏增遠感，謹以剛鬣、嘉薦、普淖、醴齊，祗薦祠事於祖考某謚封，祖妣夫人某氏配。尚饗。”祖考及子孫各依尊卑稱號，其祝文並同。訖，興，主人再拜。祝進，跪，奠版於神座，興，還尊所。

　　贊禮者引主人詣先考酒尊所，酌酒，進先考神座前，北面跪，奠爵，興，少退，北向立。祝持版進於先考神座之左，西面跪，讀祝文。餘皆如上儀。惟不盥洗。訖，贊禮者引主人詣祖座前近東，西向立。諸祝各以爵酌福酒，合置一爵。一祝持爵進主人之左，北向立。主人再拜，受爵，跪，祭酒，啐酒，奠爵，興。諸祝各帥執饌者以俎入，減神前胙肉，共置一俎上；又以籩徧取稷黍飯，共置一籩。祝先以飯籩進，主人受以授左右。祝又以俎次授，主人受以授左右。訖，主人跪，取爵，遂飲，卒爵。祝進，受爵，復於尊所。主人興，再拜。贊禮者引主人降自東階[①]。還本位，西向立。

　　初，主人獻將畢，贊禮者引亞獻詣罍洗，盥手，洗爵，升自東階，詣祖酒尊所，執尊者舉冪。亞獻酌酒。贊禮者引亞獻進，詣先祖神座前，西面跪，奠爵，興，少退，再拜。贊禮者引亞獻酌酒，北面獻考[②]，餘如上儀。訖，贊禮者引亞獻詣祖神座前近東，西向立。諸祝各以爵酌福酒，合置一爵。一祝持爵進亞獻之左，北向立。亞獻再拜，受爵，跪，祭酒，遂飲，卒爵。祝進，受爵，復於尊所。亞獻興，再拜。贊禮者引亞獻降，復位。又贊禮者引終獻詣罍洗，盥洗，升獻，如亞獻之儀。訖，降，復位。

　　諸祝皆進神座前，跪，徹豆，興，還尊所。徹者，籩、豆各一，少移於故處。贊唱者曰：“再拜。”非飲福、受胙者皆再拜。贊唱者又曰：“再拜。”主人以下皆再拜。贊禮者進主人之左，白“禮畢”，遂引主人出。贊禮者引亞獻以下及子孫以次出。諸祝與執尊、罍、篚者俱復執事位，立定，贊唱者曰：“再拜。”諸祝以下皆再拜，與執尊、罍、篚者出。

---

① “東階”，四庫本作“西階”。
② “獻考”，四庫本作“獻爵”。

王公以下拜埽_{寒食拜埽附}

先期卜日如常儀。

前一日，掌事者設次於塋南百步道東，西面北上，備芟翦草木之器。贊禮者設主人以下位於塋門外之東，西向，以北爲上。

其日，主人到次，改服公服，無者常服。贊禮者贊："再拜。"主人以下俱再拜。贊禮者引主人以下入，奉行墳塋，精靈感慕，有泣無哭。至於封樹内外，環繞展省三周。其有荆棘慮與荒草連接者，皆隨即芟翦，不令火田得及。埽除訖，贊禮者引主人以下復門外位。贊禮者曰："再拜。"主人以下皆再拜。贊禮者引之次，遂還第。

若假滿或遠行辭墓，若外官假滿或京官遠行辭墓，泣而後行。

其寒食上墓，如前拜埽儀，惟不卜日。古者，宗子去在他國、庶子無廟。孔夫子許望墓爲壇，以時祭①。即今之上墓②，義或有憑。然神道尚幽，不可逼黷塋域，宜於墓南山門之外設净席爲位，望祭以時饌，如平生所嗜。若一塋數墓，每墓各設位席，昭穆異列，以西爲上。主人盥手，奠爵，三獻而止。徹饌訖，主人以下辭墓。食餘饌者可於他僻處，不見墓所，孝子之情也。

---

① 公善堂本於"時祭"前衍"下"字，據四庫本删。《礼记·曾子问》有"望墓而爲壇，以時祭"之語。

② "今"字，公善堂本作"令"，據四庫本、《通典》卷一二一《開元禮纂類十六》改。

卷第七十九　賓禮①

蕃國主來朝以束帛迎勞　　遣使戒蕃主見日
蕃主奉見_{奉辭禮同}　受蕃國使表及幣

蕃國主來朝以束帛迎勞②

前一日，守宮設次於候館門之外道右，南向。

其日，使者至，掌次者引就次。蕃主服其國服，所司引立於東階下，西面。^{凡蕃主進止，所司先引，制使皆謁者先導。}使者朝服出次，立於門西，東面，從者執束帛立於使者之南。蕃主有司出門東，西面曰："敢請事。"使者曰："奉制勞某主。^{稱其國名。}"有司入告，蕃主迎於館門外之東，西面，再拜。使者與蕃主俱入。使者先升，立於西階上，執束帛者從升，立於使者之北，俱東面。蕃主升，立於東階上，西面。使者執幣稱："有制。"蕃主將下拜，使者曰："有後制，無下拜。"蕃主旋北面，再拜稽首。使者宣制訖，蕃主進，受幣，^{綵五匹爲一束。其蕃主答勞使各以土物，其多少相準，不得過勞幣。勞於遠郊，其禮同。蕃主還，遺贈於遠郊，亦如之。勞蕃使即無束帛。}退，復位，以幣授左右，又稱再拜稽首③。使者降，出，立於館門外之西，東面。蕃主送於館門之外，西面，止使者。蕃主揖使者俱入，讓升。蕃主先升東階上，西面；使者升西階上，東面。蕃主以土物儐使者，使者再拜，受。蕃主再拜，送物。使者降，出，蕃主從出門外，皆如初。蕃主再拜送使者，還。蕃主入，鴻臚迎引，詣朝堂，依方北面立。所司奏聞，舍人承勅出，稱："有勅。"蕃主再拜。宣勞訖，又再拜。所司引就館，如常儀。

---

① 按：公善堂本《大唐開元禮》所記五禮爲：吉、賓、軍、嘉、凶。四庫本同。唐杜佑《通典・開元禮纂類》所記五禮之序爲：吉、嘉、賓、軍、凶。嘉禮序位的變化，當與唐代禮制沿革有關。

② 原標題爲"蕃主來朝遣使迎勞"，據卷首標題改。

③ "稱"字，四庫本、《通典》卷一三一《開元禮纂類二十六》無。

皇帝遣使戒蕃主見日

前一日，守宮設次於館門之外道右，南向。

其日，使者至，掌次者引就次。蕃主服其國服，降，立於東階下，西面。蕃國諸官立於蕃主之後，西面北上。使者服朝服出次，立於門西，東面。蕃主有司出門東，西面曰：“敢請事。”使者曰：“奉制，戒某主見日。”有司入告。蕃主迎於館門外之東，西面，再拜。使者與蕃主俱入。使者升自西階，東面；蕃主升自東階，西面。使者稱：“有制。”蕃主再拜。宣制曰：“某日，某主見。”蕃主又再拜稽首。使者降，出，蕃主送於館門之外，西面再拜。使者還，蕃主入[①]。

蕃主奉見_{奉辭禮同}

前一日，尚舍奉御整設御幄於太極殿北壁，南向。守宮設次，太樂令展宮懸，設舉麾位於上下，鼓吹令設十二案，乘黃令陳車輅，尚輦奉御陳輿輦。尚舍奉御鋪蕃主牀座於御座西南，東向，並如常儀。

其日，典儀設蕃主版位於懸南道西，北面。又設蕃國諸官之位於蕃主位後，各依其班，重行北向，以西為上。設典儀位於懸之東北，贊者二人在南差退，俱西面。諸衛各勒所部，列黃麾仗屯門及陳於殿庭[②]。太樂令帥工人入，就位。協律郎入，就舉麾位。所司迎引蕃主至承天門外，通事舍人引就次。本司入奏，鈒戟近仗入陳如常。典儀帥贊者先入，就位。侍中版奏：“請中嚴。”諸侍衛之官各服其服，符寶郎奉寶，俱詣閤奉迎。蕃主服其國服出次，通事舍人引，立於閤外西廂，東面。_{若更有諸蕃，以國大小為敘。}蕃國諸官各服其服，立於蕃主之後，俱東面北上。

侍中版奏：“外辦。”皇帝服通天冠、絳紗袍，乘輿以出，曲直華蓋警蹕侍衛如常儀。皇帝將出，仗動，太樂令令撞黃鍾之鐘，右五鐘皆應。協律郎舉麾，鼓柷，奏《太和之樂》，以姑洗之均。皇帝出自西房，即御

---

① “蕃”字，公善堂本脫，據四庫本、《通典》卷一三一《開元禮纂類二十六》補。

② “庭”字，公善堂本作“廷”，據四庫本、《通典》卷一三一《開元禮纂類二十六》改。

座,南向坐。符寶郎奉寶置於御座,侍衛如常。偃麾,戛敔,樂止。凡樂,皆協律郎舉麾,工鼓柷而後作,偃麾、戛敔而後止。

　　通事舍人引蕃主入門,《舒和之樂》作,至位,樂止。典儀曰:"再拜。"贊者承傳,蕃主再拜稽首。侍中承制,降,詣蕃主西北,東面稱:"有制。"蕃主再拜稽首。宣制訖,蕃主又再拜稽首。侍中回奏,又承制降勞,勑令升座。蕃主再拜稽首。

　　舍人引蕃主,樂作,蕃主至階,樂止。舍人接引,升至座後。蕃主就座,俛伏,坐。侍中承制勞問,蕃主俛伏,避席將下拜,侍中承制曰:"無下拜。"蕃主復位,拜對如常。侍中回奏,又承制勞還館。舍人引蕃主降自西階,典謁者承引,樂作,復懸南位,樂止。蕃主再拜稽首。訖,舍人引蕃主,樂作,蕃主出門,樂止。

　　初,蕃主升座,舍人引蕃國諸官以次入,就位。立定,典儀曰:"再拜。"贊者承傳,蕃國諸官俱再拜稽首。舍人承勑,降自西階,詣蕃國諸官西北,東面稱:"勑旨。"蕃國諸官皆再拜稽首。對訖,又再拜稽首。舍人回奏,又承勑降勞還館,蕃國諸官俱再拜稽首。於蕃主出,舍人引蕃國諸官以次出。

　　訖,侍中前,跪,奏稱:"侍中臣某言,禮畢。"俛伏,興,還侍位。皇帝興,太樂令令撞蕤賓之鐘,左五鐘皆應,鼓柷,奏《太和之樂》。皇帝降座,乘輿入自東房,侍衛警蹕如來儀[①]。侍臣從至閣,樂止。

皇帝受蕃使表及幣其勞及戒見日,亦如上儀。

　　前一日,尚舍奉御整設御幄於所御之殿北壁,南向。守宮設使者次,太樂令展宮懸,設舉麾位於上下,並如常儀。

　　其日,典儀設使者位於懸南,重行北向,以西爲上。庭實位於客前,典儀位於懸東北,贊者二人在南差退,俱西面。諸衛勒所部,列黃麾半仗屯門及入陳於殿庭。太樂令帥工人入,就位。協律郎入,就舉麾位。所司引客至承天門外,典謁引就次。本司入奏,鈒戟近仗入陳如常。典儀帥贊者先入,就位。侍中版奏:"請中嚴。"侍衛之官各服其器服,符寶

---

① "如來儀",四庫本、《通典》卷一三一《開元禮纂類二十六》作"如常儀"。

郎奉寶，俱詣閤奉迎。使者服其國服，奉書出次。通事舍人引，立於閤外西廂，東面。從者執幣及庭實立於後，俱東面北上。

　　侍中版奏："外辦。"皇帝服通天冠，乘輿以出，曲直華蓋警蹕侍衛如常儀。皇帝將出，仗動，太樂令令撞黃鍾之鐘，右五鐘皆應。鼓柷，奏《太和之樂》，以姑洗之均。皇帝出自西房，即御座，南向坐。符寶郎奉寶置於御座，侍衛如常儀。樂止。中書侍郎一人、令史二人持案預俟於西階下，東面北上。舍人引使者及庭實入，就懸南位。使者初入門，《太和之樂》作^①，立定，樂止。<small>大蕃大使爲作樂。次蕃大使及大蕃中使以下，皆不設樂懸及黃麾仗。</small>中書侍郎帥持案者進，詣使者前，東面。侍郎受書，置於案，回，詣西階。侍郎取書，升，奏，持案者退。

　　初，侍郎奏書，有司各帥其屬受幣、馬於庭。典儀曰："再拜。"贊者承傳，使者以下皆再拜。舍人前，承制，降，詣使者前，問蕃國主，使者再拜。對訖，又再拜。舍人回奏，又承勅問其臣下，使者再拜對。又勞使者以下，拜對及舍人迴奏，並如常。舍人承勅勞還館。使者以下皆再拜。舍人引使者以下出，樂作、止如常儀。

　　侍中前，跪，奏稱："侍中臣某言，禮畢。"俛伏，興，還侍位。皇帝興，太樂令令撞蕤賓之鐘，左五鐘皆應，鼓柷，奏《太和之樂》。皇帝降座，乘輿，入自東房，侍衛警蹕如來儀^②。侍臣從至閤，樂止。

---

①　"太和之樂"，四庫本作"舒和之樂"。

②　"如來儀"，四庫本作"如常儀"，《通典卷》卷一三一《開元禮纂類二十六》作"如上儀"。

卷第八十　賓禮

皇帝宴蕃國主　皇帝宴蕃國使

皇帝宴蕃國主

前一日,尚舍奉御整設御幄於所御之殿北壁,南向。尚食奉御、太官令各具饌。守宮設次。太樂令設登歌位於殿上,展宮懸於殿庭,設舉麾位於上下。鼓吹令設十二案,乘黃令陳車輅,尚輦奉御陳輿輦,並如常儀。

其日,尚舍奉御鋪蕃主牀座於御座西南,蕃國諸官應升殿者座於蕃主之後,設不升殿者坐席於西廊下,俱東面北上。尚食奉御設御酒尊,太官令設蕃主以下酒尊,並如常儀。典儀設蕃主版位於懸南,又設蕃國諸官之位於蕃主之後,俱重行,北面西上。設典儀位於懸之東北,如常儀。諸衛各勒所部,列黃麾仗屯門及陳於殿庭。

太樂令帥工人、二舞人,就位。協律郎入,就舉麾位。所司迎引蕃主至承天門外,通事舍人引之次。凡蕃客出入、升降,皆掌客監引。所司入奏,鈒戟近仗入陳如常。典儀帥贊者先入,就位。侍中版奏:“請中嚴。”諸侍衛之官各服其器服,符寶郎奉寶,俱詣閤奉迎。蕃主服其國服出次,通事舍人引立於閤外西廂,東面[①]。蕃國諸官各服其國服立於蕃主之後。俱東面北上。

侍中版奏:“外辦。”皇帝服通天冠、絳紗袍,乘輿以出,曲直華蓋警蹕侍衛如常儀。皇帝將出,仗動,太樂令令撞黃鍾之鐘,右五鐘皆應。協律郎舉麾,鼓柷,奏《太和之樂》,鼓吹振作。凡樂,皆協律郎舉麾,工鼓柷而後作,偃麾、戛敔而後止。皇帝出自西房,即御座,南向坐。符寶郎奉寶置於御

---

① “東面”,公善堂本作“東南”,據四庫本、《通典》卷一三一《開元禮纂類二十六》改。

座，侍衛如常儀。樂止。典儀一人升，立於東階上，贊者二人立於階下，俱西面。通事舍人引蕃主入，蕃國諸官從入。

　　蕃主入門，《舒和之樂》作，蕃主至位，樂止。其有獻物則從入，陳於蕃主之前，以西爲上。立定，典儀曰：“再拜。”贊者承傳，蕃主及蕃國諸官皆再拜。侍中承旨，降，勑蕃主升座，蕃主再拜。蕃主奉贄，其贄，隨其國所有，以一輕者爲之①。曰：“某國蕃臣某，敢獻壤奠。”侍中升，奏。又侍中承旨曰：“朕其受之。”侍中降，於蕃主東北，西向稱：“有制。”蕃主再拜。宣制訖，蕃主又再拜。訖，以贄授侍中。侍中以贄授所司，又所司受其餘幣，俱以東。

　　舍人承旨，降，勑蕃國諸官等坐，蕃國諸官俱再拜。通事舍人引蕃主，又通事舍人引蕃國諸官應升殿者詣西階。蕃主初行，樂作，至階，樂止。通事舍人各引升，立於座後。初，蕃國諸官詣西階，其不升殿者，通事舍人分引，立於廊下席後。立定，殿上典儀唱：“就座。”階下贊者承傳，蕃主以下皆就位，俛伏，坐。太樂令引歌者及琴瑟至階，脫屨於下，升，就位，坐。其笙管者就階間，北面立。

　　尚食奉御進酒，至階，殿上典儀唱：“酒至，興。”階下贊者承傳，蕃主以下皆俛伏，興，立座後。殿中監到階省酒，尚食奉御奉酒進。皇帝舉酒，良醞令又行酒。殿上典儀唱：“再拜。”階下贊者承傳，蕃主以下皆再拜。訖，搢笏，受觶。殿上典儀唱：“就座。”階下贊者承傳，蕃主以下皆就座，俛伏，坐，飲。皇帝初舉酒，登歌作《昭和》三終。尚食奉御進，受虛觶，奠於坫。登歌訖，降，復位。

　　觴行三周，尚食奉御進御食。食升於階，殿上典儀唱：“食至，興。”階下贊者承傳，蕃主以下皆執笏，俛伏，興，立座後。殿中監到階省案，尚食奉御品嘗食訖，以次進，置御前。太官令又行蕃主以下食案。設訖，殿上典儀唱：“就座。”階下贊者承傳，蕃主以下皆就座，俛伏，坐。皇帝乃飯，《休和之樂》作，蕃主以下皆飯。御食畢，樂止。蕃主以下食訖，尚食、太官俱徹案。

　　又行酒，遂設庶羞。二舞以次入，作。若賜酒，舍人前承旨，詣受賜

────────────

① “以一”，四庫本、《通典》卷一三一《開元禮纂類二十六》作“一以”。

者前，蒙賜者執笏，俛伏，起，立座後。舍人稱"賜酒"，蒙賜者再拜。酒至，蒙賜者搢笏，受觶，就席，俛伏，坐飲，卒觶，俛伏，起，立受虛觶，又再拜，就席，俛伏，坐。

會畢，通事舍人贊蕃主以下興，蕃主以下皆俛伏，興，立座後。通事舍人引降，樂作，復懸南位，樂止。其廊下者，通事舍人引，復懸南位。立定，典儀曰："再拜。"贊者承傳，蕃主以下皆再拜。若有筐篚，舍人前，承旨，降，宣勅，蕃主以下皆再拜。太府帥其屬以衣物以次授之，訖，蕃主以下又再拜。通事舍人引出，樂作，出門，樂止。

侍中前，跪，奏稱："侍中臣某言，禮畢。"俛伏，興，還侍位。皇帝興，太樂令令撞蕤賓之鐘，左五鐘皆應，奏《太和之樂》，鼓吹振作。皇帝降座，乘輿，入自東房，侍衛警蹕如來儀。侍臣從至閤，樂止。

皇帝宴蕃國使

前一日，尚舍奉御設御幄於所御殿之北壁，南向。太官令具饌，守宮設使者次，太樂令展宮懸於殿庭，設舉麾位於上下，並如常儀。若大蕃中使、小蕃大使等以下，則不設樂及黃麾仗。

其日，尚舍奉御鋪使者牀座於御座西南，設不升殿者坐席於西廊下，俱東面北上。典儀設使者位於懸南，重行，北面東上。設典儀、贊者位於懸之東北，如常儀。諸衛各勒所部，列黃麾半仗屯門及陳於殿庭。

太樂令帥工人、二舞次入，就位。所司迎引使者至承天門外，通事舍人引就次，所司入奏，鈒戟近仗入陳如常。典儀帥贊者先入，就位。侍中版奏："請中嚴。"諸侍衛之官各服其器服，符寶郎奉寶，俱詣閤奉迎。蕃使以下服其國服出次，通事舍人引，立於閤外西廂，東面。從者立於使者之後，重行，東面北上。

侍中版奏："外辦。"皇帝服通天冠、絳紗袍，不設樂者則常服。乘輿以出，曲直華蓋侍衛警蹕如常儀。皇帝將出，仗動，太樂令令撞黃鍾之鐘，右五鐘皆應。協律郎舉麾，鼓柷，奏《太和之樂》。凡樂，皆協律郎舉麾，工鼓柷而後作，偃麾、戛敔而後止。皇帝出自西房，即御座，西向坐。符寶郎奉寶置於御座，侍衛如常儀。樂止，典儀一人升，立於東階上，贊者二人立於階下,俱西面。典儀引使者以下入,就懸南位。使者初入門,作《舒和之樂》,至位,樂止。立定,典儀曰:"再拜。"贊者承傳,使者以下皆再拜。舍人前,承旨,降,勅使者升座,使者以下皆再拜。通事舍人引應升殿者詣西階,樂作、止如常。通事舍人引升,立於座後,其不升殿者分引詣廊下席後。上下立定,殿上典儀唱:"就座。"階下贊者承傳,上下諸客各就座,俛伏,坐。

酒至階,殿上典儀唱:"酒至,興。"階下贊者承傳,上下諸客皆俛伏,興,立座後。太官令行酒,殿上典儀唱:"再拜。"階下贊者承傳,上下諸客皆再拜,搢笏,受觶。殿上典儀唱:"就座。"階下贊者承傳,蕃使以下諸客皆就座,俛伏,坐,飲。

觴行三周,食升階,殿上典儀唱:"食至,興。"階下贊者承傳,上下諸客皆執笏,俛伏,興,立座後。太官令行諸客案。設食訖,殿上典儀唱:"就座。"階下贊者承傳,上下諸客皆就座,俛伏,坐。上下諸客皆飯。諸客食訖,太官令俱徹案。又行酒,遂設庶羞。二舞以次入,作。若賜酒,舍人前,承旨,詣受賜者前,蒙賜者執笏,俛伏,起,立座後。舍人賜酒,蒙賜者再拜,搢笏,受觶,就席,俛伏,飲,卒觶,俛伏,興,立授虛觶,又再拜,就席,俛伏,坐。

會畢,通事舍人贊使者興,上下諸客皆俛伏,興,立座後。通事舍人引使者降,樂作,復懸南位,樂止。其廊下者,分引復位。立定,典儀曰:"再拜。"贊者承傳,使者以下皆再拜。若有筐篚,舍人前,承旨,降,宣勅,使者以下又皆再拜。太府帥其屬以衣物以次授之。訖,使者以下又再拜。通事舍人引出,樂作,出門,樂止。

侍中前,跪,奏稱:"侍中臣某言,禮畢。"俛伏,興,還侍位。皇帝興,太樂令令撞蕤賓之鐘,左五鐘皆應,奏《太和之樂》。皇帝降座,乘輿,入自東房,侍衛警蹕如常儀。侍臣從至閣,樂止。

卷第八十一　軍禮

皇帝親征類于上帝

纂嚴　齋戒　陳設　鑾駕出宮　奠玉帛　進熟　鑾駕還宮

纂嚴

纂嚴前一日，本司承制宣攝內外諸司，各隨職備辦。尚舍奉御施御幄於太極殿北壁下，南向，如常。守宮設群官文武次於東西朝堂，如常儀。典儀設群官位於殿庭，文東武西，每等異位，重行北向，相對爲首。乘黃令陳革輅及玉輅以下及車旗之屬如常。

未明一刻，開諸宮門，諸衛勒所部列黃麾仗屯門及陳於殿庭，如常儀。

其日，平明，留從之官悉集朝堂次。侍臣服平巾幘、袴褶，其將帥等及從行之官亦平巾幘、袴褶，留守之官公服。

上水五刻，侍中版奏：“請中嚴。”鈒戟近仗以次列於殿庭。

上水三刻，通事舍人引群官以次就位，諸侍臣俱詣閤奉迎。侍中版奏：“外辦。”皇帝服武弁之服，御馬以出①，曲直華蓋侍衛警蹕如常。即御座，南向坐。典儀唱：“再拜。”群官在位者皆再拜，訖，中書令承旨勑百寮，訖，通事舍人以次引群官出。侍臣跪，奏：“禮畢。”俛伏，興。皇帝降御座，入自東房。侍臣從至閤，如常禮。

齋戒

將告，有司卜日如別儀。

---

①　“御馬以出”，四庫本同。《新唐書》卷一六《禮樂六》、《通典》卷一三二《開元禮纂類二十七》作“御輿以出”。

前一日，皇帝清齋於太極殿。諸與告之官清齋於告所①。侍從之官應從升者及群官、客使等各於本司及公館，諸軍將各於正寢，俱清齋一宿。若在營者，齋於軍幕。

晡後一刻，諸衛令其屬各以其方器服守衛壝門，與太樂工人俱清齋一宿。

陳設

前告三日，尚舍直長施大次於外壝東門之內道北，南向。尚舍奉御鋪御座。守宮設文武侍臣次於大次之後，文官在左，武官在右，俱南向。又設告官及從駕群官次各於常所。設軍將次於外壝南門之外道東，西向，以北爲上。設陳饌幔於內壝東門之外道南，北向。

前二日，太樂令設宮懸之樂於壇南，設登歌及舉麾位於壇上，並如常儀。右校埽除壇之內外。郊社令積柴於燎壇，方一丈，高一丈二尺，開上，南出戶，方四尺。

前一日，奉禮設御位於壇之東南，西向。設望燎位於柴壇之北，南向。設告官及從駕群官版位於內外，如常儀。設軍將位於懸南，每等異位，重行北向，以西爲上。設軍將門外位於南壝之外道東，每等異位，重行，西面北上。郊社令帥府史與齋郎，以尊、坫、罍、洗、篚、冪入，設於位，並如常儀。執尊、罍、篚、冪者各位於尊、罍、篚、冪之後。

告日，未明十五刻，太官令帥宰人烹牲於廚。牲二，一正座，一配座。

未明四刻，太史令、郊社令各服其服，升，設昊天上帝神座於壇上北方，南面，席以藁秸。設神位於座首。

鑾駕出宮

皇帝服武弁服，乘革輅，備大駕及嚴鼓時刻②、奏請進發、內外器服，皆如常儀。前後備六軍。諸軍嚴鼓，一準大駕。

---

① “與告”，四庫本作“預告”，《新唐書》卷一六《禮樂六》作“豫告”，《通典》卷一三二《開元禮纂類二十七》作“應告”。

② “時刻”，公善堂本作“侍中”，據四庫本、《通典》卷一三二《開元禮纂類二十七》改。

奠玉帛[①]

其日，未明二刻，諸告官各服其服。郊社令、良醞令各帥其屬入，實尊、罍及玉。天帝太尊二，實以汎齊，其明水各實於上尊。山罍二，一實玄酒爲上，一實清酒次之。玉幣以著。太祝以玉帛置於篚，太官令帥進饌者實諸籩、豆、簋、簠等，皆設於饌幔內。

未明一刻，奉禮帥贊者先入，就位。贊引引御史、博士、太祝以下及執事者入，行埽除如常儀。訖，各就位。

駕將至，謁者、贊引各引告官以下及從告群官、客使先置者，俱就門外位。駕至大次門外，迴輅南向，千牛將軍降，立於輅右。侍中進，當鑾駕前跪，奏稱：“侍中臣某言，請降輅。”俛伏，興，還侍位。皇帝降輅，之大次。郊社令以祝版進署如常。謁者、贊引各引從駕群官俱就門外位。太樂令帥工人次入，就位。其升壇座者皆脫履於下，降納如式。謁者、贊引各引告官及從告群官、客使、諸軍將次入，就位。皇帝停大次半刻頃，太常博士引太常卿立於大次門外，當門北向。侍中版奏：“外辦。”皇帝出次，華蓋侍衛如常儀。侍中負寶陪從如式。博士引太常卿，太常卿引皇帝凡太常卿前導，皆博士先引。至內壝門外。殿中監進鎮圭，華蓋仗衛停於大次門外，近侍者從入如常。

皇帝至版位，西向立。每立定，太常卿與博士退，立於左。太常卿前，奏稱：“請再拜。”退，復位。皇帝再拜。奉禮曰：“衆官再拜。”贊者承傳，凡奉禮有辭，贊者皆承傳。衆官在位者皆再拜。太常卿前，奏：“有司謹具，請行事。”退，復位。協律郎跪，俛伏，舉麾。凡取物者皆跪，俛伏而取以興。奠物則跪、奠訖，俛伏而後興。鼓柷，奏《豫和之樂》，以圜鍾爲角，太蔟爲徵，姑洗爲羽。樂舞六成，偃麾，戛敔，樂止。凡樂，皆協律郎舉麾，工鼓柷而後作，偃麾、戛敔而後止。太常卿前，奏稱：“請再拜。”退，復位。皇帝再拜。奉禮曰：“衆官再拜。”衆官在位者皆再拜。太祝取玉、幣於篚，立於尊所。

太常卿引皇帝，《太和之樂》作。皇帝每行，皆作《太和之樂》。皇帝詣壇，升自南陛，近侍者從升如常儀。皇帝升壇，北向立，樂止。太祝以玉授侍

中，侍中奉玉東向進。皇帝搢鎮圭，凡受物則搢鎮圭，奠訖，執圭，俛伏，興。受玉帛①。登歌作《肅和之樂》，以大吕之均。太常卿引皇帝進，北面跪，奠於昊天上帝神座，俛伏，興。太常卿引皇帝少退，北向立，再拜，訖，登歌止。太常卿引皇帝，樂作，皇帝降自南陛，還版位，西向立，樂止。

進熟

皇帝既升奠玉幣，太官令出，帥進饌者奉饌陳於内壝東門之外。謁者引司徒出，詣饌所，司徒奉天帝之俎。初，皇帝既至位，樂止，太官令引饌入。俎初入門，奏《雍和之樂》，以黄鍾之均。自後，接神之樂皆奏黄鍾之均。至階，樂止。饌升自午陛，太祝迎引於壇上，各設於神座前。籩、豆蓋幂，徹之如式。設訖，謁者引司徒以下降自東陛，復位，諸太祝各還尊所。

太常卿引皇帝詣罍洗，樂作，皇帝至罍洗，樂止。侍中跪，取匜，興，沃水；又侍中跪，取盤，興，承水。皇帝盥手。黄門侍郎跪，取巾於篚，興，進。皇帝帨手。訖，黄門侍郎受巾，跪，奠於篚。黄門侍郎又取匏爵於篚，興，進。皇帝受爵。侍中酌罍水，又侍中奉盤承水。皇帝洗爵。黄門侍郎又授巾，皆如初。皇帝拭爵。訖，侍中奠盤、匜，黄門侍郎受巾，奠於篚，皆如常。

太常卿引皇帝，樂作。皇帝詣壇，升自南陛，樂止。謁者引司徒自東陛升，立於尊所。齋郎奉俎從升，立於司徒之後。太常卿引皇帝詣天帝酒尊所，執尊者舉幂。侍中贊酌汎齊。訖，《壽和之樂》作。皇帝每酌獻及飲福，皆作《壽和之樂》。太常卿引皇帝進天帝神座前，北面跪，奠爵，俛伏，興。太常卿引皇帝少退，北向立，樂止。太祝持版進於神座之右，東面跪，讀祝文，祝文臨時撰。訖，興。皇帝再拜。初讀祝文訖，樂作，太祝進，跪，奠版於神座，興，還尊所。皇帝拜訖，樂止。

太常卿引皇帝進天帝神座前，北面立，樂作。太祝以爵酌上尊福酒，合置一爵。一太祝持爵以授侍中，侍中受爵，西向進。皇帝再拜，受爵，跪，祭酒，啐酒，奠爵，俛伏，興。諸祝各帥齋郎進俎，太祝減神前胙肉如常。太祝以俎授司徒，司徒奉俎西向進。皇帝受以授左右。皇帝

---

① “玉帛”，四庫本作“玉幣”。

跪,取爵,遂飲,卒爵。侍中進,受爵,以授太祝。太祝受爵,復於坫。皇帝俛伏,興,再拜,樂止。太常卿引皇帝,樂作。皇帝降自南陛,還版位,西向立,樂止。謁者引司徒降,復位。

皇帝既降壇,謁者引諸軍將詣壇東陛,升,立於天帝神座前,北面西上。初,軍將升,太祝帥齋郎以爵酌罍福酒,進,立於軍將之西,東面北上。軍將俱再拜,受爵,跪,祭酒,啐酒,奠爵,興。太祝各帥齋郎進俎,減神前胙肉,以次授。軍將受以授齋郎。軍將俱跪,取爵,遂飲,卒爵。太祝帥齋郎受爵,復於坫。軍將俱興,再拜。謁者引軍將降,復位。

太祝各進,跪,徹豆,興,還尊所。徹者,籩、豆各一,少移於故處。奉禮曰:"賜胙。"贊者唱:"衆官再拜。"衆官在位者皆再拜。已飲福者不拜。《豫和之樂》作,太常卿前,奏稱:"請再拜。"退,復位。皇帝再拜。奉禮曰:"衆官再拜。"衆官在位者皆再拜。樂一成,止。

太常卿前,奏:"請就望燎位。"太常卿引皇帝,樂作,皇帝就望燎位,南向立,樂止。於群官將拜,太祝各執篚進神座前,取玉幣、祝版,齋郎以俎載牲體、稷黍飯及爵酒,各由其陛降壇南行,經懸內,當柴壇南東行,自南陛登柴壇,以玉幣、祝版、饌物置於柴上戶內。訖,奉禮曰:"可燎。"東、西面各六人以炬燎火。半柴,太常卿前,奏:"禮畢。"

太常卿引皇帝還大次,樂作。皇帝出內壝門,殿中監前,受鎮圭,華蓋侍衛如常儀。皇帝入次,樂止。謁者引告官及從駕群官、客使等與諸軍將以次出。贊引引御史、太祝以下俱復執事位,立定,奉禮曰:"再拜。"御史以下皆再拜,贊引引出。工人以下以次出①。其祝版燔於齋坊。

鑾駕還宮

如郊祀之儀②。

---

① "工人以下",四庫本作"工人二舞"。
② "郊祀",四庫本、《通典》卷一三二《開元禮纂類二十七》作"郊社"。

卷第八十二　軍禮

皇帝親征宜于大社[①]

齋戒　陳設　鑾駕出宫　奠玉帛　進熟　鑾駕還宫

齋戒

將告，有司卜日如前儀。

前一日，皇帝清齋於太極殿。凡與告之官清齋於太社署[②]。近侍之官應從升者及群官、客使等各於本司及公館，諸軍將各於正寢，清齋一宿。若在營者，齋於軍幕。諸衛令其屬晡後一刻各以其方器服守衛社宫門，與太樂工人俱清齋一宿。

陳設

前告三日，尚舍直長施大次於社宫西門之外道北，南向。尚舍奉御鋪御座。守宫設文武侍臣次於大次之後，文官在左，武官在右，俱南向。設告官及從駕群官次，各如常儀。設軍將次於社宫北門之外道西，東向，以北爲上。

前二日，太樂令設宫懸之樂於壇北，又設登歌及舉麾位於壇上，並如常儀。右校清埽内外。又爲瘞埳二於樂懸之北如常。

前一日，奉禮設御位於北門之内，當社壇南向。設太祝等奉幣血位於埳北如常。設告官及從駕群官版位於内外，如常儀。郊社令帥府史一人及齋郎以尊、坫、罍、洗、篚、冪入設，皆如常儀。執尊、罍、篚、冪者各位於尊、罍、篚、冪之後。

---

① “大社”，四庫本作“太社”。
② “太社署”，四庫本作“廟所”。

告日，未明十五刻，太官令帥宰人烹牲於厨。_{牲用黑牛二。齋郎以豆取牲血如常。}未明四刻，太史令、郊社令各服其服，升，設神席位如常。

鑾駕出宮

皇帝服武弁，乘革輅，陳大駕鹵簿及嚴鼓時刻①、奏請進發、内外器服，皆如常禮。前後備六軍。

奠玉帛

其日，未明二刻，諸告官各服其服。郊社令、良醞令各率其屬入，實尊、罍及玉。_{太尊實以醴齊，配座之象尊實亦如之。其明水各實於上尊。玉俱以兩圭有邸。}太祝各以幣置於篚。_{幣隨牲色，各長一丈八尺。}太官令帥進饌者實諸籩、豆、簠、簋等，皆設於神厨。

未明三刻，奉禮帥贊者先入，就位。贊引引御史、博士、太祝、諸執事者入，行埽除如常儀，訖，各就位。

駕將至，謁者、贊引各引告官以下及從告群官、客使先置者，俱就門外位。駕至大次門外，迴輅南向，千牛將軍降，立於輅右。侍中進，當鑾駕前跪，奏稱：“侍中臣某言，請降輅。”俛伏，興，還侍位。皇帝降輅之大次，郊社令以祝版進署如常儀。謁者、贊引各引從駕群官俱就門外位。奉禮帥贊者先入，就位。贊引引御史及諸太祝與執尊、罍、篚、羃者入，就位。太樂令帥工人次入，就位。_{其升壇座者皆脫履於下，降納如式。}謁者、贊引各引告官及從告群官、客使、軍將次入，就位。皇帝停大次半刻頃，太常博士引太常卿立於大次門外，當門北向。侍中版奏：“外辦。”皇帝出次，華蓋侍衛如常儀。博士引太常卿，太常卿引皇帝，_{凡太常卿前導，皆博士先引。}至社宮北門外。殿中監進鎮圭，華蓋仗衛停於門外，近侍者從入如常。

皇帝至版位，南面立。_{每立定，太常卿與博士退，立於左。}太常卿前，奏稱：“請再拜。”退，復位。皇帝再拜。奉禮曰：“衆官再拜。”贊者承傳，_{凡奉禮有辭，贊者皆承傳。}衆官在位者皆再拜。太常卿前，奏：“有司謹具，請行

---

① “時刻”，公善堂本作“侍中”，據四庫本、《通典》卷一三二《開元禮纂類二十七》改。

事。"退，復位。協律郎跪，俛伏，舉麾。凡取物者皆跪，俛伏而取以興。奠物則跪、奠訖，俛伏而後興。鼓柷，奏《順和之樂》，以函鍾之均。樂舞八成，偃麾，戛敔，樂止。凡樂，皆協律郎舉麾，工鼓柷而後作，偃麾、戛敔而後止。太常卿前，奏稱："請再拜。"退，復位。皇帝再拜。奉禮曰："衆官再拜。"衆官在位者皆再拜。諸祝俱取玉、幣於篚，各立於尊所。

太常卿引皇帝，《太和之樂》作。皇帝每行，皆作《太和之樂》。皇帝詣太社壇，升自北陛，近侍者從升如常儀。皇帝升壇，南向立，樂止。太祝加玉於幣，以授侍中，侍中奉玉幣西向進。皇帝受玉幣，登歌，作《肅和之樂》，以應鍾之均。太常卿引皇帝進，南面跪，奠於太社神座，俛伏，興。太常卿引皇帝少退，南向，再拜。太常卿引皇帝立於東方，西向。又太祝以幣授侍中，侍中奉幣南向進。皇帝受幣。太常卿引皇帝進，西面跪，奠於后土氏神座，俛伏，興。太常卿引皇帝少退，西向，再拜。訖，登歌止。

太常卿引皇帝降自北陛，樂作。太常卿引皇帝詣太稷壇，升，奠玉幣於太稷氏、后稷氏，升、降皆如太社壇儀①。訖，太常卿引皇帝降自北陛，樂作，皇帝還版位，南向立，樂止。

進熟

皇帝既升奠玉幣，太官令出，帥進饌者奉饌入陳於西門之外，司徒奉太社之俎。初，皇帝既至位，樂止，太官令引饌入②，太社、太稷之饌入自正門，后土、后稷之饌入自左闈。俎初入門，《雍和之樂》作，饌至陛，樂止。太社、太稷之饌升自北陛，后土、后稷之饌升自西陛。諸祝迎引於壇上，各設於神座前。設訖，謁者引司徒以下降，復位。諸祝各還尊所。

太常卿引皇帝詣罍洗，樂作，皇帝至罍洗，樂止。侍中跪，取匜，興，沃水；又侍中跪，取盤，興，承水。皇帝盥手。黃門侍郎跪，取巾於篚，興，進。皇帝帨手。訖，黃門侍郎受巾，跪，奠於篚，遂取匏爵於篚，興，進。皇帝受爵。侍中酌罍水，又侍中奉盤承水。皇帝洗爵。黃門侍郎又授巾如初。皇帝拭爵。訖，侍中奠盤、匜，黃門侍郎受巾，奠於篚，皆

---

① "儀"字，公善堂本脱，據四庫本校補。

② "入"字，公善堂本脱，據四庫本校補。

如常。

太常卿引皇帝，樂作，皇帝詣太社壇，升自北陛，樂止。近侍者從升如常。謁者引司徒升自西陛，立於尊所。齋郎奉俎從升，立於司徒之後。

太常卿引皇帝詣太社酒尊所，執尊者舉羃。侍中贊酌醴齊。訖，《壽和之樂》作。皇帝每酌獻及飲福，皆作《壽和之樂》。太常卿引皇帝進太社神座前，南面跪，奠爵，俛伏，興。太常卿引皇帝少退，南向立，樂止。太祝持版進於神座之右，西面跪，讀祝文，其祝文臨時撰告以親征之意。訖，興。皇帝再拜。初讀祝文訖，樂作，太祝進，跪，奠版於神座，興，還尊所。皇帝拜訖，樂止。

太常卿引皇帝詣后土氏酒尊所，執尊者舉羃。侍中取爵於坫，進。皇帝受爵。侍中贊酌醴齊。訖，樂作。太常卿引皇帝進后土氏神座前，西面跪，奠爵，俛伏，興。太常卿引皇帝少退，西向立，樂止。太祝持版進於神座之左，南面跪，讀祝文，訖，興。皇帝再拜。初讀祝文訖，樂作，太祝進，跪，奠版於神座，興，還尊所。皇帝拜訖，樂止。

太常卿引皇帝進太社神座前，南向立，樂作。太祝各以爵酌福酒，合置一爵。一太祝持爵以授侍中，侍中受爵，東向進。皇帝再拜，受爵，跪，祭酒，啐酒，奠爵，俛伏，興。諸祝各帥齋郎進俎，太祝減太社神前胙肉如常。太祝以俎授司徒，司徒奉俎東向進。皇帝受以授左右。皇帝跪，取爵，遂飲，卒爵。侍中進，受爵以授太祝，太祝受爵，復於坫。皇帝俛伏，興，再拜，樂止。

太常卿引皇帝，樂作，皇帝降自北陛，詣罍洗，樂止。謁者引司徒從降。皇帝至罍洗，盥手，洗爵，侍中、黃門侍郎贊洗如常。訖，太常卿引皇帝，樂作，皇帝詣太稷壇，升自北陛，樂止。皇帝酌獻太稷、后稷，皆如太社、后土之儀。太常卿引皇帝降自北陛，樂作，皇帝還版位，南面立，樂止。謁者引司徒降，復位。

皇帝既降，謁者引諸軍將升自東陛，進，立於太稷神座前[1]，南面西上。初，軍將升，諸太祝各帥齋郎以爵酌罍福酒進，立於軍將之東，西面南上。軍將俱再拜，受爵，跪，祭酒，啐酒，奠爵，興。諸太祝各帥齋郎進

---

[1]　"稷"字，四庫本作"社"。《通典》卷一三二《開元禮纂類二十七》載："宜社，立於太社神座前，南面西上。"

俎，減神前胙肉，以次授，軍將受以授齋郎。軍將俱跪，取爵，遂飲，卒爵。太祝帥齋郎受爵，復於坫。軍將興，俱再拜。謁者引軍將降，復位。

登歌作，諸祝俱進，徹豆，還尊所，登歌止[①]。徹者，籩、豆各一，少移於故處。奉禮曰："賜胙。"贊者唱："衆官再拜。"衆官在位者皆再拜。已飲福、受胙者不拜。樂作，太常卿前，奏稱："請再拜。"退，復位。皇帝再拜。奉禮曰："衆官再拜。"衆官在位者皆再拜。樂一成，止。

太常卿前，奏："請就望瘞位。"太常卿引皇帝，樂作，皇帝至望瘞位，南向立，樂止。於群官將拜，諸祝各執篚進神座前，取玉幣，齋郎以俎載牲體、稷黍飯、爵酒，各由其陛降壇南行，當瘞埳西行。諸祝以玉幣、饌物置於埳。訖，奉禮曰："可瘞。"埳東、西面各四人實土。半埳，太常卿前，奏："禮畢。"

太常卿引皇帝還大次，樂作。皇帝出宮門。殿中監前，受鎮圭，華蓋侍衛如常儀。皇帝入次，樂止。謁者、贊引各引告官及從駕群官以次出。贊引引御史以下俱復執事位，立定，奉禮曰："再拜。"御史以下皆再拜。贊引引出。工人以次出。其祝版燔於齋所。

鑾駕還宫

如常儀。

---

① "登歌止"，公善堂本無，據四庫本及上下文意補。

卷第八十三　軍禮

皇帝親征告於太廟

齋戒　　陳設　　鑾駕出宮　　晨祼　　饋食　　鑾駕還宮
凱旋獻俘　　解嚴

齋戒

將告，有司卜日如別儀。

前一日，皇帝清齋於太極殿。凡與告之官清齋於廟所。近侍之官應從升者及群官、客使等，各於本司及公館清齋一宿。諸軍將亦各於正寢清齋一宿。若在營者，齋於軍幕。諸衛令其屬晡後一刻各以其方器服守衛廟門，與太樂工人俱清齋一宿。

陳設

前告三日，尚舍直長施大次於廟東門之外道北，南向。尚舍奉御鋪御座。守宮設文武侍臣次於大次之後，文官在左，武官在右，俱南向。設告官及從駕群官次，各如常儀。設軍將次於南門之外道東，西向，以北爲上。

前二日，太樂令設宮懸之樂於廟庭，設登歌及舉麾位於殿上，並如常儀。右校清埽內外。

前一日，奉禮設御座於廟東階東南，西向。設告官及從駕群官版位於內外，如常儀。設軍將位於懸南，每等異位，重行北向，以西爲上。設軍將門外位於南門之外道東，每等異位，重行，西面北上。設酒尊之位於堂上前楹間，各於室戶外之左，北向。春、夏，每室雞彝一、鳥彝一、犧尊二、山罍二；秋、冬，斝彝一、黃彝一、著尊二。皆加勺、冪，俱西上，各有坫焉。以置瓚、爵。設罍、洗、篚、冪於常所，篚實以巾、爵、圭、瓚。執尊、罍、籩、冪者各位於尊、罍、籩、冪之後。太廟令整拂神幄，又帥府史、齋郎以尊、坫、罍、洗、籩、冪入，設於位。

告日，未明十五刻，太官令帥宰人以鸞刀割牲於厨。每室各犢一。

鑾駕出宮

皇帝服武弁服，乘革輅，前後備六軍，嚴鼓，並准大駕。餘同圜丘儀。

晨祼

其日，未明三刻，諸與告之官各服其服。太廟令、良醞令各帥其屬入，實尊、罍。雞彝、鳥彝、犧尊、著尊皆實以明水，山罍之上尊實以玄酒，鳥彝、黃彝實以鬱鬯，著尊、犧尊實以醴齊，山罍實以清酒。太官令帥進饌者實諸籩、豆、簠、簋等。

未明二刻，奉禮帥贊者先入，就位。贊引引御史、博士、太祝以下入，行埽除如常儀。訖，各引就位。

未明一刻，贊引引太廟令、太祝、宮闈令及令史、祝史、執尊罍籩冪者當階間，北面西上。立定，奉禮曰："再拜。"贊者承傳，凡奉禮有辭，贊者皆承傳。太廟令以下皆再拜，升自東階，入，開埳室，奉出獻祖以下九室神主，各置於座，如常儀。訖，引就位。

駕將至，謁者、贊引各引告官以下，通事舍人分引從告群官、諸方客使先置者，俱就門外位。駕至大次門外，迴輅南向，千牛將軍降，立於輅右。侍中進，當鑾駕前跪，奏稱："侍中臣某言，請降輅。"俛伏，興，還侍位。皇帝降輅，乘輿之大次。太廟令以祝版進署，如常儀。謁者、贊引各引從駕群官俱就門外位①。協律郎、太樂令帥工人次入，就位。其升堂座者皆脱屨於下，降納如式。謁者、贊引各引告官，通事舍人分引從告群官、客使、諸軍將等次入，就位。皇帝停大次半刻頃，太常博士引太常卿立於大次門外，當門北向。

侍中版奏："外辦。"皇帝出次，華蓋侍衛如常儀。太常博士引太常卿，太常卿引皇帝，凡太常卿前導，皆博士先引。至廟門外。殿中監進鎮圭，華

---

① 四庫本於"從駕群官"前有"告官及"三字。

蓋仗衛停於門外。近侍者從入如常。

皇帝至版位，西向立。每立定，太常卿與博士退，立於左。太常卿前，奏稱：“請再拜。”退，復位。皇帝再拜。奉禮曰：“衆官再拜。”衆官在位者皆再拜。其先拜者不拜。太常卿前，奏：“有司謹具，請行事。”退，復位。協律郎跪，俛伏，舉麾。凡取物者皆跪，俛伏而取以興。奠物則跪、奠訖，俛伏而後興。鼓柷，奏《永和之樂》，乃以黃鍾之均。樂舞九成，偃麾，戛敔，樂止。太常卿前，奏稱：“請再拜。”退，復位。皇帝再拜。奉禮曰：“衆官再拜。”衆官在位者皆再拜。

太常卿引皇帝詣罍洗，《太和之樂》作，皇帝至罍洗，樂止。侍中跪，取匜，興，沃水；又侍中跪，取盤，興，承水。皇帝搢鎮圭，凡受物則搢鎮圭，奠訖，執圭，俛伏，興。皇帝盥手。黃門侍郎跪，取巾於篚，興，進。皇帝帨手。訖，黃門侍郎受巾，跪，奠於篚，興。黃門侍郎又取瓚於篚，進。皇帝受瓚。侍中酌罍水，又侍中奉盤，皇帝洗瓚，黃門侍郎又授巾，皆如前。皇帝拭瓚訖，侍中奠盤、匜，黃門侍郎受巾，奠於篚，皆如常。

太常卿引皇帝，樂作，皇帝升自阼階，樂止。侍中、中書令以下及左右侍衛量人從升。太常卿引皇帝詣獻祖尊彝所，執尊者舉冪。侍中贊酌鬱酒。訖，登歌作《肅和之樂》，以圜鍾之均。自後，登歌皆奏圜鍾。太常卿引皇帝入[1]，詣獻祖神座前，北面跪，以匬祼地，奠之，俛伏，興。太常卿引皇帝出户，北向，再拜。訖，太常卿引皇帝詣懿祖尊彝所，執尊者舉冪。侍中取瓚於坫，進。皇帝受瓚。侍中贊酌鬱酒。訖，太常卿引皇帝入，詣懿祖神座前，北面跪，以匬祼地，奠之，俛伏，興。太常卿引皇帝出户，北向，再拜。訖，太常卿引皇帝次祼太祖，次祼代祖，次祼高祖，次祼太宗，次祼高宗，次祼中宗，次祼睿宗，並如上儀。訖，登歌止。

太常卿引皇帝，樂作，皇帝降自阼階，至版位，西向立，樂止。

饋食

皇帝既升祼，太官令出，帥進饌者奉饌陳於東門之外。謁者引司徒出，詣饌所，遂奉獻祖之俎。初，皇帝既至位，樂止，太官令引饌入自正

---

[1]　公善堂本“引”前衍“初”字，據四庫本删。

門。俎初入門,《雍和之樂》作,以無射之均,饌至泰階,樂止。諸太祝迎引於階上,各設於神座前。設訖,謁者引司徒降,復位,諸太祝各還尊所。

　　太常卿引皇帝詣罍洗,樂作,皇帝至罍洗,樂止。皇帝盥手,洗爵,侍中、黃門侍郎贊洗,皆如晨祼之儀。訖,太常卿引皇帝,樂作,皇帝升自阼階,訖,樂止。太常卿引皇帝詣獻祖尊彝所,執尊者舉冪。侍中贊酌醴齊。訖,《壽和之樂》作。太常卿引皇帝入,詣獻祖神座前,北面跪,奠爵,少西①,俛伏,興。太常卿引皇帝出戶,又詣尊彝所,酌醴齊訖,又入,跪,奠爵,少東,俛伏,興。太常卿引皇帝出戶,北向立,樂止。太祝持版進於室戶外之右,東面跪,讀祝文,祝文臨時撰,告以親征之意。訖,興。皇帝再拜,又再拜。初讀祝文訖,樂作,太祝入,奠版於神座,出,還尊所。皇帝拜訖,樂止。

　　太常卿引皇帝次詣懿祖、太祖、代祖、高祖、太宗、高宗、中宗、睿宗尊彝所,酌獻,跪,讀祝文,再拜,皆如獻祖之儀。惟不盥洗。訖,太常卿引皇帝詣東序,西向立,樂作。

　　皇帝獻將畢,謁者引司徒升自東階,立於前楹之閒,北向。諸太祝各以爵酌上尊福酒,合置一爵。一太祝持爵以授侍中,侍中受爵,北向進。皇帝再拜,受爵,跪,祭酒,啐酒,奠爵,俛伏,興。諸太祝各帥齋郎持俎進。太祝減神前胙肉,又以籩取稷黍飯皆如常,以稷黍飯共置一籩,以胙肉共置一俎上。先以飯授司徒,司徒奉進,皇帝受以授左右。又以俎授司徒,司徒奉進,皇帝受以授左右。皇帝跪,取爵,遂飲,卒爵。侍中進,受爵,以授太祝。太祝受爵,復於坫。皇帝俛伏,興,再拜,樂止。太常卿引皇帝,樂作,皇帝降自阼階,還版位,西向立,樂止。謁者引司徒降,復位。

　　皇帝既降,謁者引諸軍將升自東階,進,立於皇考睿宗大聖真皇帝室戶前,北面西上。初,軍將升,諸太祝各帥齋郎以爵酌罍福酒,進,立於軍將之東,西面北上。軍將俱再拜,受爵,跪,祭酒,啐酒,奠爵,興。太祝各帥齋郎進俎,減神前胙肉,以次授,軍將受以授齋郎。軍將俱跪,

---

①　“少西”二字,四庫本無。

取爵，遂飲，卒爵，諸太祝各帥齋郎受爵，復於坫。軍將興，俱再拜。謁者引軍將降，復位。

登歌作，太祝各入室，徹豆，出，還尊所，徹者，籩、豆各一，少移於故處。登歌止。奉禮曰：“賜胙。”贊者唱：“衆官再拜。”衆官在位者皆再拜。已飲福者不拜。樂作。太常卿前，奏稱：“請再拜。”退，復位。皇帝再拜。奉禮曰：“衆官再拜。”衆官在位者皆再拜。樂一成，止。太常卿前，奏：“禮畢。”

太常卿引皇帝還大次，樂作，皇帝出門，樂止。殿中監前，受鎮圭，華蓋侍衛如常儀。皇帝入次。謁者、贊引各引在位者以次出。贊引引御史、太祝以下俱復執事位，立定，奉禮曰：“再拜。”御史以下皆再拜，贊引引出。工人以次出。太廟令、太祝、宮闈令納神主，如常儀。其祝版燔於齋坊。

鑾駕還宮

皇帝既還大次，侍中版奏：“請解嚴。”將士不得輒離部伍。皇帝仍武弁，乘革輅，鼓吹振作，奏請還宮，如常儀。

凱旋獻俘

凱旋告日，陳俘馘於南門之外，北面西上。軍實陳於後。其告奠之禮皆與告禮同。

解嚴

未解嚴前一日，本司各隨職供辦。尚舍奉御鋪御幄座於太極殿中楹之間，南向如常。守宮設文武百官次於東、西朝堂，奉禮於東、西朝堂設文武百官版位如初。典儀設位於殿庭，文東武西，皆重行北向，相對爲首。設典儀位於東階東南，贊者二人在南差退。乘黃令陳革輅、旌旗之屬於殿庭。

其日，平明，諸衛各勒所部屯門列仗。百官服袴褶，督將服戎服，皆集朝堂次。

晝漏上水五刻，侍中版奏：“請中嚴。”鈒戟以次列於殿庭。上水七刻，典謁引群官以次入，就位。上水十刻，應奉迎之官詣西閣奉迎。

　　侍中版奏：“外辦。”皇帝服通天冠、絳紗袍，御輿以出，曲直華蓋警蹕如常儀。皇帝出自西房，即御座，侍臣夾侍如常儀。典儀稱：“再拜。”贊者承傳，群官皆再拜。通事舍人以次引群官出。侍中跪，奏：“禮畢。”俛伏，興，還侍位。皇帝降座，御輿入自東房，侍臣從至閣，如常儀。

卷第八十四　軍禮

皇帝親征禡于所征之地　親征及巡狩郊祭有司載于
國門　親征及巡狩告所過山川　平蕩寇賊宣露布
遣使勞軍將

皇帝親征禡于所征之地

將祭，有司卜日如別儀。

前祭一日，皇帝清齋於行宮。凡與祭之官清齋於祭所。近侍之官
與從祭群官及諸軍將，皆於軍幕清齋一宿。諸衛令其屬各以其方器服
守衛壇門，亦清齋一宿。尚舍直長施大次於外壇東門之內道北，南向。
尚舍奉御鋪御座。守宮設文武侍臣次於大次之後，文官在左，武官在
右，俱南向。設群官次於東門之外道南，北面西上。設諸軍將次於外壇
南門之外道東，西面北上。右校修除祭所，又爲瘞埳於神座西北內壇之
外，方深取足容物。

前一日，奉禮設御位於神座東南①，西向。設望瘞位於神座西南，當
瘞埳，北向。設祭官位於御位東南，執事者位於其後，俱重行，西面北
上。設御史位，一位於神座西南，東向；一位於神座東南，西向。設奉禮
位於祭官西南，贊者二人在南差退，俱西面北上。又設奉禮、贊者位於
瘞埳西，南上。設從祭群官位於祭官之南，俱重行，西面北上。設軍將
位於南廂，重行，北面西上。設門外位：祭官以下皆於東壇之外道南，從
祭群官位於祭官之南，俱重行，北面西上。軍將位於南壇之外道東，重
行，西面北上。兵部侍郎建二旗於南門之外。去門三十步。

郊社令帥府史及齋郎以尊、坫、罍、洗、篚、羃入，設於位，犧尊二、象

---

① 公善堂本"御位"後無"於神座"三字，據四庫本、《通典》卷一三二《開元禮纂類二十七》補。

尊二、山罍二，皆於神座東南，俱北面西上。尊皆加勺、幂，有坫以置爵。設御洗又於酒尊東南，諸將罍洗又於其東南，皆北向。罍水在洗東，篚在洗西，南肆。篚實以巾、爵。執尊、罍、篚、幂者各於尊、罍、篚、幂之後。設幣篚於酒尊之所。

祭日，未明十五刻，太官令預備特牲之饌。牲以犢。

未明四刻，郊社令奉熊席入，設黃帝、軒轅氏神座於壇內近北，南向。兵部侍郎置甲胄、弓矢於座側，建稍於座後。

未明二刻，郊社令、良醞令各帥其屬入，實尊、罍及幣。犧尊實以醴齊，象尊實以盎齊，山罍實以清酒。齊皆加明水，酒加玄酒，各實於上尊。太官令帥進饌者實諸籩、豆、簋、簠。

未明一刻，奉禮帥贊者先入，就位。贊者引御史、太祝，與執尊、罍、篚、幂者入，當神座前，重行，北面西上。立定，奉禮曰："再拜。"贊者承傳，凡奉禮有辭，贊者皆承傳。御史以下皆再拜。執尊、罍者各就位。贊引引御史、太祝行埽除，訖，引就位。

皇帝服武弁之服詣祭所，諸將與從祭之官皆戎服，陪從如常。駕將至，謁者引行事之官皆就東門外位。駕至大次門外，下馬，之大次。郊社令以祝版進御署，如常。謁者、贊引各引從駕群官及諸將俱就門外位。謁者、贊引各引祭官及從祭群官、諸軍將等次入，就位。皇帝停大次半刻頃，太常博士引太常卿立於大次門外，當門北向。侍中版奏："外辦。"皇帝出次。博士引太常卿，太常卿引皇帝入門，仗衛停於門外，近侍者從入如常。

皇帝至版位，西向立。每立定，太常卿與博士退，立於左。太常卿前，奏："請再拜。"①退，復位。皇帝再拜。奉禮曰："衆官再拜。"衆官在位者皆再拜。太常卿前，奏："有司謹具，請行事。"退，復位。太祝跪，取幣於篚，興，立於尊所。凡取物者皆跪，俛伏而取以興。奠物則跪、奠訖，俛伏而後興。

太常卿引皇帝進神座前，北向立。太祝以幣授侍中，侍中奉幣東向進。皇帝受幣。太常卿引皇帝進，北面跪，奠於神座，俛伏，興。太常卿引皇帝少退，北向，再拜。訖，太常卿引皇帝還版位，西向立。於衆官拜

---

① 公善堂本於"再拜"前脱"請"字，據四庫本補。

訖，太官令出，帥進饌者奉饌陳於東門之外。謁者引司徒出，詣饌所，司徒奉俎。皇帝既復位，太官令引饌入。太祝迎引，設於神座前。施設訖，謁者引司徒以下還本位，太祝還尊所。

太常卿引皇帝詣罍洗，侍中、黃門侍郎贊洗、授巾爵，並如常儀。謁者引司徒進，立於尊所，齋郎奉俎立於司徒之後。皇帝洗爵。訖，太常卿引皇帝詣尊所，執尊者舉冪。侍中贊酌醴齊。訖，太常卿引皇帝進黃帝軒轅氏神座前，北面跪，奠爵，俛伏，興，太常卿引皇帝少退，北向立。太祝持版進於神座之右，東面跪，讀祝文，_{祝文臨時隨事撰。}訖，興。皇帝再拜。太祝進，奠版於神座，還尊所。

太祝以爵酌上尊福酒以授侍中，侍中受爵，西向進。皇帝再拜，受爵，跪，祭酒，啐酒，奠爵，俛伏，興。太祝帥齋郎進俎，太祝減神前胙肉如常。太祝以俎授司徒，司徒奉俎西向進。皇帝受以授左右。皇帝跪，取爵，遂飲，卒爵。侍中進，受爵以授太祝①，太祝受爵，復於坫。皇帝俛伏，興，再拜。訖，太常卿引皇帝還版位，西向立。謁者引司徒還本位。

謁者引上將詣罍洗，盥手，洗爵，詣酒尊所，執尊者舉冪。上將酌盎齊。訖，引詣神座前，北面跪，奠爵，興，少退，北向，再拜。太祝以爵酌罍福酒，進上將之右，西向立。上將再拜，受爵，跪，祭酒，遂飲，卒爵。太祝受爵，還尊所。上將興，又再拜，訖，引還本位。謁者又引次將詣罍洗，盥手，洗爵，終獻如亞獻之儀。訖，引次將還本位。

太祝進，徹豆，還尊所。_{徹者，籩、豆各一，少移於故處。}奉禮曰：“賜胙。”贊者唱：“眾官再拜。”眾官在位者皆再拜。_{已飲福、受胙者不拜。}太常卿前，奏稱：“請再拜。”退，復位。皇帝再拜。奉禮曰：“眾官再拜。”眾官在位者皆再拜。

太常卿前，奏：“請就望瘞位。”太常卿引皇帝就望瘞位，北向立。奉禮、贊者轉就瘞埳位。於眾官將拜，太祝執篚進神座前取幣，齋郎以俎載牲體、稷黍飯、爵酒，各由其陛降壇北行，當瘞埳西行。至瘞埳，太祝以幣置於埳。訖，奉禮曰：“可瘞。”埳東、西面各四人實土。半埳，太常卿前，奏：“禮畢。”

---

　①　“爵”字，公善堂本無，據四庫本補。

太常卿引皇帝還大次,侍衛如式。謁者、贊引各引祭官及從祭群官與諸軍將以次出。奉禮、贊者退,復位。御史、太祝以下俱復執事位。立定,奉禮曰:"再拜。"御史以下皆再拜。贊引引出。其祝版燔於祭所。

皇帝還行宮如來儀。若備六軍及嚴鼓作止,如類告之禮。

親征及巡狩郊祭有司載于國門

車駕出日,右校預於國門外委土爲載,載,謂爲山象也。又爲瘞埳於神座西北,方深取足容物。太祝布神座於載前,南向。太官令帥宰人剚羊。郊社令之屬設尊、罍、篚、冪於神座之左,俱右向。置幣於尊所。

駕將至,太祝立於罍洗東南,西向。祝史與執尊、罍、篚、冪者俱就尊、罍所,立。太祝再拜,詣尊所,取幣,進,跪,奠於神座,興,還本位。進饌者薦脯醢於神座前,加羊於載,西首。太祝詣罍洗,盥手,洗爵,詣尊所,酌酒,進,跪,奠於神座,興,少退,北面立,讀祝文。祝文臨時撰。訖,太祝再拜,還本位。少頃,太祝帥齋郎奉幣、酌酒、饌物,宰人舉羊肆解之,太祝并載埋於瘞埳,實之。執尊者徹罍、篚、冪[1]。

駕至,權停。太祝以爵酌酒,授太僕卿。太僕卿左執轡,右受酒,祭兩軹及軓前,軹,轂末。軓,軾前。乃飲,授爵。遂驅駕轢載而行。

親征及巡狩告所過山川

前一日,諸告官俱清齋於告所。執事者預修除告所。又爲瘞埳,當神座之南如常,方深取足容物。太官令備牢饌。嶽鎮海瀆用太牢,中山川用少牢,小山川用特牲。若行速,即用酒脯。

告日,郊社丞布神座席於告所近北,南向。設酒尊於神座之左而右向。設洗於酒尊東南,北向。罍水在洗東,篚在洗西,南肆。篚實以巾、爵。執尊、罍、篚、冪者各位於尊、罍、篚、冪之後。奉禮設告官位於罍洗東南,西向,執事者位於其後,北上。設奉禮位於告官西南,西向[2],贊者二

---

① "冪"字,四庫本、《通典》卷一三二《開元禮纂類二十七》作"席"。
② "西向",四庫本、《通典》卷一三二《開元禮纂類二十七》作"東向"。

人在南，少退。所司實尊、罍、俎、豆，太祝實幣篚，齋郎取豆血。_{幣長一丈}_{八尺，隨方色用。}奉禮帥贊者先入，就位，執尊、罍、篚、冪者次入，就位。謁者引告官以下次入，就位。立定，奉禮曰："再拜。"贊者承傳，告官以下皆再拜。

謁者進告官之左，白："有司謹具，請行事。"退，復位。奉禮曰："再拜。"告官以下皆再拜。太祝以幣授告官，告官受幣。謁者引告官詣神座前，北面跪，奠幣，俛伏，興，少退，再拜，告官復位。太官丞引饌入，太祝迎引，設於神座前，太官丞以下還本位。

謁者引告官詣罍洗，盥手，洗爵。訖，謁者引告官詣酒尊所，執尊者舉冪。告官酌酒訖，跪，進，奠於神座，俛伏，興，少退，北向立。太祝持版進於神座之右，東面跪，讀祝文，_{祝文臨時撰。}訖，興。告官再拜。太祝進，跪，奠版於神座，俛伏，興，還尊所。太祝以爵酌福酒，進告官之右，西向立。告官再拜，受爵，跪，祭酒，啐酒，奠爵，俛伏，興。太祝帥齋郎進俎，太祝減胙如常。太祝以俎授告官，告官受以授齋郎①。告官跪，取爵，遂飲，卒爵。太祝進，受爵，還尊所。告官俛伏，興，再拜，訖，引還本位。

太祝進，跪，徹豆，俛伏，興，還尊所。奉禮曰："再拜。"在位者皆再拜。_{告官則不拜。}奉禮又曰："再拜。"告官以下皆再拜。謁者進告官之左，白："請就望瘞位。"謁者引告官就望瘞位，北向立。於告官將拜，太祝以篚進神座前，取幣，齋郎取豆血，並置諸坎。坎東、西各二人實土。半坎，謁者進告官之右，白："禮畢。"遂引各告官以出。

太祝與執尊、罍、篚者俱復執事位，立定，奉禮曰："再拜。"太祝以下皆再拜。訖，以次出。其祝版燔於告所。

平蕩寇賊宣露布

其日，守宮量設群官次。露布至，兵部侍郎奉以奏聞，仍承制，集文武群官、客使於東朝堂。群官、客使至，俱就次，各服其服。奉禮設群官

---

① "告官"二字，公善堂本無，據四庫本校補。

版位於東朝堂之前近南，文東武西，重行北向，相對爲首。又設客使之位如常儀。設中書令位於群官之北，南向。

量時刻，吏部、兵部贊群官、客使出次，謁者、贊引各引就位。立定，中書令受露布，置於案。令史二人絳公服，對擧之。典謁引中書令，擧案者從之，出，就南面位。持案者立於中書令西南，東面。立定，持案者進中書令前，中書令取露布，持案者退，復位。中書令稱：“有制。”群官、客使皆再拜。中書令宣露布。訖，群官、客使又再拜，皆舞蹈。訖，又再拜。謁者引兵部尚書進中書令前，受露布，退，復位。兵部侍郎前，受之。

典謁引中書令入。謁者引群官、客使各還次。

遣使勞軍將

前一日，執事者預設使者次於營南門之外道右，南向。

使者至，謁者引之次。使者將到，兵部預集大將以下於南門之外，列左右廂，俱重行北向，相對爲首。使者出次，謁者引立於門西，東向。持節者立於使者之北，史二人持制書案，立於使者西南，俱東向。立定。大將北面，再拜。謁者引使者，持節者前導，入門而左，持案者從之。使者立於幂前，南向。持節者立於使者之東，少南，西向。持案者立於使者西南，東向。又謁者引大將以下入，立於使者之南，依左右廂，俱重行北向，相對爲首。立定，持節者脫節衣。持案者進使者前，使者取制書，持案者退，復位。使者稱：“有制。”大將以下俱再拜。宣詔訖，大將以下又再拜。謁者引大將進使者前，北面，受制書，退，復位。持節者加節衣。謁者引使者，持節者前導以出，持案者從之，俱復門外位。大將以制書授左右，拜送使者於門外。使者還，大將入。

初，使者出，諸將以下以次出[①]。若賜衣物，使者出次，立於門外。立定，執事者以衣物立於案南，俱東面北上。使者入，衣物隨入。初大將受制書，復位，執事者以衣物徧授之。大將以下受訖，又再拜。

---

① “下以”二字，公善堂本爲注文，據四庫本、《通典》卷一三二《開元禮纂類二十七》校改。

卷第八十五　軍禮

皇帝講武　皇帝田狩

皇帝講武

仲冬之月，講武於都外。

前期十有一日，所司奏請講武，兵部承詔，遂命將帥猋軍士。有司先芟萊除地爲場，方一千二百步，四出爲和門。又於其内埒地爲步騎六軍營域處所：左右厢各爲三軍，上軍在北，中軍次之，下軍在南，東西相向。中間相去三百步，五十步立表一行，凡立五表，表間前後各相去五十步，爲三軍進止之節。又別埒地於北厢，南向，爲車駕停觀之處。

前三日，尚舍奉御設大次及御座於其中，如常儀。

前一日，講武將帥及士卒集於埒所，禁止誼譁。依方色建旂爲和門。於都埒之中及四角皆建五綵牙旗，旗鼓甲仗威儀悉備。於埒所，大將以下各有統帥如常式。步軍大將被甲胄乘馬，教騎大將亦乘馬，教習士衆爲戰陣之法。凡教爲陣，少者在前，長者在後，其還，則長者在前，少者在後。長者持弓矢，短者持戈矛，力者持旌旗，勇者持鉦、鼓，刀、楯爲前行，持稍者次之，弓箭爲後行。將帥先教士衆，使習見旌旗指麾之蹤，旗卧則跪，旗舉則起；金鼓動止之節，聲鼓即進，鳴金即止；知刑罰之苦，賞賜之利，持五兵之便，戰鬪之備；習串跪起及行列險隘之路。

講武日，未明十刻，軍士皆嚴備。五刻，將士皆貫甲，步軍各爲直陣以相俟，將軍依儀各依格備物，大將軍各依格處分軍中，立於旗鼓之下。凡六軍，各鼓十二、鉦一、大角四，並止於其軍後表之下。鑾駕出宫如常式。

講武日，未明七刻，搥一鼓爲一嚴，三嚴時節，前一日侍中奏裁，出宫以剛日。侍中奏：“開宫殿門及城門。”

未明五刻，搥二鼓爲再嚴，侍中版奏：“請中嚴。”文武官應從者俱先置。文武官皆公服。所司爲小駕，依圖陣陳設。

未明二刻，搥三鼓爲三嚴，諸衛各督其隊與鈒戟以次入，陳於殿庭。諸侍衛之官各服其器服。諸侍臣俱詣西階下奉迎。_{侍中負暑如式。}乘黃令進革輅於太極殿西階之前，南向。千牛將軍一人執長刀，立於輅前，北向。黃門侍郎一人在侍臣之前，贊者二人又在黃門之前。

侍中版奏："外辦。"太僕卿奮衣而升，正立執轡。皇帝服武弁，乘輿以出，降自西陛，稱警蹕如常儀。千牛將軍前執轡，皇帝升輅，太僕卿立授綏。升訖，侍中、中書令以下夾侍如常。黃門侍郎進，當鑾駕前跪，奏稱："黃門侍郎臣某言，請鑾駕發引。"俛伏，興，退，復位。_{凡黃門侍郎奏請，皆進鑾駕前，跪，奏稱具官臣某言。訖，俛伏，興。}鑾駕動，又稱警蹕，黃門侍郎、贊者夾引以出。千牛將軍夾輅而趨。駕出承天門，至侍臣上馬所，黃門侍郎奏稱："請鑾駕權停。勅侍臣上馬。"侍中前，承制，退稱："制曰可。"黃門侍郎退稱："侍臣上馬。"贊者承傳，文武侍臣皆上馬。諸侍衛之官各督其屬，左右翊駕在黃麾內，贊者在供奉官人內。侍臣上馬畢，黃門侍郎奏稱："請勅車右升。"侍中前，承制，退稱："制曰可。"黃門侍郎退，復位。千牛將軍升。訖，黃門侍郎奏稱："請鑾駕發引。"退，復位。鑾駕動，稱警蹕如常。

鑾駕至壝所，兵部尚書介胄乘馬奉引至講武所，入自都壝之北和門，至兩步軍之北，當空南向。黃門侍郎奏稱："請降輅。"還侍位。皇帝降輅，入大次而觀。兵部尚書停於東廂，西向立。三仗少退以通觀路。領軍減小駕，騎士立於都壝之四周。侍臣依左右廂立於大次之前東，西面北上。文武九品以上皆公服，文東武西，在侍臣之外十步所，重行北上。諸州使人及蕃客先集於都壝北和門外，東方、南方立於道東，西方、北方立於道西，皆向輅而立，以北爲上。駕將至和門，奉禮曰："再拜。"在位者皆再拜。皇帝入次。謁者引諸州使人，鴻臚卿引蕃客。東方、南方立於大次東北，南向，以西爲上；西方、北方立於大次西北，南向，以東爲上。若有觀者，立於都壝騎士仗外，四周任意。然後講武。

諸州使人及蕃客立定，吹大角三通，中軍將各以鞞令鼓，二軍俱擊鼓。三鼓，有司偃旗，步士皆跪。二軍諸帥果毅以上各集於中軍大將旗鼓之下。左廂中軍大將立於旗鼓之東，西面；諸軍將立於旗鼓之南，北面東上。右厢中軍大將立於旗鼓之西，東面；諸軍將立於旗鼓之南，北面西上。以聽誓。大將誓曰：“今行講武，以教人戰。進退左右，一如軍法。用命有常賞，不用命有常刑。可不勉之！”誓訖，左右三軍各長史二人，振鐸分徇以警衆[1]。諸果毅各以誓詞徧告其所部。

　　遂聲鼓，有司舉旗，士衆皆起，騎徒皆行，及表，擊鉦，騎徒乃止。又擊三鼓，有司偃旗，士衆皆跪。又擊鼓，有司舉旗，士衆皆起，騎徒驟趨，及表乃止，整列立定。東軍一鼓，舉青旗爲直陣；西軍亦鼓而舉白旗爲方陣，以應之。次南軍一鼓而舉赤旗爲銳陣；北軍亦鼓而舉黑旗爲曲陣，以應之。次東軍一鼓而舉黃旗爲圓陣；西軍亦鼓而舉青旗爲直陣，以應之。次西軍鼓而舉白旗爲方陣；東軍亦鼓而舉赤旗爲銳陣，以應之。次東軍鼓而舉黑旗爲曲陣，西軍亦鼓而舉黃旗爲圓陣，以應之。

　　凡陣，迭爲客主。先舉者爲客，後舉者爲主，從五行相勝之法，爲陣應之。每變陣，二軍各選刀、楯之士五十人，挑戰於兩軍之前。第一、第二挑戰，迭爲勇怯之狀；第三挑戰，爲敵均之勢；第四、第五挑戰，爲勝敗之形。每將變陣，先鼓而爲直陣，然後變從餘陣之法。五陣畢，兩軍俱爲直陣。又擊三鼓，有司偃旗，士衆皆跪。又聲鼓舉旗，士衆皆起，騎馳、徒走，左右軍俱至中表，相擬擊而還。每退至一行表，跪、起如前，遂復本列。

　　侍中跪，奏：“請觀騎軍。”又侍中稱：“制曰可。”侍中俛伏，興。二軍吹角、擊鼓、誓衆、俱進及表乃止，皆如步軍，惟無跪、起耳。騎軍東、西迭爲主、客，爲五變之陣，皆如步軍之法。每陣各八騎挑戰於兩陣之間，如步軍法。五陣畢，俱大擊鼓而前，盤馬相擬擊而罷，遂振旅而還。凡步、騎二軍之士，備則滿數，省則半之，損益隨時，惟不得減將帥。凡相擬擊，皆不得以刃相及。凡步士逐退，限過中表廿步而止，不得過也。騎士不在此例。若因田狩，則令講武軍士之外先期爲圍。觀訖，乘馬、鼓行、親禽如別禮。狩訖，乘輅振旅而還，如常儀。

　　講武罷，侍中跪，奏稱：“侍中臣某言，講武禮畢，請還。”俛伏，興。皇帝降御輿，侍衛如常儀。皇帝升輅，太僕卿立授綏。升訖，勅車右升，千牛將軍升輅陪乘。黃門侍郎奏稱：“請鑾駕發引。”退，復位。鑾駕動，

---

①　“徇”字，四庫本、《通典》卷一三二《開元禮纂類二十七》作“循”。

稱警蹕如常儀，黄門侍郎、贊者夾引。至侍臣上馬所，黄門侍郎奏稱：“請鑾駕權停，勑侍臣上馬。”侍中前，承制，退稱：“制曰可。”黄門侍郎退稱：“侍臣上馬。”贊者承傳。文武侍臣皆上馬畢，黄門侍郎奏稱：“請鑾駕發引。”退，復位。鑾駕動，鼓吹振作，文武群官皆從如來儀。諸客使便還館。駕到承天門外，至侍臣下馬所，鑾駕權停，文武侍臣皆下馬。千牛將軍降，立於輅右。訖，鑾駕動，千牛將軍夾輅而趨。駕入太極門，至横街北，當東上閣，迴輅南向。侍中進，當鑾駕前跪，奏稱：“侍中臣某言，請降輅。”俛伏，興，還侍位。皇帝降輅，御輿以入，侍臣從至閣。

初，文武群官至承天門外，舍人承制，勑群官還。皇帝既入，侍中版奏：“請解嚴。”叩鉦，將士各還其所。

明日，群官奉參起居如别禮。

皇帝田狩

仲冬田狩之禮。前期十日，兵部徵衆庶，循田法[1]。虞部量地廣狹，表所田之野。

前狩二日，本司建旗於所田之後，隨地之宜。

前一日，未明，諸將各帥士徒集於旗下，不得諠譁。質明，弊旗，後至者罰之。兵部分申田令，遂圍田。其兩翼之將皆建旗。及夜，布圍訖，若圍廣，或先期二日、三日。圍闕其南面。且據南面，及狩，隨地所宜。

駕出以剛日。其發引、次舍如常。將至田所，皇帝鼓行入圍。鼓吹令以鼓六十陳於皇帝東南，西向；六十陳於皇帝西南[2]，東向，皆乘馬。各備簫角。諸將皆鼓行赴圍。乃設驅逆之騎百有二十。既設驅逆，皇帝乘馬南向，有司斂大綏以從。諸公、王以下皆乘馬，帶弓矢，陳於駕前後。所司之屬又斂小綏以從。乃驅獸出皇帝之前。初，一驅過，有司整飭弓矢以前。再驅過，本司奉進弓矢。三驅過，皇帝乃從禽左而射之。每驅必三獸以上。皇帝發，亢大綏。皇帝既發，然後公、王發，王著[3]，亢小

---

① “循”字，四庫本、《新唐書》卷一六《禮樂六》作“修”。

② “皇帝”二字，公善堂本無，據四庫本、《通典》卷一三二《開元禮纂類二十七》補。

③ “王著”，四庫本作“公王發”。

綏。諸公既發，以次射之。訖，驅逆之騎止。然後百姓獵。

凡射獸，自左而射之，達於右腢爲上射，達右耳本爲次射，左髀達於右骹爲下射。群獸相從不盡殺，已被射者不重射。又不射其面，不翦其毛。其出表者不逐之。

田將止，虞部建旗於田內，乃雷擊駕鼓及諸將之鼓，士徒譟呼。諸得禽者獻於旗下，致其左耳。大獸公之，小獸私之。其上者以供宗廟，次者以供賓客，下者以充庖廚。乃命有司饁獸於四郊，以獸告至於廟社。其因講武以狩，則先設圍亦如之。

卷第八十六　軍禮

皇帝射於射宮　皇帝觀射於射宮

皇帝射於射宮

　　前一日，太樂令設宮懸之樂，鼓吹令設十二案於射殿之庭，以當月之調，登歌各以其合。東懸在東階東，西面；西懸在西階西，東面；南、北二懸及登歌，廣開中央。廣開中央，避射位也。張熊侯，去殿九十步，設乏於侯西十步、北十步。乏，侯邊避矢物，以革爲之，高、廣七尺。先有埒爲之，則不須更設。設五楅庭前，少西。楅長三尺，博三寸，厚一寸半，龍首蛇身，所以委矢。布侍射者位於西階前，東面北上。布司馬位於侍射位之南，東面。布獲者位於乏東，東面。布侍射者射位於殿階下，當御前少西，橫布，南面。侍射者弓矢俟於西門外。陳賞物於東階下，少東。置罰豐於西階下，少西。豐者，所以承罰爵，形似豆，大而卑。設罰尊於西階西，南北以堂深。設篚於尊西，南肆，實爵加冪。

　　其日質明，御服武弁出，樂作，警蹕及文武侍衛皆如常儀。文武官俱公服，典謁者引入見，樂作及會，並如元會之儀。酒三遍，侍中奏稱："有司既具，請射。"又侍中前，承制，退稱："制曰可。"王公以下皆降。文官立東階下，西面北上；武官立西階下，於射之後，東面北上。持鈒隊群立於兩邊。千牛備身二人橫奉御弓及矢立於東階上，西面，執弓者在北。又設坫於執弓者之前，又置御決、拾笥於其上。決，今之射沓。拾，今之射捍。獲者持旌自乏南行，當侯東，行至侯，負侯北面立。負侯，謂背侯向内立。令衆射者見侯與旌，深有志於中也。侍射者出西門外，取弓矢，兩手奉弓，搢乘矢於帶，搢，插。乘矢，四矢。入，立於殿下射位西，東面。司馬奉弓，自西階升，當西楅前，南面，揮弓，命獲者去侯。獲者以旌去侯，西行十步，北行至乏，止。司馬降自西階，復位。千牛中郎將一人奉決、拾以笥[①]，千牛將軍奉弓，又千牛郎將奉矢，進，立於御榻東，少南，西面。郎將跪，奠笥於御榻前，少東，遂拂以巾，取決，興。贊設訖，千牛郎將又跪，取拾，興。贊設訖，以笥退，奠於坫上，復位。千牛將軍北面，張弓，以袂順左右隈，上再下一，弓左右隈，謂弓上面、下面。以衣袂摩拭上面再度，下面一度。西面，左執弣、右執簫以進御。訖，退，立於御榻東，少後。千牛郎將以巾拂矢，進，一矢供御[②]。皇帝欲射，協律郎舉麾，先奏鼓吹及樂《騶虞》五節，御乃射。第一矢與第六節相應，第二矢與第七節相應，以至九節。協律郎偃麾，樂止。千牛將軍以矢行奏，中曰“獲”，下曰“留”，上曰“揚”，左曰“左方”，右曰“右方。”留，謂矢短不及侯。揚，謂矢過侯。左、右，謂矢偏不正。御射訖，千牛將軍於御座東，西面受弓，退，付千牛於東階上。千牛郎將以笥受決、拾，退，奠於坫上，復位。

　　侍射者進，升射席，北面立，左旋，東面張弓，南面挾矢。協律郎舉麾，乃作樂，不作鼓吹。奏樂《貍首》三節，然後發矢。若侍射者多，則齊發。第一發與第四節相應，第二發與第五節相應，以至七節。協律郎偃麾，樂止。射者右旋，東面弛弓，北面立，乃退，復西階下位。其射人多少，臨時聽進止。若九品以上俱蒙賜射，則六品以下後日引射，所司監之。司馬升自西階，自西楹前，南面，揮弓，命取矢。司馬降，復位。取矢者以御矢付千牛於東階下，侍射者矢加於楅，北括。侍射者釋弓於庭前，北面東上。所司奏：“請賞侍射中者，罰不中者。”侍中稱：“制曰可。”所司立楅之西，東面，監唱取矢[③]。取矢者各唱中者姓名。中者立於東階下，西面北上；不中者立於西階下，東面北上。俱再拜。所司於東階下以次付賞物，受訖，退，復西面位。酌者於罰尊西，東面酌，進，北面跪，奠於豐上，退，立於豐南，少西。不中者進豐南，北面跪，取豐上爵，立飲，卒爵，跪，奠豐下，退復東面位。酌者北面跪，取虛爵，酌奠如初。不中者以次進飲，皆如初。飲訖，典謁引王公以下及侍射者，皆庭前北面，相對爲首，再拜，訖，引

---

①　“中郎將”，四庫本、《通典》卷一三三《開元禮纂類二十八》作“郎將”。

②　“一矢”，《通典》卷一三三《開元禮纂類二十八》、《新唐書》卷一六《禮樂六》作“一一”。

③　“取矢”，《通典》卷一三三《開元禮纂類二十八》、《新唐書》卷一六《禮樂六》作“射矢”，四庫本與公善堂本同。

出。持鈒隊復位。御入，奏樂，警蹕如常儀。所司以弓矢出中門外，付侍射者，引出。

若御射無侍射之人，則不設楅，不陳賞物，不設罰尊。若御燕遊小射，則常服，不陳樂懸，不行會禮。王公以下事訖出，無北面再拜之儀。

皇帝觀射於射宮

前一日，太樂令設宮懸之樂及登歌，如親射之儀。張麋侯，去殿九十步，設乏於侯西十步。設第一楅於庭前，少西；設第二楅於第一楅南二步，次以五楅。楅，所以承矢。楅皆龍首蛇身，長三尺，博三寸，厚一寸半。陳賞物於東階下，少東。置罰豐於西階下，少西。設罰尊於西階西，南北以堂深。設篚於尊西，南肆，實爵加幂。布王公以下釋弓矢席位於中門外左右，俱北上。布三品以上會席位於殿上，如常儀。布四品、五品會席位於東、西階南[1]，在樂懸内，東厢者西面北上，西厢者東面北上。若殿上人少，四品、五品亦升之。布六品以下會席位於東西樂懸南，俱北上。若四品、五品升殿，則在懸内。布王公以下將射位於東、西階前，俱北上。布左、右司射位於王公將射位前，左者西面，右者東面，俱北上。布司馬位於右司射之南，東面。布三品以上及左供奉官射席位於御座東楹間，少前。又布三品以上及右供奉官射席位於御座西楹間，少前。席橫布，各容六人。布四品以下射席位於殿階下，如殿上之儀。布獲者位於乏東面[2]，取矢者在獲者之南，俱東面。獲者，謂看矢疏密者。置左、右司射各三人，司馬二人。

其日質明，王公以下俱公服，持弓矢，分爲左右引入，至中門外位。御服武弁服出，樂作，警蹕如常儀。王公以下皆跪，釋弓矢於位，典謁引入、見及會如常儀。凡射，先行會禮。酒三遍，所司奏：“請賜王公以下射。”侍中前，承詔，退稱：“制曰可。”王公以下將射者皆降庭前，北面，相對爲首，再拜。訖，典謁引出，復中門外位，跪，取弓矢，興，兩手奉弓，搢乘矢，搢，插。乘矢，四矢。典謁引入，就將射位。左、右司射及司馬及獲者皆就

---

① “東西階南”，公善堂本原作“東階西南”。考下文“東厢者西面北上，西厢者東面北上”之語，當以“東西階南”爲是。據《通典》卷一三三《開元禮纂類二十八》校改。四庫本無“東”字。

② “乏東面”，四庫本、《通典》卷一三二《開元禮纂類二十八》作“乏東東面”。

位。執罰尊者立於尊南，執篚者立於篚南，皆北向。酌者立於尊西，東面。獲者持旌，自乏南行十步，當侯東行，至侯，負侯，北面立。負侯，謂背侯內向立，令衆射者見侯與旌，深有志於中。

左、右司射各一人先導，射皆搢乘矢於帶，以兩手奉弓，左者從東階，右者從西階，至階，左者西面，右者東面，相顧立定，俱升，進，各當席前，北面，俱進，升射席。立定，左厢者右旋，西面張弓；右厢者左旋，東面張弓。俱南面，挾一个。挾，謂置矢於弓。司馬執弓，自西階升，當右射之前，左旋，南面，揮弓，命獲者去侯。獲者持旌去侯，西行十步，當乏北行，至乏，止。乃射。左司射一發，右司射一發。更迭射訖，左司射，左旋，西面弛弓；右司射，右旋，東面弛弓。俱北向。立定，俱少退，各從東、西階降於階下，相向立定，乃退，復位。

左、右司射各於王公位前，北面，次比王公從首六人，引從東西階升，如司射之儀。至射席，相對爲首，北向立。左者右旋，西面張弓；右者左旋，東面張弓。俱南向，挾一个。所司奏：“請以射樂樂王公以下。”若兩番射，則每番惟射取中侯，未須奏請作樂，與樂相應。侍中前，承制，退稱：“制曰可。”通事舍人承傳，西向告太常卿。太常卿於西懸內，東向，命樂正曰：“奏樂。聞若一。”言奏七節，節間燃數如一。司射自西階升，當御前，少西，東向，誓曰：“無射獲，無獵獲。”不得射侯邊獲者，又不得獵過獲者之旁。射者俱逡巡。司射退，降，復位。司射又自西階升，誓曰：“不鼓不釋。”不與鼓節相應，雖中不爲釋算。射者又逡巡。司射退，降，復位。協律郎舉麾，作《貍首》之樂。奏樂至第三節訖，左右俱一發，使與第四節相應；左右又一發，使與第五節相應，以至第七節。射訖，協律郎偃麾，樂止。左厢射者左旋，西面弛弓；右厢射者右旋，東面弛弓。俱北向立，少退，從東、西階降，立於階下，相向北上，立定，乃退。左、右司射各以次取六人俱升射如初，與樂節相應如初。射訖，退、降如初。四品以下射於殿下，即射席升降及射與樂相應如殿上儀。射訖者，三品以上及近侍之官釋弓於下，升，復會位。四品以下皆復會位，坐。其未射者，皆立，繼射如初。

射總訖，司馬自西階升殿，揮弓，命取矢。取矢者，上、中、下矢各一人持，其不中者矢亦一人持。至庭前，其第一矢跪，加第一楅，北括，其已下次加楅。訖，其取矢者各立楅南，北面。王公以下各降，執弓庭前，北向立。所司奏："請賞射中者，罰不中者。"侍中前，承制，退稱："制曰可。"所司立楅之西，東面，監唱取矢。取矢者各唱中者姓名。中者立東階下，西面北上，依射中嬞密爲序。其不中者_{謂四矢俱不中侯者}。立於西階下，東面北上，依品爲序。東、西俱再拜。所司東階下以次付賞物，受訖者退，復西面位。若賜多，且置於位，待御入，持出中門外付之。酌者於罰尊西，東面酌，進，北面跪，奠爵豐上，立於豐南，少西。不中者，豐南北面橫奠弓，跪，取爵，立飲，卒爵，跪，奠爵豐下，取弓，退，復東面位。酌者繼酌，奠於豐，不中者以次飲，皆如初。若更射，則取矢者以矢就東西面位，付射者。付訖，左、右司射各從首取王公以下六人，升、射如初。始作樂，與樂相應，如上儀。其賞罰皆如初。訖，典謁者引中者及不中者及不射者皆庭前，北面，各依品相對再拜。訖，出，復中門外位。持鈒者復位。御入，樂作，稱警蹕如常儀。所司持矢出中門外，付射者。訖，引出。

　　若御不親觀射，則不設樂懸。王公以下各執弓矢入庭前，北面拜訖，通事舍人宣勅，賜王公以下食，王公等皆再拜。典謁引王公以下就東、西廊下，食訖，舍人又宣勅賜王公以下射，王公以下在位者皆再拜。左、右司射引王公以下射，皆如御前之儀。射訖，王公以下皆北面相對立，通事舍人宣勅云："射中者依笇賜物，不中者罰酒。"王公等皆再拜。其受賞及罰，皆如御前之儀。北面，再拜，取矢。訖，引出。

卷第八十七　軍禮

制遣大將出征有司宜于太社

將告，有司卜日如別儀。

前一日，告官致齋於社所。守宮設告官以下次各於常所。設諸將次於社宮北門之外道西，東向，以南爲上。右校清除内外。又爲瘞埳二於南門之内壇西南如常。奉禮設告官以下版位如常儀。設諸將位於北門之内，當太社壇，每等異位，重行南向，以東爲上。設諸將門外位於北門之外道西，每等異位，重行東向，以南爲上。郊社令帥其屬以尊、坫、罍、洗、篚、冪、玉幣之篚入設，皆如常式。執尊、罍、篚、冪者各位於尊、罍、篚、冪之後。

告日，未明十刻，太官令預具牢饌。

質明，告官以下各服其服。太史令、郊社令帥其屬奉神席位，升、設如常。郊社令、良醞令之屬入，實尊、罍、玉、幣。太尊實以醴齊。配座之象尊，其實亦如之。其玄酒各實於上尊①。禮神之玉，太社、太稷俱以兩圭有邸。幣皆以玄，長一丈八尺。奉禮帥贊者先入，就位。贊者引御史、太祝以下入，行埽除如常儀，訖，引就位。贊引引告官以下俱就門外位。謁者引告官、贊引引執事者入，就位。立定，奉禮曰：“再拜。”贊者承傳，凡奉禮有辭，贊者皆承傳。告官以下皆再拜。其先拜者不拜。太官令出，帥進饌者奉饌陳於西門外。初，告官入，謁者引諸將俱就門外位，告官入訖，謁者引諸將入，就位。立定，奉禮曰：“再拜。”大將以下皆再拜。謁者進告官之左，白：“有司謹具，請行事。”還本位。諸祝俱取玉、幣於篚，各立於尊所。

謁者引告官詣太社壇，升自北陛，南向立。太祝以玉幣西向，授告官。告官受玉幣，進，南面跪，奠於太社神座，俛伏，興，少退，南向，再拜。訖，謁者引告官立於東方，西向。太祝以幣南向授告官，告官受幣，

---

① 四庫本於“其玄酒”前有“凡尊皆三”四字。

進，西面跪，奠於后土氏神座，俛伏，興，少退，西向，再拜。訖，謁者引告官降自北陛，詣太稷壇，升，奠幣，如太社壇之儀。訖，謁者引還本位。諸祝各還尊所。太官令引饌入，<small>太社、太稷之饌入自正門，配座之饌入自左闥。</small>至階，各由其陛升。諸祝迎引於壇上，各設於神座前。<small>籩、豆蓋冪①，徹之如式。</small>施設訖，太官令以下降，復位，諸祝各還尊所。

謁者引告官詣罍洗，盥手，洗爵。訖，謁者引告官詣太社壇，升自北陛，詣太社酒尊所，執尊者舉冪。告官酌醴齊。訖，謁者引告官進太社神座前，南面跪，奠爵，俛伏，興，少退，南向立。太祝持版進於神座之右，西面跪，讀祝文，<small>祝文臨時撰。</small>訖，興。告官再拜。太祝進，跪，奠版於神座，俛伏，興，還尊所。

告官拜訖，謁者引告官詣后土氏酒尊所，取爵於坫，執尊者舉冪。告官酌醴齊。訖，謁者引告官進后土氏神座前，西面跪，奠爵，俛伏，興，少退，西向立。太祝持版進於神座之左，南面跪，讀祝文，訖，興。告官再拜。太祝進，跪，奠版於神座，俛伏，興，還尊所。

告官拜訖，謁者引告官進太社神座前，南向立，諸祝各以爵酌福酒，合置一爵。一太祝持爵進告官之右，東向立。告官再拜，受爵，跪，祭酒，啐酒，奠爵，俛伏，興。太祝帥齋郎持俎進，減神前胙肉，共置一俎。太祝持俎進，西向以授告官，告官受以授齋郎。告官跪，取爵，遂飲②，卒爵。太祝進，受爵，復於坫。告官俛伏，興，再拜。訖，謁者引告官降自北陛，詣罍洗盥手，洗爵。訖，謁者引告官詣太稷壇北陛，升獻如太社壇之儀。訖，引告官降，復位。

初，告官詣太稷壇，謁者引諸將詣太社壇，升自西陛，進，立於太社神座前，南面東上。

初，諸將升，諸祝帥齋郎以爵酌福酒，進諸將之東，西向立。諸將皆再拜，受爵，跪，祭酒，啐酒，奠爵，俛伏，興。諸祝帥齋郎進俎，減神前胙肉，以次授。諸將受以授齋郎。諸將俱跪，取爵，遂飲，卒爵。太祝帥齋郎受爵，復於坫。諸將俛伏，興，再拜。訖，謁者引諸將各降，詣太稷壇，飲福、受胙如太社壇之儀，訖，引還本位。奉禮曰："再拜。"諸將以下皆

---

①　"蓋冪"二字，公善堂本作"簋簠"，據四庫本校改。

②　"飲"字，公善堂本作"引"，據四庫本校改。

再拜。謁者引出。

　　初，諸將出，諸祝各進，跪，徹豆，俛伏，興，還尊所。徹者，籩、豆各一，少移於故處。奉禮曰：“賜胙。”贊者唱：“再拜。”在位者皆再拜。已飲福、受胙者不拜。奉禮曰：“再拜。”告官以下皆再拜。謁者進告官之左，白：“請就望瘞位。”謁者引告官就望瘞位，南向立。告官將拜，諸祝各執篚進神座前，跪，取玉幣，齋郎又以俎載牲體、稷黍飯、爵酒，興，各由其陛降壇，詣瘞埳，以玉帛、饌物置於埳。訖，奉禮曰：“可瘞。”埳東、西面各四人實土。半埳，謁者進告官之左，白：“禮畢。”謁者引告官、贊引引執事者以次出。贊引引御史以下俱復執事位，立定，奉禮曰：“再拜。”御史以下皆再拜。贊引引出。

　　若凱旋，惟陳俘馘及軍實於北門之外，南面東上，其告禮如上儀。其祝版燔於齋所。

卷第八十八　軍禮

制遣大將出征有司告於太廟
制遣大將出征有司告於齊太公廟

制遣大將出征有司告於太廟

將告，有司卜日如別儀。

前一日，諸告官致齋於廟所。衛尉設告官以下次各於常所，右校清埽內外，奉禮設告官版位於內外，並如常儀。設諸將位於廟庭橫階之南道東，每等異位，重行北向，以西爲上。又設諸將門外位於南門之外道東，重行西向，以北爲上。太廟令整拂神幄，又帥其屬以尊、坫、罍、洗、篚、冪入，設於神座，如常儀。執尊、罍、篚、冪者各位於尊、罍、篚、冪之後。

告日，未明十刻，太官令預具牢饌。其饌，每室用特牲一。

未明三刻，諸告官以下各服其服。太廟令、良醖令入，實尊、罍及幣。每室犧尊二，一實玄酒爲上，一實醴齊次之。

未明二刻，奉禮帥贊者先入，就位。贊引引御史、太祝以下再拜，入，行埽除，皆如常儀。贊引引太廟令、太祝、宮闈令自東階升，入，開埳室，奉出獻祖以下神主，各置於座，皆如常儀。訖，各引就位。又贊引引告官次入，就位。立定，奉禮曰：“再拜。”告官以下皆再拜。其先拜者不拜。太官令出，帥進饌者奉饌陳於東門外。初，告官等入，謁者引諸將以下入，就位。立定，奉禮曰：“再拜。”諸將以下皆再拜。謁者進告官之左，白：“有司謹具，請行事。”還本位。諸祝俱取幣於篚，各立於尊所。

謁者引告官升自東階，詣獻祖廟室戶前，北向立。太祝以幣進，東向授告官。告官受幣，進，入室，北面跪，奠於獻祖神座，俛伏，興，出戶，北向，再拜。訖，謁者引告官以次進，奠幣於懿祖以下，如上儀。訖，謁者引還本位，諸祝各還尊所。太官令引饌入自正門，升自泰階，諸祝迎引於階上，各設於神座前。籩、豆蓋冪，徹之如式。設訖，太官令以下降，復位，諸祝各還尊所。

謁者引告官詣罍洗，盥手，洗爵。訖，升自東階，詣獻祖酒尊所，執尊者舉冪。告官酌醴齊。訖，謁者引告官入，詣獻祖神座前，北面跪，奠爵，俛伏，興，出戶，北向立。太祝持版進於室戶外之右，東面跪，讀祝文，祝文臨時撰。訖，興。告官再拜，訖，又再拜。太祝進，跪，奠版於神座，俛伏，興，還尊所。謁者引告官以次獻懿祖、太祖、代祖、高祖、太宗、高宗、中宗、睿宗，皆如上儀。

偏獻訖，謁者引告官詣東序，西向立。諸祝各以爵酌福酒，合置一爵。一太祝持爵進告官之左，北向立。告官再拜，受爵，跪，祭酒，啐酒，奠爵，俛伏，興。諸祝各帥齋郎進俎，減神前胙肉，共置一俎。太祝持俎以授告官，告官受以授齋郎。告官跪，取爵，遂飲，卒爵。太祝進，受爵，復於坫。告官俛伏，興，再拜。訖，謁者引告官降，復位。

告官飲福將訖，謁者引諸將升自東階，進，當皇考睿宗大聖真皇帝廟室戶前，北面西上。初，諸將升，諸祝帥齋郎以爵酌福酒，詣諸將之東，西面北上。諸將皆再拜，受爵，跪，祭酒，啐酒，奠爵，俛伏，興。諸祝帥齋郎進俎，減神前胙肉，以次授諸將，諸將受以授齋郎。諸將俱跪，取爵，遂飲，卒爵。太祝帥齋郎受爵，復於坫。諸將俛伏，興，再拜。訖，謁者引諸將降，復位。奉禮曰：“再拜。”諸將以下皆再拜。謁者引出。

諸祝各進神座前，跪，徹豆，俛伏，興，還尊所。奉禮曰：“賜胙。”贊者唱：“再拜。”在位者俱再拜。已飲福、受胙者不拜。奉禮曰：“再拜。”告官以下皆再拜。訖，謁者進告官之左，白：“請就望瘞位。”謁者引告官就望瘞位，西向立。於告官將拜，諸祝俱執篚進神座前，跪，取幣；齋郎以俎載牲體、稷黍飯、爵酒，興，降自東階，詣瘞埳，以幣、饌物置於埳。訖，奉禮曰：“可瘞。”埳東、西面各四人寘土①。半埳，謁者進告官之左，白：“禮畢。”謁者引告官、贊引引執事者以次出。贊引引御史以下俱復執事位，立定，奉禮曰：“再拜。”御史以下皆再拜。贊引引出。太廟令、宮闈令納神主如常儀。

---

① “四人”，四庫本、《通典》卷一三三《開元禮纂類二十八》作“二人”。

若凱旋，惟陳俘馘及軍實於南門之外，北面西上，其告禮如常儀。
其祝版燔於齋宮。

制遣大將出征有司告於齊太公廟[①]

將告，有司卜日如別儀。

前一日，諸告官致齋於廟所。衛尉設告官以下次各於常所，右校清
埽内外，奉禮設告官位於内外，並如常儀。設諸將位於廟庭橫階南道
東，北面西上。又設諸將門外位於南門之外道東，西面北上。廟令整拂
神座，又帥其屬以尊、坫、罍、洗、篚、冪入設，皆如常儀。執尊、罍、篚、冪
者各位於尊、罍、篚、冪之後。

告日，未明十刻，太官令預具酒脯醢如常。

未明三刻，諸告官以下各服其服。廟令、良醞令之屬入，實尊、罍及
幣。犧尊二，一實以玄酒，一實以醴齊。

未明二刻，奉禮帥贊者先入，就位。贊引引廟令、太祝等入，當階
間，北面西上。立定，奉禮曰：“再拜。”廟令以下皆再拜，升自東階，入，
就位。立定，奉禮曰：“再拜。”告官以下皆再拜。太官令出，帥進饌者奉
饌陳於東門外。謁者引諸將以下入，就位，立定，奉禮曰：“再拜。”諸將
以下皆再拜。謁者進告官之左，白：“有司謹具，請行事。”還本位。諸祝
俱取幣於篚，各立於尊所。

謁者引告官升自東階，詣太公神座前，北向立。太祝以幣東向授告
官，告官受幣，進，北面跪，奠於太公座前，俛伏，興，少退，北向，再拜。
訖，謁者引告官當留侯座前，東向立。又太祝以幣北向授告官，告官受
幣。謁者引告官東面跪，奠於留侯座，興，少退，東向，再拜。訖，謁者引
告官詣罍洗，盥手，洗爵。訖，謁者引告官升自東階，詣太公酒尊所，執
尊者舉冪。告官酌醴齊。謁者引告官入，詣太公神位前，北面跪，奠爵，
俛伏，興，少退，北向立。太祝持版進於太公神座之右，東面跪，讀祝文，
祝文臨時撰。訖，興。告官再拜。太祝進，跪，奠版於神座，俛伏，興，還

---

① “有司”二字，原無，據本卷卷首標題補。

尊所。

　　告官拜訖，謁者引告官詣留侯酒尊所，取爵於坫，執尊者舉冪。告官酌醴齊。訖，謁者引告官進留侯神座前，東面跪，奠爵，興，少退，東向立。太祝持版進於留侯神座之左，北面跪，讀祝文，訖，興。告官再拜。太祝跪，奠版於留侯神座，興，還尊所。奉禮曰："再拜。"告官以下皆再拜。

　　謁者進告官之左，白："請就望瘞位。"太祝跪，取幣，興，詣瘞埳，以幣置於埳。訖，奉禮曰："可瘞。"埳東、西厢各二人寘土。半埳，謁者進告官之左，白："禮畢。"奉禮帥贊者、告官皆復位。立定，奉禮曰："再拜。"告官以下皆再拜。訖，以次出。其祝版燔於齋坊。

卷第八十九　軍禮

仲春祠馬祖　仲夏享先牧　仲秋祭馬社 仲冬祭馬步①

仲春祠馬祖

將祠，有司筮日如別儀。

前祠三日，諸與祠之官散齋二日，致齋一日。散齋於正寢，致齋於祠所。散齋理事如舊，惟不弔喪問疾，不作樂，不行刑罰，不判署刑殺文書，不預穢惡。致齋惟祠事得行，其餘悉斷。其祠官已齋而闕者，通攝行事。

前祠二日，守宮設祠官次於東壝之外道南，北向，以西爲上。設陳饌幔於內壝之外。郊社令積柴於燎壇，方五尺，高五尺，南出戶。太官令具特牲之饌。

其日，未明二刻，太史令、郊社令升，設馬祖神座於壇上近北，南向，席以莞。設神位於座首。奉禮設獻官位於壇東南，西向；執事位於獻官東南，俱西面北上。設奉禮位於獻官西南，贊者二人在南差退。又設奉禮、贊者位於燎壇東北，俱西面北上。設望燎位，當柴壇之北，南向。設祠官以下門外位於東壝之外道南，每等異位，重行北向，以西爲上。郊社令設酒尊於壇上東南隅，北向。設洗於壇東南，北向。罍水在洗東，篚在洗西，南肆。篚實巾、爵。執尊、罍、篚、冪者各位於尊、罍、篚、冪之後。設幣篚於尊坫之所。

未明一刻，太祝、獻官以下各服其服。郊社令、太官令與良醞之屬入②，實尊、罍及幣。

質明，謁者引獻官以下俱就門外位。奉禮帥贊者先入，就位。贊引

---

① “仲春”、“仲夏”、“仲秋”、“仲冬”，據本卷卷內標題補。

② “太官令”，四庫本、《通典》卷一三三《開元禮纂類二十八》無。

引太祝與執尊、罍、篚、冪者入，當壇南，重行北向，以西爲上。立定，奉禮曰：“再拜。”贊者承傳，凡奉禮有辭，贊者皆承傳。太祝以下皆再拜。太祝與執尊者升自東陛，立於尊所，執罍、洗、篚、冪者各就位。謁者引獻官以下入，就位。立定，奉禮曰：“再拜。”在位者皆再拜。謁者進獻官之左，白：“有司謹具，請行事。”退，復位。太官令出，詣饌所。太祝跪，取幣於篚，興，立於尊所。謁者引獻官詣神座前，北向立。太祝奉幣東向授獻官，獻官受幣，進，北面跪，奠於神座，俛伏，興，少退，北向，再拜。謁者引獻官還本位。太官令引饌入，升自南陛，太祝迎引於壇上，設於神座前。設訖，太官令以下降，復位，太祝還尊所。

謁者引獻官詣罍洗，盥手，洗爵。訖，謁者引獻官升自南陛，詣酒尊所，執尊者舉冪。獻官酌酒[①]，謁者引獻官進神座前，北面跪，奠爵，俛伏，興，少退，北向立。太祝持版進於神座之右，東面跪，讀祝文曰：“維某年歲次月朔日，天子謹遣具官臣姓名，告於馬祖天駟之神：爰以春季，遊牝於牧，祇薦制幣、犧齊、粢盛、庶品，明薦於馬祖天駟之神。尚饗。”訖，興。獻官再拜。太祝進，跪，奠版於神座，俛伏，興，還尊所。太祝以爵酌福酒，進獻官之右，西向立。獻官再拜，受爵，跪，祭酒，遂飲，卒爵。太祝進，受爵，復於坫。獻官俛伏，興。太祝帥齋郎進俎，太祝減神前胙肉，興，以授獻官[②]，獻官受以授齋郎。謁者引獻官降自南陛，還本位。太祝進，跪，徹豆，俛伏，興，還尊所。徹者，籩、豆各一，少移於故處。奉禮曰：“再拜。”在位者皆再拜。已飲福、受胙者不拜。奉禮又曰：“再拜。”在位者俱再拜。

謁者進獻官之左，白：“請就望燎位。”謁者引獻官就望燎位，南向立。奉禮又帥贊者退，立於燎壇東北位。太祝進神座前，取制幣、祝版、爵酒，又以俎載牲體、稷黍飯，興，降自南陛，南行，當柴壇東南行，自南陛登柴壇，以幣、酒、祝版、饌置柴上。訖，奉禮曰：“可燎。”東、西面各二人以炬燎，火起，以炬投壇上。火半柴，謁者進獻官之左，白：“禮畢。”遂引獻官以下出。

---

① “酒”字，四庫本作“醴齊”，《通典》卷一三三《開元禮纂類二十八》與公善堂本同。

② “獻官”二字，公善堂本脱，四庫本同。據《通典》卷一三三《開元禮纂類二十八》及上下文意補。

奉禮帥贊者還本位。贊引引太祝以下俱復執事位。立定，奉禮曰：
“再拜。”太祝以下皆再拜。贊引引出。

仲夏享先牧

將享，有司筮日如別儀。

前享三日，與享之官散齋二日於正寢，致齋一日於享所。右校埽除
壇之內外。又爲瘞堛於壇上之壬地，方深取足容物。衛尉設享官次於
東壝之外道南，北向，以西爲上。太官令具特牲之饌。

其日，未明二刻，太史令、郊社令升，設先牧神座於壇上近北，南向，
席以莞。設神位於座首。奉禮設獻官位於壇東南，西向，執事位於獻官
東南，俱西面北上。設奉禮位於獻官西南，贊者二人在南差退，俱西面
北上。又設奉禮、贊者位於瘞堛西南，東面南上。設望瘞位於壇之西
南，北向。設享官以下門外位於東壝之外道南，每等異位，重行北向，以
西爲上。郊社令設酒尊於壇上東南隅，北向。設洗於壇東南，北向。罍
水在洗東，篚在洗西，南肆。篚實巾、爵。執尊、罍、篚、冪者各位於尊、罍、
篚、冪之後。設幣篚於尊坫之所。

未明一刻，享官以下各服其服。郊社令、太官令與良醞之屬入，實
尊、罍及幣。

質明，謁者引獻官以下俱就門外位。奉禮帥贊者先入，就位。贊引
引太祝與執尊、罍、篚、冪者入，當壇南，重行北面，以西爲上。立定，奉
禮曰：“再拜。”贊者承傳，凡奉禮有辭，贊者皆承傳。太祝以下俱再拜。祝與執
尊者升自東陛，立於尊所，執尊、罍、篚、冪者各就位。謁者引獻官以下
入，就位。立定，奉禮曰：“再拜。”在位者皆再拜。謁者進獻官之左，白：
“有司謹具，請行事。”退，復位。太官令出，詣饌所。太祝跪，取幣於篚，
興，立於尊所。謁者引獻官詣神座前，北向立。太祝奉幣東向授獻官，
獻官受幣，進，北面跪，奠於神座，俛伏，興，少退，北向，再拜。謁者引獻
官還本位。太官令引饌入，升自南陛，太祝迎引於壇上，設於神座前。
設訖，太官令以下降，復位，太祝還尊所。

謁者引獻官詣罍洗，盥手，洗爵，訖，謁者引獻官升自南陛，詣酒尊

所，執尊者舉冪。獻官酌酒，謁者引獻官進先牧神座前，北面跪，奠爵，俛伏，興，少退，北向立。太祝持版進神座之右，東面跪，讀祝文曰："維某年歲次月朔日，子開元神武皇帝謹遣具官臣姓名，敢昭告於先牧之神：惟神肇開牧養，厥利無窮，式因頒馬，爰以制幣、犧齊、粢盛、庶品，明薦於先牧之神。尚饗。"訖，興。獻官再拜。太祝進，跪，奠版於神座，俛伏，興，還尊所。太祝以爵酌福酒，進獻官之右，西向立。獻官再拜，受爵，跪，祭酒，遂飲，卒爵。太祝進，受爵，復於坫。獻官俛伏，興。太祝帥齋郎進俎，太祝減神前胙肉，興，以授獻官①，獻官受以授齋郎。謁者引獻官降自南陛，還本位。太祝進，跪，徹豆，俛伏，興，還尊所。徹者，籩、豆各一，少移於故處。奉禮曰："再拜。"在位者皆再拜。已飲福、受胙者不拜。奉禮又曰："再拜。"在位者俱再拜。

　　謁者進獻官之左，白："請就望瘞位。"謁者引獻官就望瘞位，北向立。奉禮帥贊者又就瘞埳西南位。太祝進神座前，跪取幣、爵酒，又以俎載牲體、稷黍飯，興，降自南陛，北行，當瘞埳西行，至埳，以幣、酒、饌置於埳。訖，奉禮曰："可瘞。"東、西面各二人寘土。半埳，謁者進獻官之左，白："禮畢。"遂引獻官以下出。

　　奉禮帥贊者還本位。贊引引太祝以下俱復執事位。立定，奉禮曰："再拜。"太祝以下皆再拜。贊引引出。其祝版燔於齋坊。

仲秋祭馬社

　　薦享之儀並與先牧同。

　　其祝文曰："維某年歲次月朔日，子開元神武皇帝謹遣具官某姓名，敢昭告於馬社之神：惟神肇教人乘，用賴於今，式因肆僕，爰以制幣、犧齊、粢盛、庶品，明薦於馬社之神。尚饗。"

仲冬祭馬步

　　薦享之儀並與先牧同。

---

　　①　"獻官"二字，公善堂本脱，據四庫本校補。

其祝文曰:"維某年歲次月朔日,子開元神武皇帝謹遣具官某姓名,敢昭告於馬步之神:惟神爲國所重,在於閑牧,神其屏茲凶慝,使無有害,載因獻校,爰以制幣、犧齊、粢盛、庶品,明薦於馬步之神。尚饗。"

卷第九十　軍禮

合朔伐鼓　合朔諸州伐鼓　大儺　諸州縣儺

合朔伐鼓二分二至即否。[①]

其日，合朔前二刻，郊社令及門僕各服赤幘、絳衣，守四門，令巡門監察。鼓吹令平巾幘、袴褶，帥工人以方色執麾旒，分置四門屋下，龍蛇鼓隨設於左。東門者立於北塾，南面；南門者立於東塾，西面；西門者立於南塾，北面；北門者立於西塾，東面。門側堂曰“塾”。麾杠各長一丈。旒以方色，各長八尺。隊正一人著平巾幘、袴褶，執刀，帥衛士五人執五兵立於鼓外，矛處東，戟在南，斧、鉞在西，稍在北。郊社令立攢於社壇四隅，以朱絲繩縈之。太史官一人著赤幘、赤衣，立於社壇北，向日觀變。黃麾次之；龍鼓一面次之，在北；弓一張、矢四鏃次之。諸工鼓静立候。日有變，史官曰：“祥有變。”工人齊舉麾，龍鼓齊發，聲如雷。史官稱：“止。”工人罷鼓。

其日廢務，百官守本司。日有變，皇帝素服，避正殿。百官以下、府史以上皆素服，各於廳事之前，重行，每等異位，向日立。明復而止。

合朔諸州伐鼓

其日，見日有變，則廢務。所司置鼓於刺史廳事之前，刺史、州官及九品以上俱素服，立於鼓後，重行，每等異位，向日立。刺史先擊鼓，執事代之。明復俱止。

---

① “二分二至”，《通典》卷一三三《開元禮纂類二十八》作“二至二分”。

大儺

大儺之禮。

前一日，所司奏聞。選人年十二以上、十六以下爲侲子，著假面，衣赤布，袴褶。二十四人爲一隊，六人作一行。執事者十二人，著赤幘、褠衣，執鞭。工人①二十二人：其一人方相氏，著假面，黃金四目，蒙熊皮，玄衣、朱裳，右執戈，左執楯；其一人爲唱帥，著假面，皮衣，執棒；鼓、角各十，合爲一隊。隊別鼓吹令一人、太卜令一人，各監所部；巫師二人，令以下皆服平巾幘，袴褶。以逐惡鬼於禁中。有司預備每門雄雞及酒，擬於宮城正門、皇城諸門磔禳，設祭。太祝一人，齋郎三人。右校爲瘞埳，各於皇城中門外之右，方深稱其事。

前一日之夕，儺者各赴集所，具其器服，依次陳布以待事。

其日未明，諸衛依時刻勒所部屯門列仗，近仗入，陳於階下，如常儀。鼓吹令帥儺者各集於宮門外。內侍詣皇帝所御殿前，奏："侲子備，請逐疫。"訖，出。命寺伯六人分引儺者於前長樂門、永安門，以次入。至左右上閤，鼓譟以進。方相氏執戈揚楯，唱帥②侲子和曰："甲作食㐁，胇胃食疫，雄伯食魅，騰簡食不祥，攬諸食咎③，伯奇食夢，強梁、祖明共食磔死寄生，委隨食觀，錯斷食巨，窮奇、騰根共食蠱。凡使一十二神追惡鬼凶，赫汝軀，拉汝體④，節解汝肌肉⑤，抽汝肺腸。汝不急去，後者爲糧。"周呼訖，前後鼓譟而出。諸隊各趨順天門以出，分詣諸城門，出郭而止。

儺者將出，祝布神席，當中門南向。出訖，宰手、齋郎鼺牲匈，磔之

---

① "工"字，公善堂本作"二"，據四庫本、《通典》卷一三三《開元禮纂類二十八》、《新唐書》卷一六《禮樂六》校改。

② "帥"字，四庫本、《通典》卷一三三《開元禮纂類二十八》作"率"。

③ "攬"字，四庫本、《通典》卷一三三《開元禮纂類二十八》作"覽"，《新唐書》卷一六《禮樂六》與公善堂本同。

④ "體"字，四庫本、《通典》卷一三三《開元禮纂類二十八》、《新唐書》卷一六《禮樂六》作"幹"。

⑤ "肌"字，公善堂本無，據四庫本、《通典》卷一三三《開元禮纂類二十八》補。

神席之西，藉以席，北首。齋郎酌酒，太祝受，奠之。祝史持版於座右，跪，讀祝文曰："維某年歲次月朔日，天子遣太祝臣姓名敢昭告於太陰之神：玄冬已謝，青陽馭節，惟神屏除凶厲，俾無後艱，謹以清酌敬薦於太陰之神。尚饗。"訖，興，奠版於席，乃舉牲并酒瘞於埳。訖，退。其內寺伯導引出順天門外，止。

諸州縣儺

方相四人，俱執戈、楯唱帥四人。戈，今以小戟。方相唱帥，俱以雜職充之。侲子，都督及上州六十人，中、下州四十人，縣皆二十人。其方相唱帥，縣皆二人。取人年十五以下、十三以上。雜職八人，四人執鼓鞉，四人執鞭。

前一日之夕，所司帥領宿於州府門外。其縣門亦如之。未辨色，所司白刺史："請引儺者入。"其縣令，則所司白縣令。將辨色，宦者二人出門，各執青麾，引儺者入。無宦者，外人引導。於是，儺者擊鼓鞉，俱譟呼，鼓鞭、擊戈、揚楯而入。唱帥侲子和曰："甲作食㱾，胇胃食疫，雄伯食魅，騰簡食不祥，覽諸食咎，伯奇食夢，強梁、祖明共食磔死寄生，委隨食觀，錯斷食巨，窮奇、騰根共食蠱。凡使一十二神逐惡鬼凶，赫汝軀，拉汝肝，節解汝肉脯汝腹[1]。汝不急去，後者爲糧。"宦者引之，徧索諸室及門巷。訖，宦者引出中門，所司接引出，仍鼓譟而出。出大門外，分爲四部，各趨城四門，出郭而止。

初，儺者入，祝五人各帥執事者，以酒脯各詣州門及城四門。其縣門亦準此。儺者出，便酌酒，奠脯於門右，禳祝而止。乃舉酒脯埋於西南。酒以爵，脯以籩。其祝文曰："維某年歲次月朔日，祝姓名敢昭告於太陰之神：寒往暑來，陰陽之恒度，惟神無忒其道，以屏竆厲，謹以酒脯之奠，敬薦於神。尚饗。"

---

① "節解汝肉脯汝腹"，四庫本、《通典》卷一三三《開元禮纂類二十八》作"節解汝肌肉抽汝肝腸"。

卷第九十一　嘉禮

皇帝加元服上

卜日　告圜丘　告方澤　告宗廟　臨軒行事　謁見太后

卜日

皇帝將加元服，有司卜日如別儀。

告圜丘

前一日，諸告官清齋於告所。諸衛各帥其屬，晡後一刻，各以其方器服守衛壇門。守宮設告官以下次各於常所，設陳饌幔於内壇東門之外道北，南向。右校埽除壇之内外。郊社令積柴於燎壇如常儀。奉禮設版位於内外，並如常儀。郊社令帥其屬，以尊、坫、罍、洗、篚、冪入設，皆如常儀。執尊、罍、篚、冪者各位於樽、罍、篚、冪之後。太官令預具饌酒脯醢。

告日，未明四刻，太史令、郊社令各服其服，升設神席如常。

未明二刻，諸告官各服其服。郊社令、良醞令入實尊罍玉幣。太尊二：一實以明水，爲上；一實以汎齊，次之。山罍二：一實以玄酒，爲上；一實以清酒，次之。玉以四圭有邸，幣以蒼。

未明一刻，奉禮帥贊者先入，就位。贊引引御史、太祝以下入，行掃除如常儀。

質明，謁者引告官以下俱就門外位。奉禮帥贊者先入，就位，贊引引御史以下入，就位，謁者引告官，贊引引執事者，以次入，就位。立定，奉禮曰："再拜。"贊者承傳，凡奉禮有辭，贊者皆承傳。告官以下皆再拜。謁者進告官之左，白："有司謹具，請行事。"退，復位。奉禮曰："再拜。"在位者皆再拜。初謁者白請行事，太官令出，帥進饌者奉饌陳於東門之外。

　　初太官令出，太祝跪，取玉幣於篚，興，立於尊所。謁者引告官升自午陛，北向立，太祝以玉幣東向授告官[1]。告官受玉[2]，進，北面跪，奠於昊天上帝神座，俛伏，興，少退，北向，再拜，謁者引降，還本位。太祝還尊所。太官令引饌入，升自午陛，太祝迎引於壇上，設於神座前。籩、豆蓋冪，徹之如式。設訖，太官令以下降自東陛，復位，太祝還尊所。

　　謁者引告官詣罍洗，盥手洗爵，訖，升自南陛，詣酒尊所。執尊者舉冪，告官酌汎齊，謁者引告官詣神座前，北面跪，奠爵，俛伏，興，少退，北向立。太祝持版進於神座之右，東面跪，讀祝文，祝文臨時撰。訖，興。告官再拜，太祝進，跪，奠版於神座，興，還尊所。告官再拜，訖，謁者引告官進天帝神座前，北向立。太祝以爵酌罍福酒，合置一爵。一太祝持爵進告官之右，西向立。告官再拜，受爵，跪，祭酒，遂飲卒爵。太祝進，受爵，復於坫。告官俛伏，興，再拜，訖。謁者引告官降，復位。

　　太祝進，跪，徹豆，俛伏，興，還尊所。奉禮曰："再拜。"在位者皆再拜。告官不拜。奉禮又曰："再拜。"告官以下皆再拜。謁者進告官之左，白："請就望燎位"。謁者引告官就望燎位，南向立。於衆官將拜，太祝執篚進神座，取玉幣、祝版，降壇南行，自柴壇南陛登，以玉幣、祝版置於柴上戶內。奉禮曰："可燎。"東西面各六人以炬燎火，半柴。謁者進告官之左，白："禮畢。"

　　謁者引告官、贊引引執事者以次出。御史、太祝以下俱復執事位。立定，奉禮曰："再拜。"御史以下皆再拜，贊引引出。

告方澤

　　前一日，諸告官皆清齋於告所。諸衛各帥其屬，晡後一刻，各以其方器、服守衛壇門守宮。設告官以下次各於常所。設陳饌幔於內壇東門之外道北，南向。右校掃除壇之內外，又爲瘞埳於壇南外壝之內，方深取足容物，北出陛，奉禮設版位於內外，並如常儀。郊社令帥其屬，以尊、坫、罍、洗、篚、冪入設，皆如常。執尊、罍、篚、冪者各位於尊、罍、篚、冪之後。太官令預饌酒脯醢。

---

① "告官"二字，四庫本無。
② "玉"，四庫本作"玉幣"。

告日未明四刻，太史令、郊社令各服其服，升設神席如常。

未明二刻，諸告官各服其服，郊社令、良醞令入實尊罍玉幣。設太尊二：一實明水爲上，一實醴齊次之。山罍二：一實玄酒爲上，一實清酒次之。玉以兩圭有邸，幣以黃色。

未明一刻，奉禮帥贊者先入，就位。贊引引御史、太祝以下入，行掃除如常儀。

質明，謁者引告官以下俱就門外位如常。贊引引御史以下入，就位。謁者引告官、贊引引執事者次入，就位。立定，奉禮曰：“再拜。”贊者承傳，凡奉禮有辭，贊者皆承傳。告官以下皆再拜。謁者進告官之左，白：“有司謹具，請行事。”退，復位。奉禮曰：“再拜。”在位者皆再拜。初謁者白請行事，太官令出，帥進饌者奉饌陳於東門之外。初太官令出，太祝跪，取玉幣於篚，興，立於尊所。

謁者引告官詣壇，升自南陛，北向立。太祝以玉幣東向授告官。謁者引告官進，北面跪，奠於神座，俛伏，興，少退，北向再拜。謁者引降復位，太祝還尊所。太官令引饌入，升自南陛，太祝迎引於壇上，各設於神座前。籩、豆蓋冪，徹之如式。設訖，太官令以下降自東陛，復位。太祝還尊所。謁者引告官詣罍洗，盥手洗爵，訖，升自南陛，詣酒尊所。執尊者舉冪，告官酌醴齊，謁者引告官詣皇地祇神座前，北面跪，奠爵，俛伏，興，少退，北向立。太祝持版進於座之右，東面跪，讀祝文。祝文臨時撰。訖，興，告官再拜，太祝進，跪，奠版於神座，興，還尊所。

告官再拜，訖，謁者引告官進皇地祇神座前，北向立。太祝以爵酌罍福酒，一太祝持爵進告官之右，東向立。告官再拜，受爵，跪，祭酒，遂飲卒爵。太祝進，受爵，復於坫。告官俛伏，興，再拜，訖。謁者引告官降，復位。

太祝進，跪，徹豆，俛伏，興，還尊所。奉禮曰：“再拜。”在位者皆再拜。告官不拜。奉禮又曰：“再拜。”告官以下皆再拜。謁者進告官之左，白：“請就望瘞位。”謁者引告官就望瘞位，西向立。於告官將拜，諸太祝各執篚進神座前，跪取玉幣，興，降就瘞埳，以玉幣置於埳訖。奉禮曰：“可瘞埳。”東西面各四人實土半埳。謁者進告官之左，白：“禮畢。”

謁者引告官、贊引引執事者以次出。御史、太祝以下俱復執事位。立定，奉禮曰：“再拜。”御史以下皆再拜，贊引引出。其祝版燔於齋所。

告宗廟

前一日，諸告官清齋於廟所。諸衛各帥其屬，晡後一刻，各以其方器、服守衛廟門。守宮設告官以下次各於常所。右校清掃内外，又爲瘞埳於北門之内道西，方深取足容物。奉禮設版位於内外，並如常儀。又設望瘞位於堂之東北，當瘞埳西向。又設奉禮位於瘞埳東北，南向。贊者二人在西，少退。太廟令整拂神幄。又郊社令帥其屬[①]，以尊、坫、罍、洗、篚、冪、制幣之篚入設，皆如常儀。執尊、罍、篚、冪者各位於尊、罍、篚、冪之後。太官令預饌酒脯醢。

告日未明三刻，諸告官以下各服其服[②]。太廟令、良醖令帥其屬入實尊、罍及幣。每室春夏犧尊二，秋冬著尊二：一實明水爲上，一實醴齊次之。山罍二：一實玄酒爲上，一實清酒次之。幣以白，各長一丈八尺。

未明二刻，奉禮帥贊者先入，就位。贊引引御史、太祝以下入，行掃除，訖，各就位。

未明一刻，贊引引太廟令、太祝以下宮闈令入，當階間，北面西上[③]。立定，奉禮曰：“再拜。”贊者承傳。凡奉禮有辭，贊者皆承傳。太廟令以下皆再拜，升自東陛，入開埳室，奉出獻祖以下神主[④]，各置於座如常儀，訖，各就位。

質明，謁者引告官、贊引引執事者俱就門外位立定[⑤]，又引入，就位。立定，奉禮曰：“再拜。”告官以下皆再拜。其先拜者不拜。謁者進告官之左，白：“有司謹具，請行事。”退，復位。奉禮曰：“再拜。”在位者皆再拜。初謁者白請行事，退，復位，太官令出，帥進饌者奉饌陳於東門之外。初太官令出，諸太祝俱取幣於篚，各立於尊所。

謁者引告官升自東階，詣獻祖廟室户前，北向立。太祝以幣東向授告官，告官受幣，進入，北面跪，奠於神座，俛伏，興，出户，北向立，再拜。

---

① “郊社令”三字，公善堂本、四庫本俱無，今據《通典》卷一一八《開元禮纂類十三》校補。

② “諸告官以下”，四庫本、《通典》卷一一八《開元禮纂類十三》作“諸告官”。

③ “上”，四庫本作“向”。

④ “獻祖”，四庫本作“太祖”。

⑤ “謁者引告官贊引引執事者”，四庫本作“謁者引告官以下”，《通典》卷一一八《開元禮纂類十三》作“謁者引告官廟又贊引引執事者以下”。

謁者引告官以次進,奠幣於懿祖以下,皆如上儀。訖,謁者引還本位,諸太祝各還尊所。

太官令引饌入自正門,升自泰階。諸太祝迎引於階上,各設於神座。籩、豆蓋冪,徹之如式。設訖,太官令以下降,復位。諸太祝各還尊所。謁者引告官詣罍洗,盥手洗爵,訖,升自東陛,詣獻祖酒尊所。執尊者舉冪,告官酌醴齊。謁者引告官入詣獻祖神座前,北面跪,奠爵,俛伏,興,出户,北向立。太祝持版進於室户外之右,東面跪,讀祝文。祝文臨時撰。訖,興,告官再拜,太祝進,跪,奠版於神座,俛伏,興,還尊所。告官拜,訖,謁者引告官以次酌獻,皆如獻祖之儀。惟不盥洗。徧獻訖,謁者引告官詣東序,西向立。諸祝各以爵酌罍福酒合置一爵,一太祝持爵進告官之左,北向立。告官再拜,受爵,跪,祭酒,遂飲卒爵。太祝進,受爵,復於坫。告官俛伏,興,再拜。謁者引告官降,復位。諸太祝各入室,跪,徹豆,俛伏,興,還尊所。奉禮曰:"再拜。"在位者皆再拜。告官不拜。奉禮又曰:"再拜。"告官以下皆再拜。

謁者進告官之左,白:"請就望瘞位"。奉禮、贊者轉就瘞埳東北位。謁者引告官就望瘞位,西向立。於告官將拜,諸太祝各執篚進神座前,跪,取幣,興,降自泰階,詣瘞埳。諸太祝以制幣置於埳,訖,奉禮曰:"可瘞。"埳東西面各四人寔土半埳。謁者進告官之左,白:"禮畢。"謁者引告官、贊引引執事者,以次出。初白禮畢,奉禮、贊者還本位,御史、太祝以下俱復執事位。立定,奉禮曰:"再拜。"御史以下皆再拜,贊引引出。其祝版燔於齋所。太廟令、太祝、宫闈令納神主如常儀。

臨軒行事

先一日,尚舍奉御設御冠席於(大)[太]極殿中楹之間,南向,莞筵紛純,加藻席繢純,加次席黼純。守宫設群官次於朝堂,太樂令展宫懸於殿庭,並如常儀。設協律郎舉麾位於殿上西階之西,東向;一位於樂懸東南,西向。鼓吹令分置十二案於建鼓之外。乘黄令陳車輅,尚輦奉御陳輿輦如常儀。典儀設文官一品以下五品以上位於懸東,六品以下於横街之南,皆重行,西面北上。設武官一品以下五品以上位於懸西,六品以下於横街之南,當文官,皆重行,東面北上。設朝集使位分方於文武官當品之下。設諸親位於四品、五品之下①。皇宗親在東，異姓親在西。設蕃客位各分方於朝集使六品之南。諸州使人分方位於朝集使九品之後。又設太師、太尉位於橫街之南道東，北面西上。又設典儀位於懸之東北，贊者二人在南，少退，俱西向。奉禮設門外位於東西朝堂，皆如元日之儀。

其日，諸衛勒所部屯門列黃麾仗如常。群官依時刻集朝堂，俱就次，各服其服，通事舍人引就朝堂前位。侍中版奏：“請中嚴。”太樂令、鼓吹令帥工人入，就位。奉禮即設罍、洗於阼階東南，罍在洗東，加勺冪；篚在洗西，南肆，實巾加冪。尚舍奉御設席於東房內，近西，又張帷於東序外。殿中監陳袞服於東房內席上，東領。玄衣纁裳十二章。八章在衣：日、月、星辰、山、龍、華蟲、火、宗彝。四章在裳：藻、粉米、黼、黻。白紗中單，黼領，青褾、襈、裾。革帶，玉鉤鰈，大帶，素帶朱裹②，紕其外，上以朱，下以綠，紐約用組③。朱韍三章，龍、山、火。鹿盧玉具劍④，火珠鏢首，白玉雙佩，玄組，雙大綬⑤，六綵，玄、黃、赤、白、縹、綠，純玄質，長二丈四尺，五百首，廣一尺。小雙綬長二尺六寸，色同大綬而首半之，間施二玉環。朱韈，赤舄金飾。繢纚、用皂羅巾⑥，方六寸，屬帶於前兩幅。玉簪及櫛三物同箱，在服北向⑦。尚舍奉御設莞筵紛純⑧，加藻席繢純，加次席黼純，又在南。尚食奉御實醴尊於東序外帷內，坫在尊北，實角觶柶各一，加冪。饌陳於尊西，籩、豆各十二。俎三，在籩、豆之北。設罍、洗於尊東，罍在洗西，加勺冪，篚在洗東，北肆，實巾加冪。執尊、罍、籩、豆及在庭罍、篚者，並絳公服，立於其所。袞冕垂白珠十有二旒，以組爲纓，色如其綬，黈纊充耳，玉導，置於箱。太常博士一人，立於西階下近西，東向。諸侍衛之官各服其器服，俱詣閤奉

---

① “下”，四庫本作“下”，《通典》卷一二二《開元禮纂類十七》作“中”。

② “素帶”，四庫本、《通典》卷一二二《開元禮纂類十七》作“青帶”。

③ “紐約用組”，四庫本作“鉤用組之”。

④ “玉貝劍”，四庫本、《通典》卷一二二《開元禮纂類十七》作“玉具劍”。

⑤ “雙大綬”，四庫本、《通典》卷一二二《開元禮纂類十七》作“大雙綬”。

⑥ “皂”，四庫本作“白”。

⑦ “在服北向”，四庫本作“在服北”，《通典》卷一二二《開元禮纂類十七》作“在服南北向”。

⑧ “莞筵紛純”，四庫本、《通典》卷一二二《開元禮纂類十七》、《新唐書》卷一七《禮樂七》作“莞筵一紛純”。

迎。典儀帥贊者先入，就位，通事舍人各引群官入就陪列位。太常博士引太常卿升西階，立於西房外，當户北向。侍中版奏："外辦。"

皇帝著空頂黑介幘、雙童髻、雙玉導、絳紗袍以出，侍衞警蹕如常儀。皇帝將出，仗動，太樂令令撞黄鍾之鐘，右五鐘皆應，協律郎舉麾，鼓柷，奏《太和之樂》。凡樂，皆協律郎舉麾，工鼓柷而後作，偃麾，戛敔而後止。皇帝出自西房。太常博士引太常卿，太常卿引皇帝，每太常卿前導，皆博士先引。皇帝即御座，南向立，樂止。太常卿與博士退，立於皇帝之左。通事舍人引太師、太尉入，就位。凡太師、太尉進退，皆舍人導引。太師初入門，《舒和之樂》作，至位樂止。典儀曰："再拜。"贊者承傳，群官在位者皆再拜。太師升自西階。太師初行，樂作，至階樂止。太師升，立於西階上，東面。太尉詣阼階下罍洗盥手，升自東階，詣東房内取纚櫛箱，進，跪，奠於御座西端。太師詣御座前，跪，奏稱："請坐。"退，復位。皇帝坐，太尉進當御座前，少左，跪，脱空頂幘，置於櫛箱，櫛畢，設纚，興，少西，東面立。太師降盥，初降，樂作，盥訖，詣西階下，樂止。太師受冕，左執項，右執前，升自西階，進當皇帝前，少左，樂作。太師祝曰："令月吉日，始加元服。壽考惟祺，以介景福。"乃跪，冠，興，復西階上位。太尉進皇帝前，少左，跪，設簪結纓，興，復位。皇帝興，太常卿引皇帝適東房。殿中監進，徹櫛纚箱以退。皇帝著袞服，太常卿引皇帝出，即席南向坐，樂止。

太尉詣序外帷内，盥手洗觶，酌醴，加柶，覆之，面葉，立於序内，南面。太師進受醴，面枋[①]，進御座前，北面祝曰："甘醴惟厚，嘉薦令芳。承天之休，壽考不忘。"訖，跪，進觶，興，退，降立於西階下，東面。於將祝，殿中監帥進饌者奉饌設於御座前，皇帝左執觶，右取脯，擩於醢，祭於籩、豆之間。太尉取肺一以進皇帝，皇帝奠觶於薦西，受肺，却左手執本，右絶末以祭[②]，上左手，嚌之，授太尉。太尉加於俎，降，立於太師之南。皇帝帨手，侍中一人進帨巾。取觶，以柶祭醴，啐醴，建柶，奠觶於薦東。皇帝初受觶，《休和之樂》作，奠觶，訖，樂止。太師、太尉俱復横街南位。太師初行，樂作，至位樂止。典儀唱："再拜。"贊者承傳，在位者皆再拜。

---

① "面枋"，四庫本、《通典》卷一二二《開元禮纂類十七》、《新唐書》卷一七《禮樂七》作"面柄"。

② "右"，四庫本作"右手"。

太師、太尉出，初行樂作，出門樂止。侍中前，跪，奏："禮畢。"

皇帝興，太樂令令撞蕤賓之鐘，左五鐘皆應，《太和之樂》作，太常卿引皇帝入自東房，侍衛警蹕如來儀。入訖，樂止，通事舍人引東西面位者以次出。

謁見太后

其日冠訖，著通天冠服詣太后所御殿，如常朝見之式。尚宮引就殿前，北面再拜，訖，尚宮引出，還宮如常。

卷第九十二　嘉禮

皇帝加元服下

謁太廟　親謁　會群臣　群臣上禮

謁太廟

將謁太廟,有司卜日如別儀。

前一日,皇帝清齋於太極殿,太尉以下清齋於廟所。近侍之官應從入廟者,各於本司清齋一宿。諸衛令其屬晡後一刻各以其方器服守衛廟門,與太樂工人俱清齋一宿。

前三日,尚舍直長設大次於太廟南門之外道西,東向,尚舍奉御鋪御座。守宮設文武侍臣次於大次之後,文官在左,武官在右,俱東向。設太尉以下次於齋坊之内,設三師次於侍臣次之東,西向[①]。

前二日,太樂令設宮懸之樂於廟庭,東方、西方磬簴起北,鐘簴次之;南方、北方磬簴起西,鐘簴次之。設十二鎛鐘於編懸之閒,各依辰位。樹路鼓於北懸之内道之左右,植建鼓於四隅。置柷敔於懸内。柷在左,敔在右。設歌鐘、歌磬於廟堂之上、前楹之閒,北向,磬簴在西,鐘簴在東,其匏竹者立於階閒,重行北向,相對爲首。凡懸皆展而編之。諸工人各位於懸後。東方西方,以北爲上;南方北方,以西爲上。右校清掃内外。

前一日,奉禮設御位於樂懸之南道西,北向。設太尉以下及御史等位於内外,並如常儀。設酒尊之位於廟堂上前楹閒,各於室户之左,北向。每室雞彝一、鳥彝一、犧尊二、山罍二,皆加勺冪,西上,各有坫焉。以置瓚爵。設洗於東階東南,北向,罍水在洗東,篚在洗西,南肆,篚實以圭瓚巾爵。執尊、罍、篚、冪者,各位於樽、罍、篚、冪之後。太廟令整拂神幄,又

帥府史、齋郎以尊、坫、罍、洗、篚、冪入，設於位。

其日未明十五刻，太官令帥宰人以鸞刀割牲於廚。

謁日未明三刻，太尉以下各服其服，太官令、良醞令各帥其屬入實尊罍。雞彝、犧尊之上尊，皆實以明水。山罍之上尊，實以玄酒。鳥彝實以鬱鬯，犧尊實以醴齊，山罍實以清酒。太官令帥進饌者實諸籩、豆、簠、簋等。

未明二刻，奉禮帥贊者先入，就位。贊引引御史以下入，行掃除如常儀，訖，各就位。

未明一刻，贊引引太廟令、太祝、宮闈令入自東門，當階間，重行北向，以西爲上，立定。奉禮曰："再拜。"贊者承傳。凡奉禮有辭，贊者皆承傳。太廟令以下皆再拜，升自東階，入開埳室，奉出獻祖以下神主各置於座，如常儀，訖，各就位。

質明，謁者引太尉以下俱就門外位，太樂令帥工人次入就位。其升堂座者皆脫屨於階下，降納如式①。謁者引太尉以下②，贊引引執事者次入，就位。立定，奉禮曰："再拜。"太尉以下皆再拜。其先拜者不拜。謁者進太尉之左，白："有司謹具，請行事。"退，復位。協律郎跪，俛伏，舉麾，凡取物者皆跪，俛伏而取以興。奠物則跪，奠訖，俛伏而後興。鼓柷，奏《永和之樂》，乃以黃鍾爲宮，大呂爲角，太蔟爲徵，應鍾爲羽，樂九成。黃鍾三奏，大呂、太蔟、應鍾各再奏。偃麾，戛敔，樂止。凡樂，皆協律舉麾，工鼓柷而後作，偃麾，戛敔而後止。奉禮曰："再拜。"衆官在位者皆再拜。

謁者引太尉詣罍洗，太尉盥手洗瓚，升自阼階，詣獻祖尊彝所。執尊者舉冪，太尉酌鬱鬯，訖，登歌作《肅和之樂》，乃以圜鍾之均。自後登歌，皆歌圜鍾。詣者引太尉入，詣獻祖神座前，北面跪，以鬯祼地奠之，俛伏，興，謁者引出戶，北向，再拜，訖，謁者引太尉詣懿祖尊彝所，執尊者舉冪，太尉取瓚於坫，酌鬱鬯③，謁者引太尉入，詣懿祖神座前，北面跪，以鬯祼地奠之如常儀，俛伏，興，謁者引太尉出戶，北向，再拜。謁者引太尉次祼太祖，次祼代祖，次祼高祖，次祼太宗，次祼高宗，次祼中宗，次祼睿宗，皆如上儀。訖，登歌止，謁者引太尉降，復位。

①　"降納如式"，四庫本、《通典》卷一二二《開元禮纂類十七》作"降納如常"。
②　"太尉以下"，《通典》卷一二二《開元禮纂類十七》作"太尉"。
③　"酌"，四庫本作"醴"。

初太尉既升祼，太官令帥進饌者奉饌陳於東門之外，謁者引司徒出詣饌所，司徒奉獻祖之俎。初太尉既至位，太官令引饌入自正門，俎初入門，《雍和之樂》作，<small>自後酌獻，皆作《雍和》。</small>以無射之均。<small>自後接神之樂，堂下皆奏無射。</small>饌至階，樂止。饌升，諸太祝迎引於階上，各設於神座前。<small>籩、豆、蓋、冪，徹之如式。</small>設訖，謁者引司徒以下降，復位，諸祝各還尊所。

謁者引太尉詣罍洗，盥手洗爵訖，升自阼階，詣獻祖酒尊所。執尊者舉冪，太尉酌醴齊，訖，樂作，謁者引太尉入，詣獻祖神座前，北面跪，奠爵，俛伏，興，出戶，北向立，樂止。太祝持版進於室戶外之右，東面跪，讀祝文曰：“維某年歲次月朔日，子孝曾孫皇帝某，<small>太祖以下稱臣某。</small>謹遣太尉封臣名，敢昭告於獻祖宣皇帝、祖妣某氏：敬遵恒典，禮加元服，以今吉辰祇見。謹以一元大武、明粢、薌合、薌萁、嘉蔬、嘉薦、醴齊尚饗。”訖，興，太尉再拜。初讀祝文訖，樂作，太祝進，跪，奠版於神座，俛伏，興，還尊所。太尉拜，訖，樂止。謁者引太尉以次獻，皆如獻祖之儀。<small>惟不盥洗。</small>

徧獻訖，謁者引太尉詣東序，西向立。諸祝各以爵酌罍福酒合置一爵，一太祝持爵進太尉之左，北向立，太尉再拜，受爵，跪，祭酒，啐酒，奠爵，興。諸祝各帥齋郎進俎，減神前胙肉加於俎上，又以籩取稷黍飯，興，以胙肉共置一俎，以飯共置一籩。先以飯授太尉，太尉受以授齋郎。又以胙肉授太尉，太尉受以授齋郎。太尉跪，取爵，遂飲卒爵，太祝進，受爵，復於坫，太尉興，再拜，訖，謁者引太尉降，復位。贊引引御史、太祝及執尊、罍、篚、冪者俱就執事位，重行，西向立以俟。

皇帝既謁廟出門，太祝等升，復位，訖，登歌作《雍和之樂》。諸祝各進入室徹豆，出還尊所①。<small>徹者籩、豆各一，少移於故處。</small>登歌止，奉禮曰：“賜胙。”贊者唱：“再拜。”在位者皆再拜，<small>太尉不拜。</small>樂作。奉禮又曰：“再拜。”在位者皆再拜，樂一成止。謁者進太尉之左，白：“禮畢”，遂引太尉出。贊引引執事者以次出。贊引引御史、太祝以下俱復執事位。立定，奉禮曰：“再拜。”御史以下皆再拜。贊引引出，工人以次出。其祝版燔於齋坊。太廟令、太祝、宮闈令納神主如常儀。

---

① “出”字，四庫本無。

親謁

前出宫三日,本司宣攝内外各供其職。

前一日,守宫設群臣五品以上次於東西朝堂如常。

謁日,晝漏上水三刻,鑾駕出宫。發引前七刻,搥一鼓爲一嚴。三嚴時節,前一日左相奏裁。發引前五刻,搥二鼓爲再嚴。侍中版奏請中嚴。奉禮設群官五品以上位於東西朝堂如常,文武官五品以上俱集朝堂就次,各服其服。所司依圖陳小駕鹵簿發引。

前二刻,搥三鼓爲三嚴,諸衛之屬各督其隊與鈒戟以次入,陳於殿庭。謁者引文武群官各就位,諸侍衛之官各服其器服,侍中、中書令以下俱詣閤奉迎。侍中奉寶如式。乘黄令進金輅於西閣外,南向,千牛將軍一人執長刀立於輅前,北向,黄門侍郎一人在侍臣之前,贊者二人又在黄門侍郎之前。侍中版奏:"外辦。"太僕令奮衣而升,正立執轡。

皇帝服衮冕乘輿以出,警蹕侍衛如常儀。千牛將軍前執轡,皇帝升輅,太僕卿立授綏,侍中、中書令以下夾侍如常。黄門侍郎進,當鑾駕前,跪,奏稱:"黄門侍郎臣某言,請鑾駕發引。"俛伏,興,退,復位。凡黄門侍郎奏請,皆進鑾駕前,跪,奏稱具官臣某言,訖,俛伏,興。鑾駕動,又稱警蹕,黄門侍郎與贊者夾引以出,千牛將軍夾輅而趨。

駕出承天門,至侍臣上馬所,黄門侍郎奏稱:"請鑾駕權停,勑侍臣上馬。"侍中前承制,退稱:"制曰可。"黄門侍郎退稱:"侍臣上馬。"贊者承傳,文武侍臣皆上馬。諸侍衛之官各督其屬,左右翊駕,在黄麾内。符寶郎奉六寶,與殿中監後部從,在黄鉞内[①]。侍中、中書令以下夾侍於輅前,贊者在供奉官人内。侍臣上馬畢,黄門侍郎奏稱:"請勑車右升。"侍中前承制,退稱:"制曰可。"黄門侍郎退,復位。千牛將軍升訖,黄門侍郎奏稱:"請鑾駕發引。"退,復位。鑾駕動,稱警蹕,鼓傳音如常。不鳴鼓吹,不得諠譁。駕過,通事舍人引文武群官不從者退,就次以俟。

駕至大次[②],迴輅東向,將軍降立於輅左[③],侍中進,當鑾駕前,跪,奏

① "部從在黄鉞内"六字,四庫本無,僅作"從"字。

② "駕至大次",四庫本作"謁廟駕至大次。"

③ "將軍",四庫本作"千牛將軍"。"左",四庫本作"右"。

稱：“侍中臣某言，請降輅。”俛伏，興，還侍位。皇帝降輅，乘輿之大次，繳扇華蓋侍衛如常儀。通事舍人引三師各就便坐，各服其服，出，立於大次門外。太常博士引太常卿立於大次門外，當門西向。侍中版奏：“外辦。”

　　皇帝出次，華蓋侍衛如常儀。<small>侍中負寶陪從如式。</small>博士引太常卿，太常卿引皇帝。<small>凡太常卿前導，皆博士先引。</small>至廟門外，殿中監進鎮圭，皇帝執鎮圭，華蓋仗衛停於門外，三師、近侍者從入如常。

　　皇帝初入門，《太和之樂》作，至版位，北向立，樂止。太常卿與博士退，立於左。太常卿前，奏稱：“請再拜。”皇帝再拜。少頃，太常卿又奏稱：“請再拜。”皇帝又再拜。訖，太常博士引太常卿，太常卿引皇帝出，還大次。初行樂作，出門樂止。皇帝出門，殿中監前受鎮圭，華蓋侍衛如常儀。皇帝既還大次，侍中版奏：“請解嚴。”<small>將士不得輒離部伍。</small>

　　皇帝停大次一刻頃，搥一鼓爲一嚴，轉仗衛於還塗如來儀。三刻頃，搥二鼓爲再嚴。將士布隊仗，侍中版奏：“請中嚴。”皇帝改著通天冠、絳紗袍。五刻頃，搥三鼓爲三嚴。文武侍臣詣大次奉迎，乘黃令進金輅於大次門外，東向，千牛將軍立於輅右。侍中版奏：“外辦。”太僕卿升執轡，皇帝乘輿出次，警蹕侍衛如常儀。皇帝升輅，太僕卿立授綏。黃門侍郎奏稱：“請鑾駕發引。”俛伏，興，退，復位。鑾駕動，警蹕如常儀。黃門侍郎、贊引夾引，千牛將軍夾輅而趨。

　　至侍臣上馬所。黃門侍郎奏稱：“請鑾駕權停，勅侍臣上馬。”侍中前承制，退稱：“制曰可。”黃門侍郎退稱：“侍臣上馬。”贊者承傳，文武侍臣皆上馬，畢。黃門侍郎奏稱：“請勅車右升。”侍中前承制，退稱：“制曰可。”黃門侍郎退，復位。千牛將軍升，訖，黃門侍郎奏稱：“請鑾駕發引。”俛伏，興，退，復位。鼓傳音，鑾駕動，鼓吹振作而還，文武群官導從如來儀。駕將至，通事舍人引文武群官進就位，以近駕爲上。駕至侍臣下馬所，鑾駕權停，文武侍臣皆下馬，千牛將軍降，立於輅右，侍臣下馬，訖，鑾駕動，千牛將軍夾輅而趨。駕至橫街北，當東上閣，迴輅南向。侍中進，當鑾駕前，跪，奏稱：“侍中臣某言，請降輅。”俛伏，興，還侍位。皇帝降輅，乘輿以入，侍臣從至閣。

　　初皇帝入承天門，舍人承旨勅群官還。皇帝既入閣，侍中版奏：“請解嚴。"叩鉦,將士各還本所。

會群臣

皇帝見廟之明日會群臣,如元會之儀。其上壽辭云:"具官臣某言,伏惟皇帝陛下吉辰元服,禮備樂和,臣等不勝大慶,謹上千萬歲壽。"

群臣上禮

前一日,守宮量設次於東朝堂如常儀。其日,應上禮之官依時刻各集於次,皆服朝服。奉禮先設上禮之官位於東朝堂之前,近南,文東武西,重行北向,相對爲首。又設中書舍人位於吏部官之北,南向。設奉禮位於文官東北,贊者二人在南差退,俱西向。通事舍人各引應上禮之官就位。立定,令史二人對舉表案,禮部郎中引就中書舍人前,取表授舍人,訖,引案退。奉禮唱:"再拜。"贊者承傳,在位者皆再拜。中書舍人奉表入進。通事舍人引在位者退。

卷第九十三　嘉禮

納后上

卜日　告圜丘　告方澤　臨軒命使　納采　問名
納吉　納徵　告期　告廟　冊后

卜日

將納后，有司卜日，如別儀。

告圜丘

與加元服之儀同。祝文臨時撰。

告方澤

同上儀。

臨軒命使

將行納采，制命太尉爲使者，宗正卿爲副使，吏部承以戒之。問名、納吉、納徵、告期、奉迎，並同使。

前一日，尚舍奉御設御幄於太極殿如常。守宮設群官、客使等諸應陪位者次於東西朝堂。太樂令展宮懸於殿庭，設舉麾位於殿上，一位於懸下，鼓吹令設十二案，乘黃令陳車輅，尚輦奉御陳輿輦，皆如元日之儀。典儀設文官一品以下五品以上位於懸東，六品以下於橫街之南，皆重行，西面北上。設武官一品以下五品以上位於懸西，六品以下於橫街之南，當文官，皆重行，東面北上。設朝集使位各分方於文武官當品之下，設諸親位於四品、五品之下，皇宗親在東，異姓親在西。設蕃客位各分方於朝集使六品之南，諸州使人分方位於朝集使九品之後。設典儀位於懸之東北，贊者二人在南，少退，俱西向。設使者受命位於橫街南道東，副使又於其東，少退，俱北向。奉禮設門外位於東西朝堂，如元日之儀。

其日，諸衛勒所部列黃麾仗如常儀。群官依時刻集朝堂，俱就次，各服其服，通事舍人引就朝堂前位。侍中量時刻版奏：「請中嚴。」鈒戟近仗入陳於殿庭。太樂令帥工人入，就舞位，協律郎入，就舉麾位，諸侍衛之官各服其器服，符寶郎奉寶，俱詣閤奉迎。典儀帥贊者先入，就位，通事舍人引群官入，就位，又引使者及副使立於太極門外道東，西向。黃門侍郎引主節執幡節，中書侍郎引制書案立於左延明門內道北，西面北上。侍中版奏：「外辦。」

皇帝服袞冕，御輿以出，曲直華蓋警蹕侍衛如常儀。皇帝將出，仗動。皇帝出自西房，即御座，南向坐。符寶郎奉寶置於御座如常。通事舍人引使主副入，就位。立定，典儀曰：「再拜。」贊者承傳，群官在位者皆再拜。侍中前承制，降，詣使者東北，西面稱：「有制。」使主副俱再拜。侍中宣制曰：「納某官某氏女為皇后，命公等持節行納采等禮。」宣訖，使主副又再拜。侍中還侍位。黃門侍郎引主節立於使者東北，西面。主節以節授黃門侍郎，黃門侍郎執節西面授使者，使者受，付主節，主節立於使者後，黃門侍郎退。中書侍郎引制書案立於使者東北，西面。中書侍郎取制書，持案者退自使後，立於使者之左。西面授使者，使者受制書，置於案，持案者退，立於使後，中書侍郎退。典儀曰：「再拜。」贊者承傳，群官在位者皆再拜。舍人引使者主副出，持節者前導，持案者次之。侍中前，跪，奏稱：「侍中臣某言，禮畢。」俛伏，興，還侍位。

皇帝降座，御輿，入自東房。侍衛警蹕如來儀。舍人引群官在位者以次出。初使主副乘輅備儀仗而行，鼓吹備而不作，從者乘車以從，其制書以油絡網犢車載而行，自後皆如之。

納采

前一日，守宮設使者次於后氏大門外道右，南向。

其日大昕，使主副至於后氏大門外，掌次者延入次。凡賓、主及行事者，皆公服。主人受於廟。無廟者受於正寢。掌事者布神席於室戶外之西，莞筵紛純，加藻席畫純，南向，右彫几。使主副出次，謁者引立於大門外之西，東面北上。持幡節者立於使者之北，少退，東向。令史二人對舉制案，立於使主副之南，執雁者又在其南，俱東向。主人立於大門內，西向。儐者立於主人之左，北面受命，出，立於門東，西向曰："敢請事。"使者曰："某奉制納采。"儐者入告。主人曰："臣某之女若如人，既蒙制訪，臣某不敢辭。"儐者出告，入，引主人出迎使者於大門外之南，北向，主人再拜，使者不答拜。

主人揖使者，先入，至於階，使者及宗正卿入，幡節前導，其持案及執雁者從入，幡節立西階之西，東向。自後幡節皆如之。使者由西階升，立於兩楹閒，南向。使副在使者西南，持案及執雁者在使副西南，俱東南向①。主人升阼階，詣使者前，北面立。持案者以案進使副前，使副取制書，持案者退，復位。使副奉制書進，授使者，退，復位。持節者脫節衣。使者曰："有制。"主人再拜。使者宣制畢②，主人降詣階閒，北面再拜稽首訖，升，進，北面受制書，退，以授左右，仍北面立。使副取雁以授使者，退，復位。使者受雁，主人再拜，進，受雁，退，以授左右，仍北面立。儐者引二人對舉答表案進，立於主人後，少西，儐者取表以授主人，主人受，進，授使者，訖，退，復位，再拜。持節者加節衣。謁者引使者及使副等降自西階以出。

制文 凡六禮皆以版，長一尺二寸，博四寸，厚八分。后家答版亦如之。

皇帝曰：咨！具官封姓：渾元資始，肇經人倫，爰及夫婦，以奉天地宗廟社稷。謀於公卿，咸以爲宜。率由舊典，今使使持節太尉封某、宗正卿封某以禮納采。

答文

皇帝嘉命，訪婚陋族，備數采擇。臣之女 姑姊妹則云"先臣某官之遺女"。未閑教訓，衣履若如人。欽承舊章，肅奉典訓。某官封臣姓名稽首頓首，再拜承制詔。

---

① "東南向"，四庫本、《通典》卷一二二《開元禮纂類十七》作"東面"。
② "使者宣制畢"，四庫本、《通典》卷一二二《開元禮纂類十七》作"宣制畢"。

問名

使者既出，遂立於内門外之西，東向，並如納采位。初使者降，主人降，立於内門内東廂，西向。儐者進受命，出請事。使者曰："將加卜筮，奉制問名。"儐者入告。主人曰："臣某之子若如人，既蒙制訪，臣某不敢辭。"儐者出告，入引主人出迎使者於内門外之南，北面揖使者，先入，就位，至於階。使者及使副入，幡節前導，持案及執雁者從入。使者由西階升，立於兩楹閒，南向，使副在使者西南，持案及執雁者在使副西南，俱東向。主人升阼階，詣使者前，北面立。持案者以案進使副前，使副取制書，持案者退，復位。使副奉制書進，授使者，退，復位。持節者脱節衣。使者曰："有制。"主人再拜，使者宣制畢，主人降詣階閒，北面再拜稽首訖，升，進，北面受制書，退，以授左右，仍北面立。使副取雁以授使者，退，復位①。使者受雁，主人再拜，進受雁，退，以授左右，仍北面立。儐者引二人對舉答表案立於主人後，少西。儐者取表以授主人，主人受，進，授使者，訖，退，復位，再拜。持節者加節衣。

謁者引使者及使副等降自西階以出，立於内門外之西，使副在南，少退，俱東向。初使者降，主人降，立於東階下，西面。儐者進受命，出請事。使者曰："禮畢。"儐者入告。主人曰："某公奉制至於某之室，某有先人之禮，請禮從者。"儐者出告。使者曰："某既得將事，敢辭。"儐者入告。主人曰："先人之禮，敢固以請。"儐者出告。使者曰："某辭不得命，敢不從。"儐者入告，遂引主人升，立於序端。掌事者徹几，改設二筵，東上。<small>各用莞筵紛純，加藻席繢純也。</small>設甒醴於東房西牖下，加勺幂，坫在尊北，篚在尊南，實觶二，角柶二，各一籩一豆，實以脯醢，在坫北。又設洗於東階東南如常。

施設訖，儐者引主人降，迎使者於内門外之東，西面揖使者，先入。使者入門而左，使副從之，主人入門而右。至階，主人曰："請某位升。"使者曰："某敢辭。"主人又曰："固請某位升。"使者曰："某敢固辭。"主人又曰："終請某位升。"使者曰："某敢終辭。"主人升自阼階，使者升自西

---

① "退復位"三字，四庫本無。

階，使副從升，俱北向。主人阼階上北面再拜，使者及副使西階上北面答再拜。

主人受几於序端，掌事者內拂几三，奉兩端西北向以進。主人東南向外拂几三，振袂，內執之，掌事者一人又執几以從主人。主人進，西北向，使者序進，迎受於筵前，東南向以俟。主人還東階上，北向，再拜送，西面立①。使者以几避進②，北面跪，各設於座，差退於西階上，北面東上，俱答再拜，立於階西，東面南上。

贊者二人俱升，取觶，降，盥手洗觶，升，實醴，加柶於觶，覆之，面葉，出房南面。主人受醴，面枋③，進使者筵前，西北向立。又贊者執觶以從。使者西階上北面各一拜，序進筵前，東南面。主人以次授醴，使者受，俱復西階上位。主人退，復東階上，北面一拜送。掌事者以次薦脯醢於筵前。使者各進，升筵，皆坐，左執觶，右取脯，擩於醢，祭於籩、豆之間，各以柶祭醴三，始扱一祭，又扱再祭，興，各以柶兼諸觶，上擩，降筵於西階上，俱北面坐，啐醴，建柶，各奠觶，遂拜，執觶興。主人答拜。使者進，升筵坐，各奠觶於薦東，降筵，序立於西階上，東面南上。

掌事者牽馬入，陳於門內，三分庭一在南，北首西上。又掌事者奉幣篚，升自東階，以授主人，主人受於序端，進，西面立④。掌事者一人又奉幣篚立於主人之後。使者西階上，俱北面再拜。主人進，詣楹間，南面立。使者序進，立於主人之西，俱南向。主人以幣篚授使者，使者受，退，立於西階上，東面。執幣者又以幣篚授主人，主人受，以授使副，使副受之，退，立於使者位北，俱東向。主人還東階上，北面拜送。使者降自西階，從者訝受幣。使者當庭實，揖馬以出，牽馬者從出。使者出大門外之西，東面立，從者訝受馬。主人出門東，西向，再拜送。使者退，主人入，立於東階下，西向。儐者告於主人曰：“賓不顧矣。”主人反於

---

① “西面立”三字，四庫本、《通典》卷一二二《開元禮纂類十七》、《新唐書》卷一八《禮樂八》俱無。

② “避進”，《新唐書》卷一八《禮樂八》作“跪進”，四庫本作“進”。

③ “面枋”，四庫本、《通典》卷一二二《開元禮纂類十七》、《新唐書》卷一八《禮樂八》作“面柄”。

④ “進西面立”，《通典》卷一二二《開元禮纂類十七》與公善堂本同。四庫本、《新唐書》卷一八《禮樂八》作“進西面位”。

寢。使者奉答表詣闕進。

制文

　　皇帝曰：咨！某官封姓，兩儀配合，承天統物，正位於内，必俟令族。重章舊典，今使使持節太尉封某、宗正卿封某以禮問名。

答文

　　皇帝嘉命使者某重宣中制，問臣名族。臣女夫婦所生，先臣故某官之遺玄孫，先臣故某官之遺曾孫，先臣故某官之遺孫，先臣故某官之外孫女，年若干。欽承舊章，肅奉典制。某官臣姓某稽首頓首，再拜承制詔。若女祖以上在，則直云某官臣之孫女等語。

納吉

　　前一日，守宮設使者次於后氏大門外如初。

　　其日大昕，使主副至於后氏大門外，掌次者延入次，主人受於廟。

　　掌事者設几筵如初。使主副出次，謁者引立於大門外之西，東面北上。持幡節者立於使者之北，少退，東向。令史二人舉對制案立於使副之南，執雁者又在其南，俱東向。主人立於大門内，西向。儐者進受命，出請事。使者曰：“加諸卜筮，占曰從，制使某也納吉。”儐者入告。主人曰：“臣某之女若如人，龜筮云吉，臣預在焉。臣某謹奉典制。”儐者出告，入，引主人出迎使者於大門外之南，北向，主人再拜，使者不答拜。

　　主人揖使者，先入，至於階，使者及使副入，幡節前導，持案及執雁者從入，幡節立西階之西，東向。使者由西階升，立於兩楹閒，南向。使副在使者西南，持案及執雁者在使副西南，俱東向。主人升阼階，詣使者前，北面立。持案者以案進使副前，使副取制書，持案者退，復位。使副奉制書進，授使者，退，復位。持節者脱節衣。使者曰：“有制。”主人再拜。使者宣制畢，主人降，詣階閒，北面再拜稽首訖，升，進，北面受制書，退，以授左右，仍北面立。使副取鴈授使者，退，復位。使者受鴈，主人再拜，進，受鴈，退，授左右，仍北面立。儐者引二人對舉答表案，進，立於主人後，少西。儐者取表以授主人，主人受以進，授使者，訖，退，復位,再拜。持節者加節衣。謁者引使者及使副等降自西階以出,立於内門外之西,使副在南,少退,俱東向。初使者降,主人降,立於東階下,西面。儐者進受命,出請事。使者曰:"禮畢。"其儐使者如問名之儀。

制文

皇帝曰:咨! 某官姓,人謀龜筮,僉曰貞吉,敬順典禮,今使使持節太尉封某、宗正卿封某以禮納吉。

答文

皇帝嘉命使者某重宣中制,太卜元吉。臣陋族卑鄙,憂懼不堪,欽承舊章,肅奉典制。某官臣姓某稽首頓首,再拜承制詔。

納徵

前一日,守宮設使者次如初。

其日大昕,使主副至后氏大門外,掌次者延入次。執事者入,布幕於内門之外,玄纁束帛陳於幕上,六馬陳於幕南,北首西上,執事者奉穀圭以櫝①,俟於幕東,西向。掌事者設几筵如初。

使主副出次,謁者引立於大門外之西,東面北上。持幡節者立於使者之北,少退,東向。令史二人對舉制案於使副之南,東向。主人立於大門内,西向。儐者進受命,出請事。使者曰:"某奉制納徵。"儐者入告。主人曰:"奉制賜臣以重禮,臣某祗奉典制。"儐者出告,入,引主人出迎使者於大門外之南,北向,主人再拜,使者不答拜。

謁者引使者及使副入,幡節前導,持案者從入。使者入門而左,主人入門而右。至於内門,使主副立於門西,東面北上;主人立於門東,西向。儐者引主人揖使者,先入門,至於階,使者及使副從入,由西階升,立於楹閒,南向。使副在使者西南,持案者在使副西南,俱東向。主人由阼階詣使者前,北面立。於主人揖入門,執事者坐,啟櫝取圭②,加於

---

① "奉穀圭以櫝",四庫本、《通典》卷一二二《開元禮纂類十七》、《新唐書》卷一八《禮樂八》皆作"奉穀珪以匱"。

② "啟櫝取圭",四庫本、《通典》卷一二二《開元禮纂類十七》作"啟匱取珪"。

玄纁上，及牽馬者從入，三分庭，一在南，北首西上，執圭者在馬西，俱北向。持案者以案進使副前，使副取制書，持案者退，復位。使副奉制書進，授使者，退，復位。持節者脫節衣。使者曰：“有制。”主人再拜，訖，使者宣制畢，主人降詣階間，北面再拜稽首，訖，升，進，北面受制書，退，以授左右，仍北面立。儐者引二人對舉答表案進主人後，少西，儐者取表以授主人，主人受以授使者，訖，退，復位，再拜。謁者引使者及使副等降自西階以出，立於內門外之西，使副在南，少退，俱東向。初主人受制書訖，左右受玉帛於庭，受馬者自左受之以東，牽馬者既授馬，自前西面出。主人降，立於東階下，西向。儐者進受命，出請事。使者曰：“禮畢。”其儐使者如納吉之儀。

制文

皇帝曰：咨！某官姓之女，有母儀之德，窈窕之姿。如山如河，宜奉宗廟，永承天祚，以玄纁圭馬，以章典禮。今使使持節太尉封某、宗正卿封某以禮納徵。

答文

皇帝嘉命使者某重宣中制，降婚卑陋，崇以上公，寵以豐禮，備物典冊，欽承舊章，肅奉典制。某官臣姓名稽首頓首，再拜承制詔。

告期

前一日，守宮設使者次如初。

其日大昕，使主副至后氏大門外，掌次者延入次。掌事者設几筵如初。使主副出次，謁者引立於大門外之西，東面北上。持幡節者立於使者之北，少退，東向。令史二人對舉制書案立於使副之南，執雁者又在其南，俱東向。主人立於大門內，西向。儐者進受命，出請事。使者曰：“制使某告期。”儐者入告。主人曰：“臣某謹奉制。”儐者出告，入，引主人出迎使者於大門外之南，北向，主人再拜，使者不答拜。

主人揖使者，先入，至於階。使者及使副入，幡節前導，持案及執雁者從入。使者由西階升，立於兩楹間，南向；使副在使者西南，持案及執雁者在使副西南，俱東向。主人升阼階，詣使者前，北面立。持案者以案進使副前，使副取制書，持案者退，復位。使副奉制書進，授使者，退，復位。持節者脱節衣。使者曰：“有制。”主人再拜。使者宣制畢，主人降詣階閒，北面再拜稽首訖，升，進，北面受制書，退，授左右，仍北面立。使副取雁授使者，退，復位，使者受雁。主人再拜，進，受雁，退，以授左右，仍北面立。儐者引二人對舉答表案進，立於主人後，少西，儐者取表以授主人，主人受以進，授使者訖，退，復位，再拜，訖。持節者加節衣。謁者引使者及使副等降自西階以出，立於內門外之西，使副在南，少退，俱東向。初使者降，主人降，立於東階下，西向。儐者進受命，出請事。使者曰：“禮畢。”其儐使者如納徵之儀。

制文

皇帝曰：咨！某官姓，謀於公卿、泰筮①、元龜，罔有不臧。率遵典禮，今使使持節太尉封某、宗正卿封某以禮告期。

答文

皇帝嘉命使者某重宣中制，告曰：“惟某月某日可迎。”臣欽承舊章，肅奉典制。某官臣姓某稽首頓首，再拜承制詔。

告廟

有司以特牲告，如常告禮。祝文臨時撰。

册后

前一日，守宮設使者次於后氏第大門外之西如常。尚舍設尚宮以下次於后氏閤外道西，南向②，障以行帷。其日臨軒命使，如納采命使之儀。太尉爲正使，司徒爲副使。

奉禮設使者位於大門外之西，東向。使副及內侍位於使者之南，舉

---

① “泰筮”，四庫本、《通典》卷一二二《開元禮纂類十七》作“太筮”。

② “南向”，四庫本、《通典》卷一二二《開元禮纂類十七》、《新唐書》卷一八《禮樂八》皆作“東向”。

册案及寶綬者在南，差退；持節者在使者之北，少退，俱東向。設主人位於大門外之南，北向。設使者以下及主人位於內門之外，亦如之。設內謁者監位於內門外主人之南，西向。內謁者監設司贊位於東階東南，掌贊者二人在南，差退，俱西向。內謁者監又預置一案於閤外，近限。

使主副乘輅持節，備儀仗，鼓吹備而不作。至后氏大門外，使者降輅，掌次者延入次。尚宫以下至閤之次。內僕進重翟以下於大門之外道西，東向，以北爲上。諸衛令其屬布后儀仗如常。

使者出次，謁者引使者以下就門外位。主人朝服，出立於東階下，西向。儐者進受命，出門東，西面曰：“敢請事。”使者曰：“某奉制授皇后備物典册。”儐者入告，遂引主人出迎於大門外，北面再拜，使者不答拜。

謁者引使者入門而左，持節者前導，持案者次之，主人入門而右，至內門外，各就位。立定，奉册寶案者進當使副前，使副受册寶，持案者退，復位。使副以册寶進，授使者，退，復位。內侍進使者前，西面受册寶，東面授內謁者監，退，復位。內謁者監持册寶入，立於閤外之西，東面跪，置册寶於案，俛伏，興。

尚宫以下入閤奉后首飾褘衣。其衣服所司預進。傅姆贊出，尚宫引降，立於庭中，北面。尚宫跪，取册，尚服跪，取寶綬，興，進，立於后之右，少前，西向。司言、司寶各一人進於后左，少前，東向。尚宫稱：“有制。”尚儀贊：“皇后再拜。”皇后再拜。宣册訖，尚儀又贊：“皇后再拜。”皇后再拜。尚宫奉册進，授皇后，皇后受以授司言。尚服又奉寶綬次授皇后，皇后受以授司寶。訖，尚儀贊：“皇后升座。”尚宫引皇后升座，南向坐。內官以下俱降，立於庭，重行北向，以西爲上。立定，司贊曰：“再拜。”掌贊承傳，內官以下皆再拜，訖。諸應侍衛者各升立於侍位。尚儀前，跪，奏稱：“禮畢。”皇后降座，尚宫引皇后入於宫。

主人儐使者如告期之儀，使者乘輅而還，詣闕復命。

册文

維某年月日，皇帝使使持節太尉封某、司徒封某册命某官女某氏爲皇后。咨爾易基乾坤，詩首關雎，王化之本，實由內輔。是故皇英嬪虞，帝道以光；任姒妃周，胤嗣克昌。皇后其祗勖厥德，以肅承宗廟，虔恭中饋,盡敬婦道①。導師道於六宮,作範儀於四海。皇天無親,惟德是依,可不慎歟！

①　"盡敬婦道",《通典》卷一二二《開元禮纂類十七》作"盡敬於婦道"。

卷第九十四　嘉禮

納后下

命使奉迎　　同牢　　皇后謝表　　朝太后　　皇后受群臣賀
皇帝會群臣[①]　外命婦朝會　　群臣上禮　　皇后廟見
車駕出宮

命使奉迎

其日晡後，侍中量時刻版奏："請中嚴。"晡後三刻，皇帝服袞冕出，升所御殿，宮人侍衛如常儀。文武之官五品以上立於東西朝堂如常儀。

奉迎前一日，守宮設使者次於大門之外道右，設使副及內侍次於使者次西，俱南向。尚舍設宮人次於閤外道西。奉禮設使者位於大門外之西，東向；使副位於使者之南，持案及執雁者又在南差退；持節者在使者之北，少退，俱東向。奉禮位於使副西南，贊者二人在南差退，俱東向。又設內侍位於大門外道左，西向。

其日，司贊又設宮人以下位於堂前。使主副朝服發朝堂，乘輅持節，備儀仗，至大門外，使者降輅，掌次者延入次。宮人等各之次奉迎。文武官至宿衛及列鹵簿如常儀。

尚儀奏："請皇后中嚴。"量時刻傅姆導皇后，尚宮前引，出，升堂，宮人等侍衛如常儀。皇后將出，主婦出於房外之西，南向。文武奉迎者皆陪立於大門之外，文官在東，武官在西，皆以北爲上。

立定，謁者引使者詣大門外位，使副、內侍等各就位。主人立於內門外堂前東階下，西向。儐者受命出請事。使者曰："某奉制，以今吉辰，率職奉迎。"儐者入告。主人曰："臣謹奉典制。"儐者出告，入，引主

---

① "皇帝"二字，公善堂本無，據正文標題校補。

人出門南，北面再拜，使者不答拜。

謁者引使者入門而左，持節者前導，使副及持案執雁者次之。主人入門而右。至内門外堂西階閒，使者先升，立於兩楹閒，南向。使副在使者西南，持案及執雁者在使副西南，俱東向。主人升東階，詣使者前，北面立。持案者以案進使副前，使副取制書，持案者退，復位。使副奉制書授使者，退，復位。使者曰：“有制。”主人再拜。使者宣制畢，主人降，詣階閒，北面再拜稽首訖，升，進，北面受制書，退以授左右，訖，主人再拜，仍北面立。使副取雁授使者，訖，主人再拜，進，受雁，退，授左右，仍北面立。儐者引二人對舉答表案進，立於主人後，少西，儐者取表以授主人，主人受以授使者，訖，退，復位，再拜。

謁者引使者及使副降自西階以出，復門外位。立定，奉禮曰：“再拜。”贊者承傳，使主副俱再拜。使者曰：“令月吉日，臣某等承制，率職奉迎。”内侍受以入，傳於司言，司言受以奏聞。尚儀奏：“請皇后再拜。”皇后再拜，訖，主人入，升自東階，進，西面誡之曰：“戒之敬之，夙夜無違命。”主人退，立於東階上，西面。母誡於西階上，施衿結帨曰：“勉之敬之，夙夜無違命。”訖，腰輿進，皇后升輿以降，尚宫前導，六尚以下侍衛如常。皇后升重翟以几，姆加景①。内宫侍從及内侍導引應乘車從者，如鹵簿常儀。迎使及百官當引從者皆退，隨便立。皇后車出大門外，以次乘車馬引從如常。

制文

皇帝曰：咨！某官姓，歲吉月令吉日，維某率由典禮②，今遣使持節太尉封某、宗正卿封某以禮迎。

答文

皇帝嘉命使者某重宣中詔，令月吉辰，備禮以迎。螻蟻之族，猥承大禮，憂懼戰悸，欽承舊章，肅奉典制。某官臣姓某稽首頓首，再拜承制詔。

---

① “景”，四庫本、《通典》卷一二二《開元禮纂類十七》作“憬”。
② “維”，四庫本、《通典》卷一二二《開元禮纂類十七》作“惟”。

同牢

其日，内侍之屬設皇后大次於皇帝所御殿門外之東，南向，鋪座如常。

將夕，尚寢設皇帝御幄於所御之殿室内之奥，東向，鋪地席重茵，施屏障。

初昏，尚食設洗於東階東南①，東西當東霤，南北以堂深，罍水在洗東，篚在洗西，南肆。篚實以巾二、爵二。設后洗於東房②，近北。罍水在洗西，篚在洗東，北肆，皆加勺幂。饌於東房西牖下，籩、豆各二十四，簠、簋各二，登各三，皆加巾蓋，俎三。尊於室内北牖下，玄酒在西，加幂，勺南枋③。幂夏用絺，冬用緆。又尊於房户外之東，無玄酒，坫在南，加四爵、合卺。其器皆烏漆，惟登以陶，卺以匏。

皇后重翟入大門，鳴鐘鼓，其鐘鼓所司預陳設。鳴鐘鼓者，所以聲告内外。鹵簿止於外，近侍應從者如常。皇后從永巷至大次前，迴車南向，施步障畢，尚儀進，當車前，跪，奏稱："請降車。"興，退，復位。皇后降車，御輿，司輿率繖扇等，司燈率執燭者，俱布列前後。皇后入就大次，嚴整訖，尚宮引皇后詣所御殿門外之東，西向立。

尚儀跪，奏："外辦，請降座禮迎。"皇帝降座，尚宮前引詣門内之西，東面，揖后以入。尚食徹尊幂，酌玄酒三注於尊。尚寢設席於室内之西，東向。莞筵紛純，加藻席繢純，次席黼純，對席亦準此。皇帝導后升自西階，入室即席，東面立。皇后入，立於尊西，南面。

皇帝盥於南洗，后盥於北洗。尚食帥其屬以饌入，設醬於席前，菹醢在其北，俎三入設於豆東，豕俎特於俎北。豆東，菹醢之東。尚食設黍於醬東，稷、稻、粱又在東。設湆於醬南。饌要方。設對醬於東，對醬，后醬也，設之當特俎。菹醢在其南，北上。設黍於豕俎北，其西稷稻粱。設湆於醬北。尚食啟會却於簠、簋之南，對簠、簋於北，啟，發也。豆蓋徹於房内。各加匕箸。尚寢設對席於饌東。尚食西面跪，奏："饌具。"興。

---

①　"東階東南"，四庫本、《新唐書》卷一八《禮樂八》作"東階"。

②　"設"，四庫本作"設訖"。

③　"枋"，四庫本、《通典》卷一二二《開元禮纂類十七》作"柄"。

皇帝揖皇后，對席西面，皆坐。尚食跪，取韭菹擩醢授皇帝，又尚食跪，取韭菹擩醢授皇后，皇帝及皇后俱受，祭於豆閒。尚食又取黍實於左手，遍取稷、稻、粱，反於右手授皇帝；又尚食取黍實於左手，遍取稷、稻、粱，反於右手授皇后。皇帝及皇后俱受，祭於豆閒。各取肺皆絕末，授皇帝及皇后，皇帝及皇后俱受，祭於豆閒，訖，尚食各以肺加於俎。司飾二人以巾授皇帝及皇后，俱帨手，訖，尚食各跪，品嘗饌，訖，各移黍置於席上，以次授肺脊，皇帝及皇后皆食，三飯卒食。尚食二人俱盥手洗爵於房，入室詣酒尊所，酌酒，進授皇帝及皇后，俱受爵，祭酒。尚食各以肝從，皆奠爵，振祭，嚌之，尚食皆受，實於菹豆，各取爵，皆飲，訖，尚儀俱進，受虛爵，奠於坫，再酳如初。三酳用卺，如再酳。尚食俱降東階，洗爵，升，酌於戶外尊，進，北面，俱奠爵，興，再拜，跪，取爵祭酒，遂飲卒爵，奠爵，遂拜，執爵興，降，奠於篚，還侍位。

尚儀北面跪，奏稱：“禮畢。”興。皇帝皇后俱興。尚宮引皇帝入東房，釋冕服，御常服。又尚宮引皇后入幄脫服。尚宮引皇帝入，尚食帥其屬徹饌，設於東房如初。皇后從者餕皇帝之饌，皇帝侍者餕皇后之饌。

皇后謝表

皇后至宮之明日，服展衣出，司言引尚宮，尚宮前導及左右侍從如常。升正殿兩楹閒，北面立。又尚儀以謝表授皇后，尚儀以案俟於前，皇后置表案上，尚宮贊再拜①，皇后再拜，訖，尚儀以表降授內侍②，內侍因中書以聞。初內侍出門，皇后降殿還寢如常。

朝皇太后

其日大昕，所司設皇太后御座、地席於所御之殿，南向。尚食帥司膳設側尊甒醴於東房內東壁下，加勺冪。籩一，豆一，實以脯醢，設於尊北。又設洗於尊西，近北，罍水在洗西，篚在洗東，北肆。篚實以巾冪，角觶一，角柶一。

---

① “再拜”，四庫本、《通典》卷一二二《開元禮纂類十七》作“拜”。
② “降”，四庫本、《通典》卷一二二《開元禮纂類十七》作“降殿”。

其日，皇后夙興，沐浴。尚儀版奏："請皇后中嚴。"

質明，六尚及諸侍衛宮人俱詣寢殿奉迎。尚儀版奏："外辦。"皇后服褘衣，加首飾，御輿，尚宮前導，降自西階以出，侍衛如常。至太后閤外，皇后降輿，障扇侍從如常，立於西廂，東面。

皇后將至，尚儀奏："請皇太后中嚴。"皇后既至閤外，尚儀奏皇太后"外辦"。皇太后服褘衣、首飾①，司言引尚宮，尚宮引皇太后出，即御座，南向坐，侍從如常。皇后執笄，棗栗腶脩，司言引尚宮，尚宮引皇后入，升自西階，北面再拜，進，跪，奠笄於皇太后座前，皇太后撫之。尚食進，徹以東。司言引尚宮，尚宮引皇后退，北面又再拜。

司設設皇后席於牖戶之間，近北，南向。司言引尚宮，尚宮引皇后立於席西，南向。尚食入東房，盥手洗觶，酌醴，加柶，面枋②，出，進，詣皇后席前，北向立。皇后進，北面再拜，受醴。尚食薦脯醢於席前，皇后升席坐，左執觶，右取脯，擩於醢，祭於籩、豆之間，以柶祭醴三，始扱一祭，又扱再祭，加柶於觶，面葉，興，降席，北面跪，啐醴，建柶，興，北面再拜，進，升席，跪，奠觶於薦東，興，降席。司言引尚宮，尚宮引皇后降自西階以出，御輿而還，侍從如來儀。

初皇后出閤，尚儀跪，奏稱："禮畢。"俛伏，興，還侍位。皇太后降座，入室如常。

皇后受群臣賀

右如正冬賀儀，惟賀辭云："具官臣某等言，伏維殿下脅猷昭備③，至德膺期，凡厥黔黎，不勝慶躍。"

皇帝會群臣④

右如正冬會儀，惟樂備而不作。上壽辭云："具官某等言，皇后坤儀配天，德昭厚載，克崇萬瞀，顯嗣脅音。凡厥兆庶，載懷臱藻。臣等不勝

---

① "首飾"，四庫本作"加首飾"。

② "面枋"，四庫本、《通典》卷一二二《開元禮纂類十七》作"面柄"。

③ "維"，四庫本、《通典》卷一二二《開元禮纂類十七》作"惟"。

④ "皇帝"二字，公善堂本作"皇后"，據四庫本、《通典》卷一二二《開元禮纂類十七》校改。

慶抃，謹上千萬歲壽。”

外命婦朝會

右如正冬朝會之儀，惟賀辭云：“某位妾姓等言，伏維殿下坤象配天，德昭厚載，率土含識，不勝抃舞。”會辭惟加“謹上千萬歲壽”。

群臣上禮

右如加元服上禮之儀。

皇后廟見

前一日，皇后清齋於別殿。内官應從入廟者俱齋一日於廟所。諸衛令其屬入，晡後一刻各以其方器服守衛廟門，與太樂工人俱清齋一宿。

前二日，舍尚直長設皇后大次於太廟北門内之西，東向，周以行帷。尚舍奉御鋪御座。尚舍直長又量設内官以下次於大次之後。守宮設外命婦、妃、主以下次於廟北門外之西，道南，北面東上[①]，周以行帷。又設行事太尉以下次於齋坊之内。太樂令設宮懸之樂於廟庭，東方西方磬簴起北，鐘簴次之；南方北方磬簴起西，鐘簴次之。設十二鎛鐘於編懸之閒，各依辰位。樹路鼓於北懸之内，道之左右。植建鼓於四隅，置柷敔於懸内。柷在左，敔在右。設歌鐘、歌磬於廟堂之上、前楹之閒，北向，磬簴在西，鐘簴在東。其匏竹者立於階閒，重行，北向，相對爲首。凡懸皆展而編之。諸工人各位於懸後，東方西方以北爲上，南方北方以西爲上。

前一日，右校清掃内外。内謁者監設皇后版位於樂懸之北道西，北向。設外命婦位於其次前，北面東上。奉禮設太尉以下及御史等位於内外，並如常儀。設酒尊之位於廟堂上前楹閒，各於室户之左，北向。每室彝二、尊二、春夏用雞彝、鳥彝、犧尊，秋冬用斝彝、黃彝、著尊。山罍二，皆加勺冪，西上，各有坫焉。以置瓚、爵。設洗於東階東南，北向。罍水在洗東，篚在洗西，南肆。篚實以圭、瓚、巾、爵。執尊、罍、篚、冪者各位於尊、罍、篚、冪

---

① “道南北面東上”，四庫本作“道南北向東上”，《通典》卷一二二《開元禮纂類十七》作“道北南向東上”。

之後。太廟令整拂神幄，又帥府史、齋郎以尊、坫、罍、洗、篚、冪入，設於位。

其日未明十五刻，太官令帥宰人以鸞刀割牲於厨。

謁日未明三刻，太尉以下各服其服。太廟令、良醞令各帥其屬入實尊、罍如式。太官令帥進饌者實諸籩、豆、簋、簠等。

未明二刻，奉禮帥贊者先入，就位，贊引引御史、太祝以下行掃除如常儀，訖^①，引還齋所，奉禮以下次還齋所。

未明一刻，奉禮帥贊者先入，就位。贊引引太廟令、太祝、宮闈令入自東門，當階閒，重行，北向，以西爲上。立定，奉禮曰：“再拜。”贊者承傳，凡奉禮有詞，贊者皆承傳。太廟令以下皆再拜，升自東階，入開埳室，奉出獻祖以下神主，各置於座如常儀，訖，引還齋所。

質明，謁者引太尉以下俱就門外位。奉禮帥贊者先入，就位。贊引引御史以下入，就位。太樂令帥工人次入，就位。其升堂座者皆脱屨於階下，降納如式。謁者引太尉，贊引引執事者次入，就位。立定，奉禮曰：“再拜。”太尉以下皆再拜。其先拜者不拜。謁者進太尉之左，白：“有司謹具，請行事。”退，復位。協律郎跪，俛伏，舉麾^②，凡取物者皆跪，俛伏而取以興。奠物則跪，奠訖，俛伏而後興。鼓柷，奏《永和之樂》，乃以黃鍾爲宮，大吕爲角，太蔟爲徵，應鍾爲羽，樂九成。黃鍾三奏，大吕、太蔟、應鍾各再奏。偃麾，戛敔，樂止。凡樂，皆協律郎舉麾，工鼓柷而後作；偃麾，戛敔而後止。奉禮曰：“再拜。”太尉以下皆再拜。謁者引太尉詣罍洗，太尉盥手洗瓚，升自阼階，詣獻祖尊彝所。執樽者舉冪，太尉酌鬱鬯，登歌作《肅和之樂》，乃以圜鍾之均。自後登歌皆作圜鍾。謁者引太尉入，詣獻祖座前，北面，跪，以鬯祼地奠之，俛伏，興。謁者引太尉出户，北向，再拜，訖，謁者引太尉詣懿祖尊彝所，執尊者舉冪，太尉取瓚於坫，酌鬱鬯。謁者引太尉入，詣懿祖神座前，北面，跪，以鬯祼地奠之，俛伏，興。謁者引太尉出户，北向再拜，訖。謁者引太尉次祼太祖^③，次祼代祖，次祼高祖，次祼太宗，次祼高宗，次祼中宗，次祼睿宗，

---

① 四庫本無“太祝”二字。

② “舉麾”，四庫本作“舉麾興”。

③ 公善堂本於“謁者引太尉次祼太祖”後有雙行小注“此下有闕文”，删，其後“次祼代祖”至“皇后既謁廟出門，謁者引太尉”一段文字，據四庫本補入。

皆如上儀，訖，登歌止。謁者引太尉還齋所。

初太尉既升祼，太官令帥進饌者奉饌陳於東門之外。謁者引司徒出詣饌所，司徒奉獻祖之俎，太官令引饌入自正門。俎初入門，《雍和之樂》作，自後酌獻，皆歌《雍和》。以無射之均，自後接神之樂，堂下皆奏無射。饌至階，樂止。饌升，諸太祝迎引於階上，各設於神座前。籩、豆蓋冪，徹之如式。設訖，謁者引司徒以下還齋所，諸祝各還尊所。謁者引太尉詣罍洗，盥手洗爵訖，升自阼階，詣獻祖尊彝所。執尊者舉冪，太尉酌醴齊訖，樂作，謁者引太尉入，詣獻祖神座前，北面，跪，奠爵，俯伏，興，出戶，北向立，樂止。

太祝持版進於室戶外之右，東向跪，讀祝文曰："維某年歲次月朔日，子孝曾孫開元神武皇帝某，太祖以下稱臣某。謹遣太尉封臣名，敢昭告於皇祖某諡：皇后某氏，太祖以下廟則稱妣某氏。將伸祇見。謹以一元大武、明粢、薌合、薌萁、嘉蔬、嘉薦、醴齊敬薦。尚饗。"訖，興。太尉再拜。初讀祝文訖①，樂作；太祝進，跪，奠版於神座前，俛伏，興，還尊所，太尉拜訖，樂止。謁者引太尉以次獻，皆如獻祖之儀。惟不盥洗。遍獻訖，謁者引太尉詣東序，西向立。諸祝各以爵酌罍福酒合置一爵。一太祝持爵進太尉之左，北向，太尉再拜，受爵，跪，祭酒，啐酒，奠爵，興。諸祝各帥齋郎進俎，跪，減神前胙肉，加於俎上，又以籩取稷黍飯，興，以俎肉共置一俎，以飯共置一籩，先以飯授太尉，太尉受以授齋郎，又以胙肉授太尉，太尉受以授齋郎。太尉跪，取爵，遂飲卒爵。太祝進，受爵，復於坫。太尉興，再拜，訖，謁者引太尉還齋所。贊引引御史、太祝及執尊、罍、篚、冪者俱還齋所以俟。皇后既謁廟，出門，謁者引太尉以下諸執事及工人等各入，復位，登歌作《雍和之樂》。諸祝各進，入室，徹豆，出，還尊所，徹者，籩豆各一，少移於故處。登歌止。奉禮曰："賜胙。"贊者唱："再拜。"在位者皆再拜。太尉不拜。樂作，奉禮又曰："再拜。"在位者皆再拜。樂一成止。謁者進太尉之左，白"禮畢"，遂引太尉出。贊引引執事者以次出。御史、太祝以下俱復執事位②。立定，奉禮曰："再拜。"御史以下皆再拜，贊引引出。工人以次出。其祝版燔於齋坊，太廟令、太祝、宮闈令納神主如常儀。

---

① "初讀祝文訖"，《通典》卷一二二《開元禮纂類十七》作"初讀祝文"。

② "太祝"，四庫本作"太尉"。

車駕出宮

前出宮三日，本司宣攝內外各供其職。

其日，晝漏上水四刻，車駕出宮。發引前七刻，搥一鼓爲一嚴。三嚴時節，前一日內侍奏裁。發引前五刻，搥二鼓爲再嚴。尚儀版奏："請中嚴。"司贊設內命婦版位於皇后所御殿閤外道東，重行，西面北上。內命婦各服其服。所司陳小駕鹵簿。發引前二刻，搥三鼓爲三嚴。司贊引內命婦各服其服就位[①]。六尚以下各服其服，俱詣室奉迎。尚服負璽如式。內僕進重翟於閤外。

尚儀版奏："外辦。"馭者執轡，皇后首飾、褘衣，乘輿以出，警蹕侍衛如常儀。皇后升車，仗衛如常。六尚等乘車陪從如式。司賓引內命婦退，隨近以俟。諸翊駕之官皆乘馬，駕動，稱警蹕如常，不鳴鼓角，諸衛前後督攝如常。外命婦三品以上及公主、縣主皆先至，各就次，俱服其服[②]。車駕將至，內侍之屬守廟四門。內謁者、贊引引命婦、妃、主等出次[③]，內典引引就位立，駕過，引還次。

初駕將至，內侍之屬守廟四門。駕至廟北門，迴車北向。尚儀進，當車前，跪，奏稱："尚儀妾姓言，請降車。"興，還侍位。皇后降車，升輿，入大次，繖扇華蓋侍衛如常儀。鹵簿停於廟外。

皇后停大次半刻頃，司言引尚宮立於大次門外，當門西向。尚儀版奏："外辦。"皇后出次，侍衛如常。尚服負璽陪從如式。司言引尚宮，尚宮引皇后，凡尚宮前導，皆司言先引。至版外位[④]，北向立，尚宮與司言退，立於左。皇后定立，尚宮前，奏稱："請再拜。"皇后再拜。少頃，尚宮又奏稱："請再拜。"皇后又再拜，訖。司言引尚宮，尚宮引皇后還大次。內侍版奏："請解嚴。"將士不得輒離部伍。

皇后停大次一刻頃，搥一鼓爲一嚴，轉仗衛於還塗如來儀。三刻頃，搥二鼓爲再嚴。尚儀版奏："請中嚴。"皇后改著鈿釵、禮衣。五刻

---

① "司贊"，《通典》卷一二二《開元禮纂類十七》作"司贊"，四庫本作"司賓"。

② "俱服其服"，四庫本作"俱服其器服"。

③ "命婦"，四庫本作"命婦"，《通典》卷一二二《開元禮纂類十七》作"外命婦"。

④ "至版外位"，四庫本、《通典》卷一二二《開元禮纂類十七》作"至版位"。

頃,搥三鼓爲三嚴。六尚以下詣大次奉迎,内僕進重翟於廟北門之外。尚儀版奏:"外辦。"馭者執轡,皇后乘輿出次,華蓋侍衛如常。皇后升車,鼓吹振作而還,六尚等升車陪從如來儀。

　　皇后將出門,内謁者、贊引引外命婦等出次,内典引引就位。駕至位所,内侍奏:"請駕權停。"外命婦再拜,訖,内侍承令令外命婦還,外命婦又再拜。車駕過,内典引引外命婦退,各還第。駕至所御殿閤外,迴車南向,尚儀進,當車駕前,跪,奏稱:"尚儀妾姓言,請降車。"興,還侍位。皇后降車,乘輿以入,侍衛如常。於車駕將至,司賓引内命婦俱就位。皇后既入,司賓引内命婦退。内侍版奏:"請解嚴。"將士各還其所。

卷第九十五　嘉禮

皇帝元正冬至受皇太子朝賀
皇后元正冬至受皇太子朝賀

皇帝元正冬至受皇太子朝賀

前二日，本司宣攝內外，各供其職。

前一日，尚舍奉御設御幄座於太極殿北壁，南向。守宮設皇太子次於承天門外東朝堂之北，西向。又於東宮朝堂設宮臣次如常式。太樂令展宮懸於殿庭，設麾於殿上西階之西，東向，一位於樂懸東南，西向。鼓吹令設十二案。乘黃令陳車輅。尚輦奉御陳輿輦並如常儀。設皇太子位於橫街南道東，北向。設典儀位於懸之東北，贊者二人在南差退，俱西向。奉禮設宮臣版位於東宮朝堂如常。

其日，依時刻宮官俱集於次，各服其服。諸衛率各勒所部陳設如常。左庶子版奏：“請中嚴。”典謁引宮臣各就位。侍衛之官各服其器服，<small>左庶子負寶如式。</small>俱詣閤奉迎。僕進金輅於西閤外，南向。內率一人執刀立於輅前，北向。中允一人在侍臣之前，贊者二人又在中允之前。

左庶子版奏：“外辦。”僕奮衣而升，正立執轡，皇太子具服遠遊冠、<small>若未冠則雙童髻。</small>絳紗袍，升輿以出，左右侍衛如常儀。內率前執轡，皇太子升輅，僕立授綏，左庶子以下夾侍如常儀。中允進，當輅前，跪，奏稱：“中允臣某言，請發引。”俛伏，興，退，復位。<small>凡中允奏請，皆進當輅前跪，奏稱具官臣某言，訖，俛伏，興。</small>輅動，中允與贊者夾引以出，內率夾輅而趨。出重明門，至侍臣上馬所，中允奏稱：“請輅權停，令侍臣上馬。”左庶子前承令，退稱：“令曰諾。”中允退稱：“侍臣上馬。”贊者承傳，文武侍臣皆上馬。左庶子以下夾侍於輅前，贊者在供奉官人內。侍臣上馬畢，中允奏稱：“請令車右升。”左庶子前承令，退稱：“令曰諾。”中允退，復位。內率升訖，中允奏稱："請發引。"退，復位。皇太子輅動，三師乘車訓導，三少乘車訓從，鳴鐃而行，文武宮臣皆乘馬以從。至長樂門，鐃吹止。至次前，迴輅西向，内率降，立於輅右，左庶子進，當輅前，跪，奏稱："左庶子臣某言，請降輅。"俛伏，興，還侍位。皇太子降輅，舍人引皇太子就次坐，侍衛如常儀。

其日，依時刻將士填街，諸衛勒所部列黄麾大仗屯門及陳於殿庭如常儀。皇太子既就次，侍中版奏："請中嚴。"近仗就陳於閤外。太樂令帥工人入，就位。協律郎入，就舉麾位。侍衛之官各服其器服，符寶郎奉寶，俱詣閤奉迎。典儀帥贊者先入，就位。通事舍人引群官屬四品以下次入，就位。皇太子出次，舍人引皇太子，三師、三少導從如式，入立於太極門外之東，西面。諸衛率、左右庶子、舍人及近侍者量人從入。

侍中版奏："外辦。"皇帝服衮冕之服，乘輿以出，曲直華蓋警蹕侍衛如常儀。皇帝將出，仗動，太樂令令撞黄鍾之鐘，右五鐘皆應。協律郎跪，俛伏，舉麾，鼓柷，奏《太和之樂》，鼓吹振作。皇帝出自西房，即御座，南向坐。符寶郎奉寶置於御座如常。協律郎偃麾，戛敔，樂止。凡樂，皆協律郎舉麾，工鼓柷而後作；偃麾，戛敔而後止。

舍人引皇太子入，就位。諸衛率、左右庶子以下從者，立於皇太子東南，西面北上。皇太子初入門，《舒和之樂》作，至位，樂止。立定，典儀曰："再拜。"贊者承傳，皇太子再拜。舍人引皇太子詣西階，皇太子初行，樂作，至階，樂止。舍人引皇太子升，進當御座前，北面跪，賀稱："元正首祚，景福惟新。伏維陛下與天同休。"冬至賀云："天正長至，伏維陛下如日之升。俛伏，興。舍人引降，樂作，復位，樂止。皇太子再拜，侍中前承制，降詣皇太子東北[1]，西向稱："有制。"皇太子再拜，宣制，訖，皇太子又再拜，典儀唱："再拜。"皇太子又再拜。舍人引皇太子出。初行，樂作，出門，樂止。皇太子既出，公王入朝，朝賀如別禮。

皇后元正冬至受皇太子朝賀

前一日，守宮設皇太子次於崇義門内，隨地之宜。

---

[1]　"東北"，《通典》卷一二三《開元禮纂類十八》作"東北"，四庫本作"東面"。

　　其日，司贊設皇太子版位於皇后正殿之庭懸南，北面。皇太子朝皇帝訖，舍人引皇太子從納義門詣崇義門内次權停。外命婦朝賀將訖，舍人引皇太子出，立於肅章門。外命婦出訖，内謁者監引皇太子至肅章門，司賓承引皇太子入，就位。立定，司贊唱：“再拜。”皇太子再拜，訖，司賓引皇太子詣西階升，當御座前，北面跪賀，賀稱：“元正首祚，景福惟新。伏維殿下與時同休。”冬至賀云：“天正長至，伏維殿下如日之升。”俛伏，興，引降，復位，皇太子再拜。尚儀前承令，降，詣皇太子西東北面稱①：“令旨。”皇太子再拜。宣令訖，又再拜。司贊唱：“再拜。”皇太子又再拜。司賓引皇太子至閤内，謁者監承引以出。舍人引皇太子乘車還宮如來儀。

---

① “西東北面”，四庫本、《通典》卷一二三《開元禮纂類十八》作“西北東面”。

卷第九十六　嘉禮

皇帝元正冬至受皇太子妃朝賀
皇后元正冬至受皇太子妃朝賀

皇帝元正冬至受皇太子妃朝賀

其日，依時刻諸衛率各勒所部陳布妃儀仗如常。內廄尉進車於閤外。司則量時刻啟：“外辦。”妃服首飾、褕衣，乘車以出，侍衛如常。入至下車所，妃降車，侍從如常。內侍所司引詣閤外，皇帝即御座，南向坐，近侍如常。司賓引妃升自西階，進當御座前，北面跪，賀稱：“元正首祚，景福惟新，伏維開元神武皇帝陛下與天同休。”冬至賀云：“天正長至，伏維陛下如日之升。”賀訖，起，司賓引降，復位。妃再拜，訖，尚儀前承勅，降，詣妃西北，東面稱：“有勅。”妃再拜。宣勅訖，又再拜。司賓引妃還宮。

皇后元正冬至受皇太子妃朝賀

謁皇帝訖[1]，詣皇后所御之殿，立於閤外。六尚以下各服其服，俱詣皇后內閤奉迎如式。皇后出即御座，南向坐，近侍如常。司賓引妃入，立於庭，北面，立定，再拜。司賓引妃升自西階，進當御座前，北面跪，賀稱：“元正首祚，景福惟新。伏維皇后殿下與時同休。”冬至賀云：“伏維殿下如日之升。”賀訖，起，司賓引降，復位，妃再拜，訖，尚儀前承令，降，詣妃西北，東面稱：“令旨。”妃再拜。宣令訖，又再拜。司賓引妃出，乘車還宮如來儀。若諸王妃奉勅同朝，則各服其服，預至皇太子妃下車所，待隨

---

[1]　“謁皇帝訖”，四庫本作“皇太子妃朝謁皇帝訖”。

入，位在皇太子妃南，北面西上。惟不賀以外①，與皇太子妃同。若別朝，亦準皇太子妃式。

---

①　"惟不賀以外"，四庫本作"唯不升於階外"，《通典》卷一二三《開元禮纂類十八》作"唯不升以外"。

卷第九十七　嘉禮

皇帝元正冬至受群臣朝賀并會
皇帝千秋節御樓受群臣朝賀并會

皇帝元正冬至受群臣朝賀并會

　　前一日，尚舍奉御設御幄於太極殿北壁下，南向，鋪御座如常。守宮設群官、客使等次於東西朝堂。太樂令展宮懸於殿庭，設麾於殿上西階之西，東向，一位於樂懸東南，西向。鼓吹令分置十二案於建鼓之外。乘黃令陳車輅，尚輦奉御陳輿輦，尚舍奉御又設解劍席於懸西北橫街之南，並如常儀。

　　典儀設文官三品以上位於橫街之南道東，褒聖侯於三品之下。介公、酅公位於道西，武官三品以上於介公、酅公之西，少南，俱每等異位，重行北向，相對爲首。設文官四品、五品位於懸東，六品以下於橫街之南，每等異位，重行，西面北上。設諸州朝集使位：都督、刺史及三品以上，東方南方於文官三品之東，重行，北面西上；西方北方於武官三品之西，重行，北面東上；四品以下皆分方位於文武官當品之下。諸州使人分方位於朝集使之下亦如之。設諸親位於四品、五品之南。皇宗親在東，異姓親在西。設諸方客位：三等以上，東方南方於東方朝集使之東，每國異位，重行，北面西上；西方北方於西方朝集使之西，每國異位，重行，北面東上；四等以下分方位於朝集使六品之下，重行，每等異位。設典儀位於懸之東北，贊者二人在南，少退，俱西向。

　　奉禮設門外位：文官於東朝堂，每等異位，重行西向。褒聖侯於三品之下。介公、酅公於西朝堂之前，武官於介公、酅公之南，少退，每等異位，重行東向。諸親位於文武官四品、五品之南。皇宗親在東，異姓親在西。設諸州朝集使位：東方南方於宗親之南，每等異位，重行西向；西方北方於異姓親之南，每等異位，重行，東向。諸州使人分方位於朝集使之下亦如之。諸方客位：東方南方於東方朝集使之南，每國異位，重行，西面北上；西方北方於西方朝集使之南，東面北上。

其日，依時刻將士填街，諸衛勒所部列黃麾大仗屯門及陳於殿庭如常儀。群官、諸親、客使集朝堂，皆就次，各服其服。侍中版奏："請中嚴。"近仗就次陳於閤外。太樂令帥工人入，就位。協律郎入，就舉麾位，諸侍衛之官各服其器服，符寶郎奉寶，俱詣閤奉迎。典儀帥贊者先入，就位。吏部、兵部、主客、戶部贊群官、客使俱出次，通事舍人各引就朝堂前位。又通事舍人引四品以下及諸親、客使等應先置者入，就位。

侍中版奏："外辦。"皇帝服衮冕，冬至則服通天冠、絳紗袍。御輿以出，曲直華蓋警蹕侍衛如常儀。皇帝將出，仗動，太樂令令撞黃鍾之鐘，右五鐘皆應。協律郎俛伏，舉麾，鼓柷，奏《太和之樂》，以姑洗之均，鼓吹振作。皇帝出自西房，即御座，南向坐。符寶郎奉寶置於御座如常。協律郎偃麾，戛敔，樂止。

通事舍人引王公以下及諸客使等以次入，就位。皇太子若來朝，則皇太子朝出訖，典謁引王公以下入。公初入門，《舒和之樂》作，公至位，樂止。群官、客使等立定，典儀曰："再拜。"贊者承傳，群官、客使等皆再拜，訖，通事舍人引上公一人詣西陛，公初行，樂作，至解劍席，樂止。公就席，脫舃，跪，解劍，置於席，俛伏，興。通事舍人引升階，進當御座前，北面跪，賀稱："某官臣某言，元正首祚，景福惟新。伏維開元神武皇帝陛下與天同休。"冬至云："天正長至，伏維陛下如日之升。"俛伏，興。通事舍人引降陛，詣席後，上公跪，著劍，俛伏，興，納舃，樂作，復橫街南位，樂止。群官、客使等俱再拜。侍中前承詔，降詣群官東北，西面稱："有制。"群官、客使等皆再拜。宣制曰："履新之慶，與公等同之。"冬至云："履長之慶，與公等同之。"宣制訖，群官、客使等皆再拜，訖，舞蹈，三稱萬歲，訖，又再拜。侍中還侍位。

初群官將朝，中書侍郎以諸州鎮表別爲一案，候於右延明門外，給事中以祥瑞案俟於左延明門外，俱令史絳公服對舉案。侍郎、給事中俱就侍臣班。於客使初入，戶部以諸州貢物陳於太極門東西廂；禮部以諸蕃貢物量可執者，蕃客手執入就內位，其重大者陳於朝堂前。初上公將入門，中書侍郎降，引表案入詣西階下，東面立。給事中降，引祥瑞案入詣東階下，西面立。上公將升賀，中書令、黄門侍郎俱降，各立於階下。初上公升階，中書令、黄門侍郎各取所奏之文以次升。上公賀，訖，中書令前，跪，奏諸方表，訖，黄門侍郎又進，跪，奏祥瑞，訖，俱降，置所奏之文於案，各還侍位。侍郎與給事中引案退至東西階前，案遂出，侍郎、給事中還侍位。

　　初侍中宣制訖，朝集使及蕃客皆再拜，訖，户部尚書進詣階間，北面跪，奏其尚書奏，仍待黄門侍郎奏祥瑞訖。稱："户部尚書臣某言，諸州貢物請付所司。"俛伏，興。侍中前承制，退稱："制曰可。"尚書退，復位。禮部尚書以次進詣階間，北面跪，奏稱："禮部尚書臣某言，諸蕃貢物請付所司。"俛伏，興。侍中前承制，退稱："制曰可。"尚書退，復位。侍中還侍位。太府帥其屬受諸州及諸蕃貢物出，歸仁納義門，執物者隨之。典儀曰："再拜。"通事舍人以次引北面位者出，公初行，樂作，出門，樂止。

　　侍中前，跪，奏稱："侍中臣某言，禮畢。"俛伏，興，還侍位。皇帝興，太樂令令撞蕤賓之鐘，左五鐘皆應，奏《太和之樂》，鼓吹振作。皇帝降座，御輦，入自東房，侍衛警蹕如来儀。侍臣從至閤，樂止。通事舍人引東西面位者以次出。蕃客先出，其冬至受朝則不奏祥瑞、貢物，又無諸方表。

會

　　朝訖，太樂令設登歌於殿上，引二舞入，立於懸南。尚舍奉御鋪群官升殿者座：文官三品以上於御座東南，西向；褒聖侯於三品之下。介公、酅公於御座西南，東向；武官三品以上於介公、酅公之後；朝集使、都督、刺史及三品以上，東方南方於文官三品之後，西方北方於武官三品之後；蕃客三等以上，東方南方於東方朝集使之後，西方北方於西方朝集使之後，俱重行，每等異位，以北爲上。設不升殿者座各於其位。又設群臣解劍席於懸之西北，横街之南，並如常儀。尚食奉御設壽尊於殿上東序之端，西向；設坫於尊南，加爵一。太官令設升殿者酒尊於東西廂近北，設殿庭群官酒尊各於其座之南，皆有坫冪，俱障以帷。施設訖，吏部、兵部、户部、主客贊群官、客使俱出次，通事舍人各引就朝堂前位。典儀帥贊者先入，就位，通事舍人各引升殿者次入，就位。

　　侍中版奏："外辦。"皇帝改服通天冠、絳紗袍，冬至則不改服。御輦以出，曲直華蓋警蹕侍衛如常儀。皇帝將出，仗動，太樂令令撞黃鍾之鐘，右五鐘皆應，奏《太和之樂》，鼓吹振作。皇帝出自西房，即御座，南向坐，符寶郎奉寶置於御座如常，樂止。

典儀一人升就東階上，西面立。通事舍人引公王以下及諸客使以次入，就位。公初入門，樂作，至位，樂止。群官、客使立定，若朝會日，別設位，贊拜陳列如朝禮。其日，二舞與工人俱入，就位。侍中進當御座前，北面跪，奏稱：「侍中臣某言，請延諸公王等升。」俛伏，興。又侍中稱：「制曰可。」侍中詣東階上，西面稱：「制延公王等升殿上。」典儀承傳，階下贊者又承傳，群官、客使皆再拜，侍中還侍位。群官拜訖，通事舍人引應升殿者詣東西階，公初行，樂作，至解劍席，樂止。公王以下各脫舃，跪，解劍，置於席上，俛伏，興。通事舍人接引上公一人升階，少東，西面立，以下各立於座後。

立定，光祿卿進詣階閒，跪，奏稱：「臣某言，請賜群臣上壽。」俛伏，興。侍中稱：「制曰可。」光祿卿退，詣酒尊所，西向立。通事舍人引上公詣酒尊所，北向立。尚食奉御酌酒一爵授上公，上公搢笏受爵。通事舍人引上公進到御座前，北面授殿中監。殿中監受爵，進，置御前。上公執笏，通事舍人引上公退，北面跪稱：「某官臣某等稽首言，元正首祚，冬至云「天正長至」。臣等不勝大慶，謹上千萬歲壽。」俛伏，興，再拜，群官、客使等上下俱再拜，立於席後。侍中前承制，退稱：「敬舉公等之觴。」群官、客使等上下又再拜。殿中監取爵奉進，近臣遞進。皇帝舉酒，《休和之樂》作，群官、客使等上下皆舞蹈，三稱萬歲。皇帝舉酒，訖，殿中監進，受虛爵以授尚食奉御，奉御受爵，復於坫，樂止。初殿中監受虛爵，殿上典儀唱：「再拜。」階下贊者承傳，群官、客使等上下皆再拜。

通事舍人引上公就座後立。殿上典儀唱：「就座。」階下贊者承傳，群官、客使等上下俱就座，俛伏，坐。太樂令引歌者及琴瑟至階，脫屨於下，升，就位坐。其笙管者進詣西階閒，北面立。尚食奉御進酒至階，殿上典儀唱：「酒至，興。」階下贊者承傳，群官、客使等上下皆俛伏，起，立於席後。殿中監到階省酒。尚食奉御奉酒進，皇帝舉酒。太官令又行群官酒，酒至，殿上典儀唱：「再拜。」階下贊者承傳，群官、客使等皆再拜，搢笏受觶。殿上典儀唱：「就座。」階下贊者承傳，群官、客使等上下

皆就座,俛伏,坐,飲。皇帝初舉酒,登歌作《昭和之樂》三終,尚食奉御
進受虛觶,復於坫,登歌訖,降,復位。

觴行三周,尚食奉御進御食,食升階,殿上典儀唱:"食至,興。"階下
贊者承傳,群官、客使等上下皆執笏,俛伏,興,立座後。殿中監到階,省
案。尚食奉御品嘗食訖,以次進置御前。太官令又行群官案,御若不食,及
群官案先下訖,不須興。設食訖,殿上典儀唱:"就座。"階下贊者承傳,群官、
客使等上下皆就座,俛伏,坐。皇帝乃飯,《休和之樂》作,群官、客使上
下俱飯。御食畢,樂止。

仍行酒,遂設庶羞。太樂令引二舞以次入作。若賜酒,侍中承詔,
詣東階,西向稱:"賜酒。"殿上典儀承傳,階下贊者又承傳,群官、客使等
上下皆執笏,俛伏,起,再拜,搢笏,立受觶,就席,俛伏,坐,飲訖,俛伏,
起,立授虛爵,執笏,又再拜,就座。

酒行十二徧,會畢,殿上典儀唱:"可起。"階下贊者承傳,群官、客使
等上下皆俛伏,起,立席後。通事舍人引降階,俱詣席後,跪,著劍,俛
伏,興,納舃,樂作,復橫街南位。樂止,位於殿庭者仍立於席後。立定,
典儀曰:"再拜。"贊者承傳,群官、客使等在位皆再拜。位於殿庭者拜於席後。
若有勑賜物,侍中前承制,降詣群官東北,西面稱:"有制。"群官、客使等
皆再拜。侍中宣制訖,群官、客使等又再拜。通事舍人引群官、客使等
以次出。公初行,樂作,出門,樂止。侍中前,跪,奏稱:"侍中臣某言,禮
畢。"俛伏,興,還侍位。皇帝興,太樂令令撞蕤賓之鐘,左五鐘皆應,奏
《太和之樂》,鼓吹振作。皇帝降座,御輿,入自東房,侍衛警蹕如來儀,
侍臣從至閤,樂止。通事舍人引東西面位者以次出。蕃客先出。

皇帝若服翼善冠、袴褶,則京官著袴褶,朝集使著公服。升座者脫屨如
式。若設九部樂,則去樂懸,無警蹕。太樂令帥九部伎立於左右延明門
外,群官初唱萬歲,太樂令即引九部伎聲作而入,各就位,以次作如式。

皇帝千秋節御樓受群臣朝賀並會

前三日,所司供備如式。

前一日,尚舍鋪御座及內外張設,並如尋常御樓之儀。尚食、光禄

供辦如式。尚食預置壽尊於樓上御座之東，又置壽尊於樓前之東南。皆有蓋冪。

其日平曉，陳列仗衛如常儀。百官常服，咸就橫街南，依東西班序立。侍中版奏：“外辦。”皇帝常服即御座，候褰簾，通事舍人分引群官詣橫街北壽尊之南①，俱北向。中書門下及供奉官如常式立定。典儀贊：“再拜。”橫街南北百官俱再拜，訖，尚食奉御酌壽酒以授殿中監，殿中監以授侍中，侍中執酒正立。殿中監受侍中之酒，侍中執笏，稍前，跪，奏稱：“千秋令節，臣等不勝大慶，謹上千萬歲壽。”奏訖，興，再拜，群官上下皆再拜。所由酌壽尊之酒以進②，皇帝受酒，承制宣云：“得卿等壽酒，與卿等內外同慶。”皇帝舉酒，群官上下又再拜，三呼萬歲，舞蹈，又再拜，訖，詣座所。太官令酌酒以進，侍中執酒以出，群官等俱出謝酒訖，就位。太常卿引樂作止如常儀。其橫街南群官應有常食者，引就座如式，餘退。其群官所獻甘露、醇酎，尚食等所由並其日平曉於樓之便門奉進。會畢，樓上褰簾，群官各出就位，立定，典儀贊：“再拜。”群官等俱再拜。若臨時別有進止，隨事贊相。垂簾，群官退。

---

① “南”，四庫本作“西”，《通典》卷一二三《開元禮纂類十八》作“西南”。
② “所由”，四庫本作“所司”，《通典》卷一二三《開元禮纂類十八》作“內所由”。

卷第九十八　嘉禮

皇后正至受群臣朝賀　皇后正至受外命婦朝賀_{并會}

皇后正至受群臣朝賀

前一日，尚寢帥其屬設御幄座如外命婦朝賀之儀。守宮設群官次於宮城門外如常儀。

其日未明一刻，諸衛各勒所部屯門列仗及陳布於肅章門外。奉禮設文武群官、諸親、蕃客等位於宮城門外，如朝堂之式。典儀設文武群官位於肅章門外，文東武西，俱重行北向，相對爲首。諸親位於文武五品之下，朝集使、蕃客等分方位次如常。設典儀、贊者位於群官東北差退，西面北上。又設內給事位於群官之北，南向。若與外命婦同時朝，典儀於肅章門外設群官版位。文武群官依時刻集於門外，俱就次，各服其服。若與上臺同日朝賀，則上臺禮畢，群官仍朝服，典謁引從納義門西行就版位。尚儀奏："請中嚴。"六尚以下各服其服，俱詣內閤奉迎。典儀帥贊者先入，就位。典謁引文武群官入，就位。

尚儀奏："外辦。"皇后首飾、褘衣以出，即御位，南向坐。侍衛警蹕及設琮璽於御座並如常儀。內謁者監引內給事出就南面。典儀曰："再拜。"贊者承傳，文武群官等俱再拜。典儀引爲首者一人進內給事前，北面跪，賀稱："元正首祚，景福惟新。伏維殿下與時同休。"冬至云："天正長至，伏維殿下如日之升。"賀訖，俛伏，興，典謁引退，復位。群官等皆再拜。內謁者監引內給事入，依式奏聞，內給事承令出，內謁者監引內給事復南面位，稱："令旨。"群官等皆再拜。內給事宣令云："履新冬至云"履長"。之慶，與公等同之。"群官等又再拜。內謁者監引內給事入。典謁引群官等出。尚儀前，奏："禮畢。"皇后降座以入，侍衛警蹕如常儀。

皇后正至受外命婦朝賀_{并會}

前二日，本司宣攝内外，各供其職。

前一日，守宮設外命婦次如常儀。尚寢帥其屬設御幄於皇后正殿北壁，南向。又設命婦爲首者脱舄席於西階前近西，東向如式。司樂展宮懸之樂於殿庭，設麾於殿上西階之西，東向。内僕進重翟以下於肅章門之外道東，西面北上。司贊設外命婦版位於殿庭：大長公主以下在東，太夫人以下在西，諸親婦女位於外命婦之下，_{皇宗親在東，異姓親在西。}俱重行北向，相對爲首。内謁者設外命婦等位於肅章門外：大長公主以下於道東，太夫人以下於道西，俱重行相向，北上。命婦有夫，從夫之爵；無夫，從子之爵。設司贊位於東階東南，西向；掌贊二人位於司贊之南，差退，俱西向。

受朝日，依時刻諸衛勒所部屯門列仗及陳布於肅章門外如常儀。外命婦等依時刻集列宮門外，至下車所道西，東向，以車爲次，北上。車次定，外命婦等皆降車，内典引引之次，各服其服。尚儀奏："請中嚴。"宮官侍衛者皆朝服，司寶奉琮寶，依式俱詣内閣奉迎。司樂帥女工人入，就位。典樂升，就舉麾位。司贊帥掌贊先入，就位。内典引引外命婦俱詣肅章門外位。

尚儀奏："外辦。"皇后首飾、褘衣以出，警蹕侍衛如常儀。皇后出自西房，典樂舉麾，奏《正和之樂》，即御座，南向坐。司寶奉琮寶置於御座如常，偃麾，樂止。_{凡樂，皆典樂舉麾，工鼓柷而後作；偃麾，戛敔而後止。}司賓承引外命婦以次入，就位，爲首者初入門，《舒和之樂》作，至位，樂止。命婦等立定，司贊曰："再拜。"掌贊承傳，外命婦等皆再拜。司賓引爲首者一人詣西階，爲首者初行，樂作，至階，樂止。爲首者脱舄，升，進當御座前，北面跪，賀稱："妾姓等言，元正首祚，景福惟新。伏維殿下與時同休。"_{冬至云："天正長至，伏維殿下如日之升。"}賀訖，起，司賓引爲首者自西階降，納舄，樂作，復位，立定，樂止。司贊曰："再拜。"掌贊承傳，命婦等皆再拜。司言前承令，降自西階，詣命婦西北，東面稱："令旨。"外命婦等皆再拜。宣令云："履新_{冬至云"履長"}之慶，與夫人等同之。"司贊曰："再拜。"掌贊承傳，外命婦等皆再拜。司賓以次引出，爲首者初行，樂作，出閤，樂止。內典引承引以出。尚儀前，奏："禮畢。"還侍位。皇后降座，樂作，入自東房，侍衛警蹕如来儀，樂止，女工人退。

會

朝訖，尚寝率其屬鋪外命婦等之座於殿上；大長公主以下於御座東南，重行西向；太夫人以下於御座西南，重行東向。設不升殿者座席於東西廊下，皆如上儀。又量設脱屨席於東西階下。尚食設壽尊於殿上東序之端，西向，有坫，加爵一於尊下。設升殿者酒尊於東西廊下，近北；設廊下者酒尊各於其座之南，皆有坫冪，俱障以帷。設訖，司樂帥諸樂人就位。內典引引外命婦俱詣肅章門外位。

尚儀奏："外辦。"皇后首飾、褘衣以出，警蹕侍衛如常儀。皇后出自西房，典樂舉麾，《正和之樂》作，即御座，南向坐。司賓奉琮寶置於御座前如常儀，偃麾，樂止。凡樂，皆典樂舉麾，工鼓柷而後作；偃麾，戞敔而後止。司賓承引外命婦以次入，就位，爲首者初入門，樂作，至位，樂止。外命婦立定，若朝會別日，贊拜如朝禮。司言前承令，降詣命婦西北，東向稱："令旨。"夫人等升席坐。司贊曰："再拜。"掌贊承傳，外命婦等皆再拜，訖，司賓引外命婦應升殿者詣東西階，樂作，爲首者至階，樂止，俱就席，脱舃於階下以升。司賓引爲首者一人升階，近東，西面立，以下各就席後立。司賓引不升殿者詣東西廊下席後立。

上下立定，司賓引爲首者詣酒尊所，北面立。尚食酌酒一爵以授爲首者。司賓引爲首者至御座前，北面授尚食，尚食受爵，跪，進，置御座前。司賓引爲首者退，北面跪，奏稱："妾姓等言，元正首祚，冬至賀云"天正長至"。妾等不勝大慶，謹上千萬歲壽。"興，再拜，外命婦等皆再拜，訖。司言前承令，宣令云："令旨，夫人等同納景福。"外命婦等又再拜。尚食取爵奉進，皇后舉酒，樂作，外命婦等皆三稱萬歲。皇后舉酒訖，尚食受虛爵，復於坫，樂止。司贊曰："再拜。"掌贊承傳，外命婦等皆再拜。

司賓引爲首者就席後立。司贊曰："就座。"掌贊承傳，外命婦等俱就座。尚食進酒至階，司贊曰："酒至，興。"掌贊承傳，外命婦等俱興，立席後。尚儀至階省酒。尚食奉酒進，皇后舉酒，樂作如常。又行外命婦酒，酒至，司贊曰：“再拜。”掌贊承傳，外命婦等俱再拜，受觶。司贊曰：“就座。”掌贊承傳，外命婦等俱就座坐飲。皇后舉酒訖，尚食受虛爵，復於坫，樂止。

　　觶行三周，尚食進御食，食升階，司贊曰：“食至，興。”掌贊承傳，外命婦等皆起，立席後。尚儀至階省案，尚食品嘗訖，以次進，置御前。又行命婦案，御若不食，及命婦案先下訖①，不須興。設食訖，司贊曰：“就座。”掌贊承傳，外命婦等皆就席坐。皇后乃飯，樂作，外命婦等俱飯。御食畢，樂止。

　　仍行酒，遂設庶羞，諸伎以次作。若賜酒，司言前承令，詣東階上，西向稱：“賜酒。”階下掌贊承傳，外命婦等皆起，再拜，立受觶，坐飲訖，起，立授虛觶，又再拜，就席坐。

　　酒行十二徧，會畢。司贊曰：“可起。”掌贊承傳，外命婦等皆起，立席後。司賓引降，各納舄，樂作，俱引復階下位，樂止。其廊下者仍立於席後。立定，司贊曰：“再拜。”掌贊承傳，外命婦等在位者皆再拜。若有束帛，則尚功帥其屬以束帛預立於東西廂。司言前承令，降自西階，詣命婦西北，東面稱：“令旨。”外命婦等皆再拜。宣令訖，外命婦等又再拜。尚功帥其屬以次授束帛訖，外命婦等又再拜。司賓引外命婦等以次出，樂作，出門，樂止。內典引承引次出。尚儀前，奏：“禮畢。”還侍位。皇后降座，樂作，入自東房，警蹕侍衛如來儀樂止。

---

① “及命婦案”，四庫本作“外命婦案”，《通典》卷一二三《開元禮纂類十八》作“及外命婦案”。

卷第九十九　嘉禮

皇帝於明堂讀孟春令　皇帝於明堂讀仲春令
皇帝於明堂讀季春令

皇帝於明堂讀孟春令

陳設

禮部尚書先讀令三日，奏讀《月令》，承以宣告。

前三日，尚舍直長施大次於青龍門外道北，南向。尚舍奉御設御座。守宮設文武侍臣次於大次之後，文官在左，武官在右，俱南向。設群官次於璧水東門之外，文官在北，武官在南，俱西上。

前一日，尚舍奉御設御幄座於青陽左个，近西，東向。守宮設三品以上及諸司長官座於青陽堂上，文官於御座東北，南向；武官於御座東南，北向，俱重行，西上。無長官者，次官一人升，判官不合。設刑部郎中讀令座於御座東南，北向，有案。設文官解劍席於丑陛之左，設武官解劍席於卯陛之右，皆內向。太樂令展宮懸於青陽左个之庭，設舉麾位於堂上寅陛之南，北向，一位於樂懸東北，南向。典儀設三品以上及應升座者位於懸東，文左武右，俱重行西向，相對爲首。設非升座者位：文官四品、五品於懸北，六品以下於其東，絶位俱南向；武官四品、五品於懸南，六品以下於其東，當文官俱北向，皆重行西上。設典儀位於懸之西北，贊者二人在東，差退，俱南向。奉禮設門外位各於次前，俱每等異位，重行相向，西上。

鑾駕出宮

前出宮三日，本司宣攝內外，各供其職。守宮設從駕之官五品以上次於承天門外東西朝堂如常。

前二日，太樂令設宮懸之樂於殿庭如常儀。

其日未明七刻，搥一鼓爲一嚴。三嚴時節，前一日侍中奏裁。侍中奏開宮殿門及城門。

未明五刻，搥二鼓爲再嚴。侍中版奏："請中嚴。"奉禮設從駕群官五品以上位：文官於東朝堂之前，西向；武官於西朝堂之前，東向，俱重行，北上。從駕群官五品以上俱集朝堂次，各服其服。其六品以下，並駕發之前預赴明堂所，俱就次，各服其服。所司陳小駕鹵簿。

未明二刻，搥三鼓爲三嚴。諸衛之屬各督其隊與鈒戟以次入，陳於殿庭。謁者引從駕群官各就朝堂前位。諸侍衛之官各服其器服。侍中、中書令以下俱詣西閤奉迎。侍中負璽如式。乘黃令進金輅於西閤外，南向。千牛將軍一人執長刀立於輅前，北向。黃門侍郎一人在侍臣之前，贊者二人又在黃門之前。

侍中版奏："外辦。"太僕卿奮衣而升，正立執轡。皇帝服通天冠、青紗袍，佩蒼玉，御輿以出，曲直華蓋警蹕侍衛如常儀。皇帝將出，仗動，太樂令令撞黃鍾之鐘，右五鐘皆應。協律郎跪，俯伏[1]，舉麾，鼓柷，奏《太和之樂》。千牛將軍前執轡，皇帝升輅，太僕卿立授綏，侍中、中書令以下夾侍如常。黃門侍郎進，當鑾駕前，跪，奏稱："黃門侍郎臣某言，請鑾駕發引。"俛伏，興，退，復位。凡黃門侍郎奏請，皆進，當鑾駕前，跪，奏稱具官某言，訖，俛伏，興。鑾駕動，又稱警蹕，黃門侍郎與贊者夾引以出，千牛將軍夾輅而趨。駕至太極門，偃麾，戛敔，樂止。出太極門，鼓柷，奏《采茨之樂》，出嘉德門，戛敔，樂止。凡樂，皆協律郎舉麾，工鼓柷而後作；偃麾，戛敔而後止。至承天門外侍臣上馬所，黃門侍郎奏稱："請鑾駕權停，勅侍臣上馬。"侍中前承詔，退稱："制曰可。"黃門侍郎退稱："侍臣上馬。"贊者承傳，文武侍臣皆上馬。諸侍衛之官各督其屬左右翊駕，在黃麾內。符寶郎奉六寶，與殿中監後部從。侍中、中書令以下夾侍於輅前。贊者在供奉官人內。侍臣上馬畢，黃門侍郎奏稱："請勅車右升。"侍中前承詔，退稱："制曰可。"黃門侍郎退，復位。千牛將軍升，訖，黃門侍郎奏稱："請鑾駕發引。"退，復位。鑾駕動，稱警蹕，鼓傳音如常，鼓吹振作而行，其從駕之

---

① "俯伏"二字，四庫本作"俛伏興"。

官在玄武隊後如常儀。

讀令

其日,依時刻諸衛勒所部屯門列仗及青陽左个之庭如常。先置群官俱集次①,各服其服。駕將至,典謁各引先置群官就門外位②。駕至大次門外,迴輅南向。千牛將軍降,立於輅右。侍中進,當鑾駕前,跪,奏稱:"侍中臣某言,請降輅。"俛伏,興,還侍位。皇帝降輅,御輿之大次,繖扇華蓋侍衛警蹕如常儀。通事舍人引文武五品以上從駕之官皆就門外位。太樂令帥工人入,就位。協律郎入,就舉麾位。典儀帥贊者先入,就位。又通事舍人引群官非升座者入,就位。刑部郎中以《月令》置於案,覆以帊。令史二人俱絳公服,對舉案,立於武官五品以上東南,郎中立於案後,北面。

侍中版奏:"外辦。"皇帝御輿出次,曲直華蓋侍衛警蹕如常儀,入自青龍門。皇帝初入門,太樂令令撞蕤賓之鐘,左五鐘皆應,鼓柷,奏《太和之樂》。皇帝升自寅陛,入即御座,東向坐。符寶郎奉寶置於御座,侍臣夾侍如常儀,戛敔,樂止。

典儀一人升,立於左个東北,南向。通事舍人引公王以下入,就西面位立。上公初入門,《舒和之樂》作,凡公行,皆作《舒和》③。公至位,樂止。群官立定,典儀曰:"再拜。"贊者承傳,凡典儀有辭,贊者皆承傳。在位者皆再拜。侍中前,跪,奏稱:"侍中臣某言,請延公王等升。"俛伏,興。又侍中稱:"制曰可。"侍中詣左个東北,南面稱:"詔延公王等升堂上。"典儀承傳,堂下贊者又承傳,在位者皆再拜。通事舍人以次引西面位者各詣其陛。公初行,樂作,至解劍席,樂止。公王以下俱升席,跪,解劍,訖,俛伏,興,脫舄,通事舍人各引升,立於座後。

刑部郎中引案進,立於卯陛下。侍中跪,奏:"請讀《月令》。"俛伏,興。又侍中稱:"制曰可。"侍中退,復位。刑部郎中再拜,就解劍席,跪,解劍,訖,俛伏,興,脫舄,取令。持案者仍立於下。通事舍人引刑部郎

---

① "置",四庫本作"至"。
② "置",四庫本作"至"。
③ "舒和",四庫本、《通典》卷一二四《開元禮纂類十九》作"舒和之樂"。

中奉令升自卯陛，詣席南，北向跪，置令於案，俛伏，興，立於席後。堂上典儀唱："就座。"公王以下及刑部郎中並就座，俛伏，坐。刑部郎中讀令，每句一絕，使言聲可了。

讀令訖，堂上典儀唱："可起。"公王以下皆起，通事舍人引公王以下及刑部郎中俱降。刑部郎中以令置於案，與群官俱跪，佩劍，俛伏，興，納舄，通事舍人各引還本位。公初行，樂作，至位，樂止。立定，典儀曰："再拜。"在位者皆再拜。又通事舍人引西面位者出，公初行，樂作，出門，樂止。

侍中跪，奏稱："侍中臣某言，禮畢。"俛伏，興，還侍位。皇帝興，太樂令令撞黃鍾之鐘，右五鐘皆應，《太和之樂》作。皇帝降座，御輿以出之便次，警蹕侍衛如來儀。出門，樂止。通事舍人引南北面位者以次出。

孟春令

孟春之月，日在營室，昏參中，旦尾中。其日甲乙，其帝太皥，其神句芒，其蟲鱗，其音角，律中太蔟，其數八，其味酸，其臭羶，其祀戶。東風解凍，蟄蟲始振，魚上負冰，獺祭魚，鴻雁來。食麥與羊，其器疏以達。是月也，以立春。先立春七日，禮部奏曰："某日立春，盛德在木。"皇帝乃齋。立春之日，皇帝親帥百官迎春於東郊，還反，乃賞百官於朝。命有司布德和令，行慶施惠，下及黎元。慶賜遂行，毋有不當。乃命太史[1]，守典奉法，司天日月星辰之行，宿離不貸，無失經紀，以初為常。是月也，皇帝乃以元日祈穀于上帝。乃擇元辰，皇帝親載耒耜，帥百官，躬耕帝藉，反，乃執爵於太寢，命曰："勞酒。"是月也，天氣下降，地氣上騰，天地和同，草木萌動，命布農事，修封疆。善相丘陵阪險原隰，土地所宜，五穀所殖，以教導人。是月也，修祭典，禁止伐木；毋覆巢，毋殺孩蟲、胎夭、飛鳥，毋麛毋卵；毋聚大眾，毋置城郭，掩骼埋胔。是月也，不可以稱兵，稱兵必有天殃，兵戎不起，不可從我始。毋變天之道，毋絕地之理，毋亂人之紀。孟春行夏令，則雨水不時，草木早落，國時有恐；行

---

① "太史"，四庫本作"太師"。

秋令,則黎元大疫,猋風暴雨摠至,藜莠蓬蒿並興;行冬令,則水潦爲敗,雪霜大摯①,首種不入。

鑾駕還宫

皇帝既還大次,侍中版奏:"請解嚴。"將士不得輒離部伍。皇帝停大次一刻頃,搥一鼓爲一嚴,轉仗衛於還塗如來儀。三刻頃,搥二鼓爲再嚴,將士布隊仗,侍中版奏:"請中嚴。"五刻頃,搥三鼓爲三嚴,謁者、贊引各引群官序立於次前,文武侍臣詣大次奉迎。乘黄令進金輅於大次門外,南向,千牛將軍立於輅右。

侍中版奏:"外辦。"太僕卿升,執轡,皇帝御輿出次,繖扇侍衛警蹕如常儀。皇帝升輅,太僕卿立授綏。黄門侍郎奏稱:"請鑾駕發引。"退,復位。鑾駕動,稱警蹕如常儀。黄門侍郎、贊者夾引,千牛將軍夾輅而趨。至侍臣上馬所,黄門侍郎奏稱:"請鑾駕權停,勅侍臣上馬。"侍中前承詔,退稱:"制曰可。"黄門侍郎退稱:"侍臣上馬。"贊者承傳,文武侍臣皆上馬畢,黄門侍郎奏稱:"請勅車右升。"侍中稱:"制曰可。"黄門侍郎退,復位。千牛將軍升,訖,黄門侍郎奏稱:"請鑾駕發引。"退,復位。鼓傳音,鑾駕動,鼓吹振作而還,文武群官皆從如來儀。

駕至承天門外侍臣下馬所,鑾駕權停,文武侍臣皆下馬,千牛將軍降,立於輅右,訖,鑾駕動,千牛將軍夾輅而趨。駕入嘉德門,太樂令令撞蕤賓之鐘,左五鐘皆應,鼓柷,奏《采茨之樂》,至太極門,戛敔,樂止。入太極門,鼓柷,奏《太和之樂》。駕至横街北,當東上閣,迴輅南向,侍中進,當鑾駕前,跪,奏稱:"侍中臣某言,請降輅。"俛伏②,興,還侍位。皇帝降輅,御輿以入,繖扇侍衛警蹕如常儀,侍臣從至閣,戛敔樂止。初文武群官至東朝堂,通事舍人承旨,勅群官並還。皇帝既入,侍中版奏:"請解嚴。"叩鉦,將士各還其所。

---

① "摯",四庫本作"至"。
② "俛伏",四庫本作"跪俛伏"。

皇帝於明堂讀仲春令

陳設

尚舍奉御設御幄座於青陽太廟。設文官解劍席於寅陛之左,設武官解劍席於辰陛之右。太樂令展宮懸於青陽太廟之庭,設舉麾位於堂上卯陛之南,餘並如孟春陳設之儀。

鑾駕出宮

並如孟春出宮之儀。

讀令

其日,諸衛列仗於青陽太廟之庭。皇帝升自卯陛,典儀一人升,立於青陽太廟東北。侍中詣青陽太廟東北,稱詔。刑部郎中升自辰陛。餘並如孟春讀令之儀。

仲春令

仲春之月,日在奎,昏弧中,旦建星中。其日甲乙,其帝太皞,其神句芒,其蟲鱗,其音角,律中夾鍾,其數八,其味酸,其臭羶,其祀戶。始雨水,桃始華,倉庚鳴,鷹化爲鳩。食麥與羊,其器疏以達。是月也,安萌芽,養幼少,存諸孤;擇元日,命人社;命有司,省囹圄,去桎梏,毋肆掠,止獄訟。是月也,日夜分,雷乃發聲,始電。蟄蟲咸動,啟戶始出,先雷三日,奮鐸以令人曰[①]:“雷將發聲,有不戒其容止者,生子不備,必有凶災。”日夜分,則同度量,鈞衡石,角斗甬,正權概。是月也,毋作大事,以妨農事;毋竭川澤,毋漉陂池,毋焚山林。獻羔開冰,先薦宗廟。上丁,釋奠於先聖先師。仲春行秋令,則其國大水,寒氣摠至,寇戎來征;行冬令,則陽氣不勝,麥乃不熟,人多相掠;行夏令,則國乃大旱,煖氣早

---

① “鐸”,四庫本作“木鐸”。

來，蟲螟爲害。

鑾駕還宮

並如孟春還宮之儀。

皇帝於明堂讀季春令

陳設

尚舍奉御設御幄座於青陽右个。設文官解劍席於卯陛之左，設武官解劍席於巳陛之右。太樂令展宮懸於青陽右个之庭，設舉麾位於堂上辰陛之南。餘並如仲春陳設之儀。

鑾駕出宮

並如仲春出宮之儀。

讀令

其日，諸衛列仗於青陽右个之庭。皇帝升自辰陛，典儀一人升立於青陽右个東北。侍中詣青陽右个東北，稱詔。刑部郎中升自巳陛。餘並如仲春讀令之儀。

季春令

季春之月，日在胃，昏七星中，旦牽牛中，其日甲乙，其帝太皞，其神句芒，其蟲鱗，其音角，律中姑洗，其數八，其味酸，其臭羶，其祀户。桐始華，田鼠化爲鴽，虹始見，萍始生。食麥與羊，其器疏以達，薦鮪於宗廟。是月也，生氣方盛，陽氣發洩，句者畢出，萌者盡達，不可以内。布德行惠，發倉廩，賜貧窮，賑乏絶，開府庫，出幣帛，周天下[①]，勉牧守，聘名士，禮賢者。是月也，時雨將降，下水上騰，命有司循行國邑，周視原

---

① “周”，四庫本作“賙”。

野，修利隄防，導達溝瀆，開道通路，毋有障塞；田獵置罝，羅網畢翳，餧獸之藥，毋出國門。是月也，命虞人毋伐桑柘，鳴鳩拂其羽，戴勝降于桑。后妃齋戒，親東鄉躬桑。禁婦女毋觀，省婦使，以勸蠶事。蠶事既登，分繭稱絲效功，以供郊廟之服，無有敢惰。是月也，命工帥令百工，審五庫之量，金鐵、皮革、筋角、齒羽、箭幹、脂膠丹漆，毋或不良。毋悖于時，毋或作爲淫巧，以蕩上心。季春行冬令，則寒氣時發，草木皆肅，國有大恐；行夏令，則人多疾疫，時雨不降，山陵不收①；行秋令，則天多沈陰，淫雨早降，兵革並起。

鑾駕還宫

並如仲春還宫之儀。

---

① “山陵”，四庫本作“山林”。

卷第一百　嘉禮

皇帝於明堂讀孟夏令　皇帝於明堂讀仲夏令
皇帝於明堂讀季夏令

皇帝於明堂讀孟夏令

陳設

禮部尚書先讀令三日，奏讀《月令》，承以宣告。

前三日，尚舍直長施大次於朱雀門外道東，西向。尚舍奉御設御座。守宮設文武侍臣次於大次之後，文官在左，武官在右，俱西向。設群官次於璧水南門之外，文官在東，武官在西，俱北上。

前一日，尚舍奉御設御幄座於明堂左个，近北，南向。守宮設三品以上及諸司長官座於堂上，文官於御座東南，西向；武官於御座西南，東向，俱重行北上。無長官者，次官一人升，判官不合。設刑部郎中讀令座於御座西南，東向，有案。設文官解劍席於辰陛之左，設武官解劍席於午陛之右，皆內向。太樂令展宮懸於明堂左个之庭，設舉麾位於堂上巳陛之西，東向，一位於樂懸東南，西向。典儀設三品以上及應升座者位於懸南，文左武右，俱重行北向，相對爲首。設非升座者位：文官四品、五品於懸東，六品以下於其南，絶位俱西向；武官四品、五品於懸西，六品以下於其南，當文官俱東向，皆重行北上。設典儀位於懸之東北，贊者二人在南，差退，俱西向。奉禮設門外位各於次前，俱每等異位重行，相向北上。

鑾駕出宮

出宮前三日，本司宣攝內外，各供其職守。宮設從駕之官五品以上次於承天門外東西朝堂如常。

前二日，太樂令設宮懸之樂於殿庭如常儀。

其日未明七刻，搥一鼓爲一嚴。三嚴時節，前一日侍中奏裁。侍中奏開宮殿門及城門。

未明五刻，搥二鼓爲再嚴。侍中版奏：“請中嚴。”奉禮設從駕群官五品以上位：文官於東朝堂之前，西向；武官於西朝堂之前，東向，俱重行北上。從駕群官五品以上俱集朝堂次，各服其服。其六品以下，並駕發之前，預赴明堂所俱就次，各服其服。所司陳小駕鹵簿。

未明二刻，搥三鼓爲三嚴。諸衛之屬各督其隊與鈒戟以次入，陳於殿庭。通事舍人引從駕群官各就朝堂前位。諸侍衛之官各服其器服。侍中、中書令以下俱詣西閤奉迎。侍中負寶如式。乘黃令進金輅於西閤外，南向。千牛將軍一人執長刀立於輅前，北向。黃門侍郎一人在侍臣之前，贊者二人又在黃門之前。

侍中版奏：“外辦。”太僕卿奮衣而升，正立執轡。皇帝服通天冠、絳紗袍，佩赤玉，御輿以出，曲直華蓋警蹕侍衛如常儀。皇帝將出，仗動，太樂令令撞黃鍾之鐘，右五鐘皆應。協律郎跪，俛伏，舉麾，鼓柷，奏《太和之樂》。千牛將軍前執轡。皇帝升輅，太僕卿立授綏，侍中、中書令以下夾侍如常。黃門侍郎進，當鑾駕前，跪，奏稱：“黃門侍郎臣某言，請鑾駕發引。”俛伏，興，退，復位。凡黃門侍郎奏請，皆進，當鑾駕前，跪，奏稱具官某言訖，俛伏，興。鑾駕動，又稱警蹕。黃門侍郎與贊者夾引以出，千牛將軍夾輅而趨。駕至太極門，偃麾，戛敔樂止。出太極門，鼓柷，奏《采茨之樂》，出嘉德門，戛敔樂止。凡樂，皆協律郎舉麾，工鼓柷而後作；偃麾，戛敔而後止。

至承天門外侍臣上馬所，黃門侍郎奏稱：“請鑾駕權停，勅侍臣上馬。”侍中前承詔，退稱：“制曰可。”黃門侍郎退稱：“侍臣上馬。”贊者承傳，文武侍臣皆上馬。諸侍衛之官各督其屬左右翊駕，在黃麾內。符寶郎奉六寶，與殿中監後部從。侍中、中書令以下夾侍於輅前。贊者在供奉官人內。侍臣上馬畢，黃門侍郎奏稱：“請勅車右升。”侍中前承詔，退稱：“制曰可。”黃門侍郎退，復位。千牛將軍升訖，黃門侍郎奏稱：“請鑾駕發引。”退，復位。鑾駕動，稱警蹕，鼓傳音如常，鼓吹振作而行。其從駕之官在玄武隊後如常儀。

讀令

其日，依時刻諸衛勒所部屯門列仗及明堂左个之庭如常。先置群官俱集次①，各服其服。駕將至，通事舍人各引先置群官俱就門外位。

駕至大次門外，迴輅西向，千牛將軍降，立於輅右。侍中進，當鑾駕前，跪，奏稱：“侍中臣某言，請降輅。”俛伏，興，還侍位。皇帝降輅，御輿之大次，繳扇華蓋侍衛警蹕如常儀。通事舍人引文武五品以上從駕之官皆就門外位。太樂令帥工人入，就位。協律郎入，就舉麾位。典儀帥贊者先入，就位，又通事舍人引群官非升座者入，就位。刑部郎中以《月令》置於案，覆以帊，令史二人俱絳公服，對舉案，立於武官五品以上西南，郎中立於案後，東面。

侍中版奏：“外辦。”皇帝御輿出次，曲直華蓋侍衛警蹕如常儀，入自朱雀門。皇帝初入門，太樂令令撞蕤賓之鐘，左五鐘皆應，鼓柷，奏《太和之樂》。皇帝升自巳陛，入，即御座，南向坐，符寶郎奉寶置於御座，侍臣夾侍如常儀，戞敔樂止。

典儀一人升，立於左个東南，西向。通事舍人引公王以下入，就北面位。公初入門，《舒和之樂》作，凡公行，皆作《舒和》。公至位，樂止。群官立定，典儀曰：“再拜。”贊者承傳，凡典儀有辭，贊者皆承傳。在位者皆再拜。侍中前，跪，奏稱：“侍中臣某言，請延公王等升。”俛伏，興。又侍中稱：“制曰可。”侍中詣左个東南，西面稱：“詔延公王等升。”堂上典儀承傳，堂下贊者又承傳，在位者皆再拜。通事舍人以次引北面位者各詣其陛，公初行，樂作，至解劍席，樂止。公王以下俱升席，跪，解劍，訖，俛伏，興，脫舄，通事舍人各引升，立於座後。

刑部郎中引案進，立於午陛下，侍中跪，奏：“請讀《月令》。”俛伏，興。又侍中稱：“制曰可。”侍中退，復位。刑部郎中再拜，就解劍席，跪，解劍，訖，俛伏，興，脫舄，取令，持案者仍立於下。通事舍人引刑部郎中奉令升自午陛，詣席西，東向跪，置令於案，俛伏，興，立於席後。堂上典儀唱：“就座。”公王以下及刑部郎中並就座，俛伏，坐。刑部郎中讀令，

---

① “置”，四庫本作“至”。

每句一絕,使言聲可了。

讀令訖,堂上典儀唱:"可起。"公王以下皆起。通事舍人引公王以下及刑部郎中俱降。刑部郎中以令置於案,與群官俱跪,佩劍,俛伏,興,納舄,通事舍人各引還本位,公初行,樂作,至位,樂止。立定,典儀曰:"再拜。"在位者皆再拜。又通事舍人引北面位者出,公初行,樂作,出門,樂止。

侍中跪,奏稱:"侍中臣某言,禮畢。"俛伏,興,還侍位。皇帝興。太樂令令撞黃鍾之鐘,右五鐘皆應,《太和之樂》作。皇帝降座,御輿以出之便次,警蹕侍衛如來儀,出門,樂止。通事舍人引東西面位者次出。

孟夏令

孟夏之月,日在畢,昏翼中,旦婺女中。其日景丁[①],其帝炎帝,其神祝融,其蟲羽,其音徵,律中仲呂,其數七,其味苦,其臭焦,其祀竈。螻蟈鳴,蚯蚓出,王瓜生,苦菜秀。食菽與雞,其器高以粗。是月也,以立夏。先立夏三日[②],禮部奏曰:"某日立夏,盛德在火。"皇帝乃齋。立夏之日,皇帝親帥百官迎夏於南郊。還,乃行賞[③],命有司贊傑俊,遂賢良,舉長大,行爵出祿,必當其位。是月也,繼長增高,毋有壞墮,毋起土功,毋發大衆,毋伐大樹;命有司巡行縣鄙,命農勉作,毋休于都,無或失時。是月也,驅獸毋害五穀,毋大田獵。是月也,命太常修鞀鞞鼓,均琴瑟管簫,執干戚戈羽,調竽笙簴簧,飭鐘磬柷敔。命有司爲人祈祀山川百源,大雩上帝,用盛樂,以祈穀實,農乃登麥,皇帝乃以彘嘗麥,先薦宗廟。是月也,聚蓄百藥,靡草死,麥秋至。斷薄刑,決小罪,出輕繫。蠶事畢,命婦獻繭于后。孟夏行秋令,則苦雨數來,五穀不滋,四鄙入保;行冬令,則草木早枯,後乃大水,敗其城郭;行春令,則蝗蟲爲災,暴風來格,秀草不實。

---

① "景",四庫本作"丙"。
② "三日",四庫本作"七日"。
③ "乃",四庫本作"反"。

鑾駕還宮

皇帝既還大次，侍中版奏："請解嚴。"_{將士不得輒離部伍。}皇帝停大次一刻頃，搥一鼓爲一嚴，轉仗衛於還塗如來儀。三刻頃，搥二鼓爲再嚴，將士布隊仗。侍中版奏："請中嚴。"五刻頃，搥三鼓爲三嚴，謁者、贊引各引群官序立於次前，文武侍臣詣大次奉迎，乘黃令進金輅於大次門外，南向①，千牛將軍立於輅右。

侍中版奏："外辦。"太僕卿升執轡，皇帝御輿出次，繖扇侍衛警蹕如常儀。皇帝升輅，太僕卿立授綏。黃門侍郎奏稱："請鑾駕進發。"退，復位。鑾駕動，稱警蹕如常儀。黃門侍郎、贊者夾引，千牛將軍夾輅而趨。至侍臣上馬所，黃門侍郎奏稱："請鑾駕權停，勅侍臣上馬。"侍中前承詔，退稱："制曰可。"黃門侍郎退稱："侍臣上馬。"贊者承傳，文武侍臣皆上馬畢，黃門侍郎奏稱："請勅車右升。"侍中稱："制曰可。"黃門侍郎退，復位。千牛將軍升，訖，黃門侍郎奏稱："請鑾駕進發。"退，復位。鼓傳音，鑾駕動，鼓吹振作而還，文武群臣皆從如來儀。

駕至承天門外侍臣下馬所，鑾駕權停，文武侍臣皆下馬，千牛將軍降，立於輅右，訖，鑾駕動，千牛將軍夾輅而趨。駕入嘉德門，太樂令令撞蕤賓之鐘，左五鐘皆應，鼓柷，奏《采茨之樂》，至太極門，戛敔，樂止。入太極門，鼓柷，奏《太和之樂》。駕至橫街北，當東上閤，迴輅南向。侍中進，當鑾駕前，跪，奏稱："侍中臣某言，請降輅。"俯伏，興，還侍位。皇帝降輅，御輿以入，繖扇侍衛警蹕如常儀。侍臣從至閤，戛敔樂止。初文武群臣至東朝堂，通事舍人承旨勅群臣並還。皇帝既入，侍中版奏："請解嚴。"叩鉦，將士各還其所。

---

① "南向"，四庫本作"北向"，《通典》卷一二四《開元禮纂類十九》作"乘黃令進金輅於大次門外南向夏北向秋西向冬東向"。

皇帝於明堂讀仲夏令

陳設

尚舍奉御設御幄座於明堂太廟，設文官解劍席於巳陛之左，設武官解劍席於未陛之右。太樂令展宮懸於明堂太廟之庭，設舉麾位於堂上午陛之西。餘並如孟春陳設之儀。

鑾駕出宮

並如孟夏出宮之儀。

讀令

其日，諸衛列仗於明堂太廟之庭，皇帝升自午陛，典儀一人升，立於明堂太廟東南，侍中詣明堂太廟東南稱制，刑部郎中升自未陛。餘並如孟夏讀令之儀。

仲夏令

仲夏之月，日在東井，昏亢中，旦危中，其日景丁①。其帝炎帝，其神祝融，其蟲羽，其音徵，律中蕤賓，其數七，其味苦，其臭焦，其祀竈。小暑至，螳蜋生，鵙始鳴，反舌無聲。食菽與雞，其器高以粗，養壯佼。農乃登黍。皇帝乃以雛嘗黍，羞以含桃，先薦宗廟。令人毋艾藍以染，毋燒灰，毋暴布，門閭毋閉，挺重囚。是月也，日長至，陰陽爭，死生分。君子齋戒，處必掩身，無躁，止聲色，無或進，薄滋味，無致和，節嗜慾，定心氣，百官靜，事無刑，以定晏陰之所成。鹿角解，蟬始鳴，半夏生，木槿榮。是月也，無用火南方。可以居高明，可以遠眺望，可以升山陵②，可以處臺榭。仲夏行冬令，則雹凍傷穀，道路不通，暴兵來至。行春令，則五穀晚熟，百螣時起，其國乃饑。行秋令，則草木零落，果實早成，人殃

---

① “景”，四庫本作“丙”。
② “山陵”，四庫本作“山林”。

於疫。

鑾駕還宮

並如孟夏還宮之儀。

皇帝於明堂讀季夏令

陳設

尚舍奉御設御幄座於明堂右个，設文官解劍席於午陛之左，設武官解劍席於申陛之右。太樂令展宮懸於明堂右个之庭，設舉麾位於堂上未陛之西。餘並如仲夏陳設之儀。

鑾駕出宮

並如仲夏出宮之儀。

讀令

其日，諸衛列仗於明堂右个之庭，皇帝升自未陛，典儀一人升，立於明堂右个東南，侍中詣明堂右个東南稱詔，刑部郎中升自申陛。餘並如仲夏讀令之儀。

季夏令

季夏之月，日在柳，昏火中，旦奎中。其日景丁[①]，其帝炎帝，其神祝融，其蟲羽，其音徵，律中林鐘，其數七，其味苦，其臭焦，其祀竈。溫風至，蟋蟀居壁，鷹乃學習，腐草爲螢。食菽與雞，其器高以粗。命漁師伐蛟取鼉，登龜取黿，命澤人納材葦。是月也，命太常合秩芻以養犧牲，以供皇天上帝、名山大川、四方之神，以祀宗廟社稷之靈，以爲人祈福。是月也，命工染采，黼黻文章，必以法故，無或差貸，黑黃蒼赤，莫不質良，毋敢詐僞，以給郊廟祭祀之服，以爲旗章，以別貴賤等級之度。是月也，

---

①　“景”，四庫本作“丙”。

樹木方盛,乃命虞人入山行木,毋有斬伐,不可以興土功,不可以合牧守,不可以起兵動衆,毋舉大事,以搖養氣,舉大事則有天殃。是月也,土潤溽暑,大雨時行,燒薙行水,利以殺草,如以熱湯,可以糞田疇,可以美土疆。季夏行春令,則穀實鮮落,國多風欬,人乃遷徙;行秋令,則丘隰水潦,禾稼不熟,乃多女災[①];行冬令,則風寒不時,鷹隼早鷙,四鄙入保。

鑾駕還宮

並如仲夏還宮之儀。

季夏土王之日讀土令

皇帝服黃紗袍,佩黃玉,居太廟太室。餘行事皆如仲夏讀令之儀。

土令

中央土,其日戊巳,其帝黃帝,其神后土,其蟲倮,其音宮,律中黃(鐘)[鍾]之宮,其數五,其味甘,其臭香,其祀中霤。食稷與牛,其器圜以閎。

---

① “乃”,四庫本作“孕”。

卷第一百一　嘉禮

皇帝於明堂讀孟秋令　皇帝於明堂讀仲秋令
皇帝於明堂讀季秋令

皇帝於明堂讀孟秋令

陳設

禮部尚書先讀令三日，奏讀《月令》，承以宣告。

前三日，尚舍直長施大次於白武門外道北①，南向。尚舍奉御設御座。守宮設文武侍臣次於大次之後，文官在左，武官在右，俱南向。設群官次於璧水西門之外，文官在南，武官在北，俱東上。

前一日，尚舍奉御設御幄座於總章左个，近東，西向。守宮設三品以上及諸司長官座於堂上，文官於御座西南，北向；武官於御座西北，南向，俱重行東上。無長官者，次官一人升，判官不合。設刑部郎中讀令座於御座西北，南向，有案。設文官解劍席於未陛之左，設武官解劍席於酉陛之右，皆內向。太樂令展宮懸於總章左个之庭，設舉麾位於堂上申陛之北，南向，一位於樂懸西南，北向。典儀設三品以上及應升座者位於懸西，文左武右，俱重行，東向，相對爲首。又設非升座者位：文官四品、五品於懸南，六品以下於其西絕位，俱北向；武官四品、五品於懸北，六品以下於其西，當文官俱南向，皆重行東上。設典儀位於懸之東南，贊者二人在西，差退，俱北向。奉禮設門外位各於次前，俱每等異位重行，相向東上。

鑾駕出宮

前出宮三日，本司宣攝內外，各供其職。守宮設從駕之官五品以上

---

① "白武門"，四庫本作"白虎門"。

次於承天門外東西朝堂如常。

前二日，太樂令設宮懸之樂於殿庭如常儀。

其日未明七刻，搥一鼓爲一嚴。三嚴時節，前一日侍中奏裁。侍中奏開宮殿門及城門。

未明五刻，搥二鼓爲再嚴。侍中版奏："請中嚴。"奉禮設從駕群官五品以上位：文官於東朝堂之前，西向；武官於西朝堂之前，東向，俱重行，北上。從駕群官五品以上俱集朝堂次，各服其服。其六品以下，並駕發之前預赴明堂所俱就次，各服其服。所司陳小駕鹵簿。

未明二刻，搥三鼓爲三嚴。諸衛之屬各督其隊與鈒戟以次入，陳於殿庭。謁者引從駕群官各就朝堂前位。諸侍衛之官各服其器服。侍中、中書令以下俱詣西閤奉迎。侍中負璽如式。乘黃令進金輅於西閤外，南向，千牛將軍一人執長刀立於輅前，北向。黃門侍郎一人在侍臣之前，贊者二人又在黃門之前。

侍中版奏："外辦。"太僕卿奮衣而升，正立執轡。皇帝服通天冠、白紗袍，佩白玉，御輿以出，曲直華蓋警蹕侍衛如常儀。皇帝將出，仗動，太樂令令撞黃鍾之鐘，右五鐘皆應，協律郎跪，俛伏，舉麾，鼓柷，奏《太和之樂》。千牛將軍前執轡，皇帝升輅，太僕卿立授綏，侍中、中書令以下夾侍如常。黃門侍郎進，當鑾駕前，跪，奏稱："黃門侍郎臣某言，請鑾駕發引。"俛伏，興，退，復位。凡黃門侍郎奏請，皆進，當鑾駕前，跪，奏稱具官某言訖，俛伏，興。鑾駕動，又稱警蹕，黃門侍郎與贊者夾引以出，千牛將軍夾輅而趨。駕至太極門，偃麾，戛敔，樂止。出太極門，鼓柷，奏《采茨之樂》，出嘉德門，戛敔樂止。凡樂，皆協律郎舉麾，工鼓柷而後作；偃麾，戛敔而後止。

至承天門外侍臣上馬所，黃門侍郎奏稱："請鑾駕權停，勅侍臣上馬。"侍中前承詔，退稱："制曰可。"黃門侍郎退稱："侍臣上馬。"贊者承傳，文武侍臣皆上馬。諸侍衛之官各督其屬左右翊駕，在黃麾內。符寶郎奉六寶，與殿中監後部從。侍中、中書令以下夾侍於輅前。贊者在供奉官人內。侍臣上馬畢，黃門侍郎奏稱："請勅車右升。"侍中前承詔，退稱："制曰可。"黃門侍郎退，復位。千牛將軍升，訖，黃門侍郎奏稱："請鑾駕發引。"退，復位。鑾駕動，稱警蹕，鼓傳音如常，鼓吹振作而行。其從駕之官在玄武隊後如常儀。

讀令

其日,依時刻諸衛勒所部屯門列仗及總章左个之庭如常。先置群官俱集次①,各服其服。駕將至,通事舍人各引先置群官俱就門外位。

駕至大次門外,迴輅南向,千牛將軍降,立於輅右。侍中進,當鑾駕前,跪,奏稱:"侍中臣某言,請降輅。"俛伏,興,還侍位。皇帝降輅,御輿之大次,纖扇華蓋侍衛警蹕如常儀。通事舍人引文武五品以上從駕之官皆就門外位。太樂令帥工人入,就位。協律郎入,就舉麾位。典儀帥贊者先入,就位。又通事舍人引群官非升座者入,就位。刑部郎中以《月令》置於案,覆以帊。令史二人俱絳公服,對舉案,立於武官五品以上西北,郎中立於案後,南面。

侍中版奏:"外辦。"皇帝御輿出次,曲直華蓋侍衛警蹕如常儀,入自白武門②。皇帝初入門,太樂令令撞蕤賓之鐘,左五鐘皆應,鼓枴,奏《太和之樂》。皇帝升自申陛,入,即御座,西向坐。符寶郎奉寶置於御座,侍臣夾侍如常儀,戛敔樂止。

典儀一人升,立於左个西南,北向。通事舍人引公王以下入,就東面位。公初入門,《舒和之樂》作,凡公行,皆作《舒和》。公至位,樂止。群官立定,典儀曰:"再拜。"贊者承傳,凡典儀有辭,贊者皆承傳。在位者皆再拜。侍中前,跪,奏稱:"侍中臣某言,請延公王等升。"俛伏,興。又侍中稱:"制曰可。"侍中詣左个西南,北面稱:"制延公王等升。"堂上典儀承傳,堂下贊者又承傳,在位者皆再拜。通事舍人以次引東面位者各詣其陛。公初行,樂作,至解劍席,樂止。公王以下俱升席,跪,解劍,訖,俛伏,興,脫舄,通事舍人各引升,立於座後。

刑部郎中引案進,立於西陛下。侍中跪,奏:"請讀《月令》。"俛伏,興。又侍中稱:"制曰可。"侍中退,復位。刑部郎中再拜,就解劍席,跪,解劍,訖,俛伏,興,脫舄,取令,持案者仍立於下。通事舍人引刑部郎中奉令升自酉陛,詣席北,南向跪,置令於案,俛伏,興,立於席後。堂上典儀唱:"就座。"公王以下及刑部郎中並就座,俛伏,坐。刑部郎中讀令,

---

① "置",四庫本作"至"。

② "白武門",四庫本、《通典》卷一二四《開元禮纂類十九》作"白虎門"。

每句一絕，使言聲可了。

讀令訖，堂上典儀唱："可起。"公王以下皆起。通事舍人引公王以下及刑部郎中俱降，刑部郎中以令置於案，與群官俱跪，佩劍，俛伏，興，納舃，通事舍人各引還本位。公初行，樂作，至位，樂止。立定，典儀曰："再拜。"在位者皆再拜。又通事舍人引東面位者出，公初行，樂作，出門，樂止。

侍中跪，奏稱："侍中臣某言，禮畢。"俛伏，興，還侍位。皇帝興，太樂令令撞黃鍾之鐘，右五鐘皆應，《太和之樂》作。皇帝降座，御輿以出之便次，警蹕侍衛如來儀，出門，樂止。通事舍人引南北面位者以次出。

孟秋令

孟秋之月，日在翼，昏建星中，旦畢中。其日庚辛，其帝少暤，其神蓐收，其蟲毛，其音商，律中夷則，其數九，其味辛，其臭腥，其祀門。涼風至，白露降，寒蟬鳴，鷹乃祭鳥，用始行戮。食麻與犬，其器廉以深。是月也，以立秋。先立秋七日，禮部奏曰："某日立秋，盛德在金。"皇帝乃齋。立秋之日，皇帝親帥百官迎秋於西郊，還，乃賞軍帥武人於朝。乃命將帥選士厲兵，簡練傑俊，專任有功，以征不義，詰誅暴慢，以明好惡，順彼遠方。是月也，命有司脩法制，繕囹圄，具桎梏，禁止奸，慎罪邪，務搏執，瞻傷察創，視折審斷，決獄訟，必端平，戮有罪，嚴斷刑。天地始肅，不可以贏。是月也，農乃登穀，皇帝嘗新，先薦宗廟。命百官始收斂，完隄防，謹壅塞，以備水潦。脩宮室，坏垣牆，補城郭。孟秋行冬令，則陰氣大勝，介蟲敗穀，戎兵乃來；行春令，則其國乃旱，陽氣復還，五穀無實；行夏令，則國多火災，寒熱不節，人多瘧疾。

鑾駕還宮

皇帝既還大次，侍中版奏："請解嚴。"將士不得輒離部伍。皇帝停大次一刻頃，搥一鼓爲一嚴，轉仗衛於還塗如來儀。三刻頃，搥二鼓爲再嚴，將士布隊仗，侍中版奏："請中嚴。"五刻頃，搥三鼓爲三嚴，謁者、贊引各引群官序立於次前，文武侍臣詣大次奉迎。乘黃令進金輅於大次門外，南向，千牛將軍立於輅右。

侍中版奏:"外辦。"太僕卿升執轡,皇帝御輿出次,繖扇侍衛警蹕如常儀。皇帝升輅,太僕卿立授綏。黃門侍郎奏稱:"請鑾駕發引。"退,復位。鑾駕動,稱警蹕如常儀。黃門侍郎、贊者夾引,千牛將軍夾輅而趨。至侍臣上馬所,黃門侍郎奏稱:"請鑾駕權停,勅侍臣上馬。"侍中前承詔,退稱:"制曰可。"黃門侍郎退稱:"侍臣上馬。"贊者承傳,文武侍臣皆上馬畢,黃門侍郎奏稱:"請勅車右升。"侍中稱:"制曰可。"黃門侍郎退,復位。千牛將軍升,訖,黃門侍郎奏稱:"請鑾駕發引。"退,復位。鼓傳音,鑾駕動,鼓吹振作而還,文武群官皆從如來儀。

駕至承天門外侍臣下馬所,鑾駕權停,文武侍臣皆下馬,千牛將軍降,立於輅右,訖,鑾駕動,千牛將軍夾輅而趨。駕入嘉德門,太樂令令撞蕤賓之鐘,左五鐘皆應,鼓柷,奏《采茨之樂》,至太極門,戛敔,樂止。入太極門,鼓柷,奏《太和之樂》。駕至橫街北當東上閤,迴輅南向,侍中進,當鑾駕前,跪,奏稱:"侍中臣某言,請降輅。"俛伏,興,還侍位。皇帝降輅,御輿以入,繖扇侍衛警蹕如常儀,侍臣從至閤,戛敔樂止。初文武群官至東朝堂,通事舍人承旨勅群官並還。皇帝既入,侍中版奏:"請解嚴。"叩鉦,將士各還其所。

皇帝於明堂讀仲秋令

陳設

尚舍奉御設御幄座於總章太廟,設文官解劍席於申陛之左,設武官解劍席於戌陛之右。太樂令展宮懸於總章太廟之庭,設舉麾位於堂上酉陛之北。餘並如孟秋陳設之儀。

鑾駕出宮

並如孟秋出宮之儀。

讀令

其日,諸衛列仗於總章太廟之庭。皇帝升自酉陛,典儀一人升,立於總章太廟西南，侍中詣總章太廟西南稱詔，刑部郎中升自戌陛。餘並如孟秋讀令之儀。

仲秋令

仲秋之月，日在角，昏牽牛中，旦觜觿中①。其日庚辛，其帝少皞，其神蓐收，其蟲毛，其音商，律中南呂，其數九，其味辛，其臭腥，其祀門。盲風至，鴻雁來，玄鳥歸，群鳥養羞。食麻與犬，其器廉以深。是月也，養衰老，授几杖，行糜粥飲食。乃命司服具飭衣裳，文繡有恒，制有小大，度有短長，衣服有量，必循其故②，冠帶有常。命有司申嚴百刑，斬殺必當，毋或枉橈，枉橈不當，反受其殃。是月也，乃命有司循行犧牲，視全具，按芻豢，瞻肥瘠，察物色，必比類，量小大，視長短，皆中度。五者備當，上帝其饗。皇帝以犬嘗麻，先薦宗廟。是月也，可以築城郭，建都邑，穿竇窖，修囷倉，趨人收斂，務畜菜，多積聚。乃勸種麥，毋或失時，其有失時，行罪無疑。是月也，日夜分，雷始收聲，蟄蟲坏户，殺氣浸盛，陽氣日衰。日夜分，則同度量，平權衡，正鈞石，角斗甬。凡舉大事，毋逆天數，必順其時，慎因其類。仲秋行春令，則秋雨不降，草木生榮，國乃有恐；行夏令，則其國乃旱，蟄蟲不藏，五穀復生；行冬令，則風災數起，收雷先行，草木早死。

鑾駕還宮

並如孟秋還宮之儀。

皇帝於明堂讀季秋令

陳設

尚舍奉御設御幄座於總章右个，設文官解劍席於酉陛之左，設武官解劍席於亥陛之右。太樂令展宮懸於總章右个之庭，設舉麾位於堂上

---

① "旦觜觿中"，四庫本作"旦觜中"。
② "循"，四庫本作"修"。

戌陛之北。餘並如仲秋陳設之儀。

鑾駕出宮

並如仲秋出宮之儀。

讀令

其日，諸衛列仗於總章右个之庭。皇帝升自戌陛，典儀一人升，立於總章右个西南，侍中詣總章右个西南稱詔，刑部郎中升自亥陛。餘並如仲秋讀令之儀。

季秋令

季秋之月，日在房，昏虛中，旦柳中。其日庚辛，其帝少皞，其神蓐收，其蟲毛，其音商，律中無射，其數九，其味辛，其臭腥，其祀門。鴻雁來賓，雀入大水爲蛤①，菊有黃華，豺乃祭獸戮禽。食麻與犬，其器廉以深。是月也，申嚴號令，命百官貴賤無不務內，以會天地之藏，毋有宣出。乃命有司，農事備收，舉五穀之要，藏帝藉之收於神倉，祗敬必飭。霜始降，則百工休。是月也，大饗上帝於明堂。草木黃落，乃伐薪爲炭，蟄蟲咸俯在內，皆墐其戶，乃趨決獄刑②，毋留有罪，收祿秩之不當，供養之不宜者。是月也，皇帝乃以犬嘗稻，先薦寢廟。季秋行夏令，則其國大水，冬藏殃敗，人多鼽嚏；行冬令，則國多盜賊，邊境不寧，土地分裂；行春令，則煖風來至，人氣解惰，師興不居。

鑾駕還宮

並如仲秋還宮之儀。

---

① “雀”，四庫本作“爵”。
② “趨”，四庫本作“趣”。

卷第一百二　嘉禮

皇帝於明堂讀孟冬令　皇帝於明堂讀仲冬令
皇帝於明堂讀季冬令

皇帝於明堂讀孟冬令

陳設

禮部尚書先讀令三日，奏讀《月令》，承以宣告。

前三日，尚舍直長施大次於玄武門外道西，東向。尚舍奉御設御座。守宮設文武侍臣次於大次之後，文官在左，武官在右，俱東向。設群官次於璧水北門之外，文官在西，武官在東，俱南上。

前一日，尚舍奉御設御幄座於玄堂左个近南，北向。守宮設三品以上及諸司長官座於堂上：文官於御座西北，東向；武官於御座東北，西向，俱重行南上。無長官者，次官一人升，判官不合。設刑部郎中讀令座於御座東北，西向，有案。設文官解劍席於戌陛之左，設武官解劍席於子陛之右，皆內向。太樂令展宮懸於玄堂左个之庭，設舉麾位於堂上亥陛之東，西向，一位於樂懸西北，東向。典儀設三品以上應升座者位於懸北，文左武右，俱重行南向，相對爲首。設非升座者位：文官四品、五品位於懸西，六品以下於其北絕位，俱東向；武官四品、五品於懸東，六品以下於其北，當文官俱西向，皆重行南上。設典儀位於懸之西南，贊者二人在北，差退，俱東向。奉禮設門外位各於次前，俱每等異位重行，相向南上。

鑾駕出宮

前出宮三日，本司宣攝內外，各供其職。守宮設從駕之官五品以上次於承天門外東西朝堂如常。

前二日，太樂令設宮懸之樂於殿庭如常儀。

其日未明七刻，搥一鼓爲一嚴。三嚴時節，前一日侍中奏裁。侍中奏開宮殿門及城門。

未明五刻，搥二鼓爲再嚴，侍中版奏："請中嚴。"奉禮設從駕群官五品以上位：文官於東朝堂之前，西向；武官於西朝堂之前，東向，俱重行北上。從駕群官五品以上俱集朝堂次，各服其服。其六品以下，並駕發之前預赴明堂所俱就次，各服其服。所司陳小駕鹵簿。

未明二刻，搥三鼓爲三嚴。諸衛之屬各督其隊與鈒戟以次入，陳於殿庭。謁者引從駕群官各就朝堂位。諸侍衛之官各服其器服。侍中、中書令以下俱詣西閤奉迎。侍中負寶如式。乘黃令進金輅於西閤外，南向，千牛將軍一人執長刀立於輅前，北向。黃門侍郎一人在侍臣之前，贊者二人又在黃門之前。

侍中版奏："外辦。"太僕卿奮衣而升，正立執轡。皇帝服通天冠、黑紗袍，佩玄玉，御輿以出，曲直華蓋警蹕侍衛如常儀。皇帝將出，仗動，太樂令令撞黃鍾之鐘，右五鐘皆應。協律郎跪，俛伏，舉麾，鼓柷，奏《太和之樂》。千牛將軍前執轡，皇帝升輅，太僕卿立授綏，侍中、中書令以下夾侍如常[1]。黃門侍郎進，當鑾駕前，跪，奏稱："黃門侍郎臣某言，請鑾駕發引。"俛伏，興，退，復位。凡黃門侍郎奏請，皆進，當鑾駕前，跪，奏稱"具官某言"，訖，俛伏，興。鑾駕動，又稱警蹕。黃門侍郎與贊者夾引以出，千牛將軍夾輅而趨。駕至太極門，偃麾，戛敔，樂止。出太極門，鼓柷，奏《采茨之樂》，出嘉德門，戛敔，樂止。凡樂，皆協律郎舉麾，工鼓柷而後作；偃麾，戛敔而後止。

至承天門外侍臣上馬所，黃門侍郎奏稱："請鑾駕權停，勅侍臣上馬。"侍中前承詔，退稱："制曰可。"黃門侍郎退稱："侍臣上馬。"贊者承傳，文武侍臣皆上馬。諸侍衛之官各督其屬左右翊駕在黃麾內。符寶郎奉六寶，與殿中監後部從。侍中、中書令以下夾侍於輅前。贊者在供奉官人內。侍臣上馬畢，黃門侍郎奏稱："請勅車右升。"侍中前承詔，退稱："制曰可。"黃門侍郎退，復位。千牛將軍升，訖，黃門侍郎奏稱："請鑾駕發引。"退，復位。鑾駕動，稱警蹕，鼓傳音如常，鼓吹振作而行。其從駕之官在玄武隊後如常儀。

---

① "常"，四庫本作"常儀"。

讀令

其日,依時刻諸衛勒所部屯門列仗及玄堂左个之庭如常。先置群官俱集次①,各服其服。駕將至,通事舍人各引先置群官俱就門外位②。

駕至大次門外,迴輅東向,千牛將軍降,立於輅右。侍中進,當鑾駕前,跪,奏稱:"侍中臣某言,請降輅。"俛伏,興,還侍位。皇帝降輅,御輿之大次,繖扇華蓋侍衛警蹕如常儀。通事舍人引文武五品以上從駕之官皆就門外位。太樂令帥工人入,就位。協律郎入,就舉麾位。典儀帥贊者先入,就位。又通事舍人引群官非升座者入,就位。刑部郎中以《月令》置於案,覆以帊,令史二人俱絳公服,對舉案,立於武官五品以上東北,郎中立於案後,西面。

侍中版奏:"外辦。"皇帝御輿出次,曲直華蓋侍衛警蹕如常儀。入自玄武門,皇帝初入門,太樂令令撞蕤賓之鐘,左五鐘皆應,鼓柷,奏《太和之樂》。皇帝升自亥陛,入,即御座,北向坐。符寶郎奉寶置於御座,侍臣夾侍如常儀,戛敔,樂止。

典儀一人升,立於左个西北,東向。通事舍人引公王以下入,就南面位。公初入門,《舒和之樂》作,凡公行,皆作《舒和》。公至位,樂止。群官立定,典儀曰:"再拜。"贊者承傳,凡典儀有辭,贊者皆承傳。在位者皆再拜。侍中前,跪,奏稱:"侍中臣某言,請延公王等升。"俛伏,興。又侍中稱:"制曰可。"侍中詣左个西北,東面稱:"制延公王等升。"堂上典儀承傳,堂下贊者又承傳,在位者皆再拜。通事舍人以次引南面位者各詣其陛,公初行,樂作,至解劍席,樂止。公以下俱升席,跪,解劍,訖,俛伏,興,脫舄,通事舍人各引升,立於座後。

刑部郎中引案進,立於子陛下。侍中跪,奏:"請讀《月令》。"俛伏,興。又侍中稱:"制曰可。"侍中退,復位。刑部郎中再拜,就解劍席,跪,解劍,訖,俛伏,興,脫舄,取令,持案者仍立於下。通事舍人引刑部郎中奉令升自子陛,詣席東,西向跪,置令於案,俛伏,興,立於席後。堂上典儀唱:"就座。"公王以下及刑部郎中並就座,俛伏,坐。刑部郎中讀令,

---

① "置",四庫本作"至"。
② "置",四庫本作"至"。

每句一絕,使言聲可了。

讀令訖,堂上典儀唱:"可起。"公王以下皆起。通事舍人引公王以下及刑部郎中俱降。刑部郎中以令置於案,與群官俱跪,佩劍,俛伏,興,納舄,通事舍人各引還本位。公初行,樂作,至位,樂止。立定,典儀曰:"再拜。"在位者皆再拜。通事舍人引南面位者出,公初行,樂作,出門,樂止。

侍中跪,奏稱:"侍中臣某言,禮畢。"俛伏,興,還侍位。皇帝興,太樂令令撞黃鍾之鐘,右五鐘皆應,《太和之樂》作。皇帝降座,御輿以出之便次,警蹕侍衛如來儀,出門樂止。通事舍人引東西面位者以次出。

孟冬令

孟冬之月,日在尾,昏危中,旦七星中。其日壬癸,其帝顓頊,其神玄冥。其蟲介,其音羽,律中應鍾,其數六,其味鹹,其臭朽,其祀行。水始冰,地始凍,野雉入大水爲蜃,虹藏不見。食黍與彘,其器閎以奄。是月也,以立冬。先立冬七日,禮部奏曰:"某日立冬,盛德在水。"皇帝乃齋。立冬之日,皇帝親帥百官迎冬于北郊,還,乃賞死事,恤孤寡。是月也,察阿黨,則罪無有掩蔽。天氣上騰,地氣下降,天地不通,閉塞而成冬。命百官謹蓋藏,命有司循行積聚,毋有不斂。坏城郭,戒門閭,脩鍵閉,慎管籥,固封疆,備邊境,完要塞,謹關梁,塞蹊徑。飭喪紀,辨衣裳,審棺槨之厚薄,塋丘壟之大小高卑薄厚之度,貴賤之等級。是月也,命工師效功,陳祭器,案度程。毋或作爲淫巧以蕩上心。物勒工名,以考其誠。功有不當,必行其罪,以窮其情。是月也,乃命虞司收水泉池澤之賦,毋或敢侵削衆庶,其有若此者,行罪毋赦。孟冬行春令,則凍閉不密,地氣上洩,人多流亡;行夏令,則國多暴風,方冬不寒,蟄蟲復出;行秋令,則雪霜不時,小兵時起,土地侵削。

鑾駕還宮

皇帝既還大次,侍中版奏:"請解嚴。"將士不得輒離部伍。皇帝停大次一刻頃,搥一鼓爲一嚴,轉仗衛於還塗如來儀。三刻頃,搥二鼓爲再嚴,將士布隊仗,侍中版奏:"請中嚴。"五刻頃,搥三鼓爲三嚴。謁者、贊引各引群官序立於次前，文武侍臣詣大次奉迎。乘黃令進金輅於大次門外，東向，千牛將軍立於輅右。

侍中版奏：“外辦。”太僕卿升執轡。皇帝御輿出次，繳扇、侍衛警蹕如常儀。皇帝升輅，太僕卿立授綏。黃門侍郎奏稱：“請鑾駕發引。”退，復位。鑾駕動，稱警蹕如常儀。黃門侍郎、贊者夾引，千牛將軍夾輅而趨。至侍臣上馬所，黃門侍郎奏稱：“請鑾駕權停，勅侍臣上馬。”侍中前承詔，退稱：“制曰可。”黃門侍郎退稱：“侍臣上馬。”贊者承傳，文武侍臣皆上馬畢，黃門侍郎奏稱：“請勅車右升。”侍中稱：“制曰可。”黃門侍郎退，復位。千牛將軍升，訖，黃門侍郎跪，奏稱：“請鑾駕發引。”退，復位。鼓傳音，鑾駕動，鼓吹振作而還，文武群官皆從如來儀。

駕至承天門外侍臣下馬所，鑾駕權停，文武侍臣皆下馬。千牛將軍降，立於輅右，訖，鑾駕動，千牛將軍夾輅而趨。駕入嘉德門，太樂令令撞蕤賓之鐘，左五鐘皆應，鼓柷，奏《采茨之樂》，至太極門，戛敔，樂止。入太極門，鼓柷，奏《太和之樂》。駕至橫街北當東上閣，迴輅南向。侍中進，當鑾駕前，跪，奏稱：“侍中臣某言，請降輅。”俛伏，興，還侍位。皇帝降輅，御輿以入，繳扇、侍衛警蹕如常儀，侍臣從至閣，戛敔，樂止。初文武群官至東朝堂，通事舍人承旨勅群官並還。皇帝既入，侍中版奏：“請解嚴。”叩鉦，將士各還其所。

皇帝於明堂讀仲冬令

陳設

尚舍奉御設御幄座於玄堂太廟。設文官解劍席於亥陛之左，武官解劍席於丑陛之右。太樂令展宮懸於玄堂太廟之庭，設舉麾位於堂上子陛之東。餘並如孟冬陳設之儀。

鑾駕出宮

並如孟冬出宮之儀。

讀令

其日,諸衛列仗於玄堂太廟之庭。皇帝升自子陛。典儀一人升,立於玄堂太廟西北。侍中詣玄堂太廟西北稱制。刑部郎中升自丑陛。餘並如孟冬讀令之儀。

仲冬令

仲冬之月,日在斗,昏東壁中,旦軫中。其日壬癸。其帝顓頊,其神玄冥,其蟲介,其音羽,律中黃鍾,其數六,其味鹹,其臭朽,其祀行。冰益壯,地始坼,曷旦不鳴①。食黍與彘,其器閎以奄。飭死事。命有司:土事無作,無發室屋,及起大衆,以固而閉。地氣且洩②,是謂發天地之房,諸蟄則死,人必疾疫。是月也,命内侍,申宮令,審門閭,謹房室,必重閉。省婦事毋得淫③,雖有貴戚近習,無有不禁。乃命良醞,秫稻必齊,麴蘗必時,湛熾必潔,水泉必香,淘器必良,火齊必得,兼用六物,毋有差貸。是月也,日短至,陰陽爭,諸生蕩。君子齋戒,處必掩身。身欲寧,去聲色,禁嗜慾,安形性,事欲静,以待陰陽之所定。芸始生,荔挺出,蚯蚓結,麋角解,水泉動。日短至,則伐木,取竹箭。是月也,可以罷官之無事,去器之無用者。塗闕庭門閭,築囹圄,以助天地之閉藏。是月也,皇帝親講武,以習五戎。仲冬行夏令,則其國乃旱,氛霧冥冥,雷乃發聲;行秋令,則天時雨汁,瓜瓠不成,國有大兵;行春令,則蝗蟲爲敗,水泉咸竭,人多疥癘。

鑾駕還宮

並如孟冬還宮之儀。

---

① "曷",四庫本作"鶡"。
② "且",四庫本作"沮"。
③ "淫",四庫本作"淫巧"。

皇帝於明堂讀季冬令

陳設

尚舍奉御設御幄座於玄堂右个。設文官解劍席於子陛之左，設武官解劍席於寅陛之右。太樂令展宮懸於玄堂右个之庭，設舉麾位於堂上丑陛之東。餘並如仲冬陳設之儀。

鑾駕出宮

並如仲冬出宮之儀。

讀令

其日，諸衛列仗於玄堂右个之庭。皇帝升自丑陛。典儀一人升，立於玄堂右个西北。侍中詣玄堂右个西北稱詔。刑部郎中升自寅陛。餘並如仲冬讀令之儀。

季冬令

季冬之月，日在婺女，昏婁中，旦氐中。其日壬癸，其帝顓頊，其神玄冥，其蟲介，其音羽，律中大呂，其數六，其味鹹，其臭朽，其祀行。雁北鄉，鵲始巢，野雞始雊[1]，雞乳。食黍與彘，其器閎以奄。命有司大儺，征鳥厲疾。是月也，命漁師始漁，皇帝乃嘗魚，先薦宗廟。冰方盛，水澤腹堅，命取冰。命眾庶，出五種，計耦事，修耒耜，具田器。命太常大合吹習眾樂。命司農收秩薪柴，以供郊廟及百祀之薪燎。是月也，日窮于次，月窮于紀，星迴于天。數將幾終，歲且更始。專汝農人[2]，毋有所使。皇帝乃與有司共飭國典，論時令，以待來歲之宜。季冬行秋令，則白露早降，介蟲為妖，四鄙入保；行春令，則胎夭多傷，國多固疾，命之曰逆；行夏令，則水潦敗國，時雪不降，冰凍消釋。

---

① "野雉始雊"，四庫本作"雉雊"。
② "汝"，四庫本作"而"。

鑾駕還宮

並如孟冬還宮之儀。

卷第一百三　嘉禮

皇帝於明堂及太極殿讀五時令

陳設　鑾駕出宮　讀令　鑾駕還宮

陳設

禮部尚書先讀令三日，奏讀《月令》，承以宣告。

前三日，尚舍直長施大次於青龍門外道北，南向。仲春於青陽太廟；季春於青陽右个；孟夏於朱雀門外道東，西向；仲夏於明堂太廟；季夏於明堂右个；孟秋於白武門外道北，南向；仲秋於總章太廟；季秋於總章右个；孟冬於玄武門外道西，東向；仲冬於玄堂太廟；季冬於玄堂右个。尚舍奉御設御座。守宮設文武侍臣次於大次之後，文官在左，武官在右，俱南向。夏俱西向，秋俱北向，冬俱東向。設群官次於璧水東門之外，夏在南門之外，秋在西門之外，冬在北門之外。文官在北，夏在東，秋在南，冬在西。武官在南，夏在西，秋在北，冬在東。俱西上。夏北上，秋東上，冬南上。

前一日，尚舍奉御設御幄座於青陽左个，仲春於青陽太廟，季春於青陽右个，孟夏於明堂左个，仲夏於明堂太廟，季夏於明堂右个，季夏土王之日，讀土令於太廟太室，孟秋於總章左个，仲秋於總章太廟，季秋於總章右个，孟冬於玄堂左个，仲冬於玄堂太廟，季冬於玄堂右个。近西，東向。夏近北，南向；秋近東，西向；冬近南，北向。守宮設三品以上及諸司長官座於堂上：文官於御座東北，南向；夏東南，西向；秋西南，北向；冬西北，東向。武官於御座東南，北向，夏西南，東向；秋西北，南向；冬東北，西向。俱重行西上。夏北上，秋東上，冬南上。無長官者，次官一人升，判官不合。設刑部郎中讀令座於御座東南，北向，夏西南，東向；秋西北，南向；冬東北，西向。有案。設文官解劍席於丑陛之左，仲春於寅陛之左，季春於卯陛之左，孟夏於辰陛之左，仲夏於巳陛之左，季夏於午陛之左，孟秋於未陛之左，仲秋於申陛之左，季秋於酉陛之左，孟冬於戌陛之左，仲冬於亥陛之左，季冬於子陛之左。設武官解劍席於卯陛之右，仲春於辰陛之右，季春於巳陛之右，孟夏於午陛之右，仲夏於未陛之右，季夏於申陛之右，孟秋於酉陛之右，仲秋於戌陛之右，季秋於亥陛之右，孟冬於子陛之右，仲冬於丑陛之右，季冬於寅陛之右。皆內向。太樂令展宮懸於青陽左个之庭，仲春於青陽太廟之庭，季春於青陽右个之庭，孟夏於明堂左个之庭，仲夏於明堂太廟之庭，季夏於明堂右个之庭，季夏土王之日讀土令，於太廟太室之庭，孟秋於總章左个之庭，仲秋於總章太廟之庭，季秋於總章右个之庭，孟冬於玄堂左个之庭，仲冬於玄堂太廟之庭，季冬於玄堂右个之庭。設舉麾位於堂上寅陛之南，北向。仲春於堂上卯陛之南，季春於堂上辰陛之南，俱北向。孟夏於堂上巳陛之西，仲夏於堂上午陛之西，季夏於堂上未陛之西，俱東向。孟秋於堂上申陛之北，仲秋於堂上酉陛之北，季秋於堂上戌陛之北，俱南向。孟冬於堂上亥陛之東，仲冬於堂上子陛之東，季冬於堂上丑陛之東，俱西向。一位於樂懸東北，南向。夏於樂懸東南，西向。秋於樂懸西南，北向。冬於樂懸西北，東向。典儀設三品以上及應升座者位於懸東，夏於懸南，秋於懸西，冬於懸北。文左武右，俱重行西向，夏北向，秋東向，冬南向。相對爲首。設非升座者位：文官四品、五品於懸北，夏於懸東，秋於懸南，冬於懸西。六品以下於其東，夏於其南，秋於其西，冬於其北。絶位俱南向；夏俱西向，秋俱北向，冬俱東向。武官四品、五品於懸南。夏於懸西，秋於懸北，冬於懸東。六品以下於其東，夏於其南，秋於其西，冬於其北。當文官俱北向，夏東向，秋南向，冬西向。皆重行西上。夏北上，秋東上，冬南上。設典儀位於懸之西北，夏於懸之東北，秋於懸之東南，冬於懸之西南。贊者二人在東，差退，俱南向。夏俱西向，秋俱北向，冬俱東向。奉禮設門外位各於次前，俱每等異位重行，相向西上。夏北上，秋東上，冬南上。

鑾駕出宮

前出宮三日，本司宣攝内外，各供其職。守官設從駕之官五品以上次於承天門外東西朝堂如常。

前二日，太樂令設宮懸之樂於殿庭如常儀。

其日未明七刻，搥一鼓爲一嚴。三嚴時節，前一日侍中奏裁。侍中奏開宮殿門及城門。

未明五刻，搥二鼓爲再嚴，侍中版奏：“請中嚴。”奉禮設從駕群官五品以上位：文官於東朝堂之前，西向；武官於西朝堂之前，東向，俱重行北上。從駕群官五品以下俱集朝堂次，各服其服。其六品以下，並駕發之前預赴朝堂所俱就次，各服其服。所司陳小駕鹵簿。

未明二刻，搥三鼓爲三嚴。諸衛之屬各督其隊與鈒戟以次入，陳於殿庭。謁者引從駕群官各就朝堂前位。諸侍衛之官各服其器服。侍中、中書令以下俱詣西閤奉迎。侍中負寶如式。乘黃令進金輅於西閤外，南向，千牛將軍一人執長刀立於輅前，北向。黃門侍郎一人在侍臣之前，贊者二者又在黃門之前。

侍中版奏：“外辦。”太僕卿奮衣而升，正立執轡。皇帝服通天冠、青紗袍，夏絳紗，季夏土王之日，黃紗，秋白紗，冬黑紗。佩蒼玉，夏佩赤玉，季夏土王之日，佩黃玉，秋佩白玉，冬佩玄玉。御輿以出，曲直華蓋警蹕侍衛如常儀。皇帝將出，仗動，太樂令令撞黃鍾之鐘，右五鐘皆應。協律郎跪，俛伏，舉麾，鼓柷，奏《太和之樂》。千牛將軍前執轡，皇帝升輅，太僕卿立授綏，侍中、中書令以下夾侍如常。黃門侍郎進，當鑾駕前，跪，奏稱：“黃門侍郎臣某言，請鑾駕發引。”俛伏，興，退，復位。凡黃門侍郎奏請，皆進，當鑾駕前，跪，奏稱具官某言，訖，俛伏，興。鑾駕動，又稱警蹕。黃門侍郎與贊者夾引以出，千牛將軍夾輅而趨。駕至太極門，偃麾，戛敔，樂止。出太極門，鼓柷，奏《采茨之樂》，出嘉德門，戛敔，樂止。凡樂，皆協律郎舉麾，工鼓柷而後作；偃麾，戛敔而後止。

至順天門外侍臣上馬所，黃門侍郎奏稱：“請鑾駕權停，勅侍臣上馬。”侍中前承詔，退稱：“制曰可。”黃門侍郎退稱：“侍臣上馬。”贊者承傳，文武侍臣皆上馬。諸侍衛之官各督其屬左右翊駕，在黃麾內。符寶郎奉六寶，與殿中監後部從。侍中、中書令以下夾侍於輅前。贊者在供奉官人內。侍臣上馬畢，黃門侍郎奏稱：“請勅車右升。”侍中前承詔，退稱：“制曰可。”黃門侍郎退，復位。千牛將軍升，訖，黃門侍郎奏稱：“請鑾駕發引。”退，復位。鑾駕動，稱警蹕，鼓傳音如常，鼓吹振作而行。其從駕之官在玄武隊後如常儀。

讀令

其日，依時刻諸衛勒所部屯門列仗及青陽左个之庭如常。仲春青陽太廟之庭，季春青陽右个之庭，孟夏明堂左个之庭，仲夏明堂太廟之庭，季夏明堂右个之庭，孟秋總章左个之庭，仲秋總章太廟之庭，季秋總章右个之庭，孟冬玄堂左个之庭，仲冬玄堂太廟之庭，季冬玄堂右个之庭。先置群官俱集次①，各服其服。駕將至，典謁各引先置群官俱就門外位。駕至大次門外，迴輅南向，千牛將軍降，立於輅右。侍中進，當鑾駕前，跪，奏稱：“侍中臣某言，請降輅。”俛伏，興，還侍位。皇帝降輅，御輿之大次，繳扇華蓋侍衛警蹕如常儀。典謁引文武五品以上

---

① “置”，四庫本作“至”。

從駕之官皆就門外位。太樂令帥工人入，就位。協律郎入，就舉麾位。典儀帥贊者先入，就位。典謁引群官非升座者入，就位。刑部郎中以《月令》置於案，覆以帊，令史二人俱絳公服，對舉案，立於武官五品以上東南。郎中立於案後，北面。夏，令史對舉案於五品武官西南，郎中立於案後，東面。秋於五品武官西北，郎中立於案後，南面。冬於五品武官東北，郎中立於案後，西面。

　　侍中版奏："外辦。"皇帝御輿出次，曲直華蓋侍衛警蹕如常儀，入自青龍門。夏入自朱雀門，秋入自白武門①，冬入自玄武門。皇帝初入門，太樂令令撞蕤賓之鐘，左五鐘皆應，鼓柷，奏《太和之樂》，皇帝升自寅陛，夏升自巳陛，秋升自申陛，冬升自亥陛。入，即御座，東向坐。夏南向坐，秋西向坐，冬北向坐。符寶郎奉寶置於御座，侍臣夾侍如常儀，戞敔，樂止。

　　典儀一人升，立於左个東北，南向。夏東南，西向。秋西南，北向。冬西北，東向。典謁引公王以下入，就西面位。夏北面位，秋東面位，冬南面位。公初入門，《舒和之樂》作，凡公行，皆作《舒和》。公至位，樂止。群官立定，典儀曰："再拜。"贊者承傳，凡典儀有辭，贊者皆承傳。在位者皆再拜。侍中前，跪，奏稱："侍中臣某言，請延公王等升。"俛伏，興。又侍中稱："制曰可。"侍中詣左个東北，南面夏東南，西面。秋西南，北面。冬西北，東面。稱："制延公王等升。"堂上典儀承傳，堂下贊者又承傳，在位者皆再拜。典謁以次引西面位者夏典謁引北面位者，秋引東面位者，冬引南面位者。各詣其陛，公初行，樂作，至解劍席，樂止。公王以下俱升席，跪，解劍，訖，俛伏，興，脫舄，通事舍人各引升，立於座後。

　　刑部郎中引案進，立於卯陛下。侍中跪，奏："請讀《月令》。"俛伏，興。又侍中稱："制曰可。"侍中退，復位。刑部郎中再拜，就解劍席，跪，解劍，訖，俛伏，興，脫舄，取令，持案者仍立於下。通事舍人引刑部郎中奉令升自卯陛，夏升自午陛，秋升自酉陛，冬升自子陛。詣席南，北向跪，夏席西，東向跪。秋席北，南向跪。冬席東，西向跪。置令於案，俛伏，興，立於席後。堂上典儀唱："就座。"公王以下及刑部郎中並就座，俛伏，坐。刑部郎中讀令，每句一絕，使言聲可了。讀令訖，堂上典儀唱："可起。"公王以下皆起。通事舍人引公王以下及刑部郎中俱降。刑部郎中以令置於案，與群官俱跪，佩劍，俛伏，興，納舄，典謁各引還本位，公初行，樂作，至位，樂止。

---

　　①　"白武門"，四庫本作"白虎門"。

立定，典儀曰："再拜。"在位者皆再拜。典謁引西面夏北面，秋東面，冬南面。位者出，公初行，樂作，出門，樂止。

侍中跪，奏稱："侍中臣某言，禮畢。"俛伏，興，還侍位。皇帝興，太樂令令撞黃鍾之鐘，右五鐘皆應，《太和之樂》作。皇帝降座，御輿以出之便次，警蹕侍衛如來儀，出門，樂止。典謁引南北面夏引東西面，秋引南北面，冬引東西面。位者以次出。

春令

孟春之月，日在營室，昏參中，旦尾中。其日甲乙，其帝太皥，其神句芒，其蟲鱗，其音角，律中太蔟，其數八，其味酸，其臭羶，其祀戶。東風解凍，蟄蟲始振，魚上負冰，獺祭魚，鴻雁來。食麥與羊，其器疏以達。是月也，以立春。先七日，禮部奏曰："某日立春，盛德在木。"皇帝乃齋。立春之日，皇帝親帥百官迎春於東郊，還，乃賞百官於朝。命有司布德和令，行慶施惠，下及黎元。慶賜遂行，毋有不當。乃命太師，守典奉法，司天日月星辰之行，宿離不貸，無失經紀，以初爲常。是月也，皇帝乃以元日祈穀于上帝。乃擇元辰，皇帝親載耒耜，帥百官，躬親帝藉，反，乃執爵于太寢，命曰："勞酒。"是月也，天氣下降，地氣上騰，天地和同，草木萌動，命布農事，脩封疆。善相丘陵阪險原隰，土地所宜，五穀所殖，以教道人。是月也，脩祭典，禁止伐木；毋覆巢，毋殺孩蟲、胎夭、飛鳥，毋麛毋卵；毋聚大衆，毋置城郭，掩骼埋胔。是月也，不可以稱兵，稱兵必有天殃，兵戎不起，不可從我始。毋變天之道，毋絕地之理，毋亂人之紀。孟春行夏令，則雨水不時，草木早落，國時有恐；行秋令，則黎元大疫，猋風暴雨摠至，藜莠蓬蒿並興；行冬令，則水潦爲敗，霜雪大摯，首種不入。

仲春之月，日在奎，昏弧中，旦建星中。律中夾鍾。始雨水，桃始華，倉庚鳴，鷹化爲鳩。是月也，安萌芽，養幼少，存諸孤；擇元日，命人社；命有司，省囹圄，去桎梏，毋肆掠，止獄訟。是月也，日夜分，雷乃發聲，始電。蟄蟲咸動，啟戶始出，先雷三日，奮鐸以令人曰："雷將發聲，有不戒其容止者，生子不備，必有凶災。"日夜分，則同度量，鈞衡石，角斗甬，正權概。是月也，毋作大事，以妨農事；毋竭川澤，毋漉陂池，毋焚山林。獻羔開冰，先薦宗廟。上丁，釋奠於先聖先師。仲春行秋令，則其國大水，寒氣摠至，寇戎來征；行冬令，則陽氣不勝，麥乃不熟，人多相掠；行夏令，則國乃大旱，暖氣早來，蟲螟爲害。

　　季春之月，日在胃，昏七星中，旦牽牛中，律中姑洗。桐始華，田鼠化爲鴽，虹始見，萍始生。薦鮪于宗廟。是月也，生氣方盛，陽氣發洩，句者畢出，萌者盡達，不可以内。布德行惠，發倉廩，賜貧窮，賑乏絶，開府庫，出幣帛，周天下，勉牧守，聘名士，禮賢者。是月也，時雨將降，下水上騰，命有司循行國邑，周視原野，脩利隄防，導達溝瀆，開通道路，毋有障塞；田獵罝罘，羅網畢翳，餧獸之藥，毋出國門。是月也，命虞人毋伐桑柘，鳴鳩拂其羽，戴勝降于桑。后妃齋戒，親東鄉躬桑。禁婦女毋觀，省婦使，以勸蠶事。蠶事既登，分繭稱絲效功，以供郊廟之服，無有敢惰。是月也，命工帥令百工，審五庫之量，金鐵、皮革、筋角、齒羽、箭幹、脂膠丹漆，毋或不良。毋悖于時，毋或作爲淫巧，以蕩上心。季春行冬令，則寒氣時發，草木皆肅，國有大恐；行夏令，則人多疾疫，時雨不降，山陵不收；行秋令，則天多沈陰，淫雨早降，兵革並起。

夏令

　　孟夏之月，日在畢，昏翼中，旦婺女中。其日景丁，其帝炎帝，其神祝融，其蟲羽，其音徵，律中仲呂，其數七，其味苦，其臭焦，其祀竈。螻蟈鳴，蚯蚓出，王瓜生，苦菜秀。食菽與雞，其器高以粗。是月也，以立夏。先七日，禮部奏曰："某日立夏，盛德在火。"皇帝乃齋。立夏之日，皇帝親帥百官迎夏于南郊。還，乃行賞，命有司贊傑俊，遂賢良，舉長大，行爵出禄，必當其位。是月也，繼長增高，毋有壞墮，毋起土功，毋發大衆，毋伐大樹；命有司巡行縣鄙，命農勉作，毋休于都，無或失時。是月也，噉獸無害五穀，毋大田獵。是月也，命太常修鞀鞞鼓，均琴瑟管簫，執干戚戈羽，調竽笙簧簨，飭鐘磬柷敔。命有司爲人祈祀山川百源，大雩上帝，用盛樂，以祈穀實，農乃登麥，皇帝乃以彘嘗麥，先薦宗廟。是月也，聚蓄百藥，靡草死，麥秋至。斷薄刑，決小罪，出輕繫。蠶事畢，命婦獻繭於后。孟夏行秋令，則苦雨數來，五穀不滋，四鄙入保；行冬令，則草木早枯，後乃大水，敗其城郭；行春令，則蝗蟲爲災，暴風來格，秀草不實。

仲夏之月，日在東井，昏亢中，旦危中。律中蕤賓。小暑至，螳螂生，鵙始鳴，反舌無聲。養壯佼。農乃登黍，皇帝乃以雛嘗黍，羞以含桃，先薦宗廟。令人毋艾藍以染，毋燒灰，毋暴布門閭，毋閉挺重囚。是月也，日長至，陰陽爭，死生分，君子齋戒，處必掩，身無躁，止聲色，毋或進薄滋味，毋致和，節嗜慾，定心氣，百官靜，事無刑，以定晏陰之所成。鹿角解，蟬始鳴，半夏生，木槿榮。是月也，毋用火南方，可以居高明，可以遠眺望，可以升山陵，可以處臺榭。仲夏行冬令，則雹凍傷穀，道路不通，暴兵來至；行春令，則五穀晚熟，百螣時起，其國乃饑；行秋令，則草木零落，果實早成，人殃於疫。

季夏之月，日在柳，昏火中，旦奎中。律中林鍾。溫風至，蟋蟀居壁，鷹乃學習，腐草爲螢。命漁師伐蛟取鼉，登龜取黿，命澤人納材葦。是月也，命太常合秩芻以養犧牲，以供皇天上帝、名山大川、四方之神，以祀宗廟社稷之靈，以爲人祈福。是月也，命工染采，黼黻文章，必以法故，無或差貸，黑黃蒼赤，莫不質良，毋敢詐僞，以給郊廟祭祀之服，以爲旗章，以別貴賤等級之度。是月也，樹木方盛，乃命虞人入山行木，毋有斬伐，不可以興土功，不可以合牧守，不可以起兵動衆，無舉大事，以搖養氣，舉大事則有天殃。是月也，土潤溽暑，大雨時行，燒薙行水，利以殺草，如以熱湯，可以糞田疇，可以美土疆。季夏行春令，則穀實鮮落，國多風欬，人乃遷徙；行秋令，則丘隰水潦，禾稼不熟，乃多女災；行冬令，則風寒不時，鷹隼早鷙，四鄙入保。

土令季夏土王之日讀土令，並如孟夏讀令之儀。

中央土，其日戊巳，其帝黃帝，其神后土。其蟲倮，其音宮，律中黃鍾之宮，其數五，其味甘，其臭香，其祀中霤。食稷與牛，其器圜以閎。

秋令

孟秋之月，日在翼，昏建星中，旦畢中。其日庚辛，其帝少皞，其神蓐收，其蟲毛，其音商，律中夷則，其數九，其味辛，其臭腥，其祀門。凉風至，白露降，寒蟬鳴，鷹乃祭鳥，用始行戮。食麻與犬，其器廉以深。

是月也,以立秋。先七日,禮部奏曰:"某日立秋,盛德在金。"皇帝乃齋。立秋之日,皇帝親帥百官迎秋於西郊,還,乃賞軍帥武人於朝。乃命將帥選士厲兵,簡練傑俊,專任有功,以征不義,詰誅暴慢,以明好惡,順彼遠方。是月也,命有司修法制,繕囹圄,具桎梏,禁止奸,慎罪邪,務博執,瞻傷察創,視折審斷,決獄訟,必端平,戮有罪,嚴斷刑。天地始肅,不可以贏。是月也,農乃登穀,皇帝嘗新,先薦宗廟。命百官始收斂,完隄防,謹壅塞,以備水潦。脩宮室,坏垣墻,補城郭。孟秋行冬令,則陰氣大勝,介蟲敗穀,戎兵乃來;行春令,則其國乃旱,陽氣復還,五穀無實;行夏令,則國多火災,寒熱不節,人多瘧疾。

仲秋之月,日在角,昏牽牛中,旦觜觽中。律中南呂。盲風至,鴻雁來,玄鳥歸,群鳥養羞。是月也,養衰老,授几杖,行糜粥飲食。乃命司服具飭衣裳,文繡有恒,制有小大,度有短長,衣服有量,必循其故,冠帶有常。命有司申嚴百刑,斬殺必當,毋或枉橈,枉橈不當,反受其殃。是月也,乃命有司循行犧牲,視全具,案芻豢,瞻肥瘠,察物色,必比類,量小大,視長短,皆中度。五者備當,上帝其饗。皇帝以犬嘗麻,先薦宗廟。是月也,可以築城郭,建都邑,穿竇窖,修囷倉,趨人收斂,務畜菜,多積聚。乃勸種麥,毋或失時,其有失時,行罪無疑。是月也,日夜分,雷始收聲,蟄蟲坏戶,殺氣浸盛,陽氣日衰。日夜分,則同度量,平權衡,正鈞石,角斗甬。凡舉大事,毋逆天數,必順其時,慎因其類。仲秋行春令,則秋雨不降,草木生榮,國乃有恐;行夏令,則其國乃旱,蟄蟲不藏,五穀復生;行冬令,則風災數起,收雷先行,草木早死。

季秋之月,日在房,昏虛中,旦柳中。律中無射。鴻雁來,賓雀入大水爲蛤,菊有黃華,豺乃祭獸戮禽。是月也,申嚴號令,命百官貴賤無不務內,以會天地之藏,毋有宣出。乃命有司,農事備收,舉五穀之要,藏帝藉之收于神倉,祇敬必飭。霜始降,則百工休。是月也,大饗上帝於明堂。草木黃落,乃伐薪爲炭,蟄蟲咸俯在內,皆墐其戶,乃趨決獄刑,毋留有罪,收禄秩之不當,供養之不宜者。是月也,皇帝乃以犬嘗稻,先薦寢廟。季秋行夏令,則其國大水,冬藏殃敗,人多鼽嚏;行冬令,則國多盜賊,邊境不寧,土地分裂;行春令,則暖風來至,人氣解惰,師興不居。

冬令

孟冬之月，日在尾，昏危中，旦七星中。其日壬癸，其帝顓頊，其神玄冥。其蟲介，其音羽，律中應鍾，其數六，其味鹹，其臭朽，其祀行。水始冰，地始凍，野雞入大水爲蜃，虹藏不見。食黍與彘，其器閎以奄。是月也，以立冬。先七日，禮部奏曰：“某日立冬，盛德在水。”皇帝乃齋。立冬之日，皇帝親帥百官迎冬于北郊，還，乃賞死事，恤孤寡。是月也，察阿黨，則罪無有掩蔽。天氣上騰，地氣下降，天地不通，閉塞而成冬。命百官謹蓋藏，命有司循行積聚，毋有不斂。坏城郭，戒門閭，修鍵閉，慎管籥，固封疆，備邊境，完要塞，謹關梁，塞蹊徑。飭喪紀，辨衣裳，審棺槨之薄厚，塋邱壟之大小高卑薄厚之度，貴賤之等級。是月也，命工師效功，陳祭器，案度程。毋或作爲淫巧以蕩上心。物勒工名，以考其誠。功有不當，必行其罪，以窮其情。是月也，乃命虞司收水泉池澤之賦，毋或敢侵削衆庶，其有若此者，行罪毋赦。孟冬行春令，則凍閉不密，地氣上洩，人多流亡；行夏令，則國多暴風，方冬不寒，蟄蟲復出；行秋令，則雪霜不時，小兵時起，土地侵削。

仲冬之月，日在斗，昏東壁中，旦軫中。律中黃鍾。冰益壯，地始坼，鶡旦不鳴[①]。飭死事。命有司：土事無作，無發室屋，及起大衆，以固而閉。地氣且洩，是謂發天地之房，諸蟄則死，人必疾疫。是月也，命内侍，申宮令，審門閭，謹房室，必重閉。省婦事毋得淫，雖有貴戚近習，無有不禁。乃命良醖，秫稻必齊，麴糵必時，湛熾必潔，水泉必香，陶器必良，火齊必得，兼用六物，毋有差貸。是月也，日短至，陰陽爭，諸生蕩。君子齋戒，處必掩身。身欲寧，去聲色，禁嗜慾，安形性，事欲靜，以待陰陽之所定。芸始生，荔挺出，蚯蚓結，麋角解，水泉動。日短至，則伐木，取竹箭。是月也，可以罷官之無事，去器之無用者。塗闕庭門閭，築囹圄，以助天地之閉藏。是月也，皇帝親講武，以習五戎。仲冬行夏令，則其國乃旱，氛霧冥冥，雷乃發聲；行秋令，則天時雨汁，瓜瓠不成，國有大兵；行春令，則蝗蟲爲敗，水泉咸竭，人多疥癘。

---

① “鶡”，四庫本作“鶡”。

季冬之月，日在婺女，昏婁中，旦氐中。律中大呂。雁北鄉，鵲始巢，野雞始雊，雞乳。命有司大儺，征鳥厲疾。是月也，命漁師始漁，皇帝乃嘗魚，先薦宗廟。冰方盛，水澤腹堅，命取冰。命衆庶，出五種，計耦事，脩耒耜，具田器。命太常大合吹習羣樂。命司農收秩薪柴，以供郊廟及百祀之薪燎。是月也，日窮于次，月窮于紀，星迴于天。數將幾終，歲且更始。專汝農人，毋有所使。皇帝乃與有司共飭國典，論時令，以待來歲之宜。季冬行秋令，則白露早降，介蟲爲妖，四鄙入保；行春令，則胎夭多傷，國多固疾，命之曰逆；行夏令，則水潦敗國，時雪不降，冰凍消釋。

鑾駕還宫

皇帝既還大次，侍中版奏：“請解嚴。”將士不得輒離部伍。皇帝停大次一刻頃，搥一鼓爲一嚴，轉仗衛於還塗如來儀。三刻頃，搥二鼓爲再嚴，將士布隊仗。侍中版奏：“請中嚴。”五刻頃，搥三鼓爲三嚴。謁者、贊引各引羣官序立於次前，文武侍臣詣大次奉迎。乘黃令進金輅於大次門外，南向，夏北向，秋西向，冬東向。千牛將軍立於輅右。

侍中版奏：“外辦。”太僕卿升執轡，皇帝御輿出次，繖扇侍衛警蹕如常儀。皇帝升輅，太僕卿立授綏，黃門侍郎奏稱：“請鑾駕發引。”退，復位。鑾駕動，稱警蹕如常儀。黃門侍郎、贊者夾引，千牛將軍夾輅而趨。至侍臣上馬所，黃門侍郎奏稱：“請鑾駕權停，勑侍臣上馬。”侍中前承詔，退稱：“制曰可。”黃門侍郎退稱：“侍臣上馬。”贊者承傳，文武侍臣皆上馬畢，黃門侍郎奏稱：“請勑車右升。”侍中稱：“制曰可。”黃門侍郎退，復位。千牛將軍升，訖，黃門侍郎奏稱：“請鑾駕發引。”退，復位。鼓傳音，鑾駕動，鼓吹振作而還，文武羣官皆從如來儀。

駕至承天門外侍臣下馬所，鑾駕權停，文武侍臣皆下馬，千牛將軍降，立於輅右，訖，鑾駕動，千牛將軍夾路而趨。駕入嘉德門，太樂令令撞蕤賓之鐘，左五鐘皆應，鼓柷，奏《采茨之樂》，至太極門，戞敔，樂止。入太極門，鼓柷，奏《太和之樂》。駕至橫街北，當東上閤，迴輅南向。侍中進鑾駕前，跪，奏稱：“侍中臣某言，請降輅。”俛伏，興，還侍位。皇帝降輅，御輿以入，繖扇侍衛警蹕如常儀，侍臣從至閤，戞敔樂止。初，文武群官至東朝堂①，通事舍人承旨勑群官並還。皇帝既入，侍中版奏：“請解嚴。”叩鉦，將士各還其所。

太極殿讀五時令

禮部尚書先讀令三日，奏讀五時令，承以宣告。

前一日，尚舍奉御設御幄座於太極殿北廂，南向。尚舍直長設一品以下、三品以上及諸司長官座於殿上②，文東武西，重行相向，北上。無長官者，次官一人升，判官不合。設刑部郎中讀令座於御座西南，東向，有案。去御座二丈，設解劍席於東西階下如常。太樂令展宮懸於殿庭，設舉麾位於殿上西階之西，東向，一位於樂懸東南，西向，並如常朔朝之儀。典儀設文官三品以上及應升殿者位於南橫街之南道東，設武官位於道西，俱每等異位重行，北向，相對爲首。設非升殿者位於殿庭，文東武西如常。設典儀位於北橫街之南，贊者二人在南，差退，俱西向。奉禮設門外位：文官於東朝堂近南，西面；武官於西朝堂近南，東面，每等異位，俱重行北上。

其日，依時刻諸衛勒所部屯門列仗及陳於殿庭如常。文武官依時刻集朝堂，俱就便次，各服其服。侍中量時版奏：“請中嚴。”鈒戟近仗入陳於殿庭。太樂令帥工人入，就位。協律郎入，就舉麾位。諸侍衛之官各服其器服，符寶郎奉寶，俱詣閤奉迎。典儀帥贊者入，就位。典謁引群官各就門外位。刑部郎中以時令置於案，覆以帊，令史二人俱絳公服，對舉案。立於右延明門內道北。郎中立於案後，東面。典謁引非升殿者入，就位。

侍中版奏：“外辦。”皇帝服通天冠、絳紗袍，御輿出自西房，曲直華蓋警蹕侍衛如常儀。皇帝將出，仗動，太樂令令撞黃鍾之鐘，右五鐘皆應。協律郎跪，俛伏，舉麾，鼓柷，奏《太和之樂》。皇帝出自西房，即御座，南向坐，符寶郎奉寶置於御座如常儀，偃麾，戛敔，樂止。凡樂，皆協律郎舉麾，工鼓柷而後作；偃麾，戛敔而後止。

---

① “東朝堂”，四庫本、《通典》卷一二四《開元禮纂類十九》作“朝堂”。
② “三品”，《通典》卷一二四《開元禮纂類十九》作“三品”，四庫本作“五品”。

　　典儀一人升就東階上，西面立。侍臣夾侍如常儀。典謁引公王以下入，就北面位，公初入門，《舒和之樂》作，<small>凡公行，皆作《舒和》。</small>公至位，樂止。群官立定，典儀曰："再拜。"贊者承傳，<small>凡典儀有辭，贊者皆承傳。</small>在位者皆再拜。侍中前，跪，奏稱："侍中臣某言，請延公王等升。"俛伏，興。又侍中稱："制曰可。"侍中詣東階上，西面稱："詔延公王等升。"殿上典儀承傳，階下贊者又承傳，在位者皆再拜。典謁以次引北面位者詣東西階，公初行，樂作，至解劍席，樂止。公王以下俱升席，跪，解劍，訖，俛伏，興，脫舄，通事舍人以次引升殿，立於座後。刑部郎中引案進，立於西階下。侍中跪，奏："請讀時令。"俛伏，興。又侍中稱："制曰可。"侍中退，復位。刑部郎中再拜，就解劍席，跪，解劍，訖，俛伏，興，脫舄，取令，持案者仍立於階下。通事舍人引刑部郎中奉令升自西階，詣席西，東向跪，置令於案，俛伏，興，立於席後。殿上典儀唱："就座。"公王以下及刑部郎中並就座，俛伏，坐。刑部郎中讀令，每句一絕，使言聲可了。

　　讀令訖，殿上典儀唱："可起。"公王以下皆起。通事舍人引公王以下及刑部郎中俱降。刑部郎中以令置於案，與群官俱跪，佩劍，俛伏，興，納舄，典謁各引還本位。典儀曰："再拜。"在位者皆再拜。典謁引北面位者出，持令案者自右延明門而出。

　　侍中跪，奏稱："侍中臣某言，禮畢。"俛伏，興，還侍位。皇帝興，太樂令令撞蕤賓之鐘，左五鐘皆應，《太和之樂》作。皇帝降座，御輿入自東房，警蹕侍衛如來儀，侍臣從至閤，樂止。典謁引東西面位者以次出。

　　讀夏令與讀春令同，讀秋令與讀冬令同。設刑部郎中讀令座於御座東南，西向。令案立於左延明門內道北，郎中立於案後，西面，升降自東階。餘與讀春令同。皇帝若御翼善冠，則群官皆袴褶服，陳解劍席。若不設樂懸，去警蹕。

卷第一百四　嘉禮

皇帝養老於太學

陳設　鑾駕出宮　養老　鑾駕還宮

陳設

前三日①，尚舍直長設大次於學堂之後，隨地之宜。設三老五更次於學堂南門外之西，群老次於其後，俱東向。設群官次：文官於門外之東，重行西向；武官於群老之西，重行東向，皆北上。

前一日，尚舍奉御設御座於堂上東序，西向，莞筵紛純，加藻席畫純，次席黼純。設三老座於西楹之東，近北，南向；設五更座於西階上，東向；設國老三人座於三老座西②，俱不屬焉，皆莞筵紛純，加藻席畫純。設眾國老坐座於堂下西階之西，東面北上，皆蒲筵緇布純，加莞席玄帛純。若三品以上，則莞筵紛純，加藻席畫純。凡五品以上致仕者爲國老。設庶老座於國老之後，皆蒲筵緇布純。六品以下致仕者爲庶老。太樂令展宮懸於學堂之庭，設登歌於堂上及舉麾位等，並準元會之儀。典儀設文官五品以上位於懸東，六品以下在其南，俱重行，西面北上。武官五品以上位於懸西，六品以下在其南，當文官，俱重行，東面北上。蕃客分方位於文武官六品之南。若有諸州使人，分方位於文武官九品之後。學生分位於文武官之後。奉禮設門外位如設次之式。尚舍奉御設尊於東楹之西，北向，左玄酒，有坫以置爵。

---

① 《新唐書》卷一九《禮樂九》，於"前三日"之前，尚有一段文字："所司先奏三師、三公致仕者，用其德行及年高者一人爲三老，次一人爲五更，五品以上致仕者爲國老，六品以下致仕者爲庶老。尚食具牢饌。"

② "西"，《新唐書》卷一九《禮樂九》作"西階"。

鑾駕出宮

前出宮三日，本司宣攝内外，各供其職。守宫設從駕之官五品以上次於順天門外東西朝堂如常。

前二日，太樂令設宫懸之樂於殿庭如常儀。

其日未明七刻，搥一鼓爲一嚴。三嚴時節，前一日侍中奏裁。侍中奏開宫殿門及城門。

未明五刻，搥二鼓爲再嚴。侍中版奏："請中嚴。"奉禮設從駕羣官五品以上位：文官於東朝堂之前，西向；武官於西朝堂之前，東向，俱重行北上。從駕羣官五品以上俱集朝堂次，各服其服。其六品以下及諸客使等，並駕發之前預赴太學，俱就次，各服其服。所司陳設小駕鹵簿。

未明二刻，搥三鼓爲三嚴。諸衛之屬各督其隊與鈒戟以次入，陳於殿庭。謁者引從駕羣官各就朝堂前位。諸侍衛之官各服其器服。侍中、中書令以下俱詣西上閣奉迎[1]。侍中奉寶如式。乘黄令進金輅於西上閣外[2]，南向，千牛將軍一人執長刀立於輅前，北向。黄門侍郎一人在侍臣之前，贊者二人又在黄門之前。

侍中版奏："外辦。"太僕卿奮衣而升，正立執轡。皇帝服通天冠、絳紗袍，乘輿以出，曲直華蓋警蹕如常儀。皇帝將出，仗動，太樂令令撞黄鍾之鐘，右五鐘皆應。協律郎跪，俛伏，舉麾，鼓柷，奏《太和之樂》。千牛將軍前執轡，皇帝升輅，太僕卿立授綏，侍中、中書令以下夾侍如常儀。黄門侍郎進，當鑾駕前，跪，奏稱："黄門侍郎臣某言，請鑾駕發引。"俛伏，興，退，復位。凡黄門侍郎奏請，皆進，當鑾駕前，跪，奏稱具官臣某言，訖，俛伏，興。鑾駕動，又稱警蹕，黄門侍郎與贊者夾引以出，千牛將軍夾輅而趨。駕至太極門，偃麾，戛敔，樂止。出太極門，鼓柷，奏《采茨之樂》，出嘉德門，戛敔，樂止。凡樂，皆協律郎舉麾，工鼓柷而後作；偃麾，戛敔而後止。

至順天門外侍臣上馬所，黄門侍郎奏稱："請鑾駕權停，勑侍臣上馬。"侍中前承制，退稱："制曰可。"黄門侍郎退稱："侍臣上馬。"贊者承傳，文武侍臣皆上馬。諸侍衛之官各督其屬左右翊駕，在黄麾内。符寶

---

① "西上閣"，四庫本作"西閣上"，《通典》卷一二四《開元禮纂類十九》作"西閣"。

② "西上閣"，四庫本作"西閣"，《通典》卷一二四《開元禮纂類十九》作"西閣"。

郎奉六寶,與殿中監後部從,在黃鉞內。侍中、中書令以下夾侍於輅前。贊者在供奉官人內。侍臣上馬畢,黃門侍郎奏稱:"請勑車右升。"侍中前承制,退稱:"制曰可。"黃門侍郎退,復位。千牛將軍升,訖,黃門侍郎奏稱:"請鑾駕發引。"退,復位。鑾駕動,稱警蹕,鼓傳音如常,鼓吹振作而行。其從駕之官在玄武隊後如常儀。

養老

仲秋之月,擇吉辰,皇帝親養三老五更於太學。所司先奏定三師、三公致仕者,用其德行及年高者一人爲三老,次一人爲五更。尚食預具牢饌。鑾駕將至,通事舍人引先置之官皆就門外位①,學生俱青衿服入,就位。

鑾駕至太學門,迴輅南向,侍中跪,奏:"請降輅。"俛伏,興。皇帝降輅,乘輿入大次,繖扇侍衛如常。通事舍人引文武五品以上從駕之官皆就門外位。太樂令帥工人二舞入,就位,如正會之禮。通事舍人引群官、客使入,就位。

初鑾駕出宮,量時刻遣使迎三老五更於其第。三老五更俱服進賢冠,具服乘安車,前後導從如常禮。其國老、庶老,則有司預戒之。鑾駕既至太學,三老五更及群老等俱赴集其次,群老各服其服。太常少卿贊三老五更俱出次,引立於學堂南門外之西,東面北上。奉禮贊群老出次,引立於三老五更之後。太常博士引太常卿升,立於學堂北戶之內,當戶北向。

侍中版奏:"外辦。"皇帝出戶,侍衛如常。侍中負寶陪從如式。殿中監進大圭,皇帝執大圭,博士引太常卿,太常卿引皇帝。每太常卿前導,皆博士先引。協律郎跪,俛伏,舉麾,《太和之樂》作。皇帝降,迎三老五更於門內之東②,西面立,侍臣從立於皇帝之後,太常卿與博士退,立於左。皇帝立定,樂止。

三老五更皆杖,各二人夾扶左右,太常少卿引導,敦史執筆以從。

---

① "置",四庫本作"至"。

② "三老五更",四庫本、《通典》卷一二四《開元禮纂類十九》、《新唐書》卷一九《禮樂九》皆作"三老"。

三老入門，《舒和之樂》作。三老五更立於門西，東面北上。奉禮引群老隨入，立於其後。初三老五更立定①，樂止。太常卿前，奏稱："請再拜。"退，復位。皇帝再拜，三老五更去杖，攝齊以答再拜畢，皇帝揖，進，三老在前，五更從，仍杖夾扶如初。至階，皇帝揖，升，俱就座後立②，樂止。侍衛之官量人從升。皇帝西面再拜三老，三老南面答再拜。皇帝西面再拜五更，五更答再拜。

《休和之樂》作，三老五更俱坐。三公授几，九卿正履，訖，殿中監、尚食奉御進珍羞及黍稷等，皇帝省之，遂設於三老前，樂止。太常卿引皇帝詣三老座前，執醬而饋，訖，太常卿引皇帝詣酒尊所，取爵，侍中贊酌酒，訖，太常卿引皇帝進，執爵而酳。尚食奉御以次進珍羞酒食於五更前。國老庶老等皆坐，又設酒食於國老庶老前，國老庶老等皆食。皇帝即座。

太樂令引工升，奏《昭和之樂》，三終。三老乃論五孝六順，典訓大綱，格言宣於上，惠音被於下。皇帝乃虛躬請受，敦史執筆録善言善行。事終，二舞作於懸中，訖，禮畢。三老以下降筵，太常少卿及奉禮引導皆如初。

太常卿引皇帝從階以降，《太和之樂》作，皇帝逡巡立於階前，樂止。三老五更出，《舒和之樂》作，太常卿引皇帝升，立於階上，三老五更出門，樂止。侍中前，奏："禮畢。"退，復位。太常卿引皇帝降，還大次。三老五更升安車，導從而還。通事舍人引群官及學生等以次出。明日，三老詣闕表謝。

鑾駕還宮

皇帝既還大次，侍中版奏："請解嚴。"將士不得輒離部伍。皇帝停大次一刻頃，搥一鼓爲一嚴，轉仗衛於還塗如來儀。三刻頃，搥二鼓爲再嚴，將士布隊仗。侍中版奏："請中嚴。"皇帝服通天冠、絳紗袍，百官仍服朝服。五刻頃，搥三鼓爲三嚴，文武侍臣奉迎如式。乘黃令進金輅於太學門外，南向，千牛將軍立於輅右。

---

① "三老五更"，四庫本、《通典》卷一二四《開元禮纂類十九》作"三老"。

② "立"，四庫本、《通典》卷一二四《開元禮纂類十九》作"揖立"。

　　侍中版奏：“外辦。”太僕卿升執轡，皇帝乘輿以出，繳扇侍衛警蹕如常儀。皇帝升輅，太僕卿立授綏。黃門侍郎奏稱：“請鑾駕發引。”退，復位。鑾駕動，稱警蹕如常儀。黃門侍郎、贊者夾引，千牛將軍夾輅而趨。

　　至侍臣上馬所，黃門侍郎奏稱：“請鑾駕權停，勑侍臣上馬。”侍中前承詔，退稱：“制曰可。”黃門侍郎退稱：“侍臣上馬。”贊者承傳。文武侍臣皆上馬畢，黃門侍郎奏稱：“請勑車右升。”侍中稱：“制曰可。”黃門侍郎退，復位。千牛將軍升，訖，黃門侍郎奏稱：“請鑾駕發引。”退，復位。鼓傳音，鑾駕動，鼓吹振作而還，文武群臣皆從如來儀。諸方客使還館。

　　駕至順天門外侍臣下馬所，鑾駕權停，文武侍臣皆下馬。千牛將軍降，立於輅右，訖，鑾駕動，千牛將軍夾輅而趨。駕入嘉德門，太樂令令撞蕤賓之鐘，左五鐘皆應，鼓柷，奏《采茨之樂》，至太極門，戛敔，樂止。入太極門，鼓柷，奏《太和之樂》。駕至橫街北，當東上閤，迴輅南向。侍中進，當鑾駕前，跪，奏稱：“侍中臣某言，請降輅。”俛伏，興，還侍位。皇帝降輅，乘輿以入，繳扇侍衛警蹕如常儀。侍臣從至閤，戛敔，樂止。初文武群臣至東朝堂，通事舍人承旨勑群官並還。皇帝既入，侍中版奏：“請解嚴。”叩鉦，將士各還其所。

卷第一百五　嘉禮

臨軒册命皇后

卜日　告圜丘　告方澤　告太廟　臨軒命使　皇后受册
皇后受群臣賀　皇后表謝　朝皇太后　皇帝會群臣
群臣上禮　皇后會外命婦　皇后廟見

卜日

册皇后，有司預卜日，如別儀。

告圜丘　告方澤　告太廟

右並有司行事，如常告之儀。

臨軒命使

將行册禮，所司奏請太尉爲使，司徒爲副。

前一日，尚舍奉御設御幄於太極殿北壁下，南向，鋪御座如常。守
宮設群官次於東西朝堂。太樂令展宮懸於殿庭，設舉麾位於殿上西階
之西，東向，一位於樂懸東南，西向。鼓吹令展十二案於建鼓之外。乘
黄令陳車輅。尚輦奉御陳輿輦，並如常儀。典儀設群官版位：文官一品
以下五品以上於懸東，六品以下於橫街之南，俱重行，西向①；武官一品
以下五品以上於懸西，六品以下於橫街之南，當文官，俱重行，東向②。
諸親於五品以上之南。皇宗親在東，異姓親在西。蕃客分方於六品以下之南，
皆以北爲上，並如常儀。若有朝集使，分方於文武官當品之下，諸州使人分方於朝集

---

① “西向”，四庫本作“西面北上”。
② “東向”，四庫本作“東面北上”。

九品之後。設典儀位於懸之東北，贊者二人在南，少退，俱西向。設册使主副受命位於大橫街南道東，俱北面西上。奉禮設門外位皆如元日之儀。

其日，諸衛勒所部列黃麾大仗如常儀。群官等依時刻集朝堂俱就次，各服朝服。通事舍人各引就朝堂前位。侍中量時刻版奏：“請中嚴。”鈒戟近仗入陳於殿庭。太樂令、鼓吹令等帥工人入，就位。協律郎入，就舉麾位。典儀帥贊者先入，就位。諸侍衛之官各服其器服，符寶郎奉寶，俱詣閤奉迎。通事舍人引群官入，就位，又引册使入，立於太極殿中門外道東，西面。黃門侍郎引主節奉節立於左延明門內道北，中書侍郎帥令史奉册案立於節南，俱西面。每案，各令史二人絳公服，對舉，仍覆以帕。

侍中版奏：“外辦。”皇帝服袞冕，御輿以出，曲直華蓋警蹕侍衛如常儀。皇帝將出，仗動，太樂令令撞黃鍾之鐘，右五鐘皆應。協律郎跪，俛伏，舉麾，凡樂，皆協律郎舉麾，工鼓柷而後作；偃麾，戛敔而後止。鼓柷，奏《太和之樂》，鼓吹振作。皇帝出自西房，即御座，南向坐，符寶郎奉寶置於御座如常，樂止。通事舍人引册使主副入，就位，太尉初入門，《舒和之樂》作，至位，樂止。立定，典儀曰：“再拜。”贊者承傳，群官在位者皆再拜。侍中前承制，降詣使者東北，西面稱：“有制。”册使俱再拜。侍中宣制曰：“勅某氏爲皇后，命公等持節展禮。”宣制訖，又俱再拜。侍中還侍位。黃門侍郎引主節詣册使所。主節以節授黃門侍郎，黃門侍郎執節，西面授太尉，太尉受付主節，立於使後。黃門侍郎退。中書侍郎引册案及瓊璽綬案立於册使東北，西面。中書侍郎取册，持案者退自使後，立於太尉之左。西面授太尉，太尉受册，置於案，持案者退，立於使後。中書侍郎又取瓊璽綬以授太尉，太尉受，置於案，皆如受册之儀。中書侍郎退。典儀曰：“再拜。”贊者承傳，群官在位者皆再拜。通事舍人引册使出，持節者前導，持案者次之。太尉初行，樂作，出門，樂止。侍中前，跪，奏稱：“侍中臣某言，禮畢。”俛伏，興，還侍位。皇帝興，太樂令令撞蕤賓之鐘，左五鐘皆應，鼓柷奏《太和之樂》。皇帝降自座，侍衛警蹕如來儀，入自東房，樂止。通事舍人引群官在位者以次出。蕃客先出。

皇后受册

前一日，守宫於肅章門外道西近南，隨便設太尉、司徒等次，東面北上。又於命婦朝堂設外命婦次如常。尚寢率其屬於皇后正殿設御幄座，南向。又設皇后受冊位於殿庭階閒，北向。又設命婦等脫舄席於西階前，近西，東向。司樂展宮懸之樂於殿庭，設麾於殿上西階之西，東向，並如常儀。內僕進重翟以下於肅章門之外道東，西向，以北爲上。

其日，依時刻諸衛勒所部屯門列仗及陳布於皇后正殿南門之外，如常儀。典儀設冊使位於肅章門外之西，東面北上。設內侍位於使副之南，舉冊案及琮璽綬者位於南，差退，俱東向。又設內給事位於北厢，南向。又設內謁者監位於其東南，西向。內謁者設外命婦位於命婦朝堂，分左右厢，大長公主以下在東，太夫人以下在西，並每等異位，重行相向，以北爲上。司贊設內命婦及內官非供奉者陪列之位於受冊正殿之庭東厢，西向，重行北上。又設內命婦等朝位於殿庭御道東，重行，北面西上。又設外命婦朝位於殿庭御道左右，近南：大長公主以下在道東，每等異位，重行北向，以西爲上；太夫人以下在道西，每等異位，重行北向，以東爲上。又設司贊位於東階東南，典贊二人在南，差退，俱西向。

內侍版奏皇后：“請中嚴。”外命婦依時刻俱赴集命婦朝堂次，各服其服。內謁者監預置二案於肅章門外，近限。太尉、司徒既受命，出至朝堂，俱乘輅，備鹵簿，鼓吹、持節如式。其冊琮璽綬各以油絡網犢車載而行。內侍之屬與所司守掌之。至永安門外，降輅。謁者引入，持節者前導，持案者次之，掌次者俱引入次。內典引引外命婦就朝堂位。司樂帥女工人入，就位。典樂升就舉麾位。司贊帥典贊先就殿庭位。內典引各引外命婦兩行俱以次進，至肅章門，內司賓接引進入，立於皇后正殿閤外，如朝堂之位。謁者引太尉以下就肅章門外位，持節者立於太尉之北，少退，東面。內謁者監引內給事就南面位，內謁者監退，復位。內命婦等應陪列者各服其服，司賓引就陪列位。

尚儀版奏：“外辦。”皇后首飾褘衣，司言引尚宮，尚宮引皇后，出自正殿西房。侍衛警蹕如常儀。首飾、褘衣，所司預進。典樂舉麾，奏《正和之樂》。凡樂，皆典樂舉麾，工鼓柷而後作；偃麾，戛敔而後止。皇后至兩楹閒，南向立定，樂止。

初內給事既就南面位，太尉進內給事前，北面跪稱：“太尉封臣某、司徒封臣某，奉制授皇后備物典冊。”訖，俛伏，興，退，復位。內謁者監引内給事詣肅章門傳告司言，司言入，詣皇后前，跪，奏訖，興，還侍位。

初司言入，奉册琮璽綬者以次進，當司徒前，司徒取册琮綬以次進授太尉，舉案者以次退，司徒授訖，退，復位。内侍進太尉前，西面以次受册琮璽綬，東面授内謁者監，量以内謁者等助舉之。退，復位。内謁者監等持册琮璽綬等進，立於肅章門外，跪，置册琮璽綬於案，俛伏，興。

初司言奏訖，尚儀贊皇后降，司言引尚宫，尚宫引皇后，降就庭中北面位，皇后初行，樂作，立定，樂止。初皇后將降，又尚宫詣門跪取册，尚服詣門跪取琮璽綬，興，進，俱入，立於皇后之右，少前，西向。司言、司賓各一人進，立於皇后之左，少前，東向。尚宫稱：“有制。”尚儀贊：“皇后再拜。”皇后再拜，尚宫宣册訖，尚儀又贊：“皇后再拜。”皇后再拜，尚宫奉册進授皇后，皇后受以授司言。尚服又奉琮璽綬以次授皇后，皇后受以授司寶。訖，尚儀贊：“皇后升座。”皇后御輿，繖扇侍衛如常。皇后升，初行樂作，即御座，南向坐，司璽奉琮璽置於御座，樂止。

司賓引内命婦等陪列者以次進，就北面位，爲首者初行，典樂舉麾，《舒和之樂》作，至位樂止。司贊曰：“再拜。”掌贊承傳，内命婦皆再拜。司賓引爲首者一人詣西階，初行樂作，至階樂止。爲首者脱舄，升，進，當御座前，北面跪，奏稱：“某妃妾姓等言，伏惟殿下坤象配天，德昭厚載。凡厥兆庶，不勝慶躍。”訖，起，司賓引爲首者自西階降，納舄，樂作，復位樂止。司贊曰：“再拜。”掌贊承傳，内命婦等皆再拜。司言前承令，降自西階，詣内命婦西北，東面稱令旨，内命婦等皆再拜，宣令訖，在位者再拜。司贊曰：“再拜。”典贊承傳，在位者皆再拜。司賓以次引從隨便門出，各還其寢，爲首者初行，樂作，至門，樂止。司賓又引外命婦以次入，爲首者初入門，《舒和之樂》作，至位，樂止。立定，司贊曰：“再拜。”掌贊承傳，外命婦皆再拜，訖，司賓引爲首者一人，進、升、奉賀、復位、拜、樂作止及宣令拜辭等皆如内命婦之儀。訖，引出，爲首者初行，樂作，出門樂止。

司言又奏群官賀訖，尚儀前，跪，奏稱：“某妃妾姓等言[1]，禮畢。”興，還侍位。皇后降座，樂作，御輿入自東房，侍衛警蹕如常儀，樂止。女工

---

① “某妃”，四庫本作“尚儀”。

人退。

册畢，使者乘輅詣朝堂[①]，至降車所，降輅，入，至太極殿庭大横街南御道東，北面西上立。中書令立於太尉東北，西面。太尉等再拜，復命曰："奉制授皇后備物典册，禮畢。"又再拜。中書令奏聞，太尉等退，鹵簿幡節等各還本司。

皇后受群臣賀　皇后表謝　朝皇太后　皇帝會群臣　群臣上禮　皇后會外命婦　皇后廟見

右並如納后之儀。

---

① "册畢使者乘輅詣朝堂"，四庫本作"册命使者乘輅詣朝堂"。

卷第一百六　嘉禮

臨軒册命皇太子

卜日　告圜丘　告方澤　告太廟　臨軒册命　謁中宮
謁太廟　皇帝會群臣　群臣上禮　皇后受群臣賀
皇后會命婦　皇太子會群臣　皇太子會宮臣　宮臣上禮

卜日

册皇太子，有司卜日，如别儀。

告圜丘　告方澤　告太廟

右並有司行事如常告之儀。

臨軒册命

前一日，尚舍奉御設御幄座於太極殿北壁下，南向。守宮設皇太子
次於東朝堂之北，西向。設群官次於東西朝堂。太樂令展宮懸於殿庭，
又設舉麾位於上下。鼓吹令設十二案於建鼓之外。乘黄令陳車輅，尚
輦奉御陳輿輦，並如常儀。典儀設皇太子版位於大橫街之南，道東，北
向。又設群官版位：文官一品以下五品以上於懸東，六品以下於橫街之
南，俱西向；武官一品以下五品以上於懸西，六品以下於橫街之南，當文
官，俱重行，東向①。諸親於五品以上之南，皇宗親在東，異姓親在西。蕃客分
方於六品以下之南，皆以北爲上，並如常儀。若有朝集使，分方於文武官當品之
下，諸州使人分方於朝集使九品之後。設典儀位於懸之東北，贊者二人在南，少
退，俱西向。奉禮設門外位，皆如元日之儀。

---

① “當文官俱重行東向”，四庫本、《通典》卷一二五《開元禮纂類二十》作“俱東面”。

其日，皇太子日未出前二刻，宮官應從者俱服其服，諸衛率各勒所部陳設如常。左庶子版奏："請中嚴。"諸侍衛之官各服其器服，詣閤奉迎。僕進金輅於閤外，南向。左內率一人執刀立於輅前，北向。贊善一人在侍臣之前，贊者二人又在贊善之前。左庶子版奏："外辦。"僕奮衣而升，正立執轡，皇太子具服遠遊冠、若未冠則雙童髻。絳紗袍，升輿以出，左右侍衛如常。左內率前執轡，皇太子升輅。僕立授綏，左庶子以下夾侍如式。贊善進，當輅前，跪，奏稱："贊善臣某言，請發引。"俛伏，興，退，復位。凡贊善奏請，皆進當輅前跪，奏稱具官臣某言訖，俛伏，興。輅動，贊善與贊者夾引以出左，內率夾輅而趨。至侍臣上馬所，贊善奏稱："請輅權停，令侍臣上馬。"左庶子前承令，退稱："令曰諾。"贊善退稱："侍臣上馬。"贊者承傳，文武侍臣皆上馬。左庶子以下夾侍於輅前。贊者在供奉官人內。侍臣上馬畢，贊善奏稱："請令車右升。"左庶子前承令，退稱："令曰諾。"贊善退，復位。左內率升，訖，贊善奏稱："請發引。"退，復位。皇太子輅動，三師乘車訓導，三少乘車訓從，鳴鐃而行，文武宮臣皆乘車以從。至下車所，鐃吹止。至次前，迴輅西向，內率降，立於輅右，左庶子進，當輅前，跪，奏稱："左庶子臣某言，請降輅。"俛伏，興，還侍位。皇太子降輅，舍人引皇太子就便座，侍衛如常儀。

其日，依時刻諸衛勒所部列黃麾大仗屯門及陳殿庭如常儀。群官、諸親、客使等依時刻俱集朝堂次，各服其服。侍中版奏："請中嚴。"鈒戟近仗入陳於殿庭。太樂令帥工人入，就位。協律郎入，就舉麾位。諸侍衛之官各服其器服，符寶郎奉寶，俱詣閤奉迎。通事舍人引群官、客使就朝堂前位。典儀帥贊者先入，就位。舍人各引群官、客使次入，就位。皇太子出次，舍人引皇太子，三師、三少導從如式，入立於殿外之東，西面。諸衛帥左右舍人及近侍量人從入。黃門侍郎以冊及寶綬各置於案上，令史二人絳公服，對舉案，立於門內道北，西面。冊案在北，中書侍郎立於案後。

侍中版奏："外辦。"皇帝服袞冕之服，御輿以出，曲直華蓋警蹕侍衛如常。皇帝將出，仗動，太樂令令撞黃鍾之鐘，右五鐘皆應。協律郎跪，俛伏，舉麾，鼓柷，奏《太和之樂》，鼓吹振作。皇帝出自西房，即御座，南向坐。符寶郎奉寶置於御座如常。協律郎偃麾，戛敔，樂止。凡樂，皆協律郎舉麾，工鼓柷而後作；偃麾，戛敔而後止。

　　舍人引皇太子入，就位，三師、三少以下從入者立於皇太子東南，西面北上。皇太子初入門，《舒和之樂》作，至位，樂止。典儀曰：“再拜。”贊者承傳，皇太子再拜。典儀曰：“再拜。”群官在位者皆再拜。中書令降，立於皇太子東北，西面。中書侍郎一人引册案，又中書侍郎一人引璽綬案，進，立於中書令之南，少退，俱西向。中書侍郎取册進，授中書令，退，復位。中書令稱：“有制。”皇太子再拜，讀册，訖，皇太子再拜，進，受册，退，授左庶子。中書侍郎取璽綬進，授中書令，皇太子又進，受璽綬，退，授左庶子。中書令以下還侍位，持案者以案退。典儀曰：“再拜。”皇太子再拜。典儀又曰：“再拜。”群官在位者皆再拜。舍人引皇太子出，初行，樂作，出門，樂止。

　　侍中前，跪，奏稱：“侍中臣某言，禮畢。“俛伏，興，還侍位。皇帝興，太樂令令撞蕤賓之鐘，左五鐘皆應，鼓柷，奏《太和之樂》，鼓吹振作。皇帝降座，御輿入自東房，侍衛警蹕如常儀，侍臣從至閤，樂止。通事舍人引群官在位者以次出。蕃客先出。

謁中宮[①]

　　前一日，所司設皇太子次於永安門外之西，東向，周以行帷，鋪座如式。又設三師、三少等便座於西南，東向北上。

　　其日，諸衛各勒所部屯門列仗及陳布於皇后正殿南門之外。皇太子將至，尚儀版奏：“請中嚴。”皇太子受册訖，舍人引皇太子，三師、三少導從及餘侍衛皆如常儀，詣皇后所御之殿閤外道東，西面立。六尚以下各服其服，俱詣皇后内閤奉迎。尚儀版奏：“外辦。”皇后首飾褘衣，御輿以出，即御座，南向坐，侍衛如式。内謁者監引皇太子至肅章門，其侍衛之官並立於肅章門之外。司賓承引皇太子入，立於庭，北面立定。皇太子再拜，訖，司賓引皇太子至閤，内謁者監承引以出，舍人引之次，侍衛如式，三師、三少以下各之次。

謁太廟

　　前一日，右校掃除廟之内外，守宮設皇太子次於廟西南，東向。又

---

① 　“謁中宮”三字，四庫本、《通典》卷一二五《開元禮纂類二十》作“朝皇后”。

設三師以下及文武侍臣次於皇太子次之後，少近西，俱東向。奉禮設皇太子版位於廟庭道東，北向。

其日，皇太子入受册，所司轉鹵簿仗衛於永安門西以俟。皇太子朝皇后出訖，舍人引之次，侍衛如常。僕進金輅於次前。左庶子版奏："外辦。"皇太子出次乘輅，奏請發引及侍臣陪從、鐃吹聲作皆如初儀。至安上門街當廟西，鐃吹止。至次前，迴輅東向，内率降，立於輅右，左庶子進，當輅前，跪，稱："左庶子臣某言，請降輅。"俛伏，興，還侍位。皇太子降輅，乘輿入次，侍衛如常儀。

皇太子入次一刻頃，率更令立於次門之外。左庶子版奏："外辦。"皇太子出次，侍衛如常。率更令引皇太子入自南門，三師、三少導從如式，庶子二人，一人贊左，一人贊右。舍人二人從，近仗量人從入。皇太子至位，立定，率更令奏："請殿下再拜。"皇太子再拜。少刻，率更令奏："殿下辭。"皇太子再拜辭。率更令前，奏："禮畢。"率更令引皇太子出自南門，入便次，侍衛如常。

皇太子既入便次，有司轉仗衛於還塗如來儀。僕進金輅於次前如常。庶子版奏："外辦。"皇太子乘輿出次，升輅，侍衛如常。侍臣上馬陪從皆如來儀。輅動，過廟，鳴鐃而行。至重明門，宮官文武俱下馬，皇太子乘輅入，三師、三少還。皇太子至東閣前，迴輅南向，左庶子跪，奏："請降輅。"俛伏，興。皇太子降輅，乘輿以入，侍臣從至閣。左庶子版奏："請將士各還本所。"

皇帝會群臣

右皆如元會之儀。其上壽辭云："具官臣某等稽首言，皇太子岐嶷夙著，令月吉日，光踐承華，臣等不勝大慶，謹上千萬歲壽。"

群臣上禮

前一日，守宮量設次於東西朝堂如常。

其日，應上禮之官依時刻各集於次，皆服朝服。奉禮先設上禮之官位於東朝堂之前，近南，文東武西，重行北向，相對爲首。又設中書舍人位於文官爲首者之北，南向。設奉禮位於文官東北，贊者二人在南，差退，俱西向。謁者各引上禮之官就位立定。令史二人對舉表案。禮部郎中引中書舍人前取表，授舍人，訖，引案退。奉禮唱："再拜。"贊者承傳，在位者皆再拜。中書舍人奉表入進。謁者引在位者退。

皇后受群臣賀

右皆如元日奉賀之儀。其賀辭云："皇太子岐嶷夙著，令月吉日，光踐承華，臣等不勝大慶，謹奉賀以聞。"內給事宣令答云："知。"

皇后會命婦

右皆如元日之儀。其上壽辭云："具位妾姓等言，皇太子岐嶷夙著，令月吉日，光踐承華，妾等不勝大慶，謹上千萬歲壽。"

皇太子會群臣

右皆如元會之儀。其賀辭云："伏惟殿下，固天攸縱，德業日新，式光震宮，普天同慶。某等情百恒品，不勝欣悅。"左庶子宣令答云："某以不敏，夙承禮訓，祗奉朝命，慚懼惟深。"

皇太子會宮臣

右皆如元會之儀。其上壽辭云："具官臣某等言，伏惟殿下，固天攸縱，德業日新，式光震宮，普天忭躍。臣等不勝大慶，謹上千萬歲壽。"

宮臣上禮

前一日，守宮量設次於東宮朝堂如常。

其日，應上禮之官依時刻各集於次，皆服朝服。奉禮先設上禮之官位於朝堂前，文東武西，重行北向，相對爲首。設太子舍人位於文官爲首者之北，南向。設奉禮位於文官東北，贊者二人在其南，差退，俱西向。通事舍人各引上禮之官皆就位，立定。令史二人對舉表案，詹事前，承引就太子舍人前[①]，取表授舍人，訖，引案退。奉禮唱："再拜。"贊者承傳，在位者皆再拜。舍人以表入，謁者引在位者皆退。

---

① "承引就太子舍人前"，四庫本與公善堂本同，《通典》卷一二五《開元禮纂類二十》無"前"字。

卷第一百七　嘉禮

内册皇太子

卜日　　告圜丘　　告方澤　　告太廟　　臨軒命使
皇太子受册　　皇太子朝見　　謁太廟　　皇帝會群臣
群臣上禮　　皇后受群臣賀　　皇后會外命婦
皇太子會群臣　　皇太子會宮臣　　宮臣上禮

卜日

册皇太子,有司卜日如别儀。

告圜丘　　告方澤　　告太廟

右有司行事如常告之儀。

臨軒命使

將行册禮,所司奏請太尉爲使,司徒爲副。

前一日,尚舍奉御設御幄於太極殿北壁下,南向,鋪御座如常。守宮設群官次於東西朝堂。太樂令展宮懸於殿庭,設舉麾位於殿上西階之西,東向,一位於樂懸東南,西向。鼓吹令展十二案於建鼓之外。乘黄令陳車輅。尚輦奉御陳輿輦,並如常儀。典儀設群官版位:文官一品以下五品以上於懸東,六品以下於横街之南,俱重行,西向①;武官一品以下五品以上於懸西,六品以下於横街之南,當文官,俱重行,東向。諸親於五品以上之南。皇宗親在東,異姓親在西。蕃客各分方於六品以下之南,皆以北爲上,並如常儀。若有朝集使,分方於文武官當品以下,諸州使人分方於朝集使

---

① 　“西向”,四庫本作“西面北上”。

九品之後。設典儀位於懸之東北，贊者二人在南，少退，俱西向。設册使主副受命位於大橫街南道東，俱北面西上。奉禮設門外位，皆如元日之儀。

其日，諸衛勒所部列黃麾大仗如常儀。群官等依時刻集朝堂俱就次，各服朝服。通事舍人各引就朝堂前位。侍中量時刻版奏："請中嚴。"鈒戟近仗各入陳於殿庭。太樂令、鼓吹令等帥工人入，就位。協律郎入，就舉麾位。典儀帥贊者先入，就位。諸侍衛之官各服其器服，符寶郎奉寶，俱詣閤奉迎。通事舍人引群官入，就位，又引册使入，立於太極門外道東，西面。黃門侍郎帥主節奉節立於左延明門內道北，中書侍郎帥令史奉册案及璽綬案立於節南，俱西面。每案，各令史二人絳公服，對舉，仍覆以帕。

侍中版奏："外辦。"皇帝服袞冕，御輿以出，曲直華蓋警蹕侍衛如常儀。皇帝將出，仗動，太樂令令撞黃鍾之鐘，右五鐘皆應。協律郎跪，俛伏，舉麾，凡樂，皆協律郎舉麾，工鼓柷而後作；偃麾，戛敔而後止。鼓柷，奏《太和之樂》，鼓吹振作。皇帝出自西房，即御座，南向坐，符寶郎奉寶置於御座如常，樂止。通事舍人引册使主、副入，就位，太尉初入門，《舒和之樂》作，至位，樂止。立定，典儀曰："再拜。"贊者承傳，群官在位者皆再拜。侍中前承制，降，詣使者東北，西面稱："有制。"册使俱再拜。侍中宣制曰："册某爲皇太子，命公等持節展禮。"宣制訖，又俱再拜。侍中還侍位。黃門侍郎引主節立於使者東北，西面。主節以節授黃門侍郎，黃門侍郎執節，西面授太尉，太尉受付主節，主節立於使後。黃門侍郎退。中書侍郎引册案及璽綬案立於册使東北，西面。中書侍郎取册，持案者退自使後，立於太尉之左。西面授太尉，太尉受册，置於案，持案者退，立於使後。中書侍郎又取璽綬以授太尉，太尉受，置於案，皆如受册之儀。中書侍郎退。典儀曰："再拜。"贊者承傳，群官在位者皆再拜。通事舍人引册使出，持節者前導，持案者次之。太尉初行，樂作，出門，樂止。侍中前，跪，奏稱："侍中臣某言，禮畢。"俛伏，興，還侍位。皇帝興，太樂令令撞蕤賓之鐘，左五鐘皆應，鼓柷，奏《太和之樂》。

皇帝降座，升輿，侍衛警蹕如來儀，入自東房，樂止。通事舍人引群官在位者以次出。蕃客先出。

皇太子受册

前一日，守宫設册使次於重明門外道西，副使次又於其西，俱南向，並鋪莛席。又設宫臣文武官次於東宫朝堂如常。所司陳設皇太子羽儀、車輿及樂懸等，並如元日受朝之儀。掌筵設皇太子受册位於内殿之庭階間，北向。掌儀設宫官版位於殿庭：文官五品以上於懸東，六品以下於横街之南，皆西面北上；武官五品以上於懸西，六品以下於横街之南，當文官，皆東面北上。奉禮設朝堂前位如常。

其日，諸衛率各勒所部屯門列仗如式。宫官於册使未到之前，量時刻赴集次，改服朝服，各就朝堂前位。太尉、司徒既受命，出至朝堂，乘輅、備鹵簿、鼓吹、持節如式。其册璽綬各以油絡網犢車載而行。至東宫朝堂，降輅，謁者引就次，持節者前導，持案者從之，掌次者延入次。初册使將到，通事舍人各引宫臣入就殿庭位。左庶子版奏：“請中嚴。”宫臣入訖，通事舍人引太尉、司徒入，立於左閤門外，西面北上。持幡節及册璽案者至閤門外，並以給使代之。

左庶子版奏：“外辦。”皇太子著雙童髻、絳紗袍就受册位。所司預奏請左庶子一人引導相禮。典直承引太尉以下入。太尉立於階間，南向，司徒立於太尉西南，東向。節在太尉東，少南，西向。册璽案在司徒西南，東向。掌書二人立於皇太子之左，少前，東向。司徒就案取册進，東面授太尉，持節者脱節衣，太尉稱：“有詔。”左庶子贊：“皇太子再拜。”皇太子再拜。太尉宣册，訖，左庶子又贊：“皇太子再拜。”皇太子又再拜。左庶子進詣太尉前受册，退，授皇太子，皇太子受以授掌書。司徒又次取璽綬進，東面授太尉，左庶子進太尉前，受，退，授皇太子，皇太子受以授掌書，訖，持節者加節衣。左庶子贊引皇太子退。典直各引太尉以下出，至閤外，通事舍人承引以出。其案及幡節等並轉付令史、主節。又通事舍人各引宫臣以次出。

太尉、司徒乘輅詣朝堂，至降車所，降輅，入至太極殿庭大横街南，御道東，北面西上立。中書令立於太尉東北，西向。太尉等再拜，復命曰：“奉詔册皇太子禮畢。”又再拜。中書令奏聞。太尉等退。鹵簿幡節等各還本司。

皇太子朝見

其日册訖，皇太子著雙童髻、絳紗袍，詣皇帝所御殿，如常內朝之式。至閤，司賓引入，至殿前，北面再拜。司賓引退，詣皇后所御殿前，北面再拜。司賓引出，還宮如常。

謁太廟　皇帝會群臣　群臣上禮　皇后受群臣賀
皇后會外命婦　皇太子會群臣　皇太子會宮臣
宮臣上禮

右並如臨軒册命之儀。

卷第一百八　嘉禮

臨軒册命諸王大臣　朝堂册命諸臣
册内命婦二品以上

臨軒册命諸王大臣

　　將册命前一日，尚舍奉御設御幄於太極殿北壁，南向。守宮設群官次於朝堂。太樂令展宮懸於殿庭，又設舉麾位於上下，並如常儀。

　　其日，典儀設群官版位：文官一品以下、五品以上於懸東，六品以下於大橫街之南，俱西向；武官一品以下、五品以上於懸西，六品以下於大橫街之南，俱東向，皆以北爲上，並如常儀。設受册者位於大橫街之南，道東，重行，北面西上。設典儀位於懸之東北，贊者二人在南，少退，俱西向。奉禮設門外位：文官於東朝堂，西面；武官於西朝堂，東面，俱每等異位，重行，北上。

　　其日，依時刻諸衛勒所部屯門列仗及陳於殿庭如常儀。受册者服朝服，發第備鹵簿，與群官俱集朝堂次，群官各服其服。贊引引群官俱出次，典謁引就朝堂前位。侍中版奏："請中嚴。"鈒㦸近仗入陳於殿庭。太樂令帥工人入，就位，協律郎入，就舉麾位。諸侍衛之官各服其器服，符寶郎奉寶，俱詣閤奉迎。典儀帥贊者先入，就位。通事舍人引群官入，就位。又引受册者入，立於太極門外，道東，西向。中書侍郎以册置於案，令史二人俱絳公服，對舉案，立於左延明門内道北，西向，侍郎立於案後。

　　侍中版奏："外辦。"皇帝服通天冠、絳紗袍，乘輿以出，曲直華蓋警蹕侍衛如常儀。皇帝將出，仗動，太樂令令撞黃鍾之鐘，右五鐘皆應。協律郎跪，俛伏，舉麾，鼓柷，奏《太和之樂》。凡樂，皆協律郎舉麾，工鼓柷而後作；偃麾，戛敔而後止。皇帝出自西房，即御座，南向坐，符寶郎奉寶置於御座如常儀，樂止。

　　通事舍人引受册者以次入，就位。立定，典儀曰："再拜。"贊者承傳，群官在位者皆再拜。中書令降立於受册者東北，西向。中書侍郎引册案進，立於中書令之南，少退，俱西向。通事舍人引爲首者一人少前，北向。中書侍郎取册，進，授①，退，復位。中書令稱："有制。"受册者再拜。中書令讀册，訖，受册者又再拜。通事舍人引受册者進，受册，訖，典儀引退②，復位。又通事舍人引次受册者前受册如上儀。徧册訖，中書令以下還侍位，持案者以案退。典儀曰："再拜。"贊者承傳，群官在位者皆再拜。通事舍人引受册者以次出。

　　侍中前，跪，奏稱："侍中臣某言，禮畢。"俛伏，興，還侍位。皇帝興，太樂令令撞蕤賓之鐘，左五鐘皆應，鼓柷，奏《太和之樂》。皇帝降座，御輿入自東房，侍衛警蹕如來儀，侍臣從至閤，樂止。通事舍人引群官在位者以次出。

　　若册三師、三公、親王，則皇帝服袞冕之服，鼓吹令設十二案。乘黃令陳車輅，尚輦奉御陳輿輦，諸衛設黃麾半仗。受册者初入門，《舒和之樂》作，至位，樂止。册畢引出，初行樂作，出門樂止。餘同上儀。

　　三師、三公、親王、開府儀同三司、太子三師、驃騎大將軍、左右丞相、京兆牧、河南牧，右並臨軒册命。

朝堂册命諸臣

　　前一日，守宮設受册者次於東朝堂。

　　其日平明，受册者朝服，升輅，發第，備鹵簿，詣朝堂，至降車所，降輅，謁者絳公服引就次。奉禮設受册者版位於東朝堂前，近南，北向。又設舍人宣册位於其北，南向。將册，又舍人引受册者就版位立。舍人公服，預以册書置於案，令史二人絳公服，對舉案。又舍人引中書舍人，持節者前導，持案者次之，出，詣宣册位立，持節者立於舍人之東，少南，西向，持案者立於舍人西南，東向。持節者脫節衣，持案者進舍人前，舍人取册，持案

---

①　"授"，四庫本作"授中書令"。

②　"典儀"，四庫本、《通典》卷一二五《開元禮纂類二十》作"典謁"。

者退，復位。舍人稱："有制。"受册者再拜。宣册，訖，又再拜。又舍人引受册者進舍人前，北面受册，退，復位。持節者加節衣。典謁引舍人，幡節前導而入。謁者引受册者退，受册者升輅還第如來儀。

太子少師、太子少傅、太子太保、特進、輔國大將軍、光禄大夫、鎮國大將軍、侍中、中書令、諸衞大將軍、六尚書、太子詹事、太常卿、都督及上州刺史在京者，右並朝堂册命。

册内命婦二品以上

前一日，守宫設使者及册案便次於肅章門外及永安門外道右，皆東向。司設設受册者位於其寢庭近南，當階間，北向。

其日，典儀設册使位於肅章門外之西，東面北上，舉册案者位於南，差退，俱東向。内謁者監預置案於肅章門外，近限。使者公服發朝堂，乘輅，備鹵簿，鼓吹、持節如式，其册以油絡網犢車載而行。至永安門外，降輅，謁者引入，其册不置於册案，即隨使而入。掌次者俱引入次。受册者花釵翟衣，司言引就受册位，侍從如常。謁者引册使出，就位，持節者立於使者之北，少退，持册案者立於使副西南，俱東向。持節者脱節衣。持册案者以案進使副前，使副取册於案，持案者退，復位。使副以册進，授使者，退，復位。内給事進使者前，西面受册，進，立於肅章門外，跪，置册於案，俛伏，興，退。司言詣閣，跪，取册，興，進，立於受册者之北，南面稱："有制。"受册者再拜。宣册，訖，受册者又再拜。受册者進，受册以退。初册入閣，少頃，謁者引使者出，就永安門外次，更衣，乘馬各還其第。鹵簿幡節等俱還本司。

卷第一百九　嘉禮

遣使册授官爵　朔日受朝　朝集使朝見_{并辭}

遣使册受官爵

前一日,受册之家設使者次於大門外道右,南向。

其日,使者至,掌次者引就次,以制書置於案。使者以下皆公服,受册者著朝服,非朝服者皆公服,出立於正寢東階東南,西向。使者出次,贊禮者引使者,持節者前導,立於大門外之西,持節者立于使者之北,少退。令史二人對舉册案,立於使者之西南,俱東向。立定,贊禮者引受册者迎於大門外之東,西向。又贊禮者引使者,持節者前導,持册案者次之,入門而左,使者詣階閒,南面立。持節者立於使者之東,少南,西向。持案者立於使者西南,東向。贊禮者引受册者入,立於使者之南,北向。立定,持節者脱節衣,持册案者進使者前,使者取册,持案者退,復位。使者稱:“有制。”受册者再拜。宣册,訖,受册者又再拜。贊禮者引受册者進使者前,北面受册,退,立於東階東南,西向。持節者加節衣,贊禮者引使者,持節者前導以出,持案者從之,俱復門外位。贊禮者引受册者出門東,西面拜送^①。贊禮引使者還於次。又贊禮者引受册者入。

朔日受朝_{其朔日讀時令,則不行此禮也。}

前一日,尚舍奉御設御幄於太極殿北壁,南向。守宫設群官次於朝堂如常儀。太樂令展宫懸於殿庭,設舉麾位於殿上西階之西,東向,一

---

① “西面拜送”,四庫本、《通典》卷一二五《開元禮纂類二十》作“西面再拜送”。

位於樂懸東南,西向,並如常儀。

其日,典儀設文官三品以上位於橫街之南道東,設武官三品以上位於道西,俱每等異位,重行北向,相對爲首。設文官四品、五品位於懸東,六品以下於橫街之南,每等異位重行,西面北上。武官四品、五品位於懸西,六品以下於橫街之南,當文官,每等異位重行,東面北上。設典儀位於懸之東北,贊者二人在南,少退,俱西向。奉禮設門外位:文官於東朝堂,每等異位重行,西面;武官於西朝堂,每等異位重行,東面,皆北上。

其日,依時刻諸衛勒所部列仗屯門及陳於殿庭如常儀。群官集朝堂俱就次,各服公服。吏部、兵部贊群官俱出次,通事舍人各引就朝堂前位。侍中版奏:“請中嚴。”鈒戟近仗入陳於殿庭。太樂令帥工人入,就位,協律郎入,就舉麾位。諸侍衛之官各服其器服,符寶郎奉寶,俱詣閤奉迎。典儀帥贊者入,就位。通事舍人引四品以下先入,就位。

侍中版奏:“外辦。”有司承旨索扇,皇帝弁服,絳紗衣,御輿以出,曲直華蓋警蹕侍衛如常儀。皇帝將出,仗動,太樂令令撞黃鍾之鐘,右五鐘皆應。協律郎跪,俯伏,舉麾,鼓柷,奏《太和之樂》。皇帝出自西房,即御座,南向坐,符寶郎奉寶置於御座如常儀,協律郎偃麾,戛敔,樂止。<small>凡樂,皆協律郎舉麾,工鼓柷而後作;偃麾,戛敔而後止。</small>

通事舍人引三品以上次入,就位,公初入門,《舒和之樂》作,<small>凡公行,皆作《舒和之樂》。</small>公至位,樂止。立定,典儀曰:“再拜。”贊者承傳,群官在位者俱再拜,訖,典儀又曰:“再拜。”贊者承傳,群官在位者又再拜。舍人引群官北面位者以次出,公初行,樂作,公出門,樂止。

侍中前,跪,奏稱:“侍中臣某言,禮畢。”俛伏,興,還侍位。有司承旨索扇,皇帝興,太樂令令撞蕤賓之鐘,左五鐘皆應,奏《太和之樂》。皇帝降座,御輿入自東房,侍衛警蹕如來儀,侍臣從至閤,樂止。舍人引東西面位者以次出。皇帝若御翼善冠,則群臣皆服袴褶,不設樂懸,去警蹕。

朝集使引見<small>并辭</small>

前一日,尚舍奉御預奏,於所御殿設御座如常儀。

　　其日，依時刻所由量加隊仗陳列如式①。典儀於殿庭横街之南北面設版位如常儀②。其日，朝集使夙興，並集朝堂，各服朝服。京官文武九品以上並服袴褶。諸侍奉官及京官文武官四品以下就位如式。通事舍人引京官文武三品以上及朝集使俱就所御殿門外序立以俟。

　　侍中進奏：“外辦。”皇帝常服，即御座，南向坐，侍衛如常儀。通事舍人分引京官文武三品以上詣横街南相對北面位。立定，典儀曰：“再拜。”群官在位者皆再拜，訖，通事舍人各引就街北東西班序立。又通事舍人分引朝集使入，就北面位。東方南方在東，西方北方在西。立定，典儀曰：“再拜。”朝集使等俱再拜。通事舍人承旨，詣朝集使東，北面立，稱：“有制。”朝集使等皆再拜，舍人宣勅，訖，又再拜。答制預定行首一人跪，奏，舍人爲奏，聽進止。若承恩慰問，即舞蹈訖，又再拜。舍人宣令訖，奏禮畢③，皇帝還宮如來儀。侍臣退，群官等以次退。

　　其朝集使奉辭，皆準奉參之儀。其京官，但常參官列版位。其朝集使，三品以上引升殿賜食，四品以下於廊下賜食，並臨時奏聽進止。

---

①　“所由”，《通典》卷一二五《開元禮纂類二十》作“所由”，四庫本作“所司”。
②　“南北面”，四庫本、《通典》卷一二五《開元禮纂類二十》作“南北”。
③　“奏禮畢”，四庫本、《通典》卷一二五《開元禮纂類二十》作“侍中奏禮畢”。

卷第一百十　嘉禮

皇太子加元服

告太廟　　臨軒命賓贊　　冠　　會賓贊　　朝謁
皇太子謁太廟　　會群臣　　群臣上禮　　皇太子會宮臣
宮臣上禮

告太廟

皇太子將冠，先告太廟，如常告之儀。

臨軒命賓贊

所司預奏請司徒一人爲賓，卿一人爲贊冠，吏部承以戒之。

前一日，尚舍奉御整飾御幄於太極殿。衛尉設群官、朝集使、諸蕃客次於左右朝堂。太樂令展宮懸之樂於殿庭，設舉麾位於殿上，一位於懸下。鼓吹令設十二案，乘黃令陳車輅，尚輦奉御陳輿輦。典儀設文官一品以下、五品以上位於橫街之北，西面北上。諸州使人五品以上合班，六品以下位於橫街南。諸州使人六品以下、諸蕃客又在南，皆西面北上。設武官五品以上位於橫街北，東面北上。諸州使人五品以上合班。諸親位於其南。六品以下位於橫街南。諸州使人六品以下及蕃客等又在其南，皆東面北上。設典儀位於懸之東北，贊者二人在南，少退，俱西向。設賓受命位於橫街南道東，北向；贊者位又於其後，少東，北向。奉禮設門外位：文官一品以下位於順天門外道東，每等異位，重行西向；武官三品以下位於門西①，每等異位，重行東向，並以北爲上。

其日，諸衛勒所部列黃麾仗如常儀。群官依時刻集朝堂，俱就次，

---

① 　"三品"，《通典》卷一二六《開元禮纂類二十一》亦作"三品"，四庫本作"一品"。

各服其服。侍中量時版奏:“請中嚴。”協律郎、太樂令帥工人入,就位。諸侍衛之官各服其器服奉迎。典儀帥贊者先入,就位。通事舍人引先置群官入①,立定。又引賓、贊入,立於太極門外道東,西向。黃門侍郎引主節持幡節,中書侍郎引制書案,立於樂懸東南,西面北上。

侍中版奏:“外辦。”皇帝服通天冠、絳紗袍以出,曲直華蓋警蹕侍衛如常儀。皇帝將出,仗動,太樂令令撞黃鍾之鐘,左五鐘皆應。協律郎舉麾,凡樂,皆協律郎舉麾,工鼓柷而後作;偃麾,戛敔而後止。鼓柷,奏《太和之樂》。皇帝乘輿出自西房,即御座,南向坐,符寶郎奉寶置於御座,樂止。

通事舍人引賓、贊入,就位,賓、贊初行入門,《舒和之樂》作,至位,樂止。立定,典儀曰:“再拜。”侍中及舍人前承制,侍中降至賓前,稱“有制”,公再拜。“將加冠於某之首,公其將事。”公少進,北面再拜稽首,辭曰:“臣不敏,恐不能供事,敢辭。”侍中升奏,又承制降稱:“旨曰某公其將事,無辭。”公再拜,退,復位。侍中退。舍人至卿前,稱“勑旨”。卿再拜。“將加冠於某之首,卿宜贊冠。”卿再拜,舍人退。黃門侍郎引主節至賓所,主節以節授黃門侍郎,黃門侍郎執節,立於賓東北,西面。賓再拜,受節,付主節訖,又再拜。主節立於賓後,黃門侍郎退。中書侍郎引制書案至賓所,取制書,在賓東北,西面立。賓再拜,受制書,執立,又再拜。持案人立於賓後,中書侍郎退。典儀曰:“再拜。”贊者承傳,群官在位者皆再拜。舍人引賓、贊出,賓、贊初行,樂作,出門,樂止。

侍中前,跪,奏稱:“侍中臣某言,禮畢。”俛伏,興,還侍位。皇帝興,太樂令令撞蕤賓之鐘,左五鐘皆應,鼓柷,奏《太和之樂》。皇帝降座,侍衛警蹕如来儀,入自東房,樂止。舍人引一品以下以次出。初賓、贊出門,賓以制書置於案,幡節引制書案升車,從輅而行。威儀鐃吹詣東宮,降輅,入次,賓、贊具服。其一品以下以次出。蕃客各還館。九品以上詣東宮朝堂次,服其服,就位如冠儀。

冠

前一日,衛尉設賓次於重明門外道西,南向,贊冠次又於其西,南

---

① “置”,《通典》卷一二六《開元禮纂類二十一》亦作“置”,四庫本作“至”。

向,並鋪床席。又於重明門內道西設一次,擬會賓、贊。設文武群官九品以上及諸親并宫臣次如常儀。奉禮設文武群官九品以上、諸親在五品之下及宫臣門外位如常儀。典儀設殿庭位:文武群官共宫臣合班,諸親在五品下;文官在東,西向;武官在西,東向,皆以北爲上。又設皇太子位於閣外道東,西向。設三師位於閣外道西,三少位於三師之南,少退,俱東向。典儀又設皇太子受制位於樂懸北,北向。所由設軒懸之樂於殿庭①,又設舉麾位於殿上,一位於懸下。有司設皇太子羽儀、車輿於殿庭如常式。典設帥其屬鋪解劍席於懸之東北。

　　冠日平明,宫臣皆朝服,非朝服者公服②,三師、三少公服,並集於重明門外次。宗正卿公服,乘犢車侍從,詣左春坊權停。左右二率各勒所部屯門列仗。左庶子版奏:"請中嚴。"工人及諸行事之官各入,就位。奉禮設罍洗於東階東南,罍在洗東,篚在洗西,南肆。篚實巾加勺冪。典禮鋪皇太子冠席於殿上東壁下少近南,西向。設賓席於西陛上,東向。設主人席於皇太子席西南,西向。設三師席於冠席北,三少席於冠席南。典設張帷幄於東序內,設褥席於帷幄中。又張帷於序外,擬置饌物等。內直陳服於帷內,東領北上:衮冕服,玄衣纁裳,九章。白紗中單,黼領、青褾、襈、裙③。革帶,金鉤鰈,大帶,朱韍二章,玉貝劍火珠鏢首④,瑜玉雙佩。朱組雙大綬,四彩赤白縹紺,純朱質,長一丈八尺,三百二十首,廣九寸。小雙綬長二尺六寸⑤,色同大綬而首半之,閒施二玉環。白襪赤舄,金飾。象笏。遠遊冠服,絳紗袍,白紗中單,皂領、褾、襈、裙⑥。白方心曲領假帶,絳紗蔽膝。白練裙襦,白襪黑舄。其革帶、劍、佩、綬、笏與冕服同。緇布冠服⑦,玄衣素裳素韠,白紗中單,青領、褾、襈、裙⑧。履、襪、革帶、

---

① "所由",《通典》卷一二六《開元禮纂類二十一》亦作"所由",四庫本作"所司"。
② "非朝服者",四庫本、《通典》卷一二六《開元禮纂類二十一》作"非宫臣者"。
③ "青褾",四庫本作"襟"。"裙",四庫本、《通典》卷一二六《開元禮纂類二十一》、《新唐書》卷一七《禮樂七》作"裾"。
④ "玉貝劍",四庫本、《通典》卷一二六《開元禮纂類二十一》作"玉具劍"。
⑤ "小雙綬",四庫本、《通典》卷一二六《開元禮纂類二十一》作"小綬"。
⑥ "裙",四庫本、《通典》卷一二六《開元禮纂類二十一》作"裾"。
⑦ "緇布冠服",四庫本、通典卷一二六《開元禮纂類二十一》作"緇布冠"。
⑧ "裙",四庫本、《通典》卷一二六《開元禮纂類二十一》作"裾"。

大帶、笏、緇纚。用皂羅巾方六寸，屬帶於前兩隅。犀簪二物同箱，在服南。櫛實
於箱，又在南。莞筵四，紛純；藻席四，繢純，又在南。良醞令實側尊甒
醴加勺冪於序外帷內。設罍洗於尊東①，罍在洗北，篚在洗南，東肆，實
巾一，角觶角柶各一，加冪。太官令實饌豆九、籩九於尊西②，俎三在豆
北。執在庭罍洗者，絳公服，立於罍洗之西③，北向。執帷內尊、罍、洗、
籩、豆、俎等，並絳公服，立於尊、罍、籩、豆之所④。冕，白珠九旒，犀導，
組纓，青纊充耳。遠遊三梁冠，金附蟬九首，施珠翠，黑介幘，犀導，髮纓
翠緌；緇布冠，青組纓屬於冠。冠冕各一箱盛，奉禮三人各執立於西階
之西⑤，東面北上。主人贊冠者庶子爲之。升，詣東序帷內，少北，戶東，西
面立。典謁引群官以次入，就位。

　　初賓、贊入次，左庶子版奏：“外辦。”通事舍人引三師等入，就閤外
道西位，東面立。皇太子著空頂黑介幘，雙童髻，玉導。寶飾彩衣，紫褶綠
袴，標領，綠錦紳，烏皮履。乘輿以出，洗馬迎於閤外。左庶子跪，奏稱：“左庶
子臣某言，請殿下降輿。”俛伏，興，還侍位。皇太子降輿，洗馬引之道東
位，西向立。左庶子又前，跪，奏稱：“左庶子臣某言，請殿下再拜。”皇太
子再拜，三師、三少答再拜。洗馬引就階東南位，三師訓導在前，三少訓
從於後，千牛仗夾二人左右，其餘仗衛列於師保之外。

　　通事舍人引宗正卿入，見皇太子，訖，通事舍人引出迎賓。洗馬引
皇太子，初行，樂作，至階東，西面立，偃麾樂止。凡樂皆令官帥舉麾⑥，工鼓柷
而後作；偃麾，戛敔而後止。宗正卿迎賓於門東，西向。賓立於門西，東向。宗
正卿再拜，賓不答拜。賓入門，樂作，主人從入，立於樂懸東北，西向。
賓入，贊冠者從入。舍人引賓、贊詣殿階閒，南向立，樂止。贊冠者立於

　　①　“罍洗於尊東”五字，四庫本、《通典》卷一二六《開元禮纂類二十一》無。
　　②　“籩九”二字，公善堂本原作“籩”，今據四庫本、《通典》卷一二六《開元禮纂類二十一》校改。
　　③　“西”，四庫本、《通典》卷一二六《開元禮纂類二十一》作“南”。
　　④　“籩豆”，四庫本、《通典》卷一二六《開元禮纂類二十一》作“豆俎”。
　　⑤　“奉禮”，《通典》卷一二六《開元禮纂類二十一》、《新唐書》卷一七《禮樂七》作“奉禮郎”。
“三人”，四庫本作“二人”，《通典》卷一二六《開元禮纂類二十一》、《新唐書》卷一七《禮樂七》並作“三人”。
　　⑥　“令官”，四庫本、《通典》卷一二六《開元禮纂類二十一》作“伶官”。

賓西南,東向;節在賓東少南,西向;制案在贊冠西南,東向。賓就案取制。執之。洗馬引皇太子詣受制位,北面立,皇太子初行,樂作,至位,樂止。主節脫節衣。賓稱:"有制",皇太子再拜。宣詔曰:"制皇太子某,吉日元服,率由舊章,命太尉某就宮殿展禮。"訖,皇太子又再拜。少傅進詣賓前受制書,退授皇太子,皇太子受制書,付左庶子。案退。

洗馬引皇太子師保等如式升東階,量人從升。初行樂作,至階樂止。入東序帷内,近北西向立[①]。師保等就席位,訖,賓升西階,宗正卿升東階,各立席後。初賓升,舍人引贊冠者詣罍洗盥手,升自東階,詣序帷内,於主人贊冠之南,俱西向。贊冠者引皇太子出,立於席東,西面。賓之贊冠者取纚櫛二箱,坐奠於皇太子筵南端,興,席北少東西面立。

賓揖皇太子進,升筵,西向坐。賓之贊冠者進筵前,東向坐,脫空頂黑介幘置於箱,櫛畢,設纚,興,少北南面立。賓降盥,主人從降,樂作,賓升,樂止,主人從升。執緇布冠者升,賓降一等受之,右執項[②],左執前,進皇太子筵前,東面立,祝曰:"令月吉日,始加元服,棄厥幼志,慎其成德,壽考惟祺,以介景福。"乃跪,冠,興,復位,東面立。賓之贊冠者進筵前,東面跪,結纓,興,復位。皇太子興,賓揖皇太子,贊冠者引皇太子適東序帷内,著玄衣素裳之服以出,立於席東,西面。

賓揖皇太子,皇太子進,升筵西向坐。賓之贊冠者進筵前,東面跪,脫緇布冠,置於黑介幘之箱,櫛纚依舊不解,興,復位。賓降二等,受遠遊冠,右執項[③],左執前,進皇太子筵前,東面立,祝曰:"吉月令辰,乃申嘉服,克敬威儀,式昭厥德,眉壽萬年,永膺祺福。"乃跪,冠,興,復位。賓之贊冠者跪,設簪結纓,興,復位。皇太子興,賓揖皇太子,贊冠者引皇太子適東序帷内,著朝服以出,立於席東,西面。

賓揖皇太子,皇太子進,升筵,西向坐。賓之贊冠者進筵前,東面

---

①　"西",《通典》卷一二六《開元禮纂類二十一》亦作"西",四庫本作"南"。

②　"右執項",《通典》卷一二六《開元禮纂類二十一》作"右執項",四庫本、《新唐書》卷一七《禮樂七》作"右執頂"。

③　"右執項",《通典》卷一二六《開元禮纂類二十一》作"右執項",四庫本、《新唐書》卷一七《禮樂七》作"右執頂"。

跪，脫遠遊冠，置於纚箱，櫛纚依舊不解，興，復位。賓降三等受冕，右執
項①，左執前，進皇太子筵前，東面立，祝曰："以歲之正，以月之令，咸加
其服，以成厥德，萬壽無疆，承天之慶。"乃跪，冠，賓興，復位。賓之贊冠
者跪，設簪結纚，興，復位。皇太子興，賓揖皇太子，贊冠者引皇太子適
東序，著袞冕之服以出，立於席東，西面。贊冠者徹纚櫛二箱入於帷內，
又取筵入於帷內。

　　主人贊冠者又設醴皇太子席於室戶西，南向，下莞上藻。賓之贊冠
者於東序帷內盥手洗觶，典膳酌醴②，加柶，覆之，面枋③，授贊冠④；賓之
贊冠者受，面葉，立於序內，南面立。賓揖皇太子，贊冠者引皇太子就筵
西，南面立。賓進，受醴，加柶，面枋⑤，進皇太子筵前，北面立，祝曰："甘
醴惟厚，嘉薦令芳。拜受祭之，以定厥祥。承天之休，壽考不忘。"皇太
子筵西拜受觶，賓復位，東面答拜。贊冠者興，進，饌者承饌⑥，設於皇太
子筵前。皇太子升筵坐，左執觶，右取脯，擩於醢，祭於籩豆之間。贊冠
者取韭菹，遍擩於豆，以授皇太子，又祭於籩豆之間。贊冠者取肺一以
授皇太子。皇太子奠觶於薦西，興，受肺，却左手執本，坐，繚，右手絕末
以祭，上左手，嚌之，興，以授贊冠者，贊冠者加於俎。皇太子坐，帨手，
取觶，以柶祭醴三，始扱一祭，又扱再祭，加柶於觶，面葉，興；筵末坐，啐
醴，建柶，興；降筵西南，南向坐，奠觶，再拜，執觶興。賓答拜。皇太子
升筵，坐，奠觶於薦東，興，降筵。

　　贊冠者引皇太子降自西階，立於西階之東，南面。賓初答拜訖，降，
立於西階之西近南，東面，引賓之贊冠者隨降，立於賓西南，東面。皇太

---

　　①　"右執項"，《通典》卷一二六《開元禮纂類二十一》作"右執項"，四庫本、《新唐書》卷一七
《禮樂七》作"右執頂"。

　　②　"典膳"，四庫本、《通典》卷一二六《開元禮纂類二十一》、《新唐書》卷一七《禮樂七》作
"典膳郎"。

　　③　"面枋"，四庫本、《通典》卷一二六《開元禮纂類二十一》、《新唐書》卷一七《禮樂七》作
"面柄"。

　　④　"贊冠"，公善堂本原無，今據《新唐書》卷一七《禮樂七》校補。

　　⑤　"面枋"，四庫本、《通典》卷一二六《開元禮纂類二十一》、《新唐書》卷一七《禮樂七》校作
"面柄"。

　　⑥　"興"，四庫本、《新唐書》卷一七《禮樂七》作"與"，《通典》卷一二六《開元禮纂類二十一》
作"興"。"承"，《通典》卷一二六《開元禮纂類二十一》作"承"，四庫本、《新唐書》卷一七《禮樂七》
作"奉"。

子立定,賓少進,字之曰:"禮儀既備,令月吉日,昭告厥字,君子攸宜,錫之於嘏①,永受保之。奉勑字某。"皇太子再拜,曰:"某雖不敏,敢不祗奉。"又再拜。洗馬引皇太子降,初行樂作,至阼階下位,樂止。三師在南,北面,三少在北,南面,立定,皇太子西面再拜,三師等答再拜以出。於三師拜訖,典儀曰:"再拜。"贊者承傳,群官在位者皆再拜。左庶子前,稱:"禮畢。"皇太子乘輿以入,侍臣從至閤如常儀。初皇太子降,通事舍人引賓、贊及宗正卿出就會所。

會賓贊

賓既出,立於會所門外之西,東面北上。宗正卿立於門東,西面。立定,一揖一讓而入。宗正卿立於座東,西面,賓、贊立於座西,東面,俱再拜,就位,俛伏,坐。遂行酒,酒至,賓主俱興,再拜,就席坐飲。食至,賓主俱興,設食訖,賓主俱坐食。會訖,賓主俱興,賓、贊立於西廂,東面南上;宗正卿立於東廂,西面。執事者奉束帛之篚以授宗正卿,又執事者奉束帛篚立於宗正卿之後,牽馬者牽乘馬入陳於庭,北首西上。賓、贊俱迴,北面西上,再拜。宗正卿以幣篚進,西南面授賓;執事者以幣進,授贊冠者。宗正卿與執事者退,復位。賓、贊降,從者詡受幣。賓當庭實揖左馬以出,三馬從出,從者詡受馬。宗正卿出門東,西面;賓出門西,東面北上。宗正卿與賓、贊俱揖而退。賓、贊就車輅,詣順天門外復命。

朝謁

朝前,衛尉先於順天門外東朝堂之北設太子次,又於後設三師、三少及詹事等次。皇太子冠訖,諸衛率依常行鹵簿,陳列威儀仗衛,前後部鼓吹備列。師傅以下及宮官皆服常服②。皇太子服遠遊冠、絳紗袍,乘輿以出,儀衛侍從如常禮,洗馬前導。皇太子出重明門,左庶子跪,奏:"請降輿升輅。"又左庶子稱:"令曰諾。"左庶子俛伏,興。皇太子降

①　"錫之於嘏",四庫本、《通典》卷一二六《開元禮纂類二十一》、《新唐書》卷一七《禮樂七》作"宜之於嘏"。

②　"服常服",四庫本、《通典》卷一二六《開元禮纂類二十一》作"服其服"。

興，升金輅，三師乘輅車訓導在前，三少亦乘輅車訓從在後，威儀仗衛依
鹵簿發引，鳴鐃而行。至長樂門，鐃吹止。皇太子至順天門外次，迴輅
西向，左庶子跪，奏：“請降輅就次。”又右庶子稱：“令曰諾。”左庶子俛
伏，興。皇太子降輅，洗馬前導入次，左庶子侍左，右庶子侍右，舍人引
三師、三少、詹事就次。皇太子停大次少頃，舍人奏聞。典儀先於皇帝
所御殿前北向設皇太子位。左庶子跪，奏：“請入。”又右庶子稱：“令曰
諾。”又左庶子俛伏，興。皇太子出次，左庶子等夾侍，舍人引洗馬導引。
當門揖，引入。外官不入，諸儀衛鹵簿等悉陳列於門外。皇太子入自東
上閣，洗馬、左庶子等從入。至皇帝所御殿前位，北面立，從官陪後。左
庶子贊拜，皇太子再拜。侍中宣勅戒曰：“事親以孝，接下以仁，使人以
義，養人以惠。”訖，皇太子再拜，少進，稱：“臣雖不敏，敢不祗奉。”皇太
子又再拜，訖，引下詣皇后所御殿。至殿院，內給事奏聞，出，引皇太子
入，洗馬、左庶子等不入。太子至皇后所御殿前，北面立，再拜。尚儀前
承令，降詣皇太子西北，東面稱：“令旨。”皇太子再拜，宣令戒曰：“事親
以孝，接下以仁，使人以義，養人以惠。”訖，皇太子再拜，少進，稱：“臣夙
夜祗奉，不敢失墜。”皇太子又再拜。司言引至閣，舍人承引以出，皇太
子還如來儀。

皇太子謁太廟

　　前一日，皇太子宿齋於正殿，其宮臣從入廟者，宿齋於家正寢。所
司掃除廟之內外。衛尉設皇太子次於廟西南角，東向。又設三師以下
及宮官次於皇太子次之後，少近西，俱東向。又設宮官次於東宮朝堂。
奉禮設皇太子版位於廟庭道東，北向。典儀設宮臣位於重明門外：文官
在東，西面；武官在西，東面，每等異位重行，俱以北爲上。

　　其日未明，所司依鹵簿陳設於重明門外。宮臣應從者依時刻集朝
堂次，服朝服，非朝服者常服[①]。諸衛率各勒所部陳設如式。左庶子版
奏：“請中嚴。”僕進金輅於西閣外，南向，車右執刀立於輅前，北向。舍
人引宮臣各就位。侍衛之官各服其器服，右庶子負寶如式，俱詣閣奉

---

① “常服”，《通典》卷一二六《開元禮纂類二十一》亦作“常服”，四庫本作“公服”。

迎。左庶子版奏:"外辦。"僕奮衣而升,正立執轡。皇太子服遠遊冠、絳紗袍以出,左右侍衛如常儀。洗馬引皇太子升,僕立授綏,命車右升訖,車驅,左庶子以下夾侍如式。出重明門,左庶子進,當輅前,跪,奏稱:"左庶子臣某言,請車輅權停,令侍臣上馬。"俛伏,興,退稱:"侍臣上馬。"贊者唱:"侍臣上馬。"文武侍臣皆上馬。宮臣上馬畢,左庶子進,當輅前,跪,奏稱:"左庶子臣某言,請發引。"俛伏,興,退,復位。皇太子車輅動,鐃吹不作,文官在左,武官在右。至下馬所,侍臣並下車馬。皇太子至次所,迴輅南向。左庶子跪,奏稱:"左庶子臣某言,請殿下降輅。"俛伏,興,還侍位。皇太子降輅,洗馬引入次,侍臣立如常。皇太子入次一刻頃,左庶子跪,奏稱:"左庶子臣某言,請殿下出次。"俛伏,興。皇太子出次,謁者引家令,家令引皇太子,入自南門,三師、三少導從如式。庶子二人,一人贊左,一人贊右。舍人二人從,近仗量人從入。皇太子至位,立定,家令奏:"請殿下再拜。"皇太子再拜。少頃,家令奏:"皇太子再拜辭。"皇太子又再拜,訖。家令奏:"事畢。"謁者引家令,家令引皇太子,出自南門,升輅還宮如來儀。至重明門外,皇太子乘輅入,將士停,三師、三少還。皇太子至殿前,迴輅,左庶子跪,奏:"請殿下降輅。"俛伏,興。皇太子降,入,侍臣從至閤。左庶子奏:"請將士各還本位。"其還宮,鳴鐃吹如常。

會群臣

皇太子冠、見廟之明日,皇帝會群臣如元會之儀。其上壽辭云:"皇太子爰以吉辰,載加元服,德成禮備,普天同慶。臣等不勝悅豫,謹上千萬歲壽。"

群臣上禮

先上禮三日,本司宣令諸應上禮文武之官一品以下五品以上。前一日,衛尉量設次於東朝堂。晝漏上水七刻,各集於次,皆服朝服。奉禮先設上禮之官位於東朝堂之南,文東武西,北面重行,相對爲首。又設中書舍人位於文官爲首者之北,南向。設奉禮位於文官東北,贊者二人在南,差退,俱西向。牛酒在文武二位之間,少前。舍人各引應上禮之官就位。立定，令史二人對舉賀録案，禮部郎中引就中書舍人前，取賀録授舍人，訖，引案退。奉禮唱：“再拜。”贊者承傳，在位者皆再拜。中書舍人奉賀録入進。舍人引在位者退。酒十二斛，犢十二頭，赤繩爲籠頭，奏訖，并付所司。

皇太子會宮臣

皇太子會宮臣如常會之儀。上壽辭云：“具官臣某等言，伏惟殿下爰以吉辰，載加元服，禮備德成。臣等不勝悦豫，謹上千萬崴壽。”

宮臣上禮

先上禮一日，詹事宣告上禮之官，詹事以下，七品以上。晝漏上水七刻，皆朝服集東宮南門外之左。典儀先設群官位於中門外，北面，以西爲上。牛酒置其位西五步，少近。晝漏上水八刻，通事舍人引群官皆就位。立定，詹事承奉群官簡録案於詹事前①，東面跪，授導客舍人，導客舍人西面立受，迴南面立。典儀唱：“再拜。”詹事以下俛伏，興，皆再拜。導客舍人以簡録案入。通事舍人引群官以下②。左庶子省進酒九斛，盛以銅鐘一斛，犢九頭，赤繩爲籠頭，皆付所司。

---

① “承”字，四庫本、《通典》卷一二六《開元禮纂類二十一》皆作“丞”。
② “引群官以下”，《通典》卷一二六《開元禮纂類二十一》作“引群官以下”，四庫本作“引群官詹事以下退”。

卷第一百十一　嘉禮

皇太子納妃

臨軒命使　納采　問名　納吉　納徵　告期　告廟
册妃　臨軒醮戒　親迎　同牢　妃朝見　會群臣

臨軒命使

將行納采，制命使者，吏部承以戒之。

前一日，尚舍奉御設御幄於太極殿北壁下，南向。衛尉設群官次於東西朝堂。太樂令展宮懸於殿庭下，並如常儀。

其日，典儀設文官一品以下五品以上位於橫街之北，西面北上，朝集使五品以上合班，六品以下位於橫街南，朝集使六品以下合班，蕃客又在其南，皆西面北上。設武官五品以上位於橫街北，東面北上，朝集使五品以上合班，諸親位於其南，六品以下位於橫街南，朝集使六品以下、蕃客等又在其南，皆東面北上。設典儀位於懸之東北，贊者二人在南，少退，俱西向。設舉麾位於殿上西階之西，東向。設使者受命位於橫街南道東，北面西上。奉禮設門外位：文官一品以下五品以上位於順天門外道東，每等異位，俱重行西面；武官三品以上位於門西[①]，每等異位，俱重行東向，以北爲上。

未明二刻，諸衛勒所部屯門，布黃麾半仗立仗入陳於殿庭如常儀。群官依時刻集朝堂，俱就次，各服朝服。侍中量時刻版奏：“請中嚴。”鈒戟近仗就陳於閤外。太樂令以下帥工人入，就位。諸侍衛之官各服其器服侍。侍中、書令以下諸侍臣俱詣閤奉迎。典儀帥贊者先入，就位。吏部、兵部各贊群官出次，典謁各引就門外位。

---

① “以上”，四庫本、《通典》卷一二七《開元禮纂類二十二》作“以下”。

侍中版奏：“外辦。”皇帝服袞冕，乘輿以出，曲直華蓋侍衛警蹕如常儀。皇帝將出，仗動。皇帝出自西房，即御座，南向坐，符寶郎奉寶置於御座如常儀。通事舍人引群官以次入，就位。立定，典儀曰：“再拜。”贊者承傳，群官在位者皆再拜。吏部與禮部侍郎贊使主副出，典謁引就受命位。侍中前承制，降詣使者西北，東面稱：“有制。”使主副俱再拜。侍中宣制，訖，使主副又再拜。侍中還侍位。典謁引使者主副出。初使者將出，典儀曰：“再拜。”贊者承傳，群官在位者皆再拜。通事舍人引群官出。

侍中前，跪，奏稱：“侍中臣某言，禮畢。”俛伏，興，還侍位。皇帝降座，入自東房，侍衛警蹕如來儀，侍臣從至閤。使主副乘輿備儀仗而行①，從者乘車以從。

納采

前一日，主人設使者次於大門之外道右，西向。

其日大昕，使者公服至於妃氏大門外，掌次者延入次。凡賓主及行事者，皆公服。主人受其禮於廟。無廟者受於正寢。掌事者布神席於室戶外之西，莞筵紛純，加藻席畫純，南向，右彫几。使者出次，謁者引立於大門外之西，東面北上②。主人立於大門內，西面。儐者立於主人之左，北面受命，出，立於門東，西面曰：“敢請事。”使者曰：“奉制，作儷儲宮，允歸令德，率由舊章，使某納采。”儐者入告。主人曰：“臣某之子弗教，若如人，既蒙制訪，某不敢辭。”儐者出告。掌畜者以鴈授使副，使副進③，授使者，退，復位。使者左手執之。儐者引主人迎於大門外之南，北面再拜。使者不答拜。謁者引使者入門而左，主人入門而右。使者升自西階，立於楹間，俱南面西上。主人升自東階，進使者前，北面。使者曰：“某奉制納采。”主人降詣階間，北面再拜稽首，升，進，北面受鴈，退，立於東階上，西面。使者降自西階以出。

---

① “輿”，四庫本、《通典》卷一二七《開元禮纂類二十二》作“輅”。

② “東面北上”，四庫本、《通典》卷一二七《開元禮纂類二十二》作“東面”。

③ “使副”二字，公善堂本無，據四庫本、《通典》卷一二七《開元禮纂類二十二》校補。

問名

使者既出，遂立於内門外之西，東向。初使者降，左右受鴈於序端，主人降，立於内門内東廂①，西向。儐者進受命，出請事。使者曰："某將加卜筮，奉制問名。"儐者入告，主人曰："制以某之子備數於儲宫，臣某不敢辭。"儐者出告。掌畜者以鴈授使副，使副進，授使者，退，復位。使者左手執之。儐者引主人迎於内門外之南，北面再拜。使者不答拜。謁者引使者入門而左，主人入門而右。使者升自西階，立於楹閒，俱南面西上。主人升自東階，進使者前，北面。使者曰："某奉制問名，將加諸卜筮。"主人降詣階閒，北面再拜稽首，升，進，北面受鴈，少退，仍北面曰："臣某第幾女，某氏出。"使者降自西階，出，立於内門外之西，東向。初使者降，主人退，立於阼階東，左右受鴈於序端。主人降，立於内門東廂，西向。儐者進受命，出請事。使者曰："禮畢。"儐者入告。主人曰："某公爲事，故至於某之室。某有先人之禮，請禮從者。"儐者出告。使者曰："某既得將事，敢辭。"儐者入告。主人曰："先人之禮，敢固以請。"儐者出告。使者曰："某辭不得，命敢不從。"儐者入告。遂引主人升立於序端。掌事者徹几，改設二筵，東上。各用莞筵紛純，加藻席繢純。設甒醴於東房西牖下，加勺設冪，篚在尊南，實觶二、角柶二，各一籩一豆，實以脯醢，在篚南。又設洗於東階東南，如常施。

設訖，儐者引主人降，迎使者於内門外之東，西面揖使者，先入。使者入門而左，主人入門而右，三揖，使者皆不報。至階，主人曰："請某位升。"使者曰："某敢辭。"主人又曰："固請某位升。"使者揖主人。使者升自西階，北面東上。主人升自東階，北面再拜，使者西階上北面答拜。主人受几於序端。掌事者内拂几三，奉兩端西北向以進。主人東南向外拂几三，振袂，内執之，掌事者一人又執几以從。主人進，西北向。使者序進，迎受於筵前，東南向以俟。主人還東階上，北面拜送，西面立。

使者以几避，進，北面坐①，各設於座，左退於西階上②，北面東上，答拜③，旋立於階西，東面南上。贊者二人俱升，取觶，降，盥手洗觶，升，實醴，加柶於觶，覆之面葉，出房，南面。主人受醴，面枋④，進使者筵前，西北面立，又贊者執觶以從。使者西階上北面各一拜，序進筵前，東南面。主人以次授醴，使者受，俱復西階上位。主人退，復東階上，北面一拜送。掌事者以次進脯醢於筵前。使者各進，升筵，皆坐，左執觶，右取脯，擩於醢，祭於籩豆之閒，各以柶祭醴三，始扱一祭，又扱再祭，興，各以柶兼諸觶，上擷，降筵於西階上，北面坐，啐醴，建柶，各奠觶，遂拜，執觶，興。主人答拜。使者進，升筵坐，各奠觶於薦東，降筵，序立於西階上，東面南上。

掌事者牽乘馬入陳於門內，三分庭，一在南，北首西上。掌事者奉幣篚升自東階以授主人，主人受於序端，進西面立。掌事者一人，又奉幣篚立於主人之後。使者西階上，俱北面再拜。主人進詣楹閒，南面立。使者序進，立於主人之西，俱南面。主人以幣篚授使者，使者受，退，立於西階上，東面。執幣者又以幣篚授主人，主人受以授使副，使副受之，退，立於使者之北，俱東面。主人還東階上，北面拜送。使者降自西階，從者訝受幣。使者當庭實揖馬以出，牽馬者從出。使者出大門外之西，東面立，從者訝受馬。主人出門東，西向，再拜送。使者退，主人入立於東階下，西面。儐者告於主人曰："賓不顧矣。"主人反於寢。

納吉

前一日，主人設使者次如常。

其日大昕，使者至妃氏大門外，掌次者延入次。掌事者設几筵如常。使者出次，謁者引立於大門之西，東向。主人立於大門內，西向。儐者進受命，出請事。使者曰："加諸卜筮，占曰協從，制使某也納吉。"

儐者入告。主人曰:"臣某之子弗教①,惟恐不堪。龜筮曰吉,臣預在焉。臣某謹奉典制。"儐者出告。掌畜者以鴈授使副,使副進,授使者,退,復位。使者左手執之。儐者引主人迎於門外之南,北面再拜。使者不答拜。謁者引使者入門而左,主人入門而右。使者升自西階,立於楹間,南面西上。主人升自東階,進使者前,北面。使者曰:"某奉制納吉。"主人降階,北面再拜稽首,升,進,北面受鴈。使者降自西階②,立於大門外之西,東向。初使者降,主人還阼階東,左右受鴈於序端。主人降,立於內門內,西面。儐者進受命,出請事。使者曰:"禮畢。"其儐使者如問名之儀。

納徵

前一日,主人設使者次如常③。

其日大昕,使者至妃氏大門外,掌次者延入次。執事者設布幕於內門之外,玄纁束帛陳於幕上。乘馬陳於幕南,北首西上。執事者奉穀圭以櫝④,俟於幕東,西面。主人掌事者設几筵如常。

使者出次,謁者引立於大門外之西,東向。主人立於大門內,西向。儐者進受命,出請事。使者曰:"制使某以玉帛乘馬納徵。"儐者入告。主人曰:"奉制賜臣以重禮,臣某祇奉典制。"儐者出告。又儐者引主人迎於門外之南,北面再拜。使者不答拜。

謁者引使者入門而左,主人入門而右。至於內門外⑤,使者立於門西,東面北上。主人立於門東,西面。執事者坐,啟櫝取圭⑥,加於玄纁上,興,以授使副,使副進,授使者,退,復位。使者受玉帛。謁者引使者入門而左,主人入門而右,牽乘馬者從入,三分庭,一在南,北首西上。使者升自西階,立於楹間,俱南面西上。主人升自東階,進使者前,北面。使者曰:"某奉制納徵。"主人降詣階間,北面再拜稽首,升,進,北面

---

① "子",四庫本作"女"。

② "降自西階",四庫本作"降自西階而出"。

③ "常",四庫本作"常儀"。

④ "櫝",四庫本作"匵"。

⑤ "內門外",四庫本作"內門"。

⑥ "櫝",四庫本作"匵"。"圭",四庫本作"珪"。

受玉帛。使者降自西階，出，立於內門外之西，東向。初使者降，主人還
阼階東，左右受玉帛於序端。主人降，立於內門內，西向。於主人受玉
帛，受馬者自左受之以東。牽馬者既授馬，自前西面出。儐者進受命，
出請事。使者曰："禮畢。"其儐使者如納吉之儀。

告期

前一日，主人設使者次如常。

其日大昕，使者至妃氏大門外，掌次者延入次。掌事者設几筵如
常。使者出次，謁者引立於大門外之西，東向。主人立於門內，西向。
儐者進受命，出請事。使者曰："詢於龜筮，某月某日吉。制使某告期。"
儐者入告。主人曰："臣某謹奉制。"儐者出告。掌畜者以鴈授使副，使
副進，授使者，退，復位。使者左手執之。儐者引主人迎於門外之南，北
面再拜。使者不答拜。謁者引使者入門而左，主人入門而右。使者升
自西階，立於楹閒，俱南面西上。主人升自東階，進使者前，北面。使者
曰："某奉制告期。"主人降詣階閒，北面再拜稽首，升，進，北面受鴈[1]，
使者降自西階，出，立於內門外之西，東向。初使者降，主人還阼階東，
左右受鴈於序端。主人降，立於內門內，西面。儐者進受命，出請事。
使者曰："禮畢。"其儐使者如納徵之儀。

告廟

有司以特牲告如常禮。文臨時撰[2]。

册妃

前一日，主人設使者次如常。設宮人次於使者西南，俱東向，障以
行帷。

其日，奉禮設使者位於大門外之西，東向；使副及內侍位於使者之
南；舉册案及璽綬命服者在南，差退，俱東向。設主人位於門南，北向。
設使者以下及主人位於內門外，儀皆如之。設典內位於內門外主人之

---

[1]　四庫本於"北面受鴈"後多"退位于東階上西面"八字。

[2]　"文"，四庫本、《通典》卷一二七《開元禮纂類二十二》作"祝文"。

南，西面。典内之屬設宮人位於門外①，於使者之後，俱重行東向，以北爲上，障以行帷。設贊者二人位於東階東南，西向。典内預設一案於閤外，近限。

使者主副朝服，乘輅持節，備儀仗，鼓吹備而不作。至妃氏大門外，使者降輅，掌次者延入次，宮人等各之次。掌嚴奉褕翟衣及首飾，内厩尉進厭翟車於大門之外道西，東向，以北爲上。諸衛率其屬布妃儀仗如常。

使者出次，典謁引使者以下，持節者前導，及宮人、典内各就位。持節者立於使者之北，少退，俱東向。主人朝服出迎於大門外之東，西面立定，少頃，北面再拜。使者不答拜。典謁引使者，持節者前導，入門而左，持案以下從之。主人入門而右。至内門外，各就位。立定，奉册寶案者進，當使副前，使副受册寶，奉案者退，復位。使副以册寶進，授使者，退，復位。内侍進使者前，西面受册寶，東面授典内，退，復位。典内持册寶入，立於閤外之西，東面跪，置册寶於案，典内俛伏，興。奉衣服及侍衛者從入，皆立於典内之南，俱東面北上。

傅姆贊妃出，引立於庭中，北面。掌書進，跪，取册寶②，興，進，立於妃前，南面。掌嚴奉首飾及褕翟與諸宮官侍衛者以次入，侍衛如常。典内還復位。司則前，贊妃再拜，還侍位，妃再拜，司則進掌書前，北面受册寶，進妃前，南面授妃，妃受以授司閨。司則又前，贊妃再拜，還侍位。妃又再拜，訖，司則前，請妃升座，還侍位。司閨引妃升座，南向坐。宮官以下俱降，立於庭，重行，北向，以西爲上。立定，贊唱者曰：“再拜。”宮官以下皆再拜，訖，諸應侍衛者各升立於侍位。司則前啟：“禮畢。”妃降座，司閨引妃入於室。主人儐使者如禮賓之儀，使者乘輅而還。

臨軒醮戒

前三日，本司宣攝内外，各供其職。

---

①　四庫本、《通典》卷一二七《開元禮纂類二十二》、《新唐書》卷一八《禮樂八》皆無“典内之屬”四字。

②　“册寶”，四庫本、《通典》卷一二七《開元禮纂類二十二》、《新唐書》卷一八《禮樂八》作“玉寶”。

前一日，衛尉設次於東朝堂之北，西向。又設宮官次於重明門外如常儀。

其日前三刻，宮官俱集於次，各之次，皆服其服。諸衛各勒所部依圖陳設。左庶子奏：“請中嚴。”僕進金輅於西閤外[①]，南向，內率一人執刀立於輅前，北向。

前二刻，諸衛之官各服其器服，以次詣閤奉迎。右庶子負璽如式。宮官應從者各出次，立於門外，文東武西，重行相向，北上。左庶子奏：“外辦。”僕奮衣而升，執轡。皇太子著袞冕之服以出，左右侍衛如常儀。皇太子乃升，僕立授綏。車驅，左庶子以下夾侍如常。出門，車權停，令車右升輅陪乘。宮臣上馬畢，皇太子車動，鼓吹振作如式，文武官皆乘馬以從如常。至承天門下車所，迴輅南向。左庶子進，當輅前，跪，奏稱：“左庶子臣某言，請降輅。”俯伏，興，還侍位。皇太子降輅，典謁引舍人，舍人引皇太子就次，侍衛如常儀。

前一日，尚舍奉御整設御座於太極殿阼階上，西向。衛尉設群官次於朝堂，太樂令展宮懸於殿庭，乘黃令陳車輅，並如常儀。

其日，尚舍直長鋪皇太子席位於戶牖閒，南向。其席莞筵紛純，加藻席繢純。尚食奉御設酒尊於東序下，有坫，加勺，設幂，實爵一。又陳籩脯一、豆醢一在尊西。晡前三刻，典儀設群官版位於內，奉禮設版位於外，如朝禮。諸衛勒所部屯門布仗立仗入陳於殿庭。群官依時刻集朝堂，俱就次各服其服。侍中版奏：“請中嚴。”鈒戟近仗就陳於閤外。太樂令帥工人入，就位。晡前一刻，諸侍衛之官各服其器服。侍中、中書令以下俱詣閤奉迎。典儀帥贊者先入，就位。吏部、兵部贊群官俱出次，通事舍人各引就門外位。

侍中版奏：“外辦。”皇帝服通天冠、絳紗袍，乘輿以出，曲直華蓋警蹕侍衛如常儀。皇帝將出，仗動。皇帝出自西房，即御座，西向坐，符寶郎奉寶置於御座如常儀。通事舍人引群官以次入，就位。群官立定，典儀曰：“再拜。”贊者承傳，群官在位者皆再拜。

初群官入訖，典謁引舍人，舍人引皇太子入，侍從如常式。皇太子每行事，

---

① “僕”，四庫本、《通典》卷一二七《開元禮纂類二十二》作“內僕”。“西閤外”，《通典》卷一二七《開元禮纂類二十二》作“閤外”。

左庶子執儀贊相。至懸南，北面立。典儀曰：“再拜。”贊者承傳，皇太子再拜。典儀引舍人，舍人引皇太子詣西階。皇太子脫舄，舍人引升就席西，南面立。尚食奉御酌酒於序，進，詣皇太子西南，東面立。皇太子再拜，受爵。尚食直長又薦脯醢於席前，皇太子升席坐，左執爵，右取脯，擩於醢，祭於籩豆之間。右祭酒興，降席西，南面坐，啐酒，奠爵，再拜，執爵，興，奉御受虛爵。直長徹薦還於房。

　　舍人引皇太子進，當御座前，東面立。皇帝命之曰：“往迎爾相，承我宗事，勖率以敬。”皇太子曰：“臣謹奉制旨。”遂再拜。舍人引皇太子降自西階，納舄訖，典謁引舍人，舍人引皇太子出門。典儀曰：“再拜。”贊者承傳，群官在位者皆再拜。通事舍人引群官以次出。侍中前，跪，奏稱：“侍中臣某言，禮畢。”俛伏，興，還侍位。皇帝降座，入自東房，警蹕侍衛如來儀，侍臣從至閤。

親迎

　　前一日，衛尉設皇太子次於妃氏大門之外道西，南向。設侍衛群官次於皇太子次西南，東面北上。

　　皇太子既受命，遂適妃第，執燭前馬，鼓吹振作如式，侍從如常。皇太子車至妃氏大門外次前，迴輅南向。左庶子進，當輅前，跪，奏：“左庶子臣某言，請降輅。”俛伏，興，還侍位。皇太子降輅之次。

　　車將至，主人設几筵如常，醴女如別儀。妃服褕翟花釵，立於東房，侍從如常。主婦衣禮衣鈿釵，出立於房戶外之西，南向。主人公服出立於大門之內，西向。在廟則主人以下著祭服。儐者公服，立於主人之左，北面。

　　左庶子前，跪，奏稱：“左庶子臣某言，請就位。”俛伏，興，還侍位。皇太子出次，立於門西，東向，侍衛如常儀。儐者進受命，出門東，西面曰：“敢請事。”左庶子承傳，進、跪、奏如常。皇太子曰：“以茲初昏，某奉制承命。”左庶子俛伏，興，傳於儐者，入告。主人曰：“某謹敬具以須。”儐者出，傳於左庶子，左庶子進奏如初。儐者入，引主人迎於門外之東，西向，再拜。左庶子前，跪，奏稱：“左庶子臣某言，請答拜。”俛伏，興，還侍位。皇太子答再拜。主人揖皇太子，先入。掌畜者以鴈授左庶子，左庶子進，東南向奉授，皇太子既執鴈進入，侍衛者量入侍從。及內門，主人讓曰：“請皇太子入。”皇太子曰：“某勿敢先。”主人又曰：“固請皇太子入。”皇太子又曰：“某固勿敢先。”主人揖，入，皇太子從入。皇太子入門而左，主人入門而右。及內門，主人揖，入。及內霤，將曲揖，當階揖，皇太子皆報揖。至於階，主人曰：“請皇太子升。”皇太子曰：“某敢辭。”主人曰：“固請皇太子升。”皇太子又曰：“某敢固辭。”主人又曰：“終請皇太子升。”皇太子又曰：“某敢終辭。”主人揖，皇太子報揖。主人升，立於阼階上，西面。皇太子升，進，當房戶前，北面跪，奠鴈，俛伏，興，再拜，降出。主人不降送。

内厩尉進厭翟於内門外。傅姆導妃，司則前引，出於母左，傅姆在右，保姆在左。執燭及侍從如式。父少進，西面戒之，必有正焉，若衣若花①，命之曰：“戒之敬之，夙夜無違命。”母戒之西階上，施衿結帨，命之曰：“勉之敬之，夙夜無違。”庶母及門內，施鞶，申之以父母之命，命之曰：“敬恭聽宗爾父母之言，夙夜無愆，視諸衿鞶。”

妃既出内門，至輅後，皇太子授綏，姆辭不受，曰：“未教，不足與爲禮。”妃升輅，乘以几，姆加幜。皇太子乃馭輪三周，馭者代之。皇太子出大門，乘輅還宮，侍衛如來儀，妃儀仗次於後。主人使其屬送妃以次旅從②。

同牢

其日，司閨設妃次於東閣外道東③，南向，掌筵鋪褥席。將夕，司閨設皇太子幄於殿室内西廂，東向，鋪地席重裀，施屏障。設同牢之席於室内，皇太子之席西廂，東向；妃東廂，西向。席皆莞筵紛純，加藻席繢純。席閒量容牢饌。典饍監設洗於東階東南，東西當東霤，南北以堂深，罍水在洗東，篚在洗西，南肆。篚實以二巾、二爵。設妃洗於東房近北，罍水在洗西，篚在洗東，北肆，皆加勺、巾、冪。典饍監預饌於房西牖下：籩、豆各二十，簋、簠各二，鉶各三④，瓦登一，皆加巾冪蓋，俎三。尊在室内北牖下，

---

①　“若衣若花”，四庫本作“若衣若笄”。

②　“以次旅從”，四庫本作“以次族從”，《通典》卷一二七《開元禮纂類二十二》作“以儐從”。

③　“外”，四庫本、《通典》卷一二七《開元禮纂類二十二》作“内”。

④　“鉶”，四庫本、《通典》卷一二七《開元禮纂類二十二》作“鈃”。

玄酒在西，皆加冪勺，南枋①。冪夏用絺，冬用緆。尊於房户外之東，無玄酒，篚在南，實四爵、合졸。其器皆烏漆，惟登以陶②，졸以瓢。

皇太子車至侍臣下馬所，車權停，文武侍臣皆下馬，車右降，立於輅左，車動，車右夾輅而趨。車至左閣，迴輅南向。左庶子進，當輅前奏稱："左庶子臣某言，請降輅。"俛伏，興，還侍位。皇太子降輅，入，俟於内殿門外之東，西向，侍衛如常儀，庶子以下皆退。妃至宫門，鹵薄仗衛停於門外，近侍者從入如常，至左閣外，迴輅南向，司則進當輅前，啓"請妃降輅"。掌筵依式執扇，前後執燭並如常儀。妃降輅，就次整飾，司闈引妃詣内殿門西，東面。

皇太子揖妃以入。司闈前引，升自西階，姆從升，執扇燭者陳於東西階内。皇太子即席，東向立，妃即席，西向立。司饌進詣階閒，北面跪，奏稱："司饌妾姓言，請具牢饌。"興。司則承令曰諾。司饌帥其屬升，奉饌入，設於皇太子及妃座前。醬在席前，菹醢在其北，俎三入設於豆東，豕俎特於俎北。豆東，菹醢之東。司饌設黍於醬東，稷在東，設湆於醬南。饌要方也。設對醬於東，對醬，婦醬也，設之當特俎。菹醢在其南，北上。設黍於豕俎北，其西稷、稻、粱。設湆於醬北。司饌啓會，却於簋、簠之南，對簠、簋於北，啓，發也。豆蓋，徹於房内。各加匕箸。施設訖，司饌北面跪，奏："饌具。"興。

皇太子及妃俱坐。司饌跪，取脯擩於醢，取韭菹擩醢，授皇太子；又司饌跪，取脯擩於醢，取韭菹擩醢，授妃。皇太子及妃俱受，祭於籩、豆之閒。司饌興，跪，取黍實於左手，遍取稷，反於右手，授皇太子。又司饌取黍實於左手，遍取稷，反於右手，授妃。皇太子及妃各受，祭於菹醢之閒。司饌俱興，各立取肺，皆絶末，跪，授皇太子及妃，俱受，又祭於菹醢之閒。司饌俱以肺加於俎。掌嚴授皇太子巾，又掌嚴授妃巾，皇太子及妃俱帨手，以柶扱上鉶③，遍擩之，祭於上豆之閒。司饌品嘗太子饌，又司饌品嘗妃饌。司饌各移黍置於席上，以次跪，授肺脊，皇太子及妃皆食以湆醬，三飯卒食。

---

① "南枋"，四庫本、《通典》卷一二七《開元禮纂類二十二》作"南柄"。

② "登"，四庫本、《通典》卷一二七《開元禮纂類二十二》作"景"。

③ "鉶"，四庫本、《通典》卷一二七《開元禮纂類二十二》作"鈃"。

司饌北面跪，奏稱：“司饌妾姓言，請進酒。”司則承令曰：“依奏。”興。司饌二人俱盥手洗爵於房，入室詣酒尊所，酌酒進，北面立。皇太子及妃俱興，再拜，一人進，授爵皇太子，一人以爵授妃，皇太子及妃俱受爵，司饌俱退，北面答再拜。皇太子及妃俱坐，皇太子及妃俱祭酒舉酒，司饌各以肝從，司則俱進，受虛爵，奠於篚。司饌又俱洗爵酌酒，再酳，皇太子及妃受爵，俱飲，司則進，受虛爵，奠於篚。三酳用卺，如再酳。皇太子及妃立於席後，司則俱降東階，洗爵，升，酌於戶外尊，進，北面俱奠爵，興，再拜。皇太子及妃俱答拜。司則俱坐，取爵祭酒，遂飲卒爵，奠爵，遂拜，執爵，興，降，奠爵於篚，還侍位。司饌北面奏稱：“司饌妾姓言，牢禮畢。”司則承令曰諾。司饌徹饌，設於房。

司則前，跪，奏稱：“司則妾姓言，請殿下入。”俛伏，興，還侍位。皇太子入於東房，釋冕服，著袴褶。司則啟妃入幃幄。皇太子及妃俱入室。媵餕皇太子之饌，御餕妃之饌。

妃朝見

其日，晝漏上水一刻，所司設皇帝御座於所御殿阼階上，西向。其席莞筵紛純，加藻席畫純，次席黻純，左有玉几。所司設皇后御座於室戶外之西，近北，南向。尚食帥司饌設酒尊於房內東壁下，有坫，加勺冪，尊用瓦甒，實以醴齊。籩一豆一，實以脯醢，設於尊北。又設洗於東房，近北，罍水在洗西，篚在洗東，北肆。篚實以巾冪，觶一，角柶一。

其日夙興，妃沐浴。司則啟：“請妃內嚴。”質明，諸衛帥其屬陳布儀仗如常儀，近仗入陳於寢門外。內厩尉進厭翟於正寢西階之前，南向。司則啟：“外辦。”妃服褕翟，加首飾以出，降自西階，升輅，侍衛如常。至降車所，司則贊“妃降輅”，司言引妃入，仗衛停於閣外，障扇侍從如常。妃至寢門之外，立於西廂，東向。

諸衛勒所部屯門布仗，三仗入陳於所御殿閣外如常。侍中奏：“請內嚴。”尚儀又奏：“請皇后內嚴。”妃既至寢門，侍中版奏：“外辦。”皇帝服通天冠、絳紗袍以出，升自阼階，即御座，西向坐，侍衛如常儀。尚儀又奏皇后“外辦”。皇后褘衣首飾，司言引尚宮，尚宮引皇后出，即御座，南向坐，侍從如常。妃奉笲棗栗，司饌又執奉笲腶脩以從。司言引妃入，立於庭，北面再拜。司賓引妃升自西階，進，東面跪，奠笲於御座前，皇帝撫之，尚食進，徹以東。司言引妃自西階降，復北面位，奉笲殷脩再拜。司言引妃升，進，北面跪，奠笲於皇后座前，興①，皇后撫之，尚食進，徹以東。司言引妃自西階降②，退，立於西序，東面，又再拜。

司則設妃席於户牖之閒③，近北，南向。司言引妃立於席西，南向。尚食入東房，盥手洗觶，酌醴齊④，加柶，面枋⑤，出，進詣妃席前，北向立。妃進，東面拜，受醴。尚食薦脯醢於席前，妃升席坐，左執觶，右取脯，擩於醢，祭於籩、豆之閒，以柶祭醴⑥，始扱一祭，又扱再祭，降席，進，東面跪，啐奠醴⑦，建柶，奠觶，興，東面再拜，跪取觶，興，即席坐，奠觶於薦東，興，降席。司賓引妃降自西階，出閣外。既出閣，乘車還宮，障扇侍徒如來儀。

會群臣

皇帝會群臣於太極殿，如正冬之儀⑧。惟上壽辭云："皇太子嘉聘禮成，克崇景祚，臣某等不勝慶忭，謹上千萬歲壽。"

---

① "興"字，四庫本、《通典》卷一二七《開元禮纂類二十二》無。
② "自西階降"四字，四庫本、《通典》卷一二七《開元禮纂類二十二》無。
③ "司則"，四庫本、《通典》卷一二七《開元禮纂類二十二》作"司設"。
④ "酌醴齊"，公善堂本作"酌"，"醴齊"二字據四庫本補。
⑤ "面枋"，四庫本、《通典》卷一二七《開元禮纂類二十二》作"面柄"。
⑥ "以柶祭醴"，四庫本、《通典》卷一二七《開元禮纂類二十二》作"以柶祭醴三"。
⑦ "啐奠醴"，四庫本、《通典》卷一二七《開元禮纂類二十二》作"啐醴"。
⑧ "正冬"二字，四庫本、《通典》卷一二七《開元禮纂類二十二》作"正至"。

卷第一百十二　嘉禮

皇太子元正冬至受群臣賀并會

前二日，本司宣攝内外，各供其職。

前一日，典設設皇太子幄座於正殿東序①，西向。守宮設群官等次於東宮朝堂。伶官帥展軒懸於殿庭，以姑洗之均；又設三鎛鐘，姑洗、夷則、大吕各依辰位。設登歌以南吕之均，又設麾於殿上，並如常儀。典設鋪群官牀座於殿上：文官三品以上於皇太子西南，重行北向；武官三品以上於皇太子西北，重行南向，俱以東爲上。朝集使三品以上及都督、刺史各分方於文武之下。設不升殿者坐席於殿庭東西厢：文官四品、五品於懸東，六品以下於横街之南，每等異位，俱重行，西面北上；武官四品、五品於懸西，六品以下於横街之南，當文官，每等異位，俱重行，東面北上。朝集使非升殿者分方各於文武官當品之下，諸州使人分方各於朝集使之下，亦如之，諸親於四品、五品之下。宗親在東，異姓親在西，掌儀仍各設版位。奉禮設門外位於東宮朝堂之前，文官在東，武官在西，俱每等異位重行，相向北上。諸親位於文武四品、五品之下。宗親在東，異姓親在西。設諸州朝集使位，東方南方於宗親之南，每等異位重行，西面；西方北方於異姓親之南，每等異位重行，東面，俱以北爲上。典膳量設尊於西廊下近北②，設不升殿者酒尊各於其座之南，皆有坫幂，俱障以帷。

其日質明，諸衛率各勒所部屯門列仗，文武群官依時刻集朝堂次，各服公服。左庶子量時刻版奏：“請中嚴。”近仗就陳於閣外。諸侍衛之官各服其器服，俱詣閣奉迎。伶官帥工人二舞入，就位。又伶官帥一人升，就舉麾位。掌儀帥贊者入，就位。吏部、兵部、户部贊群官俱出次，通事舍人各引就門外位。又舍人引群官等非升殿者先入，就位。

---

① “典設”，四庫本作“典設”，《通典》卷一二八《開元禮纂類二十三》作“典設郎”。
② “典膳”，四庫本、《通典》卷一二八《開元禮纂類二十三》作“典膳郎”。

　　左庶子版奏：“外辦。”皇太子著從省服_{未冠則雙童髻}。以出，侍衛如常。伶官帥舉麾，奏《永和之樂》，皇太子即座，西向坐，偃麾，樂止。_{凡樂，皆伶官帥舉麾，工鼓柷而後作；偃麾戞敔而後止。}掌儀一人升就西階上，東面立；贊者二人立於階下。通事舍人引群官以次入，就位，公初入門，《舒和之樂》作。左庶子前，跪，奏稱：“左庶子臣某言，請殿下爲公至興。”俛伏，興，還侍位。皇太子降，立於座後。_{若有三公、諸伯叔，則降立於東階下，西面。公至階，則升，立於座後。}皇太子升降，伶官帥舉麾樂作止如式。公至階，樂止。公以下升座者俱脫屨於階下，_{所司預設脫屨席。}通事舍人接引群官升就位。立定，掌儀唱：“再拜。”贊者承傳，群官上下皆再拜，訖，通事舍人引群官爲首者一人進皇太子前，東面立，賀稱：“元正首祚，景福惟新，伏惟皇太子殿下與時同休。”_{冬至賀云：“天正長至，伏惟殿下與時同休。”}賀訖，退，復位。皇太子答再拜。左庶子前承令，進宣令，訖，群官上下皆再拜。

　　左庶子前，跪，奏稱：“左庶子臣某言，請坐。”俛伏，興，還侍位。皇太子坐。掌儀唱：“就坐。”贊者承傳，群官上下皆就座，俛伏，坐。伶官帥引歌者及琴瑟至階，脫屨於下，升，就位坐。其笙管者詣階閒，北面立。典膳進酒，至階，掌儀唱：“酒至，興。”贊者承傳，群官上下皆俛伏，興，立席後。左庶子到階省酒，典膳奉酒進，皇太子舉酒。食官令又行群官酒，酒至，掌儀唱：“再拜。”贊者承傳，群官上下皆再拜。_{若皇太子遣停拜，則止。}群官皆搢笏，受觶。掌儀唱：“就位。”贊者承傳，上下皆就座，俛伏，興，坐飲。皇太子初飲福酒①，登歌作《昭和之樂》，典膳進，受虛觶，復於坫，登歌訖，降，復位。

　　觴行三周，典膳進食，食升階，左庶子到階省案。掌儀唱：“食至，興。”贊者承傳，群官上下俛伏，興，立座後。典膳品嘗食，訖，以次進置皇太子前。食官令又行群官案。_{皇太子若不食，及群官案先下訖，不須興。}設食訖，掌儀唱：“就坐。”贊者承傳，群官上下皆就座，俛伏，坐。皇太子乃飯，奏《休和之樂》，群官上下俱飯，皇太子食畢，樂止。仍行酒，遂設庶羞。伶官帥二舞以次入作。

　　酒行九遍，會畢。掌儀唱：“可起。”贊者承傳，群官上下皆俛伏，起，

---

　　①　“飲福酒”，四庫本、《通典》卷一二八《開元禮纂類二十三》作“舉酒”。

立席後。左庶子前，跪，奏稱："左庶子臣某言，請殿下降座。"俛伏，興，還侍位。皇太子降，立於座後，掌儀唱："再拜。"贊者承傳，群官上下皆再拜，皇太子答再拜。通事舍人引群官降，納屨以出，公初降，樂作，若有三公、諸伯叔，皇太子升降，伶官帥舉麾，樂作止如式。公出門，樂止。左庶子前①，跪，奏稱："左庶子臣某言，請殿下升座。"俛伏，興，還侍位。樂作，皇太子升座，樂止。群官出畢，非升殿者仍位於殿庭。左庶子前，跪，奏稱："左庶子臣某言，禮畢。"俛伏，興，還侍位。皇太子興，樂作，皇太子降座以入，侍衛如來儀，侍臣從至閤，樂止。又通事舍人引位殿庭者以次出。

皇太子若服袴褶，群官及宮臣皆袴褶，朝集使公服。升座者脫屨如式。若設四部樂，則去樂懸，無警蹕，伶官帥四部伎立於左右嘉善門外。群官初坐，伶官帥四部伎聲作而入，各就坐，以次作如式。

---

① "左庶子"，公善堂本作"庶子"，"左"字據四庫本補。

卷第一百十三　嘉禮

皇太子元正冬至受宫臣朝賀并會　皇太子與師傅保相見　皇太子受朝集使參辭

皇太子元正冬至受宫臣朝賀并會

前三日①，本司宣攝内外，各供其職。

前一日，典設設皇太子幄座於正殿東序②，西向。衛尉設宫臣次於重明門外。伶官帥展軒懸之樂於殿庭，以姑洗之均，設麾於殿上西階之西。又設爲首者解劍席於懸西横街之南，並如常儀。典儀設宫臣版位於懸南，文東武西，俱重行北向，相對爲首。設典儀位於東階東南，贊者二人在南，差退，俱西面北上。設宫臣門外位，文官道東，武官道西，重行相向，以北爲上。

其日，未明三刻，開諸宫殿門，諸衛率各勒所部屯門列仗如常。宫臣依時刻集重明門外，皆就次，各服其器服。左庶子奏：“請中嚴。”近仗就陳於門外。伶官帥工人入，就位，又伶官一人升，就位。諸侍衛之官各服其器服，俱詣閤奉迎。典儀帥贊者先入，就位。通事舍人引宫臣俱就門外位。又舍人引六品以下先入，就位。

左庶子版奏：“外辦。”皇太子服遠遊冠、絳紗袍以出，左右侍衛如常儀。皇太子將出，仗動，伶官帥跪，俛伏，興，舉麾，鼓柷，奏《永和之樂》，皇太子升自阼階，即座西向坐，偃麾，戛敔，樂止。凡樂，皆伶官帥舉麾，工鼓柷而後作；偃麾，戛敔而後止。通事舍人引宫臣五品以上次入，就位，宫臣初入門，奏《舒和之樂》，至位，樂止。宫臣立定，典儀曰：“再拜。”贊者承傳，宫臣在位者皆再拜，訖，通事舍人引爲首者一人詣西階，爲首者初行，樂

---

① “前三日”，四庫本、《通典》卷一二八《開元禮纂類二十三》作“前二日”。
② “典設”，四庫本、《通典》卷一二八《開元禮纂類二十三》作“典設郎”。

作，至解劍席後，樂止。爲首者就席，跪，解劍，置於席，俛伏，興，通事舍人引升階，進，當皇太子座前，東面跪，賀稱：“元正首祚，景福惟新，伏惟皇太子殿下與時同休。”冬至云：“天正長至，伏惟殿下與時同休。”俛伏，興，通事舍人引降，詣席後，爲首者跪，著劍，俛伏，興，樂作，復懸南位，樂止。宮臣俱再拜。

左庶子前承令，降詣諸宮臣西北，東面稱令旨，宮臣俱再拜，宣令訖，宮臣又再拜，左庶子還侍位。典儀曰：“再拜。”贊者承傳，宮臣在位者皆再拜。通事舍人以次引出還次，爲首者初行，樂作，出門，樂止。左庶子跪，奏稱：“左庶子臣某言，禮畢。”俛伏，興，還侍位。皇太子興，樂作，皇太子降座以入，侍衛如来儀，侍臣從至閤，樂止。

會

伶官設登歌於殿上，以南呂之均。典設鋪宮臣牀座於殿上[1]，文官於皇太子幄座西南，重行北向；武官於皇太子幄座西北，重行南向，俱以東爲上。設不升殿者坐席於西廊下，設解劍席於懸西橫街之南，俱以北爲上。典膳設壽尊於殿上西序之端[2]，東向，有坫，加爵一於尊下。又設升殿者酒尊於西廊下，近北；設廊下者酒尊各於其座之南，皆有坫幂，障以帷。施設訖，通事舍人引宮臣出次，俱就門外位。

左庶子奏：“外辦。”皇太子服遠遊冠、絳紗袍以出，侍衛如常。皇太子將出，仗動，樂作，皇太子升自阼階，即座西向坐，樂止。典儀一人升就東階上，西面立。通事舍人引文武宮臣以次入，就位。宮臣初入門，樂作，爲首者至位，樂止。宮臣立定，若朝會別日設會，贊拜如朝禮。左庶子前承令，降，命宮官升座，在位者皆再拜。通事舍人引應升殿者詣西階，爲首者初行，樂作，至解劍席，樂止。宮臣各脫舄屨，跪，解劍，置於席上，俛伏，興。通事舍人引升階，宮臣爲首者一人升立於階西，東向，以下各就座後立，其位於廊下者，又通事舍人引就座後。

上下立定，典膳進詣階間，北面跪，奏稱：“典膳臣某言，請賜宮臣上壽。”俛伏，興。左庶子稱：“令曰諾。”典膳退，升詣酒尊所，東面立。通

---

① “典設”，四庫本、《通典》卷一二八《開元禮纂類二十三》作“典設郎”。

② “典膳”，四庫本、《通典》卷一二八《開元禮纂類二十三》作“典膳郎”。

事舍人引爲首者詣酒尊所,北面立,典膳酌酒一爵授爲首者,搢笏受爵。通事舍人引爲首者詣皇太子座前,東面授左庶子,左庶子受爵,進,置皇太子前。爲首者執笏,通事舍人引爲首者退,東面跪,稱:"某官臣某等稽首言,元正首祚,冬至云"天正長至"。臣等不勝大慶,謹上千萬歲壽。"俛伏,興,再拜。宮臣上下皆再拜,立於席後。左庶子前承令,少退,宣訖,宮臣上下又再拜。左庶子取爵奉進,皇太子舉酒,奏《休和之樂》,宮臣上下皆舞蹈,三稱萬歲。皇太子舉酒訖,左庶子進,受虛爵,以授典膳,典膳受爵,復於坫,樂止。初左庶子受虛爵,殿上典儀唱:"再拜。"階下贊者承傳,宮臣上下皆再拜。

　　通事舍人引爲首者就座後立,殿上典儀唱:"就坐。"階下贊者承傳,宮臣上下俱就座,俛伏,坐。伶官帥引歌者及琴瑟至階下,脫屨於下,升,就位坐,又引笙管進詣階間,北面立。典膳進酒,至階,殿上典儀唱:"酒至,興。"階下贊者承傳,宮臣上下皆俛伏,起立席後。左庶子到階省酒,典膳奉酒進,皇太子舉酒。食官令又行宮臣酒,酒至,殿上典儀唱:"再拜。"階下贊者承傳,宮臣上下皆再拜,搢笏受觶。殿上典儀唱:"就坐。"階下贊者承傳,宮臣上下皆就座,俛伏,坐飲。皇太子初舉酒,登歌作《昭和之樂》三終,典膳進,受虛觶,復於坫,登歌訖,降,復位。觴行三周,典膳進,升階,殿上典儀唱:"食至,興。"階下贊者承傳,宮臣上下皆執笏,俛伏,起立席後。典膳品嘗食訖,以次進,置皇太子前。食官令又行宮臣案,設食訖,殿上典儀唱:"就坐。"階下贊者承傳,宮臣上下皆就座,俛伏,坐。皇太子乃飯,奏《休和之樂》,宮臣上下俱飯,食畢,樂止。仍行酒,遂設庶羞。伶官帥引諸伎以次入作。若賜酒,左庶子前承令,詣東階上,西面稱:"賜酒。"殿上典儀承傳,階下贊者又承傳,宮臣上下皆執笏,俛伏,起,再拜,搢笏,立受觶,就座,俛伏,坐,飲訖,俛伏,起立,受虛觶,執笏,又再拜,就座,俛伏,坐。

　　酒行九遍,會畢。殿上典儀唱:"可起。"階下贊者承傳,宮臣上下皆俛伏,起,立席後。通事舍人引宮臣降,詣解劍席後,跪,著劍,俛伏,興,納烏屨,樂作,復懸南位,樂止。會於東西廊下者仍立於席後。立定,典儀曰:"再拜。"贊者承傳,宮臣在位者皆再拜。廊下者拜於席後。諸伎俱作。通事舍人引宮臣以次出,爲首者初行,樂作,出門,樂止。左庶子前,跪,奏稱："左庶子臣某言，禮畢。"俛伏，興，還侍位。皇太子興，奏《休和之樂》，皇太子降座以入，侍衛如來儀，侍臣從至閤，樂止。

皇太子與師傅保相見

前一日，衛尉設師、傅、保次於宮門外道西，南向。伶官帥展軒懸於殿庭，以姑洗之均。

其日質明，諸衛率各勒所部屯門列仗。典謁設師、傅、保位於西階之西，東向；三少位於師、傅、保之南，少退，東面北上。太師、太傅、太保及三少至宮門，通事舍人引就次。左庶子奏："請中嚴。"伶官帥工人入，就位。又通事舍人引師、傅、保及三少立於正殿門西，差退，俱東向。左庶子奏："外辦。"諸侍衛之官各服其器服，俱詣閤奉迎。皇太子著從省服以出，左右侍衛如常儀，《永和之樂》作，至東階下，西面立，樂止。通事舍人引師、傅、保及三少入，就位，樂作止如常。師、傅、保立定，皇太子再拜，師、傅、保答再拜。若三少特見，則三少先拜。通事舍人引師、傅、保出，樂作止如常。師、傅、保出門，左庶子前，跪，奏稱："左庶子臣某言，禮畢。"皇太子入，左右侍衛及樂奏止如來儀。

皇太子受朝集使參辭

前一日，典設設皇太子幄座於東宮正殿東序[①]，西向。又設宮臣次及朝集使次於重明門外。

其日質明，所司設宮臣及朝集使位於殿庭。諸衛帥各勒所部屯門列仗。東宮文武官依時刻集朝堂就次，服袴褶。朝集使並就次，服公服。左庶子量時刻版奏："請中嚴。"近仗就陳於閤外。侍衛之官各服其器服，就閤奉迎。通事舍人各分引群官及朝集使就門外位。左庶子版奏："外辦。"皇太子常服即座西向坐。通事舍人引宮臣次入，就位。掌儀曰："再拜。"贊者承傳，在位者皆再拜。又通事舍人分引朝集使橫行

①　"典設"，四庫本、《通典》卷一二八《開元禮纂類二十三》作"典設郎"。

北面立定，掌儀曰："再拜。"朝集使皆再拜。通事舍人承令，詣朝集使前稱："有令。"朝集使皆再拜。宣令訖，又再拜。舍人引出，宮臣以次出，其辭禮亦如之。

卷第一百十四　嘉禮

親王冠

前三日，本司帥其屬筮日、筮賓於廳事。

前二日，主人至賓第，掌次者引之次，主人公服出，立於大門外之西，東向。賓公服立於阼階下，西面。儐者公服進於賓之左，北面受命，出立於門東，西面曰："敢請事。"主人曰："皇子某王將加冠，請某公教之。相稱各隨官爵。"儐者入告。賓出立於門左，西面再拜，主人答拜。主人曰："皇子某王將加冠，願某公教之。"賓曰："某不敏，恐不能供事，敢辭。"主人曰："某猶願某公教之。"賓曰："王重有命，某敢不從。"主人再拜，賓答拜。主人還，賓拜送。主人命使者戒贊冠者。使者至贊冠者大門外，掌次者引之次，使者公服出，立於門西，東向。儐者出請①入告。贊冠者出門左，西面再拜，使者答拜。使者少進曰："皇子某王將加冠，某王使某請某位教之。"贊冠者曰："某不敏，恐不能供事，敢辭。"使者曰："某王使某敢固以請。"贊冠者曰："王重有命，某敢不從。"使者再拜，贊冠者答拜。使者退，贊冠者拜送。

前一日，掌次者設次於大門外之右，南向。

其日夙興，掌事者設洗於阼階東南，東西當東霤，南北以堂深；罍水在洗東，加勺冪；篚在洗西，南肆。篚實巾一、爵一，加冪。席於東房西牖下，陳衣於席，東領北上。衮冕服，青衣纁裳，九章。五章在衣：山、龍、華蟲、火、宗彝。四章在裳：藻、粉米、黼、黻。白紗中單，黼領，青褾、襈、裾。革帶，鉤䚢，大帶。素帶②，純其外③，上以朱，下以綠，紐約用組。朱韍二章，山、火。劍，飾以珠玉。山玄玉雙佩。纁朱雙綬，四綵，赤黃縹紺，純朱質，纏文織，長一丈八尺，

---

① "出請"，四庫本作"出請事"。
② "素帶"，四庫本作"青帶"。
③ "純"，四庫本、《通典》卷一二八《開元禮纂類二十三》作"紕"。

二百四十首,廣九寸。小雙綬,長二尺六寸,色同大綬而首半之,閒施二玉環。朱襪赤舄。遠遊冠服,絳紗單衣,白紗中單,皂領、襈、裾、白裙襦。赤裙衫。假帶,曲領方心,絳紗蔽膝,白襪黑舄。其革帶劍佩,與袞服同。緇布冠服,青衣青裳①,白紗中單,青領、襈、襈、裾,素韠。其革帶、大帶、劍、佩、綬與冕服同,襪舄與遠遊冠服同。緇纚、其纚今用皂巾,方六寸,屬帶於前兩隅。犀簪、櫛實於箱,在服南。莞筵三,紛純,加藻席三,緇純,在南。尊於房户外之西兩甒,玄酒在西,加勺幂。設坫於尊東,置二爵,加幂。豆十、籩十在服北,俎三在籩豆之北。凡牲體節析,加離肺。俎實羊豕及腊。籩實脯棗之類,豆實菹醢之屬也。設洗於東房近北,罍水在洗西,篚在洗東,北肆,實以巾。

　　質明,賓、贊至於主人大門外,掌次者引之次。賓、贊俱公服,諸行事者各服其服。執尊罍篚者皆就位。冕,青珠九旒,青纊充耳,犀簪導,組纚色如其綬;遠遊三梁冠②,金附蟬,黑介幘,纚青綾,犀簪導;緇布冠,青組纚。冠冕各一箱,各一人執之,待於西階之西,東面北上。設主人之席於阼階上,西面;賓席於西階上,東面。皇子席於房户之西,南面。房外尊東。俱下莞上藻。

　　主人公服立於阼階東,當東序,西面。諸親公服,非公服者常服,立於罍洗東南,西面北上。尊老者隔別室。儐者公服立於門内道東,北面。皇子雙童髻,空頂幘,雙玉導,金寶飾,綵袴褶,錦紳,烏皮履,立於房内,南面。主人贊冠者公服立於房内户東,西面。

　　賓及贊冠者出次,立於門西,贊冠者少退,俱東面北上。儐者進於主人之左,北面受命,出,立於門東,西面曰:“敢請事。”賓曰:“皇子某王將加冠,某謹應命。”儐者入告。主人迎賓於大門外之東,西面再拜,賓答拜。凡賓主拜揖入出,皆贊禮者相導。主人揖贊冠者,贊冠者報揖。主人又揖賓,賓報揖。主人入,賓及贊冠者次入。及内門,主人揖賓,賓報揖。主人與賓入,贊冠者從。至内霤,將曲揖,賓報揖。至階,主人立於階東,西面;賓立於階西,東面。主人曰:“請公升。”賓曰:“某備將事,敢辭。”主人曰:“固請公升。”賓曰:“某敢固辭。”主人曰:“終請公升。”賓曰:“某敢終辭。”主人升自東階,立於席東,西向。賓升自西階,立於席西,東

---

① “青裳”,四庫本、《通典》卷一二八《開元禮纂類二十三》作“素裳”。

② “遠遊三梁冠”,四庫本、《通典》卷一二八《開元禮纂類二十三》作“遠遊冠三梁”。

向。贊冠者及庭，盥於洗，升自阼階，入於東房，立於主人贊冠者之南，俱西向。

　　主人贊冠者引皇子出，立於房戶外之西，南面。賓之贊冠者取纚櫛簪箱，跪，奠於皇子筵東端，興，席東少北南面立。賓揖皇子。賓主俱即坐。皇子進，升席南向坐。賓之贊冠者進筵前，北面，跪，脫雙童髻，置於箱，櫛畢，設纚，興，復位立。賓主俱興。賓降盥，主人從降，賓東面辭曰：“願王不降。”主人曰：“公辱降，敢不從①。”賓降，至罍洗，盥手訖，詣西階，賓主一揖一讓升，主人立於席後，西向，賓立於西階上，東面。執緇布冠者升，賓降一等受之，右執項，左執前，詣皇子筵前，北面跪，冠，興，復西階上席後，東向立。賓之贊冠者進筵前，北面跪，設頍，結纓，興，復位。皇子興，賓揖，皇子適房，賓主俱坐。皇子著青衣素裳之服出房，戶西，南面立。賓主俱興。賓揖，皇子進立於席後，南向。賓降盥，主人從降，辭對如初。賓盥手，跪，取爵於篚，興，洗訖，詣西階。賓主一揖一讓升，主人立於席後，西向。賓詣酒尊所，酌酒，進皇子筵前，北面立，祝曰：“旨酒既清，嘉薦宣時，始加元服，兄弟具來，孝友時格，永乃保之。”皇子筵西拜，受爵，賓復西階上，東面答拜。執饌者薦豆籩於皇子筵前。皇子升筵坐，左執爵，右取脯，擩於醢，祭於籩豆之閒，祭酒，興，筵末坐，啐酒，執爵興，降筵西，跪，奠爵，再拜，執爵興。賓答拜。冠者升筵，跪，奠爵於薦東，興，立筵西，南向。執饌者徹薦爵。

　　賓揖皇子，皇子進，升筵，南向坐。賓之贊冠者跪，脫緇布冠，置於箱，櫛畢，設纚，興，復位。賓降二等受遠遊冠，右執項，左執前，詣皇子筵前，北面跪，冠，興，復位。賓之贊冠者坐，設簪，結纓，興，復位。皇子興，賓揖皇子，皇子適房，賓主俱坐。皇子著朝服出房，戶西，南面立。賓主俱興。賓揖，皇子進立席後，南向。賓詣酒尊所，取爵酌酒，進皇子筵前，北面立，祝曰：“旨酒既湑，嘉薦伊脯，乃申其服，禮儀有序，祭此嘉爵，承天之祜。”皇子筵西拜，受爵。賓復西階上，東面答拜。執饌者進籩豆。皇子升筵坐，左執爵，右祭脯醢，祭酒，興，筵末坐，啐酒，執爵興，降筵西，跪，奠爵，再拜，執爵興。賓答拜。皇子升筵坐，奠爵於薦東，

---

①　“敢不從”三字，公善堂本作“玉敢不從”，今據四庫本、《通典》卷一二八《開元禮纂類二十三》校改。

興，立於筵西，南向。執饌者徹薦。

　　賓揖，皇子進升席，南向坐。賓之贊冠者跪，脱進賢冠，置於箱，櫛畢，設纚，興，復位。賓降三等受冕，左執項，右執前，詣皇子筵前，北面跪冠，興，復位。賓之贊冠者坐，設簪，結纓，興，復位。皇子興。賓揖，皇子適房，賓主俱坐。主人贊冠者徹櫛箱，入於房。皇子著衮冕之服出房，户西，南面立。賓主俱興，賓揖皇子，皇子進立於席後，南向。賓詣酒尊所，取爵酌酒，進皇子筵前，北面立，祝曰：“旨酒令芳，籩豆有楚，咸嘉其服，肴升折俎，承天之慶，受福無疆。”皇子筵西拜，爵賜①，賓復位，東面答拜。執饌者薦籩豆，設俎於籩豆之南。皇子升筵坐，左執爵，右祭脯醢。贊冠者取肺一以授，皇子奠爵於薦西，興，受。却左手執本，坐，右絶末以祭，上左手，嚌之，興，加於俎。皇子坐，帨手，執爵祭酒，興，筵末坐，啐酒，興，降筵西，南向坐，奠爵，再拜，執爵興。賓答拜。皇子升筵坐，奠爵於薦東，興。

　　贊冠者引皇子降，立於西階之東，南面②。初，皇子降，賓降自西階，直西序，東面立。主人降自東階，直東序，西面立。賓少進，字之曰：“禮儀既備，令月吉日，昭告爾字，爰字孔嘉，君子攸宜，宜之于嘏，永受保之。曰孟某甫。”仲叔季惟其所當。皇子曰：“某雖不敏，夙夜祇奉。”賓出，主人送於内門外。

　　主人西面請賓曰：“公辱執事，請禮從者。”賓曰：“某既得將事，敢辭。”主人曰：“敢固以請。”賓曰：“某辭不得命，敢不從。”賓就次，主人入。

　　初，賓出，皇子東面見諸親，諸親拜之，皇子答拜。皇子入見内外諸尊於别所。

　　賓主既釋服，改設席訖，賓、贊俱出次，立於門西，東向。主人出門東，西向。主人揖賓，賓報揖。主人先入，賓、贊從之，至階，一揖一讓升，各就座後，立定，俱升坐。會訖，賓主俱興，賓立於西階上，贊冠者在北，少退，俱東向。主人立於東階上，西面。掌事者奉束帛之篚升，授主

---

①　“爵賜”，四庫本、《通典》卷一二八《開元禮纂類二十三》作“受爵”。

②　“西階之東南面”，公善堂本原作“西階之南東面”，今據四庫本、《通典》卷一二八《開元禮纂類二十三》、《新唐書》卷一七《禮樂七》校改。

人於序端。主人執篚少進，西面立。又掌事者奉幣篚升，立於主人之後。於幣篚升，牽馬者牽兩馬入陳於門內，三分庭，一在南，北首西上，北面。賓還西階北面，贊冠者立於賓左，少退，俱北面再拜。主人進，立於楹間，南面，賓、贊進，立於主人之右，俱南面東上。主人授幣，賓受之，退，復東面位。於主人授幣，掌事者又以幣篚授贊冠者，退，復位。主人還阼階上，北面拜送。賓、贊降自西階，從者詡受幣。賓當庭實，東西面揖，出，牽馬者從出，從者詡受馬於門外。於賓降，主人降，送賓於大門外之東，西面再拜。賓退，主人入。

　　皇子詣闕，至次，著朝服。通事舍人引皇子入詣皇帝所御之殿，至閣①，近臣入奏，皇帝即御座，南向坐。近臣出，引皇子入，立於階間，北面再拜。近臣引出皇子至皇后殿閣外，近臣附奏，皇后即御座，南向坐。司言至閣，引皇子入，立於階間，北面再拜。司言引出閣，皇子出，還第如來儀。

---

① “閣”，四庫本、《通典》卷一二八《開元禮纂類二十三》皆作“闕閣”。

卷第一百十五　嘉禮

親王納妃

納采　問名　納吉　納徵　請期　册妃　親迎　同牢
妃朝見　婚會　婦人禮會　饗丈夫送者　饗婦人送者

納采

前一日，主人設使者次於大門之外道右，南向。

其日大昕，使者公服，乘犢車，備儀仗，至於妃氏大門外，掌次者延入次。凡賓主及行事者皆公服。主人受於廟。無廟者受於正寢。掌事者布神席於室戶外之西，莞筵紛純，加藻席畫純，南向，右雕几。使者公服出次，謁者引立於大門外之西，東向。主人立於東階下，西面。儐者立於主人之左，北面受命，出立於大門外之東，西面曰："敢請事。"使者曰："某公脫室某王，謂皇帝弟、皇帝子也。某王率由先典，使某也請納采。"某王，主婚者也。某也，使者名。儐者入告。主人曰："某之子惷愚，又弗能教，某王命之，某不敢辭。"某王亦謂主婚者。儐者出告。掌畜者以鴈授使者，退，立於後，使者左手執之。儐者引主人迎於大門外之東，西面再拜，使者不答拜。主人揖，入，使者從入，主人入門而右，使者入門而左。至於廟門，主人又揖，入，每曲揖，至內霤，將曲揖，當階揖，使者皆不答。至階，主人曰："請吾子升。"使者曰："某敢辭。"主人曰："固請吾子升。"使者曰："某敢固辭。"主人曰："終請吾子升。"使者曰："某敢終辭。"主人升自東階，當阿阿，棟也。西面；使者升自西階，當阿東面。使者曰："敢納采。"主人阼階上北面再拜，進立於楹間，南面。使者進立於主人之西，俱南面，使者授鴈，降自西階以出。

問名

使者既出，立於廟門外之西，東向。主人還阼階東，左右受鴈於序端，主人降立於阼階下，西面。儐者進受命，出請事。使者曰："某既受命，將加諸卜，敢請女爲誰氏。"儐者入告。主人曰："某王有命，且以備數而擇之，某不敢辭。"儐者出告。掌畜者以鴈授使者，退，立於後。儐者引主人迎於廟門外之東，西面揖使者以入，主人入門而右，使者入門而左，二揖至階，三讓如初。主人升阼階，當阿西面；使者升西階，當阿東面。使者曰："敢問名。"主人阼階上，北面再拜，進，立於楹閒，南面。使者進，立於主人之西，俱南面。使者授鴈，還立於西階上，東面。主人還阼階上，西面立曰："某第某女，某氏出。"使者降，出，立於大門外之西，東向。主人還阼階東，左右受鴈於序端。

主人降，立於阼階下，西面。儐者進受命，出請事。使者曰："禮畢。"儐者入告。主人曰："吾子爲事，故至於某之室，某有先人之禮，請禮從者。"儐者出告。使者曰："某既得將事，敢辭。"儐者入告。主人曰："先人之禮，敢固以請。"儐者出告。使者曰："某辭不得命，敢不從。"儐者入告，遂引主人升立於序端。

掌事者徹几改筵，東上。<small>筵筵紛純，加藻席績純，雕几。</small>設甒醴於東房内西牖下[①]，加勺冪，坫在尊北，實觶一、角柶一，加冪；籩豆在坫北，實以脯醢。設洗於東房近北，罍水在洗西，篚在洗東，北肆。<small>篚實以巾，加勺冪。</small>

設訖，儐者引主人降，迎使者於廟門外之東，西向。主人揖使者，使者報揖。主人入，使者從入，至階，一讓升。主人於阼階上，北面再拜，旋立於階東，西面。賓於西階上北面答拜，旋立於階西，東面。主人受几於序端，掌事者内拂几三，奉兩端西北向以進。主人東南向外拂几三，振袂，内執之進，西北向。使者迎受於筵前，東南向以俟。主人還阼階上，北面再拜送，西面立。使者以几避，進，北面坐，設於座左，興，退於西階上，北面答拜，旋立於階西，東面。

贊者盥手，洗觶，酌醴，加柶於觶，覆之，面葉，出房，南面立。主人

---

①　"甒醴"，四庫本作"罇甒醴"。

受醴，面枋①，進筵前，北面立。使者西階上北面一拜，進筵前，東南面受醴，復西階上位。主人退，復阼階上，北面一拜送。贊者薦脯醢於筵前。使者進，升筵坐，左執觶，右取脯，擩於醢，祭於籩、豆之間，以柶祭醴三，始扱一祭，又扱再祭，興，以柶兼諸觶，上擩，降筵，於西階上北面坐，啐醴，建柶，奠觶，遂拜，執觶興。主人答拜。使者進，升筵坐，奠觶於薦東，降筵，立於西階上，東面。

掌事者牽两馬入陳於門内，三分庭，一在南，北首西上。掌事者奉篚幣，升自東階，主人受於序端，進西面立。使者西階上北面再拜。主人進楹間，南面立，使者進，立於主人之西，俱南面。主人以篚幣授使者，使者退，立於西階上，東面。主人還阼階上，北面拜送。使者降自西階，從者迓受幣。使者揖馬以出，牽馬者從之。使者出大門外之西，東面立，從者迓受馬。主人出門東，西面拜送。使者退，主人入，立於阼階下，西面。儐者告於主人曰："賓不顧矣。"主人乃還於寢。

納吉

前一日，主人設使者次如常。

其日大昕，使者至妃氏大門外，贊禮者延入次。掌事者設几筵如初。使者出次，謁者引立於主人大門外之西，東向。主人立於阼階下，西面。儐者進受命，出請事。使者曰："某公有貺，命加諸卜，占曰吉。某王使某也敢告。"某王，主婚者。儐者入告。主人曰："某之子弗教，惟恐弗堪。某王曰吉，某預在焉，某不敢辭。"儐者出告。掌畜者以鴈授使者，退，立於後。儐者引主人迎於大門外之東，西面再拜，使者不答拜。主人揖入，使者從入，主人入門而右，使者入門而左。至於內門，主人揖，入，二揖至階，三讓如初。主人升自阼階，當阿西面；使者升自西階，當阿東面。使者曰："敢納吉。"主人阼階上北面再拜，進，立於楹間，南面。使者進，立於主人之西，俱南面。使者授鴈，降自西階以出，立於廟門外之西，東向。主人還阼階東，左右受鴈於序端。主人降，立於阼階下，西面。儐者進受命，出請事。使者曰："禮畢。"其禮賓如問名之儀。

---

① "面枋"，四庫本作"面柄"。

納徵

前一日，主人設使者次如常。

其日大昕，使者至妃氏大門外，掌次者延入次。掌事者入布幕於廟門之外，玄纁束陳於幕上，乘馬在幕南，北首西上。掌事者奉璋以櫝①，俟於幕東，西面。主人掌事者設几筵如初。

使者出次，謁者引立於大門外之西，東向。主人立於東階下，西面。儐者進受命，出請事。使者曰：“某公有嘉命，貺室某王，率由先典，使某也以玉帛乘馬請納徵。”儐者入告。主人曰：“某王順先典，貺某以重禮，某敢不承命。”儐者出告。又儐者引主人出，迎立於大門外之東，西面再拜，使者不答拜。主人揖，入，使者從入，主人入門而右，使者入門而左。至內門，主人立於門東，西面；使者立於門西，東面。掌事者坐，啟櫝取璋②，加於玄纁上，興，以授使者，退，復位。使者奉玉帛，主人揖，與使者俱入。牽乘馬者從入，陳於庭，三分庭，一在南，北首西上。主人揖，入，二揖至階，三讓如初。主人升阼階，當阿西面；使者升西階，當阿東面。使者曰：“敢納徵。”主人阼階上北面再拜，進立於楹閒，南面；使者進立於主人之西，俱南面。使者授玉帛，降自西階，出，立於內門外之西，東向。主人還阼階東，左右受玉帛於序端。主人降，立於阼階下，西面。主人受玉帛，受馬者自左受之以東。牽馬者既授馬，自前西出。儐者進受命，出請事。使者曰：“禮畢。”其禮賓如納吉之儀③。

請期

前一日，主人設使者次如常。

其日大昕，使者至妃氏大門外，贊禮者延入次。掌事者設几筵如初。使者出次，謁者引立於大門外之西，東向；主人立於東階下，西面。儐者進受命，出請事。使者曰：“某公有賜，既申受命矣，某王使某也請吉日。”儐者入告。主人曰：“既前受命矣，惟命是聽。”儐者出告。使者

<hr>

①　“櫝”，四庫本、《通典》卷一二九《開元禮纂類二十四》作“匱”。
②　“櫝”，四庫本、《通典》卷一二九《開元禮纂類二十四》作“匱”。
③　“納吉”，四庫本、《通典》卷一二九《開元禮纂類二十四》作“問名”。

曰："某王命某聽命於某公。"儐者入告。主人曰："某惟命是聽。"儐者出告。使者曰："某王使某受命於某公,公不許,某敢不告期,曰某日。"儐者入告。主人曰："某敢不敬須。"儐者出告。掌畜者以鴈授使者,退,立於後。儐者引主人迎於門外之東,西面再拜,使者不答拜。主人揖,入,使者從入,主人入門而右,使者入門而左。至於內門,主人又揖,入,二揖至階,三讓如初。主人升阼階,當阿西面;使者升西階,當阿東面。使者曰："敢告期。"主人阼階上北面再拜,進,立於楹間,南面。使者進立於主人之西,俱南面。使者授鴈,降自西階出,立於內門外之西,東向。主人還阼階東,左右受鴈於序端。主人降,立於阼階下,西面。儐者進受命,出請事。使者曰："禮畢。"其禮賓如納徵之儀。

册妃

前一日,主人設使者次如常。

其日大昕,妃氏親屬咸集。使者公服,乘輅備儀仗,至妃氏大門之外,贊禮者延入次。使主副以下俱公服。使者出次,典謁引使者,持節者前導,立於門西,東面。持節者立於使者之北少退,使副立於使者西南,史二人對舉册案,立於使副之南,少退,俱東面。主人公服以出,贊禮者引立於東階東南。諸宗人立於主人東南,俱西面。外姻立於西方,東面,皆北上。妃嚴於別室以俟。姆服禮衣立於其右。保、傅各一人。女相者緑禮衣,帥女贊者二人緑禮衣,立於內寢東階東南,西面北上。

贊禮者公服引主人出門東,西面再拜。使者不答拜。典謁引使者,持節者前導,入門而左,使副以下從之。主人立於閣外之東,西面。典謁引使者入閣,立於內寢階間,南面;持節者立於使者之東,少南,西面;使副立於使者西南;持册案者又立於使副之南,少退,俱東面。女相者引妃出,障以行帷,其侍從提挈如式,姆左右以相,進當使者南,北面立。持節者脱節衣。又女相者引宗人、外姻之婦人序位於東西廂,俱北上。宗人在東,外姻在西。立定,史舉案詣使副前,使副取册[①],史以案退,復位。使副奉册進,授使者,退,復位。使者稱："有制。"女相者曰："再拜。"女

---

① "取册",四庫本、《通典》卷一二九《開元禮纂類二十四》作"受册"。

贊者承傳，妃再拜，訖，女相者引妃少前，傅姆進，受册以退，其羽儀依式俱進。持節者加節衣。典謁引使者，持節者前導以出，俱復門外位。主人拜送於門外，使者還，主人入。初，使者出，女相者引妃入。

親迎

前一日，主人設賓次如常。

其日大昕，妃父服其服，告於禰廟。以酒脯告之，一獻。無廟者告於寢。

初昏，王著袞冕之服，乘輅，備儀仗，從者乘車後部從，詣妃第。王將至，主人布席於室户外之西，西上，右几。又席於户内，南向。設尊甒醴於東房東北隅，加勺冪，篚在尊南，實觶一，角柶一，脯醢在篚南。王至妃氏大門外，降輅，贊禮者引王停次。

妃著花釵褕衣，纁袡，入於房，即席南面立。姆禮衣立於右，從者陪於後。主人升自阼階，立於房户外之東，西面。内贊者詣醴尊所，以觶酌醴，加柶，覆之，面枋①，進妃筵前，北面。妃降席，西南面再拜，受觶。内贊者薦脯醢於席前。妃升席跪，左執觶，右取脯，擩於醢，祭於籩豆之間，遂以柶祭醴三，始扱一祭，又扱再祭，興，筵末跪，啐醴，建柶，奠觶於薦東，降筵，西南面再拜，就席坐。内贊者徹薦觶。

主人降，立於東階東南，西面。贊禮者贊王出次，立於門西，東面②，左右羽儀及執燭者如常。儐者進受命，出於門東，西面曰："敢請事。"王曰："以茲初昏，使某將請承命。"儐者入告。主人曰："某固敬具以須。"儐者出告。又儐者引主人迎於大門外之東，西面拜。賓答拜③。主人逡巡。主人揖，王報揖。主人入。掌畜者以鴈進，王受鴈，左手執之以入。及内門，主人曰："請王入。"王曰："某弗敢以先。"主人又曰："固請王入。"王又曰："某固弗敢以先。"主人揖，王報揖。王與主人俱入，左右從者如常。主人揖，入，及内霤，將曲揖，當階揖，王皆報。至階，主人曰：

---

① "面枋"，四庫本、《通典》卷一二九《開元禮纂類二十四》、《新唐書》卷一八《禮樂八》作"面柄"。

② "門西東面"，公善堂本原作"門内之東"，今據四庫本、《通典》卷一二九《開元禮纂類二十四》校改。

③ "賓答拜"，四庫本、《通典》卷一二九《開元禮纂類二十四》作"王答拜"。

"請王升。"王曰："某敢辭。"主人曰："固請王升。"王曰："某敢固辭。"主人曰："終請王升。"王曰："某敢終辭。"主人升阼階,西面立。王升西階,進當房戶前,北面跪,奠鴈,興,再拜,降出。主人不降送。

初王入門,母出,立於房戶外之西,南面。於王拜訖,姆導妃出於母左。父少進,西面戒之,必有正焉,若衣若花,命之曰："戒之敬之,夙夜無違命。"母戒之西階上,施衿結帨,命之曰："勉之敬之,夙夜無違宮事①。"庶母及門內,施鞶,申之以父母之命,命之曰："敬恭聽父母之言,夙夜無愆,視諸衿鞶。"鞶,囊也。婦人鞶絲,所以盛帨巾之屬。妃出,至車後,王授綏,姆辭不受曰："未教,不足與爲禮。"妃乘以几,從者二人坐,相對持之,姆加幜。王乃馭輪三周,馭者代之。王出大門,乘輅還第如來儀,妃鹵簿次從而行。

同牢

初昏,掌事者設洗於東階東南,東西當東霤,南北以堂深,罍水在洗東,篚在洗西,南肆。篚實二巾、二爵。設妃洗於東房近北,罍水在洗西,篚在洗東,北肆,皆加巾勺冪。設饌於東房②,障以帷,籩、豆各十六,簠、簋各二,登各二,皆加勺蓋。俎三,羊豕及腊,羊豕皆節折。尊坫於室內北牖下,玄酒在西,加冪勺,皆南枋③。冪,夏用絺,冬用緆。又設尊於房戶外之東,加勺冪,無玄酒,坫在南,實四爵、合巹,加冪。

王至,降輅以俟④。妃至,降車北面立。王南面揖妃以入。及寢門,又揖以入。贊者徹尊冪,酌玄酒三,注於尊。妃從者設席於奧,西南隅謂之奧。東向。王導妃升自西階,入於室,即席東面立。妃入,立於尊西,南面。王盥於南洗,妃從者沃之;妃盥於北洗,王從者沃之。盥訖,王及妃俱復位立。

贊者以饌入,設於席前。贊者設醬於席前,葅醢在其北。俎三入設

---

①　"夙夜無違宮事",四庫本作"夙夜無違命",《通典》卷一二九《開元禮纂類二十四》作"夙夜無違"。

②　"東房",四庫本作"東房西墉下"。

③　"南枋",《通典》卷一二九《開元禮纂類二十四》作"南柄",四庫本作"面柄"。

④　"輅",四庫本、《通典》卷一二九《開元禮纂類二十四》作"輅車"。

於豆東,腊俎特於北①。豆東,菹醢之東。設黍於醬東,稷、稻、粱在東,設湆於醬南。設對醬於東,對醬,婦醬也,設之當特俎。菹醢在其南,北上。設黍於腊北,其西稷、稻、粱。設湆於醬北。司饌啟會,却於簋、簠之南,對簋、簠於北,啟,發也。皆加匕箸。王從者布對席於饌東。贊者西面告:"饌具。"

王揖妃,妃即對席西面,皆坐。贊者皆授箸,各以菹擩於醢,皆祭於豆閒。又皆祭黍。贊者各取肺皆絕末以授,皆祭,贊者以肺加於俎。凡祭與食皆贊者取之②。贊者各移黍置於席上。授肺脊,皆食以湆醬。三飯卒食。贊者二人俱洗爵於房,酌於室內之尊,詣饌南,北面以酳。王及妃皆興,再拜,受爵。贊者北面答拜。王及妃皆坐,祭酒,贊者以肝從,皆奠爵,取肝,振祭,嚌之,贊者皆受,實於菹豆,各取爵,皆飲,訖,執爵興。贊者受爵,王及妃皆再拜,贊者以爵復於坫。王及妃俱坐,贊者又以爵酌再酳,王及妃受爵,不祭而飲,卒爵。贊者受爵,復於坫。三酳用巹如再酳。贊者皆降東階,洗爵,升,酌於戶外尊,入詣饌南,北面俱跪,奠爵,興,再拜,皆坐,取爵祭酒,遂飲卒爵,遂拜,執爵興,降奠爵於篚。

王出,妃退,立於尊西,南面。贊者徹饌,設於東房內如初。又徹室內酒尊以出。王脫冕服於房,妃從者受之;妃脫服於室,王從者受之,姆授巾。王從者衽於奧,妃從者衽良席在東,皆有枕,北趾。王入,燭出。妃從者餕王之餘,王從者餕妃之餘,贊者酌戶外尊酳之。王從者皆婦人。妃從者侍於戶外,呼則聞。

妃朝見

其日,依時刻諸衛勒所部屯門列仗。妃夙興沐浴,著花釵,服褕衣,乘厭翟車以出,侍從如常。入,至下車所,妃下車,司賓引妃立於閤外。近臣入奏。皇帝即御座,南向坐,近侍如常。妃奉笲笲,竹器,緇被纁裏。棗栗,司賓引妃入立於庭,北面,妃再拜。司嬪引妃升自西階,進,北面跪,奠於皇帝前,興,皇帝撫之。尚食進,徹以東。司賓引妃降,復位,又再

---

① "腊俎特於北",四庫本作"腊特於俎北",《通典》卷一二九《開元禮纂類二十四》作"腊特於豆北"。

② "取之",四庫本、《通典》卷一二九《開元禮纂類二十四》作"贊之"。

拜。尚儀前承勅,降詣妃西北,東面稱:“勅旨。”妃再拜。宣勅,訖,妃又再拜。司賓引妃出,遂詣皇后所御之殿,立於閤外,妃奉笄殿脩。六尚以下各服其服,俱詣閤奉迎。尚儀入奏,皇后即御座,南向坐,近侍如常。司賓引妃入立於庭,北面再拜。司賓引妃升自西階,進,北面跪,奠於皇后前,興,皇后撫之。尚食進,徹以東。司賓引妃降,復位,又再拜。尚儀前承令,降詣妃西北,東面稱:“令旨。”妃再拜。宣令旨,訖,妃又再拜。司賓引妃出閤,侍從如常。妃乘車還第如來儀。

婚會

主人及賓俱公服,饌以籩、豆、簠、簋、俎、鉶、尊、爵、匕、巾、坫。

其日,主人至於賓大門外之西,東面立。賓立於東階下,西面。儐者進於賓左,北面受命,出,立於門外之東,西面曰:“敢請事。”主人曰:“某有嘉禮,請公有顧。”王則稱王,以下準此。儐者入告,遂引賓出大門外之東,西面再拜。主人答拜。主人曰:“某有嘉禮,請公有顧。”賓曰:“敢辭。”主人曰:“敢固請。”賓曰:“辭不得命,敢不敬從。”主人拜,賓答拜。主人還,賓遂與諸親從之。

掌事者預鋪賓席於堂上楹閒近北,南面。設賓之宗室席位於賓席西南,賓之異姓席位於宗室之南。又於西廊下設異姓席位,皆重行東向,以北爲上。設主人席位於東階上,西向。設主人宗室席位於主人東北,設異姓席位於宗室之北,皆重行西向,以南爲上。又設主人異姓席位於東廊下,重行西向,以南爲上。

賓至主人大門外之西,東向。賓之宗室立於賓西南,異姓立於宗室之南,俱重行東向,以北爲上。儐者引主人出,立於大門外之東,西向。主人諸親立於大門內之東,重行西向,以南爲上。立定,主人西面再拜,賓東面答拜。主人揖賓,賓報揖。儐者引主人以入[1],又儐者引賓以入,賓之諸親以次從入。至門內,主人諸親從入如常。至階,主人揖賓,賓報揖。賓主及諸親以次升,各立於席後。其在庭者亦如之。立定,賓主及諸親俱坐。

---

[1] “以入”二字,公善堂本原無,今據四庫本、《通典》卷一二九《開元禮纂類二十四》校補。

執觶者酌酒，升自東階，酒升堂，賓主及諸親皆起。執觶者以酒授主人，儐者引主人進詣賓席前，西北面立。賓自席西進，東南面受酒。儐者引主人退，復位。賓還席後，賓主及諸親俱坐。執觶者又以酒授主人及諸親。賓主俱祭而飲，諸親不祭而飲。觶行一周，食升堂，賓主及諸親皆起。掌食者以醢醬豆授主人，儐者引主人進，設於賓席前。賓曰：“請公無辱。”主人曰：“不敢忘禮。”儐者引主人復位。執饌者以饌進，設於賓主席前，加以匕箸。執饌者又以饌設於衆賓以下。置設訖，賓主及諸親皆坐。賓主皆祭而食，諸親不祭而食。於賓祭，主人辭曰：“疏食不足祭。”賓主俱食，三飯而止。主人曰：“請公食。”賓更飯。食畢，進庶羞，觶行如常。

會畢，賓主及諸親俱興，儐者各引賓主以下降出。賓主及賓之諸親皆復門外位，主人諸親復門內位。主人再拜送。賓退，儐者引主人入。

婦人禮會

女賓乘車入，至下車所，內儐者引入。主人送迎於閣內。相稱之辭，各準其夫，餘如丈夫之禮。

饗丈夫送者

其日，掌事者鋪賓席於堂上楹間，近北，南向。又鋪主人席於阼階上，西向。又設衆賓之席於賓席西南，設從者席位於西廊下，俱重行東向，以北爲上。儐者引賓以下立於主人門外之西，重行東向，以北爲上。立定，儐者引主人出，立於門東，西向。主人揖賓，賓報揖。儐者各引賓主以下入，至階，主人揖賓，賓報揖，賓主以下俱升[1]，立於席後。立定，賓主以下俱坐，遂進酒設食如婚會之儀。

會畢，賓主以下俱興。儐者引賓立於西階上，東面。主人掌事者牽乘馬入陳於門內，三分庭，一在南，北首西上。又掌事者奉束帛之篚升，授主人，主人執篚西面立。賓西階上北面再拜。主人進，立於楹間，南面；賓進，立於主人之右，俱南面。主人授篚，賓受之，退，立於西階上，

---

① “賓主以下俱升”六字，四庫本與公善堂本同，《通典》卷一二九《開元禮纂類二十四》作“賓主以次升”。

東面。主人還阼階上，北面再拜送。儐者引賓以下降自西階，從者迋受篚。賓及庭，東面揖左馬以出，牽馬者從之。在庭者以次出，俱復門外位。從者迋受馬。初賓降，儐者引主人降自東階，出門東，西面拜送。賓退，主人入。

饗婦人送者

其日，女贊者鋪賓席於堂上楹閒，近北，南向。又鋪主人席於阼階上，西向。又設衆賓之席於賓西南，設從者席位於西廊下，俱重行南向①，以北爲上。女相者引賓以下立於主人門外之西，重行東向，以北爲上。立定，女相者引主人出，立於門内之東，西向。女相者引賓入，衆賓以下從入。賓入門西，東面。立定，賓主以次進，至階，升，各立於席後。上下立定，俱坐，遂進酒設食，如婚會之儀。

會畢，賓主上下俱興。女相者引賓立於西階上，東面。女相者奉束錦之篚升，以授主人，主人執篚進於楹閒，南面立。女相者引賓進，立於主人之右，俱南面。主人授幣訖，女相者引賓降出，從者迋受篚，衆賓以下從出。初賓降，女相者引主人降，送於門内。賓出，女相者引主人入。

---

①　“南向”，四庫本、《通典》卷一二九《開元禮纂類二十四》作“東向”。

卷第一百十六　嘉禮

公主降嫁

册公主　公主受册　納采　問名　納吉　納徵　請期
親迎　同牢　見舅姑　盥饋舅姑　婚會　婦人禮會
饗丈夫送者　饗婦人送者

册公主

前一日，尚設奉御設御幄於太極殿稍北①，南向，鋪御座如常儀。守宮設群官次於東西朝堂。奉禮設版位並如式。太樂令展宮懸於殿庭，典儀設舉麾位於殿上之西南，如常儀。又設群官版位：文官一品以下五品以上於橫街北，六品以下、九品以上於橫街南，俱重行西向；武官一品以下五品以上於橫街北，六品以下、九品以上於橫街南，俱重行東向。諸親於五品之南。皇親在東，諸親在西。設典儀位如常儀。贊者二人在南，少退，俱西向。又設册使、副使位於懸北，西上，俱北向。副使立於大使東②，少退，以後準此。

其日，諸衛勒所部屯門列仗如常儀。册使及群官等依時刻集朝堂就次，改服朝服。通事舍人各引就朝堂前位。侍中量時刻版奏：「請中嚴。」鈒戟近仗入陳於殿庭。太樂令帥工人入，就位。協律郎入，就舉麾位。典儀帥贊者先入，就位。諸侍衛之官各服其器服，符寶郎奉寶，俱詣閤奉迎。通事舍人分引王公、群官入，就位。又通事舍人引册使及副使並入，立於殿門外道東，西向以俟。黃門侍郎帥主節奉節及幡立於陛仗南，節在前。中書侍郎預請册置於案，令史絳公服，各對舉案，立於節

---

① 「尚設」，四庫本、《通典》卷一二九《開元禮纂類二十四》作「尚舍」。

② 「大使」，四庫本作「册使」。

南道東，西向。中書侍郎立於案後。

　　侍中版奏：“外辦。”所由承旨索扇，扇上，皇帝服通天冠、絳紗袍，御輿以出，曲直華蓋警蹕侍衛如常儀。太樂令令撞黃鍾之鐘，右五鐘皆應，協律郎舉麾，鼓柷，樂作①。皇帝出自西房，即御座，南向坐，扇開，協律郎偃麾，戛敔，樂止。符寶郎奉寶置於御座如常儀。典儀贊拜，群官在位者俱再拜，訖，通事舍人引冊使、副入，就位②，冊使等初入門，《舒和之樂》作，至位，樂止。立定，典儀曰：“再拜。”贊者承傳，冊使等皆再拜。

　　侍中進，當御座前，北面跪，奏稱：“侍中臣某言，冊公主，請命使。”俛伏，興。又侍中少前，稱：“制曰可。”退，復位。侍中承制，降詣使者東北，西面稱：“有制。”冊使等俱再拜③。侍中宣制曰：“冊某公主，命公等持節展禮。”宣制訖，使、副等又再拜。侍中還侍位。贊禮者引冊使少前，黃門侍郎引主節詣冊使東北，主節以節授黃門侍郎，主節由後立於使左。黃門侍郎執節西南授，冊使跪受，興，付主節，幡隨節立於使左。黃門侍郎退。贊禮者導中書令詣冊使東北，西面立。又贊禮者導中書侍郎引詣公主冊案，立於中書令之右。中書令於案取公主冊，舉案者皆由其後立於使右，以後準此。授冊使，冊使跪，受，興，置於案。持案者退，立於使後，以後準此。贊禮者引中書令與冊使俱北向，退，復位。典儀曰：“再拜。”贊者承傳，冊使等及群官在位者皆再拜，訖，通事舍人引冊使等右旋而出，持節者前導，持案者次之。冊使等初行，樂作，出門，樂止。

　　侍中前，跪，奏稱：“侍中臣某言，禮畢。”俛伏，興，還侍位。所由承旨索扇，扇上，皇帝興，太樂令令撞蕤賓之鐘，左五鐘皆應，鼓柷，奏《太和之樂》。皇帝降座，御輿入自東房，侍衛警蹕如來儀，侍臣從至閤，扇開，樂止。通事舍人引群官在位者以次出。舉冊者及冊使至長樂門外次，如後儀。

---

　　①　“太樂令令撞黃鍾之鐘右五鐘皆應協律郎舉麾鼓柷樂作”二十三字，公善堂本無，今據四庫本、《通典》卷一二九《開元禮纂類二十四》校補。

　　②　“冊使副”，四庫本作“冊使副使”，《通典》卷一二九《開元禮纂類二十四》作“冊使”。

　　③　“冊使”，四庫本亦作“冊使”，《通典》卷一二九《開元禮纂類二十四》作“冊使副”。

公主受册

尚儀二人，_{讀册。}司贊一人，_{引公主。}掌贊二人，_{知贊拜。}女史四人，_{對舉}册案。

前一日，尚舍、守宫計會設使者及册案便次於光範門及長樂門外，皆道右東向。司贊設公主位於長樂門内殿前，近南，當階，北面西上。又分設内命婦應陪位者位於公主東北及西北，嬪御等在東，宫官等在西，皆重行相對，北上。又於内命婦之前設尚儀位二，皆東向，以北爲上。又於尚儀位南少退設司贊位，掌贊二人陪其後。

其日，典儀設册使位於長樂門外之西，東面北上。又設舉册案者位二在南，差退，俱東向。内謁者監預取公主册案置於長樂門外，近限。内外命婦以下及應在位者①，並服禮衣先就位。公主花釵翟衣，司言引就受册位，侍從如常儀。

通事舍人引册使、副使等出就位。持節者立於使者之北，少退。持册案者立於册使、副使西南，俱東向。持節者去節衣。持册案者並以案進册使之右，北向，相次而立。内侍二人引使者詣門，内謁者舉案少前，使者取公主册，跪，置册於内案，俛伏，興，通事舍人引册使、副使等俱退，就次以俟。

尚儀帥女史詣門，舁册案入，各就尚儀之前，對舉册案，皆東向。司贊曰：“再拜。”_{凡司贊有辭，掌贊皆承傳。}司言贊公主再拜，在位者皆再拜。尚儀取公主册於案，_{凡尚儀取册訖，持案者以案退。}少前，北面南顧稱②：“有制。”司言贊公主再拜。尚儀執册跪，讀訖，退，復位③，以册進授公主。公主受册，以授司言，訖，司贊曰：“再拜。”公主再拜，在位者皆再拜。司贊少前，稱：“禮畢。”司言贊公主退，公主退④，在位者以次退。掌贊報内謁者監禮畢，内謁者監傳報册使等。

册使等詣太極殿前南横街南，北面西上立。中書令立於册使等東

---

① “内外命婦”，四庫本、《通典》卷一二九《開元禮纂類二十四》作“内命婦”。

② “北面南顧”，四庫本、《通典》卷一二九《開元禮纂類二十四》作“北面”。

③ “退復位”，公善堂本作“退復位訖”，據四庫本、《通典》卷一二九《開元禮纂類二十四》改。

④ “司言贊公主退公主退”，四庫本作“司言贊公主退”。

北,西面。册使等再拜復命曰:"奉制册命某公主,禮畢。"又再拜。中書令奏聞,册使等退,幡節各還本司。

納采

前一日,主人設使者次於大門之外道右,南向。

其日大昕,使者至於主人大門外,贊禮者延入次。凡賓主及行事者,皆公服。使者出次,贊禮者引至大門外之西,東向。主人立於東階下,西面。儐者立於主人之左,北面受命,出,立於門東,西面曰:"敢請事。"使者曰:"朝恩覛室於某公之子某,某公有先人之禮,使某也請納采。"某公,壻父名①。某也,使者名。儐者入告。主人曰:"寡人敢不敬從。"儐者出告。掌畜者以鴈授使者,退,立於後,使者左手執之。贊禮者引主人迎於大門外之東,西面再拜,使者不答拜。主人揖,入,使者從入,主人入門而右,使者入門而左。至內門,主人又揖,入,至內霤,將曲揖,當階揖,使者皆不答。至階,主人曰:"請吾子升。"使者曰:"某敢辭。"主人曰:"固請吾子升。"使者曰:"某敢固辭。"主人曰:"終請吾子升。"使者曰:"某敢終辭。"主人升自東階,當阿西面;使者升自西階,當阿東面。使者曰:"敢納采。"主人阼階上北面再拜,進立於楹閒,南面。使者進,立於主人之西,俱南面。使者授鴈,降自西階以出。

問名

使者既出,遂立於內門外之西,東向。主人還阼階東,左右受鴈於序端。主人降立於阼階下,西面。儐者進受命,出請事。使者曰:"某既受命,將加諸卜,敢以禮問名。"儐者入告。主人曰:"寡人不敢辭。"儐者出告。掌畜者以鴈授使者,退,立於後。贊禮者引主人迎於內門外之東,西面,揖使者以入,使者入,再拜。主人入門而右,使者入門而左,二揖至階,三讓如初。主人升阼階,當阿西面;使者升西階,當阿東面。使者曰:"敢問名。"主人阼階上北面再拜,進,立於楹閒,南面。使者進立於主人之西,俱南面。使者授鴈,還立於西階上,東面。主人還阼階上,

---

① "壻父名",四庫本作"稱父名"。

西面立曰："皇帝第某女，封某公主。"使者降，出，立於內門外之西，東向。主人還阼階東，左右受鴈於序端。主人降，立於阼階下，西面。儐者進受命，出請事。

使者曰："禮畢。"儐者入告。主人曰："吾子爲事，故至於寡人之室，寡人有先皇之禮，請禮從者。"使者曰："某既得將事，敢辭。"儐者入告。主人曰："先皇之禮，敢固以請。"儐者出告。使者曰："某辭不得命，敢不從。"儐者入告。贊禮者引主人升，立於序端。贊禮者於户牖之閒鋪莞筵粉純，加藻席繢純。設甒醴於東房西牖下，加勺冪。設篚在尊北，實觶一、角柶一，加冪，籩豆在篚北，實以脯醢。設洗於東房近北，罍水在洗西，篚在洗東，北肆。篚實以巾。加勺冪。

施設訖，贊禮者引主人降，迎使者於內門外之東，西向。主人揖，使者報揖。主人與使者俱入，至階，一讓升。主人於阼階上北面再拜。賓西階上北面答拜。主人受几於序端。掌事者内拂几三，奉兩端西北向進。主人東南向外拂几三，振袂，内執之進，西北向。使者迎受於筵前，東南向以俟。主人還東階上，北面再拜送，西面立。使者以几避，進，北面坐，設於座左，興，退於西階上，北面答拜，旋立於阼階西，東面。

贊者盥手，洗觶，酌醴，加柶於觶，覆之，面葉，出房南面立。主人受醴，面枋①，進筵前，西北面立。使者西階上北面一拜，進筵前，東南面受醴，復西階上位。主人還阼階上，北面一拜送。贊者薦脯醢於筵前。使者進，升筵坐，左執觶，右取脯，擩於醢，祭於籩、豆之閒，以柶祭醴三，始扱一祭，又扱再祭，興，以柶兼諸觶，上擷，降筵，於西階上北面坐，啐醴，建柶，奠觶，遂拜，執觶興。主人答拜。使者進，升筵坐，奠觶於薦東，降筵，立於西階上，東面。

掌事者牽兩馬入陳於門内，三分庭，一在南，北首西上。掌事者奉篚幣升自東階，主人受於序端，進，西面立。使者西階上北面再拜。主人進楹閒，南面立。使者進，立於主人之西，俱南面。主人以篚幣授使者，使者退，立於西階上，東面。主人還阼階上，北面拜送。使者降自西階，從者迓受幣。使者擂馬以出，牽馬者從之。使者出大門外之西，東

---

①　"面枋"，四庫本作"面柄"。

面立，從者迓受馬。主人出門東，西面拜送。使者退，主人入，立於東階下，西面。儐者告於主人曰："賓不顧矣。"主人乃還於寢。

納吉

前一日，主人設使者次如常。

其日大昕，使者至主人大門外，贊禮者延入次。使者出次，贊禮者引立於大門外之西，東向。主人立於阼階下，西面。儐者進受命，出請事。使者曰："加諸卜，占曰吉，使某也敢告。"儐者入告。主人曰："某公有吉，寡人預在焉，寡人不敢辭。"儐者出告。掌畜者以鴈授使者，退，立於後。贊禮者引主人迎於大門外之東，西面再拜。使者不答拜。主人揖入，使者從入。主人入門而右，使者入門而左。至內門，主人又揖，入，再揖至階，三讓如初。主人升阼階，當阿西面；使者升西階，當阿東面。使者曰："敢納吉。"主人阼階上北面再拜，進，立於楹閒，南面。使者進立於主人之西，俱南面。使者授雁，降自西階以出，立於內門外之西，東向。主人還阼階東，左右受鴈於序端。主人降，立於阼階下，西面。儐者進受命，出請事。使者曰："禮畢。"其禮賓如問名之儀。

納徵

前一日，主人設使者次如常①。

其日大昕，使者至主人大門外，贊禮者延入次。掌事者入，布幕於內門之外，玄纁束帛陳於幕上，乘馬在幕南，北首西上。掌事者奉璋以櫝俟於幕東②，西面。使者出次，贊禮者引立於大門外之西，東向。主人立於東階下，西面。儐者進受命，出請事。使者曰："朝恩覒室於某公之子某，某公有先人之禮，使某也以玉帛乘馬請納徵。"儐者入告。主人曰："某公順先典，覒以重禮，寡人敢不承命。"儐者出告。贊禮者引主人出迎於大門外之東，西面再拜，使者不答拜。主人揖，入，使者從入。主人入門而右，使者入門而左。至內門，主人立於門東，西面；使者立於門

---

① "常"，四庫本作"常儀"。
② "櫝"，四庫本作"匱"。

西，東面。掌事者坐，啟櫝取璋①，加於玄纁上，與，以授使者，退，復位。使者奉玉帛，主人揖，與使者俱入。牽乘馬者從入，陳於庭，三分庭，一在南，北首西上。主人揖入②，再揖至階，三讓如初。主人升阼階，當阿西面；使者升西階，當阿東面。使者曰："敢納徵。"主人阼階上北面再拜，進，立於楹閒，南面。使者進，立於主人之西，俱南面。使者授玉帛，降自西階出，立於門內外之西，東向。主人還阼階東，左右受玉帛於序端。受馬者自左受之以東，牽馬者既授馬，自前西出。儐者進受命，出請事。使者曰："禮畢。"其禮賓如納吉之儀。

請期

前一日，主人設使者次如常③。

其日大昕，使者至主人大門外，贊禮者延入次。使者出次，贊禮者引立於大門外之西，東向。主人立於東階下，西面。儐者進受命，出請事。使者曰："某公有賜，既申受命，某公使某請吉日。"儐者入告。主人曰："寡人既前受命，惟命是聽。"儐者出告。使者曰："某公命某聽命於王。"儐者入告。主人曰："寡人固惟命是聽。"儐者出告。使者曰："某公使某受命於王，王不許，某敢不告期曰某日。"儐者入告。主人曰："寡人敢不敬須。"儐者出告。掌畜者以鴈授使者，退，立於後。贊禮者引主人迎於大門外之東，西面再拜，使者不答拜。主人揖，入，使者從入。主人入門而右，使者入門而左。至內門，主人又揖，入，再揖至階，三讓如初。主人升阼階，當阿西面；使者升西階，當阿東面。使者曰："敢告期。"主人阼階上北面再拜，進，立於楹閒，南面。使者進，立於主人之西，俱南面。使者授鴈，降自西階出，立於內門外之西，東向。主人還阼階東，左右受鴈於序端。主人降，立於阼階下，西面。儐者進受命，出請事。使者曰："禮畢。"其禮賓如納徵之儀。

---

① "櫝"，四庫本作"匵"。
② "主人揖入"，四庫本作"主人入"。
③ "常"，四庫本作"常儀"。

親迎

前一日，主人設賓次如常^①。

其日大昕，壻之父服其服，告於禰廟。以酒脯告之，一獻，無廟者告於正寢。將行，父醮子於正寢。贊者布席於東序，西向。子服其上服，升自西階，進，立於席西，南向。贊者酌酒，進，北面以授，子再拜，受。贊者薦脯醢於席前。脯醢出自房。子升席，跪，左執爵，右取脯，擩於醢，祭於籩、豆之間，祭酒，執爵興，降席，西面跪，飲卒爵，奠爵再拜，執爵興。贊者受虛爵，還於尊所。子進，立於父前，東面，父命之曰："往迎爾相，承我宗事，勖率以敬先妣之嗣，若則有常。"庶子但云"往迎爾相，勖率以敬。"子再拜曰："不敢忘命。"又再拜，降出，乘輅備威儀詣主人之第。賓將至，内贊者布席於東房，當户南向。設尊甒醴於東房東北隅，加勺幂，篚在尊南，實觶一、角柶一，加幂，脯醢在篚南。賓至主人大門外，降輅，贊禮者引停於次。

公主著花釵，服褕翟纁袡，入於房，即席南面立。姆服禮衣立於右，從者陪其後。主人升自阼階，立於户外之東，西面。贊者以觶酌醴，加柶，覆之，面枋^②，進筵前，北面。公主左執觶，右取脯，擩於醢，祭於籩、豆之間，遂以柶祭醴三，始扱一祭，又扱再祭，興，筵末坐，啐醴，建柶，執觶興，奠觶於薦東，降筵西，南面再拜，就席立。内贊者徹席觶。

主人降，立於東階東南，西面。贊禮者引賓出次，立於門西，東向。儐者進受命，出門東，西面曰："敢請事。"賓曰："某王命某之父，以兹初昏，某之父命某將請承命。"儐者入告。主人曰："寡人固敬具以須。"儐者出告。贊禮者引主人迎於大門外之東，西面再拜，賓答拜。主人揖，賓報揖。主人入。掌畜者以鴈進，賓受鴈，左手執之以入。及寢門，主人曰："請賓入。"賓曰："某弗敢以先。"主人曰："固請賓入。"賓曰："某固弗敢以先。"主人揖，賓報揖。主人與賓俱入，及内霤，將曲揖，當階揖，賓皆報揖。至階，主人曰："請賓升。"賓曰："某敢辭。"主人曰："固請賓升。"賓曰："某敢固辭。"主人曰："終請賓升。"賓曰："某敢終辭。"主人升

---

① "常"，四庫本作"常儀"。
② "面枋"，四庫本作"面柄"。

阼階東，西面立；賓升西階，進，當房户北面跪，奠雁，興，再拜，降出，主人不降送。

初賓入門，主婦出，立於房户外之西，南向。於賓拜訖。姆導公主出。主人少進，西面戒之，必有正焉，若衣若花，命之曰：“戒之敬之，夙夜無違命。”主婦戒於西階上，施衿結帨，戒之曰：“勉之敬之，夙夜無違宫事。”公主至車後，壻授綏，姆辭不受，曰：“未教，不足與爲禮。”公主乘以几，從者二人坐，相對持之，姆加幜。壻乃馭輪三周，馭者代之。賓出大門，乘輅還第如來儀，公主鹵簿次後而行。

同牢

初婚，掌事者設洗於東階東南，東西當東霤，南北以堂深，罍水在洗東，篚在洗西，南肆。篚實一巾①、二爵。設公主之洗於東房近北，罍水在洗西，篚在洗東，北肆，皆加勺幂。設饌於東房②，障以帷，豆、籩、簠、鉶、俎之數各依其品。瓦登一，皆加巾蓋。羊豕節折。大羹湇在爨③，尊於室内北牖下，玄酒在西，加幂、勺，皆南枋④。幂，夏用絺，冬用綌。又設尊於堂上之東，無玄酒，篚在南，實四爵合卺，加勺幂。其器皆烏漆，帷登以陶，卺以瓢。

壻至，降車以俟。公主至，降車，北面立，壻南面揖公主以入。及寢門，又揖以入。公主從者入席於奧，東向。壻導公主升自西階，即席東面立，公主升，立於尊西，南面。壻盥於南洗，公主從者沃之；公主盥於北洗，壻從者沃之。

贊者以饌入，設於席前。贊者設醬於席前，菹醢在其北。俎三人設於豆東，腊俎特於北⑤。豆東，菹醢之東。贊者設黍於醬東，稷、稻、粱在東，設湇於醬南。饌要方。設對醬於東，對醬，婦醬也，設之當特俎。菹醢在其南，北上。設黍於腊北，其西稷、稻、粱，設湇於醬北。贊者啟會，却於簠、籩南，對簠、籩於北，啟，發也。皆加匕箸。壻從者布對席於饌東。贊者西面

---

① “一巾”，四庫本作“二巾”。
② “東房”，四庫本作“東方西牖下”。
③ “在”，四庫本作“在於”。
④ “南枋”，四庫本作“南柄”，。
⑤ “腊俎特於北”，四庫本作“腊俎特於豆北”。

告①:"饌具。"

　　婿揖公主,公主即對席西面,皆坐。贊者皆授匕箸,各以菹擩於醢,皆祭於豆閒,又皆祭黍。贊者各取肺,皆絶末以授,皆祭,贊者以肺加於俎。贊者各移黍置於席上,三飯卒食。贊者二人俱洗爵於北洗,酌於室內之尊,詣饌南,北面以酳。婿及公主皆興,再拜,受爵。贊者北面答再拜。婿及公主皆坐,祭酒,贊者以肝從,皆奠爵,取肝,振祭,嚌之,贊者皆受,實於菹豆,各取爵,皆飲,執爵興。贊者受爵,婿及公主皆再拜。贊者以爵復於篚,又以爵酌酒再酳,婿及公主仍立受爵,坐飲無從訖②,贊者受爵復於篚③。三酳用卺如再酳,婿及公主仍立於席後。贊者皆降東階,洗爵,升,酌於户外尊,至饌南,北面俱跪,奠爵,興,再拜,贊者坐取爵,遂飲卒爵,奠爵,遂拜,執爵興,降奠於篚。

　　婿出,公主退,立於尊西南。贊者徹饌,設於房內,又徹室內尊以出。婿脱冕服於房,公主從者受之;公主脱服於室,婿從者受之,姆授巾,婿從者衽於奥,公主從者衽良席在東,皆有枕,北趾。婿入,燭出。從公主者餕婿之餘,從婿者餕公主之餘,贊者酌户外階東尊酳之。

見舅姑

　　見之日,公主夙興,沐浴,著花釵,服褕翟,至於舅姑寢門之外。贊者布舅席於東序,西向。布姑席於房户外之西,南向。布公主席於室户外西,南向,在姑席之西,少北側。尊甒醴於房內東壁下,加勺幂;篚在北,實觶一、角柶一,篚加幂;籩、豆各一,又在篚北。設洗於東房近北,罍水在洗西,篚在洗東,北肆,實以巾、爵,加勺幂。

　　質明,舅公服,姑著鈿釵禮衣,俱即席後立。公主執笲棗栗,從者執笲腶脩以從。女相者引公主入門,升自西階,東面再拜,進,奠棗栗於舅席前,興,舅撫之④。內贊者進,徹以東。公主退,復東面位,又再拜,降自西階,受笲腶脩,升,進,北面再拜,跪,奠於姑席前,興,姑坐舉之。內

---

①　"西面",四庫本作"西南"。

②　"無從訖",四庫本作"卒爵興"。

③　"受爵"二字,公善堂本無,今據四庫本校補。

④　"舅撫之",四庫本作"舅姑並撫之"。

贊者進，徹以東。公主退，復北面位，又再拜。女相者引公主立於席西，南面。內贊者詣罍洗，盥手洗觶，酌醴，加柶，面枋①，出房，進，詣公主席前，北面立。公主進，東面再拜，受醴，退，復位。內贊者西階上北面拜，受醴，退，復位，內贊者西階上北面拜送②，遂薦脯醢於席前。公主升席坐，左執觶，右取脯，擩於鹽，祭於籩、豆之間，以柶祭醴三，始扱一祭，又扱再祭，加柶於觶，面葉，興，降席西，東面坐，啐醴，建柶，興，再拜。內贊者答拜。公主進，升席，跪，奠觶於豆東，降自西階以出。

盥饋舅姑

公主盥饋以少牢。舅姑公服、鈿釵禮衣。公主花釵、褕翟。贊者布席於室之奧，舅姑共席坐，俱東面南上。贊者設尊於室內北牖下，饌於房內西牖下，其饌如同牢。牲體皆折③，右載之舅俎，左載之姑俎。舅姑即席，東向坐。女相者引公主入，升自西階，入房，以醬進，設於舅姑席前，興，少退，西向立。其他饌從者設之，皆加匕箸，俱以南爲上。俎入，各設於豆東，訖，贊者各授箸，舅姑各以菹擩於醬④，祭豆間，又祭飯，訖，乃食，三飯卒食。公主入於房，盥洗爵，入室，酌酒酳舅，進，奠爵於舅席前，少東，西面再拜。舅取爵，祭酒，飲之。公主受爵，入房，奠於篚，又盥洗爵，酌酒酳姑如酳舅之禮。內贊者設公主席東北⑤，南向。公主徹醬，設於席前姑⑥，餘饌從者設之。公主進，西面再拜，退，升席，南向坐。將餕，舅辭，命易醬，內贊者易之，公主乃餕姑之饌。公主祭，內贊者贊之，既祭乃食，三飯卒食。內贊者洗爵，酌酒酳公主，公主降席，西面再拜，受爵，升席坐，祭酒，飲之訖，執爵興，降席，東南立⑦。內贊者受爵，奠於篚。公主進，西面再拜。舅姑興，先降自西階，公主降自阼階。

---

① “面枋”，四庫本作“面柄”。
② “受醴退復位內贊者西階上北面拜送”十五字，四庫本無，據上下文意，疑是衍文。
③ “折”，四庫本作“節折”。
④ “菹”，四庫本作“韭菹”。
⑤ “東北”，四庫本作“於舅姑東北”。
⑥ “姑”字，四庫本無，疑是衍文。
⑦ “東南”，四庫本作“東面”。

婚會

　　其日，主人至於賓大門外之西，東面立。賓立於東階下，西面。儐者進於賓左，北面受命，出於大門外之東，西向曰："敢請事。"主人曰："某有嘉禮，請公有顧。"王則稱王，以下準此。儐者入告，遂引賓出大門外之東，西面再拜，主人答拜。主人曰："某有嘉禮，請公有顧。"賓曰："敢辭。"主人曰："敢固請。"賓曰："辭不得命，敢不從。"主人拜，賓答拜。主人還，賓遂與諸親從之。

　　贊者預鋪賓席於堂上楹閒，近北，南向。設賓之宗室席位於賓席西南，賓之異姓席位於宗室之南。又於西廊下設異姓席位，皆重行東向，以北爲上。設主人席位於東階上，西向。設主人宗室席位於主人東北，設異姓席位於宗室之北，皆重行西向，以南爲上。又設主人異姓席位於東廊下，重行西向，以北爲上。

　　賓至，立於主人大門外之西，東向。賓之宗室立於賓西南，異姓立於宗室之南，俱重行東向，以北爲上。贊禮者引主人出，立於大門外之東，西向。主人諸親立於大門內之東，重行西向，以南爲上。立定，主人西面再拜，賓東面答拜。主人揖賓，賓報揖。贊禮者引主人，又贊禮者引賓以入，賓之諸親以次從入。至內門，主人諸親從入如常。至階，主人揖賓，賓報揖。賓主及諸親以次升，各立於席後，其在庭者亦如之。立定，賓主及諸親俱坐。

　　執爵者酌酒，升自東階，酒升堂，賓主及諸親皆起。執爵者酌酒升，以酒授主人。贊禮者引主人進詣賓前，西北面立，賓自席西進，東面受爵。贊禮者引主人退，復位，賓還席後，賓主及諸親俱坐。執爵者又以酒授主人及諸親，賓主俱祭而後飲，諸親不祭而飲。爵行一周，食升堂，賓主及諸親皆起，掌食者以醢醬豆授主人，贊禮者引主人進，設於賓席前。賓曰："請公無辱。"主人曰："不敢忘禮。"贊禮者引主人退，復位。執饌者以饌設於賓主席前，加以匕箸。執饌者又以饌設於衆賓以下。置設訖，賓主及諸親皆坐，賓主皆祭而食，諸親不祭而食。於賓祭，主人辭曰："疏食不足祭。"賓主三飯而止。主人曰："請公食。"賓更飯。食畢，遂進庶羞，觴行如常。

會異，賓主及諸親俱興，贊禮者各引賓主以降出[1]。賓主及賓之諸親皆復門外位，主人諸親復門内位。主人再拜送，賓退，贊禮者引主人入。

婦人禮會

女賓乘車入，至下車所，内儐者引入，主人迎送於閤内。相稱之辭各準其夫，餘如丈夫之禮。

饗丈夫送者

其日，掌事者鋪賓席於堂上楹閒，近北，南向。又鋪主人席於阼階上，西向。又設眾賓之席於席西南，設從者席於西廊下，俱重行東向，以北爲上。贊禮者引賓以下立於主人門外之西，重行東向，以北爲上。立定，贊禮者引主人出，立於門東，西向。主人揖，賓報揖。贊禮者各引賓主以下入，至階，主人揖，賓報揖。賓主以下俱升，立於席後。立定，賓主以下俱登，遂進酒設食如婚會之儀。

會畢，賓主以下俱興。贊禮者引賓立於西階上，東面。主人掌事者牽乘馬入陳於門内，三分庭，一在南，北首西上。又掌事者奉束帛之篚升，以授主人，主人執篚西面立。賓西階上北面再拜。主人進，立於楹閒，南面；賓進，立於主人之右，俱南面。主人授篚，賓受之，退，立於西階上，東面，主人還阼階上，北面再拜送。贊禮者引賓以下降自西階，從者迓受篚。賓及庭，東面揖左馬以出，牽馬者從之。在庭者以次出，俱復門外位，從者迓受馬。初賓出，贊禮者引主人降自東階，出門東，西面拜送。賓退，主人入。

饗婦人送者

其日，女贊者鋪賓席於堂上楹閒，近北，南向。又鋪主人席於阼階上，西向。又設眾賓席於賓西南，設從者席位於西廊下，俱重行東向，以北爲上。女相者引賓以下立於主人門外之西，重行東向，以北爲上。立

---

[1]　"以"，四庫本作"以下"。

定，女相者引主人出，立於門内之東，西向。女相者引賓入，衆賓以下從入。賓入門西，東面。立定，賓主以次進，至階，俱升，各立席後。上下立定，俱坐，遂進酒設食，如婚會之儀。

　　畢，賓主上下俱興。女相者引賓立於西階上，東面。女贊者奉束錦之篚升，以授主人，主人執篚進於楹閒，南面立。女贊者引賓進，入，立於主人之右，俱南面。主人授幣，訖，女相者引賓降出，從者迓受篚，衆賓以下從出。初賓降，女相者引主人降，送於門内。賓出，女相者引主人入。

卷第一百十七　嘉禮

三品以上嫡子冠

將冠，筮於廟門之外，無廟者筮於正寢之堂。主人謂將冠者之父兄也。公服，立於門東，西向。無廟者於堂上楹閒近東，西向。掌事者各服其服，立於門西，東面北上。無廟者立於楹閒近西，東面北上。布筮席於闑西闑外，西向。無廟者於主人之西，西面。筮者開韇出策①，兼執之，東面受命於主人。主人曰："爲嫡子某，某日加冠，庶幾從之。"筮者曰："諾。"進就筮席，西面，以韇擊策，遂述曰："假爾泰筮有常，某爲嫡子某，某日加冠，庶幾從之。"乃釋韇，坐，筮訖，興，降席，東面稱："占曰從"，筮者退。若不吉，則筮遠者如初儀②。贊禮者進主人之左，告禮畢。掌事者徹筮席。

前三日，筮賓如求日之儀。筮賓之可使冠子者③。

前二日，主人戒賓及贊冠者。主人至賓大門外，掌次者引之次，主人公服出次，立於門外之西，東向。賓公服立於阼階下，西面。儐者公服進於賓之左，北面受命，出立於門東，西面曰："敢請事。"主人曰："某之子某將加冠，請某子教之。"相稱各隨官爵。儐者入告。賓出立於門東，西面再拜，主人答拜。主人曰："某之子某將加冠，願吾子教之。"賓曰："某不敏，恐不能供事，以辱吾子，敢辭。"主人曰："某猶願吾子教之。"賓曰："吾子重有命，某敢不從。"主人再拜，賓答拜。主人還，賓拜送。主人戒贊冠者亦如之。亦通使子弟戒之。

前一日，掌事者設次於大門外之右，南向。

---

① "韇"，四庫本作"匵"。
② "遠者"，四庫本作"遠日"。
③ "筮賓之可使冠子者"，四庫本、《通典》卷一二八《開元禮纂類二十三》作"賓謂可使冠子者"。

　　其日夙興，贊者設洗於正寢阼階東南，東西當東霤，六品以下當東榮。南北以堂深；罍水在洗東，加勺冪；篚在洗西，南肆，實巾一於篚，加冪。席於東房内西墉下，無房者張帷爲之。陳服於席，東領北上。冕服，青衣纁裳。一品袞冕服，九章，五章在衣：龍、山、華蟲、火、宗彝；四章在裳：藻、粉米、黼、黻。二品鷩冕服，七章，三章在衣：華蟲、火、宗彝；四章在裳：藻、粉米、黼、黻。三品毳冕服，五章，三章在衣：宗彝、藻、粉米；二章在裳：黼、黻。四品絺冕服①，三章，一章在衣：粉米；二章在裳：黼、黻。五品玄冕，衣無章，裳刺黻一章。六品以下爵弁服，青衣纁裳。白紗中單，黼領，青褾、襈、裾，革帶，鉤䚢，大帶。一品二品素帶皆紕其外，上以朱，下以緑。三品紕其垂，外以玄，内以黃，紐約皆用青組。四品五品素帶，紕其垂，外以玄，内以黃，紐約皆用青組。六品以下練帶，紕其垂，内外以緇，紐約用青組。韍，隨衣色，山、火二章。四品五品絺冕②，山一章。玄冕③，無章。六品爵韠。劍，飾以金玉。四品五品飾以金。雙佩，一品山玄玉，五品以上水蒼玉也。雙綬，一品緑綟綬，四綵，緑紫黃赤，純緑質，長一丈八尺，二百四十首，廣九寸。二品三品紫綬，三綵，紫黃赤，純紫質，長一丈六尺，一百八十首，廣八寸。皆用小雙綬，長二尺六寸，色同大綬而首半之，一品施二玉環。四品青綬，三綵，青白紅，純青質，長一丈四尺，一百三十首，廣七寸。五品墨綬④，二綵，青紺，純紺質，長一丈二尺，一百首，廣七寸⑤。皆有小雙綬，長二尺六寸，色同大綬而首半之。六品以下無劍、佩、綬。朱韈赤舄。五品以上同。六品以下，白韈赤履。庶人介幘，服絳公服，方心革帶，鉤䚢，假帶，韈，履。進賢冠服，絳紗單衣，白紗中單，皂領、褾、襈、裾，白裙襦。赤裙衫。革帶鉤䚢，假帶，曲領方心，絳紗蔽膝，白韈黑舄。八品以下，去中單曲領，蔽膝，黑履。庶人黑介幘服，白裙襦，青領，革帶，韈，履。劍雙佩雙綬。六品以下無劍佩綬。緇布冠服，青衣素裳，素韠。中單、革帶、大帶、劍、佩、綬與冕服同，韈舄與進賢冠服同。六品以下中單、革帶、緇帶與爵弁服同⑥，韈、履與進賢冠同。庶人帶、韈、履與介幘服同，去韠而已。緇纚、櫛簪同箱，在服南。纚今用皂巾，方六寸，屬髮於前兩隅。莞筵四，紛純，加藻席四，緇純，又在南側。尊、甒、醴在服北，加勺冪。設坫在尊北，實角觶、角柶各一，加冪。饌陳於坫北。四品五品蒲筵四，緇布純；加萑席四，玄帛純。六品以下蒲筵四，緇布純；不加萑席。四

---

①　“絺冕服”，四庫本、《通典》卷一二八《開元禮纂類二十三》作“繡冕服”。

②　“四品五品絺冕”，四庫本作“四品繡冕”。

③　“玄冕”，四庫本作“五品玄冕”。

④　“墨綬”，四庫本作“黑綬”。

⑤　“七寸”，四庫本、《通典》卷一二八《開元禮纂類二十三》作“六寸”。

⑥　“緇帶”，四庫本、《通典》卷一二八《開元禮纂類二十三》作“繡帶”。

咸加爾服，兄弟具在，以成厥德，黃耇無疆，受天之慶。”乃跪，冠，興，復位。賓之贊冠者跪，設簪，結纓，興，復位。賓揖冠者，冠者適房，賓主俱坐。主人贊冠者徹纚櫛簪箱及莚入於房。又設莚於室戶西，南向。冠者著冕服，六品以下著爵弁之服，庶人則絳公服。出房，戶西，南面立。賓主俱興。主人贊冠者盥手洗觶於房，酌醴，加柶覆之，面葉，出房，南面立。賓揖冠者，冠者就莚西，南面立。賓進，受醴於室戶東，加柶①，面枋②，進冠者莚前，北面立，祝曰：“甘醴維厚，嘉薦令芳，拜受祭之，以定爾祥，承天之休，壽考不忘。”冠者莚西拜，受觶。賓復西階上，東面答拜。執饌者奉饌薦於冠者莚前。冠者升莚坐，左執觶，右取脯，擩於醢，祭於籩豆之間。贊冠者取肺一以授冠者，冠者奠觶於薦西，興，受，却左手執本，坐，右絕末以祭，上左手，嚌之，興，以授贊冠者，加於俎。冠者坐帨手，取觶，以柶祭醴，加柶於觶，面晉，興，莚末坐，啐醴，建柶，興，降莚，西南面跪，奠觶，再拜，執觶興。賓答拜，賓主俱坐。冠者升莚，跪，奠觶於薦東，興，進北面，跪，取脯，降自西階，入見母，進，奠脯於席前，退，再拜以出。冠者母不在，則使人受脯於西階下。初冠者入見母，賓主俱興，賓降，當西序東面立；主人降，當東序西面立。冠者既見母，出，立於西階之東，南面。賓少進，字之曰：“禮儀既備，令月吉日，昭告爾字，爰字孔嘉，髦士攸宜，宜之于嘏，永受保之。曰伯某甫。”冠者曰：“某雖不敏，夙夜祗奉。”賓出，主人送於內門外。

主人西面請賓曰：“吾子辱執事，請禮從者。”賓曰：“某既得將事，敢辭。”主人曰：“敢固以請。”賓曰：“某辭不得命，敢不從。”賓就次，主人入。

初賓出，冠者東面見諸親，諸親拜之③，冠者答拜。冠者西面拜賓之贊冠者，贊冠者答拜，訖，見諸尊於別室。

賓主既釋服，改設席訖④，賓與眾賓俱出次，立於門西，東面。主人出門東，西面。主人揖賓，賓報揖。主人先入，賓及眾賓從之，至階，一

---

① “加”字，公善堂本原無，今據四庫本補。
② “面枋”，四庫本作“面柄”。
③ “諸親”二字，公善堂本無，今據四庫本、《通典》卷一二八《開元禮纂類二十三》校補。
④ “設”字，公善堂本無，今據四庫本、《通典》卷一二八《開元禮纂類二十三》校補。

讓升，各就座後，立定，俱升坐。會訖，賓主俱興，賓立於西階上，贊冠者在北，少退，俱東面。主人立於東階上，西面。衆賓降，立於西階下，東面。掌事者以幣篚升，授主人於序端。主人執篚少進，西面立。又掌事者奉幣篚升，牽馬者牽兩馬入，陳於門內，三分庭，一在南，北首西上。賓還西階上，北面。贊冠者立於賓左，少退，賓、贊俱再拜。主人進，立於楹間，南面。賓、贊進，立於主人之右，俱南面。主人授幣篚，賓受之，退，復東面位。於主人授幣，掌事者又以幣篚授贊冠者，贊冠者退，復位。主人還阼階上，北面拜送。賓降自西階，從者迓受幣。賓當庭實，東面揖，出，牽馬者從出，從者迓受馬。於賓降，主人降，送賓於大門外之東，西面再拜。賓退，主人入。孤子則諸父諸兄戒賓。冠之日，主人髻而迎賓，拜揖讓如冠主。冠於阼。醮之及禮賓、拜送皆如上儀[①]。

　　明日，見廟，冠者朝服。質明，贊禮者引入廟南門，中庭道西，北面，贊再拜，訖，引出。

---

① "醮之"，四庫本、《通典》卷一二八《開元禮纂類二十三》作"醴之"。

卷第一百十八　嘉禮

三品以上庶子冠

將冠，筮日、筮賓如嫡子之儀。

前二日，主人戒賓及贊冠者。

前一日，掌事者設次於大門外之右，南向。

其日夙興，贊者設洗於正寢阼階東南，東西當東霤，六品以下當東榮。南北以堂深；罍水在洗東，加勺冪；篚在洗西，南肆，實巾一於篚，加冪。席於東房西牖下，無房者張帷爲之。陳服於席，東領北上。冕服，青衣纁裳。一品衮冕服，九章，五章在衣：山、龍、華蟲、火、宗彝；四章在裳：藻、粉米、黼、黻。二品鷩冕服，七章，三章在衣：華蟲、火、宗彝；四章在裳：藻、粉米、黼、黻。三品毳冕服，五章，三章在衣：宗彝、藻、粉米；二章在裳：黼、黻。四品絺冕服①，三章，一章在衣：粉米；二章在裳：黼、黻。五品玄冕，衣無章，裳刺黻一章。六品以下爵弁服，青衣纁裳。白紗中單，黼領，青褾、襈、裾，革帶，鉤䚢，大帶。一品二品素帶皆紕其外，上以朱，下以綠。三品紕其垂，外以玄，內以黃，紐約皆用青組。四品五品素帶，紕其垂，外以玄，內以黃，紐約皆用青組。六品以下練帶，紕其垂，內外以緇，紐約用青組。韍②，隨裳色，山、火二章。四品五品絺冕③，山一章。玄冕④，無章。六品爵韠。劍，飾以金玉。四品五品飾以金。雙佩，一品山玄玉，五品以上水蒼玉。雙綬，一品綠綟綬，四綵，綠紫黃赤，純綠質，長一丈八尺，二百四十首，廣九寸。二品三品紫綬，三綵，紫黃赤，純紫質，長一丈六尺，一百八十首，廣八寸。皆有小雙綬，長二尺六寸，色同大綬而首半之，一品施二玉環。四品青綬，三綵，青白紅，純青質，長一丈四尺，一百三十首，廣七寸。五品墨綬，二綵，青紺，純紺質，長一丈二尺，一百首，廣七寸⑤。皆有小雙綬，長二尺六寸，色同大綬而首半之。六品以下無劍、佩、綬。朱韡赤舄。五品以上同。六品以下，白韡赤履。庶人介幘，服絳公服，方心革帶，鉤眰，假帶，韡、履。進賢冠服，絳紗單衣，白紗中

---

① “絺冕服”，四庫本、《通典》卷一二八《開元禮纂類二十三》作“繡冕服”。

② “韍”，四庫本作“黼”。

③ “四品五品絺冕”，四庫本作“四品繡冕”。

④ “玄冕”二字，四庫本作“五品玄冕”。

⑤ “七寸”，四庫本、《通典》卷一二八《開元禮纂類二十三》作“六寸”。

785

單，皂領、襈、裾，白裙襦。赤裙衫。革帶鉤䚢，假帶，曲領方心，絳紗蔽膝，白韤黑舄。八品以下，去中單曲領、蔽膝，黑履。庶人黑介幘服，白裙襦，青領，革帶，韤，履。劍雙佩雙綬。六品以下無劍綬。緇布冠服，青衣素裳，素韠。中單、革帶、大帶、劍、佩、綬與冕服同，韤舄與進賢冠服同。六品以下中單、革帶、緇帶與爵弁服同①，韤履與進賢冠服同。庶人帶、韤與介幘服同，去韠。緇纚、櫛簪同箱，在服南。纚今用皂巾，方六寸，屬帶於前兩隅。莞筵三，紛純，加藻席三，緇純，又在南②。尊於房戶外之西兩甒，玄酒在西，加勺冪。設坫於尊東，置二爵於坫，加冪。饌陳於坫北。四品五品蒲筵三，緇布純；加萑席三，玄帛純。六品以下蒲筵三，緇布純，不加萑席。四品五品設篚，無坫，柶以角爲之，狀如匕，饌用少牢及腊三俎。一品二品十籩、十豆。三品八籩、八豆。四品五品六籩、六豆。凡牲體節折，加離肺。籩實脯棗栗之屬，豆實醢醬葅菹之類。六品以下用特俎一、籩二、豆三③，籩實脯棗，豆實菹醢。

質明，賓、贊至主人大門外，掌次者引之次。賓、贊公服，諸行事者各服其服。六品以下無公服者，服常服。執尊、罍、篚者皆就位。冕，袞冕垂青珠九旒，以組爲纓，色如其綬，青纊充耳，角簪導。鷩冕七旒，毳冕五旒，餘皆同袞冕。四品五品絺冕④，垂青珠四旒，以組爲纓，色如其綬，青纊充耳，角導。玄冕三旒，餘同絺冕⑤。六品以下用爵弁，玄纓導。庶人用黑介幘。進賢冠，三梁，纓青緌，導。四品五品兩梁，六品以下一梁，庶人則黑介幘。緇布冠，青組緌。冠冕各一箱，各一人執之，侍於西階之西，東面北上。設主人之席於阼階上，西面；賓席於西階上，東面；冠者席於房戶外之西，南面。房外謂尊東。

主人公服立於阼階下，當東序，西面。諸親公服，非公服者常服，立於罍洗東南，西面北上。尊者停別室。儐者公服立於門內道東，北面。將冠者雙童髻，空頂幘，雙玉導，金寶飾，綵袴褶，錦紳，烏皮履，立於房內，南面。主人贊冠者公服，立於房內戶東，西面。

賓及贊冠者出次，立於門西，贊冠者少退，俱東面北上。儐者進於主人之左，北面受命，出，立於門東，西面曰："敢請事。"賓曰："某子有嘉禮，命某執事。"儐者入告。主人迎賓於大門外之東，西面再拜，賓答拜。

---

①　"緇帶"二字，四庫本無。

②　"又"字，四庫本無。

③　"六品以下用特俎一籩二豆三"，四庫本作"六品以下用特牲一俎二籩二豆"，《通典》卷一二八《開元禮纂類二十三》作"六品以下用特牲俎一籩二豆二"。

④　"絺冕"，四庫本、《通典》卷一二八《開元禮纂類二十三》作"繡冕"。

⑤　"絺冕"，四庫本、《通典》卷一二八《開元禮纂類二十三》作"繡冕"。

凡賓主拜揖入出，皆贊禮相導。主人揖贊冠者，贊冠者報揖。主人又揖賓，賓報揖。主人入，賓及贊冠者次入。及內門，主人揖賓，賓報揖。主人與賓入，贊冠者從之。至內霤，將曲揖，賓報揖。至階，主人立於阼階東，西面；賓立於階西，東面。主人曰："請吾子升。"賓曰："某備將事，敢辭。"主人曰："固請吾子升。"賓曰："某敢固辭。"主人曰："終請吾子升。"賓曰："某敢終辭。"主人升自阼階，立於席東，西向。賓升自西階，立於席西，東向。贊冠者及庭，盥洗，升自西階，入於東房，立於主人贊冠者之南，俱西面。

　　主人贊冠者引將冠者出，立於房戶外之西，南向。賓之贊冠者取纚櫛簪箱，跪，奠於冠者筵東，興，席東少北，南面立。賓揖將冠者，賓主俱即席坐。將冠者進，升席南面坐。賓之贊冠者進筵前，北面跪，脫雙童髻，置於箱，櫛畢，設纚，興，復位。賓主俱興。賓降盥，主人從降，賓東面辭曰："請吾子不降。"主人曰："吾子降辱，敢不從降①。"賓降②，至罍洗，盥手，訖，詣西階，賓主一揖一讓升，主人立於席後西面，賓立於西階上，東面。執緇布冠者升，賓降一等受之，右執項，左執前，進將冠者筵前，北面跪，冠，興，復西階上席後，東面立。賓之贊冠者進筵前，北面跪，結纓，興，復位。冠者興，賓揖冠者，冠者適房，賓主俱坐。冠者著青衣素裳之服出房，立於戶西，南面。賓主俱興。賓揖冠者，冠者進，立於席後，南面。賓降盥，主人從降，辭對如初。賓盥手，跪，取爵於篚，興，洗訖，詣西階。賓主一揖一讓升，主人立於席後，西面。賓詣酒尊所酌酒，進冠者筵前，北面立，祝曰："旨酒既清，嘉薦宣時，始加元服，兄弟具來，孝友時格，永乃保之。"冠者筵西拜，受爵。賓復西階上，東面答拜。執饌者薦籩豆於冠者筵前。冠者升筵坐，左執爵，右取脯，擩於醢，祭於籩豆之間，祭酒，興，筵末坐，啐酒，執爵興，降筵西，跪，奠爵，再拜，執爵興。賓答拜。冠者升筵，跪，奠爵於薦東，興，立於筵西，南向③。執饌者徹薦爵。

　　賓揖冠者。冠者進，升筵，南向坐。賓之贊冠者跪，脫緇布冠，置於

---

①　"敢不從降"，四庫本、《通典》卷一二八《開元禮纂類二十三》作"敢不從"。

②　"降"字，公善堂本無，今據四庫本、《通典》卷一二八《開元禮纂類二十三》校補。

③　"向"字，公善堂本無，今據《通典》卷一二八《開元禮纂類二十三》校補。

箱，櫛畢，設纚，興，復位。賓降二等受進賢冠，庶人則黑介幘。右執項，左執前，進冠者筵前，北面跪，冠，興，復位。賓之贊冠者坐，設簪，結纓，興，復位。冠者興，賓揖冠者，冠者適房，賓主俱坐。冠者著絳紗服庶人則白裙襦服。出房，立於戶西，南面。賓主俱興，賓揖冠者，進，立於席後，南面。賓詣酒尊所，取爵酌酒，進冠者筵前，北面立，祝曰：“旨酒既湑，嘉薦伊脯，乃申爾服，禮儀有序，祭此嘉爵，承天之祜。”冠者筵西拜，受爵。賓復西階上，東面答拜。執饌者薦籩豆。冠者升筵坐，左執爵，右祭脯醢，祭酒，興，筵末坐，啐酒，執爵興，降筵西，跪，奠爵，再拜，執爵興。賓答拜。冠者升筵坐，奠爵於薦東，興，立於筵西，南面。執饌者徹薦爵。

賓揖冠者，冠者進，升席，南向坐。賓之贊冠者跪，脫進賢冠庶人則黑介幘①。置於箱，櫛畢，設纚，興，復位。賓降三等受冕，六品以下受爵弁，庶人則黑介幘。右執項，左執前，進冠者筵前，北面跪，冠，興，復位。賓之贊冠者坐，設簪，結纓，興，復位。冠者興，賓揖冠者，冠者適房，賓主俱坐。主人贊冠者徹櫛箱，入於房。冠者著冕服六品以下爵弁服，庶人絳紗服②。出房，立於戶西，南面。賓主俱興，賓揖冠者，冠者進，立於席後，南面。賓詣酒尊所，取爵酌酒，進冠者筵前，北面立，祝曰：“旨酒既芳，籩豆有楚，咸加爾服，肴升折俎，承天之慶，壽福無疆③。”冠者筵西拜，受爵，賓復位，東面答拜。執饌者薦籩豆，設俎於籩豆之南。冠者升筵坐，左執爵，右祭脯醢。贊冠者取肺一以授冠者，冠者奠爵於薦西，興，受，却左手執本，坐，右絕末以祭，上左手，嚌之，興，加於俎。冠者坐帨手，執爵祭酒，興，筵末坐，啐酒，興，降筵西，南面坐，奠爵，再拜，執爵興。賓答拜。冠者升筵坐，奠爵於薦東，興，降席，北面跪，取脯，降自西階，入見母，進，奠脯於席前，退，再拜以出。冠者母不在，則使人受脯於西階下。初冠者入見母，賓主俱興，賓降，當西序東面立；主人降，當東序西面立。冠者既見母，出，立於西階之東，南上。賓少進，字之曰：“禮儀既備，令月吉日，昭告爾字，爰字孔嘉，髦士攸宜，錫之于嘏，永受保之。曰孟某甫。”仲叔季惟其所當。冠者曰：“某雖不敏，夙夜祗奉。”賓出，主人送於

---

① “則”，四庫本、《通典》卷一二八《開元禮纂類二十三》作“脫”。

② “絳紗服”，四庫本、《通典》卷一二八《開元禮纂類二十三》作“絳公服”。

③ “壽福無疆”，四庫本、《通典》卷一二八《開元禮纂類二十三》作“受福無疆”。

內門外。

主人西面請賓曰："吾子辱執事，請禮從者。"賓曰："某既得將事，敢辭。"主人曰："敢固以請。"賓曰："某辭不得命，敢不從。"賓就次，主人入。

初賓出，冠者東面見諸親，諸親拜之[1]，冠者答拜。冠者西面拜賓之贊冠者，贊冠者答拜，訖，見諸尊於別室。

賓主既釋服，改席訖，賓與眾賓俱出次，立於門西，東向。主人出門東，西向。主人揖賓，賓報揖[2]。主人先入，賓及眾賓從之，至階，一讓升，各就座後，立定，俱坐[3]。會訖，賓主俱興，賓立於西階上，贊冠者在北，少退，俱東面。主人立於東階上，西面。眾賓降，立於西階下，東面。掌事者以幣篚升，授主人於序端。主人執篚少進，西面立。又掌事者奉幣篚升，立於主人之後。於幣篚升，牽馬者牽兩馬入陳於門內，三分庭，一在南，北首西上。賓還西階上，北面。贊冠者立於賓左，少退，賓、贊俱再拜。主人進，立於楹間，南面。賓、贊進，立於主人之右，俱南面。主人授幣篚，賓受之，退，復東面位。於主人授篚，掌事者又以幣篚授贊冠者，退，復位。主人還阼階上，北面拜送。賓降自西階，從者迓受幣。賓當庭實，東面揖，出，牽馬者從出，從者迓受馬於門外。於賓降，主人降，送賓於大門外之東，西面再拜。賓退，主人入。孤子則諸父諸兄戒賓。冠之日，主人髻而迎賓，拜揖讓如冠主。醮、禮賓、拜送皆如上儀[4]。

明日，見廟，冠者朝服。無廟者見祖禰於正寢，冠者公服。庶人則常服。質明，贊禮者引入廟南門，道西中庭[5]，北面贊再拜，訖，引出。無廟者設几筵於正寢，贊禮者引入至庭，北面再拜，訖，引出。五品以上孫、九品以上子冠，假用出身品服。其三品以上大功以上親，五品以上期以上親[6]，冠同八品九品服。

---

①　"諸親"二字，公善堂本無，今據四庫本、《通典》卷一二八《開元禮纂類二十三》校補。

②　"賓"字，公善堂本無，今據《通典》卷一二八《開元禮纂類二十三》校補。

③　"俱坐"，四庫本作"升坐"。

④　"醮"，四庫本作"冠醮"，《通典》卷一二八《開元禮纂類二十三》作"醴之"。

⑤　"道西中庭"，《通典》卷一二八《開元禮纂類二十三》作"中庭道西"。

⑥　"期"，四庫本作"周"。

卷第一百十九 嘉禮

四品五品嫡子冠

將冠，筮於廟門之外，主人<small>謂將冠者之父兄</small>。公服，立於門東，西向。掌事者各服其服，立於門西，東面北上。布筮席於闑西闃外，西南①。筮者開櫝出策②，兼執之，東面受命於主人。主人曰："爲嫡子某，某日加冠，庶幾從之。"筮者曰諾，進，就筮席，西面，以櫝擊策，遂述曰："假爾泰筮有常，某爲嫡子某，某日加冠，庶幾從之。"乃釋櫝，坐，筮訖，興，降席，東面稱："占曰從"，筮者退。若不吉，則筮遠日如初儀。贊禮者進主人之左，告禮畢。掌事者徹筮席。

前三日，筮賓如求日之儀。<small>筮賓，筮其可使冠子者③。</small>

前二日，主人戒賓及贊冠者。主人至賓大門外，掌次者引之次，主人公服出次，立於門外之西，東向。賓公服，立於阼階下，西面。儐者公服，進於賓之左，北面受命，出，立於門東，西面曰："敢請事。"主人曰："某之子某將加冠，請某子教之。"<small>相稱各隨官爵。</small>儐者入告。賓出，立於門東，西面再拜，主人答拜。主人曰："某之子某將加冠，願吾子教之。"賓曰："某不敏，恐不能供事，以辱吾子，敢辭。"主人曰："某猶願吾子教之。"賓曰："吾子重有命，某敢不從。"主人再拜，賓答拜。主人還，賓拜送。主人戒贊冠者亦如之。<small>亦通使子弟戒之。</small>

前一日，掌事者設次於大門外之右，南向。

其日凤興，贊者設洗於正寢阼階東南，東西當東霤，南北以堂深；罍水在洗東，加勺幂；篚在洗西，南肆，實巾一於篚，加幂。席於東房西牖

---

① "西南"，四庫本作"西面"。
② "櫝"，四庫本作"匵"。
③ "筮賓筮其可使冠子者"，《通典》卷一二八《開元禮纂類二十三》作"賓謂可使冠子者"。

下，_{無房者張帷爲之。}陳服於席，東領北上。冕服，青衣纁裳。_{四品絺冕服①，三}
_{章，一章在衣：粉米；二章在裳：黼、黻。五品玄冕，衣無章，裳刺黻一章。}白紗中單，青領、
褾、襈、裾，革帶，鉤䚢，大帶。_{素帶，紕其垂，外以玄，內以黃，紐約皆用青組。}黻，_絺
_{冕②，山一章。玄冕，無章。}劍，_{飾以金。}雙佩，_{水蒼玉。}雙綬，_{四品青綬，三綵，青白紅，純}
_{青質，長一丈四尺，一百四十首③，廣七寸。五品墨綬④，二綵，青紺，純紺質，長一丈二尺，一百}
_{首，廣六寸。皆有小雙綬，長二尺六寸，色同大綬而首半之。}朱韈赤舄。進賢冠服，絳
紗單衣，白紗中單，皂領、褾、襈、裾，白裙襦。_{赤裙衫。}革帶鉤䚢，假帶，曲
領方心，絳紗蔽膝，白韈黑舄，劍佩雙綬。緇布冠服，青衣素裳，素韠。_中
_{單、革帶、劍、佩、綬與冕服同，韈舄與進賢冠服同。}緇纚、櫛簪同箱，在服南。_{纚今用皂}
_{巾，方六寸，屬帶於前兩隅。}蒲筵四，緇布純，加莞席四，玄帛純，又在南側。
尊、甒、醴在北，加勺冪。設篚在側尊北⑤，實角觶、角柶各一，加冪。饌
陳於篚北。_{柶以角爲之，狀如匕，饌用少牢及腊三俎。籩六、豆六。牲體節折，加離肺。籩實}
_{鹽脯棗栗之屬，豆實菹醢之類。}設洗於東房近北，罍水在洗西，篚在洗東，北肆，
實以巾。

　　質明，賓、贊至主人大門外，掌次者引之次。賓、贊公服，諸行事者
各服其服。執尊、罍、篚者皆就位。冕，_{絺冕⑥，垂青珠四旒，以組爲纓，色如其綬，}
_{青纊充耳，角導。玄冕三旒，餘同絺冕之服⑦。}進賢冠，兩梁，纓青綏，導。緇布冠，
青組纓。冠冕各一箱，各一人執之，侍於西階之西，東面北上。設主人
之席於阼階上，西面；賓席於西階上，東面；冠者席於主人東北，西面。

　　主人公服立於阼階下，當東序西面。諸親公服，非公服者常服，立
於罍洗東南，西面北上。_{尊者停別室。}儐者公服立於門內道東，北面。將
冠者雙童髻，雙玉導，金飾，綵袴褶，錦紳，烏皮履，立於房內，南面。主
人之贊冠者公服，立於房內戶東，西面。

　　賓及贊冠者出次，立於門西，贊冠者少退，俱東面北上。儐者進於

①　"絺冕"，四庫本、《通典》卷一二八《開元禮纂類二十三》作"繡冕"。

②　"絺冕"，《通典》卷一二八《開元禮纂類二十三》作"繡冕"。

③　"一百四十首"，四庫本、《通典》卷一二八《開元禮纂類二十三》作"一百三十首"。

④　"墨綬"，四庫本、《通典》卷一二八《開元禮纂類二十三》作"黑綬"。

⑤　"側尊北"，四庫本作"樽側北"。

⑥　"絺冕"，四庫本、《通典》卷一二八《開元禮纂類二十三》作"繡冕"。

⑦　"絺冕"，四庫本、《通典》卷一二八《開元禮纂類二十三》作"繡冕"。

主人之左，北面受命，出，立於門東，西面曰："敢請事。"賓曰："某子有嘉禮，命某執事。"儐者入告。主人迎賓於大門外之東，西面再拜，賓答拜。凡賓主拜揖入出，皆贊禮者相導。主人揖贊冠者，贊冠者報揖。主人又揖賓，賓報揖。主人入，賓及贊冠者次入。及內門，主人揖賓，賓報揖。主人與賓入，贊冠者從之。至內霤，將曲揖，賓報揖。至階，主人立於階東，西面；賓立於階西，東面。主人曰："請吾子升。"賓曰："某備將事，敢辭。"主人曰："固請吾子升。"賓曰："某敢固辭。"主人曰："終請吾子升。"賓曰："某敢終辭。"主人升自阼階，立於席東，西向。賓升自西階，立於席西，東向。贊冠者及庭，盥洗，升自西階，入於東房，立於主人贊冠者之南，俱西面。

　　主人贊冠者引將冠者出，立於房戶外之西，南向。賓之贊冠者取纚櫛簪箱，跪，奠於冠者筵南端，興，席北少東，西面立。賓揖將冠者，賓主俱即席坐。將冠者進，升席，西面坐。賓之贊冠者進筵前，東面跪，脫雙童髻，置於箱，櫛畢，設纚，興，復位立。賓降盥，主人從降，賓東面辭曰："請吾子不降。"主人曰："吾子降辱，敢不從降①。"賓降②，至罍洗，盥手，訖，詣西階，賓主一揖一讓升，主人立於席後，西面；賓立於西階上，東面。執緇布冠者升，賓降一等受之，右執項，左執前，進將冠者筵前，東面立，祝曰："令月吉日，始加元服，棄爾初志③，順爾成德，壽考維祺，介爾景福。"乃跪冠，興，復西階上席後，東面立。賓之贊冠者進筵前，東面跪，結纓，興，復位。冠者興，賓揖冠者，冠者適房，賓主俱坐。冠者著青衣素裳之服出房，戶西，南面立。賓主俱興。

　　賓揖冠者，冠者進，升席，西向坐。賓之贊冠者跪，脫緇布冠，置於箱，櫛畢，設纚，興，復位。賓降二等受進賢冠，右執項，左執前，進冠者筵前，東面立，祝曰："吉月令日，乃申爾服，敬爾威儀，淑慎爾德，眉壽萬年，永受胡福。"乃跪冠，興，復位。賓之贊冠者跪，設簪，結纓，興，復位。冠者興，賓揖，冠者適房，賓主俱坐。冠者著絳紗服出房，戶西，南面立。賓主俱興。

---

①　"敢不從降"，四庫本、《通典》卷一二八《開元禮纂類二十三》作"敢不從"。

②　"降"字，公善堂本無，今據四庫本、《通典》卷一二八《開元禮纂類二十三》校補。

③　"初志"，四庫本、《通典》卷一二八《開元禮纂類二十三》作"幼志"。

賓揖冠者，冠者進，升席，西向坐。賓之贊冠者跪，脫進賢冠，置於箱，櫛畢，設纚，興，復位。賓降三等受冕，右執項，左執前，進冠者筵前，東面立，祝曰：“以歲之正，以月之令，咸加爾服，兄弟具在，以成厥德，黃耇無疆，受天之慶。”乃跪冠，興，復位。賓之贊冠者跪，設簪，結纓，興，復位。冠者興，賓揖冠者，冠者適房，賓主俱坐。主人贊冠者徹纚櫛簪箱及筵，入於房，又設筵於室戶西，南向。冠者著冕服出房，戶西，南面立。賓主俱興。主人贊冠者盥手洗觶於房，酌醴，加柶覆之，面葉，出房，南面立。賓揖冠者，冠者就筵西，南面立。賓進，受醴於室戶東，加柶①，面枋②，進冠者筵前，北面立，祝曰：“甘醴維厚，嘉薦令芳，拜受祭之，以定爾祥，承天之休，壽考不忘。”冠者筵西拜，受觶。賓復西階上，東面答拜。執饌者奉饌薦於冠者筵前。冠者升筵坐，左執觶，右取脯，擩於醢，祭於籩豆之間。贊冠者取肺一以授冠者，冠者奠觶於薦西，興，受，却左手執本，坐，右絕末以祭，上左手，嚌之，興，以授贊冠者，加於俎。冠者坐，帨手，取觶，以柶祭醴，加柶於觶，西葉，興，筵末坐，啐醴，建柶，興，降筵，西南面跪，奠觶，再拜，執觶興。賓答拜，賓主俱坐。冠者升筵，跪，奠觶於薦東，興，進北面，跪，取脯，降自西階，入見母，進，奠脯於席前，退，再拜以出。冠者母不在，則使人受脯於西階下。初冠者入見母，賓主俱興，賓降，當西序東面立；主人降，當東序西面立。冠者既見母，出，立於西階之東，南面。賓少進，字之曰：“禮儀既備，令月吉日，昭告爾字，爰字孔嘉，髦士攸宜，宜之於嘏，永受保之。曰伯某甫。”冠者曰：“某雖不敏，夙夜祇奉。”賓出，主人送於內門外。

　　主人西面請賓曰：“吾子辱執事，請禮從者。”賓曰：“某既得將事，敢辭。”主人曰：“敢固以請。”賓曰：“某辭不得命，敢不從。”賓就次，主人入。

　　初賓出，冠者東面見諸親，諸親拜之，冠者答拜。冠者西面拜賓之贊冠者，贊冠者答拜，訖，見諸尊於別室。

　　賓主既釋服，改席訖，興，眾賓俱出次，立於門西，東面。主人出門東，西面。主人揖賓，賓報揖。主人先入，賓及眾賓從之，至階，一揖升，

---

① “加”字，公善堂本無，今據四庫本、《通典》卷一二八《開元禮纂類二十三》校補。

② “面枋”，四庫本、《通典》卷一二八《開元禮纂類二十三》作“面柄”。

各就座後，立定，俱升坐。會訖，賓主俱興，賓立於西階上，贊冠者在北，少退，俱東面。主人立於東階上，西面。衆賓降，立於西階下，東面。掌事者以幣筐升，授主人於序端。賓北面再拜。主人進，立於楹閒，南面。賓進，立於主人之右，俱南面。賓受筐，退，復東面位。主人還阼階上，北面拜送。賓降自西階，從者迓受幣。賓出，主人送賓於大門外之東，西面再拜。賓退，主人入。孤子則諸父諸兄戒賓。冠之日，主人髺而迎賓，拜揖讓如冠主。冠於阼。醮之及禮賓、拜送皆如上儀①。

　　明日，見廟，冠者朝服。質明，贊禮者引入廟南門，中庭道西，北面，贊再拜，訖，引出。

---

①　"醮之"，四庫本、《通典》卷一二八《開元禮纂類二十三》作"醴之"。

卷第一百二十　嘉禮

四品五品庶子冠

將冠,筮日、筮賓如嫡子之儀。

前二日,主人戒賓及贊冠者。

前一日,掌事者設次於大門外之右,南向。

其日夙興,贊者設洗於正寢阼階東南,東西當東霤,南北以堂深;罍水在洗東,加勺冪;篚在洗西,南肆,實巾一、爵一於篚,加冪。席於東房西墉下,_{無房者張帷爲之}。陳服於席,東領北上。冕服,青衣纁裳。_{四品絺冕服①,三章,一章在衣:粉米;二章在裳:黼、黻。五品玄冕,衣無章,裳刺黻一章。}白紗中單,青領,襈、裾,革帶,鉤䚢,大帶。_{素帶,紕其垂,外以玄,內以黃,紐約皆用青組。}黻,_{絺冕,山一章。玄冕,無章。}劍,_{飾以金}。佩,_{水蒼玉}。雙綬,_{四品青綬,三綵,青白紅,純青質,長一丈四尺,一百四十首,廣七寸。五品墨綬②,二綵,青紺,純紺質,長一丈二尺,一百首,廣六寸。皆有小雙綬,長二尺六寸,色同大綬而首半之。}朱韍赤舄。進賢冠服,絳紗單衣,白紗中單,皂領、襈、襈、裾,白裙襦。_{赤裙衫。}革帶鉤䚢,假帶,曲領方心,絳紗蔽膝,白韈黑舄,劍雙綬。緇布冠服,青衣素裳,素韠。_{中單、革帶、大帶、劍、佩與冕服同,韈舄與進賢冠服同。}緇纚、櫛簪同箱,在服南。_{纚今用皂巾,方六寸,屬帶於前兩隅。}蒲筵三,緇布純,加莞席三,玄帛純,又在南。尊於房戶外之西兩甒,玄酒在西,加勺冪。設篚於尊東,置二爵於坫,加冪。饌陳於坫北。_{饌用少牢及腊三俎。六籩、六豆。牲體節折,加離肺。籩實脯棗之屬,豆實菹醢之類。}

質明,賓、贊至主人大門外,掌次者引之次。賓、贊公服,諸行事者各服其服。執尊、罍、篚者皆就位。冕,_{絺冕③,垂青珠四旒,以組爲纓,色如其綬,}

---

①　“絺冕”,四庫本作“繡冕”。

②　“墨綬”,四庫本、《通典》卷一二八《開元禮纂類二十三》作“黑綬”。

③　“絺冕”,四庫本、《通典》卷一二八《開元禮纂類二十三》作“繡冕”。

青纊充耳，角導。玄冕三旒，餘同絺冕服①。進賢冠，兩梁，纚青綾，導。緇布冠，青組纚。冠冕各一箱，各一人執之，侍於西階之西，東面北上。設主人之席於阼階上，西面；賓席於西階上，東面；冠者席於房戶外之西，南面。房外謂尊東。

　　主人公服，立於阼階下，當東序，西面。諸親公服，非公服者常服，立於罍洗東南，西面北上。尊者停別室。儐者公服，立於門內道東，北面。將冠者雙童髻，玉導，金飾，綵袴褶，錦紳，烏皮履，立於房內，南面。主人贊冠者公服，立於房內戶東，西面。

　　賓及贊冠者出次，立於門西，贊冠者少退，俱東面北上。儐者進於主人之左，北面受命，出，立於門東，西面曰：“敢請事。”賓曰：“某子有嘉禮，命某執事。”儐者入告。主人迎賓於大門外之東，西面再拜，賓答拜。凡賓主拜揖入出，皆贊禮者相導。主人揖贊冠者，贊冠者報揖。主人又揖賓，賓報揖。主人入，賓及贊冠者次入。及內門，主人揖賓，賓報揖。主人與賓入，贊冠者從之。至內霤，將曲揖，賓報揖。至階，主人立於階東，西面；賓立於階西，東面。主人曰：“請吾子升。”賓曰：“某備將事，敢辭。”主人曰：“固請吾子升。”賓曰：“某敢固辭。”主人曰：“終請吾子升。”賓曰：“某敢終辭。”主人升自阼階，立於席東，西向。賓升自西階，立於席西，東向。贊冠者及庭，盥洗，升自西階，入於東房，立於主人贊冠者之南，俱西面。

　　主人贊冠者引將冠者出，立於房戶外之西，南向。賓之贊冠者取纚櫛簪箱，跪，奠於冠者筵東端，興，席東少北，南面立。賓揖將冠者，賓主俱即席坐。將冠者進，升席南面坐。賓之贊冠者進筵前，北面跪，脫雙童髻，置於箱，櫛畢，設纚，興，復位。賓主俱興。賓降盥，主人從降，賓東面辭曰：“請吾子不降。”主人曰：“吾子降辱，敢不從降。”賓至罍洗，盥手訖，詣西階，賓主一揖一讓升，主人立於席後，西面；賓立於西階上，東面。執緇布冠者升，賓降一等受之，右執項，左執前，進將冠者筵前，北面跪，冠，興，復西階上席後，東面立。賓之贊冠者進筵前，北面跪，結纚，興，復位。冠者興，賓揖冠者，冠者適房，賓主俱坐。冠者著青衣素裳之服出房，立於戶西，南面。賓主俱興。賓揖冠者，冠者進，立於席

---

① “絺冕”，四庫本、《通典》卷一二八《開元禮纂類二十三》作“繡冕”。

後,南面。賓降盥,主人從降,辭對如初。賓盥手,跪,取爵於篚,興,洗訖,詣西階,賓主一揖一讓升。主人立於席後,西面。賓詣酒尊所酌酒,進冠者筵前,北面立,祝曰:"旨酒既清,嘉薦亶時,始加元服,兄弟具來,孝友時格,永乃保之。"冠者筵西拜受爵。賓復西階上,東面答拜。執饌者薦籩、豆於冠者筵前。冠者升筵坐,左執爵,右取脯,擩於醢,祭於籩、豆之間,祭酒,興,筵末坐,啐酒,執爵興,降筵西,跪,奠爵,興①。賓答拜。冠者升筵,跪,奠於薦東②,興,立於筵西,南面。執饌者徹薦爵。

　　賓揖冠者,冠者進,升筵,南向坐。賓之贊冠者跪,脫緇布冠,置於箱,櫛畢,設纚,興,復位。賓降二等受進賢冠,右執項,左執前,進冠者筵前,北面跪,冠,興,復位。賓之贊冠者坐,設簪,結纓,興,復位。冠者興,賓揖冠者,冠者適房,賓主俱坐。冠者著絳紗服出房,立於戶西,南面。賓主俱興,賓揖冠者,進,立於席後,南面。賓詣酒尊所,取爵酌酒,進冠者筵前,北面立,祝曰:"旨酒既湑,嘉薦伊脯,乃申爾服,禮儀有序,祭此嘉爵,承天之祜。"冠者筵西拜,受爵。賓復西階上,東面答拜。執饌者薦籩豆。冠者升筵坐,左執爵,右祭脯醢,祭酒,興,筵末坐,啐酒,執爵興,降筵西,跪,奠爵,再拜,執爵興。賓答拜。冠者升筵坐,奠爵於薦東,興,立於筵西,南面。執饌者徹薦爵。

　　賓揖冠者,冠者進,升席,南面坐。賓之贊冠者跪,脫進賢冠,置於箱,櫛畢,設纚,興,復位。賓降三等受冕,右執項,左執前,進冠者筵前,北面跪,冠,興,復位。賓之贊冠者坐,設簪,結纓,興,復位。冠者興,賓揖冠者,冠者適房,賓主俱坐。主人贊冠者徹櫛箱,入於房。冠者著冕服出房,立於戶西,南面。賓主俱興,賓揖冠者,冠者進,立於席後,南面。賓詣酒尊所,取爵酌酒,進冠者筵前,北面立,祝曰:"旨酒令芳,籩豆有楚,咸加爾服,肴升折俎,承天之慶,受福無疆。"冠者筵西拜,受爵,賓復位,東面答拜。執饌者薦籩豆,設俎於籩豆之南。冠者升筵坐,左執爵,右祭脯醢。贊冠者取肺一以授冠者,冠者奠爵於薦西,興,受,却左手執本,坐,右絕末以祭,上左手,嚌之,興,加於俎。冠者坐,帨手,執爵祭酒,興,筵末坐,啐酒,興,降筵西,南面坐,奠爵,再拜,執爵興。賓

---

① "興",四庫本作"再拜執爵興"。

② "奠",四庫本作"奠爵"。

答拜。冠者升筵坐，奠爵於薦東，興，降席，北面跪，取脯，降自西階，入見母，進，奠脯於席前，退，再拜以出。冠者母不在，則使人受脯於西階下。初冠者入見母，賓主俱興，賓降，當西序東面立；主人降，當東序西面立。冠者既見母，出，立於西階之東，南面。賓少進，字之曰："禮儀既備，令月吉日，昭告爾字，爰字孔嘉，髦士攸宜，宜之于嘏，永受保之。曰孟某甫。"仲叔季惟其所當。冠者曰："某雖不敏，夙夜祇奉。"賓出，主人送於內門外。

主人西面請賓曰："吾子辱執事，請禮從者。"賓曰："某既得將事，敢辭。"主人曰："敢固以請。"賓曰："某辭不得命，敢不從。"賓就次，主人入。

初賓出，冠者東面見諸親，諸親拜之，冠者答拜。冠者西南面拜賓之贊冠者[1]，贊冠者答拜，訖，見諸尊於別室。

賓主既釋服，改席訖，賓與眾賓俱出次，立於門西，東向。主人出門東，西向。主人揖賓，賓報揖。主人先入，賓及眾賓從之，至階，一讓升，各就座後，立定，俱坐。會訖，賓主俱興，賓立於西階上，東面；主人立於東階上，西面；眾賓降，立於西階下，東面。掌事者以幣篚升，授主人於序端。賓北面再拜。主人進，立於楹間，南面。賓進，立於主人之右，俱南面。賓受篚，退，復東面位。主人還阼階上，北面拜送。賓降自西階，從者迓受幣。賓出，主人送賓於大門外之東，西面再拜。賓退，主人入。孤子則諸父諸兄戒賓。冠之日，主人髻而迎賓，拜揖讓如冠主。冠醮、禮賓、拜送皆如上儀。

明日，見廟，冠者朝服。質明，贊禮者引入廟南門，道西中庭[2]，北面，贊再拜，訖，引出。

---

[1]　"西南面"，四庫本亦作"西南面"，《通典》卷一二八《開元禮纂類二十三》作"西面"。
[2]　"道西中庭"，《通典》卷一二八《開元禮纂類二十三》作"中庭道西"。

卷第一百二十一　嘉禮

六品以下嫡子冠

將冠，筮於正寢之堂。若有廟者於廟門外，如五品以上之儀。主人謂將冠者之父兄。公服，立堂上楹閒近東，西面。掌事者立於楹閒近東，西面北上。布筮席於主人之西，西面。筮者開韇出策，兼執之，東面受命於主人。主人曰："爲嫡子某，某日加冠，庶幾從之。"筮者曰諾，進，就筮席，西面，以韇擊策，遂述曰："假爾泰筮有常，某爲嫡子某，某日加冠，庶幾從之。"乃釋韇坐，筮訖，興，降席，東面稱："占曰從"，筮者退。若不吉，則筮遠日如初儀。贊禮者進主人之左，告"禮畢"。掌事者徹筮席。

前三日筮賓，如求日之儀。筮賓，筮其可使冠子者。

前二日，主人戒賓及贊冠者。主人至賓大門外，掌次者引之次。主人公服出次，立於門外之西，東向。賓公服，立於阼階下，西面。儐者公服，進於賓之左，北面受命，出立於門東，西面曰："敢請事。"主人曰："某之子某將加冠，請某子教之。"相稱各隨官爵。儐者入告。賓出，立於門東，西面再拜，主人答拜。主人曰："某之子某將加冠，願吾子教之。"賓曰："某不敏，恐不能供事，以辱吾子，敢辭。"主人曰："某猶願吾子教之。"賓曰："吾子重有命，某敢不從。"主人再拜，賓答拜。主人還，賓拜送。主人戒贊冠者亦如之。亦通使子弟戒之。

前一日，掌事者設次於大門外之右，南向。

其日夙興，贊者設洗於正寢阼階東南，東西當東榮，南北以堂深；罍水在洗東，加勺冪；篚在洗西，南肆，實巾一、爵一於篚，加冪。席於東房內西牖下，無房者張帷爲之。陳服於席，東領北上。爵弁服，青衣纁裳。白紗中單，青領、褾、襈、裾，革帶，鉤䚢，大帶。練帶，紕其垂，內外以緇，紐約用青組。爵韠，白韈赤履，庶人介幘，絳公服，方心革帶，鉤䚢，假帶、韈、履。進賢冠服，絳紗單衣，白紗中單，皁領、褾、襈、裾，白裙襦。赤裙衫。革帶鉤䚢，假帶，曲領方心，絳紗蔽膝，八品九品去中單曲領、蔽膝。白韈黑舄。八品以下黑履。庶人黑介幘服，白裙襦，青領，革帶，韈，履。緇布冠服，青衣素裳，素韠。中單、革帶與爵弁服同，韈、履與進賢冠服同。庶人帶、韈、履與介幘服同，去韠。緇纚、櫛簪同箱，在服南。纚今用皂巾，方六寸，屬帶於前兩隅。蒲筵四，緇布純，又在南側。尊甒醴在服北，加勺冪。設篚在尊北，實角觶、角柶各一，加冪。饌陳於篚北。柶以角爲之，狀如匕，饌用特①，一俎、二籩、二豆，牲體節折，加離肺。籩實脯棗，豆實菹醢。設洗於東房近北，罍水在洗西，篚在洗東，北肆，實以巾。

　　質明，賓、贊至主人大門外，掌次者引之次。賓、贊公服，諸行事者各服其服。無者常服②。執尊、罍、篚者皆就位。爵弁，玄纓導。庶人則黑介幘。進賢冠，一梁，纓青緌，導③。庶人則黑介幘。緇布冠，青組纓。冠弁各一箱，各一人執之，侍於西階之西，東面北上。設主人之席於阼階上，西面；賓席於西階上，東面；冠者席於主人東北，西面。

　　主人公服立於阼階下，當東序，西面。諸親公服，非公服者常服，立於罍洗東南，西面北上。尊者停別室。儐者公服立於門內道東，北面。將冠者雙童髻，空頂幘，導，綵袴褶，錦紳，烏皮履，立於房內，南面。主人之贊冠者公服，立於房內，戶東，西面。

　　賓及贊冠者出次，立於門西，贊冠者少退，俱東面北上。儐者進於主人之左，北面受命，出立於門東，西面曰："敢請事。"賓曰："某子有嘉禮，命某執事。"儐者入告。主人迎賓於大門外之東，西面再拜，賓答拜。凡賓主拜揖入出，皆贊禮者相導。主人揖贊冠者，贊冠者報揖。主人又揖賓，賓報揖。主人入，賓及贊冠者次入。及內門，主人揖賓，賓報揖。主人與賓入，贊冠者從之。至內霤，將曲揖，賓報揖。至階，主人立於階東，西面；賓立於階西，東面。主人曰："請吾子升。"賓曰："某備將事，敢辭。"主人曰："固請吾子升。"賓曰："某敢固辭。"主人曰："終請吾子升。"賓曰："某敢終辭。"主人升自阼階，立於席東，西向。賓升自西階，立於席西，東向。贊冠者及庭，盥洗，升自西階，入於東房，立於主人贊冠者之南，俱西面。

　　主人贊冠者引將冠者出，立於房戶外之西，南向。賓之贊冠者取纚櫛簪箱，跪，奠於冠者筵南端，興，席北少東，西面立。賓揖將冠者，賓主

----

①　"特"，《通典》卷一二八《開元禮纂類二十三》作"特牲"。
②　"無者常服"，四庫本作"無公服者常服"。
③　"導"，四庫本作"角導"。

俱即席坐。將冠者進，升席西面坐。賓之贊冠者進筵前，東面跪，脫雙童髻，置於箱，櫛畢，設纚，興，復位立。賓主俱興。賓降盥，主從降，賓東面辭曰：“請吾子不降。”主人曰：“吾子降辱，敢不從降①。”賓至罍洗，盥手訖，詣西階，賓主一揖一讓升，主人立於席後，西面，賓立於西階上，東面。執緇布冠者升，賓降一等受之，右執項，左執前，進將冠者筵前，東面立，祝曰：“令月吉日，始加元服，棄爾幼志，順爾成德，壽考維祺，介爾景福。”乃跪，冠，興，復西階上席後，東面立。賓之贊冠者進筵前，東面跪，結纓，興，復位。冠者興，賓揖冠者，冠者適房，賓主俱坐。冠者著青衣素裳之服出房，戶西，南面立。賓主俱興。賓揖冠者，冠者進，升席，西向坐。賓之贊冠者跪，脫緇布冠，置於箱，櫛畢，設纚，興，復位。賓降二等受進賢冠，庶人則黑介幘。右執項，左執前，進冠者筵前，東面立，祝曰：“吉月令辰，乃申爾服，敬爾威儀，淑慎爾德，眉壽萬年，永受胡福。”乃跪，冠，興，復位。賓之贊冠者跪，設簪，結纓，興，復位，冠者興。賓揖冠者，冠者適房，賓主俱坐。冠者著絳紗服庶人則白裙襦服。出房，戶西，南面立。

賓主俱興，賓揖冠者，進，升席，西向坐。賓之贊冠者跪，脫進賢冠，庶人則脫黑介幘。置於箱，櫛畢，設纚，興，復位。賓降三等受爵弁冠②，庶人則黑介幘。右執項，左執前，進冠者筵前，東面立，祝曰：“以歲之正，以月之令，咸加爾服，兄弟具在，以成厥德，黃耇無疆，受天之慶。”乃跪，冠，興，復位。賓之贊冠者跪，設簪，結纓，興，復位。冠者興，賓揖冠者，冠者適房，賓主俱坐。主人贊冠者徹纚櫛簪箱及筵，入於房，又設筵於室戶西，南向。冠者著爵弁之服庶人則絳公服。出房，戶西，南面立。賓主俱興。主人贊冠者盥手洗觶於房，酌醴，加柶覆之，面葉，出房，南面立。賓揖冠者，冠者就筵西，南面立。賓進，受醴於室戶東，加柶③，面枋④，進冠者筵前，北面立，祝曰：“甘醴維厚，嘉薦令芳，拜受祭之，以定爾祥，承天之休，壽考不忘。”冠者筵西拜，受觶。賓復西階上，東面答拜。執饌者奉饌薦於冠者筵前。冠者升筵坐，左執觶，右取脯，擩於醢，祭於籩豆之

---

① “敢不從降”，《通典》卷一二八《開元禮纂類二十三》作“敢不從”。

② “爵弁冠”，四庫本、《通典》卷一二八《開元禮纂類二十三》作“爵弁”。

③ “加”字，公善堂本無，今據《通典》卷一二八《開元禮纂類二十三》校補。

④ “面枋”，四庫本、《通典》卷一二八《開元禮纂類二十三》作“面柄”。

閒。贊冠者取肺一以授冠者，冠者奠觶於薦西，興，受，却左手執本，坐，右絶末以祭，上左手，嚌之，興，以授贊冠者，加於俎，冠者坐，帨手，取觶，以柶祭醴，加柶於觶，面葉，興，筵末坐，啐醴，建柶，興，降筵，西南面跪，奠觶，再拜，執觶興。賓答拜，賓主俱坐。冠者升筵，跪，奠觶於薦東，興，進北面，跪，取脯，降自西階，入見母，進，奠脯於席前，退，再拜以出。冠者母不在，則使人受脯於西階下。初冠者入見母，賓主俱興，賓降，當西序東面立；主人降，當東序西面立。冠者既見母，出，立於西階之東，南面。賓少進，字之曰：“禮儀既備，令月吉日，昭告爾字，爰字孔嘉，髦士攸宜，宜之于嘏，永受保之。曰伯某甫。”冠者曰：“某雖不敏，夙夜祇奉。”賓出，主人送於内門外。

主人西面請賓曰：“吾子辱執事，請禮從者。”賓曰：“某既得將事，敢辭。”主人曰：“敢固以請。”賓曰：“某辭不得命，敢不從。”賓就次，主人入。

初賓出，冠者東面見諸親，諸親拜之，冠者答拜。冠者西面拜賓之贊冠者，贊冠者答拜，訖，見諸尊於别室。

賓主既釋服，改席訖，賓與衆賓俱出次，立於門西，東面。主人出門東，西面。主人揖賓，賓報揖。主人先入，賓及衆賓從之，至階，一讓升，各就座後，立定，俱升坐。會訖，賓主俱興，賓立於西階上，贊冠者在北，少退，俱東面。主人立於東階上，西面。衆賓降，立於西階下，東面。掌事者以幣筐升，授主人於序端。賓北面再拜。主人進，立於楹閒，南面。賓進，立於主人之右，俱南面。賓受筐，退，復東面位。主人還阼階上，北面再拜送。賓降自西階，從者逆受幣。賓出，主人送賓於大門外之東，西面再拜。賓退，主人入。孤子則諸父諸兄戒賓。冠之日，主人紒而迎賓[①]，拜揖讓如冠主。冠於阼。醮之及禮賓、拜送皆如上儀[②]。

明日，見祖禰於正寢，冠者公服。庶人則常服。質明，設几筵於正寢，贊禮者引入至庭，北面再拜，訖，引出。有廟者見於廟。五品以上孫、九品以上子冠，假用出身品服。其三品以上大功以上親，五品以上期以上親[③]，冠同八品九品服。

---

①　“紒”，四庫本、《通典》卷一二八《開元禮纂類二十三》作“髻”。

②　“醮之”，四庫本、《通典》卷一二八《開元禮纂類二十三》作“醴之”。

③　“期”，四庫本作“周”。

卷第一百二十二　嘉禮

六品以下庶子冠

將冠,筮日、筮賓如嫡子之儀①。

前二日,主人戒賓及贊冠者。

前一日,掌事者設次於大門外之右,南向。

其日夙興,贊者設洗於正寢阼階東南,東西當東榮,南北以堂深,罍水在洗東,加勺冪,篚在洗西,南肆,實巾一、爵一於篚,加冪。席於東房內西牖下,無房者張帷爲之。陳服於席,東領北上。爵弁服,青衣纁裳。白紗中單,青領、襈、裾,革帶,鉤鰈,大帶。練帶,紕其垂,內外以緇,紐約用青組。爵韠,白韈赤履,庶人介幘,服絳公服,方心革帶,鉤鰈,假帶,韈,履。進賢冠服,絳紗單衣,白紗中單,皂領、襈、裾,白裙襦。赤裙衫。革帶鉤鰈,假帶,曲領方心,絳紗蔽膝,八品九品去中單曲領,蔽膝。白韈黑舄。八品以下黑履。庶人黑介幘服,白裙襦,青領,革帶,韈,履。緇布冠服,青衣素裳,素韠。中單、革帶、緇帶與爵弁服同,韈、履與進賢冠服同。庶人帶、韈、履與介幘服同,去韠。緇纚、櫛、簪同箱,在服南。纚今用皂巾,方六寸,屬帶於前兩隅。蒲筵三,緇布純,又在南。尊於房戶外之西甒,醴玄酒在西,加勺冪。設篚於尊東,置二爵於篚,加冪。饌特牲,一俎、二籩、二豆,在服北。牲體節折,加離肺。籩實脯棗,豆實菹醢之類。

質明,賓、贊至主人大門外,掌次者引之次。賓、贊公服,諸行事者各服其服。無者常服。執尊、罍、篚者皆就位。爵弁,玄纚導。庶人則介幘②。進賢冠,一梁,纚青緌,導。庶人則黑介幘。緇布冠,青組緌。冠弁各一箱,各一人執之,侍於西階之西,東面北上。設主人之席於阼階上,西面;賓席於西階上,東面;冠者席於房戶外之西,南面。房外謂尊東。

主人公服立於阼階下,當東序,西面。諸親公服,非公服者常服,立

---

① "筮賓",四庫本作"賓"。

② "介幘",《通典》卷一二八《開元禮纂類二十三》作"黑介幘"。

於罍洗東南，西面北上。_{尊者停別室。}儐者公服立於門內道東，北面。將冠者雙童髻，空頂幘，導，綵袴褶，錦紳，烏皮履，立於房內戶東，南面。主人贊冠者公服，立於房內，戶東，西面。

　　賓及贊冠者出次，立於門西，贊冠者少退，俱東面北上。儐者進於主人之左，北面受命，出，立於門東，西面曰：“敢請事。”賓曰：“某子有嘉禮，命某執事。”儐者入告。主人迎賓於大門外之東，西面再拜，賓答拜。_{凡賓主拜揖入出，皆贊禮者相導。}主人揖贊冠者，贊冠者報揖。主人入，賓及贊冠者次入。及內門，主人揖賓，賓報揖。主人與賓入，贊冠者從之。至內霤，將曲揖，賓報揖。至階，主人立於階東，西面；賓立於階西，東面。主人曰：“請吾子升。”賓曰：“某備將事，敢辭。”主人曰：“固請吾子升。”賓曰：“某敢固辭。”主人曰：“終請吾子升。”賓曰：“某敢終辭。”主人升自阼階，立於席東，西向。賓升自西階，立於席西，東向。贊冠者及庭，盥洗[1]，升自西階，入於東房，立於主人贊冠者之南，俱西面。

　　賓之贊冠者取纚櫛簪箱，跪，奠於冠者筵東端，興，席東少北，南面立。賓揖將冠者，賓主俱即座坐。將冠者進，升席，南面坐。賓之贊冠者進筵前，北面跪，脫雙童髻，置於箱，櫛畢，設纚，興，復位。賓主俱興。賓降盥，主人從降，賓東面辭曰：“請吾子不降。”主人曰：“吾子降辱，敢不從降[2]。”賓至罍洗，盥手，訖，詣西階，賓主一揖一讓升，主人立於席後，西面，賓立於西階上，東面。執緇布冠者升，賓降一等受之，右執項，左執前，進將冠者筵前，北面跪，冠，興，復西階上席後，東面立。賓之贊冠者進筵前，北面跪，結纓，興，復位。冠者興，賓揖冠者，冠者適房，賓主俱坐。冠者著青衣素裳之服出房，立於戶西，南面。賓主俱興，賓揖冠者，冠者進，立於席後，南面。賓降盥，主人從降，辭對如初。賓盥手，跪，取爵於篚，興，洗訖，詣西階，賓主一揖一讓升。主人立於席後，西面。賓詣酒尊所酌酒，進冠者筵前，北面立，祝曰：“旨酒既清，嘉薦亶時，始加元服，兄弟具來，孝友時格，永乃保之。”冠者筵西拜，受爵。賓復西階上，東面答拜。執饌者薦籩豆於冠者筵前。冠者升筵坐，左執爵，右取脯，擩於醢，祭於籩、豆之間，祭酒，興，筵末坐，啐酒，執爵興，降

筵西，跪，奠爵，再拜，執爵興。賓答拜。冠者升筵，跪，奠爵於薦東，興，立於筵西，南面。執饌者徹薦爵。

　　賓揖冠者，冠者進，升筵，南向坐。賓之贊冠者跪，脫緇布冠，置於箱，櫛畢，設纚，興，復位。賓降二等受進賢冠，庶人則黑介幘。右執項，左執前，進冠者筵前，北面跪，冠，興，復位。賓之贊冠者坐，設簪，結纓，興，復位。冠者興，賓揖冠者，冠者適房，賓主俱坐。冠者著絳紗服庶人則白裙襦服。出房，立於戶西，南面。賓主俱興，賓揖冠者，進，立於席後，南面。賓詣酒尊所，取爵酌酒，進冠者筵前，北面立，祝曰：“旨酒既湑，嘉薦伊脯，乃申爾服，禮儀有序，祭此嘉爵，承天之祜。”冠者筵西拜，受爵。賓復西階上，東面答拜。執饌者薦豆。冠者升筵坐，左執爵，右祭脯醢，祭酒，興，筵末坐，啐酒，執爵興，降筵西，跪，奠爵於薦東，興，立於筵西，南面。執饌者徹薦爵。

　　賓揖冠者，冠者進，升席，南面坐。賓之贊冠者跪，脫進賢冠，庶人則脫黑介幘。置於箱，櫛畢，設纚，興，復位。賓降三等受爵弁，庶人則介幘。右執項，左執前，進冠者筵前，北面跪，冠，興，復位。賓之贊冠者坐，設簪，結纓，興，復位。冠者興，賓揖冠者，冠者適房，賓主俱坐。主人贊冠者徹櫛箱，入於房。冠者著爵弁之服庶人則絳公服。出房，立於戶西，南面。賓主俱興，賓揖冠者，冠者進，立於席後，南面。賓詣酒尊所，取爵酌酒，進冠者筵前，北面立，祝曰：“旨酒令芳，籩豆有楚，咸加爾服，肴升折俎，承天之慶，受福無疆。”冠者筵西拜，受爵，賓復位，東面答拜。執饌者薦籩豆，設俎於籩豆之南。冠者升筵坐，左執爵，右祭脯醢。贊冠者取肺一以授冠者，冠者奠爵於薦西，興，受，却左手執本，坐，右絕末以祭，上左手，嚌之，興，加於俎。冠者坐，帨手，執爵祭酒，興，筵末坐，啐酒，興，降筵西，南面坐，奠爵，再拜，執爵興。賓答拜。冠者升筵坐，奠爵於薦東，興，降席，北面跪，取脯，降自西階，入見母，進，奠脯於席前，退，再拜以出。冠者母不在，則使人受脯於西階下。初冠者入見母，賓主俱興，賓降，當西序東面立；主人降，當東序西面立。冠者既見母，出立於西階之東，南面。賓少進，字之曰：“禮儀既備，令月吉日，昭告爾字，爰字孔嘉，髦士攸宜，宜之于嘏，永受保之。曰孟某甫。”仲叔季惟其所當。冠者曰：“某雖不敏，夙夜祇奉。”賓出，主人送於內門外。

主人西面請賓曰："吾子辱執事，請禮從者。"賓曰："某既得將事，敢辭。"主人曰："敢固以請。"賓曰："某辭不得命，敢不從。"賓就次，主人入。

初賓出，冠者東面見諸親，諸親拜之，冠者答拜。冠者西面拜賓之贊冠者，贊冠者答拜，訖，見諸尊於別室。

賓主既釋服，改席訖，賓與衆賓俱出次，立於門西，東面。主人出，立於門東，西面。主人揖賓，賓報揖。主人先入，賓及衆賓從之，至階，一讓升，各就座後，立定，俱升坐。會訖，賓主俱興，賓立於西階上，東面。主人立於東階上，西面。衆賓降，立於西階下，東面。掌事者以幣篚升，授主人於序端。賓北面再拜。主人進，立於楹間，南面。賓進，立於主人之右，俱南面。賓受篚，退，復東面位。主人還阼階上，北面拜送。賓降自西階，從者迓受幣。賓出，主人送賓於大門外之東，西面再拜。賓退，主人入。孤子則諸父諸兄戒賓。冠之日，主人紒而迎賓①，拜揖讓如冠主。冠醮、禮賓、拜送皆如上儀。

明日，見祖襧於正寢，冠者公服。庶人則常服。質明，設几筵於正寢，贊禮者引入至庭，北面再拜，訖，引出。有廟者見於廟。五品以上孫、九品以上子冠，假用出身品服。其三品以上大功以上親，五品以上期以上親，冠同八品九品服。

---

①　"紒"字，四庫本、《通典》卷一二八《開元禮纂類二十三》作"髻"。

卷第一百二十三　嘉禮

三品以上婚

納采　問名　納吉　納徵　請期　親迎　見舅姑　盥饋
婚會　婦人禮會　饗丈夫送者　饗婦人送者

納采

婚禮，先使媒氏通書，女氏許之，乃致納采之禮。

前一日，主人設賓次於大門外道右，南向。以後納吉、納徵、請期、親迎，設次皆如之。

其日大昕，使者至女氏大門外，掌次者延入次。主人公服，受其禮於廟。無廟者於正寢。掌事者布神席於室戶外之西，右几。使者公服出次，立於大門外之西，東向。主人立於東階下，西面。儐者立於主人之左，北面受命，出，立於門東，西面曰：“敢請事。”賓曰：“吾子有命貺室某也，吾子，女父。某，婿名。某有先人之禮，使某也請納采。”上某，婿父名。下某，使者稱。儐者入告。主人曰：“某之子惷愚，又弗教，吾子命之，某不敢辭。”儐者出告。掌畜者以鴈授賓，退，立於後，賓左手執之。主人迎於大門外之東，西面再拜，賓不答拜。主人揖賓以入，賓從入，主人入門而右，賓入門而左。至於次門，主人又揖入，至內霤，將曲揖，當階揖。至階，主人曰：“請吾子升。”賓曰：“某敢辭。”主人曰：“固請吾子升。”賓曰：“某敢固辭。”主人曰：“終請吾子升。”賓曰：“某敢終辭。”主人升東階，當阿阿，棟也。西面；賓升西階，當阿東面。賓曰：“敢納采。”主人阼階上，北面再拜，進，立於楹閒，南面。賓進，立於主人之西，俱南面，賓授鴈，降自西階以出。

問名

　　納采禮畢，賓既降，立於内門外之西，東向。初賓降，主人還阼階東，左右受鴈於序端。主人降，立於阼階下，西面。儐者進受命，出請事。賓曰：“某既受命，請加諸卜，敢請女爲誰氏。”儐者入告。主人曰：“吾子有命，且以備數而擇之，某不敢辭。”儐者出告。掌畜者以鴈授賓，退，立於後。主人迎於内門外之東，西面揖賓以入，主人入門而右，賓入門而左，二揖至階，三讓如初。主人升阼階，當阿西面，賓升西階，當阿東面，曰：“敢問名。”主人於阼階上，北面再拜，進，立於楹間，南面。賓進，立於主人之西，俱南面。賓授雁，還立西階上，東向。主人還阼階上，西面曰：“某第某女，某氏出。”賓出，立於内門外之西，東向。主人退，立於阼階東，左右受雁於序端。

　　主人降，立於阼階下，西面。儐者進受命，出請事。賓曰：“禮畢。”儐者入告。主人曰：“吾子爲事，故至於某之室，某有先人之禮，請禮從者。”儐者出告。賓曰：“某既得將事，敢辭。”儐者入告。主人曰：“先人之禮，敢固以請。”儐者出告。賓曰：“某辭不得命，敢不從。”儐者入告。主人升，立於序端。

　　掌事者徹几改筵，東上。莞筵紛純，加藻席繢純。一品二品雕几，三品彤几。主人設神席亦準此。設甒醴於東房内西牖下，加勺冪，坫在尊北，實觶一、角柶一，加冪；籩豆在坫北，實脯醢。設洗於東房近北，罍水在洗西，篚在洗東，北肆。

　　設訖，主人降迎賓於内門外之東，西向。主人揖賓，賓報揖。主人入，賓從入，二揖至階，三讓如初升。主人於阼階上，北面再拜，賓於西階上，北面答拜。主人受几於序端，掌事者内拂几三，奉兩端西北向以進；主人東南向外拂几三，振袂，内執之進，西北向；使者迎受於筵前，東南向以俟。主人還阼階上，北面拜送，賓以几避，北面坐設於座左，興，退於西階上，北面答拜，立於西階，東面。

　　贊者盥手，洗觶，酌醴，加柶於觶，覆之，面葉，出房南面立。主人受醴,面枋①,進筵前,北面立。賓於西階上北面一拜,進筵前,東南面受醴,復西階上位。主人還阼階上,北面一拜送。贊者薦脯醢於筵前。賓進,升筵坐,左執觶,右取脯,擩於醢,祭於籩、豆之閒,以柶祭醴三,始扱一祭,又扱再祭,興,以柶兼諸觶,上擖,降筵,於西階上北面坐,啐醴,建柶,奠觶,遂拜,執觶興。主人答拜。賓進,升筵坐,奠觶於籩豆之東。賓退,立於西階上,東面。

掌事者奉篚幣,升自東階,主人受於序端,進,西面立。賓西階上北面再拜。主人進楹閒,南面立,賓進,立於主人之西,俱南面。主人以幣篚授賓,賓受,退,立於西階上,東面。主人還東階上,北面拜送。賓降自西階,從者訝受幣。賓出大門外之西,東面立。主人降,出門東,西面拜送。賓退,主人入,立於東階下,西面。儐者告於主人曰:"賓不顧矣。"主人乃還於寢。於使者歸,主人壻之父。公服立於阼階下,西面。使者入告,立於主人之左,北面曰:"某既得將事,敢告。"主人曰:"聞命。"使者退,主人入。以下復命準此。

納吉

其日大昕,使者至女氏大門外,掌次者延入次。掌事者設几筵如初。使者出次,立於主人大門外之西,東向。主人立於阼階下,西面。儐者進受命,出請事。賓曰:"吾子有貺,命某加諸卜,占曰吉,使某也敢告。"某,壻父名。使某,使者名。儐者入告。主人曰:"某之子弗教,惟恐弗堪。吾子有吉,某預在焉,某不敢辭。"儐者出告。掌畜者以鴈授使者,退,立於後。主人迎拜如常。主人揖賓以入,賓從入,主人入門而右,賓入門而左。至於次門,主人揖入,二揖至階,三讓如初。主人升阼階上,西面;賓升西階上,東面,曰:"敢納吉。"主人北面再拜,進,立於楹閒,南面。賓進,立於主人之西,俱南面。賓授鴈,降自西階以出,立於次門外之西,東向。初使者降,主人還阼階東,左右受鴈於序端。主人降,立於阼階下,西面。儐者進受命,出請事。使者曰:"禮畢。"其禮賓如問名之儀。

---

①　"面枋",四庫本、《通典》卷一二九《開元禮纂類二十四》作"面柄"。

納徵

其日大昕，賓至女氏大門外，掌事者延就次。賓之掌事者入布幕於主人次門之外，玄纁束，陳於幕上，乘馬陳於幕南，北首西上。主人掌事者設几筵如初。其玄纁束，玄三匹，纁二匹，合束之。

陳設訖，使者出次，立於主人大門外之西，東向。主人立於阼階下，西面。儐者進受命，出請事。賓曰："吾子有嘉命，貺室某也，某有先人之禮，束帛乘馬，使某也請納徵。"儐者入告。主人曰："吾子順先典，貺某以重禮，某敢不承命。"儐者出告。主人迎拜如常。主人揖賓以入，賓從入，主人入門而右，賓入門而左。至次門，主人立於門東，西面；賓立於西塾，東面。掌事者坐取玄纁，興，以授賓，賓執。主人揖賓以入，執馬者從入，陳於庭，三分庭，一在南，北首西上。主人二揖至階，三讓如初。主人升阼階，當阿西面；賓升西階，當阿東面，曰："敢納徵。"主人於阼階上，北面再拜，進，立於楹閒，南面。賓進，立於主人之西，俱南面，授束帛，受馬者自左受之以東。賓之執馬者自前西面出。賓初授束帛，降出，次門外之西，東向。主人還阼階東，左右受束帛於序端。主人降，立於階下，西面。儐者進受命，出請事。賓曰："禮畢。"其禮賓如問名之儀。

請期

其日大昕，使者至於女氏大門外，掌事者延入次。又掌事者設几筵如初。使者出次，立於主人大門外之西，東向。主人立於阼階下，西面。儐者進受命，出請事。賓曰："吾子有賜，某既申受命，惟是三族之不虞，使某也請吉日。"儐者入告。主人曰："既前受命矣，惟命是聽。"儐者出告。賓曰："某聽命於吾子。"某，壻父名。儐者入告。主人曰："某固惟命是聽。"儐者出告。賓曰："某使某受命於吾子，吾子不許，某敢不告期。日曰某。"某，吉日之甲乙。儐者入告。主人曰："某敢不敬須。"儐者出告。掌畜者以鴈授使者，退，立於後。主人迎拜如常。主人揖賓以入，賓從入，主人入門而右，賓入門而左，二揖至階，三讓而升。主人升阼階，當阿西面，賓升西階，當阿東面，曰："敢告期。"主人阼階上北面再拜，進，立於楹閒，南面。賓進，立於主人之西，俱南面。賓授鴈，降出，立於次門外之西，東向。主人還阼階東，左右受鴈於序端。主人降，立於阼階下，西面。儐者進受命，出請事。賓曰："禮畢。"其禮賓如納徵之儀。

親迎

其日大昕，婿之父、女之父各服其服，告於禰廟。以酒脯告之，一獻。無廟者告於正寢。將行，父醮子於正寢。贊者布席於東序，西向。又設席於戶牖之閒，南向。父公服，坐於東序，西向。子服其上服，一品衮冕，二品鷩冕，三品毳冕，四品絺冕①，五品玄冕，六品爵弁，庶人絳公服。升自西階，進，立於席西，南向。贊者酌酒，進，北面以授子，子再拜，受爵。贊者薦脯醢於席前，脯醢出自房。子升席跪，左執爵，右取脯，擩於醢，祭於籩、豆之閒，右祭酒，執爵興，降席西，南面跪，卒爵，奠爵再拜，執爵，興。贊者受虛爵，還尊所。子進，立於父席前，東面。父命之曰："往迎爾相，承我宗事，勗率以敬先妣之嗣，若則有常。"庶子但云："往迎爾相，勗率以敬。"子再拜，曰："不敢忘命。"又再拜，降出。

初昏，設洗於阼階東南，東西當東霤，南北以堂深，罍水在洗東，加勺冪，篚在洗西，南肆，實爵二、巾一②，加冪。設婦洗於東房近北，罍水在洗西，加勺冪；篚在洗東，北肆，實以巾，加冪。陳饌於東房內西牖下。牲用少牢及腊，三俎，二簠，二簋，二登。豆數：一品十六，二品十四，三品十二也。婿及婦共牢，婦之簠、簋及豆、登之數，各視其夫。牲體皆節折。簠實稷黍，簋實稻粱，𪔉實以羹，豆實醓醢醬菹之類。簠、簋、豆、登加蓋，俎加冪，尊於室中北墉下，玄酒在西，加勺冪，面枋③。又設尊於房內之東④，加勺冪，無玄酒，篚在南，實四爵合卺，加冪。夫婦酌於內尊，四爵兩卺，凡六，夫婦各三酳。

主人乘革輅，備儀仗，從者公服，乘車以從。婦車及從車各準其夫。至於婦氏大門外，掌次者延入次。贊者布席於室戶外之西，西上，右几。

---

① "絺冕"，四庫本、《通典》卷一二九《開元禮纂類二十四》作"繡冕"。
② "巾一"，四庫本作"巾二"。
③ "面枋"，四庫本作"面柄"。
④ "房内"，四庫本作"房戶外"。

又布席於房户內，南向。設醴尊於房內東壁下，加勺冪，筐在北①，實觶一、角柶一於筐②，加冪，籩一、豆一又在筐北。

女各準其夫，服花釵翟衣，<small>一品花釵九樹，翟九等。二品花釵八樹，翟八等。三品花釵七樹，翟七等。</small>入於房，即席，南面立。姆服禮衣，在其右，女從者在其後。父公服，升自東階，立於房户外之東，西面。內贊者以觶酌醴，加柶，覆之，面枋③，進女席前，北面。女降席西，南面再拜，受觶。內贊者薦脯醢於席前，女升席，跪，左執觶，右取脯，擩於醢，祭於籩、豆之間，遂以柶祭醴三，始扱一祭，又扱再祭，興，筵末跪，啐醴，建柶，奠觶於豆東，降席西，再拜，訖，升席，南面立。內贊者徹薦觶。

主人降，立於東階，南面。賓出次，立於門西，東面。<small>賓，壻。</small>儐者進受命，出立於門東，西面曰："敢請事。"賓曰："吾子有命，以兹初昏，某父使某將請承命。"儐者入告。主人曰："某固敬具以須。"主人迎賓於大門外之東，西面再拜，賓答拜。主人揖賓，賓報揖。主人入，賓執鴈從入。至於寢門，主人又揖，入，至內霤，將曲揖，當階揖。至階，主人曰："請吾子升。"賓曰："某敢辭。"主人曰："固請吾子升。"賓曰："某敢固辭。"主人曰："終請吾子升。"賓曰："某敢終辭。"主人升自阼階，西面立。賓升自西階，進，當房户北面，跪，奠鴈，興，再拜，降出，主人不降送。

於賓入門，母出，立於房户外之西，南面。於賓拜訖，姆導女出於母左。父少進，西面戒之，必有正焉，若衣若花，命之曰："戒之敬之，夙夜無違命。"母戒於西階上，施衿結帨，戒之曰："勉之敬之，夙夜無違。"<small>帨，佩巾。</small>庶母及門內，施鞶，申之以父母之命，命之曰："敬恭聽宗爾父母之言，夙夜無尠，視諸衿鞶④。"<small>鞶，小囊，婦人鞶絲，所以盛帨巾之屬。</small>女出，至車，壻授綏，姆辭曰："未教，不足與爲禮。"婦乘以几，加幊。壻馭輪三周，馭者代之。主人使其屬送之，壻出，乘車先，婦車從而行，至於門外，下車以俟。

婦至，降車，北面立，壻南面揖婦以入。及寢門，又揖以入。贊者徹

---

① "筐"，四庫本作"砧"。

② "筐"，四庫本作"砧"。

③ "面枋"，四庫本、《通典》卷一二九《開元禮纂類二十四》作"面柄"。

④ "衿"字，公善堂本無，今據四庫本、《通典》卷一二九《開元禮纂類二十四》補。

尊冪，酌玄酒三，注於尊。女從者布席於奧，東向。西南隅謂之奧，若室内窄，則席於堂上楹間，東向。設尊於室户東。主人導婦升自西階，入室，即席東面立。婦入立於尊西，南面。壻盥於南洗，女從者沃之；婦盥於北洗，壻從者沃之。

　　贊者以饌入，設醬於席前，菹醢在其北，俎三，入設於豆東，腊特於俎北。贊者設黍於醬東，稷、稻、粱在東，設湇於醬南。設對醬於東，對醬，婦醬也，設之當特俎。菹醢在其南，北上。設黍於腊北，其西稷、稻、粱。設湇於醬北。贊啓會，却於簋、簠南，對簋、簠於北，啓，發。皆加匕箸。壻從者布對席於饌東。贊者西面告："饌具。"

　　主人揖婦，婦即對席西面，皆坐。贊者授匕箸，各以菹擩於醢，皆祭於豆間。又皆祭黍。贊者各取肺絶末以授，皆祭。贊者以肺加於俎。凡祭與食，皆贊者贊之。贊者各移黍置於席上，授肺脊，食以湇醬。三飯卒食，贊者二人俱洗爵於房，酌於室内之尊，詣户西，北面以酳主人。主人及婦皆興，再拜，受爵，贊者北面答拜。主人及婦皆坐，祭酒，贊者以肝從，皆奠爵，取肝，振祭，嚌之，贊者皆受，實於俎豆，各取爵，飲訖[1]，執爵興。贊者受爵，主人及婦皆再拜，贊者以爵復於坫，又以爵酌酒再酳，主人及婦仍立，受爵，坐飲卒爵，皆興，贊者受爵，復於坫。三酳用巹如再酳，主人及婦立於席後，贊者皆降東階，洗爵，升，酌於户外尊，入户，西北面，俱奠爵[2]，興，再拜，皆坐，取爵[3]，遂飲卒爵，遂拜，執爵興。夫婦答拜，降，奠爵於篚。

　　主人出，脫服於房。婦退，立尊西，南面位。贊者徹饌，設於東房如初。婦脫服於室，衽於奧，北趾。衽，卧席。主人入，燭出。婦從者餕夫之餘，夫從者餕婦之餘，贊者酳户外尊酳之。女從者待於户外，呼則聞。

見舅姑

　　質明，贊者見婦於舅姑，立於寢門外。贊者布舅席於東序，西向。布姑席於房户外之西，南向。舅姑俱即席坐，婦執笄棗栗笄竹器，玄表纁裏。

---

①　"飲訖"，四庫本作"皆飲訖"。
②　"西北面俱奠爵"，四庫本作"北面跪奠爵"。
③　"取爵"，四庫本作"取爵祭"，《通典》卷一二九《開元禮纂類二十四》作"取爵祭酒"。

自門外入，升自西階，東面再拜，進，跪，奠於舅席前，舅撫之，贊者進，徹以東。婦退，復東面位，又再拜，降自西階，受笲腶脩，<small>腶脩，婦從者執，俟於階下</small>。升，進，北面再拜，進，跪，奠於姑席前。姑舉之，内贊者受以東。婦退，復北面位，又再拜。贊禮布婦席於室戶西，南面。<small>在姑席之西，少北</small>。側尊甒醴於戶内東壁下，加勺冪，籩豆各一，實以脯醢，在尊北。設洗於東房近北，罍水在洗西，篚在洗東，北肆。<small>篚實以巾、觶、角柶各一，加冪</small>。婦立於席西，南面。内贊者盥手，洗觶，酌醴，加柶，面枋①，出房，詣婦席前，北面立。婦進，東面拜，受，退，復位。内贊者西階上北面拜送。内贊者薦脯醢於席前，婦升席坐，左執觶，右取脯，擩於醢，祭於籩、豆之間，以柶祭醴三，始扱一祭，又扱再祭，加柶於觶，面葉，興，降席西，東面坐，啐醴，建柶，興，拜。内贊者答拜。婦進，升席，跪，奠觶於豆東，取脯，降自西階以出，授婦氏，從入於寢門外。

盥饋

舅姑入於室，婦盥饋。贊者布席於室之奥，舅姑共席坐，俱東面，南上。贊者設尊於室内北墉下，饌於房内西墉下，其饌如同牢。<small>牲體皆節折，左載之於舅俎，右載之於姑俎也</small>。婦入，升自西階，入房，以醬進，設於舅姑席前。其他饌從者設之，皆加匕箸，俱以南爲上。俎入，各設於豆東，訖，贊者各授箸。舅姑各以韭菹擩於醬，祭於籩豆之間，又祭飯，訖，乃食。三飯卒食。婦入於房，盥手洗爵，入室，酌酒酳舅，進，奠爵於舅席前少東，西面再拜。舅取爵，祭酒，飲之。婦受爵，出戶入房，奠於篚，又盥手洗爵，酌酒酳姑如酳舅之禮。設婦席於室内北墉下尊東，南面。婦徹饌，設於席前如初，西上。<small>婦親徹醬設之，其他從者設之</small>。婦進，西面再拜，退，升席，南向坐，將餕，舅辭，命易醬，内贊者易之，婦乃餕姑饌。婦祭，内贊者助之。既祭乃食，三飯卒食。内贊者洗爵，酌酒酳婦。婦降席②，西面再拜，受爵，升席坐，祭酒，飲訖，執爵興，降席東，南面立。内贊者受爵，奠於篚③。婦進，西面再拜。舅姑先降自西階，婦降自阼階。凡庶子

---

① “面枋”，四庫本作“面柄”。

② “婦”字，公善堂本無，今據四庫本、《通典》卷一二九《開元禮纂類二十四》校補。

③ “篚”，《通典》卷一二九《開元禮纂類二十四》作“篚”，四庫本作“站”。

婦，舅姑不降，而婦降自西階以出。

婚會

其日，主人至於賓大門外之西，東面立。賓立於阼階下，西面。儐者進於賓之左，北面受命，出，立於大門外之東，西面曰："敢請事。"主人曰："某有嘉禮，請某子有顧。"儐者入告，遂引賓出大門外之東，西面再拜，主人答拜。主人曰："某有嘉禮，請吾子有顧。"賓曰："敢辭。"主人曰："敢固請。"賓曰："辭不得命，敢不從。"主人拜，賓答拜。主人還，賓遂與諸親從之。

贊者預鋪賓席於堂上楹閒近北，南面。設賓之宗室席位於賓席西南，賓之異姓席位於宗室之南，又於西階下設異姓席位，皆重行東向，以北爲上。設主人席位於阼階上，西面。設主人宗室席位於主人東北，設異姓席位於宗室之北，皆重行西向，以南爲上。又設主人異姓席位於東階下，重行西向，以北爲上。

賓至，立於主人大門外之西，東向。賓之宗室立於賓西南，異姓立於宗室之南，俱重行東向，以北爲上。儐者引主人出，立於大門外之東，西向。主人諸親立於大門内之東，重行西向，以南爲上。立定，主人西面再拜，賓東面答拜。主人揖賓，賓報揖。儐者引主人，又儐者引賓以入，諸親以次從入。至内門，主人諸親以次從入如常。至階，主人揖賓，賓報揖。賓主及諸親以次升，各立於席後，其在庭者亦如之。立定，賓主及諸親俱坐。

執爵者酌酒，升自東階，酒升堂，賓主及諸親皆起。執爵者以酒授主人，儐者引主人進，詣賓席前，西北面立。賓自席西進，東南向受爵。儐者引主人退，復位。賓還席後立，賓主及諸親俱坐。執爵者又以酒授主人及賓主諸親，賓主俱祭而飲，諸親不祭而飲。爵行一周，食升堂，賓主及諸親皆起。掌食者以醢醬豆授主人，儐者引主人進，設於賓席前。賓曰："請吾子無辱。"主人曰："不敢忘禮。"儐者引主人復位。執饌者以籩、豆、簠、簋、俎、鉶設於賓主席前，又加以匕箸。執饌者以次設食，訖，賓主皆祭而食，諸親不祭而食。於賓祭，主人曰："疏食不足祭。"賓食[1]，

---

[1]　"賓食"，四庫本、《通典》卷一二九《開元禮纂類二十四》作"賓主俱食"。

三飯而止。主人曰："請吾子食。"賓更飯。食畢，遂進庶羞，觴行如常。

食畢，賓主及諸親俱興，儐者各引賓主以下降出。賓主及賓之諸親皆復門外位，主人諸親復門内位。主人再拜送。賓退，儐者引主人入。

婦人禮會

女賓乘車入，至下車所，内贊者引入，主人迎送於閤内。相稱之辭，各準其夫，餘如丈夫之禮。

饗丈夫送者

其日，掌事者鋪賓席於堂上楹閒，近北，南向。又鋪主人席於阼階上，西向。又設衆賓之席於賓西南。設從者席位於西階下，重行東向[①]，北上。儐者引賓以下立於主人門外之西[②]，俱重行東向，以北爲上。立定，儐者引主人出，立於門東，西向。主人揖賓，賓報揖。儐者各引賓主以下入，至階，主人揖賓，賓報揖。賓主以下俱升，立於席後。立定，賓主以下俱坐，遂進酒設食如婚會之儀。

會畢，賓主以下俱興。儐者引賓立於西階上，東面。主人掌事者奉束帛之篚升，以授主人，主人執篚，西面立。賓西階上北面再拜。主人進，立於楹閒，南面。賓進，立於主人之西，俱南面。主人以篚幣授賓，賓受，退，立於西階上，東面。主人還東階上，北面再拜送。儐者引賓以下降自西階，從者訝受幣。在庭者以次出，復門外位。儐者引主人降自東階，出門東，西面拜送。賓退，主人入。

饗婦人送者

内儐者引賓升，主人迎送於閤内，相稱之辭各準其夫，酬以束帛如丈夫之禮。

---

① "東向"二字，公善堂本無，今據四庫本、《通典》卷一二九《開元禮纂類二十四》校補。

② "儐者引賓以下立於主人門外之西"，公善堂本原作"賓立於主人門外之西"，據四庫本、《通典》卷一二九《開元禮纂類二十四》校改。

卷第一百二十四　嘉禮

四品五品婚

納采　問名　納吉　納徵　請期　親迎　見舅姑　盥饋
婚會　婦人禮會　饗丈夫送者　饗婦人送者

納采

婚禮，先使媒氏通書，女氏許之，乃致納采之禮。

前一日，主人設賓次於大門外道右，南向。以後納吉、納徵、請期、親迎，設次皆如之。

其日大昕，使者至女氏大門外，掌次者延入次。主人公服，受其禮於廟。無廟者於正寢。掌事者布神席於室戶外之西，右几。使者公服，出次，立於大門外之西，東向。主人立於東階下，西面。儐者立於主人之左，北面受命，出立於門東，西面曰：“敢請事。”賓曰：“吾子有命貺室某也，吾子，女父。某，婿名。某有先人之禮，使某也請納采。”上某，婿父名。下某，使者稱。儐者入告。主人曰：“某之子惷愚，又弗教，吾子命之，某不敢辭。”儐者出告。掌畜者以鴈授賓，退，立於後，賓左手執之。主人迎於大門外之東，西面再拜，賓不答拜。主人揖賓以入，賓從入，主人入門而右，賓入門而左。至於次門，主人又揖，入，至內霤，將曲揖，當階揖。至階，主人曰：“請吾子升。”賓曰：“某敢辭。”主人曰：“固請吾子升。”賓曰：“某敢固辭。”主人曰：“終請吾子升。”賓曰：“某敢終辭。”主人升東階，當阿阿，棟也。西面；賓升西階，當阿東面。賓曰：“敢納采。”主人阼階上，北面再拜，進，立於楹間，南面。賓進，立於主人之西，俱南面，賓授鴈，降自西階以出。

問名

納采禮畢，賓既降，立於內門外之西，東向。初賓降，主人還阼階東，左右受鴈於序端。主人降，立於阼階下，西面。儐者進受命，出請事。賓曰："某既受命，將加諸卜，敢請女爲誰氏。"儐者入告。主人曰："吾子有命，且以備數而擇之，某不敢辭。"儐者出告。掌畜者以鴈授賓，退，立於後。主人迎於內門外之東，西面揖賓以入，主人入門而右，賓入門而左，二揖至階，三讓如初。主人升阼階，當阿西面，賓升西階，當阿東面，曰："敢問名。"主人於阼階上，北面再拜，進，立於楣閒，南面。賓進，立於主人之西，俱南面。賓授雁，還立西階上，東面。主人還阼階上，西面曰："某第某女，某氏出。"賓出，立於內門外之西，東面。主人退，立於阼階東，左右受雁於序端。

主人降，立於阼階下，西面。儐者進受命，出請事。賓曰："禮畢。"儐者入告。主人曰："吾子爲事，故至於某之室，某有先人之禮，請禮從者。"儐者出告。賓曰："某既得將事，敢辭。"儐者入告。主人曰："先人之禮，敢固以請。"儐者出告。賓曰："某辭不得命，敢不從。"儐者入告。主人升，立於序端。掌事者徹几改筵，東上。蒲筵，緇布純，加萑席，玄帛純，漆几，主人設神席亦準此。設甒醴於東房內西墉下，加勺冪，篚在尊北，實觶一、角柶一，加冪；籩豆在篚北，實脯醢。設洗於東房近北，罍水在洗西，篚在洗東，北肆。

設訖，主人降，迎賓於內門外之東，西面。主人揖賓，賓報揖。主人入，賓從入，二揖至階，三讓如初，升。主人於阼階上，北面再拜，賓於西階上，北面答拜。主人受几於序端，掌事者內拂几三，奉兩端西北向以進，主人東南向外拂几三，振袂，內執之進，西北向，使者迎受於筵前，東南向以俟。主人還阼階上，北面拜送，賓以几避，北面坐，設於座左，興，退於西階上，北面答拜，立於西階，東面。

贊者盥手，洗觶，酌醴，加柶於觶，覆之，面葉，出房，南面立。主人受醴，面枋[①]，進筵前，北面立。賓於西階上北面一拜，進筵前，東南面受

醴，復西階上位。主人還阼階上，北面一拜送。贊者薦脯醢於筵前。賓進，升筵坐，左執觶，右取脯，擩於醢，祭於籩、豆之間，以栖祭醴三，始扱一祭，又扱再祭，興，以栖兼諸觶，上擸，降筵，於西階上北面坐，啐醴，建栖，奠觶，遂拜，執觶興。主人答拜。賓進，升筵坐，奠觶於籩、豆之東。賓退，立於西階上，東面。

掌事者奉篚幣，升自東階，主人受於序端，進，西面立。賓西階上北面再拜。主人進楹間，南面立，賓進，立於主人之西，俱南面。主人以幣篚授賓，賓受，退，立於西階上，東面。主人還東階上，北面拜送。賓降自西階，從者訝受幣。賓出大門外之西，東面立。主人降出門東，西面拜送。賓退，主人入，立於東階下，西面。儐者告於主人曰："賓不顧矣。"主人乃還於寢。於使者歸，主人壻之父。公服，立於阼階下，西面。使者入告，立於主人之左，北面曰："某既得將事，敢告。"主人曰："聞命。"使者退，主人入。以下復命準此。

納吉

其日大昕，使者至女氏大門外，掌次者延入次。掌事者設几筵如初。使者出次，立於主人大門外之西，東向。主人立於阼階下，西面。儐者進受命，出請事。賓曰："吾子有貺，命某加諸卜，占曰吉，使某也敢告。"某，壻父名。使某，使者名。儐者入告。主人曰："某之子弗教，惟恐弗堪。吾子有吉，某預在焉，某不敢辭。"儐者出告。掌畜者以鴈授使者，退，立於後。主人迎拜如常。主人揖賓以入，賓從入，主人入門而右，賓入門而左。至於次門，主人揖入，二揖至階，三讓如初。主人升阼階上，西面；賓升西階上，東面，曰："敢納吉。"主人北面再拜，進，立於楹間，南面。賓進，立於主人之西，俱南面。賓授鴈，降自西階出，立於次門外之西，東向。初使者降，主人還阼階東，左右受鴈於序端。主人降，立於阼階下，西面。儐者進受命，出請事。使者曰："禮畢。"其禮賓如問名之儀。

納徵

其日大昕，賓至女氏大門外，掌事者延就次。賓之掌事者入，布幕於主人次門之外，玄纁束陳於幕上，兩馬陳於幕南，北首西上。主人掌事者設几筵如初。其玄纁束，玄三匹，纁二匹，合束之。

陳設訖，使者出次，立於主人大門外之西，東向。主人立於阼階下，西面。儐者進受命，出請事。賓曰："吾子有嘉命，貺室某也，某有先人之禮，束帛乘馬，使某也請納徵。"儐者入告。主人曰："吾子順先典，貺某以重禮，某敢不承命。"儐者出告。主人迎拜如常。主人揖賓以入，賓從入，主人入門而右，賓入門而左。至次門，主人立於門東，西面；賓立於西塾，東面。掌事者坐，取玄纁，興，以授賓，賓執。主人揖賓以入，執馬者從入，陳於庭，三分庭，一在南，北首西上。主人二揖至階，三讓如初。主人升阼階，當阿西面；賓升西階，當阿東面，曰："敢納徵。"主人於阼階上，北面再拜，進，立於楹閒，南面。賓進，立於主人之西，俱南面，授束帛，受馬者自右受之以東。賓之執馬者自前西面出。賓初授束帛，降，出次門外之西，東面。主人還阼階東，左右受束帛於序端。主人降，立於階下，西面。儐者進受命，出請事。賓曰："禮畢。"其禮賓如問名之儀。

請期

其日大昕，使者至於女氏大門外，掌事者延入次。又掌事者設几筵如初。使者出次，立於主人大門外之西，東向。主人立於阼階下，西面。儐者進受命，出請事。賓曰："吾子有賜，某既申受命，惟是三族之不虞，使某也請吉日。"儐者入告。主人曰："既前受命矣，惟命是聽。"儐者出告。賓曰："某聽命於吾子。"某，壻父名。儐者入告。主人曰："某固惟命是聽。"儐者出告。賓曰："某使某受命於吾子，吾子不許，某敢不告期。日曰某。"某，吉日之甲乙。儐者入告。主人曰："某敢不敬須。"儐者出告。掌畜者以鴈授使者，退，立於後。主人迎拜如常。主人揖賓以入，賓從入，主人入門而右，賓入門而左，二揖至階，三讓而升。主人升阼階，當阿西面，賓升西階，當阿東面，曰："敢告期。"主人阼階上北面再拜，進，立於楹閒，南面。賓進，立於主人之西，俱南面。賓授鴈，降出，立於次門外之西，東面。主人還阼階東，左右受鴈於序端。主人立於阼階下，西面。儐者進受命，出請事。賓曰："禮畢。"其禮賓如納徵之儀。

親迎

其日大昕，婿之父、女之父各服其服，告於禰廟。以酒脯告之，一獻。無廟者告於正寢。將行，父醮子於正寢。贊者布席於東序，西向。又設席於户牖之閒，南向。父公服，坐於東序，西向。子服其上服，四品絺冕①，五品玄冕。升自西階，進，立於席西，南向。贊者酌酒，進，北面以授子，子再拜，受爵。贊者薦脯醢於席前，脯醢出自房。子升席，跪，左執爵，右取脯，擩於醢，祭於籩、豆之間，右祭酒，執爵興，降席西，南面跪，卒爵，奠爵再拜，執爵興。贊者受虛爵，還尊所。子進，立於父席前，東面。父命之曰："往迎爾相，承我宗事，勖率以敬先妣之嗣，若則有常。"庶子但云："往迎爾相，勖率以敬。"子再拜，曰："不敢忘命。"又再拜，降出。

初昏，設洗於阼階東南，東西當東霤，南北以堂深，罍水在洗東，加勺冪，篚在洗西，南肆，實爵二、巾一，加冪。設婦洗於東房近北，罍水在洗西，加勺冪，篚在洗東，北肆，實以巾，加冪。陳饌於東房内西墉下。牲用少牢及腊，三俎，二簋、二簠、二登。豆數：四品十，五品八也。婿及婦共牢，婦之簋、簠、豆、登之數，各視其夫。牲體皆節折。簠實稷黍，簋實稻粱，登實以羹，豆實醓醬蓲菹之類也。簋、簠、豆、登加蓋，俎加冪，尊於室中北墉下，玄酒在西，加勺冪，南枋②。又設尊於房外之東，加勺冪，無玄酒，篚在南，實四爵合卺，加冪。夫婦酌於内尊，四爵兩卺，凡六，夫婦各三酳。

主人乘木輅，備儀仗，主人謂婿。五品、非京官職事者，乘青通幰犢車也。從者公服，乘車以從。婦車及從車各準其夫。至於婦氏大門外，掌次者延入次。贊者布席於室户外之西，西上，右几。又布席於房户内，南向。設醴尊於房内東壁下，加勺冪，篚在北，實觶一、角柶一於篚，加冪，籩一豆一又在篚北。

女各準其夫，服花釵翟衣，四品花釵六樹，翟六等。五品花釵五樹，翟五等。入於房，即席南向立。姆服禮衣，在其右，女從者在其後。父公服，升自東階，立於房户外之東，西面。內贊者以觶酌醴，加柶，覆之，面枋③，進女

---

① "絺冕"，四庫本、《通典》卷一二九《開元禮纂類二十四》作"繡冕"。
② "南枋"，四庫本、《通典》卷一二九《開元禮纂類二十四》作"面柄"。
③ "面枋"，四庫本、《通典》卷一二九《開元禮纂類二十四》作"面柄"。

席前，北面。女降席西，南面，再拜，受觶。内贊者薦脯醢於席前，女升席，跪，左執觶，右取脯，擩於醢，祭於籩、豆之閒，遂以柶祭醴三，始扱一祭，又极再祭，興，筵末跪，啐醴，建柶，奠觶於豆東，降席西，再拜，訖，升席，南面立。内贊者徹薦觶。

主人降，立於東階，南面。賓出次，立於門西，東面。_{賓，壻。}賓者進受命，出，立於門東，西面曰："敢請事。"賓曰："吾子有命，以茲初昏，某父使某將請承命。"儐者入告。主人曰："某固敬具以須。"主人迎賓於大門外之東，西面再拜，賓答拜。主人揖賓，賓報揖。主人入，賓執鴈從入。至於寢門，主人又揖入，至内霤，將曲揖，當階揖。至階，主人曰："請吾子升。"賓曰："某敢辭。"主人曰："固請吾子升。"賓曰："某敢固辭。"主人曰："終請吾子升。"賓曰："某敢終辭。"主人升自阼階，西面立。賓升自西階，進，當房户北面，跪，奠鴈，興，再拜，降出，主人不降送。

於賓入門，母出，立於房户外之西，南面。於賓拜訖，姆導女出於母左。父少進，西面戒之，必有正焉，若衣若花，命之曰："戒之敬之，夙夜無違命。"母戒於西階上，施衿結帨，戒之曰："勉之敬之，夙夜無違。"_{帨，佩巾。}庶母及門内，施鞶，申之以父母之命，命之曰："敬恭聽宗父母之言，夙夜無尠，視諸衿鞶①。"_{鞶，鞶囊也，婦人鞶絲，所以盛帨巾之屬。}女出至車，壻授綏，姆辭曰："未教，不足與爲禮。"婦乘以几，加帳。壻馭輪三周，馭者代之。主人使其屬送之，壻出乘車先，婦車從而行，至於門外，下車以俟。

婦至，降車，北面立，壻南面揖婦以入。及寢門，又揖以入。贊者徹尊冪，酌玄酒三，注於尊。女從者布席於奥，東向。_{西南隅謂之奥，若室内窄，則席於堂上楹閒，東向。}設尊於室户東。主人導婦升自西階，入室，即席東面立。婦入，立於尊西，南面。壻盥於南洗，女從者沃之；婦盥於北洗，壻從者沃之。

贊者以饌入，設醬於席前，菹醢在其北，俎三，入設於豆東，腊特於俎北。贊者設黍於醬東，稷、稻、粱在東，設涪於醬南。設對醬於東，_{對醬，婦醬也，設之當特俎。}菹醢在其南，北上。設黍於腊北，其西稷、稻、粱。設涪於醬北。贊启會，却於簋、簠南，對簋、簠於北，_{启，發。}皆加匕箸。壻從者

---

① "衿"字，公善堂本無，今據四庫本、《通典》卷一二九《開元禮纂類二十四》校補。

布對席於饌東。贊者西面告：“饌具。”

主人揖婦，婦即對席西面，皆坐。贊者授匕箸，各以菹擩於醢，皆祭於豆間。又皆祭黍。贊者各取肺絶末以授，皆祭。贊者以肺加於俎。凡祭與食，皆贊者贊之。贊者皆移黍置於席上，授肺脊，食以湆醬。三飯卒食，贊者二人俱洗爵於房，酌於室内之尊，詣户西，北面以酳主人。主人及婦皆興，再拜，受爵，贊者北面答拜。主人及婦皆坐，祭酒，贊者以肝從，皆奠爵，取肝，振祭，嚌之，贊者皆受，實於俎豆，各取爵，飲訖，執爵興。贊者受爵，主人及婦皆再拜，贊者以爵復於篚，又以爵酌酒再酳，主人及婦仍立受爵，坐飲卒爵，皆興，贊者受爵，復於篚。三酳用卺如再酳，主人及婦立於席後，贊者皆降東階，洗爵，升，酌於户外尊，入户，西北面，俱奠爵，興，再拜，皆坐，取爵，遂飲卒爵，遂拜，執爵興。夫婦答拜，降奠爵於篚。

主人出，脱服於房。婦退，立尊西，南面位。贊者徹饌，設於東房如初。婦脱服於室，衽於奧北趾。衽，卧席。主人入，燭出。婦從者餕夫之餘，夫從者餕婦之餘，贊者酌户外尊酳之。女從者待於户外，呼則聞。

見舅姑

質明，贊者見婦於舅姑，立於寢門外。贊者布舅席於東序，西向。布姑席於房户外之西，南向。舅姑俱即席坐，婦執笲棗栗笲竹器，玄表纁裏。自門外入，升自西階，東面再拜，進，跪，奠於舅席前。舅撫之，贊者進，徹以東。婦退，復東面位，又再拜，降自西階，受笲腶脩，腶脩，婦從者執，俟於階下。升，進，北面再拜，進，跪，奠於姑席前。姑舉之，内贊者受以東。婦退，復北面位，又再拜。贊禮布婦席於室户西，南面。在姑之席西，少北。側尊甒醴於户内東壁下，加勺冪，籩豆各一，實以脯醢，在尊北。設洗於東房近北，罍水在洗西，篚在洗東，北肆。篚實以巾、觶、角柶各一，加冪。婦立於席西，南面。内贊者盥手，洗觶，酌醴，加柶，面枋①，出房，詣婦席前，北面立。婦進，東面拜，受，退，復位。内贊者西階上北面拜送。内贊者薦脯醢於席前，婦升席坐，左執觶，右取脯，擩於醢，祭於籩、豆之間，以柶

---

① “面枋”，四庫本作“面柄”。

祭醴三，始扱一祭，又扱再祭，加柶於觶，面葉，興，降席西，東面坐，啐醴，建柶，興，拜。內贊者答拜。婦進，升席，跪，奠觶於豆東，取脯，降自西階以出，授婦氏，從入於寢門外。

盥饋

舅姑入於室，婦盥饋。贊者布席於室之奧，舅姑共席坐，俱東面，南上。贊者設尊於室內北墉下，饌於房內西墉下，其饌如同牢。牲體皆節折，左載之於舅俎，右載之於姑俎也。婦入，升自西階，入房，以醬進，設於舅姑席前。其他饌從者設之，皆加匕箸，俱以南爲上。俎入，各設於豆東，訖，贊者各授箸。舅姑各以韭菹擩於醬，祭於籩、豆之間，又祭飯，訖，乃食。三飯卒食。婦入於房，盥手洗爵，入室，酌酒酳舅，進，奠爵於舅席前少東，西面再拜。舅取爵，祭酒，飲之。婦受爵，出戶入房，奠於篚，又盥手洗爵，酌酒酳姑如酳舅之禮。設婦席於室內北墉下尊東，南面。婦徹饌，設於席前如初，西上。婦親徹醬設之，其他從者設之。婦進，西面再拜，退，升席，南向坐。將餕，舅辭，命易醬，內贊者易之，婦乃餕姑饌。婦祭，內贊者助之。既祭乃食，三飯卒食。內贊者洗爵，酌酒酳婦。婦降席①，西面再拜，受爵，升席坐，祭酒，飲訖，執爵興，降席東，南面立。內贊者受爵，奠於篚。婦進，西面再拜。舅姑先降自西階，婦降自阼階。凡庶子婦，舅姑不降，而婦降自西階以出。

婚會

其日，主人至於賓大門外之西，東面立。賓立於阼階下，西面。儐者進於賓之左，北面受命，出，立於大門外之東，西面曰：“敢請事。”主人曰：“某有嘉禮，請某子有顧。”儐者入告，遂引賓出大門外之東，西面再拜，主人答拜。主人曰：“某有嘉禮，請吾子有顧。”賓曰：“敢辭。”主人曰：“敢固請。”賓曰：“辭不得命，敢不從。”主人拜，賓答拜。主人還，賓遂與諸親從之。

贊者預鋪賓席於堂上楹間近北，南面。設賓之宗室席位於賓席西南，賓之異姓席位於宗室之南，又於西階下設異姓席位，皆重行東向，以

---

① “婦”字，公善堂本無，今據四庫本、《通典》卷一二九《開元禮纂類二十四》校補。

北爲上。設主人席位於阼階上，西面。設主人宗室席位於主人東北，設異姓席位於宗室之北，皆重行西向，以南爲上。又設主人異姓席位於東階下，重行西向，以北爲上。

賓至，立於主人大門外之西，東向。賓之宗室立於賓西南，異姓立於宗室之南，俱重行東向，以北爲上。儐者引主人出，立於大門外之東，西向。主人諸親立於大門内之東，重行西向，以南爲上。立定，主人西面再拜，賓東面答拜。主人揖賓，賓報揖。儐者引主人，又儐者引賓以入，諸親以次從入。至内門，主人諸親以次從入如常。至階，主人揖賓，賓報揖。賓主及諸親以次升，各立於席後，其在庭者亦如之。立定，賓主及諸親俱坐。

執爵者酌酒，升自東階，酒升堂，賓主及諸親皆起。執爵者以酒授主人，儐者引主人進，詣賓席前，北面立①。賓自席西進，東南向受爵。儐者引主人退，復位。賓還席後立，賓主及諸親俱坐。執爵者又以酒授主人及賓主諸親，賓主俱祭而飲，諸親不祭而飲。爵行一周，食升堂，賓主及諸親皆起。掌食者以醓醬豆授主人，儐者引主人進，設於賓席前。賓曰：“請吾子無辱。”主人曰：“不敢忘禮。”儐者引主人復位。執饌者以籩、豆、簠、簋、俎、鉶設於賓主席前，又加以匕箸。執饌者以次設食，訖，賓主皆祭而食，諸親不祭而食。於賓祭，主人辭曰：“疏食不足祭。”賓食②，三飯而止。主人曰：“請吾子食。”賓更飯。食畢，遂進庶羞，觴行如常。

食畢，賓主及諸親俱興，儐者各引賓主以下降出。賓主及賓之諸親皆復門外位，主人諸親復門内位。主人再拜送。賓退，儐者引主人入。

婦人禮會

女賓乘車入，至下車所，内贊者引入，主人迎送於閤内。相稱之辭，各準其夫，餘如丈夫之禮。

---

①　“北面”，四庫本、《通典》卷一二九《開元禮纂類二十四》作“西北面”。

②　“賓食”，四庫本亦作“賓食”，《通典》卷一二九《開元禮纂類二十四》作“賓主俱食”。

饗丈夫送者

　　其日，掌事者鋪賓席於堂上楹閒，近北，南向。又鋪主人席於阼階上，西面。又設衆賓之席於賓西南。設從者席位於西階下，重行東向[1]，北上。儐者引賓以下立於主人門外之西[2]，俱重行東向，以北爲上。立定，儐者引主人出，立於門東，西向。主人揖賓，賓報揖。儐者各引賓主以下入，至階，主人揖賓，賓報揖。賓主以下俱升，立於席後。立定，賓主以下俱坐，遂進酒設食如婚會之儀。

　　會畢，賓主以下俱興。儐者引賓立於西階上，東面。主人掌事者奉束帛之篚升，以授主人，主人執篚，西面立。賓西階上北面再拜。主人進，立於楹閒，南面。賓進，立於主人之西，俱南面。主人以篚幣授賓，賓受，退，立於西階上，東面。主人還東階上，北面再拜送。儐者引賓以下降自西階，從者迓受幣。在庭者以次出，復門外位。儐者引主人降自東階，出門東，西面拜送。賓退，主人入。

饗婦人送者

　　內儐者引賓升，主人迎送於閤內，相稱之辭各準其夫，酬以束帛如丈夫之禮。

---

　　① “東向”二字，公善堂本無，今據四庫本、《通典》卷一二九《開元禮纂類二十四》校補。
　　② “儐者引賓以下立於主人門外之西”，公善堂本原作“賓立於主人門外之西”，今據四庫本、《通典》卷一二九《開元禮纂類二十四》校改。

卷第一百二十五　嘉禮

六品以下婚

納采　問名　納吉　納徵　請期　親迎　見舅姑　盥饋
婚會　婦人禮會　饗丈夫送者　饗婦人送者

納采

婚禮，先使媒氏通書，女氏許之，乃致納采之禮。

前一日，主人設賓次於大門外道右，南向。以後納吉、納徵、請期、親迎，設次皆如之。

其日大昕，使者至女氏大門外，掌次者延入次。主人公服，受其禮於正寢。有廟者於廟。掌事者布神席於室戶外之西，右几。使者公服不合公服者並常服。出次，立於大門外之西，東向。主人立於東階下，西面。儐者立於主人之左，北面受命，出，立於門東，西面曰："敢請事。"賓曰："吾子有命貺室某也，吾子，女父。某，婿名。某有先人之禮，使某也請納采。"上某，婿父名。下某，使者稱。儐者入告。主人曰："某之子惷愚，又弗教，吾子命之，某不敢辭。"儐者出告。掌畜者以鴈授賓，退，立於後，賓左手執之。主人迎於大門外之東，西面再拜，賓不答拜。主人揖賓以入，賓從入，主人入門而右，賓入門而左。至於次門，主人又揖入，至內霤，將曲揖，當階揖。至階，主人曰："請吾子升。"賓曰："某敢辭。"主人曰："固請吾子升。"賓曰："某敢固辭。"主人曰："終請吾子升。"賓曰："某敢終辭。"主人升東階，當阿阿，棟也。西面；賓升西階，當阿東面。賓曰："敢納采。"主人阼階上，北面再拜，進，立於楹間，南面。賓進，立於主人之西，俱南面，賓授鴈，降自西階以出。

問名

納采禮畢，賓既降，立於內門外之西，東向。初賓降，主人還阼階東，左右受鴈於序端。主人降，立於阼階下，西面。儐者進受命，出請事。賓曰："某既受命，請加諸卜，敢請女爲誰氏。"儐者入告。主人曰："吾子有命，且以備數而擇之，某不敢辭。"儐者出告。掌畜者以鴈授賓，退，立於後。主人迎於內門外之東，西面，揖賓以入，主人入門而右，賓入門而左，二揖至階，三讓如初。主人升阼階，當阿西面，賓升西階，當阿東面曰："敢問名。"主人於阼階上，北面再拜，進，立於楹閒，南面。賓進，立於主人之西，俱南面。賓授雁，還立西階上，東面。主人還阼階上，西面曰："某第某女，某氏出。"賓出，立於內門外之西，東面。主人退，立於阼階東，左右受雁於序端。

主人降，立於阼階下，西面。儐者進受命，出請事。賓曰："禮畢。"儐者入告。主人曰："吾子爲事，故至於某之室，某有先人之禮，請禮從者。"儐者出告。賓曰："某既得將事，敢辭。"儐者入告。主人曰："先人之禮，敢固以請。"儐者出告。賓曰："某辭不得命，敢不從。"儐者入告。主人升，立於序端。

掌事者徹几改筵，東上。蒲筵，緇布純，漆几，主人設神席亦準此。設甒醴於東房內西墉下，加勺幂，筐在尊北，實觶一、角柶一，加幂；籩豆在筐北，實脯醢。設洗於東房近北，罍水在洗西，筐在洗東，北肆。

設訖，主人降，迎賓於內門外之東，西面。主人揖賓，賓報揖。主人入，賓從入，二揖至階，三讓如初升。主人於阼階上，北面再拜，賓於西階上，北面答拜。主人受几於序端，掌事者內拂几三，奉兩端西北向以進；主人東南向外拂几三，振袂，內執之進，西北向；使者迎受於筵前，東南向以俟。主人還阼階上，北面拜送，賓以几避，北面坐設於座左，興，退於西階上，北面答拜，立於西階，東面。

贊者盥手，洗觶，酌醴，加柶於觶，覆之，面葉，出房，南面立。主人受醴，面枋[①]，進筵前，西北面立[②]。賓於西階上北面一拜，進筵前，東南

---

①　"面枋"，四庫本、《通典》卷一二九《開元禮纂類二十四》作"面柄"。

②　"西北面"，四庫本作"西北面"，《通典》卷一二九《開元禮纂類二十四》作"北面"。

面受醴，復西階上位。主人還阼階上，北面一拜送。贊者薦脯醢於筵前。賓進，升筵坐，左執觶，右取脯，擩於醢，祭於籩豆之間，以柶祭醴三，始扱一祭，又扱再祭，興，以柶兼諸觶，上擩，降筵，於西階上北面坐，啐醴，建柶，奠觶，遂拜，執觶興。主人答拜。賓進，升筵坐，奠觶於籩豆之東。賓退，立於西階上，東面。

掌事者奉篚幣，升自東階，主人受於序端，進，西面立。賓西階上北面再拜。主人進楹間，南面立，賓進，立於主人之西，俱南面。主人以幣篚授賓，賓受，退，立於西階上，東面。主人還東階上，北面拜送。賓降自西階，從者迓受幣。賓出大門外之西，東面立。主人降出門東，西面拜送。賓退，主人入，立於東階下，西面。儐者告於主人曰："賓不顧矣。"主人乃還於寢。於使者歸，主人壻之父。公服立於阼階下，西面。使者入告，立於主人之左，北面曰："某既得將事，敢告。"主人曰："聞命。"使者退，主人入。以下復命準此。

納吉

其日大昕，使者至女氏大門外，掌次者延入次。掌事者設几筵如初。使者出次，立於主人大門外之西，東向。主人立於阼階下，西面。儐者進受命，出請事。賓曰："吾子有貺，命某加諸卜，占曰吉，使某也敢告。"某，壻父名。使某，使者名。儐者入告。主人曰："某之子不教，唯恐弗堪。吾子有吉，某預在焉，某不敢辭。"儐者出告。掌畜者以鴈授使者，退，立於後。主人迎拜如常。主人揖賓以入，賓從入，主人入門而右，賓入門而左。至於次門，主人揖入，二揖至階，三讓如初。主人升阼階上，西面；賓升西階上，東面曰："敢納吉。"主人北面再拜，進，立於楹間，南面。賓進，立於主人之西，俱南面。賓授鴈，降自西階出，立於次門外之西，東面。初使者降，主人還阼階東，左右受鴈於序端。主人降，立於阼階下，西面。儐者進受命，出請事。使者曰："禮畢。"其禮賓如問名之儀。

納徵

其日大昕，賓至女氏大門外，掌事者延就次。賓之掌事者入布幕於主人次門之外，玄纁束，陳於幕上，鹿皮二，內攝之，毛在內，左手，立於幕南，北面西上。主人掌事者設几筵如初。_{其玄纁束，玄三匹，束之①。}_{其執皮，内攝之，手相向，左手并執前足，右手並執後足。}

陳設訖，使者出次，立於主人大門外之西，東向。主人立於阼階下，西面。儐者進受命，出請事。賓曰：“吾子有嘉命，貺室某也，某有先人之禮，束帛儷皮，使某也請納徵。”儐者入告。主人曰：“吾子順先典，貺某以重禮，某敢不承命。”儐者出告。主人迎拜如常。主人揖賓以入，賓從入，主人入門而右，賓入門而左。至次門，主人立於門東，西面；賓立於西塾，東面。掌事者坐，取玄纁，興，以授賓，賓執。主人揖賓以入，執束帛皮者從入，陳於庭，三分庭，一在南，北首西上。主人二揖至階，三讓如初。主人升阼階，當阿西面；賓升西階，當阿東面，曰：“敢納徵。”_{執皮者釋外足，見文。}主人於阼階上，北面再拜，進，立於楹間，南面。賓進，立於主人之西，俱南面，授束帛，受皮者自右受之以東，賓之執皮者自前西面出。賓初授束帛，降出，次門外之西，東面。主人還阼階東，左右受束帛於序端。主人降，立於階下，西面。儐者進受命，出請事。賓曰：“禮畢。”其禮賓如問名之儀。

請期

其日大昕，使者至於女氏大門外，掌事者延入次。又掌事者設几筵如初。使者出次，立於主人大門外之西，東向。主人立於阼階下，西面。儐者進受命，出請事。賓曰：“吾子有賜，某既申受命，惟是三族之不虞，使某也請吉日。”儐者入告。主人曰：“既前受命矣，惟命是聽。”儐者出告。賓曰：“某聽命於吾子。_{某，壻父名。}”儐者入告。主人曰：“某固惟命是聽。”儐者出告。賓曰：“某使某受命於吾子，吾子不許，某敢不告期。日曰某。_{某，吉日之甲乙。}”儐者入告。主人曰：“某敢不敬須。”儐者出告。掌畜者以鴈授使者，退，立於後。主人迎拜如常。主人揖賓以入，賓從入，主人入門而右，賓入門而左，二揖至階，三讓而升。主人升阼階，當阿西面，賓升西階，當阿東面，曰：“敢告期。”主人阼階上北面再拜，進，立於楹間，南面。賓進，立於主人之西，俱南面。賓授鴈，降出，次門外之西，

---

① “玄三匹束之”，四庫本、《通典》卷一二九《開元禮纂類二十四》作“玄三匹纁二匹合束之”。

東面。主人還阼階東，左右受鴈於序端。主人降，立於阼階下，西面。儐者進受命，出請事。賓曰："禮畢。"其禮賓如納徵之儀。

親迎

其日大昕，婿之父、女之父各服其服，告於禰正寢。_{以酒脯告之，一獻。}^{有廟者告於廟。}將行，父醮子於正寢。贊者布席於東序，西向。又設席於戶牖之間，南向。父公服^{庶人常服，以下準此。}坐於東序，西向。子服爵弁，^{庶人絳公服①。}升自西階，進，立於席西，南向。贊者酌酒，進，北面以授子，子再拜，受爵。贊者薦脯醢於席前，^{脯醢出自房。}子升席，跪，左執爵，右取脯，擩於醢，祭於籩、豆之間，右祭酒，執爵興，降席西，南面跪，卒爵，奠爵再拜，執爵興。贊者受虛爵，還尊所。子進，立於父席前，東面。父命之曰："往迎爾相，承我宗事，勖率以敬先妣之嗣，若則有常。"^{庶子但云："往迎爾相，勖率以敬。"}子再拜，曰："不敢忘命。"又再拜，出。

初昏，設洗於阼階東南，東西當東榮，南北以堂深；罍水在洗東，加勺冪；篚在洗西，南肆，實爵二、巾一，加冪。設婦洗於東房近北，罍水在洗西，加勺冪，篚在洗東，北肆，實以巾，加冪。陳饌於東房內西墉下。^{饌用特牲魚腊，三俎，四籩，一登，六豆。}婿及婦共牢，婦之籩及豆登之數，各視其夫。^{牲體皆節折。籩實稷黍，登實以羹，豆實醯醬薑菹之類。}籩豆登皆加蓋，俎加冪，尊於室中北墉下，玄酒在西，加勺冪，南枋②。又設尊於房外之東，加勺冪，無玄酒，篚在南，實四爵合卺，加冪。^{夫婦酌於內尊，四爵兩卺，凡六，夫婦各三酳。}

主人乘青通幰犢車③。^{主人謂婿也。}從者公服，乘車以從。婦車及從車各準其夫。至於婦氏大門外，掌次者延入次。贊者布席於室戶外之西，西上，右几。又布席於房戶內，南向。設醴尊於房戶內東壁下，加勺冪，篚在北，實觶一、角柶一於篚，加冪，籩一、豆一又在篚北。

女服花釵大袖之服，^{庶人服花釵連裳。}入於房，即席南向立。姆在其

---

① "庶人"二字，公善堂本作"婦人"，據四庫本、《通典》卷一二九《開元禮纂類二十四》校改。

② "南枋"，四庫本作"南柄"，《通典》卷一二九《開元禮纂類二十四》作"面柄"。

③ "通"字，公善堂本原作"偏"，今據四庫本、《通典》卷一二九《開元禮纂類二十四》校改。

右，女從者在其後。父公服升自阼階，立於房户外之東，西面。內贊者以觶酌醴，加柶，覆之，面枋①，進女席前，北面。女降席西，南面再拜，受觶。內贊者薦脯醢於席前，女升席，跪，左執觶，右取脯，擩於醢，祭於籩、豆之閒，遂以柶祭醴三，始扱一祭，又扱再祭，興，筵末跪，啐醴，建柶，奠觶於豆東，降席西，再拜，訖，升席，南向立。內贊者徹薦觶。

主人降，立於東階，南面。賓出次，立於門西，東面。_{賓，壻。}儐者進受命，出，立於門東，西面曰："敢請事。"賓曰："吾子有命，以兹初昏，某父使某將請承命。"儐者入告。主人曰："某固敬具以須。"主人迎賓於大門外之東，西面再拜，賓答拜。主人揖賓，賓報揖。主人入，賓執鴈從入。至於寢門，主人又揖入，至內霤，將曲揖，當階揖。至階，主人曰："請吾子升。"賓曰："某敢辭。"主人曰："固請吾子升。"賓曰："某敢固辭。"主人曰："終請吾子升。"賓曰："某敢終辭。"主人升自阼階，賓升自西階，進，當房户北面，跪，奠鴈，興，再拜，降出，主人不降送。

於賓入門，母出，立於房户外之西，南面。於賓拜訖，姆導女出於母左。父少進，西面戒之，必有正焉，若衣若花，命之曰："戒之敬之，夙夜無違命。"母戒於西階上，施衿結帨，戒之曰："勉之敬之，夙夜無違。"_{帨，佩巾。}庶母及門內，施鞶，申之以父母之命，命之曰："敬恭聽宗父母之言，夙夜無愆，視諸衿鞶②。"_{鞶，鞶囊，婦人鞶絲，所以盛帨巾之屬。}女出，至車，壻授綏，姆辭曰："未教，不足與爲禮。"婦乘以几，加幜。壻馭輪三周，馭者代之。主人使其屬送之，壻出乘車先，婦車從而行，至於門外，下車以俟。

婦至，降車，北面立，壻南面揖婦以入，及寢門，又揖以入。贊者徹尊冪，酌玄酒三，注於尊。女從者布席於奥，東面。_{西南隅謂之奥，若室內窄，則席於堂上楹閒，東向。}設尊於室户東。主人導婦升自西階，入室，即席東面立。婦人立於尊西，南面。壻盥於南洗，女從者沃之；婦盥於北洗，壻從者沃之。

贊者以饌入，設醬於席前，菹醢在其北，俎三，設於豆東，腊特於俎北。贊者設黍於醬東，設湆於醬南。設對醬於東，_{對醬，婦醬也，}設之當特俎。菹醢在其南，北上。設黍於腊北，其西稷。設湆於醬北。贊啟會，却於

---

①　"面枋"，四庫本、《通典》卷一二九《開元禮纂類二十四》作"面柄"。

②　"衿"字，公善堂本無，今據四庫本、《通典》卷一二九《開元禮纂類二十四》校補。

篚、簞南，對篚、簞於北，_{啟，發}。皆加匕箸。壻從者布對席於饌東。贊者西面告："饌具。"

主人揖婦，即對席西面，皆坐。贊者授匕箸，各以菹擩於醢，皆祭於豆間，又皆祭黍。贊者各取肺絕末以授，皆祭。贊者以肺加於俎。_{凡祭與食，贊者皆贊之}。贊者皆移黍置於席上，授肺脊，皆食以湆醬。三飯卒食，贊者二人俱洗爵於房，酌於室內之尊，詣戶西，北面以酳主人。主人及婦皆興，再拜，受爵，贊者北面答拜。主人及婦皆坐，祭酒，贊者以肝從，皆奠爵，取肝，振祭，嚌之，贊者皆受，實於俎豆，各取爵，皆飲，訖，執爵興。贊者受爵，主人及婦皆再拜，贊者以爵復於篚，又以爵酌酒再酳，主人及婦仍立受爵，坐飲卒爵，皆興，贊者受爵，復於篚。三酳用卺如再酳。主人及婦立於席後，贊者皆降東階，洗爵，升，酌於戶外尊，入戶西北面，俱奠爵，興，再拜，皆坐，取爵，遂飲卒爵，遂拜，執爵興。夫婦答拜，降，奠爵於篚。

主人出，脫服於房。婦退，立尊西，南面位。贊者徹饌，設於東房如初。婦脫服於室，衽於奧北趾。_{衽，臥席}。主人入，燭出。婦從者餕夫之餘，夫從者餕婦之餘，贊者酌戶外尊酳之。女從者待於戶外，呼則聞。

見舅姑

質明，贊者見婦於舅姑，立於寢門外。贊者布舅席於東序，西向；布姑席於房戶外之西，南向。舅姑俱即席坐，婦執笄棗栗_{笄竹器，玄表纁裏}。自門外入，升自西階，東面再拜，進，跪，奠於舅席前。舅撫之，贊者進，徹以東。婦退，復東面位，又再拜，降自西階，受笄股脩，_{股脩，婦從者執}，俟於階下。升，進，北面再拜，進，跪，奠於姑席前。姑舉之，內贊者受以東。婦退，復北面位，又再拜。贊禮布婦席於室戶西，南面。_{在姑席之西，少北}。側尊甒醴於戶內東壁下，加勺冪，籩豆各一，實以脯醢，在尊北。設洗於東房近北，罍水在洗西，篚在洗東，北肆。_{篚實以巾、觶、角柶各一，加冪}。婦立於席西，南面。內贊者盥手，洗觶，酌醴，加柶，面枋[1]，出房，詣婦席前，北面立。婦進，東面拜，受，退，復位。內贊者西階上北面拜送。內贊者薦

---

① "面枋"，四庫本作"面柄"。

脯醢於席前，婦升席坐，左執觶，右取脯，擩於醢，祭於籩豆之閒，以柶祭醴三，始扱一祭，又扱再祭，加柶於觶，面葉，興，降席西，東面坐，啐醴，建柶，興，拜。內贊者答拜。婦進，升席，跪，奠觶於豆東，取脯，降自西階以出，授婦氏，從入於寢門外。

盥饋

舅姑入於室，婦盥饋。贊者布席於室之奧，舅姑共席坐，俱東面，南上。贊者設尊於室內北墉下，饌於房內西墉下，其饌如同牢。牲體皆節折，左載之於舅俎，右載之於姑俎。婦入，升自西階，入房，以醬進，設於舅姑席前。其他饌從者設之，加匕箸，俱以南爲上。俎入，各設於豆東，訖，贊者各授箸。舅姑各以韮菹擩於醬，祭於籩豆之閒，又祭飯，訖，乃食，三飯卒食。婦入於房，盥手洗爵，入室，酌酒酳舅，進，奠爵於舅席前少東，西面再拜。舅取爵，祭酒，飲之。婦受爵，出户入房，奠於篚，又盥手洗爵，酌酒酳姑如酳舅之禮。設婦席於室內北牖下尊東，南面。婦徹饌，設於席前如初，西上。婦親徹醬設之，其他從者設之。婦進，西面再拜，退，升席，南向坐。將餕，舅辭，命易醬，內贊者易之，婦乃餕姑饌。婦祭，內贊者助之。既祭乃食，三飯卒食。內贊者洗爵，酌酒酳婦。婦降席[1]，西面再拜，受爵，升席坐，祭酒，飲訖，執爵興，降席東，南面立。內贊者受爵，奠於篚。婦進，西面再拜。舅姑先降自西階，婦降自阼階。凡庶子婦，舅姑不降，而婦降自西階以出。

婚會

其日，主人至於賓大門外之西，東面立。賓立於阼階下，西面。儐者進於賓之左，北面受命，出，立於大門外之東，西面曰：“敢請事。”主人曰：“某有嘉禮，請某子有顧。”儐者入告，遂引賓出大門外之東，西面再拜，主人答拜。主人曰：“某有嘉禮，請吾子有顧。”賓曰：“敢辭。”主人曰：“敢固請。”賓曰：“辭不得命，敢不從。”主人拜，賓答拜。主人還，賓遂與諸親從之。

贊者預鋪賓席於堂上楹閒近北，南向。設賓之宗室席位於賓席西

---

① “婦”字，公善堂本無，今據四庫本、《通典》卷一二九《開元禮纂類二十四》校補。

南，賓之異姓席位於宗室之南，又於西階下設異姓席位，皆重行東向，以北爲上。設主人席位於阼階上，西面。設主人宗室席位於主人東北，設異姓席位於宗室之北，皆重行西向，以南爲上。又設主人異姓席位於東階下，重行西向，以北爲上。

賓至，立於主人大門外之西，東向。賓之宗室立於賓西南，異姓立於宗室之南，俱重行東向，以北爲上。儐者引主人出，立於大門外之東，西向。主人諸親立於大門內之東，重行西向，以南爲上。立定，主人西面再拜，賓東面答拜。主人揖賓，賓報揖。儐者引主人，又儐者引賓以入，諸親以次從入。至內門，主人諸親以次從入如常。至階，主人揖賓，賓報揖。賓主及諸親以次升，各立於席後，其在庭者亦如之。立定，賓主及諸親俱坐。

執爵者酌酒，升自東階，酒升堂，賓主及諸親皆起。執爵者以酒授主人，儐者引主人進，詣賓席前，北面立①。賓自席西進，東南向受爵。儐者引主人退，復位。賓還席後立，賓主及諸親俱坐。執爵者又以酒授主人及賓主諸親，賓主俱祭而飲，諸親不祭而飲。爵行一周，食升堂，賓主及諸親皆起。掌食者以醢醬豆授主人，儐者引主人進，設於賓席前。賓曰：“請吾子無辱。”主人曰：“不敢忘禮。”儐者引主人復位。執饌者以籩、豆、簠、簋、俎、鉶設於賓主席前，又加以匕箸。執饌者以次設食，訖，賓主皆祭而食，諸親不祭而食。於賓祭，主人辭曰：“疏食不足祭。”賓食②，三飯而止。主人曰：“請吾子食。”賓更飯。食畢，遂進庶羞，觴行如常。

食畢，賓主及諸親俱興，儐者各引賓主以下降出。賓主及賓之諸親皆復門外位，主人諸親復門內位。主人再拜送。賓退，儐者引主人入。

婦人禮會

女賓乘車入，至下車所，內贊者引入，主人迎送於閤內。相稱之辭，各準其夫，餘如丈夫之禮。

---

① “北面”，《通典》卷一二九《開元禮纂類二十四》作“西北面”。
② “賓食”，四庫本、《通典》卷一二九《開元禮纂類二十四》作“賓主俱食”。

饗丈夫送者

其日，掌事者鋪賓席於堂上楹閒，近北，南向。又鋪主人席於阼階上，西面。又設衆賓之席於賓西南。設從者席位於西階下，重行東向[1]，北上。儐者引賓以下立於主人門外之西[2]，俱重行東向，以北爲上。立定，儐者引主人出，立於門東，西向。主人揖賓，賓報揖。儐者各引賓主以下入，至階，主人揖賓，賓報揖。賓主以下俱升，立於席後。立定，賓主以下俱坐，遂進酒設食如婚會之儀。

會畢，賓主以下俱興。儐者引賓立於西階上，東面。主人掌事者奉束帛之筐升，以授主人，主人執筐，西面立。賓西階上北面再拜。主人進，立於楹閒，南面。賓進，立於主人之西，俱南面。主人以筐幣授賓，賓受，退，立於西階上，東面。主人還東階上，北面再拜送。儐者引賓以下降自西階，從者迓受幣。在庭者以次出，復門外位。儐者引主人降自東階，出門東，西面拜送。賓退，主人入。

饗婦人送者

内儐者引賓升，主人迎送於閣内，相稱之辭各準其夫，酬以束帛，如丈夫之禮。五品以上子孫，九品以上子孫，三品以上大功以上親，五品以上緦以上親，婚並假用士禮。

---

① "東向"二字，公善堂本無，今據四庫本、《通典》卷一二九《開元禮纂類二十四》校補。

② "儐者引賓以下立於主人門外之西"，公善堂本原作"賓立於主人門外之西"，今據四庫本、《通典》卷一二九《開元禮纂類二十四》校改。

卷第一百二十六　嘉禮

朝集使於尚書省禮見_{并辭}　任官初上相見_{諸州上佐同}
京兆河南牧初上_{諸州刺史都督同}
萬年長安河南洛陽令初上_{諸縣令同}

朝集使於尚書省禮見_{并辭}

其日，奉禮預布版位於尚書省都堂之前，京官九品以上位在東，每等異位，朝集使位在西，亦如之，皆以北爲上。_{京官及朝集使俱常服。}謁者絳公服，先引京官入，就位。又謁者引諸方朝集使等入，就位。奉禮立朝集使之北，差退，贊者陪其後。京官及朝集使序立訖，奉禮曰："再拜。"贊者承傳，朝集使等俱再拜，京官等逡巡揖避，再拜，訖，京官等俱答拜，朝集使等逡巡揖避，再拜，訖，謁者贊稱"禮畢"。群官等各以次退，朝集使亦退。其禮辭亦如之。

任官初上相見_{諸州上佐同}

應册命之官受册訖，朝服乘輅，備儀，鳴鐃吹^①，詣太廟南門，至下車所，鐃吹止。受册者降輅，謁者引入，立於廟廷，北面西上。立定，再拜，訖，又再拜辭，謁者引出，乘輅鳴鐃而還。_{若先受制書者，發第，備儀仗謁詣太廟如上儀。}

遂詣本司。將至，卑官先到，俱公服，俟於別室^②。初上者至，降輅，贊禮者引入，停於後堂，改著公服，儀仗陳於廳事之前。贊禮者引卑官俱位於內門之外西廂，每等異位，重行東向，以北爲上。初卑官就門外

---

① "吹"字，公善堂本無，今據四庫本、《通典》卷一三○《開元禮纂類二十五》校補。

② "別室"，四庫本、《通典》卷一三○《開元禮纂類二十五》作"別席所"。

位,贊禮者引初上者立於廳事東階東南,西面。贊禮者引卑官以次入,立於西階西南,重行東向,以北爲上。立定,卑官俱再拜,初上者答再拜。贊禮者引卑官出。贊禮者引初上者就後堂。

卑官俱更衣訖,贊禮者引應坐者入,立於廳事東西階下,其應致敬者立於門外之西,東面,俱北上。贊禮者引初上者出,升堂就榻後,應坐者俱升,詣座後。立定,初上者升,坐,應坐者各依其班而坐。其應致敬者入,立於東西階下,俱以北爲上。諸流外官入,立於庭,重行,北面西上,再拜,訖,就東階下品官之後。本司以印及職掌置於案,本司引入,升,詣座前,本司取印及職掌以次進,置於座上之案,訖,本司引案降出。諸司以次諮判三條事,訖,俱興,立於座後。贊禮者引初上者還後堂,以外降出,設會如常儀。

官卑不合拜廟者,徑詣上所。不判事者,禮見而已。若六品以下初上皆常服。若先任者尊及官位等者,先任者俟於東階下,西面,新任者入,立於西階下,東面再拜,先任者答再拜,訖,新任者還於廳事,立於東階下,與卑官相見如上儀。諸州長史、縣丞以下初上準此。

京兆河南牧初上諸州刺史都督同初上禮附

其日,州牧備儀仗,至州,停於後堂。兵曹設儀仗於廳事門庭如常儀。本司設牧位於廳事楹閒近北,南向。設州官長史、司馬位於堂下東方,西向。設録事參軍以下位於司馬之南,重行西向,皆以北爲上。設諸縣官位庭中近西,諸鄉望位於縣官之東①,每等異位。俱重行北面,相對爲首。州助教、縣博士、助教,依鄉望班。諸勳依出身班②。長史以下集於州南門之外,州官在東,縣官在西,鄉望在州官東南,各有次,俱服公服,鄉望常服。司功整次紙名,入諮。贊禮者引牧出,立於廳事東階東南,西向,左右侍從如常,贊禮者立於牧南少退,俱西向。贊禮者引州官入,就位次,引縣令以下入門而左,又引鄉望入門而右,俱入,就位。立定,贊禮者引牧升自東階,即位,南面立。又引縣令及鄉望五品以上自西階升堂,進,

---

① “鄉望”,四庫本亦作“鄉望”,《通典》卷一三〇《開元禮纂類二十五》作“鄉長”。

② “諸勳依出身班”六字,四庫本、《通典》卷一三〇《開元禮纂類二十五》無。

當牧前,重行北面,位如在庭之儀。立定,上下俱再拜,牧答再拜,上下在位者皆逡巡避位。贊禮者引縣令以下及鄉望俱出。贊禮者引牧降,入。贊禮者引長史以下次出,俱更衣。

本司量設牧座於堂上,訖,贊禮者引縣令及鄉望俱就西階下,又引長史以下入,立於東階下,俱北面。贊者引牧出,升堂就榻後,長史以下并縣令及職事五品以上應升座者,各班俱升詣座後①。立定,牧升座,諸應坐者俱坐。州縣佐史以下入庭中,重行,北面西上,州縣學生位於其後,俱再拜,訖,就東階下品官之後立。錄事以印及職掌置於案,錄事一人引入,升,詣座前,錄事取印及職掌以次進,置於牧案,訖,錄事引案降出。諸司以次諮判三條事,訖,坐者俱興,贊禮者贊牧興,引還後堂。長史以下降出。設會如常儀②。諸州刺史初上,準此。其鄉望、文武官七品以上及德行有聞者,皆升堂。

萬年長安令初上 河南洛陽縣令禮同

其日,令停於後堂。設令位於廳事楹間近北,南向。設鄉望位於南方③,重行北向,以西爲上。其勳官依出身班,博士、助教依鄉望班。又設丞位於東方,西向。設主簿及尉位於丞南,少退,西面北上。鄉望以下俱集於縣南門外之西,各有次。司功整次紙名,入諮。贊禮者引令出,立於廳事東階東南,西面,侍從如常儀。贊禮者立於令之南,少退,俱西向。贊禮者引丞以下入,就位次,又引鄉望入,就位。立定,贊禮者引令升自東階,即位,南向立。贊禮者引鄉望、文武官五品以上升自西階,進,當令前,重行北向,以西爲上。立定,上下在位者俱再拜,令答再拜,上下在位者皆逡巡避位。贊禮者引鄉望降自西階以出,鄉望在庭者繼出。贊禮者引令降自東階以入,又引丞以下以次出。

本司量設牀座於堂上,訖,贊禮者引鄉望入,立於廳事東西階下④,

---

① "各班",四庫本、《通典》卷一三〇《開元禮纂類二十五》作"合班"。
② "如常儀"三字,公善堂本無,據四庫本、《通典》卷一三〇《開元禮纂類二十五》校補。
③ "鄉望",四庫本亦作"鄉望",《通典》卷一三〇《開元禮纂類二十五》作"鄉長"。
④ "東西階",四庫本、《通典》卷一三〇《開元禮纂類二十五》作"西階"。

丞以下立於門外道西，東面，俱北上。贊禮者引令出，升堂就榻後。又贊禮者引丞入及鄉望、文武官五品以上俱升，詣座後立。又贊禮者引主簿及尉入，立於東階下。立定，令升座，諸應坐者俱坐。録事及佐史以下入，立於庭中，北面西上，學生位於其後，俱再拜，訖，就東階下縣尉後立。録事以印及職掌置於案，録事一人引入，升，詣座前，録事取印及職掌以次進，置於令案，訖，録事引案降。諸司以次諮判三條事，訖，丞及鄉望俱興，贊禮者贊令興，引還後堂，鄉望降出。設會如常儀。諸縣令初上，準此。其鄉望、文武官七品以上及德行有聞者，皆升堂。

卷第一百二十七　嘉禮

鄉飲酒

鄉飲酒之禮，刺史爲主人，此謂貢人之中有明經、進士出身①，兼德行孝弟灼然顯著，旌表門閭及有秀才者，皆刺史爲主人。若無此色，皆判司攝行事。先召鄉之致仕有德者謀之，賢者爲賓，其次爲介，又其次爲衆賓，與之行禮而賓舉之。介以下無其人則闕。

主人戒賓，立於賓大門外之西，東向。賓立於東階下，西面。將命者立於賓之左，北面受命，出，立於門外之東，西面，曰："敢請事。"主人曰："某日行鄉飲酒之禮，請某子臨之。"將命者入告。賓出，立於門東，西面拜辱，以白造緇曰辱。主人答拜。主人曰："吾子學優行高，應茲觀國，某日展禮，請吾子臨之。"賓曰："某固陋，恐辱命，敢辭。"主人曰："謀於父師少師，莫若吾子賢，敢固以請。"賓曰："夫子申命之，某敢不敬須。"主人再拜，賓答拜。主人退，賓拜送。主人戒介亦如之。介辭曰："某日行鄉飲酒之禮，請吾子臨之。"②

其日質明，設賓席於楹閒近北，南向。設主人席於阼階上，西向。設介席於西階上，東向。設衆賓席於三賓席之西，各南向，皆不屬焉。又設堂下衆賓席於西階西南，東面北上。設兩壺於賓席東，少北，玄酒在西，加勺幂，置篚於壺東，南肆③，實以爵觶。設贊者位於東階東，西面北上。

賓、介及衆賓至，立於廳事大門外之右，東面北上。執事者俱復位。主人迎賓於門外之左，西面拜賓，賓答拜；又西南向拜介，介答拜；又西南面揖衆賓，衆賓報揖。主人又揖賓，賓報揖。主人先入門而右，西面；

---

① "出身"，四庫本、《通典》卷一三〇《開元禮纂類二十五》作"身"。

② "介"，《通典》卷一三〇《開元禮纂類二十五》作"戒"。

③ "壺東南肆"，四庫本、《通典》卷一三〇《開元禮纂類二十五》皆作"壺南東肆"。

賓入門而左，東面。介及衆賓序入，立於賓西南，東面北上；衆賓非三賓者，皆北面東上。凡賓主拜揖周旋，皆有贊相。主人將進，揖，當階揖，賓皆報揖。至階，主人曰：“請吾子升。”賓曰：“某敢辭。”主人曰：“固請吾子升。”賓曰：“某敢固辭。”主人曰：“終請吾子升。”賓曰：“某敢終辭。”主人升自阼階，賓升自西階，當楣北面立。

　　執尊者徹冪，主人適篚，跪，取爵，興，適尊實之，進賓席前，西北面獻賓。賓西階上北面拜，主人少退，賓進席前，受爵，退，復西階上，北面立。主人退於阼階上，北面拜送爵，賓少退。贊者薦脯醢於賓席前。賓自西方升席，南面立。贊者設折俎。賓跪，左執爵，右取脯，擩於醢，祭於籩、豆之閒，遂祭酒，啐酒，啐，嘗也。興，降席東，適西階上，北面，跪，卒爵，執爵興，適尊實之，進主人席前，東南面酢主人。主人於阼階上北面拜，賓少退。主人進席前，受爵，退，復阼階上，北面立。賓退，復西階上，北面拜送爵。贊者薦脯醢於主人席前。主人由席東自北方升席。贊者設折俎。主人跪，左執爵，右取脯醢[1]，遂祭酒，啐酒，興，自南方降席，復阼階上，北面跪，卒爵，執爵興，跪，奠爵於東序端，興，退適篚，跪，取觶，實之以酬賓[2]，復阼階上，北面跪，奠觶，遂拜，執觶興，賓西階上答拜。主人跪，祭酒[3]，遂飲卒觶，執觶興，適尊實之，進賓席前，西北面。賓西階上拜，主人少退。賓既拜，主人跪，奠觶於薦西，興，復阼階上位。賓遂進席前，北面跪，取觶，興，復西階上位。主人北面拜送。賓進席前，北面跪，奠觶於薦東，興，復西階上位。酬酒不舉者，君子不盡人之歡以全交也。主人北面揖，遂降，立於阼階下，西面。賓降，立於西階西，當西序，東面。主人將與介爲禮，故賓不居堂上位。

　　主人進，迎介，主人揖介，介報揖。至階，一讓升，主人升阼階，介升西階，當楣北面立。主人詣東序端，跪，取爵，興，適尊實之，進於介席前，西南面獻介。介西階上北面拜，主人少退，介北面受爵[4]，退，復位。

---

①　“取”，四庫本、《通典》卷一三〇《開元禮纂類二十五》皆作“祭”。

②　“跪取觶實之以酬賓”，《通典》卷一三〇《開元禮纂類二十五》作“跪取觶實之以酬”。

③　“主人跪祭酒”，四庫本、《通典》卷一三〇《開元禮纂類二十五》作“主人跪祭”。

④　“介北面受爵”，四庫本作“介進席前北面受爵”，《通典》卷一三〇《開元禮纂類二十五》作“介進北面受爵”。

主人於介右，北面拜送爵。介少退，主人立於西階之東。贊者薦脯醢於介席前。介進，自北方升席①。贊者設折俎。介跪，左執爵，右取脯醢，遂祭酒，執爵興，自南方降席，復西階上，北面跪，卒爵，執爵興，介授主人爵。主人適尊實之，以酢於西階上，立於介右，北面，跪，奠爵，遂拜，執爵興。介答拜。主人跪，祭，遂飲卒爵，執爵興，進，跪，奠爵於西楹南，還阼階上，揖，降。介降，立於賓南。

　　主人於阼階前，西南面揖衆賓，衆賓報揖②，遂升。主人適西楹南，跪，取爵，興，適尊實之，進於西階上，南面獻衆賓之長。衆賓長升西階上，北面拜，受爵。主人於衆賓長之右，北面拜送。贊者薦脯醢於其席前，衆賓長升席，跪，左執爵，右取脯醢，祭酒，執爵興，退於西階上，立飲，訖，授主人爵，降，復位。主人又適尊實之，進於西階上，南面獻衆賓之次者，如獻衆賓長之禮，又次一人升飲亦如之。主人適尊實之，進於西階上，南面獻堂下衆賓。衆賓每一人升，受爵，跪，祭，立飲，贊者徧薦脯醢於其位。訖，主人受爵，奠於篚。

　　主人降③，與賓一揖一讓升，賓、介、衆賓序升即席。設工人席於堂廉西階之東，北面東上。側邊曰廉。工四人入，先二瑟，後二歌，工持瑟升自西階，就位坐。工歌《鹿鳴》，卒歌，笙入，立於堂下，北面奏《南陔》，訖，乃閒，歌《南有嘉魚》，笙《崇丘》。閒，代也。謂一歌則一吹也。乃合樂《周南·關雎》、《召南·鵲巢》。合謂歌與樂衆聲俱作也。樂無工人則闕，無得作淫聲不雅之曲。樂正告賓曰：“正歌備。”告訖，司正升自西階，司正謂主人之贊禮者。禮樂之正既成，將留賓，慮有懈惰，立司正以監之。跪，取觶於篚，興，適尊實之，降自西階，詣阼階閒，右還，北面跪，奠觶，興，拱手少立，跪，取觶，揚觶，訖，遂飲卒觶，跪，奠觶，興，再拜，退，復西階西。

　　賓降席，跪，取觶於篚，適尊實之，詣阼階上，北面酬主人。主人降席，進，立於賓東。初起旅酬也。凡旅酬者，少長以齒。賓跪，奠觶，遂拜，執觶興，主人答拜，賓立飲卒觶，適尊實之，進阼階上，東南面授主人。主人再拜，賓少退。主人受觶，賓於主人之西，北面拜送。旅酬同階，禮殺。賓揖，復席。主人進西階上，北面酬介，介降席，自南方進，立於主人之西，北面。主人跪，奠觶，遂拜，執觶興，介答拜，主人立飲卒觶，適尊實之，進西階上，西南面立。介拜，主人少退，介受觶，主人立於介東，北面拜送，主人揖，復席。司正升自西階，近西，北面立，相旅曰："某子受酬。"受酬者降席，自西方進，北面立於介右。旅，序也。於是介酬眾賓，眾賓又以次序相酬。某者，眾賓姓也。同姓則以伯仲別之。又同，則以其字別之。受酬者由介東，尊介，使不失故位。司正退，立於西序端，東面。避受酬者，又便其贊相上下。介跪，奠觶，遂拜，執觶興，某子答拜，介立飲卒觶，適尊實之，進西階上，西南面授某子。某子受觶，介立於某子之左，北面揖，復席。司正曰："某子受酬。"受酬者降席自西方，立於某子之左，北面。某子跪，奠觶，遂拜，執觶興，受酬者答拜，某子立飲卒觶，適尊實之，進西階上，南面授之[1]。受酬者受觶，某子立於受酬者之右，揖，復席。次一人及堂下眾賓受酬亦如之。卒受酬者以觶跪，奠於篚，興，復階下位。

司正適阼階上，東面受命於主人。主人曰："請坐於賓。"司正迴北面，告於賓曰："請賓坐。"賓曰："惟命。"賓主之辭，皆司正傳請。賓主各就席坐[2]，若賓主俱公服者，則皆降，脫屨於階下，主人先左，賓先右。禮畢，降納如常。司正降，復位。乃羞，羞，進也。所進肉藏醢之類是也。無算爵，算，數也。賓主燕飲，爵行無數，醉而止。三賓以上，贊者二人行爵，以下取足而已。無算樂。燕樂亦無數，或閒或合，盡歡而止。主人之贊者皆與焉。燕訖，賓主俱興，賓以下降自西階，主人降自東階。賓以下出，立於門外之西，東面北上。主人送於門外之東，西面再拜，賓、介逡巡而退。

---

① "南面"，四庫本、《通典》卷一三〇《開元禮纂類二十五》作"西南面"。

② "賓主"，《通典》卷一三〇《開元禮纂類二十五》作"賓坐"。

卷第一百二十八　嘉禮

正齒位

　　每年季冬之月，縣令爲主人，鄉之老人年六十以上有德望者一人爲賓，次一人爲介，又其次爲三賓，又其次爲衆賓。

　　其日質明，設賓席於楹閒，近北，南向。設主人席於阼階上，西向。設介席於西階上，東向。設三賓席三於賓席之西，各南向，皆不屬焉。又設衆賓席於楹閒，近南，北面東上。設兩壺於賓席東，少北。玄酒在西，加勺冪，置篚於壺東，南肆①，實以爵觶。設贊者位於東階東南，西面北上。

　　賓、介及三賓至，立於廳事大門外之左②。衆賓立於賓之後，俱東面北上。執事者俱復於位。主人迎賓於大門外之左，西面拜賓，賓答拜。又西南面拜介，介答拜。又西南面揖衆賓，衆賓報揖。主人又揖賓，賓報揖。主人先入門而右，西面；賓入門而左，東面。介及三賓序入，立於賓之後，俱東面北上③。凡賓主拜揖周旋，皆有贊相。主人將進，揖，當階又揖賓④，賓皆報揖。至階，主人曰：「請吾子升。」賓曰：「某敢辭。」主人曰：「固請吾子升。」賓曰：「某敢固辭。」主人曰：「終請吾子升。」賓曰：「某敢終辭。」主人升自阼階，賓升自西階，當楣北面立。

　　執尊者徹冪。主人適篚，跪，取爵，興，適尊實之，進賓席前，西北面獻賓。賓西階上北面拜，主人少退。賓進，於席前受爵，退，復西階上，北面立。主人退於阼階上，北面拜送爵。賓少退，贊者薦菹醢於賓席

---

　　①　「壺東南肆」，四庫本、《通典》卷一三〇《開元禮纂類二十五》作「壺南東肆」。

　　②　「左」，四庫本、《通典》卷一三〇《開元禮纂類二十五》作「右」。

　　③　「介及三賓序入立於賓之後俱東面北上」，四庫本作「介及三賓序入立於賓西南衆賓立於三賓之後俱北面東上」，《通典》卷一三〇《開元禮纂類二十五》作「介及虛衆賓序入立於賓西南東面北上虛衆賓非三賓者皆北面東上」。

　　④　四庫本亦作「當階又揖賓」，《通典》卷一三〇《開元禮纂類二十五》作「當階揖」。

前。賓以下年六十者三豆。七十者四豆。八十者五豆。九十者及主人皆六豆。賓自西方升席，南面立，贊者設折俎。賓跪，左執爵，右取菹，擩於醢，祭於籩、豆之間，遂祭酒，啐酒，_{啐，嘗也。}興，降席東，適西階上，北面跪，卒爵，執爵興，適尊實之，進主人席前，東南面酢主人。主人於阼階上北面拜，賓少退，主人進席前，受爵，退，復阼階上，北面立。賓退，復西階上，北面拜，送爵。贊者薦菹醢於主人席前。主人由席東自北方升席，贊者設折俎。主人跪，左執爵，右取脯醢①，遂祭酒，啐酒，興，自南方降席，復阼階上，北面跪，卒爵，執爵興，跪，奠爵於東序端，興，適篚，跪，取觶實之以酬賓，復阼階上，北面跪，奠觶，遂拜，執觶興。賓西階上答拜。主人跪②，祭酒③，遂飲卒觶，執觶興，適尊實之，進賓席前，北面。賓拜，主人少退。賓既拜，主人跪，奠觶於薦西，興，復阼階上位。賓遂進席前，北面跪，取觶，興，復西階上位。主人北面拜送。賓進席前，北面跪，奠觶於薦東，興，復西階上位。_{酬酒不舉者，君子不盡人之歡以全交也。}主人北面揖，遂降，立於阼階下，西面。賓降，立於西階，當西序東面。_{主人將與介爲禮，故賓不居堂上位。}

　　主人進迎介④。主人揖介，介報揖。至階，一讓升。主人升阼階，介升西階，當楣北面立。主人詣東序端，跪，取爵，興，適尊實之，進於介席前，西南面獻於介，介西階上北面拜，主人少退。介進，北面受爵，退，復位。主人於介之右，北面拜送爵。介少退，主人立於西階之東。贊者薦菹醢於介席前。介進，自北方升席。贊者設折俎。介跪，左執爵，右祭菹醢，遂祭酒，執爵興，自南方降席，復西階上，北面跪卒爵，執爵興。介授主人爵，主人適尊實之，以酢於西階上，立於介右，北面跪，奠爵，遂拜，執爵興，介答拜。主人跪，祭酒⑤，遂飲卒爵，執爵興，進，跪，奠爵於西楹南，還阼階上，揖，降。介降立於賓南。

　　主人於阼階前，西南面揖眾賓，眾賓報揖⑥，遂升，適西楹南，跪，取

---

① "取"，四庫本作"執"，《通典》卷一三〇《開元禮纂類二十五》作"祭"。

② "主人"二字，四庫本無。

③ "酒"，四庫本、《通典》卷一三〇《開元禮纂類二十五》無。

④ "迎"，四庫本、《通典》卷一三〇《開元禮纂類二十五》作"延"。

⑤ "酒"，四庫本、《通典》卷一三〇《開元禮纂類二十五》無。

⑥ "眾賓報揖"四字，四庫本、《通典》卷一三〇《開元禮纂類二十五》皆無。

爵，興，適尊實之，進於西階上，南面獻三賓之長。三賓之長升西階上，北面拜受爵。主人於三賓長之右，北面拜送。贊者薦菹醢於其席前。三賓之長升席，跪，左執爵，右祭菹醢，祭酒，執爵興，退於西階上，立飲，訖，授主人爵，降，復位。主人又適尊實之，進於西階上，南面獻三賓之次者，如獻三賓長之禮。又次一人升飲亦如之。主人適尊實之①，進於西階上，南面獻堂下衆賓。衆賓每一人升受爵，跪，祭，立飲。贊者遍薦菹醢於其位。訖，主人受爵奠於篚。

　　主人降②，與賓一揖一讓升③。賓、介、衆賓序升即席。設工人席於堂廉西階之東，北面東上。側邊曰廉。工四人入，先二瑟，後二歌。工持瑟升自西階，就位坐。工歌《鹿鳴》。卒歌，笙入，立於堂下，北面奏《南陔》，訖，乃閒歌《南有嘉魚》，笙《崇丘》。閒，代也。謂一歌則一吹也。乃合樂《周南·關雎》、《召南·鵲巢》。合謂歌與衆聲俱作也。樂無工人則闕，毋得作淫聲不雅之曲。訖④，司正升自西階，司正謂主人之贊禮者。禮樂之正既成，將留賓，慮有懈惰，立司正以監之。跪，取觶於篚，興，適尊實之，降自西階，詣階閒，右還，北面跪，奠觶，興⑤，拱手少立，跪，取觶，遂飲卒觶，跪⑥，奠觶，興⑦，再拜，退，復西階西。

　　賓降席，跪，取觶於篚，適尊實之，詣阼階上，北面酬主人。主人降席，進，立於賓東。初起旅酬也。凡旅酬者，少長以齒。賓跪，奠觶，遂拜，執觶興，主人答拜。賓立飲卒觶，適尊實之，進阼階上，東南面授主人。主人再拜，賓少退，主人受觶，賓於主人之西，北面拜送。旅酬同階，禮殺。賓揖，復席。主人進西階上，北面酬介，介降席自南方，進，立於主人之西，北面。主人跪，奠觶，遂拜，執觶興，介答拜，主人立飲卒觶，適尊實之，進西階上，西南面立。介拜，主人少退，介受觶，主人立於介東，北面拜送。主人揖，復席。司正升自西階，近西，北面立，相旅曰：“某子受酬。”受酬

---

①　“之”，四庫本、《通典》卷一三〇《開元禮纂類二十五》作“酒”。
②　“降”，四庫本、《通典》卷一三〇《開元禮纂類二十五》無。
③　“與”，四庫本作“興”。
④　“訖”，四庫本作“樂正告賓曰正歌備告訖”。
⑤　“興”，四庫本、《通典》卷一三〇《開元禮纂類二十五》無。
⑥　“跪”，四庫本、《通典》卷一三〇《開元禮纂類二十五》無。
⑦　“興”，四庫本、《通典》卷一三〇《開元禮纂類二十五》無。

者降席，自西方進，北面立於介右。旅，序也。於是介酬衆賓，衆賓又以次序相酬也。某者，衆賓姓也。同姓則以伯仲別之。又同，則以其字別之。受酬者由介東，尊介，使不失故位也。司正退，立於西序端，東面。避受酬者，又便其贊相上下。介跪，奠觶，遂拜，執觶興，某子答拜，介立飲卒觶，適尊實之，進西階上，西南面授某子。某子受觶，介立於某子之左，北面揖，復席。司正曰："某子受酬。"受酬者降席自西方，立於某子之左，北面。某子跪，奠觶，遂拜，執觶興，受酬者答拜，某子立飲卒觶，適尊實之，進西階上，南面授之。受酬者受觶，某子立於受酬者之右，揖，復席。次一人及堂下衆賓受酬亦如之。卒受酬者以觶跪，奠於篚，興，復階下位。

　　司正適阼階上，東面受命於主人。主人曰："請坐於賓。"司正迴北面，告於賓曰："請賓坐。"賓曰："惟命。"賓主之辭，皆司正傳請。賓主各就席坐。若賓主俱公服者，則皆降，脱屨於階下，主人先左，賓先右。禮畢，降納如常。司正適篚，跪，取觶，興，進，立於楹閒，北面，乃揚觶而言曰："朝廷率由舊章，敦行禮教。凡我長幼，各相勸勖，忠於國，孝於親，内穆於閨門，外比於鄉黨，無或怠惰，以忝所生。"賓主以下皆再拜。司正跪，奠觶，再拜，跪，取觶，飲卒觶，興。賓主以下皆坐。司正適篚，跪，奠觶，興，降，復位。無算爵。算，數也。賓主燕飲，爵行無數，醉而止。三賓以上，贊者二人行爵，以下取足而已。無算樂。燕樂亦無數，或閒或合，盡歡而止。主人之贊者皆與焉。燕訖，賓主俱興，賓以下降自西階，主人降自東階。賓以下出，立於門外之西，東面北上；主人送於門外之東，西面再拜，賓、介逡巡而退。

卷第一百二十九　嘉禮

宣赦書　群臣詣闕上表　群官奉參起居
皇帝遣使詣蕃宣勞

宣赦書

其日質明，本司承詔宣告内外，隨職供辦。守宫設文武群官次於朝堂如常儀。群官依時刻皆集朝堂，俱就次，各服其服。奉禮設文武群官版位於順天門外，東西當朝堂之南，文東武西，重行北面，相對爲首。設中書令位於群官西北，東向。刑部侍郎帥其屬先取金雞於東朝堂之東①，南向。置鼓板於金雞之南，遂擊鼓，每一鼓投一板②。刑部侍郎録京師見囚，集於群官之南，北面西上。囚集訖，鼓止。通事舍人引群官各就位。中書令受詔，訖，遂以詔書置於案，令史二人對舉案。通事舍人引中書令，持幡節者前導，持案者次之，詣門外位立。持節者立於中書令之南，少西；令史舉案者立於中書令之西北，俱東面。立定，持節者脱節衣。持案者進，詣中書令前，中書令取詔書，持案者以案退，復位。中書令稱："有詔書③。"群官皆再拜。宣訖，群官又再拜，舞蹈，又再拜。刑部釋囚。刑部尚書前受詔書，退，復位。持節者加節衣。通事舍人引中書令，幡節前導而行④。又通事舍人引群官還次。

群臣詣闕上表

前一日，守宫設文武群官次於朝堂如常儀。

---

①　"取"，四庫本、《通典》卷一三〇《開元禮纂類二十五》作"陳"。
②　"板"，四庫本、《通典》卷一三〇《開元禮纂類二十五》作"杖"。
③　四庫本亦作"有詔書"，《通典》卷一三〇《開元禮纂類二十五》作"有詔"。
④　"行"，四庫本、《通典》卷一三〇《開元禮纂類二十五》)作"入"。

　　其日，量時刻文武群官集俱就次，各服朝服。奉禮設文武群官位於東朝堂之前，近南，文東武西，重行北向，相對爲首。設中書令位於群官之北，南向。設奉禮位於群官之東北，贊者二人在南，少退，俱西向。奉禮帥贊者先就位。謁者引群官各就位。禮部令史二人絳公服，對舉表案，立於奉禮之北，西面[①]。立定，典謁引中書令出，就南面位。禮部郎中引表案詣中書令前，郎中取表以授中書令，中書令受表，郎中舉案退，復位。奉禮曰：“再拜。”贊者承傳，群官在位者皆再拜。通事舍人引中書令以表入奏，出，復南面位，稱“有詔”，群官再拜。宣詔，訖，又再拜。謁者引爲首一人進，北面受表，退，復位。舍人引中書令入，謁者引群官還次。

群官奉參起居

　　前一日，守宫設文武群官次於朝堂如常儀。

　　其日，依時刻文武群官九品以上俱集朝堂次。奉禮設文武群官位於東朝堂之前，文左武右，重行北向，相對爲首。又設奉禮位於文武官東北，贊者二人在南，少退，俱西向。又設通事舍人位於文官爲首者之北，少東，西向，並如常。奉禮帥贊者先就位。舍人各引文武群官俱就位。立定，舍人引爲首者少進，通起居，訖，退，復位。奉禮唱：“再拜。”贊者承傳，群官在位者皆再拜。舍人入奏，訖，舍人承旨出，復位，西面稱“勑旨”，群官在位者皆再拜。宣勑，訖，又再拜。舍人及群官俱退。

皇帝遣使詣蕃宣勞

　　前一日，執事者設使者次於大門外道東，南向。

　　其日，使者至，執事者引就次，使者以下俱公服。蕃主朝服立於東階東南，西面。使者出次，執事者引使者立於大門外之西，東向。使副立於使者西南，持節者立於使者之北，少退，令史二人對舉詔書案立於

---

　　① “西面”二字，公善堂本無，今據《通典》卷一三〇《開元禮纂類二十五》校補。四庫本作“南面”。

使副西南，俱東面。執事者引蕃主迎使者於門外之南，北面再拜，使者不答拜。執事者引使者入，持節者前導，持案者次之，入門而左。使者詣階間，南面立。持節者立於使者之東，少南，西面。使副立於使者西南，持案者立於使副西南，俱東面。執事者引蕃主入，立於使者之南，北面①。持節者脱節衣。持案者進使副前，使副取詔書，持案者退，復位。使副進授使者，退，復位。使者稱"有詔"，蕃主再拜。使者宣詔，訖，蕃主又再拜。執事者引蕃主進使者前，北面受詔書，退，立於東階東南，西面。持節者加節衣。執事者引使者，持節者前導，持案者次之，出復門外位。執事者引蕃主拜送於大門外。使者還於次，執事者引蕃主入。

---

①　"持案者立於使副西南俱東面執事者引蕃主入立於使者之南北面"，公善堂本原作"持案者立於使者之南北面"，今據四庫本、《通典》卷一三〇《開元禮纂類二十五》校改。

卷第一百三十　嘉禮

皇帝遣使宣撫諸州　皇帝遣使詣諸州宣詔書勞會
皇帝遣使詣諸州宣赦書_{鎮與州同}　諸州上表

皇帝遣使宣撫諸州

　　前一日，本司設使者次於州大門外道右，南向。又設應集之官次於大門外，文官在道東，武官於使次西南，俱南向，相對爲首。

　　其日，使者將至，刺史出城，迎於一里外。相去九十步許，刺史於路左下馬，使者下馬，皆少進，使者命刺史乘馬，使者與刺史俱乘馬而行。_{使者至鎮及縣，其鎮將、縣令出迎，與刺史同。若使者五品以上，鎮將、縣令六品以下，則使者不下馬，命鎮將、縣令乘馬而已。若臨邊者，不出迎。}應集者至州門外，各就次，服朝服，_{非朝服者公服。}_{應受制及應集官路遠不及期者，大使至，別定日集之①。}本司設使者位於廳事階閒，南向。設刺史位於使者位之南，北向。設應集之官位於刺史之後，每等異位。若有諸老，則位於諸官之後，俱重行北向，以西爲上。又設刺史以下位於大門外之東，每等異位，重行西向，以北爲上。

　　使者至，掌次者引就次。_{若別日宣勞，則使者停於館，應集者至日乃集。}刺史入。使者以下皆公服，制書及版各置於案。贊禮者引應集之官就門外位。諸老應受版者齒立。_{八十以上杖於位。}刺史朝服以出，行參軍引立於東階東南，西向。使者出次，贊禮者引使者，持幡節者前導，立於門西，東向。持幡節者立於使者之北，少退。使副立使者西南，史二人對舉制書及版案立於使副西南，俱東面北上。_{若版多則量加案。}立定，行參軍引刺

---

　　① "大使至別定日集之"，四庫本作"則使至別定某日"，《通典》卷一三〇《開元禮纂類二十五》作"則使至別定集日"。

史迎於大門外之西南①，北面再拜。引刺史先入，立於內門外之西，東面，州官位於其後。

　　贊禮引使者入，持幡節者前導，入門而左，使副以下從之。使者詣階閒，就位，南面立。持幡節者立於使者之東，少南，西面，幡在南②。使副立於使者西南，持案者立於使副之南，少退，俱東面。行參軍引刺史，贊禮者引應集之官以次入，就位。立定，持節者脫節衣。持案者進使副前，使副取制書，持案者退，復位。使副以制書進，授使者，退，復位。使者稱“有制”，刺史等再拜。宣制，訖，刺史等又再拜。行參軍引刺史進詣使者前，北面受制書，退，立於東階東南，西面。贊禮者次引應受制者等別受制，如常儀。凡同制書者，皆同拜。訖，引立於刺史東南，西面北上。若有版授，史以案詣使副前，使副取版進，授使者，皆如初。贊者引爲首一人少進，使者稱“有制”，爲首者再拜，宣制，訖，爲首者又再拜。贊者引爲首者進詣使者前③，北面受版。若有粟帛賑贍④，依式宣付。凡老者拜，八十已上一坐再至⑤，九十以上，子弟拜受。訖，引立於刺史之後。又引次受者亦如之。訖，持節者加節衣。贊禮者引使者出，使者幡節前導以出，使副以下從之，俱復門外位。諸老以版授子弟。行參軍引刺史，贊禮者引州府之官及諸老出復門外位。立定，刺史拜送，贊禮者引使者還於次，行參軍引刺史入，贊禮者引州官及諸老還次。

　　若在諸縣宣勞、版授，如在州之儀。若使者於隨便宣制授賜物者，縣令預集鄉望立於館門外之南，重行，北面西上。使者至，立於門西，東面。鄉望俱再拜。使者入，詣廳事前，南面立，鄉望隨入。宣勞授受及拜送皆如上儀。凡使至，先問百年者，有則宣制頒餼，酒米牲物。皆子弟代受之。

---

① “西南”，四庫本、《通典》卷一三〇《開元禮纂類二十五》作“南”。
② “幡在南”三字，公善堂本無，今據四庫本、《通典》卷一三〇《開元禮纂類二十五》校補。
③ “贊者引爲首者”六字，公善堂本原作“贊者”，今據四庫本校改。《通典》卷一三〇《開元禮纂類二十五》作“贊禮者引爲首者”。
④ “粟帛”，四庫本、《通典》卷一三〇《開元禮纂類二十五》皆作“束帛”。
⑤ “至”，四庫本、《通典》卷一三〇《開元禮纂類二十五》皆作“拜”。

皇帝遣使詣諸州宣詔書勞會

前一日，本司設使者次於門外道右，南向。又設應集之官次於大門外，文官在道東，武官於使次西南，俱南向，相對爲首。

其日質明，應集之官到州門外，各就次，服朝服，非朝服者公服。本司設使者位於廳事階閒，南向。設刺史位於使位之南，北面。設應集之官位於刺史之後，每等異位，重行北面，以西爲上。又設刺史以下位於大門外之東，每等異位，俱重行西向，以北爲上。

使者至，掌次者引就次，以制書置於案，使者以下皆公服。贊禮者引應集之官俱就門外位。刺史朝服以出，行參軍引立於東階東南，西面。使者出次，贊禮者引使者立於門西，東面。史二人對舉制書案，立於使者西南，俱東面。立定，行參軍引刺史迎於大門外之南，北面再拜。行參軍引刺史先入，立於內門外之東，西面，州官立於其後。

贊禮者引使者入門而左，持案者從之。使者詣階閒就位，南向立。持案者立於使者西南，東面。行參軍引刺史，贊禮者引應集之官以次入，就位。立定，持案者進使者前，使者取制書，持案者退，復位。使者稱“有制”，刺史等再拜。宣制，訖，又再拜。行參軍引刺史進，詣使者前，北面受制書，退，立於東階東南，西面。贊禮者次引應受制者等別受制，如上儀。凡同制書者皆同拜。訖，引立於刺史東南，西面北上。贊禮者引使者出，持案者從之，俱復門外位。行參軍引刺史，贊禮者引州官以次出，俱復門外位。立定，刺史拜送，贊禮者引使者還於次。行參軍引刺史入，贊禮者引州官各還次。

將會，本司改設刺史以下位於廳事之庭如常禮。又鋪使者席於廳上楹閒，東向。刺史席於使者之東，西面。州官之席於刺史之後，各依其品[①]，俱南上。席於庭者，文官在東，武官在西，皆北上。設訖，刺史以下各服公服若常服。贊禮者引使者，行參軍引刺史，又贊禮者引預會之官，俱就門外位。立定，贊唱者先入，就位。贊禮者引使者先入，行參軍

---

① “其品”，四庫本、《通典》卷一三〇《開元禮纂類二十五》作“資品”。

引刺史，贊禮者引預會之官以次入，就位。立定，贊唱者曰："再拜。"在位者皆再拜。贊禮者引使者，行參軍引刺史，又贊禮者引應升階者，詣東西階，以次升，各立於席後。其位於階下者，又引就席後。上下立定，俱就席，俛伏，坐，遂行酒。酒至，上下皆俛伏，興，立於席後，俱再拜，搢笏，立受酒，升席，俛伏，坐飲。酒行三周，進食。食至，上下皆俛伏，興，立於席後。設食訖，俱升席，俛伏，坐食。訖，仍行酒。會畢，俱興，各以次引降，復位。立定，贊唱者曰："再拜。"在位者皆再拜，以次引出。若無臺使，會位贊拜亦準此。

皇帝遣使詣諸州宣赦書_{鎮與州同}

其日，本司設使者次於州大門外道右，南向。使者至，掌次者引就次，以赦書置於案。應集之官至州門外，服朝服，非朝服者公服。本司設使者位於廳事階閒，南向。設刺史位於使者位之南，北面。設應集之官位於刺史之後，文官在東，武官在西，每等異位，俱重行北向，相對為首。又設門外位，文官於門東，每等異位，重行西面；武官於門西，每等異位，重行東面，俱以北為上。本司錄州見囚，集於州門之外，北面西上。贊禮者引應集之官俱就門外位。刺史朝服以出，行參軍引立於東南，西向。使者出次，贊禮者引立於門西武官之前，少北，東面。史二人對舉案，立於使者西南，俱東面。立定，行參軍引刺史迎於大門外之南，北面再拜。行參軍引刺史先入，立於內門外之東，西面，州官立於其後。

贊禮者引使者入門而左，持案者從之。使者詣階閒就位，南面立，持案者立於使使者西南，東面。行參軍引刺史，贊禮者引應集文官以次入，就位。立定，持案者進使者前，使者取赦書，持案者退，復位。使者稱"有制"，刺史以下皆再拜。宣赦，訖，又再拜，舞蹈，又再拜。本司釋囚。行參軍引刺史進使者前，北面受赦書，退，復位。贊者引使者出，持案者從之，俱復門外位。行參軍引刺史，贊禮者引州官以次出，復門外位。刺史拜送。贊禮者引使者還於次，行參軍引刺史入，又贊禮者引州官各還次。

諸州上表

　　前一日，本司設應集之官次於州大門外，文官道東，武官道西，俱南向，相對爲首。

　　其日夙興，本司設使者位於廳事階間，南向。設刺史位於使者位之南①，北向。設應集之官位於刺史之後，文在東，武在西，每等異位，俱重行北向，相對爲首。設贊唱者位於東階東南，西面北上。設應集之官門外位：文官於門東，每等異位，重行西向；武官於門西，每等異位，重行東向，俱以北爲上。

　　質明，應集之官至州門外，各就次，服朝服，非朝服者公服。贊禮者引應集之官俱就門外位。贊唱者先入，就位。佐史對舉表案，立於贊唱者之北，西向。每表一等爲一案②。刺史朝服以出，行參軍引就位。贊禮者引應集之官以次入，就位。立定，贊禮者引使者入門而右，詣階間就位，南向立。贊禮者引表案詣使者前，使者取表，贊禮者引案退，復位，餘表案位於使者西北，南面東上。贊唱者曰：“再拜。”刺史以下皆再拜。贊禮者引使者出，舉表案者從之。行參軍引刺史入，又贊禮者引州官以次出。

　　上表者若止一人，則不須諸官陪位。上表者立於廳事東階東南，西面；持表案者立於上表者東南，俱西面。使者入，立於階間，南面。持案者以案進上表者前，上表者取表，持案者退，復位。上表者詣使者前授表，退，北面再拜。使者出，上表者入。

---

　　①　“使者位”，公善堂本原作“使位”，今據四庫本、《通典》卷一三〇《開元禮纂類二十五》校改。

　　②　“每表一等爲一案”，四庫本、《通典》卷一三〇《開元禮纂類二十五》作“表每一等爲一案”。

卷第一百三十一　凶禮

凶年賑撫諸州水旱蟲災　賑撫蕃國主水旱

勞問諸王疾苦　外祖父疾苦　皇后父疾苦　諸妃主

疾苦_{闕文}　外祖母疾苦　皇后母疾苦_{闕文}　大臣疾苦

都督刺史疾苦　蕃國主疾苦

中宮勞問外祖父疾苦　諸王疾苦　外祖母疾苦　諸

王妃疾苦　宗戚婦女疾苦

東宮勞問諸王疾苦　外祖父疾苦_{闕文}　妃父疾苦_{闕文}　外

祖母疾苦　諸妃主疾苦　妃母疾苦　師傅保疾苦

宗戚疾苦　上臺貴臣

賑撫諸州水旱蟲災

皇帝遣使賑撫諸州水旱蟲災，本司散下其禮，所司隨職供辦。使者未到之前，所在長官預勒所部僚佐等及正長、老人。本司先於廳事大門外之右設使者便次，南向。又於大門外之右設使者位，東向。大門外之左設長官以下及所部位，重行，北面西上。又於廳事之庭少北設使者位，南向。又於使者位之南三丈所設長官位，北向。其所部僚屬則位於長官後，文東武西，每等異位，重行北向，相對爲首。正長、老人則位於其南，重行，北面西上。使者到，所司迎，引入便次。長官及所部嚴肅以待，正長、老人等並列於大門外之南，重行，北面西上。

至時，使者以下各服公服，所在長官及所部僚佐亦各服公服。行參軍引長官以下出，就門外位立。司功參軍引使者就門外位立，持節者立於使者之北，史二人對舉制案，列於使者之南，俱少退，東向。行參軍贊拜，長官及所部在位者皆再拜。行參軍引長官等以次先入，立於門內之右,重行西面。司功參軍引使者入,幡節前導,持案者從之。使者到庭中位立,持節者於使者東南,西面。持制案者立於使者西南,東面①。行參軍引長官以下俱入,就庭中位。立定,持節者脱節衣。持案者以案當使者前,使者取制書,持案者退,復位。使者稱"有制"。行參軍贊"再拜",長官及諸在位者皆再拜。使者宣制書,訖,行參軍又贊"再拜",長官及諸在位者皆再拜。行參軍引長官進,詣使者前,受制書,退,復位,訖,司功參軍引使者以下出,復門外位。行參軍引長官及諸在位者各出,就門外位如初。行參軍贊拜,長官及諸在位者皆再拜。司功參軍引使者以下還便次。長官退,其正長、老人等任散。

賑撫蕃國主水旱

右同賑撫諸州水旱禮。其國王待之及出入即館饗食之類②,則如常存省之禮,但略其燕好。

勞問諸王疾苦

皇帝遣使勞問諸王疾苦,本司散下其禮,所司隨職供辦。所司先於受勞問者第大門外之右設使者便次,南向。於庭中近北設使者位,南向。又於使者之南三丈所設主人位,北向。其府國僚屬並陪列於庭中之左右,國官在東,府僚在西,俱以北爲上。

使者至受勞問者第大門外,掌次者延入次。使者及受勞問者皆公服。贊禮者引使者出次,立於門西,東向;史二人奉制書案立於使者之南,差退。贊禮者引受勞問者出,立於門東,西向。受勞問者再拜。贊禮者引受勞問者先入,立於門内之右,西向。贊禮者引使者入,就庭中位,持制案者立於其右。贊禮者引受勞問者就庭中位,北向立。持案者以案進使者前,使者取制書,持案者退,復位。使者稱:"有制。"受勞問

---

① "西南東面"四字,公善堂本原作"東南西面",四庫本亦作"東南西面",今據《通典》卷一三四《開元禮纂類二十九》校改。

② "待之",四庫本作"供待"。

者再拜。贊禮者引受勞問者詣使者前，受制書，退，復位，再拜，訖，贊禮者引使者以下出[1]，又贊禮者引受勞問者隨出，各即門外位。受勞問者再拜，訖，贊禮者引使者以下退，就次，又贊禮者引受勞問者入。若受勞問者疾未閒，不堪受制，則子弟代受如上儀。

勞問外祖父疾苦　　勞問皇后父母疾苦

右與勞問諸王禮同。

勞問諸妃主疾苦闕文

勞問外祖母疾苦

皇帝遣使勞問外祖母疾苦，本司散下其禮，所司隨職供辦。內給事一人爲使者。所司先於受勞問者第大門外之右設使者便次，南向。又於內寢庭少北設使者位，南向。又於使者位之南三丈所設受勞問者位，北向。

使者至受勞問者大門外，掌次者延入次。使者公服，攝迎者亦公服。使者出次，立於門西，東向。給使二人奉制書案立於使者之南，差退。贊禮者引攝迎者出，立於門東，西向。攝迎者再拜，訖，贊禮者引攝迎者先入，立於門內之右，西向。內典引引使者入，就內寢庭位，持案者立於使者之右。受勞問者服朝服，女侍者引就庭中位立。持案者以案進使者前，使者取制書，持案者退，復位。使者稱："有制。"受勞問者再拜。女侍者進，詣使者前，受制書，退，授受勞問者，受勞問者又再拜。內典引引使者以下出，女侍者引受勞問者退。贊禮者引攝迎者隨出，各就門外位，攝迎者再拜。內典引引使者退，即便次，贊禮者引攝迎者入。若受勞問者疾未閒，不堪受制，則攝迎者於外堂之庭拜受制書如上禮。

---

[1]　"贊禮者引"四字，公善堂本無，今據四庫本、《通典》卷一三四《開元禮纂類二十九》校補。

其異者,受制書詣閣授女侍者,女侍者受之,奉入授受勞問者。

勞問皇后母疾苦闕文

勞問大臣疾苦

右遣使勞問,與勞問諸王疾苦禮同。

勞問都督刺史疾苦

右遣使勞問,與勞問大臣疾苦禮同[①]。其異者,諸引導之官以所勞問州府有司充之。其使於京師者,則謁者引導。

勞問蕃國主疾苦

右遣使勞問,與都督、刺史疾苦禮同。

凡有勞問無正篇者,皆臨時酌準上禮而爲儀注[②]。

中宮勞問外祖父疾苦

太皇太后、皇太后、皇后遣使勞問外祖父疾苦,本司散下其禮,所司隨職供辦。内給事一人爲使者。所司先於受勞問者第大門外之右設使者便次,南向。又於使者之位南三丈所設受勞問者位,北向。

使者至受勞問者第大門外,掌次者引入次。使者及受勞問者皆公服。内典引引使者出次,立於門西,東向。給、使二人奉令書案,立於使者之南,差退。贊禮者引受勞問者出,立於門東,西向。受勞問者再拜。贊禮者引受勞問者先入,立於門内之右,西向。内典引引使者入,就庭

---

① "勞問"二字,公善堂本無,今據四庫本校補。
② "酌",四庫本作"約"。

中位立，持案者立於其右。贊禮者引受勞問者就庭中位立。持案者以案進使者前，使者取令書，持案者退，復位。使者稱：“太皇太后若皇太后、皇后。有令。”受勞問者再拜。贊禮者引受勞問者進，詣使者前，受令書，退，復位，又再拜。內典引引使者以下出，贊禮者引受勞問者從出，各即門外位。受勞問者再拜，訖，內典引引使者以下退舍便次，贊禮者引受勞問者入。若受勞問者疾未閒，不堪受令，則子弟代受如上儀。

勞問諸王疾苦

右一條與勞問外祖父疾苦禮同。

勞問外祖母疾苦

太皇太后、皇太后、皇后遣使勞問外祖母疾苦，本司散下其禮，所司隨職供辦。內給事一人爲使者。所司先於受勞問者第大門外之右設使者便次，南向。又於內寢庭少北設使者位，南向。又於使者位南三丈所設受勞問者位，北向。

使者至受勞問者大門外，掌次者引入次。使者服公服，攝迎者亦公服。使者出次，立於門西，東向。給、使二人奉令書案立於使者之南，差退。贊禮者引攝迎者出立於門東，西向。攝迎者再拜，贊禮者引攝迎者先入，立於門內之右，西向。內典引引使者入，就內寢庭位，持案者立於使者之右。受勞問者服朝服，女侍者引就庭中位立。持案者以案進使者前，使者取令書，持案者退，復位。使者稱：“太皇太后若皇太后、皇后。有令。”受勞問者再拜。女侍者進，詣使者前，受令書，退，授受勞問者，受勞問者又再拜。內典引引使者以下出，女侍者引受勞問者退。贊禮者引攝迎者隨出，各即門外位，攝迎者再拜。內典引引使者即便次，贊禮者引攝迎者入。若受勞問者疾未閒，不堪受令，則攝迎者於外堂之庭拜受令書如上儀。其異者，受令書詣閤傳付①，女侍者受之，奉入，授受勞問者。

---

① “傳付”，四庫本、《通典》卷一三四《開元禮纂類二十九》作“授女侍者”。

勞問諸王妃疾苦　　勞問宗戚婦女疾苦

右兩條同勞問外祖母疾苦。

凡内侍之屬充使，則内侍、内常侍以下準所慰勞者之尊卑，臨時準約。

東宮勞問諸王疾苦

皇太子遣使勞問諸王疾苦，本司散下其禮，所司隨職供辦。所司先於受勞問者第大門外之右設使者次，南向。又於庭中設使者位，東向。又於使者位之東三丈所設受勞問者位，西向。

使者至受勞問者第大門外，掌次者引之次。使者及受勞問者皆公服。贊禮者引使者出次，立於門西，東向。史二人奉令書案，立於使者之南，差退。贊禮者引受勞問者出，立於門東，西向。受勞問者再拜，贊禮者引受勞問者先入，立於門内之右，西向。贊禮者引使者入，就庭中位立，持案者立於其右。贊禮者引受勞問者進，就庭中位立。持案者以案進使者前，使者取令書，持案者退，復位。使者稱："有令。"受勞問者再拜。贊禮者引受勞問者進，詣使者前，受令書，退，復位，又再拜，訖。贊禮者引使者以下出。又贊禮者引受勞問者隨出，各即門外位。受勞問者再拜，訖，贊禮者引使者以下退舍便次，又贊禮者引受勞問者入。若受勞問者疾未愈，不堪受令，則子弟代受如上儀。

勞問外祖父疾苦闕文　　勞問妃父疾苦闕文①

---

① 四庫本無"闕文"二字，且此小標題下有"右與勞問諸王禮同"六字。

勞問外祖母疾苦

皇太子遣使勞問外祖母疾苦①，本司散下其禮，所司隨職供辦。閣宦一人爲使者。所司先於受勞問者第大門外之右設使者次，南向。又於內寢庭西階前設使者位，東向。又於使者位東三丈所設受勞問者位，西向。

使者至受勞問者大門外，掌次者引之次。使者服公服，攝迎者亦公服。使者出次，立於門西，東向。給、使二人奉令書案立於使者之南，差退。贊禮者引攝迎者出，立於門東，西向。攝迎者再拜，贊禮者引攝迎者先入，立於門內之右，西向。內典引引使者入，就內寢庭位，東面立。給使奉令書案隨入，立於使者之南，差退。受勞問者服公服，女侍者引就內寢庭位，立於使者之右。受勞問者服朝服，女侍者引就庭中位立②。持案者以案進使者前，使者取令書，持案者退，復位。使者稱："有令。"受勞問者再拜。女侍者進，詣使者前，受令書，退，授受勞問者，受勞問者又再拜。內典引引使者以下出，女侍者引受勞問者退。贊禮者引攝迎者隨出，各就門外位，攝迎者再拜。內典引引使者退即便次，贊禮者引攝迎者入。若受勞問者疾未愈，不堪受令書，則攝迎者於外堂之庭拜受令書如上儀。其異者，受令書詣閣傅付女侍者，女侍者受之，奉入，授受勞問者。

勞問諸妃主疾苦　　勞問妃母疾苦

右兩條同勞問外祖母疾苦。

勞問師傅保疾苦　　勞問宗戚疾苦　　勞問上臺貴臣

右三條同勞問諸王疾苦。

---

① "皇太子遣使勞問外祖母疾苦"十二字，公善堂本無，今據四庫本校補。
② "受勞問者服朝服女侍者引就庭中位立"十六字，四庫本無，疑是衍文。

皇太子於諸王妃主以下疾苦，其存家人親屬之禮①，率爾遣近侍勞問，則主人受勞問者待之亦如家人親屬之式，不拜迎送及不爲授受之禮。

---

① "其"，四庫本作"具"。

卷第一百三十二　凶禮

五服制度

斬衰三年　齊衰三年　杖周　不杖周　五月　三月　大功長殤九月　中殤七月

成人九月　小功五月殤　成人　總麻三月殤　成人

斬衰三年

正服

子爲父。

女子子在室爲父。女子子①，重稱子者，別於男子。言在室，關已許嫁。

女子子嫁反在父之室爲父。遭喪後而出者，始服齊衰周。出而虞，則受以三年之服。既虞而出，則小祥亦如之。既除喪而出，則已。

加服

嫡孫爲祖。謂承重者。爲曾祖、高祖後亦如之。

父爲長子。重其當先祖之正體，又將代己爲廟主。故庶子不得爲長子三年，不繼祖與禰也。於庶子之嫡孫乃爲其嫡子三年。

義服

爲人後者爲所後父。受重故三年。爲所後祖亦如之。凡爲人後者，不以嫡子。

妻爲夫。夫尊而親。

妾爲君。妾謂夫爲君。

國官爲國君。布帶繩屨，既葬除之。

---

① “女子子”，公善堂本原作“女子”，今據《通典》卷一三四《開元禮纂類二十九》校補。

衰冠

右正服、加服衰裳三升，義服三升半。冠同六升，右縫，通屈一條繩爲武，垂下爲纓，冠外畢①。凡服：上曰衰，下曰裳。布八十縷爲升。外畢者②，冠前後屈而出於武，外厭縫之也。婦人之衰連裳，以六升布爲總。總，束髮也。童子亦連裳。

絰帶

苴麻絰帶。首絰大九寸，左本在下，繩纓。五分首絰去一以爲腰絰，大七寸二分，絞垂兩結，相去四寸。婦人絰如男子。男子又有絞帶。苴，惡貌也。首絰象緇布冠之頍項③，腰絰象大帶。絞帶象革帶，五分腰絰去一爲之，齊衰以下用布。

屨

菅屨外納。外納，納其餘於外。婦人屨亦如男子。

杖

右苴竹杖。其大如腰絰，長齊其心，本在下。主婦亦杖，諸婦則不杖。童子不杖，其當室者則絻而杖④。童子及婦人不杖者，以其不能病也。然而童子當室杖者，尊其爲喪主。

絻⑤

右狀象冠，廣一寸，無辟積。童子當室亦如是。

總論節制

王公以下皆三月而葬，葬而虞，三虞而卒哭。十三月小祥，除首絰，

---

①　“畢”，四庫本、《通典》卷一三四《開元禮纂類二十九》作“緯”。

②　“畢”，四庫本、《通典》卷一三四《開元禮纂類二十九》作“緯”。

③　“頍項”二字，公善堂本原作“缺項”，今據《通典》卷一三四《開元禮纂類二十九》校改。四庫本作“頍”。

④　“絻”字，公善堂本原作“免”，今據四庫本、《通典》卷一三四《開元禮纂類二十九》校改。

⑤　“絻”字，公善堂本原作“免”，今據四庫本、《通典》卷一三四《開元禮纂類二十九》校改。

練八升布爲冠，縷武亦如之；婦人練總，除腰経。二十五月大祥，除靈座，<small>自後有祭設几席</small>。除衰裳，去経杖，十五升布深衣，布純縞冠，素紕縷，革帶素履；婦人除衰裳，去経，縞總，衣屨如男子。二十七月禫祭，玄冠皂縷，仍布深衣，革帶吉履，婦人緇總，衣屨如男子。踰月，復平常。

齊衰三年

正服

子爲母。<small>舊禮父卒爲母周①，今改與父服同</small>

加服

爲祖後者，祖卒爲祖母②。<small>爲曾祖、高祖後者，爲曾祖母、高祖母亦如之。</small>

義服

母爲長子③。

繼母如母。<small>繼母之配父，與親母同。</small>

慈母如母④。<small>妾之無子者，妾子之無母者，父命爲母子，生則養之如母，死則喪之如母，貴父之命也。</small>

繼母爲長子。

妾爲君之長子。<small>與嫡子妻同⑤，不敢輕服夫之正統。</small>

衰冠

右正服、加服衰裳四升，義服五升。其縷四升半，成布四升。冠七

---

①　“舊禮父卒爲母周”，四庫本與原書同。《通典》卷一三四《開元禮纂類二十九》作“舊禮父卒爲母”。

②　“爲祖後者祖卒爲祖母”一句，四庫本、《通典》卷一三四《開元禮纂類二十九》皆列在“齊衰三年·正服”下。《新唐書》卷二〇列在“齊衰三年·加服”下，與公善堂本同。

③　“母爲長子”一句，四庫本、《通典》卷一三四《開元禮纂類二十九》皆列在“齊衰三年·正服”下。《新唐書》卷二〇則列在“齊衰三年·加服”下。

④　“繼母如母”與“慈母如母”兩句，四庫本、《通典》卷一三四《開元禮纂類二十九》皆列在“齊衰三年·加服”下。

⑤　“嫡子妻”，四庫本、《通典》卷一三四《開元禮纂類二十九》皆作“嫡妻”。

升,右縫,布纓武,冠内畢①。前後縫於武,内厭縫之。

絰帶

牡麻絰帶。首絰大七寸二分,左本在上,繩纓。五分首絰去一以爲腰絰,大五寸七分半。布帶代絞帶。

屨

屨内納。

杖

桐杖其大如腰絰,通圓之,長齊其心,本在下。

節制

十三月小祥,除首絰,練九升爲冠,纓武亦如之。其他祥禫變除與斬衰同。踰月,復平常。

齊衰杖周

降服②

父卒母嫁及出妻之子爲母,皆報。父卒,爲父後者爲嫁母出母無服,母猶服之,不爲出母之黨服,則爲繼母之黨服。

正服

爲祖後者祖在爲祖母。爲曾祖、高祖後者亦如之。

義服

父卒繼母嫁,從,爲之服,報。若繼母出則不服。若繼母出嫁,子從而寄育則服;

---

① “畢”,四庫本、《通典》卷一三四《開元禮纂類二十九》作“縪”。

② 四庫本、《通典》卷一三四《開元禮纂類二十九》在“齊衰杖周”下無“降服”條。公善堂本“降服”此小標題下“父卒母嫁及出妻之子爲母皆報”條内容,四庫本、《通典》卷一三四皆列在“齊衰杖周・正服”標題下。《新唐書》卷二〇《禮樂十》與公善堂本同。

不育則不服。

夫爲妻。

齊衰不杖期①

正服

爲祖父母。父所生庶子亦同，惟爲祖後者乃不服。

爲伯叔父。

爲衆子。衆子者，長子之弟及妾子。凡父母於子、舅姑於婦，將不傳重於嫡，及將傳重者非嫡及養子爲後者，服之皆如衆子衆婦。

爲兄弟。

爲兄弟之子。女在室亦然，報之。

爲嫡孫。有嫡子無嫡孫。凡爲後承嫡者，雖曾孫、元孫與孫同②。

爲姑姊妹女子子在室及適人無主者，姑姊妹報。無主，無祭主，謂無夫與子，人之所哀憐，不忍降之。

女子子爲祖父母。雖出嫁，猶不敢降其祖。

妾爲其子。

加服

女子子適人者爲兄弟之爲父後者。出嫁猶不降爲父後者，婦人有歸宗之義，故不自絕其族類。

降服

妾爲其父母。凡妾爲私親如衆人。

爲人後者爲其父母，報。凡爲人後者，本親降一等，其妻又降夫一等。

女子子適人者爲其父母。

---

① “期”，四庫本、《通典》卷一三四《開元禮纂類二十九》、《新唐書》卷二〇《禮樂十》作“周”。

② “元孫”，四庫本、《通典》卷一三四《開元禮纂類二十九》作“玄孫”。

義服

爲伯叔母。服與伯叔同。

爲繼父同居者。子無大功之親，與之適人，所適者亦無大功之親，是謂繼父同居。繼父之子不從服，繼父不報①。

妾爲嫡妻。嫡妻不爲妾服。

妾爲君之庶子。

婦爲舅姑。其夫爲祖、曾祖、高祖後者，其妻從服亦如舅姑。

爲夫之兄弟之子。男女同報之。

舅姑爲嫡婦。其夫應三年者，然後爲其婦齊衰同②。

齊衰五月

正服

爲曾祖父母。本三月，以其降殺太多，故新議改從五月。

女子子在室者及嫁者爲曾祖父母。

齊衰三月

正服

爲高祖父母。重其衰麻，尊尊也。減其日月，因恩殺。

女子子在室者及嫁者爲高祖父母。不敢降其祖也。

義服

爲繼父不同居。先同今異。繼父有子及有大功之親，雖同居住亦爲異居。元不同者不服。

右降服亦衰裳四升，冠七升。正服五升，冠八升。義服六升，冠九

---

① “繼父不報”，《通典》卷一三四《開元禮纂類二十九》作“爲繼父不報”。

② “同”，四庫本、《通典》卷一三四《開元禮纂類二十九》作“周”。

升。右縫，布纓武，冠內畢①，前後縫於武，內厭縫之。婦人則布總，精麤如男子之冠。其絰帶與三年同。其杖三年及杖周皆桐杖，各大如腰絰，通圓之，長齊其心，本在下。藨屨內納。不杖周則麻屨，五月、三月則繩屨。其三年者與斬衰同。杖周者十一月小祥，十三月大祥，十五月禫，逾月除，復常祥。禫變節皆與斬衰同。其父卒母嫁出妻之子爲母及爲祖後祖在爲祖母，雖周除，仍心喪三年。義服齊衰三月者，衰裳六升，冠九升，絰帶與周親同而繩屨。

大功

長殤九月中殤七月②

正服

爲子、女子子之長殤、中殤。殤者，男女未成人而死，可哀傷者。男子已娶，女子許嫁，皆不爲殤。年十九至十六爲長殤，十五至十二爲中殤，十一至八歲爲下殤。八歲以下爲無服之殤，以日易月，本服周者哭之十三日，大功九日，小功五日，緦麻三日。

爲叔父之長殤、中殤。

爲姑姊妹之長殤、中殤。

爲兄弟之長殤、中殤。

爲嫡孫之長殤、中殤。嫡曾孫、嫡玄孫亦同。

爲兄弟之子、女子子之長殤、中殤。

義服

爲夫之兄弟之子、女子子之長殤、中殤。

---

① “畢”，四庫本、《通典》卷一三四《開元禮纂類二十九》作“縪”。

② “長殤九月中殤七月”，公善堂本原作“殤九月七月”，今據四庫本、《通典》卷一三四《開元禮纂類二十九》、《新唐書》卷二〇校改。

成人九月

正服

爲從父兄弟。今謂之堂兄弟,姊妹在室亦然。

爲庶孫。女在室亦然。

降服

爲女子子適人者。出降者,兩女各出,不再降。若兩男各爲人後者亦如之。

爲姑姊妹適人者,報。

出母爲女子子適人者。女報同。

爲兄弟之女適人者,報。

爲人後者爲其兄弟。

爲人後者爲其姑姊妹在室者,報。

右成服繐裳八升,冠十升,餘皆與長殤同[①]。

義服

爲夫之祖父母。

爲夫之伯叔父母,報。報者,旁尊不足以尊降。

爲夫之兄弟女適人者,報。

夫爲人後者其妻爲本生舅姑。

爲衆子婦。

右降服衰裳七升,正服八升,冠十升。義服衰裳九升,冠十一升。婦人則布總,精麤如男子之冠。牡麻絰,首絰大五寸七分半。長殤及成人皆九月,纓以繩;中殤皆七月,絰無纓,俱五分首絰去一以爲腰絰,大四寸六分。布帶,繩屨。

---

①　"右成服衰裳八升冠十升餘皆與長殤同"十六字,公善堂本無,今據四庫本、《通典》卷一三四《開元禮纂類二十九》校補。

小功五月

殤

正服

爲子、女子子之下殤。

爲叔父之下殤。

爲姑姊妹之下殤。

爲嫡孫之下殤。

爲兄弟之下殤。

爲兄弟之子、女子子之下殤。

爲從父兄弟姊妹之長殤。

爲庶孫丈夫婦人之長殤。

降服

爲人後者爲其兄弟之長殤。

爲姪丈夫婦人之長殤。出嫁姑爲之服。

爲人後者爲其姑姊妹之長殤。

義服

爲夫之兄弟之子、女子子之下殤。

爲夫之叔父之長殤。

右降正服，冠衰同十升，義服十一升。澡麻帶絰①，澡謂去其浮垢，不絕其本。冠左縫，不厭。婦人布總，精麤如男子。首絰大四寸六分，五分首絰去一以爲腰絰，大三寸七分。布帶吉屨，無絇。婦人衰絰精麤如男子。降服不澡。

---

① "帶絰"，四庫本、《通典》卷一三四《開元禮纂類二十九》作"絰帶"。

成人[①]

正服

爲從祖祖父，報。<small>祖之兄弟也。兄弟之孫女在室亦如之。</small>

爲從祖父，報。<small>父之同堂兄弟。同堂兄弟之女在室亦如之。</small>

爲從祖姑姊妹在室者，報。<small>父之同堂姊妹，及己再從姊妹。</small>

爲從祖兄弟，報。<small>再從兄弟。</small>

爲從祖祖姑在室者，報。<small>祖之姊妹。</small>

爲外祖父母。

爲舅及從母丈夫婦人，報。<small>母之兄弟姊妹。</small>

降服

爲從父姊妹適人者，報。<small>同堂姊妹。</small>

爲孫女適人者。

爲人後者爲其姑姊妹適人者，報。

義服

爲從祖祖母，報。<small>祖之兄弟妻。</small>

爲從祖母，報。<small>父之同堂兄弟妻。</small>

爲夫之姑姊妹在室及適人者，報。

爲娣姒婦，報。

爲同母異父兄弟姊妹，報。

爲嫡母之父母兄弟從母。<small>謂妾子爲嫡母之父母及兄弟姊妹。嫡母卒則不服。</small>

爲庶母慈已者。<small>謂庶母之乳養己者。</small>

爲嫡孫之婦。<small>有嫡婦則無嫡孫之婦。曾孫、玄孫爲後者，服其婦如嫡孫之婦。</small>

母出，爲繼母之父母兄弟從母。<small>母卒則爲其母之黨服，不爲繼母之黨服。</small>

嫂叔，報。<small>兄嫂弟妻同。</small>

---

① “成人”，四庫本作“成人五月”。

右降服衰裳十升，正服衰裳十一升，冠同十一升。義服衰裳十二升，冠與衰同。其經如小功五月，惟麻斷本。

緦麻三月

殤

正服

爲從父兄弟姊妹之中殤、下殤。
爲庶孫丈夫婦人之中殤、下殤。
爲從祖叔父之長殤。
爲從祖兄弟之長殤。
爲舅及從母之長殤。
爲從父兄弟之子之長殤。
爲兄弟之孫之長殤。
爲從祖姑姊妹之長殤。

降服

爲人後者爲其兄弟之中殤、下殤。
爲姪丈夫婦人之中殤、下殤。出嫁姑爲之服。
爲人後者爲其姑姊妹之中殤、下殤。

義服

爲人後者爲從父兄弟之長殤。
爲夫之叔父之中殤、下殤。
爲夫之姑姊妹之長殤。

成人

正服

爲族兄弟。三從兄弟、三從姊妹。出嫁者則無服。

爲族曾祖父，報。曾祖之兄弟。曾孫女出嫁則無服。

爲族祖父，報。祖之同堂兄弟。孫女出嫁則無服。

爲族父，報。父之再從兄弟。再從兄弟之女出嫁則無服。

爲外孫。女子子之男女。

爲曾孫、玄孫。

爲從母兄弟姊妹。今謂兩姨兄弟姊妹。

爲姑之子。外兄弟姊妹。

爲舅之子。內兄弟姊妹。

爲族曾祖姑在室者，報。曾祖之姊妹。

爲族祖姑在室者，報。祖之同堂姊妹。

爲族姑在室者，報。父之再從姊妹。

降服

女子子適人者爲從祖父，報。謂堂伯叔。

爲從祖姑姊妹適人者，報。父之同堂姊妹及己之再從姊妹。

庶子爲父後者爲其母。若無嫡母及嫡母卒則申。妾子不服外祖父母、舅、從母。

爲從祖祖姑適人者，報。祖之姊妹。

爲人後者爲外祖父母。本生外祖父母。

爲兄弟之孫女適人者，報。

義服

爲族曾祖母，報。曾祖兄弟之妻。

爲族祖母，報。祖之同堂兄弟之妻。

爲族母，報。父之再從兄弟之妻。

爲庶孫之婦。

女子子適人者爲從祖伯叔母。同堂伯叔母。

爲庶母。父妾有子者。

爲乳母。

爲壻。女子子之夫，報之。

爲妻之父母。從妻服之。

爲夫之曾祖、高祖父母。

爲夫之從祖祖父母，報。夫之祖兄弟及其妻。

爲夫之從祖父母，報。夫之父同堂兄弟及其妻。

爲夫之外祖父母，報。

爲夫之從祖兄弟之子。夫之再從兄弟之子。

爲夫之從父兄弟之妻。

爲夫之從父姊妹在室及適人者。

爲夫之舅及從母，報。

改葬總子爲父母，妻妾爲夫，既葬除之。

右降正義服，冠衰同十五升去其半，有事其縷，無事其布。右縫不厭。婦人則布總，精麤如男子之冠。澡麻斷本以爲絰，首絰大三寸七分，五分首絰去一以爲腰絰，大二寸九分。布帶。吉屨，無絇。皇家所絶旁親無服，皇弟子爲之皆降一等。凡童子不總，當室則總。

衰裳制度①

凡衰外削幅，裳內削幅，幅三衱。削猶殺也。衱，謂辟兩側空中央也。凡衰，前三幅，後四幅。若齊，裳內衰外。齊，緝也。凡五服之衰，一斬四緝。緝裳者內展之，緝衰者外展之。負廣出於適寸；負，在背者。適，辟領也。負出於辟領外旁一寸。適博四寸，出於衰；博，廣也。辟領廣四寸，則與闊中八寸，兩之爲尺有六寸。出於衰者，旁出衰外。衰長六寸，博四寸。廣袤當心。衣帶下尺。衣帶下尺者，要也廣尺②，足以掩裳上際。衽二尺有五寸。衽所以掩裳際也。上正一尺，鷰尾二尺五寸，凡用布三尺五寸也。袂屬幅。屬猶連也。連幅謂不削。衣二尺有二寸，此謂袂中也。衣自領至要二尺二寸倍之四尺四寸。辟領八寸③，又倍之。凡衣用布一丈四寸。袪尺二寸。袪，袖口也。

---

① "衰裳制度"這一標題，公善堂本原無，今據四庫本、《通典》卷一三四《開元禮纂類二十九》校補。

② "要"，四庫本、《通典》卷一三四《開元禮纂類二十九》作"腰"。

③ "辟領八寸"，《通典》卷一三四《開元禮纂類二十九》作"加辟領八寸"。

卷第一百三十三　凶禮

訃奏

皇帝爲外祖父母舉哀^①　爲皇后父母舉哀

爲諸王妃主舉哀　爲内命婦舉哀　爲宗戚舉哀_{闕文}

爲貴臣舉哀　爲蕃國主舉哀

臨喪

臨諸王妃主喪　臨外祖父母喪　臨皇后父母喪

臨宗戚喪　臨貴臣喪

除服

除外祖父母喪服　除皇后父母喪服

訃奏

皇帝爲外祖父母舉哀^②

皇帝爲外祖父母舉哀,本司散下其禮,所司隨職供辦。尚舍奉御先於別殿設素褥牀席,爲舉哀成服位,南向。尚衣奉御先製小功五月之服。守宮先於舉哀殿外門之外,隨便設百官文武次如常。

其日舉哀前三刻,諸衛屯門列仗如常,諸應陪慰者並赴集次所,典儀於舉哀殿門外布百官位亦如常。又於殿前設諸王三品以上哭位,文東武西,重行北向,相對爲首。諸親位於文武官五品之下。_{皇宗親在東,異姓親在西。}又於階下當御位北面設太尉奉慰位。文武百官到,入次,改服

---

① “皇帝”二字,公善堂本無,今據《通典》卷一三五《開元禮纂類三十》補。

② “皇帝”二字,公善堂本無,今據《通典》卷一三五《開元禮纂類三十》補。

素服。侍中版奏："請中嚴。"亦在三刻之前，尚衣奉御以篋奉衰服升[1]，立於殿東閤北面。典謁引諸王、百官一品以下九品以上俱就門外位。文武侍衛之官詣閤奉迎。

舉哀前一刻，侍中版奏："外辦。"皇帝服素服，御輿出，升別殿，降輿，即哭位，南向坐，侍衛如常儀。至時，侍中跪，奏："請爲故某官若某郡君舉哀。"俛伏，興。皇帝哭，十五舉聲。侍中跪，奏："請哭止，成服。"俛伏，興。皇帝止[2]。尚衣奉御以篋奉衰服進，跪，授，興，仍贊變服焉。於變服，則權設步障，已而去之。成服已，侍中又跪，奏："請哭。"俛伏，興。皇帝哭。通事舍人引諸王、文武百官三品以上入就殿庭位，舍人贊拜，群官在位者皆再拜；舍人贊哭，群官在位者皆哭，十五舉聲；舍人贊止，群官在位者皆止。舍人引諸王爲首者一人進，詣奉慰位，跪，奉慰，俛伏，興，舍人引退還本位。又舍人次引百官文武行首一人進，詣奉慰位，跪，奉慰，俛伏，興，舍人引退，還本位。舍人贊拜，在位者皆再拜。舍人引三品以上退，出。其四品以下位於門外者，典謁贊哭、贊止、引退如殿庭之儀。侍中跪，奏："請哭止，還。"俛伏，興。皇帝御輿降還，侍衛從至閤如初。所司宣仗散。

其日晡哭，則晡前二刻奏嚴，一刻奏辦。皇帝服衰服，出，即位次哭如初。百官不集。自後朝晡凡三日而止。

爲皇后父母舉哀

右與爲外祖父母禮同。其異者，製緦麻三月之服，朝晡再哭而止。

爲諸王妃主舉哀

本司散下其禮，所司隨職供辦。尚舍奉御於肅章門外道東設大次，南向，周以行帷，鋪御座，設素牀褥席。守宮隨便於永安門外設文武官五品以上便次。

其日舉哀前三刻，侍中版奏："請中嚴。"前二刻，諸衛列仗如常。典儀於大次前量遠近設一品以下應陪集者哭位，文東武西，重行北向，相

---

① "衰服"，《通典》卷一三五《開元禮纂類三十》作"縗服"，下同。

② "止"，四庫本作"止哭"。

對爲首。百官皆集次，改服素服，就位。又於大次門前設奉慰位。前一刻，文武侍衛之官詣閤奉迎如常。

侍中版奏："外辦。"皇帝素服御輿複道以出，從閨宮後門入之大次。其無複道者，百官於外門外爲位立①。降，即哭位，南向坐，侍衛如常。至時，侍中跪，奏："請爲故臣某官若主若妃。舉哀。"俛伏，興。皇帝哭。通事舍人贊群官拜，群官在位者皆再拜。若百官爲門外位者，候入大次，通事舍人引三品以上入次前位，四品以下仍門外位。舍人贊哭，群官在位者皆哭，十五舉聲。舍人贊止，群官在位者皆止。舍人引文武官行首皆一人，詣奉慰位，跪，奉慰，俛伏，興，引退，還本位。舍人贊拜，群官在位者皆再拜，訖，有門外位者，典謁贊拜、贊哭、贊止。侍中跪，奏："哭止。"俛伏，興。又奏："請還宮。"退本位立。皇帝哭止，御輿降還，其侍衛從至閤如常。所司宣仗散。

其日晡哭，則晡前二刻奏嚴，一刻奏辦。皇帝仍初服出，即位次哭如初。侍衛如初，百官不集。自後本服周者，凡三朝哭而止②。本服大功者，其日晡哭而止。本服小功以下，一舉哀而止。若皇太子陪舉哀，則素服，左庶子啟引從帷宮南門入，至大次前，啟再拜，訖，引升東閤之南，北面哭。於百官哭止，皇太子哭止，進御座前，跪，俯伏，興，再拜。於百官退，引降、拜還如初。其宮官等應陪拜慰者，則隨班於上臺，自下皆然。

爲內命婦舉哀

與爲諸王妃主禮同。其三夫人以上，其日仍晡哭而止。其九嬪以下，一舉哀而止。亦隨恩賜之淺深。

爲宗戚舉哀闕文③

爲貴臣舉哀

與爲諸王禮同。其異者，一舉哀而止。貴臣謂職事三品以上④，散官一品。

---

① "立"字，公善堂本無，今據四庫本、《通典》卷一三五《開元禮纂類三十》校補。

② "哭"字，公善堂本無，今據四庫本、《通典》卷一三五《開元禮纂類三十》校補。

③ "闕文"二字，四庫本作"右與爲諸王妃主禮同"。

④ "三品"，四庫本、《通典》卷一三五《開元禮纂類三十》並作"二品"。

其餘官則隨恩賜之淺深。

爲蕃國主舉哀

與爲貴臣禮同。其異者，城外設惟幔爲次，向其國而哭之，至舉聲而止[①]。

臨喪

皇帝臨諸王妃主喪

本司散下其禮，所司隨職供辦。尚舍直長先設行宮大次於主人第大門外之西，南向。守宮於主人大門外，隨便設諸從駕文武之官便次。其所臨者五屬之親，於乘輿未到之前，並先集列於主人之第。其執事預於其寢北設障幔，爲主人五屬婦女拜哭次。

其日，未出宮前四刻，侍中版奏："請中嚴。"

出宮前三刻，搥一鼓爲一嚴，三嚴時節，前一日侍中奏裁。所司整設小駕鹵簿於所出宮門外如常儀。

出宮前三刻，又搥二鼓爲再嚴，奉禮於所出宮門外設陪從之官位如常。尚舍奉御先於主人第大門外次之內設皇帝座[②]，南向。又於主人堂上中間設素褥牀席爲哭位，亦南向。典儀又於主人庭中設陪從之官位，文東武西，重行北向，相對爲首。又於御座前階下設奉慰位。主人執事於堂下設五屬之親位於東階之東，重行，西面北上。以服精麤爲序，而尊者差前也。又設五屬婦女位於堂北幔下：主女位於東廂，西面南上；妻妾位於西廂，東面南上；衆婦人位於北廂，重行南面。諸親在東，相對爲首。以服精麤爲序，而尊者差前。其五屬內外並陪臨於此所。諸陪從之官，各服常服，赴集其位。有司整列皇帝四望車以下及仗衛之屬應列鹵簿者於內外如常儀。

出宮前一刻，又搥三鼓爲三嚴，侍衛之官詣閤奉迎如常。侍中版奏："外辦。"皇帝服常服，御輿以出，繖扇華蓋侍衛警蹕如常儀。皇帝降

---

① "舉聲"，《通典》卷一三五《開元禮纂類三十》與公善堂本同。四庫本作"三聲"。

② "次之內"，四庫本作"便次內"，《通典》卷一三五《開元禮纂類三十》作"便殿之內"。

輿升車，黃門侍郎當車前，跪，奏稱："黃門侍郎臣某言，請乘輿發。"退，復位。凡黃門侍郎奏請，皆進，跪，奏稱具官臣某言，訖，俛伏，興。駕動，警蹕如常，黃門侍郎與贊者夾轄以出。至侍臣上馬所，黃門侍郎進，跪，奏稱："請駕權停，勅侍臣上馬。"俛伏，興。侍中前承詔，退，稱："制曰可。"黃門侍郎退，唱："侍臣上馬。"贊者承傳，文武侍臣上馬畢，黃門侍郎奏稱："請乘輿發。"退，復位。鑾駕動，稱警蹕，鼓吹不作。文武群官應陪從者乘馬以從。

　　駕至行宮門外，侍中進，跪，奏："請降車。"俛伏，興，退，復位。皇帝降車，御輿就大次。其輿輦以下鈒戟仗衛之屬，陳列於大次之前左右。皇帝變服素服，其陪從之官各舍於便次，變服素服，其侍臣及文武官不變服①。主人相者引主人内外五屬之親，各服衰服，就堂下外内位次哭。典儀一人立於堂下東階東南，贊者二人立於其南，差退，俱西面。

　　皇帝變服，訖，御輿出，侍衛如常。主人免絰去杖，司儀令引出大門外，望見乘輿，止哭，再拜迎。仍引主人先入門右西面立，不哭。其未殯則通拜迎拜送於大門内也。相者贊衆主人以下皆止哭。皇帝至堂，侍中跪，奏："請降輿，升。"俛伏，興。於所臨喪者非尊秩，則御輿升堂。皇帝降輿，升自東階，即哭位。巫、祝各一人先升，巫執桃立於東南，祝執苅立於西南，相向。千牛四人執戈隨升，二人先，二人後。侍臣夾升，列於戶内外及階下左右。其仗衛鹵簿止列於門外内如常。司儀令引主人入中庭，北面。典儀稱拜，主人内外皆再拜。勅引主人升，司儀令引主人升，立於戶内之東，西面。

　　侍中跪，奏："請哭。"俛伏，興。皇帝哭。典儀稱哭，贊者承傳，唱"可哭"。凡典儀有詞，贊者皆承傳。主人以下在位者皆哭。典謁引諸從官應陪臨者入，即班位。立定，典儀稱拜，從官在位者皆再拜；典儀稱哭，從官在位者皆哭，十五舉聲；典儀稱止，從官在位者皆止。典謁引諸王爲首者一人進，舍人接引詣奉慰位，跪，奉慰，俛伏，興，舍人引退，典謁接引還本位。又典謁次引諸從官文武行首一人進，舍人接引詣奉慰位，跪，奉慰，俛伏，興，舍人引退，典謁接引還本位。典儀稱拜，在位者皆再

---

①　"文武官"，四庫本、《通典》卷一三五《開元禮纂類三十》並作"武官"。

拜，訖，典謁引從官在位者出。又典謁次引諸王等以次出。侍中跪，奏：
"請哭止。"俛伏，興。皇帝止。典儀稱哭止，主人以下皆止。司儀令引
主人降，立於庭中之東，北向。典儀稱拜，主人以下皆再拜。

　　侍中跪，奏："請還。"俛伏，興。皇帝降，御輿出，侍衛警蹕如初。司
儀令引主人先出，俟於大門外拜送。皇帝至大次，降輿，即御座，變服。
司儀令引主人哭還廬次。皇帝停大次，未發前三刻，侍中版奏："請中
嚴。"所司預奏三嚴，每嚴槌鼓如初，整列仗衛鹵簿於還途如來儀。奉禮
於行宮南門外道左向，重行，設陪從之官位①，文左武右。陪從之官於便
次變服常服，赴集位所，典謁引即班位。三嚴已，侍中版奏："外辦。"皇
帝御輿出，侍衛警蹕並如初。皇帝降輿升車，黃門侍郎奏請及群官陪
從、鼓吹不作並如來儀。乘輿至殿前，若閤外。迴車。侍中跪，奏："請降
入。"俛伏，興。皇帝降車，御輿入，侍臣從至閤如初。侍中版奏："解
嚴。"將士各還其所，百官退。

臨外祖父母喪　　臨皇后父母喪　　臨宗戚喪　　臨貴臣喪

　　右四條同臨諸王妃主喪。

　　其臨諸王妃主之喪及凡內喪，則並幸其前寢次也。其尊親應就喪殯寢
者，則臨殯寢可也。凡臨諸王妃主尊親者及師、保、傅與三老、五更、二王後
喪，則敬同外祖。其所臨幸者，若第鄰宮闕，率爾往還，則容不備鹵簿與
嚴鼓，皆稟當時別儀注。其內外文武陪從之官，準駕備略。備謂官從具，略
謂減省之。車駕若經太廟，則侍中跪，奏式，過乃復常。

除服

除外祖父母喪服

　　本司散下其禮，所司隨職供辦。守宮先於別殿門外，隨便設百官文

武便次如初。於除服前之夕，尚舍奉御於別殿下設素牀席焉①。

至日，平曉而除服。外祖父母則五月先下旬之吉也。其從朝制公除，則祖父母五日也②。於除服前三刻，侍中版奏：“請中嚴。”諸衛勒所部屯門列仗如常。典儀於別殿前設諸王、百官三品以上位如初。又設奉慰位如初。又設一品以下九品以上位於別殿門外如初。百官文武應陪臨者，並赴集大門便次，各服素服，典謁引就別殿門外位。尚衣奉御以篋奉素服吉履升殿，位於殿東閒，北面立。腰輿進於寢庭，侍衛之官詣閤奉迎如常式。

除服前一刻，侍中版奏：“外辦。”皇帝仍服衰服，御輿出，左右直衛鈒戟警蹕如初。皇帝升別殿，降輿，即哭位，侍衛如初。侍中跪，奏：“請哭。”俛伏，興。皇帝哭，十五舉聲，侍中跪，奏：“請哭止，從禮制除服。”俛伏，興。皇帝止，尚衣奉御以篋奉衣履進，跪，授，興，仍贊變除焉。於變服則權設步幛，已而去之。變除已，侍中又跪，奏：“請哭。”俛伏，興，還本位。皇帝哭。通事舍人引諸王、百官三品以上入，各就班位。立定，舍人贊群官拜，群官在位者皆再拜；舍人贊哭，群官在位者皆哭，十五舉聲；舍人贊止，群官在位者皆止。舍人引諸王爲首一人進，詣奉慰位，跪，奉慰，俛伏，興，舍人引退，還本位。又舍人次引百官文武行首一人進，詣奉慰位，跪，奉慰，俛伏，興，舍人引退，還本位。舍人贊拜，在位者皆再拜。舍人引三品以上出。其四品以下位於門外者，典謁贊拜、贊哭、贊止、引退，如三品以上之儀。侍中跪，奏：“請哭止，還。”俛伏，興。皇帝止。皇帝御輿降還，其夾御之官從至閤如初。所司奏宣解嚴如常儀。

除皇后父母喪服

右與除外祖父母禮同。其異者，后父母則三月先下旬之吉除也。公除則三日而除。

---

① “素牀席”，四庫本、《通典》卷一三五《開元禮纂類三十》作“素下牀席”。
② “祖父母”，四庫本、《通典》卷一三五《開元禮纂類三十》作“外祖父母”。

卷第一百三十四　凶禮

勅使弔 其賵賻之禮大體皆同，弔使行之，附蕃國主後。

弔諸王妃主喪　弔外祖父母喪　弔后父母喪
弔貴臣及其妻喪　弔宗戚喪　弔蕃國主喪

會喪

遣百寮會王公以下喪

策贈①

册贈諸王　册贈外祖父母　册贈后父母　册贈貴臣
册贈蕃國主

會葬

遣百寮會王公以下葬

致奠

諸王妃主喪奠　外祖父母喪奠　后父母喪奠
貴臣喪奠　奠蕃國主喪奠

勅使弔

弔諸王妃主喪

勅使弔諸王妃主喪，本司散下其禮②，所司隨職供辦。守

---

① "策贈"，四庫本作"册贈"。

② "本司散下其禮"，公善堂本原作"其禮本司散下"，今據四庫本、《通典》卷一三五《開元禮纂類三十》校改。

宫先於主人第大門外之右設使者次，南向。

其日，使者至，掌次者引之次。内外衰服，司儀引主人以下俱立哭於東階下，婦人立哭於殯所如常儀。使者素服出次，司儀引立於大門之西，東面。持節者立於使者之北，少退。史二人對舉弔書案，立於使者之南，差退，俱東面。_{城外者不持節。}司儀入告，主人去杖免經。司儀引主人出門，止哭，迎於大門外，見賓先入，立於門右，北面。

司儀引使者入，持節者先導，持案者次之。内外止哭。使者入門而左，立於階間，南面。節在使者之東少南，西向。持案者立於使者西南，東面。司儀引主人進，當使者前，北面。持節者脱節衣。史以案進，詣使者前，使者取弔書，持案者退，復位。使者稱"有制，弔。"主人哭拜稽顙，内外皆哭。司儀引主人進，受弔書，退，立於東階下，西面哭。持節者加節衣。司儀引使者，持節者先導，持案者次之，出，復門外位。主人以弔書授左右，司儀引主人出内門，止哭，拜送於大門外。使者還，主人杖哭而入，取弔書於階下，升，奠於柩東。

使者若須私弔，則通名，引入，弔如常禮，訖，引出。

若朝使致賵，賓至，主人迎受如弔書之儀，惟賵物掌事者受以東。_{東，藏之也。}其賵物簿受如受弔書儀。

勅使弔外祖父母喪　勅使弔后父母喪　勅使弔貴臣喪　勅使弔宗戚喪　勅使弔蕃國主喪

右與弔諸王妃主喪禮同。

賵賻

其賵賻之禮與弔使俱行，則有司預備物數。_{多少準令。}

其日，使者至主人大門外便次，物輿陳於使者幕南，東西爲列；馬陳於使者東南，北首西上。於使者以下入①，即庭中位，物輿陳於使者位

---

①　"於"字，公善堂本無，今據四庫本、《通典》卷一三五《開元禮纂類三十》校補。

南，亦東西爲列；馬從入，陳於庭，北首西上。於使者出[1]，主人有司受而以東，其特行也，亦準弔禮。

會喪

遣百寮會王公以下喪

制遣百寮會王公以下喪之禮，守宮先於主人第大門外，隨便量設百官文武應會弔者便次。

其日，司儀令先於主人第前寢庭，北面重行設百官位，以西爲上。百官應會弔者並赴，集主人第大門外便次，各服素服，司儀以次引入，就班位。立定，司儀贊“可哭”，諸官在位者皆哭，十五舉聲。司儀贊“可止”，在位者皆止。司儀引諸官行首一人升，詣主人前席位展慰_{非應致敬者則立慰}。訖，引降，出。又司儀引諸在位者以次出。_{不致敬者出，應致敬者再拜引退。}

策贈[2]

勅使冊贈諸王

勅使冊贈諸王之禮，守宮於主人大門外之西，設使者及使副次，南向。

其日，使人及副公服從朝堂受冊，載於犢車。使人及副各備鹵簿。_{鼓樂備而不作。}至主人大門外，降車，掌次者引之次。內外衰服[3]。司儀引主人以下就東階下位，婦人升，就堂上位，皆立哭。使者出次，謁者絳公服，引立於門西，東向。使副立於使者之南。持節者立於使者之北，少退。史二人對舉冊案，立於使副西南，俱東面。_{城外者無鹵簿，不持節。}司儀

---

① “於”字，公善堂本無，今據四庫本、《通典》卷一三五《開元禮纂類三十》校補。

② “策贈”，四庫本作“冊贈”。

③ “衰服”，《通典》卷一三五《開元禮纂類三十》作“縗服”。

入告,主人去杖免絰。司儀引主人出門,止哭,迎使者於大門外。見賓先入,立於門右,北面。

謁者引使者入,持節者先導,使副及持册案者次之。内外止哭。使者升,立於樞東北廂,南向。持節者在使者之東少南,西向。使副立於節南,持册案者立於使副東南,俱西面。司儀引主人升,立於階下,當使者北面。持節者脱節衣。史以册案進使副前,使副取册,案退,復位,使副以册進,使者受,稱:“有制。”主人降於階間,北面哭拜稽顙,内外皆哭。司儀引主人升,復北面位,内外止哭。使者讀册,訖,主人降於階間,北面哭拜稽顙,内外皆哭。司儀引主人升階,詣使者前,受册,退,跪,奠於樞東,興,降,立於東階下,西面。初使人受册訖,持節者加節衣。謁者引使者,持節者先導,使副及持案者次之,出,復門外位。司儀引主人出,内外止哭,拜送於大門外。使者還,主人絰杖哭而入。其使者應私弔,則通名,引入,弔如常禮,引出。

勅使册贈外祖父母　勅使册贈后父母
勅使册贈貴臣　勅使册贈蕃國主

右與册贈諸王禮同。若主人六品以下,則拜及受制皆於堂下。

凡册贈使者之尊卑,並準告授[1]。若册贈妃主,則内侍之屬爲使,其預行事者亦如之,同準告授[2]。凡册贈應謚者,則文兼謚又致祭焉,而致祭不必有謚贈也。凡贈官,通以攝印而畫綬。凡册贈之禮,必因其啟葬之節而加焉。其或既葬者,則主人仍於靈寢受之,禮如初。其或既除服及追而册贈者[3],主人受之於廟,禮亦如之。其異者,主人不哭,其服則公服若單衣介幘。其於靈寢若廟並預設祭以存神[4]。其未立廟者,則受之於正寢[5]。

---

[1] “告”,《通典》卷一三五《開元禮纂類三十》作“吉”。
[2] “告”,《通典》卷一三五《開元禮纂類三十》作“吉”。
[3] “及”,《通典》卷一三五《開元禮纂類三十》作“乃”。
[4] “存神”,《通典》卷一三五《開元禮纂類三十》作“告神”。
[5] 從“凡册贈使者之尊卑”至“則受之於正寢”一段文字,四庫本無。

會葬

遣百寮會王公以下葬

右與百寮會喪禮同。

致奠

勅使致奠諸王妃主喪

守宮於主人大門外量設便次。使者至，掌次者引之次。內外衰服。司儀引主人以下俱就東階下位，婦人就堂上位，皆立哭。使者公服出次，謁者絳公服，引立於門西，東向。執事者陳牢饌於使者東南，當門北面，西上。司儀入告，主人去杖，司儀引主人出內門，止哭，迎於大門外，見賓先入，立於門右，北面。

謁者引使者入，內外止哭。使者升自東階，立於柩東少北，南面。執事者以牢饌入，升，設於柩東，西面南上。司儀引主人升自西階，立於階上，當使者北面。執事者北面酌酒，西面奠於席，退，復位。使者曰：“某封若某位將歸幽宅，制使某奠。”主人降，詣階閒，北面哭拜稽顙，內外俱哭。謁者引使者及從者降，出，復門外位。初主人拜稽顙訖，司儀引主人退，哭於東階下。使者出，司儀引主人出內門，止哭，拜送於大門外。使者還，主人杖哭而入。

勅使致奠外祖父母喪　勅使致奠后父母喪　勅使致奠貴臣喪　勅使致奠蕃國主喪

右四條同致奠諸王妃主喪禮同[①]。

---

① “禮同”二字，公善堂本無，今據四庫本、《通典》卷一三五《開元禮纂類三十》校補。

卷第一百三十五　凶禮

中宮太皇太后皇太后皇后服[①]

舉哀

　　爲父母祖父母　　爲外祖父母　　爲諸王妃主
　　爲内命婦　　爲宗戚

成服

　　爲父母祖父母　　爲外祖父母

奔喪

　　奔父母祖父母喪

臨喪

　　臨外祖父母喪　　臨内命婦喪

除服

　　除父母祖父母喪服　　除外祖父母喪服

遣使弔

　　弔外祖父母喪　　弔諸王妃主喪　　弔宗戚喪

――――――――

　　①　卷一三五至一三七的原標題文字繁複,現標題"中宮太皇太后皇太后皇后服"、"東宮服"、"東宮妃服"字樣,是據正文内容,并參照張文昌《制禮以教天下――唐宋禮書與國家社會》附録一"《大唐開元禮》卷目與禮目表"(臺北:臺大出版中心 2012 年版,第 475 頁)擬定,以便檢索。

舉哀

爲父母祖父母舉哀

中宮爲父母、祖父母舉哀，本司散下其禮[①]，所司隨職供辦訖。舉哀前三刻，尚寢於後別殿東壁下設薦，爲舉哀位，西向。爲祖父母則北壁下，南向。前二刻，內謁者監於別殿前幨下設六宮哭位，重行，北面西上。其六宮並集，列於閤外次。司贊一人升，立於殿上東楹之南，掌贊二人立於階下，並西面。前一刻，尚儀版奏："外辦。"至時引后出，升殿，侍衛如常。內侍版奏訃，尚儀傳奏稱："某官若某夫人。以某月日辰薨。"后啼若哭，父母啼，祖父母哭。六宮從哭，盡一哀。后問故，又哭，盡哀。乃變素服，六宮皆素服，哭不絕聲，又盡哀。司賓引六宮入，各就班位。司贊稱再拜，掌贊承傳，凡司贊有辭，掌贊皆承傳。六宮在位者皆再拜。司贊稱哭，六宮在位者皆哭，十五舉聲，司贊稱止，六宮在位者皆止。司贊稱再拜，六宮在位者皆再拜。司贊稱下，司賓引六宮退。尚儀跪，奏："請哭止。"后止，從臨者皆止。后退舍別次，六宮以下侍衛如初。於閤哭臨如常禮。

其日晡臨，晡前二刻奏嚴，六宮赴集，一刻奏辦，至時引后就哭位，餘如常。尚儀跪，奏："請哭。"后哭，六宮從臨者皆哭，十五舉聲。司贊稱："哭止。"六宮在位者皆止，但無復拜禮，其他贊引如初。自後奔赴如別禮。

若有疾故，未及奔喪，則自後朝晡赴集奏引即位哭及於閤臨皆如初，以至成服而後奔喪。后爲父母之舉哀也，其有在宮公主，爲外祖父母小功者。亦服素服，引升，即位於戶內之東，北面，與后俱哭臨，於六宮等之退也，贊止引退。其有曾祖、高祖父母薨，舉哀與爲祖父母同。

爲外祖父母舉哀

右與祖父母舉哀禮同。其異者，於別宮次，其日晡後臨，凡三朝哭

---

① "本司散下其禮"，公善堂本原作"其禮本司散下"，今據《通典》卷一三六《開元禮纂類三十一》校改。

臨而止。

爲諸王妃主舉哀

右與爲外祖父母舉哀禮同。其本服大功者，其日晡後即服本服；小功以下者，一舉哀而止[1]。

爲内命婦舉哀

右與爲諸王妃主舉哀禮同。其九嬪以下，一舉哀而止。

爲宗戚舉哀

右與爲諸王妃主舉哀禮同。

成服

爲父母祖父母成服 后聞喪，有奔喪之禮，故成服篇在諸舉哀之後。

三日成服，本司散下其禮，所司隨職供辦。尚寢先於后舉哀別殿東壁設素褥牀席，爲后成服位，西向。爲祖父母則北壁下，南向。尚服先製后齊衰周之服，又製六宮之服亦如之。

其日，成服前三刻，尚儀版奏："請中嚴。"其別殿上女侍臨者代哭如初。成服前二刻，司贊於別殿前幔下整設六宮哭位如初。又於殿上后位前設席爲奉慰位。六宮並仍初服，集列於閤外次。女侍者各以篋奉其衰服進，授，仍贊變服焉。司贊一人升，立於殿上東楹之南，掌贊二人立於階下，俱西面。尚服以篋奉衰服升東階，北面立。成服前一刻，尚衣版奏："外辦。"

至時，后仍初服即位，六尚以下侍從之禮如初[2]。尚儀跪，奏："請哭。"后哭，從臨者皆哭，十五舉聲。尚儀跪，奏："請哭止，成服。"后止，尚服以篋奉衰服進，跪，授，興，仍贊變服焉。於變服則權設步障，已而去之。變

---

① "其日晡後即服本服小功以下者一舉哀而止"，四庫本作"其日晡哭而止其本服小功以下者一舉哀而止"。

② "侍從之禮"，四庫本、《通典》卷一三六《開元禮纂類三十一》並作"侍衛"。

服已，尚儀跪，奏："請哭。"后哭。司賓引六宮入，即班位。立定，司贊稱拜，六宮在位者皆再拜。司贊稱哭，六宮在位者皆哭，十五舉聲。司贊稱止，六宮在位者皆止。司賓引六宮行首一人升，詣后前，跪，奉慰，興，司賓引降，還本位。司贊稱拜，六宮在位者皆再拜，訖，司賓引六宮退。尚儀跪，奏："請止哭。"后止，從臨者皆止。后退舍別殿，六尚以下侍衛如初。於閤哭臨如初。其日晡臨，晡前二刻奏嚴，六宮赴集。一刻奏辦，引即位哭如初。

其有公主應從成服者，則製小功五月之服，引即哭位如初，與后俱成服哭臨，先拜慰如六宮之儀。於六宮退，贊止引退。自後朝晡哭臨如初，以至卒哭。若公除如別禮。其爲曾祖、高祖父母，則與其六宮成齊衰三月之服如常禮。

爲外祖父母成服

右與祖父母成服禮同。其異者，六宮俱成小功五月之服。其日，內外應交慰者赴集奏引即上下位次，哭臨撫慰及拜哭奉慰如常禮。自後皆然。外命婦女及百官五品以上並無服①，諸親等亦赴集奉慰如常。自後皆然。其諸王妃主以下喪，則舉哀之日奉慰。

奔喪

奔父母祖父母喪

后奔父母、祖父母喪，本司散下其禮，所司隨職供辦。尚舍先設行宮便殿於主人大門外之右，南向。又於便殿之後及左右廂，量設六宮以下陪從者便次。又於喪寢前設障幕，爲六宮以下拜哭次。主人五屬之親於車駕未至之前並集，列於主人第。

其日，出宮前四刻，尚儀版奏："請中嚴。"出宮前三刻，諸衛等備列常行仗衛鹵簿於所出宮門外內如常儀。出宮前二刻，內謁者監於主人第喪寢戶西，若殯西。設薦席爲后哭位，東向。其奔祖父母喪，則戶內之西，南廂北面也。又於喪寢庭幕下北面，重行設六宮以下拜哭位次，北面西上。以下

---

① "五品以上"，四庫本、《通典》卷一三六《開元禮纂類三十一》並作"三品以下"。

從者各素服。鴻臚於喪寢北張幃幕，爲主人五屬婦人哭位。其六宮以下從者各素服集列以俟，陪從如常式。已成服則服衰服。內僕進輂車，其仗衛之屬應充鹵簿者，並以次整列於所出宮門外如常儀。未出宮前一刻，其六尚以下應陪從者，並以次進迎如常式。小輿進於中庭。

　　至時，尚儀版奏：“外辦。”后仍舉哀之服，升輿出，已成服則服衰服。三面周以白布行幛。至閣外，后降輿，升輂車。內僕執御，其內侍以下前導夾引輿，六尚以下乘車陪從如常儀。六宮等應從者，乘車以次序從如常，仗衛夾引。后哭，從臨者隨哭不絕聲。於后未至之前，司儀贊主人內外五屬之親各出，就前堂哭位，五屬婦人出，就後幕下位，俱如喪寢之儀。內謁者監一人升，立於喪寢東楹之東南，內給使二人於階下，並西面。

　　后至主人第降車所，尚儀跪，奏：“請降車入。”后降車，仍哭，入自闈門，三面周以行幛。從臨者仍哭從不絕聲，六尚以下哭從如初，侍者夾扶。主人降，詣東階之南，仍立哭。其奔祖喪，則主人仍喪位以待①。衆主人並降，立於主人之後，西面北上，立哭。以服精麤爲序。后至喪寢庭，主人哭止，再拜，仍立哭。女侍者扶引后哭，升自西側階，進尸西，跪憑尸，撫心哭，從臨者皆哭。於后之升也，內謁者監及司賓引六宮引以下從奔者各權舍於便次，其仗衛鹵簿屯列於外內如常式。主人以下應升者各即位哭。后哭，盡一哀，仍扶引即位哭，從臨者仍哭。若已殯，則先引進靈前，跪，憑靈哭，盡哀，奏引退，西面再拜，乃即位而哭。內謁者監及司賓引六宮以下入，即班位，內謁者監稱拜，給使承傳，唱“可拜”，凡內謁者監有辭，給使皆承傳。六宮以下皆再拜。內謁者監稱哭，六宮以下在位者皆哭，十五舉聲。內謁者監稱止，六宮以下在位者皆止。若已成服，則引行首升，拜慰如常禮。內謁者監稱拜，六宮以下在位者皆再拜。內謁者監及司賓引六宮以下退，還便次。尚儀跪，奏：“請哭止。”后止，從臨者皆止。后降，即便殿，內侍版奏：“解嚴。”將士仍不得輒離部伍。

　　其成服已，則百官應奉慰者皆赴奉慰如常禮。自後，后依時哭臨如常禮。其爲父若祖父喪，則自後奏引哭於後寢次。其未成服而奔，則至成服日，即

---

①　“喪位以待”，四庫本、《通典》卷一三六《開元禮纂類三十一》作“立哭以待”。

與主人俱成服。其奔父母之喪，則成服而還宮。其有別勅令還宮，則隨旨期。其未即還宮也，則鹵簿仗衛及六宮以下應還者先還；其六宮以下之留者，與后依時哭臨及成服如后之禮。

於后還宮日之朝，諸應奉迎之官及仗衛鹵簿等，並赴主人第奉迎如式。於還宮日，車從未發前三刻，尚儀版奏：“請中嚴。”諸衛整列鹵簿於還途如來儀。至時，尚儀版奏：“外辦。”后哭拜，訖，六尚夾引后降出如常，侍從者夾引左右如初。主人拜送如常儀。后出內門，奏止哭，升車，從臨者皆止，三面周以行幃，六宮以下各乘其車，序從如初。至閤外，尚儀跪，奏：“請降，入。”后降車，升輿入，內侍以下陪從至閤如初。內侍版奏：“解嚴。”諸列鹵簿者各還其所。自後赴葬及練祥，則出入如初禮。

皇太后、皇后於父母若祖父母之喪，比葬以還而不赴葬，則於啟日之朝也，與六宮以下服衰服，奏引各即上下位次，哭臨拜慰如初。若父在祖父在爲母若祖母之喪，十一月而小祥，則與六宮以下，於位次行變除之禮，易以練總，除腰經，哭臨受慰如常禮。其稟旨行公除之禮，則十三日而除，其行除禮如別條。

臨喪

臨外祖父母喪

右與奔祖父母喪禮同。其異者，乘犢車，其仗衛羽儀之屬則如平常。而位於喪寢中閒之西，北壁下，南面。即位乃哭，其主人內外五屬之親並哭於前堂，婦人哭於後庭。應升者待令乃升。皇太后、皇后每出臨，若須嚴皷，並須準所臨遠近及鹵簿備略，稟旨在於當時。

臨內命婦喪

后臨內命婦喪，本司散下其禮，所司隨職供辦。降臨前二刻，尚儀版奏：“請中嚴。”尚寢先於命婦以下喪寢中閒北厢設素褥牀席①，爲后哭位，南向。小輿進於內庭。降臨前一刻，尚儀版奏：“外辦。”后服素服升

---

① “素褥牀席”，四庫本亦作“素褥牀席”，《通典》卷一三六《開元禮纂類三十一》作“素下牀席”。

興出，常侍從者侍衛如常式。至内命婦以下喪寢，降輿，即位哭，侍衛如常式。於后之將至也，女侍者啟引亡者所生皇子降東階之南，西面再拜。已成服則去杖。又女侍者啟引亡者所生皇女出北户，降寢北，面南再拜。引並升，復位，哭如初。尚儀跪，奏：“請哭。”后哭，從臨者皆哭，十五舉聲。尚儀跪，奏：“請哭止，撫慰皇子等。”后止。女侍者引皇子就后前跪哭，后撫慰皇子，興，再拜，仍立哭。又引皇女進，后撫慰如撫慰皇子之禮。尚儀跪，奏：“請還。”后升輿，引降，還，侍衛如初。於后之降也，侍者啟引皇子降，拜，引升，復位哭，女侍者啟引皇女降，拜，引升，復位哭，並如初。

除服

除父母祖父母喪服

后除父母、祖父母喪服，本司散下其禮①，所司隨職供辦。尚服先製后及六宫以下素服。内謁者監先於别殿閣外，整設六宫以下便次如初。又於别殿前整設幛幔，爲六宫以下拜哭次如初。以十三月而除服。於除服前之夕，后晡臨已，有司除其故位次，而設新衣牀席焉②。

其日，平明後而除服。於除服前三刻，尚儀版奏：“請中嚴。”六宫以下各具本司啟嚴。女侍臨者升列於别殿上，哭臨如初。除服前二刻，司贊於别殿前幔下，整設六宫以下位次如初。又於堂上后位前設席，爲跪奉慰位如初。六宫以下仍衰服，集列於閣外便次。女侍者以篋奉素服進授，仍贊變除焉。司贊一人升，立於堂上東楹之南，掌贊二人立於堂下，並西面。尚服以篋奉素服升，東閒北面立。前一刻，尚儀版奏：“外辦。”

后仍服衰服出，升，即位次，侍衛如初。后哭，從臨者皆哭，十五舉聲。尚儀跪，奏：“請哭止，從禮制除服。”后止，尚服以篋奉素服進，跪，授，興，仍贊變除焉。於變服則權設步障，已而去之。其從臨者亦從變除。變除已，尚儀又跪，奏：“請哭。”后哭。司賓引六宫以下入，即班位。司贊稱拜，掌

---

①　“本司散下其禮”，公善堂本原作“其禮本司散下”，今據《通典》卷一三六《開元禮纂類三十一》校改。

②　“新衣牀席”，四庫本、《通典》卷一三六《開元禮纂類三十一》作“新下牀席”。

贊唱"可拜。"凡司贊有辭，掌贊皆承傳。六宮以下在位者皆再拜。司贊稱哭，六宮以下在位者皆哭[1]，十五舉聲。司贊稱止，六宮以下在位者皆止。司賓引六宮行首一人升，進后前席位，跪，奉慰，興，司賓引降，還本位。司贊稱拜，六宮以下在位者皆再拜。司賓引六宮以下出，各還宮寢如常。尚儀跪，奏："請哭止，還。"后哭止，從臨者皆止，后降，還內寢，侍衛如初。

除外祖父母喪服

右與除祖父母喪服禮同。其行公除之禮，則五日而除。

遣使弔

弔外祖父母喪

本司散下其禮，所司隨職供辦。內給事二人爲使者。守宮先於主人第大門外之右設使者次，南向。

其日，使者至，掌次者延入次。內外衰服。司儀引主人以下俱立哭於東階下，婦人立哭於殯所如常儀。使者素服出次，內典引引使者立於大門外之西，東向。內給使二人以案奉令書，立於使者之南，差退，俱東面。司儀入告，主人去杖免絰，司儀引出門，止哭，迎於大門外，見賓先入，立於門右，北面。內典引引使以下入，內外止哭，使者入門而左，立於階間，南面。持案者立於使者之西南，東面。司儀引主人進，當使者前，北面。內給使以案進，詣使者前，使者取弔書，持案者退，復位。使者稱："有令弔。"主人哭拜稽顙，內外皆哭。司儀引主人進，受弔書，退，立於東階下，西面哭。內典引引使者以下出，復門外位。主人以弔書授左右。司儀引主人出內門，止哭，拜送於大門外。使者還，主人杖哭而入，取弔書於階下，升，奠於柩東。其使者須私弔，則通名，引入，弔如常禮，訖，引出。

---

① "在位者"三字，公善堂本無，今據四庫本、《通典》卷一三六《開元禮纂類三十一》校補。

弔諸王妃主喪　弔宗戚喪

右皆與遣使弔外祖父母喪禮同。凡葬及練祥使弔之禮並同①。

---

① “凡葬及練祥使弔之禮並同”十一字，公善堂本無，今據四庫本、《通典》卷一三六《開元禮纂類三十一》校補。

卷第一百三十六　凶禮

東宮服

舉哀

爲諸王妃主舉哀　　爲良娣舉哀　　爲良媛等舉哀
爲外祖父母舉哀<small>并成服除服</small>　　爲妃父母舉哀<small>并成服除服</small>
爲師傅保舉哀　　爲宗戚舉哀<small>闕文</small>　　爲宮臣舉哀

臨喪

臨諸王妃主喪　　臨外祖父母喪　　臨妃父母喪
臨師傅保喪　　臨宗戚喪　　臨宮臣喪

遣使弔

使弔諸王妃主喪　　使弔外祖父母喪　　使弔妃父母喪
使弔師傅保喪　　使弔宗戚喪　　使弔宮臣喪
使弔上臺貴臣喪

致奠

外祖父母喪奠　　妃父母喪奠　　師傅保喪奠　　宮貴臣
喪奠

舉哀

爲諸王妃主舉哀

皇太子爲諸王妃主舉哀，本司散下其禮，所司隨職供辦。齋師先於宜秋門外道東設皇太子次，南向，周以行幃，設素下牀褥席。守宮於重明門外設宮臣七品以上便次。

其日，舉哀前三刻，左庶子版奏："請中嚴。"舉哀前二刻，諸衛率列仗如常掌儀。於次前設宮臣五品以上哭位，文東武西，重行北向，相對爲首。又設一品以下七品以上位於帷宮門外，亦如之。又於次前設奉慰位。宮臣七品以上應陪慰者，並赴集便次，改服素服。前一刻，通事舍人引一品以下俱就門外位。文武侍衛之官並詣閤奉迎如常式。左庶子版奏："外辦。"

皇太子服素服，升腰輿出閤，從幃宮後門入，降輿，就哭位即座坐[①]，侍衛如常儀。左庶子跪，奏："請爲某王若某公主，某王太妃。舉哀。"俛伏，興。皇太子哭。通事舍人引宮臣五品以上入，各就班位。立定，舍人贊拜，宮臣在位者皆再拜。舍人贊哭，宮臣在位者皆哭，十五舉聲。舍人贊止，宮臣在位者皆止。舍人引宮臣行首一人進，詣奉慰位，跪，奉慰，俛伏，興，引退，還本位。舍人贊拜，宮臣在位者皆再拜。舍人引宮臣等出。其六品以下位於門外者，典謁贊拜、贊哭、贊止、引退皆如門內之儀。左庶子跪，奏："請哭止。"俛伏，興，還本位。皇太子止哭[②]，升腰輿還，侍衛至閤如常。

其日晡哭，則晡前二刻奏嚴[③]，一刻奏辦，皇太子仍初服出，即位次，哭如初。其宮臣等非近侍者，其日晡臨不集。

皇太子於師、傅、保奉慰再拜，則左庶子奏："興受。"答再拜，乃坐哭。自後本服周者，三朝哭而止。本服大功者，其日晡哭而止。本服小功以下，一舉哀而止。其有皇子、皇孫應陪舉哀者，皇子則位於皇太子之下，絕位，皇孫則位於東閒之南，北面，與皇太子俱哭。於引宮臣以下退已，乃贊止，引退。其應拜慰者，引進、跪、奉慰如常禮。自下皆然。

爲良娣舉哀

右與爲諸王妃主舉哀禮同。其異者，於內別殿三朝哭而止。

---

①　"即座坐"，《通典》卷一三六《開元禮纂類三十一》作"即坐"。

②　"止哭"，四庫本、《通典》卷一三六《開元禮纂類三十一》作"止"。

③　"晡"字，公善堂本無，今據四庫本、《通典》卷一三六《開元禮纂類三十一》校補。

爲良媛等舉哀

右與良娣禮同，一舉哀而止。

爲外祖父母舉哀_{并成服、除服。妃父母附。}

本司散下其禮，所司隨職供辦。齋師先於東宮別殿北壁下設素下牀席，爲皇太子舉哀成服位，南向。有司先製皇太子小功五月之服，其爲妃父母，則製緦麻三月之服。所司先於重明門外之左右，量設宮臣以下次。

其日，舉哀前三刻，左庶子版奏："請中嚴。"舉哀前二刻，諸衛率屯門列仗如常。掌儀於舉哀殿前設宮臣五品以上哭位，文東武西，重行北向，相對爲首。又設一品以下九品以上哭位於舉哀殿門外，亦如之。又於階下當舉哀位，北向設奉慰位。宮臣應陪臨者並赴集便次，改服素服。齋師以篋奉衰服升，立於殿東閤，北面立。典謁引一品以下九品以上俱就門外位。文武侍衛之官詣閤奉迎。舉哀前一刻，左庶子版奏："外辦。"至時，皇太子服素服，升輿出，升別殿，降輿，即哭位，侍衛如常儀。左庶子跪，奏："請爲故某官_{若某郡君}。舉哀。"俛伏，興。皇太子哭，十五舉聲。左庶子跪，奏："請哭止，成服。"俛伏，興。

成服

皇太子止哭。齋師以篋奉服進[1]，跪，授，興，仍贊變服焉。_{於變服則權設步障，已而去之。}成服已，左庶子又跪，奏："請哭。"俛伏，興。皇太子哭。通事舍人引宮臣五品以上入，就殿前位。舍人贊拜，宮臣在位者皆再拜。舍人贊哭，宮臣在位者皆哭，十五舉聲。舍人贊止，宮臣在位者皆止。舍人引宮臣行首一人進，詣奉慰位，跪，奉慰，俛伏，興，舍人引退，還本位。舍人贊拜，宮臣在位者皆再拜。舍人引五品以上退出。其六品以下位於門外者，典謁贊拜、贊哭、贊止、引退如殿庭之儀[2]。左庶子

---

① "服"，《通典》卷一三六《開元禮纂類三十一》作"縗服"。
② "殿庭"，四庫本作"門内"。

跪，奏：“請哭止。”俯伏，興，還本位。皇太子止，升輿降還[1]，侍衛詣閤如初[2]。

其日晡哭，則晡前二刻奏嚴，一刻奏辦。皇太子服衰服，出，即位次，哭如初。宮官不集。自後朝晡，凡三日而止。

除服[3]

皇太子除外祖父母喪服之制，本司散下其禮，所司隨職供辦。守宮先於重明門外之左右設宮臣次如初。於除服前之夕，有司於別殿設下牀席焉。其日平明而除服。外祖父母則五月，妃父母則三月，並先於下旬之吉也。其從朝制公除，則外祖父母五日，妃父母三日而除之。於除服前三刻，左庶子版奏：“請中嚴。”諸衛率屯門列仗如常。掌儀於別殿前設宮臣位如初。又設奉慰位如初。又設一品以下九品以上位於別殿門外如初。宮官文武應陪臨者並赴集便次，各改服素服，掌儀引就門外位。齋師以篋奉素服吉屨，升殿東閣，北面立。腰輿詣寢庭，侍衛之官詣閤奉迎如常式。除服前一刻，左庶子版奏：“外辦。”皇太子仍衰服，御輿出，升堂，降輿，即位。其近侍之官從升，侍衛夾引如常儀。左庶子跪，奏：“請哭。”俛伏，興。皇太子哭，十五舉聲。左庶子跪，奏：“請哭止，除服。”俛伏，興。皇太子止。齋師奉衣屨進，跪，授，興，仍贊變服焉。於變服權設步障，已而去之。變服已，左庶子跪，奏：“請哭。”俛伏，興，還本位。皇太子哭。通事舍人引宮臣五品以上入，各即班位。舍人贊拜，宮臣在位者皆再拜。舍人贊哭，宮臣在位者皆哭，十五舉聲。舍人贊止，宮臣在位者皆止。舍人引宮臣文武行首一人進，詣奉慰位，跪，奉慰，俛伏，興，引退，還本位。舍人贊拜，宮臣在位者皆再拜。舍人引宮臣等出。其六品以下位於門外者，典謁贊拜、贊哭、贊止、引退如門內之儀。左庶子跪，奏：“請哭止，還。”俛伏，興，還本位。皇太子止，御輿降還，近侍詣閤如常儀[4]。

皇太子於師、傅、保奉慰再拜，則左庶子奏：“興受。”答再拜，乃坐

---

① “升輿降還”，四庫本作“升腰輿還”。
② “詣閤”，四庫本、《通典》卷一三六《開元禮纂類三十一》並作“從至閤”。
③ “除服”，四庫本作“爲外祖父母除服爲妃父母除服禮同”。
④ “近侍詣閤如常儀”，四庫本作“近侍詣閤侍衛從至閤如常儀”。

902

哭。皇太子爲外祖父母除服，則皇子等位於太子之下，差退，即位次哭，變服素服，又哭，引退如皇太子之儀。其皇孫等服素服，侍者引即庭拜，引升，位於東閤之南，北面，與皇太子俱哭。於皇太子變服已，重哭，則引進皇太子前，跪，奉慰，俛伏，興，再拜，復位，哭。於宮官等退，贊哭止，引復階下位，拜，退。

爲師傅保舉哀

右與爲諸王舉哀禮。同其異者，一舉哀而止。

爲宗戚舉哀闕文①

右與爲妃主舉哀禮同。其異者，一舉哀而止②。

爲宮臣舉哀

右與爲諸王舉哀禮同。其異者，一舉哀而止。其爲舉哀，通第三品以上，其餘官即隨恩賜之淺深也。

臨喪

臨諸王妃主喪

皇太子臨諸王妃主之喪，本司散下其禮，所司隨職供辦。守宮先於重明門外之左設三師等次。又於主人第大門外之右設皇太子便次，南向。又於大門外之左右隨便設諸陪從之官次。其所臨者，五屬之親先入，列於主人之第。其執事預於寢北設障幔，爲主人五屬婦女拜哭次。

其日，出宮前四刻，左庶子版奏："請中嚴。"出宮前三刻，搥一鼓爲一嚴。三嚴時節，前一日左庶子奏裁。二衛率等備列常行仗衛鹵簿於所出宮門外內如常儀。出宮前二刻，又搥二鼓爲再嚴。奉禮於重明門外之左右設宮官從者位，文東武西，重行相對，皆以北爲上。齋師先於主人第大門外次內設皇太子座，南向。又於主人堂上中閒近北設素下牀席，爲皇

---

① "闕文"二字，四庫本無。

② "右與爲妃主舉哀禮同其異者一舉哀而止"十七字，公善堂本無，今據四庫加。

太子哭位，南向。掌儀於主人庭中設從官之位，文東武西，北面重行，相
對爲首。又於皇太子座前階下設奉慰位。主人執事於堂下設五屬之親
位於東階之東，重行，西面，北上。以服精麤爲序，而尊者差前。又設五屬婦女
位於堂北幔下：主女位於東廂，西面南上；妻妾位於西廂，東面南上；衆
婦人位於北廂，南面，諸婦人在西，諸親在東，相對爲首。俱以服精麤爲序，而
尊者差前。五屬内外並陪臨於此所。其陪從宮官以下，皆常服赴集其位。有司
整列皇太子四望車及副車仗衛之屬應列鹵簿者於内外如常儀。出宮前
一刻，又搥三鼓爲三嚴。諸侍衛之官俱詣閤奉迎。左庶子版奏：
"外辦。"

皇太子服常服，升輿以出，扇蓋及侍從如常儀。皇太子降輿升車，
中允進，跪，奏稱："中允臣某言，請車發。"俛伏，興，退，復位。凡中允奏請，
皆進，跪，奏稱"某官臣某言"，訖，俛伏，興。車動，中允與贊者夾引以出。至侍臣
上馬所，中允奏稱："請車權停，令侍臣上馬。"左庶子承令，退稱："令曰
諾。"中允退稱："侍臣上馬。"贊者承傳，文武侍臣皆上馬畢，中允奏稱：
"請車發。"退，復位。皇太子車動，鼓吹不作，三師乘車訓導，三少乘車
訓從，宮臣文武應陪者皆乘馬以從如常。

至主人門外次前，左庶子進，跪，奏："請降車。"俛伏，興，還侍位。
皇太子降車，升輿入次前①。其車輿以下鹵簿仗衛之屬，列於次前之左
右。皇太子變服素服，其陪從之官各就次變服素服，侍臣及文武官不變
服②。相者引主人内外五屬之親各服衰服就堂下位次哭。掌儀一人立
於堂下東階東南，贊者二人立於其南，差退，俱西面。皇太子變服訖，升
輿出，侍衛左右如初。主人免經去杖，相者仍引出門外，望見輿，止哭，
再拜迎。引主人先入，門右西面立，不哭。其未殯，則通拜迎拜送於大門内。相
者贊衆主人以下皆止哭。

皇太子至堂，左庶子跪，奏："請降輿，升。"俛伏，興。於所臨之喪非尊者，
則乘輿升堂③。皇太子降輿，升自東階，即哭位。應拜者則奉引拜靈乃坐。侍臣
夾引列於户内外及階下之左右，其仗衛鹵簿止列於門外内之左右，並如

---

① "入次前"，《通典》卷一三六《開元禮纂類三十一》作"入次"。
② "及文武官"，《通典》卷一三六《開元禮纂類三十一》與公善堂本同。四庫本作"武官"。
③ "乘"，四庫本、《通典》卷一三六《開元禮纂類三十一》作"仍"。

常儀。司儀引主人進中庭，北面。掌儀稱拜，主人以下應拜者皆再拜。令引主人升。司儀引主人升，立於戶內之東，西面。

左庶子跪，奏：“請哭。”俛伏，興。皇太子哭。掌儀稱哭，贊者承傳，唱：“可哭。”凡掌儀有辭，贊者皆承傳。主人以下及在位者皆哭。通事舍人引諸從官應陪位者入，即班位。立定，掌儀稱拜，從官在位者皆再拜。掌儀稱哭，從官在位者皆哭，十五舉聲。掌儀稱止，從官在位者皆止。通事舍人引從官行首一人進，詣奉慰位，跪，奉慰，俛伏，興，引退，還本位。掌儀稱拜，從官在位者皆再拜，訖，舍人引從官出。左庶子跪，奏：“請哭止，撫慰主人。”俛伏，興。皇太子止，興，就主人前執手，訖，主人再拜，皇太子復位哭，又盡一哀。凡所臨非本服五屬之親，則一哀而止。左庶子跪，奏：“請哭止。”俛伏，興。皇太子止。掌儀稱止，主人以下在位者皆止。司儀引主人降，立於庭中之東，北面。掌儀稱拜，主人以下在位者皆再拜。

左庶子奏：“請還。”皇太子降，升輿出，侍衛如初。司儀引主人先出，俟於大門外，拜送。皇太子至次，降輿，即坐[①]，服常服。司儀引主人哭還廬次。

皇太子停大次，未發前三刻，左庶子版奏：“請嚴。”有司依式預奏三嚴，每嚴搥鼓如初。二衛率等整列仗衛鹵簿於還塗如來儀。奉禮設宮官陪從者位於皇太子次前道左，文左武右，重行向道[②]。陪從之官各於次變服，訖，謁者各引就班位。三嚴已，左庶子又奏：“外辦。”皇太子升輿出，升車還宮。左庶子奏請及宮官陪從、不鳴鼓吹，皆如來儀。到重明門外，宮官文武皆下馬，三師三少各還。皇太子至殿前，迴車南向。左庶子跪，奏：“請降車。”俛伏，興。皇太子降車，乘輿入，侍臣從至閤。庶子奏：“請解嚴。”將士各還其所，宮官皆退。

臨外祖父母喪　臨妃父母喪　臨師傅保喪　臨宗戚喪　臨宮臣喪

右與臨諸王妃主喪禮同。

---

① “即坐”，四庫本作“即位”，《通典》卷一三六《開元禮纂類三十一》作“即座”。

② “文左武右重行向道”，四庫本、《通典》卷一三六《開元禮纂類三十一》作“文武皆重行向道”。

其臨諸妃主以下内喪，則並於前寢次。其尊親應就喪殯寢者，則臨殯寢可。
凡所臨諸王妃主以下喪，若未殯，若已殯，或臨啟引，或練禫，皆以本服
親疎及恩賜淺深而爲疏數之異。其親臨之儀及主人迎待之式，其禮如
初。其所臨者若鄰宮闕，率爾往還，則容不備常行仗衛與嚴鼓，皆禀當
時別旨而爲儀注。其宮臣陪從文武之官，亦準臨時備略。備之言警衛備也，
略之言不備。皇太子每過太廟，則左庶子奏式，過乃復常。

遣使弔

遣使弔諸王妃主喪

本司散下其禮，所司隨職供辦。守宮先於主人第大門外之右設使
者次，南面。其日，使者至，掌次者引之次。内外衰服。司儀引主人以
下俱立哭於東階下，婦人立哭於殯所如常儀。使者素服出次，司儀引使
者立於大門外之西，東向。史二人以案奉令書，隨立於使者之南，差退，
俱東面。司儀入告，主人去杖免絰。司儀引主人出門，止哭，迎於大門
外，見賓先入，立於門右，北面立。司儀引使者以下入，内外止哭，使者
入門而左，立於階閒，南面。持案者立於使者西南，東面。司儀引主人
進，當使者前，北面。史以案進，詣使者前，使者取弔書，持案者退，復
位。使者稱："有令弔。"主人哭拜稽顙，内外皆哭。司儀引主人進，受弔
書，退，立於東階下，西面哭。司儀引使者以下出，就門外位。主人以弔
書授左右，司儀引主人出，内外止哭，拜送於大門外。使者還，主人杖哭
而入，取弔書於階下，升，奠於柩東。使人若須私弔，則通名，引弔如常
禮，引出。

遣使弔外祖父母喪　遣使弔妃父母喪　遣使弔
師傅保喪　遣使弔宗戚喪　遣使弔宮臣喪　遣
使弔上臺貴臣喪

右與弔諸王妃主喪禮同。

賻贈

其所弔宮臣喪葬，若有賻贈之禮，與弔使俱行，則有司預備物數。其日，使者至主人第大門外便次，物陳於使者幕南，東西爲列。使者以下入，即庭中位，物隨入，陳於使者位南，亦東西爲列。於使者出，主人有司受而東。其特行也，亦準弔禮。

致奠

遣使致奠外祖父母喪

本司散下其禮，所司隨職供辦。守宮於主人大門外量設便次。使者至，掌次者引之次。內外衰服，司儀引主人以下俱就東階下位，婦人就堂上位，皆立哭。使者公服出次，謁者絳公服，引立於門西，東向。執事者陳牢饌於使者東南，當門北面西上。司儀入告，主人去杖。司儀引主人出內門，止哭，迎於大門外，見賓先入，立於門右，北面。謁者引使者入，內外止哭，使者升自東階，立於柩東少北，南面。執事者以牢饌入，升，設於柩東，西面南上。司儀引主人升自西階，立於階上，當使者北面。執事者酌酒，西面奠於席，退，復位。使者曰：“某封若某郡君。將歸幽宅，令使某奠。”主人降，詣階間，北面哭拜稽顙，內外俱哭，謁者引使者及從者降出，復門外位。初主人拜稽顙訖，司儀引主人退，哭於東階下。使者出，司儀引主人出內門，止哭，拜送於大門外。使者還，主人杖哭而入。

遣使致奠妃父母喪　遣使致奠師傅保喪
遣使致奠宮貴臣喪

右與致奠外祖父母喪禮同。

卷第一百三十七　凶禮

東宮妃服

聞喪

　　聞父母祖父母喪　　聞外祖父母喪　　爲諸王妃主舉哀
　　爲良娣以下舉哀　　爲宗戚舉哀

奔喪

　　奔父母祖父母喪

臨喪

　　臨外祖父母喪　　臨良娣以下喪

除喪

　　除父母祖父母喪　　除外祖父母喪

　　聞喪

聞父母祖父母喪

皇太子妃爲父母、祖父母舉哀。

　　其日，赴喪者至，本司散下其禮，所司隨職供辦訖。舉哀前三刻，司則版啟："請中嚴。"掌筵先於別殿東壁下設薦，爲妃舉哀位，西向。爲祖父母則北壁下，南向。別殿前設幄，幄北面設良娣以下位，西上。前二刻，女侍臨者集列於閤外便次。司則一人升，立於殿上東楹之南，女史二人立於階下，並西面。前一刻，司則版啟："外辦。"

　　至時，引妃出，升殿，侍衛如常。典内版啟赴聞，司則傳啟，稱"某官若某夫人。某月日辰薨。"妃啼若哭，_{父母啼，祖父母哭。}盡一哀，問故，又哭盡哀。妃改素服，良娣以下侍臨者皆素服哭入盡哀。女侍者_{以司闈下女使充。}引良娣以下入，各就位。司則稱"拜"，女史承傳，_{凡司則有辭，女史皆承傳。}良娣以下在位者皆再拜。司則稱哭，良娣以下在位者皆哭，十五舉聲。司則稱止，良娣以下在位者皆止。司則稱"拜"，良娣以下在位者皆再拜。司則稱下，女侍者引良娣以下退。司則跪，啟："請哭止。"妃止，從臨者皆止。妃退舍別次，侍從者侍衛如常。於閣哭臨如常禮①。

其日晡臨，前二刻啟嚴，良娣以下赴集。一刻啟辦。至時，引各復位。司則跪，奏："請哭。"妃哭臨如初，良娣以下皆哭，十五舉聲，司則稱止，皆止，但無拜，其他如前儀。

妃爲父母之喪舉哀，其妃女亦素服，引升位於戶內之東，北面，與妃俱哭，於良娣以下之退也，贊止，引退。自後奔赴如別禮。其有疾故未及奔，則自後朝晡赴集，啟引即位哭臨如初，以至成服。

右若曾祖、高祖父母薨，舉哀與爲祖父母同。

成服

三日成服。本司散下其禮，所司隨職供辦。掌筵先於妃舉哀別殿東壁設素下牀席，爲妃成服位，西向。爲祖父母則北壁，南面。所司先製妃齊衰周之服，又製良娣以下服亦如之。

其日，成服前三刻，司則版啟："中嚴。"女侍臨者升，列於別殿上，哭不絕聲。前二刻，司則於別殿前幔下整設良娣以下哭位如初。又於殿上妃位前設席，爲奉慰位。良娣以下仍初服，集列於殿閣外次。女侍者各以篋奉衰服進授，仍贊變服焉。司則一人升，立於殿上東楹之南，女史二人立於階下，並西南面②。掌嚴以篋奉衰服升，東閨北面立。成服前一刻，司則版啟："外辦。"

妃仍初服即位，侍衛如初。司則跪，啟："請哭。"妃哭，從臨者皆哭，十五舉聲，司則跪，奏："請止哭，成服。"妃止。掌嚴以篋奉衰服進，跪，授，興，乃贊變服焉。_{於變服則權設步障，已而去之。}變服已，司則又跪，啟："請

---

① "閣"，《通典》卷一三七《開元禮纂類三十二》作"閤"。

② "西南面"，四庫本、《通典》卷一三七《開元禮纂類三十二》並作"西面"。

哭。"妃哭。女侍者引良娣以下入即位。司則稱拜，良娣以下在位者皆再拜。司則稱哭，良娣以下在位者皆哭，十五舉聲，司則稱止，良娣以下在位者皆止。女侍者引良娣行首一人升，詣妃前席位，跪，奉慰，興，女侍者引降，還本位。司則稱拜，良娣以下在位者皆再拜。女侍者引良娣以下退。司則跪，啟："哭止。"妃止，從臨者皆止。妃退舍別室如常禮，侍從者侍衛如初。其日晡臨，晡前二刻啟嚴，良娣以下赴集。一刻啟辦，引即位哭臨如初。

其有妃女應成服者，則製小功五月之服，引升即位如初，與妃俱成服，哭臨先拜慰如良娣之儀。於良娣以下退，贊止引退。自後朝晡哭臨，以至卒哭。若公除則如別禮。其爲曾祖、高祖父母，則與良娣以下俱成齊衰三月之服如常禮。

聞外祖父母喪

右與爲祖父母聞喪禮同。其異者，於別宮次。其日晡臨，後三朝哭臨而止。

爲外祖父母成服

右與爲祖父母成服禮同。其異者，與良娣以下俱成小功五月之服。

爲諸王妃主舉哀

右與爲祖父母舉哀禮同。本服大功者，其日晡臨而止。小功以下，一舉哀而止。

爲良娣以下舉哀

右與爲諸王妃主舉哀禮同。其良娣以下，則一舉哀而止。

爲宗戚舉哀

右與爲諸王妃主舉哀禮同。其日，內外應奉慰者赴集，啟引即上下位次。哭臨撫慰及拜哭奉慰如常禮。自後皆然。其日，宮官等應奉慰者赴集宮門，奉慰如常禮。自後皆然。

奔喪

奔父母祖父母喪

本司散下其禮，所司隨職供辦。守宮先設行宮便殿於主人大門內之右，南向。又於便殿之後及左右廂，量設良娣以下及陪從者便次如式。又於喪寢前設障幔，爲良娣以下拜哭次。主人五屬之親於妃未至之前，集列於主人第。

其日，出宮前四刻，司則版奏：“請中嚴。”出宮前三刻，諸率等備列常行仗衛鹵簿於所出宮門外內如常儀。出宮前二刻，導客舍人於主人第喪寢戶西，若殯西。設薦席爲妃哭位，東向。其奔祖父母喪，則戶內西南廂，北面。導客舍人又於喪寢庭幔下北面，重行設良娣以下拜哭位次，北面西上。其良娣以下陪從者各服素服，集列以俟，陪從如常。已成服則服衰服。內廄尉進堊車，其仗衛鹵簿並以次整列於所出宮門外內如常儀。出宮前一刻，司閨以下應陪從者並以次進迎如常。小輿進於內庭。

至時，司則又版啟：“外辦。”妃仍舉哀之服，升輿出，已成服則服衰服。三面周以白布行帷。至閤外，妃降輿，升堊車，內廄尉執御，典內以下前導夾引與司閨以下乘車陪從如常儀。良娣以下應從者，乘車以次序從如常。仗衛夾引。妃哭，從臨者隨哭不絕聲。於妃未到之前，司儀贊主人內外五屬之親並出，就前堂哭，其位如殯堂之儀。導客舍人一人升，立於喪寢東楹之南，給使二人立於階下，並西面。

妃至主人第降車所，司則啟：“請降入。”妃降車，仍哭，入自閨門，三面周以行帷，從臨者仍哭從不絕聲，司閨以下哭從如初，侍者夾扶。主人降，詣東階之南，仍立哭，其奔祖父母喪，則主人仍立哭以待。衆主人並降，立於主人之後，西面北上，立哭。以服精纇爲序。妃至喪寢庭。主人哭止，再拜，仍立哭。女侍者扶引，妃哭升自西側階，進尸西，跪，憑尸撫心哭，從臨者仍哭。於妃之升也，導客舍人引良娣以下從奔者，各權舍於便次，其仗衛鹵簿屯列於外內如常。主人以下應升者升，各即位哭。妃哭盡一哀，仍扶引即位哭，臨從者仍哭。若已殯，則先引進靈前，跪，憑靈哭，盡哀，啟引退，西面再拜，仍即位哭。導客舍人引良娣以下入即班位。導客舍人稱拜，給使承傳，唱："可拜。"凡舍人有辭，給使皆承傳。良娣以下在位者皆再拜。導客舍人稱哭，良娣以下在位者皆哭，十五舉聲，導客舍人稱止，良娣以下在位者皆止。若已成服，則引行首升慰皆如常禮。導客舍人稱拜，良娣以下在位者皆再拜，訖，導客舍人引良娣以下退，還便次。司則跪，啟："妃哭止。"妃止，從臨者皆止。妃退，降，即便次。典內版啟："解嚴。"將士仍不得輒離部伍。

其成服已，則宮官等應奉慰者並赴奉慰如常禮。自後妃依時哭臨如常禮。其為父若祖父喪，則自後啟引哭於後寢次。其未成服而奔，則至成服日，即與主人俱成服。其奔父母之喪，則成服而還宮。其有別勅令還宮，則隨旨期。其未即還宮也，其良娣以下及鹵簿仗衛應還者先還，留者與妃依時哭臨，及成服則如妃之禮。

於妃還宮日之朝也，諸應奉迎之官及仗衛鹵簿等並赴主人第，奉迎如式。於妃還宮，未發前三刻①，司則版啟："請中嚴。"諸率等整列仗衛鹵簿於還塗如來儀。至時，司則版啟："外辦。"妃哭拜，訖，主人以下各列本次，拜哭如初。其尊長則不降拜②。司閨扶引妃降出，侍從者如初。妃至中門，啟哭止，升車，從臨者皆止，三面周以行帷。良娣以下乘車序從如初。妃至閤外，司則跪，啟："請降入。"妃降車，升輿入，典內以下陪從至閤如初。典內版啟："請解嚴。"諸列鹵簿者各還其所。自後赴葬及練祥，則出入如初禮。

皇太子妃於祖父母若父母之喪不赴葬，則於啟日之朝也，與良娣以下服衰服，啟引各即上下位次，哭臨拜慰如初。若父在若祖父在為母若祖母之喪，十一月而小祥，則與良娣以下，於位次行變除之禮，易以練總，除腰絰，哭臨受慰如常禮。其稟旨行公除之禮，則十三日而除，其行除禮如別條。

---

① "未發"，四庫本、《通典》卷一三七《開元禮纂類三十二》作"車發"。

② "尊長"，四庫本、《通典》卷一三七《開元禮纂類三十二》作"尊及長"。

臨喪

臨外祖父母喪

右與奔祖父母喪禮同。其異者，乘常行之車，其仗衛羽儀之屬則如平常，而位於喪寢中閒之西北壁下，南面，即位乃哭。其主人內外五屬之親，並哭於喪寢前後庭。應升者，如太子臨外祖父母喪主人以下待之禮。皇太子妃每出臨，若須嚴鼓，並須準所臨遠近及仗衛備略，備，如常。略，不備也。稟旨在於當時。

臨良娣以下喪

妃臨良娣以下之喪，本司散下其禮，所司隨職供辦。降臨前二刻，司則版啟：「請中嚴。」掌嚴先於喪寢中閒北廂設素下牀席，爲妃哭位，南向。腰輿進於內庭。降臨前一刻，司則版啟：「外辦。」妃素服，升輿出，常侍從者侍衛如常。至喪所，降輿，升喪寢，即位坐，哭，侍從者侍衛如常。妃之將至也，女侍者啟引亡者之子降東階之南，西面再拜。已成服則去杖。又女侍者啟引亡者之女出北戶，降寢，北面再拜，引並升，復位，哭如初。司則跪，啟：「請哭。」妃哭，從臨者皆哭，十五舉聲，跪，啟：「止，撫慰。」妃止。女侍者引亡者之子詣前跪哭，妃撫慰之，子興，再拜，引退，復位。又引亡者之女如上禮。司則跪啟：「請還。」妃升輿，引降，還，侍衛如初。於妃之降也，女侍者啟引亡者之子降拜，引升，復位哭。女侍者啟引亡者之女降拜，引升，復位，哭並如初。

除喪

除父母祖父母喪

妃除父母、祖父母喪服之制，本司散下其禮，所司隨職供辦。所司先製妃及良娣以下素服。導客舍人先於別殿閣外，整設良娣以下便次如初。又於別殿前整障幔，爲良娣以下拜哭次。以十三月而除服。於除服前之夕晡臨已，有司除其故位次，而設新下牀席焉。

其日，平明後而除服。前三刻，司則版啟："中嚴。"女侍臨者升於別殿上，哭臨如初。除服前二刻，司則於別殿前幔下整設良娣以下位次。又於殿上妃位前設席，爲跪奉慰位。良娣以下仍衰服，集列於閤外便次。女侍者以篋奉素服進授，仍贊變除焉。司則一人升，立於堂上東楹之南，女史二人立於堂下，並西面。掌嚴以篋奉素服升，東閒北面立。前一刻，司則版啟："外辦。"

妃仍服衰服，引出，升，即位次，常侍從者侍衛如初。妃哭，從臨者皆哭，十五舉聲，司則跪，啟："哭止，從禮制除服。"妃止。掌嚴以篋奉素服進，跪授，興，仍贊變除焉。於變服則權設步障，已而去之。其侍臨者亦從變除。變除已，司則又稱拜，女史承傳，唱："可拜。"凡司則有辭，女史皆承傳。良娣以下在位者皆再拜。司則稱哭，良娣以下在位者皆哭，十五舉聲。司則稱止，良娣以下在位者皆止。女侍者引良娣行首一人升，詣妃前席位，跪，奉慰，興，女侍者引降，還本位。司則稱拜，良娣以下在位者皆再拜。女侍者引良娣以下出，各還宮寢如常禮。司則跪，啟："請哭止，還。"妃哭止，從臨者皆止。妃降還內寢，侍衛如初。

除外祖父母喪服

右與除祖父母喪服禮同。其異者，行公除之禮，則五日而除。

卷第一百三十八　凶禮

三品以上喪之一

初終　復　設牀　奠　沐浴　襲　含　赴闕　勑使弔
銘　重　陳小斂衣　奠　小斂　斂髮　奠　陳大斂衣
奠　大斂　奠　廬次　成服　朝夕哭奠　賓弔_{親故同}
親故哭　刺史哭_{縣令同}　刺史遣使弔　親故遣使致賻
殷奠　卜宅兆　卜葬日　啟殯　贈諡　親賓致奠

初終

有疾，丈夫、婦人各齋於正寢北墉下，東首。墉，牆也。東首，順生氣。養
者男子、婦人皆朝服，齋。親飲藥，子先嘗之。嘗，度其所堪。疾困，去故衣，
加新衣。爲人来穢惡也。徹樂，清埽内外，爲賓客来問。分禱所祀。盡孝子之情
也。五祀及所封境内名山大川之類。侍者四人坐持手足。爲不能自屈伸，内喪則婦人持
之。遺言則書之。屬纊以候絶氣①，纊，新緜，置於口鼻也。氣絶，廢牀，寢於
地。人始生在地，庶其生氣反。主人啼，餘皆哭。哀有淺深。男子易以白布衣，被
髮，徒跣。婦人青縑衣，被髮，不徒跣，女子子亦然。父爲長子，爲人後者爲其
本生父母，皆素冠不徒跣。女子子嫁者髽。齊衰以下，丈夫素冠，婦人去首飾。謂齊
衰婦人也。内外皆素服。素服謂有服者白布十五升。無服者不服列綵，則常服素衣。主
人坐於牀東，啼踊無數。衆主人在主人之後，兄弟之子以下又在其後，
俱西面南上哭。妻坐於牀西，妾及女子子在妻之後，哭踊無數。兄弟之
女以下又在其後，俱東面南上，籍藁坐哭。内外之際，隔以行帷。帷堂内門
南北隔之。祖父以下於帷東北壁下，南面西上；祖母以下於帷西北壁下，南
面東上，皆舒席坐哭。外姻丈夫於户外之東，北面西上；婦人於主婦西

① “絶氣”，四庫本、《通典》卷一三八《開元禮纂類三十三》作“氣”。

南，北面東上，皆舒席坐哭。若舍窄則宗親丈夫在戶外之東，北面西上；外姻丈夫在戶外之西，北面東上。諸內喪，則尊行丈夫及外親丈夫席位於前堂，若戶外之左右，俱南面，宗親戶東西上，外親戶西東上。凡喪位，皆以服精麤爲序。國官位於門內之東，重行北向，以西爲上，俱衰巾帕頭①，舒藁薦坐哭。參佐位於門內之西，重行北向，以東爲上，俱素服，舒席坐哭。斬衰三日不食，齊衰二日不食，大功一日不食，小功、緦麻再不食。

復始死則復

復於正寢。復者三人皆常服。復謂招魂復魄。以死者之上服左荷之，升自前東霤，當屋履危，北面西上。危，棟也。左執領，右執腰，招以左。每招，長聲呼某復。男子皆稱字及伯仲，婦人稱姓，其復者人數，婦人依其夫。三呼而止，以衣投於前，承之以篋，升自阼階，入以覆尸。若得魂魄返然。復者徹舍西北扉，降自後西霤。不自前降，不以虛返。因徹西北扉，若云此室凶，不可居然。自是行死事。所徹之扉薪，以充爨沐浴。復衣不以襲斂。浴則去之。乃設牀。

設牀

設床於室戶內之西，去脚，舒簟，設枕，施幄。去裙，遷尸於牀，南首，覆用斂衾，去死衣。斂衾，大斂所用之衾，黃表素裏也。死衣，病困時所加新衣。楔齒用角柶。爲將含也。綴足以燕几，校在南，綴猶拘也。校，几脛也。尸南首，几脛在南以拘足，則不使辟戾也。侍者坐持之。其內外哭位如始死之儀。乃奠。

奠

奠以脯醢，酒用吉器，無巾柶，升自阼階，奠於戶東，當隅。鬼神無象，故設奠以憑依之。內喪，內贊者皆受於戶外而設之。凡內喪，皆內贊者行事。既奠，贊者降出帷堂。初氣絕，室內隨事設帷，至此事小訖，故設帷堂。若有赴者遣赴，赴禮合在此。下章《含篇》後爲與《勑使弔篇》宜相近，故列在後也。

---

① "衰"，四庫本、《通典》卷一三八《開元禮纂類三十三》、《新唐書》卷二〇《禮樂十》作"裒"。

沐浴自沐浴下至設重，其事皆可同時而興。

掌事者掘坎於階間，近西，南順，廣尺長二尺，深三尺，南其壤。爲塊竈於西牆下，東向，以俟煮沐。新盆、盤、瓶、六鬲皆濯之，陳於西階下。新此器者，重死事。塊竈，累土爲竈。盆以盛水，盤以盛濡濯，瓶以汲也。鬲，瓦甒，受二升，有蓋。濯謂滌溉。沐巾一，浴巾二，用絺若綌，實於笲。巾所以拭也。浴巾二者，上體下體異。絺，細葛也。綌，麤葛也。笲，竹器也。櫛實於箱若篋，浴衣實於篋，浴衣，以浴所衣之衣，其制如今之眠帕。皆具于西序下，南上。水淅稷米，取潘煮之，又汲爲湯，以俟浴。以盆盛潘及沐盤，升自西階，授，沐者執潘及盤入。主人皆出戶外。象平生沐浴，子孫不在旁，主人出而袒簀，謂牀簀去席。主人以下於戶東，北面西上；主婦以下皆於戶西，北面東上，俱立哭。其尊行者，丈夫於主人之東，北面西上；婦人於主婦之西，北面東上，俱坐哭。婦人權障以帷。主人以下既出，乃沐櫛，櫛，梳。束髮用組，抵用巾。抵，晞也，清也。浴則四人，抗衾，二人浴，拭用巾，抵用浴衣。設牀於尸東，衽下莞上簟。衽，臥席。浴者舉尸，易牀，設枕。翦鬚斷爪如平常，鬚髮爪盛以小囊，大斂內於棺。楔齒之柶、浴巾，皆埋於坎，實之。著明衣裳，以方巾覆面，仍以大斂之衾覆之訖，內外入，就位，哭。乃襲。

襲

是時，陳襲事於房內。襲衣三稱，西領南上。朝服一稱，常服二稱。凡陳衣者實之以箱篋，承以席。明衣裳；合用生絹單衫。舄一；帛巾一，方尺八寸；充耳，白纊；面衣用玄，方尺，纁裏，組繫；握手用玄，纁裏，長尺二寸，廣五寸，削約於內旁寸，著以緣，組繫；握手，手所握者。面衣及手衣皆通用餘色。庶襚繼陳不用。庶，衆也。不用，不襲也。多陳之爲榮，少納之爲貴。將襲，具牀席於西階西，內外皆出，哭於戶外，其位如沐時。襲者以牀席升，入設於尸東，布枕席如初。執服者陳襲衣於席。祝去巾，加面衣，設充耳，著握手，納舄若履。凡衣死者，左衽不紐。將襲辟奠，既襲則設之。既襲，乃覆以大斂之衾。始死時所覆衾。內外俱入，復位，坐哭。諸尊者於卑幼之喪及嫂叔兄姑弟婦相哭，朝晡之間非有事，則休於別室。乃含。

含

含：贊者奉盤水及箅，箅，竹器。飯用粱，含用璧，升堂。含者盥手於戶外，贊者沃盥，含者洗粱、璧，實於箅，執以入，祝從入，北面。徹枕去楔，受箅，奠於尸東。含者坐於牀東，西面，鑿巾，巾先覆面，將含，當口鑿之。納飯含於尸口。既含，主人復位。楔齒之柶與浴巾同埋於垼。

赴闕

遣使赴於闕。使者進，立於西階，東面南上。主人詣使者前，北面曰："臣某之父某官臣某薨，若母若妻，各隨其稱。謹遣某官臣姓某奏聞。"訖，再拜。使者出，主人哭入，復位。

勅使弔

勅使弔：使者公服入，立於寢門外之西，東面。相者入告。主人素冠降自西階，迎于寢門外，見賓不哭，先入，立於門右，北面。內外皆止哭，開帷。帷堂之帷，事畢則下之。使者入，升，立西階上，東面。進主人於階下，北面。使者稱："有勅。"主人再拜。使者宣勅云："某封位薨，無封者稱姓位。情以惻然，如何不淑。"主人哭拜稽顙，內外皆哭。使者出，主人拜送於大門外。親故爲使弔者，既出，易服入，向尸立哭十數聲，止，降出。主人候勅使出，降自西階[1]。主人升降自西階者，親始死，未忍當主位。

銘 銘，明旌也。

爲銘以絳，廣充幅，長九尺，韜杠。杠，銘旌竿也。杠之長準其絳也。公以上柱爲龍首也[2]。書曰"某官封之柩。"在棺曰柩。婦人之夫有官封，云"某官封夫人姓之柩"。子有官封者，云"太夫人之柩"。郡縣君各隨其稱。置於宇西階上。

重

重木，刊鑿之，長八尺，橫者半之，置于庭，三分庭，一在南。刊鑿之，爲

---

[1]　"降"，四庫本、《通典》卷一三八《開元禮纂類三十三》作"升降"。

[2]　"柱"，四庫本、《通典》卷一三八《開元禮纂類三十三》作"杠"。

懸簪孔也①。以沐之米爲粥，實於鬲，既實以疏布蓋其口，繫以竹筊，懸於重木。覆用葦席，北面，屈兩端交於後，西端在上，綴以竹筊。祝取銘置於重。殯堂前楹下，夾以葦席，簾門以布，又設葦障於庭。

陳小斂衣

小斂之禮，喪之明日，各陳其斂衣一十九稱。若無，各隨所辦。朝服一稱，其餘皆常服，陳於東序，西領，北上。笏一。凡斂非正色不入，絺綌不入。乃奠。將小斂，又奠。

奠

饌於東堂下：凡奠器皆素。瓦甒二，實醴及酒，觶二，角柶一，少牢及腊三俎，籩、豆各八。籩實鹽脯棗栗之屬②。豆實醢醬薑菹之類。設盆盥於饌東，布巾。爲奠者設盥。喪事略，故無洗。贊者辟脯醢之奠於尸牀西南。乃斂。

小斂

將小斂，具牀席於堂西，又設盆盥於西階之西如東方。爲舉尸者設盥。斂者盥訖，與執服者以斂衣入。主人以下少退，西面；主婦以下少退，東面，內外俱哭。斂者斂訖，覆以夷衾，設牀於堂上兩楹閒，衽下莞上簟有枕。衽，尸臥之席。卒斂，開帷，主人以下西面憑哭，主婦以下東面憑哭，俱南上。凡憑尸，父母先，妻子後。訖，退。乃斂髮。

斂髮

男子斂髮，衰巾帕頭③，女子斂髮而髻。主人以下立哭於尸東，西面南上；主婦以下坐哭於尸西，東面南上。祖父母以下仍哭於位各如初。外姻丈夫、婦人哭於位各如初。斂者舉尸，男女從奉之，遷於堂，仍覆以夷衾。棺衣。哭位皆如室內。乃奠。

---

① "簪"，四庫本作"忕"。
② "栗"，《通典》卷一三八《開元禮纂類三十三》與公善堂本同。四庫本作"粟"。
③ "衰"，四庫本、《通典》卷一三八《開元禮纂類三十三》作"裛"。

奠

奠：贊者盥手，奉饌至階，豆去蓋，籩俎去巾冪。升，奠於尸東，醴酒奠於饌南，西上。訖，其俎，祝受巾巾之。奠者徹襲奠，自西階降出。下帷，內外俱坐。有國官僚佐者，以官代哭，無者以親賓爲之[①]。夜則爲燎於庭。厥明，滅燎，乃大斂。

陳大斂衣

大斂之禮，以小斂之明日。夙興，陳衣於序東三十稱，無者各隨所辦。各具上服一稱，西領南上，其餘皆常服。冕具導、簪、纓，在北。內喪花釵、衾一。衾以黄爲表，素爲裏。乃奠。

奠

奠於堂東階下兩瓶醴及酒，醴在南，各加勺。篚在東，南肆，實角觶二，木柶一。豆在瓶北，籩次之，牢饌如小斂。籩、豆、俎皆冪以功布。其簟席、素几、功布巾在饌北。掘殯埳於西階之上。喪從外來者，殯於兩楹之間。乃斂。

大斂

將大斂，棺入，內外皆止哭，升棺於殯所。棺中之具灰炭、枕席之類，皆預設於棺內。置棺定，內外皆哭。熬穀八筐，黍、稷、稻、粱各二，皆加魚腊。熬所以惑蚍蜉，令不至於棺傍。燭俟於饌東。設盆盥於東階東南。祝盥訖，升自阼階，徹巾授執巾者，執巾者降，待於阼階下。祝盥。贊者徹小斂之饌，降自西階，設於序西南，當西霤，如設於堂上。堂上謂尸東。凡奠設於序西者，畢其事而去之。乃適於東階下新饌所。帷堂內外皆少退，立哭。御者斂，丈夫加冠，婦人加花釵，覆以衾。斂訖，開帷，主人以下西面憑哭，主婦以下東面憑哭，退，復位次，諸親憑哭訖，斂者四人舉牀，男女從奉之，奉尸斂於棺，乃加蓋，覆以夷衾，內外皆復位如初。設熬穀首足各

---

① "親賓"，四庫本、《通典》卷一三八《開元禮纂類三十三》作"親疎"。

一筐，旁各三筐，以木覆棺上，乃塗之。設帟於殯上。帟，柩上承塵。祝取銘置於殯所。乃奠。

奠

將奠，執巾、几、席者升自阼階，入設於室之西南隅，東面，右几，加以巾。贊者以饌升，入室，西面設於席前。祝受巾、巾俎。奠者降自西階以出。下帷，內外皆就位，哭如初。既殯，設靈座於下室西閒，東向；施牀、几案、屏帳、服飾，以時上饌羞及湯沐皆如平生。當殷奠之日，不饋於下室。下室謂燕寢。無下室者，則設靈座於殯東，朝夕進常食之具於靈前如平常也。

廬次

將成服，掌事者預爲廬於殯堂東廊下，近南，北戶。設苫凷於廬內。諸子各一廬。凡廬，五品以上官營之。齊衰於廬南累泲爲堊室，俱北戶，翦蒲爲席，不緣。父兄不次於殯所，各在其正寢之東爲廬次、堊室。祖爲嫡孫居堊室，寢有牀。皆南面，西出戶。父不爲衆子次於外。於庶子略，自若居寢。大功於堊室之南，張帷，席以蒲。小功、緦麻於大功之南，設牀，席以蒲。婦人次於西房若殯後，施下牀；殯堂無房者，次於後若別室。

成服

三日成服，皆除去死日數。內外皆哭，盡哀。內外俱降，就次著衰服。無服者仍素服。相者引主人以下俱杖，三日而後食，杖而後能起，衆子皆杖，以病故也。童子、婦人不能病，故不杖，亦不居廬，不著菲屨。若嫡子，雖童亦杖，幼不能自杖，人代執之，所謂當室杖者也。自此以後，惟嫡子及有爵之庶子，皆得杖在位。若其庶子之無爵者，杖於他所，不杖在位矣。凡正寢，戶內曰室，戶外曰堂，虞杖不入室，祔杖不升堂。以今言之，即靈堂戶之內外也。周人祔於卒哭，今之百日也。衰衰敬生，故其杖不升靈寢。當堂之前，其衰服及杖皆致之於廬內。應杖者，朝夕哭則杖之。若孝子，出無異適，惟向殯又向墳墓而已。遠則乘車，近則使人代執杖也。升，立哭於殯東，西面南上。齊衰以下亦升就位。婦人升，詣殯西位，若殯逼西壁，婦人皆位於殯北，南面東上。尊行者坐。內外皆哭，盡哀。諸子孫就祖父及諸父前跪哭，皆撫哭盡哀，就祖母及母、諸母前哭亦如之。女子子對祖母及諸母哭，遂就祖父前哭，如男子之儀，惟諸父不撫之耳。訖，各復位。伯叔母以下就主婦哭亦如之。始遭親喪，孝子荒迷，三日不食，服又成矣，是以尊卑内外聚哭盡哀。諸尊者降出還次，主人以下降出，立於阼階下，外姻在南少退，俱西面北上，哭盡哀，各還次。闔門。小功以下各歸其家。自成服之後，諸尊者及婦人於諸親男女之喪，有事則哭於殯所；若無事有時須哭者，或在正寢，則於北壁下舒席南面坐哭。父母喪，食粥，朝米四合，暮米四合。不能食粥，則以米爲飯。婦人皆以米爲飯。

朝夕哭奠凡朝奠日出，夕奠逮日也。

每日預具朝奠於東階下。瓦甒二，實以醴及酒，觶杓，疏布幂。角觶一，木柶一。籩一，豆一，實以脯醢。内外夙興，各衰服。凡言衰服，應杖者皆杖，以下準此。男子就東階下位，若升奠於殯東，其位如始成服之式。婦人升詣殯西位，内外皆哭。凡朝夕哭皆開帷。質明，掌事者升自阼階，入，徹奠出，置於序西南，如殯東之儀。又以朝奠入，至阼階，豆去蓋，籩甒去巾幂，升自阼階，入設於室如初。執饌者出，降自西階。日出後少頃，内外皆止哭，各還次。朝夕之間，主人及諸子、妻、妾、女子子哭於其次，無時。至夕，内外俱就位哭，徹朝奠，進夕奠如初儀。日入後，内外俱止哭，各還次。哭者出，闔門。自是以後，至於啟殯，每朝夕如上儀。既殯，大功以下異門者歸於家。

賓弔親故同。

賓至，掌次者引之次，賓著素服。相者入告。内外衰服。相者引主人以下立哭於阼階下，婦人升哭於殯西。相者引賓入，立於庭，北面西上，爲首者一人進，當主人東面立，云：“如何不淑。”主人哭，再拜稽顙。爲首者復北面位。弔者俱哭十餘聲。相者引出。少頃，相者引主人以下各還次。

親故哭

若親故哭殯者，内外俱升就殯堂位，尊者坐，若賓敵體以上，賓初入則起，賓坐亦坐，賓起亦起。内外俱哭。相者引賓入，升堂立於殯東，西面南上，尊者坐，俱哭盡哀，止。尊者起，相者引出。卑者再拜，訖，乃就主人前稍南，東北面執慰。相者引以次出。恩深者，賓拜訖，又哭盡哀，或就孝子撫哭盡哀而出。

少頃，相者引主人以下降，還次。

刺史哭_{縣令同①}

若刺史哭其所部，主人設席於柩東，西向。刺史素服將到，相者引主人去杖立於門内之右，北向。刺史降，入，升自東階，即座，西向坐哭。主人升，就位哭。刺史哭盡哀，將起，主人降，復階下位。刺史降，出，主人拜送於大門外，杖哭而入。

刺史遣使弔

刺史遣使弔②，使者至，掌次者引就次。内外俱衰服。主人以下就階下位，婦人入就堂上位，内外俱哭。使者素服執書，相者引入門而左，立於階間，東面。使者致辭，主人拜稽顙，相者引主人進，詣使者前，西面受書，退，復位，左右進，受書。主人拜送於位，相者引使者出。使者若自入弔哭，如常儀。客出少頃，内外止哭，各就次。

親故遣使致賻

使者立於大門外之西，東向。從者以篚奉玄纁束帛立於使者西南，俱東面。凡賻通以貨財，使者隨執其物，不限以玄纁。相者入告，遂引主人立哭③。相者進主人前，東面受命，出，詣使者前，西面曰：“敢請事。”使之從者以篚進詣使者前，西面以授使者，退，復位。使者曰：“某封某官_{無官封者稱某字}。使某賻。”相者入告，出曰：“孤某須矣。”相者引使者入，立於内門外之西，東向。主人止哭。使者少進，東面曰：“某封若某官使某賻。”主人哭再拜。使者少進，坐委之，興，復位。掌事者進，坐舉之，興以東。相者引使者出，主人拜送。若使者致物不以器，掌事者訝受之，不委於地。_{其餘賻物，從者執之，立於使者東南，北面西上。掌事者受之以東，藏之。}

---

① “刺史哭縣令同”，四庫本作“州縣長官弔”。
② “刺史遣使弔”，四庫本、《通典》卷一三八《開元禮纂類三十三》作“若刺史遣使弔”。
③ “遂引主人立哭”，四庫本、《通典》卷一三八《開元禮纂類三十三》作“主人立哭”。

殷奠

每朔望具殷奠，饌於東堂下。瓦甒二，實以醴及酒，角觶二，角栖一，少牢及腊三俎，二簋，二簠，二鉶，六籩，六豆。設盆盥於饌東，布巾。爲奠者盥。其日，內外夙興，衰服，升就哭位。質明，執饌者徹宿奠，遂以饌入，至阼階，去巾蓋，升入室，設於席前。酌奠訖，幂俎以巾，執饌者降自西階以出。少頃，內外各還次，既出，闔門。及夕，執饌者升，徹殷奠，進夕奠如常禮。若有薦新，如朔奠。薦六穀若時物新出者。其日不饋於下室。不饋於下室者，爲殷有黍稷。

卜宅兆

既度宅兆，掘四隅，外其壤；掘中，南其壤。宅，葬居也。兆，塋域也。南其壤者，爲葬將北首故也。壤，土也。

既朝哭，主人遂哭出，乘堊車詣宅兆所。出國門，止哭。掌事者預設主人以下次於宅兆東南。將到，主人又哭。至宅兆所，主人停於次，止哭。莅卜者一人國官若僚佐之長莅之。無者親屬爲之。緇布冠，不綏，布深衣，因喪屨。莅卜者非國官，則吉冠素服。祝及卜師凡行事者皆吉冠素服。掌事者布卜筮席於兆南，北面西上。相者引莅卜筮者及祝立於卜筮席西南，東面南上；卜師、筮師立於祝南，東面北上。相者引主人詣卜筮席南十五步許，當內壤北面立。相者立於主人之左少南，俱北向。親賓及從者立於筮席東南，重行西面，諸親北上，諸賓南上。立定，相者少進，東面稱："事具。"退，復位。主人免首絰，左擁之。莅卜者進，立於主人東北，西面。卜師抱龜，筮師開櫝出策，兼執之，櫝，藏策器。執櫝以擊策，擊之以動其神。進，立於莅卜前，東面南上。莅卜者命曰："孤子姓名爲父某官封某甫，度茲幽宅，無有後艱。"某甫，其字也。無封者去封。宅，居也。度，謀也。言爲父卜葬居。今謀此以爲幽冥居域之處，得無有後艱難乎？謂有非常崩壞。若內喪，云爲某母夫人某氏。卜師、筮師俱曰諾，遂述命，訖，右旋就席北面坐，命龜筮曰："假爾泰龜有常，假爾泰筮有常。"指中封遂卜筮。訖，興，各以龜筮東面稱："占曰從。"還本位。主人絰，哭，從者哭，盡哀，止。相者進主人之左，東面稱："禮畢。"相者遂引主人退，立於東南隅，西面。又相者引卜者立於主人之後，重行西向，俱北上。掌事者徹卜席。當安墓處立一標，又於四隅各立一標，當南門兩廂各立一標。

祝師掌事者入，鋪后土氏神席於墓左，南向。設酒尊於神座東南，加勺冪。設洗於酒尊東南，罍水在洗東，篚在洗西，南肆。<small>篚實以巾爵，加冪。</small>相者引告者及祝與執尊、罍、篚者，俱立於罍洗東南，重行西向，以北爲上。<small>國官若僚佐之長告。無國官僚佐者，親賓爲之①。主人告者俱去絰杖。</small>立定，俱再拜。祝與執尊、罍、篚者先立於尊、罍、篚之後。執饌者以脯醢跪設於神座前，興，還本位。相者引告者詣罍洗，盥手洗爵，詣酒尊所，酌酒，進，跪，奠於神座前，興，少退，北面立。祝持版進於神座之右，東面跪，讀祝文曰：“維年月朔日，子某官姓名，<small>若主人自告，父稱孤子，母稱哀子姓名。</small>敢昭告於后土氏之神：今爲某官姓名，<small>若主人自告云，爲父某官封某甫，母云太夫人若郡君某氏，各隨官稱之。</small>營建宅兆，神其保祐，俾無後艱。謹以清酌脯醢，祇薦於后土之神，尚饗。”訖，興。告者再拜，相者引告者還本位，西面再拜，相者引出。掌事者以下俱復位，再拜，遂徹饌席尊罍以出。

主人哭還，去墓三里許，止哭。及國門，又哭。內外升，哭於位。主人入，升詣殯前，北面哭，盡哀止哭，西面再拜，降，就次。<small>有國官僚佐，從主人入，就門內哭，主人拜，俱再拜，主人降就次，各就次。</small>若不從，又卜筮擇地如初儀。

卜葬日

既朝哭，主人及諸子以下出，立於殯門外之東壁下，西面北上。國官僚佐之長蒞卜，<small>無國官僚佐者，親賓爲之。</small>行事者俱吉服，立於門西，東面南上。卜師抱龜在其南，東面。闔門東扇，主婦立於其內。掌事者設卜席於閾外闑西。相者詣主人前，東面告事具，遂引主人立於門南，北面。相者立於主人之左，少退，俱北面。主人免首絰，左擁之。蒞卜者進，立於主人東北，西面。卜師少進，蒞卜前東面受命。蒞卜命曰：“孤子某來日謀卜葬其父某官封某甫，<small>母云爲某母太夫人某氏。</small>考降無有近悔。<small>考，登也。降，下也。言卜此日葬，魂神上下，得無近於咎悔也。</small>卜師曰諾，遂述命。訖，右旋進就席西面坐，命龜曰：“假爾泰龜有常。”乃作訖，興，以龜退，東面稱：“占曰從。”主人絰，興，諸子以下哭，盡哀。相者告於主婦，哭入。遂使人告

<small>①　“親賓爲之”，四庫本、《通典》卷一三八《開元禮纂類三十三》作“親賓及主人告之”。</small>

於親賓。諸親及僚友卜日不來者。卜師以龜退。掌事者徹卜席。相者進,告禮畢。主人與諸子以下入,升詣殯前,北面立哭,内外俱哭,盡哀。内外各還次。若不從,又卜擇如初儀。

啟殯

葬有期,前一日之夕,掌事者除葦障,備啟奠。其饌如大斂。設賓次於大門外之右,南向。内外夕哭如常儀。啟殯之日,内外夙興,衰服,主人及諸子皆去冠絰,以衰巾帕頭。國官亦以衰巾帕頭。内外升階,就位哭。尊行者坐,國官及僚佐就下位哭之。祝衰服執功布,功布長五尺。升自東階,詣殯南,北向。内外皆止哭。祝三聲噫嘻,乃曰:"謹以吉辰啟殯。"既告,内外皆哭,盡哀,内外各還次。祝降,與執饌者升,徹宿奠如常儀。祝取銘,置於重北建之。掌事者升,徹殯塗訖,設席於柩東,升柩於席上,又設席於柩東。祝執功布升,以拂柩,覆用夷衾,降出。周設帷,東面開户。若不爲埳而殯,則徹塗訖,設席於柩東。相者引主人以下升,哭於帷東,西向;妻、妾、女子子以下哭於帷西,東向,俱南上。諸祖父以下哭於帷東北壁下,南面西上;諸祖母以下哭於帷西北壁下,南面東上。外姻丈夫帷東,北面西上;婦人帷西,北面東上。尊者坐。内外皆哭。祝與進饌者各以奠升,設於柩東席上,祝酌醴奠之,内外俱哭於位,如未成服之禮。親賓致奠如別儀。有國官僚佐者,以官代哭,無者以親疏爲之,晝夜不絶聲。

贈諡

告贈諡於柩。無贈者,設啟奠訖即告諡。其日,主人升,立於饌東,西面。祝持贈諡文升自東階,進,立於柩東南,北向。内外皆止哭。祝少進,跪,讀文訖,興,主人哭拜稽顙,内外應拜者皆再拜。祝進,跪,奠贈諡文于柩東,興,退,復位。内外皆就位坐哭。

親賓致奠

啟之日,親賓致奠於主人。設啟奠後,諸奠者入,立於寢門之外,東向。謂卑幼者。其有故則遣使。祭具陳於奠者東南,北向西上。相者入告。内外卑者皆興,立哭於位。又相者引奠者入,升,當柩東,西面。奠者哭，祭具從升，陳於柩東奠者之西，西面南上。設饌訖，執饌者降出。奠者止哭，詣酒尊所，取爵酌酒，跪，奠於柩東，興，少退，西面立。內外皆止哭。奠者曰：“某封若某位伯叔，各隨官爵稱之。將歸幽宅，謹奉奠。”若異姓，各隨其稱。若使者，云“某封若某姓位，聞某封若某官將歸幽宅，使某奉辭。”奠畢，應拜者再拜，內外皆哭，主人哭拜稽顙。奠者哭，盡哀止，相者引出。執事者以次徹饌而出。

卷第一百三十九　凶禮

三品以上喪之二

將葬

陳車位　陳器用　進引　引輀　輀在庭位　祖奠
輀出升車　遣奠　遣車　器行序　諸孝從柩車序
郭門外親賓歸　諸孝乘車　宿止　宿處哭位
行次奠　親賓致賵

墓上進止

塋次　到墓　陳明器　下柩哭序　入墓
墓中置器序　掩壙　祭后土　反哭　虞祭

將葬

陳車位

啟日之夕，納柩車於大門之内，當門南向。進靈車於柩車之右。内外所乘之車陳於大門外，丈夫之車門西，婦人之車門東，俱服重者在上。以近門外北方爲上①。女子子、妻、妾之車，以木爲之，不漆飾。無者以簟蔯衣車，以蒲纏轅轂，若白土堊之，以麤布爲幰裳。周及大功之車，以白土堊之，或衣簟篨，皆以布爲幰裳。其布如服布。掌事者預於宿所張吉凶帷幕，凶帷在西，吉帷在東，俱南向。設靈座於吉帷下如常式。

---

① "以近門外北方"，四庫本、《通典》卷一三九《開元禮纂類三十四》作"以近門及北方"。

陳器用

啟之夕，發引前五刻，摃一鼓爲一嚴。無鼓者量時行事。陳布吉凶儀仗，方相、黃金四目爲方相。誌石、大棺車及明器以下，陳於柩車之前。一品引四，披六，鐸左右各八，黼翣二，黻翣二，畫翣二。二品、三品引二，披四，鐸左右各六，黻翣二，畫翣二。引者，引輴車索也。披者，繫於輴車，四樹在傍，執之以備傾覆。鐸者，以銅爲之，所以節挽者。翣者，以木爲筐，廣二尺，高二尺四寸，其形方，兩角高，衣以白布，柄長五尺。黼翣黻翣，畫黼黻文於翣之內，四緣畫以雲氣。畫翣者，內外四緣皆畫雲氣也。

進引

二刻頃，摃二鼓爲二嚴。掌饌者徹啟奠以出，初徹奠，內外俱興，立哭於位。執緋者皆入，掌事者徹帷。持翣者升，以翣障柩。執緋者升。執鐸者入，夾西階立。執纛者入，當西階南，北面立。掌事者取重出，倚於門外之東。執旌者立於纛南，北面。諸執披、緋、鐸、旌、纛、翣者，皆布深衣，介幘。陳布將訖，摃三鼓爲三嚴。進靈車於內門外，南面。祝以腰輿詣靈座前，內喪則婦人執腰輿。祝於輿左，西面跪，昭告曰："孤子某母稱哀子。謹用吉辰，奉歸先寢，若新卜宅，云"奉遷幽宅"。靈車就引，神道紆迴，惟以荒寥，無任鯁絕。"興，立，少頃，腰輿出，降自西階，羽儀從者如平生，詣靈車後，少頃，輿退。

引輴

將引輴，輴即柩車也。執鐸者俱振鐸，引輴降就階閒，南向。初輴動及進止，執鐸者皆振鐸，每振先搖之，搖訖，三振之。其持翣者恒以翣障於輴車[1]，輴降階，執纛者却行而引，輴止則迴北面立，執旌者亦漸而南，輴止，迴北向立。主人以下次從輴而降，主婦又次其後降。

輴在庭位

輴至庭，庭內先施席以居柩。主人及諸子以下立哭於輴東，西面南上。

---

[1] "輴車"，四庫本、《通典》卷一三九《開元禮纂類三十四》作"輴"。

祖父以下立哭於輴東北，南面西上。異姓之丈夫立哭於主人之東南，西面北上。婦人以次從降：妻、妾、女子子以下立哭於輴西，東面南上；祖母以下立哭於輴西北，南面東上；異姓之婦人立哭於主婦西南，東面北上。內外之際，障以行帷。凡帷用，如服布。國官立哭於執紼者東南，北面西上；僚佐立哭於執紼者西南，北面東上。

祖奠

庭位既定，祝帥執饌者設祖奠於輴東，如大斂之儀。祝酌奠訖，進饌南，北面跪曰：“永遷之禮，靈辰不留，謹奉柩車，式遵祖道，尚饗。”興，退，少頃徹之。

輴出升車

執披者執前後披，執紼者引輴出。輴車動，旌先纛次，主人以下從哭於輴車後，婦人次哭於後。輴出，到輀車，執紼者解紼，屬於輀車，設帷障於輴車後，執紼、執披者如常，遂升柩。內外哭位如在庭之儀。

遣奠

既升柩，祝與執饌者設遣奠於柩東，如祖奠之禮。祝酌奠於饌前，少頃徹之。

遣車

既遣奠，掌事者以蒲葦苞牲體下節，七苞，以繩束之，盛以盤，載於車，列於旌前。

器行序

徹遣奠，靈車動，從者如常，鼓吹振作而行。先靈車，後次方相車，次誌石車，次大棺車，次輴車，誌石與大棺車若先設者，不入陳布之次。次明器輿，次下帳輿，次米輿，五穀米實以五筥，各斗二升，冪用疏布。次酒脯醢輿，酒實以壺，各五升，冪用功布。醢實於二甒，各三升，冪用疏布。次苞牲輿，次食輿，食輿盤椀俱足。方相以下駕士馭，士舁明器、下帳等，人皆介幘深衣。次銘旌，次纛，次鐸，鐸分爲左右。

次輴車。

諸孝從樞車序

主人及諸子具絰杖衰服，秃者衰巾加絰。徒跣哭從，諸丈夫、婦人各依服精麤以次從哭。出門，內外尊行者皆乘車馬，哭不絕聲。

郭門外親賓歸

出郭，若親賓還者，權停樞車，內外尊行者皆下車馬，依服之精麤爲序，立哭如式。相者引親賓以次就樞車之左，向樞立哭盡哀，卑者再拜而退，婦人亦如之。

諸孝乘車

親賓既還，內外乘車馬。若墓遠及病不堪步者，雖無親賓還，主人及諸子亦乘堊車，去墓三百步皆下。

宿止

靈車到帷門外，迴，南向。進腰輿於靈車後。威儀從者如常。少頃，輿入，詣靈座前，少頃降出。遂進常食於靈座，若食頃，徹之。每至停宿之所，設靈座於室，進食皆如初。樞車到，入凶帷，停於西厢，南轅。祝設几席於樞車東。

宿處哭位

初至宿處，內外皆就樞車所。主人及諸子以下於樞車之東，西面南上。妻、妾、女子子、婦人於樞車之西，東面南上。祖父以下於樞車東北，南面西上。異族有服者於樞車東南，西面北上。祖母以下於樞車西北，南面東上。異姓婦人又於樞車西南，東面北上。國官於帷外樞之東，北面西上。僚佐於帷外樞之西，北面東上。俱立哭盡哀。

行次奠

凡停宿，進酒脯之奠於樞東，如常奠之儀[①]。既設奠，內外各還次，

---

① “常奠”，四庫本、《通典》卷一三九《開元禮纂類三十四》作“朝奠”。

迭哭不絕聲。及夕，内外就柩車所哭，進夕奠如朝奠之儀。訖，迭哭如常。厥明，又就位哭，進朝奠亦如之。若食頃，徹之。吉凶儀仗如式發引，内外從哭如初儀。

親賓致賵

賓有賵禮，在主人設祖奠之時。賓立於門外西廂，東面。從者以篚奉玄纁，立於賓西南，俱東面。牽馬者以馬陳於賓東南，北首西上。相者入告，遂詣主人之左，北面受命，出，到賓前西面曰：“敢請事。”賓曰：“某敢賵。”相者入告，出曰：“孤某須矣。”賓之從者坐奠篚，取幣，興，詣賓前，西面以授賓，退，復位。相者引賓入。牽馬者先以馬入，陳於輴車南，北首西上。賓入，由馬西，當輴車東南，北面立。内外權止哭。賓曰：“某謚封若某位，將歸幽宅，敢致賵。”辭畢而哭，内外皆哭，主人拜稽顙。賓止哭，相者引賓進輴車東，西面奠幣於車上，相者引賓又由輴車前以西而出。初賓出，掌事者由主人右詣輴車東，西面舉幣以東。東，藏之。受馬者由前旋牽馬者後，適其右受之，牽者由前以西而出。賓將出，主人拜稽顙送之。

墓上進止

塋次

前一日之夕，掌事者預於墓門内道西，張帷幕、設靈座如初。

到墓

乘車者卑行望墳而下，尊行及塋而下，序哭。靈車至帷門外，迴車南向，祝以腰輿詣靈車後，少頃，入詣靈座前，少頃，以輿降出，遂設酒脯之奠如初。柩車至壙前，迴南向，丈夫、婦人之位如遣奠之儀。

陳明器

掌事者陳明器於壙東南，西面北上。

下柩哭序

進輔車於柩車之後，張帷，下柩於輔。丈夫柩東，婦人柩西，以次進，憑柩哭，盡哀，各退，復位。內外卑者俱再拜辭訣。相者引主人以下哭於羡道東，西面北上。妻、妾、女子子以下婦人皆障以行帷，哭於羡道西，東面北上。

入墓

施席於壙戶內之西。執綍者屬綍於輔，遂下柩於壙戶內席上，北首，覆以夷衾。

墓中置器序

輔出。持翣者入，倚翣於壙內兩廂，遂以下帷張於柩東，南向。米、酒、脯陳於下帳東北，食盤設於下帳前，苞牲置於四隅，醓醢陳於食盤之南，藉以版，明器設於壙內之左右。

掩壙

掌事者以玄纁授主人，主人授祝，祝奉以入，奠於靈座，主人拜稽顙。施銘旌誌石於壙門之內，置設訖，掩戶，設關鑰，遂覆土三。主人以下稽顙哭，盡哀，退，俱就靈所哭。掌儀者設祭后土於墓左，如後儀。

祭后土

預於墓左除地爲祭所。柩車到，祝吉服鋪后土氏神席北方，南向。設酒尊於神座東南，北向。設洗於酒尊東南，北向，罍水在洗東，篚在洗西，南肆，以巾、爵實於篚。既覆土，告者吉服，國官僚佐之長，若無者親賓充。相者引告者與祝及執尊、罍、篚者，俱立於罍洗東南，重行西向，以北爲上，立定，俱再拜。祝與執尊、罍、篚者俱就尊、罍、篚之後。相者進告者之左，北面白：“請行事。”掌饌者以饌入，祝迎引設於神座前，置設訖，掌饌者出。相者引告者詣罍洗，盥手洗爵，相者引告者詣酒尊所，執尊者舉冪，告者酌酒，進，跪，奠於神座前，俛伏，興，少退，北面立。祝持版進於神座之右，東面跪，讀祝文曰："維年月朔日，子某官姓名，敢昭告於后土之神：某官封謚，窆兹幽宅，神其保祐，俾無後艱。謹以犧齊、粢盛庶品，明薦於后土之神，尚饗。"訖，興。告者再拜。祝進，跪，奠版於神座，興，還尊所。相者引告者退，復位，再拜，相者引告者出。祝以下俱復位，再拜，徹饌席以出。

反哭

既下柩於壙，搥一鼓爲一嚴，<small>無鼓者量時陳布。</small>掩墓户。搥二鼓爲再嚴，内外就靈所。搥三鼓爲三嚴，徹酒脯之奠，進靈車於帷外，陳布儀仗如來儀。又進腰輿，入詣靈座前，少頃，出詣靈車後，少頃，輿退，靈車發引，内外從哭如初儀。出墓門，尊行者乘車馬，去墓百步許，卑者乘馬以哭從。靈車到第，内外皆下車馬。靈車入，至西階前，迴南向，祝以腰輿詣靈車後，少頃，升，入詣靈座前。主人以下從升，立於靈座東，西面南上。少頃，腰輿降出。内外俱升。諸祖父以下哭於帷東，北壁下，南面西上。妻及女子子以下婦人哭於靈西，東面南上。諸祖母以下哭於帷西，北壁下，南面東上。外姻哭於南廂：丈夫於帷東，北面西上；婦人於帷西，北面東上。有親賓弔哭者，升堂，西向靈哭如常儀。其弔於庭者，稱"痛當奈何"，餘如常儀。哭盡哀，相者引主人以下降，各還次。沐浴以俟虞。<small>斬衰者沐而不櫛，齊衰以下者櫛。</small>

虞祭

柩既入壙，國官若僚佐之長與祝先歸修虞事。牢饌如殷奠，器用烏漆。預造虞主，以烏漆匵匱之，盛於箱，烏漆趺，一皆置於别所。<small>虞主用桑，主皆長尺。方四寸，上頂圓，徑一寸八分，四廂各刻一寸一分，又上下四方通孔，徑九分。其櫝①，底蓋俱方，底自下而上，蓋俱從上而下，底齊②。其趺方一尺，厚三寸。將祭，出神主置於座，其櫝置於神主之後③。</small>具饌於堂東。靈車將至，掌事者預施靈座於寢堂室内户西，東向，於靈東又南北設帷，東出户。<small>若室内窄，則設靈座於堂。</small>腰輿將入，祝奉虞

---

① "櫝"，四庫本、《通典》卷一三九《開元禮纂類三十四》作"匱"。
② "底齊"，四庫本、《通典》卷一三九《開元禮纂類三十四》作"與底齊"。
③ "櫝"，四庫本、《通典》卷一三九《開元禮纂類三十四》作"匱"。

主人置於座，東向，設素几於右。掌事者設素洗於西階西南①，北向，東西當西霤，南北以堂深；罍水在洗西，篚在洗東，南肆，篚實爵一、巾一，加冪。設瓦甒二於靈座之左，北墉下，醴酒在東，冪用絺，加勺，南枋②。

既沐浴，主人及諸子、妻、妾女子子內外升詣靈所。主人及諸子倚杖於戶外，及應拜者哭於靈東西如初，內外皆哭。祝與執尊、罍、篚者各就尊、罍、篚所立。執饌者以饌入，俱升自東階，陳設如殷奠之儀，訖，掌饌者降出。

相者引主人降自西階詣罍洗，主人止哭，執罍洗者酌水，主人盥手，執篚者取巾於篚，興，授主人，主人拭手訖，受巾奠於篚。又取爵，興，以授主人，執罍洗者又酌水，主人洗廢爵，爵無足者。執篚者又授巾，主人拭爵訖，受巾奠於篚。相者引主人升自西階，詣酒尊所，執尊者舉冪，主人酌醴。相者引主人進，詣靈座前，西面跪，奠爵於饌前，俛伏，興，少退，西面立。祝以祝文進，立於神座之右，北面，內外皆止哭。祝跪讀祝文曰：“維某年月朔日③，子哀子某，孫稱哀孫，此爲母及祖母所稱也。父祖則稱孤子孤孫。敢昭告於考某官封謚，妣即云妣夫人某氏。孫爲喪主，則稱祖。日月遄速，奄及反虞，叩地號天，五情糜潰，謹以潔牲柔毛、剛鬣、明粢、薌合、薌萁、嘉蔬、嘉薦、醴齊，哀薦祫事於考某官封謚，尚饗。”訖，興④，主人哭，再拜。內外應拜者，皆哭，再拜。祝進，跪，奠版於靈座，興，出，復位。哭盡哀。

相者引主人以下出，杖，降自西階各就次。妻、妾、女子子以下各還別室。祝闔戶，與執尊、罍者降出。少頃，祝與掌饌者入，開戶，徹饌，祝匰主，闔戶以出。掌事者埋重於門外道左。

間日再虞，後日三虞，禮皆與初虞同。又間日爲卒哭祭。其祝辭，再虞云“哀薦虞事”，三虞云“哀薦成事”。

---

① “素洗”，四庫本、《通典》卷一三九《開元禮纂類三十四》作“洗”。
② “南枋”，四庫本、《通典》卷一三九《開元禮纂類三十四》作“南柄”。
③ “維某年月朔日”，四庫本、《通典》卷一三九《開元禮纂類三十四》作“維年月朔日”。
④ “興”，四庫本、《通典》卷一三九《開元禮纂類三十四》作“祝興”。

卷第一百四十　凶禮

三品以上喪之三

卒哭祭　小祥祭　大祥祭　禫祭　祔廟

卒哭祭

前一日之夕，掌事者改廬，翦屏，柱楣，塗廬不塗見面，塗廬裏，不塗廬外。翦蒲爲席，不緣以木爲枕。牢饌如虞祭。

其日夙興，祝入，燭先，升自阼階，入於室，祝整拂几筵，啟檳①，出神主，置於座以出。掌事者設洗於西階西南，北面，東西當西霤，南北以堂深，罍水在洗西，篚在洗東，南肆，篚實爵一、巾一，加冪。設瓦甒二於靈座之左，北墉下，醴酒在東，冪用綌。加勺，南枋②。其日夙興，掌事者具饌於堂東。祝與執尊、罍、篚者先入，立於尊、罍、篚之後。

內外衰服俱升。主人及諸子倚杖於室戶外，俱立於靈座東，西面南上。妻、妾、女子子立於靈座西，東面南上。內外各就位，坐哭。應拜者立。掌饌者以饌升，入設於靈座前。

相者引主人降自西階，詣罍洗，主人止哭，盥手洗爵；相者引主人升自西階，入詣酒尊所，主人酌醴；相者引主人進，跪，奠於靈座前，俛伏，興，少退，西面立。應拜者陪於後。祝持祝版入，立於靈座之南，北面。內外止哭。祝跪讀祝文曰：“維某年月朔日③，子哀子某，敢昭告於考某官封謚：妣則曰妣某氏夫人。日月不居，奄及卒哭，追慕永遠④，攀號無逮。謹以潔牲、柔毛、剛鬣、明粢、薌合、薌萁、嘉蔬、嘉薦、醴齊，哀薦成事於

---

① “檳”，四庫本、《通典》卷一三九《開元禮纂類三十四》作“匱”。
② “南枋”，四庫本、《通典》卷一三九《開元禮纂類三十四》作“南柄”。
③ “維某年月朔日”，四庫本、《通典》卷一三九《開元禮纂類三十四》作“維年月朔日”。
④ “永遠”，四庫本、《通典》卷一三九《開元禮纂類三十四》作“永往”。

考某官封謚，尚饗。"主人以下哭再拜，内外應拜者皆再拜哭。祝興，進，跪，奠版於靈座前，興，還尊所。<small>祝讀版訖，興，跪，進版，與主人哭拜同時。</small>相者引主人退，復位，哭盡哀，内外各還次。祝闔户，與執尊、罍者降出。少頃，祝與掌饌者入，開户，徹饌，祝匵主，闔户以降。

自卒哭之後，朝一哭，夕一哭，疏食飲水，周而小祥。

小祥祭

主人有司先製栗主并跗匵等，如喪主之禮。前一日之夕，毀廬爲堊室，設蒲席。周喪堊室者除之，設地席。陳練冠於次。主人及諸子俱沐浴，櫛，爪翦。牢饌及器如卒哭之禮。

其日夙興，祝入，燭先，升自阼階，入於室。祝於靈座之西更設桑主座①，東向。祝奉桑主置於座，訖②，祝出。迎栗主入，置於舊靈座，祝開櫝③，奉出栗主，置於座，訖，設几於右，乃出。

掌事者設罍、洗、篚於西階西南如初。篚實爵一、巾一，加冪。設瓦甒二於靈座之左，北墉下，醴酒在東，<small>冪用絺。</small>加勺，南枋④。具饌於堂東。祝與執尊、罍、篚者先入，立於尊、罍、篚之後。

内外衰服。主人倚杖於階東，俱升就位，<small>應拜者立。</small>哭盡哀，相者引降，主人杖就次，主婦以下各就次。主人及諸子除首絰，著練冠，妻、妾、女子子除腰絰。周服者皆除之，丈夫素服吉冠屨，婦人素服吉屨。相者引主人及諸子倚杖如初，内外俱升就位哭。掌饌者以饌升自東階，入設於靈座前，設訖，掌饌者降自西階以出。

相者引主人降自西階，詣罍洗，主人止哭，盥手洗爵。相者引主人升自西階，詣酒尊所酌醴，進，跪，奠於靈座前，俛伏，興，少退，西面立。祝持版進，立於靈座之右，北面。内外皆止哭。祝跪，讀祝文曰："維年月朔日，子哀子<small>父殁稱孤子。</small>某敢昭告於考某官封謚：<small>姚云姚夫人某氏。</small>歲月遄迫，奄及小祥，攀慕永遠，重增屠裂。謹以潔牲、柔毛、剛鬣、明粢、薌

---

① "桑主"，四庫本、《通典》卷一三九《開元禮纂類三十四》作"喪主"。
② "桑主"，四庫本、《通典》卷一三九《開元禮纂類三十四》作"喪主"。
③ "櫝"，四庫本、《通典》卷一三九《開元禮纂類三十四》作"匵"。
④ "南枋"，四庫本、《通典》卷一三九《開元禮纂類三十四》作"南柄"。

合、薌萁、嘉蔬、嘉薦、醴齊，祇薦祥事於考某官封謚，尚饗。"主人哭再拜，內外應拜者皆再拜哭。祝興，進，跪，奠版於靈座，興，還尊所。主人哭拜與祝興奠版同時。相者引主人就位，哭盡哀，內外各還次。主人杖如式。祝闔戶，與執尊、罍者降出。少頃，祝與進饌者入，開戶，徹饌，祝匱主，闔戶以降。其桑主祝奉出①，埋之於廟門外之左。

自小祥之後，止朝夕之哭，哭無時，哀至則哭。始食菜果，飯素食，飲水漿。無鹽酪不能食，鹽酪可。又周而大祥。

大祥祭

前一日之夕，除堊室，張帷，又備內外受服謂大祥之服。各於其次。主人及諸子俱沐浴、櫛、爪翦。牢饌及器如小祥之禮。

其日夙興，內外各服其衰服，並於次哭，盡哀。應除服者著除服訖，又哭，盡哀止。昧爽前，祝入，燭先，升自阼階，入於室，祝整拂靈筵，啟櫝出神主②，置於右几以出。

掌事者設罍、洗、篚於西階西南如初，篚實爵一、巾一，加幂。設瓦甒二於靈座之左，北牖下，醴酒在東，幂用絺。加勺，南枋③。具饌於堂東。祝與執尊、罍者先入，立於尊、罍之後。內外俱升，就位哭。掌饌者以饌升自東階，入設於座前，置設訖，掌饌者降自西階以出。

相者引主人降自西階，詣罍洗，主人止哭，盥手洗爵。相者引主人升自西階，詣酒尊所，酌醴，進，跪，奠於靈座前，俛伏，興，少退，西面立。祝持版進，立於靈座之右，北面。內外皆止哭。祝跪，讀祝文曰："維年月朔日，子哀子父喪稱孤子。某敢昭告於考某官封謚：妣曰妣夫人某氏。日月逾邁，奄及大祥，攀慕永遠，無任荒蹐，謹以潔牲、柔毛、剛鬣、明粢、薌合、薌萁、嘉蔬、嘉薦、醴齊，祇薦祥事於考某官封謚，尚饗。"主人哭再拜，應拜者皆再拜哭。祝興，進，跪，奠版於靈座，興，還尊所。相者引主人就位，哭盡哀。

主人以下各還外寢，妻、妾、女子子以下還於寢。祝闔戶，與執尊、

---

① "桑主"，四庫本、《通典》卷一三九《開元禮纂類三十四》作"喪主"。

② "櫝"，四庫本、《通典》卷一三九《開元禮纂類三十四》作"匱"。

③ "南枋"，四庫本、《通典》卷一三九《開元禮纂類三十四》作"南柄"。

罍者降出。少頃，掌饌者入，開户，徹饌，祝匵主，闔户而出。

閏月而禫。自大祥之後。外無哭者，食有醯醬。

禫祭

前一日，掌事者預備内外禫服，各陳於别所。主人及諸子俱沐浴、櫛、爪翦，仍宿於外寢。牢饌及器如大祥之禮。

其日夙興，祝入，燭先，升，拂几筵，啟櫝①，出神主置於座。掌事者設罍、洗、篚於東階東南如常，篚實爵一、巾一，加幎。設瓦甒二於座之左，北牖下，醴酒在東，幎用絺。加勺，南枋②。具饌於堂東。祝與執尊、罍、篚者先入，立於尊、罍、篚之後。

主人及諸子、妻、妾、女子子仍祥服，爲長子三年者亦祥服。内外俱升就位，哭盡哀，降，釋祥服，應禫服者著禫服。相者引主人以下俱升，就位哭。掌饌者以饌入，升設於座前，訖，執饌者出。

相者引主人降自西階③，詣罍洗，盥手洗爵；相者引主人自東階，詣酒尊所，酌醴，進，跪，奠於座前，俛伏，興，少退，西面立。祝持版進，立於座之右，北面。内外皆止哭。祝跪，讀祝文曰：“維年月朔日，子孤子某，敢昭告於考某官封諡：妣云妣夫人某氏。禫制有期，追遠無及，謹以潔牲、柔毛、剛鬣、明粢、薌合、薌萁、嘉蔬、嘉薦、醴齊，祗薦禫事於考某官封諡，尚饗。”主人哭再拜，應拜者皆再拜，内外皆哭。祝興，進，跪，奠版於座，還尊所。

相者引主人以下出，降自東階，還寢；内相者引妻、妾、女子子以下降自西階側，還於寢。祝闔户，與執尊、罍者降出。少頃，掌饌者入，開户，徹饌以出。祝匵主，闔户以降。

祔廟如别儀。自禫之後，内無哭者，始飲醴酒，食乾肉。

祔廟

將祔，掌事者預於始祖廟室内西壁爲埳室。筮日如常儀。

---

① “櫝”，四庫本、《通典》卷一三九《開元禮纂類三十四》作“匵”。
② “南枋”，四庫本、《通典》卷一三九《開元禮纂類三十四》作“南柄”。
③ “西階”，四庫本、《通典》卷一三九《開元禮纂類三十四》作“東階”。

前三日，主人及亞獻、終獻及諸執事者俱散齋二日，致齋一日。

前一日，掌事者清埽廟之内外。其廟應遞遷者，皆出神主置於座，又以酒脯告遷訖①，遂移牀幄，以下次遷神主，置於幄座，又奠酒脯醮以安神。少頃，掌饌者徹饌以出，掌廟者以次匰神主納於埳室，訖，又設考之祔座於曾祖室内東壁下，西向，右几。姒則祔於曾祖姑，設座亦如之。言曾祖及曾祖姑者，皆據孝子之言，於亡者祖及祖姑也。祔於曾祖，則曾祖姒配，有事於尊，可以及卑者也。設主人位於東階東南，西向。設子孫位於南門内道東，北面西上。設亞獻、終獻位於主人東南，設掌事者以下於終獻東西②，俱西面北上。亞獻、終獻以國官僚佐，若無，親賓充之。設贊唱者位於主人西南，西面。設酒尊於堂上室户之東南，北面西上。設洗於阼階東南，北面，東西當東霤，南北以堂深；罍水在洗東，篚在洗西，南肆，篚實爵三、巾二，加幂。其爵數每廟三。

祔日，内外夙興，掌饌者預具少牢之饌二座，各俎三，簠二，簋二，鉶二，酒尊二。其二尊，一實玄酒，爲上；一實清酒，次之。上尊加玄酒者，重古。其籩、豆，一品者各十二，二品、三品者各八。主人及行事者各服祭服。掌事者具腰輿。掌廟者、閣寺者入立於廟庭，北面再拜，升自東階，入開埳室，出曾祖、曾祖姒神主置於座，曾祖姒神主並而處右。若祔姒則出曾祖姒神主而已。降出。執尊、罍、篚者入，就位。

内外俱就靈室所。祝進座前，西面告曰："以今吉辰，奉遷神主於廟。"執輿者以輿升，入，進輿於座前。祝納神主於匵③，置於輿，祝仍扶於左，若祔姒，則閣寺之屬扶於右。降自西階，子孫内外陪從於後。至廟門，諸婦人停於門外，周以行帷，俟祭訖而還。神主入自南門，升自西階，入於室。諸子孫從升，立於室户西，重行東向，以北爲上。行事者從入，各就位。輿詣埳室前④，迴輿西向。祝啟匵⑤，出神主置於座，輿降⑥，立於西階下，東向。相者引主人以下降自東階，各就位。祝立定，贊唱者曰：

---

① "又"，四庫本、《通典》卷一三九《開元禮纂類三十四》作"主人"。
② "東西"，《通典》卷一三九《開元禮纂類三十四》作"東南"。
③ "匵"，四庫本、《通典》卷一三九《開元禮纂類三十四》作"匰"。
④ "輿"，公善堂本原作"興"，今據四庫本、《通典》卷一三九《開元禮纂類三十四》校改。
⑤ "匵"，四庫本、《通典》卷一三九《開元禮纂類三十四》作"匰"。
⑥ "輿"字，公善堂本原作"興"，今據四庫本、《通典》卷一三九《開元禮纂類三十四》校改。

“再拜。”在位者皆再拜。掌饌引饌入，升自東階，入於室，各設神座前施設訖，掌饌以下降出。

相者引主人詣罍洗，盥手洗爵，升自東階，詣酒尊所，執尊者舉冪，主人酌酒，相者引主人入室，進，北面跪，奠爵於曾祖神座前，俛伏，興。相者引主人出，詣酒尊所，取爵酌酒，入室，進，東面跪，奠於祖神座前，俛伏，興。出戶北面立。群祖及考皆如之。祝持版進於室戶外之右，東面跪，讀祝文曰：“維年月朔日，子孝曾孫某官封某敢昭告於曾祖某官封謚、若祔母，但云曾祖妣夫人某氏，不告曾祖。祖某官封謚、若祔母，云祖妣某氏。以下無官封者，但云考妣之靈。考某官封謚：若祔母，云妣某氏。如父在，不可遽遷祖母，先宜於廟東北堂別立一室①，藏其主，待考同祔。某罪積不滅，歲及免喪，先王制禮，練主入祔，宗廟上遷，昭穆繼序，是用適於皇考封謚，以遷王考封謚，隮祔孫某封謚。無官封者，但云以適遷於祖，隮祔某孫。若母同祔，則云適遷於祖姑夫人某氏，以隮祔孫婦夫人某氏。各隨其氏，各隨其稱。無官封者，但云以適遷於祖姑某氏，以隮祔孫婦某氏夫人。謹以潔牲剛鬣，嘉薦、普淖、明齊、溲酒，祇薦於曾祖某官封謚，曾祖妣某氏配；祖某官封謚，祖妣某氏配；考某官封謚。若祔母，則云曾祖妣某氏，祖妣某氏。尚饗。”訖，興②。主人再拜。祝進，入，奠版於曾祖神座，興，還尊所。相者引主人入室，立於西壁下，東面再拜。相者引主人出，降，還本位。

主人初獻將畢，相者引亞獻詣罍洗，盥手洗爵，升詣酒尊所，酌酒，入，進，北面跪，奠於曾祖神座前③，俛伏，興。相者引亞獻詣酒尊所，取爵酌酒，入，進，東面跪，奠於祖神座前，考亦如之。俛伏，興，出戶，北面再拜，訖，又入室，立於西壁下，東面再拜，相者引出，降，復位。

亞獻將畢，相者引終獻詣罍洗，盥手，升酌終獻如亞獻之儀，訖，相者引終獻降，復位。

祝入，徹豆，還尊所。贊唱者曰：“再拜。”在位者皆再拜。相者引主人出，又相者引在位子孫以下出。掌饌者入，徹饌以出。掌廟者與祝、

---

① “堂”，四庫本作“常”，《通典》卷一三九《開元禮纂類三十四》作“當”。

② “興”，四庫本作“祝興”。

③ “神座”，四庫本、《通典》卷一三九《開元禮纂類三十四》作“座”。

閽寺納曾祖神主於埮室，出。又以腰輿升，詣考神座前，祝納主於櫝①，置於輿，詣考廟，出神主置於座，進酒脯之奠於座前，少頃徹之，祝納神主於埮室。

　　齊衰三年，其虞、卒哭、祥、禫變除之節，與斬衰同。父在爲母、爲妻當二祥及禫，日月之期雖異，其儀節則同。周服以下變除，依其月算，各以其日之晨，備衰服，升就位，哭盡哀，降詣別室，釋衰服，著素服，又就位哭盡哀，出就別室終日。異門者至夕，各還其家。

---

① "櫝"，四庫本、《通典》卷一三九《開元禮纂類三十四》作"匵"。

卷第一百四十一　凶禮

三品以上喪之四

改葬

　　卜宅　啟請　開墳　舉柩　奠　升柩車　斂　奠
設靈筵　進引　告遷　哭柩車位　設遣奠　輴車
發　宿止　到墓　虞祭

改葬

卜宅

將改葬者，吉服卜宅兆，其餘如葬卜宅兆之儀。預於虆所
隨地之宜張白布帷幕，南向開户。

啟請

其日，内外諸親應集者皆至墓所，各就便次。主人、衆主
人、妻、妾、女子子俱緦麻服，餘周親以下皆素服。丈夫於墓
東，西向；婦人於墓西，東向，皆北上，婦人障以行帷，俱立哭，
盡哀，卑者再拜。

開墳

祝立於羨道南，北向。内外皆止哭。祝三聲噫嘻，告以開

墳改葬之故^①。<small>其意叙改葬所由之事，隨時爲之。</small>内外又哭盡哀，權就別所。掌事者開墳訖，内外又就位，哭如初。

舉柩

掌事者設席於幕下，舉柩出，置於席上，内外從柩哭於墓所。主人以下柩東，西面；主婦以下柩西，東面，俱南上。丈夫周親以下於主人東北，南面西上；婦人周親以下於主婦西北，南面東上。外姻丈夫於主人東南，北面西上；婦人於主婦西南，北面東上。<small>尊者坐。</small>國官於帷門外之東，北面西上；僚佐於帷門外之西，北面東上，皆舒席爲位。

奠

祝以功布拭棺，改加新褚。設洗於幕西南隅，罍水在洗西，加勺羃，篚在洗東，南肆，實巾二、爵一於篚，加羃。設席於柩東，設啟奠於席上，設醴酒之尊於饌南。主人詣罍洗，盥手洗爵，進，酌酒於席前，興，少退，西面再拜。内外卑者俱再拜。少頃徹奠。

升柩車

既奠，進輴車於帷門外，南向。掌事者升柩於輴車，遂詣施設所，内外俱哭從。掌事者預設牀於幕下，有枕席，周設帷。柩車至帷門外，丈夫於柩東，婦人於柩西，俱立哭。掌事者舉柩，降置於輴，入設於牀東，<small>若於墓所即斂，初奠訖不進輴車，設牀於柩東而加枕席，遂舉尸以斂之。</small>舉尸出，置於牀，南首。柩初入定，内外就位哭，如墓所之儀。

斂

陳衣於幕東帷内，明衣裳及上服各一稱，西領南上。冕具導、簪、纓，在北。内喪則花釵。衾一。<small>衾以黄爲表，素爲裏。</small>具饌於幕東，兩甒醴酒。柩初至幕下，舉尸於牀，主人、衆主人稍退，仍西向；妻、妾、女子子稍退，仍東向。遂斂，丈夫加冕，婦人花釵，又覆以衾。主人、衆主人及

---

① “告”，四庫本、《通典》卷一四〇《開元禮纂類三十五》作“啓”。

妻、妾、女子子憑哭，斂將訖，掌事者以棺入，設於西厢，藉以席。初棺入[①]，内外皆止哭，置棺定，乃哭。舉者四人入舉牀，男女從奉之，舉尸斂於棺，乃加蓋，覆以衾。設帷於棺東，内外就位，哭如初。

奠

既斂，祝執巾、几、席入，設於柩東，右几，加以巾。掌事者設罍洗於幕西南隅如初。祝以饌升設於席前，施設訖，執饌者降，出。相者引主人盥洗酌酒，進，奠於席前，興，少退，西面再拜。内外卑者皆再拜，訖，主人以下各退，就位，俱坐哭。

設靈筵

既斂，設靈於吉帷内幕下西厢，東向，施牀帷、屏几、服飾。以時上膳羞及湯沐，皆如平常。

進引

前一日之夕，掌事者進輀車於凶帷外，當門南向。其下帳、明器及苞牲等輿，陳於輀車前少西，東向。其日進引前，量時刻搥一鼓爲一嚴，陳靈車儀仗如常。在《陳車篇》。少頃，搥二鼓爲再嚴，侍靈者俱詣靈所，腰輿威儀入陳如常。進靈車於帷門外，南向。少頃，搥三鼓爲三嚴，掌事者入，徹饌以出。内外皆興，立哭於位。執披緋者入，掌事者徹帷，持翣者入，以翣障柩。執披緋者各進，執鐸者各入，夾於柩前，東西相向。執纛者立於鐸南，執銘旌者又立於纛南，北向。諸執披、緋、鐸、旌、纛者，皆布深衣介幘。

告遷

三嚴訖，祝帥腰輿入，詣靈座前，西面告曰："以今吉辰，奉即宅兆[②]。"少頃，輿出，詣靈車後，少頃，退。若内喪，女祝迎。執緋者引輀，旌先，纛次，鐸次，輀車次。引輀初動，執鐸者皆振鐸，每振鐸先搖之，搖訖三振之。其持翣者恒以翣障柩。於輀車進，執鐸者夾左右，每曲及進止皆

---

① "初"，四庫本、《通典》卷一四〇《開元禮纂類三十五》作"於"。

② "奉即宅兆"，四庫本、《通典》卷一四〇《開元禮纂類三十五》作"用即宅兆"。

振鐸。內外俱從柩後。柩出,到輀車後,執紼者解紼屬於輀車,設帷障於輴車後,掌事者升柩。

哭柩車位

丈夫俱立哭於輀車東,重行西面,婦人哭於輀車西,重行東面,俱南上。外姻丈夫哭於輀車東南,重行北向,以西爲上;婦人哭於輀車西南,重行北向,以東爲上。國官哭於外姻之東,北面西上;僚佐哭於國官之西,北面東上,立定。

設遣奠

設遣奠之饌於輀車東,置設訖,相者引主人酌酒,進,奠於席上,興,少退,西面哭,再拜,內外皆哭,卑者再拜。若食頃徹之,以蒲葦苞牲體下節,七苞,載於輿以之墓。

輀車發

既徹奠,吉凶儀仗依式進引,靈車動,鼓吹振作而行。主人、眾主人以下皆以次步從,哭於柩車後。妻、妾、女子子以下皆步從,哭於丈夫之後,障以行帷。輀車去停所三百步,親賓有還者,弔哭如別儀。辭訖,進,引尊者乘車馬,從柩更哭不絕聲。

宿止

掌事者預於宿所張吉凶帷幕,吉帷在左,凶帷在右。將至宿所,尊者俱下車馬,步哭。靈車到帷門外,迴車南向。祝帥腰輿詣車後,少頃,輿入,詣靈座前,少頃,輿出。進常食於靈座,若食頃,徹之。柩車至於凶帷,內外哭於柩車所,其位如初。掌饌者進酒脯之奠於柩車東席上。既設奠,內外各還次,更哭不絕聲。及墓,內外俱就位哭,進夕奠如初,訖,內外各還次,迭哭終夜。及明,嚴鼓,內外又就位哭,進朝奠於柩東。進常食於靈座,若食頃,徹之。迎靈發引,尊者乘車馬,哭從如常儀。

到墓

到墓,尊者俱下車馬。靈車到帷門外,迴南向。祝帥腰輿詣車後,少頃，興入詣靈座前，少頃，興退，設酒脯之奠。柩車至壙前，迴南向，内外哭位如遣奠之儀。掌事者布席張帷於柩車後，下柩於輴。主人以下、妻、妾、女子子各前撫柩哭盡哀，退，復位。周親以下又前撫哭盡哀，退，復位。俱再拜辭。執紼者屬紼於輴，掌事者下柩於壙，輴出。既窆，親賓先還者弔哭如別儀。國官之長奉玄纁束帛授主人，主人受以授祝，主人稽顙再拜，祝奉以入，奠於柩東。持翣者入，倚翣於壙内兩厢；執事者以下帳、明器、苞牲、酒米等物入置於壙内，皆藉以版；施銘旌誌石於壙戶内。置設訖，掌事者掩壙戶，加關鑰，覆土。既覆土，内外俱就靈所哭，墓左祭后土如始葬之儀。

虞祭

初下柩於墓，掌事者具虞祭之饌，設罍、洗、篚於靈幕西南如常。内外既就靈所哭，掌饌者進虞祭之饌於靈座。相者引主人盥洗酌酒，進，奠於靈座前，興，少退，西面立。内外皆止哭。祝持版進，立於靈座之右，北面跪，讀祝文曰：“維年月朔日，孝子某，敢昭告於考某官封謚：姒云夫人某氏。改遷幽宅，禮畢終虞，夙夜匪寧，啼號罔極。謹以潔牲、柔毛、剛鬣、明粢、薌合、薌萁、嘉蔬、嘉薦、醴齊，祗薦虞事於考某官封謚，尚饗。”主人哭，再拜，内外皆哭，卑者再拜，盡哀。相者引主人以下出就別所，釋衰服，著素服而還。掌饌者徹饌，掌事者徹靈座。

卷第一百四十二　凶禮

四品五品喪之一

初終　復　設牀　奠　沐浴　襲　含　赴闕　勑使弔
銘　重　陳小斂衣　奠　小斂　斂髮　奠　陳大斂衣
奠　大斂　奠　廬次　成服　朝夕哭奠　賓弔_{親故同}
親故哭　州縣長官弔　刺史遣使弔　親故遣使致賵
殷奠　卜宅兆　卜葬日　啟殯　贈謚　親賓致奠

初終

有疾，丈夫、婦人各齋於正寢北墉下，東首。墉，牆也。東首，順生氣。養者皆齋。親飲藥，子先嘗之。嘗，度其所堪。疾困，去故衣，加新衣。爲人來穢惡也。徹樂，清掃內外，爲賓客來問。分禱所祀。盡孝子之情。所祀中霤、門、戶、竈、行。侍者四人坐持手足。爲不能自屈伸，内喪則婦人持之。遺言則書之。屬纊以候絕氣，纊，新緜，置於口鼻也。氣絕，廢牀，寢於地。人始生在地，庶其生氣反。主人啼，餘皆哭。哀有淺深。男子易以白布衣，被髮，徒跣。婦人青縑衣，被髮，不徒跣，女子子亦然。父爲長子及爲人後者爲其本生父母，皆素冠不徒跣。女子子嫁者髽。齊衰以下，丈夫素冠，婦人去首飾。謂齊衰婦人也。内外皆素服。素服謂有服者白布十五升。無服者不服列綵，則常服素衣。主人坐於牀東，啼踊無數[①]。衆主人在主人之後，兄弟之子以下又在其後，俱西面南上哭[②]。妻坐於牀西，妾及女子子在妻之後，啼踊無數[③]。兄弟之女以下又在其後，

---

①　"啼踊無數"四字，公善堂本無，今據四庫本補。《通典》卷一三八《開元禮纂類三十三》作"哭踊無數"。

②　"哭"字，公善堂本原無，今據四庫本、《通典》卷一三八《開元禮纂類三十三》校補。

③　"啼踊無數"四字，公善堂本無，今據四庫本補。《通典》卷一三八《開元禮纂類三十三》作"哭踴無數"。

俱東面南上，舒藁坐哭①。內外之際，隔以行帷。帷堂內門南北隔之。祖父以下於帷東北壁下，南面西上；祖母以下於帷西北壁下，南面東上，皆舒席坐哭。外姻丈夫於戶外之東，北面西上；婦人於主婦西南，北面東上，皆舒席坐哭。若舍窄，則宗親丈夫在戶外之東，北面西上；外姻丈夫在戶外之西，北面東上。諸內喪，則尊行丈夫及外親丈夫席位於前堂，若戶外之左右，俱南面，宗親戶東西上，外親戶西東上。凡喪位，皆以服精麤爲序。國官位於門內之東，重行北向，以西爲上，俱衰巾帕頭②，舒藁薦坐哭。參佐位於門內之西，重行北向，以東爲上，俱素服，舒席坐哭。斬衰三日不食，齊衰二日不食，大功一日不食，小功、緦麻再不食。

復始死則復

復於正寢。復者二人皆常服。復謂招魂復魄。以死者之上服左荷之，升自前東雷，當屋履危，北面西上。危，棟也。左執領，右執腰，招以左。每招，長聲呼某復。男子皆稱字及伯仲，婦人稱姓，其復者人數，婦人依其夫③。三呼而止，以衣投於前，承之以篋，升自阼階，入以覆尸。若得魂魄返然。復者徹舍西北扉，降自後西雷。不由前降，不以虛返。因徹西北扉，若云此室凶，不可居然。自是行死事。所徹之扉薪，以充蕡沐浴。復衣不以襲斂。浴則去之。乃設牀。

設牀

設牀於室戶內之西，去腳，舒簟，設枕，施帷④。去裙，遷尸於牀，南首，覆用斂衾，去死衣。斂衾，大斂所用之衾，黃表素裏也。死衣，病困時所加新衣⑤。楔齒用角柶。爲將含也。綴足以燕几，校在南，綴，拘也。校，几脛也。尸南首，几脛在南以拘足，則不使辟戾也。侍者坐持之。其內外哭位如始死之儀。乃奠。

奠

奠以脯、醢，酒用吉器，無巾柶，升自阼階，奠於戶東，當牖。鬼神無象，

---

① "舒"，四庫本、《通典》卷一三八《開元禮纂類三十三》作"藉"。
② "衰"，四庫本、《通典》卷一三八《開元禮纂類三十三》作"褻"。
③ "婦人"二字，四庫本、《通典》卷一三八《開元禮纂類三十三》無。
④ "帷"，四庫本、《通典》卷一三八《開元禮纂類三十三》作"幄"。
⑤ "病困時"，四庫本、《通典》卷一三八《開元禮纂類三十三》作"病時"。

故設奠以憑依之。內喪，內贊者皆受於戶外而設之。凡內喪，皆內贊者行事。既奠，贊者降出帷堂。初氣絕，室內隨事設帷，至此事小訖，故設帷堂。乃赴於闕。赴禮在此。下章《含禮》後爲與《勑使弔章》宜相附，近故也。

沐浴自沐浴下至於設重，凡六事，皆同時興作。

掌事者掘堵於階間，近西，南順，廣尺長二尺，深三尺，南其壤。爲塊竈於西牆下，東向，以俟炙沐。新盆、盤、瓶、四鬲皆濯之，陳於西階下。新此器者，重死事。塊竈，累土爲竈。盆以盛水，盤以盛濡濯，瓶以汲也。鬲，瓦甒，受二升，有蓋。濯謂滌溉。沐巾一，浴巾二，用絺若綌，實於箪。巾所以拭也。浴巾二者，上體下體異。絺，細葛也。綌，麤葛也。箪，竹器也。櫛實於箱若篋，浴衣實于篋，浴衣，以浴所衣之衣，其制今之眠帕。皆具於西序下，南上。水淅稷米，取潘煮之，又汲爲湯，以俟浴。以盆盛潘，及沐盤升自西階，授，沐者執盤及潘入。內外皆出戶外。象平生沐浴，子孫不在傍，主人出而袒簪，謂牀簪去席。主人以下於戶東，北面西上；主婦以下於戶西，北面東上，俱立哭。其尊行者，丈夫於主人之東北面，西上；婦人於主婦之西北面，東上，俱坐哭。婦人權障以帷。主人以下既出，乃沐櫛，櫛，梳。束髮用組，抾用巾。抾，晞也，清也。浴則四人，抗衾，二人浴，拭用巾，抾用浴衣。設牀於尸東，衽下莞上簟。衽，臥席。浴者舉尸，易牀，設枕。翦鬚斷爪如平常，鬚髮爪盛以小囊，大斂內於棺。楔齒之柶、浴巾，皆埋於堵，實之。著明衣裳，以方巾覆面，仍以大斂之衾覆之訖，內外入，就位，哭。乃襲。

襲

是時，陳襲事於房內。襲衣三稱，西領南上。朝服一稱，常服二稱。凡陳衣者實之以箱篋，承以席。明衣裳；合用生絹單衫。舄一；帛巾一，方尺八寸；充耳用白纊；面衣用玄，方尺，纁裏，組繫；握手用玄，纁裏，長尺二寸，廣五寸，削約於內旁寸，著以綿，組繫；握手，手所握者。面衣及握皆通用餘色。庶襚繼陳不用。庶，衆也。不用，不襲也。多陳之爲榮，少納之爲貴。將襲，具牀席於西階西，內外皆出，哭於戶外，其位如沐時。襲者以牀席升，入設於尸東，布枕席如初。執服者陳襲衣於席。祝去巾，加面衣，設充耳，著握手，納舄若履。凡衣死者，左衽不紐。將襲辟奠，既襲則設也。既襲，乃覆以大斂之衾。始死時所覆衾。**内外俱入，復位坐哭。**諸尊者於卑幼之喪及嫂叔兄姑弟婦相哭，朝晡之間非有事，則休於別室。**乃含。**

含

含用稷與碧①。**贊者奉盤水升堂**②。**含者盥手於户外，贊者沃盥，含者洗稷碧，實於笲，**笲，竹器也。**執以入，祝從入，北面。徹枕去楔，受笲，奠於尸東，含者坐於牀東，西面，撆巾，**巾先覆面，將含，當口撆之。**納稷碧於尸口。既含，主人復位。**楔齒之柶與浴巾同埋於坎③。

赴闕

若遣使赴於闕。使者進，立於西階，東面南上。主人詣使者前，北面曰：「臣某之父某官臣某死，若母若妻，各隨其稱。**謹遣某官臣姓某奏聞。」訖，再拜。使者出，主人哭入，復位。**

勅使弔

勅使弔。使者公服入，立於寢門外之西，東面。相者入告。主人素冠降自西階，迎於寢門外，見賓不哭，先入，立於門右，北面。内外皆止哭，開帷。帷堂之帷，事畢則下之。**使者入，升立西階上，東面。進主人於階下，北面。使者稱：「有勅。」主人再拜。使者宣勅云：「某封喪逝，**無封者稱姓位。**情以惻然，如何不淑。」主人哭拜稽顙，内外皆哭。使者出，主人拜送於大門外。親故爲使弔者，既出，易服入，向尸立哭十數聲，止，降出。主人候勅使出，升降自西階。**主人升降自西階者，親始死，未忍當主位。

銘銘，明旌也。

爲銘以絳，廣終幅，長八尺，龍首，韜杠。杠，銘旌竿。杠之長準其絳也。**書曰「某官封之柩。」**在棺曰柩，無封者云「某姓官之柩」。婦人其夫有官封者，云「某姓官封

---

① 　“含用稷與碧”五字，四庫本、《通典》卷一三八《開元禮纂類三十三》無。

② 　“贊者奉盤水升堂”，四庫本作“贊者奉盤水及笲笲竹器飯用稷含用璧升堂”，《通典》卷一三八《開元禮纂類三十三》作“贊者奉盤水及笲笲竹器飯用粱含用璧四品五品用稷與璧升堂”。

③ 　四庫本此句末尚多“乃奠”二字。

夫人姓之柩”。子有官封者,云“太夫人之柩”。郡縣鄉官各隨其稱。置於宇西階上。

重

重木,刊鑿之,長七尺,横者半之,置於庭,三分庭,一在南。刊鑿之,爲懸簪孔也。以沐之米爲粥,實於鬲,既實以疏布蓋其口,繫以竹筮,懸於重木。覆用葦席,北面,屈兩端交於後,西端在上,綴以竹筮。祝取銘置於重。殯堂前楹下,夾以葦席,簾門以布,又設葦障於庭。

陳小斂衣

小斂之禮,喪之明日,各陳其斂衣一十九稱。無者,各隨所辦。朝服一稱,其餘皆常服,陳於東房,西領,北上。笏一。凡斂非正色不入,絺綌不入。乃奠。

奠

饌於東堂下:凡奠器皆素。瓦甒二,實醴及酒,觶二,角柶一,少牢及腊三俎,籩、豆各六。籩實鹽脯棗栗之屬。豆實醢醬藎菹之類。設盆盥於饌東,布巾。爲奠者設盥。喪事略,故無洗。贊者辟脯醢之奠於尸牀西南。乃斂。

小斂

將小斂,具牀席於堂西,又設盆盥於西階之西如東方。爲舉尸者設盥。斂者盥訖,與執服者以斂衣入。主人以下少退,西面;主婦以下少退,東面,内外俱哭。斂者斂訖,覆以夷衾,設牀於堂上兩楹間,衽尸卧之席。下莞上簟有枕。卒斂,開帷,主人以下西面憑哭,凡憑尸,父母先,妻子後。主婦以下東面憑哭,俱南上。訖,退。乃斂髮。

斂髮

男子斂髮,衰巾帕頭[①],女人斂髮而髽。主人以下立哭於尸東,西面南上;主婦以下立哭於尸西,東面南上。祖父母以下仍哭於位各如初。

---

① “衰”,四庫本、《通典》卷一三八《開元禮纂類三十三》作“裛”。

外姻丈夫、婦人哭於位各如初。斂者舉尸，男女從奉之，遷於堂，仍覆以夷衾。棺衣。哭位皆如室內。乃奠。

奠

奠：贊者盥手，奉饌至階，豆去蓋，籩俎去巾冪。升，奠於尸東，醴酒奠於饌南，西上。訖，其俎，祝受巾巾之。奠者徹襲奠，自西階降出。下帷，內外俱坐。有國官僚佐者，以官代哭，無者以親賓爲之。夜則爲燎於庭。厥明，滅燎，乃大斂。

陳大斂衣

大斂之禮，以小斂之明日。夙興，陳衣於序東三十稱，無者各隨所辦。各具上服一稱，西領南上，其餘皆常服。冕具導、簪、纓，在北。內喪花釵、衾一。衾以黃爲表，青爲裏①。乃奠。

奠

奠於堂東階下兩甒醴及酒，醴在南，各加勺。篚在東，南肆，實角觶一，木柶一。豆在甒北，籩次之，牢饌如小斂。籩、豆、俎皆冪以功布。其簟席、素几、功布巾在饌北。掘殯埳於西階之上。喪從外來者，殯於兩楹之間。乃斂。

大斂

將大斂，棺入，內外皆止哭，升棺於殯所。棺中之具灰炭、枕席之類，皆預設於棺內。置棺定，內外皆哭。熬穀六筐，黍、稷、粱各二，皆加魚腊。熬所以惑蚍蜉，令不至於棺旁。燭俟於饌東。設盆盥於東階東南。祝盥訖，升自阼階，徹巾授執巾者，執巾者待於阼階下。祝盥。贊者徹小斂之饌，降自西階，設於序西南，當西霤，如設於堂上。堂上謂尸東。凡奠設於序西者，畢其事而去之。乃適於東階下新饌所。帷堂內外皆少退，立哭。御者斂，丈夫加冕，婦人加花釵，覆以衾。斂訖，開帷，主人以下西面憑哭，主

---

① “青爲裏”，四庫本、《通典》卷一三八《開元禮纂類三十三》作“素爲裏”。

婦以下東面憑哭，<small>凡憑尸，父母先，妻子後。</small>退，復位次，諸親憑哭訖，斂者四人舉牀，男女從奉之，奉尸斂於棺，乃加蓋，覆以夷衾，內外皆復位如初。設熬穀首足各一筐，傍各二筐，以木覆棺上，乃塗之。施帟於殯上。<small>帟，柩上承塵也。</small>祝取銘置於殯所。乃奠。

奠

　　將奠，執巾、几、席者升自阼階，入設於室之西南隅，東面，右几，加以巾。贊者以饌升，入室，西面設於席前。祝受巾，巾俎。奠者降自西階以出。下帷，內外皆就位，哭如初。既殯，設靈座於下室西閒，東向；施牀、几案、屏帳、服飾，以時上膳羞及湯沐皆如平生。當殷奠之日，不饋於下室。<small>下室謂燕寢。無下室者，則設靈座於殯東，朝夕進常食之具於靈前如平常也。</small>

廬次

　　將成服，掌事者預爲廬於殯堂東廊下，近南，北戶。設苫凷於廬次。<small>諸子各一廬。凡廬，五品以上官營之①。</small>齊衰於廬南累泲爲堊室，俱北戶，翦蒲爲席，不緣。父兄不次於殯所，各在其正寢之東爲廬次、堊室。祖爲嫡孫居堊室，寢有牀。皆南面，西出戶。父不爲衆子次於外。<small>於庶子略，自若居寢。</small>大功於堊室之南，張帷，席以蒲。小功、緦麻於大功之南，設床，席以蒲。婦人次於西房若殯後，施下牀；殯堂無房者，次於後若別室。

成服

　　三日成服，<small>皆除去死日數。</small>內外皆哭，盡哀。內外俱降，就次著衰服。無服者仍素服。相者引主人以下俱杖，<small>三日而後食，杖而後能起，衆子皆杖，以病故也。童子、婦人不能病，故不杖，亦不居廬，不著菲屨。若嫡子，雖童亦杖，幼不能自株，人代執之，所謂當室杖者也。自此以後，惟嫡子及有爵之庶子，皆得杖在位。若其庶子之無爵者，杖於他所，不杖在位矣。凡正寢，戶內曰室，戶外曰堂，虞杖不入室，祔杖不升堂。以今言之，即靈堂戶之內外也。周人祔在卒哭，今之百日也。哀衰敬生，故其杖不升靈寢。當之堂前②，其衰服及杖皆致之於廬內。應杖者，朝夕哭則杖之。若孝子，出無異適，惟向殯又向墳墓而已。遠則乘</small>

---

① "官"字，四庫本、《通典》卷一三八《開元禮纂類三十三》無。

② "當"字，公善堂本無，今據《通典》卷一三八《開元禮纂類三十三》校補。

車，近則使人代執杖也。升，立哭於殯東，西面南上。齊衰以下亦升就位。婦人升，詣殯西位，若殯逼西壁，婦人皆位於殯北，南面東上。尊行者坐。內外皆哭，盡哀。諸子孫就祖父及諸父前跪哭，皆撫哭盡哀，就祖母及母、諸母前哭亦如之。女子子對祖母及諸母哭，遂就祖父前哭，如男子之儀，惟諸父不撫之耳。訖，各復位。伯叔母以下就主婦哭亦如之。始遭親喪，孝子荒迷，三日不食，服又成矣，是以尊卑內外聚哭盡哀也。諸尊者降出還次，主人以下降出，立於阼階下，外姻在南，少退，俱西面北上，哭盡哀，各還次。闔戶。小功以下各歸其家。自成服之後，諸尊者及婦人於諸親男女之喪，有事則哭於殯所；若無事有時須哭者，或在正寢，則於北壁下舒席南面坐哭。父母喪，則食粥，朝米四合，暮米四合。不能食粥，則以米爲飯。婦人皆以米爲飯。

朝夕哭奠朝奠日出，夕奠逮日。

每日預具朝奠於東階下。瓦甒二，實以醴及酒，觶杓，疏布冪。角觶一，木柶一。籩一，豆一，實以脯醢。內外夙興，各衰服。凡言衰服，應杖者皆杖，以下準此。男子就東階下位，若升哭於殯東，其位如始成服之式。婦人升詣殯西位，內外皆哭。凡朝夕哭皆開帷。質明，掌事者升自阼階，入，徹奠出，置於序西南，如殯東之儀。又以朝奠入，至阼階，豆去蓋，籩甒去巾冪，升自阼階，入設於室如初。執饌者出，降自西階。日出後少頃，內外皆止哭，各還次。朝夕之間，主人及諸子、妻、妾、女子子哭於其次，無時。至夕，內外俱就位哭，徹朝奠，進夕奠如初儀。日入後，內外俱止哭，各還次。哭者出，闔戶。自是以後，至於啟殯，每朝夕如上儀。既殯，大功以下異門者歸於家。

賓弔親故同

賓至，掌次者引之次，賓著素服。相者入告。內外衰服。相者引主人以下立哭於阼階下，婦人升哭於殯西。相者引賓入，立於庭，北面西上，爲首者一人進，當主人東面立，云：「如何不淑。」主人哭，再拜稽顙。爲首者復北面位。弔者俱哭十餘聲。相者引出。少頃，相者引主人以下各還次。

親故哭

若有親故哭殯者，内外俱升，就殯堂位，尊者坐，若賓敵體以上，賓初入則起，賓坐亦坐，賓起亦起。内外俱哭。相者引賓入，升堂，立於殯東，西面南上，尊者坐，俱哭盡哀，止。尊者起，相者引出。卑者再拜，訖，乃就主人前稍南，東北面執慰。相者引以次出。恩深者，賓拜訖，又哭盡哀，或就孝子撫哭盡哀而出。少頃，相者引主人以下降，還次。

州縣官長弔

若刺史哭其所部，縣令同。主人設席於柩東，西向。刺史素服將到，相者引主人去杖立於門内之右，北向。刺史降入，升自東階，即座，西向坐哭，盡哀，將起，主人降，復階下位。刺史降出，主人拜送於大門外，杖哭而入。

刺史遣使弔

刺史遣使弔，使者至，掌次者引就次。内外俱衰服。主人以下就階下位，婦人就堂上位，内外俱哭。使者素服執書，相者引入門而左，立於階閒東面。使者致辭，主人拜稽顙，相者引主人進，詣使者前，西面受書，退，復位，左右進，受書。主人拜送於位，相者引使者出。使者若自入弔哭，如上儀①。客出，少頃，内外止哭，各就次。

親故遣使致賵

親故遣使致賵，使者立於大門外之西，東向。從者以篚奉玄纁束帛立於使者西南，俱東面。凡賵通以貨財，使者隨執其物，不限以玄纁。相者入告，遂引主人立哭。相者進主人前，東面受命，出，詣使者前，西面曰：“敢請事。”使之從者以篚進詣使者前，西面以授使者，退，復位。使者曰：“某封若某官無官封者稱某字。使某賵。”相者入告，出曰：“孤某須矣。”相者引使者入，立於内門外之西，東向。主人止哭。使者少進，東面曰：“某封

---

① “上儀”，四庫本、《通典》卷一三八《開元禮纂類三十三》作“上弔儀”。

若某官使某賵。"主人哭再拜。使者少進，坐委之，興，復位。掌事者進，坐舉之，興以東。東，藏之。相者引使者出，主人拜送。若使者致物不以器，掌事者訝受之，不委於地。其餘賵物，從者執之，立於使者東南，北面西上。掌事者受之以東，藏之。

殷奠

每朔望具殷奠，饌於東堂下。瓦甒二，實以醴及酒。角觶二，角柶一。少牢及腊三俎，二簋，二簠，二鉶，六籩，六豆。設盆盥於饌東，布巾。為奠者盥。其日，內外夙興，衰服，升就位哭。質明，執饌者徹宿奠，遂以饌入，至阼階，去巾蓋，升入室，設於席前。酌奠訖，冪俎以巾，執饌者降自西階以出。少頃，內外各還次，既出，闔門。及夕，執饌者升，徹殷奠，進夕奠如常禮。若有薦新，如朔奠。薦五穀若時物新出者。其日不饋於下室。不饋於下室者，為殷奠有黍稷。

卜宅兆

既度宅兆，掘四隅，外其壤；掘中，南其壤。宅，葬居也。兆，塋域也。南其壤者，為葬將北首故也。

既朝哭，主人遂哭出，乘堊車詣宅兆所。出國門，止哭。掌事者預設主人以下次於宅兆東南。將到，主人又哭。至宅兆所，主人停於次，止哭。莅卜者一人國官若諸僚佐之長莅之。無者親賓代為之。緇布冠，不緌，布深衣，因喪屨。莅卜者非國官，則吉冠素服。祝及卜師凡行事者，皆吉冠素服。掌事者布卜席於兆南，北面西上。相者引莅卜者及祝立於卜席西南，東面南上；卜師立於祝南，東面北上。相者引主人詣卜席南十五步許，當內壤北面立。相者立於主人之左少南，俱北向。親賓及從者立於卜席東南，重行西面，諸親北上，諸賓南上。立定，相者少進，東面稱："事具。"退，復位。主人免首絰，左擁之。莅卜者進，立於主人東北，西面。卜師抱龜①，進，立於莅卜前，東面南上。莅卜者命曰："哀子姓名今儀：父、祖父稱孤子孤孫，母、祖母稱哀子哀孫，下皆準此。為其父某官封某甫，度茲幽宅，無有

---

① 此句後，四庫本尚多"筮師開櫝贖藏策器執贖以擊策擊之以動其神"十九字，《通典》卷一三八《開元禮纂類三十三》尚多"筮師開櫝出策兼執之贖藏策器執贖以擊策擊之以動其神"二十四字。

後艱。"某甫,其字也①。無封者去封。宅,居也。度,謀也。言爲其父卜葬居。今謀此以爲幽冥居域之處,得無其後艱難乎? 謂有非常崩壞。若内喪,云爲某母夫人某氏。卜師曰諾,遂述命,訖,右旋就席北面坐,命龜曰:"假爾泰龜有常。"指中封遂卜。訖,興,以龜東面稱:"占曰從。"還本位。主人絰,哭,從者哭,盡哀,止。相者進主人之左,東面稱:"禮畢。"相者遂引主人退,立於東南隅,西面。又相者引卜者立於主人之後,重行西向,俱北上。掌事者徹卜席。當安墓處立一標,又於四隅各立一標,當南門兩廂各立一標。

祝帥掌事者入,鋪后土氏神席於墓左,南向。設酒尊於神座東南,加勺幂。設洗於酒尊東南,罍水在洗東,篚在洗西,南肆。篚實以巾、爵,加幂。相者引告者及祝與執尊、罍、篚者,俱立於罍洗東南,重行西向,以北爲上。國官若僚佐之長告。無僚佐者,親賓及主人告之。主人告俱去絰杖。立定,俱再拜。祝與執尊、罍、篚者先立於尊、罍、篚之後。執饌者以脯醢跪設於神座前,興,還本位。相者引告者詣罍洗,盥手洗爵,詣酒尊所,酌酒,進,跪,奠於神座前,興,少退,北面立。祝持版進於神座之右,東面跪,讀祝文曰:"維年月朔日,子某官姓名,若主人自告,父稱孤子,母稱哀子姓名。敢昭告於后土氏之神:今爲某官姓名,若主人自告云,爲父某官封某甫,母云太夫人若郡君某氏,各隨官稱之。營建宅兆,神其保祐,俾無後艱。謹以清酌脯醢,祇薦於后土之神,尚饗。"訖,興。告者再拜,相者引告者還本位,西面再拜,相者引出。掌事者以下俱復位,再拜,遂徹饌席尊罍以出。

主人哭還,去墓三里許,哭止。及國門,又哭。内外升,哭於位。主人入,升詣殯前,北面哭,盡哀,止哭,西面再拜,降,就次。有國官僚佐,從主人入,就門内哭,主人拜,俱再拜,主人降就次,各就次。若不從,又卜擇地如初儀。

卜葬日

既朝哭,主人及諸子以下出,立於殯門外之東壁下,西面北上。國官僚佐之長莅卜無國官僚佐者,親賓爲之。行事者俱吉服,立於門西,東面南上。卜師抱龜在其南,東面。闔門東扇,主婦立於其内。設卜席於閾外闑西。相者詣主人前,東面告事具,遂引主人立於門南,北面。相者立

---

① "其",四庫本作"父",《通典》卷一三八《開元禮纂類三十三》作"且"。

於主人之左,少退,俱北面。主人免首絰,左擁之。莅卜者進,立於主人東北,西面。卜師少進,莅卜前東面受命。莅卜命曰:"哀子某來日謀卜葬其父某官封某甫,_{母云爲某母太夫人某氏卜也。父稱孤子。}考降無有近悔。_{考,登也。降,下也。言卜此日葬,魂神上下,得無近於咎悔也。}卜師曰諾,遂述命。訖,左旋進就席西面坐,命龜曰:"假爾泰龜有常。"乃作龜,訖,興,以龜退,東面稱:"占曰從。"主人絰,興,諸子以下哭,盡哀。相者告於主婦,哭入。遂使人告於親賓。_{諸親及僚友卜日不來者。}卜師以龜退。掌事者徹卜席。相者進,告禮畢。主人與諸子以下入,升詣殯前,北面立哭,內外俱哭,盡哀。內外各還次。若不從,又卜擇如初儀。

啟殯

葬有期,前一日之夕,掌事者除葦障,備啟奠。_{其饌如大斂。}設賓次於大門外之右,南向。內外夕哭如常儀。啟殯之日,內外夙興,衰服,主人及諸子皆去冠絰,以衰巾帕頭①。_{國官亦以衰巾帕頭②。}內外升階,就位哭。_{尊行者坐,國官及僚佐就下位哭之。}祝衰服執功布,_{功布長五尺。}升自東階,詣殯南,北向。內外止哭。祝三聲噫嘻,乃曰:"謹以吉辰啟殯。"既告,內外皆哭,盡哀,內外各還次。祝降,與執饌者升,徹宿奠如常儀。祝取銘,置於重北建之。掌事者升,徹殯塗,訖,設席於柩東,升柩於席上,又設席於柩東。祝執功布升,以拂柩,覆用夷衾,降出。周設帷,東面開戶。相者引主人以下升,哭於帷東,西向;妻、妾、女子子以下哭於帷西,東向,俱南上。諸祖父以下哭於帷東北壁下,南面西上;諸祖母以下哭於帷西北壁下,南面東上。外姻丈夫帷東,北面西上;婦人帷西,北面東上。_{尊者坐。}內外俱哭。祝與進饌者各以奠升,設於柩東席上,祝酌醴奠之,內外俱哭於位,如未成服之禮。親賓致奠如別儀。有國官僚佐者,以官代哭,無者以親疏爲之,晝夜不絕聲。

贈諡

告贈諡於柩。_{無贈者,設啟奠訖即告諡。}其日,主人入,升,立於饌東,西

---

① "衰",《通典》卷一三八《開元禮纂類三十三》作"裹"。
② "衰",《通典》卷一三八《開元禮纂類三十三》作"裹"。

面。祝持贈謚文升自東階，進，立於柩東南，北向。内外皆止哭。祝少進，跪，讀文訖，興，主人哭拜稽顙，内外應拜者皆再拜。祝進，跪，奠贈謚文於柩東，興，退，復位。内外皆就位坐哭。

親賓致奠

啟之日，親賓致奠於主人。設啟奠後，諸奠者入，立於寢門之外，東向。謂卑幼者。其有故則遣使。祭具陳於奠者東南，北面西上。相者入告。内外卑者皆興，立哭於位。又相者引奠者入，升，當柩東，西面。奠者哭，祭具從升，陳於柩東奠者之西，西面南上。設饌訖，執饌者降出。奠者止哭，詣酒尊所，取爵酌酒，跪，奠於柩東，興，少退，西面立。内外皆止哭。奠者曰："某封若某位伯叔，各隨官爵稱之。將歸幽宅，謹奉奠。"若異姓，各從其稱。若使者，云"某封若某姓位，聞某封若某官將歸幽宅，使某奉辭。"奠畢，應拜者皆再拜，内外皆哭，主人哭拜稽顙。奠者哭，盡哀止，相者引出。執事者以次徹饌而出。

卷第一百四十三　凶禮

四品五品喪之二

將葬

　　陳車位　陳器用　進引　舉柩　柩在庭位　祖奠
　　柩出升車　遣奠　遣車　器行序　諸孝從柩車序
　　郭門外親賓歸　諸孝乘車　宿止　宿處哭位
　　行次奠　親賓致賵

墓上進止

　　塋次　到墓　陳明器　下柩哭序　入墓
　　墓中置器序　掩壙　祭后土　反哭　虞祭

將葬

陳車位

啟日之夕，納柩車於大門之內，當門南向。進靈車於柩車之右。內外所乘之車陳於大門外，丈夫之車門西，婦人之車門東，俱服重者在上。以近門外北方爲上①。女子子、妻、妾之車，以木爲之，不漆飾。無者以籧篨衣車，以蒲纏轅轂，若白土塈之，以纚布爲幰裳。周及大功之車，以白土塈之，或衣籧篨，皆以布爲幰裳。其布如服布。掌事者預於宿所張吉凶帷幕，凶帷在西，吉帷在東，俱南向。設靈座於吉帷下如常式。

---

①　“近門外北方”，四庫本、《通典》卷一三九《開元禮纂類三十四》作“近門及北方”。

陳器用

啟之夕，發引前五刻，搥一鼓爲一嚴。無鼓者量時行事。陳布吉凶儀仗，方相、黃金四目爲方相。誌石、大棺車及明器以下，陳於柩車之前。引二，披二，鐸左右各四，黻翣二，畫翣二。引者，引輴車索也。披者，繫於輴車，四樹在傍，執之以備傾覆。鐸者，以銅爲之，所以節挽者。翣者，以木爲筐，廣二尺，高二尺四寸，其形方，兩角高，衣以白布，柄長五尺。黻翣畫黻文於翣之内，四緣畫以雲氣。畫翣者，内外四緣皆畫雲氣也。

進引

二刻頃，搥二鼓爲二嚴。掌饌者徹啟奠以出。初徹奠，内外俱興，立哭於位。執紼者皆入，掌事者徹帷。持翣者升，以翣障柩。執紼者升。執鐸者入，夾西階立。執纛者入，當西階南，北面立。掌事者取重出，倚於門外之東。執旌者立於纛南[1]，北面。諸執披、紼、鐸、旌、纛、翣者，皆布深衣，介幘。陳布將訖，搥三鼓爲三嚴。進靈車於内門外，南面。祝以腰輿詣靈座前，内喪則婦人執腰輿。祝於輿左，西面跪，昭告曰："孤子某母稱哀子。謹用吉辰，奉歸先兆，若新卜宅，宜曰"奉遷幽宅"。靈車就引，神道紆迴，惟以荒寥，無任鯁絶。"興，立，少頃，腰輿出，降自西階，羽儀從者如平生，詣靈車後，少頃，輿退。

舉柩

將舉柩，執鐸者俱振鐸，舉柩降就階閒，南向。初柩動及進止，執鐸者皆振鐸，每振先揺之，揺訖，三振之。其持翣者恒以翣障柩，柩降階，執纛者郤行而引，柩止則迴北面立，執旌者亦漸而南，柩止，迴北向立。主人以下以次從柩而降，主婦又次其後降。

柩在庭位

柩至庭，庭内先施席以居柩。主人及諸子以下立哭於柩東，西面南上。祖父以下立哭於柩東北，南面西上。異姓之丈夫立哭於主人之東南，西

---

① "纛南"，四庫本、《通典》卷一三九《開元禮纂類三十四》作"執纛南"。

面北上。婦人以次從降：妻、妾、女子子以下立哭於柩西，東面南上；祖母以下立哭於柩西北，南面東上；異姓之婦人立哭於主婦西南，東面北上。內外之際，障以行帷。凡帷用，如服布。國官立哭於柩東南，北面西上；僚佐立哭於柩西南，北面東上。

祖奠

庭位既定，祝帥執饌者設祖奠於柩東，如大斂之儀。祝酌奠訖，進饌南，北面跪曰：“永遷之禮，靈辰不留，謹奉柩車，式遵祖道，尚饗。”興，退，少頃徹之。

柩出升車

柩動，旌先驫次，主人以下從哭於柩後，婦人次哭於後。柩出，到輀車，設帷帳於柩後，其執綍執披者如常，遂升柩於車。內外哭位如在庭之儀。

遣奠

既升柩，祝與執饌者設遣奠於柩東，如祖奠之儀。祝酌奠於饌前，少頃徹之。

遣車

既遣奠，掌事者以蒲葦苞牲體下節，五苞，以繩束之，盛以盤，載於車，列於旌前。

器行序

徹遣奠，靈車動，從者如常，鼓吹振作而行。先靈車，後次方相車，次誌石車，次大棺車，誌石與大棺車若先設者，不入陳布之次。次明器輿，次下帳輿，次米輿，五穀米實以五筥，各斗二升，冪用疏布。次酒脯醢輿，酒實以壺，各五升，冪用功布。醢實於二甒，各三升，冪用疏布。次苞牲輿，次食輿，食輿盤椀俱足。方相以下駕士馭，士舁明器、下帳等，人皆介幘深衣。次銘旌，次翣，次鐸，鐸分爲左右。次輀車。

諸孝從樞車序

主人及諸子具絰杖衰服，秃者衰巾加絰。徒跣哭從，諸丈夫、婦人各依服精麤以次從哭。出門，内外尊行者皆乘車馬，哭不絶聲。

郭門外親賓歸

出郭，若親賓還者，權停樞車，内外尊行者皆下車馬，依服之精麤爲序，立哭如式。相者引親賓以次就樞車之左，向樞立哭，盡哀，卑者再拜而退，婦人亦如之。

諸孝乘車

親賓既還，内外乘車馬。若墓遠及病不堪步者，雖無親賓還，主人及諸子亦乘堊車，去塋三百步皆下。

宿止

靈車到帷門外，迴南向。進腰輿於靈車後，威儀從者如常。少頃，輿入，詣靈座前，少頃降出。遂進常食於靈座，若食頃，徹之。每至停宿之所，設靈座於室，進食皆如初。樞車到，入凶帷，停於西厢，南轅。祝設几席於樞車東。

宿處哭位

初至宿處，内外皆就樞車所。主人及諸子以下於樞車之東，西面南上。妻、妾、女子子、婦人於樞車之西，東面南上。祖父以下於樞車東北，南面西上。異族有服者於樞車東南，西面北上。祖母以下於樞車西北，南面東上。異族婦人又於樞車西南，東面北上。國官於帷外樞之東，北面西上；僚佐於帷外樞之西，北面東上。俱立哭盡哀。

行次奠

凡停宿，進酒脯之奠於樞東，如常奠之儀。既設奠，内外各還次，迭哭不絶聲。及夕，内外就樞車所哭，進夕奠如朝奠之儀。訖，迭哭如常。

厥明，又就位哭，進朝奠亦如之。若食頃，徹之。吉凶儀仗如式發引，內外從哭如初儀。

親賓致賵

賓有賵禮，在主人設祖奠之時。賓立於大門外西廂，東面。從者以筐奉玄纁，立於賓西南，俱東面。牽馬者以馬陳於賓東南，北首西上。相者入告，遂詣主人之左，北面受命，出，到賓前西面曰：“敢請事。”賓曰：“某敢賵。”相者入告，出曰：“孤某須矣。”賓之從者坐奠筐，取幣，興，詣賓前，西向以授賓，退，復位。相者引賓入。牽馬者先以馬入，陳於柩南，北首西上。賓入，由馬西，當柩車東南，北面立。內外權止哭。賓曰：“某謚封若某位，將歸幽宅，敢致賵。”辭畢而哭，內外皆哭，主人拜稽顙。賓止哭，相者引賓進柩車東，西面奠幣，相者引賓又由柩車前以西而出。初賓出，掌事者由主人右詣柩車東，西面舉幣以東。東，藏之。受馬者由前旋牽馬者後，適其右受之，牽者由前以西而出。賓將出，主人拜稽顙送之。

墓上進止

塋次

前一日之夕，掌事者預於墓門內道西，張帷幕、設靈座如初。

到墓

乘車者卑行望墳而下，尊行及塋而下，序哭。靈車至帷門外，迴車南向，祝以腰輿詣靈車後，少頃，入詣靈座前，少頃，以輿降出，遂設酒脯之奠如初。柩車至壙前，迴南向，丈夫、婦人之位如遣奠之儀。

陳明器

掌事者陳明器於壙東南，西面北上。

下柩哭序

布席於柩車之後，張帷，下柩。丈夫柩東，婦人柩西，以次進憑柩哭，盡哀，各退，復位。内外卑者俱再拜辭訣。相者引主人以下哭於羨道東，西面北上。妻、妾、女子子以下婦人皆障以行帷，哭於羨道西，東面北上。

入墓

施席於壙户内之西。遂下柩於壙户内席上，北首，覆以夷衾。

墓中置器序

持翣者入，倚翣於壙内兩廂，遂以下帳張於柩東，南向。米、酒、脯陳於下帳東北，食盤設於下帳前，苞牲置於四隅，醯醢陳於食盤之南，藉以版，明器設於壙内之左右。

掩壙

掌事者以玄纁授主人，主人授祝，祝奉以入，奠於靈座，主人拜稽顙。施銘旌誌石於壙門之内，置設訖，掩户，設關鑰，遂覆土三。主人以下稽顙哭，盡哀，退，俱就靈所哭。掌事者設祭后土於墓左，如後儀。

祭后土

預於墓左除地爲祭所。柩車到，祝吉服鋪后土氏神席北方，南向。設酒尊於神座東南，北向。設洗於酒尊東南，北向，罍水在洗東，篚在洗西，南肆，以巾、爵實於篚。既覆土，告者吉服，國官僚佐之長，若無者親賓充之。相者引告者與祝及執尊、罍、篚者，俱立於罍洗東南，重行西向，以北爲上。立定，俱再拜。祝與執尊、罍、篚者俱就尊、罍、篚之後。相者進告者之左，北面白：“請行事。”掌饌者以饌入，祝迎引設於神座前，置設訖，掌饌者出。相者引告者詣罍洗，盥手洗爵，相者又引告者詣酒尊所，執尊者舉冪，告者酌酒，進，跪，奠於神座前，俯伏，興，少退，北面立。祝持版進於神座之右，東面跪，讀祝文曰：“維年月朔日，子某官姓名，敢昭告於后土之神：某官封諡，窆兹幽宅，神其保祐，俾無後艱。謹以犧齊、粢盛庶品，明薦於后土之神，尚饗。”訖，興。告者再拜。祝進，跪，奠版於神座，興，還尊所。相者引告者退，復位，再拜，相者引告者出。祝以下俱復位，再拜，徹饌席以出。

反哭

既下柩於壙，搥一鼓爲一嚴，<small>無鼓者量時陳布。</small>掩墓户。搥二鼓爲再嚴，內外就靈所。搥三鼓爲三嚴，徹酒脯之奠，進靈車於帷外，陳布儀仗如來儀。又進腰輿，入，詣靈座前，少頃，出詣靈車後，少頃，輿退，靈車發引，內外從哭如初儀。出墓門，尊行者乘車馬，去墓百步許，卑者乘車馬以哭從。靈車到第，內外皆下車馬。靈車入，至西階前，迴南向，祝以腰輿詣靈車後，少頃，升，入，詣靈座前。主人以下從升，立於靈座東，西面南上。少頃，腰輿降出。內外俱升。諸祖父以下哭於帷東，北壁下，南面西上。妻及女子子以下婦人哭於靈西，東面南上。諸祖母以下哭於帷西，北壁下，南面東上。外姻哭於南厢：丈夫於帷東，北面西上；婦人於帷西，北面東上。有親賓弔哭者，升堂，西向靈哭如常儀。其弔於庭者，稱"痛當奈何"，餘如常儀。哭盡哀，相者引主人以下降，各還次。沐浴以俟虞。<small>斬衰者沐而不櫛，齊衰以下者櫛。</small>

虞祭

柩既入壙，國官若僚佐之長與祝先歸修虞事。牢饌如殷奠，器用烏漆。具饌於堂東。靈車將至，掌事者預施靈座於寢堂東室內户西，東向，於靈東又南北設帷，東出户。<small>若室內窄，則設靈座於堂。</small>掌事者設洗於西階西南，北向，東西當西霤，南北以堂深；罍水在洗西，篚在洗東，南肆，篚實爵一、巾一，加幂。設瓦甒二於靈座之左，北墉下，醴酒俱在東，幂用絺，加勺，南枋①。

既沐浴，主人及諸子、妻、妾女子子內外升，詣靈所。主人及諸子倚杖於室户之外，及應拜者哭於靈東西如初，內外皆哭。祝與執尊、罍、篚者各就尊、罍、篚所立。執饌者以饌入，俱升自東階，陳設如殷奠之儀，訖，掌饌者降出。

相者引主人降自西階，詣罍洗，主人止哭，執罍洗者酌水，主人盥

---

①　"南枋"，四庫本、《通典》卷一三九《開元禮纂類三十四》作"南柄"。

手，執篚者取巾於篚，興，授主人，主人拭手，訖，受巾奠於篚。又取爵，興，以授主人，執罍洗者又酌水，主人洗廢爵，爵無足者。執篚者又授巾，主人拭爵，訖，受巾奠於篚。相者引主人升自西階，詣酒尊所，執尊者舉冪，主人酌醴。相者引主人進，詣靈座前，西面跪，奠爵於饌前，俯伏，興，少退，西面立。祝以祝文進，立於神座之右，北面，内外皆止哭。祝跪，讀祝文曰："維某年月朔日，子哀子某，孫稱哀孫，此爲母及祖母。父祖則稱孤子孤孫也。敢昭告於考某官封謚，妣則郡縣鄉君，各隨其稱。孫爲喪主，則稱祖。日月遄速，奄及反虞，叩地號天，五情糜潰，謹以潔牲柔毛、剛鬣、嘉薦、普淖、明齊、溲酒，哀薦祫事於考某官封謚，尚饗。"訖，興①，主人哭，再拜。内外應拜者皆哭，再拜。祝進，跪，奠版於靈座，興，出，復位。哭盡哀。

　　相者引主人以下出，杖，降自西階，各就次。妻、妾、女子子以下各還別室。祝闔户，與執尊、罍者降出。少頃，祝與掌饌者入，開户，徹饌，祝闔户以出。掌事者埋重於門外道左。

　　閒日再虞，後日三虞，禮皆與初虞同。又閒日爲卒哭祭。其祝辭②，再虞云"哀薦虞事"，三虞云"哀薦成事"。

---

①　"興"，四庫本、《通典》卷一三九《開元禮纂類三十四》作"祝興"。
②　"其祝辭"，四庫本、《通典》卷一三九《開元禮纂類三十四》作"其虞祝辭"。

卷第一百四十四　凶禮

四品五品喪之三

卒哭祭　小祥祭　大祥祭　禫祭　祔廟

卒哭祭

前一日之夕，掌事者改廬，翦屏，柱楣，塗廬不塗見面，<small>塗廬裏，不塗廬面</small>。翦蒲爲席，不緣以木爲枕。牢饌如虞祭。

其日夙興，祝入，燭先，升自阼階，入於室，祝整拂几筵以出。掌事者設洗於西階西南，北面，東西當西霤，南北以堂深，罍水在洗西，篚在洗東，南肆，篚實爵一、巾一，加冪。設瓦甒二於靈座之左，北墉下，醴酒在東，<small>冪用絺</small>。加勺，南枋①。其日夙興②，掌事者具饌於堂東。祝與執尊、罍、篚者先入，立於尊、罍、篚之後。

內外衰服俱升。主人及諸子倚杖於室戶外，俱立於靈座東，西面南上。妻、妾、女子子立於靈座西，東面南上。內外各就位，坐哭。<small>應拜者立</small>。掌饌者以饌升，入，設於靈座前。

相者引主人降自西階，詣罍洗，主人止哭，盥手洗爵；相者引主人升西階，入詣酒尊所，主人酌醴；相者引主人進，跪，奠於靈座前，俛伏，興，少退，西面立。應拜者陪於後。祝持祝版入，立於靈座之南，北面。內外止哭。祝跪讀祝文曰："維某年月日，子哀子某，<small>今儀父亡稱孤子</small>。某敢昭告於考某官封謚：<small>妣則郡縣鄉君，各從其稱</small>。日月不居，奄及卒哭，追慕永往，攀號無逮。謹以潔牲、柔毛、剛鬣、嘉薦、普淖、明齊、溲酒，哀薦成事於考某官封謚，尚饗。"主人以下哭再拜，內外應拜者皆再拜哭。祝興，進，

---

① "南枋"，四庫本、《通典》卷一三九《開元禮纂類三十四》作"南柄"。

② "其日夙興"四字，四庫本、《通典》卷一三九《開元禮纂類三十四》皆無，疑是衍文。

跪，奠版於靈座前，興，還尊所。祝讀版訖，興，跪，進版，與主人哭拜同時。相者引主人退，復位，哭盡哀，內外各還次。祝闔户，與執尊、罍者降出。少頃，祝與執饌者入，開户，徹饌，祝闔户以降。

自卒哭之後，朝一哭，夕一哭，疏食飲水，周而小祥。

小祥祭

前一日之夕，毀廬爲堊室，設蒲席。周喪堊室者除之，設地席。陳練冠於次。主人及諸子俱沐浴，櫛，爪翦。牢饌及器如卒哭之禮。

其日夙興，祝入，燭先，升自阼階，入於室。整拂几筵以出。掌事者設罍、洗、篚於西階西南如初。篚實爵一、巾一，加冪。設瓦甒二於靈座之左，北墉下，醴酒在東，冪用絺。加勺，南枋①。具饌於堂東。祝與執尊、罍、篚者先入，立於尊、罍、篚之後。

內外衰服。主人倚杖於階東，俱升，就位，應拜者立。哭盡哀，相者引降，主人杖就次，主婦以下各就次。主人及諸子除首絰，著練冠，妻、妾、女子子除腰絰。周服者皆除之，丈夫素服吉冠屨，婦人素服吉屨。相者引主人及諸子倚杖如初，內外俱升就位哭。掌饌者以饌升自東階，入，設於靈座前，設訖，掌饌者降自西階以出。

相者引主人降自西階，詣罍洗，主人止哭，盥手洗爵；相者引主人升自西階，入，詣酒尊所，酌醴，進，跪，奠於靈座前，俯伏，興，少退，西面立。祝持版進，立於靈座之右，北面。內外皆止哭。祝跪，讀祝文曰："維年月朔日，子哀子父歿稱孤子。某，敢昭告於考某官封諡：妣則郡縣鄉君，各從其稱。歲月遄迫，奄及小祥，攀慕永遠，重增屠裂。謹以潔牲、柔毛、剛鬣、嘉薦、普淖、明齊、溲酒，祇薦祥事於考某官封諡，尚饗。"主人哭再拜，內外應拜者皆再拜哭。祝興，進，跪，奠版於靈座，興，還尊所。主人哭拜與祝興奠版同時。相者引主人就位，哭盡哀，內外各還次。主人杖如式。祝闔户，與執尊、罍者降出。少頃，祝與進饌者入，開户，徹饌，闔户以降。

自小祥之後，止朝夕之哭，哭無時，哀至則哭。始食菜果，飯素食，飲水漿。無鹽酪不能食，鹽酪可。又周而大祥。

---

① "南枋"，四庫本、《通典》卷一三九《開元禮纂類三十四》作"南柄"。

大祥祭

前一日之夕，除堊室，張帷，又備內外受服<small>謂大祥之服</small>。各於其次。主人及諸子俱沐浴、櫛、爪翦。牢饌及器如小祥之禮。

其日夙興，內外各服其衰服，並於次哭，盡哀。應除服者著除服，訖，又哭，盡哀止。昧爽前，祝入，燭先，升自阼階，入於室，祝整拂几筵以出。

掌事者設罍、洗、篚於西階西南如初，篚實爵一、巾一，加冪。設瓦甒二於靈座之左，北墉下，醴酒在東，<small>冪用綌</small>。加勺，南枋①。具饌於堂東。祝與執尊、罍者先入，立於尊、罍之後。內外俱升，就位哭。掌事者以饌升自東階，入，設於座前，置設訖，掌饌者降自西階以出。

相者引主人降自西階，詣罍洗，主人止哭，盥手洗爵。相者引主人升自西階，詣酒尊所，酌醴，進，跪，奠於靈座前，俯伏，興，少退，西面立。祝持祝版進，立於靈座之右，北面。內外皆止哭。祝跪，讀祝文曰："維年月朔日，子哀子<small>父喪稱孤子</small>。某敢昭告於考某官封謚<small>妣則郡縣鄉君，各從其稱</small>。日月逾邁，奄及大祥，攀慕永遠，無任荒踣，謹以潔牲、柔毛、剛鬣、嘉薦、普淖、明齊、溲酒，祗薦祥事於考某官封謚，尚饗。"主人哭再拜，應拜者再拜哭。祝興，進，跪，奠版於靈座，興，還尊所。相者引主人就位，哭盡哀。

主人以下各還外寢，妻、妾、女子子以下還於寢。祝闔戶，與執尊、罍者降出。少頃，掌饌者入，開戶，徹饌，掌事者除靈座，祝闔戶以降。

閒月而禫。自大祥之後，外無哭者，食有醯醬。

禫祭

前一日，掌事者預備內外禫服，各陳於別所。主人及諸子俱沐浴、櫛、爪翦，仍宿於外寢。牢饌及器如大祥之禮。

其日夙興，祝入，燭先，升，設几席於奠。掌事者設罍、洗、篚於東階東南如常，篚實爵一、巾一，加冪。設瓦甒二於座之左，北墉下，醴酒在

---

① "南枋"，四庫本、《通典》卷一三九《開元禮纂類三十四》作"南柄"。

東，幂用絺。加勻，南枋①。具饌於堂東。祝與執尊、罍、篚者先入，立於尊、罍、篚之後。

主人及諸子、妻、妾、女子子仍祥服，爲長子三年者亦祥服②。内外俱升，就位，哭盡哀，降，釋祥服，應禫服者著禫服。相者引主人以下俱升，就位哭。掌饌者以饌入，升，設於座前，訖，執饌者出。

相者引主人降自東階，詣罍洗，盥手洗爵；相者引主人升自東階，詣酒尊所，酌醴，進，跪，奠於座前，俯伏，興，少退，西面立。祝持版進，立於座之右，北面。内外皆止哭。祝跪讀祝文曰：“維年月朔日，子孤子某，敢昭告於考某官封諡：姑則郡縣鄉君，各從其稱。禫制有期，追慕無及，謹以潔牲、柔毛、剛鬣、嘉薦、普淖、明齊、溲酒，祇薦禫事於考某官封諡，尚饗。”主人哭，再拜，應拜者皆再拜，内外皆哭。祝興，進，跪，奠版於座，還尊所。

相者引主人以下出，降自東階，還寢。内相者引妻、妾、女子子以下降自西階側，還於寢。祝闔户，與執尊、罍者降出。少頃，掌饌者入，開户，徹饌以出，祝收几筵以出。

祔廟如别儀。自禫之後，内無哭者，始飲醴酒，食乾肉。

祔廟

將祔，筮日如常儀。

前三日，主人及亞獻、終獻及諸執事者俱散齋二日，致齋一日。

前一日，掌事者清埽廟之内外。其廟應遞遷者，並設座。主人以酒脯醢告遷，訖，遂移牀幄，又奠酒脯醢以安神。少頃，掌饌者徹饌以出，掌廟者設考之祔座於曾祖室内東壁下，西向，右几。姑則祔於曾祖姑，設座亦如之。言曾祖及曾祖姑者，皆據孝子之言，於亡者祖及祖姑也。祔於曾祖，則曾祖姑配，有事於尊，可以及卑者也。設主人位於東階東南，西向。設子孫位於南門内道東，北面西上。設亞獻、終獻位於主人東南，設掌事以下位於終獻東南，俱西面北上。亞獻、終獻以國官僚佐，若無，親賓充之。設贊唱者位於主人西南，西面。設酒尊於堂上室户之東南，北面西上。設洗於阼階東南，北面，東

---

① “南枋”，四庫本、《通典》卷一三九《開元禮纂類三十四》作“南柄”。

② “祥服”，原書作“禫服”，今據四庫本、《通典》卷一三九《開元禮纂類三十四》校改。

西當東霤，南北以堂深；罍水在洗東，篚在洗西，南肆，篚實爵三、巾二，加冪。其爵數每廟三。

祔日，内外夙興，掌饌者預具少牢之饌二座，各俎三，籩二，簠二，鉶二，酒尊二。其尊皆一實玄酒，爲上；一實清酒，次之。上尊加玄酒者，重古。六籩六豆。主人及行事者各服祭服。執尊、罍、篚者入，就位。主人以下皆入，就位。諸婦人停於門外，周以行帷，俟祭訖而還。立定，贊唱者曰："再拜。"在位者皆再拜。掌饌者引饌入，升自東階，入於室，各設於神座前。施設訖，掌饌者以下降出。

相者引主人詣罍洗，盥手洗爵，升自東階，詣酒尊所，執尊者舉冪，主人酌酒，相者引主人入室，進，北面跪，奠爵於曾祖神座前，俯伏，興。相者引主人出，詣酒尊所，取爵酌酒，入室，進，東面跪，奠於祖神座前，俯伏，興。出户北面立。考亦如之①，群祖及考皆如之。祝持版進於室户外之右，東面跪，讀祝文曰："維年月朔日，子孝曾孫某官封某敢昭告於曾祖某官封謚、若無官封者，但云曾祖之靈。若祔母，但云曾祖妣某氏，不告曾祖。祖某官封謚、若祔母，云祖妣母某氏。以下無官封者，但云考妣之靈耳。考某官封謚：若祔母，云妣某氏。如父在，不可遞遷祖妣，先宜於廟東北堂別立一室，藏其主，與考同祔。某罪積不滅，歲及免喪，練主入祔，宗廟上遷，昭穆繼序，先王制禮，不敢不至，是用適於皇考封謚，以遷王考封謚，隮祔孫某封謚。無官封者，但云以適遷於祖，隮祔某孫。若母同祔，則云適遷於祖姑夫人某氏，以隮祔孫婦夫人某氏。各從其稱。無官封者，但云以適遷於祖姑某氏，以隮祔孫婦某氏。謹以潔牲剛鬛，嘉薦、普淖、明齊、溲酒，祗薦於曾祖某官封謚，曾祖妣某氏配；祖某官封謚，祖妣某氏配；考某官封謚。若祔母，則云曾祖妣某氏，祖妣某氏。尚饗。"訖，興。主人再拜。祝進，入，奠版於曾祖神座，興，還尊所。相者引主人入室，立於西壁下，東面再拜。相者引主人出，降，還本位。

主人初獻將畢，相者引亞獻詣罍洗，盥手洗爵，升，詣酒尊所，酌酒，入，進，北面跪，奠於曾祖神座前，俯伏，興。相者引亞獻詣酒尊所，取爵酌酒，入，進，東面跪，奠於祖神座前，俯伏，興，出户，北面再拜考亦如之。訖，又入室，立於西壁下，東面再拜，相者引出，降，復位。

亞獻將畢，相者引終獻詣罍洗，盥手，升酌終獻如亞獻之儀，訖，相

---

① "考亦如之"四字，四庫本、《通典》卷一三九《開元禮纂類三十四》皆無。

者引終獻降，復位。

祝入，徹豆，還尊所。贊唱者曰："再拜。"在位者皆再拜。相者引主人出，又相者引在位子孫以下出。掌饌者入，徹饌以出，進酒脯之奠於座前，少頃徹之。

齊衰三年，其虞、卒哭、祥、禫變除之節，與斬衰同。父在爲母、爲妻當二祥及禫，日月之期雖異，其儀節則同。周服以下變除，依其月算，各以其日之晨，備衰服，升，就位，哭盡哀，降，詣別室，釋衰服，著素服，又就位，哭盡哀，出，就別室終日。異門者至夕，各還其家。

卷第一百四十五　凶禮

四品五品喪之四

改葬

　　卜宅　啟請　開墳　舉柩　奠　升柩車　斂　奠
　　設靈筵　進引　告遷　哭柩車位　設遣奠　輀車
　　發　宿止　到墓　虞祭

改葬

卜宅

將改葬者，吉服卜宅兆，其餘如葬卜宅兆之儀。預於虁所隨地之宜
張白布帷幕，南向開户。

啟請

其日，內外諸親應集者，皆至墓所，各就便次。主人、衆主人、妻、
妾、女子子俱總麻服，餘周親以下皆素服。丈夫於墓東，西向；婦人於墓
西，東向，皆北上，婦人障以行帷，俱立哭，盡哀，卑者再拜。

開墳

祝立於羨道南，北向。內外皆止哭。祝三聲噫嘻，啟以開墳改葬之
故。其意叙改葬所由之事，隨時爲之。內外又哭盡哀，權就別所。掌事者開墳
訖，內外又就位，哭如初。

舉柩

掌事者設席於幕下，舉柩出，置於席上，內外俱從柩哭於墓所。主

975

人以下柩東，西面；主婦人以下柩西，東面，俱南上。丈夫周親以下於主人東北，南面西上；婦人周親以下於主婦西北，南面東上。外姻丈夫於主人東南，北面西上；婦人於主婦西南，北面東上。尊者坐。國官於帷門外之東，北面西上；僚佐於帷門外之西，北面東上，皆舒席爲位。

奠

祝以功布拭棺，改加新褚。設洗於幕西南隅，罍水在洗西，加勺冪，篚在洗東，南肆，實巾二、爵一於篚，加冪。設席於柩東，設啟奠於席上，設醴酒之尊於饌南。主人詣罍洗，盥手洗爵，進，酌酒奠於席前，興，少退，西面再拜。内外卑者俱再拜。少頃徹奠。

升柩車

既奠，進輴車於帷門外，南向。掌事者升柩於輴車，遂詣施設所，内外俱哭從。掌事者預設牀於幕下，有枕席，周設帷。柩車至帷門外，丈夫於柩東，婦人於柩西，俱立哭。掌事者舉柩，入，設於牀東，若於墓所即斂，初奠訖不進輴車，設牀於柩東而加枕席，遂舉尸而斂之。舉尸出，置於牀，南首。柩初入定，内外就位哭，如墓所之儀。

斂

陳衣於幕東帷内，明衣裳及上服各一稱，西領南上。冕具導、簪、纓，在北。内喪則花釵。衾一。衾以黃爲表，素爲裏。具饌於幕東，兩甒醴酒。柩初至幕下，舉尸於牀，主人、眾主人稍退，仍西向；妻、妾、女子子稍退，仍東向。遂斂，丈夫加冕，婦人花釵，又覆以衾。主人、眾主人及妻、妾、女子子憑哭，斂將訖，掌事者以棺入，設於西廂，藉以席。初棺入①，内外皆止哭，置棺定，乃哭。舉者四人入舉牀，男女從奉之，舉尸斂於棺，乃加蓋，覆以衾。設帷於棺東，内外就位，哭如初。

奠

既斂，祝執巾、几、席入，設於柩東，右几，加以巾。掌事者設罍洗於

---

① “初”，四庫本、《通典》卷一四〇《開元禮纂類三十五》作“於”。

幕西南隅如初。祝以饌升，設於席前，施設訖，執饌者降，出。相者引主
人盥洗酌酒，進，奠於席前，興，少退，西面再拜。內外卑者皆再拜，訖，
主人以下各退，就位，俱坐哭。

設靈筵

既斂，設靈於吉帷內幕下西廂，東向，施牀帷、屏几、服飾。以時上
膳羞及湯沐，皆如平常。

進引

前一日之夕，掌事者進輀車於凶帷外，當門南向。其下帳、明器及苞牲等
輿，陳於輀車前少西，東向。其日進引前，量時刻搥一鼓爲一嚴，陳靈車儀仗如
常。在《陳車篇》。少頃，搥二鼓爲再嚴，侍靈者俱詣靈所，腰輿威儀入陳如
常。進靈車於帷門外，南向。少頃，搥三鼓爲三嚴，掌事者入，徹饌以
出。內外皆興，立哭於位。掌事者徹帷，持翣者入，以翣障柩。執鐸者
各入，夾於柩前，東西相向。執纛者立於鐸南，執銘旌者入立於纛南，北
面。諸執披、紼、鐸、旌、纛者，皆布深衣介幘。

告遷

三嚴訖，祝帥腰輿入，詣靈座前，西面告曰：“以今吉辰，奉即宅兆。”
少頃，輿出，詣靈車後，少頃，退。若內喪，女祝迎。將舉柩，執鐸者皆振鐸，
每振鐸先搖之，搖訖三振之。其持翣者恒以翣障柩。於輀車動，執鐸者
夾左右，每曲及進止皆振鐸。內外俱從柩後。柩出，到輀車後，執披紼
者如常設帷障於柩後，掌事者升柩。

哭柩車位

丈夫俱立哭於輀車東，重行西面，婦人哭於輀車西，重行東面，俱南
上。外姻丈夫哭於輀車東南，重行北向，以西爲上；婦人哭於輀車西南，
重行北向，以東爲上。國官哭於外姻之東，北面西上；僚佐哭於國官之
西，北面東上，立定。

設遣奠

設遣奠之饌於輤車東，置設訖，相者引主人酌酒，進，奠於席前，興，少退，西面哭，再拜，內外皆哭，卑者再拜。若食頃徹之，以蒲葦苞牲體下節五苞，載於輿以之墓。

輤車發

既徹奠，吉凶儀仗依式進引，靈車動，鼓吹振作而行。主人、眾主人以下皆以次步從，哭於柩車後。妻、妾、女子子以下皆步從，哭於丈夫之後，障以行帷。輤車去停所三百步，親賓有還者，弔哭如別儀。辭訖，進，引尊者乘車馬，從柩更哭不絕聲。

宿止

掌事者預於宿所張吉凶帷幕，吉帷在左，凶帷在右。將至宿所，尊者俱下車馬，步哭。靈車到帷門外，迴車南向。祝帥腰輿詣車後，少頃，輿入，詣靈座前，少頃，輿出。進常食於靈座，若食頃，徹之。柩車至於凶帷，內外哭於柩車所，其位如初。掌饌者進酒脯之奠於柩車東席上。既設奠，內外各還次，更哭不絕聲。及暮，內外俱就位哭，進夕奠如初，訖，內外各還次，迭哭終夜。及明，嚴鼓，內外又就位哭，進朝奠於柩東。進常食於靈座，若食頃，徹之。迎靈發引，尊者乘車馬，哭從如常儀。

到墓

到墓，尊者俱下車馬。靈車到帷門外，迴南向。祝帥腰輿詣車後，少頃，輿入，詣靈座前，少頃，輿退，設酒脯之奠。柩車至壙前，迴南向，內外哭位如遣奠之儀。掌事者布席張帷於柩車後，下柩於席上。主人以下、妻、妾、女子子各前撫柩哭盡哀，退，復位。周親以下又前撫哭盡哀，退，復位。俱再拜辭。掌事者下柩於壙，柩既入壙，親賓有還者，弔哭如別儀。國官之長奉玄纁束帛授主人，主人受以授祝，主人稽顙再拜，祝奉以入，奠於柩東。持翣者入，倚翣於壙內兩廂；執事者以下帳、明器、苞牲、酒米等物入置於壙內，皆藉以版；施銘旌誌石於壙户內。置設訖，掌事者掩壙戶，加關鑰，覆土。既覆土，內外俱就靈所哭，墓左祭后土如始葬之儀。

虞祭

初下柩於墓，掌事者具虞祭之饌，設罍、洗、篚於靈幕西南如常。內外既就靈所哭，掌饌者進虞祭之饌於靈座。相者引主人盥洗酌酒，進，奠於靈座前，興，少退，西面立。內外皆止哭。祝持版進，立於靈座之右，北面跪，讀祝文曰：“維年月朔日，子孤子某，敢昭告於考某官封諡_{妣郡縣鄉君某氏，各隨其稱}：改遷幽宅，禮畢終虞，攀號永遠，無所逮及。謹以潔牲、柔毛、剛鬣、嘉薦、普淖、明齊、溲酒，祇薦虞事於考某官封諡，尚饗。”主人哭，再拜，內外皆哭，卑者再拜，盡哀。相者引主人以下出，就別所，釋衰服，著素服而還。掌饌者徹饌，掌事者徹靈座。

卷第一百四十六　凶禮

六品以下喪之一

初終　復　設牀　沐浴　襲　含　奠　銘　重　小斂
奠　大斂　廬次　成服　朝夕哭奠　賓弔_{親故同}　親故哭
州縣弔　州縣使弔　筮宅兆　筮葬日　啟殯

初終

有疾，丈夫、婦人各齋於正寢北墉下，東首。墉，牆也。東首，順生氣。養者皆齋。親飲藥，子先嘗之。嘗者，度其所堪。疾困，去故衣，加新衣。清埽內外，爲賓客來問。養者男子白布衣，婦人青縑衣①。分禱所祀。盡孝子之情也。五祀曰門曰行。侍者四人持手足②。爲不能自屈伸。內喪則婦人持之。遺言則書之③。屬纊以候絕氣，纊，新綿，置於口鼻。氣絕，廢牀，寢於地。人始生在地，庶其生氣返。男女啼踊無數，餘皆哭。哀有深淺。內外改著素服。妻、妾皆披髮、徒跣，女子子不徒跣，出嫁者髻。出後人者爲本生父母，素服不徒跣，主人主婦衣服無改，男女隨事設帷幛。齊衰以下丈夫素服，婦人去首飾。謂齊衰婦人也。主人坐於牀東，諸子及兄弟子在北，少退，俱西面。妻坐於牀西，妾在妻後，女子子、兄弟之女在妻之西北，俱東面，藉藁坐哭。孫及兄弟孫在諸子之後，女孫及兄弟女孫在兄弟女子子之後，各依服精麤爲坐先後，下準此。祖父以下於北壁下，南面西上；祖母以下於北壁下，南面東上，皆舒蒲席坐哭。爲嫡子三年者則草薦。外姻丈夫於戶內之東，北面西上；婦人於主婦西南，北面東上，皆舒席坐哭。若舍窄，宗親丈夫俱在戶外之東，北面西上；外姻丈夫在戶外之西，北面東上。

---

① “養者男子白布衣婦人青縑衣”十二字，四庫本無。
② “侍者”二字，公善堂本無，今據《通典》卷一三八《開元禮纂類三十三》校補。
③ “遺言則書之”五字，公善堂本無，今據四庫本、《通典》卷一三八《開元禮纂類三十三》校補。

諸女婦之喪，則尊行丈夫及外親丈夫席位於前堂，若戶外之左右，俱南面。宗親戶東西上，外親戶西東上。凡喪位，皆以服精麤爲序。斬衰三日不食，齊衰二日不食，大功一日不食，小功、緦麻再不食。

復始死則復

復於正寢。復者常服。復謂招魂復魄。以死者之上服左荷之，升自前東榮，當屋履危，北面。危，棟也。榮，屋翼也。左執領，右執腰，招以左。每招，長聲呼某復。男子稱名。女子稱字及伯仲，婦人稱姓也。三呼而止，以衣投於前，承之以箱，升自阼階，入以覆尸。若得魂魄返然。復者徹舍西北扉，降自後西榮。不由前降，不以虛返。然自是行死事。所徹之扉薪，以充煮沐。復衣不以襲斂。浴則去之。乃設牀。

設牀

設牀於室戶內之西，去腳，舒簟，設枕。去裙，遷尸於牀，南首，覆用斂衾，去死衣。斂衾，大斂所用之衾，黃表素裏也。死衣，病困時所加新衣。楔齒用角柶。爲將含也。綴足以燕几，校在南，綴猶拘也。校，几脛也。尸南首，几脛在南以拘足，則不使辟戾也。侍者坐持之。其內外哭位如始死之儀。乃奠①。

沐浴自沐浴至設重，凡六事皆同時興作。

掌事者掘埳於階閒，近西，南順，廣尺，長二尺，深三尺，南其壤②。爲塊竈於西牆下，東向，以俟煮沐。新盆、盤、瓶、二鬲皆濯之，陳於西階下。新此器者，重死事。塊竈，累土爲竈。盆以盛水，盤以承濡濯，水瓶以汲也。鬲，瓦甒，受二升，有蓋。濯謂滌漑。浴巾二，皆用布。巾所以拭也。用二者，上體下體異也。櫛及浴衣各實於箱，浴衣，以浴所衣之衣，其制如今之眠帕。皆具於西序下，南上。水淅粱米，取潘煮之，又汲爲湯，以俟浴。以盆盤盛潘，及沐盤升自西階，授，沐者執潘及盤入。內外皆出戶外。象平生沐浴，子孫不在傍，主人出而袒簀，謂去席

---

①　“乃奠”二字，公善堂本無，今據四庫本、《通典》卷一三八《開元禮纂類三十三》補。

②　“掘埳於階閒近西南順廣尺長二尺深三尺南其壤”二十字，公善堂本無，今據四庫本、《通典》卷一三八《開元禮纂類三十三》校補，惟四庫本“順”字作“其”。

981

居牀簀也①。主人以下於戶東，北面西上；主婦以下於戶西，北面東上，俱立哭。其尊行者，丈夫於主人之東，北面西上；婦人於主婦之西，北面東上，俱坐哭，婦人權障以帷。主人以下既出，乃沐櫛，櫛，梳。束髮用組，拘用巾。拘，晞也；清也。浴則四人②，抗衾，二人浴，拭用巾，拘用浴衣。設牀於尸東，衽下莞上簟。衽，臥席。浴者舉尸，易牀，設枕。翦鬚斷爪如平常，鬚髮爪盛以小囊，大斂內於棺。楔齒之柶、浴巾，皆埋於坎。著明衣裳，以方巾覆面，仍以大斂之衾覆之，訖，主人以下入，就位，坐哭。乃襲。

襲

陳襲事於房內。襲衣一稱，西領南上。凡陳衣者實之以箱篋，藉以席也。明衣裳；明衣裳謂親身衣也，合用生絹單衫。履一；帛巾一，方尺八寸；充耳，用白纊；面衣用玄，方尺，纁裏，組繫；手衣一具。執服者陳襲衣於席，襲者去巾，加面衣，設充耳，著手③，衣納履。凡衣左衽不紐。將襲辟奠，既襲則設之。既襲，覆以衾。始死時所覆衾。內外俱入，復位坐哭。諸尊者於卑幼之喪及嫂叔兄姑弟婦相哭，朝晡之間非有事，則休於別室。乃含。

含

贊者奉盤水及柶，柶，竹器。實以飯含，飯用粱，含用貝，升堂。主人出，盥手於戶外，洗粱、貝，實於柶，執以入，北面。徹枕去楔，主人坐牀上，西面，發巾，納粱、貝於尸口。既含，主人復位。楔齒之柶與浴巾同埋於坎。乃奠。

奠

奠以脯醢，酒用吉器，無巾柶，升自阼階，奠於戶東，當隅。鬼神無象，故設奠以憑依之也。內喪，內贊者皆受於戶外而設之。凡內喪，皆內贊者行事。既奠，贊者降出帷堂。至此事少訖，故帷堂也。

---

① "謂去席居牀簀也"，四庫本、《通典》卷一三八《開元禮纂類三十三》作"謂牀簀去席"。

② "四人"，四庫本、《通典》卷一三八《開元禮纂類三十三》作"二人"。

③ "著手"，《通典》卷一三八《開元禮纂類三十三》作"著握手"。

銘銘，明旌也。

爲銘以絳，廣終幅，長九尺，韜杠。書曰"某姓名官之柩。婦人云某氏姓之柩。"置於宇西階上。

重

重木，刊鑿之，長六尺，橫者半之，置於庭，三分庭，一在南。木也懸物焉曰重。刊，斲治也①，鑿之爲懸簪孔也。以沐之米爲粥，實於二鬲，既實粥，蓋其口，亦以疏布冪之，繫以竹汞，懸於重覆。用葦席，北面，屈兩端交於後，西端在上，綴以竹汞。祝取銘置於重。殯堂前楹下，夾以葦席，簾門以布，又設葦障於庭。

小斂

小斂之禮，以喪之明日，陳服一稱於東房，西領。夏則裙衫。饌於東堂下，器皆以素，籩豆無漆。以下至虞祭，其器同之。瓦甒一，實酒，觶一，特牲一俎，籩、豆之數各四②。凡籩實鹽、脯、棗、栗之屬，豆實醢醬、菹之類，以下準此。設盆盥於饌東，布巾。爲奠者設盥。喪事略，故無洗也。贊者辟脯醢之奠於尸牀西南。具牀席於堂西，又設盆盥於西階之西如東方。爲舉尸者設盥。斂者盥訖，與執服者以斂衣入。主人以下少退，西面；主婦以下少退，東面，內外俱哭。斂者斂訖，覆以夷衾，設牀於堂上兩楹間，衽尸臥之席。下莞上簟有枕。卒斂，開帷，主人以下西面，主婦以下東面，皆憑哭，俱南上。凡憑尸，父母先，妻子後。訖，男子退，以衰巾束髮③，女子子髽。主人以下立哭於尸東，西面南上；主婦以下坐哭於尸西，東面南上。尊行者坐其位④，斂者舉尸，男女從奉之，遷於堂，乃覆以夷衾。今世謂之棺衣。哭位如室內。尊行者坐。乃奠。

---

① "斲治也"，四庫本作"斠埋之"。
② "四"，四庫本作"二"。
③ "衰"，四庫本作"裹"。
④ 四庫本於"坐其位"後尚多"如襲位"三字。

奠

奠，贊者盥手，奉饌升，奠於尸東，訖，斂者受巾巾之。奠者遂徹襲奠，自西階降出。下帷，内外俱坐[①]，以親疏爲之代哭。夜則爲燎於庭。厥明，滅燎，乃大斂。

大斂

大斂之禮，以死後二日。其日夙興，陳衣於序東，上服三稱，西領南上。朝服、公服、常服俱各爲一稱，制用隨所有。衾一。衾以黄爲表，素爲裏。衾則始死用斂衾一[②]。饌於東堂下，甒酒置於席，篚在東，南肆，實觶一、勺一，豆在甒北，籩次之，牢饌如小斂。有簟席、素几、功布巾在饌北。掘殯坎於西階之上。喪從外來者，殯於兩楹之間。

棺入，内外止哭，升棺於殯所。凡棺裹之具炭灰、枕席之類，皆預設於棺内。置棺訖，内外皆哭。熬穀二筐，皆加魚腊。熬所以惑蚍蜉，令不至於棺傍。燭俟於饌東。設盆盥於饌西。掌事者盥於門外，升自阼階，徹巾，授執巾者，執巾者降，待於阼階下。掌事者盥。

贊者徹小斂之饌，降自西階，設於序西南，當西榮，如設於堂上。堂上謂尸東。凡奠設於序西者，畢其事而去之。乃適於東堂下新饌所。帷堂内外皆少退，立哭。御者斂覆以衾。斂訖，開帷，主人以下西面憑哭，主婦以下東面憑哭，凡憑尸，父母先，妻子後。退，復位次，諸親憑哭，訖，斂者四人舉牀，男女從奉之，奉尸斂於棺，乃加蓋，覆以夷衾，内外皆復位如初。設熬穀首足各一筐，以木覆棺上，乃塗之。既殯，設靈座於殯東，執巾、几、席者升自阼階，設於座右，加以巾。贊者以饌升，西面設於靈座前席上。殯於外者，施蓋訖，設大斂之奠於殯東。掌事者受巾，巾之。奠者降自西階以出。下帷，内外皆就位坐，哭如初。以時上膳羞及湯沐皆如平常。

廬次

將成服，掌事者預爲倚廬於殯堂東墉下，近南，北户。設苫凵於廬

---

① "坐"，四庫本作"坐哭"。
② "衾則始死用斂衾一"，四庫本作"衾則始死所用之斂衾"。

984

內。諸子各一廬。齊衰於廬南累墼爲堊室，俱北户，翦蒲爲席，不緣父兄不次殯所，各在其正寢之東爲廬次、堊室。祖爲嫡孫居堊室，有牀。皆南面，西出户。父不爲衆子次於外。於庶子略，自若居寢。大功於堊室之南，張帷，席以蒲若藺。婦人次於西房若殯後，施下牀；殯堂無房者，次於後若別室。

成服

三日成服，并死日爲三日也。內外皆哭，盡哀。內外俱降，就次著衰服。無服者仍素服。相者引主人以下俱杖，三日而後食，杖而後能起，衆子皆杖，以病故也。童子、婦人不能病，故不杖，亦不居廬，不著菲屨。若嫡子，雖童亦杖，幼不能自杖，人代執之，所謂當室杖者也。自此以後，惟嫡子及有爵之庶子，皆得杖在位。若其庶子之無爵者，杖於他所，不杖在位矣。凡正寢，户內曰室，户外曰堂，虞杖不入室，祔杖不升堂。以今言之，即靈堂户之內外也。周人祔在卒哭，今之百日也。哀衰敬生，故其杖不升靈寢。當之堂前①，其衰服及杖皆致之於廬內。應杖者，朝夕哭則杖之。若孝子，出無異適，惟向殯又向墳墓而已。遠則乘車，近則使人代執杖。升，立哭於殯東，西面南上。齊衰以下亦升就位。婦人升詣殯西位，若殯逼西壁，婦人皆位於殯北，南面東上。尊行者坐。內外皆哭，盡哀。諸子孫就祖父及諸父前跪哭，皆撫哭盡哀，就祖母及諸母前哭亦如之。女子子對祖母及諸母哭，遂就祖父前哭，如男子之儀，惟諸父不撫之耳。訖，各復位。伯叔母以下就主婦哭亦如之。始遭親喪，孝子荒迷，三日不食，服又成矣，是以尊卑內外聚哭盡哀也。諸尊者降出，還次，主人以下降出，立於阼階下，外姻在南少退，俱西面北上，哭盡哀，各還次。闔户。小功以下各歸其家。自成服之後，諸尊者及婦人於諸親男子之喪，有事則哭於殯所；若無事有時須哭者，或在正寢，則於北壁下舒席南面坐哭。父母喪，食粥，朝米四合，暮米四合。不能食粥，則以米爲飯。婦人皆以米爲飯。

朝夕哭奠朝奠日出，夕奠逮日。

每日預具朝奠於東堂。瓦甒一，實以酒，素勺，疏布冪。籩一，豆一，實以脯醢。內外夙興，各衰服。凡言衰服，應杖者皆杖，以下準此。男子就東階下位，若升哭於殯東，其位如始成服之式。婦人升詣殯西位，內外皆哭。凡朝夕哭皆開帷。質明，

---

① "當"字，公善堂本無，今據《通典》卷一三八《開元禮纂類三十三》校補。

掌事者升自阼階，入，徹奠出。又以朝奠入，升自阼階，入設於靈座前席上。執饌者出，降自西階。日出後皆止哭，各還次。朝夕之閒，主人及諸子、妻、妾、女子子哭於其次，無時。至夕，內外俱就位哭，徹朝奠，進夕奠如初儀。日入後，止哭，各還次。哭者出，闔戶。自是以後，至於啟殯，每朝夕如上儀。七日之朝，大功以下異門者歸於家。

賓弔親故同

賓素服。相者入告。內外衰服，哭於阼階下，婦人哭於殯所如常儀。相者引賓入，立於庭，北面西上，爲首者一人進，當主人東面立，云：“如何不淑。”主人哭，再拜稽顙。爲首者復北面位。弔者俱哭十餘聲。相者引出。少頃，相者引主人以下各還次。

親故哭

若有親故哭殯者，內外俱升就位，尊者坐，內外俱哭。相者引賓入，升堂，立於殯東，西面南上，尊者坐，俱哭盡哀，止。尊者起，相者引出。卑者再拜，訖，乃引主人前稍南，東北面執慰。相者引以次出。凡賓與主人敵體以上，賓初入，主人皆起；賓就席，主人與賓俱坐，訖；賓起，主人皆起；賓出戶，俱坐。恩深者，賓拜訖，又哭盡哀，或就孝子撫哭盡哀而止，俱出。少頃，相者引主人以下各還次。

州縣弔

若刺史哭其吏人，縣令同。主人設席於柩東，西向。刺史素服將到，相者引主人去杖立於門內之右，北面。刺史降，入，升自西階①，即座，西面坐哭，主人升，就位哭，刺史哭盡哀，將起，主人降，復階下位。刺史降，出，主人拜送於大門外，杖哭而入。

州縣使弔

若守令遣使弔其吏人，使者至 ，內外俱衰服。主人以下就階下位，婦人就堂上位，內外俱哭。使者素服執書，相者引入門而左，立於階閒東面。使者致辭，主人再拜稽顙，相者引主人進，詣使者前，西面受書，

---

① “西階”，四庫本作“西階”，《通典》卷一三八《開元禮纂類三十三》作“東階”。

退，復位，左右進，受書。主人拜送於位，相者引使者出。使人若自入弔哭，如上儀。客出少頃，内外止哭，各就位。

筮宅兆

既度宅兆，掘四隅，外其壤；掘内，南其壤。宅，葬地。兆，塋域。南其壤者，爲葬將北首故也。

既朝哭，主人遂哭出，乘堊車詣宅兆所。出郭門外，止哭。將到，主人又哭。至宅兆所，祝及筮師凡行事者，皆素服。掌事者布筮席於宅兆南，北向西上。相者引祝立於席西南，東面南上；筮師立於祝南，東面北上。相者引主人詣筮席南十五步許，當内壤北向立。相者立於主人之左少南，俱北向。諸親賓及從者立於筮席東南，重行西向，諸親北上，諸賓南上。立定，相者少進，東面稱：“事具。”退，復位。主人免首絰，左擁之。相者進，立於主人東北，西面。筮師開韇出策，兼執之，韇，藏策器。進，立於相者前，東面。相者命曰：“哀子姓名今儀：父、祖父稱孤子孤孫，母、祖母稱哀子哀孫，以下準此。爲父某甫，度茲幽宅，無有後艱。”某甫，其字也①。言爲父筮葬。今謀此地以爲幽冥之居，得無後有艱難乎？若内喪，云爲某母某氏也。筮師曰諾，右旋就席北面，右執韇以擊策，述命曰：“假爾泰筮有常。”坐，指内封遂筮。訖，興，以卦東面稱：“占曰從。”還本位立。主人絰，哭，從者哭，盡哀，止。相者進主人之左，東面稱：“禮畢。”相者遂引主人退，立於東南隅，西面。又相者引親賓及筮者立於主人之後，重行西面，俱北上。掌事者徹筮席。當安墓處立一標，又於四隅各立一標，當南門兩厢各立一標。

祝史帥掌事者入②，鋪后土氏神席於墓左，南向。設酒尊於神座東南，加勺冪。設洗於酒尊東南，罍水在洗東，篚在洗西，南肆。篚實以巾、爵，加冪。相者引告者及祝與執罍、篚者，俱立於罍洗東南，重行北向，以北爲上。親賓及主人告之。主人告去絰杖。立定，俱再拜。祝與執尊、罍、篚者先立於尊、罍、篚之後。執饌者以脯醢跪，設於神座前，興，還本位。相者引告者詣罍洗，盥手洗爵，詣酒尊所，酌酒，進，跪，奠於神座前，興，少退，北面立。祝持版進於神座之右，東面跪，讀祝文曰：“維年月朔日，子某

---

① “其”，四庫本作“父”，《通典》卷一三八《開元禮纂類三十三》作“且”。

② “祝史”，《通典》卷一三八《開元禮纂類三十三》作“祝”。

姓名，有官稱官，若主人自告，父稱孤子，母稱哀子姓名。敢昭告於后土氏之神：今
爲某姓某甫，父母云父某母某，祖母云某氏。營建宅兆，神其保祐，俾無後艱。
謹以清酌脯醢，祇薦於后土之神，尚饗。"訖，興。告者再拜，相者引告者
還本位，西面再拜，相者引出。掌事以下俱復位，再拜，遂徹饌席尊罍
以出。

主人哭還，去墓三里許，哭止。及郭門，又哭。内外升，哭於位。主
人入，升詣殯前，北面哭，盡哀止，再拜，降，就次。若不從，筮擇地如
初儀。

筮葬日

既朝哭，主人及諸子以下出，立於殯門外之東壁下，西面北上。親
賓之長莅筮。行事者俱吉服，立於門西，東面南上。筮人執櫝，櫝，藏策器。
在其南，東面。主婦闔門東扇，立於其内。掌事者設筮席於闑外闑西。
莅筮詣主人前[1]，東面告事具，遂引主人立於門南，北面，免首絰，左擁
之。莅筮者進，立於主人東北，西面。筮人開櫝出策，兼執之，少退，莅
筮位前，東面受命。莅筮命曰："孤子某母云哀子。來日謀卜葬其父某官某
甫，母云爲某母某氏也。考降無有近悔。考，登。降，下也。言卜此日葬，魂神上下，得無
近於咎悔也。筮人曰諾，遂述命。訖，右旋進就席西面坐，執櫝擊策，述命
曰："假爾泰筮有常。"遂筮訖，興，以卦東面稱[2]："占曰從。從，順告[3]。"主
人綴哭，諸子以下皆哭，盡哀，止。遂使人告於親賓。其筮日不來者。筮人
以櫝退。掌事者徹筮席。莅卜稱禮畢，主人與諸子以下入[4]，升詣殯前，
北面立哭，内外俱哭，盡哀。訖，各還次。若不從，筮擇如初儀。

啟殯

葬有期，前一日之夕，掌事者除葦障，備啟奠。其饌如大斂。内外夕哭

---

①　"莅筮"，四庫本作"莅筮者"。

②　"稱"，公善堂本原作"旅"，今據四庫本、《通典》卷一三八《開元禮纂類三十三》校改。

③　"順告"，四庫本作"順占也"。

④　"主人與"，四庫本作"主人興"，《通典》卷一三八《開元禮纂類三十三》作"主人綴興"。

如常儀。啟殯之日,内外夙興,衰服,主人及諸子皆去冠絰,以衰巾帕頭①。内外皆升,就位哭。尊行者坐。祝素服執功布,長三尺。升自東階,詣殯南,北向。内外皆止哭。祝三聲噫嘻,乃曰:“謹以吉辰啟殯。”既告,内外皆哭,盡哀,内外各還次。祝降,與執饌者升,徹宿奠如式。祝移銘旌,置於重北建之。掌事者升,徹殯塗,訖,設席於垍南,升柩於席上,又設席於柩東。祝執功布升,以拂柩,覆用夷衾,降出。周設帷,東面開户。若不爲垍以殯者,則徹殯塗訖,設席於柩東。相者引主人以下升,哭於帷東,西向;妻、妾、女子子以下哭於帷西,東向,俱南上。諸祖父以下哭於帷東北壁下,南面西上;諸祖母以下哭於帷西北壁下,南面東上。外姻丈夫帷東,北面西上;婦人帷西,北面東上。尊者坐。内外俱哭。祝與進饌者各以奠升,設於柩東席上,祝酌酒奠之,内外俱哭於位,如未成服之禮。親賓致奠如别儀。代哭者以親疏爲之,晝夜不絶聲。

---

① “衰”,四庫本、《通典》卷一三八《開元禮纂類三十三》作“裒”。

卷第一百四十七　凶禮

六品以下喪之二

將葬

　　陳車位　陳器用　進引　舉柩　柩在庭位　祖奠
　　柩出升車　遣奠　遣車　器行序　諸孝從柩車序
　　郭門外親賓歸　諸孝乘車　宿止　宿處哭位
　　行次奠　親賓致賵

墓上進止

　　塋次　到墓　陳明器　下柩哭序　入墓
　　墓中置器序　掩壙　祭后土　反哭　虞祭

將葬

陳車位

將啟之日，納柩車於大門之內，當門南向。進靈車於柩車之右。内外所乘之車陳於大門外，丈夫之車門西，婦人之車門東，俱服重者在上。以近門外北方爲上。女子子、妻、妾之車，以木爲之，不漆飾。無者以籧篨衣車，以蒲纏轅轂，若白土垩之，以麤布爲幰裳。布如服布。周及大功之車，以白土垩之，或衣籧篨，皆以布爲幰裳。其布如服布。掌事者預於宿所張吉凶帷幕，凶帷在西，吉帷在東，俱南向。設靈座於吉帷下如常式。

陳器用

啟之夕，發引前五刻，陳布吉凶儀杖，魌頭、誌石、大棺車六品以下設魌頭之車，魌頭兩目。及明器以下，陳於柩車之前。引二，披二，鐸二，畫翣二。
引者，引柩車索也。披者，繫於柩車，四樹在旁，執之以備傾覆。鐸者，以銅爲之，所以節挽者。
翣者，以木爲筐，廣二尺，高二尺四寸，其形方，兩角高，衣以白布，柄長五寸。畫翣者，內外四緣
皆畫雲氣。庶人無引、披、鐸、翣也。

進引

二刻頃，掌饌者徹啟奠以出，初徹奠，內外俱興，立哭於位。執紼者
皆入，掌事者徹帷。持翣者升，以翣障柩。執紼者升。執鐸者入，夾西
階立。掌事者取重出，倚於門外之東。執旌者立於西階南，北面。諸執
紼、鐸、旌、翣者，皆布深衣，介幘。陳布將訖，進靈車於內門外，南面。祝以腰輿
詣靈座前，內喪則婦人執腰輿。祝於輿左，西面跪，昭告曰："孤子某母稱哀子。
謹用吉辰，奉歸先兆，若新卜塋域，宜曰"奉遷幽兆"。靈車就引，神道紆迴，惟以
荒寥，無任鯁絕。"興，立，少頃，腰輿出，降自西階，威儀從者如平生，詣
靈車後，少頃，輿退。

舉柩

將舉柩，執鐸者俱振鐸，舉柩降就階閒，南向。初柩動及進止，執鐸
者俱振鐸，每振先搖之，搖訖，三振之。其持翣者恒以翣障柩，柩降階，
執旌者漸而南，柩止，則迴北面立。主人以下次從柩而降，主婦又次其
後降。

柩在庭位

柩至庭，庭內先施席以置柩。主人及諸子以下立哭於柩東，西面南上。
祖父以下立哭於柩東北，南面西上。異姓之丈夫立哭於主人東南，西面
北上。婦人以次從降：妻、妾、女子子以下立哭於柩西，東面南上；祖母
以下立哭於柩西北，南面東上；異姓之婦人立哭於主婦西南，東面北上。
內外之際，障以行帷。帷用如服布。

祖奠

庭位既定，祝帥執饌者設祖奠於柩東，如大斂之儀。祝酌奠，訖，進
饌南，北面跪曰："永遷之禮，靈辰不留，謹奉柩車，式遵祖道，尚饗。"興，

退，少頃徹之。

柩出升車

柩動，旌先，主人以下從哭於柩後，婦人次哭於後。柩出中門外，到輴車，設帷障於柩後，執紼執披者如常，遂升柩於車。內外哭位如在庭之儀。

遣奠

既升柩，祝與執饌者設遣奠於柩東，如祖奠之儀。祝酌奠於饌前，少頃徹之。

遣車

既遣奠，掌事者以蒲葦苞牲體下節，二苞，以繩束之，盛以盤，載於車，列於旌前。

器行序

徹遣奠，靈車動，從者如常。先靈車，後次魌頭車，次誌石車，次大棺車，誌石與大棺若先設者，不入陳布之次。次明器輿，次下帳輿，次米輿，五穀米實以五筥，各斗二升，冪用疏布。次酒脯醢輿，酒實以壺，各五升，冪用功布。醢實於二甕，各二升，冪用疏布。次苞牲輿，次食輿，食輿盤椀俱足。次銘旌，次鐸，鐸分爲左右。次柩車。

諸孝從柩車序

主人及諸子縗服絰杖，禿者衰巾加絰。徒跣哭從，諸丈夫、婦人各以服之麤精爲序從哭。出門，內外尊行者皆乘車馬，哭不絕聲。

郭門外親賓歸

出郭門外①，親賓還，權停柩車，內外尊行者皆下車馬，依服之親疎

――――――――――

①　"出郭門外"，四庫本、《通典》卷一三九《開元禮纂類三十三》作"出郭"。

爲序，立哭如式。相者引親賓以次就柩車之左，向柩立哭盡哀，卑者再拜而退，婦人亦如之。

諸孝乘車

親賓既還，內外乘車馬。_{若墓遠及病不堪步者，雖無親賓還，主人及諸子亦乘堊}車，去塋三百步皆下。

宿止

靈車到帷門外，迴南向。進腰輿於靈車後。威儀從者如常。少頃，輿入，詣靈座前，少頃降出。遂進常食於靈座，若食頃，徹之。_{每至停宿之所，於室設靈座，進食皆如初。}柩車到，入凶帷，停西廂，南轅。祝設几席於柩車東。

宿處哭位

初至宿處，內外皆就柩車所。主人及諸子以下於柩車之東，西面南上。妻、妾、女子子、婦人於柩車之西，東面南上。祖父以下於柩車東北，南面西上。異族有服者於柩車東南，西面北上。祖母以下於柩車西北，南面東上。異姓婦人又於柩車西南，東面北上。俱立哭。

行次奠

凡停宿，進酒脯之奠於柩東，如朝奠之儀。既設奠，內外各還次，迭哭不絶聲。及夕，內外就柩車所哭，進夕奠如朝奠之儀。訖，迭哭如常。厥明，又就位哭，進朝奠亦如之。若食頃，徹之。吉凶威儀依式發引，內外從哭如初儀。

親賓致賵

賓有賵禮，在主人設祖奠之時。賓立於大門外西廂，東面。從者以篚奉玄纁，立於賓西南，俱東面。牽馬者以馬陳於賓東南，北首西上。相者入告，遂詣主人之左，北面受命，出，到賓前西面曰：“敢請事。”賓曰：“某敢賵。”相者入告，出曰：“孤某須矣。”賓之從者坐奠篚，取幣，興，詣賓前，西面以授賓，退，復位。相者引賓入。牽馬者先以馬入，陳於柩南，北首西上。賓入，由馬西，當柩車東南，北面立。內外權止哭。賓曰："某謚封若某子，將歸幽宅，敢致賵。"辭畢而哭，內外皆哭，主人拜稽顙。賓止哭，相者引賓進柩車東，西面奠幣，相者引賓又由柩車前以西而出。初賓出，掌事者由主人右詣柩車東，西面舉幣以東。_{東，藏之。}受馬者由前旋牽馬者後，適其右受之，牽者由前以西而出。賓將出，主人拜稽顙再拜送之。

墓上進止

堲次

前一日之夕，掌事者預於墓門內道西，張帷幕、設靈座如初。

到墓

乘車者卑行望墳而下，尊行及堲而下，序哭，盡哀。靈車至帷門外，迴車南向，祝以腰輿詣靈車後，少頃，入詣靈座前，少頃，以輿降出，遂設酒脯之奠如初。柩車至壙前，迴南向，丈夫、婦人之位如遣奠之儀。

陳明器

掌事者陳明器於壙東南，西面北上。

下柩哭序

布席於柩車之後，張帷，下柩。丈夫柩東，婦人柩西，以次進，憑柩哭，盡哀，各退，復位。內外俱哭，卑者再拜辭訣。相者引主人以下哭於羨道東，西面北上。妻、妾、女子子以下婦人皆障以行帷，哭於羨道西，東面北上。

入墓

施席於壙戶內之西。遂下柩於壙戶內席上，北首，覆以夷衾。

墓中置器序

持翣者入，倚翣於壙內兩厢，遂以下帳張於柩東，南向。米、酒、脯陳于下帳東北，食盤設於下帳前，苞牲置於四隅，醯醢陳於食盤之南，藉以版，明器設於壙內之左右。

掩壙

掌事者以玄纁授主人，主人授祝，祝奉以入，奠於靈座，主人拜稽顙。施銘旌誌石於壙門之內，置設訖，掩户，設關鑰，遂覆土三。主人以下稽顙哭，盡哀，退，俱就靈所哭。掌儀者設祭后土於墓左，如後儀。

祭后土

預於墓左除地爲祭所。柩車到，祝吉服鋪后土氏神席北方，南向。設酒尊於神座東南，北向。設洗於酒尊東南，北向，罍水在洗東，篚在洗西，南肆，以巾、爵實於篚。既覆土，告者吉服，告者親賓充之。相者引告者與祝及執尊、罍、篚者，俱立於罍洗東南，重行西向，以北爲上。立定，俱再拜。祝與執尊、罍、篚者俱就尊、罍、篚之後。相者進告者之左，北面白：“請行事。”掌饌者以饌入，祝迎引設於神座前，置設訖，掌饌者出。相者引告者詣罍洗，盥手洗爵，相者又引告者詣酒尊所，執尊者舉冪，告者酌酒，進，跪，奠於神座前，俯伏，興，少退，北面立。祝持版進於神座之右，東面跪，讀祝文曰：“維年月朔日，子某官姓名，敢昭告於后土之神：某官封謚，窆茲幽宅，神其保佑，俾無後艱。謹以犧齊明酒庶品①，明薦於后土之神，尚饗。”訖，興。告者再拜。祝進，跪，奠版於靈座，興，還尊所。相者引告者退，復位，再拜，相者引告者出。祝以下俱復位，再拜，徹饌席以出。

反哭

既掩墓，內外就靈所哭。徹酒脯之奠，進靈車於帷外，陳布儀式如

---

① “明酒”，四庫本、《通典》卷一三九《開元禮纂類三十四》作“粢盛”。

來儀。又進腰輿，入，詣靈座前，少頃，出，詣靈車後，少頃，輿退，靈車行，内外從哭如初儀。出墓門，尊行者乘車馬，去墓百步許，卑者乘馬以哭從。靈車到第，内外皆下車馬。靈車入，至西階前，迴南向，祝以腰輿詣靈車後，少頃，升，入，詣靈座前。主人以下從升，立於靈座東，西面南上。少頃，腰輿降出。内外俱升。諸祖父以下哭於帷東，北壁下，南面西上。妻、妾、女子子以下婦人哭於靈西，東面南上。諸祖母以下哭於帷西，北壁下，南面東上。外姻哭於南厢：丈夫於帷東，北面西上；婦人於帷西，北面東上。有親賓弔者，升堂，西面向靈哭如常。其弔於庭者，稱“痛當奈何”，餘如常儀。哭盡哀，相者引主人以下降，各還次。沐浴以俟虞。斬衰者沐而不櫛，齊衰者俱櫛。

虞祭

　　柩既入壙，祝先歸修虞事。牢饌如殷奠，器用烏漆。具饌於堂東。靈車將至，掌事者預施靈座於寢堂室内户西，東向，於靈東又南北設帷，東出户。若室内窄，則設靈座於堂。掌事者設洗於西階西南，北向，東西當西榮，南北以堂深；罍水在洗西，篚在洗東，南肆，篚實爵一、巾一，加幂。設瓦甒二於靈座之左，北墉下，醴酒在東，幂用絺。加勺，南枋①。

　　既沐浴，主人及諸子、妻、妾女子子内外升，詣靈所。主人及諸子倚杖於室户之外，應拜者哭於靈東西如初，内外皆哭。祝與執尊、罍、篚者各就尊、罍、篚所立。執饌者以饌入，俱升自東階，陳設如殷祭之儀，訖，掌饌者降出。

　　相者引主人降自西階，詣罍洗，主人止哭，執罍洗者酌水，主人盥手，執篚者取巾於篚，興，授主人，主人拭手訖②，受巾，奠於篚。又取爵，興，以授主人，執罍洗者又酌水，主人洗廢爵，爵無足者。執篚者又授巾，主人拭爵，訖，受巾奠於篚。相者引主人升自西階，詣酒尊所，執尊者舉幂，主人酌醴。相者引主人進，詣靈座前，西面跪，奠爵於饌前，俯伏，興，少退，西面立。祝以版進，立於神座之右，北面，内外皆止哭。祝跪，讀祝文曰：“維某年月朔日，子哀子某，孫稱哀孫，此爲母及祖母所稱。父祖則稱孤

---

　　①　“南枋”，四庫本、《通典》卷一三九《開元禮纂類三十四》作“南柄”。

　　②　“主人”二字，公善堂本無，今據《通典》卷一三九《開元禮纂類三十四》校補。

子孤孫也。敢昭告於考某官封謚，妣則云妣夫人某氏。孫爲喪主，則稱祖妣。日月遄速，奄及返虞，叩地號天，五情糜潰，謹以潔牲、剛鬣、嘉薦、普淖、明齊、溲酒，哀薦祫事於考某官封謚，尚饗。"訖，興①，主人哭，再拜。内外應拜者皆哭，再拜。祝進，跪，奠版於靈座，興，出，復位。哭盡哀。

相者引主人以下出，杖，降自西階，各就次。妻、妾、女子子以下各還別室。祝闔户，與執尊、罍者降出。少頃，祝與掌饌者入，開户，徹饌，闔户以出。掌事者埋重於門外道左。

閒日再虞，後日三虞，禮皆與初虞同。又閒日爲卒哭祭。其祝辭②，再虞云"哀薦虞事"，三虞云"哀薦成事"。

---

① "興"，四庫本作"祝興"。
② "其祝辭"，四庫本、《通典》卷一三九《開元禮纂類三十四》作"其虞祝辭"。

卷第一百四十八　凶禮

六品以下喪之三

卒哭祭　小祥祭　大祥祭　禫祭　祔祭

卒哭祭

前一日之夕，掌事者蒨屏，柱楣，塗廬不塗見面，塗廬裏，不塗廬面。蒨蒲爲席，不緣以木爲枕。牢饌如虞祭。

其日夙興，祝入，燭先，升自阼階，入於室，祝整拂几筵以出。掌事者設洗於西階西南，北面，東西當西榮，南北以堂深，罍水在洗西，篚在洗東，南肆，實爵一、巾一，加幂。設瓦甒二於靈座之左，北墉下，醴酒在東，幂用絺。加勺，南枋①。其日夙興②，掌事者具饌於堂東。祝與執尊、罍、篚者先入，立於尊、罍、篚之後。

內外衰服俱升。主人及諸子倚杖於室戶外，俱立於靈座之東，西面南上。妻、妾、女子子立於靈座西，東面南上。內外各就位，坐哭。應拜者立。掌饌者以饌升，入設於靈座前。

相者引主人降自西階，詣罍洗，主人止哭，盥手洗爵；相者引主人升自西階，入，詣酒尊所，主人酌醴；相者引主人進，跪，奠於靈座前，俯伏，興，少退，西面立。應拜者陪於後。祝持版入，立於靈座之南，北面。內外止哭。祝跪讀祝文曰："維年月朔日，子哀子今儀爲父稱孤子。某，敢昭告於考某官封謚：妣則云妣某氏。日月不居，奄及卒哭，追慕永往，攀號無逮。謹以潔牲、剛鬣、嘉薦、普淖、明齊、溲酒，哀薦成事於考某官封謚，尚饗。"主人以下哭，再拜，內外應拜者皆再拜哭。祝興，進，跪，奠版於靈

---

① "南枋"，四庫本、《通典》卷一三九《開元禮纂類三十四》作"南柄"。

② "其日夙興"四字，四庫本、《通典》卷一三九《開元禮纂類三十四》皆無，疑是衍文。

座前，興，還尊所。祝讀文訖，起，跪，奠版，與主人哭拜同時。相者引主人退，復位，哭盡哀，内外各還次。祝闔户，與執尊、罍者降出。少頃，祝與掌饌者入，開户，徹饌，祝闔户以降。

自卒哭之後，朝一哭，夕一哭，疏食飲水，周而小祥。

小祥祭

前一日之夕，毁廬爲堊室，設蒲葦席。周喪堊室者除之，設地席。陳練冠於次。主人及諸子俱沐浴，櫛，爪翦。牢饌及器如卒哭之禮。

其日夙興，祝入，燭先，升自阼階，入於室。整拂几筵以出。掌事者設罍、洗、篚於西階西南如初。篚實爵一、巾一，加幂。設瓦甒二於靈座之左，北墉下，醴酒在東，幂用絺。加勺，南枋①。具饌於堂東。祝與執尊、罍、篚者先入，立於尊、罍、篚之後。

内外衰服。主人倚杖於階東，俱升，就位，應拜者立。哭盡哀，相者引降，主人杖就次，主婦以下各就次。主人及諸子除首絰，著練冠，妻、妾、女子子除腰絰。周服者皆除之，丈夫素服吉冠屨，婦人素服吉屨。相者引主人及諸子倚杖如初，内外升，就位哭。掌饌者以饌升自東階，入設於靈座前，設訖，掌饌者降自西階以出。

相者引主人降自西階，詣罍洗，主人止哭，盥手洗爵；相者引主人升自西階，入詣酒尊所，酌醴，進，跪，奠於靈座前，俯伏，興，少退，西面立。祝持版進，立於靈座之右，北面。内外皆止哭。祝跪，讀祝文曰："維年月朔日，子哀子某，敢昭告於考某官封謚：妣云妣夫人某氏。歲月遄迫，奄及小祥，攀慕永往，重增屠裂。謹以潔牲、剛鬣、嘉薦、普淖、明齊、溲酒，祗薦祥事於考某官封謚，尚饗。"主人哭再拜，内外應拜者皆再拜哭。祝興，進，跪，奠版於靈座，興，還尊所。主人哭拜與祝興奠版同時也。相者引主人就位，哭盡哀，内外各還次。主人杖如式。祝闔户，與執尊、罍者降出。少頃，祝與進饌者入，開户，徹饌，闔户以降。

自小祥之後，止朝夕之哭，哭無時，哀至則哭。始食菜果，飯素食，飲水漿。無鹽酪不能食，鹽酪可。又周而大祥。

---

① "南枋"，四庫本作"南柄"。

大祥祭

前一日之夕，除垩室，張帷，又備内外受服_{大祥之服}。各於其次。主人及諸子俱沐浴、櫛、爪翦。牢饌及哭如小祥之禮。

其日夙興，内外各服其衰服，並於次哭，盡哀。應除服者著除服，訖，又哭，盡哀止。昧爽前，祝入，燭先，升自阼階，入於室，祝整拂几筵以出。

掌事者設罍、洗、篚於西階西南如初，篚實爵一、巾一，加幂。設瓦甒二於靈座之左，北墉下，醴酒在東，_{幂用絺}。加勺，南枋①。具饌於堂東。祝與執尊、罍者先入，立於尊、罍之後。内外俱升，就位哭。掌饌者以饌升自東階，入，設於座前，置設訖，掌饌者降自西階以出。

相者引主人降自西階，詣罍洗，主人止哭，盥手洗爵。相者引主人升自西階，詣酒尊所，酌醴，進，跪，奠於靈座前，俯伏，興，少退，西面立。祝持版進，立於靈座之右，北面。内外皆止哭。祝跪，讀祝文曰：“維年月朔日，子哀子_{父喪稱孤子}某敢昭告於考某官封謚：_{妣云妣某氏}。日月逾邁，奄及大祥，攀慕永遠，無任荒踖，謹以潔牲、剛鬣、嘉薦、普淖、明齊、溲酒，祇薦祥事於考某官封謚，尚饗。”主人哭，再拜，應拜者再拜，哭。祝興，進，跪，奠版於座，興，還尊所。相者引主人就位，哭盡哀。

主人以下各還外寢，妻、妾、女子子以下還於寢。祝闔户，與執尊罍者降出。少頃，掌饌者入，開户，徹饌。掌事者除靈座，祝闔户以降。

閒月而禫。自大祥之後。外無哭者，食有醯醬。

禫祭

前一日，掌事者預備内外禫服，各陳於別所。主人及諸子俱沐浴、櫛、爪翦，仍宿於外寢。牢饌及器如大祥之禮。

其日夙興，祝入，燭先，升，設几席於奠。掌事者設罍、洗、篚於東階東南如常，篚實爵一、巾一，加幂。設瓦甒二於座之左，北墉下，醴酒在東，_{幂用絺}。加勺，南枋②。具饌於堂東。祝與執尊、罍、篚者先入，立於

---

①　“南枋”，四庫本、《通典》卷一三九《開元禮纂類三十四》作“南柄”。
②　“南枋”，四庫本、《通典》卷一三九《開元禮纂類三十四》作“南柄”。

尊、罍、篚之後。

　　主人及諸子、妻、妾、女子子仍祥服。爲長子三年者亦祥服①。内外俱升，就位，哭盡哀，降，釋祥服，應禫服者著禫服。相者引主人以下俱升，就位哭。掌饌者以饌入，升，設於座前，訖，掌饌者出。

　　相者引主人降自東階，詣罍洗，盥手洗爵；相者引主人升自東階，詣酒尊所，酌醴，進，跪，奠於座前，俯伏，興，少退，西面立。祝持版進，立於座之右，北面。内外皆止哭。祝跪，讀祝文曰：“維年月朔日，子孤子某，敢昭告於考某官封諡：姒云姒夫人某氏。禫制有期，追遠無及，謹以潔牲、剛鬛、嘉薦、普淖、明齊、溲酒，祇薦禫事於考某官封諡，尚饗。”訖，興，主人哭，再拜，應拜者皆再拜，内外皆哭。祝興，進，跪，奠版於座，還尊所。

　　相者引主人以下出，降自東階，還寢；内相者引妻、妾、女子子以下降自西階側，還於寢。祝闔户，與執尊、罍者降出。少頃，掌饌者入，開户，徹饌；祝收几筵以出。

　　自禫之後，内無哭者，始飲醴酒，食乾肉。

祔祭

　　將祔，筮日如常儀。

　　前三日，主人及亞獻、終獻及諸執事者俱散齋二日，致齋一日。

　　前一日，掌事者清埽正寢之内外。

　　其日未明，掌事者設曾祖之座於正寢室内之奥，東向。又設祖之座於曾祖之座東北，南面②。又設考之座於祖之西南③，北面，皆右几席④。姒則設曾祖姑座及祖姒之祔座亦如之。言曾祖及曾祖姑者，皆據孝子之言，於亡者祖及祖姑也。祔於曾祖，則曾祖姒配，有事於尊，可以及卑者。設主人位於東階東南，西面。設子孫位於庭，北面西上。設亞獻、終獻位於主人東南，俱西面北上。亞獻、終獻以親賓充之。設贊唱者位於主人西南，西面。設酒尊於堂上室户内之東

---

①　“祥服”，公善堂本原作“禫服”，今據四庫本、《通典》卷一三九《開元禮纂類三十四》校改。
②　“東北南面”，四庫本作“東南北面”。
③　“西南”，四庫本作“南”。
④　“右几席”，四庫本作“右几”。

南,北面西上。設洗於阼階東南,北面,東西當東榮,南北以堂深;罍水在洗東,篚在洗西,南肆,篚實爵三、巾二,加幂。其爵數每廟三。

祫日,内外夙興,掌饌者預具特牲之饌二座,各俎一、簋二、簠二、鉶二、酒尊二。其二尊,一實玄酒,爲上;一實清酒,次之。上尊加玄酒者,重古。四籩,四豆。主人及行事者各服祭服。執尊、罍、篚者入,就位。主人以下皆入,就位。諸婦人位於西階西南,障以行帷。立定,贊唱者曰:“再拜。”在位者皆再拜。掌饌者引饌入,升自東階,入於室,各設於神座前,施設訖,掌饌者以下降出。

相者引主人詣罍洗,盥手洗爵,升自東階,詣酒尊所,執尊者舉幂,主人酌酒,相者引主人入室,進,西面跪,奠爵於曾祖神座前,俯伏,興。相者引主人出,詣酒尊所,取爵酌酒,入室,進,北面跪,奠於祖座前,俯伏,興。相者又引主人出,詣酒尊所,取爵酌酒,入室,南面跪,奠於考座前,俯伏,興,退當曾祖座前近東,西面立。祝持版進於曾祖神座之右,北面跪,讀祝文曰:“維某年某月朔日,子孝曾孫某官封某敢昭告於曾祖某官封謚、若無官封者,但云曾祖之靈。若祫母,但云曾祖妣某氏,不告曾祖。祖某官封謚、若祫母,云祖妣某氏。以下無官封者,但云考妣之靈。考某官封謚:若祫母,云妣某氏。如父在,不可遞遷祖妣,先宜於廟東北堂別立一室,藏其主,待考同祫。某罪積不滅,歲及免喪,宗廟上遷,昭穆繼序,先王制禮,不敢不至,是用適於皇考封謚,以遷王考封謚,隮祔孫某封謚。無官封者,但云以適於祖,隮祔孫某。若母同祫,則云適於祖姑夫人某氏,以隮祔孫婦夫人某氏。各隨其稱。無官封者,但云以適於祖姑某氏,以隮祔孫婦某氏。謹以潔牲剛鬣,嘉薦、普淖、明齊、溲酒,祗薦於曾祖某官封謚,曾祖妣某氏配;祖某官封謚,祖妣某氏配;考某官封謚。若祫母,則云妣某氏配。尚饗。”訖,興①。主人再拜。祝奠版於曾祖神座,興,還尊所。相者引主人當祖座前,北面再拜,考亦如之。相者引主人出,降,還本位。

主人初獻將畢,相者引亞獻詣罍洗,盥手洗爵,升,詣酒尊所,酌酒,入,進,西面跪,奠於曾祖神座前②,俯伏,興。相者引亞獻詣酒尊所,取爵酌酒,入,進,北面跪,奠於祖神座前,俯伏,興,考亦如之。當曾祖座前,西面再拜。訖,又當祖座前,北面再拜;考座前,南面再拜。相者引出,

---

① “興”,四庫本作“祝興”。
② “神座”,四庫本、《通典》卷一三九《開元禮纂類三十三四》作“座”。

降，復位。亞獻將畢，相者引終獻詣罍洗，盥手，升酌終獻如亞獻之儀訖，相者引終獻降，復位。

祝入，徹豆，還尊所。贊唱者曰：“再拜。”在位者皆再拜。相者引主人出，又相者引在位子孫以下出。掌饌者入，徹饌。掌事者徹几筵以出。

齊衰三年，其虞、卒哭、祥、禫變除之節，與斬衰同。父在爲母、爲妻當二祥及禫，日月之期雖異，其儀節則同。周服以下變除，依其月筭，各以其日之晨，備衰服，升，就位，哭盡哀，降詣別室，釋衰服，著素服，又就位，哭盡哀，出就別室終日。異門者至夕，各還其家。

卷第一百四十九　凶禮

六品以下喪之四

改葬

卜宅　啟請　開墳　舉柩　奠　升柩車　斂　奠
設靈筵　進引　告遷　哭柩車位　設遣奠　輀車
發　宿止　到墓　虞祭

改葬

卜宅

將改葬者，吉服筮宅兆，其餘如葬筮宅兆之儀。預於夒所隨地之宜
張白布帷幕，南向開户。

啟請

其日，内外諸親應集者皆至墓所，各就便次。主人、衆主人、妻、妾、
女子子俱總麻服，餘周親以下皆素服。丈夫於墓東，西向；婦人於墓西，
東向，皆北上，婦人障以行帷，俱立哭，盡哀，卑者再拜。

開墳

祝立於羨道南，北向。内外皆止哭。祝三聲噫嘻，啟以開墳改葬之
故。其意叙改葬之故，不可預定。内外又哭盡哀，權就別所。掌事者開墳，訖，
内外又就位，哭如初。

舉柩

掌事者設席於幕下，舉柩出，置於席上，内外俱從柩哭於墓所。主

人以下柩東,西面;主婦以下柩西,東面,俱南上。丈夫周親以下於主人東北,南面西上;婦人周親以下於主婦西北,南面東上。外姻丈夫於主人東南,北面西上;婦人於主婦西南,北面東上。_{尊者坐。}

奠

祝以功布拭棺,改加新褚。設洗於墓西南隅,罍水在洗西,加勺冪,篚在洗東,南肆,實巾二、爵一於篚,加冪。設席於柩東,設啟奠於席上,設醴酒之尊於饌南。主人詣罍洗,盥手洗爵,進,酌酒,奠於席前,興,少退,西面再拜。內外卑者俱再拜。少頃徹奠。

升柩車

既奠,進柩車於帷門外,南向。掌事者升柩於柩車,遂詣施設所,內外俱哭從。掌事者預設牀於幕下,有枕席,周設帷。柩車至帷門外,丈夫於柩東,婦人於柩西,俱立哭。掌事者舉柩,入,設於牀東,_{若於墓所即斂,初奠訖,不進柩車,設牀於柩東而加枕席,遂舉尸而斂之。}舉尸出,置於牀,南首。柩初入定,內外就位哭,如墓所之儀。

斂

陳衣於幕東帷內,明衣裳及上服各一稱,西領南上。弁若冠,各具導、簪、纓,在北。內喪則花釵。衾一。_{衾以黃爲表,素爲裏。}具饌於幕東,兩甒醴酒。柩初至幕下,舉尸於牀,主人、眾主人稍退,仍西向;妻、妾、女子子稍退,仍東向。遂斂,丈夫加弁若冠,婦人花釵,又覆以衾。主人、眾主人、妻、妾、女子子憑哭,斂將訖,掌事者以棺入,設於西廂,藉以席。初棺入,內外皆止哭,置棺定,乃哭。舉者四人入舉牀,男女從奉之,舉尸斂於棺,乃加蓋,覆以衾。設帷於棺東,內外就位,哭如初。

奠

既斂,祝執巾、几、席入,設於柩東,右几,加以巾。掌事者設罍洗於幕西南隅如初。祝以饌升,設於席前,施設訖,執饌者降,出。相者引主人盥洗酌酒,進,奠於席前,興,少退,西面再拜。內外卑者皆再拜,訖,主人以下各退，就位，俱坐哭。

設靈筵

既斂，設靈於吉帷內幕下西廂，東向，施牀帷、屏几、服飾。以時上膳羞及湯沐，皆如平常。

進引

前一日之夕，掌事者進柩車於凶帷之外，當門南向。其下帳、明器及苞牲等輿，陳於柩車前少西，東向。其日發引前，量時刻陳靈車儀仗如常。在《陳車篇》。少頃，侍靈車者俱詣靈所，腰輿威儀入陳如常。進靈車於帷外，南向。少頃，掌事者入，徹饌以出。內外皆興，立哭於位。掌事者徹帷，持翣者入，以翣障柩。執鐸者各入，夾於柩前，東西相向。執銘旌者立於柩前近南，北向。諸執披、紼、鐸、旌者，皆布深衣介幘。

告遷

祝帥腰輿入，詣靈座前，西面告曰：“以今吉辰，奉即宅兆。”少頃，輿出，詣靈車後，少頃，退。若內喪，女祝迎。將舉柩，執鐸者皆振鐸，先搖之，搖訖三振之。其持翣者恒以翣障柩。及柩動，執鐸者夾左右，每曲及進止皆振鐸。內外俱從柩後。柩出，到柩車後，執紼者如常設帷障於柩後，掌事者升柩。

哭柩車位

丈夫俱立哭於柩車東，重行西向，婦人哭於柩車西，重行東向，俱南上。外姻丈夫哭於柩車東南，重行北向，以西爲上；婦人哭於柩車西南，重行北向，以東爲上。立定。

設遣奠

設遣奠之饌於柩車東，置設訖，相者引主人酌酒，進，奠於席前，興，少退，西面哭，再拜，內外皆哭，卑者再拜。若食頃徹之，以蒲葦包牲體下節二苞，載於輿以之墓。

輀車發

既徹奠，吉凶威儀依式進引。主人、眾主人以下皆以次步從，哭於柩車後。妻、妾、女子子以下皆步從，哭於丈夫之後，障以行帷。柩車去停所三百步，親賓有還者，弔哭如別儀。辭訖，進，引尊者乘車馬，從柩更哭不絕聲。

宿止

掌事者預於宿所張吉凶帷幕，吉帷在左，凶帷在右。將至宿所，尊者俱下車馬，步哭。靈車到帷門外，迴車南向。祝帥腰輿詣車後，少頃，輿入，詣靈座前，少頃，輿出。進常食於靈座，若食頃，徹之。柩車至於凶帷，內外哭於柩車所，其位如初。掌饌者進酒脯之奠於柩車東席上。既設奠，內外各還次，更哭不絕聲。及暮，內外俱就位哭，進夕奠如初訖，內外皆還次，迭哭終夜。及明，內外又就位哭，進朝奠於柩東。進常食於靈座，若食頃，徹之。迎靈發引，尊者乘車馬，哭從如上儀。

到墓

到墓，尊者俱下車馬。靈車到帷門外，迴南向。祝帥腰輿詣車後，少頃，輿入，詣靈座前，少頃，輿退，設酒脯之奠。柩車至壙前，迴南向，內外哭位如遣奠之儀。掌事者布席張帷於柩車後，下柩於席上。主人以下、妻、妾、女子子各前撫柩哭盡哀，退，復位。周親以下又前撫哭盡哀，退，復位。俱再拜辭。掌事者下柩於壙，柩既入壙，親賓先還者，弔哭如別儀。掌事者奉玄纁束帛授主人，主人受以授祝，主人稽顙再拜，祝奉以入，奠於柩東。持翣者入，倚翣於壙內兩廂；執事者以下帳、明器、苞牲、酒米等物入置於壙內，皆藉以版；施銘旌誌石於壙戶內。置設訖，掌事者掩壙戶，加關鑰，覆土。既覆土，內外俱就靈所哭，墓左祭后土如始葬之儀。

虞祭

初下柩於墓，掌事者具虞祭之饌，設罍、洗、篚於靈幕西南如常。內外既就靈所哭，掌饌者進虞祭之饌於靈座。相者引主人盥洗酌酒，進，奠於靈座前，興，少退，西面立。內外皆止哭。祝持版進，立於靈座之右，北面跪，讀祝文曰："維年月朔日，子孝子某，敢昭告於考某官封謚：妣云某氏。改遷幽宅，禮極終虞，攀號永遠，無所逮及。謹以潔牲、剛鬣、嘉薦、普淖、明齊、溲酒，祇薦虞事於考某官封謚，尚饗。"主人哭，再拜，內外皆哭，卑者再拜，盡哀。相者引主人以下出，就別所，釋衰服，著素服而還。掌饌者徹饌，掌事者徹靈座。

卷第一百五十　凶禮

王公以下喪通儀

聞哀

　　　舉哀　奔喪

三殤

　　　殤喪

諸居喪節制

　　　初喪聚主　食飲節　哭節　居常節　不及期葬
　　　外喪　諱名　追服　喪冠嫁娶　樂禁　主諸喪
　　　婚遇喪　室次節　居重聞輕

　　聞哀

　　　舉哀

諸聞喪舉哀者，於聞喪所哭盡哀，問故，又哭盡哀，改著素服。子①、妻、妾、女子子俱披髮。周親以下，婦人去首飾。男子於堂上東壁下②，西面，以南爲上。周親以下北壁下，南面，以西爲上。妻、妾、女子子於西壁下，東面，以南爲上。周親以下婦人於北壁下，南面，以東爲上。內外之際，障以帷。若婦人在別室舉哀，則周親以下婦人在北壁下，南面西上。周親以下舉哀哭位亦然。三日成服，及廬、堊室、苫凷、薦席變除之節，

---

　　① “子”，公善堂本無，今據四庫本、《通典》卷一四〇《開元禮纂類三十五》補。
　　② “男子”，四庫本、《通典》卷一四〇《開元禮纂類三十五》作“子”。

皆如在家之禮，惟不設奠祭。以其精神不在於此。若除喪而後歸，則之墓，諸子以下素服待於墓東，西向；婦人待於墓西，東向，俱北上。奔喪者素服，至於柩南，北面哭，盡哀，再拜，又哭盡哀，再拜。於家不哭。

奔喪

奔喪之禮：始聞親喪，以哭答使者，盡哀，問故，又哭盡哀。服布深衣，素冠，遂行。日行百里，不以夜行。惟父母之喪，見星而行，見星而舍。若未得奔，則成服而後行。過州至境則哭，盡哀而止。哭避市朝。望其州境，此父母之喪。哭。

至於家，內外哭待於堂上。奔喪者入門而左，升自西階，殯東西面憑殯哭，盡哀，少退，再拜；退於序東，披髮，復殯東，西面坐哭，又盡哀，尊卑撫哭如常。訖，內外各還次，奔喪者乃還次。厥明，坐於殯東如初。未成服者三日成服。若至在小斂前，則與主人俱成服。若小斂以後至者，自用其日數。

凡奔喪，齊衰望鄉而哭，大功望門而哭，小功至門而哭，緦麻即位而哭。齊衰以下奔喪者升殯東，西面哭。主人以下哭待於堂上如常。奔喪者哭盡哀，再拜，又哭盡哀，尊卑撫哭亦如之。訖，內外各還次。三日成服。有賓弔者，拜賓如常。奔喪者非主人，則主人爲之拜賓。

婦人奔喪，入自闈門，側門曰闈。升自西階側，側階，傍階。殯西，東面，妻、妾、女子子則憑殯哭，盡哀，少退，再拜；退於西房若西室，妻、妾、女子子披髮，出嫁女髽。復位，坐哭，又盡哀，尊卑撫哭如常，內外俱還次，奔喪者乃還次。周親以下婦人奔喪者，升、哭拜、又哭盡哀、尊卑撫哭及還次皆如之。

奔喪者不及殯，先之墓，北面近柩。主人以下哭待於墓左，西面；主婦以下哭待於墓右，東面，皆北上。主人以下內外初至墓，先拜而後哭。於相者告禮畢，則再拜辭。奔喪者哭盡哀，再拜，又於柩東披髮，復位坐哭，盡哀。相者告禮畢，奔喪者又再拜。遂冠而歸。入門而左，升自西階，靈東西面憑靈哭。主人以下升哭於堂上如常。奔喪者哭盡哀，再拜。若經宿，主人以下哭盡哀，皆再拜哭，降堂，相者告就次，主人以下各就次。三日成服。

齊衰周以下不及殯，先之墓，西面哭盡哀，再拜，又哭盡哀，相者告禮畢，奔喪者再拜，遂冠而歸，哭就次如上儀。奔喪者若妻、妾、女子子，皆披髮於阼西，哭盡哀、髽如常，餘如男子。齊衰周以下婦人奔喪，哭於阼西，餘如丈夫之禮。

三殤

殤喪

三殤之喪：始死，浴襲及大小斂與成人同。其長殤有棺及大棺，中殤、下殤有棺、靈筵，祭奠、進食、葬送、哭泣之位與成人同。其苞牲及明器，長殤三分減一，中殤三分減二。惟不復魂，無含，事辦而葬，不立神主，既虞而除靈座。其虞祝辭云："維某年月朔日[①]，父告子云告子某[②]。若兄，云告弟某。若弟，云弟某昭告某兄。日月易往，奄及反虞，悲念相續，心焉如燬。兄云"悲慟猥至，情何可處"。弟云"哀痛無已，中情如割。"今以弟祭兄云"謹以"。潔牲、嘉薦、普淖、明齊、溲酒，薦虞事於子某，弟某，兄某。魂其饗之。弟祭兄則云"尚饗。"嫡殤者時享，皆祔食於祖，無祝文，亦不拜。設祔食之座於祖座之左，西向，一獻而已。不祝不拜者，以其從食於祖[③]。祝詞末云"孫某祔食也"。庶子不祔食。庶子之嫡祔如嫡殤禮。凡無服，四歲以上略與下殤同，又無靈筵，惟大斂、小斂奠而已；三歲以下斂以瓦棺，葬於園，又不奠。

諸居喪節制

初喪聚主

凡遭喪，廟有主者，則取諸廟之主藏於祖廟。卒哭而後，主各歸其廟。藏於祖廟，象有凶事聚也。

食飲節

父母之喪，食粥，朝一溢米，二十兩曰溢。一溢爲米一升二十四分升之一。不

---

① "維某年月朔日某"，四庫本、《通典》卷一四〇《開元禮纂類三十五》作"維年月朔日"。

② "父告子云告子某"，四庫本、《通典》卷一四〇《開元禮纂類三十五》作"父云告子某"。

③ "於"，四庫本、《通典》卷一四〇《開元禮纂類三十五》作"其"。

能食粥，則以爲飯，菜羹。婦人皆以爲飯。諸齊衰之喪，蔬食水飲，不食
菜果。三月既葬食肉，不飲酒。九月之喪猶周之喪。

哭節

凡哭，斬衰若往而不反，齊衰若往而反，大功三曲而偯，小功、緦麻
哀容可。

居常節

父母之喪，居倚廬，寢苫枕凷，寢不脫絰帶。頭有瘡則沐，身有瘍則
浴。有疾則飲酒食肉，疾止復初。不勝喪乃比於不慈不孝。毀瘠不形，
視聽不衰。爲其廢事。形謂骨見也。升降不由阼階，出入不當門隧。常若親在。
隧，道也。五十不致毀，六十不毀，七十惟衰麻在身，飲酒食肉，處於內。所
以養衰老。人年五十始衰。喪食雖惡，必充飢①。飢而廢事②，非禮也；飽而忘
哀，亦非禮也。視不明，聽不聰，行不正，不知哀，君子病之。斬衰唯而
不對，齊衰對而不言，大功言而不議，小功、緦麻議而不及樂，故喪事不
言樂。非其時。父母之喪，不避涕泣而見人。言重喪不行求見人，人來求見己，可以
見之。不避涕泣，言至哀無飾也。非喪事不言，言而不語，對而不問。言者言已事。
爲人説爲語。言而事行者，杖而起，身自執事而後行者，面垢而已。杖而起謂
有官爵者。面垢而已謂庶人。凡廬堊室之內，不與人坐。在堊室之內，非時見
於母，則不入門。居喪未葬讀喪禮，既葬讀祭禮。兄弟各處異方而父母
喪，各依聞喪日月而除之。三年之喪，凡見人，皆不去絰。父母之喪，賓
客已弔而重來者，主人哭而見，其去也，又哭之。其未葬，必備哀絰而後
見。居父母之喪，遠行而還者，必告返。父有艱未除，則子不衣文彩。
三年之喪，雖功衰不弔。功衰謂既練之後，服布如大功，謂之功衰。凡三年及周
喪，不數閏。禫則數之。以閏月亡者，祥及忌日皆以閏所祔之月爲正。庶
子不爲長子斬，不繼祖與禰也。

---

① “飢”，四庫本、《通典》卷一四〇《開元禮纂類三十五》作“虛”。
② “飢”，四庫本、《通典》卷一四〇《開元禮纂類三十五》作“虛”。

不及期葬

速葬者速虞，三月而後卒哭。謂不及期而葬，既葬之而即虞，安神也。卒哭之祭待哀殺。父母之喪周而葬者，則以葬之後月小祥，其安神則依再周之禮①，禫亦如之。若再周而後葬者，則以葬之後月練，又後月爲大祥，祥而即吉，無復服禫矣。其未再周葬者，則以二十五月練，二十六月祥，二十七月禫。必練、祥、禫者，明深哀不可頓除，故爲之漸以安孝子之心。禫一月者，以終二十七月之數也。久而未葬者皆變服，唯主喪者不除，其餘各終月數而除之，皆無受服，至葬乃反其服，虞則除之。若亡失尸柩，則變除如常禮。

外喪

凡死於外者，小斂而反，則子素服，衰巾帕頭②，徒跣而從，大斂而反亦如之。凡死於外大斂而反者，毀門西牆而入。

諱名

卒哭而諱名。凡父之所諱，子亦諱之。母之所諱，不言於內。妻之所諱，不言於其側。

追服

小功以下，日月過制而聞喪，則不追服。猶爲舉哀。降而在緦麻、小功者，追服之。生不及祖父母、諸父兄弟，而父追服，己則否。謂子生於外者。父以他故居異邦而生己，己不及見親存時歸見之③，今其死，於喪服年月已過乃聞之，父爲之服，己則否者，不責非時之思於人所不能。當其時則服之。

喪冠嫁娶

因喪冠者，雖三年之喪可也。既冠入於次，哭盡哀乃出。言雖者，明齊衰以下皆可以因喪冠也。始遭喪，以其冠月，因喪服則冠矣。非其冠月，待變除卒哭而冠也。

---

① “安神”，四庫本、《通典》卷一四〇《開元禮纂類三十五》作“大祥”。

② “衰”，四庫本、《通典》卷一四〇《開元禮纂類三十五》作“裹”。

③ “見親存時”，《通典》卷一四〇《開元禮纂類三十五》作“此親存時”。

次,廬内。大功之末,可以冠子、嫁子。父小功之末,可以冠子,可以嫁子,可以娶婦。己雖小功,既卒哭[1],可以冠、娶妻。下殤之小功則不可。此皆謂可用吉禮之時也。父大功卒哭而可冠子、嫁子,小功卒哭而可娶婦也;己大功卒哭可以冠子,小功卒哭可以娶妻;必皆祭乃行也。下殤小功,齊衰之親,除喪乃後婚。凡冠者,其時當冠,則因喪而冠之。三年之喪,如遺之酒肉則受之,必三辭,主人衰絰而受之;受之必正服,明不苟於滋味。如君命,則不敢辭,受之而薦。薦之於宗廟,貴君之禮也。父母之喪,不遺人;居重喪者,志不在施惠也。人遺之,雖酒肉,受也。三年之喪既葬,尊者遺之食,則食,不避粱肉;若酒醴,則辭。見於顔色者,則不可也。

樂禁

父有服,子不與於樂。母有服,聲聞焉,不舉樂。妻有服,不舉樂於其側。大功至辟琴瑟,小功至不絶樂。

主諸喪

凡主兄弟之喪,雖疏必虞。此爲兄弟或在他方,或無後嗣而爲之主。

婚遇喪

娶妻有吉日,而壻之父母喪,則壻之伯叔父使人致命於女氏曰:"某之子有父母之喪,不得嗣爲兄弟,使某致命。"女氏受命而不敢嫁。壻既免喪,女父母使人請之,壻弗取然後嫁之,禮也。女之父母喪亦如之。親迎女在塗而壻之父母死,則女素服縞總以赴喪,其衰服與成服之禮同也。壻除喪之後,束帶相見,不行初婚之禮。女在途而女之父母死,則女反。壻親迎未至而有周、大功之喪,則夫改服於外次,婦入,改服於内次,即位而哭。既虞卒哭,壻入,束帶相見,而亦不行初婚之禮。娶婦有吉日而婦死,壻齊衰而往弔,既葬除之。夫死亦如之,妻服斬衰。

室次節

爲人後者爲其父母居堊室,舅姑服嫡婦不爲次,爲昆弟之女適人者不爲次。次謂堊室之屬也。

---

① "既"字,公善堂本無,今據四庫本、《通典》卷一四〇《開元禮纂類三十五》校補。

居重聞輕

諸先遭重喪，後遭輕喪，皆爲制服，往哭則服之，反則服其重服。其除之也，亦服其服而除。有殯，聞遠兄弟之喪，哭之他室。明所哭者異，哭之爲位。凡言兄弟，小功、緦麻之親皆是也。無他室，哭於門内之右。近南者，爲之變位也。入奠，卒奠出，改服即位如始即位之禮。謂後日之哭也。朝入奠於其殯，既乃更即位就他室，哭如始至之時。

附　録①

《四庫全書總目》卷八十二《史部·政書類》

《大唐開元禮》一百五十卷，兩淮鹽政採進本。唐太子太師、同中書門下三品兼中書令蕭嵩等奉敕撰。

杜佑《通典》及新舊《唐書·禮志》稱：唐初，禮司無定制，遇有大事輒制一儀，臨時專定。開元中，通事舍人王嵒上疏，請删削《禮記》舊文，益以今事。集賢學士張説奏：“《禮記》，不刊之書，難以改易。請取貞觀、顯慶《禮書》，折衷異同，以爲唐禮。”乃詔右散騎常侍徐堅、左拾遺李鋭、太常博士施敬本撰述。歷年未就。至蕭嵩爲學士，復奏。起居舍人王仲邱等撰次成書。由是，唐之五禮始備。卽此書也。

其書卷一至卷三爲“序例”，卷四至七十八爲“吉禮”，卷七十九至八十爲“賓禮”，卷八十一至九十爲“軍禮”，卷九十一至一百三十爲“嘉禮”，卷一百三十一至一百五十爲“凶禮”。凶禮，古居第二，而退居第五者，用貞觀、顯慶舊制也。貞元中，詔以其書設科取士，習者先授太常官以備講討，則唐時已列之學官矣。新舊《唐書·禮志》皆取材是書，而所存僅十之三、四。杜佑撰《通典》，别載《開元禮纂類》三十五卷，比唐志差詳，而節目亦多未備。其討論古今，斟酌損益，首末完具，粲然勒一代典制者，終不及原書之賅洽。故周必大《序》稱：“朝廷有大疑，稽是書而可定；國家有盛舉，卽是書而可行。誠考禮者之圭臬也。”《新唐書·藝文志》載修《開元禮》者，尚有張烜、陸善經、洪孝昌諸人名。而《通典·纂類》中所載五嶽、四瀆名號及“衣服”一門，閒有與此書相出入者，蓋傳寫異文，不能畫一。既未詳其孰是，今亦並仍原本録之，不復竄改。庶幾不失闕疑之義焉。

---

① “附録”部分，公善堂本原置於目録之前，今據《中華禮藏》體例，移置於書末。

《唐六典》卷四

凡五禮之儀一百五十有二：一曰“吉禮”，其儀五十有五。一曰冬至祀圜丘，二曰祈穀于圜丘，三曰雩祀于圜丘，四曰大享于明堂，五曰祀青帝於東郊，六曰祀赤帝於南郊，七曰祀黃帝於南郊，八曰祀白帝於西郊，九曰祀黑帝於北郊，十曰蜡祭百神于南郊，十一曰朝日於東郊，十二曰夕月於西郊，十三曰祀風伯雨師靈星司中司人司命司禄，十四曰夏至祭方丘，十五曰祭神州於北郊，十六曰祭大社，十七曰祭五嶽四鎮，十八曰祭四海四瀆，十九曰時享於太廟，二十曰祫享於太廟，二十一曰禘享於太廟，二十二曰拜五陵，二十三曰巡五陵，二十四曰祭先農，二十五曰享先蠶，二十六曰享先代帝王，二十七曰薦新於太廟，二十八曰祭司寒，二十九曰祭五龍壇，三十曰視學，三十一曰皇太子釋奠，三十二曰國學釋奠，三十三曰釋奠于齊太公，三十四曰巡狩告圜丘，三十五曰巡狩告社稷，三十六曰巡狩告宗廟，三十七曰巡狩，三十八曰封禪，三十九祈于太廟，四十曰祈于大社，四十一曰祈于北郊，四十二曰祈於嶽瀆，四十三曰諸州祭社稷，四十四曰諸州釋奠，四十五曰諸州祈禜，四十六曰諸縣祭社稷，四十七曰諸縣釋奠，四十八曰諸縣祈禜，四十九曰諸太子廟時享，五十曰王公以下時享其廟，五十一曰王公以下祫享其廟，五十二曰王公以下禘享其廟，五十三曰四品以下時享其廟，五十四曰六品以下時祭，五十五曰王公以下拜掃。二曰“賓禮”，其儀有六。一曰蕃國王來朝，二曰戎蕃王見，三曰蕃王奉見，四曰受蕃使表及幣，五曰燕蕃國王，六曰燕蕃國使。三曰“軍禮”，其儀二十有三。一曰親征類於上帝，二曰宜於太廟，三曰造於太廟，四曰禡於所征之地，五曰軷於國門，六曰告所過山川，七曰露布，八曰勞軍將，九曰講武，十曰田狩，十一曰射于射宮，十二曰觀射于射宮，十三曰遣將出征宜于太社，十四曰遣將告於太公廟，十五曰遣將告於太廟，十六曰祀馬祖，十七曰享先牧，十八曰祭馬社，十九曰祭馬步，二十曰合朔伐鼓，二十一曰合朔諸州伐鼓，二十二曰大儺，二十三曰諸州縣儺。四曰“嘉禮”，其儀有五十。一曰皇帝加元服，二曰納后，三曰正至受皇太子朝賀，四曰皇后正至受皇太子朝賀，五曰正至受皇太子妃朝賀，六曰皇后正至受太子妃朝賀，七曰正至受群臣朝賀，八曰千秋節受群臣朝賀，九曰皇后正至受群臣朝賀，十曰皇后受外命婦朝賀，十一曰皇帝於明堂讀春令，十二曰讀夏令，十三曰讀秋令，十四曰讀冬令，十五曰養老於太學，十六曰臨軒冊皇后，十七曰臨朝冊皇太子，十八曰內冊皇太子，十九曰臨軒冊王公，二十曰朝堂燕諸臣，二十一曰冊內命婦，二十二曰遣使冊授官爵，二十三曰朔日受朝，二十四曰朝集使辭見，二十五曰皇太子加元服，二十六曰納妃，二十七曰正至受群臣賀，二十八曰受宮臣賀，二十九曰與師傅保相見，三十曰受朝集使參辭，三十一曰諸王冠，三十二曰納妃，三十三曰公主降嫁，三十四曰三品以上冠，三十五曰四品以下冠，三十六曰六品以下冠，三十七曰三品以上婚，三十八曰四品以下婚，三十九曰六品以下婚，四十曰朝集使禮見及辭，四十一曰任官初上，四十二曰鄉飲酒，四十三曰正齒位，四十四曰宣赦書，四十五曰群臣詣闕上表，四十六曰群臣起居，四十七曰遣使慰勞諸蕃，四十八曰遣使宣撫諸州，四十九曰遣使諸州宣制，五十曰遣使諸州宣赦書。五曰“凶禮”，其儀一十有八。一曰凶年振撫，二曰勞問疾患，三曰中宮勞問，四曰皇太子勞問，五曰五服制度，六曰皇帝爲小功以上舉哀，七曰敕使弔祭，八曰會喪，九曰冊贈，十曰會葬，十一曰致奠,十二曰皇后舉哀弔祭,十三曰皇太子舉哀弔祭,十四曰皇太子妃舉哀弔祭,十五曰三品以上喪,十六曰四品以下喪,十七曰六品以下喪,十八曰王公以下喪。禮制通議其新五禮,開元二十年修,凡一百五十卷。

《舊唐書·玄宗紀》

開元二十年九月乙巳,中書令蕭嵩等奏上《開元新禮》一百五十卷。制所司行用之。《唐會要》亦云:開元二十年九月乙巳,蕭嵩等奏上《開元新禮》。

《舊唐書·禮儀志》

開元十四年,通事舍人王喦上疏,請改撰《禮記》,削去舊文,而以今事編之。詔付集賢院學士詳議。右丞張説奏曰:"《禮記》,漢朝所編,遂爲歷代不刊之典。今去聖久遠,恐難改易。今之《五禮儀注》,貞觀、顯慶兩度所修,前後頗有不同,其中或未折衷。望與學士等更討論古今,删改行用。"制從之。初令學士、右散騎常侍徐堅及左拾遺李鋭、太常博士施敬本等檢撰,歷年不就。説卒後,蕭嵩代爲集賢院學士,始奏起居舍人王仲邱撰成一百五十卷,名曰《大唐開元禮》。二十年九月,頒所司行用焉。

《新唐書·禮樂志》

開元十四年,通事舍人王喦上疏,請删去《禮記》舊文而益以今事,詔付集賢院議。學士張説以爲:《禮記》,不刊之書,去聖久遠,不可改易。而唐貞觀、顯慶《禮》儀注前後不同,宜加折衷,以爲唐禮。乃詔集賢院學士、右散騎常侍徐堅,左拾遺李鋭及太常博士施敬本撰述,歷年未就而鋭卒。蕭嵩代鋭爲學士,奏起居舍人王仲邱撰定,爲一百五十卷,是爲《大唐開元禮》。由是,唐之五禮之文始備,而後世用之,雖時小有損益,不能過也。"鋭卒"、"代鋭",二"鋭"字并宜作"説"。《蕭嵩傳》云:張説罷中書令後缺此位,四年,而嵩居之。

《新唐書·藝文志》《舊唐(書)·經籍志》失載《開元禮》。其云:《大唐新禮》百卷,房玄齡等撰。乃《貞觀禮》也。

《開元禮》一百五十卷。開元中,通事舍人王喦請改《禮記》,附唐制度。張説引呂就集賢書院詳議，説奏：《禮記》，漢代舊文，不可更。請修貞觀、永徽五禮爲《開元禮》。命賈登、張烜、施敬本、李鋭、王仲邱、陸善經、洪孝昌撰緝，蕭嵩總之。《張説傳》云：玄宗賜宴於集仙殿，改名集賢殿，因改麗正書院爲集賢殿書院。

《册府元龜》卷五百六十四

開元二十年九月，以新修《開元新禮》一百五十卷頒示天下。先是，十四年，通事舍人王呂上疏，請改撰《禮記》，削去舊文，而以今事編之。詔付集賢院學士詳議。右丞相張説曰：“《禮記》，漢朝所編，遂爲歷代不刊之典。今去聖久遠，恐難改易。今之《五禮儀注》，貞觀、顯慶兩度所修，前後頗有不同，其中或未折衷。望與學士等更討論古今，刪改行用。”制從之。乃令學士、右散騎常侍徐堅及左拾遺李鋭、太常博士施敬本等檢撰，歷年不就，説卒。後蕭嵩代爲集賢院學士，始奏起居舍人王仲邱撰成。至是奏上之。

《集賢注記》

《開元禮》，“序例”三卷、“吉禮”七十五卷、“賓禮”二卷、“嘉禮”四十卷、“軍禮”十卷、“凶禮”二十卷。

《唐會要》

開元二十六年六月二十七日，渤海求寫唐禮，許之。貞元二年六月十一日敕：舉人有習《開元禮》者，同一經例，選人不限選數，許其通大義百條、策三道者，超資與官。義通七十、策通二者，不在放限。九年五月二日敕：通大義百條、策三道者爲上，大義通八十、策通二者爲次。元和八年四月，吏部奏：習《開元禮》者，先授太常官，以備講討。從之。《新唐書·選舉志》云：凡《開元禮》通大義百條、策三道者，超資與官。義通七十、策通二者，及第。散、試官能通者，依正員。《玉海》云：辛秘登《開元禮》科，授博士。《北夢瑣言》云：唐李浩以《開元禮》及第，朝廷重其博學，禮樂之事諮稟之。時人號爲“《周禮》庫”。《五代會要》云：後周廣順三年八月，《開元禮》、三史，各對義三百道。《太平治績通類》云：開寶六年，上親閲進士，得二十六人，《開元禮》七人。自兹殿試以爲常式。《文獻通考》云：開寶六年，新修《開寶通禮》成，詔鄉貢

《開元禮》宜改稱鄉貢《通禮》。本科并以新書試問①。

擬唐《開元禮》序周必大《詞科舊稿》卷二

三代以下言治者，莫盛於唐。故其議禮有足稽者，始太宗文皇帝，以濬哲之姿，躬致上治。顧視隋禮不足盡用，乃詔房玄齡、魏徵與禮官、學士等增修五禮，成書百卷，總一百三十篇，所謂《貞觀禮》是也。高宗纂承大统，復詔長孫無忌、杜正倫、李義府等以三十卷益之。然義府輩務爲傅會，至雜以令式，議者非焉，所謂《顯慶禮》是也。二書不同，蓋嘗並用，春官充位，莫之或正。開元皇帝綏萬邦，撫重熙，於是學士張説奏言：儀注矛盾，蓋有以折衷之。乃詔徐堅、李鋭、施敬本載加撰述，繼以蕭嵩、王仲邱等，歷數年乃就，號曰《大唐開元禮》，"吉"、"凶"、"軍"、"賓"、"嘉"，至是備矣。書必有序，所以序作者之意。禮書，一代之典也，其可闕耶？謹爲序曰：

夫爲國必以禮，禮以時爲大。商之去夏未久也，其損益已可知矣，況乎自秦迄漢，典籍殘缺，所可見者，《周官》之書、二戴之《記》。《周官》之書，其綱則備，其紀則畧；二戴之《記》雜出於漢儒，或繁密難遵、或牴牾莫辨。此泯泯紛紛，所以無敢輕議也。雖然，大輅設而椎輪不可以復用，宮室備而茅茨不可以復居。明堂以致嚴父之孝，孝致矣，則汶上之圖不必盡合於黃帝；圜丘以竭事天之誠，誠竭矣，則澤中之祀不必盡合於成周。蓋古今之不同，質文之迭變，雖先王未之有者，可以義起，奈何區區殘編斷簡，泥古而窒今，使我朝盛典不傳於後世耶？唐受天命，奄有方夏，吉禮以事神祇，賓禮以親邦國，嘉禮以親萬民，不得已而施之軍禮、凶禮者甚衆也。朝廷之所用，有司之所守，非一定之論，則內外無所適從；非不刊之書，則子孫無所取法。今自貞觀而至顯慶，閱歲未久，二禮之不同，固未害損益之義也。然既出義府傅會，則非所謂一定之論；猥雜百司令式，則非所謂不刊之書。惟開元皇帝勵精政治，有意太平，故能遴擇儒臣，釐正鉅典。惟堅等辯博通貫，體上之意，故能不泥不肆，克輯成書。自時厥後，朝廷有大疑，不必聚諸儒之訟，稽是書而可定；國家有盛舉，不必蕝野外之儀，即是書而可行。世世守之，毋敢失墜，不其

---

① "本科并以新書試問"八字，公善堂本無，據四庫本引《文獻通考》補。

休哉！書凡百五十卷，五禮各以類從，讀者如按圖而知四方，此不具載，姑序作書之旨云。謹序。

跋《開元禮》朱彝尊《曝書亭集》卷四十三　陸清獻公《日記》云：吳志伊言，徐健菴家《開元禮》是朱錫鬯在胡兆龍家鈔得。

《開元禮》"序例"三卷、"吉禮"七十五卷、"賓禮"二卷、"軍禮"十卷、"嘉禮"四十卷、"凶禮"二十卷，合一百五十卷。草創討論諸臣，則徐堅、李銳、賈登、張烜、施敬本、陸善經、洪孝昌也。于時，王舍人喦請删《禮記》舊文，益以今事。集賢學士張説上言：《禮記》不刊之書，不可改易。宜取貞觀、顯慶禮書，折衷異同，以爲唐禮。久而論定者，蕭學士嵩、王舍人仲邱也。迹其降"凶禮"于五禮之末，蓋貞觀已然，至顯慶成書，出于許敬宗、李義甫之手，削去《國恤》一篇，開元儒臣終不能釐正，以復舊典，可惜已。考是書既頒，尋以設科取士，習者先授太常官以備講討，遂爲士子出身捷徑。究之登榜者無多，何歟？韓退之嘗苦《儀禮》難讀，而熟《開元禮》文更難也。周益公序曰：朝廷有大疑，稽是書而可定；國家有盛舉，即是書而可行。然則是書而存，雖百世率由焉。奚不可之有。

《書録解題》

《開元禮》一百五十卷，唐集賢院學士蕭嵩、王仲丘等撰。唐初有貞觀、顯慶《禮》，儀注不同，而顯慶又出於許敬宗希旨附會，不足施用。開元十四年，通事舍人王喦請删《禮記》舊文，而益以今事。張説以爲《禮記》不可改易，宜折衷貞觀、顯慶以爲唐禮。乃詔徐堅、李銳、施敬本撰述，蕭嵩、王仲丘繼之。書成，唐之五禮之文始備。於是，遂以設科取士。新史禮樂志大畧采摭，著於篇。然唐初已降，"凶禮"於五禮之末，至顯慶遂削去"國恤"一篇，則敬宗謟諛諱惡、鄙陋亡稽，卒不正也。

譔書人名氏備考

張説　字道濟，或字説之。其先自范陽徙河南，更爲洛陽人。詳見《唐書本傳》。　《通鑒》：開元十三年，集賢殿書院官五品以上爲學士、六品以下爲直學士，以張説知院事，右散騎常侍徐堅副之。　按：《藝文志》有《張説集》三十卷。説又與唐穎譔次玄宗開元初事，爲《今上實録》二十卷，《傳》未載。

蕭嵩　《唐宰相世系表》：梁宣帝裔，渝州長史蕭瓘之子。詳見《本傳》。　按：嵩別有《開元禮義鏡》一百卷、《開元禮京兆義羅》十卷、《開元禮類釋》二十卷、《開元禮百問》二卷，並見《藝文志》，疑亦集賢院諸學士譔緝成書，而嵩總之。

張烜　按：烜嘗與徐堅等同譔《初學記》三十卷，見《藝文志》。《全唐詩》有張烜《婕妤怨》一首。

施敬本　潤州丹陽人，詳見《唐書·儒學傳》。　按：《藝文志》，敬本嘗與徐堅等同譔《初學記》三十卷，《傳》未載。

李銳　按：銳曾官左拾遺，見《禮樂志》。又曾官著作佐郎，與韋述、賈登等同譔武德以來《國史》，見《韋述傳》。又與徐堅等同譔《初學記》三十卷，又與李淳風、楊晟等集注《陰符經》一卷，並見《藝文志》。　《宗室世系表》有隋州刺史銳、度支漁陽監事銳、晉州參軍銳，三人年輩皆在後，官職亦不同。俟考。

王仲邱　沂州琅邪人，詳見《唐書·儒學傳》。　按：《藝文志》，仲邱有《攝生纂錄》一卷，又與殷踐猷等譔《群書四錄》二百卷，《傳》未載。

陸善經　按：善經有《孟子注》七卷；官集賢院直學士時，與李林甫等注解《禮記·月令》一卷，並見《藝文志》。《志》又稱：開元十年，詔集賢院修《六典》云云，張九齡知院，加陸善經。陳振孫《書錄解題》：《古今同姓名錄》一卷，梁元帝譔，陸善經續之。

洪孝昌　字承嗣，舒城人。應神龍丁酉制舉，官翰林修譔，遷待制，僉劍南道事，改黔中道副觀察使，召爲集賢院直學士，侍經筵，有《内著稿》若干卷，見張會真《洪公神道碑》。　《元和姓纂》：舒城洪孝昌，代居舒州，狀稱矩後。按：矩仕吳，官廬江太守。唐武德四年，改同安郡爲舒州，治懷寧。開元二十三年，分合肥、廬江二縣，置舒城，取古龍舒縣爲名，屬廬州。《姓纂》於孝昌里貫上稱“舒城”，下稱“代居舒州”，兩字互歧。俟考。

徐堅　字元固，湖州長城人，詳見《唐書·儒學傳》。　按：《藝文志》有《徐堅集》三十卷、《文府》二十卷、《大隱傳》三卷，注《史記》、《晉書》若干卷，與張烜等同譔《初學記》三十卷，與魏元忠等譔《則天皇后實錄》二十卷，與岑羲等刪定《太極格》十卷，《傳》並未載。

賈登　《文苑英華》：孫逖譔《賈登中書舍人制》稱：朝請大夫、守給事中、騎都尉賈登云云。又，登有《奉和聖製喜雨賦》、《上陽宮賦》，並見《文苑英華》。登又曾官起居舍人，與韋述、李銳等同譔武德以來《國史》，見《韋述傳》。　《元和姓纂》：河内野王、中書舍人賈登。按：《漢書·地理志》：野王縣屬河内郡。《舊唐（書）·地理志》云：懷州，隋河内郡。武德四年，移懷州於今治。野王城又云漢野王縣，隋爲河内縣。登在唐，當稱懷州河内人。《姓纂》稱河内野王者，偶舉其先世郡望地名耳。

　　謹按：《四庫全書提要》失載賈登，今依唐《藝文志》補。《藝文志》失載徐堅，今依《禮樂志》補。

　　《宋史·藝文志》：蕭嵩《唐開元禮》一百五十卷。一云王立等作。又《開元禮儀鏡》五卷、韋彤《開元禮儀釋》二十卷、《開元禮儀鏡略》十卷、《開元禮百問》二卷、《開元禮教林》一卷、《開元禮類釋》十二卷，並不知作者。以上《宋史》原文。按：王立乃王仲邱之誤，餘亦與《新唐（書）·藝文志》互有詳略，似應以唐志爲正。《宋史·藝文志》有張烜《莊子通真論》三卷，不著時代，《舊唐（書）·經籍志》、《新唐（書）·藝文志》皆未載烜此書。俟考。

圖書在版編目(CIP)數據

總制之屬. 第 1 册 / 周佳,祖慧點校. —杭州:浙江大學出版社,2016.9
（中華禮藏. 禮制卷）
ISBN 978-7-308-11488-2

Ⅰ.①總… Ⅱ.①周… ②祖… Ⅲ.①禮儀—中國—古代 Ⅳ.①K892.9

中國版本圖書館 CIP 數據核字(2013)第 115061 號

中華禮藏·禮制卷·總制之屬　第一册

周　佳　祖　慧　點校

出 品 人	魯東明
總 編 輯	袁亞春
項目統籌	黄寶忠　宋旭華
責任編輯	胡　畔
責任校對	張小苹
封面設計	張志偉
出版發行	浙江大學出版社
	（杭州市天目山路 148 號　郵政編碼 310007）
	（網址:http://www.zjupress.com）
排　　版	浙江時代出版服務有限公司
印　　刷	浙江印刷集團有限公司
開　　本	710mm×1000mm　1/16
印　　張	65.25
字　　數	970 千
版 印 次	2016 年 9 月第 1 版　2016 年 9 月第 1 次印刷
書　　號	ISBN 978-7-308-11488-2
定　　價	300.00 圓